Guttentag'sche Sammlung
Deutscher Reichsgesetze

Simon = Beutner

Zwangsanleihegesetz

Nr. 153

Guttentagsche Sammlung
Nr. 153. Deutscher Reichsgesetze. Nr. 153.
Textausgaben mit Anmerkungen.

Das

Zwangsanleihegesetz und die Vermögensbewertung

nebst den ergänzenden Verordnungen,
den Bewertungsrichtlinien und
den Ausführungsbestimmungen

erläutert von

Dr. Heinrich Veit Simon, Rechtsanwalt am Kammergericht und Notar,
und
Dr. Wilhelm Beutner, Rechtsanwalt an den Landgerichten I, II und III Berlin.

Berlin und Leipzig 1923

Walter de Gruyter & Co.
vormals G. J. Göschen'sche Verlagshandlung / J. Guttentag, Verlagsbuchhandlung / Georg Reimer / Karl J. Trübner / Veit & Comp.

Abkürzungen.

ABG. = Allgemeines Berggesetz.
Abs. = Absatz.
AmtlMitt. = Amtliche Mitteilungen.
Art. = Artikel.
AusfBest. = Ausführungsbestimmungen.
AusschBer. = Ausschußbericht.
Bd. = Band.
Begr. = Begründung.
BesStG. = Besitzsteuergesetz.
BewRichtl. = Bewertungsrichtlinien.
BGB. = Bürgerliches Gesetzbuch.
DStZt. = Deutsche Steuerzeitung.
EinkStG. = Einkommensteuergesetz.
Einl. = Einleitung.
ErbschStG. = Erbschaftssteuergesetz.
ErgStG. = Ergänzungssteuergesetz.
Erl. = Erlaß.
FA. = Finanzamt.
FV. = Friedensvertrag.
G. = Gesetz.
GeldentwG. = Gesetz über die Berücksichtigung der Geldentwertung in den Steuergesetzen.
GS. = Preußische Gesetzsammlung.
HGB. = Handelsgesetzbuch.
HinterlOrd. = Hinterlegungsordnung.
HypBankG. = Hypothekenbankgesetz.
ISchVerschr. = Inhaberschuldverschreibung.
KapEStG. = Kapitalertragsteuergesetz.
KapVerkStG. = Kapitalverkehrsteuergesetz.
KommRGR. = BGB.-Kommentar von Reichsgerichtsräten.
KöStG. = Körperschaftssteuergesetz.
KrStG. = Kriegssteuergesetz.
LFA. = Landesfinanzamt.
Mat. = Materialien.
MittRVI. = Mitteilungen der Steuerstelle des Reichsverbandes der Deutschen Industrie.

N. = Note.
OVG. = Oberverwaltungsgericht.
OVGSt. = Entsch. des Oberverwaltungsgerichts in Staatssteuersachen.
RAO. = Reichsabgabenordnung.
RegBegr. = Regierungsbegründung.
RegE. = Regierungsentwurf.
RFH. = Reichsfinanzhof.
RFM. = Reichsfinanzminister.
RG. = Reichsgesetz.
RGBl. = Reichsgesetzblatt.
RGZ. = Entscheidungen des Reichsgerichts in Zivilsachen.
RNO. = Reichsnotopfer.
RNOG. = Reichsnotopfergesetz.
RPostM. = Reichspostminister.
RSchO. = Reichsschuldenordnung.
RStBl. = Reichssteuerblatt.
RT. = Reichstag.
RTAusschuß = Reichstagsausschuß.
RTDrucks. = Reichstagsdrucksache.
RV. = Reichsverfassung.
s. = siehe.
S. = Seite.
SchVerschr. = Schuldverschreibungen.
StAngG. = Staatsangehörigkeitsgesetz.
StenBer. = Stenographische Berichte.
StFlG. = Steuerfluchtgesetz.
UStG. = Umsatzsteuergesetz.
VermStErkl. = Vermögensteuererklärung.
VermStG. = Vermögensteuergesetz.
vgl. = vergleiche.
VStZwAAB. = Ausführungsbestimmungen zum Vermögensteuergesetz und Zwangsanleihegesetz.
WBG. = Wehrbeitragsgesetz.
WO. = Wechselordnung.
Ziff. = Ziffer.
ZPO. = Zivilprozeßordnung.
ZwA. = Zwangsanleihe.
ZwAG. = Zwangsanleihegesetz.

Inhaltsverzeichnis.

Seite

Vorauszeichnung.

Endgültige Zeichnung.

Straf-, Übergangs- und Schlußvorschriften.

Anhang.

Gesetz über die Zwangsanleihe.

Vom 20. Juli 1922.

In der Fassung der Gesetze vom 22. Dezember 1922 und vom 20. März 1923.

(RGBl. 1922 I 601, 955, 1923 I 198.)

---

§ 1. Vom Reiche wird eine Zwangsanleihe nach den Vorschriften dieses Gesetzes aufgelegt.

Zeichnungspreis, Verzinsung, Tilgung.

§ 2. Der Zeichnungspreis der Zwangsanleihe beträgt:
für die im Juli 1922 gezeichnete Zwangsanleihe 94 v. H.,
für die im August 1922 gezeichnete Zwangsanleihe 96 v. H.,
für die im September 1922 gezeichnete Zwangsanleihe 98 v. H.,
für die in der Zeit vom 1. Oktober 1922 bis zum 30. April 1923 gezeichnete Zwangsanleihe 100 v. H.
des Nennwerts.

Soweit die Zwangsanleihe nicht bis zum 30. April 1923 gezeichnet ist, erhöht sich der Zeichnungspreis für jeden angefangenen dem Monat April 1923 folgenden Monat um je 10 v. H. des Nennwerts.

Zwangsanleihebeträge, die bis zum 31. August 1922 unter Barzahlung des Zeichnungspreises gezeichnet worden sind, werden auf den endgültig zu zeichnenden Zwangsanleihebetrag zum doppelten Nennwert angerechnet. Auf Grund dieser Anrechnung zum doppelten Nennwert finden Rückzahlungen nicht statt.

§ 3. Über die Zwangsanleihe werden Schuldverschreibungen auf den Inhaber ausgegeben. Eintragungen in das Reichsschuldbuch sind ausgeschlossen.

§ 4. Die Zwangsanleihe ist bis zum 31. Oktober 1925 unverzinslich und wird vom 1. November 1925 an bis zum 31. Oktober 1930 in Höhe von 4 v. H. und vom 1. November 1930 an in Höhe von 5 v. H. des Nennwerts jährlich verzinst. Die Zinsen werden halbjährlich am 1. Mai und 1. November, erstmals am 1. Mai 1926, fällig.

§ 5. Die Zwangsanleihe wird vom 1. November 1925 an durch Rückkauf zum Börsenkurs oder durch Auslosung zum Nennwert getilgt.

Zur Tilgung der Anleihe ist jährlich mindestens ½ v. H. vom Nennwert des ursprünglichen Betrags der Zwangsanleihe zuzüglich der durch die Tilgung ersparten Zinsen zu verwenden. Die zu diesem Zwecke erforderlichen Mittel sind in den Reichshaushaltsplan einzusetzen.

Zeichnungspflichtige Personen.

§ 6. Alle natürlichen und juristischen Personen, Personenvereinigungen und Vermögensmassen, die am 1. Januar 1923 vermögenssteuerpflichtig sind (§§ 2 bis 5 VermStG. vom 8. April 1922, RGBl. I S. 335), haben nach den Vorschriften dieses Gesetzes Zwangsanleihe zu zeichnen. Ausgenommen von der Zeichnungspflicht sind die nach dem Hypothekenbankgesetze vom 13. Juli 1899 (RGBl. S. 375) der Staatsaufsicht unterliegenden Hypothekenbanken und die landschaftlichen Kreditanstalten. Diejenigen Hypothekenbanken, die Geschäfte in weiterem als dem im § 5 des Hypothekenbankgesetzes bezeichneten Umfang betreiben (gemischte Hypothekenbanken), sind jedoch nach näherer Bestimmung des Reichsministers der Finanzen für denjenigen Teil ihres Vermögens zeichnungspflichtig, der nicht dem Hypothekenbankbetriebe gewidmet ist. Sind Zeichnungspflichtige, die im § 2 Abs. 1 Z. 3 und 4 VermStG. bezeichnet sind, mindestens zu einem Fünftel am Vermögen eines anderen unter die gleiche Vorschrift fallenden Pflichtigen beteiligt, so unterliegt der Wert dieser Beteiligung nicht der Zeichnungspflicht.

Umfang der Zeichnungspflicht.

§ 7. Der Betrag an Zwangsanleihe, der auf den einzelnen Zeichnungspflichtigen (§ 6) entfällt, bemißt sich nach dem Vermögen, das bei der ersten Veranlagung zur Vermögensteuer nach den Vorschriften des Vermögensteuergesetzes festgestellt ist.

§ 8. Eine Zeichnungspflicht besteht nicht, wenn das Vermögen (§ 7) den Betrag von 400 000 M. nicht übersteigt.

Die im Abs. 1 bezeichnete Freigrenze erhöht sich:

1. auf 1 200 000 M., wenn das Vermögen hauptsächlich aus Vermögen im Sinne des § 9 VermStG. besteht und wenn das der Einkommensteuer für das Rechnungsjahr 1921 zugrunde liegende Gesamteinkommen 40 000 M. nicht übersteigt;
2. auf 4 000 000 M., wenn das Vermögen hauptsächlich aus Vermögen im Sinne des § 9 VermStG. besteht, und wenn das der Einkommensteuer für das Rechnungsjahr 1921 zugrunde liegende Einkommen sich vorwiegend aus Erträgen dieses Vermögens zusammensetzt und 60 000 M. nicht übersteigt; dies gilt nur für Personen, die entweder über 60 Jahre alt oder erwerbsunfähig oder nicht nur vorübergehend behindert sind, ihren Lebensunterhalt durch eigenen Erwerb zu bestreiten.

Ist die Einkommensteuerpflicht erst im Jahre 1922 begründet worden oder hat sich das Einkommen des Jahres 1922 gegenüber dem Einkommen des Jahres 1921 infolge eines dem Erbschaftssteuergesetze vom 10. September 1919 (RGBl. S. 1543) unterliegenden Vermögenserwerbes erhöht, so bestimmt der Reichsminister der Finanzen, welches Einkommen zugrunde zu legen ist.

Würde einem Zeichnungspflichtigen, dessen Vermögen oder Einkommen die in Abs. 1, 2 bezeichneten Freigrenzen übersteigt, nach Abzug des zu zeichnenden Betrags ein geringeres Vermögen verbleiben, als wenn sein Vermögen oder Einkommen diese Freigrenzen nicht überschritten hätte, so ist Zwangsanleihe nur insoweit zu zeichnen, als sie aus der Hälfte des Betrags gedeckt werden kann, um den die Freigrenzen des Vermögens oder Einkommens oder beide Freigrenzen überschritten sind.

Die in Abs. 1, 2 bezeichneten Freigrenzen gelten nicht für Zeichnungspflichtige, die nach § 3 VermStG. beschränkt steuerpflichtig sind (beschränkt Zeichnungspflichtige).

§ 9. Von natürlichen Personen ist auf die Zwangsanleihe zu zeichnen:

von den ersten 600 000 M. des Vermögens 1 v. H.,
von den nächsten 900 000 M. des Vermögens 2 v. H.,
von den nächsten 1 500 000 M. des Vermögens 4 v. H.,
von den nächsten 1 500 000 M. des Vermögens 6 v. H.,
von den nächsten 1 500 000 M. des Vermögens 8 v. H.,
von den weiteren Beträgen 10 v. H.

Von den übrigen Zeichnungspflichtigen ist auf die Zwangsanleihe die Hälfte der im Abs. 1 vorgeschriebenen Sätze zu zeichnen.

Gehören zum Haushalt des Zeichnungspflichtigen zwei oder mehr Kinder im Sinne des § 17 EinkStG., so ermäßigt sich die Zeichnungspflicht für jedes Kind, das nicht selbst Zwangsanleihe zu zeichnen verpflichtet ist, um ein Zwanzigstel der Zeichnungspflicht, sofern das zeichnungspflichtige Vermögen nicht mehr als 6 000 000 M. beträgt.

§ 10. Der Zwangsanleihebetrag wird,

wenn er 50 000 M. nicht übersteigt, auf volle Tausende nach unten,

wenn er 50 000 M. übersteigt, auf volle Tausende nach oben

abgerundet.

§ 11. Ist auf das Reichsnotopfer über den gemäß § 36 VermStG. geschuldeten Betrag hinaus Zahlung geleistet, so ist der Mehrbetrag nebst den gemäß § 39 VermStG. darauf zu entrichtenden Zinsen auf Antrag auf die zu zeichnende Zwangsanleihe anzurechnen, und zwar,

soweit die Entrichtung durch Hingabe von selbstgezeichneter, verzinslicher, deutscher Kriegsanleihe erfolgt ist, in Höhe des Annahmewerts zum Reichsnotopfer,

soweit die Entrichtung in bar oder durch Hingabe von unverzinslichen Schatzanweisungen (Schatzwechseln) erfolgt ist, unter Belassung der für bare Vorauszahlungen gewährten Vergütungen.

Vorauszeichnung.

§ 12. Jeder Zeichnungspflichtige kann vom 15. Juli 1922 ab bei einer Annahmestelle Zwangsanleihe zeichnen. Als gezeichnet im Sinne dieses Gesetzes gilt nur der Betrag, der mit der Zeichnung tatsächlich eingezahlt wird. Die näheren Bestimmungen über den Nachweis der Zeichnung trifft der Reichsminister der Finanzen.

§ 13. Der Zeichnungspflichtige hat gleichzeitig mit der Abgabe der Vermögensteuererklärung, spätestens aber bis zum 30. April 1923, zwei Drittel des gemäß §§ 9 und 10 zu berechnenden Zwangsanleihebetrags bei einer Annahmestelle im voraus zu zeichnen. Der Vorauszeichnung ist das in der Vermögensteuererklärung angegebene Vermögen zugrunde zu legen. Ist eine Vermögensteuererklärung nicht abgegeben, so hat der Zeichnungspflichtige sein Vermögen nach dem für die erste Veranlagung zur Vermögensteuer maßgebenden Stand (§ 7) zu schätzen.

Endgültige Zeichnung.

§ 14. Gleichzeitig mit der ersten Veranlagung zur Vermögensteuer setzt das Finanzamt den endgültig zu zeichnenden Zwangsanleihebetrag fest und erteilt dem Zeichnungspflichtigen einen schriftlichen Bescheid darüber, welchen Betrag er noch zu zeichnen oder zurückzuerhalten hat. Der Bescheid gilt als Steuerbescheid im Sinne der RAO.

§ 15. Der auf Grund des Bescheids (§ 14) noch zu zeichnende Betrag ist binnen zwei Monaten nach Zustellung des Bescheids bei einer Annahmestelle zu zeichnen.

§ 16. Übersteigt das für die endgültige Zeichnung zugrunde gelegte Vermögen (endgültiges Vermögen) das Vermögen, das sich aus der Vorauszeichnung ergibt (vorläufiges Vermögen), um mehr als ein Viertel, so erhöht sich die Zeichnungspflicht nach Maßgabe des Abs. 2.

Die Erhöhung beträgt, wenn das endgültige Vermögen
- nicht mehr als das Eineinhalbfache des vorläufigen Vermögens beträgt, 20 v. H.,
- mehr als das Eineinhalbfache, aber nicht mehr als das Zweifache des vorläufigen Vermögens beträgt, 30 v. H.,
- mehr als das Zweifache, aber nicht mehr als das Dreifache des vorläufigen Vermögens beträgt, 40 v. H.,
- mehr als das Dreifache, aber nicht mehr als das Vierfache des vorläufigen Vermögens beträgt, 50 v. H.,
- mehr als das Vierfache des vorläufigen Vermögens beträgt, 60 v. H.

des Unterschiedsbetrags zwischen dem vorausgezeichneten Zwangsanleihebetrag und zwei Dritteln des endgültig zu zeichnenden Zwangsanleihebetrags, wenn der Zeichnungspflichtige vorsätzlich oder fahrlässig das vorläufige Vermögen zu gering angegeben hat. Wer nichts vorausgezeichnet hat, unterliegt einer erhöhten Zeichnungspflicht nach dem höchsten Hundertsatz des Satz 1.

Von der erhöhten Zeichnungspflicht (Abs. 1) kann abgesehen werden, wenn Schätzungen des Vermögens mit ungewöhnlichen Schwierigkeiten verbunden sind und wenn der Zeichnungspflichtige mit der nach § 13 zu leistenden Vorauszahlung bei dem Finanzamt unter Darlegung des Sachverhalts beantragt, ihn von der erhöhten Zeichnungspflicht zu entbinden, falls infolge verschiedener Schätzung des Vermögens bei der endgültigen Feststellung des Vermögens das endgültige Vermögen das vorläufige Vermögen übersteigen sollte.

§ 17. Übersteigt der auf die Vorauszeichnung geleistete Betrag den endgültig zu zeichnenden Betrag, so ist dem Zeichnungspflichtigen ein zuviel eingezahlter Betrag nebst 5 v. H. Zinsen vom Tage der Einzahlung ab gegen Rückgabe eines entsprechenden Betrags in Schuldverschreibungen kosten- und stempelfrei zu erstatten.

§ 18. Diejenigen auf das Reichsnotopfer überzahlten Beträge, deren Anrechnung auf die zu zeichnende Zwangsanleihe der Zeichnungspflichtige gemäß § 11 beantragt, sind zunächst auf die nach § 13 zu leistenden Vorauszahlungen anzurechnen.

§ 19. Der Reichsminister der Finanzen wird ermächtigt, die Stellen zu bestimmen, die als Annahmestellen für die Zeichnung der Zwangsanleihe tätig zu sein haben, und den Annahmestellen eine Entschädigung für Aufwand und Zeitverlust zu gewähren.

§ 20. Die Zeichnung der Zwangsanleihe ist ganz oder teilweise gegen Sicherheitsleistung und Verzinsung zu stunden, wenn der Zeichnungspflichtige nachweist, daß ohne die Stundung seine wirtschaftliche Existenz gefährdet werden würde oder die Einstellung oder eine wesentliche Einschränkung des Betriebs erfolgen müßte. Gegen die Ablehnung des Stundungsgesuchs steht die Beschwerde an das Landesfinanzamt offen. Das Landesfinanzamt entscheidet endgültig.

In besonderen Fällen kann von dem Verlangen nach Sicherheitsleistung abgesehen werden.

Die Stundungsbewilligung wird zurückgenommen, wenn die Voraussetzungen hierfür weggefallen sind oder wenn eine nachträglich verlangte Sicherheit nicht geleistet wird.

Die Vorschriften der Abs. 1 bis 3 finden auf die Vorauszeichnung Anwendung. Sofern der Stundungsantrag bis zum 31. Januar 1923 gestellt wird, ist die Vorauszeichnung als rechtzeitig anzusehen, wenn sie innerhalb eines Monats nach Ablehnung des Antrags erfolgt.

§ 21. Zur Vermeidung von Härten kann der Reichsminister der Finanzen in Einzelfällen von der Verpflichtung zur Zeichnung der Zwangsanleihe, von der Verpflichtung zur Vorauszeichnung, von der erhöhten Zeichnungspflicht oder von allen diesen Verpflichtungen ganz oder teilweise entbinden. Die Befugnis hierzu kann den Landesfinanzämtern übertragen werden.

Das gleiche kann für bestimmte Gruppen von Fällen der Reichsminister der Finanzen mit Zustimmung des Reichsrats bestimmen.

§ 22. Die §§ 30, 31, 32 VermStG. finden auf die Vorauszeichnung (§§ 12, 13) und auf die endgültige Zeichnung (§ 14) entsprechende Anwendung.

Straf-, Übergangs- und Schlußvorschriften.

§ 23. Wer zum eigenen Vorteil oder zum Vorteil eines anderen vorsätzlich bewirkt, daß die Einnahmen, die dem Reiche auf Grund der §§ 14 bis 16 zustehen, verkürzt werden, wird mit einer Geldstrafe im einfachen bis zum fünffachen Betrage der hinterzogenen Einnahmen bestraft. Daneben kann auf Gefängnis erkannt werden.

Werden durch dieselbe Handlung die Vorschriften dieses Gesetzes und des Vermögensteuergesetzes verletzt, so sind die Geldstrafen nach jedem Gesetze besonders zu verhängen.

§ 24. Für die erste Veranlagung der Vermögensteuer sind inländische und ausländische Wertpapiere, die in Deutschland einen Kurswert haben, mit Durchschnittskursen zu bewerten, die ermittelt werden aus der durch 3 geteilten Summe der Kurse am Ende der ersten Hälfte der Jahre 1920, 1921, 1922 einerseits und aus den Kursen vom ersten Börsentage des letzten Vierteljahrs des Kalenderjahrs 1922 anderseits. Nach den gleichen Grundsätzen sind die Verkaufswerte von inländischen Wertpapieren ohne Kurswert zu ermitteln.

Ausländische Wertpapiere ohne inländischen Kurswert sind mit den Kursen oder Werten am 31. Dezember 1922 anzusetzen. Bei Wertpapieren, die auf eine am 31. Dezember 1922 der deutschen gegenüber hochwertige Währung lauten, ist für die Umrechnung aus der ausländischen in die inländische Währung der Durchschnittskurs der ausländischen Währung zugrunde zu legen, der ermittelt wird aus der durch 3 geteilten Summe der Kurse am Ende der ersten Hälfte der Jahre 1920, 1921, 1922 einerseits und aus den Kursen vom ersten Börsentage des letzten Vierteljahrs des Kalenderjahrs 1922 anderseits.

Die näheren Bestimmungen erläßt der Reichsminister der Finanzen nach Anhörung von Sachverständigen. Er trifft auch Bestimmungen für die Fälle, in denen ein Kurswert oder ein Verkaufswert an einem der nach Abs. 1 maßgebenden Zeitpunkte nicht zu ermitteln ist.

§ 24 a. Für die Bewertung des Vermögens zur ersten Veranlagung der Vermögensteuer sind der § 24 sowie die Bewertungsrichtlinien des Reichsministers der Finanzen maßgebend, soweit diese feste rechnungsmäßige Unterlagen für die Wertermittlung enthalten. Grundstücke, die im Jahre 1922 käuflich erworben worden sind, sind mindestens mit dem Anschaffungspreis anzusetzen. Hat ein Steuerpflichtiger nach dem 31. August 1922 Wertpapiere erworben und

Schulden aufgenommen, so sind die Wertpapiere bis zum Betrage der Schulden mindestens mit dem Anschaffungspreis anzusetzen.

Zu den nach Abs. 1 Satz 1 festgesetzten Werten tritt ein Zuschlag von 300 v. H. ein.

Vom Zuschlag sind ausgenommen:

1. bebaute Grundstücke, die Wohnzwecken zu dienen bestimmt sind, Villen jedoch nur, sofern ihr Wehrbeitragswert 50 000 M. nicht übersteigt,
2. Bauland (Baustellen, Terrains),
3. inländische auf Reichsmark lautende festverzinsliche Wertpapiere,
4. inländische auf Reichsmark lautende Hypothekenforderungen, Grundschuldforderungen und Rentenschulden,
5. andere Vermögensgegenstände, die nach dem Gesetz oder den Bewertungsrichtlinien mit dem Marktpreis oder Kurswert am Stichtag zu bewerten sind.

Von den Vorschriften des Abs. 1 Satz 1 und des Abs. 2 kann nur abgewichen werden, wenn der Steuerpflichtige es beantragt und gleichzeitig nachweist, daß sich bei Anwendung dieser Vorschriften eine zu hohe Bewertung ergibt; dies gilt nicht für Wertpapiere. Der im Satz 1 vorgeschriebene Antrag muß spätestens bei Einlegung des Einspruchs gegen den Steuerbescheid gestellt werden. Führen Verhandlungen mit dem Steuerpflichtigen über die Feststellung eines Pauschbetrags für die Gegenstände, deren Bewertung streitig ist, zu keinem Ergebnis, so entscheidet im Berufungsverfahren das Finanzgericht über das Vorliegen der Voraussetzungen des Satz 1 endgültig.

§ 25. Bei der Feststellung des Vermögens auf den 31. Dezember 1922 darf die Verpflichtung zur Zeichnung von Zwangsanleihe nicht berücksichtigt werden, soweit eine Vorauszeichnung bis zum 31. Dezember 1922 nicht stattgefunden hat. Hat jedoch eine Vorauszeichnung stattgefunden, so sind die Schuldverschreibungen der Zwangsanleihe oder der Anspruch auf diese mit dem Kurswert, höchstens aber mit 50 v. H. des Nennwerts zu bewerten.

§ 26. Soweit sich aus diesem Gesetze nichts anderes ergibt, finden auf die Zwangsanleihe und ihre Durchführung, insbesondere auf die Ermittlung, Festsetzung und Erhebung, auf die Bestrafung von Zuwiderhandlungen gegen dieses Gesetz, sowie auf das Strafverfahren, die Vorschriften der RAO. sinngemäße Anwendung.

§ 27 (gestrichen).

§ 28. Ist gegen die beschleunigte Veranlagung des Reichsnotopfers nach dem Gesetz vom 22. Dezember 1920 (RGBl. S. 2114)

ein Rechtsmittel nicht eingelegt, so findet eine weitere Veranlagung nicht mehr statt; die beschleunigte Veranlagung ist unanfechtbar; der § 56 Abs. 1 des Gesetzes über das Reichsnotopfer findet keine Anwendung. Nach dem Inkrafttreten dieses Gesetzes finden beschleunigte Veranlagungen nicht mehr statt.

Ist bei Inkrafttreten dieses Gesetzes gegen die Veranlagung des Reichsnotopfers ein Rechtsmittel eingelegt, so ist dieses Rechtsmittel, insoweit es sich gegen die Bewertung landwirtschaftlicher, forstwirtschaftlicher oder gärtnerischer Grundstücke mit nicht mehr als dem einundeinhalbfachen Wehrbeitragswert richtet, unter Niederschlagung der Kosten für erledigt zu erklären; diese Verfügung ist den Beteiligten zuzustellen. Der noch zu entrichtende Abgabebetrag wird binnen einem Monat nach Zustellung der Verfügung fällig. Das Rechtsmittelverfahren wird jedoch, auch insoweit es für erledigt erklärt worden ist, fortgesetzt, wenn

a) geltend gemacht ist, daß aus einer Verringerung der Bodenfläche oder aus einer Verschlechterung dieser Bodenfläche infolge außergewöhnlicher Naturereignisse sich eine geringere Bewertung rechtfertige, oder daß die Voraussetzungen für eine Erledigungserklärung nicht vorgelegen hätten, und

b) binnen einem Monat nach Zustellung der Verfügung die Fortsetzung des Rechtsmittelverfahrens beantragt wird.

Wird festgestellt, daß die für die Fortsetzung des Rechtsmittelverfahrens geltend gemachten Tatsachen nicht zutreffen, so bleibt die vom Finanzamt vorgenommene Bewertung des Grundstücks auch für das Rechtsmittelverfahren maßgebend. Satz 1 bis 3 finden entsprechende Anwendung, wenn nach Inkrafttreten dieses Gesetzes ein Rechtsmittel gegen die Veranlagung zum Notopfer eingelegt wird.

§ 29. Die Ausführungsbestimmungen zu diesem Gesetz erläßt der Reichsminister der Finanzen mit Zustimmung des Reichsrats.

§ 30. Das Gesamtergebnis der Zwangsanleihe ist lediglich zur Abdeckung von Verbindlichkeiten zu verwenden, die das Reich für Sachleistungen aus dem Friedensvertrag von Versailles und den auf Grund dieses Vertrags abgeschlossenen Übereinkommen zu zahlen hat.

§ 31. Dieses Gesetz tritt mit dem Tage seiner Verkündung in Kraft. Einheitlich gleichzeitig mit diesem Gesetz werden

1. das Gesetz zur Änderung des Erbschaftssteuergesetzes,
2. das Gesetz zur Änderung des Einkommensteuergesetzes

erlassen.

Vermögensteuergesetz.

Vom 8. April 1922.

In der Fassung des Gesetzes vom 20. März 1923.
(RGBl. 1922 I 335, 1923 I 198.)

---

§ 1. Vom 1. Januar 1923 ab wird eine jährliche Vermögensteuer nach den Vorschriften dieses Gesetzes erhoben.

Für die Dauer von 15 Jahren erhöht sich die Vermögensteuer um den Zuschlag gemäß § 20.

Erster Abschnitt. Steuerpflicht. Steuerbares Vermögen.

§ 2. Steuerpflichtig sind:

1. Deutsche, soweit sie sich nicht länger als zwei Jahre dauernd im Ausland aufhalten, ohne im Inland einen Wohnsitz zu haben.

   Beamte des Reichs oder der Länder und Militärpersonen, die ihren dienstlichen Wohnsitz im Ausland haben, sowie die in ihren Diensten stehenden Deutschen sind ohne Rücksicht auf die Dauer ihres Aufenthalts im Ausland steuerpflichtig; soweit sie zu einer ausländischen Vermögensteuer herangezogen werden, wird die ausländische Steuer auf die inländische angerechnet. Wahlkonsuln gelten nicht als Beamte im Sinne dieser Vorschrift;
2. Nichtdeutsche, wenn sie im Deutschen Reiche einen Wohnsitz oder des Erwerbes wegen oder länger als sechs Monate ihren gewöhnlichen Aufenthalt haben. Wird die Steuerpflicht durch einen Aufenthalt von mehr als sechs Monaten begründet, so erstreckt sich die Steuerpflicht auch auf die ersten sechs Monate;
3. juristische Personen des öffentlichen und des bürgerlichen Rechts, sowie alle Berggewerkschaften, sofern sie den Sitz oder Ort der Leitung im Inland haben;
4. nichtrechtsfähige Personenvereinigungen, Anstalten, Stiftungen und andere Zweckvermögen, sofern sie den Sitz oder Ort der Leitung im Inland haben.

Der Besteuerung unterliegt:

1. bei den im Abs. 1 Nr. 1 genannten Steuerpflichtigen das gesamte steuerbare Vermögen;
2. bei den im Abs. 1 Nr. 2 genannten Steuerpflichtigen das gesamte steuerbare Vermögen mit Ausnahme des ausländischen Grund- und Betriebsvermögens;
3. bei den im Abs. 1 Nr. 3 und 4 genannten Steuerpflichtigen das gesamte Vermögen, soweit es nicht nach diesem Gesetz unmittelbar bei einem anderen Steuerpflichtigen steuerbar ist; bei den im Abs. 1 Nr. 3 genannten Steuerpflichtigen sind die Vorschriften des § 12 zu berücksichtigen.

§ 3. Soweit nicht schon die Steuerpflicht nach § 2 begründet ist, sind ohne Rücksicht auf Staatsangehörigkeit, Wohnsitz, Aufenthalt, Sitz oder Ort der Leitung alle natürlichen Personen sowie juristische Personen, Personenvereinigungen und Vermögensmassen der im § 2 bezeichneten Art (beschränkt Steuerpflichtige) mit ihrem gesamten inländischen Grund- und Betriebsvermögen steuerpflichtig. Darüber, was in Fällen dieser Art als inländisches Betriebsvermögen anzusehen ist, trifft der Reichsminister der Finanzen mit Zustimmung des Reichsrats und eines vom Reichstag gewählten Ausschusses die näheren Bestimmungen.

§ 4. Von der Vermögensteuer sind befreit natürliche Personen, juristische Personen, Personenvereinigungen und Vermögensmassen der im § 2 bezeichneten Art, denen unter Wahrung der Gegenseitigkeit nach allgemein völkerrechtlichen Grundsätzen oder denen nach besonderen, mit anderen Staaten getroffenen Vereinbarungen ein Anspruch auf Befreiung von den persönlichen Steuern zusteht.

§ 5. Von der Vermögensteuer sind ferner befreit:

1. das Reich, die Länder, die Gemeinden (Gemeindeverbände), die Unternehmungen, deren Erträge ausschließlich dem Reiche, den Ländern und den Gemeinden (Gemeindeverbänden) zufließen, sofern sich nicht aus der Vorschrift zu Nr. 4 ein anderes ergibt;
2. Universitäten, Hochschulen und ähnliche Anstalten und Gesellschaften, die im Falle der Unzulänglichkeit der eigenen Mittel vom Reiche, von den Ländern, den Gemeinden (Gemeindeverbänden) oder von sonstigen öffentlich-rechtlichen Körperschaften dauernd ganz oder teilweise unterhalten, und Stiftungen, deren Zwecke im Falle der Unzulänglichkeit der eigenen Mittel vom Reiche, von den Ländern, den Gemeinden (Gemeindeverbänden) oder von

sonstigen öffentlich-rechtlichen Körperschaften ganz oder teilweise erfüllt werden, soweit die Besteuerung zu einer Inanspruchnahme des Reichs, der Länder, der Gemeinden (Gemeindeverbände) oder sonstiger öffentlich-rechtlicher Körperschaften führen würde;
3. die Kirchen sowie die kirchlichen und religiösen Gemeinschaften;
4. die Reichsbank, die Reichsdarlehnskassen, die Staatsbanken, die öffentlichen oder dem öffentlichen Verkehre dienenden Sparkassen, sofern sie sich auf die Pflege des eigentlichen Sparkassenverkehrs beschränken, sowie die von Körperschaften des öffentlichen Rechts gegründeten und geleiteten gemeinnützigen Kreditanstalten;
5. die Träger der Reichsversicherung;
6. rechtsfähige Pensions-, Witwen-, Waisen-, Sterbe-, Unterstützungs- und sonstige Hilfskassen für Fälle der Not oder der Arbeitslosigkeit; das gleiche gilt für nicht rechtsfähige Kassen dieser Art, wenn die dauernde Verwendung der Einkünfte für die Zwecke der Kassen gesichert ist;
7. Personenvereinigungen und Zweckvermögen, die nach der Satzung, Stiftung oder sonstigen Verfassung ausschließlich gemeinnützigen, mildtätigen oder kirchlichen Zwecken dienen; die Gemeinnützigkeit ist bei Personenvereinigungen nicht ausgeschlossen, wenn die Einlagen nach der Satzung oder sonstigen Verfassung mit höchstens 5 v. H. verzinst werden, bei Auslosungen, Ausscheiden eines Mitglieds oder für den Fall der Auflösung der Personenvereinigung nicht mehr als der eingezahlte Betrag der Einlage zugesichert und bei der Auflösung der Rest des Vermögens für gleiche Zwecke bestimmt ist;
8. politische Parteien und Vereine;
9. gesetzliche Berufs- oder Wirtschaftsvertretungen sowie wirtschaftliche Verbände ohne öffentlich-rechtlichen Charakter, deren Zweck nicht auf einen wirtschaftlichen Geschäftsbetrieb gerichtet ist.

Die Befreiung gilt nicht für Steuerpflichtige, deren Sitz oder Ort der Leitung im Ausland liegt.

§ 6. Als Vermögen im Sinne dieses Gesetzes (steuerbares Vermögen) gilt, insoweit nichts anderes vorgeschrieben ist, das gesamte bewegliche und unbewegliche Vermögen nach Abzug der Schulden. Es umfaßt:
1. Grundstücke einschließlich des Zubehörs (Grundvermögen);
2. das dem Betriebe der Land- oder Forstwirtschaft, des Bergbaues oder eines Gewerbes dienende Vermögen (Betriebsvermögen);

3. das gesamte sonstige Vermögen, das nicht Grund- oder Betriebsvermögen ist (sonstiges Vermögen).

§ 7. Den Grundstücken (§ 6 Nr. 1) stehen Berechtigungen gleich, die den Vorschriften des bürgerlichen Rechts über Grundstücke unterliegen.

§ 8. Zum Betriebsvermögen (§ 6 Nr. 2) gehören alle dem Unternehmen gewidmeten Gegenstände.

Als Betriebsvermögen gelten auch aus dem Betriebe herrührende und andere Vorräte, die zur Weiterveräußerung bestimmt sind.

§ 9. Als sonstiges Vermögen (§ 6 Nr. 3) kommen insbesondere, soweit die einzelnen Vermögensgegenstände nicht unter § 6 Nr. 1, 2, § 7 fallen, in Betracht:

1. selbständige Rechte und Gerechtigkeiten;
2. verzinsliche und unverzinsliche Kapitalforderungen jeder Art;
3. Aktien oder Anteilscheine, Kuxe, Geschäftsguthaben bei Genossenschaften, Geschäftsanteile und andere Gesellschaftseinlagen;
4. bares Geld deutscher Währung, fremde Geldsorten, Banknoten und Kassenscheine sowie Edelmetalle, Edelsteine und Perlen;
5. der Kapitalwert der Rechte auf Renten und andere wiederkehrende Nutzungen und Leistungen, die dem Berechtigten auf seine Lebenszeit oder auf die Lebenszeit eines anderen, auf unbestimmte Zeit oder auf die Dauer von mindestens 10 Jahren entweder vertragsmäßig als Gegenleistung für die Hingabe von Vermögenswerten oder aus letztwilligen Verfügungen, Schenkungen oder Familienstiftungen oder vermöge hausgesetzlicher Bestimmungen zustehen;
6. noch nicht fällige Ansprüche aus Lebens- und Kapitalversicherungen oder Rentenversicherungen, aus denen der Berechtigte noch nicht in den Rentenbezug eingetreten ist. Auf Rentenversicherungen, die mit Rücksicht auf ein Arbeits- oder Dienstverhältnis abgeschlossen worden sind, findet diese Vorschrift keine Anwendung;
7. Gegenstände aus edlem Metall, Schmuck- und Luxusgegenstände, sofern der Anschaffungspreis für den einzelnen Gegenstand 10 000 M. und darüber betragen hat;
8. Kunstgegenstände und Sammlungen, sofern sie nach dem 31. Juli 1914 angeschafft sind und der Anschaffungspreis für den einzelnen Gegenstand 20 000 M. und darüber oder für mehrere gleichartige oder zusammengehörige Gegenstände 200 000 M. und darüber betragen hat und sofern sie nicht von lebenden oder seit 15 Jahren verstorbenen deutschen Künstlern geschaffen sind.

§ 10. Zum steuerbaren Vermögen gehören nicht:

1. Ansprüche an Witwen-, Waisen- und Pensionskassen;
2. Ansprüche aus einer reichsgesetzlichen Versicherung jeder Art sowie aus einer nicht reichsgesetzlichen Kranken- oder Unfallversicherung;
3. Ansprüche auf Renten und ähnliche Bezüge, die mit Rücksicht auf ein früheres Arbeits- oder Dienstverhältnis gewährt werden;
4. Ansprüche auf Renten, Pensionen und ähnliche Bezüge, die nach den Militärversorgungsgesetzen, dem Reichsversorgungsgesetze, dem Kapitulantenentschädigungsgesetze, dem Offizierentschädigungsgesetz oder den Beamtenpensionsgesetzen gezahlt werden;
5. Hausrat und andere bewegliche körperliche Gegenstände, sofern sie nicht zum Betriebsvermögen gehören oder Zubehör eines Grundstücks oder im § 9 besonders aufgezählt sind;
6. Vermögensbeträge, die für ausschließlich gemeinnützige oder Wohlfahrtszwecke zurückgelegt sind und deren Verwendung nach Substanz und Ertrag zu solchen Zwecken gesichert ist;
7. der Anspruch auf eine Kapitalabfindung, die als Entschädigung für den durch Körperverletzung oder Krankheit herbeigeführten gänzlichen oder teilweisen Verlust der Erwerbsfähigkeit dem Steuerpflichtigen zusteht; das gleiche gilt für den Anspruch auf eine Kapitalabfindung, die den Hinterbliebenen eines im Sinne des vorhergehenden Satzes Geschädigten auf Grund dieser Schädigung gewährt wird;
8. der Anspruch auf Kapitalabfindungen, auf einmalige Abfindungssummen und auf einmalige Kapitalabfindungen nach den Militärversorgungsgesetzen, dem Reichsversorgungsgesetze, dem Kapitulantenentschädigungsgesetze, dem Offizierentschädigungsgesetz oder den Beamtenpensionsgesetzen;
9. die im § 9 des Reichsausgleichsgesetzes vom 24. April 1920 (RGBl. S. 597) und die im § 8 des Gesetzes über Enteignungen und Entschädigungen aus Anlaß des Friedensvertrages zwischen Deutschland und den alliierten und assoziierten Mächten vom 31. August 1919 (RGBl. S. 1527) bezeichneten Ansprüche sowie die Ansprüche aus dem Verdrängungsschädengesetze vom 28. Juli 1921 (RGBl. S. 1021), aus dem Kolonialschädengesetze vom 28. Juli 1921 (RGBl. S. 1031) und aus dem Auslandsschädengesetze vom 28. Juli 1921 (RGBl. S. 1038).

§ 11. Zur Ermittlung des Reinvermögens sind von dem Rohvermögen abzuziehen:

1. Schulden; als Schulden gelten auch die Vermögenszuwachssteuer von dem Vermögenszuwachs, der auf den gleichen Stichtag wie das Vermögen ermittelt ist (§ 4 VermZuwStG. vom 8. April 1922, RGBl. S. 346), sowie die Vorauszahlungen auf die Einkommensteuer, soweit sie an dem für die Feststellung des Vermögens maßgebenden Stichtag (§ 14) fällig und noch geschuldet waren (§ 42 EinkStG. in der Fassung des Gesetzes vom 20. Dezember 1921, RGBl. S. 1580); der Abzug tritt nicht ein, soweit Rückgriffsrechte bestehen;
2. der Wert der dem Steuerpflichtigen obliegenden oder auf einem Hausgut, Familienfideikommiß, Lehen, Stammgut oder einem sonstigen gebundenen Vermögen ruhenden Leistungen der im § 9 Nr. 5 bezeichneten Art;
3. die zur Bestreitung der laufenden Ausgaben nicht geschäftlicher oder beruflicher Art für drei Monate erforderlichen Beträge an Geld, Bank- oder sonstigen Guthaben. Dieser Abzug ist bei den beschränkt Steuerpflichtigen nicht zulässig.

Nicht abzugsfähig sind Schulden und Lasten, soweit sie in wirtschaftlicher Beziehung zu Vermögensteilen stehen, die nicht zum steuerbaren Rohvermögen gehören.

Beschränkt sich die Besteuerung auf das inländische Grund- und Betriebsvermögen, so sind nur die in einer wirtschaftlichen Beziehung zu diesen Vermögensteilen stehenden Schulden und Lasten abzuziehen.

§ 12. Von dem Rohvermögen der im § 2 Abs. 1 Nr. 3 bezeichneten Steuerpflichtigen sind außer den im § 11 ausgeführten Schulden und Lasten abzuziehen:
1. der Betrag des eingezahlten Grund- oder Stammkapitals;
2. die Rücklagen für ausschließlich gemeinnützige oder Wohlfahrtszwecke, deren Verwendung nach Substanz und Ertrag zu solchen Zwecken gesichert ist;
3. bei Versicherungsgesellschaften und Versicherungsvereinen die Rücklagen für die Versicherungssummen und für die den Versicherten selbst als sogenannte Dividende zurückzugewährenden Prämienüberschüsse.

An die Stelle des eingezahlten Grund- oder Stammkapitals tritt:
a) bei Berggewerkschaften oder Bergbau treibenden Vereinigungen ein Betrag, der aus dem Erwerbspreis und den Anlage- und Erweiterungskosten abzüglich des durch Schuldaufnahme gedeckten Aufwandes hierfür zu berechnen ist, wobei mit Genehmigung des

Finanzamts seitens derjenigen Berggewerkschaften oder Bergbau treibenden Vereinigungen, die ein Kapitalkonto in ihren Bilanzen führen, statt des vorstehenden Betrags der Betrag des Kapitalkontos zugrunde gelegt werden kann;

b) bei eingetragenen Genossenschaften sowie den in ihrer Hauptbestimmung als Zentralen der Genossenschaften wirkenden Gesellschaften mit beschränkter Haftung und Aktiengesellschaften die doppelte Summe der Geschäftsguthaben der Genossen oder des Stammkapitals der Gesellschaften sowie bei den Revisions- und ähnlichen Hauptverbänden das Verbandsvermögen;

c) bei Versicherungsvereinen auf Gegenseitigkeit der eingezahlte Gründungsfonds;

d) bei landschaftlichen, ritterschaftlichen und ähnlichen Kreditanstalten das ursprünglich bei der Gründung und später zugewiesene Vermögen.

§ 13. Für die Veranlagung der Vermögensteuer wird das Vermögen der Ehegatten zusammengerechnet, sofern sie nicht dauernd voneinander getrennt leben. Die Zusammenrechnung findet statt vom Beginne des Kalenderjahrs, das dem Eintritt der Voraussetzungen folgt, bis zum Schlusse des Kalenderjahrs, das dem Wegfall der Voraussetzungen vorangeht. Eine Neufeststellung der Vermögen findet nicht statt. Die Vorschrift gilt nur, wenn beide Ehegatten unbeschränkt steuerpflichtig sind.

§ 14. Der Vermögenswert wird für drei Kalenderjahre (Veranlagungszeitraum) festgestellt, zum ersten Male auf Grund des Vermögensstandes vom 31. Dezember 1922, später in Zeitabständen von drei zu drei Jahren auf Grund des Vermögensstandes am Schlusse des Kalenderjahrs, das dem Veranlagungszeitraum unmittelbar vorangeht. Für Betriebe, bei denen regelmäßige jährliche Abschlüsse stattfinden, tritt auf Antrag des Steuerpflichtigen an Stelle des Vermögensstandes am Schlusse eines Kalenderjahrs der Stand am Schlusse des letzten Wirtschafts- (Geschäfts-) jahrs, das dem Veranlagungszeitraum unmittelbar vorangeht. Die zwischen dem Schlusse dieses Wirtschafts- (Geschäfts-) jahrs und dem gesetzlichen Stichtag eingetretenen Verschiebungen zwischen dem im Betrieb angelegten Vermögen und dem sonstigen Vermögen des Steuerpflichtigen sind zu berücksichtigen. An einen gemäß Satz 2 gestellten Antrag bleibt der Steuerpflichtige auch für künftige Veranlagungszeiträume gebunden.

Wird die Steuerpflicht innerhalb eines Veranlagungszeitraums begründet, so ist für den noch laufenden Teil des Veranlagungszeitraums der Vermögensstand bei dem Eintritt in die Steuerpflicht maßgebend.

Wird ein beschränkt Steuerpflichtiger (§ 3) im Laufe eines Veranlagungszeitraums unbeschränkt steuerpflichtig oder erwirbt er im Laufe eines Veranlagungszeitraums weitere die beschränkte Steuerpflicht begründende Vermögensgegenstände, so findet Abs. 2 mit der Maßgabe entsprechende Anwendung, daß dem bei der früheren Veranlagung festgestellten Vermögen der Wert des hinzugetretenen Vermögens hinzugerechnet wird.

Zweiter Abschnitt. **Wertermittlung.**

§ 15. Bei der Bewertung des Vermögens gelten die Vorschriften der RAO. über die Wertermittlung mit nachfolgenden ergänzenden Bestimmungen.

Die Vermögensgegenstände sind jeweils unter Berücksichtigung der allgemeinen Wirtschaftsverhältnisse zu bewerten.

Für die Zeit der Erhebung des Zuschlags findet § 152 Abs. 3 RAO. mit der Maßgabe Anwendung, daß bei Ermittlung des nachhaltigen Ertrags insbesondere auch der Ertrag der letzten drei Jahre zu berücksichtigen ist.

Für die dauernd dem Betriebe gewidmeten Gegenstände hat eine vom § 139 Abs. 2 RAO. abweichende Bewertung stattzufinden, wenn und soweit infolge der Entwicklung der Wirtschaftsverhältnisse ein höherer dauernder Wert anzunehmen ist. Die Feststellung der Werterhöhung von einzelnen Betriebsgegenständen hat unter Berücksichtigung der Einheit des ganzen Unternehmens und der Annahme der Weiterführung des Betriebs zu erfolgen. Als dauernd dem Betriebe gewidmeten Gegenstände gelten auch dauernde Beteiligungen an anderen Betriebsunternehmungen.

Die Wertfeststellung der Wertpapiere gemäß § 141 RAO. hat derart zu erfolgen, daß die durchschnittlichen Kurse und Werte der drei letzten Jahre unter Mitberücksichtigung des Ertrögnisses und der Bezugsrechte der Wertermittlung nach näherer Anweisung des Reichsministers der Finanzen unter Anhörung von Sachverständigen zugrunde gelegt werden.

Gold- und Silbermünzen sind mindestens mit dem Metallwert einzusetzen.

§ 16. Der Reichsminister der Finanzen ist ermächtigt, in Ausnahmefällen, in denen die Ermittlung des Vermögenswerts besonderen Schwierigkeiten begegnet, durch Vereinbarung mit dem Steuerpflichtigen die Steuer in einem Pauschbetrage festzusetzen und auf diese Weise auch die Bindung des Vermögens aus Gründen des öffentlichen Wohles angemessen zu berücksichtigen.

§ 17. Zur Berechnung der Vermögensteuer wird das steuerbare Vermögen auf volle Tausende nach unten abgerundet.

Dritter Abschnitt. Tarif.

§ 18. Steuerpflichtig ist nur der den Betrag von 100 000 M. übersteigende Teil des abgerundeten (§ 17) Vermögens. Dies gilt nicht, soweit die Steuerpflicht nur auf § 3 beruht.

§ 19. Die Vermögensteuer (§ 1 Abs. 1) beträgt jährlich für die natürlichen Personen:

von den ersten angefangenen oder vollen 250 000 M. des steuerpflichtigen Vermögens	1 v. T.
für die nächsten angefangenen oder vollen	
250 000 M.	1½ v. T.
250 000 M.	2 v. T.
250 000 M.	3 v. T.
1 000 000 M.	4 v. T.
2 000 000 M.	5 v. T.
3 000 000 M.	6 v. T.
3 000 000 M.	7 v. T.
5 000 000 M.	8 v. T.
10 000 000 M.	9 v. T.
für die weiteren Beträge	10 v. T.

Für die übrigen Steuerpflichtigen beträgt die Vermögensteuer (§ 1 Abs. 1) jährlich 1½ v. T. des steuerpflichtigen Vermögens.

§ 20. Der Zuschlag zur Vermögensteuer (§ 1 Abs. 2) beträgt jährlich für die natürlichen Personen:

von den ersten angefangenen oder vollen 250 000 M. des steuerpflichtigen Vermögens 100,
für die nächsten angefangenen oder vollen 250 000 M. 150,
für die weiteren Beträge 200

vom Hundert der Vermögensteuer (§ 1 Abs. 1).

Für die übrigen Steuerpflichtigen beträgt der Zuschlag (§ 1 Abs. 2) 150 v. H. der Vermögensteuer (§ 1 Abs. 1).

§ 21. Gehören zum Haushalt des Steuerpflichtigen zwei oder mehr Kinder im Sinne des § 17 EinkStG., so ermäßigt sich jeweils für ein Kalenderjahr die Vermögensteuer für jedes Kind, das nicht selbst Vermögensteuer zu entrichten hat, um 100 M., sofern das steuerpflichtige Vermögen nach erfolgter Abrundung nicht mehr als 500 000 M. beträgt. Für die Ermäßigung in einem Kalenderjahr ist der Familienstand am 1. Oktober des jeweils vorangegangenen Kalenderjahrs maßgebend.

§ 22. Steuerpflichtige im Sinne des § 2 Abs. 1 Nr. 1, 2, die über 60 Jahre alt oder erwerbsunfähig oder nicht nur vorübergehend behindert sind, ihren Lebensunterhalt durch eigenen Erwerb zu bestreiten, und deren steuerpflichtiges Vermögen hauptsächlich aus Vermögen im Sinne des § 9 besteht und nicht mehr als 500 000 M. beträgt, sind auf Antrag jeweils für ein Kalenderjahr von der Vermögensteuer freizustellen, wenn das für das vorangegangene Kalenderjahr zu versteuernde Einkommen den Betrag von 20 000 M. nicht überstiegen hat.

Bei der Veranlagung können besondere wirtschaftliche Verhältnisse, die die Leistungsfähigkeit des Steuerpflichtigen wesentlich beeinträchtigen, berücksichtigt werden, sofern das steuerpflichtige Vermögen den Betrag von 500 000 M. nicht übersteigt. Zu diesem Zwecke kann die nach den §§ 19, 20, 21 zu erhebende Vermögensteuer bei einem steuerpflichtigen Vermögen von nicht mehr als 200 000 M. erlassen, bei einem steuerpflichtigen Vermögen von mehr als 200 000 M., aber nicht mehr als 500 000 M. bis zur Hälfte ihres Betrags ermäßigt werden. Als Verhältnisse dieser Art gelten insbesondere außergewöhnliche Belastungen durch Unterhalt und Erziehung der Kinder, durch Verpflichtung zum Unterhalte mittelloser Angehöriger, durch Krankheit, Körperverletzung, Verschuldung oder Unglücksfälle.

Würde in den Fällen des Abs. 1 und 2 einem Steuerpflichtigen, dessen Vermögen die dort bezeichneten Grenzen übersteigt, durch Erhebung der Vermögensteuer ein geringeres Vermögen verbleiben, als wenn sein Vermögen jene Grenzen nicht überstiegen hätte, so wird die Vermögensteuer nur insoweit erhoben, als sie aus der Hälfte des den Betrag von 200 000 M. oder 500 000 M. übersteigenden Vermögensteils gedeckt werden kann.

Vierter Abschnitt. **Veranlagung und Erhebung.**

§ **23.** Die Vermögensteuer wird nach Ablauf des Kalenderjahrs, das dem Veranlagungszeitraum unmittelbar vorangeht, für drei Kalenderjahre veranlagt.

In den Fällen des § 14 Abs. 2, 3 wird der Steuerpflichtige vom Beginne des auf den Eintritt in die Steuerpflicht oder auf die Erweiterung der Steuerpflicht folgenden Kalendermonats ab für den Rest des laufenden Veranlagungszeitraums (§ 14 Abs. 1) veranlagt.

§ **24.** Erlischt die Steuerpflicht im Laufe eines Veranlagungszeitraums, so wird die Steuer nur bis zum Schlusse des Monats erhoben, in dem die Steuerpflicht wegfällt.

Der Abs. 1 gilt entsprechend:

1. wenn ein unbeschränkt Steuerpflichtiger im Laufe des Veranlagungszeitraums beschränkt steuerpflichtig wird,
2. wenn und insoweit im Laufe des Veranlagungszeitraums die beschränkte Steuerpflicht erlischt.

§ **25.** Ist im Laufe eines Veranlagungszeitraums ein Erwerb im Sinne der §§ 20, 40 ErbschStG. vom 10. September 1919 (RGBl. S. 1543) im Betrage von mehr als 50 000 M. eingetreten, so findet eine Neuveranlagung in der Weise statt, daß dem bei der früheren Veranlagung festgestellten Vermögen der Wert des hinzugetretenen Vermögens mit Wirkung vom Beginne des auf den Erwerb folgenden Kalendervierteljahrs ab hinzugerechnet und die Vermögensteuer entsprechend erhöht wird.

§ **26.** Hat sich das Vermögen eines Steuerpflichtigen im Laufe eines Veranlagungszeitraums um mehr als den fünften Teil vermindert, so kann der Steuerpflichtige eine Neuveranlagung in der Weise beanspruchen, daß das Vermögen unter Berücksichtigung der Verminderung neu festgestellt und die Vermögensteuer mit Wirkung vom Beginne des auf den Eintritt der Verminderung folgenden Kalendervierteljahrs ab entsprechend herabgesetzt wird. Vermindert sich das Vermögen durch Ausscheidung von Vermögensgegenständen um weniger als den fünften Teil, so findet die Vorschrift im Satze 1 entsprechende Anwendung, soweit die ausgeschiedenen Gegenstände auf Grund des § 25 für den gleichen Zeitraum anderweit zur Vermögensteuer herangezogen werden.

§ **27.** Der Reichsminister der Finanzen bestimmt mit Zustimmung des Reichsrats, unter welchen Voraussetzungen Steuerpflichtige zur

Abgabe einer Steuererklärung verpflichtet sind; er erläßt die weiter erforderlichen Anordnungen.

§ 28. Über die nach diesem Gesetze zu entrichtende Vermögensteuer erteilt das Finanzamt dem Steuerpflichtigen einen schriftlichen Bescheid.

§ 29. Die Vermögensteuer für ein Kalenderjahr wird mit je einem Viertel ihres Jahresbetrags am 15. Februar, 15. Mai, 15. August und 15. November fällig.

Bis zum Empfang eines Steuerbescheids für einen neuen Veranlagungszeitraum hat der Steuerpflichtige zu den im Abs. 1 bezeichneten Zeitpunkten Vorauszahlungen in Höhe von je einem Viertel der zuletzt festgestellten Jahressteuerschuld zu entrichten. Diese Teilzahlungen werden auf die für den laufenden Veranlagungszeitraum festgesetzte Vermögensteuer angerechnet.

§ 30. Der Inhaber eines Hausguts, Familienfideikommisses, Lehens, Stammguts oder eines sonstigen auf Grund von Vorschriften gebundenen Vermögens, die nach den Artikeln 57, 58, 59 des Einführungsgesetzes zum Bürgerlichen Gesetzbuch vom 18. August 1896 (RGBl. S. 604) unberührt geblieben sind, ist mit Genehmigung der Aufsichtsbehörde befugt, den Betrag des Zuschlags (§ 20) aus dem gebundenen Vermögen zu entnehmen und zu diesem Zwecke über die zu dem Vermögen gehörenden Gegenstände zu verfügen.

Durch die Vorschrift des Abs. 1 wird die Befugnis des Inhabers nicht berührt, auf Grund solcher gesetzlicher oder stiftungsmäßiger Vorschriften, welche die Verfügung unter anderen Voraussetzungen zulassen, über das gebundene Vermögen zu verfügen.

Fehlt eine Aufsichtsbehörde oder ist ungewiß, welche Behörde zur Aufsicht berufen ist, so gilt als Aufsichtsbehörde im Sinne des Abs. 1 das Oberlandesgericht, in dessen Bezirk das gebundene Vermögen sich seinem Hauptbestande nach befindet. Ist die Genehmigung von einem Oberlandesgericht erteilt, so kann nicht geltend gemacht werden, daß das Oberlandesgericht für die Genehmigung nicht zuständig gewesen sei. Die Landeszentralbehörde kann bestimmen, daß an Stelle des Oberlandesgerichts eine andere Behörde tritt.

Im Falle der Gesamtveranlagung gemäß § 80 RAO. gilt für die vermögensrechtlichen Beziehungen und die Auseinandersetzung zwischen dem gebundenen Vermögen und dem Inhaber jeder Teil als Schuldner des Zuschlaganteils, der nach den Verhältniszahlen berechnet wird, die sich ergeben, wenn gebundenes Vermögen und Inhaber getrennt

veranlagt worden wären und hierbei § 18 nicht zu berücksichtigen gewesen wäre. Nach diesen Zahlen ist auch die Befugnis gemäß Abs. 1 zu bemessen.

§ 31. Im Falle des § 13 gilt für die vermögensrechtlichen Beziehungen der Ehegatten untereinander jeder Ehegatte als Schuldner des Steuerteils, der nach den Verhältniszahlen berechnet wird, die sich ergeben, wenn jeder Ehegatte getrennt mit seinem Vermögen veranlagt worden und hierbei § 18 nicht zu berücksichtigen gewesen wäre.

Der an einer fortgesetzten Gütergemeinschaft beteiligte Abkömmling kann von dem überlebenden Ehegatten verlangen, daß der auf seinen Anteil am Gesamtgut entfallende Zuschlag aus seinem Anteil am Gesamtgut gezahlt oder ihm ersetzt wird. Der überlebende Ehegatte ist neben dem Abkömmling für den auf dessen Anteil am Gesamtgut entfallenden Zuschlagsbetrag der Reichskasse als Gesamtschuldner verpflichtet. Für die Berechnung des auf den Anteil am Gesamtgut entfallenden Zuschlags findet § 30 Abs. 4 Satz 1 entsprechende Anwendung.

§ 32. Der Vorerbe ist berechtigt, den auf die Vorerbschaft entfallenden Teil des Zuschlags aus dem Vermögen der Vorerbschaft zu entnehmen. Für die Berechnung dieses Teiles des Zuschlags findet § 30 Abs. 4 Satz 1 entsprechende Anwendung.

Fünfter Abschnitt. **Straf-, Übergangs- und Schlußvorschriften.**

§ 33. Wer die nach diesem Gesetze zu entrichtende Steuer hinterzieht, wird mit einer Geldstrafe im fünf- bis zwanzigfachen Betrage der hinterzogenen Steuer bestraft. Neben der Geldstrafe kann auf Gefängnis erkannt werden.

§ 34. Für die erstmalige Veranlagung zur Vermögensteuer bleiben die Beträge außer Ansatz, die bis zum 31. Dezember 1922 an den Steuerpflichtigen:

1. im Wege der endgültigen Abrechnung oder als Vorschuß auf die im § 9 des Reichsausgleichsgesetzes vom 24. April 1920 bezeichneten Forderungen oder auf Grund des § 8 des Gesetzes über Enteignungen und Entschädigungen aus Anlaß des Friedensvertrags zwischen Deutschland und den alliierten und assoziierten Mächten vom 31. August 1919,
2. als Unterstützung oder Beihilfen auf Grund der Richtlinien für die Gewährung von Vorschüssen, Beihilfen und Unterstützungen

für Schäden in den deutschen Schutzgebieten aus Anlaß des Krieges vom 15. Januar/1. Juli 1920 (RGBl. S. 61, 1353), für Schäden Deutscher im Ausland aus Anlaß des Krieges vom 15. November 1919 (Deutscher Reichsanzeiger Nr. 267), für Schäden in den abgetretenen Gebieten aus Anlaß des Krieges vom 9. Januar/10. Juli 1920 (Zentralblatt für das Deutsche Reich S. 52, 871),

3. auf Grund des Verdrängungsschädengesetzes vom 28. Juli 1921, des Kolonialschädengesetzes vom 28. Juli 1921 oder des Auslandsschädengesetzes vom 28. Juli 1921

gezahlt worden sind.

§ 34a. Bei der Veranlagung zur Vermögensteuer für den ersten Veranlagungszeitraum finden an Stelle des den Tarif behandelnden dritten Abschnitts (§§ 18 bis 22) folgende Vorschriften Anwendung:

1. Steuerpflichtig ist nur der den Betrag von 400 000 M. übersteigende Teil des abgerundeten (§ 17) Vermögens.

Eine Steuerpflicht besteht nicht,

1. wenn das Vermögen nicht mehr als 1 200 000 M. beträgt und hauptsächlich aus Vermögen im Sinne des § 9 besteht, und wenn das der Einkommensteuer für das Rechnungsjahr 1921 zugrunde liegende Gesamteinkommen 40 000 M. nicht übersteigt;
2. wenn das Vermögen nicht mehr als 4 000 000 M. beträgt und hauptsächlich aus Vermögen im Sinne des § 9 besteht, und wenn das der Einkommensteuer für das Rechnungsjahr 1921 zugrunde liegende Einkommen sich vorwiegend aus Erträgen dieses Vermögens zusammensetzt und 60 000 M. nicht übersteigt; dies gilt nur für Personen, die entweder über 60 Jahre alt oder erwerbsunfähig oder nicht nur vorübergehend behindert sind, ihren Lebensunterhalt durch eigenen Erwerb zu bestreiten.

Auf Antrag wird die Vermögensteuer für die Kalenderjahre 1924 oder 1925 nicht erhoben, wenn das Einkommen im Falle der Nr. 1 40 000 M., im Falle der Nr. 2 60 000 M. nicht überschreitet und das Vermögen hauptsächlich aus inländischen Hypotheken, festverzinslichen Wertpapieren oder dem Kapitalwert inländischer Renten besteht. Ist die Einkommensteuerpflicht erst im Jahre 1922 begründet worden oder hat sich das Einkommen des Jahres 1922 gegenüber dem Einkommen des Jahres 1921 infolge eines dem Erbschaftssteuergesetze vom 10. September 1919 (RGBl. S. 1543) in der Fassung des Gesetzes vom 20. Juli 1922 (RGBl. I S. 695) unterliegenden Ver-

mögenserwerbes erhöht, so bestimmt der Reichsminister der Finanzen, welches Einkommen zugrunde zu legen ist. Würde einem Steuerpflichtigen, dessen Vermögen oder Einkommen die in Nr. 1, 2 bezeichneten Freigrenzen übersteigt, nach Abzug der zu zahlenden Vermögensteuer ein geringeres Vermögen verbleiben als wenn sein Vermögen oder Einkommen diese Freigrenzen nicht überschritten hätte, so ist Vermögensteuer nur insoweit zu entrichten, als die Jahressteuerschuld aus der Hälfte des Betrags gedeckt werden kann, um den die Freigrenzen des Vermögens oder beide Freigrenzen überschritten sind.

Die im Abs. 1, 2 bezeichneten Freigrenzen gelten nicht für Steuerpflichtige, die nach § 3 beschränkt steuerpflichtig sind.

2. Die Vermögensteuer (§ 1 Abs. 1) beträgt jährlich für die natürlichen Personen:

von den ersten angefangenen oder vollen 1 500 000 M. des steuerpflichtigen Vermögens . . . . 1 v. T.

für die nächsten angefangenen oder vollen

1 500 000 M.	1½ v. T.
1 500 000 M.	2 v. T.
1 500 000 M.	3 v. T.
6 000 000 M.	4 v. T.
12 000 000 M.	5 v. T.
18 000 000 M.	6 v. T.
18 000 000 M.	7 v. T.
30 000 000 M.	8 v. T.
60 000 000 M.	9 v. T.

für die weiteren Beträge . . . . 10 v. T.

Für die übrigen Steuerpflichtigen beträgt die Vermögensteuer (§ 1 Abs. 1) jährlich 1½ v. T. des steuerpflichtigen Vermögens.

3. Der Zuschlag zur Vermögensteuer (§ 1 Abs. 2) beträgt jährlich für die natürlichen Personen:

von den ersten angefangenen oder vollen 1 500 000 M. des steuerpflichtigen Vermögens 100,

für die nächsten angefangenen oder vollen 1 500 000 M. 150,

für die weiteren Beträge 200

vom Hundert der Vermögensteuer (§ 1 Abs. 1).

Für die übrigen Steuerpflichtigen beträgt der Zuschlag (§ 1 Abs. 2) 150 v. H. der Vermögensteuer (§ 1 Abs. 1).

4. Gehören zum Haushalt des Steuerpflichtigen zwei oder mehr Kinder im Sinne des § 17 EinkStG., so ermäßigt sich jeweils

für ein Kalenderjahr die Vermögensteuer für jedes Kind, das nicht selbst Vermögensteuer zu entrichten hat, um 200 M., sofern das steuerpflichtige Vermögen nach erfolgter Abrundung nicht mehr als 6 000 000 M. beträgt. Für die Ermäßigung in einem Kalenderjahr ist der Familienstand am 10. Oktober des jeweils vorangegangenen Kalenderjahrs maßgebend.

§ 35. Deutsche (§ 2 Abs. 1 Nr. 1), die vor dem Kriege ihren Wohnsitz oder gewöhnlichen Aufenthalt im Ausland hatten und sich entweder bei Ausbruch des Krieges vorübergehend im Inland aufhielten oder während des Krieges ins Inland gekommen sind, sind von der Vermögensteuer befreit, wenn sie bis zum 1. Januar 1923 ins Ausland zurückkehren.

Halten sich Deutsche der im Abs. 1 genannten Art noch nach dem 1. Januar 1923 im Deutschen Reiche auf, so sind sie, wenn sie bis zum 1. Januar 1926 ins Ausland zurückkehren, vom Schlusse des Monats ab, in dem sie in das Ausland zurückkehren, von der Vermögensteuer befreit. Das gleiche gilt für solche Deutsche, die ihren Wohnsitz oder dauernden Aufenthalt ins Ausland verlegen und gemäß § 21 des Gesetzes gegen die Steuerflucht vom 26. Juli 1918 (RGBl. S. 951) von der nach § 1 desselben Gesetzes begründeten Verpflichtung freigestellt worden sind.

§ 36. Das Reichsnotopfer wird vorbehaltlich der Vorschrift in Abs. 2, 3 mit 10 v. H. des abgabepflichtigen Vermögens, mindestens aber zu einem Drittel der Abgabe erhoben; bei abgabepflichtigen Vermögen, die 1 027 000 M. und darüber betragen, erhöht sich der zu erhebende Reichsnotopferbetrag auf 40 v. H. der Abgabe. Der im Satze 1 bezeichnete Betrag ist, soweit er nicht bereits nach den Vorschriften des Gesetzes, betreffend die beschleunigte Veranlagung und Erhebung des Reichsnotopfers, vom 22. Dezember 1920 (RGBl. S. 2114) beschleunigt zu entrichten ist, zur einen Hälfte am 1. Mai, zur andern Hälfte am 1. November 1922 fällig. Für Gebiete, in denen vor dem Inkrafttreten des Gesetzes eine Verpflichtung zur beschleunigten Entrichtung des Reichsnotopfers nicht bestand, hat der Reichsminister der Finanzen andere Zeitpunkte festzusetzen.

Ausländer, die nach § 2 Abs. 1 Nr. 3 des Gesetzes über das Reichsnotopfer abgabepflichtig sind, haben den durch 500 nicht teilbaren Betrag der Abgabe binnen einem Monat nach Zustellung des Steuerbescheids zu zahlen. Im übrigen sind für die Zeit vom 1. Januar 1920 bis zum 31. Dezember 1922 Tilgungsrenten zu zahlen, und zwar

für die zurückliegende Zeit zugleich mit dem im Satze 1 bezeichneten Betrage, der Rest in vierteljährlichen Teilen. Verlegt der Ausländer seinen dauernden Aufenthalt vor dem 31. Dezember 1922 ins Ausland, so ermäßigt sich die Zahlungspflicht entsprechend.

Die Vorschriften des Abs. 2 Satz 1, 2 finden auf die Abgabebeträge entsprechende Anwendung, die auf den Kapitalwert von Renten (§ 9 Nr. 5 des Gesetzes über das Reichsnotopfer) entfallen. Die Zahlungspflicht ermäßigt sich entsprechend, wenn die Rente früher fortfällt.

Über die in Abs. 1 bis 3 bezeichneten Beträge hinaus wird das Reichsnotopfer nicht mehr erhoben, sondern durch den Zuschlag (§ 1 Abs. 2) zur Vermögensteuer ersetzt.

§ 37. Aktiengesellschaften, Kommanditgesellschaften auf Aktien, Kolonialgesellschaften, Gesellschaften mit beschränkter Haftung, Berggewerkschaften und, sofern sie die Rechte juristischer Personen haben, andere Bergbau treibende Vereinigungen haben über ihre Reichsnotopferschuld hinaus eine weitere Abgabe in Höhe der Hälfte des Reichsnotopfers zu entrichten. Dieser Betrag ist zur Hälfte am 1. Mai, zur andern Hälfte am 1. November 1922 fällig. Der weiteren Abgabe in Höhe der Hälfte des Reichsnotopfers unterliegen nicht die nach dem Hypothekenbankgesetze vom 13. Juli 1899 (RGBl. S. 375) der Staatsaufsicht unterliegenden reinen Hypothekenbanken sowie die unter Staatsaufsicht stehenden, mit dem Rechte zur Ausgabe von Schiffspfandbriefen ausgestatteten Schiffsbeleihungsbanken.

§ 38. Hat das steuerpflichtige Vermögen hauptsächlich aus Vermögen im Sinne des § 9 des Gesetzes über das Reichsnotopfer bestanden und nicht mehr als 2 000 000 M. betragen, so ist die Zahlung des Reichsnotopferbetrags, der nach § 36 noch zu entrichten ist, auf Antrag ganz oder teilweise zinslos zu stunden.

Im übrigen ist auf Antrag ganz oder teilweise Stundung zu gewähren, wenn glaubhaft gemacht wird, daß die beschleunigte Entrichtung des Reichsnotopfers die Gefährdung der wirtschaftlichen Existenz, die Entziehung des für die Fortführung des Betriebs erforderlichen Kapitals oder Kredits oder die Beeinträchtigung des angemessenen Unterhalts für den Pflichtigen oder für seine Familie zur Folge haben würde. Der § 1 Abs. 3 des Gesetzes, betreffend die beschleunigte Veranlagung und Erhebung des Reichsnotopfers, wird aufgehoben.

Die Stundung kann im Falle des nachgewiesenen Bedürfnisses auch nach dem Tode des Pflichtigen bis zum Ableben des überlebenden Ehegatten ganz oder zum Teil fortgewährt werden.

Die Stundung kann aufgehoben oder nach Art, Umfang und Dauer verändert werden, wenn und soweit nachträglich in den Verhältnissen des Pflichtigen eine Änderung eintritt; oder wenn sich bei der Nachprüfung ein Fehler ergibt, dessen Berichtigung eine veränderte Stellungnahme rechtfertigt.

§ 39. Hat ein Steuerpflichtiger oder sein Rechtsvorgänger mehr als den beschleunigt zu entrichtenden Teil des Reichsnotopfers nebst den darauf entfallenden Zinsen bezahlt, so ist ihm der überzahlte Betrag auf Antrag zu erstatten; hierbei ist, solange nicht eine endgültige Veranlagung durchgeführt ist, von der vorläufigen Veranlagung auszugehen.

Die Erstattung im Falle des Abs. 1 hat bis zu dem Betrage, der bei der Entrichtung bar eingezahlt worden ist, in bar, darüber hinaus durch Ausreichung von Schuldverschreibungen oder Schatzanweisungen des Deutschen Reichs unter Berechnung des Annahmewerts bei Zugrundelegung eines Zinsenlaufs vom 1. Januar 1920 ab zu geschehen, soweit dies nach der Stückelung möglich ist. Die auszureichenden Anleihestücke sind bis zum Gesamtbetrage der zum Steuerkurs erfolgten Anrechnungen zum Steuerkurse, darüber hinaus zu dem höheren Kurse zu berechnen, zu dem die Wertpapiere oder Schuldbuchforderungen an Zahlungs Statt angenommen worden sind. Spitzenbeträge, die nicht durch Ausreichung von Kriegsanleihestücken ausgeglichen werden können, sind in bar herauszuzahlen.

Im Falle der Barzahlung ist der überzahlte Betrag vom Beginne des auf die Zahlung folgenden Monats bis zum Schlusse des Monats, in dem die Erstattung erfolgt, mit 5 v. H. zu verzinsen.

Hat ein Steuerpflichtiger die zur Entrichtung des Reichsnotopfers erforderlichen Mittel durch Aufnahme einer Notopferhypothek beschafft, so ist ein überzahlter Betrag (Abs. 1) nicht an ihn, sondern an den Gläubiger dieser Hypothek zu erstatten. Mit der Erstattung erlischt der entsprechende Teil der Notopferhypothek; der § 1163 Abs. 1 Satz 2 BGB. findet keine Anwendung.

Der Reichsminister der Finanzen kann mit Zustimmung des Reichsrats nähere Anordnungen zur Ausführung der Vorschriften der Abs. 1 bis 4 erlassen.

§ **40.** Liegen bei einem Steuerpflichtigen die Voraussetzungen des § 22 Abs. 1 für die erste Veranlagung zur Vermögensteuer vor und hat sein Vermögen auch am 31. Dezember 1919 hauptsächlich aus Vermögen im Sinne des § 9 des Gesetzes über das Reichsnotopfer bestanden und nicht mehr als 500 000 M. betragen, so ist ihm auf Antrag der gezahlte Betrag des Reichsnotopfers auch insoweit zu erstatten, als nicht schon nach § 39 eine Erstattung eintritt; ein gestundeter Betrag ist insoweit zu erlassen. Auf die Erstattung findet § 39 Abs. 2, 3 Anwendung.

Bei der Feststellung des Vermögenswerts für die erste Veranlagung bleiben die Beträge, die auf Grund des Abs. 1 zu erstatten oder zu erlassen sind, außer Ansatz.

§ **41.** Das Gesetz über das Reichsnotopfer vom 31. Dezember 1919 und der Art. I des Gesetzes zur Abänderung der Gesetze über das Reichsnotopfer und die Kriegsabgabe vom Vermögenszuwachse vom 6. Juli 1921 (RGBl. S. 838) werden aufgehoben, soweit sie nicht die Durchführung des Gesetzes, betreffend die beschleunigte Veranlagung und Erhebung des Reichsnotopfers, sowie der §§ 36, 37 betreffen.

Das Gesetz über das Reichsnotopfer wird dahin geändert:

Dem § 5 Abs. 1 Nr. 2 ist folgende Fassung zu geben:

„2. die Gemeinden und Gemeindeverbände aller Art, sofern sich nicht aus der Vorschrift zu Nr. 6 ein anderes ergibt."

Die §§ 11 Abs. 2, 12 Abs. 2, 18 Abs. 2 des Gesetzes über das Reichsnotopfer werden mit Wirkung vom 1. Januar 1923 ab aufgehoben.

§ **42.** Die Ausführungsbestimmungen zu diesem Gesetz erläßt der Reichsminister der Finanzen mit Zustimmung des Reichsrats.

Aus der
Reichsabgabenordnung.

Zweiter Teil. **Besteuerung.** — Zweiter Abschnitt. **Wertermittlung.**

Erster Titel. **Allgemeine Vorschriften.**

§ 137. Bei Bewertungen ist, soweit nichts anderes vorgeschrieben ist, der gemeine Wert zugrunde zu legen.

Jede wirtschaftliche Einheit ist für sich zu bewerten und ihr Wert im ganzen festzustellen. Was als wirtschaftliche Einheit zu gelten hat, ist nach den Anschauungen des Verkehrs zu entscheiden; die örtliche Gewohnheit, die tatsächliche Übung sowie die Zweckbestimmung und wirtschaftliche Zusammengehörigkeit oder Abhängigkeit der einzelnen Gegenstände sind zu berücksichtigen.

§ 138. Der gemeine Wert wird durch den Preis bestimmt, der im gewöhnlichen Geschäftsverkehre nach der Beschaffenheit des Gegenstands unter Berücksichtigung aller den Preis beeinflussenden Umstände bei einer Veräußerung zu erzielen wäre; ungewöhnliche oder lediglich persönliche Verhältnisse sind nicht zu berücksichtigen.

Als lediglich persönliche Verhältnisse sind auch Verfügungsbeschränkungen anzusehen, denen der Steuerpflichtige aus Gründen, die in seiner Person oder der Person seiner Rechtsvorgänger liegen, unterworfen ist. Dies gilt insbesondere für Verfügungsbeschränkungen, die auf letztwilligen Anordnungen beruhen.

Vor Feststellung des gemeinen Wertes ist bei ausländischen Unternehmungen sowie bei gewerblichen und landwirtschaftlichen Neuanlagen auf Antrag des Pflichtigen die für ihn zuständige amtliche Vertretung gutachtlich zu hören.

§ 139. Bei der Bewertung von Vermögen, das einem Unternehmen gewidmet ist, wird in der Regel von der Voraussetzung ausgegangen, daß das Unternehmen bei der Veräußerung nicht aufgelöst, sondern weitergeführt wird.

Für die Bewertung der dauernd dem Betriebe gewidmeten Gegenstände ist der Anschaffungs- oder Herstellungspreis abzüglich

angemessener Abnutzung maßgebend unter Zulassung des Ansatzes eines niedrigeren Wertes, wenn er dem wirklichen Werte zur Zeit der Bilanzaufstellung entspricht.

§ 140. Steht ein Gegenstand mehreren zu, so ist in der Regel der Wert im ganzen zu ermitteln und jedem Beteiligten nach Verhältnis seines Anteils zuzurechnen.

§ 141. Wertpapiere, die in Deutschland einen Kurswert haben, sind mit dem Kurswert, Forderungen, die in das Schuldbuch einer öffentlichen Körperschaft eingetragen sind, mit dem Kurswert der entsprechenden Schuldverschreibungen der öffentlichen Körperschaft anzusetzen.

Für Aktien ohne Kurswert, Kuxe oder Anteile an einer Bergwerksgesellschaft oder einer Gesellschaft mit beschränkter Haftung hat das nach § 52 zuständige Finanzamt den Verkaufswert zu ermitteln und ihn Steuerpflichtigen und Finanzämtern auf Anfrage mitzuteilen. Fehlt es an genügenden Merkmalen, so ist der gemeine Wert unter Berücksichtigung des Gesamtvermögens und der Ertragsaussichten der Gewerkschaft oder Gesellschaft zu schätzen.

§ 142. Für bestimmte Tage können die Steuerkurse der zum Börsenhandel zugelassenen und die Steuerwerte anderer Wertpapiere sowie der im § 141 Abs. 2 bezeichneten Gewerkschafts- und Gesellschaftsanteile festgesetzt werden.

Die Steuerkasse der zum Börsenhandel zugelassenen Wertpapiere werden von den Börsenvorständen, die Steuerwerte anderer Wertpapiere und der Gewerkschafts- und Gesellschaftsanteile werden von Sachverständigenausschüssen ermittelt, die der Reichsminister der Finanzen beruft. Auf Grund dieser Ermittlungen setzt der Reichsminister der Finanzen die Steuerkurse und Steuerwerte vorläufig fest und veröffentlicht sie. Nach Ablauf eines Monats, vom Tage der Veröffentlichung der vorläufigen Festsetzung gerechnet, setzt der Reichsrat die Steuerkurse und Steuerwerte endgültig fest. Die so festgesetzten Kurse und Werte treten an die Stelle der im § 141 bezeichneten Werte.

In den Fällen des § 141 und des § 142 Abs. 1, 2 kann der Steuerpflichtige bei Wertpapieren, die mit Gewinnanteilscheinen gehandelt werden, einen Betrag abziehen, der für die seit der Auszahlung des letzten Gewinns verstrichene Zeit dem zuletzt verteilten Gewinn entspricht; dies gilt nicht, wenn auch der laufende Gewinnanspruch bewertet werden muß.

§ **143.** Andere als die im § 141 bezeichneten Kapitalforderungen sowie Schulden sind mit dem Nennwert anzusetzen, sofern nicht besondere Umstände einen höheren oder geringeren Wert begründen.

Unbeitreibbare Forderungen bleiben außer Ansatz.

Der Wert unverzinslicher, befristeter Forderungen oder Schulden ist gleich einem Betrage, der mit angemessenen Jahreszinsen bis zur Fälligkeit die Forderung oder Schuld ergibt.

Noch nicht fällige Ansprüche aus Lebens-, Kapital- oder Rentenversicherungen werden, soweit die Steuergesetze nichts anderes vorschreiben, mit zwei Dritteln der eingezahlten Prämien oder Kapitalbeiträge angerechnet; weist der Steuerpflichtige nach, wofür die Versicherungsanstalt den Versicherungsschein nach ihrer Satzung oder den Versicherungsbedingungen zurückkaufen würde, so ist dieser Betrag maßgebend.

§ **144.** Der Gesamtwert von Nutzungen oder Leistungen, die auf bestimmte Zeit beschränkt sind, ist durch Zusammenzählen der einzelnen Jahreswerte unter Abrechnung der Zwischenzinsen zu berechnen. Der Gesamtwert darf den zum gesetzlichen Zinssatz kapitalisierten Jahreswert nicht übersteigen. Ist die Dauer des Rechtes außerdem durch das Leben einer oder mehrerer Personen bedingt, so darf der nach § 145 zu berechnende Kapitalwert nicht überschritten werden.

Immerwährende Nutzungen oder Leistungen sind mit dem Fünfundzwanzigfachen des Jahreswerts, Nutzungen oder Leistungen von unbestimmter Dauer vorbehaltlich des § 145 mit dem Zwölfundeinhalbfachen des Jahreswerts zu veranschlagen.

Ist der gemeine Wert des Gesamtbezugs der Nutzungen oder Leistungen nachweislich geringer oder höher, so ist der gemeine Wert zugrunde zu legen.

§ **145.** Der Wert von Renten oder anderen auf die Lebenszeit einer Person beschränkten Nutzungen und Leistungen bestimmt sich nach dem Lebensalter dieser Person.

Als Wert wird angenommen bei einem Alter

1.			bis zu	15	Jahren	das	18	fache,
2.	von mehr als	15	„ „	25	„	„	17	„ ,
3.	„ „ „	25	„ „	35	„	„	16	„ ,
4.	„ „ „	35	„ „	45	„	„	14	„ ,
5.	„ „ „	45	„ „	55	„	„	12	„ ,
6.	„ „ „	55	„ „	65	„	„	8½	„ ,
7.	„ „ „	65	„ „	75	„	„	5	„ ,

8. von mehr als 75 bis zu 80 Jahren das 3 fache,
9. „ „ „ 80 Jahren das . . . . 2 „

des Wertes der einjährigen Nutzung.

Hat jedoch eine nach Abs. 2 bewertete Nutzung oder Leistung im Falle der

Nr. 1	nicht mehr als 9	Jahre,
„ 2, 3	„ „ „ 8	„ ,
„ 4	„ „ „ 7	„ ,
„ 5	„ „ „ 6	„ ,
„ 6	„ „ „ 4	„ ,
„ 7 bis 9	„ „ „ 2	„

bestanden, so ist die Veranlagung auf Antrag nach der wirklichen Dauer der Nutzung oder Leistung zu berichtigen. Handelt es sich um den Wegfall einer Last, so ist in gleicher Weise eine Nachveranlagung vorzunehmen.

Hängt die Dauer der Nutzung oder Leistung von der Lebenszeit mehrerer ab, so entscheidet, je nachdem das Recht mit dem Tode des zuerst oder des zuletzt Sterbenden erlischt, das Lebensalter des Ältesten oder Jüngsten.

§ **146.** Der einjährige Betrag der Nutzung einer Geldsumme ist, wenn kein anderer Wert feststeht, zu 4 v. H. anzunehmen.

Bei Nutzungen oder Leistungen, die ihrem Betrage nach ungewiß sind oder schwanken, ist als Jahreswert der Betrag zugrunde zu legen, der voraussichtlich für die Zukunft durchschnittlich erzielt werden wird.

§ **147.** Vermögen, dessen Erwerb vom Eintritt einer aufschiebenden Bedingung abhängt, wird erst berücksichtigt, wenn die Bedingung eingetreten ist.

§ **148.** Vermögen, das unter einer auflösenden Bedingung erworben ist, wird wie unbedingt erworbenes behandelt; die Vorschriften über die Berechnung des Kapitalwerts der Nutzungen von unbestimmter Dauer (§ 144 Abs. 2, 3, § 145, § 146 Abs. 2) bleiben unberührt. Tritt die Bedingung ein, so ist die Veranlagung auf Antrag nach dem tatsächlichen Werte des Erwerbes zu berichtigen (§ 214).

§ **149.** Lasten, die vom Eintritt einer aufschiebenden Bedingung abhängen, werden nicht berücksichtigt. Tritt die Bedingung ein, so ist die Veranlagung auf Antrag entsprechend zu berichtigen.

§ **150.** Lasten, deren Fortdauer auflösend bedingt ist, werden, soweit nicht ihr Kapitalwert nach § 144 Abs. 2, 3, § 145, § 146 Abs. 2

zu berechnen ist, wie unbedingte abgezogen. Bei Eintritt der Bedingung ist die Veranlagung entsprechend zu berichtigen.

§ 151. Die §§ 147 bis 150 gelten auch, wenn der Erwerb oder die Last von einem Ereignis abhängt, bei dem nur der Zeitpunkt des Eintritts ungewiß ist.

Zweiter Titel. Besondere Vorschriften für die Bewertung von Grundstücken.

§ 152. Bei der Bewertung von Grundstücken ist der gemeine Wert zugrunde zu legen.

Soweit es sich um Steuern vom Vermögen (einschließlich der Erbschaftssteuer) handelt und die einzelnen Steuergesetze nichts anderes vorschreiben, ist bei Grundstücken, die dauernd land- oder forstwirtschaftlichen oder gärtnerischen Zwecken, sowie bei bebauten Grundstücken, die Wohnzwecken oder gewerblichen Zwecken zu dienen bestimmt sind und bei denen die Bebauung und Benutzung der ortsüblichen Bebauung und Benutzung entspricht, der Ertragswert zugrunde zu legen.

Als Ertragswert gilt bei land- oder forstwirtschaftlichen oder gärtnerischen Grundstücken das Fünfundzwanzigfache des Reinertrags, den sie nach ihrer wirtschaftlichen Bestimmung bei ordnungsmäßiger und gemeinüblicher Bewirtschaftung unter gewöhnlichen Verhältnissen mit entlohnten fremden Arbeitskräften im Durchschnitt nachhaltig gewähren können. Dies gilt nicht für Grundstücke, deren Wert bereits durch ihre Lage als Bauland oder als Land zu Verkehrszwecken bestimmt wird oder bei denen nach sonstigen Umständen, insbesondere nach ihrer Lage und Beschaffenheit, ihrem Erwerbspreis oder ihrer Belastung, anzunehmen ist, daß sie in absehbarer Zeit anderen als land- oder forstwirtschaftlichen oder gärtnerischen Zwecken dienen werden.

Die der Land- und Forstwirtschaft oder der Gärtnerei dienenden Gebäude und Betriebsmittel werden nicht besonders bewertet, sondern bei der Ermittlung des Ertragswerts einbegriffen.

Bei bebauten Grundstücken, die Wohnzwecken oder gewerblichen Zwecken zu dienen bestimmt sind, gilt als Ertragswert das Fünfundzwanzigfache des Miet- oder Pachtertrags, der in den letzten drei Jahren im Durchschnitt erzielt worden ist oder im Falle der Vermietung oder Verpachtung hätte erzielt werden können, nach Abzug von einem Fünftel für Nebenleistungen und Instandhaltungskosten oder von dem

als erforderlich nachgewiesenen höheren Betrage für Nebenleistungen und Instandhaltungskosten ohne Rücksicht darauf, ob die hierzu notwendigen Arbeiten von dem Steuerpflichtigen selbst oder durch entlohnte fremde Arbeitskräfte geleistet worden sind.

In allen Fällen kann der Steuerpflichtige verlangen, daß statt des Ertragswerts der gemeine Wert der Bewertung zugrunde gelegt wird. Dieses Recht erlischt, wenn es nicht spätestens bis zum Ablauf der mit der Zustellung des Wertfestsetzungs- oder Steuerbescheids eröffneten Rechtsmittelfrist geltend gemacht wird.

§ 153. Wie Grundstücke sind Berechtigungen zu bewerten, auf welche die Vorschriften des bürgerlichen Rechtes über Grundstücke Anwendung finden.

Steht das Eigentum am Grund und Boden und an den darauf errichteten Gebäuden verschiedenen Personen zu, so ist der Wert für den Grund und Boden und für das Recht an den Gebäuden je für sich zu ermitteln.

§ 154. Die Bewertung erstreckt sich auf die mit den Grundstücken als solchen verbundenen Rechte und Nutzungen einschließlich der im § 153 Abs. 1 bezeichneten Berechtigungen, wenn diese mit den Grundstücken verbunden sind.

Wird bei Bewertung von Grundstücken als solchen der gemeine Wert zugrunde gelegt, so ist das bewegliche Inventar nicht zu berücksichtigen und der Wert von Maschinen sowie sonstigen Vorrichtungen aller Art, die zu einer Betriebsanlage des Grundstücks verwandt sind, abzurechnen oder nicht zu berücksichtigen. Dies gilt auch dann, wenn es sich um wesentliche Bestandteile handelt.

Einleitung.

1. Übersicht über den Inhalt des Gesetzes.

Jeder Zeichnungspflichtige hat nach Maßgabe seines Vermögens am Stichtag (31. Dezember 1922) oder vorhergehenden Bilanzstichtag einen bestimmten Betrag an Zwangsanleihe zu zeichnen und den Zeichnungspreis zu zahlen. Er erhält in Höhe des Anleihebetrages Schuldverschreibungen auf den Inhaber.

a) Schuldverschreibungen auf den Inhaber.

In Höhe des gezeichneten Anleihebetrages erwirbt der Zeichnungspflichtige eine Anleiheforderung an das Reich. Die über sie ausgestellten Schuldverschreibungen auf den Inhaber kann er wie jedes andere Wertpapier freihändig veräußern. Die Schuldverschreibungen sind bis zum 31. Oktober 1925 unverzinslich, von da ab bis zum 31. Oktober 1930 mit 4 Prozent, dann mit 5 Prozent verzinslich. Die Tilgung erfolgt vom 1. November 1925 ab mit jährlich mindestens ½ Prozent durch Rückkauf zum Börsenkurs oder Auslosung zum Nennwert. Solange der Börsenkurs der Schuldverschreibungen unter dem Nennwerte liegt, erfolgt nur der Rückkauf zum Börsenkurs.

b) Zeichnungspflichtige Personen.

Zeichnungspflichtig sind dieselben Personen, die der Vermögensteuer unterliegen. Nur für Hypothekenbanken und sogenannte Schachtelgesellschaften sind Ausnahmen vorgesehen.

Mit ihrem ganzen steuerbaren Vermögen sind die natürlichen und juristischen Personen zeichnungspflichtig. Zeichnungspflichtige natürliche Personen sind die Inlands- und Auslandsdeutschen, letztere, soweit sie sich nicht länger als zwei Jahre dauernd im Ausland aufhalten, ohne im Inland einen Wohnsitz zu haben, ferner Ausländer, die im Deutschen Reich einen Wohnsitz oder des Erwerbes wegen oder länger als sechs Monate ihren gewöhnlichen Aufenthalt haben; bei den Ausländern unterliegt das ausländische Grund- und Betriebsvermögen der Zeichnungspflicht nicht. Zeichnungspflichtig sind alle juristischen Personen des öffentlichen oder bürgerlichen Rechts, alle Berggewerkschaften, ferner nicht rechtsfähige Personenvereinigungen, Anstalten, Stiftungen oder andere Zweckvermögen, sofern der Sitz oder Ort der Leitung im Inland ist. Ohne Rücksicht auf Staatsangehörigkeit, Wohnsitz, Aufenthalt, Sitz oder Ort der Leitung ist das inländische Grund- und Betriebsvermögen von Einzel- und juristischen Personen zeichnungspflichtig. Maßgebend für die persönliche Steuerpflicht ist der 1. Januar 1923.

Befreit von der Zeichnungspflicht sind die Länder, Gemeinden, Kirchen und gewisse ihnen gleichgestellte Körperschaften und Gemeinschaften.

c) Zeichnungspflichtiges Vermögen.

Zeichnungspflichtig ist das erstmalig zur Vermögensteuer veranlagte Vermögen.

Es wird wie üblich in Grund-, Betriebs- und sonstiges Vermögen eingeteilt. Zu dem ersteren gehören die vom Eigentümer selbst land- oder forstwirtschaftlich oder gärtnereimäßig genutzten Grundstücke einschließlich der zur Betriebsführung gehörigen Barmittel und Vorräte. Sonstiges Vermögen ist alles, was nicht Grund- oder Betriebsvermögen ist, darunter Gegenstände aus edlem Metall, Schmuck- und Luxusgegenstände, sofern der Anschaffungspreis für den einzelnen Gegenstand zehntausend Mark und darüber betragen hat; endlich Kunstgegenstände und Sammlungen, sofern sie nach dem 31. Juli 1914 angeschafft sind und der Anschaffungspreis für den einzelnen Gegenstand zwanzigtausend Mark und darüber oder für

mehrere gleichartige oder zusammengehörige Gegenstände zweihunderttausend Mark und darüber betragen hat und sofern sie nicht von einem lebenden oder seit 15 Jahren verstorbenen Künstler geschaffen sind. Andere bewegliche Sachen, insbesondere Möbel und Hausgerät, die nicht zum Grund- oder Betriebsvermögen gehören, sind nicht der ZwA. unterworfen, ferner nicht der Kapitalwert von Pensionen und Versorgungsrenten sowie Rücklagen für Wohlfahrtszwecke. Abziehbar sind die Schulden und der sogenannte Dreimonatsabzug, d. h. der zur Bestreitung der laufenden Ausgaben nicht geschäftlicher oder beruflicher Art für drei Monate erforderliche Betrag, und zwar ohne Rücksicht darauf, ob er aus den laufenden Jahreseinkünften stammt. Die juristischen Personen können ferner ähnlich wie bei dem Reichsnotopfer den Betrag des eingezahlten Grund- und Stammkapitals oder des ihnen gleichgestellten Betrages sowie gesicherte Rücklagen für ausschließlich gemeinnützige oder Wohlfahrtszwecke von ihrem Vermögen abziehen.

Das Vermögen von Ehegatten wird zusammengerechnet, nicht dagegen das Vermögen von Eltern und Kindern.

d) Wertermittlung.

Der Zwangsanleihe ist das erstmalig zur Vermögensteuer veranlagte Vermögen unterworfen. Für die Bewertung des Vermögens gelten nach § 24a ZwAG. in der Fassung des Art. II § 4 GeldentwG. in erster Reihe § 24 ZwAG. hinsichtlich der Wertpapiere sowie die BewRichtl., soweit diese feste rechnungsmäßige Unterlagen für die Wertermittlung enthalten. Diese Voraussetzung liegt vor bei Grundvermögen, bei Betriebsvermögen einschließlich der dauernden Beteiligungen, sofern man von der diesbezüglichen ungültigen Bestimmung der BewRichtl. (II B I 5) absieht, während einzelne Bestimmungen für das Umlaufkapital — Markforderungen, Devisen auf niedrige Valuta — nicht bindend sind, bei den meisten Bestimmungen für Wertpapiere und bei den Bestimmungen für Schmuck- und Kunstgegenstände und dergl., soweit sie vor dem 31. Dezember 1919 angeschafft sind. Die sich hiernach ergebenden Werte werden vervierfacht, außer in den in § 24a Abs. 3 aufgeführten Fällen; unter diesen Ausnahmen ist insbesondere die Generalklausel in Z. 5 zu beachten, die z. B. auch für nach dem Notopferstichtag angeschaffte Schmuck- oder Kunstgegenstände und dergl. gilt, sowie für ausländische Wertpapiere ohne inländischen

Kurswert auf niedrige Valuta, ferner für alle Teile des sonstigen Vermögens, soweit es sich nicht um Wertpapiere, Schmuck- oder Kunstgegenstände handelt.

Die bindende Kraft der BewRichtl., soweit sie feste rechnungsmäßige Unterlagen enthalten, ist jedoch keine unbedingte. Es kann vielmehr beantragt werden, die Bewertung nach dem Gesetz vorzunehmen (§ 24a Abs. 4). Maßgebend ist alsdann § 15 VermStG. in Verbindung mit §§ 137 bis 154 RAO. Der Antrag muß spätestens bei Einlegung des Einspruchs gestellt werden. Es findet alsdann zunächst eine Art Güteverfahren statt. Im Rechtsmittelverfahren ist der Instanzenzug beschränkt. Bei Wertpapieren ist der Antrag unzulässig.

e) Tarif.

Vermögen bis zu 400 000 M. sind zeichnungsfrei. Höhere Vermögen sind, ohne daß ein Anfangsbetrag abgezogen werden könnte, mit ihrem vollen Betrage zeichnungspflichtig. Der Tarif ist durchgestaffelt und ist verschieden für natürliche und juristische Personen, vgl. Tabelle Anhang S. 76 ff. Der Anleihebetrag wird, wenn er 50 000 M. nicht übersteigt, auf volle Tausende nach unten, andernfalls nach oben abgerundet.

Für kleine Kapitalvermögen sowie für Rentner und Erwerbsunfähige ist eine Ermäßigung des Tarifs vorgesehen. Gehören zum Haushalt des Zeichnungspflichtigen zwei oder mehr Kinder, so ermäßigt sich, wenn das zeichnungspflichtige Vermögen nicht mehr als 6 Millionen M. beträgt, die Zeichnungspflicht für jedes nicht selbst zeichnungspflichtige Kind um $^1/_{20}$.

Der im Einzelfalle zu zahlende Zeichnungsbetrag ergibt sich aus dem Anleihebetrage je nach der Zeit der Zeichnung. Je früher die Zeichnung erfolgt, desto billiger ist der Zeichnungspreis; er steigt monatlich von 94 Prozent im Juli 1922 bis 100 Prozent vom 1. Oktober bis 30. April 1923; von da ab steigt er monatlich um 10 Prozent des Nennwerts.

f) Vorauszeichnung.

Vom 1. Juli 1922 ab konnten bei den Annahmestellen Vorauszeichnungen auf die Zwangsanleihe geleistet werden. Annahmestellen sind Banken, Sparkassen und andere Geldinstitute. Gleichzeitig mit der Abgabe der Vermögensteuererklärung, spätestens bis zum 30. April 1923 *hat* jeder Zeichnungspflichtige ohne besondere Aufforderung

$^2/_3$ des auf ihn entfallenden Anleihebetrages vorauszuzeichnen. Mit der Zeichnung ist der Betrag bar zu zahlen, sofern nicht die Anrechnung einer auf das Reichsnotopfer über den schließlich geschuldeten Betrag — 40 Prozent des veranlagten Betrages — hinaus entrichteten Leistung stattfindet. Sein zeichnungspflichtiges Vermögen und daraus abgeleitet die auf ihn entfallende Pflichtvorauszeichnung hat jeder selbst zu berechnen, eine Mitwirkung der Finanzämter findet nicht statt. Leistet der Zeichnungspflichtige in schuldhafter Weise die erforderte Vorauszeichnung nicht, so erhöht sich die Zeichnungspflicht in einem gewissen Verhältnis zu dem Fehlbetrage, das mit der Größe des Fehlbetrages steigt.

g) Endgültige Zeichnung.

Gleichzeitig mit der ersten Veranlagung zur Vermögenssteuer setzt das Finanzamt auf Grund der ersten Vermögenssteuererklärung — eine besondere Steuererklärung für die Zwangsanleihe ist nicht zu machen — den endgültig zu zeichnenden Zwangsanleihebetrag fest und erteilt dem Zeichnungspflichtigen einen schriftlichen Bescheid darüber, welchen Betrag er einschließlich der etwaigen Erhöhung wegen ungenügender Vorauszeichnung noch zu zeichnen hat oder, wenn die geleistete Vorauszeichnung den endgültig geschuldeten Betrag überschritten hat, zurückerhält. Die noch geschuldete Zeichnung, die wiederum mit der sofortigen Zahlung zu verbinden ist, ist innerhalb zweier Monate nach Zustellung des Bescheides fällig; sie ist zu dem für den Zeichnungsmonat maßgebenden Zeichnungspreis bei einer zuständigen Annahmestelle zu leisten, andernfalls wird sie wie eine rückständige Steuer beigetrieben.

h) Straf-, Schluß- und Übergangsbestimmungen.

Mit Strafe bis zum Fünffachen des hinterzogenen Betrages, daneben auch mit Gefängnis bedroht das Gesetz den, der vorsätzlich die Einnahmen des Reiches aus den endgültigen Zeichnungen verkürzt. Ungenügende Vorauszeichnungen werden nur mit einer Erhöhung der Zeichnungspflicht geahndet. Das Gesamtergebnis der Zwangsanleihe ist lediglich zur Deckung von Verbindlichkeiten zu verwenden, die das Reich für Sachleistungen aus dem Vertrage von Versailles und den auf Grund dieses Vertrages abgeschlossenen Übereinkommen zu zahlen hat.

2. Entstehung des Gesetzes.

a) Materialien.

Der Entwurf des Gesetzes mit amtlicher Begründung (RegBegr., RTDrucks. Nr. 4430) wurde vom RT. nach der ersten Lesung am 17. Juni 1922 dem 11. (Steuer-) Ausschuß zur Vorberatung überwiesen (RTDrucks., 228. Sitzung). Dieser nahm zwei Lesungen vor und erstattete über deren Ergebnis am 15. Juli 1922 einen ausführlichen schriftlichen Bericht (AusschBer., RTDrucks. Nr. 4766). Die zweite und dritte Lesung und die endgültige Verabschiedung des Entwurfes im Plenum fand am 17. Juli 1922 statt (RTDrucks., 253. Sitzung). Das Gesetz ist gleichzeitig mit den Gesetzen zur Änderung des EinkStG. und zur Änderung des ErbschStG. am 20. Juli 1922 verkündet und im RGBl. Teil I Nr. 53, ausgegeben in Berlin am 25. Juli 1922, veröffentlicht worden. Nach § 31 ist es mit dem Tage seiner Verkündung, also am 25. Juli 1922, in Kraft getreten.

Der mit größter Schnelligkeit fortschreitende Zerfall der deutschen Währung führte schon im Dezember 1922 zu einer Änderung des Gesetzes. Der Entwurf eines Gesetzes zur Änderung des Gesetzes über die Zwangsanleihe mit amtlicher Begründung (RTDrucks. Nr. 5347) wurde von der Regierung dem Reichstag unter dem 8. Dezember 1922 vorgelegt, von ihm dem Steuerausschuß überwiesen und auf Grund eines mündlichen Berichtes dieses Ausschusses (Drucks. Nr. 5424) im wesentlichen unverändert angenommen.

Eine weitere Änderung des Gesetzes erfolgte durch das Gesetz über die Berücksichtigung der Geldentwertung in den Steuergesetzen vom 20. März 1923 (RGBl. Teil I Nr. 22 S. 198). Der neue Marksturz zu Anfang des Jahres 1923 führte dazu, daß durch dieses Gesetz entgegen dem RegE. (RTDrucks. Nr. 5490) auch das ZwAG. wiederum den veränderten Verhältnissen angepaßt wurde, vgl. Bericht des 11. Ausschusses über den Entwurf eines Gesetzes über die Berücksichtigung der Geldentwertung in den Steuergesetzen, Aktenstück Nr. 5600, ferner die StenBer. über die Verhandlungen des RT., 313. bis 315. und 318. bis 320. Sitzung.

b) Gang der Beratungen.

I. Anleihesoll.

Nach dem Steuerkompromiß vom 26. Januar 1922 (vgl. Mantelgesetz vom 8. April 1922 — RGBl. S. 335 —) sollte die ZwA. in Höhe des Gegenwertes von 1 Milliarde Goldmark aufgelegt werden. Bei

der Beratung über die Ausführung des vereinbarten Programms stellte es sich heraus, daß die Parteien über die Höhe des in der Währungseinheit (Papiermark) festzusetzenden Gegenwertes von verschiedenen Auffassungen ausgegangen waren (AusschBer. S. 67). Die bürgerlichen Parteien erklärten, daß die Aufbringung eines Betrages vereinbart sei, der dem Wert von 1 Milliarde Goldmark zur Zeit des Steuerkompromisses (26. Januar 1922) entsprach, also 45 Milliarden Papiermark zu betragen hatte. Die Sozialdemokraten machten dagegen geltend, es habe bei Abschluß des Kompromisses festgestellt werden sollen, daß der Besitz nicht wieder wie bei den früheren großen Vermögensabgaben (Kriegsabgabe vom Vermögenszuwachs, Reichsnotopfer) aus der möglicherweise weiter zunehmenden Geldentwertung Vorteile ziehe; es müsse daher der Kurs zur Zeit der Aufbringung der ZwA. für die Festsetzung des aufzubringenden Betrages in Papiermark maßgebend sein. Der RegE. ging von einem vermittelnden Standpunkt aus, indem er zwischen dem Wert einer Goldmilliarde zur Zeit des Steuerkompromisses und zur Zeit der Vorlage des Entwurfes an den RT. die Mitte hielt und einen Betrag von 60 Milliarden Papiermark als Anleihesoll annahm. Eine Begrenzung des Anleiheergebnisses auf diesen Betrag war allerdings im RegE. nicht vorgesehen; nur die Begr. des vorgeschlagenen Tarifs ergab, daß ein Ergebnis von 60 Milliarden Papiermark erreicht werden sollte. Es heißt in der Begr., nachdem auseinandergesetzt ist, daß es an einer zuverlässigen Statistik über die vorhandenen Vermögenseinheiten fehle und Versuche der Feststellung Erfolg nicht gehabt hätten (S. 8):

„Bei dieser Sachlage erscheint der Reichsregierung der bei der Wehrbeitragsveranlagung festgestellte Gesamtwert des steuerbaren Vermögens der einzig mögliche Ausgangspunkt. Er hat 150 Milliarden Goldmark betragen. Rechnet man von diesem Betrage mit Rücksicht auf die abgetretenen Gebietsteile, auf die gegenüber dem Wehrbeitrag erhöhten Freigrenzen und dergl. ein Drittel ab, so würden etwa 100 Millionen Goldmark verbleiben. Bei Einsetzung eines Entwertungsfaktors von 12 würde sich hiernach ungefähr ein belastbares Gesamtvermögen von 1200 Milliarden Papiermark ergeben. Damit soll nicht gemeint sein, daß das Vermögen des einzelnen im Durchschnitt auf das Zwölffache des Friedenswertes zu veranlagen wäre. Die Unrichtigkeit dieser These ist bereits oben dargetan. Zu berücksichtigen sind aber die durch die ungeheure Inflation entstandenen vielen kleinen und großen neuen Vermögen. Bei einer Vermögens-

basis von 1200 Milliarden würde der Durchschnittssatz etwa 5 Prozent betragen müssen, um einen Ertrag von 60 Milliarden zu erzielen. Auf dieser Grundlage ist der Tarif aufgebaut, der für die ersten 100 000 M. mit 1 Prozent, für die nächsten 150 000 M. mit 2 Prozent, für die nächsten 250 000 M. mit 4 Prozent, für die nächsten 250 000 M. mit 6 Prozent, für die nächsten 250 000 M. mit 8 Prozent und für die weiteren Beträge mit 10 Prozent des Vermögens vorgesehen ist."

Schon im Reichsrat wurde die Richtigkeit dieser Berechnung in Zweifel gezogen. Der Reichsrat sah sich daher veranlaßt, dem RegE. eine Bestimmung anzufügen (§ 34 a), daß, falls das Ergebnis der ZwA. den Betrag von 60 Milliarden M. um mehr als 10 Prozent übersteigen sollte, die Zeichnungspflichtigen das Recht hätten, bei der nächsten freiwilligen Anleihe des Reiches die im Verhältnis des Gesamtbetrages der ZwA. zu 60 Milliarden M. überzeichneten Beträge an ZwA. zum Nennwert in Schuldverschreibungen der freiwilligen Anleihe umzuwandeln. Die Reichsregierung schloß sich im Einvernehmen mit dem Reichswirtschaftsrat diesem Vorschlage des Reichsrats nicht an, da man ihrer Ansicht nach mit der Regelung einer erheblichen Überzeichnung warten könnte, bis sie eingetreten sei (Begr. S. 9). Es erfolgte demgemäß über diesen Punkt eine Doppelvorlage an den Reichstag (Art. 69 der RV.).

Auch von anderer Seite wurde die Berechnung der Reichsregierung scharf bemängelt. Sowohl die Annahme der Gesamthöhe des steuerlich erfaßbaren Volksvermögens mit 1200 Millarden M. wie insbesondere die durchschnittliche Belastung auf Grund des aufgestellten Tarifs mit 5 Prozent wurden stark in Zweifel gezogen. Helfferich (Die Zwangsanleihe 1922 S. 7) schätzte den Durchschnittssatz auf etwa 7 Prozent und nahm ein Ergebnis auf Grund des RegE. von mindestens 1½ Milliarden Goldmark, in Papiermark ausgedrückt von mehr als 100 Milliarden an. Die Unsicherheit einer richtigen Schätzung der vorhandenen Vermögen und ihre Verteilung auf die einzelnen Steuerstufen veranlaßten die Stellung mehrerer Anträge zu § 1 in den Ausschußberatungen des RT., um zu einem festen Ergebnis zu kommen. Die bürgerlichen Parteien beantragten, in § 1 den Zusatz „in Höhe von 60 Milliarden Mark", die Sozialdemokraten, den Zusatz „in der Höhe von 75 Milliarden Mark" einzuschalten. Der Betrag von 75 Milliarden M. entsprach dem Kurs zur Zeit der ersten Ausschußlesung. Von noch weiter links stehender Seite wurde die Aufnahme eines § 19 a folgenden Inhalts beantragt:

„Der endgültig zu zeichnende Anleihebetrag des Pflichtigen wird nach dem Stand des amtlichen Kurses der Kabelauszahlung New York an der Berliner Börse vom 1. November 1922 in Goldmark festgesetzt. Bei der endgültigen Zeichnung ist ein diesem Goldbetrag entsprechendes Äquivalent zu zeichnen."

Gegen diesen Antrag wurde geltend gemacht, daß er die Spekulation geradezu anreize, durch Manipulationen aller Art den Kurs an dem künftigen Stichtage künstlich heraufzusetzen und dadurch das Anleihesoll zu verkürzen (AusschBer. S. 6).

Mit Zustimmung der Regierung wurde schließlich der Gesamtbetrag zunächst auf 60 Milliarden M., bei der zweiten Lesung des Ausschusses im Hinblick auf die inzwischen fortgeschrittene Geldentwertung unter Ablehnung der weitergehenden Anträge auf 70 Milliarden M. festgesetzt. Für den Fall eines 5 Prozent übersteigenden Mehr oder Weniger war in § 27 eine Erstattungspflicht des Reiches bezw. eine Nachzahlungspflicht der Anleihezeichner vorgesehen.

Der deutsche Währungszerfall hat diese Berechnungen gegenstandslos gemacht. Die Kabelauszahlung New York notierte an der Berliner Börse am 15. Juli 1922, dem Tage, von dem der Ausschußbericht stammt, 454,50, am 15. November 1922 7515, am 31. (30.) Dezember 1922 7350, um auf 11 875 am 15. Januar 1923 und 49 000 am 31. Januar 1923 zu steigen. Trotz den seitdem erfolgten Wertschwankungen der Papiermark entsprechen 70 Milliarden M. nicht annähernd mehr 1 Milliarde Goldmark. Die Heraufsetzung des Papiermarkbetrages bis zur Höhe von 1 Milliarde Goldmark kommt aber bei der Zerrüttung der Volkswirtschaft nicht in Frage. Würde die Gleichsetzung doch Billionen Mark ergeben, ein Betrag, der unmöglich aus dem Volksvermögen, zumal in kurzer Zeit, herausgezogen werden kann. Ein furchtbares Beispiel dafür, mit welcher Schnelligkeit Deutschland verarmt. So ist nichts anderes übriggeblieben, als von der Begrenzung des Anleihesolls auf einem bestimmten Papier- oder Goldmarkbetrag abzusehen und sich darauf zu beschränken, durch Anpassung der Bewertungsgrundsätze an die veränderten Verhältnisse für eine sinngemäße Fortbildung des gesetzgeberischen Zweckes zu sorgen. Demgemäß sind durch das Gesetz vom 22. Dezember 1922 in § 1 ZwAG. die Worte „in Höhe von 70 Milliarden Mark" und § 27 gestrichen worden. Der Ertrag der ZwA. wird nunmehr nur einem Teil des für das Rechnungsjahr 1922 zu erwartenden Fehlbetrages gleichkommen, der in die Billionen gehen wird.

Die für die Anwendung und den Ertrag des Gesetzes grundlegenden „Bewertungsrichtlinien für die erste Veranlagung zur Vermögenssteuer und für die Veranlagung zur Zwangsanleihe“ sind nach eingehenden Beratungen (vgl. AusschBer. S. 17 ff. und S. 89 ff.) unter dem 23. Dezember 1922 erlassen und im Reichssteuerblatt Nr. 23 vom 29. Dezember 1922 bekanntgegeben worden. Bei der Beratung des Gesetzes über die Berücksichtigung der Geldentwertung in den Steuergesetzen wurden sie erneut behandelt und durch § 24 a ZwAG., insoweit sie „feste rechnungsmäßige Unterlagen für die Wertermittlung enthalten“ (vgl. Anlage 3 zum Ausschußbericht vom 7. März 1923, Aktenstück Nr. 5600), mit Gesetzeskraft ausgestattet. Die bei Gelegenheit dieser Beratungen geforderten Änderungen der Bewertungsrichtlinien sind in dem Erlaß des RFM. vom 6. März 1923 (RStBl. S. 91) enthalten. Die Bewertungsrichtlinien in ihrer nunmehr gültigen Fassung sind im Anhang S. 1 ff. abgedruckt.

Die Ausführungsbestimmungen sind gleichfalls im Anhang (S. 50 ff.) wiedergegeben.

II. Ausstattung der Anleihe.

Bei der Frage, wie die ZwA. auszustatten sei, veranlaßte die Höhe des Zinses starke Meinungsverschiedenheiten. § 4 des RegE., der die Verzinsung betraf, wurde bereits dem RT. in zwei Fassungen — der Reichsregierung und des Reichsrats — vorgelegt. Die Begr. führt dazu aus (S. 6):

„Die dreijährige Zinslosigkeit ist im Gesetz über Änderungen im Finanzwesen festgelegt. Über die Höhe der Verzinsung, die dann einzusetzen hat, sind bindende Entschließungen bisher nicht gefaßt worden. In den Besprechungen mit den Sachverständigen sind die verschiedensten Vorschläge gemacht worden, die sich zwischen 2½ bis 5 Prozent bewegen und zum Teil auch nicht einen festen, sondern einen zunächst niedrigen und dann allmählich steigenden Zinsfuß anregen. Da die Zwangsanleihe ein Opfer des Besitzes sein soll, schlägt die Reichsregierung für die auf die dreijährige Zinslosigkeit folgenden fünf Jahre (also von 1925 bis 1930) eine 2½ prozentige und von dann ab eine 4 prozentige Verzinsung vor. Der Reichsrat war der Auffassung, daß durch eine derartige Verzinsungsvorschrift der Kurs der Zwangsanleiheschuldverschreibungen, der ohnehin nicht sehr hoch sein werde, noch weiter herabgedrückt werden würde und daß dadurch gerade für die Leistungsschwächsten, die gezwungen seien,

ihre Schuldverschreibungen alsbald zu verkaufen, das Opfer immer fühlbarer sein würde. Es ist daher beschlossen, unmittelbar nach Ablauf der drei zinslosen Jahre, also vom 1. Oktober 1925 an, eine 4prozentige Verzinsung zu gewähren. Da sich eine Übereinstimmung nicht hat erzielen lassen, wird gemäß Art. 69 der Reichsverfassung der die Verzinsung regelnde § 4 des Entwurfes in doppelter Fassung (des Reichsrats und der Reichsregierung) vorgelegt."

Soweit die bei der Beratung des Gesetzes hervorgetretenen Gesichtspunkte nicht politischer — kein genügendes Opfer des Besitzes —, sondern wirtschaftlicher Art waren, gingen sie davon aus, daß die Höhe des nach der dreijährigen Karenzzeit vergüteten Zinses für den Kurs und die Beleihungsfähigkeit der ZwA. von erheblicher Wichtigkeit sein werde. Es wurde darauf hingewiesen, daß gerade die wirtschaftlich Schwachen oder diejenigen, an die besondere Anforderungen herantreten, die also am ehesten zum Verkauf ihrer ZwA.-Stücke würden schreiten müssen, diejenigen sein würden, die den Schaden davon haben würden, daß infolge einer ungewöhnlich geringen Verzinsung der Kursstand der ZwA. selbst nach der Karenzzeit noch niedrig bleiben werde, die also den Unterschied zwischen dem von ihnen gezahlten Betrag und dem sehr geringeren Kurswert als endgültigen Verlust zu tragen hätten. Die wirtschaftlich Stärkeren und die Spekulation würden dadurch in die Lage kommen, die ZwA.-Stücke der Besitzer von Kleinvermögen billig an sich zu bringen und daran zu verdienen (AusschBer. S. 7 ff., 50 ff.). Wenn auch dies letztere mindestens deshalb fraglich ist, weil die Gestaltung der Reichsfinanzen, insbesondere die Art ihrer Sanierung, und spekulative Einflüsse bei der Kursgestaltung eine erhebliche Rolle spielen werden, so sind diese Erwägungen doch insoweit zutreffend, als die geringere Verzinsung nicht nur einen Einnahmeausfall der Anleihegläubiger, vielmehr möglicherweise durch Senkung des Kursstandes einen vergrößerten Kapitalverlust für alle die bedeutet hätte, die die ZwA.-Stücke vorzeitig veräußern. Der RT. ist daher über die Beschlüsse des Reichsrats noch hinausgegangen, indem er nach der Karenzzeit die alsbaldige Aufnahme einer 4 prozentigen und später einer 5 prozentigen Verzinsung beschlossen hat.

III. Vorauszeichnung.

Breiten Raum in den Erörterungen über den RegE. nahm endlich die Frage ein, wie ein möglichst frühzeitiger Eingang des Geldes sicherzustellen sei.

Die seit der Revolution in Deutschland beschlossenen Steuergesetze haben vielfach deswegen nicht den erstrebten Erfolg gehabt, weil die Veranlagung der Steuern mit der Gesetzgebung nicht gleichen Schritt halten konnte und infolge des ständigen Sinkens des Markwertes deshalb die Bezahlung der Steuern in schlechterer Mark erfolgte, als vorgesehen war. Abhilfe dagegen wurde derart vorgeschlagen, daß dem Steuerpflichtigen die alsbaldige Entrichtung des nach seiner Steuererklärung geschuldeten Steuerbetrages auferlegt werden sollte, also nur die Zahlung eines eventuellen Mehrbetrages aufgeschoben blieb, bis die Steuerbehörde die Steuererklärung geprüft hatte. Einen in dieser Richtung liegenden Weg hat der Gesetzgeber hinsichtlich der KöSt. durch das Gesetz vom 26. März 1921 über vorläufige Zahlungen auf die KöSt. (RGBl. S. 342) und hinsichtlich der USt. durch § 37 UStG. in der Fassung des Gesetzes, betreffend Abänderung des UStG., vom 8. April 1922 (RGBl. S. 2157), endlich auch hinsichtlich der EinkSt. und der VermSt. durch das Gesetz über die Berücksichtigung der Geldentwertung in den Steuergesetzen vom 20. März 1923 betreten. Hinsichtlich der ZwA. war, anders als bei früheren großen Vermögensabgaben, insbesondere bei dem RNO., von vornherein eine Vorauszahlung vorgesehen. Der RegE. beschränkte sich aber nicht darauf, Vorsorge dafür zu treffen, daß alsbald n a c h dem Stichtag (31. Dezember 1922) ohne Rücksicht auf die Fertigstellung der Veranlagungen durch die Finanzbehörden Zeichnungen und Zahlungen auf die ZwA. zu erfolgen hätten; er wollte vielmehr die Zeichnungspflichtigen zwingen, schon erhebliche Zeit vor dem Stichtag, spätestens bis zum Oktober 1922, auf Grund von Selbsteinschätzungen Vorauszeichnungen vorzunehmen, und bedrohte mit empfindlichen Strafabgaben diejenigen, deren endgültiges, auf den 31. Dezember 1922 festgestelltes Vermögen das bei der Vorauszeichnung zugrunde gelegte geschätzte Vermögen um ein gewisses Maß überstieg.

In der öffentlichen Kritik wurde der Gedanke der Voreinschätzung des Vermögens für einen künftigen Zeitpunkt als eine Unmöglichkeit abgelehnt. In der Tat wäre niemand in der Lage gewesen, im Oktober 1922 anzugeben, welchen Bestand, und noch weniger, welchen Wert sein Vermögen am folgenden 31. Dezember gehabt haben würde. Ebenso wurde die ursprünglich von der Regierung vorgeschlagene, von jedem Verschulden unabhängige Strafabgabe in der öffentlichen Kritik abgelehnt. Gemäß den übereinstimmenden Beschlüssen des Vorläufigen Reichswirtschaftsrats und des Reichsrats schlug die

Regierung in der Reichstagsvorlage die Erhebung der Strafabgabe nur im Fall einer vorsätzlich oder fahrlässig zu niedrigen Vorauszeichnung vor. Jedoch sollte dem Zeichnungspflichtigen der Nachweis des fehlenden Verschuldens obliegen. Auch gegen diesen Vorschlag wurden erhebliche Bedenken erhoben. Der Entlastungsbeweis hätte die doppelte Feststellung und Veranlagung des Vermögens erforderlich gemacht. Auch gab die Abgabe, die materiell als eine Strafe gedacht war und gewirkt hätte, sich als solche formell nicht zu erkennen; daher wären die Rechtsgarantien, die die RAO. in ihrem 3. Teil für das Steuerstrafrecht und -strafverfahren bestimmt hat, in diesem wichtigen Fall nicht anwendbar gewesen. Volkswirtschaftlich erregte es endlich das größte Bedenken, daß annähernd der ganze Betrag der ZwA. in e i n e m Monat durch Barzahlungen aus dem Verkehr herausgezogen werden sollte.

Bei der Mehrheit des RTAusschusses herrschte daher Übereinstimmung darüber, daß die Vorauszeichnung anders zu regeln war. In einem Unterausschuß wurde auf der Grundlage eines Zentrumsantrages im allgemeinen die Fassung beschlossen, die Gesetz geworden ist, indem die Strafabgabe durch eine erhöhte Zeichnungspflicht ersetzt und der Zwang zur Selbsteinschätzung vor dem Stichtag beseitigt wurde (AusschBer. S. 38). Das Ausschußmitglied, das den maßgebend gewordenen Antrag gestellt hatte, führte folgendes aus:

„Der Grundgedanke seines Antrags sei, daß die Verpflichtung zur Vorauszeichnung erst nach dem für die Vermögenseinschätzung maßgebenden Stichtag (31. Dezember 1922) eintreten solle. Eine Voreinschätzung vor diesem Stichtag sei praktisch nicht durchführbar. Sein Antrag gehe davon aus, daß gleichzeitig mit der Abgabe der Vermögenssteuererklärung, die im allgemeinen bis zum 15. Januar 1923 werde erfolgen können, der größere Betrag der Zwangsanleihe, nämlich zwei Drittel, vorausgezeichnet und eingezahlt werden solle. Wer nicht in der Lage sei, seine Vermögenssteuererklärung schon bis zum 15. Januar 1923 abzugeben, habe sein Vermögen nach dem Stande vom 31. Dezember 1922 zu schätzen und zwei Drittel des auf das so geschätzte Vermögen entfallenden Zwangsanleihebetrags spätestens bis zum 15. Februar 1923 zu zeichnen. Zwei Drittel der Zwangsanleihe würden also schon im Rechnungsjahr 1922 eingehen, und nur darauf komme es an. Selbstverständlich müsse aber danach gestrebt werden, auch schon im Kalenderjahr 1922 einen namhaften Betrag hereinzubekommen. Da dies aber aus den geschilderten Gründen nur auf

freiwilligem Wege geschehen könne, müsse ein Anreiz zu Vorauszeichnungen im Kalenderjahr 1922 geschaffen werden. Daher habe er im § 13 a Abs. 2 vorgesehen, daß der Zeichnungspreis bei Zeichnungen bis zum 15. September 1922 sich auf 90 Prozent des Nennwertes ermäßige, bei Zeichnungen nach dem 15. September 1922 aber, wenn der Pflichtige seiner Pflicht zur Vorauszeichnung nicht ordnungsmäßig nachkomme, Nachteile eintreten. Dementsprechend sei im § 16 seines Antrags bestimmt, daß je nach der Höhe des Unterschieds zwischen dem vorausgezeichneten und dem endgültig zu zeichnenden Betrag sich die Zeichnungspflicht um 20 bis 60 Prozent des Unterschiedsbetrags zwischen dem vorausgezeichneten und dem endgültig zu zeichnenden Betrag erhöhe. Die §§ 14, 15, 17 und 18 seines Antrags entsprächen im wesentlichen den §§ 18 bis 21 des Entwurfs."

Der Endtermin für die Vorauszeichnungen wurde im Unterausschuß bis zum 28. Februar 1923 (durch das Gesetz über die Berücksichtigung der Geldentwertung in den Steuergesetzen vom 20. März 1923 bis zum 30. April 1923) hinausgeschoben (AusschBer. S. 43). Im RTAusschuß wurde die Pflicht zur erhöhten Zeichnung aus § 16 auf den Fall nachgewiesenen Verschuldens beschränkt (AusschBer. S. 55), auch die Zeichnungsstaffel in die aus § 2 des Gesetzes ersichtliche Form gebracht (AusschBer. S. 49). — Die zum Gesetz gewordene Fassung ermöglicht im § 12 die Vorzeichnung vom 15. Juli 1922 ab und begünstigt frühzeitige Zeichnungen durch die ansteigende Skala der Zeichnungspreise gemäß § 2 sowie durch die Behandlung der Verpflichtung zur Zeichnung von ZwA. und die Bewertung der JSchVerschr. in § 25. § 13 bestimmt den Zwang von Vorzeichnungen in Höhe von zwei Dritteln der Pflichtzeichnungen bis zur Abgabe der VermStErkl., spätestens bis zum 30. April 1923 bei Vermeidung der im § 16 vorgesehenen Erhöhung der Zeichnungspflicht.

Gesetz über die Zwangsanleihe.

Vom 20. Juli 1922 (RGBl. I S. 601).

Auflegung der ZwA.

§ 1.

Vom Reich wird eine Zwangsanleihe nach den Vorschriften dieses Gesetzes aufgelegt.

Mat.: RegE. § 1; Begr. S. 5; AusschBer. S. 5 und 47; BegrG. vom 22. Dez. 1922 S. 2.

1. Entstehungsgeschichte.
2. Begriff und Wesen der ZwA.

1. **Entstehungsgeschichte.** Die Fassung des § 1 im ZwAG. vom 20. Juli 1922 lautete:

„Vom Reich wird eine Zwangsanleihe in Höhe von 70 Milliarden M. nach den Vorschriften dieses Gesetzes aufgelegt."

Die geltende Fassung entstammt dem Gesetz vom 22. Dez. 1922 über die Änderung des ZwAG. Über die Einzelheiten der Entstehungsgeschichte vgl. Einleitung S. 40 ff.

2. **Begriff und Wesen der ZwA.** ZwA. bedeutet die Geldbeschaffung in einer Rechtsform, die aus zwei verschiedenen Rechtsgebilden zusammengesetzt ist: die Geldbeschaffung ist eine zwangsweise wie bei einer Steuer, der Zeichnungspflichtige wird dabei zugleich Anleihegläubiger.

§ 1 RAO. lautet:

„Steuern sind im Sinne der Reichsabgabenordnung einmalige oder laufende Geldleistungen, die nicht eine Gegenleistung für eine besondere Leistung darstellen und von einem öffentlich-rechtlichen Gemeinwesen zur Erzielung von Einkünften allen auferlegt werden, bei denen der Tatbestand zutrifft, an den das Gesetz die Leistungspflicht knüpft."

Auch der auf Grund der ZwA. geschuldete Betrag ist eine Steuer im Sinne dieser Vorschrift. Die Zahlung ist eine einmalige vom Reich zur Erzielung von Einkünften allen Zeichnungspflichtigen auferlegte Geldleistung. Die Zahlung stellt keine Gegenleistung für eine besondere Leistung dar, ins-

besondere ist sie keine Gegenleistung für den Erwerb des Anleiherechts. Vielmehr ist die Entstehung des Anleiherechts nur eine Rechtsfolge, die vom Gesetz an die Zahlung des ZwABetrags geknüpft ist. Die Zahlung erfolgt nur zum Zwecke der Tilgung der kraft Gesetzes bestehenden Steuerschuld (solvendi causa), nicht auch zwecks Begründung eines Schuldverhältnisses (obligandi causa). Der Anleihebetrag wird daher in voller Höhe wie eine Steuer geschuldet, ist daher auch als eine Steuer im formellen Sinn zu behandeln.

Der Umstand, daß der Zahlende ein Anleiherecht erwirbt, tritt zu denjenigen Umständen, die die Natur der ZwA. als einer Steuer begründen, lediglich hinzu. Dies bewirkt, daß das wirtschaftliche Opfer, das in jeder Steuerleistung begrifflich liegt, hier nicht mit dem Umfang der Zahlungspflicht, d. h. der formellen Steuerschuld, zusammenfällt. Das wirtschaftliche Opfer — die Steuer im wirtschaftlichen, materiellen Sinne — besteht einmal in dem Unterschied zwischen dem geschuldeten Betrag und dem Wert des Anleiherechts. Die Höhe dieses Wertes ist, solange seine Realisierung nicht erfolgt ist, unbekannt; einerseits hängt er objektiv von dem Kurs ab, den die ZwA. haben wird, andererseits subjektiv von dem Zeitpunkt, in dem die Realisierung erfolgt. In jedem Fall, insbesondere auch für den Fall der Auslosung zum Nennwert, liegt zum anderen das Opfer in der Notwendigkeit der Zahlung, verbunden mit dem hohen Zinsverlust und der Tragung des Risikos. Der rechtliche Charakter der Zahlungspflicht in voller Höhe als Pflicht zur Zahlung einer Steuer wird hierdurch nicht geändert. Die Einräumung der Anleiheforderung bedeutet nur die nach der Erfüllung der formellen Steuerpflicht eintretende wirtschaftliche Ermäßigung der dem einzelnen auferlegten Last.

Abzulehnen ist hiernach der Gedanke, daß es sich um einen Kontrahierungszwang handelt. Es wird kein Anleihevertrag geschlossen, aus dem der Pflichtige zur Zahlung, das Reich zur Ausstellung der JSchVerschr. und zur Rückzahlung verpflichtet wäre. Zwar enthält § 15 ZwAG. die Pflicht zur Zeichnung, nach § 12 Satz 2 gilt aber als gezeichnet nur der gezahlte Betrag. Die Zahlungspflicht entsteht also nicht erst aus der Zeichnung, sondern unmittelbar kraft Gesetzes neben ihr. Die Vollziehung der Zeichnungsscheine bei der endgültigen Zeichnung hat nur den Zweck, die Geldbeschaffung in der äußeren Form einer Anleihe zu ermöglichen. Wenn ferner der Zeichnungspflichtige nach Erfüllung der Zeichnungs- und Zahlungspflicht die gleiche Rechtsstellung wie der Zeichner einer zur freiwilligen Zeichnung aufgelegten Anleihe erhält (vgl. N. 1 zu § 3), so beruht dies nicht auf einem Vertrage, sondern unmittelbar auf dem Gesetz. Danach unterliegt die ZwA., insoweit es sich um die Zahlungspflicht handelt, steuerrechtlichen Normen, soweit es sich um das dem Pflichtigen gewährte Anleihegläubigerrecht handelt, anleiherechtlichen Normen. Sowohl die anleiherechtlichen wie die steuerrechtlichen Normen

sind zunächst im ZwAG. enthalten. Für die steuerrechtliche Seite sind ferner die für maßgebend erklärten Bestimmungen des VermStG. (s. § 6 f ZwAG.) sowie die RAO. (§ 26 ZwAG.) anwendbar.

Die ZwA. läßt sich mithin kurz wie folgt charakterisieren: Soweit es sich um die Zahlungspflicht handelt, wird sie wie eine Steuer, soweit es sich um die Rückzahlungs- und Verzinsungspflicht des Reichs handelt, als Anleihe behandelt.

Zu vgl. zu den vorstehenden Fragen Nipperdey, Kontrahierungszwang, insbesondere S. 85 ff.; Marcuse, Reichssteuerrecht S. 323 ff.

Zeichnungspreis, Verzinsung, Tilgung.

Zeichnungspreis.

§ 2.

Der Zeichnungspreis der Zwangsanleihe beträgt:

für die im Juli 1922 gezeichnete Zwangsanleihe 94 vom Hundert,

für die im August 1922 gezeichnete Zwangsanleihe 96 vom Hundert,

für die im September 1922 gezeichnete Zwangsanleihe 98 vom Hundert,

für die in der Zeit vom 1. Oktober 1922 bis zum 30. April 1923 gezeichnete Zwangsanleihe 100 vom Hundert

des Nennwerts.

Soweit die Zwangsanleihe nicht bis zum 30. April 1923 gezeichnet ist, erhöht sich der Zeichnungspreis für jeden angefangenen dem Monat April 1923 folgenden Monat um je 10 vom Hundert des Nennwerts.

Zwangsanleihebeträge, die bis zum 31. August 1922 unter Barzahlung des Zeichnungspreises gezeichnet worden sind, werden auf den endgültig zu zeichnenden Zwangsanleihebetrag zum doppelten Nennwert angerechnet. Auf Grund dieser Anrechnung zum doppelten Nennwert finden Rückzahlungen nicht statt.

Mat.: RegE. § 2; Begr. S. 5 und 7; AusschBer. zu 7, 38 ff., 47 ff.; BegrG. vom 22. Dez. 1922 S. 4; AusschBer. GeldentwG. S. 6341, 6350.

1. Entstehung.
2. Begriff des Zeichnungspreises.
3. Zeichnungspreis und Anleihebetrag.
4. Entrichtung des Zeichnungspreises.
5. Steigerung des Zeichnungspreises.
6. Begünstigung der bis zum 31. August 1922 erfolgten Zeichnungen.

1. Entstehung. Der RegE. sah lediglich einen Zeichnungspreis von 100 v. H. ohne Unterschied des Zeitpunktes der Zahlung vor. Im RTAusschuß erhielt § 2 folgende zunächst Gesetz gewordene Fassung:

„Der Zeichnungspreis der Zwangsanleihe beträgt:
für die im Juli 1922 gezeichnete Zwangsanleihe 94 v. H.,
für die im August 1922 gezeichnete Zwangsanleihe 96 v. H.,
für die im September 1922 gezeichnete Zwangsanleihe 98 v. H.,
für die im Oktober und November 1922 gezeichnete Zwangsanleihe 100 v. H.,
für die im Dezember 1922 gezeichnete Zwangsanleihe 101 v. H.,
für die im Januar 1923 gezeichnete Zwangsanleihe 102 v. H.,
für die im Februar 1923 gezeichnete Zwangsanleihe 104 v. H.,
für die vom März 1923 ab gezeichnete Zwangsanleihe 106 v. H.
des Nennwerts."

(Vgl. Einl. S. 48.) Eine erste Änderung des § 2 erfolgte durch das Gesetz vom 22. Dezember 1922 zur Änderung des ZwAG. Der Währungsverfall machte den Versuch erforderlich, einen stärkeren Unterschied zwischen frühzeitigen und späteren Zeichnungen zu schaffen, da die ersteren dem Reich in besserem Geld als die letzteren bezahlt worden waren. Demgemäß wurde für die Zeichnungen nach dem 28. Februar 1923 eine Erhöhung des Zeichnungspreises um monatlich 10 v. H. des Nennwertes vorgesehen. Der Zeichnungspreis sollte also im März 110 v. H., im April 120 v. H. usw. betragen. Die Erhöhung des Zeichnungspreises schon in früheren Monaten eintreten zu lassen, schien deshalb nicht angängig, weil denjenigen, die infolge der erhöhten Bewertung ihres Vermögens überhaupt erst oder in erhöhtem Maße zeichnungspflichtig wurden, Gelegenheit gegeben werden sollte, die Zeichnungen oder Nachzeichnungen zu einem nicht höheren Kurs als zu Pari vorzunehmen „und es technisch nicht durchführbar schien, zwischen den Zeichnern der vorbezeichneten Kategorien und allen übrigen Zeichnungspflichtigen zu unterscheiden" (RegBegr. zum G. vom 22. Dez. 1922, S. 3). Im RT. wurde andererseits der Antrag gestellt, Zeichnungen, die in der Zeit vom Juli bis Oktober 1922 erfolgt waren, mit Rücksicht auf den höheren Wert der gezahlten Beträge höher als zum Nennwert anzurechnen. Infolge des Widerspruchs der Regierung wurde dieser Antrag, der die Steuermoral zu heben geeignet gewesen wäre, abgelehnt. Die Regierung wandte grundsätzliche und technische Bedenken ein, die ersteren mit Bezug darauf, daß die Frage von grundsätzlicher Bedeutung sei und daher nicht bei dem ZwAG. gesondert gelöst werden könne,

zumal die frühzeitigen Zeichnungen verhältnismäßig gering gewesen seien; im Juli 1922 waren 2 Milliarden M., im August 600 Millionen M., im September 300 Millionen M. gezeichnet worden. — Die geltende Fassung hat § 2 durch das GeldentwG. vom 20. März 1923 Art. I § 4 erhalten. Die Frist, bis zu der Zeichnungen zu Pari geleistet werden können, ist bis zum 30. April 1923 erstreckt; durch Zufügung des Abs. 3 ist dafür gesorgt worden, daß wenigstens ein gewisser Ausgleich für die Zeichnungen stattfindet, die im Sommer 1922 mit sehr viel besserem Geld bezahlt worden sind.

2. **Begriff des Zeichnungspreises.** Der Zeichnungspreis bei freiwilligen Anleihen ist derjenige Betrag, den der Anleihegläubiger vereinbarungsgemäß zu bezahlen hat, um das Anleiherecht zu erwerben. Der Ausdruck ist vom ZwAG. übernommen worden, der damit verbundene Begriff ist aber nur anleihetechnisch derselbe, rechtlich ein anderer. Anleihetechnisch ist im ZwAG. der Zeichnungspreis der Betrag, an dessen Zahlung das Gesetz das Anleiherecht geknüpft hat. Rechtlich erfolgt aber die Zahlung des Zeichnungspreises nicht, um das Anleiherecht zu erwerben, vielmehr muß der Zeichnungspreis von jedem Zeichnungspflichtigen kraft Gesetzes gezahlt werden; er enthält die in der ZwA. enthaltene Steuerleistung (vgl. N. 1 zu § 1). Die Verwendung des gleichen Ausdrucks darf also nicht über die Verschiedenheit des Begriffs täuschen.

3. **Zeichnungspreis und Anleihebetrag.** Das Gesetz unterscheidet Anleihebetrag (§ 7) und Zeichnungspreis (§ 2). Anleihebetrag ist nach § 7 der Betrag an ZwA., der auf den einzelnen Zeichnungspflichtigen entfällt. Seine Höhe ergibt sich aus § 9. Der Zeichnungspreis ergibt sich aus dem Anleihebetrag in Verbindung mit § 2 je nach dem Monat der Zeichnung. Die Staffelung des Zeichnungspreises ist nicht anleihetechnischer Natur. (Anders die RegBegr. S. 5 bei dem von der Reg. vorgesehenen festen Zeichnungspreis von 100 v. H.). § 2 enthält auch keine Diskont- oder Stückzinsenberechnung, selbst nicht in schematisierter Form. Eine Diskont- oder Stückzinsenberechnung setzt voraus, daß sie vom Tage der Fälligkeit ausgeht. Die Staffelung soll eine Vergünstigung für die möglichst frühzeitige Entrichtung der Steuer (AusschBer. S. 48), also eine Ermäßigung oder Erhöhung der Steuerleistung sein.

Für die Höhe des Zeichnungspreises ist der Tag maßgebend, an dem die Zahlung erfolgt ist (§ 44 III BStZwAB. vgl. Anhang S. 64). Seine Ermäßigung durch Vereinbarung mit den Finanzbehörden oder auf Grund von Billigkeitserwägungen ist nicht vorgesehen. Über den Erlaß oder die Ermäßigung der Zeichnungsverpflichtung vgl. § 21.

4. **Die Entrichtung des Zeichnungspreises.** Der Zeichnungspreis ist in bar, und zwar in Reichsmark (Papiermark), bei den Annahmestellen (N. 2 f zu § 19) zu entrichten. Zahlungen mittels Schecks oder Überweisung gelten erst als erfolgt, wenn der Gegenwert bei der Annahmestelle eingegangen

oder auf ihrem Konto zur Gutschrift gelangt ist (§ 44 II VStZwAAB., vgl. Anhang S. 64). Bei Zahlungen durch Schecks oder Überweisungen richtet sich also die Höhe des Zeichnungspreises nach dem Tag des Eingangs des Gegenwertes oder der Gutschrift (vgl. N. 3). Irgendwelche Abzüge für Provisionen, Steuern oder Stückzinsen erfolgen nicht. Über den Nachweis erfolgter Zahlung vgl. N. 5 zu § 12. Die Annahme von Kriegsanleihe, von Schatzanweisungen oder Schatzwechseln ist im Gesetz nicht vorgesehen und daher, auch wenn die Stücke selbstgezeichnete waren, nicht zulässig. Nur insoweit der Steuerpflichtige seinerzeit das RNO. gemäß § 43 RNOG. durch Hingabe selbstgezeichneter Schuldverschreibungen, Schuldbuchforderungen oder Schatzanweisungen deutscher Kriegsanleihen getilgt hat und ein Teil des RNO. nach § 39 des VermStG. rückzahlbar ist, werden die Stücke auf die ZwA. angerechnet, und zwar derart, daß in Höhe des Annahmewertes zum RNO. die ZwAPflicht als erfüllt gilt (s. § 11 und N. 6 dazu).

Die Zahlung in Reichswährung, also in Papiermark, ist im § 1 des G. über Änderungen im Finanzwesen vom 8. April 1922 (Mantelgesetz) ausdrücklich vorgesehen. So selbstverständlich diese Zahlungsart erscheinen mag, so war es doch nach der Entstehungsgeschichte des Steuerkompromisses nicht unzweckmäßig, dies ausdrücklich hervorzuheben, um Mißverständnisse zu vermeiden. Der Betrag der ZwA. sollte nach dem Plan der Regierung und der Koalitionsparteien eine Milliarde Goldmark betragen. Die Goldmark war jedoch nur als Bemessung für die Höhe der im Wege der ZwA. einzuziehenden Papiermarkbeträge gedacht. Im ZwAG. selbst ist die Goldmark nicht mehr erwähnt.

Erleichterungen für die Aufbringung des Zeichnungsbetrages — etwa den §§ 45 ff. RNOG. entsprechend — sind im ZwAG. nicht vorgesehen. Auch vom Grundvermögen kann die Zeichnungspflicht nur durch Barzahlung, nicht durch Bestellung von Hypotheken erfüllt werden. Soweit die erforderlichen Mittel durch Aufnahme von Hypotheken oder durch Veräußerung von Grundbesitz flüssig gemacht werden, soll nach Zusage der Reg. im Falle besonderer Härten Befreiung von der Grunderwerbssteuer und den sonstigen Reichsabgaben erfolgen, auch will die Regierung sich in solchen Fällen mit den Ländern über die Befreiung des Zeichnungspflichtigen von sonstigen öffentlichen Abgaben in Verbindung setzen. Erfolgt die Veräußerung von Wertpapieren nachgewiesenermaßen zum Zwecke der Zeichnung von ZwA., so ist ein bei der Veräußerung erzielter Gewinn nicht nach § 11 Nr. 5 EinkStG. steuerpflichtig, da eine Spekulationsabsicht bei der Veräußerung nicht anzunehmen sei (AusschBer. S. 50), auf die Absicht beim Erwerb soll es hier also offenbar nicht ankommen.

5. Steigerung des Zeichnungspreises. Das ZwAG. in der Fassung des G. vom 20. Juli 1922 sah vom März 1923 ab einen Zeichnungspreis

von 106 v. H. vor, der über diese Grenze auch in späteren Monaten nicht stieg. Das G. vom 22. Dez. 1922 hat demgegenüber die Steigerung des Zeichnungspreises von Monat zu Monat, die nunmehr im § 2 vorgeschrieben ist, eingeführt. Der RegE. des G. vom 22. Dez. 1922 bemerkte zu dieser Änderung (die Monatsangaben sind nach dem G. vom 20. März 1923 berichtigt):

„Nach dem Entwurfe soll sich der Zeichnungspreis für Zeichnungen, die nach dem 30. April 1923 vorgenommen werden, für jeden angefangenen, dem Monat April 1923 folgenden Monat um 10 v. H. des Nennwerts erhöhen. Dies bedeutet für diejenigen, die erst später zeichnen, eine erhebliche, aber gewollte Verschärfung, um so mehr, als sie sich auch auf den Teil der Zwangsanleihe erstreckt, der nicht notwendigerweise bis zum 30. April 1923 vorausgezeichnet werden muß. Für die Monate Dezember, Januar, Februar, März, April soll der Zeichnungskurs von 100 v. H. gelten, da denjenigen, die infolge der erhöhten Bewertung noch nachzeichnen müssen oder überhaupt erst zeichnungspflichtig werden, Gelegenheit gegeben werden muß, diese Nachzeichnungen oder Zeichnungen zu einem nicht höheren Kurs als zu Pari vorzunehmen, und es technisch nicht durchführbar ist, zwischen den Zeichnern der vorgenannten Kategorien und allen übrigen Zeichnungspflichtigen zu unterscheiden. Auf diese Weise kann aber, worauf es ankommt, auf ein namhaftes Ergebnis bis Ende April 1923 gerechnet werden. Denn die Gestaltung des Zeichnungspreises für spätere Zeichnungen, die eine Erhöhung des noch zu zeichnenden Betrags im Juli 1923 um 30. v. H., im Oktober 1923 um 60 v. H. und im Februar 1924 um 100 v. H. bedeuten würde, wird für weite Kreise der Bevölkerung, selbst bei der gegenwärtigen wirtschaftlichen Einstellung, ein wirksames Anreizmittel bilden, zwei Drittel der Zwangsanleihe oder gar den ganzen Zwangsanleihebetrag bis Ende April 1923 zu zeichnen, um nicht Gefahr zu laufen, bei der Veranlagung, die sich lange hinausziehen kann, in den stark erhöhten Zeichnungskurs zu fallen."

Die Steigerung des Zeichnungspreises tritt unabhängig davon ein, ob den Pflichtigen ein Verschulden an der späten Zeichnung trifft, ja ob er zu einer früheren Zeichnung überhaupt verpflichtet war. Das letzte Drittel des Zeichnungsbetrages hat der Pflichtige erst binnen zwei Monaten nach Zustellung des Bescheides über den endgültigen Zeichnungsbetrag zu zeichnen (§ 15). Geht ihm dieser Bescheid erst nach vielen Monaten zu, so hat er die Restzeichnung doch zu dem nach § 2 Abs. 2 zu berechnenden Zeichnungspreis über Pari zu leisten.

6. Begünstigung der bis zum 31. August 1922 erfolgten Zeichnungen. Wie sich aus § 2 ergibt, wird das Sinken des inneren Wertes der Papiermark innerhalb der Zeichnungsfrist im allgemeinen nicht berücksichtigt, das Gesetz hält an der Fiktion von der Gleichheit der Mark fest. Es ist also im allgemeinen nicht möglich, Zeichnungen, die in besserer Mark geleistet wurden, zu einem

höheren Wert in Ansatz zu bringen. Der Zeichnungspflichtige erhält auch über seine früheren wertvolleren Zeichnungen nur JSchVerschr. im Nominalbetrag der Zeichnung. Der frühere Zeichner hat also den Schaden der Geldentwertung zu tragen.

Von diesem Standpunkt macht das Gesetz nur insofern eine Ausnahme, als Barzeichnungen, die bis zum 31. Aug. 1923 erfolgt sind, auf den endgültig zu zeichnenden ZwABetrag zum doppelten Nennwert angerechnet werden. Bei der Berechnung des noch zu zeichnenden Betrags (§ 14) gilt in diesem Fall also der doppelte Nominalbetrag als gezeichnet, je 940 M. Julizeichnung und je 960 M. Augustzeichnung zählen als Zeichnungen von 2 000 M. Der Pflichtige erhält also für die Juli- und Augustzeichnungen des Jahres 1922 den doppelten Betrag in JSchVerschr. ausgehändigt. Rückzahlungen finden nach der ausdrücklichen Vorschrift des letzten Satzes in § 2 auf Grund dieser Bestimmung nicht statt. Hat also jemand im August 1922 40 000 M. ZwA. gezeichnet und ergibt es sich nunmehr, daß er insgesamt 55 000 M. zu zeichnen hat, so hat er nichts mehr zu zeichnen; denn es gelten 80 000 M. als gezeichnet. Den Unterschied zwischen 80 000 M. und 55 000 M. erhält er aber nicht erstattet (§ 17).

Was als Barzeichnung gilt, die zu der Anrechnung zum doppelten Nennwert berechtigt, geht aus dem Gesetz nicht hervor und ist auch den Mat. nicht zu entnehmen. Unzweifelhaft gehören die unter Barzahlung des Zeichnungspreises geleisteten Zahlungen hierher. Ihnen stehen die durch Scheck oder Überweisungen geleisteten Zahlungen (§ 44 Abs. 2 BStZwAB.) gleich. Darüber hinaus sprechen zwingende Gründe der Billigkeit dafür, auch die auf die ZwA. in Anrechnung gebrachten überzahlten RNOBeträge insoweit als Barzeichnungen im Sinne dieser Vorschrift anzusehen, als es sich um seinerzeit in bar oder durch Hingabe unverzinslicher Schatzanweisungen (Schatzwechsel) bezahlte Beträge handelt. Diese überzahlten Beträge hat das Reich schon vor Jahr und Tag in einer um das Vielfache besseren Mark erhalten und leistet nunmehr durch die Erstattung oder Anrechnung des gleichen Nominalbetrags auf die ZwA. nur dem Buchstaben, nicht dem Werte nach eine Rückzahlung. Es ist daher erforderlich, auch dieser Barzahlung den kleinen Vorteil aus § 2 Abs. 3 zugute kommen zu lassen. An der rechtlichen Möglichkeit einer derartigen Behandlung bar überzahlter RNOBeträge bestehen um so weniger Zweifel, als nach § 35 RNOAbwBO. bei Anrechnung bis zum 31. Juli 1922 überzahlter RNOBeträge dieser Tag als Tag der Anrechnung ohne Rücksicht darauf gilt, wann die Anrechnung vorgenommen wird (vgl. N. 4 zu § 11). In Wirklichkeit hat die Barzahlung an das Reich in diesen Fällen meist lange Zeit vor dem Juli 1922 stattgefunden. Auch die Zinsen, die auf die ZwA. angerechnet werden, sind von dem doppelten Nominalbetrag zu berechnen, da sie eine Entschädigung für die Überlassung des wertvolleren Geldes an das Reich sein sollen.

Soweit das RNO. seinerzeit durch Hingabe von Kriegsanleihen getilgt wurde, ist für die Verdoppelung des auf die ZwA. anzurechnenden Überbetrags nach § 2 kein Raum.

Inhaberschuldverschreibungen.

§ 3.

Über die Zwangsanleihe werden Schuldverschreibungen auf den Inhaber ausgegeben. Eintragungen in das Reichsschuldbuch sind ausgeschlossen.

Mat.: RegE. § 3 (gleichen Wortlauts); Begr. S. 5, 9; Aussch.-Ber. S. 7, 50.

I. Die Rechtsstellung der Anleihegläubiger im allgemeinen.

1. Inhalt der Rechte. Nach § 3 werden über die ZwA. JSchVerschr. ausgegeben. Auf Grund dieser Bestimmung erlangt der Zeichner durch seine Zeichnung die Stellung eines Anleihegläubigers. Der Inhalt dieses Schuldverhältnisses ist in den §§ 3, 4 und 5 ZwAG. festgesetzt. Es ist zu unterscheiden zwischen der Rechtsstellung vor und nach Ausgabe der JSchVerschr.

a) Vor der Ausgabe von JSchVerschr. Der Zeichner hat aus § 3 einen Anspruch auf Aushändigung der ihm zustehenden JSchVerschr., welche die ihm nach dem G. zustehenden Rechte verbriefen.

Es entsteht die Frage, ob der Zeichner auch schon vor der Aushändigung der Stücke die im G. festgelegten Anleihegläubigerrechte hat. Der Inhalt des Anleihegläubigerrechts ist in den §§ 4 und 5 geregelt. Es besteht in dem

Zinsanspruch nach § 4 und dem Tilgungsanspruch nach § 5. Beide Rechte stehen dem Zeichner unabhängig von der Ausgabe der JSchVerschr. zu. Dies ergibt sich daraus, daß nach den §§ 4 und 5 der Anspruch auf Zinsen und Tilgung mit einem im G. kalendermäßig bestimmten Tage beginnt, gleichgültig, ob der einzelne Zeichner bis dahin die ihm zustehenden Stücke erhalten hat oder nicht. Hiermit stimmt auch der Wortlaut der §§ 4 und 5 überein. Sie sehen die Verzinsung und Tilgung der ZwA., nicht der Stücke vor.

Aus dem Vorstehenden ergibt sich folgendes:

Es ist möglich, daß am 1. Nov. 1925, dem Beginn der Verzinsung und der Tilgung, die Anleihestücke zu einem mehr oder weniger erheblichen Teile noch nicht an die Berechtigten ausgehändigt sind, sei es, daß noch Stücke fehlen, sei es, daß die Veranlagungen noch nicht abgeschlossen oder noch nicht rechtskräftig geworden sind. In diesem Falle kann der Zeichner, der seine Stücke noch nicht erhalten hat, trotzdem vorläufig die Zinsen der auf ihn entfallenden Anleihe fordern. Insoweit er die Zinsen erhalten hat, erlischt der Anspruch auf Aushändigung von Zinsscheinen. Ebenso kann eine Tilgung durch Rückkauf zum Börsenkurs auch vor Aushändigung der Stücke stattfinden, da ein Börsenkurs sich bereits gebildet hat, obwohl erst eine gewisse Anzahl von Stücken ausgegeben worden ist.

Die Tilgung durch Auslosung zum Nennwerte kann aus technischen Gründen nur für ausgegebene Stücke erfolgen.

b) Nach der Ausgabe von JSchVerschr. Die Rechtsstellung nach Ausgabe der Stücke ergibt sich aus dem Wesen der JSchVerschr. und den §§ 4 und 5. Das Anleiherecht ist von der Ausgabe der JSchVerschr. an lediglich in den JSchVerschr. verbrieft. Das Recht aus den JSchVerschr. tritt an die Stelle der bis dahin bestehenden materiell auf dieselbe Leistung gerichteten Rechte (Novation). Vgl. Veit Simon, Interimsscheine, S. 251.

2. Privatrechtliche Natur der Rechte. Die Verpflichtungen zur Zahlung des Anleihebetrages einerseits, der Aushändigung der JSchVerschr. andererseits beruhen bei der ZwA. nicht auf einem Anleihevertrag, sondern unmittelbar auf dem Gesetz. Die Verpflichtung des Zeichners zur Zahlung hat zwar, wie in N. 2 zu § 1 dargelegt, steuerrechtlichen Charakter, sie ist also eine öffentlich-rechtliche Pflicht; sie kann daher im Gegensatz zu der Zahlungspflicht des Kreditgebers aus einem Anleihevertrage nicht vor den ordentlichen Gerichten verfolgt werden. Dagegen sind die Verpflichtungen des Reichs ebenso wie bei freiwilligen Anleihen privatrechtliche; sie sind vom Reich zur Befriedigung der den Eigentümern gegebenen privatrechtlichen Ansprüche zu erfüllen. Infolgedessen kann z. B. auch auf die Lieferungen der JSchVerschr. gegen das Reich geklagt werden. Diese Auffassung steht im Einklang damit, daß der Zeichner auch schon vor Aushändigung der Stücke Anleihegläubiger ist. Da das Anleihegläubigerrecht nach Ausgabe der JSchVerschr. zweifellos privatrechtlicher Natur ist, so müssen die Rechte des Zeichners auch schon

vor der Ausgabe, da sie eben vor der Ausgabe der Stücke — abgesehen von der Bindung an das Papier — wesensgleich sind, privatrechtlicher Natur sein.

Daraus ergibt sich, daß die Reichsschuldenordnung vom 19. April 1900/22. Febr. 1904 (RSchO.) auf die über die ZwA. ausgegebenen ISchVerschr. anwendbar ist, soweit nicht einzelne Vorschriften des ZwAG. (§§ 3 bis 5) eine von der RSchO. abweichende Regelung treffen. Die RSchO. hat zwar zunächst nur die Aufgabe gehabt, für die freiwilligen Anleihen des Reichs eine einheitliche Regelung und Verwaltung zu schaffen (vgl. RFH. Bd. 8 S. 170), aber nur deshalb, weil man bei der Entstehung der RSchO. keine Veranlassung hatte, sich mit den Fragen einer ZwA. zu beschäftigen. Die nach der Zeichnung den Pflichtigen gewährten Rechte sind wie Anleiherechte ausgestaltet worden; die ISchVerschr. sollen wie die ISchVerschr. anderer Anleihen des Reichs behandelt werden. Bei den Beratungen des ZwAG. ist es als selbstverständlich vorausgesetzt worden, daß die Verwaltung der ZwA. der Reichsschuldenverwaltung obliegen würde, also die RSchO. anwendbar wäre (vgl. AusschBer. S. 11). Es würde also nicht richtig sein, die Anwendbarkeit der RSchO. abzulehnen, weil es sich um eine Zwangs-anleihe handelt.

II. Die ISchVerschr.

1. Begriff. ISchVerschr. sind Wertpapiere, in denen sich die Aussteller zu einer Leistung an den Inhaber der Urkunde verpflichten, und zwar derart, daß der bloße Inhaber als Berechtigter behandelt werden soll (vgl. § 793 BGB. und Jacobi in Ehrenbergs Handbuch IV 1, S. 477). Das Wertpapier ist zur Rechtsausübung notwendig. Der Gläubiger muß, um seine Rechte gegen den Schuldner ausüben zu können, sich durch Vorlegung des Papiers legitimieren (Jacobi S. 407). Die die ISchVerschr. betreffenden Rechtsverhältnisse sind in den §§ 783 ff. BGB. geregelt; vorliegendenfalls sind außerdem die Vorschriften der ZwAG. und der RSchO. zu beachten.

2. Form und Inhalt der ISchVerschr. Zuständig für die Ausstellung der ISchVerschr. ist die Reichsschuldenverwaltung (§ 3 RSchO.).

Nach § 792 Abs. 2 Satz 2 BGB. bedürfen sie nicht eigenhändiger Namensunterschriften der leitenden Beamten; es genügt vielmehr die mechanische Herstellung ihrer Namensunterschriften. Die Gültigkeit der Unterzeichnung der ISchVerschr. hängt jedoch von der vorschriftsmäßigen Ausfertigung ab, ohne daß es entgegen § 793 Abs. 2 BGB. der Aufnahme dieser Bestimmung in die Urkunde bedarf. Die Ausfertigung erfolgt bei den ISchVerschr. durch eigenhändige Unterzeichnung des Vermerks „Ausgefertigt" durch den damit beauftragten Beamten, bei Zins- und Erneuerungsscheinen durch Aufdruck eines den Reichsadler enthaltenden Trockenstempels (§ 4 RSchO.).

Der notwendige Inhalt der ISchVerschr. besteht in dem Zahlungsversprechen des Reichs über einen bestimmten Betrag in Reichswährung

nach den näheren Vorschriften des ZwAG. Der Betrag lautet über volle Tausende. Weil eine kleinere Stückelung aus technischen Gründen vermieden werden soll (RegBegr. S. 11), wird nach § 10 der ZwABetrag auf volle Tausende abgerundet. Es werden Stücke über 1 000 M., 2 000 M., 5 000 M., 10 000 M., 20 000 M., 50 000 M. und 100 000 M. ausgegeben (vgl. das Formular des Zeichnungsscheines Muster 12 zu den VStZwAAB.). Der Zeichnungspflichtige kann auf dem Zeichnungsschein vermerken, in welcher Stückelung ihm die JSchVerschr. ausgehändigt werden sollen. Wenn auch ein Recht auf Beachtung dieser Wünsche nicht besteht, so soll ihnen doch nach Möglichkeit entsprochen werden. Erst nach der Zeichnung geäußerte Wünsche zu beachten, steht lediglich im Ermessen der Annahmestellen.

3. **Ausgabe der JSchVerschr.** Der Zeichner von ZwA. erwirbt die JSchVerschr. vom Reich durch die Ausgabe. Nach § 794 Abs. 1 BGB. wird aber wie jeder Aussteller von JSchVerschr. auch das Reich aus ihnen selbst dann verpflichtet, wenn die Stücke nicht an einen Zeichner ausgehändigt worden sind, sondern gestohlen wurden, verlorengegangen oder sonst ohne Willen des Reichs in den Verkehr gelangt sind.

Die Ausgabe der Stücke geschieht durch die Annahmestellen. Auf dem Zeichnungsschein hat der Zeichner zu vermerken, ob er die JSchVerschr. abholen will, ob sie ihm auf seine Kosten und Gefahr durch die Post zuzusenden sind oder ob die Annahmestelle sie für ihn in Verwahrung nehmen soll (vgl. Muster 12 zu den VStZwAAB.). Das FA. hat den Zeitpunkt öffentlich bekanntzumachen, von dem ab die JSchVerschr. abgeholt werden können. Hat ein Pflichtiger sich die Abholung der JSchVerschr. vorbehalten, sie aber nicht innerhalb dreier Monate nach der Bekanntmachung des FA. abgeholt, so kann die Annahmestelle die Stücke dem Pflichtigen auf seine Gefahr und Kosten durch die Post übersenden (§ 59 VStZwAAB.). Das gleiche gilt, wenn der Pflichtige die von ihm gewünschte Art der Ausreichung auf dem Zeichnungsschein nicht angegeben hat. — Die Ausreichung geschieht gegen Empfangsbestätigung auf dem Zeichnungsschein. — Bei der Übersendung ist die Legitimationsprüfung Pflicht der Post. Bei der Abholung hat die Annahmestelle die Legitimation des Empfängers zu prüfen; dabei hat sie nach den im Verkehr üblichen Regeln zu verfahren. Über die Haftung der Annahmestellen gegenüber dem Reich vgl. N. 4 zu § 19. Sind Zweifel über die Person des Berechtigten nicht zu klären, so sind die JSchVerschr. bei der Hinterlegungsstelle (in Preußen dem Amtsgericht) unter Verzicht auf das Recht der Rücknahme zu hinterlegen. Nimmt die Annahmestelle die JSchVerschr. antragsgemäß in Verwahrung, so regeln nunmehr nur die einschlägigen Bestimmungen des Privatrechts, insbesondere des Depotgesetzes vom 5. Juli 1896, das Rechtsverhältnis zwischen der Annahmestelle und dem Zeichner.

Die Schuld des Reichs ist eine Gattungsschuld. Das Reich ist nicht zur Lieferung bestimmter JSchVerschr. verpflichtet. Die Gattungsschuld beschränkt sich auf die Lieferung bestimmter Stücke, wenn das Reich das zur Leistung seinerseits Erforderliche getan hat (§ 243 Abs. 2 BGB.). Hierzu gehört die Aussonderung bestimmter Stücke und die Absendung, Verwahrung oder Bereitlegung zur Abholung mit Ablauf der im vorhergehenden Absatz genannten Dreimonatsfrist. Die Gefahr, insbesondere auch eines Diebstahls oder einer Unterschlagung, geht nach § 300 Abs. 2 BGB. auf den Zeichner über, wenn er die zu seiner Verfügung stehenden JSchVerschr., sofern sie ausgesondert sind, nach Ablauf der Dreimonatsfrist nicht abholt oder im Fall der Übersendung ihre Annahme verweigert.

Zu Unrecht ausgegebene JSchVerschr. — sei es, daß die Aushändigung vor der Zahlung erfolgt ist und diese auch nicht zwangsweise beigetrieben werden kann, sei es, daß irrtümlicherweise zu viel JSchVerschr. ausgehändigt wurden — kann das Reich zurückfordern. Das Recht der Anwendung unmittelbaren Zwanges, das § 202 RAO. den FA. gibt, kann hierfür nicht in Anspruch genommen werden; denn es beschränkt sich auf die Durchsetzung von Anordnungen, die die FA. bei Ermittlung von Steueransprüchen oder Durchführung der Steueraufsicht innerhalb ihrer gesetzlichen Befugnisse treffen. Hier handelt es sich aber nicht um einen Steueranspruch des Reiches, überhaupt nicht um einen öffentlich-rechtlichen Anspruch, vielmehr um den bürgerlich-rechtlichen Anspruch aus ungerechtfertigter Bereicherung auf Herausgabe der Stücke (§ 812 BGB.). Das Reich ist daher auf den ordentlichen Rechtsweg angewiesen und wird zur Sicherung seines Herausgabeanspruchs erforderlichenfalls den Erlaß einer einstweiligen Verfügung nach § 935 ZPO. beantragen müssen.

Über den Zeitpunkt der Ausgabe der JSchVerschr. vgl. N. 7 zu § 13. Zwischenscheine (Interimsscheine) werden nicht ausgegeben.

4. **Die Rechte aus den JSchVerschr.** Die Rechte aus den über die ZwA. ausgegebenen JSchVerschr. unterscheiden sich ihrem Wesen nach nicht von denen aus anderen JSchVerschr. Einwendungen gegen seine Zahlungspflicht kann das Reich nur insoweit erheben, als sie die Gültigkeit der Ausstellung betreffen, sich aus der Urkunde ergeben oder ihm unmittelbar gegen den Inhaber zustehen (§ 796 BGB.). Zu den Einwendungen, die die Gültigkeit der Ausstellung betreffen, gehört, daß das Stück gefälscht oder nicht vollständig ist, insbesondere nicht in der vorgeschriebenen Weise ausgefertigt ist, ferner daß es für kraftlos erklärt (§ 799 BGB, s. unten S. 66), daß der Anspruch aus ihm wegen Verabsäumung der Vorlegungsfrist erloschen (§ 801 Abs. 1 S. 1 BGB.) oder verjährt (§ 801 Abs. 1 S. 2 BGB.) oder daß eine Zahlungssperre erfolgt ist. Eine Anfechtung wegen Irrtums, Betruges oder Zwanges findet, wenn das Stück in die Hand eines dritten Erwerbers gelangt ist, nicht statt (KommRGR. N. 2 zu § 796). Einwendungen,

welche sich aus dem Inhalt der Urkunde ergeben, sind, da die einschlägigen Bestimmungen des ZwAG. in der Urkunde aufgenommen oder in ihr angezogen sind, solche, die die Zahlungspflicht des Reichs hinsichtlich des Umfangs und der Zeit auf das gesetzliche Maß beschränken. Zu den Einreden, die dem Reich unmittelbar gegen den Inhaber zustehen, gehören die Einreden der Zahlung oder Aufrechnung, des Irrtums, Zwanges und Betruges gegenüber dem ersten Erwerber, ferner die Einrede des mangelnder Rechts des Inhabers (§ 793 Abs. 1 BGB.), wenn dieser die Stücke von einem Nichtberechtigten erworben hat und dabei hinsichtlich des Eigentums seines Veräußerers nicht im guten Glauben gewesen ist. Die Beweislast trifft das Reich, da zugunsten des Besitzers der Stücke vermutet wird, daß er Eigentümer ist (§ 1006 BGB.). Es wird die Zahlung verweigern müssen, wenn es schlüssige Beweise hat; denn die trotzdem erfolgende Zahlung würde eine wider Treu und Glauben verstoßende Schädigung des wirklich Berechtigten sein (KommRGR. Anm. 4 zu § 793).

Das Reich ist nur gegen Aushändigung der ISchVerschr. zur Leistung verpflichtet (§ 797 S. 1 BGB.). Mit der Aushändigung erwirbt es das Eigentum an der Urkunde, auch wenn der Inhaber über sie zur Verfügung nicht berechtigt gewesen ist.

Da die ZwA. erst vom 1. Nov. 1925 ab verzinslich und tilgbar ist, sind bis dahin Ansprüche aus den Stücken gegen das Reich nicht gegeben. Ansprüche auf Zahlung des verbrieften Nennwertes bestehen auch dann nur nach Auslosung des Stückes.

5. ISchVerschr. als Gegenstand von Rechtsgeschäften.

Die Übertragung der Rechte aus den ISchVerschr. erfolgt durch Übertragung des Eigentums an den Stücken. Diese geschieht durch formlose Einigung und bloße Übergabe oder deren Ersatz nach den allgemeinen Vorschriften der §§ 929 ff. BGB. über die Eigentumsübertragung an beweglichen Sachen. Formvorschriften sind nicht zu beachten. Auch die Einräumung des Nießbrauchs und die Pfandbestellung geschieht wie bei beweglichen Sachen (§§ 1030 ff., 1204 ff. BGB.).

Der redliche Erwerber von ISchVerschr. wird auch dann Eigentümer, wenn sie gestohlen, verlorengegangen oder sonst abhanden gekommen waren (§ 935 Abs. 2 BGB.). Der gute Glaube wird in dieser Weise geschützt, wenn er sich auf das Eigentum des Veräußerers oder Verpfänders bezieht. § 366 HGB. schützt darüber hinausgehend unter gewissen Voraussetzungen auch den guten Glauben an die Verfügungsbefugnis des Veräußerers. Der gute Glaube von Bankiers und Geldwechslern gilt für eine gewisse Zeit als ausgeschlossen, wenn der Verlust im Deutschen Reichsanzeiger bekanntgemacht worden ist (§ 367 HGB.). Die Prüfung des Reichsanzeigers allein entlastet in der Regel den Bankier nicht; er hat auch im übrigen die ihm zugegangenen Mitteilungen über Verluste von Inhaberpapieren in

angemessener Weise zu prüfen, insbesondere die Zusammenstellung in Verlust geratener Inhaberpapiere, die das Polizeipräsidium in Berlin vierteljährlich im Deutschen Fahndungsblatt veröffentlicht, ferner die öffentlichen Bekanntmachungen an der für ihn maßgebenden Börse. Um dem Publikum behilflich zu sein und der Vorschrift des § 367 HGB. praktische Bedeutung zu sichern, ist in Preußen durch Art. 6 AG. z. HGB. bestimmt, daß die Polizeibehörden auf Antrag des Eigentümers eines Inhaberpapiers verpflichtet sind, den Verlust des Papiers gemäß der Vorschrift des § 367 HGB. öffentlich bekanntzumachen, wenn ihnen der Eigentümer den Verlust glaubhaft macht und die Kosten der Veröffentlichung übernimmt und vorschießt.

Nach § 35 des KapVerkStG. vom 8. April 1922 sind Anschaffungsgeschäfte, d. h. entgeltliche, auf den Erwerb von Eigentum gerichtete Vertragsgeschäfte über ISchVerschr. der sog. Börsenumsatzsteuer unterworfen. Diese Steuer ist unabhängig davon, ob das Geschäft an einer Börse oder zu Börsenbedingungen abgeschlossen wird oder nicht. Sie entsteht also auch bei Geschäften zwischen Privaten, sie ist insbesondere auch dann zu entrichten, wenn der Verkauf ohne Inanspruchnahme berufsmäßiger Vermittler (Banken, Börse) erfolgt. Sie beträgt bei ZwAStücken, wenn auf beiden Seiten nur „Händler" beteiligt sind, 2 vom Tausend, wenn nur auf der einen Seite ein „Händler" beteiligt ist, 4 vom Tausend, wenn auf beiden Seiten Privatpersonen beteiligt sind, 1 v. H. (§ 52 KapVerkStG.). Auf Schlußnotenformularen sind Steuermarken zu entwerten, soweit nicht das Abrechnungsverfahren Platz greift (§ 164 ff. AusfBest. KapVerkStG.). Formulare und Steuermarken sind bei den FA. erhältlich. Über die Händlereigenschaft vgl. RFH. vom 4. Juni 1919 (AmtlMitt. 1919 S. 283).

6. Beleihung der ISchVerschr. Im RTAusschuß wurde beantragt, der Reichsbank die Verpflichtung zur Beleihung der ISchVerschr. aufzuerlegen. Dieser Antrag wurde zurückgezogen, nachdem ein Vertreter der Reichsbank unter Zustimmung der Regierung erklärt hatte:

„Der Reichsbank eine Verpflichtung zur Beleihung der Zwangsanleihe aufzuerlegen, sei unmöglich, weil es den obersten Grundsätzen der Bankverfassung widersprechen würde. Der Reichsbank seien durch das Bankgesetz die Geschäfte bezeichnet, die sie machen dürfe, aber sie sei nicht verpflichtet und könne nicht verpflichtet werden, bestimmte Geschäfte zu machen. Eine solche Neuerung könne auch nicht gelegentlich eines Gesetzes über einen anderen Gegenstand, sondern nur durch eine Novelle zum Bankgesetz mit Zustimmung der Generalversammlung getroffen werden.

Es komme dazu, daß der Reichsbank bezüglich ihrer Lombardanlage im ganzen gesetzlich enge Schranken gezogen seien. Die Lombarddarlehen seien nicht als Notendeckung zugelassen. Die Reichsbank könne also Lombard-

darlehen nur mit ihren sonstigen Mitteln, nicht mit den aus der Notenausgabe geschöpften Mitteln gewähren. Deshalb sei auch die Bestimmung getroffen, daß der Zentralausschuß gutachtlich zu hören sei über den Höchstbetrag, bis zu welchem die Fonds der Bank zu Lombarddarlehen verwendet werden dürften (§ 32 Abs. 2 d. Bankges.).

Was die Frage der Beleihbarkeit betreffe, so seien in § 13 (3 b) des Bankgesetzes zur Beleihung zugelassen zinstragende oder spätestens nach einem Jahre fällige Schuldverschreibungen des Reichs. Solange die Zwangsanleihe unverzinslich sei, sei sie also nicht beleihbar. Wenn die Verzinslichkeit eingetreten sein werde, werde die Zwangsanleihe beleihbar sein bis zu höchstens drei Vierteln des Kurswertes, und er gebe hiermit die Erklärung ab, daß die Reichsbank keine Veranlassung sehe, die Zwangsanleihe von diesem Zeitpunkt ab anders zu behandeln als die sonstigen Anleihen des Reichs.

Die Darlehnskassen, auf die die Reichsbank seit Kriegsbeginn den überwiegend größten Teil ihres Lombardgeschäftes abgedrängt habe, und die schon aus diesem Grunde noch eine Anzahl von Jahren werden bestehen müssen, würden so engen gesetzlichen Schranken nicht unterliegen. Sie seien (§ 4 b des Darlehnskassengesetzes) berechtigt, Wertpapiere des Reichs mit einem Abschlag vom Kurs oder marktgängigen Preis zu beleihen. Das Nähere bestimme die Hauptverwaltung der Darlehnskassen, in der Reichsfinanzministerium und Reichsbank zusammen die Mehrheit hätten. Eine gesetzliche Verpflichtung der Darlehnskassen, irgendwelche Wertpapiere zu beleihen, bestehe nicht, und er möchte aus den verschiedensten Gründen dringend widerraten, eine solche durch dieses Gesetz einzuführen. Er könne aber erklären, daß die Darlehnskassen die Zwangsanleihe von ihrer Ausgabe an beleihen könnten und sie beleihen würden nach den Grundsätzen, die für die Beleihung sonstiger Wertpapiere des Reichs maßgebend seien."

Danach erfolgt die Beleihung der ZwA. durch die Reichsbank erst vom 1. Nov. 1925 ab. Inzwischen ist, da endgültige Anleihestücke ausgegeben und an der Börse eingeführt worden sind, die Beleihung durch die Darlehnskassen möglich. Der Beleihungssatz beträgt 75 v. H. des Kurswertes, höchstens jedoch 100 v. H. des Nennwertes. Eine Beleihung erfolgt nur auf Grund der Verpfändung der JSchVerschr. Vor ihrer Aushändigung findet also eine Beleihung durch die Darlehnskassen nicht statt. Eine entsprechende Mitteilung über die Beleihung der ZwA. ist seinerzeit verbreitet worden (DStZt. S. 936).

Wie alle übrigen Reichsschuldverschreibungen können auch die über die ZwA. ausgegebenen JSchVerschr. zu Sicherheitsleistungen bei den verschiedenen Behörden (Eisenbahn, Zoll- und Steuerbehörden) verwandt werden.

7. **Ausfuhr von ISchVerschr.** Die Ausfuhr der ISchVerschr. darf nur nach Maßgabe des Gesetzes gegen die Kapitalflucht in der Fassung vom 26. Jan. 1923 (RGBl. 1923 S. 91) erfolgen. Die in Frage kommenden Bestimmungen dieses Gesetzes sind die folgenden:

„§ 1. Wertpapiere ... dürfen nur durch Vermittlung von Banken nach dem Ausland versandt oder überbracht werden.

. . . . . .

§ 2. Banken dürfen Aufträge von Personen, welche nicht gewerbsmäßig Bank- oder Bankiergeschäfte betreiben (Nichtbankiers), wonach

1. Wertpapiere nach dem Ausland versandt oder überbracht, für einen Ausländer in Verwahrung genommen oder ihm auf Stückkonto gutgeschrieben,

. . . . . .

werden sollen, nur ausführen, wenn der Auftraggeber eine Erklärung nach dem Muster der Anlage 1, beim Versenden oder Überbringen von Wertpapieren oder Zahlungsmitteln in dreifacher, sonst in doppelter Ausfertigung einreicht.

. . . . . .

Die Banken haben in allen Fällen eine Ausfertigung der Erklärung binnen einer Woche an das für ihre Niederlassung (Zweigniederlassung) zuständige Finanzamt weiterzugeben und die zweite Ausfertigung oder eine Abschrift derselben drei Jahre lang aufzubewahren. Beim Versenden oder Überbringen von Wertpapieren oder Zahlungsmitteln ist die dritte Ausfertigung der Sendung beizufügen.

. . . . . .

Werden Wertpapiere oder Zahlungsmittel seitens der Bank im eigenen Namen nach dem Ausland versandt oder überbracht, so ist der Sendung ein von der Bank unterschriftlich vollzogener Zettel mit dem Vermerk „Eigengeschäft“ beizufügen. Erfolgt die Versendung oder Überbringung im Auftrag einer anderen Bank, so ist ein von der beauftragten Bank unterschriftlich vollzogener Zettel mit dem Vermerk „Auftrag der Bank .... in ....“ der Sendung beizufügen.“

8. **Verlust von ISchVerschr.** Das ZwAG. bringt ISchVerschr. in die weitesten Kreise der Bevölkerung, ohne einen Schutz dadurch zu geben, daß die ISchVerschr. in Schuldbuchforderungen umgewandelt werden können (§ 3 Abs. 2). Es werden daher die Bestimmungen besondere Bedeutung erlangen, die den Ersatz beschädigter oder in Verlust geratener Stücke betreffen.

a) Über die Aushändigung neuer anstatt beschädigter Stücke bestimmt § 798 BGB.:

„Ist eine Schuldverschreibung auf den Inhaber infolge einer Beschädigung oder einer Verunstaltung zum Umlaufe nicht mehr geeignet, so kann der Inhaber, sofern ihr wesentlicher Inhalt und ihre Unterscheidungsmerk-

male noch mit Sicherheit erkennbar sind, von dem Aussteller die Erteilung einer neuen Schuldverschreibung auf den Inhaber gegen Aushändigung der beschädigten oder verunstalteten verlangen. Die Kosten hat er zu tragen und vorzuschießen."

Der Inhaber braucht sein Recht an dem Papier nicht nachzuweisen. Unterscheidungsmerkmale sind in erster Reihe Nummern und Buchstaben. Eine Bestimmung, die diesen Anspruch gegenüber dem Reich, sofern dieses der Aussteller ist, ausschlösse, besteht anders als bei Reichskassenscheinen und Banknoten hinsichtlich von ISchVerschr. nicht.

b) Verlust oder Vernichtung von ISchVerschr. Für den Fall des Verlustes oder der Vernichtung einer ISchVerschr. findet nach § 799 BGB., sofern nicht in der Urkunde etwas anderes bestimmt ist, das Aufgebotsverfahren zur Kraftloserklärung der Urkunde statt. Das Aufgebotsverfahren erübrigt sich bei ISchVerschr., die vom Reiche ausgegeben sind, also auch bei ZwAStücken, wenn die ISchVerschr. vernichtet worden sind, der bisherige Inhaber dies der Reichsschuldenverwaltung anzeigt und die letztere die Vernichtung für nachgewiesen erachtet (§ 16 RSchO.). In diesem Falle hat auf Antrag die Reichsschuldenverwaltung, ohne daß es eines Aufgebotsverfahrens bedarf, dem bisherigen Inhaber eine neue ISchVerschr. zu erteilen. Die Kosten der Neuausstellung hat der Inhaber zu tragen und vorzuschießen. Erachtet die Reichsschuldenverwaltung den Nachweis nicht für geführt, oder sind ISchVerschr. dem Inhaber abhanden gekommen — also noch vorhanden, aber dem Berechtigten unbekannt, wo —, so erfolgt auf Antrag die Kraftloserklärung der Stücke im Aufgebotsverfahren. Nach ihrer Durchführung hat derjenige, welcher das Ausschlußurteil erwirkt hat, den Anspruch auf die Leistung des Reiches, die in der Urkunde verbrieft war. An Stelle dieses von der Urkunde unabhängig gewordenen Zahlungsanspruches hat er auch das Recht, als Ersatz für die kraftlos erklärte die Erteilung einer neuen ISchVerschr. vom Reich zu verlangen (§ 800 BGB.). Die Kosten für die neue Urkunde hat wiederum der bisherige Inhaber zu tragen und vorzuschießen.

Das Aufgebotsverfahren ist im 9. Buche der ZPO. geregelt (§§ 946 ff.). Für das Aufgebot von Urkunden, also auch von ISchVerschr., sind in den §§ 1003 ff. weitere Vorschriften erlassen. Ausschließlich zuständig für das Aufgebotsverfahren ist nach § 17 RSchO. das Amtsgericht, in dessen Bezirk die Reichsschuldenverwaltung ihren Sitz hat, also das Amtsgericht Berlin-Mitte. Der Antrag kann schriftlich oder zu Protokoll des Gerichtsschreibers erklärt werden (§ 947 ZPO.). Er muß den wesentlichen Inhalt der Urkunde und alles enthalten, was zur vollständigen Erkennbarkeit derselben erforderlich ist, also insbesondere Buchstaben und Nummern. Es sind ferner der Verlust der Urkunde sowie die Tatsachen glaubhaft zu machen, „von denen die Berechtigung des Antragstellers abhängt, das Aufgebotsverfahren zu bean-

tragen", d. h. es ist glaubhaft zu machen, daß der Antragsteller der bisherige Inhaber der Urkunde war. Endlich muß sich der Antragsteller zur Versicherung der Wahrheit seiner Angaben an Eidesstatt erbieten. Die Aufgebotsfrist beträgt mindestens sechs Monate, höchstens ein Jahr. Die besonderen Vorschriften über Fristbestimmungen für Wertpapiere, die mit Zins-, Renten- und Gewinnanteilscheinen versehen sind, kommen für die ZwA. solange nicht in Frage, als sie nach § 4 unverzinslich ist, der Aufgebotstermin also vor dem 31. Okt. 1925 liegt: denn bis dahin sind die ZwAStücke nicht als Wertpapiere anzusehen, für die periodisch Zinsscheine ausgegeben werden. Wollte man anders entscheiden, so würden nach § 1011 ZPO. Aufgebote von ZwAStücken nicht vor dem April 1930 zulässig sein. Bei der zwangsweisen Verbreitung der Stücke in allen Schichten der Bevölkerung wäre dieses Ergebnis aber wenig zweckmäßig. Allerdings ergibt sich daraus die merkwürdige Folge, daß das Aufgebot bis zum 31. Okt. 1925 zulässig, von da ab bis zum 30. April 1930 unzulässig und erst dann wieder zulässig ist. Dies hängt aber damit zusammen, daß der gesetzgeberische Grund des § 1011 (Vermutung für den Verlust infolge dauernder Nichtvorlegung der Zinsscheine) in der Zeit der Unverzinslichkeit entfällt. Mit Rücksicht auf die große Menge von JSchVerschr. und die Unzulässigkeit von Schuldbucheintragungen dürfte es sich empfehlen, auch in der Zwischenzeit durch Sonderanordnung das Aufgebot für zulässig zu erklären.

Der Aufgebotsantrag oder der Erlaß des Aufgebots gibt dem bisherigen Inhaber der JSchVerschr. anders als nach dem HGB. und der WO. (§ 365 Abs. 2 bezw. Art. 73 Satz 2) noch kein Recht, gegen Sicherheit Leistung aus der Urkunde zu verlangen.

Bei Erlaß des Aufgebots erfolgt von Amts wegen keine vorläufige Sicherung des Antragstellers durch Erlaß einer Zahlungssperre, diese muß besonders beantragt werden (§ 1019 ZPO.). Die Zahlungssperre stellt ein richterliches Verbot an den Schuldner, hier also das Reich, dar, eine Leistung an den derzeitigen Inhaber der Urkunde zu machen, und hat die Kraft eines solchen (§ 136 BGB.). Die Bekanntmachung der Zahlungssperre erfolgt in der gleichen Weise wie die des Aufgebots (§ 1020 ZPO.).

Für Zinsscheine erfolgt ein Aufgebot nicht (§ 799 Abs. 1 Satz 2 BGB.). Die Reichsschuldenverwaltung stellt aber für vernichtete Stücke unter den gleichen Voraussetzungen wie für vernichtete JSchVerschr. neue Scheine aus (s. oben in N. 8). Im übrigen erfolgt kein Ersatz.

9. Erlöschen der Forderung durch Zeitablauf. Die Forderungen aus den ZwAStücken gegen das Reich erlöschen, wenn nicht eine Kraftloserklärung im Aufgebotswege erfolgt, durch Tilgung gemäß § 5. Auch durch Zeitablauf kann die Verpflichtung des Reichs aus ZwAStücken erlöschen. Diese Befreiung des Reichs von Gesetzes wegen tritt 30 Jahre nach der Auslosung des einzelnen Stückes vom Ende des Auslosungsjahres ab gerechnet ein.

Erfolgt vor Ablauf dieser Frist die Vorlegung ausgeloster Stücke an das Reich, so muß der Anspruch innerhalb zweier Jahre bei Vermeidung der Verjährung durchgeführt oder rechtshängig gemacht werden (§ 801 BGB.). Zinsscheine sind gegenüber der Schuldurkunde selbständig. Die Vorlegungsfrist beträgt für sie vier Jahre seit Ende des Fälligkeitsjahres (§ 801 BGB.), die sich der Vorlegung anschließende Verjährungsfrist beträgt für sie gleichfalls zwei Jahre.

III. Umwandlung der JSchVerschr.

1. **Keine Eintragung in das Reichsschuldbuch.** Die Eintragung von ZwAForderungen in das Reichsschuldbuch an Stelle ihrer Verbriefung durch JSchVerschr. ist ausgeschlossen. Die Begründung führt hierüber folgendes aus:

„Würde die Schuldbuchzeichnung zugelassen werden, so würden solche Zeichnungen längere Zeit eines lombardfähigen Titels entbehren müssen, da nach den geltenden Vorschriften ein Forderungsrecht, das verpfändet werden könnte, erst mit der Eintragung in das Schuldbuch entsteht und die Eintragung in das Schuldbuch bei der großen Zahl von Gläubigern längere Zeit in Anspruch nehmen müßte. Auch eine spätere Umwandlung von Schuldverschreibungen in Schuldbuchforderungen ist nicht angängig, weil neben der Tilgung durch Rückkauf eine Tilgung durch Auslosung zum Nennwert vorgesehen ist (vgl. § 5) und weil es eine Tilgung von Schuldbuchforderungen durch Auslosung nach dem geltenden Schuldbuchrecht nicht gibt. Daß die Tilgung durch Auslosung auf absehbare Zeit nicht praktisch werden wird, ist hierbei ohne Belang. Überdies würde auch die andere Tilgungsart bei Schuldbuchforderungen auf Schwierigkeiten stoßen, weil Schuldbuchforderungen nicht börsenfähig sind."

2. **Keine Außerkurssetzung von JSchVerschr.** Die Festlegung von ZwAStücken auf den Namen eines bestimmten Berechtigten ist ausgeschlossen. Nach § 806 BGB. ist es im allgemeinen dem Aussteller überlassen, die Umschreibung einer JSchVerschr. auf den Namen eines bestimmten Berechtigten vorzunehmen (Außerkurssetzung). Für die ZwA. ist jedoch eine Außerkurssetzung weder durch die Reichsschuldenverwaltung noch durch eine andere Stelle zulässig. § 3 Abs. 1 ZwAG. bestimmt, daß über die ZwA. JSchVerschr. ausgestellt werden. Das Reich befreit sich daher unter allen Umständen durch Zahlung an den Inhaber nach den allgemeinen Vorschriften.

Bei dieser Rechtslage kann auch die Sicherung der in ZwA. angelegten Mündelvermögen nicht durch Umschreibung der JSchVerschr. auf den Namen des Mündels erfolgen (§ 1815 BGB.). Voraussetzung dafür wäre die allgemeine Zulässigkeit der Außerkurssetzung. Der Vormund ist aber berechtigt und verpflichtet, die ZwAStücke seines Mündels mit Erneuerungsscheinen

bei einer Hinterlegungsstelle oder bei der Reichsbank mit der Bestimmung zu hinterlegen, daß die Herausgabe der Papiere nur mit Genehmigung des Vormundschaftsgerichts verlangt werden kann (§ 1814 BGB.). Die Zinsscheine brauchen nicht hinterlegt zu werden. Hinterlegungsstellen sind in Preußen die Amtsgerichte (§ 1 HinterlOrd.).

Verzinsung der ZwA.

§ 4.

Die Zwangsanleihe ist bis zum 31. Oktober 1925 unverzinslich und wird vom 1. November 1925 an bis zum 31. Oktober 1930 in Höhe von 4 vom Hundert und vom 1. November 1930 an in Höhe von 5 vom Hundert des Nennwerts jährlich verzinst. Die Zinsen werden halbjährlich am 1. Mai und 1. November, erstmals am 1. Mai 1926, fällig.

Mat.: RegE. § 4; Begr. S. 6, 9; AusschBer. S. 7 ff., 50.

1. Entstehungsgeschichte.
2. Der Zinsanspruch.
3. Steuerfragen hinsichtlich der Zinsen.

1. **Entstehungsgeschichte.** S. darüber Einleitung S. 44 f.

2. **Der Zinsanspruch.** Auf die Zinsen besteht ein klagbarer privatrechtlicher Anspruch, und zwar schon vor Aushändigung der Zinsscheine (vgl. S. 57 f.). Nach ihrer Aushändigung erfolgt die Zinszahlung gegen Rückgabe der fälligen Zinsscheine. Die JSchVerschr. werden mit zehn Halbjahrszinsscheinen über 4 v. H. jährlich für die Zeit vom 1. November 1925 bis zum 31. Oktober 1930 sowie mit einem Erneuerungsschein ausgegeben. Kommt ein Zinsschein abhanden oder wird er vernichtet, so entfällt der Anspruch auf den Zinsbetrag. Selbst wenn der Verlust vor der Fälligkeit angezeigt wird, ist das Reich nicht verpflichtet, dem Inhaber der JSchVerschr. nach Ablauf der Vorlegungsfrist die Zinsen zu zahlen. Entgegen der Bestimmung des § 804 BGB. bedarf es der ausdrücklichen Ausschließung der Einlösungspflicht auf den Zinsscheinen nicht (§ 16 Abs. 2 RSchO.), jedoch hat das Reich neue Zinsscheine auszugeben, wenn der bisherige Inhaber der Zinsscheine deren Vernichtung nachweist; die Kosten hat der Inhaber zu tragen (§ 16 Abs. 3 b, c). Auf diese Ersatzausstellung ist ein privatrechtlicher Anspruch gegeben.

3. **Steuerfragen hinsichtlich der Zinsen.** Die Zinsen der über die ZwA. ausgegebenen JSchVerschr. unterliegen der Einkommensteuer ebenso wie die JSchVerschr. selbst der Vermögenssteuer. Hinsichtlich der ersten Veranlagung zur VermSt. s. aber § 25 ZwAG. Eine Ermächtigung des RFM., die JSchVerschr. mit steuerlichen Vorteilen auszustatten, die durch § 3

des G. vom 29. August 1919 hinsichtlich der über die Sparprämienanleihe ausgegebenen Stücke erteilt worden war, ist im ZwAG. nicht vorgesehen. Sollte die durch Art. I § 6 des GeldentwG. bis auf weiteres außer Hebung gesetzte KapESt. bis zum Beginn der Verzinsung der ZwA. wieder in Wirksamkeit gesetzt worden sein, so werden die Zinsen der über die ZwA. ausgegebenen ISchVerschr. der KapESt. doch nicht unterliegen (a. A. Thümen, Notopfer S. 190). Maßgebend ist, daß das ZwAG. jünger als das KapEStG. ist. Der Verpflichtung, die der Höhe nach durch das jüngere Gesetz bestimmten Zinszahlungen an die Inhaber der ISchVerschr. zu zahlen, kann sich das Reich nicht dadurch entziehen, daß es auf Grund eines früheren Gesetzes einen Teil der Zahlungen zurückbehält. Würde man aber selbst das KapEStG. so auslegen, daß es auch Zinszahlungen aus späteren Gesetzen ergreift, so würde doch das ZwAG. als eine lex specialis zu betrachten sein und daher dieser allgemeinen Regel nicht unterfallen. Dies ergibt sich daraus, daß bei der Beratung des ZwAG. die Frage, wie hohe Zinsen vom Reich vergütet werden sollten, eine erhebliche Rolle gespielt hat (vgl. Einl. S. 44 f.). Der RT. ist über den RegE. nicht unerheblich hinausgegangen, um durch eine besse Ausstattung der ISchVerschr. deren Kurs zu stützen. Es muß also angenommen werden, daß die gesetzlich festgelegten Zinsen den Inhabern der ISchVerschr. auch tatsächlich ohne Abzug zugute kommen sollten. Eine andere Auslegung würde mit den von den gesetzgeberischen Instanzen verfolgten Absichten nicht zu vereinbaren sein. § 16 KapEStG., demzufolge von der KapESt. Einnahmen aus Anleihen des Deutschen Reichs befreit sind, bei deren Begebung die Befreiung von der KapESt. zugesichert wurde, ist also auf die ZwA. sinngemäß anzuwenden. Diesen Erwägungen gegenüber ist es gegenstandslos, daß nach dem Wortlaut des KapEStG. (§ 2 Ziff. 2) die Zinsen der ZwA. der KapESt. unterliegen würden. Diese Bestimmung lautet:

„§ 2. Steuerbare Kapitalerträge (§ 1) sind

I. die Erträge aus inländischen Kapitalanlagen, nämlich:

. . . . . .

2. Zinsen von Anleihen, die in öffentlichen Schuldbüchern eingetragen oder über die Teilschuldverschreibungen ausgegeben sind.“

Die Zinsen der ZwA. sind Zinsen „von Anleihen, über die Teilschuldverschreibungen ausgegeben sind“. Denn die ZwA. ist zwar eine Steuer, das Recht aber, das den Pflichtigen nach Zeichnung der ZwA. eingeräumt wird, ist von dem Gesetz wie ein Anleiherecht ausgestattet worden. Es würde dem Wortlaut nach unter Ziff. 2 fallen. Wenn der RFH. in seinen Entscheidungen (**8** 169 und **10** 322) für die Zinsen der sog. Fernsprechanleihe von 1920 (RG. vom 6. Mai 1920, RGBl. S. 894) zu einem anderen Ergebnis kommt, so ist das die Folge einer Reihe von Erwägungen die auf die ZwA. nicht zutreffen.

Tilgung

§ 5.

Die Zwangsanleihe wird vom 1. November 1925 an durch Rückkauf zum Börsenkurs oder durch Auslosung zum Nennwert getilgt.

Zur Tilgung der Anleihe ist jährlich mindestens ein halbes vom Hundert vom Nennwert des ursprünglichen Betrags der Zwangsanleihe zuzüglich der durch die Tilgung ersparten Zinsen zu verwenden. Die zu diesem Zweck erforderlichen Mittel sind in den Reichshaushaltsplan einzusetzen.

Mat.: RegE. § 5; Begr. S. 6, 9; AusschBer. S. 9 ff., 14, 51.

1. Entstehungsgeschichte.
2. Fälligkeit.
3. Abänderung des § 5 RSchO.
4. Privatrechtlicher Charakter des Tilgungsanspruchs.
5. Auslosung zum Nennwert oder Rückkauf zum Börsenkurs.
6. Auslosung zum Nennwert.
7. Rückkauf zum Börsenkurs.
8. Sonstige Tilgung.
9. Wiederbegebung.

1. Entstehungsgeschichte. In dem RegE. fehlte das Wort „mindestens“, es ist im RTAusschuß eingefügt worden.

Anträge, die Annahme selbstgezeichneter ZwAStücke bei der Erbschaftssteuer zuzulassen, sind im RTAusschuß abgelehnt worden, desgleichen Anträge, die Tilgung nur durch Auslosung zum Nennwert vorzunehmen, nachdem die Reichsschuldenverwaltung im RTAusschuß erklärt hatte, es hätten Beratungen in der Reichsschuldenverwaltung stattgefunden, deren Ergebnis sei, daß die Auslosung nach anfänglichem Ankauf zwar mit Schwierigkeiten verknüpft sei, aber technisch durchgeführt werden könne.

2. Fälligkeit. Die über die ZwA. ausgegebenen JSchVerschr. sind nicht sogenannte Rententitel, d. h. Schuldurkunden, die nur eine Zinspflicht des Reiches verbriefen. Das Reich ist zur Zahlung der verbrieften Beträge nach Maßgabe des § 5 verpflichtet. Andererseits haben die Anleihegläubiger kein Kündigungsrecht. Über die Kündigung ist zwar im ZwAG. nichts gesagt. Daß der einzelne Inhaber der JSchVerschr. gegenüber dem Reiche aber kein Kündigungsrecht haben soll, ergibt der Zweck des Gesetzes. Es ergibt sich im übrigen auch aus § 6 Abs. 2 RSchO., demzufolge dem Inhaber von JSchVerschr. ein Kündigungsrecht gegen das Reich nicht zusteht. Abs. 1 dieser Bestimmung, der dem Reich die Kündigung umlaufender JSch.-Verschr. insgesamt oder in Teilbeträgen vorbehält, ist auf die ZwA. nicht anwendbar, da eine Kündigungsfrist gesetzlich nicht festgesetzt worden ist,

was § 6 Abs. 1 voraussetzt. Demnach besteht bei der ZwA. weder für das Reich noch für den Inhaber von JSchVerschr. eine Kündigungsmöglichkeit.

In welcher Weise und in welchem Ausmaße die Tilgung zu erfolgen hat, ist durch § 5 bestimmt. § 5 stellt also den Tilgungsplan auf. Die Tilgung erfolgt nicht auf einmal nach einer Reihe von Jahren, sondern allmählich; sie ist über eine längere Reihe von Jahren verteilt. Durch die Einschaltung des Wortes „mindestens" ist die Möglichkeit einer verstärkten Tilgung vorgesehen worden.

3. Abänderung des § 5 RSchO. Durch § 5 ZwAG. ist § 5 RSchO., für die ZwA. außer Kraft gesetzt. Dem Reich ist die Wahl gegeben, ob es die Tilgung durch Ankauf einer bestimmten Anzahl Stücke zum Börsenkurs oder durch Auslosung zum Nennwerte vornehmen will. Es hat aber bei der ZwA. nicht die im § 5 Abs. 2 RSchO. vorgesehene Möglichkeit, die Tilgung dadurch vorzunehmen, daß es bei einer später beschlossenen Anleihe die Begebung eines entsprechenden Teils der durch die gesetzlichen Körperschaften beschlossenen Anleihe unterläßt, die Verminderung der Schuld also durch Absetzung vom späteren Anleihesoll vornimmt. Die Tilgung der ZwA. hat vielmehr lediglich dadurch zu geschehen, daß das Reich alljährlich einen entsprechenden Teil von Stücken der ZwA. gegen Barzahlung aus dem Verkehr zieht.

4. Privatrechtlicher Charakter des Tilgungsanspruches. Der einzelne Anleihegläubiger hat einen privatrechtlichen Anspruch auf Durchführung des in § 5 vorgesehenen Tilgungsverfahrens. § 5 wurzelt zwar insofern im öffentlichen Recht, als er der Reichsregierung die Pflicht auferlegt, die Tilgung in der vorgesehenen Weise vorzunehmen, und zwar nach § 8 RSchO. aus den bereitesten Mitteln. Abweichungen von dem regelmäßigen Tilgungsplan sind nur nach oben zugelassen. Damit ist die Bedeutung des § 5 aber nicht erschöpft. Er bestimmt, in welcher Weise der Anleihegläubiger zu seinem Gelde kommen soll, und hat in dieser Hinsicht privatrechtliche Bedeutung. Der Zahlungsanspruch des Anleihegläubigers kann nicht dadurch in seiner Entstehung gehemmt werden, daß das Reich die Vorschriften des § 5 nicht durchführt. Der einzelne Anleihegläubiger hat also, solange § 5 besteht, einen privatrechtlichen und letzten Endes klagbaren Anspruch darauf, daß die Vorschriften des § 5 durchgeführt werden. Man wird in Verfolg dieser Rechtslage eine Mitteilungs- oder wenigstens Veröffentlichungspflicht allgemeiner Art des Reiches annehmen müssen, in welcher Weise es seiner Tilgungspflicht nachgekommen ist.

5. Auslosung zum Nennwert oder Rückkauf zum Börsenkurs. Die Auslosung geschieht zum Nennwert. Der Gläubiger erhält den vollen ihm in der JSchVerschr. verbrieften Anleihebetrag. Erfolgt dagegen der Rückkauf zum Börsenkurs, so tritt das Reich als Käufer auf. Es hat nur den Kurswert

zu bezahlen, es spart mithin, solange der Kurs der ZwA. niedriger als der Nennbetrag ist, den Unterschied zwischen dem Nennbetrag und dem Kurswert. Es kann mit den zur Tilgung jährlich zu verwendenden Mitteln einen größeren Betrag in JSchVerschr. aus dem Verkehr zurückziehen und die Tilgung daher ohne Inanspruchnahme größerer Mittel schneller vornehmen als durch Auslosung zum Nennwert. Der Unterschied wird bei dem Ankauf zum Börsenkurs auf die Anleihegläubiger als deren endgültiger Verlust abgewälzt. Dieser Verlust wird möglicherweise größer als der Zinsausfall für die ersten drei Jahre sein und sich neben der zwangsweisen Entziehung von Betriebsmitteln zu einer höchst ungelegenen Zeit und der Festlegung von Vermögen in der schwankenden Mark als ein erhebliches Opfer des Besitzes darstellen. Daß das Reich von der Möglichkeit, die Tilgung durch Verkauf zum Börsenkurs billiger vorzunehmen, Gebrauch machen wird, geht aus der Begründung des Gesetzes hervor, die hierüber folgendes sagt:

„Die Tilgung ist in Höhe eines halben Prozents vom Nennwert des ursprünglichen Betrages der Zwangsanleihe zuzüglich der durch die Tilgung ersparten Zinsen vorgesehen. Sie soll entweder durch Rückkauf zum Börsenkurs oder durch Auslosung zum Nennwert erfolgen; die Reichsregierung hat also die Wahl und wird den für sie günstigsten Weg beschreiten. Das wird zunächst naturgemäß auf längere Jahre hinaus der Rückkauf zum Börsenkurs sein. Da sich aber die Verhältnisse für die Dauer der Tilgung noch nicht übersehen lassen, muß auch die Möglichkeit der Tilgung durch Auslosung zum Nennwert bestehen." (Begr. S. 6.)

6. Auslosung zum Nennwert. Ein Zahlungsanspruch des einzelnen Anleihegläubigers gegen das Reich entsteht, wenn die Tilgung durch Auslosung erfolgt und ein bestimmtes Anleihestück ausgelost worden ist. Die Zahlung geschieht gegen Rückgabe des Anleihestücks mit den noch nicht fällig gewordenen Zinsscheinen und dem Erneuerungsschein. Werden die Zinsscheine nicht vollständig zurückgegeben, so ist das Reich berechtigt, den Betrag einzubehalten, über den die Zinsscheine lauten (§ 803 Abs. 2 BGB.).

In welcher Weise die Bekanntmachung erfolgt, daß Stücke ausgelost sind, ist im Gesetz und den bisherigen Ausführungsbestimmungen nicht vorgesehen, wird also durch spätere Ausführungsbestimmungen des RFM. geregelt werden müssen.

Legen die Gläubiger ausgeloster JSchVerschr. ihre Stücke nicht vor, so geraten sie in Annahmeverzug. Das Reich ist dann zu weiteren Zinszahlungen trotz § 803 BGB. nicht verpflichtet. Es hat zwar die ihm vorgelegten Zinsscheine einzulösen, kann aber die nach der Auslosung gezahlten Zinsbeträge bei der Rückzahlung des Kapitals an diesem kürzen. Während also der Anleihegläubiger annimmt, Zinsen zu beziehen, zehrt er in Wirklichkeit vom Kapital. Diese rechtliche Meinung ist allerdings bestritten. Für sie Wert-

heimer, Bankarchiv VI S. 117 ff. und S. 170 ff., gegen sie Freund ebenda, S. 33 ff. und S. 117 ff. Die von manchen privaten Anleiheschuldnern, insbesondere Hypothekenbanken und Bodenkreditinstituten, übernommene Verpflichtung, auf ausgeloste Anleihestücke bis zu ihrer Vorlegung zur Rückzahlung sog. Depositalzinsen, d. h. Zinsen in geringerer Höhe (½ bis 2 v. H.) zu zahlen, ist das Reich nicht eingegangen. Der Anleihegläubiger hat also ein Interesse daran, die Auslosungslisten genau zu verfolgen oder verfolgen zu lassen. Diese Aufgabe pflegen die Banken, jedoch ohne Übernahme einer Haftung, auszuführen. Werden die JSchVerschr. innerhalb einer bestimmten Frist nicht vorgelegt, so erlischt das Recht auf Zahlung; vgl. N. II 9 zu § 3.

7. **Rückkauf zum Börsenkurs.** Erfolgt die Tilgung der Anleihe nicht durch Auslosung, sondern durch Rückkauf zum Tageskurs — dies wird nach dem in N. 5 Gesagten zunächst ausschließlich der Fall sein —, so tritt das Reich als Käufer auf.

Daß der Ankauf an einer Börse stattfindet, ist nicht erforderlich; er kann auch in einer Weise erfolgen, die den gleichen wirtschaftlichen Erfolg hat, z. B. vor der Ausgabe des Anleihestückes an den Gläubiger durch Zahlung des Börsenkurses, den die auszugebenden Stücke haben würden, gegen den Verzicht des Anleihegläubigers auf seine Gläubigerrechte.

Einen Anspruch darauf, daß ihm gerade seine JSchVerschr. käuflich abgenommen werden, hat, wie sich aus der Sachlage ergibt, kein einzelner Anleihegläubiger, vielmehr ist es dem Reich zu freiem Ermessen überlassen, welche Stücke es käuflich erwirbt. Es ist auch kein Interesse eines einzelnen Anleihegläubigers anzunehmen, daß das Reich gerade seine Stücke kauft, da ja der Umstand, daß das Reich zum Tageskurs kauft, dazu führt, daß zu dem vom Reich gezahlten Preis auch andere Umsätze stattfinden. Andernfalls würde das Reich über dem Tageskurs kaufen, was ihm gesetzlich jedenfalls soweit verboten ist, als der Ankauf zum Zwecke der vorgeschriebenen Tilgung erfolgt. Es ist weiter zu berücksichtigen, daß die Tilgungskäufe des Reichs allen Anleihegläubigern dadurch zugute kommen werden, daß die Käufe eine gewisse Stützung des Marktes und daher eine gewisse Hebung oder zum mindesten eine größere Widerstandsfähigkeit des Kurses herbeiführen werden. Zu welchen Zeiten innerhalb eines Jahres die Ankäufe durch das Reich erfolgen und in welcher Weise diese vorgenommen werden, ist gleichfalls dem pflichtgemäßen Ermessen der Finanzverwaltung überlassen. Da nach der Absicht des Gesetzes das Reich seine Tilgungspflicht möglichst billig soll erfüllen können, werden die Ankäufe so zu verteilen sein, daß durch sie keine ungewöhnlichen Kurssteigerungen erfolgen.

8. **Sonstige Tilgung.** Eine andere Tilgung der ZwA. als durch Auslosung zum Nennwert oder Rückkauf zum Börsenkurs ist nicht vorgesehen. Es ist zwar dem Reich unbenommen, in welcher Weise es den Rückkauf zum Börsenkurs vornehmen will; der Börsenkurs darf aber in keinem Falle überstiegen

werden (vgl. N. 7). Würde also das Reich ZwAStücke zu einem höheren Kurs an Zahlungsstatt annehmen, so läge ein nach dem ZwAG. zulässiger Tilgungskauf nicht vor.

Eine Pflicht des Reiches oder anderer Stellen, ZwAStücke in Zahlung zu nehmen, besteht nicht. Die Vorschläge von Geheimrat Springer (Bankarchiv Nr. 16 vom 15. Mai 1922), die Tilgung dadurch vorzunehmen, daß bestimmte Teile von Vermögensteuern und die höheren Stufen der Einkommensteuer in ZwA. zu berichtigen seien, haben keinen Eingang in das Gesetz gefunden. Es bleibt bei dem Umweg, daß das Reich zunächst Steuern in bar erhebt, um mit ihrem Erlös die gesetzlich vorgeschriebene Tilgung der ZwA. vorzunehmen.

9. **Wiederbegebung.** Ausgeloste Stücke dürfen durch das Reich nicht wiederbegeben werden, ebensowenig Stücke, die zur Tilgung angekauft worden sind. Dies würde die freihändige Aufnahme neuen Kredites bedeuten, der nur auf Grund eines besonderen Gesetzes zulässig ist (Art. 87 der RV.). Hat dagegen das Reich ZwAStücke aus anderer Veranlassung erworben, so ist die Wiederausgabe dieser Stücke, sei es auf Grund einer Zeichnung, sei es im Wege freihändiger Verwertung, zulässig. Über die Annahme an Zahlungsstatt s. N. 8.

Zeichnungspflichtige Personen.

§ 6.

Alle natürlichen und juristischen Personen, Personenvereinigungen und Vermögensmassen, die am 1. Januar 1923 vermögenssteuerpflichtig sind (§§ 2 bis 5 des Vermögensteuergesetzes vom 8. April 1922, Reichsgesetzbl. I S. 335), haben nach den Vorschriften dieses Gesetzes Zwangsanleihe zu zeichnen. Ausgenommen von der Zeichnungspflicht sind die nach dem Hypothekenbankgesetze vom 13. Juli 1899 (Reichsgesetzbl. S. 375) der Staatsaufsicht unterliegenden Hypothekenbanken und die landschaftlichen Kreditanstalten. Diejenigen Hypothekenbanken, die Geschäfte in weiterem als dem in § 5 des Hypothekenbankgesetzes bezeichneten Umfang betreiben (gemischte Hypothekenbanken), sind jedoch nach näherer Bestimmung des Reichsministers der Finanzen für denjenigen Teil ihres Vermögens zeichnungspflichtig, der nicht dem Hypothekenbankbetriebe gewidmet ist. Sind Zeichnungspflichtige, die im § 2

Abs. 1 Ziffer 3 und 4 des Vermögensteuergesetzes bezeichnet sind, mindestens zu einem Fünftel am Vermögen eines anderen unter die gleiche Vorschrift fallenden Pflichtigen beteiligt, so unterliegt der Wert dieser Beteiligung nicht der Zeichnungspflicht.

Mat.: Begr. S. 9; AusschBer. S. 15, 51, 68; StenBer. S. 8652.

A. Vorbemerkung.
B. Erl. zu §§ 2 bis 5 VermStG.
C. Besonderheiten in § 6 ZwAG.

A. Vorbemerkung.

Die subjektive Zeichnungspflicht hat keine selbständige Regelung gefunden. Sie ist nach § 6 ZwAG. an das VermStG. angeschlossen, indem sie für alle natürlichen und juristischen Personen, Personenvereinigungen und Vermögensmassen gegeben ist, die am 1. Jan. 1923 nach §§ 2 bis 5 VermStG. vermögensteuerpflichtig waren. Dieser Tag ist also der Stichtag für die ZwAZeichnungspflicht. Die näheren Erläuterungen zu § 6 ZwAG. haben zunächst den §§ 2 bis 5 VermStG. zu folgen. Danach — unter C — ist bemerkt, in welcher Beziehung die ZwAZeichnungspflicht von der VermStPflicht abweicht.

B. Erläuterungen zu §§ 2 bis 5 VermStG.

Die Steuerpflichtigen.

§ 2. VermStG.

Steuerpflichtig sind:

1. Deutsche, soweit sie sich nicht länger als zwei Jahre dauernd im Ausland aufhalten, ohne im Inland einen Wohnsitz zu haben.

   Beamte des Reichs oder der Länder und Militärpersonen, die ihren dienstlichen Wohnsitz im Ausland haben, sowie die in ihren Diensten stehenden Deutschen sind ohne Rücksicht auf die Dauer ihres Aufenthalts im Ausland steuerpflichtig; soweit sie zu einer ausländischen Vermögensteuer herangezogen werden, wird die ausländische Steuer auf die inländische angerechnet. Wahlkonsuln gelten nicht als Beamte im Sinne dieser Vorschrift;

2. Nichtdeutsche, wenn sie im Deutschen Reiche einen Wohnsitz oder des Erwerbes wegen oder länger als sechs Monate ihren gewöhnlichen Aufenthalt haben. Wird die Steuerpflicht durch einen Aufenthalt von mehr als sechs Monaten begründet, so erstreckt sich die Steuerpflicht auch auf die ersten sechs Monate;

3. juristische Personen des öffentlichen und des bürgerlichen Rechts, sowie alle Berggewerkschaften, sofern sie den Sitz oder Ort der Leitung im Inland haben;

4. nicht rechtsfähige Personenvereinigungen, Anstalten, Stiftungen und andere Zweckvermögen, sofern sie den Sitz oder Ort der Leitung im Inland haben.

Der Besteuerung unterliegt:

1. bei den im Abs. 1 Nr. 1 genannten Steuerpflichtigen das gesamte steuerbare Vermögen;
2. bei den im Abs. 1 Nr. 2 genannten Steuerpflichtigen das gesamte steuerbare Vermögen mit Ausnahme des ausländischen Grund- und Betriebsvermögens;
3. bei den im Abs. 1 Nr. 3 und 4 genannten Steuerpflichtigen das gesamte Vermögen, soweit es nicht nach diesem Gesetz unmittelbar bei einem anderen Steuerpflichtigen steuerbar ist; bei den im Abs. 1 Nr. 3 genannten Steuerpflichtigen sind die Vorschriften des § 12 zu berücksichtigen.

Mat.: RegE. § 2; Begr. S. 17; AusschBer. S. 19, 51, 76; StenBer. S. 6392.

1. Aufbau des § 2 VermStG.
2. Abs. 1 Ziff. 1: Deutsche.
   a) Staatsangehörigkeit und Friedensvertrag.
   b) Steuerpflicht und Steuerfreiheit.
   c) Aufenthalt im Ausland.
   d) Wohnsitz.
   e) Dienstlicher Wohnsitz.
   f) Anrechnung ausländischer Steuern.
3. Abs. 1 Ziff. 2: Nichtdeutsche.
   a) Nichtdeutsche.
   b) Zeichnungspflicht der nichtdeutschen Einzelpersonen.
4. Abs. 1 Ziff. 3: Juristische Personen.
   a) Allgemeines zur Zeichnungspflicht der juristischen Personen.
   b) Einzelne pflichtige juristische Personen.
   c) Grenzen der Steuerpflicht: Entstehen und Erlöschen der juristischen Personen.
   d) Sitz oder Ort der Leitung.
5. Abs. 1 Ziff. 4: Nicht rechtsfähige Pflichtige.
   a) Nicht rechtsfähige Personenvereinigungen.
   b) Nicht rechtsfähige Stiftungen, Anstalten und andere Zweckvermögen.
6. § 2 Abs. 2 VermStG.

1. Aufbau des § 2 VermStG. Die VermSt. soll, ähnlich wie die frühere preußische Ergänzungssteuer, denjenigen Einkommensteil besonders belasten, der Vermögensertrag ist. Daher schließen sich die Vorschriften über die persönliche Vermögenssteuerpflicht — und damit auch über die ZwAZeichnungspflicht — eng an die Vorschriften an, die die Einkommensteuerpflicht regeln (§ 2 EinkStG. und § 1 KöStG.).

Die Vorschriften über den der VermSt. unterliegenden Personenkreis sind in § 2 Abs. 1 VermStG. unter den Ziffern 1 bis 4 enthalten. Abs. 2 bestimmt, inwieweit das steuerbare Vermögen der Pflichtigen zur VermSt. herangezogen wird; die näheren Ausführungen erhält Abs. 2 erst durch die §§ 6 ff. VermStG. über das steuerbare Vermögen, die nach § 7 ZwAG. auch für den Umfang der Zeichnungspflicht maßgebend sind. § 2 Abs. 2 VermStG. ist daher bei der Erläuterung über das steuerbare Vermögen mitbehandelt worden (S. 102 ff.).

2. Abs. 1 Ziff. 1. Deutsche. a) Staatsangehörigkeit und Friedensvertrag. Abs. 1 Ziff. 1 regelt die Steuer-(Zeichnungs-)pflicht reichsdeutscher Einzelpersonen. Die Zugehörigkeit zum Reich richtet sich nach Art. 110 RV. und den §§ 1 bis 35 RStAngG. vom 22. Juli 1913. Von der unmittelbaren Reichsangehörigkeit abgesehen, die durch Verleihung (§§ 33 ff. RStAngG.) erworben wird, ist die Reichsangehörigkeit von der Staatsangehörigkeit in einem Bundesstaate (jetzt deutschen Lande) abhängig. Diese wird durch Geburt (für uneheliche Kinder ist die Staatsangehörigkeit der Mutter maßgebend), Legitimation, Eheschließung einer Frau mit einem Deutschen, außerdem für einen Ausländer durch Einbürgerung erworben (§§ 3 bis 6, 8 bis 16 RStAngG.). Der Ort der Geburt ist nicht maßgebend.

Personen, die in den nach dem FV. sofort oder nach Volksabstimmung abzutretenden Gebieten ihren Wohnsitz hatten, erwarben unter Verlust der deutschen Reichsangehörigkeit die neue Staatsangehörigkeit. Der Wechsel wurde unmittelbar durch die Abtretung bewirkt. Diese Regel wurde dadurch durchbrochen, daß die Personen, die sich nach dem 1. Jan. 1908 bezw. 1. Aug. 1914 bezw. 1. Okt. 1918 in den polnisch bezw. belgisch bezw. dänisch gewordenen Gebieten niedergelassen hatten, die betreffende neue Staatsangehörigkeit nur mit Genehmigung ihrer neuen Regierung erwerben durften; bis dahin blieben sie also Deutsche. Dasselbe galt für die in Elsaß-Lothringen wohnhaft gebliebenen, nicht zu den sog. Alt-Elsässern zählenden Deutschen, sofern sie nicht nach § 2 Anl. zu Abschn. V FV. oder im Wege der Einbürgerung die französische Staatsangehörigkeit erlangten. Ein Optionsrecht, das mithin nur für die Alt-Elsässer in Frage kommen könnte, ist nicht vorgesehen. Dagegen konnten die Einwohner der an die Tschechoslowakei, Dänemark, Belgien und Polen gefallenen Gebiete innerhalb zweier Jahre nach dem Anfall ihrer Heimat an den neuen Staat für Deutschland optieren (Art. 36, 37, 84, 85, 91, 112, 113 FV.). Ein gleiches Optionsrecht bestand für Reichsangehörige, die durch die Schaffung der Freien Stadt Danzig die Reichsangehörigkeit verloren (Art. 105, 106). Für Memel fehlt eine solche Bestimmung. In dem deutsch gebliebenen Saargebiet (Art. 27) ist die Steuerhoheit des Deutschen Reiches einstweilen der Ausübung nach aufgehoben. Hinsichtlich der polnisch gewordenen Teile von Oberschlesien ist die Regelung ähnlich wie für die sonstigen abgetretenen Gebiete; vgl. G. über das am 15. Mai 1922 in Genf

geschlossene deutsch-polnische Abkommen über Oberschlesien, Art. 25 ff. (RGBl. II S. 237).

Maßgebend ist der 1. Jan. 1923. Nur wer an diesem Tage die Reichsangehörigkeit besaß, ist nach Ziff. 1 zeichnungspflichtig. Wer an diesem Tage seinen Aufenthalt im Inland hatte, aber Nichtdeutscher gewesen zu sein behauptet, muß dies der Steuerbehörde nachweisen. Ist der Verlust der Reichsangehörigkeit auch erst kurz vor dem Stichtag eingetreten, so kommt nur die Zeichnungspflicht nach Ziff. 2 in Frage.

b) Steuerpflicht und Steuerfreiheit. Die Pflicht zur Zeichnung der ZwA. besteht nur für solche Reichsangehörigen nicht, die sich länger als zwei Jahre dauernd im Auslande aufgehalten haben, ohne im Inlande einen Wohnsitz zu haben. Da der Stichtag für die Zeichnungspflicht der 1. Jan. 1923 ist, so ist von ihr befreit, wer, ohne einen Wohnsitz im Inlande zu haben, mindestens seit dem 1. Jan. 1921 bis einschließlich zum 1. Jan. 1923, sich im Auslande dauernd aufhielt (vgl. unten c). Das infolge des FV. abgetretene Gebiet ist erst mit der Abtretu Ausland geworden. Die zweijährige Frist läuft daher für die in diesen Gebieten ansässigen Personen, die die Reichsangehörigkeit behalten haben, erst von dem Tage ab, an dem das Deutsche Reich die Souveränität über dasselbe durch Übergabe an die fremde Staatsmacht verloren hat. — Nach §§ 1, 30 StFlG. bleiben Deutsche, wenn sie ihren dauernden Aufenthalt im Inlande aufgeben, noch bis Ende 1924 den Personalsteuern des Reichs und somit auch der ZwAPflicht unterworfen, es sei denn, daß gemäß § 21 StFlG. eine Freistellung erfolgt ist. Die ZwAPflicht erlischt danach an dem späteren Zeitpunkt, der sich aus § 2 VermStG. oder §§ 1, 30 StFlG. ergibt. A. A. Zarden, ZwA. S. 103.

In enger Beziehung zu § 2 Abs. 1 Ziff. 1 VermStG. steht § 35 VermStG., der in Abs. 1 solche Deutsche von der VermSt. befreit, die vor dem Kriege ihren Wohnsitz und ihren gewöhnlichen Aufenthalt im Auslande hatten (Auslandsdeutsche), wenn sie bis zum 1. Jan. 1923 ins Ausland zurückgekehrt sind. (Nach Maßgabe des Abs. 2 daselbst kann diese Vergünstigung auch auf solche Deutsche Anwendung finden, die erst nach dem 1. Jan. 1923 ins Ausland zurückgehen.) Diese Berücksichtigung der Auslandsdeutschen gilt auch für die ZwA. § 6 ZwAG. nimmt zwar nur die §§ 2 bis 5 VermStG., nicht auch § 35 VermStG. in Bezug; jedoch ist in § 35 VermStG. auf § 2 VermStG. Bezug genommen.

c) Aufenthalt im Ausland. Was als dauernder Aufenthalt im Ausland gilt, ist § 63 RAO. zu entnehmen. Nach ihm hat jemand seinen gewöhnlichen oder dauernden Aufenthalt im Sinne des Steuergesetzes, wo er sich unter Umständen aufhält, die auf die Absicht schließen lassen, an diesem Orte oder in diesem Lande nicht bloß vorübergehend zu verweilen. Von der ZwAZeichnungspflicht ist also ein Deutscher befreit, der

a) im Ausland einen zweijährigen dauernden Aufenthalt hatte, und zwar b) unter Umständen, die auf die Absicht schließen lassen, im Auslande nicht nur vorübergehend zu verweilen. Für die Voraussetzung zu a ist die stetige körperliche Anwesenheit im Auslande erforderlich. Eine nur vorübergehende Rückkehr ins Inland im Laufe der Jahre 1921 oder 1922 zu kurzen Besuchs- oder Geschäftszwecken ist aber nicht als Unterbrechung des dauernden Aufenthalts im Auslande anzusehen (vgl. Strutz, EinkStG. 3. Aufl. S. 12, VermStG. S. 21, insbesondere aber RFH. **11** 346). Zeichnungspflichtig ist dagegen, wer während der Jahre 1921 oder 1922 an einem Orte des Inlandes dauernden Aufenthalt genommen hatte, wenn auch abwechselnd — unmöglich gleichzeitig — ein dauernder Aufenthalt im Auslande begründet war. Ist der dauernde Aufenthalt in den Jahren 1921 oder 1922 unterbrochen worden, so ist die Zeichnungspflicht gegeben, selbst wenn nach Abzug der Unterbrechung noch ein zweijähriger, nicht zusammenhängender „dauernder Aufenthalt" im Auslande gegeben wäre. Nur die Zeit nach der letzten Unterbrechung wird gezählt.

Mit der Voraussetzung zu b, der Absicht, in dem Aufenthaltsort oder -land nicht bloß vorübergehend zu verweilen, ist auch ein subjektives Merkmal gegeben. Der dauernde Aufenthalt im Auslande muß auf dem Willen der betreffenden Person beruht haben. Erfolgswille im strafrechtlichen Sinne ist nicht erforderlich, es genügt Tatwille (Vorsatz). Für Minderjährige oder Entmündigte ist der Wille des gesetzlichen Vertreters entscheidend. Die Willensmotive sind gleichgültig, insbesondere ob ein wirtschaftlicher oder sonstiger Zwang für seine Bildung maßgebend war. Körperlicher Zwang (internierte Gefangene) schließt den Aufenthaltswillen aus. Undurchführbarer Wille ist unbeachtlich; der Aufenthalt einer Person am bisherigen Aufenthaltsorte kann vernünftigerweise nicht als fortbestehend betrachtet werden, wenn die Person, trotz ihres Willens, dahin zurückzukehren, tatsächlich gar nicht in der Lage ist, in absehbarer Zeit ihr Vorhaben auszuführen. Dann lassen die Umstände auf solche Absicht nicht schließen (RFH. **2** 167).

Steuerfreiheit ist nach herrschender Meinung nur gegeben, wenn Aufenthalt in einem bestimmten anderen Lande als Deutschland vorliegt. Mehrjährige Reisen im Auslande unter Aufgabe des inländischen Wohnsitzes, aber ohne Anknüpfung einer Aufenthaltsbeziehung zu einem bestimmten anderen Lande begründen daher die Steuerfreiheit nicht (Strutz, VermStG. S. 21).

d) Wohnsitz. Zwangsanleihefreiheit ist ferner nur gegeben, wenn der Deutsche vom 1. Jan. 1921 bis zum 1. Jan. 1923 einschließlich in Deutschland keinen Wohnsitz gehabt hat. Hier ist der steuerrechtliche Begriff des Wohnsitzes maßgebend. Nach § 62 RAO. hat jemand seinen Wohnsitz da, wo er eine Wohnung unter Umständen innehat, die auf die Absicht der Beibehaltung einer solchen schließen lassen.

1. Die **Wohnung** muß so beschaffen sein, daß der Berechtigte sie „nach den örtlichen und seinen persönlichen Verhältnissen benutzen kann, ohne sie wesentlich verändern zu müssen.“ (Satz 2 des Abs. 1 in der Fassung des Entwurfs; durch die Fortlassung sollte an dem Inhalt der Vorschrift nichts geändert werden.) Die Wohnung muß eine standesgemäße Unterkunft gewähren. Die derzeitige Wohnungsnot ist aber bei der Frage, ob man von einer „Wohnung“ sprechen kann, weitgehend zu berücksichtigen. Nicht jeder Fall einer Zwangseinquartierung genügt zwar den erforderlichen Mindestmerkmalen einer Wohnung (ebenso Strutz, EinkStG. S. 19), doch ist in den Fällen bloßer Unterkunft ausnahmslos dauernder Aufenthalt anzunehmen. Eine Unterbringung des Steuerpflichtigen, nicht aber der seinem Haushalt angehörigen Familienmitglieder ist nicht als Wohnung anzusprechen, ebensowenig, wenn nur diesen, nicht auch ihm selbst standesgemäße Unterkunft gewährt wird (OVGSt. 7 211). Ein Jagdhaus, das der Besitzer zum Zwecke des Wohnens während der Jagdausübung in dem von ihm gepachteten Jagdrevier erbaut hat, kann als Wohnsitz begründende Wohnung angesehen werden (OVGSt. **12** 8). Der RFH. hat auch ein zum Sommeraufenthalt bestimmtes und benutztes heizbares Blockhaus als Wohnung angesehen (Strutz, EinkStG. S. 18), indem er ausführt, daß die Bewohnbarkeit zu bestimmten Jahreszeiten genügt. Ein Büro ist keine Wohnung, wenngleich die gesamte wirtschaftliche Tätigkeit in ihm ausgeübt werden mag. Auch eine Einrichtung für den Büroinhaber, dort gelegentlich zu übernachten, wenn die geschäftlichen Verhältnisse es erheischen, macht im allgemeinen das Büro nicht zur Wohnung. Bei Benutzung von Räumen zu Speicherzwecken liegt keine Wohnung vor.

2. **Inhaber** der Wohnung ist, wer in den Räumen das Hausrecht hat. Dieses kann von einem bereits vorhandenen Wohnungsinhaber abgeleitet sein. Aufnahme bei Verwandten oder in Pensionen genügt nicht, um einen Wohnsitz zu begründen, wenn dem Inhaber nicht das ausschließliche Recht auf Benutzung (OVGSt. **12** 6; **13** 9) oder wenigstens auf Mitbenutzung eines bestimmten Raumes zusteht. — Inhaber der Wohnung ist der Ehemann, der nicht von seiner Ehefrau getrennt lebt, auch dann, wenn er selbst sich dauernd an einem anderen Orte aufhält, z. B. bei Verlegung seiner Tätigkeit und damit seines Aufenthaltes an einen Ort, an dem er eine Wohnung noch nicht gefunden hat.

3. Daß Umstände vorliegen müssen, die auf die Absicht der **Beibehaltung** einer Wohnung schließen lassen, macht das Vorhandensein eines Wohnsitzes in einem gewissen Umfang von einem subjektiven Merkmal abhängig. Es wird nicht die Absicht **dauernder** Beibehaltung der Wohnung vorausgesetzt, wie dies nach § 1 Doppelsteuergesetz vom 22. März 1909 der Fall war. Auch die vorläufige Wahl eines Aufenthaltsortes vorbehaltlich der Wahl eines endgültigen Wohnsitzes reicht aus. Es kommt auch

nur auf die objektiven Umstände an, die vernünftigerweise auf die Absicht der Beibehaltung der Wohnung schließen lassen, mag auch im Einzelfall regelwidrig die Beibehaltungsabsicht nicht bestanden haben. Läßt z. B. ein Deutscher, der zum dauernden Aufenthalt ins Ausland übersiedelt, hier eine eingerichtete Wohnung zurück, die ihm jederzeit Aufnahme gewähren kann, so behält er seinen steuerlichen Wohnsitz in Deutschland, mag er nicht einmal die Absicht vorübergehender Rückkehr nach Deutschland haben (vgl. OVG. vom 24. Sept. 1918, Pr.VBl. 1919 S. 357). — Die Absicht der Beibehaltung einer Wohnung braucht sich nicht auf eine bestimmte Wohnung zu beziehen; der Wohnsitz in Deutschland bleibt bestehen, wenn Umstände auf die Beibehaltung irgendeiner noch nicht bestimmten oder bestimmbaren Wohnung schließen lassen. Steuerlicher Wohnsitz in Deutschland ist also nicht von der Absicht abhängig, an einem bestimmten Wohnort zu bleiben. Als tatsächliche Umstände, aus denen auf die Absicht der Beibehaltung einer Wohnung geschlossen werden kann, kommen besonders geschäftliche Stellung und Tätigkeit in Betracht (OVGSt. **1** 164).

Fehlt die Handlungsfähigkeit im Rechtssinn, so tritt der Wille des gesetzlichen Vertreters ergänzend ein. Geisteskranke, die auf Verordnung des Vormundes dauernd in einer Irrenanstalt untergebracht sind, erwerben dort einen Wohnsitz (OVGSt. **6** 18). Kinder, die vom Vater in einer auswärtigen Erziehungsanstalt untergebracht sind, begründen dagegen dort nach Absicht des Vaters in der Regel keinen Wohnsitz, ebensowenig ist dies in der Regel beabsichtigt, wenn Studenten eine auswärtige Hochschule beziehen; in diesen Fällen lassen auch die Umstände nicht auf solche Absicht schließen. Die Ehefrau teilt den steuerlichen Wohnsitz des Ehemannes; anders, wenn sie vom Manne getrennt lebt, ohne Rücksicht darauf, ob sie bürgerlichrechtlich dazu berechtigt ist (A. A. Strutz, VermStG. S. 27, OVGSt. **14** 64, demzufolge nur die Frau, die mit Zustimmung des Ehemannes dessen Wohnung verläßt und eine eigene Wohnung nimmt, selbständigen Wohnsitz erwirbt). Ob aber die Frau vom Manne getrennt zu leben berechtigt ist, hat nur bürgerrechtliche Bedeutung. Steuerlich kommt es nur auf die tatsächlichen Verhältnisse in dieser Hinsicht an. Solange die Frau den Wohnsitz des Mannes nicht teilt, kann sie einen eigenen steuerlichen Wohnsitz haben. Sie wird in diesem Fall auch selbständig zur Steuer veranlagt (vgl. § 13 VermStG.).

e) Einen dienstlichen Wohnsitz haben Personen, denen ein öffentliches Amt oder eine öffentliche dienstliche Stelle dauernd verliehen ist, an dem Orte, der ihnen zur Ausübung ihres Berufes angewiesen ist (§ 62 Abs. 2 RAO.). Eine nur kommissarische Abordnung genügt nicht (ebenso Becker, Abgabenordnung S. 90; abweichend früher OVGSt. **1** 280; **11** 15 bei kommissarischer Abordnung bis auf weiteres). Das Innehaben einer Wohnung am Orte des dienstlichen Aufenthaltes ist nicht erforderlich.

Ist ein dienstlicher Wohnsitz vorhanden, so ist er maßgebend, auch wenn nach den allgemeinen Regeln der Wohnsitz an einem anderen Ort begründet wäre. — Beamte des Reichs und der Länder: dazu gehören auch mittelbare Staatsbeamte (OVGSt. **11** 10). Von einem dienstlichen Wohnsitz kann man auch bei Personen sprechen, die im Dienste einer öffentlich-rechtlichen Religionsgesellschaft, besonders also einer der großen christlichen Kirchen, stehen. Steuerpflichtig sind solche Personen, wenn sie einen dienstlichen Wohnsitz im Auslande haben, aus diesem Grunde aber nicht, da das Gesetz nur Beamte des Reichs und der Länder und Militärpersonen mit dienstlichem Wohnsitz im Auslande unter allen Umständen für steuerpflichtig erklärt. — An der Tatsache des Wohnsitzes im Auslande wird durch diese besondere Steuerpflicht nichts geändert. Es wird nicht etwa ein fortdauernder Wohnsitz im Inland angenommen. Ist der Auslandsbeamte aus dem Dienst ausgeschieden und hat er in Deutschland weder Wohnsitz noch Aufenthalt genommen, so ist bei der Frist von zwei Jahren, die möglicherweise zur VermSt.- und Zeichnungsfreiheit führt, auch die Zeit des dienstlichen Aufenthaltes im Auslande nach den allgemeinen Bestimmungen mitzurechnen (OVGSt. **11** 19); die besondere VermSt.- und Zeichnungspflicht erstreckt sich daher mangels besonderer Vorschrift nicht auf die Familienangehörigen des Auslandsbeamten, insbesondere nicht auf die Ehefrau.

f) Anrechnung ausländischer Steuern. Die VermSt.-Pflicht der Auslandsbeamten wird durch die Anrechnung einer ausländischen VermSt. beschränkt, zu denen die Auslandsbeamten etwa herangezogen werden. Für die ZwA. wird man die Anrechnungsfähigkeit einer ausländischen VermSt. gleichfalls anzunehmen haben, da die Zeichnungspflicht und die VermStPflicht im Zusammenhang stehen und auch die ZwA. sich als Vermögensbelastung auf steuerlicher Grundlage darstellt (vgl. N. 2 zu § 1 ZwAG.). Darüber hinaus wird man dem Gedanken dieser Abhängigkeit gerecht werden, wenn man die Anrechnungsfähigkeit auch einer ausländischen ZwA. gegenüber der deutschen ZwA. annimmt. Hierzu nötigen schon die hohen Sätze, mit denen jede ZwA. das Vermögen ergreift. Über die ausländischen ZwA. vgl. Zarden, ZwAG. S. 27 ff. Aus § 2 VermZuwStG., der die Anrechnungsfähigkeit einer ausländischen Vermögenzuwachssteuer gegenüber der deutschen VermZuwSt. bestimmt, ist zu schließen, daß die Anrechnung einer ausländischen Vermögenzuwachssteuer auf die deutsche Vermögensteuer oder ZwA. nicht zulässig ist. Die Anrechnung hat zur Folge, daß die deutsche VermSt. veranlagt, aber beim Nachweise der Zahlung der entsprechenden ausländischen Steuer nicht erhoben wird. (In § 2 Ziff. I 1 Abs. 2 EinkStG. ist dagegen bei dem Zusammentreffen der inländischen mit einer ausländischen EinkStPflicht völlige Steuerfreiheit vorgesehen.) — Die Anrechnungsfähigkeit

ausländischer Vermögenssteuern und ZwA., die der Billigkeit entspricht, ist nur für den kleinen Kreis der Beamten und Militärpersonen, nicht auch für sonstige Deutsche vorgesehen, die zwar im Ausland leben, aber noch vermögensteuer- und zeichnungspflichtig sind.

3. **Abs. 1 Ziff. 2: Nichtdeutsche.** a) Nichtdeutsche sind ausländische Staatsangehörige und Heimatlose (Staatenlose); vgl. oben N. 2 über den Verlust der deutschen Staatsangehörigkeit durch den FV. Im übrigen kann ein Deutscher durch Entlassung, durch den Erwerb ausländischer Staatsangehörigkeit, durch behördlichen Ausspruch (Aushändigung der Entlassungsurkunde; Verzicht auf die Staatsangehörigkeit ist wirkungslos; RFH. **4** 190), durch Legitimation oder durch Eheschließung die Staatsangehörigkeit und damit auch die Reichsangehörigkeit nach Maßgabe der §§ 17 ff. des Reichs- und Staatsangehörigkeitsgesetzes vom 22. Juli 1913 verlieren; in gleicher Weise tritt auch der Verlust der unmittelbaren Reichsangehörigkeit ein (vgl. N. 2 a).

b) Zeichnungspflicht der nichtdeutschen Einzelpersonen. Die Nichtdeutschen sind zur VermSt. und ZwA. heranzuziehen, wenn sie in ihrer Person eine der drei Voraussetzungen erfüllen: Wohnsitz in Deutschland oder gewöhnlicher Aufenthalt des Erwerbs wegen oder gewöhnlicher Aufenthalt von mehr als sechs Monaten.

1. Über den Wohnsitz vgl. N. 1 d. Auch ein nur aus dienstlicher Veranlassung in Deutschland begründeter Wohnsitz hat für den Nichtdeutschen die Zeichnungspflicht zur Folge, soweit nicht infolge Exterritorialität oder Staatsvertrag Befreiung eintritt (vgl. § 4 VermStG.).

2. Gewöhnlicher Aufenthalt: vgl. oben N. 2 c. Nach § 63 RAO. sind dauernder und gewöhnlicher Aufenthalt gleiche Begriffe. Nicht erforderlich ist, daß der Nichtdeutsche an einem und demselben Orte innerhalb Deutschlands dauernden Aufenthalt hat. Die Steuerpflicht tritt ein, wenn der Aufenthalt auch an verschiedenen Plätzen innerhalb der Grenzen des Deutschen Reiches stattfindet. Das zuständige Finanzamt ist erforderlichenfalls nach § 51 RAO. zu bestimmen. Für die ZwA. ist die sechsmonatliche Frist nach dem Stand vom 1. Jan. 1923 zu berechnen, der gewöhnliche Aufenthalt des Nichtdeutschen muß also, soll er zeichnungspflichtig sein, vor dem 1. Juli 1922 in Deutschland begonnen und bis zum 1. Jan. 1923 einschließlich gedauert haben.

3. Gewöhnlicher Aufenthalt des Erwerbs wegen. Der Erwerbszweck braucht nur einer der Gründe für den Aufenthalt zu sein, um die Steuerpflicht zu begründen. Wird gewinnbringende Beschäftigung ausgeübt, so ist unerheblich, ob daneben auch Vergnügens-, Erholungs- oder Studienzwecke verfolgt werden (OVGSt. **13** 13). Aufenthalt für bloß künftigen Erwerb genügt aber nicht. Bedenklich erscheint die Auffassung bei Strutz, VermStG. S. 30; er verneint die Steuerpflicht des Nicht-

deutschen, der im Inlande nur Handlungen vornimmt, die sich als Ausfluß seines ausländischen Gewerbebetriebes darstellen. Dies könnte dahin führen, daß in Deutschland aufkaufende Ausländer selbst bei längerem, wenn nur kürzer als 6 Monate laufendem, „gewöhnlichem" Aufenthalt steuerfrei wären, da sie ihre Tätigkeit als Auswirkung des von hier aus nicht zu kontrollierenden ausländischen Geschäftsbetriebes darstellen. Nur vorübergehend zu geschäftlichen Zwecken hier anwesende Ausländer sind gegen die VermSt. und die Zeichnungspflicht bereits dadurch geschützt, daß sie hier keinen gewöhnlichen Aufenthalt begründen. Eine nur vorübergehende Rückkehr ins Ausland nach Begründung eines gewöhnlichen Aufenthaltes in Deutschland unterbricht den inländischen Aufenthalt im hier fraglichen Sinne nicht (OVGSt. **14** 5; **17** 1).

4. Abs. 1 Ziff. 3: Juristische Personen. a) Allgemeines zur Zeichnungspflicht der juristischen Personen. Den in Ziff. 1 und 2 behandelten in- und ausländischen Einzelpersonen (physischen Personen) reiht die Ziff. 3 die juristischen Personen an, d. h. die den verschiedenen Rechtsgebieten angehörenden Organisationen mit selbständiger Rechtsfähigkeit; nur juristische Personen, deren Sitz oder Ort der Leitung im Inlande ist, unterliegen der VermSt. und damit der ZwA., vorbehaltlich der Objektsbesteuerung aus § 3 VermStG. (vgl. dort). Erstmalig war in KöStG. § 1 zum Ausdruck gelangt, daß die Steuerpflicht der juristischen Personen, bei denen eine eigentliche Staatsangehörigkeit nicht gegeben sein kann, davon abhängig sei, wo ihr Sitz oder der Ort ihrer Leitung liegt. Die Zeichnungspflicht einer juristischen Person ist gegeben, wenn sie am 1. Jan. 1923 ihren Sitz in Deutschland hatte oder von Deutschland aus geleitet wurde.

b) Einzelne pflichtige juristische Personen. Unter Ziff. 3 fallen u. a.

1. als juristische Personen des öffentlichen Rechts: Fischerei-, Wasser- und Forstgenossenschaften, Realgemeinden;
2. als juristische Personen des bürgerlichen Rechts: Aktiengesellschaften (HGB. §§ 178 ff.), Kommanditgesellschaften auf Aktien (HGB. §§ 320 ff.), Gesellschaften mit beschränkter Haftung (GmbHG.), Erwerbs- und Wirtschaftsgenossenschaften jeder Art (GenG.), ferner die Versicherungsgesellschaften auf Gegenseitigkeit (G. vom 12. Mai 1901 §§ 15 ff.) und die eingetragenen und die staatlich genehmigten Vereine des BGB. §§ 21, 22, ebenso die rechtsfähigen Stiftungen (BGB. § 80) sowie die Familienstiftungen des preußischen Rechts (Pr. AusfG. z. BGB. Art. 1), soweit sich nicht aus § 5 ihre Steuerfreiheit ergibt;
3. die Berggewerkschaften sind besonders erwähnt, da ihre Rechtsnatur in den einzelnen Ländern nicht gleichmäßig ist. In Preußen sind die (Berg-)

Gewerkschaften neueren Rechts stets juristische Personen (Bergges. §§ 94 ff.). Die Rechtsnatur der Gewerkschaft älteren Rechts mit immobilen Kuxen ist zweifelhaft. Die Fassung des Gesetzes unterwirft auch sie der Steuerpflicht. Für die Entstehung oder den Fortbestand einer Gew. ist ein Bergwerksbetrieb nicht erforderlich; es genügt der Besitz von Bergwerkseigentum im Rechtssinn (vgl. Übersicht bei Fuisting-Strutz, Anm. 43 a zu § 1; vgl. ferner Isay, Das neue Steuerrecht der Berggewerkschaften und Bohrgesellschaften). Wegen der Bohrgesellschaften s. S. 106.

c) Grenzen der Zeichnungspflicht: Entstehen und Erlöschen der juristischen Personen. Die juristischen Personen, die zu den in § 2 Ziff. 3 aufgestellten drei Gruppen gehören, sind zeichnungspflichtig, wenn der Zeitpunkt des Entstehens vor, der Zeitpunkt des Erlöschens nach dem 1. Jan. 1923 liegt. Für das Entstehen der Aktiengesellschaft, der Kommanditgesellschaft auf Aktien, der Gesellschaft m. b. H., der Erwerbs- und Wirtschaftsgenossenschaft ist der Tag der Eintragung ins Handels- bezw. Genossenschaftsregister ihres Sitzes entscheidend. Vorher besteht die Gesellschaft bezw. Genossenschaft als solche nicht (§§ 200, 320 HGB., § 11 GmbHG., § 13 GenG.); sie ist vorher daher als solche auch nicht zeichnungspflichtig. Vom Einzelfall hängt es ab, ob eine Zeichnungspflicht der bereits stehenden Gründergesellschaft als Personenvereinigung gemäß § 2 Abs. 1 Ziff. 4 besteht oder ob das Vermögen noch bei den bisherigen Eigentümern erfaßt wird. Die Abrede, es solle so angesehen werden, als bestände die Gesellschaft schon während einer gewissen Zeit vor ihrer Gründung, ist steuerlich und somit auch für die Zeichnungspflicht unbeachtlich (RFH. 1 205; 8 271). — Rechtsfähige Vereine, deren Zweck nicht auf einen wirtschaftlichen Geschäftsbetrieb gerichtet ist, entstehen mit der Eintragung in das Vereinsregister des zuständigen Amtsgerichts, rechtsfähige Vereine dagegen, deren Zweck auf einen wirtschaftlichen Geschäftsbetrieb geht, mit der Verleihung der Rechtsfähigkeit durch die zuständige Behörde. Die Stiftung entsteht mit der staatlichen Genehmigung der Stiftung (Preuß. Familienstiftung: Genehmigung durch das Amtsgericht). Die Versicherungsvereine auf Gegenseitigkeit entstehen mit der von der Aufsichtsbehörde erteilten Erlaubnis zum Geschäftsbetriebe. Die Berggewerkschaft des preußischen Rechts entsteht nach §§ 94, 133 ABG., sobald ein Bergwerk in das Eigentum zweier oder mehrerer Personen gelangt und diese nicht die Gesetzesbestimmungen über das gewerkschaftliche Rechtsverhältnis ausdrücklich ausgeschlossen haben. Wo jedoch nach Landesrecht die Gewerkschaft erst mit dem Abschluß des Gesellschaftsvertrages entsteht, ist dieser Zeitpunkt entscheidend.

Die Beendigung des rechtlichen Bestehens eines Vereins, einer Aktiengesellschaft, Kommanditgesellschaft auf Aktien, Gesellschaft m. b. H., Genossenschaft und damit das Erlöschen der Steuerpflicht tritt nicht schon

mit dem Liquidationsbeginn, sondern erst mit der Beendigung der Liquidation ein, mag auch eine „Auflösung" des Vereins nach § 41, eine Entziehung der Rechtsfähigkeit nach § 43 BGB., für die Aktiengesellschaft eine Auflösung aus den Gründen des § 292 HGB. vorangegangen sein. Die juristische Person gilt für die Zwecke der Liquidation als fortbestehend. Erst mit der Beendigung der Liquidation (oder des Konkurses) erfolgt das Erlöschen und dessen Eintragung im Register. Stellt sich nachträglich noch der Verteilung unterliegendes Vermögen heraus und werden darauf vom Gericht auf Antrag eines Beteiligten die bisherigen Liquidatoren erneut bestellt oder neue berufen, so gilt die Gesellschaft als noch bestehend (RGZ. **41** 96), auch wenn ihr Erlöschen schon eingetragen war. Im Falle der Verstaatlichung oder der liquidationslosen Fusion einer Aktiengesellschaft (§§ 304, 306 HGB.) ist der Zeitpunkt der Eintragung des Beschlusses der Generalversammlung maßgebend. Wenn aber der Auflösung ein Liquidationsstadium folgt, so ist erst mit dessen Beendigung die Auflösung beendet (RFH. **3** 199; dort wird auch ausgeführt, daß vor Ablauf des Sperrjahres die Liquidation in steuerrechtlichem Sinn nicht beendet ist). Vereinigung aller Aktien bezw. Geschäftsanteile in einer Hand berührt den Fortbestand der Aktiengesellschaft oder Gesellschaft m. b. H. nicht (OVGSt. **13** 285 ff.). Veränderung der Firma, des Sitzes, der Höhe des Grundkapitals berührt die Identität nicht.

d) Sitz oder Ort der Leitung. 1. Sitz. Bei Aktiengesellschaften und Kommanditgesellschaften auf Aktien, den Gesellschaften m. b. H. und den Genossenschaften muß der Gesellschaftsvertrag den Sitz der Gesellschaft bestimmen; die Eintragung der Gesellschaft muß in das Handels- und Genossenschaftsregister des Gerichts erfolgen, in dessen Bezirk sie ihren Sitz hat (§§ 182, 195, 322 HGB.; §§ 3, 7 GmbHG.; §§ 6, 10 GenG.). Hieraus folgt: entscheidend ist, ob die Eintragung in einem deutschen Handels- oder Genossenschaftsregister erfolgt ist. Gleiches gilt für die Eintragung eines rechtsfähigen Vereins, dessen Zweck nicht auf einen wirtschaftlichen Geschäftsbetrieb gerichtet ist, hinsichtlich der Eintragung im Vereinsregister des Amtsgerichts, in dessen Bezirk der Verein seinen Sitz hat (§§ 55, 57 BGB.). Für Körperschaften, deren Sitz nicht aus einem Register erhellt, wird dagegen die Auslegungsvorschrift des § 24 BGB. verwendbar sein: als Sitz gilt, wenn nicht ein anderes bestimmt ist, der Ort, an welchem die Verwaltung geführt wird. Bei den Berggewerkschaften wird man, in Abweichung von der Regel, mit RGZ. **42** 354, Brassert-Gottschalk, Allgemeines Berggesetz S. 386, die Lage des Bergwerks entscheiden lassen.

5. Abs. 1 Ziff. 4. Nicht rechtsfähige Pflichtige. a) Nicht rechtsfähige Personenvereinigungen. Ziff. 4 begründet die Zeichnungspflicht derjenigen Personenvereinigungen, denen die eigene Rechts-

persönlichkeit fehlt; Voraussetzung der Zeichnungspflicht ist aber ein vereinsartiger Charakter, d. h. eine Unabhängigkeit vom Wechsel der Mitglieder, wie sie der nicht rechtsfähige Verein i. S. § 54 BGB. zeigt. Diese Voraussetzung fehlt Personenvereinigungen wie der offenen Handelsgesellschaft, der (einfachen) Kommanditgesellschaft, der Reederei. Das Vermögen dieser Gesellschaften steht vielmehr den Gesellschaftern zur gesamten Hand zu; deshalb ist es bei ihnen so zu besteuern, wie wenn sie nach Bruchteilen berechtigt wären. Die Höhe der Bruchteile ist nach den Anteilen zu bestimmen, zu dem die Beteiligten an dem Vermögen zur gesamten Hand beteiligt sind, oder nach Verhältnis dessen, was ihnen bei Auflösung der Gemeinschaft zufallen würde (§ 80 Abs. 2 RAO.; RFH. 5 102). — Ebensowenig sind die Gesellschaften im Sinne des BGB. §§ 705 ff. (Gelegenheitsgesellschaften) zeichnungspflichtig. Auch Kartelle, Syndikate, Konsortien sind zeichnungsfrei, sofern sie nicht in irgendeiner Form die Rechtsfähigkeit erworben haben. Nicht selbständig zeichnungspflichtig sind auch Fideikommisse und sonstige gebundene Vermögen (vgl. § 22 VermStG. S. 439), auch nicht Konkursmassen. Die stille Gesellschaft gehört ebenfalls nicht hierher; sie „geht in dem Vertragsverhältnisse zwischen dem stillen Gesellschafter und dem Inhaber des Handelsgewerbes auf“ (Denkschr. z. Entw. HGB. 182, RFH. 7 162).

b) Nicht rechtsfähige Anstalten, Stiftungen und andere Zweckvermögen. Die Bestimmung will alle Vermögensmassen treffen, die zwar tatsächlich selbständig sind, der juristischen Persönlichkeit aber entbehren. Sie sind unter der Bezeichnung Zweckvermögen zusammengefaßt. Stiftungen ohne Rechtsfähigkeit sind privatrechtliche Zuwendungen, die zwar keine selbständige Natur und keine Rechtsfähigkeit besitzen, die aber doch für einen bestimmten Zweck so gebunden sind, daß ihre Verwendung dafür gesichert ist (RFH. 7 328). Hierher gehören auch die unselbständigen Stiftungen, die einer Person treuhänderisch (fiduziarisch) zu vorgeschriebener Verwendung übertragen sind (vgl. Geiler, Anm. 9 zu § 1 KöStG.). Der Stifter ist für derartiges Stiftungsvermögen nicht mehr zeichnungspflichtig. Anstalten sind Stiftungen, die mit Organisationen und Einrichtungen versehen sind, die ihre Entstehung sozialer Gesinnung verdanken (vgl. die von Strutz, VermStG. S. 40, aufgeführte Entscheidung des RFH. vom 17. März 1922). In Betracht kommen Unterrichtsanstalten, Krankenhäuser und dergl. Auf die Unterscheidungen im einzelnen kommt es aber nicht an, sofern nur ein Zweckvermögen vorliegt. Daher sind auch Gelder, die durch öffentliche Sammlungen zusammengebracht worden sind (Sammelvermögen i. S. des § 1914 BGB.), zeichnungspflichtig. (Vgl. zu a und b insbesondere Geiler, KöStG. a. a. O.)

6. **§ 2 Abs. 2 VermStG.** Vgl. S. 102 ff.

Beschränkt Steuerpflichtige.

§ 3. VermStG.

Soweit nicht schon die Steuerpflicht nach § 2 begründet ist, sind ohne Rücksicht auf Staatsangehörigkeit, Wohnsitz, Aufenthalt, Sitz oder Ort der Leitung alle natürlichen Personen sowie juristische Personen, Personenvereinigungen und Vermögensmassen der im § 2 bezeichneten Art (beschränkt Steuerpflichtige) mit ihrem gesamten inländischen Grund- und Betriebsvermögen steuerpflichtig. Darüber, was in Fällen dieser Art als inländisches Betriebsvermögen anzusehen ist, trifft der Reichsminister der Finanzen mit Zustimmung des Reichsrats und eines vom Reichstag gewählten Ausschusses die näheren Bestimmungen.

Mat.: AusschBer. S. 20, 22, 51, 76.

1. Beschränkte Steuerpflicht (Satz 1).
2. Der Vorbehalt des Satzes 2.

1. Beschränkt Steuerpflichtige (Satz 1). § 3 regelt die beschränkte Steuerpflicht (vgl. RNOG. § 3; EinkStG. § 2 II; KöStG. § 1 II). Das im Inlande befindliche Grund- und Betriebsvermögen unterliegt der Zeichnungspflicht, auch wenn in der Person seines Eigentümers die Voraussetzungen der subjektiven Zeichnungspflicht nach § 2 nicht gegeben sind. § 3 greift also über die in § 2 bezeichneten Gruppen von Zeichnungspflichtigen hinaus und stellt die Zeichnungspflicht auf die Persönlichkeit des Eigentümers nur insofern ab, als die zeichnungspflichtigen Gegenstände dessen Grund- oder Betriebsvermögen sein müssen. Demnach sind ausländische und staatenlose Einzelpersonen ohne Wohnsitz oder dauernden Aufenthalt in Deutschland, der des Erwerbes wegen oder länger als sechs Monate erfolgt, ausländische juristische Personen, ausländische nicht rechtsfähige Vereinigungen und Vermögensmassen mit ihrem inländischen Grund- und Betriebsvermögen stets steuerpflichtig. Wegen des Gegenstandes der beschränkten Steuerpflicht s. S. 107 ff. — Nach § 8 Abs. 4 ZwAG. gelten die Bestimmungen über die Freigrenzen nicht für beschränkt Zeichnungspflichtige. Vgl. auch über die minder umfangreiche Zulässigkeit von Abzügen der Schulden und Lasten im Falle des § 3 N. 12 zu § 11 Abs. 3 VermStG. Auch die Abzüge nach § 12 VermStG. (Grund- und Stammkapital und Rücklagen) sind für die nach § 3 VermStG. steuerpflichtigen ausländischen Körperschaften nicht zulässig (N. 2 zu § 12 VermStG.). Eine beschränkte Zeichnungspflicht ohne Rücksicht auf Staatsangehörigkeit, Wohnsitz, Aufenthalt, Sitz oder Ort der Leitung des Steuerpflichtigen besteht außer für inländische Grund- und Betriebsvermögen noch für die in den §§ 9, 44 Reichsausgleichsgesetz vom 24. April 1920 und die in § 8 des Gesetzes über Enteignungen und Entschädigungen aus Anlaß des FV. vom 31. Aug. 1919 bezeichneten Forderungen und Ansprüche

(§ 7 Ausgleichsbesteuerungsgesetz vom 12. Juni 1920, RGBl. S. 1195). Vgl. auch N. 1 zu § 4 und N. 1 zu § 5 VermStG.

2. Der Vorbehalt des Satzes 2. „Bei inländischen Betriebsvermögen ist die Festsetzung des Bestandes nicht immer zweifelsfrei möglich. Im Interesse einer schnellen Abwicklung des Veranlagungsgeschäfts ist es auf der anderen Seite unerläßlich, in dieser Frage durch bindende Vorschriften Klarheit zu schaffen. Der Reichsminister der Finanzen soll solche Vorschriften mit Zustimmung des Reichsrats erlassen können. Diese beziehen sich aber nur auf die Frage, was als Betriebsvermögen gilt, nicht auch darauf, wie es zu bewerten ist." (Begr. S. 17.) Insbesondere soll damit eine Handhabe gegeben werden, Verschiebungen zwischen In- und Ausland, die zuweilen um den Stichtag herum von Ausländern aus Steuerersparnisgründen vorgenommen wurden, vorzubeugen (AusschBer. S. 51). Die Bedeutung dieser Bestimmungen berührt nur den Kreis der beschränkt Zeichnungspflichtigen. Die Bestimmungen sind noch nicht ergangen.

Befreiungen.

§ 4. VermStG.

Von der Vermögensteuer sind befreit natürliche Personen, juristische Personen, Personenvereinigungen und Vermögensmassen der im § 2 bezeichneten Art, denen unter Wahrung der Gegenseitigkeit nach allgemein völkerrechtlichen Grundsätzen oder denen nach besonderen, mit anderen Staaten getroffenen Vereinbarungen ein Anspruch auf Befreiung von den persönlichen Steuern zusteht.

Mat.: Entw. § 4; AusschBer. S. 20, 52, 78.

1. Verhältnis von § 3 zu § 4.
2. Exterritorialität.
3. Befreiung nach besonderen Vereinbarungen.

1. Verhältnis von § 3 zu § 4. Die beschränkte Steuerpflicht nach § 3 VermStG. wird durch § 4 nicht berührt. § 4 spricht nur von einer Befreiung von den persönlichen Steuern; bei der beschränkten Steuerpflicht, die als Realsteuer angesehen ist (N. 5 zu § 3, S 108), ist dagegen von den persönlichen Eigenschaften des Steuerpflichtigen abzusehen. Inländisches Grund- und Betriebsvermögen ist also in jedem Fall zeichnungspflichtig. Nur gegenüber der Zeichnungspflicht aus § 2 greift mithin § 4 durch.

2. Befreiung unter Wahrung der Gegenseitigkeit nach allgemein-völkerrechtlichen Grundsätzen, **Exterritorialität.** Ausländische Souveräne, ausländische diplomatische Vertreter und deren Angehörige und ausländische Dienerschaft (im einzelnen vgl. v. Liszt, Völkerrecht, § 14 V). Die Konsuln fremder Mächte sind nicht exterritorial, soweit ihnen dies nicht durch Staatsvertrag zuerkannt ist. Exterritorial sind auch die fremden Staaten selbst (v. Liszt, § 7 III). Ein von fremden Staaten errichteter Geschäftsbetrieb

dagegen ist zeichnungspflichtig (vgl. N. 1). Hieran ändert auch die weite Erstreckung der Exterritorialität fremder Staaten in RGZ. **103** 274 nichts. Exterritorialität steht auch den Mitgliedern der interalliierten Kommissionen zu, wie aus Art. 208 ff. FV. hervorgeht.

3. Befreiung nach besonderen, mit anderen Staaten getroffenen Vereinbarungen: Konsular- und Handelsverträge, insbesondere Art. 278 FV.: „Deutschland verpflichtet sich, die neue Staatsangehörigkeit anzuerkennen, welche von seinen Staatsangehörigen nach den Gesetzen der alliierten und assoziierten Mächte und entsprechend den Entscheidungen der zuständigen Behörden dieser Mächte erworben ist oder erworben wird, sei es im Wege der Naturalisation, sei es auf Grund einer Vertragsbestimmung, und diese Staatsangehörigen infolge des Erwerbs der neuen Staatsangehörigkeit von jeder Pflicht gegenüber ihrem Herkunftsstaate in jeder Hinsicht zu befreien." Die dieser Bestimmung unterliegenden Personen: vgl. oben N. 7 § 2 VermStG. Unter „jeder Pflicht" in Art. 278 ist auch die Steuerpflicht zu verstehen (RFH. **3** 613; **4** 200). Jedoch ist nach Art. 278 die alte Staatsangehörigkeit erst vom Zeitpunkt des Erwerbes durch die neue als zerstört anzusehen und auf erstere in Zukunft keine Hoheitsrechte mehr zu gründen (RFH. **6** 179). Über Befreiung infolge Meistbegünstigungsklausel vgl. Zarden, S. 109.

Weitere Befreiungen.

§ 5. VermStG.

Von der Vermögensteuer sind ferner befreit:

1. das Reich, die Länder, die Gemeinden (Gemeindeverbände), die Unternehmungen, deren Erträge ausschließlich dem Reiche, den Ländern und den Gemeinden (Gemeindeverbänden) zufließen, sofern sich nicht aus der Vorschrift zu Nr. 4 ein anderes ergibt;
2. Universitäten, Hochschulen und ähnliche Anstalten und Gesellschaften, die im Falle der Unzulänglichkeit der eigenen Mittel vom Reiche, von den Ländern, den Gemeinden (Gemeindeverbänden) oder von sonstigen öffentlich-rechtlichen Körperschaften dauernd ganz oder teilweise unterhalten, und Stiftungen, deren Zwecke im Falle der Unzulänglichkeit der eigenen Mittel vom Reiche, von den Ländern, den Gemeinden (Gemeindeverbänden) oder von sonstigen öffentlich-rechtlichen Körperschaften ganz oder teilweise erfüllt werden, soweit die Besteuerung zu einer Inanspruchnahme des Reichs, der Länder, der Gemeinden (Gemeindeverbände) oder sonstiger öffentlich-rechtlicher Körperschaften führen würde;
3. die Kirchen sowie die kirchlichen und religiösen Gemeinschaften;
4. die Reichsbank, die Reichsdarlehnskassen, die Staatsbanken, die öffentlichen oder dem öffentlichen Verkehre dienenden Sparkassen, sofern

sie sich auf die Pflege des eigentlichen Sparkassenverkehrs beschränken, sowie die von Körperschaften des öffentlichen Rechts gegründeten und geleiteten gemeinnützigen Kreditanstalten;
5. die Träger der Reichsversicherung;
6. rechtsfähige Pensions-, Witwen-, Waisen-, Sterbe-, Unterstützungs- und sonstige Hilfskassen für Fälle der Not oder der Arbeitslosigkeit; das gleiche gilt für nicht rechtsfähige Kassen dieser Art, wenn die dauernde Verwendung der Einkünfte für die Zwecke der Kassen gesichert ist;
7. Personenvereinigungen und Zweckvermögen, die nach der Satzung, Stiftung oder sonstigen Verfassung ausschließlich gemeinnützigen, mildtätigen oder kirchlichen Zwecken dienen; die Gemeinnützigkeit ist bei Personenvereinigungen nicht ausgeschlossen, wenn die Einlagen nach der Satzung oder sonstigen Verfassung mit höchstens fünf vom Hundert verzinst werden, bei Auslosungen, Ausscheiden eines Mitglieds oder für den Fall der Auflösung der Personenvereinigung nicht mehr als der eingezahlte Betrag der Einlage zugesichert und bei der Auflösung der Rest des Vermögens für gleiche Zwecke bestimmt ist;
8. politische Parteien und Vereine;
9. gesetzliche Berufs- oder Wirtschaftsvertretungen sowie wirtschaftliche Verbände ohne öffentlich-rechtlichen Charakter, deren Zweck nicht auf einen wirtschaftlichen Geschäftsbetrieb gerichtet ist.

Die Befreiung gilt nicht für Steuerpflichtige, deren Sitz oder Ort der Leitung im Ausland liegt.

Mat.: AusschBer. S. 21, 52, 78; StenBer. S. 6394, 6771.

1. Allgemeines.
2. Ziff. 1:
   a) Reich, Länder und Gemeinden.
   b) Hierhergehörige Unternehmungen.
3. Ziff. 2:
   a) Voraussetzungen der Zeichnungsfreiheit nach Ziff. 2.
   b) Einzelnes.
4. Ziff. 3: Kirchen und gleichgestellte Gemeinschaften.
5. Ziff. 4:
   a) Einzelbemerkung.
   b) Eigentlicher Sparkassenverkehr.
6. Ziff. 5.
7. Ziff. 6.
8. Ziff. 7.
9. Ziff. 8.
10. Ziff. 9.

1. Allgemeines. § 5 enthält eine Reihe persönlicher Befreiungen nichtphysischer Personen. In der Terminologie schließt er sich nicht an § 5 RKOG.,

sondern an § 2 KöStG. an (Begr. S. 17). Das erschien zweckmäßig, weil das RNOG. künftig in Fortfall kommt und bei einer Übereinstimmung der Befreiungsvorschriften des VermStG. und des KöStG. keine doppelten Feststellungen erforderlich sind. Aus dem RNOG. sind noch übernommen die Befreiungen der Kirchen sowie der kirchlichen und religiösen Gemeinschaften, der Reichsdarlehnskassen, der öffentlichen oder dem öffentlichen Verkehre dienenden Sparkassen, sofern sie sich auf die Pflege des eigentlichen Sparkassenverkehrs beschränken. — Die Befreiungsvorschriften des § 5 VermStG. gelten nur für inländische Korporationen und Gesellschaften. — Liegen die Voraussetzungen des § 5 vor, so ist auch für die beschränkte Steuer- und damit Zeichnungspflicht aus § 3 kein Raum.

2. Ziff. 1. a) Reich, Länder und Gemeinden. Gemeindeverbände: Kreise, Bezirks- und Provinzialverbände; Orts- und Landarmenverbände; Samtgemeinden und Zweckverbände. Daß ein Zweckverband als „ein in öffentlich-rechtlichen Formen geschlossener Bund mehrerer Gemeinden zu gemeinsamer Besorgung bestimmter Arten von Gemeindeangelegenheiten" sich als „Gemeindeverband" darstellt, hat RFH. 8 59 zu § 3 Abs. 1 Ziff. 6 KapEStG. entschieden. Wenn das VermStG. von der Fassung des RNOG. § 5 Ziff. 2, in dem von „Gemeinden und Gemeindeverbänden aller Art" die Rede ist, abweicht, so ist doch nirgends zum Ausdruck gebracht, daß damit eine sachliche Änderung bezweckt war (ebenso Strutz, VermStG. S. 56). Die Realgemeinden sind zeichnungspflichtig, da die gesetzliche Fassung „Reich, Länder und Gemeinden" offenbar nur die politischen Gemeinden einschließt. Kirchen- und Schulgemeinden die nicht mit politischen Gemeinden oder Gemeindeverbänden zusammenfallen, gehören nicht unter Ziff. 1; vgl. über Kirchengemeinden Ziff. 3, über Schulgemeinden Ziff. 2. — Zeichnungsfrei sind auch die von Reich, Ländern oder Gemeinden in eigener Verwaltung geführten gewerblichen Betriebe, und zwar ohne Einschränkung.

b) Hierher gehörige Unternehmungen. Wenn sich die bezeichneten öffentlich-rechtlichen Körperschaften zum Betriebe ihrer geschäftlichen Unternehmungen mit Privatkapital verbinden (gemischt-wirtschaftliche Verbände) und die so entstehenden Gebilde eigene Rechtspersönlichkeit (Akt.Ges., G. m. b. H.) erhalten, so sind sie zeichnungspflichtig, sofern das Privatkapital an den Erträgen beteiligt ist. Wenn Reich, Länder und Gemeinden aber derart die Formen des Privatrechts benutzen, daß ihnen die gesamten Erträge zukommen, so ist keine Zeichnungspflicht gegeben. Eine Teilung der Erträge zwischen Reich, Ländern, Gemeinden oder Gemeindeverbänden ist nicht ausgeschlossen, wenn nur die Erträge nicht an andere Stellen gelangen. Die Eigentumsverhältnisse an dem Unternehmen sind für die Zeichnungsfreiheit ohne Belang, es kommt nur auf die Verteilung des Reinertrages an, zu dem abzugsfähige Werbungskosten aber nicht ge-

hören. Wegen der Sonderregelung für öffentliche oder dem öffentlichen Verkehr dienende Sparkassen (letzter Satzteil der Ziff. 1) vgl. Ziff. 4; hierin liegt die einzige Einschränkung der Zeichnungsfreiheit von „Reich, Ländern und Gemeinden“.

3. Ziff. 2. a) Voraussetzungen der Zeichnungsfreiheit nach Ziff. 2. Eine Besteuerung der aufgeführten Anstalten würde ebenfalls das Reich nötigen, das mit der einen Hand Erhaltene wieder zur Unterstützung der belasteten Anstalten zu verwenden, oder Länder oder Gemeinden müßten zur Unterstützung dieser Anstalten die von ihnen erhobenen öffentlichen Lasten erhöhen. In § 5 Ziff. 4 RNOG. war die Steuerfreiheit der aufgeführten Anstalten nicht von der im VermStG. vorgesehenen Bedingung abhängig gemacht, daß eine Heranziehung der Anstalt, Gesellschaft oder Stiftung zur ZwA. unmittelbar eine Inanspruchnahme des Reichs oder der sonstigen öffentlich-rechtlichen Körperschaften zur Folge haben würde. Der Bedingungssatz bezieht sich auf den ganzen Inhalt der Ziff. 2. Voraussetzung für die Zeichnungsfreiheit der Anstalt usw. ist also einmal, daß schon am Stichtag (1. Jan. 1923) die Verpflichtung für eine öffentlich-rechtliche Körperschaft bestand, im Falle der Unzulänglichkeit der Mittel usw. unterstützend einzugreifen. Weitere Voraussetzung ist der von der Anstalt usw. zu führende Nachweis, daß die Heranziehung zur ZwA. die Unzulänglichkeit der eigenen Mittel und damit die Inanspruchnahme der öffentlich-rechtlichen Körperschaften zur Folge haben würde: auch dann tritt aber Zeichnungsfreiheit nur ein, „soweit“ dies der Fall wäre, d. h. in Höhe des Betrages, den die öffentlich-rechtliche Körperschaft gewähren müßte. Da die ZwA. eine Steuer von der Vermögenssubstanz ist, genügt nicht der Nachweis, daß der Zeichnungsbetrag nicht aus den laufenden Einnahmen gedeckt werden könne. Es muß vielmehr nachgewiesen werden, daß durch die Entnahme des Zeichnungsbetrages aus dem Vermögen die eigenen Mittel so verringert würden, daß die genannten Stellen in Anspruch genommen werden müßten.

b) Einzelnes. Unter Ziff. 2 fallen neben den eigentlichen Universitäten und Hochschulen „alle wissenschaftlichen und technischen Anstalten, Vereine, Gesellschaften, Unternehmungen“, wobei das Wort „wissenschaftlich“ nach einer Erklärung des Reichsfinanzministers bei der Beratung des RNOG. in weitem Sinne verstanden werden soll (StenBer. 1919 S. 3979). Zeichnungsfrei sind auch Predigerseminare, Konvikte, auch Pfründner- und Meßnerstiftungen, soweit ihre Erträge für den angemessenen Unterhalt von Geistlichen oder anderen Dienern der Kirche bestimmt sind (Begr. zu § 5 RNOG.). — Unter Ziff. 2 fallen ferner öffentlich-rechtliche Schulgemeinden, die nicht mit politischen Gemeinden oder Gemeindeverbänden zusammenfallen, soweit sie den besonderen Bedingungen der Ziff. 2 (Zuschußverpflichtung) genügen, unter Ziff. 1 fallen solche Schulgemeinden nicht, wie sich aus dem Sprach-

gebrauch ergibt (ebenso Strutz, VermStG. S. 55; abweichend für das RNOG. Art. B 1 der VollzugsVO. z. RNOG.).

4. **Ziff. 3.** Kirchen und gleichgestellte Gemeinschaften. Vgl. § 5 Ziff. 3 RNOG. Die Freistellung der Kirchen sowie der kirchlichen und religiösen Gemeinschaften ist erfolgt, „weil ihre wirtschaftliche Lage in den einzelnen Ländern zu verschieden ist und es wegen der in den einzelnen Ländern schwebenden Auseinandersetzungsverhandlungen zweckmäßig erschien, die Abgabepflicht einem späteren Reichsgesetze oder den einzelnen Ländern zu überlassen. Nicht nur die evangelische und die römisch-katholische Kirche sind befreit, sondern auch die „Kirchengemeinden, Bistümer, Domkapitel, Kollegialkapitel, Kassen der Kreis- und Provinzialsynoden" (Begr. RNOG. S. 32), desgleichen Baptistengemeinden, Synagogengemeinden, freireligiöse Gemeinden, religiöse Sekten. Ob die religiöse Gemeinschaft die Rechtsfähigkeit besitzt (Art. 137 RV.), ist ohne Belang (a. A. Strutz, Vermögenssteuergesetz S. 60); das VermStG. stellt das Erfordernis der Rechtsfähigkeit nicht auf. Über die „Vereinigungen, die sich die gemeinschaftliche Pflege einer Weltanschauung zur Aufgabe machen" (RV. Art. 137 Abs. 6), vgl. Ziff. 7. Orden und Klöster fallen je nach der Art ihres Wirkens unter Ziff. 3 oder Ziff. 7.

5. **Ziff. 4.** a) Einzelbemerkungen. Die Reichsdarlehnskassen sind „selbständige Einrichtungen mit den Eigenschaften und Rechten juristischer Personen" (§ 12 G. vom 4. Aug. 1912, RGBl. S. 340). Als Staatsbanken kommen für Ziff. 4 nur solche mit eigener Rechtsfähigkeit in Betracht, andernfalls gelangt Ziff. 1 zu unmittelbarer Anwendung. — Öffentliche Sparkassen sind solche, die ihre Erträgnisse der Allgemeinheit zur Verfügung stellen und diese Zweckbestimmung durch eine Mitwirkung der Behörden bei ihrer Verwaltung gesichert haben (RFH. **2** 70). Dem öffentlichen Verkehr dient eine Sparkasse nicht, die nach ihrer Satzung nur Mitgliedern eines Vereins oder einer Genossenschaft offensteht. — Gemeinnützig sind Kreditanstalten, die der Allgemeinheit, wenn auch in Beschränkung auf einen in gewisser, z. B. örtlicher Hinsicht beschränkten Personenkreis, zu vorteilhafteren als den üblichen Bedingungen zu dienen bestimmt sind und tatsächlich dienen (RFH. **4** 301; VO. des RFM. vom 22. April 1922, § 1 [S. 86], die nach § 2 VStZwAAB. Anwendung findet). Mittelbare Gemeinnützigkeit genügt nicht (RFH. **5** 70). Ausschließliche Gemeinnützigkeit ist hier nicht verlangt. Zu den zeichnungsfreien, von Körperschaften des öffentlichen Rechts gegründeten und geleiteten gemeinnützigen Kreditanstalten gehört insbesondere die Preußische Zentralgenossenschaftskasse, ferner staatliche oder städtische Pfandbriefämter oder Leihhäuser; Landschaften (ritterliche Kreditinstitute) sind nach dem Gesetz vom 22. Dez. 1922 zeichnungsfrei. Ausschließliche Gemeinnützigkeit wird, anders wie in Ziff. 7, nicht verlangt. Ein von sozialistischer Seite im RTAusschuß ge-

stellter Antrag, die Gemeindesparkassen (Kommunalbanken) ausnahmslos als gemeinnützig von der Steuer freizustellen, wurde abgelehnt.

b) Eigentlicher Sparkassenverkehr. Im RTAusschuß bemerkte der Vertreter der Reichsregierung: Die sog. Gemeindebanken seien ebenso steuerpflichtig wie sonstige Kreditunternehmungen. Denn die Gemeinnützigkeit eines Instituts sei nach der Rechtsprechung des RFH. nicht schon um deswillen gegeben, weil es seine gesamten Erträgnisse öffentlichen Verbänden zufließen lasse. Die Frage, was zum eigentlichen Sparkassenverkehr gehöre, bestimme sich nicht, wie der Vorredner gemeint habe, nach Landesrecht. Wo bisher in Reichsgesetzen dieser Begriff verwendet sei, sei er in den Ausführungsbestimmungen zu diesen Gesetzen ausgelegt worden. In dieser Richtung verweise er auf den § 168 der AusfBest. zu der inzwischen aufgehobenen Tarifnummer 10a des Reichsstempelgesetzes (Geldumsatzsteuer). Seit Erlaß dieser Bestimmungen hätten sich jedoch die Verhältnisse in mancherlei Hinsicht geändert. Dies gelte insbesondere für das Giro- und Depotgeschäft. Es werde daher eine weitere Auslegung des Begriffes des eigentlichen Sparkassenverkehrs in Erwägung zu ziehen sein. Die Reichsregierung werde hierbei den Bedürfnissen der Sparkassen und den veränderten wirtschaftlichen Verhältnissen nach Möglichkeit Rechnung tragen (AusschBer. S. 57). Inzwischen ist durch § 6 AusfBest. z. KöStG. folgende Regelung getroffen worden, die auch auf die VermSt. und ZwA. anzuwenden ist: „Als zum eigentlichen Sparkassenverkehr gehörig werden insbesondere anzusehen sein die Annahme und die Auszahlung von Spareinlagen, die Verwahrung und Verwaltung von Wertpapieren und anderen Wertgegenständen, die Vermietung von Sicherheitsfächern, der Kontokorrentverkehr ohne Krediteinräumung, die Einlösung fälliger Zins- und Gewinnanteilscheine, der Ein- und Auszahlungsverkehr für fremde Rechnung (Giro- und Scheckverkehr) sowie die Anlegung verfügbarer Bestände. Als zum eigentlichen Sparkassenverkehr gehörig werden dagegen insbesondere nicht anzusehen sein der Ankauf von Wertpapieren ohne sofortige Barzahlung sowie deren Verkauf ohne sofortige Hinterlegung, der An- und Verkauf von Devisen für fremde Rechnung, der Kontokorrentverkehr mit Krediteinräumung, die Einziehung von Forderungen für fremde Rechnung und Geldgeschäfte spekulativen Charakters." — Über das Verhältnis von Ziff. 1 zu Ziff. 4 ist im RTAusschuß durch einen Regierungsvertreter erklärt worden, „daß die Vorschrift der Nr. 4 gegenüber der Vorschrift der Nr. 1 die Spezialvorschrift sei und daß daher Kreditanstalten der Länder und Gemeinden nicht unter § 5 Nr. 1, sondern nur unter § 5 Nr. 4 fielen. Um Zweifel auszuschließen, beschloß der Ausschuß, die Auffassung des Regierungsvertreters gesetzlich festzulegen und demgemäß der Ziff. 1 den Zusatz zuzufügen: „soweit sich nicht aus der Vorschrift zu Nr. 4 ein anderes ergibt" (AusschBer. S. 52).

6. Ziff. 5. Unter Ziff. 5 gehören die Reichsversicherungsanstalt, die Krankenkassen, Knappschaftsvereine, Versicherungsanstalten, Berufsgenossenschaften. Solche Krankenkassen, die nicht Krankenkassen im Sinne der Reichsversicherungsordnung sind, fallen nach der Erklärung eines Regierungsvertreters im RTAusschuß unter die Hilfskassen der Ziff. 6.

7. Ziff. 6. Die beiden in Ziff. 6 genannten Arten von Kassen unterscheiden sich darin, daß das Vermögen rechtsfähiger Kassen aus dem Vermögen des Unternehmers ausgeschieden ist, während das Vermögen nicht rechtsfähiger Kassen rechtlich noch einen Bestandteil des Unternehmervermögens bildet. Wann bei nicht rechtsfähigen Kassen die dauernde Verwendung der Einkünfte für die Zwecke der Kasse gesichert ist, ist Tatfrage. Maßgebend ist jedenfalls, daß dem Unternehmer die Verfügungsbefugnis über die Kasse entzogen ist (AusschBer. S. 22), z. B. bei Pfandbestellung, Niederlegung von Wertpapieren bei einer Bank mit unwiderruflicher Verfügungsvollmacht für den Kassenvorstand. Die Verwendung der Einkünfte für die Zwecke der Kasse ist auch dann gesichert, wenn nach der Satzung die Einkünfte zunächst zum Kapital zu schlagen sind, bis dieses eine gewisse Höhe erreicht hat. Eine derartige Bestimmung kann sogar notwendig sein, um die Zwecke der Kasse zu sichern (RFH. I A 149/21 vom 15. Febr. 1922; vgl. Strutz, VermStG. S. 63). Auch für den Fall der Auflösung muß die Verwendung des Vermögens für die früheren Kassenzwecke gesichert sein. Pensionskassen sind Kassen, die bei Arbeitsunfähigkeit infolge Invalidität oder Alters Renten zahlen; Kassen, die Kapitalausschüttungen machen, sind keine Pensionskassen. — Über den Unterschied zwischen den nach Ziff. 6 steuerfreien Sterbekassen und den steuerpflichtigen Lebensversicherungen hat der RFH. I A 14/22 v. 3. März 1922 (zit. nach Strutz, VermStG. S. 63) ausgeführt: „Der Zweck des Einkaufs in eine Sterbekasse geht zum Unterschied von der Lebensversicherung dahin, im Falle des Todes des Versicherten dessen Hinterbliebenen eine Summe zu gewähren, die nicht ihr Vermögen vermehren oder ihnen Mittel zum Lebensunterhalt verschaffen, sondern nur dazu dienen soll, die Kosten der Beerdigung und sonstige mit dem Sterbefall verbundene Ausgaben zu bestreiten. Es ist demnach zu prüfen, ob nach der Höhe der versicherten Summe, nach den Vermögensverhältnissen der Versicherten sowie nach den einzusehenden Versicherungsbedingungen anzunehmen ist, daß die Versicherungssumme nur jenen Zweck, den Hinterbliebenen über die mit dem Sterbefall verknüpften Kosten hinwegzuhelfen, erfüllen solle. In diesem Falle wird das Vorliegen einer Lebensversicherung zu verneinen sein. Gehen dagegen die Versicherungssummen nach den Verhältnissen des Versicherten über jenen Zweck erheblich hinaus, oder aber ist nach den Versicherungsbedingungen der Versicherte in der Lage, durch Rückkauf an die Sterbekasse, Abtretung oder Verpfändung an Dritte jederzeit die Versicherung zu Gelde zu machen, so wird in der Versicherung nicht eine

Sterbekassen-, sondern eine Lebens- oder Kapitalversicherung zu finden sein.“

8. Ziff. 7. Voraussetzung der Zeichnungsfreiheit nach Ziff. 7 ist, daß ausschließlich gemeinnützige, mildtätige oder kirchliche Zwecke verfolgt werden. Die Zeichnungsfreiheit wird durch die Befolgung anderer Zwecke selbst dann beseitigt, wenn diese nur untergeordnete Bedeutung haben. — Gemeinnützig sind Einrichtungen, die der Allgemeinheit zugute kommen. Kommen sie nur einem geschlossenen Kreis von Personen zu, so ist keine Gemeinnützigkeit gegeben. Die Anerkennung als mildtätig setzt voraus, daß die Leistungen, die gewährt werden, für den Leistenden mit Opfern verbunden sind, die nicht ganz unerheblich sind (RFH. 4 146). Nicht erforderlich ist dagegen, daß die Teilnahme bloß Minderbemittelten oder Hilfsbedürftigen möglich ist (RFH. 6 42). Städtische Theater: RFH. 6 290. Eine maßgebende Bestimmung darüber, wann Personenvereinigungen und Zweckvermögen als gemeinnützig oder mildtätig anzusehen sind, ist auf Grund der Ermächtigung des § 10 KöStG. vom RFM. durch VO. vom 22. April 1922 erlassen worden. Diese Vorschriften finden nach § 2 VStZwAAB. vom 4. Jan. 1923 (Anhang S. 50) auch auf die VermSt. und ZwA. Anwendung. Die Vorschriften sind Anh. S. 86 wiedergegeben. Nach Art. I § 12 GeldentwG. vom 20. März 1923 ist der höchstzulässige Zinssatz auf 10 v. H. erhöht worden. Die Bestimmung über gemeinnützige (§§ 1 bis 5 der VO. vom 22. April 1922) und über mildtätige (§ 6 daselbst) Vereinigungen und Zweckvermögen und die oben .mitgeteilte Rechtsprechung lassen der Tatfrage noch weiten Raum. — Hinzugetreten ist im VermStG. die Berücksichtigung auch rein kirchlicher Zwecke (vom RTAusschuß eingefügt, Ber. S. 34). Dem Zuge der Gesetzgebung gemäß ist dieser Ausdruck nicht nur auf die öffentlich-rechtlichen Kirchen, sondern auf alle religiösen Gemeinschaften zu beziehen.

9. Ziff. 8. Politische Parteien und Vereine sind in Anlehnung an § 5 Nr. 11 RNOG. von der Steuer freigestellt worden. Bei der Beratung des RNOG. drang die Ansicht durch, daß den Finanzbehörden das Recht nicht zugestanden werden könne, in die Finanzgebarung der politischen Parteien und Vereine Einsicht zu nehmen.

10. Ziff. 9. Gesetzliche Berufsvertretungen (mit öffentlich-rechtlichem Charakter): Hierher gehören die Handels-, Gewerbe-, Landwirtschafts- und Handwerkskammern, die Anwalts-, Ärzte- und Apothekerkammern. Gesetzliche Wirtschaftsvertretungen (mit öffentlich-rechtlichem Charakter): Innungen, Innungsausschüsse, Innungsverbände nach der Reichsgewerbeordnung. Sie alle sind zeichnungsfrei (mit Ausnahme der Innungen, die einen gemeinschaftlichen Geschäftsbetrieb eingerichtet haben und mit diesem Vermögensteil zeichnungspflichtig sind). Bei wirtschaftlichen Verbänden ohne öffentlich-rechtlichen Charakter ist entscheidend, ob ihr Zweck auf einen

wirtschaftlichen Geschäftsbetrieb gerichtet ist. Maßgebend ist, ob im Geschäftsverkehr mit Dritten Erwerbsabsichten verfolgt werden. Zeichnungsfrei sind demnach die Berufsvertretungen des politischen Lebens, die nicht „gesetzlich“, d. h. öffentlich-rechtlich sind, wie der Hansabund, Reichslandbund, Gewerkschaften und Gewerkschaftsbünde, Anwalts- und Ärzte- und Künstlervereine, Angestelltenverbände, Hausbesitzer- und Mieterbünde. Sie alle lassen sich unbedenklich der Ziff. 9 unterstellen, da bei der Wahrnehmung der beruflichen Interessen ihrer Mitglieder deren wirtschaftliche Förderung Hauptaufgabe der Verbände ist. Ausschließlichkeit dieser Tätigkeit wird in Ziff. 9 nicht erfordert; würde man übrigens auf die politische Tätigkeit der Verbände das Schwergewicht legen, so würde die Befreiungsvorschrift der Ziff. 8 eingreifen. Über Kriegsgesellschaften vgl. RG. über die Abwicklung von Kriegsgesellschaften und Kriegsorganisationen vom 15. Juli 1921 (RGBl. S. 942) § 12: „Kriegsgesellschaften, die spätestens drei Monate nach dem Inkrafttreten dieses Gesetzes in Liquidation getreten oder sonst aufgelöst sind, sind von der Zahlung direkter Personalsteuern des Reichs, der Länder und der Gemeinden befreit, sofern ihre Überschüsse an das Reich, an ein Land oder mit ausdrücklicher Zustimmung des Landes oder Reichs an eine öffentlichen Zwecken dienende Anstalt oder Organisation abgeführt werden oder abgeführt worden sind und eine den Teilhabern etwa zustehende Gewinnbeteiligung 6 v. H. der geleisteten Einlagen für das Jahr nicht übersteigt.“ Nach sinngemäßer Anwendung des Art. I § 12 GeldEntwG. beträgt der zulässige Höchstzinssatz jetzt 10 %. Kriegsgesellschaften und -organisationen, die einen wirtschaftlichen Geschäftsbetrieb unterhalten oder unterhalten haben, sind im übrigen steuerpflichtig.

C. **Besonderheiten in § 6 ZwAG.**

1. Allgemeines.
2. Hypothekenbanken.
3. Landschaftliche Kreditanstalten.
4. Schachtelgesellschaften.

1. Allgemeines. Die Pflicht zur Zeichnung der ZwA. bemißt sich nach den §§ 2 bis 5 VermStG. Von diesen Bestimmungen weicht § 6 ZwAG. nur in drei einzelnen Punkten ab, die in den N. 2 bis 4 behandelt werden.

2. Hypothekenbanken. Hypothekenbanken sind Aktiengesellschaften und Kommanditgesellschaften auf Aktien, bei welchen der Gegenstand des Unternehmens in der hypothekarischen Beleihung von Grundstücken und der Ausgabe von Schuldverschreibungen auf Grund der erworbenen Hypotheken besteht (§ 1 HypBankG.). Die Sonderregelung für Hypothekenbanken ist auf Beschlüsse des RTAusschusses zurückzuführen. Die Hypothekenbanken seien, wurde ausgeführt, nicht wie die sonstigen Erwerbsgesellschaften anzusehen. Den schwierigen Verhältnissen dieser Banken sei auch in anderen

neuen Steuergesetzen Rechnung getragen worden, u. a. im KöStG. und in § 37 VermStG. Trotz des Widerspruchs der Regierung wurden die Ausschußanträge in der Gesetz gewordenen Fassung angenommen. In § 38 Abs. 1 der AusfBest. vom 4. Jan. 1923 sind 28 Bodenkredit- und Hypothekenbanken aufgeführt, die als reine Hypothekenbanken in Betracht kommen. Die im Gesetze vorgesehenen Bestimmungen über die Zeichnungspflicht der Hypothekenbanken, deren Geschäftsbetrieb über den Umfang des § 5 hinausgeht, finden sich in § 38 Abs. 2 VStZwaAB. (Anhang S. 61).

3. Die Berücksichtigung der **landwirtschaftlichen Kreditanstalten** die vermögenssteuerpflichtig sind und daher, wenn nicht eine Ausnahmebestimmung vorläge, auch der ZwA. unterliegen würden, ist erst durch die Novelle vom 22. Dez. 1922 eingeführt worden. Die Landschaften (Ritterschaftliche Kreditinstitute) sind öffentlich-rechtliche Grundbesitzerverbände zur Förderung des Realkredits ihrer Mitglieder.

4. Berücksichtigung der **Schachtelgesellschaften.** Im Ausschuß war folgender Antrag gestellt worden (AusschBer. S. 16):

„Sind Zeichnungspflichtige, die in § 2 Nr. 3 und 4 des Vermögenssteuergesetzes bezeichnet sind, mindestens zu einem Fünftel am Vermögen eines anderen unter die gleiche Vorschrift fallenden Zeichnungspflichtigen beteiligt, so werden die von letzterem gezeichneten Beträge dem ersteren im Verhältnis der gezeichneten Beträge angerechnet."

Die Antragsteller begründeten ihren Antrag damit, daß die in der Besteuerung der physischen und juristischen Personen liegende Doppelbesteuerung noch verschärft würde, wenn den Schachtelgesellschaften nicht besondere Erleichterungen gewährt werden würden. Daß eine solche Begünstigung gerechtfertigt sei, sei im KapEStG. und insbesondere auch bei der jüngsten Beratung der KöStNovelle anerkannt worden. Es handle sich bei den Schachtelgesellschaften nicht um Rechtsformen, die aus steuerlichen Gründen gewählt würden. Vielmehr seien für die Wahl der Rechtsform meistens sachliche, insbesondere organisatorische Gründe maßgebend. Eine unbeschränkte Heranziehung der Schachtelgesellschaften müsse in vielen Fällen zu ihrer Auflösung führen, was volkswirtschaftlich schädlich sein würde.

Die Doppelbesteuerung ergab sich aus folgender Erwägung: Die Tochtergesellschaft zeichnet von ihrem Vermögen die ZwA.; dieses Vermögen ist auch im Vermögen der Muttergesellschaft enthalten. Wenn also die Muttergesellschaft diesen Teil des Vermögens nicht abziehen darf, so liegt eine Doppelbesteuerung vor, die noch dadurch verschärft wird, daß nun noch der Aktionär jeder Gesellschaft mit seinem Aktienbesitz zeichnungspflichtig ist. Bei Ablehnung des Antrags würden Hals über Kopf Fusionen durchgeführt werden, es würde der Verschmelzungsprozeß überstürzt zum Nachteil der Gemeindeeinnahmen aus der Gewerbesteuer, zum Nachteil der Organisation der Industrie und Bankwelt, die Verwaltung

der großen Gesellschaften werde schwerfälliger werden; es sei allseitig immer als ein Vorzug der deutschen Organisation des Wirtschaftslebens angesehen worden, daß man durch die Beteiligungen einer Gesellschaft an anderen (Mutter-, Tochter-) Gesellschaften selbständige Gesellschaften besonders in der Provinz erhalte. Bei der Höhe der Steuer- und Zeichnungspflicht sei es bei der Doppelbesteuerung für die betreffenden Konzerne nicht möglich, von Fusionen abzusehen. Erfolgen diese, so würde der Staat vielfach keinen Pfennig Steuer mehr erhalten, als wenn die beantragte Befreiung angenommen würde. Denn wenn z. B. ein Unternehmen die Aktien des anderen besitze, so könne es ohne Veränderung seines Grundkapitals fusionieren. Der Verwaltungsapparat müßte notwendig teurer werden. Dadurch mindere sich dann natürlich das steuerpflichtige Aktivum. Auch aus allgemeinen volkswirtschaftlichen Erwägungen sei es sehr unerwünscht, nach Berlin noch größere Direktionen zu erhalten und in der Provinz im wesentlichen nur noch Filialen einzurichten.

Umfang der Zeichnungspflicht.

Anwendung des Vermögensteuergesetzes.

§ 7.

Der Betrag an Zwangsanleihe, der auf den einzelnen Zeichnungspflichtigen (§ 6) entfällt, bemißt sich nach dem Vermögen, das bei der ersten Veranlagung zur Vermögensteuer nach den Vorschriften des Vermögensteuergesetzes festgestellt ist.

Mat: RegE. § 7; Begr. S. 8 und 9 f.; AusschBer. S. 17, 44.

1. Die Anwendung des VermStG.
2. Steuerbares und steuerpflichtiges Vermögen.

1. Die Anwendung des VermStG. Aus der Begr. zu § 7: „Der § 7 regelt, nach welchem Maßstab die ZwA. zu zeichnen ist. . . . Maßgebend ist das auf den 31. Dez. 1922 für die Veranlagung zur Vermögensteuer festgestellte Vermögen. Das gilt sowohl hinsichtlich des Umfangs des Vermögens (§§ 6 bis 13, 34 VermStG.) als auch hinsichtlich der Bewertung (§§ 15 bis 17 VermStG.). Demgemäß gilt auch § 2 Abs. 2 VermStG. . . .“ Maßgebend sind hiernach die Bestimmungen des VermStG. über die objektive Steuerpflicht (§ 2 Abs. 2 und 3 VermStG.; wegen der subjektiven Steuerpflicht vgl. § 6 ZwAG.), über das steuerbare Vermögen (§§ 6 bis 14 — nicht nur §§ 6 bis 13 — und § 34 VermStG.) und über die Wertermittlung (§§ 15 bis 17 VermStG.). Diese Teile des VermStG. werden im folgenden besprochen.

2. Steuerbares und steuerpflichtiges Vermögen. Steuerbares Vermögen i. S. eines Steuergesetzes ist das Vermögen, das einer Steuer unterliegt, steuerpflichtiges Vermögen ist derjenige Vermögensbetrag, von dem die Steuer nach dem Tarif berechnet wird. Vgl. § 6 und § 18 VermStG.

§ 7 bestimmt, daß das nach dem VermStG. steuerbare Vermögen auch für die ZwA. steuerbar ist. Während aber für die Vermögensteuer das steuerbare Vermögen nur insoweit steuerpflichtig ist, als es 400 000 M. übersteigt (§ 34a VermStG.), ist nach dem ZwAG. das ganze steuerbare Vermögen zeichnungspflichtig, sobald es größer ist als 400 000 M., also gemäß § 17 VermStG. mindestens 401 000 M. beträgt. Ein steuerbares Vermögen von nicht mehr als 400 000 M. ist nicht zeichnungspflichtig (§ 8 Abs. 1 ZwAG.). Wegen der Erhöhung des Mindestbetrages des steuerpflichtigen Vermögens (Freigrenze) vgl. im übrigen § 8 Abs. 2 ZwAG.

a) Abgabepflichtiges Vermögen.

Objektive Steuerpflicht.

§ 2 VermStG.

(Abgedruckt auf S. 76.)

Mat.: a) zum VermStG.: RegE. § 2; Begr. S. 17; AusschBer. S. 19 f., 51; b) zum ZwAG.: Begr. S. 9 und 10 (zu §§ 6 und 7); AusschBer. S. 15 ff., 51 f.; vgl. RAO. § 2.

1. Unbeschränkte, eingeschränkte, beschränkte Steuerpflicht.
2. Ausländisches Vermögen bei unbeschränkter Steuerpflicht.
3. Ausländisches Grundvermögen.
4. Ausländisches Betriebsvermögen.
5. Zurechnung des Vermögens der nichtphysischen Pflichtigen.
   a) Juristische Personen.
   b) Nichtrechtsfähige Pflichtige.
   c) Gewerkschaften.
   d) Einzelfälle.

1. Unbeschränkte, eingeschränkte, beschränkte Steuerpflicht. Das Verhältnis der Vorschriften in § 1 Abs. 1, § 1 Abs. 2 und § 3 wird im allgemeinen dahin angegeben, daß § 1 Abs. 1 die unbeschränkte subjektive, § 1 Abs. 2 die unbeschränkte objektive, § 3 die beschränkte Steuerpflicht regelt. Genauer kennt das Gesetz zwischen der unbeschränkten objektiven Steuerpflicht, d. h. der mit dem ganzen Vermögen, und der beschränkten i. S. des § 3 mehrere Zwischenstufen, die man als eingeschränkte Steuerpflicht bezeichnen kann. Hiernach ergibt sich unter Einbeziehung des § 6 Satz 2 und 3 ZwAG. folgende Einteilung hinsichtlich der objektiven Steuerpflicht:

a) Unbeschränkte Steuerpflicht. Hierunter fallen:
α) Inlandsdeutsche i. S. des Abs. 1 Ziff. 1,

β) inländische nichtphysische Steuerpflichtige, außer denen, die Vermögen besitzen, das bei einem andern Steuerpflichtigen unmittelbar vermögenssteuerbar ist.

b) Eingeschränkte Steuerpflicht, und zwar:

α) durch Freilassung des bei andern Steuerpflichtigen steuerbaren Vermögens. Hierunter fallen die nichtphysischen Steuerpflichtigen nach Abs. 1 Ziff. 3 und 4, soweit sie nicht unter a β fallen (N. 5a);

β) durch Freilassung des ausländischen Grund- und Betriebsvermögens. Hierunter fallen die nichtdeutschen Inländer nach Abs. 1 Ziff. 2 (N. 3 und 4);

γ) durch Freilassung des dem reinen Hypothekenbankbetriebe gewidmeten Vermögens. Hierunter fallen die gemischten Hypothekenbanken (ZwAG. § 6 Satz 2, s. N. C 2 zu § 6 ZwAG., S. 99);

δ) durch Freilassung der Beteiligung an einer nichtphysischen Zeichnungspflichtigen, die unter Abs. 2 Ziff. 3 oder 4 fällt. Hierunter fallen die in Abs. 2 Ziff. 3 und 4 bezeichneten Pflichtigen, die mindestens zu einem Fünftel am Vermögen eines unter die gleiche Vorschrift fallenden Pflichtigen beteiligt sind (Schachtelgesellschaften, ZwAG. § 6 Satz 3, s. N. C 4 zu § 6 ZwAG., S. 100).

c) Beschränkte Steuerpflicht i. S. des § 3. Hierunter fällt das inländische Grund- und Betriebsvermögen der nicht unter § 1 Abs. 1 fallenden Personen. Das Nähere s. u. S. 107 ff.

Zu beachten ist, daß die Einschränkungen unter b auch nebeneinander vorkommen können. Nur die Einschränkung unter b β (bei nichtdeutschen Inländern) kann nicht mit andern verbunden sein, und die nach b γ (für gemischte Hypothekenbanken) nicht mit der nach b α, weil Hypothekenbanken nur als Aktiengesellschaften betrieben werden dürfen, abgesehen von den vor dem 1. Jan. 1900 mit dem Pfandbriefgeschäft befaßten Genossenschaften (§§ 2, 45 Abs. 2 HypBankG. vom 13. Juli 1899, RGBl. S. 375).

2. **Ausländisches Vermögen bei unbeschränkter Steuerpflicht.** Bei der unbeschränkten Steuerpflicht ist das ganze Vermögen für die Ermittlung des steuerbaren Vermögens zugrunde zu legen, gleichgültig, ob es sich im Inlande oder im Auslande befindet. Das sog. Territorialitätsprinzip ist bewußtermaßen abgelehnt (AusschBer. S. 19 f.). Nicht nur das ausländische Kapitalvermögen, sondern auch das ausländische Grund- und Betriebsvermögen sind von den unbeschränkt Steuerpflichtigen zu versteuern. Doppelbesteuerungen können nur durch Staatsverträge beseitigt werden. Solche Staatsverträge sind geschlossen mit Deutsch-Österreich (vom 23. Mai 1922, RGBl. 1923 II 90), mit der Tschechoslowakei (vom 31. Dez. 1921, RGBl. 1923 II 70). Für den Staatsvertrag mit Polen sind bisher nur Bestimmungen über die Doppelbesteuerung von Einkommen und Ertrag vorgesehen; vgl. den Erlaß des RFM. vom 27. März 1923 (RStBl. 143).

Das Reich hatte bis 1913, da es keine direkten Reichssteuern gab, keine Staatsverträge über direkte Steuern geschlossen. Ob die früher von einzelnen deutschen Bundesstaaten insbesondere mit Österreich über direkte Staatssteuern geschlossenen Verträge auf direkte Reichssteuern, die innerhalb der Länder erhoben werden, anwendbar sind, ist zweifelhaft. Wegen der Bewertung s. N. 36—41 zu § 139 RAO. und N. 32 zu § 152 RAO.

3. **Ausländisches Grundvermögen** ist das Grundvermögen, das sich im Ausland befindet. Über den Begriff des Grundvermögens s. N. 1 bis 9 zu § 7 VermStG. Bestandteile und Zubehör werden in die Besteuerung einbezogen, wenn sie nach deutschem Recht oder nach dem örtlichen Recht Bestandteil oder Zubehör sind; denn der Umfang des Steuerobjekts ergibt sich zunächst aus der Sach- und Rechtslage an Ort und Stelle, subsidiär aus dem deutschen Recht.

Grundstücke sind ausländische, wenn sie jenseits der deutschen Grenzen belegen sind. Exterritoriale Grundstücke sind keine ausländischen, die Steuerfreiheit ergibt sich aus der Exemtion des ausländischen Staates von der inländischen Steuerhoheit. Enklaven sind Ausland, ebenso die losgerissenen Gebiete. Bei grundstücksgleichen Rechten, die sich auf Grundstücke beziehen, z. B. den erblichen Nutzungsrechten, entscheidet die Lage des Grundstücks, bei Zwangs- und Bannrechten, Gerechtigkeiten usw. die politische Zugehörigkeit des Ausübungsbezirks.

Wird das Grundstück oder der Bezirk durch die Reichsgrenze durchschnitten, so gilt jeder Teil als besonderes Grundstück bezw. als besonderer Bezirk; Bestandteile und Zubehör werden dem Teil zugerechnet, mit dem sie dauernd oder gewöhnlich in räumlichem Zusammenhang stehen (abweichend v. Breunig-v. Lewinski, N. 15 zu § 2 RNOG.).

Im Inland befindliches Zubehör ausländischen Grundvermögens ist durch die politische Trennung für das deutsche öffentliche Recht seiner Zubehöreigenschaft entkleidet und daher in Deutschland steuerpflichtig; die zivilrechtliche Bedeutung der Zubehöreigenschaft wird dadurch nicht berührt.

Ausländische Grundstücke können kaum zu einem inländischen Betriebsvermögen gehören, da in der Regel das Vorhandensein eines Grundstücks auch eine ausländische Betriebsstätte begründen wird (s. N. 4). Gegebenenfalls ist aber bei Grundstücken das Territorialitätsprinzip stärker als das Prinzip der Einheit des Betriebsvermögens einer Betriebsstätte, da hierbei die Zusammengehörigkeit nur auf dem Willen des widmenden Gewerbetreibenden beruht (ebenso Thümen, N. 3 zu § 3 VermStG., Strutz, N. 50 zu § 2 VermStG.).

4. **Ausländisches Betriebsvermögen** ist das Betriebsvermögen, das zur ausländischen Betriebsstätte eines Gewerbebetriebes gehört, gleichgültig, ob der Sitz oder Leitungsort sich im In- oder Ausland befindet. Über den Begriff des Betriebsvermögens s. N. 1 bis 12 zu § 8 VermStG.

Betriebsstätten sind nach der hier anwendbaren Begriffsbestimmung in § 10 Abs. 2 LandesStG. alle festen örtlichen Anlagen oder Einrichtungen, die der Ausübung des Betriebs eines stehenden Gewerbes dienen, insbesondere außer dem Hauptsitz auch Zweigniederlassungen, Fabrikationsstätten, Ein- und Verkaufsstellen, Kontore und sonstige zur Ausübung des Gewerbes durch den Unternehmer selbst, dessen Teilhaber, Prokuristen oder andere ständige Vertreter — z. B. Handlungsbevollmächtigte — unterhaltene Geschäftseinrichtungen. Musterlager begründen keine Betriebsstätte, außer wenn von ihnen aus ständig verkauft wird oder wenn der Verwalter, auch wenn er an sich als Agent selbständiger Gewerbetreibender ist, hinsichtlich der Lagerverwaltung infolge persönlichen Abhängigkeitsverhältnisses als Organ des Eigentümers erscheint (OVGSt. **6**, 240; **14**, 7), wohl aber sog. Dispositionslager, die zur Ausführung von Abschlüssen dienen (OVGSt. **6** 240, **15** 224). Ein reines Speditionslager begründet keine Steuerpflicht (OVGSt. **14** 6).

Nach § 10 Abs. 3 LandesStG. gelten als Betriebsstätten auch Bauausführungen, welche die Dauer von zwölf Monaten überschreiten. Ob diese Bestimmung über den Rahmen der in § 10 LandesStG. geregelten Abgrenzung der Zuständigkeit der Länder für Realsteuern hinaus gilt, erscheint zweifelhaft (vgl. Veit Simon in Mitt. d. RV., Jg. 5 S. 287); auf die Dauer berechnete Anlagen zur Bauausführung begründen eine Betriebsstätte (OVGSt. **10** 214), es müssen nur nicht gerade zwölf Monate sein.

Gleichgültig ist es, ob die zur Betriebsstätte gehörigen Gegenstände sich im Aus- oder Inland befinden; für Grundstücke vgl. jedoch N. 3 letzter Abs.

Wird ein Gegenstand sowohl in inländischen als in ausländischen Betriebsstätten verwandt, so kann die Befreiung nicht eintreten (abweichend ohne Begründung v. Breunig - v. Lewinski, N. 15 zu § 2). Unbewegliche Bestandteile ausländischer Betriebsstätten, insbesondere die Anlagen der ausländischen Hauptniederlassung, können auch dann nicht herangezogen werden, wenn sie zugleich inländischen Betriebsstätten dienen (abweichend Thümen, N. 4 zu § 3 VermStG.).

Beweislast: Bei Gegenständen, die sich im Inland befinden, ist die Zugehörigkeit zu einer ausländischen Betriebsstätte nicht zu vermuten, der Pflichtige daher beweispflichtig.

5. Zurechnung des Vermögens der nichtphysischen Pflichtigen. a) Das Vermögen juristischer Personen (Abs. 1 Ziff. 3) ist in der Regel deren Vermögen und nicht das ihrer Mitglieder, daher nur bei der juristischen Person steuerbar. Eine Ausnahme macht bei juristischen Personen des Privatrechts nur der Kapitalanteil des persönlich haftenden Gesellschafters bei der Kommanditgesellschaft auf Aktien. Häufiger sind solche Ausnahmen bei juristischen Personen des öffentlichen Rechts, z. B. die Nutzungsrechte der Mit-

glieder der Realgemeinden und ähnlicher öffentlich-rechtlicher Nutzungsverbände. In diesen Ausnahmefällen ist das Vermögen dem Mitglied der juristischen Person zuzurechnen.

b) Bei nichtphysischen Steuerpflichtigen, die nicht rechtsfähig sind, ist zunächst zwischen Personenvereinigungen und Zweckvermögen zu unterscheiden.

α) Wegen der subjektiven Steuerpflicht der Zweckvermögen s. N. 5 b auf S. 88. Bei allen diesen Zweckvermögen ist keine Person vorhanden, bei der das Vermögen unmittelbar steuerbar wäre; fiduziarische Stiftungen gehören nicht zum Vermögen des Fiduziars (s. N. 16 zu § 6 VermStG.).

β) Bei nicht rechtsfähigen Personenvereinigungen — wegen der subjektiven Steuerpflicht s. N. 5 a auf S. 87 — ist das Vermögen bei den Mitgliedern unmittelbar steuerbar, wenn das Wesen der Mitgliedschaft nach Zweck und Organisation der Vereinigung in dem Anteil am Vermögen besteht (aa); dagegen nicht bei den Mitgliedern steuerbar, wenn der Anteil am Vermögen nur ein sekundärer Ausfluß der Mitgliedschaft ist (bb).

aa) Das Wesen der Mitgliedschaft liegt in dem Anteil an dem gemeinsamen Vermögen bei allen Gesellschaften des Obligationen- und des Handelsrechts sowie bei den Gemeinschaften des Familien- und Erbrechts. Bei der stillen Gesellschaft (§§ 335 ff. HGB.) ist kein gemeinsames Vermögen vorhanden. Die Gemeinschaft nach Bruchteilen i. S. der §§ 741 ff. BGB. ist, wenn sie durch Zufall, nicht in Verbindung mit einem der vorher gedachten Gebilde entsteht, keine Personenvereinigung, z. B. die Gemeinschaft durch Verbindung, Vermischung oder Vermengung (§ 947 BGB.).

bb) Der Anteil am Vermögen der Vereinigung ist nur ein Ausfluß der Mitgliedschaft bei den nicht rechtsfähigen Vereinen, deren Zweck nicht auf einen wirtschaftlichen Geschäftsbetrieb gerichtet ist, z. B. bei akademischen Korporationen. Nicht rechtsfähige Vereine unterscheiden sich von den Gesellschaften bürgerlichen Rechts dadurch, daß sie grundsätzlich keine beschränkte Mitgliederzahl haben und auf den Ein- und Austritt von Mitgliedern eingerichtet sind (vgl. Staudinger, BGB. Bd. 1 S. 163). Die Mitgliedschaft wird nicht als Vermögensrecht angesehen; das Vermögen ist daher bei dem Verein zu besteuern.

cc) Bei nicht rechtsfähigen Vereinen mit wirtschaftlichem Geschäftsbetrieb liegt das Wesen der Mitgliedschaft in dem Anteil am Vereinsvermögen, dieser Anteil ist daher ein der Besteuerung unterliegendes Recht (§ 9 Ziff. 1 VermStG.), die Vereine selbst sind steuerfrei. Zu dieser Art von Vereinen gehören auch die sog. Bohrgesellschaften, d. h. gewerkschaftsähnlich organisierte nicht rechtsfähige Vereine (vgl. Isay, Allgemeines Berggesetz II S. 264 ff.). Sie sind weder vermögenssteuer-, noch zwangsanleihepflichtig (ebenso für das RAO. Isay, das neue Steuerrecht der Berggewerkschaften und Bohrgesellschaften S. 8 f.; RGRKomm. N. 1 zu § 54 BGB.).

c) Besonders ist die Lage bei den nicht rechtsfähigen Gewerkschaften alten Rechts mit immobilen Kuxen. Der Kux ist der Anteil an dem Bergwerkseigentum selbst und bei dem Inhaber steuerbar, die Gewerkschaft wäre daher an sich nicht nochmals steuerpflichtig. Aus der ausdrücklichen Gleichstellung der nicht rechtsfähigen Gewerkschaften mit den rechtsfähigen in Abs. 1 Ziff. 3 ergibt sich jedoch, daß auch diese altrechtlichen Gewerkschaften mit ihrem ganzen Vermögen steuerpflichtig sein sollen. Die Unstimmigkeit ist dadurch in das Gesetz hineingekommen, daß die hier behandelte Einschränkung, die im ROG. (§ 2 Ziff. 6) und im KöStG. (§ 1 Ziff. 2), von wo sie übernommen ist, nur für Steuerpflichtige, die weder natürliche noch juristische Personen sind, nicht auch für juristische Personen einschließlich aller Berggewerkschaften gilt (ROG. § 2 Ziff. 4, KöStG. § 1 Ziff. 1), im VermStG. auch auf die juristischen Personen einschließlich aller Gewerkschaften ausgedehnt worden ist, und zwar vermutlich mit Rücksicht auf die Kapitalanteile der persönlich haftenden Gesellschafter bei Aktienkommanditgesellschaften (oben N. 5 a).

d) Einzelfälle. Sog. gebundene Güter, wie Fideikommisse, Lehen, Anerbengüter, sind keine Zweckvermögen, ebensowenig Konkurs-, Zwangsverwaltungsmassen und dergl.; es sind nur besonders geregelte Vermögen oder Vermögensteile eines oder mehrerer Pflichtigen; vgl. im übrigen N. III zu § 30 VermStG. Das „Alte Hamburger Testament“, d. h. der ungeteilte Nachlaß eines vor 1900 verstorbenen Hamburgers, über den er in einem Testament in bestimmter Weise verfügt hat, ist zwar juristische Person, das Vermögen ist aber bei den Erben unmittelbar steuerbar, das Testament also ohne steuerbares Vermögen.

Beschränkte Steuerpflicht.

§ 3 VermStG.

(Abgedruckt auf S. 89.)

Mat.: a) zum VermStG.: RegE. § 3; Begr. S. 17; AusschBer. S. 20, 22, 23, 51 f.; b) zum ZwAG.: Begr. S. 9; vgl. RROG. § 3.

1. Die Subjekte.
2. Inländisches Grundvermögen.
3. Inländisches Betriebsvermögen.
4. Abzüge.
5. Charakter der beschränkten Abgabe.

1. Die Subjekte. S. N. 1 auf S. 89.

2. Inländisches Grundvermögen. N. 3 zu § 2 VermStG. über das ausländische Grundvermögen ist entsprechend anwendbar mit folgenden Maßgaben:

Für die Eigenschaft als Bestandteil oder Zubehör ist nur deutsches Recht maßgebend, gleichgültig, ob sich Bestandteil oder Zubehör im In- oder Ausland befinden. Verbringung ins Ausland ist daher wirkungslos.

3. **Inländisches Betriebsvermögen.** N. 4 zu § 2 VermStG. ist entsprechend anwendbar mit folgenden Maßgaben:

Inländische Grundstücke, die zu ausländischen Betriebsstätten gehören, sind auf Grund des Territorialitätsprinzips in Deutschland steuerbar, nicht aber sonstige zu ausländischen Betriebsstätten gehörige Gegenstände. Die Lieferung von Rohstoffen aus einer ausländischen Betriebsstätte an die inländische Betriebsstätte eines andern Unternehmers zur Verarbeitung (Veredlungsverkehr) begründet keine inländische Betriebsstätte für den Inhaber der ausländischen Betriebsstätte, auch nicht, wenn er das Produkt im Inland verkauft, außer wenn er solche Verkäufe dauernd durch einen ständigen Inlandsvertreter vornehmen läßt (abweichend ohne Begründung Thümen, N. 3 zu § 3 VermStG.). Gehören in- und ausländische Betriebsstätte zu demselben Unternehmen, so wird die Lieferung an die inländische in der Regel eine Widmung für die inländische Betriebsstätte darstellen.

Gehört ein Gegenstand gleichmäßig zu in- und ausländischen Betriebsstätten, so wird er der inländischen zugerechnet. Gehört er zu einer ausländischen und dient er nur mittelbar auch einer inländischen, z. B. die Direktionsgebäude der ausländischen Zentrale, so kann er der inländischen Betriebsstätte nicht zugerechnet werden.

Der Umfang — nicht die Bewertung — des inländischen Betriebsvermögens bei beschränkter Steuerpflicht unterliegt nach Satz 2 besonderen Ausführungsbestimmungen, die hiernach materielles Recht enthalten werden, abweichend von den allgemeinen AusfBest. nach § 42; aus diesem Grunde ist die Zustimmung eines RTAusschusses eingefügt (AusschBer. S. 51 f.). Anlaß der besonderen Regelung sind die Verschiebungen von inländischen auf ausländische Betriebsstätten kurz vor dem Stichtag. Die so herausgezogenen Kapitalien werden für steuerpflichtig erklärt werden. Ebenso kann die Beweislast besonders geregelt werden. Jedoch dürfen auch diese AusfBest. nicht die Schranke des Gesetzes überschreiten und nicht dem inländischen Betriebsvermögen zurechnen, was mit diesem nicht in Zusammenhang gebracht werden kann; andernfalls sind sie insoweit ungültig. — Die AusfBest. zu § 3 VermStG. sind bisher nicht ergangen.

4. Die **Abzüge** sind bei dem beschränkt Steuerpflichtigen beschränkt. Wegen des Abzugs der Schulden und Lasten s. § 11 Abs. 3 VermStG. und dazu N. 11 und 12, wegen des „Dreimonatsabzugs" § 11 Ziff. 3 Satz 2 und dazu N. 10, wegen der Freigrenze § 8 Abs. 5 ZwAG. Die Abzüge nach § 12 VermStG. kommen nach der Struktur der beschränkten Steuerpflicht nicht in Frage.

5. **Charakter der beschränkten Abgabe.** Die beschränkte Abgabe nach § 3 ist eine Real-, keine Personalsteuer. Ebenso für die beschränkte Einkommensteuerpflicht nach preußischem Recht OVGSt. **10** 22 f. (abw. Thümen, N. 3 zu § 3 VermStG.). Maßgebend für den Umfang der Steuerpflicht

sind nicht „individuell in der Person zusammengefaßte Verhältnisse des Steuersubjekts" (Strutz, Grundbegriffe des Steuerwesens S. 12), sondern das Vorhandensein und die Eigenschaften einzelner Gegenstände grundsätzlich ohne Rücksicht auf die individuellen Verhältnisse des Steuersubjekts (Strutz a. a. O.). Der beschränkte Schuldenabzug nach § 11 Abs. 3 VermStG. stellt nur eine Berücksichtigung im Steuerobjekt, nicht im Steuersubjekt liegender Umstände dar; die Möglichkeit persönlicher Steuerbefreiungen nach § 5 VermStG. ist für die Frage, ob Real- oder Personalsteuer, unerheblich, solche Befreiungen gibt es allgemein auch bei Realsteuern. Die Vermögensteuer nach § 3 VermStG. gehört daher zu den nach § 13 Ziff. 1a EinkStG., § 5 KöStG. abzugsfähigen Werbungskosten.

Entsprechend kann die Zwangsanleihezahlung, soweit sie Steuer ist, bei den Ertragsteuern als zu den Werbungskosten gehörig abgesetzt werden. Sie ist für die hier vorliegende Frage insoweit Steuer, als die Zahlung den Kurswert der dafür empfangenen Anleihestücke oder des Anspruchs auf diese übersteigt, also bis auf weiteres zur Hälfte, soweit die Zeichnung im Jahre 1922 erfolgt ist (N. 18 zu §§ 141, 142 RAO.). Soweit die Zeichnung nach dem 31. Dez. 1922 erfolgt ist, ist bis auf weiteres der Unterschied zwischen der Zahlung und dem Wert der gezeichneten Stücke durch Schätzung des Werts der Stücke zu ermitteln.

Steuerbares Vermögen.

§ 6 VermStG.

Als Vermögen im Sinne dieses Gesetzes (steuerbares Vermögen) gilt, insoweit nichts anderes vorgeschrieben ist, das gesamte bewegliche und unbewegliche Vermögen nach Abzug der Schulden. Es umfaßt:

1. Grundstücke einschließlich des Zubehörs (Grundvermögen);
2. das dem Betriebe der Land- oder Forstwirtschaft, des Bergbaues oder eines Gewerbes dienende Vermögen (Betriebsvermögen);
3. das gesamte sonstige Vermögen, das nicht Grund- oder Betriebsvermögen ist (sonstiges Vermögen).

Mat.: a) zum VermStG.: RegE. §§ 6, 7; Begr. S. 18; AusschBer. S. 18 f., 54; b) zum ZwAG.: Begr. S. 10; c) zu § 6 RNOG.: Begr. S. 18; AusschBer. S. 8 f.

1. Begriff des steuerbaren Vermögens s. N. 2 zu § 7 ZwAG.

2. Disposition der Bestimmungen des VermStG. über das steuerbare Vermögen:

§ 6. Einteilung der Vermögensarten. — § 7. Umfang des Grundvermögens. — § 8. Umfang des Betriebsvermögens. — § 9. Umfang des sonstigen Vermögens. — § 10. Steuerfreie Vermögensgegenstände. — §§ 11 u. 12. Abzüge vom Rohvermögen. — § 13. Ehegatten. — § 14. Stichtag.

3. Umfang. Allgemeines. Steuerbar ist das gesamte Vermögen, soweit nichts anderes bestimmt ist, nach Abzug der Schulden. Es muß sich also handeln:

a) um Vermögen, nicht um Gegenstände, die nicht zum Vermögen gehören (N. 4 bis 10),
b) um Vermögen, das dem Pflichtigen zuzurechnen ist (N. 11 bis 19),
c) um Vermögen, für das nicht Freiheit von der Steuer vorgeschrieben ist (N. 20),
d) um Reinvermögen (N. 21).

4. Vermögen und Nicht-Vermögen. Nicht zum Vermögen gehören:

a) die Persönlichkeit und die Persönlichkeitsrechte (N. 5),
b) rein wirtschaftliche Güter, die nicht als Vermögensgegenstände in den Verkehr eintreten können oder noch nicht eingetreten sind (N. 6),
c) Rechtsstellungen, die noch keine Rechte sind (N. 7),
d) Rechte, die kraft ausdrücklicher Vorschrift oder nach dem Sinn der Gesetze nicht als Vermögen angesehen werden (N. 8).

5. Persönlichkeit ist der Körper des lebenden Menschen mit allen natürlichen und künstlichen Bestandteilen, einschließlich künstlicher Glieder, die dauernd benutzt werden. **Persönlichkeitsrechte** sind die aus der Persönlichkeit fließenden oder an die Persönlichkeit als solche, nicht als Vermögenssubjekt geknüpften Rechte und Rechtsstellungen, gleichgültig, ob sie wirtschaftlicher Natur sind oder nicht. Letztere pflegt man „höchstpersönliche Rechte“ zu nennen; zu ihnen gehören Namens- und Ehrenrechte, politische Rechte, rein persönliche Konzessionen, Rechte an Vereinigungen ohne wirtschaft-

lichen Zweck, Familienrechte nicht vermögensrechtlicher Natur. Persönlichkeitsrechte wirtschaftlicher Art sind z. B. Firmen-, Warenzeichenrechte, ferner Familienrechte wirtschaftlicher Natur, insbesondere ehemännliche und elterliche Nutzungsrechte. Auch das Urheberrecht ist ein Persönlichkeitsrecht und gehört daher nicht zum steuerpflichtigen Vermögen, solange es nicht veräußert ist; abw. für das preuß. ErgStG. OVGSt. **17** 327 und ihm folgend für das VermStG. Strutz, Anm. 7 zu § 9 VermStG. Ferner gehören hierher persönliche Geschäftskenntnisse und -geheimnisse und dergl. Höchstpersönliche Rechte sind unübertragbar, ebenso die Persönlichkeit als Ganzes. Teile der Persönlichkeit und Persönlichkeitsrechte wirtschaftlicher Art können übertragbar sein. Sind Teile der Persönlichkeit oder Persönlichkeitsrechte wirtschaftlicher Art durch abgeleiteten Erwerb, d. h. mit dem Willen dessen, in dessen Person sie entstanden sind, oder seines Gesamtrechtsnachfolgers in den Verkehr gelangt, so sind sie nicht mehr Teile der Persönlichkeit, sondern für den Erwerber selbständige Güter, z. B. verkaufte Kopfhaare oder Leichen, und daher beim Erwerber auch „Vermögen“. Die selbstgebildete Firma, die Urheberrechte in der Person des Urhebers, das selbstgebildete Warenzeichen sind nicht Vermögen, wohl aber die von einem Dritten erworbenen Urheberrechte, Firmen und Warenzeichen (vgl. OVGSt. **17** 288). Sog. dingliche Lizenzen sind, ebenso wie Patente, steuerpflichtige Rechte, rein persönliche Lizenzen, die sich darin erschöpfen, daß der Erteiler der Lizenz das ihm an sich gegen jeden Benutzer des geschützten Rechts zustehende Untersagungsrecht gegen den Lizenznehmer nicht ausüben darf, nicht (OVGSt. **17** 353).

6. **Rein wirtschaftliche Güter.** Ein rein wirtschaftliches Gut, das noch nicht in den Verkehr eingetreten ist, ist die selbstgebildete Organisation oder Kundschaft. Für diese Fälle gilt das gleiche wie für übertragbare Persönlichkeitsrechte (vgl. N. 5). Ebenso RFH. **2** 118; Veit Simon, Bilanzen § 47. Abw. Isay in dem Sammelwerk: Die steuerliche Bewertung des Vermögens, S. 156 f.

7. **Anwartschaften.** Rechtsstellungen, die noch keine Rechte sind, sind Anwartschaften auf künftige Vermögensanfälle, durch Erbgang, aus Stiftungen, Rechte auf künftige Pensionierung und dergl. Hierher gehören auch die sog. Rechte des rechtlichen Könnens, d. i. Anfechtungs-, Kündigungs-, Widerrufsrechte usw.

8. **Anwärterrechte bei gebundenem Vermögen.** Kraft ausdrücklicher Vorschrift in § 80 Abs. 1 RAO. wird bei Vorerbschaften und Vorvermächtnissen und bei gebundenen Gütern (N. 5d zu § 2 VermStG. auf S. 107) der Vorerbe, der Vorvermächtnisnehmer, der Inhaber des Guts als Eigentümer behandelt, und zwar auch dann, wenn dem Berechtigten infolge der Einsetzung eines Testamentsvollstreckers oder einer Gutsadministration nicht die Verwaltung zusteht (OVGSt. **19** 17). Demgemäß kann das Recht des Nach-

erben, des Nachvermächtnisnehmers, des Anwärters nicht nochmals versteuert werden (OVGSt. **17** 377).

9. Wegen der Besonderheiten beim Betriebsvermögen s. N. 13 und 31 zu § 8 VermStG.

10. Vermögen und Einkommen. In den älteren Vermögenssteuergesetzen wurde unterschieden zwischen dem Vermögen und dem Einkommen derart, daß die am Stichtag vorhandenen, aus den laufenden Einnahmen herrührenden Bestände, die präsumtiv zum Verbrauch bestimmt waren, also nicht dauernd zurückgelegt werden sollten, nicht als Vermögen angesehen werden sollten (vgl. § 7 b ErgStG.). Noch der Entwurf des RNOG. § 9 Ziff. 4 sah die Steuerfreiheit gewisser aus den laufenden Jahreseinkünften herrührender Bestände vor. Diese Bestimmung wurde gestrichen; alles, was Vermögenswert hat, sollte Vermögen sein, auch noch nicht verbrauchte, zum Verbrauch bestimmte Einkünfte (vgl. AusschBer. S. 1572). Dies ist auch der Standpunkt des VermStG. Jedoch ergibt sich daraus nicht, daß laufende, noch nicht vereinnahmte Zinsen und dergl. schon zum Vermögen gehören (s. N. 4 zu § 9 VermStG.). Zugelassen wurde im RNOG. nur der sog. Dreimonatsabzug (§ 15 Ziff. 7 RNOG.), d. h. der Abzug der Beträge an Geld und Guthaben zur Bestreitung der Ausgaben für drei Monate; die alte Unterscheidung wurde nur insofern aufrechterhalten, als diese Beträge „aus den laufenden Einkünften" herrühren mußten. Diese theoretisch inkonsequente und praktisch zu großen Schwierigkeiten führende Einschränkung ist im VermStG. beseitigt (§ 11 Ziff. 3, s. N. 10 zu § 11 VermStG.). Auch bei Gesellschaften ist daher irgendein Abzug von Gewinnbeträgen, zu verteilender Dividende und dergl. nicht zulässig (so schon für das RNO.: RFH. **9** 204 ff.).

11. Eigentum. Erbgang. Das Vermögen wird in erster Reihe dem zivilrechtlichen Eigentümer zugerechnet, also dem, der das Eigentum in gültiger Weise erworben hat. Maßgebend sind die Vorschriften des bürgerlichen Rechts über den Eigentumserwerb an den verschiedenen Arten von Vermögensgegenständen: beweglichen Sachen, Grundstücken und grundstücksgleichen Rechten, Forderungen und gleichbehandelten Rechten, Wertpapieren usw. Hierher gehören auch die privatrechtlich erheblichen Bestimmungen in an sich öffentlich-rechtlichen Gesetzen, z. B. für Reichsschuldbuchforderungen (§ 6 RSchO. vom 31. Mai 1891; RGBl. S. 321). Pfandrechte sind steuerlich unerheblich; die gesicherte Verpflichtung erscheint gegebenenfalls unter den Schulden (s. zu § 11 VermStG.). Wegen der Sicherheitsübereignungen s. N. 16.

Beim Erwerb durch Erbgang ist zwischen den verschiedenen erbrechtlichen Verhältnissen zu unterscheiden. Der Erbe wird mit dem Tode des Erblassers Eigentümer des Nachlasses, belastet mit den schon vor dem Tode des Erblassers bestehenden Schulden und den Erbfallschulden, die durch

den Tod entstehen, vor allem den Vermächtnis-, Auflage-, Pflichtteilsschulden, ferner den Beerdigungs- und Nachlaßregulierungskosten, schließlich den Erbschaftssteuern. Die Vermächtnisnehmer haben nur obligatorische Ansprüche gegen die Erben; das Eigentum am Vermächtnisgegenstand erlangen sie erst durch Übertragung; jedoch ist der Wert des Anspruchs im Zweifel der gleiche wie der des Gegenstands. Entsprechendes gilt von den Auflage- und Pflichtteilsberechtigten.

12. Steuerliches Eigentum. Das Reichssteuerrecht stellt dem Eigentümer denjenigen gleich, der „einen Gegenstand als ihm gehörig besitzt" (§ 80 RAO.). Die Anwendung dieses allgemeinen Grundsatzes ist aber für jedes Steuergesetz gesondert zu prüfen. Im allgemeinen entscheidet der Zweck des Gesetzes und die hiernach zu beurteilende wirtschaftliche Vermögenszugehörigkeit des Gegenstands. Ein verkauftes, übergebenes, aufgelassenes Grundstück rechnet schon vor der Eintragung für das VermStG. zum Vermögen des Erwerbers (ebenso Becker, N. 1 zu § 80 RAO.).

13. Bei **Eigentumsvorbehalten** entscheidet, ob trotz des Vorbehalts der Erwerber die Sache als Eigenbesitzer besitzt oder nicht. Im ersten Falle gehört der Gegenstand steuerlich dem Besitzer, dem zivilrechtlichen Eigentümer steht nur die (Kaufpreis-) Forderung zu; dagegen bleibt der zivilrechtliche Eigentümer auch steuerlicher Eigentümer, wenn der Erwerber die Sache nicht als Eigenbesitzer, sondern als Fremdbesitzer besitzt. Dies gilt besonders bei Abzahlungsgeschäften (RG. betr. Abzahlungsgeschäfte, vom 16. Mai 1894, RGBl. S. 450; vgl. hierzu N. 11 VermStG.). Es kommt also auf die Art des Abzahlungsgeschäfts an, je nachdem, ob der Käufer die Sache als künftiger Eigentümer oder nur wie ein Mieter besitzt. Bei Eigentumsvorbehalten ohne Sicherungszweck — z. B. schenkungsweiser Übergabe unter Eigentumsvorbehalt — lassen sich allgemeine Regeln nicht aufstellen, es kommt auf die von den Beteiligten gewollte wirtschaftliche Lage an, d. h. ob der Besitzer die Sache als eigene oder als fremde besitzen soll. Auch rechtlich ungültige Eigentumsvorbehalte können erheblich sein, wenn der Vorbehaltende tatsächlich die Verfügungsmacht ausüben kann; so wenn sich der Veräußerer eines Grundstücks — zivilrechtlich ungültigerweise — das Eigentum an einem Gebäude auf dem Grundstück zwecks Abbruchs vorbehält und in der Lage ist, diesen Vorbehalt auszuüben (vgl. RFH. 5 63).

14. **Rechtmäßigkeit des Eigentums.** Da der Besitz mit dem Willen, die Sache wie eine eigene zu behalten, entscheidet, ist die Rechtmäßigkeit des Eigentums oder des Eigenbesitzes unerheblich. Der endgültig im Besitz verbliebene Dieb ist steuerlich als Eigentümer zu behandeln. Der Bestohlene hat zwar das zivilrechtliche Eigentum behalten, aber wirtschaftlich und damit steuerlich das Eigentum verloren (vgl. RFH. 8 21, 140).

15. **Gebundenes Vermögen** (s. N. 5 d zu § 2 VermStG. auf S. 107) wird dem Inhaber zugerechnet. Anwärterrechte werden nicht berücksichtigt (s. N. 8). Wegen etwaiger Nutzungsrechte an dem gebundenen Vermögen vgl. § 11 Ziff. 2 VermStG. und N. 9 dazu.

Diese Vorschrift ist analog auf sonstiges gebundenes Vermögen anzuwenden, z. B. Konkurs- und Zwangsverwaltungsmassen (N. 5 d zu § 2 VermStG.), ferner auf die sog. Amortisationsfonds der landschaftlich beliehenen Grundstücke (Thümen, N. 5 zu § 6 VermStG.) und dergl.

16. **Treuhandverhältnisse** (fiduziarische Rechtsverhältnisse) sind solche, bei denen der Treuhänder (Fiduziar) formell die Stellung des Berechtigten erlangt, der Gegenstand aber wirtschaftlich nicht ein Teil seines Vermögens werden soll. Zu unterscheiden sind Treuhandverhältnisse, bei denen der Gegenstand wirtschaftlich (materiell) einem andern, dem materiell Berechtigten zustehen (verbleiben) soll, vor allem bei Sicherheitsübereignungen und bei Übertragungen an Verwaltungstreuhänder, z.B. Treuhandgesellschaften, und Treuhandverhältnisse ohne materiell Berechtigten, bei denen der Treuhänder das Treuhandvermögen nicht für den materiell Berechtigten besitzt, sondern mit dem Treuhandvermögen gemäß der Anordnung des Treuhandgebers zu verfahren hat, vor allem bei unselbständigen fiduziarischen Stiftungen (vgl. N. 5 b α zu § 2 VermStG. auf S. 106). Bei den Treuhandschaften mit materiell Berechtigten ist das Treuhandvermögen steuerlich als Vermögen des materiell Berechtigten zu behandeln, insbesondere bei Sicherheitsübereignungen und -zessionen (OVGSt. 15 24), bei den Treuhandschaften ohne materiell Berechtigten als selbständiges Zweckvermögen (N. 5 b α zu § 2 VermStG.). Der Treuhänder hat das Treuhandverhältnis aufzuklären, sonst wird das Vermögen ihm zugerechnet; daneben kann das FA. den wahren Sachverhalt aufklären (§ 166 Abs. 1 RAO.); beides gilt auch für Treuhandverhältnisse, die vor dem Inkrafttreten der RAO. entstanden sind (RFH. 8 145).

17. **Gemeinschaftsverhältnisse.** a) Bei der Gemeinschaft nach Bruchteilen steht jedem Teilhaber ein Bruchteil an dem gemeinsamen Gegenstand zu. Dieser Anteil gehört zum Vermögen des Teilhabers. Jede Gemeinschaft ist eine solche nach Bruchteilen, sofern das Gesetz dies nicht ausdrücklich anders regelt (§ 741 BGB.). Als andere Regelung kommt in Betracht die Gemeinschaft zur gesamten Hand und die Gesamtgläubigerschaft.

b) Gemeinschaften zur gesamten Hand gibt es nur in den gesetzlich zugelassenen Fällen. Im BGB. bei der gemeinsamen Forderung auf eine unteilbare Leistung (§ 432 BGB.), bei der Gesellschaft (§§ 705 ff. BGB.), an dem Gesamtgut bei den ehrechtlichen Gütergemeinschaften, nämlich der allgemeinen Gütergemeinschaft (§§ 1437 bis 1518), der Errungenschaftsgemeinschaft (§§ 1519 bis 1548), der Fahrnisgemeinschaft (§§ 1549

bis 1557), der fortgesetzten Gütergemeinschaft (§§ 1483 bis 1518, 1557) und bei der ungeteilten Erbengemeinschaft (§§ 2032 ff.). Bei dem nicht rechtsfähigen Verein steht zwar das Vereinsvermögen den Mitgliedern zur gesamten Hand zu (§ 54 BGB. mit §§ 705 ff.), das Vermögen ist aber nur bei wirtschaftlichen Vereinen bei den Mitgliedern, bei nicht wirtschaftlichen Vereinen dagegen nur bei dem Verein steuerpflichtig (N. 5 b β zu § 2 Verm.-StG.). Im HGB. bei der offenen Handelsgesellschaft und bei der Kommanditgesellschaft; Aktiengesellschaften, Aktienkommanditgesellschaften, ebenso Ges. m. b. H. und Genossenschaften sind juristische Personen; bei der stillen Gesellschaft entsteht kein Gesellschaftsvermögen (§ 335 Abs. 1 HGB.); bei der Reederei steht jedem Mitreeder die frei veräußerliche Schiffspart zu (§ 503 HGB.).

Für Gemeinschaften z. ges. H. bestimmt § 80 Abs. 2 RAO.:

„Steht ein Gegenstand mehreren zur gesamten Hand zu, so sind die Beteiligten so zu besteuern, wie wenn sie nach Bruchteilen berechtigt wären. Die Höhe der Bruchteile ist nach den Anteilen zu bestimmen, zu denen die Beteiligten an dem Vermögen zur gesamten Hand berechtigt sind, oder nach Verhältnis dessen, was ihnen bei Auflösung der Gemeinschaft zufallen würde."

Für die Besteuerung wird also fingiert, daß eine Gemeinschaft nach Bruchteilen bestehe (RFH. 5 183). Dem einzelnen Berechtigten wird ein Bruchteil an dem Gegenstande oder den Gegenständen der Gemeinschaft zugerechnet. Gehört also ein steuerfreier Ausländer zu einer Erbengemeinschaft, die u. a. inländisches Grund- und Betriebsvermögen besitzt, so ist der gemäß § 80 Abs. 2 Satz 2 berechnete Anteil des Ausländers an diesem Grund- und Betriebsvermögen nach § 3 VermStG. steuerpflichtig.

Für die Gütergemeinschaften zwischen Ehegatten kommt § 80 Abs. 2 RAO. zur Anwendung, soweit nicht nach § 13 VermStG. die Vermögen der Ehegatten zusammengerechnet werden.

Für die Bewertung der Anteile gilt § 140 RAO., s. S. 284.

c) Gesamtgläubiger sind Gläubiger, die eine Leistung in der Weise zu fordern haben, daß jeder die ganze Leistung fordern kann, der Schuldner aber die Leistung nur einmal zu bewirken hat (§ 428 BGB.), während die Gläubiger zur gesamten Hand gemeinsam oder einzeln nur Leistung an alle fordern können. Die Gesamtgläubigerschaft kommt selten vor, sie kann auf Rechtsgeschäft oder Gesetz beruhen, letzteres in den Fällen der §§ 525 Abs. 2, 2151 Abs. 3, 2194 BGB. Untereinander sind Gesamtgläubiger nach § 430 BGB. nach Kopfteilen berechtigt, soweit nicht ein anderes bestimmt ist. Jedem der Gesamtgläubiger ist sein Anteil an der Gesamtforderung anzurechnen.

d) Gemeinsame Vorschrift. Für alle Gemeinschaftsverhältnisse gilt § 166 Abs. 2 RAO. Danach hat jeder Berechtigte den Sachverhalt klarzulegen, insbesondere seinen Anteil nachzuweisen; sonst wird ihm der

ganze gemeinschaftliche Gegenstand angerechnet. Daneben kann das FA. den Sachverhalt aufklären.

18. Schwebezustände. Bedingungen. Bedingung „ist die einem Rechtsgeschäft zugefügte Bestimmung, durch welche seine Rechtswirkungen von einem zukünftigen, ungewissen Ereignisse abhängig gemacht werden, sodann aber auch dieses Ereignis selbst" (RGRKomm. Bem. 2 vor § 158 BGB.). Bedingt ist zunächst das Rechtsgeschäft und dadurch das von dem Rechtsgeschäft geschaffene oder betroffene Recht. Bei der aufschiebenden Bedingung tritt die Wirkung mit dem Eintritt der Bedingung ein, bei der auflösenden endigt die Wirkung mit dem Eintritt der Bedingung (§ 158 BGB.). Solange die Bedingung noch nicht eingetreten ist, besteht ein Schwebezustand. Für diesen gelten die §§ 147, 148, 151 RAO. Sie finden sich zwar in dem Abschnitt der RAO. über Wertermittlung, betreffen aber in Wirklichkeit den Umfang des steuerbaren Vermögens.

Vorauszuschicken ist, daß diese Paragraphen nur Anwendung finden, wenn es sich um Vermögensgegenstände handelt, die nicht zu einem Betriebsvermögen gehören (vgl. Begr. der RAO. S. 112; Veit Simon im Sammelwerk: die steuerliche Bewertung des Vermögens S. 113; das Nähere s. N. 36 zu § 8 und N. 8 zu § 11 VermStG.). Sind die bedingten Rechte Bestandteile des Betriebsvermögens, so unterstehen sie den besonderen Regeln für die Feststellung des Umfangs und des Werts des Betriebsvermögens (s. N. 36 zu § 8 VermStG.). Dagegen sind Rechte an einem Betriebsvermögen als Ganzem und auf Übertragung eines Betriebes nicht Bestandteile dieses Betriebsvermögens; auf diese Rechte sind daher die §§ 147, 148, 151 RAO. anwendbar, sofern sie nicht Bestandteile eines anderen Betriebsvermögens sind.

Bedingtes und befristetes Vermögen.

§ 147 RAO.

Vermögen, dessen Erwerb vom Eintritt einer aufschiebenden Bedingung abhängt, wird erst berücksichtigt, wenn die Bedingung eingetreten ist.

Mat.: RegE. § 147; Begr. S. 112.

1. Bedeutung im allgemeinen.
2. Unanwendbarkeit auf die ZwA.

1. Bedeutung im allgemeinen. Die Bestimmung hat zwei Wirkungen:

a) Bei der Veranlagung wird der Gegenstand, dessen Erwerb aufschiebend bedingt ist, und das aufschiebend bedingte Recht selbst als nicht zum Vermögen gehörig behandelt.

b) Tritt die aufschiebende Bedingung nachträglich ein, so wird gemäß § 214 RAO. die Steuerfestsetzung nachgeholt. Die Nachholung ist solange

zulässig, bis der Steueranspruch verjährt ist; die Verjährung beginnt mit dem Ablauf des Jahres, in dem die Bedingung eingetreten ist (§§ 214 Abs. 1, 122 Abs. 1 RAO.), und dauert fünf Jahre (§ 121 RAO.). Das Finanzamt kann während des Schwebezustands Sicherheitsleistung verlangen (§ 82 Abs. 2 RAO.); ist Sicherheit geleistet, so beginnt die Verjährung erst, wenn die Sicherheit erloschen ist (§ 122 Abs. 2 RAO.).

2. Unanwendbarkeit auf die ZwA. Für das RNO. enthielt § 22 RNOG. die besondere Bestimmung, daß § 147 RAO. nicht Anwendung finde. Dies sollte bedeuten, daß aufschiebend bedingte Vermögensteile nicht nur bei der ersten Veranlagung zum RNO., sondern dauernd unberücksichtigt bleiben sollten, eine Nachveranlagung also unzulässig sein sollte (vgl. v. Breunig-v. Lewinski S. 234; Mrozek, N. 1 zu § 148 RAO.).

Für das VermStG. kommt dagegen § 147 RAO. uneingeschränkt zur Anwendung. Bei Eintritt der aufschiebenden Bedingung erfolgen daher Nachveranlagungen.

Zweifelhaft ist die Zulässigkeit von Nachveranlagungen bei der ZwA. Zwar soll nach § 7 ZwAG. das „nach den Vorschriften des VermStG." festgestellte Vermögen maßgebend sein; auch sieht § 26 ausdrücklich die Anwendung der RAO. auf die Festsetzung der ZwA. vor. Anderseits soll nach § 7 die „erste Veranlagung zur Vermögenssteuer" maßgebend sein; wenn dies nur bedeuten sollte: die Feststellung auf Grund des Vermögensstandes vom 31. Dez. 1922 (§ 14 VermStG.) einschließlich aller Nachveranlagungen, so hätte dies gesagt werden können. Daraus, daß die „erste Veranlagung" für maßgebend erklärt ist, kann man schließen, daß die erste Veranlagung, so wie sie erfolgt, die abschließende Grundlage für die Bemessung der ZwA. sein soll. Hiermit stimmt § 14 ZwAG. überein: bei der ersten Veranlagung zur VermSt. wird der „endgültig zu zeichnende Zwangsanleihebetrag" festgesetzt — endgültig nicht nur gegenüber der Vorauszeichnung, sondern auch gegenüber Nachveranlagungen. Auch § 27 Abs. 1 ZwAG. in der ursprünglichen Fassung des Gesetzes spricht dafür: eine Feststellung der Einnahmen aus der ZwA. wäre zum 31. Dez. 1923 unmöglich gewesen, wenn für alle aufschiebend bedingten Rechtsverhältnisse noch Nachveranlagungen stattzufinden hätten. Die Nachveranlagung widerspricht auch den Vorschriften über die Erhöhung des Zeichnungspreises (§ 2 ZwAG.) bei nachträglichen Zeichnungen sowie dem Grundgedanken des Gesetzes: einer einmaligen großen Vermögensabgabe ähnlich wie beim RNO. Nach der Begr. S. 6 zum ZwAG. war es zweifelhaft, ob die Veranlagung zum RNO. oder die erste zur VermSt. zugrunde gelegt werden sollte; auch hieraus ergibt sich, daß eine dem RNO. entsprechende Behandlung sachgemäß ist.

Nachveranlagungen nach den §§ 147, 214 RAO. sind daher bei der ZwA. ausgeschlossen.

§ 148 RAO.

Vermögen, das unter einer auflösenden Bedingung erworben ist, wird wie unbedingt erworbenes behandelt; die Vorschriften über die Berechnung des Kapitalwerts der Nutzungen von unbestimmter Dauer (§ 144 Abs. 2, 3, § 145, § 146 Abs. 2) bleiben unberührt. Tritt die Bedingung ein, so ist die Veranlagung auf Antrag nach dem tatsächlichen Werte des Erwerbs zu berichtigen (§ 214).

Mat.: RegE. § 148; Begr. S. 112.

1. Bedeutung im allgemeinen.
2. Bedeutung für die ZwA.
3. Nutzungen von unbestimmter Dauer.

1. **Bedeutung im allgemeinen.** Die Wirkung des § 148 ist, daß das Vorhandensein der Bedingung bei der Veranlagung nicht berücksichtigt wird. Die Berücksichtigung des Eintritts findet nach Satz 2 nur auf Antrag statt. Der Antrag auf Berichtigung muß nach § 214 Satz 2 bis zum Ablauf des Kalenderjahres gestellt werden, das dem Jahre folgt, in dem die auflösende Bedingung eingetreten ist.

2. **Bedeutung für die ZwA.** Der Antrag nach Satz 2 wird zweckmäßig, wenn er wegen der ersten Veranlagung zur VermSt. gestellt wird, ausdrücklich auch auf die ZwA. auszudehnen sein. Jedoch dürfte eine Ermäßigung der VermSt. ohne weiteres eine solche der ZwA. zur Folge haben. Die Ermäßigung ist in einem Herabsetzungsbescheid auszusprechen; die Ausführung erfolgt durch entsprechende Anwendung des § 17 ZwAG.

3. Wegen der **Nutzungen von unbestimmter Dauer** vgl. N. 7 zu § 9.

§ 151 RAO.

Die §§ 147 bis 150 gelten auch, wenn der Erwerb oder die Last von einem Ereignis abhängt, bei dem nur der Zeitpunkt des Eintritts ungewiß ist.

Mat.: RegE. § 151; Begr. S. 112.

Man unterscheidet:

a) Ereignisse, bei denen der Eintritt ungewiß,

b) Ereignisse, bei denen der Eintritt gewiß, der Zeitpunkt des Eintritts ungewiß,

c) Ereignisse, bei denen Eintritt und Zeitpunkt des Eintritts gewiß sind.

Der Fall zu a ist Bedingung, die Fälle zu b und c sind Befristungen, und zwar ist der zu b unbestimmte Befristung, der zu c bestimmte Befristung

§ 151 regelt die unbestimmte Befristung und setzt sie der Bedingung gleich. Vgl. im übrigen die Noten zu §§ 147 und 148.

19. Waren auf dem Transport. Maßgebend ist das Eigentum. Wegen der Sondervorschriften für Waren, die zu einem Betriebsvermögen gehören, s. N. 30 zu § 8 VermStG.

20. Der **Ausschluß vom steuerbaren Vermögen** ergibt sich aus Einschränkungen der objektiven Steuerpflicht (vgl. N. 1 b auf S. 103) sowie aus den Bestimmungen in § 9 Ziff. 5 bis 8 (vgl. N. 2 zu § 9), in § 10, in § 11 Ziff. 3, in § 12, in § 34 VermStG. und in § 6 ZwAG.

21. Reinvermögen ist das steuerbare Bruttoaktivvermögen nach Abzug aller Schulden und Lasten. Die abzugsfähigen Schulden und Lasten ergeben sich aus den §§ 11 und 12 VermStG. (s. das.).

22. Die **Bedeutung der Einteilung in drei Vermögensgruppen** ist sowohl eine formelle als eine materielle. Die formelle Bedeutung liegt in der Ermöglichung einer Einteilung der Bestimmungen über den Umfang und die Bewertung des Vermögens. Die materielle Bedeutung liegt in der Erheblichkeit für die objektive Steuerpflicht (§ 2 Abs. 2 Ziff. 2 und N. 1 b, c zu § 2, ferner § 3 VermStG.), für die Anwendung der Befreiungsvorschriften in § 9 Ziff. 5, 7, 8, § 10 Ziff. 5, § 11 Ziff. 3 VermStG. und für die Bewertung (s. die Noten zu § 15 VermStG. und zu §§ 137 ff. RAO.).

23. Über **Begriff und Umfang der drei Vermögensgruppen** s. die Noten zu §§ 7, 8, 9 VermStG.

Grundvermögen.

§ 7 VermStG.

Den Grundstücken (§ 6 Nr. 1) stehen Berechtigungen gleich, die den Vorschriften des bürgerlichen Rechts über Grundstücke unterliegen.

Mat.: RegE. § 9; Begr. S. 18; AusschBer. S. 22 f.; vgl. RNOG. § 7.

1. Begriff und Umfang des Grundvermögens.
2. Abgrenzung gegen die andern Vermögensgruppen.
3. Grundstücke.
4. Bestandteile des Grundstücks.
5. Wesentliche Bestandteile.
6. Rechtsfolgen der Bestandteilseigenschaft.
7. Subjektiv-dingliche Rechte.
8. Zubehör des Grundstücks.
9. Betriebsmittel.
10. Nutzungsart.
11. Grundstücksgleiche Berechtigungen.
12. Bewertungseinheiten. Bewertung.

1. Begriff und Umfang des Grundvermögens. Grundvermögen ist nach den §§ 6 und 7 VermStG. das in Grundstücken (N. 3) und in grundstücksgleichen Berechtigungen (N. 10) bestehende Vermögen. Es umfaßt diese Vermögensgegenstände mit allen ihren Bestandteilen (N. 4 bis 7) und dem Zubehör (N. 8).

2. Abgrenzung gegen die anderen Vermögensgruppen. Grundstücke und grundstücksgleiche Rechte können nicht zum „sonstigen Vermögen“ ge-

hören, wohl aber zu einem gewerblichen Betriebe im Sinne von § 6 Ziff. 2. In diesem Falle sind die Grundstücke Teile des Betriebsvermögens. Dieser Grundsatz ist allgemein anerkannt (vgl. Strutz im Sammelwerk: die steuerliche Bewertung S. 62; Thümen, N. 11 zu § 6 VermStG.; v. Breunig-v. Lewinski, N. 3 zu § 8). Eine ganz andere Frage ist, ob Grundstücke usw., die zu einem Betriebsvermögen gehören, nach den für das Betriebsvermögen oder nach den für Grundstücke geltenden Vorschriften zu bewerten sind (vgl. hierüber N. 5 bis 7 zu § 139 RAO.).

Eine andere Frage ist ferner, ob land- oder forstwirtschaftlich vom Eigentümer selbst genutzte Grundstücke zum Grund- oder zum Betriebsvermögen gehören. Bisher wurden sie allgemein auch in diesem Falle dem Grundvermögen zugerechnet. Im bewußten Gegensatz hierzu hatte der RegE. die Reihenfolge der Ziff. 1 und 2 umgestellt und damit zum Ausdruck bringen wollen, daß die vom Eigentümer selbst land- oder forstwirtschaftlich genutzten Grundstücke zum Betriebsvermögen gehören sollten (Begr. S. 18). Diese Neuerung wurde im RTAusschuß abgelehnt. Die Reg. bezeichnete die Regelung der früheren Gesetze als nachteilig, vor allem, weil dadurch das Inventar des selbstwirtschaftenden Eigentümers zum Grundvermögen, das des Pächters zum Betriebsvermögen gehöre. Die Ablehnung erfolgte aber, weil die alte erprobte Praxis beibehalten werden sollte und eine abweichende Einreihung Einwirkung auf die Bewertung gehabt hätte, was nicht gewollt war (AusschBer. S. 22 f.; vgl. RFH. **10** 296).

3. **Grundstücke** sind alle abgegrenzten Teile der Erdoberfläche, auch Wasserläufe und Wasserflächen. Das Grundstückseigentum erstreckt sich auf den Luftraum über und auf den Erdkörper (und die Wassermasse) unter der Oberfläche (§ 905 BGB.). Dem Eigentümer des Grundstücks stehen daher grundsätzlich auch die Stoffe zu, die den Erdkörper unter der Oberfläche bilden, vor allem die Mineralien, die Kohle, die Salze usw., soweit nicht das Recht auf die Gewinnung von Bodenbestandteilen durch Gesetz oder Rechtsakte dem Eigentümer entzogen ist. Die gesetzliche Entziehung besteht in den Gebieten der Bergbaufreiheit an den sog. regalen Mineralien, insbesondere im Gebiet des preußischen ABG. (§ 1) und der ähnlichen deutschen Bergrechte. Die in Privatbesitz befindlichen Regalrechte sind seit der Revolution im wesentlichen beseitigt (vgl. für Preußen Gesetzsamml. 1920 S. 441). Die Abtrennung aus dem Eigentum durch Rechtsakt kommt in den nicht bergbaufreien Gebieten vor, wenn der Eigentümer das Gewinnungsrecht als grundstücksgleiches Recht aus seinem Eigentum ausgesondert hat, so durch Konstituierung einer Kohlenabbaugerechtigkeit im Mandatsbezirk (vgl. Art. 40 Abs. 3 AG. z. BGB.; Isay, PrABG. Bd. II S. 293 ff.).

4. **Bestandteile des Grundstücks.** a) Nicht nur Sachen, sondern auch Rechte können Bestandteile haben, insbesondere die Rechte, die im übrigen den Vorschriften des BGB. über Grundstücke unterliegen (s. N. 9).

b) Bestandteile sind die durch mechanische (nicht chemische) Zerlegung oder (bei Grundstücken) durch räumliche Abgrenzung zu gewinnenden Teile einer Sache sowie bei Grundstücken die mit dem Eigentum verbundenen Rechte (s. N. 7).

Sache ist die von den Bestandteilen gebildete körperliche Einheit (im Gegensatz zur wirtschaftlichen Einheit; § 137 Abs. 2 RAO.). Die Frage, ob eine körperliche Einheit vorliegt, entscheidet sich nach der Auffassung des Verkehrs und nach etwaigen besonderen gesetzlichen Bestimmungen (§§ 94, 95 BGB.).

Einheitliche Grundstücke im natürlichen Sinne sind räumlich hinreichend zusammenhängende Teile der Erdoberfläche. Räumlich getrennte oder durch ein nach der Verkehrsauffassung zu schmales Stück verbundene Trennstücke gelten nicht als einheitliches Grundstück. Eintragung auf einem Grundbuchblatt ist Anhaltspunkt, aber nicht entscheidend, doch kann ein auf einem Grundbuchblatt stehendes Grundstück nicht Bestandteil eines nicht auf diesem Blatt verzeichneten sein (RG. in JurW. 1910 S. 60[1]). Auch zusammengeschriebene und breit aneinandergrenzende Grundstücke können ihre Selbständigkeit nach der Verkehrsauffassung bewahrt haben, z. B. bei vollständig verschiedener Art der Benutzung. Wegen der Frage der wirtschaftlichen Einheitlichkeit s. N. 8 ff. zu § 137 RAO.

Bestandteile eines Grundstücks sind alle mit dem Grundstück fest verbundenen Sachen, wenn die Verbindung eine dauernde ist und die Teile nach der Verkehrsauffassung ihre Selbständigkeit verloren haben. Eine lose Verbindung kann genügen, wenn sie dauernd ist und der Verkehr die verbundene Sache nicht mehr als selbständige ansieht, z. B. eine verschiebbare Stange, die einen Zaundurchgang abschließt. Keine Bestandteile sind die körperlich mit dem Grundstück zusammenhängenden Sachen, die der Verkehr nicht als Teile ansieht, vor allem die von Gas-, Elektrizitäts-, Wasserwerken ausgehenden Leitungen.

Bestandteile eines Grundstücks sind nach besonderer Bestimmung des § 94 die darin angegebenen *wesentlichen Bestandteile* (s. N. 5).

Keine Bestandteile sind nach § 95 BGB.:

1. die *vorübergehend* oder in Ausübung eines *Rechts an einem fremden Grundstück* mit dem Grundstück verbundenen Sachen (§ 95 Abs. 1). Als Rechte an fremden Grundstücken kommen hier folgende *dinglichen Rechte* nach Reichsrecht in Frage: Erbbaurecht (VO. vom 15. Jan. 1919 § 12; RGBl. S. 72), Nießbrauch und Dienstbarkeiten (§§ 1018 bis 1093 BGB.), Überbaurecht (§ 912 BGB.). Ferner die landesrechtlichen dinglichen Rechte, die zum Halten einer Anlage auf fremden Grundstücken berechtigen: Erbpachtrecht (EG. z. BGB. Art. 63), wasserrechtliche Rechte (Art. 65, 66), Bergrechte und andere Rechte zur Gewinnung von Bodenbestandteilen (Art. 67 und 68), Stockwerkeigentum, sowie ge-

wisse Gerechtigkeiten, z. B. Mühlen-, Fährgerechtigkeiten (Art. 74). Nicht hierher gehören obligatorische Rechte, die Verbindung auf Grund solcher Rechte ist aber eine vorübergehende, wenn sie nur für die Dauer der obligatorischen Berechtigung erfolgt. Dies gilt insbesondere von Anlagen der Mieter und Pächter für die Dauer ihres Besitzes. Die vorübergehende Verbindung kann auch durch den Eigentümer selbst erfolgen, z. B. bei Schaubuden. Ob die Sachen zivilrechtlich unbeweglich oder beweglich sind, auch die in Ausübung eines Rechts errichteten Gebäude, kann dahingestellt bleiben (vgl. RGZ. **83** 147; RFH. **11** 61), da derartige Gebäude und entsprechende Anlagen steuerrechtlich nach § 153 Abs. 2 RAO. wie Grundvermögen bewertet werden (N. 2 zu § 153);

2. die vorübergehend einem Gebäude eingefügten Sachen (§ 95 Abs. 2). Das zu 1 Gesagte gilt entsprechend. Die eingefügten Sachen gehören zivil- und steuerrechtlich zu den beweglichen Sachen (vgl. N. 2 zu § 153 RAO.).

5. **Wesentliche Bestandteile** einer Sache, also auch eines Grundstücks, sind die Bestandteile, die nicht voneinander getrennt werden können, ohne daß der eine oder der andere in seinem Wesen verändert wird (§ 93 BGB.).

a) Wesentliche Bestandteile kraft ausdrücklicher Vorschrift.

1. Notwendig wesentliche Bestandteile eines Grundstücks sind die mit dem Grund und Boden fest verbundenen Sachen, insbesondere Gebäude, sowie die Erzeugnisse des Grundstücks, solange sie mit dem Boden zusammenhängen. Samen wird mit dem Aussäen, eine Pflanze wird mit dem Einpflanzen wesentlicher Bestandteil des Grundstücks (§ 94 Abs. 1).

Alle diese Sachen werden nicht wesentliche Bestandteile, wenn sie nicht Bestandteile werden (s. N. 4), also z. B. nicht die von einem Pächter für seine Besitzzeit eingepflanzten Bäume sowie die Bäume, die der Eigentümer einer Baumschule zum Weiterverkauf einpflanzt (RGZ. **66** 88).

2. Wesentliche Bestandteile eines Gebäudes sind die zur Herstellung eingefügten Sachen (§ 94 Abs. 2). Unerheblich ist es, ob das Gebäude selbst Bestandteil eines Grundstücks ist oder nicht (s. N. 4). Was nach § 95 Abs. 2 nicht Bestandteil eines Gebäudes ist, ist auch nicht wesentlicher Bestandteil.

b) Im allgemeinen entscheidet die Verkehrsauffassung, ob bei der Trennung der eine oder der andere Teil in seinem Wesen zerstört wird. Entscheidend ist die körperliche Zerstörung oder Beschädigung oder die Zerstörung oder wesentliche Verringerung der wirtschaftlichen Bedeutung oder des Werts. Flächenteile eines Grundstücks sind in der Regel nicht wesentliche Bestandteile, wohl aber, wenn sie mit einem unteilbaren Gebäude, z. B. einer Halle, bebaut sind. Maschinen sind wesentliche Bestandteile nur nach Maßgabe des § 94 Abs. 2, also wenn sie zur Herstellung gerade des betreffenden Gebäudes eingefügt sind. Ist die Trennung ohne Schaden für Maschine und Gebäude möglich, so ist die Maschine nicht wesentlicher Bestandteil, auch meist überhaupt nicht Bestandteil, sondern Zubehör. Die

Unterscheidungen sind schwierig, die Grenzen flüssig (vgl. RGRKomm. N. 2 zu § 93 BGB.). Nicht Bestandteil sind insbesondere in der Regel die typenmäßig hergestellten Maschinen, im Gegensatz zu der nach besonderen Plänen hergestellten Anlage eines Spezialfabrik (vgl. RG. in JurW. 1911 S. 573[3]). Heizungs-, Beleuchtungs-, Badeanlagen sind Bestandteile, wenn sie für das betreffende Haus besonders hergestellt sind, sonst Zubehör. — Immer aber ist § 95 BGB. zu beachten (s. oben).

6. Rechtsfolgen der Bestandteilseigenschaft. Wesentliche Bestandteile können nicht Gegenstand besonderer Rechte sein (§ 93 BGB.), etwa bestehende Rechte an einer Sache gehen unter, wenn diese Sache wesentlicher Bestandteil einer Grundstücks wird, das Eigentum und die dinglichen Rechte an dem Grundstück ergreifen alles, was wesentlicher Bestandteil ist oder wird (§ 946 BGB.). Eigentumsvorbehalte sind wirkungslos.

Bestandteile, die nicht wesentlich sind, teilen im Zweifel das rechtliche Schicksal der Hauptsache, können jedoch Gegenstand besonderer Rechte sein. Der Eigentumsvorbehalt ist daher wirksam.

7. Subjektiv-dingliche Rechte, die nach § 96 BGB. Bestandteile des Grundstücks sind, sind nach BGB.: Grunddienstbarkeiten (§§ 1018 bis 1029), subjektiv-dingliche Vorkaufsrechte (§ 1094 Abs. 2) und ebensolche Reallasten (§ 1105 Abs. 2), Überbau- und Notwegrenten (§§ 913, 917); ferner sind nach der VO. über das Erbbaurecht von 1919 der Erbbauzins (§ 9) und das Heimfallrecht (§ 2 Ziff. 5, § 3) Bestandteile des Erbbaurechts. Grundstücksbestandteile nach Landesrecht sind die subjektiv-dinglichen Gewerbeberechtigungen einschließlich der Apotheker-, Fischerei-, Abdeckereiberechtigungen und dergl. (vgl. RGRKomm. N. 1 zu § 96 BGB.). Die subjektiv-dinglichen Rechte werden in der Regel wesentliche Bestandteile sein, da sie von dem Grundstück nicht getrennt werden können, so in allen Fällen des BGB.; ist nach Landesrecht die Trennung möglich, so sind sie nicht wesentliche Bestandteile und meist überhaupt nicht Bestandteil. Zubehör können sie nicht sein, weil nur bewegliche Sachen Zubehör sein können.

Zu den subjektiv-dinglichen Rechten und damit zu den Bestandteilen des Grundstücks gehört auch der Anteil an dem zugunsten der Pfandbriefschulden angesammelten landschaftlichen Amortisationsfonds (OVGSt. **19** 218; RGZ. **74** 402).

8. Zubehör des Grundstücks. § 97 BGB.: Zubehör sind bewegliche Sachen, die, ohne Bestandteile der Hauptsache zu sein, dem wirtschaftlichen Zwecke der Hauptsache zu dienen bestimmt sind und zu ihr in einem dieser Bestimmung entsprechenden räumlichen Verhältnisse stehen. Eine Sache ist nicht Zubehör, wenn sie im Verkehr nicht als Zubehör angesehen wird.

Die vorübergehende Benutzung einer Sache für den wirtschaftlichen Zweck einer andern begründet nicht die Zubehöreigenschaft. Die vorüber-

gehende Trennung eines Zubehörstücks von der Hauptsache hebt die Zubehöreigenschaft nicht auf.

§ 98 BGB.: Dem wirtschaftlichen Zwecke der Hauptsache sind zu dienen bestimmt:

1. bei einem Gebäude, das für einen gewerblichen Betrieb dauernd eingerichtet ist, insbesondere bei einer Mühle, einer Schmiede, einem Brauhaus, einer Fabrik, die zu dem Betriebe bestimmten Maschinen und sonstigen Gerätschaften,
2. bei einem Landgute das zum Wirtschaftsbetriebe bestimmte Gerät und Vieh, die landwirtschaftlichen Erzeugnisse, soweit sie zur Fortführung der Wirtschaft bis zu der Zeit erforderlich sind, zu welcher gleiche oder ähnliche Erzeugnisse voraussichtlich gewonnen werden, sowie der vorhandene auf dem Gute gewonnene Dünger.

Die Rechtsfolgen der Zubehöreigenschaft sind die gleichen wie die der Eigenschaft als nicht wesentlicher Bestandteil (s. N. 6).

Über eine Ausdehnung des Zubehörbegriffs für das Steuerrecht s. N. 9.

9. **Betriebsmittel** sind alle einem Betriebe gewidmeten, nicht zum dauernden Gebrauch im Betriebe bestimmten Gegenstände (s. N. 2 zu § 139 RAO.). Wenn ein Grundstück dem land- oder forstwirtschaftlichen oder gärtnerischen Betriebe des Eigentümers selbst gewidmet ist, so gehört es zwar zum Grundvermögen (N. 2). Der Grundeigentümer bedarf aber der Betriebsmittel wie der Inhaber eines Betriebsvermögens i. S. des § 6 Ziff. 2. Zu diesen Betriebsmitteln gehören das lebende und tote Inventar, die zur Fortführung des Betriebs bestimmten Vorräte, Guthaben und Barmittel (RFH. **2** 246, **6** 147, **8** 240) sowie die zum Verkauf bestimmten Erzeugnisse. Gleichgültig ist, ob diese Betriebsmittel des Grundeigentümers Zubehör sind oder nicht (Mrozek, N. 2 zu § 154). Daher kann ein Betriebsmittel die Eigenschaft als Betriebsmittel erlangen, auch ohne daß oder bevor es Zubehör geworden ist, z. B. die für das Grundstück angeschafften Inventarstücke, bevor sie in räumliche Beziehung zu dem Grundstück getreten sind. Soweit die Betriebsmittel Zubehör sind, gehören sie zum Grundvermögen (§ 6 Ziff. 1 VermStG.). Soweit sie nicht Zubehör sind, gehören sie zum Betriebsvermögen (vgl. RFH. **6** 147; ebenso v. Breunig-v. Lewinsky S. 82; Thümen, ZwAG. S. 55; abw. anscheinend Strutz, N. 9 zu § 8 VermStG.). Barmittel und Guthaben, die zur Wiederbeschaffung veräußerter oder sonst abhanden gekommener Bestandteile oder Zubehörstücke bestimmt sind, gehören steuerrechtlich als Zubehör zum Grundvermögen (RFH. **8** 240). Wegen der Nichtzugehörigkeit der Betriebsmittel, die nicht Zubehör sind, zu der wirtschaftlichen Einheit im Grundvermögen s. N. 8 ff. zu § 137. Wegen der Bewertung s. N. 19 zu § 152, N. 34 zu § 139 RAO. Zu beachten ist, daß unter Umständen (N. 19 zu § 152 Abs. 4 RAO.) Betriebsmittel nicht besonders bewertet werden, obwohl sie nicht zum Grund-

vermögen gehören, sondern zum Betriebsvermögen; eine Erweiterung des Begriffs des Grundvermögens findet aber dadurch nicht statt.

10. Nutzungsart. Zum Grundvermögen gehören alle Grundstücke, die nicht zu einem Betriebsvermögen (s. N. 2) gehören. Wegen der Einteilung nach der Nutzungsart oder Beschaffenheit s. N. 2 zu § 152 RAO.

11. Grundstücksgleiche Berechtigungen sind diejenigen Rechte, die kraft ausdrücklicher Vorschrift wie Grundstücke behandelt werden, also nach Reichsrecht das Erbbaurecht (s. N. 4 b unter 1), sowie gewisse gemäß den §§ 63 ff. EG. z. BGB. oder auf Grund sonstiger reichsrechtlicher Zulassung oder Aufrechterhaltung landesgesetzlich geregelten Rechte: Erbpachtrecht (Art. 63 EG. z. BGB.), die immobilen Kuxe des alten Bergrechts, das Bergwerkseigentum, die sächsischen Kohlenabbaugerechtigkeiten, die preußischen Bahneinheiten. Ferner die selbständigen, subjektiv-persönlichen, vererblichen und veräußerlichen Gerechtigkeiten, wenn sie ein Grundbuchblatt erhalten haben (Art. 40 PrAG. z. BGB.) oder ohne ein solches wie Grundstücke zu behandeln sind, einschließlich der Realgewerbeberechtigungen, die nicht subjektiv-dinglich sind, also z. B. die preußischen Apothekerprivilegien alten Rechts; nicht aber die subjektiv-dinglichen Apothekerprivilegien, noch die jetzigen Apothekerkonzessionen. Bei allen diesen Gerechtigkeiten kommt es auf den Inhalt der Verleihungsurkunden an. Nicht hierher gehören z. B. die Grunddienstbarkeiten, der Nießbrauch, die beschränkten persönlichen Dienstbarkeiten, die Reallasten, die Überbau- und Notwegrenten.

Die an sich grundstücksgleichen Berechtigungen bilden keinen Bestandteil des Grundvermögens, wenn sie zu einem Betriebsvermögen gehören, z. B. das Bergwerkseigentum zu einem bergbaulichen, das Apothekerprivileg zu dem Apothekenbetriebe. Ein nicht genutztes Bergwerkseigentum dagegen gehört zum Grundvermögen.

Die hier behandelten Berechtigungen können Bestandteile und Zubehör haben. Bei dem Erbbaurecht z. B. ist das vom Berechtigten selbst errichtete Gebäude Bestandteil des Erbbaurechts (§ 12 der VO. vom 15. Jan. 1919). Die unbeweglichen Anlagen unter Tage bei einem Bergwerk sind Bestandteil des Bergwerkseigentums (vgl. Isay, Anm. 4 zu § 50 ABG.).

12. Wegen der **Bewertungseinheit** im Grundvermögen s. N. 8 bis 13 zu § 137 RAO. Wegen der **Bewertung** des Grundvermögens s. die Noten zu §§ 152 bis 154.

Betriebsvermögen.

§ 8 VermStG.

Zum Betriebsvermögen (§ 6 Nr. 2) gehören alle dem Unternehmen gewidmeten Gegenstände.

Als Betriebsvermögen gelten auch aus dem Betriebe herrührende und andere Vorräte, die zur Weiterveräußerung bestimmt sind.

Mat.: RegE. § 8; Begr. S. 18; AusschBer. S. 22 f., 54 f.; vgl. RNOG. § 8.

1. **Begriff** und Umfang. Allgemeines.
2. Vermögen und Gegenstände.
3. Dienen und Widmung.
4. Betrieb und Unternehmen.
5. Landwirtschaft.
6. Landwirtschaftliches Betriebsvermögen.
7. Forstwirtschaft.
8. Forstwirtschaftliches Betriebsvermögen.
9. Bergbau.
10. Bergbauliches Betriebsvermögen.
11. Gewerbe.
12. Gewerbliches Betriebsvermögen.
13. Bilanzpflichtiges und steuerbares Vermögen.
14. Buchführungs- und Bilanzpflicht.
15. Inhalt der Buchführungspflicht nach HGB.
16. Inhalt der Buchführungspflicht nach RAO.
17. Zu führende Bücher.
18. Vorschriften über den Inhalt der Bilanz.
19. Formelle Bedeutung der Bilanz nach der RAO.
20. Materielle Bedeutung der Bilanz.
21. Verletzungen der Bilanzpflicht.
22. Grundsatz der Maßgeblichkeit des Bücherbeweises.
23. Abänderungen der Bilanz.
24. Vermögensgegenstand- und Vermögenskonten.
25. Reservefonds.
26. Steuerfreie Reservefonds.
27. Berichtigungskonten.
28. Antizipationskonten und dergl.
29. Immobilien.
30. Mobilien. Waren auf dem Transport. Kommissionsgut.
31. Rechte und wirtschaftliche Güter.
32. Forderungen und Schulden.
33. Steuerschulden.
34. Die sog. Reserven der Versicherungsgesellschaften.
35. Schwebende Geschäfte.
36. Eventuelle Verbindlichkeiten.
37. Beschränkte Haftung.
38. Vermögensfeststellung bei Unternehmern ohne Bilanzpflicht.

1. Begriff und Umfang. Allgemeines. Betriebsvermögen ist nach § 6 Ziff. 2 VermStG. „das dem Betriebe der Land- oder Forstwirtschaft, des Bergbaues oder eines Gewerbes dienende Vermögen". Es umfaßt nach § 8 Abs. 1 „alle dem Unternehmen gewidmeten Gegenstände". „Als Betriebsvermögen gelten auch aus dem Betriebe herrührende oder andere Vorräte, die nicht zur Fortführung des Betriebs im laufenden Jahre, sondern zur Weiterveräußerung bestimmt sind" (BewRichtl. I § 11). Ausgenommen ist das vom Eigentümer selbst durch Land- oder Forstwirtschaft genutzte Grundvermögen (N. 2 zu § 7 VermStG.).

2. Vermögen und Gegenstände. § 8 geht insofern weiter als § 6, als er alle Gegenstände einbezieht, also scheinbar auch Gegenstände, die nicht zum Vermögen gehören (N. 4 bis 9 zu § 6 VermStG.). Aus dem Hinweis auf § 6 und aus der Bezeichnung des umschriebenen Begriffs als Betriebsvermögen ergibt sich aber, daß nur Vermögensgegenstände gemeint sind.

3. Dienen und Widmung. Nach § 6 soll das Vermögen dem Betriebe dienen, nach § 8 ihm gewidmet sein. Dienen ist etwas Objektives, widmen

der subjektive Akt, durch den die Bestimmung zum Dienen erfolgt. Dienen bedeutet in § 6 VermStG. etwas Ähnliches wie in § 97 BGB. bei der Bestimmung des Zubehörbegriffs (s. N. 8 zu § 7 VermStG.). Das Zubehörstück dient dem wirtschaftlichen Zweck der Hauptsache, indem es ihre wirtschaftliche Ausnutzung ermöglicht oder erleichtert, und zwar in einer Weise, daß es zu der Hauptsache in einem Abhängigkeitsverhältnis steht (RGRKomm. N. 6 zu § 97 BGB.). Entsprechend dienen dem Betriebe alle Gegenstände, die einzeln oder in ihrer Gesamtheit den Betrieb ermöglichen oder erleichtern und zu dem Betriebe in einem Abhängigkeitsverhältnis stehen. Notwendigkeit für den Betrieb ist nicht erforderlich. Nach § 8 genügt die subjektive Bestimmung zum Dienen, sofern sie realisierbar ist. Das Dienen muß daher insbesondere noch nicht begonnen haben; so gehört zum landwirtschaftlichen Betriebe eines Pächters das Kapital, das bis zur nächsten Ernte die Führung des Betriebes ermöglichen soll, auch wenn es am Stichtage als Monatsgeld zinstragend angelegt ist (RFH. **2** 246, **6** 144). Die Widmung kann daher auch für einen künftigen Betrieb erfolgen, wenn die Aufnahme sicher ist, in so kurzer Zeit erfolgen soll und soweit vorbereitet ist, daß eine Widmung nach der Verkehrsauffassung bereits stattfinden kann.

4. **Betrieb und Unternehmen.** Beide Begriffe werden in den §§ 6 und 8 gleichbedeutend gebraucht. Ein Betrieb ist jede selbständige Tätigkeit in einem der vier in § 6 aufgezählten Berufe. Ein Betrieb besteht, sobald mit den Arbeiten zur Erreichung des gewerblichen Zwecks begonnen wird (OVGSt. **15** 461). Vorübergehende Einstellung ist unerheblich, endgültige Einstellung beseitigt den Betrieb. Eintritt in die Liquidation ist noch keine Einstellung des Betriebs; die Einstellung findet im Laufe der Liquidation, meist vor deren endgültigem Abschluß statt (OVGSt. **13** 287).

5. **Landwirtschaft** ist die geordnete Nutzung von Grundstücken zur Gewinnung von pflanzlichen oder tierischen Produkten. Hierher gehören vor allem Ackerbau und Viehzucht, ferner Wein-, Obst- und Gartenbau, sofern die Bebauung des Bodens überwiegende Bedeutung hat (vgl. § 54 Abs. 3 AusfBest. z. WBG., § 21 Abs. 4 AusfBest. z. ErbschStG. — Anhang S. 24 —; abw. Mrozek, Anm. 4 zu § 152 RAO.; Strutz, Anm. 11a zu § 15 VermStG.). Überwiegt der kaufmännisch organisierte Verkaufsbetrieb, so liegt Gewerbebetrieb vor, z. B. hinsichtlich des Gartenbaus bei den sog. Handelsgärtnereien. Die Tierzucht aller Art (Vieh, Geflügel, Bienen) ist landwirtschaftlich, wenn sie im wesentlichen in dem durch den landwirtschaftlich genutzten Grundbesitz bedingten Umfange erfolgt. Beruht die Zucht aber im wesentlichen auf dem Einkauf von Tieren und Futtermitteln, ohne Rücksicht auf den Umfang des Grundbesitzes, so ist der Betrieb ein gewerblicher, z. B. reine Schweinemästereien. Nebenbetriebe — Mästereien, Brennereien, Ziegeleien, Brauereien, Fischzucht und dergl. — gehören zum landwirtschaftlichen Betriebe, wenn ein einheitlicher Betrieb vorliegt und der

landwirtschaftliche Betrieb die Hauptsache ist. Ein wesentliches Merkmal bildet, ob hauptsächlich eigenes Material verarbeitet wird oder gekauftes (OVGSt. **5** 116) oder ob in dem Nebenbetriebe in erster Reihe die landwirtschaftlichen Arbeitskräfte (Arbeiter, Gespanne) Verwendung finden (OVGSt. **16** 387). Ist der gewerbliche Betrieb die Hauptsache, stellt der landwirtschaftliche Betrieb nur eine Zwischennutzung dar oder dient er dem gewerblichen Betrieb, z. B. durch Beschaffung des Unterhalts für Angestellte und Gespanne, so ist der ganze Betrieb ein einheitlicher gewerblicher Betrieb (RFH. **11** 4).

6. **Landwirtschaftliches Betriebsvermögen.** Da der vom Eigentümer selbst landwirtschaftlich genutzte Grundbesitz mit allem Zubehör zum Grundvermögen gehört (N. 2 zu § 7 VermStG.), kommt hier nur das Betriebsvermögen des Pächters in Frage, sowie desjenigen, der sonst ein Grundstück landwirtschaftlich auf Grund eines obligatorischen Nutzungsrechts oder auf Grund eines dinglichen Nutzungsrechts, das nicht zu den grundstücksgleichen Rechten gehört, nutzt, also eines Nießbrauchs oder einer beschränkten persönlichen Dienstbarkeit (N. 10 zu § 7 VermStG.). Bei der Nutzung auf Grund ehemännlichen oder elterlichen Nutzungsrechts gehört das Betriebsvermögen der Ehefrau oder dem Kinde.

Im einzelnen gehört zum landwirtschaftlichen Betriebsvermögen das gesamte dem Pächter usw. gehörige lebende und tote Inventar (BewRichtl. § 15), ferner die auf Grund des Nutzungsrechts errichteten und daher nicht Grundstücksbestandteil gewordenen Gebäude (s. N. 4 b zu § 7 VermStG.) und alle sonstigen Betriebsmittel, insbesondere Bankguthaben, also die Gegenstände, die nach § 154 Abs. 4 RAO. bei der Ermittlung des Ertragswerts von Grundstücken nicht besonders bewertet werden (N. 9 zu § 7 VermStG.).

7. **Forstwirtschaft** ist die geordnete Nutzung von Waldgrundstücken. Für Nebenbetriebe — landwirtschaftliche oder gewerbliche — gilt das in N. 5 Gesagte entsprechend.

8. **Forstwirtschaftliches Betriebsvermögen.** Das in N. 6 Gesagte gilt entsprechend. Bei Bewirtschaftung der Waldgrundstücke kleinerer Besitzer durch öffentliche Beamte (Bürgerwald) ist im Einzelfall festzustellen, wer Eigentümer des Inventars ist, die Grundeigentümer, eine Genossenschaft der Grundeigentümer oder eine die Forstwirtschaft betreibende Gemeinde; im ersten Fall gehört es zum Grundvermögen (§ 6 Ziff. 1), im zweiten zum Betriebsvermögen (§ 6 Ziff. 2), im dritten ist es steuerfrei (§ 5 Ziff. 1 VermStG.).

9. **Bergbau** ist die bergmännische Gewinnung von Bodenbestandteilen. Dazu gehört die Aufbereitung, d. h. die erste an Ort und Stelle stattfindende Verarbeitung zur Herstellung eines gebrauchsfähigen Erzeugnisses, also z. B. nicht die Verhüttung (v. Breunig - v. Lewinski, N. 4 zu § 8 RNOG.).

Maßgebend ist, was der Verkehr als zum Bergbau gehörig ansieht, also z. B. die Brikettfabrik eines Braunkohlenwerks, dagegen nicht ohne weiteres die Brikettfabrik eines Steinkohlenbergwerks, die jedoch meist Nebenbetrieb sein wird. Nebenbetriebe gewerblicher Art gehören zum Bergbaubetriebe, z. B. Kokereien einer Kohlenzeche. Hüttenzechen sind meist Verbindungen zweier Betriebe, eines bergbaulichen und eines gewerblichen Betriebes; doch kann auch der bergbauliche Zechenbetrieb Nebenbetrieb des gewerblichen Hüttenbetriebs sein, und umgekehrt.

10. Bergbauliches Betriebsvermögen. Hierzu gehört in erster Reihe das Recht, auf Grund dessen der Bergbau betrieben wird, also im Gebiet des PrABG. das Bergwerkseigentum, anderweit das entsprechende grundstücksgleiche Recht. Insoweit die bergmännische Gewinnung von Bodenbestandteilen dem Eigentümer als solchem zusteht, also z. B. die Gewinnung von Aluminium im Gebiet des PrABG., von Kohlen im Mandatsbezirk (s. N. 3, 11 zu § 7 VermStG.), gehören die Grundstücke, die dem bergbaulichen Betriebe gewidmet sind, zum Betriebsvermögen; findet der Abbau unter Tage statt, so gehören die nicht bergbaulich oder gewerblich genutzten Grundstücke, unter denen der Bergbau umgeht, zum Grundvermögen, der Wert der Bodenbestandteile kommt nur als Erhöhung des gemeinen oder des Ertragswerts der Grundstücke zur Geltung.

Abbauberechtigungen dinglicher Art, die nicht zu den grundstücksgleichen Rechten gehören, und obligatorische Abbaurechte sind keine steuerbaren Rechte, wenn laufend Vergütungen für die Einräumung des Rechts gezahlt werden (N. 35 zu § 8 VermStG.). Ist ein derartiges beschränktes Recht gegen einmalige Zahlung vom ursprünglich Bergbauberechtigten oder aus zweiter Hand erworben, so ist es ein steuerbarer Vermögensbestandteil und kann daher auch zum Betriebsvermögen gehören; dies gilt auch dann, wenn noch laufende Vergütungen zu zahlen sind, sofern diese wirtschaftlich hinter dem einmaligen Erwerbspreis in ihrer Bedeutung als Gegenleistung für die dauernde Gewährung des Rechts zurückstehen.

Wird der Bergbau noch nicht oder nicht mehr betrieben, so ist zu unterscheiden: Beim Eigentümerbergbau ist die Möglichkeit des Abbaus nur ein werterhöhendes Moment für den gemeinen Wert des Grundstücks; wird der land- oder forstwirtschaftliche Ertragswert zugrunde gelegt, so scheidet die Abbaumöglichkeit aus und wird überhaupt nicht berücksichtigt. Grundstücksgleiche Rechte erscheinen als Grundvermögen, andere Rechte, wenn sie steuerbar sind (s. o.), als sonstiges Vermögen (§ 9 Ziff. 1 VermStG.).

Im übrigen sind für die Zugehörigkeit zum bergbaulichen Betriebsvermögen die Grundsätze anwendbar, die für das gewerbliche Betriebsvermögen gelten (s. unten N. 29 bis 36). Dabei ist zu berücksichtigen, daß Bergbaubetriebe, die nach Art und Umfang einen kaufmännischen Betrieb erfordern und daher in das Handelsregister eingetragen werden müssen,

dem HGB. unterstehen (§ 2 HGB.), vor allem also die größeren Berggewerkschaften, ebenso die Unternehmen, die von einer Aktiengesellschaft (§ 210 HGB.), einer Aktienkommanditgesellschaft (§ 320 HGB.) oder einer G. m. b. H. (§ 13 GmbHG.) betrieben werden. In allen diesen Fällen ist der Unternehmer buchführungs- und bilanzpflichtig; es ist daher das unten über die kaufmännischen Bilanzen Gesagte entsprechend anwendbar.

11. Gewerbe. Im preußischen Gewerbesteuerrecht versteht man unter Gewerbe jede mit der Absicht auf Gewinnerzielung unternommene selbständige, berufsmäßige und erlaubte Arbeitstätigkeit, die sich als Beteiligung am allgemeinen wirtschaftlichen Verkehr darstellt (OVGSt. **9** 131, **16** 406); die Gewerbesteuerfreiheit der ländlichen Urproduktion, der freien Berufe usw. beruht auf der besonderen Vorschrift in § 4 GewStG. Im Reichssteuerrecht ist der weiteste Begriff des Gewerbes der in § 1 Abs. 1 UStG., nämlich jede fortgesetzte, auf die Erzielung von Einnahmen gerichtete selbständige Tätigkeit, die nicht Ausübung eines freien Berufes darstellt (RFH. **5** 6). In den Vermögenssteuergesetzen Preußens und des Reichs — § 4 ErgStG., § 2 BesStG., § 2 WBG., § 6 RNOG. — wird das Gewerbe mit Land- oder Forstwirtschaft und Bergbau in Parallele gesetzt, welche drei Betriebsarten die Hauptformen — nicht alle — der Urproduktion darstellen; diese drei Betriebsarten sind sonach nicht in dem Begriff des Gewerbes eingeschlossen. Anderseits kann nicht die gesamte Urproduktion ausgeschlossen sein, weil es Urproduktion gibt, die nicht Land- oder Forstwirtschaft oder Bergbau ist, z. B. die selbständige Ausbeutung von Torfstichen, Kies-, Lehm-, Mergelgruben, Steinbrüchen usw. (§ 4 Ziff. 4 GewStG.). Der Begriff des Gewerbes i. S. der Vermögenssteuergesetze ist daher gegenüber der Land- und Forstwirtschaft und dem Bergbau nicht positiv zu bestimmen, er enthält alles, was im weiteren Sinne Gewerbe ist, außer Land- und Forstwirtschaft und Bergbau. Ausgenommen sind ferner die freien Berufe. Diese umfassen „die Tätigkeiten, die in ihrer Wurzel auf Geistesdisziplinen zurückgehen, die . . . um ihrer selbst willen, ohne Rücksicht auf die wirtschaftliche Auswirkung ihrer Ergebnisse betrieben werden können" (RFH. **1** 130, **5** 6), es gibt daher begrifflich kein dem freien Beruf gewidmetes Vermögen. Das Merkmal des Erlaubtseins der Tätigkeit ist im Reichssteuerrecht aufgegeben (RFH. **8** 21, 140). Als Gewerbe i. S. der §§ 6 und 8 VermStG. ist daher anzusehen

> „jede mit der Absicht auf Gewinnerzielung unternommene selbständige berufsmäßige Arbeitstätigkeit, die sich als Beteiligung am wirtschaftlichen Verkehr darstellt und nicht auf den Betrieb der Land- oder Forstwirtschaft oder des Bergbaus, noch auf Ausübung eines freien Berufes gerichtet ist".

a) Das Merkmal der Arbeitstätigkeit schließt die bloße Nutzung von beweglichem oder unbeweglichem Kapital ohne Arbeitsleistung

aus. Insbesondere gehören nicht für den Gewerbebetrieb verwandte Grundstücke eines Gewerbetreibenden zu dessen Grundvermögen, nicht zu seinem Betriebsvermögen. Das Merkmal der Arbeitstätigkeit muß auch bei Handelsgesellschaften vorliegen. Wenn eine Aktiengesellschaft oder eine G. m. b. H. ihren Betrieb einstellt und ihre Anlagen nur noch kapitalmäßig nutzt, z. B. durch Verpachtung, übt sie keine Arbeitstätigkeit mehr aus und hat daher kein Betriebsvermögen. Dies gilt z. B. für Theatervereine, deren satzungsgemäßer Zweck die Verpachtung eines Theatergebäudes unter Ausschließung der eigenen Theaterregie ist (OVGSt. **4** 321), ferner für Spritfabrikaktiengesellschaften, die nur eine Spritfabrik betrieben und diese Fabrik auf Grund der Monopolgesetzgebung an die Monopolverwaltung verpachtet haben. Eine regelmäßige Tätigkeit zur Erzielung des Nutzens kann die Tätigkeit zu einer gewerblichen machen.

b) Berufsmäßig ist jede fortgesetzt mit der Absicht der Dauer ausgeübte wirtschaftliche oder geistige Tätigkeit. Die Berufsmäßigkeit muß auch bei Handelsgesellschaften festgestellt werden. Gesellschaften, die nur die gemeinsame Verwertung bestimmter Vermögensgegenstände, die von den Gesellschaftern eingebracht sind, bezwecken, üben dadurch noch keine berufsmäßige Tätigkeit aus (OVGSt. vom 13. März 1923, VIII C 12. 23; vgl. OVGSt. **13** 363, **15** 316; RFH. **11** 254 f.).

c) Selbständig ist die persönlich selbständige Tätigkeit. Auf die wirtschaftliche Selbständigkeit kommt es nicht an (OVGSt. **14** 401 f.). Selbständigkeit erfordert Betrieb auf eigene Rechnung, für eigene Gefahr, unter eigener Verantwortlichkeit und ohne persönliche Abhängigkeit, d. h. unabhängig von Weisungen und Aufsicht eines Arbeitgebers (Fuisting-Strutz, Gewerbesteuergesetz, 3. Aufl., S. 27). Es scheiden daher aus alle Beamten, Angestellten und Arbeiter, vom Generaldirektor bis zum Lehrling. Selbständig tätig ist der Inhaber des Betriebs, gleichgültig, ob er Eigentümer oder Pächter ist, der Handwerksmeister, der freie Hausgewerbetreibende, der Einzelkaufmann, der Gesellschafter einer offenen Handelsgesellschaft und einer Kommanditgesellschaft einschließlich des Kommanditisten, der persönlich haftende Gesellschafter einer Kommanditgesellschaft auf Aktien, der Reeder. Der Aktionär einer Aktien- oder Aktienkommanditgesellschaft, der Gesellschafter einer G. m. b. H., der Genosse einer eingetragenen Genossenschaft, der stille Gesellschafter ist als solcher nicht berufstätig, das Aufsichtsratsmitglied ist nicht selbständig tätig.

d) Die Absicht der Gewinnerzielung muß wesentlicher Zweck der Tätigkeit sein, schließt aber das Vorhandensein eines anderen Hauptzwecks, z. B. der Beförderung des öffentlichen Interesses, nicht aus; die Gewinnerzielung darf nur nicht Nebensache sein (OVGSt. **12** 414 f.). Unentgeltlichkeit schließt die Gewerbsmäßigkeit aus; dies gilt auch dann, wenn das Entgelt nur die Betriebskosten und die wirkliche Amortisation

des Anlagekapitals deckt (OVGSt. **11** 395). Die Absicht der Gewinnerzielung muß auf die Tätigkeit im ganzen gerichtet sein. Die Absicht, einen einzelnen Gewinn zu erzielen, reicht nicht aus, ebensowenig die Absicht der Vermeidung von Verlusten (OVGSt. **6** 434). Verlag und Vertrieb eines einzelnen Schriftwerks ist kein Gewerbe (OVGSt. **4** 327), ebenso nicht die Einzelspekulation, wohl aber möglicherweise die fortgesetzt betriebene Spekulation, wenn sie mit Arbeitstätigkeit verbunden ist (OVGSt. **9** 387).

e) Wegen der Begriffe Landwirtschaft, Forstwirtschaft, Bergbau s. N. 5, 7, 9.

f) Freie Berufe. Begriff s. oben. Darunter fällt die wissenschaftliche, schriftstellerische, künstlerische Tätigkeit, die Seelsorge, der höhere Unterricht, die Tätigkeit der Ärzte einschließlich der Zahn- und Tierärzte, der Rechtsanwälte sowie Notare und Patentanwälte, der Geistlichen, Gelehrten, Sprach- und Klavierlehrer auf Grund höherer Bildung, Baumeister und Ingenieure, sofern sie ihren Beruf als einen wissenschaftlichen ausüben. Gewerbetreibende dagegen sind Apotheker, Zahntechniker, Bücherrevisoren (OVGSt. **14** 402), Taxatoren, Makler, Rechtskonsulenten einschließlich der — unzulässigerweise — sog. Handels- und Steueranwälte (OVGSt. **4** 429). Bei ausländischen in Deutschland tätigen Anwälten und Ärzten ist entscheidend, ob sie eine den deutschen Auffassungen entsprechende wissenschaftliche Ausbildung haben und ihren Beruf als wissenschaftlichen ausüben. Die Zurechnung ausländischer Ärzte (und Rechtsanwälte) zu den Gewerbetreibenden im preußischen Gewerbesteuerrecht (OVGSt. **4** 431, **13** 388) beruht auf der Fassung des § 4 GewStG. und gilt nicht für das VermStG. Bei den freien Berufen wird deren Charakter durch Nebentätigkeiten, die nur der Ausübung des Hauptberufs dienen, nicht geändert, z. B. durch den Verkauf von Heilmitteln bei einem Landarzt. Privatkrankenanstalten sind gewerbliche Unternehmungen. Werden sie aber von Ärzten nur zum Zwecke der Ausübung des ärztlichen Berufs, als Fortbildungsmittel, zu Lehr- oder wissenschaftlichen Zwecken betrieben, so liegt keine gewerbliche Tätigkeit vor. Das Vorhandensein von Assistenten ist unschädlich. Anders, wenn die Anstalt betrieben wird, damit andere Ärzte ihre Patienten dort selbst behandeln, auch wenn der besitzende Arzt selbst eine gewisse Fürsorge übernimmt.

g) Teilnahme am wirtschaftlichen Verkehr ist nicht identisch mit Gewinnabsicht. Die Konsumanstalt will keinen Gewinn erzielen, aber am wirtschaftlichen Verkehr teilnehmen. Das selbstbewirtschaftete Kasino eines Klubs will in der Regel nur die Unkosten decken und überhaupt nicht am wirtschaftlichen Verkehr teilnehmen; diese Absicht fehlt auch dann, wenn der Klub durch das Kasino Überschüsse zur Verwendung zu wohltätigen Zwecken erzielen will.

12. Zum **gewerblichen Betriebsvermögen** gehören nach § 8 alle dem Unternehmen gewidmeten Gegenstände. Der Feststellung dieser Gegen-

stände dient bei den bilanzpflichtigen Gewerbetreibenden die Bilanz. Es ist daher die Bedeutung der Bilanz für Vermögensteuer und Zwangsanleihe festzustellen. Wegen des Umfangs des Betriebsvermögens der nicht bilanzierenden Gewerbetreibenden s. N. 38.

13. **Bilanzpflichtiges und steuerbares Vermögen.** Das VermStG. erklärt nicht entsprechend § 33 Abs. 2 EinkStG. das durch eine ordnungsmäßige Bilanz nachgewiesene Betriebsvermögen als das steuerbare Vermögen, enthält überhaupt hinsichtlich des Umfangs des Betriebsvermögens nur die allgemeine Vorschrift des § 8. Auch die subsidiär maßgebende RAO. enthält in dieser Hinsicht keine Bestimmung über die Bedeutung der Bilanz. Die Begr. des RegE. der RAO. (S. 100 ff.) lehnt es ausdrücklich ab, die Bilanzen für die Vermögensbesteuerung irgendwie zugrunde zu legen, weil der Kaufmann vom Wert der einzelnen Vermögensgegenstände ausgehe, die Gebrauchsgegenstände nur mit den Gestehungskosten ansetze und immaterielle Werte, wie Firma, Kundschaft, Warenzeichen, Erfindungen, nur bei entgeltlichem Erwerb als Aktiven aufnehmen dürfe; steuerrechtlich aber müsse der Wert des Unternehmens im ganzen erfaßt werden.

Hinsichtlich des Umfangs des Betriebsvermögens — wegen der Bewertung s. die Noten zu § 139 RAO. und § 15 VermStG. — war die Annahme des Gesetzgebers über den Unterschied zwischen bilanzpflichtigem und steuerbarem Vermögen unrichtig, wie hinsichtlich der immateriellen Werte unten (N. 31) näher dargestellt (vgl. hierzu Veit Simon in dem Sammelwerk: die steuerliche Bewertung des Vermögens S. 101 f., 107 bis 110). Bei dem bilanzpflichtigen Gewerbetreibenden gehört daher zum steuerbaren Betriebsvermögen das, und nur das, was in die Bilanz gehört. Vgl. Veit Simon a. a. O. S. 125 für das RRO.: „Für die Besteuerung des Betriebsvermögens . . . ist zwar rechtlich die Bilanz nicht maßgebend. Sie bildet nur den Ausgangspunkt für die Feststellung des steuerpflichtigen Betriebsvermögens. Tatsächlich stimmt aber seinem Inhalte nach das durch eine bilanzrechtlich ordnungsmäßige Bilanz nachgewiesene Vermögen mit dem (steuerpflichtigen) überein. Denn nur dasjenige Vermögen ist zu versteuern, das auch in einer ordnungsmäßigen Bilanz nachgewiesen ist."

14. **Buchführungs- und Bilanzpflicht.**

§ 163 RAO.

Wer nach anderen Gesetzen als den Steuergesetzen Bücher und Aufzeichnungen zu führen hat, die für die Besteuerung von Bedeutung sind, hat die Verpflichtungen, die ihm nach diesen Gesetzen obliegen, auch im Interesse der Besteuerung zu erfüllen. § 162 gilt entsprechend.

Die kaufmännischen Bücher und Bilanzen sind auch steuerrechtlich erheblich, da das FA. deren Vorlegung sowie Einreichung der Bilanzen ver-

langen kann (§§ 173, 174 RAO.). Wer daher handelsrechtlich buchführungs- und bilanzpflichtig ist, ist es auch steuerrechtlich.

Handelsrechtlich buchführungs- und bilanzpflichtig sind:

1. Kaufleute i. S. des § 1 HGB., sofern der Gewerbebetrieb über den Umfang des Kleingewerbes hinausgeht,
2. Kaufleute nach § 2 HGB., d. h. solche, die zwar kein Handelsgewerbe nach § 1 betreiben, deren Unternehmen aber nach Art und Umfang einen kaufmännischen Geschäftsbetrieb erfordert, z. B. größere Berggewerkschaften und Handelsgärtnereien,
3. Kaufleute nach § 3 HGB., d. h. Besitzer land- oder forstwirtschaftlicher Betriebe mit gewerblichen Nebenbetrieben, die kaufmännisch eingerichtet sein müssen und wegen deren der Besitzer sich in das Handelsregister hat eintragen lassen,
4. offene Handels- und Kommanditgesellschaften nach § 6 HGB. in Verbindung mit § 4 Abs. 2,
5. Aktien- und Aktienkommanditgesellschaften,
6. Gesellschaften mit beschränkter Haftung,
7. eingetragene Genossenschaften,
8. Versicherungsvereine auf Gegenseitigkeit,
9. Vereine und andere juristische Personen, die als Vollkaufleute gelten.

15. Inhalt der Buchführungspflicht nach HGB.

Vgl. §§ 38 bis 44 HGB.

16. Inhalt der Buchführungspflicht nach RAO.

§ 162 RAO.

Wer nach den Steuergesetzen Bücher zu führen oder Aufzeichnungen zu machen hat, soll die folgenden Vorschriften beachten.

Die Eintragungen in die Bücher sollen fortlaufend, vollständig und richtig bewirkt werden. Der Steuerpflichtige soll sich einer lebenden Sprache und der Schriftzeichen einer solchen bedienen.

Geschäftsbücher sollen keine Konten enthalten, die auf einen falschen oder erdichteten Namen lauten.

Die Bücher sollen, soweit es geschäftsüblich ist, gebunden und Blatt für Blatt oder Seite für Seite mit fortlaufenden Zahlen versehen sein.

An Stellen, die der Regel nach zu beschreiben sind, sollen keine leeren Zwischenräume gelassen werden. Der ursprüngliche Inhalt einer Eintragung soll nicht mittels Durchstreichens oder auf andere Weise unleserlich gemacht, es soll nicht radiert, auch sollen solche Veränderungen nicht vorgenommen werden, deren Beschaffenheit es ungewiß läßt, ob sie bei der ursprünglichen Eintragung oder erst später vorgenommen sind.

In Bücher soll, wo dies geschäftsüblich ist, mit Tinte eingetragen werden. Trägt der Steuerpflichtige nach vorläufigen Aufzeichnungen ein, so soll er diese aufbewahren. Belege sollen mit Nummern versehen und gleichfalls aufbewahrt werden.

Kasseneinnahmen und -ausgaben sollen im geschäftlichen Verkehre mindestens täglich aufgezeichnet werden.

Die Bücher, Aufzeichnungen und, soweit sie für die Besteuerung von Bedeutung sind, auch die Geschäftspapiere sollen zehn Jahre aufbewahrt werden; die Frist läuft vom Schlusse des Kalenderjahrs an, in dem die letzte Eintragung in die Bücher und Aufzeichnungen gemacht ist oder die Geschäftspapiere entstanden sind.

Das Finanzamt kann prüfen, ob die Bücher und Aufzeichnungen fortlaufend, vollständig und formell und sachlich richtig geführt werden.

17. **Die zu führenden Bücher,** welche die Grundlage der Bilanz bilden, ergeben sich aus der kaufmännischen Übung. Erforderlich sind Kassenbuch und Memorial (oder Journal) als Grundbücher, ferner das Hauptbuch sowie Inventarien- und Bilanzbuch. Weitere Grundbücher sind Einkaufs- und Verkaufsbuch. Dazu kommen die Hilfsbücher (Skontrobücher) und die Zwischenbücher (reine Kasse und dergl.).

18. **Vorschriften über den Inhalt der Bilanz.** Der Inhalt im allgemeinen ergibt sich aus den §§ 39 bis 41 HGB. Sondervorschriften sind:

1. für Aktiengesellschaften und Aktienkommanditgesellschaften die §§ 261, 262, 299 HGB.,
2. für Gesellschaften m. b. H. § 42 GmbHG.,
3. für eingetragene Genossenschaften die §§ 7, 17, 19 GenG.,
4. für private Versicherungsunternehmungen die §§ 22, 55 bis 58 PrVUG.,
5. für Hypothekenbanken die §§ 24 bis 26 HypBankG.

Ferner gilt

§ 174 Abs. 2 bis 4 RAO.

Aus der Bilanz oder den Erläuterungen soll klar hervorgehen, wie Gegenstände des Gebrauchs und Lagerbestände bewertet und welche Beträge darauf und auf zweifelhafte und uneinbringliche Forderungen oder sonst abgeschrieben worden sind.

Wenn Ausgaben für Anlagen als Unkosten gebucht sind, ist der Betrag in den Erläuterungen anzugeben.

Als Schuldposten dürfen Verpflichtungen aus Bürgschaften, Gefälligkeitsakzepten und dergl. in der Bilanz nur aufgeführt werden, wenn die Rückgriffsrechte berücksichtigt sind.

19. Formelle Bedeutung der Bilanz nach RAO.

§ 173 Abs. 2 RAO.

Er hat Aufzeichnungen, Bücher und Geschäftspapiere sowie Urkunden, die für die Festsetzung der Steuer von Bedeutung sind, auf Verlangen (§ 207) zur Einsicht und Prüfung vorzulegen.

§ 174 Abs. 1 RAO.

Steuerpflichtige, die Handelsbücher im Sinne des Handelsgesetzbuchs führen, haben auf Verlangen eine Abschrift ihrer unverkürzten Bilanzen mit Erläuterungen einzureichen. Wenn sie nach ihrer Buchführung eine Gewinn- und Verlustrechnung aufstellen, ist auch diese beizufügen.

Das Verfahren bei der Vorlegung der Bilanz regeln die §§ 207, 208 RAO.:

§ 207 RAO.

Das Finanzamt soll die Vorlegung von Büchern und Geschäftspapieren in der Regel erst verlangen, wenn die Auskunft des Steuerpflichtigen nicht genügt oder Bedenken gegen ihre Richtigkeit vorliegen.

Bücher und Geschäftspapiere sind auf Wunsch des Steuerpflichtigen tunlichst in seiner Wohnung oder in seinen Geschäftsräumen einzusehen.

§ 208 Abs. 2 RAO.

Bücher, Geschäftspapiere, Bilanzen und deren Erläuterungen dürfen einem Ausschuß nur mit Zustimmung dessen, der sie vorgelegt hat, zur Einsicht mitgeteilt werden. Sonst ist der Buchbeweis durch den Vorsteher des Finanzamts oder unter dessen Leitung durch die im § 206 genannten Personen zu erheben. Diese haben dem Ausschuß über das Ergebnis zu berichten. Wenn schriftlich berichtet wird, soll dem Steuerpflichtigen eine Abschrift mitgeteilt werden.

Weitere Abschriften aus den Büchern oder aus den sonstigen Unterlagen der Bilanz kann die Steuerbehörde nicht verlangen (RFH. **5** 147). Bietet der Steuerpflichtige Büchereinsicht an, so hat die Behörde die Bücher einzusehen und darf nicht vorher Fragen stellen, die sich durch die Büchereinsicht erledigen (RFH. **10** 349).

20. Materielle Bedeutung der Bilanz. Formell maßgebend ist die Bilanz für die VermSt. und für die ZwA. nicht, ebensowenig wie für das Notopfer oder z. B. für die preußische Ergänzungs- und Gewerbesteuer. Ebenso aber, wie anerkannt ist, daß es für die Gewerbesteuer „widersinnig und gänzlich undurchführbar wäre, den Ertrag unter Außerachtlassung der Bilanz . . . berechnen zu wollen“ (OVGSt. **5** 112; **6** 30 für die ErgSt.), wie die den AusfBest. zum RAO. beigefügten Muster für die Steuererklärung

und die Bewertungsvorschriften des RFM. zum RAO. davon ausgehen, daß die Bilanz als Ausgangspunkt für die Feststellung des Betriebsvermögens zu benutzen ist, ist für diese Feststellung auch für VermSt. und ZwA. von der Bilanz auszugehen. Hieran wird auch dadurch nichts geändert, daß in den Mustern für die Steuererklärung, die den AusfBest. zum VermStG. beigegeben sind, jede Bezugnahme auf die Bilanz geflissentlich fortgefallen ist; nur die Aufforderung zur Einreichung der Bilanz ist geblieben. An einer ordnungsmäßig nach den Grundsätzen des Handelsrechts und der anerkannten kaufmännischen Übung aufgestellten Bilanz sind nur die aus steuerrechtlichen Gründen erforderlichen Abänderungen vorzunehmen. Hinsichtlich des Umfangs des in der Bilanz nachgewiesenen Vermögens — im Gegensatz zur Bewertung — sind keine derartigen Abänderungen erforderlich (oben N. 13). Die Abweichungen in den Bewertungsbestimmungen sind in den Noten zu § 139 RAO. und zu § 15 VermStG. behandelt. Über die Bedeutung der Buchwerte und über Steuerbilanzen s. N. 17 zu § 139 RAO.

21. Verletzungen der Bilanzpflicht. Schuldhafte Unterlassung der Führung oder Vorlegung der Bilanz hat Schätzung des Vermögens zur Folge mit der Maßgabe, daß gegen die Höhe der Schätzung nicht der ordentliche Rechtszug vor den Finanzgerichten, sondern nur die Beschwerde an das LFA. gegeben ist (§ 210 Abs. 2 und 3 RAO.). Verletzungen der Bilanzpflicht können zu Steuerstrafen, Handelsverboten und Ordnungsstrafen führen (§§ 356, 366, 377 RAO.); Unrichtigkeiten in einer bei der VermSt.-Erklärung eingereichten Bilanz haben ferner die allgemeinen Folgen falscher Steuererklärungen (N. zu § 23 ZwAG.).

22. Grundsatz der Maßgeblichkeit des Bücherbeweises. RAO. § 208 Abs. 1 bestimmt:

§ 208 Abs. 1 RAO.

Bücher und Aufzeichnungen, die den Vorschriften der §§ 162, 163 entsprechen, haben die Vermutung ordnungsmäßiger Führung für sich und sind, wenn nach den Umständen des Falles kein Anlaß ist, ihre sachliche Richtigkeit zu beanstanden, der Besteuerung zugrunde zu legen. Wenn eine vom Reichsminister der Finanzen bezeichnete Stelle bescheinigt, daß sie die Bücher und Aufzeichnungen geprüft hat, und daß die Eintragungen, für die sie bestimmt sind, fortlaufend und vollständig gemacht und formell und sachlich richtig sind, so darf die Beanstandung nur mit Genehmigung des Landesfinanzamts erfolgen.

Danach hat auch eine Bilanz, die einen Bestandteil solcher ordnungsmäßig geführten Bücher bildet, die Vermutung ordnungsmäßiger Führung für sich und ist, wenn nach den Umständen des Falles kein Anlaß besteht, ihre sachliche Richtigkeit zu beanstanden, der Besteuerung zugrunde zu legen

(RFH. **5** 150). Will die Steuerbehörde von der Bilanz zuungunsten des Pflichtigen abweichen, so muß sie ihm die betreffenden Punkte vorher zur Äußerung mitteilen (§ 205 Abs. 4 RAO.). Wenn eine vom RFM. als zuständig bezeichnete Stelle die Ordnungsmäßigkeit der Bücher und Bilanzen bescheinigt, darf eine Beanstandung nur mit Genehmigung des LFA. erfolgen (§ 208 Satz 2 RAO.). Der Steuerbehörde wird dadurch nicht schlechthin die Beweislast für die Unrichtigkeit der Bilanz auferlegt (Begr. zu § 208 RegE.); die Vermutung der Richtigkeit der ganzen Bilanz wird schon hinfällig, wenn begründeter Anlaß zur Beanstandung vorliegt (vgl. RFH. **2** 192).

23. **Abänderungen der Bilanz.** Die Unrichtigkeit einer eingereichten Bilanz kann jederzeit vom Steuerpflichtigen geltend gemacht werden. Hinsichtlich der tatsächlichen Angaben muß er aber, wenn die Bilanz von ihm herrührt und ein Teil seiner mit der Versicherung der Richtigkeit abgegebenen Steuererklärung ist, den Nachweis der Unrichtigkeit führen (RFH. **2** 79 und 100); hinsichtlich der Bewertung besteht solche Beschränkung nicht (RFH. in JurW. 1921, 123 [6]). Die verlangten Berichtigungen dürfen nicht gegen zwingendes Recht verstoßen (RFH. **3** 171). Die Beschränkung, daß der Unternehmer bei zweifelhaften Fragen nicht nachträglich den ihm günstigeren Standpunkt wählen darf, gilt nur für Steuern, für welche die Bilanz gesetzlich maßgebend ist, wie nach § 33 EinkStG. (RFH. **3** 20), nicht für VermSt. und ZwA. Aus dem gleichen Grunde sind die Vorstände, Geschäftsführer usw. von Handelsgesellschaften bei der VermSt. und der ZwA. nicht gehindert, Unrichtigkeiten in Bilanzen trotz erfolgter Feststellung („Genehmigung") der Bilanzen durch das zuständige Gesellschaftsorgan, insbesondere also durch die Generalversammlung, geltend zu machen (vgl. RFH. **3** 77, **9** 322). Insbesondere dürfen zu hohe Abschreibungen auf einem Konto mit zu niedrigen auf einem andern ausgeglichen werden (OVGSt. **18** 74).

24. **Vermögensgegenstandkonten und Vermögenskonten.** Die Bilanzposten zerfallen zunächst in solche, die Vermögenswerte (Vermögensgegenstände) ausdrücken, und in solche, die den (zahlenmäßigen) Wert des Vermögens ausdrücken. Die ersteren, die Vermögensgegenstandkonten, enthalten die einzelnen aktiven Bestandteile des Vermögens und die Schulden. Die letzteren, die Vermögenskonten, sind das Kapitalkonto, die Reservefonds, und in den Bilanzen, die das Gewinn- und Verlustkonto nicht über Kapitalkonto, sondern über Bilanzkonto ausgleichen, kraft Gesetzes also bei den Aktien- und Aktienkommanditgesellschaften und bei den Gesellschaften m. b. H., das Gewinn- und Verlustkonto.

Über den Inhalt des Kapitalkontos s. § 12 VermStG. und N. 2 ff. dazu.

25. **Reservefonds** drücken in den Vermögensgegenstandkonten vorhandene Vermögenswerte über den Betrag des Kapitalkontos einschließlich

des Jahresgewinns bezw. abzüglich des Jahresverlustes hinaus aus. Man unterscheidet offene Reserven und stille Reserven. Offene Reserven sind die als solche in der Bilanz erscheinenden. Stille Reserven entstehen durch Unterbewertung oder Nichtaufnahme von Aktiven (vgl. § 174 Abs. 4 RAO.) oder durch Überbewertung von Schulden oder durch Aufnahme von Schulden in die Bilanz, die nicht vorhanden oder doch keine wirklichen Schulden sind. Sie erscheinen entweder gar nicht in der Bilanz, oder sie sind in Posten versteckt, die sich nicht als Reserven darstellen, insbesondere in übermäßig dotierten passiven Berichtigungskonten (N. 27) oder in Kreditorenkonten. Steuerlich ist die Behandlung der offenen und der stillen Reserven die gleiche: sie gehören zum steuerpflichtigen Vermögen, soweit sie nicht gesetzlich zugelassen sind, insbesondere durch die Bewertungsvorschriften der Steuergesetze.

Zu den offenen Reserven gehören außer den allgemeinen Reserven insbesondere folgende Posten:

a) Spezialreserven für bestimmte künftige Verluste oder Ausgaben, sofern es sich nicht um solche handelt, die mit Sicherheit zu erwarten sind und deren Bevorstehen schon am Bilanzstichtage das Unternehmen belastet (s. N. 32). Hierher gehören u. a. die sog. Dispositionsfonds der Verwaltung (OVGSt. **15** 272), ferner die Rückkaufdisagioreserven der Hypothekenbanken, d. h. Rückstellungen aus Kursgewinnen beim Verkauf zurückgekaufter Pfandbriefe zwecks Deckung etwaiger Verluste aus solchen Geschäften (OVGSt. **17** 234).

b) Dividenden- und Kursausgleichsreserven (OVGSt. **17** 234).

c) Talonsteuerreserven (OVGSt. **16** 252) und ähnliche Posten zur Verteilung von Lasten, die jeweils nach längeren Zeitabschnitten fällig werden, auf die einzelnen Jahre. Die Grunderwerbsteuerreserve auf Grund § 10 GrErwStG. ist zwar in § 7 KöStG. ausdrücklich für körperschaftssteuerfrei erklärt; eine entsprechende Vorschrift für das VermStG. fehlt aber.

d) Reserven für Wohlfahrtszwecke (s. aber N. 26).

e) Agiokonten. Das Agio bei der Ausgabe von Aktien ist nach § 262 HGB. dem gesetzlichen Reservefonds zuzuführen. Posten in den Passiven zur Deckung eines den Nennbetrag einer Anleihe übersteigenden Rückzahlungskurses (bei v. Breunig-v. Lewinski S. 146 untechnisch Schuldentilgungsagiokonten genannt) sind echte Schuldposten (s. N. 32). Wird außer in diesem Falle ein bei der Ausgabe von Obligationen erzieltes Agio unter die Passiven aufgenommen, so liegt ein echter Reservefonds vor. Wegen der Disagiokonten s. N. 27.

f) Zweifelhaft ist es, ob Selbstversicherungsfonds abzugsfähig sind. Bisher ist die Steuerfreiheit dieser Fonds von den Steuer-

behörden und Steuergerichten im allgemeinen verneint worden (OVGSt. **15** 110). Neuerdings erscheint ein Wandel in den Ansichten denkbar (vgl. Hochstetter in Steuer und Wirtschaft, Jg. 1 S. 111; RFH. vom 3. Nov. 1921 a. a. O., Jg. 1 S. 158; Rosendorff in den Mitt. d. RV. 1921 S. 66).

26. Steuerfreie Reservefonds. Die Vermögenskonten drücken begrifflich den Wert des Vermögens aus, können also eigentlich nicht „von dem Vermögen abgezogen" werden, es kann nur ein Teil des Vermögens in Höhe eines bestimmten Vermögenskontos oder eines Teils eines solchen für steuerfrei erklärt werden. Die teilweise ungenaue Ausdrucksweise der Gesetze — so in § 12 VermStG. — ist aber unschädlich.

Hinsichtlich der Kapitalkonten findet sich die Abzugsfähigkeit in § 12 Abs. 1 Ziff. 1 und Abs. 2 VermStG. (s. N. 2 ff. zu § 12).

Als steuerfreie Reserve ist nur die in § 12 Ziff. 2 erwähnte Rücklage für Wohlfahrtszwecke anerkannt.

Dagegen ist die Steuerfreiheit der sog. Erneuerungsrücklage nach § 59 a EinkStG. nicht aufgenommen (vgl. AusschBer. z. VermStG. S. 26, S. 57 bis 60). Diese Erneuerungsrücklagen sind daher nur insofern steuerfrei, als sie zugleich Abschreibungen auf das Gesamtunternehmen sind (s. N. 27 zu § 139 RAO.).

Gewinnposten sind nie abzugsfähig.

27. Berichtigungskonten. Zu den aktiven und zu den passiven Vermögensgegenstandkonten (s. N. 24) können Gegenkonten auf der andern Seite der Bilanz gehören, Konten, die ausdrücken, daß ein auf der andern Seite der Bilanz enthaltenes Konto mit einem zu hohen Betrage eingesetzt ist (Berichtigungskonten), sei es, daß der Bestand, sei es, daß der Wert zu hoch angegeben ist (Bestandberichtigungskonten — Wertberichtigungs- oder Bewertungskonten).

Aktive Bestandberichtigungskonten sind der Posten ausgeloste Obligationen, insbesondere bei hypothekarisch gesicherten Obligationen oder bei Pfandbriefen, wenn der volle Betrag der Emission unverändert unter den Passiven erscheint (OVGSt. **17** 194), ferner das Kapitaltilgungskonto der Berggewerkschaften für Ausbeuteverteilungen über den bilanzmäßigen Gewinn hinaus, d. h. für Kapitalrückzahlungen (vgl. Veit Simon, der Einfluß des BGB. und des HGB. von 1897 auf das Recht der Berggewerkschaften S. 47 und 70). Dagegen ist der Posten Nicht eingezahltes Aktienkapital ein echtes Aktivum, die Forderung der Aktiengesellschaft auf die Resteinzahlungen. (Vgl. Veit Simon, Bilanzen S. 207 f.; RGZ. **27** 10; OVGSt. **1** 100, **15** 451. Unrichtig v. Breunig - v. Lewinski S. 143; Thümen VermStG. S. 133.)

Passive Wertberichtigungskonten sind der Erneuerungsfonds, der Delkrederefonds, die Abschreibung auf das Gesamtunternehmen.

Ein aktives Wertberichtigungskonto ist das Disagiokonto für Obligationen. Es drückt bei Obligationen, die unter Pari ausgegeben und zu Pari rückzahlbar sind, im Falle der Einsetzung der Anleihe mit dem vollen Nennbetrage in die Passiven aus, daß der gegenwärtige Wert der Schuld geringer ist als der erst künftig zahlbare Nennbetrag (vgl. § 143 Abs. 1 RAO.). Voraussetzung für die Einstellung ist, daß das Disagio nicht bereits als Verlust abgebucht ist (OVGSt. **17** 162).

28. Antizipationskonten und dergl. Häufig finden sich sog. Ergänzungskonten, entweder als transitorische Konten, um Leistungen des laufenden Jahres auf das folgende, in das sie gehören, hinüberzubringen, z. B. vorausbezahlte Mieten, Versicherungsprämien, Steuern (aktive transitorische Posten beim Leistenden, passive beim Empfänger), oder als Antizipationskonten, um noch nicht geleistete Beträge noch in dem Jahr vorwegzunehmen, in das sie gehören, z. B. Zinsen oder sonstige noch nicht erfüllte laufende Verbindlichkeiten, die eigentlich im vergangenen Jahre zu erfüllen gewesen wären, z. B. laufende Instandhaltungskosten für gemietete Anlagen (OVGSt. **19** 167) (Aktivantizipationen beim Berechtigten, Passivantizipationen beim Verpflichteten; vgl. Gerstner, Bilanzanalyse S. 124 ff., 224 ff.). Zuweilen werden ungenau die transitorischen Konten als Antizipationskonten bezeichnet (so RFH. **1** 119).

In Wirklichkeit handelt es sich in allen diesen Fällen um echte Forderungen, Schulden oder Reserven. Die Posten für vorausgezahlte Versicherungsprämien, Mieten oder Steuern stellen Ansprüche auf oder Verpflichtungen zu Gegenleistungen dar, die, falls sie nicht auf Geld, sondern auf Leistungen gehen, nach der von der einen Seite bereits bewirkten Geldleistung bewertet werden. Die Aktivantizipationen sind Forderungen, die Passivantizipationen Schulden, falls die Zahlungspflicht am Stichtag besteht, wie in dem vorerwähnten vom OVG. entschiedenen Falle, oder wie eine schon bestehende angesehen werden kann (RFH. **9** 244); sonst sind die Passivantizipationen Reserven und die Aktivantizipationen nicht bilanzfähig. Die meist abweichende Darstellung in der handelswissenschaftlichen Literatur kann nicht als richtig anerkannt werden; wie hier v. Breunig-v. Lewinski S. 149. Das Besondere ist nur, daß alle diese Forderungen und Schulden aus schwebenden Geschäften herrühren; s. daher N. 35.

29. Immobilien. Maßgebend für die Aufnahme in das Grundstückskonto ist das grundbuchmäßige Eigentum, ausnahmsweise das sog. steuerliche Eigentum (N. 12 zu § 6 VermStG.). Beim Einbringen von Grundstücken in eine Gesellschaft auf Grund gesellschaftsrechtlichen Einbringungsvertrages wird das Grundstückskonto häufig schon vor der Auflassung und Eintragung belastet. — Grundstücksbelastungen dürfen nicht abgeschrieben werden, sondern müssen gesondert in den Passiven erscheinen. — Grundstücksgleiche Rechte (N. 11 zu § 7 VermStG.) werden nicht auf Grundstückskonto gebucht.

30. Mobilien. Maßgebend für die Aufnahme in die Bilanz ist grundsätzlich das bürgerlich-rechtliche oder steuerrechtliche Eigentum (N. 11 bis 13 zu § 6 VermStG.), jedoch bestehen folgende Ausnahmen: **Waren auf dem Transport** werden ausgebucht, sobald die Ware oder das Transportpapier abgesandt ist; statt dessen erscheint die Gegenforderung auf Kontokorrentkonto. Der Käufer bucht die Ware erst nach Abnahme. **Kommissionsgut** bei der Einkaufskommission wird als Eigentum des Kommittenten gebucht, auch wenn es ihm noch nicht übereignet ist. Wertlose Gegenstände erscheinen nicht in der Bilanz, ebensowenig die Bestände für den laufenden Bürobedarf, sofern nicht eine übermäßige Eindeckung zwecks Steuerersparnis stattgefunden hat.

31. Rechte und wirtschaftliche Güter. Rechte gehören in die Bilanz, wenn sie gleichzeitig selbständige wirtschaftliche Güter sind, also dingliche Rechte, grundstücksgleiche Rechte, selbständige Gerechtigkeiten, Patente, Gebrauchsmuster (vgl. N. 5 bis 8 zu § 6 VermStG.). Bloße Anwartschaften (a. a. O. N. 7) sind nicht bilanzfähig. Höchstpersönliche Rechte (N. 5 a. a. O.) sind nicht bilanzfähig, also insbesondere nicht der Name. Persönlichkeitsrechte wirtschaftlicher Art, insbesondere Firmen-, Warenzeichen-, Urheberrechte, das Erfinderrecht vor der Patenterteilung, sind in der ersten Hand noch Teile der Persönlichkeit und daher nicht bilanzfähig; sie werden selbständige wirtschaftliche Güter erst durch abgeleiteten Erwerb, sind also erst in der zweiten Hand bilanzfähig (OVGSt. **17** 286). Das gleiche gilt für rein wirtschaftliche Güter, die übertragen werden können (a. a. O. N. 6), wie die Kundschaft.

Über diese bilanzrechtlichen Grundsätze war bei den gesetzgebenden Faktoren nach der Begr. zur RAO. S. 100 ff. und dem AusschBer. der Nat.-Vers. S. 21 ff. keine Klarheit (vgl. dazu Veit Simon in dem Sammelwerk: die steuerliche Bewertung des Vermögens S. 109 f., 102). Was nach vorstehendem nicht in die Bilanz gehört, z. B. die selbstgebildete Firma, die selbsterworbene Kundschaft, ist nicht Vermögen und kann auch nicht versteuert werden. Auch der VermSt. und der ZwA. unterliegt nur, was nach den richtig verstandenen Grundsätzen des Bilanzrechts in die Bilanz gehört, nämlich unter der Voraussetzung, daß sie zugleich selbständige wirtschaftliche Güter sind, die selbständigen Rechte, ferner unter der zweiten Voraussetzung des entgeltlichen Erwerbs die aus der Persönlichkeit herrührenden Rechte und die rein wirtschaftlichen Güter.

32. Forderungen und Schulden. Schulden sind zur Ermittlung des Betriebsvermögens von dem Bruttobetriebsvermögen abzuziehen (vgl. N. 2 zu § 11). Die abzugsfähigen Schulden ergeben sich aus § 11 Ziff. 1

und 2 und § 12 Ziff. 3 VermStG. (vgl. N. 1 bis 9, 11, 12 zu § 11, N. 16 zu § 12 VermStG.). Forderungen und Schulden sind in der Regel insoweit zu berücksichtigen, als sie am Stichtage rechtlich bestehen. Wegen der Forderung der Aktiengesellschaften auf Resteinzahlung der Aktien s. N. 27. Der Dividendenanspruch des Aktionärs entsteht nach der herrschenden Auffassung erst mit der Festsetzung durch die Generalversammlung. Ansprüche Dritter auf Gewinnanteile dagegen sind schon am Bilanzstichtag bestehende Schulden, können allerdings nicht in die Bilanz aufgenommen werden, mindern aber trotzdem das steuerpflichtige Vermögen (RFH. **3** 21); dies gilt besonders auch vom Gewinnanteil eines stillen Gesellschafters (RFH. **3** 319), des Aufsichtsrats (RFH. **2** 247), des zum Geschäftsführer einer G. m. b. H. bestellten Gesellschafters, wenn er den Gewinnanteil ernstlich als Vergütung für seine Dienste, nicht als dissimulierte Dividende erhält (RFH. **2** 266), sowie der Angestellten (OVGSt. **19** 97). Schulden, die noch nicht am Bilanztage bestehen, deren Entstehung aber mit Sicherheit bevorsteht und schon am Stichtage das Unternehmen belastet, können in die Bilanz aufgenommen werden (RFH. **10** 83, im RStBl. 1922 S. 70). Unerheblich ist, ob die Schuld genau bekannt ist; daher sind die sog. Reserven für Bergschäden wegen noch nicht angemeldeter, aber vermutlich schon entstandener Schäden echte Schuldposten (OVG. **7** 387). — Die Verpflichtung einer in der Auflösung begriffenen Gesellschaft zur Ausschüttung des Liquidationserlöses ist keine Schuld der Gesellschaft (RFH. **9** 297).

33. Steuerschulden sind abzugsfähige Schulden (RFH. **9** 159). Sie bestehen grundsätzlich von dem durch das maßgebende Steuerrecht bestimmten Zeitpunkt an, also Reichssteuern, sobald der Tatbestand verwirklicht ist, an den das Gesetz die Steuer knüpft (§ 81 RAO.), ebenso preußische Kommunalabgaben (§ 1a KAG.), die preußischen direkten Staatssteuern sowie die württembergische und bremische EinkSt. dagegen erst mit der Zustellung des Steuerbescheids (RFH. **9** 244). Daher sind alle für das Rechnungsjahr 1922 und frühere Jahre geschuldeten Reichssteuern abzugsfähig, auch die endgültige Einkommensteuer und Körperschaftssteuer nach Abzug der gezahlten Vorschüsse; ob der Betrag schon endgültig feststeht, ist unerheblich (RFH. **9** 160). § 11 Ziff. 1 VermStG. steht dem nicht entgegen (ebenso Erler in der DStZ. 1922 Sp. 25 ff. gegen eine Pressenotiz des RFM.); die besondere Zulassung des Abzugs der Vorschüsse ist damit zu erklären, daß an sich Vorschüsse keine Schulden sind, hier aber Vorschüsse selbst dann abgezogen werden können, wenn ihnen keine gleich hohe endgültige EinkSt. gegenübersteht. Das gleiche wie für Reichssteuern gilt für die preußischen direkten Kommunalsteuern einschließlich der Zuschläge zur staatlichen Gewerbe- und Grundsteuer. Steuern, die erst durch die Veranlagung entstehen, sind trotz fehlender Veranlagung abzuziehen, wenn die Veranlagung nur infolge ungewöhnlicher Umstände über den Stichtag hinaus ver-

zögert ist (RFH. 9 244). Die Stundung einer Steuer beseitigt die Abzugsfähigkeit nicht. Geschuldete Steuervorschüsse, z. B. auf die Einkommen- und die Umsatzsteuer, stehen geschuldeten Steuern gleich (N. 5 zu § 11 VermStG.).

Die Frage der Abzugsfähigkeit von Steuern, die am gleichen Stichtag entstehen, also hier der VermSt. und der ZwAPflicht, bedarf besonderer Regelung. Die Vermögensteuer darf nicht abgezogen werden, ebensowenig die Verpflichtung zur Zeichnung von ZwA. (§ 25 Satz 1 ZwAG.). Wegen der gezeichneten ZwA. s. N. 18 zu §§ 141, 142 RAO.

Vor dem Stichtag bezahlte Steuern sind nicht abzugsfähig (RFH. 8 308).

34. Die sog. Reserven der Versicherungsgesellschaften. Bei Versicherungsgesellschaften bestehen Passivposten, deren Bedeutung nicht immer ohne weiteres erkennbar ist. Sie bilden teils glatte, teils eventuelle Verbindlichkeiten, teils echte Reserven.

a) Die Schadenreserven für angemeldete, noch nicht ausbezahlte Schäden und für noch nicht angemeldete, aber schätzungsweise vor dem Stichtag schon eingetretene Schäden (s. oben N. 32) sind echte Schulden.

b) Die Gewinnreserve der Versicherten ist eine echte, meist betagte Schuld (s. N. 16 zu § 12 Ziff. 3 VermStG.).

c) Die Prämienreserven der Lebensversicherungsgesellschaften (§ 12 Ziff. 3 VermStG.), die den geschätzten Zeitwert der noch laufenden Versicherungsschuld abzüglich des Zeitwerts der noch ausstehenden Prämien darstellen, sind eventuelle Verbindlichkeiten, keine Reserven (N. 36).

d) Die Prämienreserven für vorausbezahlte Prämien (ein sog. transitorisches Passivkonto) sind echte Schuldposten (N. 28).

35. Schwebende Geschäfte. Streng einseitige Geschäfte, wie das Darlehen, führen sofort zur Buchung von Forderung und Schuld. Gegenseitige Geschäfte auf beiderseitige Einzelleistungen, wie Lieferungsgeschäfte, führen zur Buchung von Forderung und Schuld erst, wenn durch die Leistung des einen Teils die Verpflichtung des andern eine einseitige wird (RFH. 4 91). Bei Geschäften über Dauerleistungen, bei denen Leistung und Gegenleistung dauernd im Gegenseitigkeitsverhältnis bleiben, also bei Miet-, Anstellungs-, laufenden Reklameverträgen, erscheint weder Forderung noch Schuld in den Büchern und der Bilanz.

Bei schwebenden Zeitgeschäften müssen aber Verluste, die auf dem Geschäft liegen, in der Bilanz und bei der Besteuerung berücksichtigt werden (RFH. 3 22 ff.). Gewinne, die noch in der Schwebe sind, sei es, daß sie durch ein Gegenzeitgeschäft realisiert sind oder nicht, können mangels eines bilanzmäßig vorhandenen oder steuerlich faßbaren Aktivums nicht erfaßt werden.

Wieweit sonst schwebende Angelegenheiten berücksichtigt werden müssen, ist im Einzelfall danach zu prüfen, ob einseitige Verbindlichkeiten oder Verluste bereits am Stichtag als vorhanden anzusehen sind (vgl. auch N. 32.).

Empfangene Vorausleistungen (transitorische Passivkonten; vgl. N. 28) sind bilanzmäßig Verbindlichkeiten (N. 34 d; vgl. OVGSt. **18** 305). Gemachte Vorausleistungen brauchen in der Regel nicht aktiviert zu werden (transitorische Aktivkonten), es sei denn, daß sie zur Steuerumgehung bewirkt sind (§ 5 RAO.). Aktivantizipationen müssen versteuert werden, wenn nicht nachgewiesen wird, daß die Forderung am Stichtag noch nicht bestand. Passivantizipationen sind steuerfreie Verbindlichkeiten, wenn die Schuld am Stichtag bestand oder als bevorstehend zu berücksichtigen ist (N. 32 a. E.).

36. Eventuelle Verbindlichkeiten.

a) Bedingte Verpflichtungen, die zu einem Betriebsvermögen gehören, unterliegen nicht den §§ 147 bis 150 RAO.; ebenso wie bei der Bewertung von Betriebsvermögen nach § 139 Abs. 1 RAO. und § 15 VermStG. die Zugehörigkeit zum Betriebsvermögen zu berücksichtigen ist, muß dies auch bei der Feststellung des Umfangs des Betriebsvermögens geschehen, da sonst ein völlig falsches Bild des Betriebsvermögens entstehen würde (vgl. N. 2 und 8 zu § 11; N. 18 zu § 6 VermStG.). Die bedingten Verpflichtungen sind in die Bilanz einzustellen danach, ob nach menschlichem Ermessen der Eintritt der Bedingung zu erwarten ist oder nicht. Diese Wahrscheinlichkeit ist auch für die Festsetzung der Höhe des einzusetzenden Betrages entscheidend.

b) Zweifelhafte Verpflichtungen und Forderungen erscheinen in der Bilanz entsprechend der Wahrscheinlichkeit ihrer Durchführung gemäß vorsichtiger Schätzung. Ist für im Prozeß befangene Verbindlichkeiten eine sog. Prozeßreserve gebildet, so stellt diese keinen Reservefonds dar (vgl. auch die Schadenreserven in N. 32 und 34). Zu den zweifelhaften Forderungen gehören auch die verjährten und die klaglosen, z. B. aus ungültigen Termingeschäften. Der Kaufmann, der gewillt ist, solche Verbindlichkeiten zu erfüllen, kann sie auch voll in seine Bilanz einsetzen.

c) Bürgschaftsschulden einschließlich Wechselbürgschaften (Avale) dürfen in voller Höhe als Schulden angesetzt werden, wenn das Rückgriffsrecht mit seinem geschätzten Wert in den Aktiven erscheint (§ 11 z. 1a E. VermStG., § 174 Abs. 4 RAO.). Das gleiche gilt für Giroverbindlichkeiten aus weiter begebenen Wechseln.

d) Solidarische Verpflichtungen. Bei Gesamtschulden, z. B. aus Gemeinbürgschaften oder aus Konsortialgeschäften, kann jeder Beteiligte nur den unter Würdigung aller Umstände mutmaßlich auf ihn entfallenden Teil der Verbindlichkeit in Ansatz bringen, auch wenn er zunächst auf das Ganze in Anspruch genommen werden kann.

c) Garantieverpflichtungen. Für gesetzliche Gewährleistungsansprüche kann auf den dem Abnehmer belasteten Preis ein der Üblichkeit entsprechender Abschlag gemacht werden. Nach voller Zahlung kann eine Schuld nur abgezogen werden, soweit die Geltendmachung von Ansprüchen zu befürchten ist.

Für vertragliche Garantien kann ein geschätzter Betrag als Verbindlichkeit eingesetzt werden; der häufig sog. Garantiefonds ist insoweit echte eventuelle Schuld, keine Reserve.

37. **Beschränkte Haftung.** Verbindlichkeiten, die nur aus dem Reingewinn zu tilgen sind, erscheinen an sich nicht in der Bilanz, da diese die Verteilung des Reingewinns noch nicht enthält (N. 32). Sie sind aber bei der Feststellung des steuerpflichtigen Vermögens zu berücksichtigen.

Verbindlichkeiten, für die der Schuldner nur mit bestimmten Teilen seines Vermögens haftet, brauchen nicht nur mit dem Wert des verhafteten Vermögensteils angesetzt werden, sondern in voller Höhe. Der Gläubiger braucht aber nur den dem Wert der verhafteten Vermögensteils entsprechenden Betrag als Aktivum einzusetzen.

38. **Vermögensfeststellung bei Unternehmern ohne Bilanzen.** Steuerlich kommt es nicht nur auf die Bilanzpflicht an, sondern auch auf die tatsächliche Führung der Bücher. Ein bilanzpflichtiger Kaufmann, der keine Bilanz vorlegen kann, hat die oben angegebenen Nachteile zu gewärtigen (N. 21). Dagegen kann sich ein nicht bilanzpflichtiger Kaufmann die Vorteile des Bücherbeweises (N. 22) durch Führung ordnungsmäßiger Handelsbücher verschaffen (§ 208 RAO.). Führt ein nicht bilanzpflichtiger Kaufmann keine Bücher und Bilanzen, so ist der Umfang seines Betriebsvermögens im allgemeinen nach denselben Grundsätzen zu ermitteln, nach denen die Aufnahme in die Bilanz stattzufinden hätte (N. 29 bis 37).

Sonstiges Vermögen.

§ 9 VermStG.

Als sonstiges Vermögen (§ 6 Nr. 3) kommen insbesondere, soweit die einzelnen Vermögensgegenstände nicht unter § 6 Nr. 1, 2, § 7 fallen, in Betracht:

1. selbständige Rechte und Gerechtigkeiten;
2. verzinsliche und unverzinsliche Kapitalforderungen jeder Art;
3. Aktien oder Anteilscheine, Kuxe, Geschäftsguthaben bei Genossenschaften, Geschäftsanteile und andere Gesellschaftseinlagen;
4. bares Geld deutscher Währung, fremde Geldsorten, Banknoten und Kassenscheine sowie Edelmetalle, Edelsteine und Perlen;
5. der Kapitalwert der Rechte auf Renten und andere wiederkehrende Nutzungen und Leistungen, die dem Berechtigten auf seine Lebenszeit

oder auf die Lebenszeit eines anderen, auf unbestimmte Zeit oder auf die Dauer von mindestens zehn Jahren entweder vertragsmäßig als Gegenleistung für die Hingabe von Vermögenswerten oder aus letztwilligen Verfügungen, Schenkungen oder Familienstiftungen oder vermöge hausgesetzlicher Bestimmungen zustehen;

6. noch nicht fällige Ansprüche aus Lebens- und Kapitalversicherungen oder Rentenversicherungen, aus denen der Berechtigte noch nicht in den Rentenbezug eingetreten ist. Auf Rentenversicherungen, die mit Rücksicht auf ein Arbeits- oder Dienstverhältnis abgeschlossen worden sind, findet diese Vorschrift keine Anwendung;
7. Gegenstände aus edlem Metall, Schmuck- und Luxusgegenstände, sofern der Anschaffungspreis für den einzelnen Gegenstand 10 000 M und darüber betragen hat;
8. Kunstgegenstände und Sammlungen, sofern sie nach dem 31. Juli 1914 angeschafft sind und der Anschaffungspreis für den einzelnen Gegenstand 20 000 M und darüber oder für mehrere gleichartige oder zusammengehörige Gegenstände 200 000 M und darüber betragen hat und sofern sie nicht von lebenden oder seit fünfzehn Jahren verstorbenen deutschen Künstlern geschaffen sind.

Mat.: RegE. § 10; Begr. S. 18; AusschBer. S. 23 bis 25, 55 bis 57; vgl. RNOG. §§ 9, 12.

1. Begriff.
2. Verhältnis des § 9 zu § 10 VermStG.
3. Zu Ziffer 1.
4. Zu Ziffer 2.
5. Zu Ziffer 3.
6. Zu Ziffer 4.
7. Zu Ziffer 5.
8. Zu Ziffer 6.
9. Zu Ziffer 7.
10. Zu Ziffer 8.

1. Begriff. Die bisherigen Reichssteuergesetze stellten neben das Grund- und das Betriebsvermögen das Kapitalvermögen, so noch § 6 RNOG. Zur Vermeidung einengender Auslegung (z. B. hinsichtlich des Anspruchs auf rückständige Zinsen) ist statt dessen die Bezeichnung „sonstiges Vermögen" gewählt, um auszudrücken, daß alles Vermögen hierunter fällt, das nicht Grund- oder Betriebsvermögen ist (Begr. S. 18).

2. Verhältnis des § 9 zu § 10 VermStG. § 9 enthält unter acht Ziffern die nicht erschöpfende Aufzählung der Gegenstände, die — sofern sie nicht zu einem Grund- oder Betriebsvermögen gehören — als sonstiges Vermögen in Betracht kommen. Bei einzelnen Gegenständen sind aber Bedingungen zugefügt (Ziff. 5 bis 8), von denen die Zugehörigkeit zum sonstigen Vermögen abhängt. Ist die Bedingung nicht erfüllt, so gehören diese Gegenstände, da sie nach der allgemeinen Voraussetzung schon nicht zum Grund- oder Betriebsvermögen gehören, überhaupt nicht zum steuerbaren Vermögen. In-

sofern bilden die Ziff. 5 bis 8 in dem negativen Teil ihres Inhalts eine Ergänzung zu der in § 10 enthaltenen Aufzählung der nicht steuerbaren Vermögensgegenstände.

3. **Zu Ziff. 1.** Selbständige Rechte und Gerechtigkeiten i. S. der Ziff. 1 sind alle Rechte, die

a) überhaupt zum Vermögen gehören,
b) nicht zum Grund- und Betriebsvermögen gehören,
c) nicht unter § 9 Ziff. 2, 5, 6 oder unter § 10 fallen.

Zu a. Vgl. N. 4 bis 9 zu § 6 und N. 31 zu § 8 VermStG. Nicht hierunter fallen also insbesondere höchstpersönliche Rechte, Familienrechte und dergl.

Zu b. Vgl. N. 7 und 10 zu § 7, N. 6, 8, 10, 31 zu § 8. Nicht hierunter fallen also insbesondere die subjektiv-dinglichen und die grundstücksgleichen Rechte. Dagegen gehören hierher die subjektiv-persönlichen Rechte an Grundstücken, die nicht grundstücksgleich sind und nicht zu einem Betriebsvermögen gehören, reichsrechtlich also nur die beschränkten persönlichen Dienstbarkeiten, sofern sie nicht unter Ziff. 5 fallen, dagegen nicht der Nießbrauch und die subjektiv-persönlichen Reallasten, die unter Ziff. 5 fallen. Ferner die unter den gewerblichen Rechtsschutz fallenden Rechte (Patent-, Gebrauchsmuster-, Geschmacksmusterrechte) und die sog. geistigen Eigentumsrechte (Urheber-, Verlagsrechte); alle diese, sofern sie nicht noch Persönlichkeitsrechte sind (N. 5 zu § 6 VermStG.), frei übertragbar sind und nicht zu einem Betriebsvermögen gehören. Warenzeichenrechte können nur zu einem Betriebsvermögen gehören.

Zu c. Aus der ausdrücklichen Hervorhebung von Ziff. 2 folgt, daß obligatorische Ansprüche nicht unter Ziff. 1 fallen, ebensowenig rein dingliche Kapitalforderungen, wie Grundschulden. Familienrechtliche Ansprüche gehören überhaupt nicht zum steuerbaren Vermögen, ebensowenig Erbrechte als solche. Einzelne auf dem Erbrecht beruhende Ansprüche können unter Ziff. 2 oder Ziff. 5 fallen, aber nie unter Ziff. 1 (abw. ohne Begründung v. Breunig - v. Lewinski S. 87). Rechte, die unter Ziff. 5 oder 6 oder unter § 10 fallen, sind auch dann keine Rechte nach Ziff. 1, wenn die negativen Bedingungen dieser Fälle vorliegen (vgl. N. 2); z. B. fallen Rechte auf wiederkehrende Leistungen auch dann nicht unter Ziff. 1, wenn sie nur auf neun Jahre eingeräumt sind; dies gilt insbesondere auch vom Nießbrauch, der Rentenschuld und der Reallast.

4. **Zu Ziff. 2.** Kapitalforderungen sind alle Forderungen, wenn sie gehen

a) auf Geldleistung und
b) auf Kapitalleistung.

Zu a. Geldleistungen sind alle in Geld ausgedrückten Leistungen, bei denen das Geld nur als Maßstab, nicht als Ware in Betracht kommt; die Währung ist gleichgültig. Forderungen auf andere

Leistungen, z. B. auf Lieferung von Aktien, fremden Geldsorten, Möbeln, sind in § 9 nicht ausdrücklich erwähnt. Sie gehören zum steuerbaren sonstigen Vermögen unter zwei Voraussetzungen:

1. daß sie nicht von einer Gegenleistung abhängig sind. Der Anspruch eines Privatmanns aus seinem Einkauf, wenn er noch nicht bezahlt hat, ist nicht „Vermögen", jedenfalls nicht steuerbar;

2. daß der Gegenstand der Leistung die Lieferung eines steuerpflichtigen Gegenstandes ist, also insbesondere daß es sich nicht um Hausrat oder sonstige bewegliche Sachen handelt, außer den nach § 9 Ziff. 2, 3, 4, 5, 7 und 8 steuerpflichtigen. Wer einen Schrank oder Eßvorräte für den Hausstand kauft und vor dem Stichtag bezahlt hat, braucht den Lieferungsanspruch nicht zu versteuern. Anders dagegen bei Kauf und Vorausbezahlung von Aktien, Sorten, Edelsteinen, Patenten usw. Bewegliche Sachen, die unter Ziff. 2 und 5 fallen, sind diejenigen Wertpapiere, die Kapital- oder Rentenforderungen verbriefen, aber wie bewegliche Sachen behandelt werden, d. h. Inhaberobligationen (s. zu b und N. 7). Steuerfrei sind schließlich alle Forderungen auf Arbeitsleistungen und dergl.

Zu b. Forderungen auf Kapitalleistungen sind diejenigen Forderungen, die aus Kapitalsanlagen herrühren, also Darlehen, auch Hypothekendarlehen, Grundschulden, Forderungspapiere aller Art, wie Obligationen, Wechsel, Schecks, kaufmännische Verpflichtungsscheine, Guthaben aller Art, die Kapitalanlagen sind, wie Bankguthaben, Sparkasseneinlagen, Geschäftsguthaben bei eingetragenen Genossenschaften, Einlagen des stillen Gesellschafters (Mrozek, Anm. 2 zu § 143 RAO.), nicht aber das Guthaben aus einem Umtausch, für das andere Waren bei demselben Kaufmann gekauft werden müssen, wenn die Waren nicht steuerpflichtig sind (s. zu a). Steuerfrei sind kraft besonderer Vorschrift die Papiere der Sparprämienanleihe (RGBl. 1920 S. 1492). — Nicht gehören hierher die Forderungen, die auf wiederkehrende Leistungen gehen (Ziff. 5), die laufend aus sog. Zustandsobligationen (Miet-, Pacht-, Anstellungs-, Dienstverträge) entstehen, ferner die laufenden Nebenansprüche, besonders auf Zinsen (vgl. Strutz, N. 8 zu § 9 VermStG.), und Ansprüche aus gegenseitigen Geschäften, die beiderseits unerfüllt sind. Die laufende Forderung auf Entgelt für Arbeit (Lohn, Gehalt) gehört nicht hierher, weil der Anspruch auf Einkommen geht, nicht auf Kapital. Alle diese Ansprüche können Kapitalforderungen werden, wenn sie zu dem Zwecke, sie als Kapitalanlage beizubehalten, rückständig belassen werden (ähnlich Strutz a. a. O.; v. Breunig - v. Lewinski S. 87). Ansprüche aus Umsatzgeschäften, z. B. Kaufpreisansprüche nach erfolgter Lieferung, gehören nur dann hierher, wenn der verkaufte Gegenstand zum steuerbaren Vermögen gehörte; beim Verkauf von Hausrat z. B. vermehrt sich das steuerbare Vermögen erst, wenn das Geld eingeht.

Ansprüche auf Kapitalleistungen sind ferner die Ansprüche aus den einseitigen Verträgen, wie Schenkung, Bürgschaft, ferner die Ansprüche aus ungerechtfertigter Bereicherung (§§ 812 ff. BGB.) und aus unerlaubten Handlungen (§§ 823 ff. BGB.), soweit sie auf Geldleistungen, die nicht wiederkehrende Leistungen sind, gehen. Noch nicht geschuldete bewirkte Vorausleistungen werden nur dann wie Kapitalforderungen zu behandeln sein, wenn sie zum Zwecke der Steuerumgehung bewirkt sind (§ 5 RAO.), z. B. wirtschaftlich nicht begründete langjährige Vorauszahlungen auf die Miete. Vorauszahlungen auf steuerfreie Gegenstände, z. B. bestellten Hausrat, sind nicht steuerbar (abw. v. Breunig-v. Lewinski S. 88, wie hier Thümen VermStG. S. 103), außer in den Fällen des § 5 RAO.

5. Zu Ziff. 3. Aktien sind hier die Anteilsrechte an Aktien- und Aktienkommanditgesellschaften, gleichgültig, ob Aktienurkunden, Interimsscheine oder keine Urkunden ausgegeben sind. Den deutschen Gesellschaften stehen die entsprechenden ausländischen gleich, also insbesondere die sociétés anonymes und die companies limited by shares. Anteilscheine gibt es bei der Reichsbank, bei Kolonialgesellschaften, bei gewissen ausländischen Aktiengesellschaften, ferner bei manchen deutschen Gesellschaften oder Vereinen mit wirtschaftlichem Geschäftsbetrieb, die ähnlich wie Aktiengesellschaften organisiert sind, z. B. bei Bohrgesellschaften. Kuxe sind die sog. mobilen Kuxe; die immobilen Kuxe des alten Rechts gehören zum Grundvermögen (§ 7). Geschäftsguthaben bei Genossenschaften sind nur die bei eingetragenen Genossenschaften des Genossenschaftsgesetzes von 1898; maßgebend sind die Guthaben gemäß § 19 GenG., nicht die Geschäftsanteile nach § 7 Ziff. 2 GenG. Geschäftsanteile sind die Anteile an einer G. m. b. H. Gesellschaftseinlagen sind nur die bei Gesellschaften, die ähnlich wie die zuvor aufgeführten organisiert sind, also z. B. die Einzahlungen auf den Gründungsfonds eines Versicherungsvereins auf Gegenseitigkeit (§ 22 G. v. 12. Mai 1901); nicht hierher gehören die Einlagen der Teilhaber einer offenen Handels- oder einer Kommanditgesellschaft, der persönlich haftenden Gesellschafter einer Aktienkommanditgesellschaft oder einer Reederei, da sie zum Betriebsvermögen gehören (N. 11 c zu § 8 VermStG.). Die Einlage des stillen Gesellschafters fällt unter Ziff. 2. Genußscheine gehören hierher, wenn sie Anteilsrechte am Gesellschaftsvermögen verbriefen (OVGSt. **17** 319); andernfalls können sie unter Ziff. 2 oder unter Ziff. 5 fallen.

6. Zu Ziff. 4. Bares Geld sind alle Geldzeichen, einschließlich Notgeld, aber nicht Brief- und Stempelmarken (abw. Thümen VermStG. S. 105). Edelmetalle sind Gold, Silber, Platin und die wegen ihrer Seltenheit noch wertvolleren Metalle, z. B. Radium. Edelsteine sind die im Verkehr als solche angesehenen Steine, natürliche und künstliche. Perlen sind echte und die unechten, die einen den Edelsteinen und Perlen ähnlichen

Wert haben. Edelmetalle, Edelsteine und Perlen gehören hierher nur, wenn sie nicht unter Ziff. 7 oder 8 gehören, also nur im unverarbeiteten Zustande, sofern sie nicht zu einer nach Ziff. 8 steuerfreien Sammlung gehören.

7. **Zu Ziff. 5.** Rechte auf wiederkehrende Bezüge.

a) Begriff. Rechte auf wiederkehrende Nutzungen und Leistungen sind diejenigen, bei denen die wiederkehrenden Bezüge den Hauptinhalt des Rechts bilden, also weder Nebenleistungen sind, wie Zinsen, noch Entgelt für laufende oder dauernde Leistungen, wie Mietzins, Lohn und dergl. Renten i. S. von Kapitalrenten oder Grundrenten gehören daher nicht zu den Renten i. S. der Ziff. 5. Gleichgültig ist der Gegenstand des Bezugs: Geld, wie bei Apanagen, Naturalien, wie bei Altenteilen, Sachgebrauch wie beim Nießbrauch, sowie der rechtliche Charakter des Rechts: schuldrechtlich, wie Leibrenten, oder sachenrechtlich, wie Rentenschulden, Nießbrauchsrechte oder persönliche Reallasten.

b) Voraussetzungen. Der Kapitalwert des Rechts ist nur dann steuerbar, wenn gewisse Voraussetzungen hinsichtlich der Dauer und des Rechtsgrunds vorliegen.

1. Dauer. Das Recht muß auf Lebenszeit des Berechtigten oder eines Dritten, auf unbestimmte Zeit oder auf die Dauer von mindestens zehn Jahren bestellt sein. Die zehnjährige Frist wird nach der herrschenden Ansicht (OVGSt. **17** 432; Strutz, KrStG. S. 104; v. Breunig - v. Lewinski S. 91; Thümen VermStG. S. 105) vom Tage der Entstehung des Rechts an gerechnet. Diese Auslegung widerspricht dem Wortlaut des Gesetzes, denn eine elfjährige Rente, von der neun Jahre am Stichtage abgelaufen sind, ist kein Recht, das dem Berechtigten am Stichtag auf die Dauer von mindestens zehn Jahren zusteht. Diese Frist ist daher, ebenso wie unstreitig die für die Bewertung maßgebende Zeit, vom Stichtag an zu rechnen (s. unten zu §§ 144 bis 146 RAO.). Rechte auf Lebenszeit oder auf unbestimmte Zeit gehören nicht hierher, wenn die Zeit bestimmt kürzer ist als zehn Jahre, z. B. Renten bis zum Tode oder bis zur Verheiratung, höchstens aber vom 16. bis 24. Jahre. Stirbt der Rentenberechtigte vor Ablauf von zehn Jahren nach dem Stichtage, so ist die Veranlagung gemäß § 214 Abs. 2 RAO. zu berichtigen. Für lebenslängliche Renten gilt die Sondervorschrift des § 145 Abs. 3 RAO. (s. unten).

2. Als Rechtsgrund kommen in Frage: vertragliche Gegenleistung oder einseitige Zuwendung durch letztwillige Verfügung, durch Schenkung, Familienstiftung oder Hausgesetz. Ausgeschlossen sind hiernach alle Rechte, die unmittelbar auf dem Gesetz beruhen, sei es auf Familienrecht, wie das elterliche und das ehemännliche Nutznießungsrecht und die gesetzlichen Unterhaltsansprüche von Kindern einschließlich der unehelichen von Vorfahren, Ehegatten, auch des geschiedenen, sei es auf unerlaubter Handlung, wie die Renten wegen Tötung oder Körperverletzung (§§ 843 ff. BGB.;

vgl. § 10 Ziff. 7 VermStG.), sei es auf Landesgesetz, wie die Apanagen der ehemals regierenden Familien (ebenso Strutz, N. 32 zu § 9 VermStG.; abw. v. Breunig-v. Lewinski S. 91).

3. Vertragliche Gegenleistung liegt vor, wenn der Berechtigte oder derjenige, der die Rente vereinbart hat, einen Vermögenswert hingegeben hat. Die Hingabe muß sich aber in der einmaligen Leistung erschöpfen, z. B. bei dem Einkauf in eine Rentenversicherung (das Recht entsteht aber erst durch Eintritt des Versicherungsfalls; s. N. 8; s. auch Ziff. 1 und 2 zu § 10) oder beim Verkauf eines Patents gegen eine Rente; dagegen liegt bei der Lizenzerteilung, auch bei der sog. dinglichen Lizenz (vgl. Seligsohn, Patentgesetz N. 9 zu § 6; Isay, Patentgesetz N. 20 zu § 6), die Einräumung eines dauernden Rechts vor, ähnlich wie bei der Verpachtung. Vertragliche Gegenleistung liegt vor bei den Abfindungsrenten für den Verzicht auf irgendwelche bestehenden Rechte.

4. Letztwillige Verfügungen. Gemeint sind alle Verfügungen von Todes wegen, also nicht nur Testamente, sondern auch Erbverträge. Die Ungenauigkeit findet sich seit dem preußischen ErgStG. fortlaufend in den Steuergesetzen (vgl. Fernow, ErgStG. S. 81 und OVGSt. **13** 357), ebenso in § 138 Abs. 2 RAO. (s. N. 7 zu § 138). — Die Steuerpflicht wird durch Auflagen nicht beseitigt; über deren Abzug s. § 11 Ziff. 1.

5. Schenkung. Gemeint ist wohl jede unentgeltliche Zuwendung. Wird als Ausstattung eine Rente gewährt, so ist sie in angemessener Höhe nicht Schenkung (§ 1624 BGB.) und daher nicht steuerbar. Der ausstattende Vater dagegen kann sie bei sich nach § 11 Ziff. 1 abziehen (abw. v. Breunig-v. Lewinski S. 91 und für das BesStG. OVGSt. **18** 304). § 3 Abs. 5 ErbschStG. ist hier unerheblich, da es sich in § 9 Ziff. 5 VermStG. um den bürgerlich-rechtlichen Begriff der Schenkung handelt, nicht um den im Sinne des ErbschStG. Wegen Auflagen s. zu 4.

6. Familienstiftungen sind streng genommen nur rechtsfähige Stiftungen i. S. der §§ 80 ff. BGB., die im wesentlichen für die Zwecke einer bestimmten Familie oder bestimmter Familien bestimmt sind (vgl. Art. 1 PrAG. z. BGB.). Man wird aber auch unselbständige Familienstiftungen hierher rechnen müssen, die einer andern juristischen Person angegliedert oder einem Treuhänder übertragen sind (N. 16 zu § 6 VermStG.), sowie rechtsfähige und nicht rechtsfähige Familienvereine.

7. Hausgesetze sind die bis zur Revolution anerkannten Familiengesetze der regierenden und mediatisierten Familien. Daß diese Hausgesetze in Preußen nach dem Gesetz vom 23. Juni 1920 (Gesetzsamml. S. 367) in Fortfall kommen sollen, ist im wesentlichen noch nicht aktuell.

c) Wegen der Bewertung s. unten bei §§ 144 bis 146 RAO.

8. Zu Ziff. 6. Unter Ziff. 6 fallen die Versicherungen auf Kapital oder Renten, wenn die Auszahlung im Falle eines bestimmten Er-

eignisses, aber nicht zur Abgeltung eines Schadens erfolgen solle. Hierher gehören Versicherungen auf den Todesfall und auf den Erlebensfall mit all ihren Arten und Kombinationen, ferner Aussteuerversicherungen. Ansprüche gegen Sterbekassen nur insofern, als der zu zahlende Betrag die sog. Todesfallkosten, d. h. die Kosten der Beerdigung und dergl., erheblich übersteigt oder wenn die Versicherung frei verwertbar ist (OVG.St **16** 361). Ausgeschlossen ist die Schadenversicherung einschließlich Haftpflicht- und Unfallversicherung, die Rentenversicherung für Arbeiter und Angestellte (Ziff. 6 Satz 2), die Ansprüche an Pensionskassen und dergl. (§ 10 Ziff. 1) und aus reichsgesetzlicher Versicherung (§ 10 Ziff. 2).

Noch nicht fällig ist der Anspruch, solange der Versicherungsfall noch nicht eingetreten, evtl. solange eine vorgesehene Karenzzeit noch nicht abgelaufen ist. Nach Fälligkeit fallen die Ansprüche unter Ziff. 2 oder Ziff. 5. Das Rentenrecht nach Eintritt des Versicherungsfalls ist möglicherweise nach Ziff. 5 steuerpflichtig. Der Anspruch auf die Versicherungssumme nach Eintritt des Versicherungsfalls fällt unter Ziff. 2.

Steuerpflichtig ist derjenige, der nach den Versicherungsbedingungen bis zur Fälligkeit verfügungsberechtigt ist, bei Versicherungen zugunsten eines Dritten also der Dritte nur dann, wenn er ausnahmsweise (§§ 328, 331 BGB.) schon vor der Fälligkeit ein unentziehbares Recht erlangt hat.

Wegen der Bewertung s. N. 4 zu § 143 RAO.

9. Zu Ziff. 7. a) Begriff.

1. Gegenstände aus edlem Metall. Wegen des Begriffs Edelmetall s. N. 6. Legierungen gehören hierher, wenn nicht der Feingehalt minimal ist. Vergoldung, Versilberung usw. gehört nicht hierher, doch wird der Gegenstand dann meist ein Schmuck- oder Luxusgegenstand sein. Bei zusammengesetzten Gegenständen kommt es darauf an, ob für den Wert der Teil aus Edelmetall eine entscheidende Rolle spielt; der silberne Zeiger einer Stahluhr macht diese nicht zu einem Gegenstand aus Edelmetall.

2. Schmuckgegenstände sind Gegenstände, die bestimmt sind, zur Befriedigung des Putzbedürfnisses am menschlichen Körper getragen zu werden, und die wegen ihres Materials oder ihrer Ausgestaltung einen im Verhältnis zu ihrem Umfange bedeutenden Wert haben. Nicht hierher gehören wegen ihrer anderen Zweckbestimmung die zum dauernden Gebrauch bestimmte Taschenuhr, auch wenn sie aus Gold ist, die Eheringe, wegen ihrer Größe z. B. Pelze. Oft werden aber wertvolle Gegenstände, bei denen es zweifelhaft ist, ob sie Schmuckgegenstände sind, Luxusgegenstände sein.

3. Luxusgegenstände sind Gegenstände von nicht unerheblichem Wert, die weder zum Gebrauch oder Verbrauch dienen oder die „ein

praktisches Bedürfnis mit einem unnötigen Aufwand befriedigen" (so Thümen VermStG. S. 107). Die Frage des Bedürfnisses ist nach subjektiven Merkmalen zu entscheiden, die des Werts nach objektiven (abw. Thümen a. a. O.). Wagen und Pferd des Gelähmten sind an sich nicht Luxus; ist das Pferd aber objektiv ein Luxustier, so ist es gleichgültig, wie die wirtschaftlichen Verhältnisse des Besitzers sind. Im übrigen entscheidet die Verkehrsanschauung; teure Gegenstände sind nicht an sich Luxusgegenstände. Kleidung und Hausrat sind nicht Luxusgegenstände, auch nicht wenn sie kostbar sind, sofern sie nur ein wirkliches praktisches Bedürfnis befriedigen, d. h. als Kleidung und als Einrichtungsgegenstände benutzt werden. Gegenstände, die unter Ziff. 8 fallen, können nicht nach Ziff. 7 steuerbar sein, auch wenn die besonderen Voraussetzungen der Z. 8 nicht vorliegen.

b) Voraussetzungen. Der einzelne Gegenstand muß für einen Anschaffungspreis von 10 000 M. erworben sein. Für Ziff. 7 ist der Unterschied zwischen altem und neuem Besitz, im Gegensatz zu Ziff. 8, nicht gemacht. Eine gewisse Unterscheidung liegt aber darin, daß der Anschaffungspreis für die Friedenszeit nach Goldmark, für die Nachkriegszeit in Papiermark berechnet wird, ferner in dem Erfordernis eines Anschaffungspreises überhaupt, weil dadurch ererbte und geschenkte Gegenstände mangels eines Anschaffungspreises nicht steuerbar sind. Für diese Auffassung spricht auch die Erklärung des Regierungsvertreters (AusschBer. S. 56), daß der Besitz von Gegenständen mit einem Anschaffungspreis von mehr als 10 000 M. die steuerliche Leistungsfähigkeit beweise; für ererbte und geschenkte Gegenstände trifft dies nicht zu. Bei eingetauschten Gegenständen entscheidet der Anschaffungspreis des fortgegebenen.

10. Zu Ziff. 8. a) Begriff.

1. **Kunstgegenstände** sind Erzeugnisse der bildenden Kunst und des höheren, an die Kunst angrenzenden Kunstgewerbes.

2. Sammlungen sind Mehrheiten von Gegenständen, deren Zusammenfassung auf einem einheitlichen wissenschaftlichen oder künstlerischen Interesse oder auf Liebhaberei beruht und die nicht oder doch in erster Reihe nicht verwertet, sondern behalten werden sollen. Austauschungen sind unerheblich, ebenso gelegentliche, nicht bestimmungsgemäße Verkäufe.

b) Voraussetzungen.

1. Es muß ein Anschaffungspreis vorhanden sein. Daher scheiden ererbte und geschenkte Gegenstände aus (oben zu Ziff. 9), ferner die Kunstgegenstände im Besitz des Künstlers. Unrichtig ist die Zurechnung zum Betriebsvermögen seitens des Regierungsvertreters (AusschBer. S. 56), da ein Künstler kein Gewerbe betreibt (s. oben N. 11 zu § 8). Aus dem gleichen Grunde gehören auch nicht — wie Strutz, N. 8 zu § 10 VermStG., will — die vom **Künstler** zum Verkauf bestimmten Kunstwerke zum steuer-

baren Vermögen; sie rühren nicht „aus dem Betriebe" her (§ 8 Abs. 2), da der Künstler keinen Betrieb hat.

2. Die Anschaffung muß nach dem 31. Juli 1914 erfolgt sein. Anschaffung ist das obligatorische Geschäft, auf dem der Erwerb beruht. Ist das Kunstwerk vor dem 1. Aug. 1914 bestellt, aber danach geliefert, so ist es steuerfrei.

3. Der Anschaffungspreis muß 20 000 M. für den einzelnen oder 200 000 M. für gleichartige oder zusammengehörige Gegenstände betragen haben. Was gleichartig oder zusammengehörig ist, entscheidet die Verkehrsauffassung. Gleichartigkeit kann auf Form, Material oder Bestimmung beruhen (Thümen VermStG. S. 108), Zusammengehörigkeit auf Inhalt, z. B. bei sog. Pendants, oder auf Zweckbestimmung, z. B. Bild mit Rahmen. Bei dem Erwerb einer ganzen Sammlung kommt es nur auf den Gesamtpreis an, der mindestens 200 000 M. betragen muß.

c) Ausnahme. Werke lebender oder seit 15 Jahren verstorbener deutscher Künstler sind steuerfrei. Die Frist wird vom Stichtag der Steuer, also vom 31. Dez. 1922 an gerechnet, beginnt also mit dem 1. Jan. 1908. Deutsche Künstler sind außer den reichsdeutschen Künstlern alle Künstler deutscher Kultur, nicht der künstlerischen, sondern der allgemeinen Kultur, also alle Künstler deutscher Muttersprache, insbesondere Deutsch-Österreicher, Deutsch-Böhmen, Balten, Deutsch-Elsässer, Deutsch-Schweizer. Ausgenommen sind die, die aus der deutschen Kulturwelt ausgeschieden sind.

Steuerfreie Vermögensgegenstände.

§ 10 VermStG.

Zum steuerbaren Vermögen gehören nicht:

1. Ansprüche an Witwen-, Waisen- und Pensionskassen;
2. Ansprüche aus einer reichsgesetzlichen Versicherung jeder Art sowie aus einer nicht reichsgesetzlichen Kranken- oder Unfallversicherung;
3. Ansprüche auf Renten und ähnliche Bezüge, die mit Rücksicht auf ein früheres Arbeits- oder Dienstverhältnis gewährt werden;
4. Ansprüche auf Renten, Pensionen und ähnliche Bezüge, die nach den Militärversorgungsgesetzen, dem Reichsversorgungsgesetze, dem Kapitulantenentschädigungsgesetze, dem Offizierentschädigungsgesetz oder den Beamtenpensionsgesetzen gezahlt werden;
5. Hausrat und andere bewegliche körperliche Gegenstände, sofern sie nicht zum Betriebsvermögen gehören oder Zubehör eines Grundstücks oder im § 9 besonders aufgezählt sind;
6. Vermögensbeträge, die für ausschließlich gemeinnützige oder Wohlfahrtszwecke zurückgelegt sind und deren Verwendung nach Substanz und Ertrag zu solchen Zwecken gesichert ist;

7. der Anspruch auf eine Kapitalabfindung, die als Entschädigung für den durch Körperverletzung oder Krankheit herbeigeführten gänzlichen oder teilweisen Verlust der Erwerbsfähigkeit dem Steuerpflichtigen zusteht; das gleiche gilt für den Anspruch auf eine Kapitalabfindung, die den Hinterbliebenen eines im Sinne des vorhergehenden Satzes Geschädigten auf Grund dieser Schädigung gewährt wird;
8. der Anspruch auf Kapitalabfindungen, auf einmalige Abfindungssummen und auf einmalige Kapitalabfindungen nach den Militärversorgungsgesetzen, dem Reichsversorgungsgesetze, dem Kapitulantenentschädigungsgesetze, dem Offizierentschädigungsgesetz oder den Beamtenpensionsgesetzen;
9. die im § 9 des Reichsausgleichsgesetzes vom 24. April 1920 (RGBl. S. 597) und die im § 8 des Gesetzes über Enteignungen und Entschädigungen aus Anlaß des Friedensvertrages zwischen Deutschland und den alliierten und assoziierten Mächten vom 31. August 1919 (RGBl. S. 1527) bezeichneten Ansprüche sowie die Ansprüche aus dem Verdrängungsschädengesetze vom 28. Juli 1921 (RGBl. S. 1021), aus dem Kolonialschädengesetze vom 28. Juli 1921 (RGBl. S. 1031) und aus dem Auslandsschädengesetze vom 28. Juli 1921 (RGBl. S. 1038).

Mat.: RegE. § 11; Begr. S. 18; AusschBer. S. 25 bis 27, 57 bis 62; vgl. RNOG. §§ 10, 11.

1. Stellung des § 10 im System des Gesetzes. § 10 behandelt die steuerfreien Vermögensgegenstände, im Gegensatz zu den §§ 11 und 12, welche die zahlenmäßigen Abzüge von dem steuerbaren Vermögen behandeln. Dieser Unterschied ist wichtig besonders wegen des Verhältnisses von § 10 Ziff. 6 zu § 12 Ziff. 2. Unerheblich ist hier, ob die einzelnen Gegenstände zum Grund-, Betriebs- oder sonstigen Vermögen gehören, allerdings mit gewissen Einschränkungen. Die Ansprüche in Ziff. 1 bis 4, 7 und 8 können nur als Teile des sonstigen Vermögens entstehen, verlieren ihre Natur aber nicht durch Übergang in ein Grund- oder Betriebsvermögen infolge Abtretung. Die unter Ziff. 5 fallenden Sachen können nur zum sonstigen Vermögen gehören. Die Gegenstände unter Ziff. 6 und 9 können zum Grund-, Betriebs- oder sonstigen Vermögen gehören. Der Vorwurf der Systemlosigkeit bei Thümen, N. 1 zu § 10, erscheint daher unbegründet. — Vgl. ferner N. 2 zu § 9 VermStG.

2. Inhalt des § 10 im allgemeinen. § 10 führt auf:

a) unter Ziff. 1 bis 4: Ansprüche auf Bezüge mit Rücksicht auf frühere oder bestehende Dienstverhältnisse. Die Aufzählung ist nicht überflüssig (abw. Thümen S. 111). Der einzelne Anspruch wird zwar meist steuerfrei sein, weil er keine Kapitalforderung ist (N. 4 b zu § 9). Der Kapitalwert der Renten könnte aber unter § 9 Ziff. 5 fallen, so bei Ziff. 1 und 2, weil Einzahlungen geleistet, also Vermögenswerte hingegeben sind, bei Ziff. 3, weil die Bezüge auf Testament beruhen können. Nur Ziff. 4 war wirklich überflüssig (vgl. Strutz, N. 6 zu § 10 VermStG.). Alle diese Ansprüche sind steuerfrei, auch wenn die Voraussetzungen in § 9 Ziff. 5 und 6 vorliegen (vgl. FME. vom 13. Sept. 1920 zum RNOG., RStBl. S. 549);

b) unter Ziff. 5: Hausrat und andere bewegliche Sachen;

c) unter Ziff. 6: Wohlfahrtsfonds;

d) unter Ziff. 7 bis 9: gewisse Kapitalabfindungen. Ihre Steuerfreiheit beruht bei Ziff. 7 darauf, daß sie einen Schaden an der Persönlichkeit ausgleichen sollen, bei Ziff. 8 darauf, daß nur das ausgezahlte Kapital gerechterweise als Gegenstand der Besteuerung behandelt werden kann, bei Ziff. 9 auf der anderweiten Regelung der Besteuerung.

3. Zu Ziff. 1. Witwen-, Waisen- und Pensionskassen sind die Kassen, die Renten, nicht Kapital, auszahlen und nicht der Allgemeinheit, sondern nur einem bestimmten Mitgliederkreis zugänglich sind, den Angestellten eines Unternehmens oder den zu einem Verein zusammengeschlossenen Angehörigen eines Berufs, z. B. die Kassen der Anwalts-, Ärzte-, Künstlervereine. Vgl. v. Breunig - v. Lewinski S. 93. Abw. für das Notopfer der FME. vom 13. Sept. 1920, nach dem nur die Kassen gemeint sind, bei denen die Bezüge auf einem Dienst- oder Arbeitsverhältnis beruhen. So auch Strutz für das VermStG. in N. 2 zu § 10. Die Einschränkung fand im RNOG. und findet im VermStG. keine Stütze.

Die Natur der Kasse (öffentliche oder private, freiwillige oder Zwangskasse), der Entstehungsgrund, die Beitragspflicht der Mitglieder sind unerheblich.

4. Zu Ziff. 2. Reichsgesetzliche Versicherung ist die nach der RVO. vom 19. Juli 1911 und nach dem AngestelltenversG. vom 20. Dez. 1911. Reichsgesetzlich anerkannte Ersatzversicherungen werden meist auch unter Ziff. 1 oder Ziff. 3 fallen und in den übrigen Fällen als reichsgesetzliche anzusehen sein (abw. v. Breunig - v. Lewinski S. 94).

5. Zu Ziff. 3. Dienst- oder Arbeitsverhältnisse i. S. der Ziff. 3 sind Beziehungen von nicht unerheblicher Dauer, gerichtet auf Leistung von Arbeit jeglicher Art. Eine einmalige Leistung begründet kein Dienstverhältnis. Der Rentenverpflichtete muß nicht gerade der frühere Dienstberechtigte sein, die Rente kann auch von einer ihm nahestehenden Person

oder Unternehmung gewährt werden. Rentenberechtigt kann der sein, der im Arbeitsverhältnis gestanden hat, oder seine Hinterbliebenen. Die Höhe der Rente muß der Art des Dienstverhältnisses einigermaßen entsprechen, sonst fällt für den Überschuß die Rente unter § 9 Ziff. 5.

6. Zu Ziff. 4. Die in Betracht kommenden Gesetze können Reichs- oder Landesgesetze sein.

7. Zu Ziff. 5. Hausrat ist die gesamte Einrichtung einer Wohnung, einschließlich Haus- und Küchenwäsche; nicht darunter fällt Kleidung und Leibwäsche, Vorräte an Heiz- und Lebensmitteln, Haustiere, Gegenstände zum Gebrauch außer dem Hause, wie Fahrräder, oder zu einem Gebrauch, der nicht Hausgebrauch ist, wie die Schreibmaschine des Rentiers. Bilder und dergl. sind Hausrat, wenn sie nur einen Wert als Einrichtungsgegenstand, keinen selbständigen Kunstwert haben. Hausrat gehört nie zum Betriebs- oder Grundvermögen, kann aber unter § 9 Ziff. 7 oder 8 fallen.

Außer Hausrat sind alle beweglichen Sachen steuerfrei, die nicht entweder

a) zu einem Grund- oder Betriebsvermögen gehören oder
b) unter § 9 Ziff. 3, 4, 7 oder 8 fallen.

Steuerfrei ist daher vor allem auch Kleidung, Leibwäsche, Haushaltvorräte usw. (s. oben).

Die Einrichtung eines Anwaltsbüros, eines ärztlichen Sprechzimmers oder einer nicht gewerblichen Klinik (R. 11 f. zu § 8 VermStG.), eines Künstlerateliers ist daher steuerfrei, die Büroeinrichtung des Rechtskonsulenten, das Arbeitszeug des Zahntechnikers oder des Malermeisters gehören zum steuerbaren Betriebsvermögen.

Bücher sind praktisch steuerfrei, außer wenn sie Ware sind, also beim Buchhändler, Verleger oder Drucker. Die Fachbibliothek eines Gewerbetreibenden kann stets über Ausgabenkonto gebucht werden. Bibliotheken sind keine Büchersammlungen; eine Büchersammlung ist vorhanden, wenn die Bücher nicht ihres Inhalts, sondern ihrer Ausstattung wegen gesammelt sind. Luxusausgaben können unter § 9 Ziff. 7 fallen.

8. Zu Ziff. 6. a) Begriff der Vermögensbeträge. Diese Bestimmung ist erst im RTAusschuß eingefügt worden und war sehr umstritten (AusschBer. S. 26 und 27, 60 bis 62). Der Gedanke war, die Vergünstigung der Abzugsfähigkeit der Wohlfahrtsrücklagen bei juristischen Personen nach § 12 Ziff. 2 „auch solchen Unternehmungen, die nicht in die Form einer juristischen Person gekleidet sind (offene Handelsgesellschaften usw.) . . . zuzugestehen" (a. a. O. S. 27). Trotz offenbarer Unklarheit in den Beratungen ist der richtige Weg eingeschlagen, aber vielleicht über das Ziel hinausgeschossen.

1. Für die Freistellung gab es zwei Wege: die Abzugsfähigkeit der nur zahlenmäßig bestimmten (N. 24, 25 zu § 8 VermStG.) Rücklagen oder Reservefonds oder die Steuerfreiheit bestimmter Vermögensgegenstände. Der erste Weg konnte nur im Rahmen der §§ 11 oder 12, der zweite nur im Rahmen des § 10 beschritten werden, denn § 10 behandelt steuerfreie Vermögensgegenstände, die §§ 11 und 12 abzugsfähige Summen. Daß im RTAusschuß hierüber keine Klarheit herrschte, geht daraus hervor, daß die Anträge, aus denen Ziff. 6 hervorging, z. T. ausdrücklich Rücklagen erwähnen, die zweifellos nur abgezogen, nicht als steuerfreie Gegenstände bezeichnet werden können. Der schließlich gewählte Ausdruck „zurückgelegte Vermögensbeträge" ist zweideutig: gemeint sein können ausgesonderte Vermögensanlagen (Aktiven) oder auch nur zahlenmäßig bestimmte Rücklagen (Passiven). Gedacht hat man wohl an Rücklagen, wie daraus hervorgeht, daß der gleiche Ausdruck Vermögensbeträge in den Beschlüssen erster Lesung (unter § 11 Ziff. 5 a) für die Erneuerungsrücklagen auf Grund des § 59 a EinkStG. gebraucht worden ist. Anderseits hat man doch an das Richtige gedacht, denn man hat die Übereignung an einen Treuhänder als bestes Sicherungsmittel erwogen (AusschBer. S. 61); diese ist aber nur bei ausgesonderten Anlagen möglich.

Mit dem System des Gesetzes ist nur die Auffassung vereinbar, daß ausgesonderte Vermögensanlagen vorliegen müssen, denn nur diese können steuerfrei, Rücklagen können nur abzugsfähig sein (vgl. FME. vom 24. Juli 1920, RStBl. S. 454). Diese Auslegung steht in keinem Widerspruch mit dem Gesetz, zumal die in erster Lesung angenommene Ziff. 5 a in zweiter Lesung gestrichen wurde. Sie entspricht der verschiedenen Terminologie in § 10 Ziff. 6 und § 12 Ziff. 2; „zurückgelegte Vermögensbeträge" sind etwas anderes als „Rücklagen", hätte man dasselbe gemeint, so hätte man denselben Ausdruck gebrauchen können. Abweichende Ansichten der gesetzgebenden Faktoren können gegenüber der zwingenden Schlußfolgerung aus der Einordnung der Befreiungsvorschrift in den § 10 nicht in Betracht kommen (vgl. RGZ. **94** 242, **97** 314).

2. In der Bestimmung ist nicht ausgesprochen, daß die Zurücklegung der Vermögensbeträge nur im Rahmen eines Unternehmens erfolgen kann. Da auch eine bilanzmäßige Festlegung durch einen Passivposten (Rücklage) nicht in Frage kommt, kann auch ein Privatmann Wohlfahrtsfonds nach § 10 Ziff. 6 zurücklegen. Der nicht zum Ausdruck gekommene einengende Wille der gesetzgebenden Faktoren ist demgegenüber unerheblich (RGZ. a. a. O.).

b) Voraussetzungen der Steuerfreiheit.

1. Zurücklegung von Vermögensbeträgen liegt nach den Darlegungen unter a vor, wenn bestimmte Vermögensanlagen, vor

allem also Geld, Guthaben oder Wertpapiere, aus dem übrigen Vermögen ausgesondert werden. Übereignung an einen Dritten kommt nicht in Frage, denn dann scheiden die Werte aus dem Vermögen des Pflichtigen aus, wohl aber treuhänderische Übereignung (vgl. N. 16 zu § 6 VermStG.); doch ist auch diese nicht unbedingt erforderlich (s. unter 5).

2. Die Zurücklegung muß für gemeinnützige oder Wohlfahrtszwecke erfolgen. Gemeinnützig ist ein Zweck, wenn seine Erreichung der Allgemeinheit auf materiellem, einschließlich des gesundheitlichen, geistigem oder sittlichem Gebiete nützt (vgl. § 1 Abs. 2 der VO. des RFM. vom 22. April 1922 zu § 10 KöStG., Anhang 15). Ein Wohlfahrtszweck liegt vor, wenn der Vorteil auf materiellem, geistigem oder sittlichem Gebiet liegt, auch wenn er nicht der Allgemeinheit zugute kommt, sondern einem engeren Kreise, an dessen Hebung ein allgemeines — „soziales" — Interesse besteht, also Angehörigen bestimmter Lebenskreise, Berufs- oder Bevölkerungsgruppen, eines Unternehmens. Ausgeschlossen sind Kreise, an deren Hebung überhaupt oder gerade auf dem betreffenden Gebiet kein allgemeines Interesse besteht, also die eigene Familie, ein Verein mit geschlossener Mitgliederzahl, Sportzwecke für gutsituierte Kreise und dergl. (RFH. 5 13).

3. Der gemeinnützige oder Wohlfahrtszweck muß ausschließlich verfolgt sein. Die ausgesonderten Werte dürfen keinen andern Zwecken dienen, auch nicht nebenbei, daher z. B. nicht nebenbei als Unterlagen für Kreditbeschaffung des stiftenden Unternehmers oder zur Erhaltung eines Stammes guter Arbeiter (RFH. 6 44).

4. Die Verwendung muß nach Substanz und Ertrag erfolgen. Die Werte selbst und ihr Ertrag dürfen nur dem angegebenen Zweck dienen. Die Verwendung muß nicht sofort erfolgen, es kann auch zunächst thesauriert werden. In absehbarer Zeit muß aber die Verwendung stattfinden. Zum Ertrag gehört auch die bloße Benutzung; man kann daher nicht eine Villa durch Bestimmung zu Wohlfahrtszwecken steuerfrei machen, wenn man sich ein Wohnrecht vorbehält.

5. Die Verwendung muß gesichert sein, sowohl die des Ertrages als die der Substanz. Letzteres ist insbesondere wichtig bei Wohlfahrtsfonds eines Unternehmens für den Fall der Liquidation oder des Konkurses. „Ob die Verwendung . . . als gesichert anzusehen ist, muß im Einzelfall geprüft werden, jedenfalls muß . . . die einseitige Verfügungsmacht über derartige Vermögensteile entzogen sein" (FME. vom 24. Juli 1920 zu § 17 RNOG., RStBl. S. 454). Das gegebene Mittel ist Übertragung an einen Treuhänder (N. 16 zu § 6 VermStG.), doch genügt Einräumung von Mitbesitz und Mitverwaltung an eine Vertrauensperson, ein Kuratorium oder dergl. Die Sicherung der Verwendung muß dem FA. nachgewiesen werden. Der Nachweis kann solange erbracht werden, als neue Tatsachen vorgebracht

werden können, also auch noch im Berufungsverfahren (§ 250 RAO.). Es genügt, daß die Sicherung zur Zeit der Beweiserhebung vorhanden ist, selbst wenn sie am Stichtage noch nicht vorhanden war; denn nur die Sicherung selbst, nicht der Zeitpunkt ihres Eintritts ist für die Steuerfreiheit entscheidend (vgl. Rosendorff, DStZ. 1920 S. 229).

9. Zu Ziff. 7. Hierunter fallen die Ansprüche auf Grund des bürgerlichen Rechts (§§ 843 bis 845 BGB.; ReichshaftpflichtG. vom 7. Juni 1871 und AutomobilhaftpflichtG. vom 3. Mai 1909), ferner auf Grund Versicherungsrechts (§ 616 RVO.). Nur der Anspruch ist steuerfrei; ist die Abfindung ausgezahlt, so kann von dem steuerbaren Vermögen wegen seiner Herkunft aus solchen Abfindungen kein Abzug gemacht werden.

10. Zu Ziff. 8. Vgl. N. 6 und N. 9 Satz 2.

11. Zu Ziff. 9. Nach Ziff. 9 ist nur der Anspruch steuerfrei. Abweichend von Ziff. 7 und 8 werden aber nach **§ 34 VermStG.** für die erste Veranlagung zur VermSt. und damit auch für die ZwA. die ausgezahlten Beträge abgezogen, ebenso die Unterstützungen und Beihilfen an Kolonial- und Auslandsschadensersatzberechtigte. Die Abzugsfähigkeit der Vorschüsse brauchte nicht besonders vorgeschrieben zu werden, da Vorschüsse ohnehin als Schulden abzugsfähig sind (§ 11 Ziff. 1). Die durch das Diktat von Versailles begründeten Ansprüche auf Ersatz von Liquidationsschäden waren am 31. Dez. 1922 noch nicht gesetzlich festgelegt und schon aus diesem Grunde kein Bestandteil des abgabepflichtigen Vermögens.

Allgemeine Abzüge.

§ 11 VermStG.

Zur Ermittlung des Reinvermögens sind von dem Rohvermögen abzuziehen:

1. Schulden; als Schulden gelten auch die Vermögenszuwachssteuer von dem Vermögenszuwachs, der auf den gleichen Stichtag wie das Vermögen ermittelt ist (§ 4 VermZuwStG. vom 8. April 1922, RGBl. S. 346), sowie die Vorauszahlungen auf die Einkommensteuer, soweit sie an dem für die Feststellung des Vermögens maßgebenden Stichtag (§ 14) fällig und noch geschuldet waren (§ 42 EinkStG. in der Fassung des Gesetzes vom 20. Dez. 1921, RGBl. S. 1580); der Abzug tritt nicht ein, soweit Rückgriffsrechte bestehen;
2. der Wert der dem Steuerpflichtigen obliegenden oder auf einem Hausgut, Familienfideikommiß, Lehen, Stammgut oder einem sonstigen gebundenen Vermögen ruhenden Leistungen der im § 9 Nr. 5 bezeichneten Art;
3. die zur Bestreitung der laufenden Ausgaben nicht geschäftlicher oder beruflicher Art für drei Monate erforderlichen Beträge an Geld, Bank-

oder sonstigen Guthaben. Dieser Abzug ist bei den beschränkt Steuerpflichtigen nicht zulässig.

Nicht abzugsfähig sind Schulden und Lasten, soweit sie in wirtschaftlicher Beziehung zu Vermögensteilen stehen, die nicht zum steuerbaren Rohvermögen gehören.

Beschränkt sich die Besteuerung auf das inländische Grund- und Betriebsvermögen, so sind nur die in einer wirtschaftlichen Beziehung zu diesen Vermögensteilen stehenden Schulden und Lasten abzuziehen.

Mat.: RegE. § 12; Begr. S. 19, 28; AusschBer. S. 27 f., 62 f.; RTProtokolle S. 6403; vgl. RNOG. § 15.

1. Natur der Abzüge nach §§ 11 und 12.
2. Die Abzüge bei den einzelnen Vermögensgruppen.
3. Terminologie.
4. Schulden und Lasten bei steuerfreien Forderungen.
5. Einseitigkeit. Entstehungsgrund.
6. Wiederkehrende und Nebenleistungen.
7. Leistungsgegenstand.
8. Schwebende Geschäfte. Bedingte und sonstige eventuelle Verbindlichkeiten. §§ 149, 150 RAO.
9. Lasten nach § 9 Z. 5.
10. Dreimonatsabzug.
11. Wirtschaftliche Beziehung nach Absatz 2 und 3.
12. Einzelheiten zu Absatz 2 und 3.
13. § 34 VermStG.

1. Natur der Abzüge nach den §§ 11 und 12. Die §§ 11 und 12 behandeln die zulässigen Abzüge vom steuerbaren Brutto- (Roh-) Vermögen. Weitere Abzüge sind nur noch in § 34 VermStG. vorgesehen (vgl. N. 11 zu § 10). § 11 enthält die Abzüge, die grundsätzlich bei allen Steuerpflichtigen zulässig sind, § 12 die nur bei den juristischen Personen zugelassenen. Die Abzüge betreffen teils Schulden und Lasten, nämlich § 11 Ziff. 1 und 2 und § 12 Ziff. 3, teils wegen ihres Verwendungszwecks abzugsfähige Beträge, nämlich den Dreimonatsabzug nach § 11 Ziff. 3 und die Wohlfahrtsfonds (§ 12 Ziff. 2), schließlich das eingezahlte Grundkapital (§ 12 Ziff. 1) zwecks Vermeidung der Doppelbesteuerung. § 11 Ziff. 1 und 2 beziehen sich auf alle Vermögensarten, § 11 Ziff. 3 kann bei Grundvermögen (N. 10 a) und sonstigem Vermögen vorkommen. Bei den nach § 12 Abzugsberechtigten handelt es sich wesentlich um Betriebsvermögen — außer etwa im Falle des Abs. 2 zu c (Versicherungsvereine).

2. Die Abzüge bei den einzelnen Vermögensgruppen. Grundsätzlich werden die Abzüge von dem Gesamtbetrag des Rohvermögens gemacht. Eine Ausnahme macht das Betriebsvermögen. Grundvermögen und sonstiges Vermögen umfassen nur einzelne Vermögensgegenstände, das Grundvermögen die in § 6 Ziff. 1 und in § 7 aufgezählten, das sonstige Vermögen die in § 9 aufgezählten und sonst in Betracht kommenden; für irgendwelche Abzüge vor der Feststellung des Vermögens ist kein Raum (OVGSt. **16** 393, **19** 348). Anders beim Betriebsvermögen: das einem Betriebe dienende

Vermögen besteht nicht nur aus aktiven, sondern auch aus passiven Bestandteilen; der Zusammenhalt beruht nicht wie beim Grund- und sonstigen Vermögen auf der Natur der — notwendig aktiven — Vermögensgegenstände, sondern auf ihrer Zweckbestimmung (vgl. Strutz im Sammelwerk: die steuerliche Bewertung des Vermögens S. 61). Die „Betriebsschulden" müssen von dem Betriebsrohvermögen abgesetzt werden, um den Umfang des Betriebsvermögens festzustellen. Für das RNOG. war dies in § 19 noch ausdrücklich vorgeschrieben, für das dem RNOG. nachgebildete VermStG. ergibt es sich aus der allgemeinen Übereinstimmung beider Gesetze in den in Betracht kommenden grundlegenden Fragen und aus der Natur der Einteilung der Vermögensgruppen in § 6, wird auch bestätigt durch § 14 Abs. 1 Satz 3 VermStG.: die zu berücksichtigenden Verschiebungen zwischen dem Betriebsvermögen und dem übrigen Vermögen (s. N. 4 zu § 14) können naturgemäß auch Betriebsschulden betreffen (übereinstimmend Strutz, N. 2 zu § 11 VermStG.). Dagegen kann nicht anerkannt werden, daß diese Frage irgend etwas mit der Frage nach der Bewertungseinheit (§ 137 Abs. 2 RAO.) zu tun hat (gegen Thümen, N. 6 zu § 11 VermStG., und v. Breunig-v. Lewinski, N. 2 zu § 15 RNOG.) — Jedoch ist § 11 allgemein maßgebend für die Arten der zulässigen Abzüge, auch für die vom Betriebsvermögen, wie sich schon aus Abs. 3 ergibt. Übersteigen die Betriebsschulden das Bruttobetriebsvermögen, so kann der Überschuß mit den sonstigen Schulden und Lasten von dem übrigen Rohvermögen, bestehend aus Grundvermögen und sonstigem Vermögen, abgezogen werden.

3. **Terminologie.** § 11 führt in Abs. 1 unter Ziff. 1 S c h u l d e n auf, unter Ziff. 2 L e i s t u n g e n. In Abs. 2 und 3 werden neben den Schulden noch L a s t e n erwähnt. Hiermit können nur die Leistungen nach Ziff. 2 gemeint sein, da der Dreimonatsabzug keine Last ist. Lasten, die nicht unter Ziff. 2 fallen, fallen aber unter Ziff. 1 (s. N. 4). Für § 11 ist daher „Schulden" der Oberbegriff, unter den auch Lasten fallen. Beide Begriffe sind nicht eng zivilrechtlich, sondern wirtschaftlich auszulegen (RFH. **10** 83 f.).

4. **Schulden und Lasten bei steuerfreien Forderungen.** Schulden i. S. des § 11 sind a l l e Schulden und Lasten des Steuerpflichtigen, die nicht ausdrücklich (in § 11 Abs. 2 und 3) für nicht abzugsfähig erklärt sind. Aus diesen Einzelausnahmen ergibt sich, daß sonstige Ausnahmen nicht bestehen. Hieraus ergibt sich insbesondere, daß e i n e S c h u l d o d e r L a s t a u c h d a n n a b z u g s f ä h i g i s t, w e n n d i e e n t s p r e c h e n d e F o r d e r u n g n i c h t s t e u e r p f l i c h t i g i s t. Dies ist allgemein anerkannt für den Fall, daß der Gläubiger aus persönlichen Gründen steuerfrei ist, sei es, daß er nicht zu den nach den §§ 2 und 3 VermStG. steuerpflichtigen Personen gehört, sei es, daß er gemäß den §§ 4, 5 VermStG. und § 6 ZwAG. von der Steuer befreit ist, vgl. Thümen N. 4 zu § 11 VermStG. Es muß aber

auch in dem Falle gelten, daß die Forderung nicht zum steuerbaren Vermögen gehört. Dies ist zweifellos für die nach § 10 steuerfreien Forderungen, denn es kann nicht ernstlich bestritten werden, daß z. B. der nach § 10 Ziff. 3 Rentenverpflichtete oder der nach Ziff. 7 Kapitalabfindungsverpflichtete diese Schulden abziehen können. Strittig ist dies aber für die dem Recht auf wiederkehrende Leistungen entsprechende Verpflichtung.

Nach Ziff. 2 ist nur der Wert der Last abzugsfähig, bei der das entsprechende Recht unter § 9 Ziff. 5 fällt. Danach wäre ein neunjähriger Nießbrauch beim Eigentümer, eine neunjährige letztwillige Rente beim Erben nicht abzugsfähig. Das kann unmöglich der Sinn des Gesetzes sein. Gemeint ist daher offenbar, daß nur bei den unter § 9 Ziff. 5 fallenden Lasten der Kapitalwert der Last, berechnet nach den hierfür geltenden Bestimmungen (N. 7c zu § 9), abzugsfähig ist. Lasten, die nicht unter § 9 Ziff. 5 fallen, sind dagegen als Schulden abzugsfähig; bei einer neunjährigen letztwilligen Rente z. B. sind daher die neun einzelnen Renten als neun betagte Einzelschulden unter Berücksichtigung des Zwischenzinses (N. 3 zu § 143 RAO.) abzugsfähig. Diese Auslegung muß um so mehr angenommen werden, als § 11 auch für Betriebsschulden gilt (N. 2 a. E.). Kaufleute sind nach den Bilanzvorschriften (§ 40 Abs. 2 HGB.) gezwungen, „sämtliche Schulden" in die Bilanz einzustellen, also auch Lasten, die nicht unter § 9 Ziff. 5 VermStG. fallen. Die Durchführung dieser Bilanzvorschrift unterliegt sogar in einigen Fällen, bei Hypothekenbanken (§ 4 HypBankG.) und Versicherungsunternehmungen (§§ 55, 64 PrivVersG.), staatlicher Kontrolle. Nirgends ist zu ersehen, daß die hiernach in den Bilanzen abgesetzte Last dem steuerbaren Vermögen wieder zugesetzt werden soll. Was in dieser Beziehung aber dem Kaufmann recht ist, ist dem Nichtkaufmann und dem Minderkaufmann billig.

5. Einseitigkeit. Entstehungsgrund. Schulden sind alle einseitigen Verpflichtungen, d. h. alle Verpflichtungen aus einseitigen Rechtsgeschäften, wie Darlehen, oder aus zweiseitigen Rechtsgeschäften, sobald der andere Teil geleistet hat, z. B. Kaufverträge nach Erfüllung des einen Teils. Haben beide Teile noch nicht erfüllt, so liegt keine Schuld vor, da ihr ein entsprechender Anspruch gegenübersteht. Bleiben Leistung und Gegenleistung dauernd im Gegenseitigkeitsverhältnis, so bilden daher ebenfalls die künftigen Leistungen keine Schulden. Vgl. N. 35 zu § 8 VermStG.

Gleichgültig ist der Entstehungsgrund. Die Schulden können öffentlich- oder privatrechtliche, dingliche oder persönliche, vertragliche oder außervertragliche sein. Abzugsfähig sind insbesondere auch die rückständigen Haushaltsschulden, liquidierte Arztkosten und dergl. Wegen der Steuerschulden vgl. N. 33 zu § 8 VermStG.

6. Wiederkehrende und Nebenleistungen. Gleichgültig ist auch, ob es sich um einmalige oder wiederkehrende Leistungen handelt, s. o. N. 4; ferner ob es sich um Haupt- oder Nebenleistungen handelt. Laufende Neben-

leistungen, wie Zinsen, kommen aber nur insoweit in Frage, als sie rückständig sind.

7. **Leistungsgegenstand.** Der Gegenstand der geschuldeten Leistung ist insofern erheblich, als er zum steuerbaren Vermögen gehören muß. Verpflichtungen zu Leistungen, deren Gegenstand steuerfrei ist, sind keine abzugsfähigen Schulden. Nicht hierher gehören daher die Verpflichtungen zur Leistung von Diensten, zu Handlungen oder Unterlassungen, zur Abtretung steuerfreier Rechte oder zur Abgabe eigener steuerfreier beweglicher Sachen, z. B. von Hausrat; es kommt dabei auf die Steuerfreiheit beim Verpflichteten an: der Möbelhändler, der Möbel verkauft und den Kaufpreis erhalten hat, kann die Lieferpflicht als Schuld abziehen, nicht aber der Privatmann. Die Verpflichtung, der Tochter eine Aussteuer zu gewähren (§ 1620 BGB.), ist eine abziehbare Schuld, da sie nicht auf Abgabe aus dem eigenen Hausrat der Eltern geht (RFH. **10** 82); dagegen ist der Anspruch der Tochter nicht steuerpflichtig, da die anzuschaffende Aussteuer bei ihr steuerfrei ist (§ 9 Ziff. 5). Die Schuld entsteht steuerrechtlich, sobald die Verlobung abgeschlossen ist und die Eheschließung derart in sicherer Aussicht steht, daß nach der Verkehrsauffassung die Aussteuer zu beschaffen ist (RFH. **10** 83 f). Abzugsfähig sind dagegen die einseitigen Verpflichtungen zu Zahlungen und zur Lieferung von steuerpflichtigen Gegenständen, also von Grundstücken, Wertpapieren (§ 9 Ziff. 2, 3), Patenten (§ 9 Ziff. 1) und dergl. Jedoch können nicht abzugsfähige Verpflichtungen den Wert eines steuerpflichtigen Gegenstandes beeinflussen, z. B. Dienstbarkeiten den Wert eines Grundstücks, so daß sie zwar nicht den Umfang, aber doch den Wert des steuerbaren Vermögens mindern.

Ebenso wie nicht nur Geldforderungen zum steuerbaren Vermögen gehören (vgl. N. 4 zu § 9), ebenso sind auch andere als Geldkapitalschulden abzugsfähig (abw. v. Breunig-v. Lewinski S. 111).

8. **Schwebende Geschäfte. Bedingte und sonstige eventuelle Verbindlichkeiten.** Wegen der schwebenden Geschäfte und der eventuellen Verbindlichkeiten gilt das gleiche wie bei Betriebsvermögen, vgl. N. 35 und 36 zu § 8 VermStG. Dagegen gelten für bedingte und befristete Schulden außerhalb des Betriebsvermögens die §§ 149 bis 151 RAO. Überall sind etwaige Rückgriffsrechte zu beachten.

Bedingte und befristete Schulden.

§ 149 RAO.

Lasten, die vom Eintritt einer aufschiebenden Bedingung abhängen, werden nicht berücksichtigt. Tritt die Bedingung ein, so ist die Veranlagung auf Antrag entsprechend zu berichtigen.

Mat.: RegE. § 149; Begr. S. 112.

1. Begriff der Lasten. 2. Berichtigung der Veranlagung.

1. Begriff der Lasten. Lasten im Sinne des § 149 RAO. sind alle Belastungen des Vermögens, die steuerlich zu berücksichtigen sind, also Schulden, sowie die Lasten im Sinne des § 11 VermStG. (s. N. 3 zu § 11). Öffentliche Lasten, die im Rechtssinne aufschiebend bedingt sind, kommen im Steuerrecht kaum vor, vgl. jedoch RFH. 4 34 für einen Fall aufschiebend bedingter Weinsteuer; die Lasten entstehen in der Regel erst, und dann aber auch unbedingt, wenn der ganze Tatbestand eingetreten ist, an den die Leistungspflicht geknüpft ist. Resolutiv bedingte Steuerschulden finden sich bei einigen Zöllen und Verbrauchsabgaben. Bedingte Steuerschulden sind im Zweifel auflösend bedingt (§ 81 Abs. 2 RAO.).

2. Berichtigung der Veranlagung. Vgl. N. 1 und 2 zu § 148 RAO. bei § 6 VermStG.

§ 150 RAO.

Lasten, deren Fortdauer auflösend bedingt ist, werden, soweit nicht ihr Kapitalwert nach § 144 Abs. 2, 3, § 145, § 146 Abs. 2 zu berechnen ist, wie unbedingte abgezogen. Bei Eintritt der Bedingung ist die Veranlagung entsprechend zu berichtigen.

Mat.: RegE. § 150; Begr. S. 112.

Wegen der Bedeutung im allgemeinen und der Frage der Anwendbarkeit auf das ZwAG. vgl. N. 1 und 2 zu § 147 RAO. bei § 6 VermStG.

§ 144 Abs. 2 RAO. regelt die immerwährenden Leistungen, § 145 die auf die Lebenszeit einer Person beschränkten Leistungen, § 146 Abs. 2 die Leistungen, die ihrem Betrage nach ungewiß oder schwankend sind. Bei diesen Verbindlichkeiten wird der künftige Fortfall von vornherein berücksichtigt, bei den andern zunächst nicht, beim ZwAG. nach der zitierten N. 2 zu § 147 RAO. endgültig nicht.

§ 151 RAO.

s. N. 18 zu § 6 VermStG. und die Noten zu §§ 149 und 150 RAO.

9. Lasten nach § 9 Ziff. 5. S. N. 4 zu § 11 und N. 7 zu § 9 VermStG. Die Belastungen der gebundenen Vermögen sind ausdrücklich erwähnt, weil sie eigentlich keine Belastungen des Steuerpflichtigen sind; er kann sie aber abziehen, weil er anderseits auch als Eigentümer des gebundenen Vermögens behandelt wird (§ 80 RAO.; s. N. 15 zu § 6 VermStG.).

10. Der Dreimonatsabzug.

a) Zweckbestimmung. Der Betrag muß zur Bestreitung laufender Ausgaben nicht geschäftlicher oder beruflicher Art bestimmt und erforderlich sein. Zugelassen sind nur die sogenannten Privatausgaben, nicht die für Land- oder Forstwirtschaft, Bergbau oder Gewerbe, ferner nicht die für Grundvermögen, sofern dessen Nutzung als Geschäft oder Beruf erfolgt.

Der Privatmann, der von der Vermietung seiner Häuser lebt, ist Rentner und hat keinen Beruf (vgl. Strutz, N. 15 zu § 11 VermStG.). Auch Steuern können in Betracht kommen.

Erforderlich sind die Beträge, die der Pflichtige durchschnittlich schätzungsweise in einem Vierteljahr für seine persönlichen Bedürfnisse verausgabt, wobei die am Stichtag übersehbaren Verhältnisse der Zukunft angemessen zu berücksichtigen sind (RFH. **10** 112). Das vom PrOVG. aufgestellte Erfordernis (s. Amtl. Mitt. 1915 S. 215), daß der Bedarf nicht aus laufenden Einnahmen gedeckt werden könne, ist vom RFH. abgelehnt. Der Bedarf wird einem Viertel des Jahresverbrauchs gleichzusetzen sein, jedoch unter Berücksichtigung der Preissteigerungen im Laufe des Jahres und der weiter zu erwartenden im Laufe des nächsten Vierteljahres.

b) Deckung. Der abgezogene Betrag muß für den Verwendungszweck vorhanden sein. Als Deckung zugelassen ist nur Geld und Guthaben Geld ist gemäß § 9 Ziff. 4: bares Geld deutscher Währung, fremde Geldsorten, Banknoten und Kassenscheine, vgl. N. 6 zu § 9. Man wird gewisse Geldersatzmittel zurechnen dürfen: fällige Kupons von deutschen Reichs- und Staatspapieren, Brief- und Stempelmarken. Guthaben sind Forderungen aus bankmäßigem Verkehr gegen Banken, Bankiers, Sparkassen, aus Postscheckkonten und dergl.

Die Herkunft der Deckung ist gleichgültig, sie braucht nicht aus laufenden Einkünften zu stammen (anders noch § 15 Ziff. 7 RNOG.).

c) Ausgeschlossen ist der Abzug bei der beschränkten Steuerpflicht (§ 3 VermStG.). Die Ausschließung ergibt sich für inländisches Betriebsvermögen sowie für das geschäftlich oder beruflich genutzte inländische Grundvermögen schon aus dem Ausschluß geschäftlicher und beruflicher Ausgaben, erstreckt sich aber darüber hinaus auch auf Ausgaben für nicht geschäftlich oder beruflich genutztes oder nur benutztes inländisches Grundvermögen eines beschränkt Steuerpflichtigen.

11. **Wirtschaftliche Beziehung nach Abs. 2 und 3.** Nach § 9 II Pr. EinkStG. und § 8 PrErgStG. von 1891 waren Schulden nicht abzugsfähig, wenn sie auf steuerfreiem Vermögen hafteten; bei beschränkter Steuerpflicht waren sie nur abzugsfähig, wenn sie auf dem steuerpflichtigen Vermögen hafteten oder zu seinem Erwerb aufgewendet waren. Das OVG. nahm den Zusammenhang schon bei rein rechtlicher Beziehung an, also z. B. bei allen Hypotheken auf inländischen Grundstücken beschränkt Steuerpflichtiger, auch wenn sie nicht in wirtschaftlichem Zusammenhang mit dem Grundbesitz standen, z. B. zur Beschaffung von Waren für einen ausländischen Betrieb dienten (OVGSt. **2** 109). Infolgedessen wurde durch die Nov. vom 19. Juni 1906 (GS. S. 241) die wirtschaftliche Beziehung für maßgebend erklärt. Dieser Rechtsgedanke ist in die Reichssteuergesetze übernommen (§ 9 Abs. 3 WBG., § 10 Abs. 3 BesStG., § 15 Abs. 2 und 3 RNOG.) und

findet sich auch in § 11 VermStG. Der Grundgedanke ist hiernach, daß die rechtliche Beziehung allein nicht entscheidend sein soll, sondern es wird darüber hinaus auch wirtschaftliche erfordert. Nur wirtschaftliche Beziehung ist aber nicht entscheidend, es muß auch rechtliche bestehen. Abw. anscheinend Thümen S. 128, v. Breunig-v. Lewinsi S. 121 f. Ebenso aber für das alte preuß. Steuerrecht die Instruktion des FM. vom 3. Jan. 1877 und für die Nov. von 1906 anscheinend OVGSt. **15** 22).

Rechtliche Beziehung besteht beim Betriebsvermögen, wenn die Schuld zu den Betriebsschulden gehört (OVGSt. **10** 21), beim Grundvermögen und bei Gegenständen des sonstigen Vermögens, wenn sie besonders für die Schuld verhaftet sind (OVGSt. **2** 109). Wirtschaftliche Beziehung besteht, wenn die Schuld zum Erwerb oder zur Verbesserung des belasteten Grundstücks aufgenommen oder beim Erwerb in Anrechnung auf den Kaufpreis (OVGSt. **18** 10) oder sonstwie infolge des Erwerbs (OVGSt. **17** 15) übernommen worden ist, ferner wenn eine in den wirtschaftlichen Umständen begründete Radizierung einer Last auf einem Grundstück stattfinden soll, wie bei Altenteilen, Deputaten und dergl. (OVGSt. **14** 207). Eine Hypothek zwecks Verteilung der Hypothekenvaluta unter die mehreren Miteigentümer steht zwar in rechtlichem, aber nicht in wirtschaftlichem Zusammenhang mit dem Grundstück (OVGSt. **13** 34). Die Kaufpreisschuld für gelieferten Hausrat (§ 9 Ziff. 5) steht in wirtschaftlichem, aber nicht in rechtlichem Zusammenhang mit dem Hausrat, außer bei Eigentumsvorbehalt; in diesem Falle ist der Lieferant aber auch steuerlich Eigentümer geblieben (N. 13 zu § 6 VermStG.), so daß der Hausrat überhaupt nicht — daher auch nicht steuerfreies — Vermögen des Käufers ist und mangels Beziehung zu irgendeinem Vermögensteil des Käufers die Kaufpreisschuld doch abzugsfähig ist. Hat aber der Käufer den Hausrat demjenigen zur Sicherheit übereignet, der ihm ein Darlehen zur Bezahlung des Kaufpreises gegeben hat, so steht die Darlehnsschuld in rechtlicher und wirtschaftlicher Beziehung zum Hausrat und ist daher nicht abzugsfähig.

12. Einzelheiten zu Abs. 2 und 3. In Abs. 2 handelt es sich um den Ausschluß der Abzugsfähigkeit bei Vorhandensein der behandelten Beziehung zu steuerfreien Vermögensteilen nicht beschränkt Steuerpflichtiger (§ 2 VermStG.), in Abs. 3 um die Zulassung des Abzugs bei Vorhandensein der Beziehung zu dem der objektiven Steuerpflicht unterliegenden Vermögen beschränkt Steuerpflichtiger (§ 3 VermStG.).

Besteht bei einer Schuld teils eine Beziehung zu steuerfreiem, teils zu nichtsteuerfreiem Vermögen, so ist nur der mit dem nichtsteuerfreien Vermögen in Zusammenhang stehende Teil abzugsfähig.

Das Verbot der Berücksichtigung der Schulden, die in wirtschaftlichem Zusammenhang mit steuerfreiem Vermögen stehen, schließt ihren Abzug

auch dann aus, wenn sie den Wert des steuerfreien Vermögens, sogar wenn sie den Wert des gesamten Vermögens übersteigen.

13. Wegen des Abzugs nach **§ 34 VermStG.** s. N. 10 zu § 11 VermStG.

Abzüge bei juristischen Personen.

§ 12 VermStG.

Von dem Rohvermögen der im § 2 Abs. 1 Nr. 3 bezeichneten Steuerpflichtigen sind außer den im § 11 aufgeführten Schulden und Lasten abzuziehen:

1. der Betrag des eingezahlten Grund- oder Stammkapitals;
2. die Rücklagen für ausschließlich gemeinnützige oder Wohlfahrtszwecke, deren Verwendung nach Substanz und Ertrag zu solchen Zwecken gesichert ist;
3. bei Versicherungsgesellschaften und Versicherungsvereinen die Rücklagen für die Versicherungssummen und für die den Versicherten selbst als sogenannte Dividende zurückzugewährenden Prämienüberschüsse.

An die Stelle des eingezahlten Grund- oder Stammkapitals tritt:

a) bei Berggewerkschaften oder Bergbau treibenden Vereinigungen ein Betrag, der aus dem Erwerbspreis und den Anlage- und Erweiterungskosten abzüglich des durch Schuldaufnahme gedeckten Aufwandes hierfür zu berechnen ist, wobei mit Genehmigung des Finanzamts seitens derjenigen Berggewerkschaften oder Bergbau treibenden Vereinigungen, die ein Kapitalkonto in ihren Bilanzen führen, statt des vorstehenden Betrags der Betrag des Kapitalkontos zugrunde gelegt werden kann;

b) bei eingetragenen Genossenschaften sowie den in ihrer Hauptbestimmung als Zentralen der Genossenschaften wirkenden Gesellschaften mit beschränkter Haftung und Aktiengesellschaften die doppelte Summe der Geschäftsguthaben der Genossen oder des Stammkapitals der Gesellschaften sowie bei den Revisions- und ähnlichen Hauptverbänden das Verbandsvermögen;

c) bei Versicherungsvereinen auf Gegenseitigkeit der eingezahlte Gründungsfonds;

d) bei landschaftlichen, ritterschaftlichen und ähnlichen Kreditanstalten das ursprünglich bei der Gründung und später zugewiesene Vermögen.

Mat.: a) zum VermStG.: RegE. § 13; Begr. S. 19; AusschBer. S. 28 f., 63; b) zum RNOG.: RegE. § 17; Begr. S. 18, 33 f.; AusschBer. S. 11 f., 24; RNOG. § 17.

1. Inhalt des § 12.
2. Allgemeines über den Abzug des Einlagekapitals.
3. Einlagekapital in ausländischer Währung.
4. Aktiengesellschaften.
5. Aktienkommanditgesellschaften.
6. Kolonialgesellschaften.
7. Gesellschaften mit beschränkter Haftung.
8. Berggewerkschaften
   a) ohne Bilanzen,
   b) mit Bilanzen.
9. Bergbau treibende Vereinigungen.
10. Eingetragene Genossenschaften.
11. Genossenschaftszentralen.
12. Revisionsverbände.
13. Versicherungsvereine auf Gegenseitigkeit.
14. Kreditanstalten.
15. Wohlfahrtsfonds.
16. Prämien- und Dividendenreserven.

1. Inhalt des § 12. § 12 behandelt die speziellen Abzüge der nicht beschränkt steuerpflichtigen juristischen Personen (§ 2 Abs. 1 Ziff. 3 VermStG.), und zwar:

I. den Abzug des Einlagekapitals bei
   1. Aktiengesellschaften,
   2. Aktienkommanditgesellschaften,
   3. Kolonialgesellschaften,
   4. Gesellschaften mit beschränkter Haftung,

zu 1, 2, 4, soweit sie nicht unter 9 fallen,
   5. Berggewerkschaften,
   6. bergbautreibenden Vereinigungen,
   7. eingetragenen Genossenschaften,
   8. Genossenschaftszentralen in Form einer G. m. b. H. oder Aktiengesellschaft,
   9. Genossenschaftsverbänden,
   10. Versicherungsvereinen auf Gegenseitigkeit,
   11. Bodenkreditanstalten nach Art der Landschaften,

II. den Abzug der Wohlfahrtsfonds bei allen nicht beschränkt steuerpflichtigen juristischen Personen,

III. den Abzug der Prämien- und Dividendenreserven bei Versicherungsgesellschaften und Versicherungsvereinen.

Wegen der Natur und des Grundes dieser Abzüge s. N. 1 zu § 11 VermStG.

2. Allgemeines über den Abzug des Einlagekapitals. Grundsätzlich wird auch bei den juristischen Personen, die einen wirtschaftlichen Geschäftsbetrieb haben und kraft Gesetzes mit Einlagen ins Leben treten, das gesamte Vermögen besteuert. Zur Vermeidung einer Doppelbesteuerung der Einlagen können diese juristischen Personen aber den zahlenmäßigen Betrag des Einlagekapitals von ihrem Rohvermögen abziehen. Im Ergebnis werden also nur die offenen und die stillen Reserven versteuert sowie der Gewinn

(vgl. R. 10 a. E. zu § 6 VermStG.; RFH. 9 204 ff.). Dies gilt auch im Liquidationsstadium.

Der Abzug ist nur bei den sich aus § 12 Ziff. 1 in Verbindung mit § 2 Abs. 1 Ziff. 3 ergebenden Handelsgesellschaften sowie bei den in Abs. 2 aufgeführten juristischen Personen zulässig. Dagegen kommt der Abzug bei den andern unter § 2 Abs. 1 Ziff. 3 VermStG. fallenden juristischen Personen nicht in Frage, weil diese kein Grund- oder Stammkapital i. S. des § 12 Abs. 1 Ziff. 1 VermStG. haben. Die allgemeine Bezugnahme im Eingang des § 12 auf die „im § 2 Abs. 1 Nr. 3 bezeichneten Steuerpflichtigen" ist eine fehlerhafte Nachbildung des § 17 RNOG.; bei diesem war die Bezugnahme auf § 2 Abs. 1 Nr. 4 RNOG. angebracht, weil dieser die oben in R. 1 unter I aufgezählten juristischen Personen einzeln aufführte, die übrigen juristischen Personen aber, die im VermStG. mit unter § 2 Abs. 1 Ziff. 3 fallen, in § 2 Abs. 1 Nr. 5. Das Ergebnis dieses Versehens ist, daß sich das Anwendungsgebiet der Ziff. 1 nur mittelbar aus dem Gesetz ergibt, nämlich durch Auslegung des Begriffs „Grund- oder Stammkapital", und daß das Anwendungsgebiet der Ziff. 2 über das RNOG. hinaus erweitert ist (s. R. 15 b).

Nicht abzugsfähig sind die Einlagen bei allen Unternehmungen, die nicht juristische Personen, aber doch steuerpflichtig sind, also bei den nicht rechtsfähigen Vereinen ohne wirtschaftlichen Geschäftsbetrieb (s. R. 5 b β zu § 2 VermStG. auf S. 106). Wegen der juristischen Personen, die nicht unter die obige Aufzählung fallen, also der juristischen Personen des öffentlichen Rechts und der rechtsfähigen Vereine, auch wenn sie auf Grund von Einlagen einen Geschäftsbetrieb haben, s. o. Die Reichsbank hat kraft ausdrücklicher Vorschrift in § 23 BankG. ein „Grundkapital", ist aber abgabefrei (§ 5 Ziff. 4 VermStG.). Das gleiche gilt von den übrigen Notenbanken.

3. **Einlagekapital in ausländischer Währung.** Nach § 40 HGB. ist die Bilanz in Reichswährung aufzustellen; in der gleichen Währung sind die Bücher zu führen (Veit Simon, Bilanzen S. 204). Aktien müssen über Mindestbeträge in Mark lauten (§ 180 HGB.), GmbHAnteile durch 10 000 M. teilbar sein (§ 5 GmbHG.). Hieraus ergibt sich, daß Aktienkapital und Stammkapital in Reichswährung ausgedrückt sein müssen.

Unter Reichswährung in § 40 HGB. ist jedoch nur die gesetzliche Währung zu verstehen (Veit Simon a. a. O. S. 205). Deutsche Kaufleute im Ausland, deutsche Unternehmungen im Ausland mit Sitz im Inland müssen praktisch ihre Bücher in der für sie maßgebenden Auslandswährung führen und dürfen demgemäß auch ihre Bilanzen in der betreffenden Währung aufstellen. Haben sie dies von jeher getan, so erscheint das Eigenkapital in der fremden Währung und ist mit dem Kurs am Stichtag umzurechnen, der sich so ergebende Betrag ist abzuziehen. Gehen diese Unternehmungen erst jetzt zur Valutabilanz über, so werden sie dabei das Einlagekapital zum

Friedenskurs umrechnen müssen, da es sonst bei dem jetzigen Dollarstand auf einen unwesentlichen Bruchteil reduziert wäre. Für die Ermittlung des abzugsfähigen Einlagekapitals ist aber das nunmehr in fremder Währung in der Bilanz erscheinende Eigenkapital mit dem Kurse am Stichtage zurückzurechnen.

4. Das Einlagekapital bei **Aktiengesellschaften** ist das in Aktien zerlegte Grundkapital der Gesellschaft, soweit es eingezahlt ist. Für die Höhe des Grundkapitals ist der handelsregistermäßige Bestand maßgebend; Erhöhungen und Herabsetzungen sind erst von der Eintragung der Durchführung an wirksam (§§ 284, 291 HGB.; vgl. RFH. **3** 66); dies gilt auch für Fusionen (RFH. **2** 209). Erhöhungen des Grundkapitals durch Erhöhung der Zahl oder des Nennbetrages der Aktien unter Verrechnung der Einzahlungen mit auszuschüttenden Gewinnen oder Reserven (vgl. Fischer, Aktienrecht S. 293 f.) sind ebenfalls abzugsfähig (OVGSt. **17** 204). Die Einlösung von Aktien aus dem Reingewinn (§ 227 HGB.) bewirkt keine Verminderung des Grundkapitals (OVGSt. **14** 222, **19** 138). Eingezahlt ist das Grundkapital nur, soweit die nach Gesetz und Satzung erforderlichen Einlagen gemacht sind. Wechsel sind keine Zahlung. Beschlossene Einzahlungen sind nicht geleistete Einzahlungen. Das Agio ist nicht abzugsfähig, ebensowenig Zuzahlungen zur Erlangung von Vorzugsrechten (§ 262 Ziff. 2 und 3 HGB.). Die Zahlungen zum Erwerb von Genußscheinen sind nicht abzugsfähig, auch wenn diese Scheine Mitgliedschaftsrechte verbriefen. Sog. Gratisaktien sind eingezahlt, nämlich durch Verrechnung.

5. Für **Kommanditgesellschaften auf Aktien** gilt das in Nr. 4 Gesagte entsprechend. Die Einlagen der persönlich haftenden Gesellschafter und ihre Kapitalanteile sind nicht abzugsfähig.

6. Die **Kolonialgesellschaften** sind sämtlich aktiengesellschaftsmäßig organisiert und besitzen ein dem Aktienkapital entsprechendes Grundkapital. Das in N. 4 Gesagte gilt daher entsprechend.

7. Bei **Gesellschaften mit beschränkter Haftung** entspricht das Stammkapital dem Grundkapital der Aktiengesellschaften. Das in N. 4 Gesagte gilt entsprechend. Nachschüsse (§ 26 GmbHG.) sind nicht abzugsfähig.

8. Bei **Berggewerkschaften** und den übrigen in § 12 Abs. 2 behandelten juristischen Personen wird ein Grundkapitalersatz geschaffen.

a) Bei Gewerkschaften ohne Bilanz ist grundsätzlich nicht die Summe der Zubußen maßgebend, sondern der Betrag, der zum Erwerb, zu den Anlagen und zu den Erweiterungen verwandt ist; die Ausgaben für Betriebskosten scheiden aus. Soweit die Beträge durch noch bestehende Schuldaufnahmen gedeckt sind, werden sie nicht berücksichtigt; praktisch können sie also nur aus Zubußen und nicht als Ausbeuten verteilten Gewinnen herrühren. Die Werte des Bergwerks, seiner Substanz, und der Anlagen kommen

nicht in Betracht. Erwerbspreis ist die Summe der Aufwendungen, die für den Erwerb des bergbaulichen Unternehmens gemacht sind; ist das Bergwerkseigentum auf Grund eigener Mutung erworben, so fallen hierunter die Kosten der Bohrungen, der Versuche, der Mutung und der Verleihung. Anlagen sind alle sachlichen und immateriellen Gegenstände des Anlagekapitals. Die aus dem Wortlaut des § 15 PrEinkStG. durch das OVG. hergeleitete Beschränkung auf die Kosten für den Erwerb des Bergwerks und der bergbaulichen Anlagen — im Gegensatz zu den sonstigen Anlagen — (OVG. vom 23. Jan. 1896 bei Strutz, N. 12 zu § 12 VermStG.) kommt bei dem VermStG. nicht in Frage. Ebenso für das RMO. Isay, das neue Steuerrecht der Berggewerkschaften S. 27; abw. v. Breunig-v. Lewinski S. 152. Auch für die Nichteinbeziehung der Kosten stillgelegter oder ausgeschiedener Anlagen liegt hier — im Gegensatz zum PrEinkStG. (OVG. 15 301, **17** 237) — kein Anlaß vor (abw. Strutz a. a. O.; Isay a. a. O.). — Abschreibungen wegen Abnutzung usw. werden nicht abgesetzt (OVGSt. **8** 210). Maßgebend ist der Bestand am Schlusse des Betriebsjahrs (OVGSt. **9** 256).

b) Gewerkschaften mit kaufmännischen Bilanzen gibt es erst, seit § 2 HGB. von 1897 die Berggewerkschaften mittelbar zu Kaufleuten machte (Veit Simon, der Einfluß des BGB. und des HGB. auf das Recht der Berggewerkschaften S. 22). Das Kapitalkonto der Gewerkschaften entspricht grundsätzlich dem des Einzelkaufmanns, ist also variabel, im Gegensatz zu den grundsätzlich festen Kapitalkonten der übrigen abzugsfähigen Einlagekapitalien (Veit Simon a. a. O. S. 41). Tatsächlich führen aber die meisten Berggewerkschaften ein einmal angelegtes Kapitalkonto unverändert fort und bilden Reservekonten für weitere Kapitalansammlungen wie die Aktiengesellschaften. Die Kapitaltilgungskonten (s. N. 27 zu § 8) scheinen praktisch jetzt nicht mehr vorzukommen. Ursprünglich, d. h. im Jahre 1900, und auch bei jetzt erst erfolgendem Übergang zur Bildung einer Bilanz wurde bezw. wird das Kapitalkonto gebildet durch Feststellung des Überschusses der aktiven Vermögensgegenstände über die Schulden. Mit den Zubußen hat das Kapitalkonto bei seiner Anlegung nichts zu tun (Veit Simon a. a. O. S. 41). Weitereingezogene Zubußen werden ihm aber zugeschrieben. Von diesem Kapitalkonto ist auszugehen. Ein etwaiges Kapitaltilgungskonto ist abzuziehen. Der Abzug des Kapitalkontos wird aber nur insoweit beansprucht werden können, als es aus Einlagen herrührt (Analogie zu § 12 Abs. 1 Ziff. 1 und Abs. 2 b; vgl. N. 10), d. h. aus Zubußen und nicht verteilten Gewinnen. Ähnlich Strutz N. 15 zu § 12 VermStG. Der Nachweis ist zwar bei älteren Gewerkschaften kaum zu führen; man wird davon ausgehen müssen, daß das bei Bildung der Kapitalkonten im Jahre 1900 und in den ersten Folgejahren angesetzte Kapitalkonto als eingezahlt zu betrachten ist. Für Gewerkschaften, die erst nach dem 1. Jan. 1900 gegründet sind, wird das Kapital-

konto in der Regel mit den eingeforderten Zubußen übereinstimmen; zuweilen sind nicht verteilte Gewinne zugeschrieben. Diese **Kapitalkonten** sind abzugsfähig.

Das FA. muß den Abzug des ordnungsmäßig angelegten bilanzmäßigen **Kapitalkontos** genehmigen. Gegen die Verweigerung der Genehmigung ist nur die Beschwerde an das LFA. zulässig (§§ 224, 281 ff. RAO.). Die Nachprüfung der Finanzgerichte ist auf die Ordnungsmäßigkeit des Verfahrens des FA. beschränkt; eine sachliche Nachprüfung ist ausgeschlossen.

9. **Bergbautreibende Vereinigungen.** Solche, die unter 1, 2 oder 4 fallen, gehören nicht hierher, ebensowenig diejenigen, die nicht juristische Personen sind, z. B. Bohrgesellschaften, die aber überhaupt nicht steuerpflichtig sind, s. N. 5 zu § 2 VermStG. auf S. 106. Es kommen wohl nur rechtsfähige Vereine nach § 22 BGB. in Frage — die Vorschrift ist also praktisch bedeutungslos.

10. **Eingetragene Genossenschaften.** Maßgebend sind nicht — wie noch in § 17 Abs. 3 KrStG. — die eingezahlten Geschäftsanteile, sondern die Geschäftsguthaben, d. h. die im Rahmen des Geschäftsanteils gemachten Einlagen und zugeschriebenen, nicht abgehobenen Gewinne abzüglich abgeschriebener Verluste und Abhebungen (§§ 7 Ziff. 2, 19 GenG.). Guthaben aus laufender Rechnung oder aus Darlehen — auch in Form der Sicherheitseinlagen, OVGSt. **15** 313 — sind nicht abzugsfähig.

11. Für **Genossenschaftszentralen** in Form von Gesellschaften mit beschränkter Haftung oder Aktiengesellschaften gilt an sich das in N. 4 und 7 Gesagte. Jedoch ist wie bei Genossenschaften der doppelte Betrag abzugsfähig. Genossenschaftszentralen sind die Gesellschaften, die in der Hauptsache dem Zwecke dienen, für den die Genossenschaften tätig sind (RFH. **9** 100). Trotz Nichterwähnung dürften die Aktienkommanditgesellschaften hier den Aktiengesellschaften gleichstehen (Strutz N. 18 zu § 12 VermStG.).

12. **Revisionsverbände** (§ 54 ff. GenG.) werden teils als Genossenschaften, teils als Vereine, auch als Gesellschaften m. b. H. gegründet. Bei diesen Verbänden ist „das Verbandsvermögen" steuerfrei. d. h. das ganze Vermögen, da es nur dem steuerfreien Zweck dienen darf (§ 55 GenG.). Andere Hauptverbände sind insofern steuerfrei, als das Vermögen „Verbandsvermögen" ist, d. h. dem Verbandszweck dient.

13. Bei **Versicherungsvereinen auf Gegenseitigkeit** ist nach § 22 PrivVUG. von 1901 in der Satzung „die Bildung eines Gründungsfonds vorzusehen, der zur Deckung der Kosten der Errichtung des Vereins sowie als Garantie- und als Betriebsfonds zu dienen hat". Er ist abzugsfähig, soweit er bar eingezahlt ist; die nach § 22 Abs. 2 a. a. O. zulässige Hingabe von Solawechseln ist keine Zahlung. Die nach § 23 a. a. O. zulässige anderweite Sicherheit ist nicht abzugsfähig.

14. Bei den **Kreditanstalten** handelt es sich um Bodenkreditanstalten, und zwar um solche öffentlichen Rechts, d. h. um Landschaften, Stadtschaften, Ritterschaften und dergl. Privatrechtliche Bodenkreditanstalten, d. h. juristische Personen des Privatrechts, die Bodenkredit durch Ausgabe von Pfandbriefen verschaffen, können nur in der Form von Aktiengesellschaften oder Aktienkommanditgesellschaften errichtet werden, fallen daher unter Abs. 1 Ziff. 1; anderen Handelsgesellschaften, Genossenschaften und Einzelpersonen ist der Bodenkreditbetrieb untersagt, Vereinen wird die erforderliche Genehmigung (§ 22 BGB.) nicht erteilt. Mobiliarkredit kommt nicht in Frage. Abzugsfähig ist das von der errichtenden Stelle oder den Interessenten ursprünglich oder später zugewiesene Vermögen, nicht das durch den Betrieb angesammelte.

15. **Wohlfahrtsfonds.**

a) Begriff der Rücklagen für Wohlfahrtszwecke. Wegen des Begriffs der Rücklagen s. N. 25 zu § 8 VermStG.; vgl. ebenda N. 26. Wegen des Unterschieds zwischen Rücklagen für Wohlfahrtszwecke und Vermögensbeträgen für Wohlfahrtszwecke vgl. N. 8 zu § 10 Ziff. 6 VermStG. Es muß sich stets um einen bilanzmäßigen offenen Reservefonds handeln; gleichzeitig müssen aber entsprechende Aktiven ausgesondert vorhanden sein, da sonst die Sicherung der Verwendung nicht nachgewiesen werden kann. Maßgebend für die Höhe des Abzugs ist aber die Höhe des Reservefonds auch dann, wenn das entsprechende Aktivum einen höheren Wert repräsentiert, sofern nicht statt des Abzugs gemäß § 12 Ziff. 2 die Steuerfreiheit gemäß § 10 Ziff. 6 beansprucht werden kann.

b) Anwendungsgebiet: Mangels jeder Einschränkung gilt § 12 Ziff. 2 für alle nicht nur beschränkt steuerpflichtigen juristischen Personen einschließlich aller Berggewerkschaften (§ 2 Abs. 1 Ziff. 3 VermStG.), nicht dagegen für steuerpflichtige nicht rechtsfähige Vereinigungen (§ 2 Abs. 1 Ziff. 4); diese können aber Steuerfreiheit gemäß § 10 Ziff. 6 beanspruchen.

c) Die Voraussetzungen sind die gleichen wie für § 10 Ziff. 6 VermStG.; s. dort N. 8 b unter 2 bis 5.

16. **Prämien- und Dividendenreserven.**

a) Begriff s. N. 34 zu § 8 VermStG. Diese Reserven „wären als wahre Schuldposten auch ohne besondere Benennung im Gesetz abzugsfähig gewesen" (Thümen, VermStG. S. 136).

b) Anwendungsgebiet. Versicherungsgesellschaften und Versicherungsvereine, die Versicherungsgeschäfte betreiben. Der Betrieb muß in einer zulässigen Rechtsform betrieben werden, also nach § 6 PrivVUG.:

1. bei Personenvereinigungen, welche die Versicherung ihrer Mitglieder nach dem Grundsatz der Gegenseitigkeit betreiben, in der Form eines Versicherungsvereins auf Gegenseitigkeit, evtl. nach § 53 PrivVUG.;

2. bei Lebens-, Unfall-, Haftpflicht-, Feuer- und Hagelversicherung nur in der Form eines Versicherungsvereins auf Gegenseitigkeit oder einer Aktiengesellschaft. Als Lebensversicherung gilt auch die Invaliditäts-, Alters-, Witwen-, Waisen-, Aussteuer- und Militärdienstversicherung, gleichviel ob auf Kapital oder Renten;
3. in andern Fällen in jeder beliebigen Rechtsform.

Die beim Inkrafttreten des PrivVAG. von 1901 zum Geschäftsbetriebe befugten Versicherungsunternehmungen konnten weiter betrieben werden. Gesellschaften mit einer kleinen, festgeschlossenen Personenzahl — also nicht die nicht rechtsfähigen Vereine —, die sich zur gemeinsamen Tragung gewisser Verluste oder Schadensverbindlichkeiten zusammenschließen, betreiben keine Versicherungsgeschäfte (Bericht der VII. Komm. des RT. S. 11 f.). Auf ausländische juristische Personen ist § 12 überhaupt nicht anwendbar.

Vermögen der Ehegatten.

§ 13 VermStG.

Für die Veranlagung der Vermögensteuer wird das Vermögen der Ehegatten zusammengerechnet, sofern sie nicht dauernd voneinander getrennt leben. Die Zusammenrechnung findet statt vom Beginne des Kalenderjahrs, das dem Eintritt der Voraussetzungen folgt, bis zum Schlusse des Kalenderjahrs, das dem Wegfall der Voraussetzungen vorangeht. Eine Neufeststellung der Vermögen findet nicht statt. Die Vorschrift gilt nur, wenn beide Ehegatten unbeschränkt steuerpflichtig sind.

Mat.: a) zum VermStG.: RegE. § 14; Begr. S. 19; AusschBer. S. 29, 63; b) zum RNOG.: RegE. § 33; Begr. S. 473; AusschBer. S. 11, 23; vgl. RNOG. § 16.

1. Bedeutung des § 13.
2. Voraussetzungen der Zusammenrechnung.
3. Stichtag für die Zusammenrechnung.
4. Wirkungen der Zusammenrechnung.

1. Bedeutung. § 13 übernimmt ohne Begründung die immer unsinniger gewordene Ehestrafe der älteren Steuergesetze; denn durch die Zusammenrechnung kommt das Ehepaar in eine höhere Steuerstaffel als bei getrennter Veranlagung. Die Wirkung der Zusammenrechnung ist, daß für die Höhe der Steuer die Ehegatten wie eine Person behandelt werden, so daß eine Feststellung, welchem der beiden Ehegatten ein Gegenstand gehört, unterbleibt und Forderungen der Ehegatten gegeneinander steuerlich nicht existieren; für die Haftung werden aber die Ehegatten auseinandergehalten, jeder haftet als Gesamtschuldner *auf das Ganze* (§ 95 Abs. 2 RAO.). Wegen der Auseinandersetzung unter den Ehegatten s. A. IV zu § 22 ZwAG. mit § 31 Abs. 1 VermStG.

2. Voraussetzungen der Zusammenrechnung.

a) Die Zusammenrechnung findet nur bei Eheleuten statt, nicht bei sonstigen familienrechtlichen Verwaltungs- oder Gütergemeinschaften, also weder hinsichtlich des Kindesvermögens noch bei der fortgesetzten Gütergemeinschaft. Das eheliche Güterrecht, unter dem die Eheleute leben, ist gleichgültig, insbesondere findet die Zusammenrechnung auch bei Gütertrennung statt. Im Falle der Scheidung kommt es darauf an, ob das Urteil am Stichtag rechtskräftig war; meist werden die Ehegatten schon vorher dauernd getrennt sein. Nichtigkeitserklärung hebt die Ehe mit Rückwirkung auf, es kann daher nachträglich jeder der Ehegatten getrennte Veranlagung beantragen (§ 214 Abs. 2 RAO.), und zwar binnen einem Jahre nach Rechtskraft des Urteils (§ 214 Abs. 1). Das Urteil, das die Aufhebung der ehelichen Gemeinschaft ausspricht (§ 1575 BGB.), löst die Ehe nicht auf. Auflösung der Ehe nach dem Stichtage ist unerheblich.

b) Es darf keine dauernde Trennung vorliegen, d. h. keine tatsächliche Aufhebung der Gemeinschaft nicht nur vorübergehender Art. Aufhebungsurteil nach § 1575 beseitigt die Gemeinschaft nicht, wenn sie tatsächlich bestehen bleibt. Bloße Beibehaltung der gemeinsamen Wohnung und Wirtschaft trotz Aufhebung des eigentlichen Ehelebens schließt die dauernde Trennung nicht aus (OVGSt. **19** 58). Es genügt, daß ein Ehegatte schlüssig den Willen der dauernden Trennung bewiesen hat, auch wenn dies ohne Berechtigung geschehen ist, z. B. bei mißbräuchlicher Verlegung des Wohnorts durch den Mann (§ 1354 Abs. 2 BGB) oder bei unberechtigter Verlegung seitens der Frau (§ 1354 Abs. 1 BGB.), oder daß ein Ehegatte auf nicht nur vorübergehende Zeit an der ehelichen Gemeinschaft gegen den Willen des andern Teils verhindert ist, z. B. durch längere Freiheitsstrafe. Ob der Ehemann noch beide Vermögen gemeinsam verwaltet, ist unerheblich (OVGSt. **17** 34).

c) Keiner der beiden Ehegatten darf nur beschränkt, d. h. nach § 3 VermStG. steuerpflichtig sein.

3. Stichtag für die Voraussetzungen ist der 31. Dez. 1922. Spätestens an diesem Tage muß die Ehe geschlossen oder aufgelöst sein.

4. Wirkungen der Zusammenrechnung.

a) Gegenstand der Zusammenrechnung ist das objektiv steuerpflichtige Vermögen beider Ehegatten, bei der eingeschränkten Steuerpflicht also nur die steuerpflichtigen Vermögensteile (N. 1 b zu § 2 VermStG. auf S. 103). Beider Ehegatten Schulden und Lasten sind abzugsfähig, gleichgültig, ob beide oder wer von ihnen haftet: die Schulden des Mannes sind auch bei Gütertrennung von dem Vermögen der Frau abzugsfähig. Soweit beide haften, kann der Abzug nur einmal gemacht werden. Ferner ist der gemeinsame Dreimonatsbedarf (§ 11 Ziff. 3 VermStG.) abzugsfähig.

b) Die Freigrenzen nach § 8 ZwAG. werden von dem zusammengerechneten Vermögen berechnet. Bei den nach der Befreiungsvorschrift des § 8 Abs. 2 Ziff. 2 ZwAG. maßgebenden persönlichen Verhältnissen ist nach dem Sinn der Vorschrift zu unterscheiden: das Alter von 60 Jahren braucht nur bei einem der Ehegatten vorzuliegen; die Erwerbsunfähigkeit oder Erwerbsbeschränkung bei dem Ehemann reicht aus, bei der Ehefrau nur, wenn ihre Erwerbstätigkeit nach den Verhältnissen, in denen die Ehegatten leben, üblich ist; dabei wird jedoch die Tätigkeit im Hauswesen heutzutage der Erwerbstätigkeit gleichzustellen sein (§ 1356 BGB.).

c) Die Pflicht, den Zeichnungsschein zu vollziehen und Zahlung zu leisten, liegt nur dem Ehemanne ob. Diese Pflichten entsprechen der Passivlegitimation für die Veranlagung: wer nicht zu veranlagen ist, hat auch nicht den Zeichnungsschein zu vollziehen noch zu zahlen. Daß nur der Ehemann zu veranlagen ist, ist allgemein anerkannt, vgl. Strutz, N. 3 zu § 13 VermStG. Die abw. Auffassung des RFH. (RFH. 9 29) wird durch die Berufung auf die §§ 95 Abs. 2, 79 Abs. 2 und 169 RAO. nicht gedeckt. Die Frau haftet nicht neben dem Steuerpflichtigen oder an dessen Stelle; vielmehr tritt ihre Haftung nach § 95 Abs. 2 RAO. erst mit der gemeinsamen Veranlagung ein; § 169 ist nicht anwendbar, da die Frau mangels Kenntnis des Vermögens des Ehemanns gar nicht das gesamte anzugebende Vermögen übersehen kann, was z. B. bei Überschuldung des Mannes wesentlich ist, und eine Verpflichtung zu Teildeklarationen nicht besteht. Immerhin werden die Pflichtigen mit der ungünstigen Rechtsprechung des RFH. rechnen müssen.

d) Wegen der gesamtschuldnerischen Haftung s. N. 1. Die Ehefrau haftet mit für die Erhöhung nach § 16 ZwAG. Dagegen haftet sie nicht für die gegen den Mann verhängten Strafen nach § 23 ZwAG. und für etwa gegen den Mann verhängte Ordnungsstrafen. Jedoch haftet sie für die Folgen, die dadurch entstehen, daß sie ihrem Ehemann steuerbares Vermögen schuldhaft verschweigt (RFH. 9 29) oder daß sie selbst an einer strafbaren Handlung des Mannes mitwirkt.

Stichtag.

§ 14 Abs. 1 VermStG.

Der Vermögenswert wird für drei Kalenderjahre (Veranlagungszeitraum) festgestellt, zum ersten Male auf Grund des Vermögensstandes vom 31. Dezember 1922, später in Zeitabständen von drei zu drei Jahren auf Grund des Vermögensstandes am Schlusse des Kalenderjahrs, das dem Veranlagungszeitraum unmittelbar vorangeht. Für Betriebe, bei denen regelmäßige jährliche Abschlüsse stattfinden, tritt auf Antrag des Steuerpflichtigen an Stelle des Vermögensstandes am Schlusse eines Kalenderjahrs der Stand am Schlusse des letzten Wirtschafts- (Geschäfts-)

jahrs, das dem Veranlagungszeitraum unmittelbar vorangeht. Die zwischen dem Schlusse dieses Wirtschafts- (Geschäfts-) jahrs und dem gesetzlichen Stichtag eingetretenen Verschiebungen zwischen dem im Betrieb angelegten Vermögen und dem sonstigen Vermögen des Steuerpflichtigen sind zu berücksichtigen. An einen gemäß Satz 2 gestellten Antrag bleibt der Steuerpflichtige auch für künftige Veranlagungszeiträume gebunden.

Mat.: RegE. § 15; Begr. S. 19; AusschBer. S. 30 f., 63; vgl. RAO. § 22.

1. Stichtag für Steuerpflicht und für Vermögensstand.
2. Der besondere Stichtag des Betriebsabschlusses.
3. Voraussetzungen des Stichtags des Betriebsabschlusses.
4. Verschiebungen zwischen den Stichtagen.

1. **Stichtage für Steuerpflicht und für Vermögensstand.** Der Stichtag für die Feststellung des zeichnungspflichtigen Vermögens nach Umfang und Wert ist der 31. Dezember 1922. Dagegen ist der Stichtag für die persönliche Steuerpflicht nach § 6 ZwAG. der 1. Januar 1923, ebenso für die objektive Steuerpflicht nach § 2 Abs. 2 und § 3 VermStG. (N. 1 zu § 7 ZwAG.; N. 1 zu § 2 VermStG. auf S. 102). Ob also ausländisches Grund- und Betriebsvermögen steuerfrei ist (§ 2 Abs. 2 Ziff. 2) oder inländisches steuerpflichtig, richtet sich nach dem Stande am 1. Jan. 1923. Für die Frage, was zu dem steuerpflichtigen Grund- und Betriebsvermögen gehört (§§ 6 bis 8, 10 bis 12 VermStG.), für die Zusammenrechnung bei Ehegatten und für die Bewertung ist der 31. Dez. 1922 maßgebend.

2. **Der besondere Stichtag des Betriebsabschlusses** bezieht sich nur auf den Vermögensstand, nicht auf die subjektive und objektive Steuerpflicht. Unter Vermögensstand am Tage des Betriebsabschlusses ist hier Umfang und Wert des Vermögens zu verstehen. Sind daher Wertpapiere eines Betriebsvermögens nach dem Wert am Tage des Betriebsabschlusses zu bewerten, so kann die Steuerbehörde die Ansetzung der nach § 24 ZwAG. allgemein maßgebenden Kurse schon deshalb nicht verlangen, weil sie vom 31. Dez. 1922 ausgehend berechnet sind; die freiwillige Ansetzung dieser Kurse kann dem Pflichtigen aber nicht verwehrt werden. Das Nähere s. S. 275.

3. **Voraussetzungen des Stichtags des Betriebsabschlusses.**

a) Der Stichtag ist nur zulässig für B e t r i e b e. Betriebe i. S. des § 14 sind jedenfalls die Betriebe nach § 6 Ziff. 2 und § 8 VermStG. und jedenfalls nicht das sonstige Vermögen nach § 6 Ziff. 3 und § 9 VermStG. Zweifelhaft ist, ob auch Grundvermögen hierunter fallen kann. Dies wird in der Literatur durchweg verneint; vgl. Hoffmann, N. 4 a zu § 15 WBG.; Strutz, KrStG. S. 130; v. Breunig-v. Lewinski S. 235; Koppe-Beuck N. 2 zu § 14 VermStG. Unklar Thümen S. 141. Rheinstrom, Anm. 3 zu § 28 BesStG., will allgemein Grundvermögen einschließen, was wohl zuweit

geht. Für Grundvermögen ist aber dann der Stichtag des Wirtschaftsabschlusses maßgebend, wenn es betriebsmäßig, d. h. durch Land- oder Forstwirtschaft genutzt wird, und nur deshalb zum Grundvermögen gehört, weil die Nutzung vom Eigentümer selbst ausgeübt wird (N. 2 zu § 7 VermStG.). Es fehlt jeder Grund dafür, daß der Pächter das Ende des Pachtwirtschaftsjahres, der selbst wirtschaftende Eigentümer nur das des Kalenderjahres zugrunde legen kann. Hierfür spricht auch, daß in Satz 3 nicht von „Betriebsvermögen“ wie in den §§ 6 und 8, sondern von dem „im Betriebe angelegten Vermögen“ die Rede ist. Übereinstimmend Höpker N. 7 zu § 22 RNOG. Vergl. auch § 29 EinkStG.

b) Es müssen regelmäßige jährliche Abschlüsse stattfinden. Die Abschlüsse müssen ein ganzes Jahr von zwölf Monaten — nicht notwendig vom Ersten eines Monats an — umfassen. Hat der Betrieb vor dem 31. Dez. 1922 noch kein volles Jahr bestanden, weil er erst nach dem 1. Jan. 1922 eröffnet ist, so kann der Stichtag des Betriebsabschlusses nicht gewählt werden. Das Betriebsvermögen ist für den 31. Dez. 1922 festzustellen oder zu schätzen. Grundlose Verlegungen des Geschäftsjahrs können die Zulassung des besonderen Stichtags ausschließen, nicht aber solche aus zureichendem Grunde, z. B. wegen Eintritts oder Ausscheidens eines Teilhabers. Die Abschlüsse müssen regelmäßig sein, d. h. ordnungsmäßig und wiederkehrend. Kaufmännische Buchführung kann nur bei Kaufleuten erfordert werden, im übrigen, besonders bei Landwirten, genügt angemessene Buchführung. Besteht der Betrieb erst solange, daß nur ein Abschluß vorliegt, so genügt dies, wenn die Absicht der regelmäßigen Aufstellung von Abschlüssen aus der Einrichtung des Betriebes und der Buchführung hervorgeht.

c) Der besondere Stichtag wird nur auf Antrag berücksichtigt. Es besteht also ein Wahlrecht der Pflichtigen. Der Antrag kann nur bis zur Zustellung des Steuerbescheids (§ 28 VermStG.) gestellt werden. Hat der Pflichtige mehrere Betriebe, so kann er den Antrag für einen Betrieb stellen, für den andern nicht.

4. **Verschiebungen** zwischen dem im Betriebe angelegten Vermögen (s. N. 3a am Ende) und dem sonstigen Vermögen (hier also nicht i. S. der §§ 6 und 9, sondern = übriges Vermögen) „sind zu berücksichtigen“. Wie sie zu berücksichtigen sind, ist zweifelhaft. Für das Notopfer wollen v. Breunig-v. Lewinski (S. 237) den „verschobenen“ Betrag da erfassen, wo er sich am gesetzlichen Stichtag befindet, und ihn von dem andern Teil des Vermögens absetzen. Fürnrohr (S. 145) will den verschobenen Betrag bei dem Teil berücksichtigen, zu dem er gelangt ist. Richtig dürfte er da zu berücksichtigen sein, wo er hergekommen ist; dies ist offenbar auch der Standpunkt der Reg.-Begr. S. 19, denn die Bestimmung soll „der Steuerverkürzung durch Verschiebung . . . vorbeugen“. Ebenso wohl Höpker, N. 9 zu § 22 RNOG. Ent-

nahmen des Pflichtigen aus dem Betriebsvermögen für Privatzwecke nach dem Bilanztage kann er bei dem sonstigen Vermögen abziehen, wenn er dadurch Verminderungen des sonstigen Vermögens erspart hat.

Entsprechend sind auch Verschiebungen desselben Pflichtigen zwischen Betrieben mit verschiedenen Abschlußtagen zu berücksichtigen (Thümen S. 142). Dagegen kann dem Fiskus durch Verschiebung zwischen Betrieben mehrerer Pflichtiger mit verschiedenen Abschlußtagen Steuer entgehen; zuweilen wird § 5 RAO. helfen.

„Eine Überführung von gewerblichem Anlage- und Betriebskapital in das außergeschäftliche Kapitalvermögen muß in den Geschäftsbüchern besonders kenntlich gemacht werden. Eine bloße Erklärung hierüber genügt nicht." (OVGSt. 19 94.) Umgekehrt gilt das gleiche.

b) Bewertung des Vermögens.

Die anwendbaren Vorschriften.

§ 15 VermStG.

Bei der Bewertung des Vermögens gelten die Vorschriften der RAO. über die Wertermittlung mit nachfolgenden ergänzenden Bestimmungen.

Die Vermögensgegenstände sind jeweils unter Berücksichtigung der allgemeinen Wirtschaftsverhältnisse zu bewerten.

Für die Zeit der Erhebung des Zuschlags findet § 152 Abs. 3 RAO. mit der Maßgabe Anwendung, daß bei Ermittlung des nachhaltigen Ertrags insbesondere auch der Ertrag der letzten drei Jahre zu berücksichtigen ist.

Für die dauernd dem Betriebe gewidmeten Gegenstände hat eine vom § 139 Abs. 2 RAO. abweichende Bewertung stattzufinden, wenn und soweit infolge der Entwicklung der Wirtschaftsverhältnisse ein höherer dauernder Wert anzunehmen ist. Die Feststellung der Werterhöhung von einzelnen Betriebsgegenständen hat unter Berücksichtigung der Einheit des ganzen Unternehmens und der Annahme der Weiterführung des Betriebs zu erfolgen. Als dauernd dem Betriebe gewidmete Gegenstände gelten auch dauernde Beteiligungen an anderen Betriebsunternehmungen.

Die Wertfeststellung der Wertpapiere gemäß § 141 RAO. hat derart zu erfolgen, daß die durchschnittlichen Kurse und Werte der drei letzten Jahre unter Mitberücksichtigung des Erträgnisses und der Bezugsrechte der Wertermittlung nach näherer Anweisung des Reichsministers der Finanzen unter Anhörung von Sachverständigen zugrunde gelegt werden.

Gold- und Silbermünzen sind mindestens mit dem Metallwert einzusetzen.

§ 24 a ZwAG.

Für die Bewertung des Vermögens zur ersten Veranlagung der Vermögensteuer sind der § 24 sowie die Bewertungsrichtlinien des Reichsministers der Finanzen maßgebend, soweit diese feste rechnungsmäßige Unterlagen für die Wertermittlung enthalten. Grundstücke, die im Jahre 1922 käuflich erworben worden sind, sind mindestens mit dem Anschaffungspreis anzusetzen. Hat ein Steuerpflichtiger nach dem 31. August 1922 Wertpapiere erworben und Schulden aufgenommen, so sind die Wertpapiere bis zum Betrage der Schulden mindestens mit dem Anschaffungspreis anzusetzen.

Zu den nach Abs. 1 Satz 1 festgesetzten Werten tritt ein Zuschlag von 300 v. H. ein.

Vom Zuschlag sind ausgenommen:

1. bebaute Grundstücke, die Wohnzwecken zu dienen bestimmt sind, Villen jedoch nur, sofern ihr Wehrbeitragswert 50 000 M. nicht übersteigt;
2. Bauland (Baustellen, Terrains);
3. inländische auf Reichsmark lautende festverzinsliche Wertpapiere;
4. inländische auf Reichsmark lautende Hypothekenforderungen, Grundschuldforderungen und Rentenschulden;
5. andere Vermögensgegenstände, die nach dem Gesetz oder den Bewertungsrichtlinien mit dem Marktpreis oder Kurswert am Stichtag zu bewerten sind.

Von den Vorschriften des Abs. 1 Satz 1 und des Abs. 2 kann nur abgewichen werden, wenn der Steuerpflichtige es beantragt und gleichzeitig nachweist, daß sich bei Anwendung dieser Vorschriften eine zu hohe Bewertung ergibt; dies gilt nicht für Wertpapiere. Der im Satz 1 vorgesehene Antrag muß spätestens bei Einlegung des Einspruchs gegen den Steuerbescheid gestellt werden. Führen Verhandlungen mit dem Steuerpflichtigen über die Feststellung eines Pauschbetrags für die Gegenstände, deren Bewertung streitig ist, zu keinem Ergebnis, so entscheidet im Berufungsverfahren das Finanzgericht über das Vorliegen der Voraussetzungen des Satz 1 endgültig.

Mat.: a) zu § 15 VermStG.: RegE. §§ 16, 17; Begr. S. 16, 20; AusschBer. S. 31 bis 41, 46 f., 64 bis 67; RTVerh. 1920/22 S. 6404 bis 6414, 6421; b) zum ZwAG. betr. Bewertungsfragen: AusschBer. S. 17 bis 28, 89 bis 92; c) zu § 24 a ZwAG.: AusschBer. RT.-Aktenstück 5600 S. 6340 bis 6342, 6353 bis 6355, 6373, 6381; RTVerh. 1920/23 S. 10006 f., 10019, 10043 bis 10050, 10052 f.; d) zu §§ 137 bis 146, 152 bis 154 RAO.: Begr. S. 110 bis 113; AusschBer. S. 21 bis 25; Verh. der NatVers. S. 3706, 3819.

1. Entstehungsgeschichte der Bewertungsbestimmungen.
2. Übersicht über § 24 a ZwAG.
3. Übersicht über die BewRichtl.
4. Grundsätzliche Bedeutung der BewRichtl.
5. Umfang der Gesetzeskraft der BewRichtl.
6. Inhalt der Gesetzeskraft. Verhältnis zu VermStG. und RAO.
7. Das Antragsverfahren nach § 24 a Abs. 4.
8. Beweislast nach § 24 a Abs. 4.
9. Rechtsmittelverfahren.
10. Feststellung des Pauschbetrages.
11. Verhältnis der Bewertungsvorschriften des VermStG. zu denen der RAO.
12. Übersicht über die Bewertungsbestimmungen.

1. Entstehungsgeschichte der Bewertungsbestimmungen. Der ursprüngliche RegE. zur RAO. sah nur die Bewertung nach dem gemeinen Wert vor. Der Staatenausschuß führte den Ertragswert für landwirtschaftlich genutzte Grundstücke ein, der Ausschuß der NatVers. (AusschBer. S. 24 f.) den Ertragswert für bebaute Grundstücke (RAO. § 152 Abs. 2 bis 6), das Plenum (StenVerh. S. 3819) den Selbstkostenwert für das gewerbliche Anlagekapital (§ 139 Abs. 2).

Der RegE. zum VermStG. kehrte zum ursprünglichen RegE. der RAO. zurück, erklärte § 139 Abs. 2 und § 152 Abs. 2 bis 6 RAO. für unanwendbar und daher nur den gemeinen Wert für maßgebend. Der Entwurf sah für die ersten 15 Jahre den Erlaß „bindender Anordnungen für die Bewertung des Vermögens" durch den RFM. nach Anhörung des Reichsrats und der berufenen Vertreter der Arbeitgeber und Arbeitnehmer vor. Die Anordnungen sollten „dem Wertstand der Mark Rechnung tragen und auf Gewinn und Umsatz Rücksicht nehmen". Bei geeigneten Unternehmungen sollte der Kurswert der ausgegebenen Aktien und Schuldverschreibungen als Grundlage für die Bewertung dienen können. Außerdem sollten „der Wertberechnung für das Reich oder einzelne Teile desselben feste Durchschnittssätze zugrunde gelegt werden".

Der RWR. (Bericht des Arbeitsausschusses des Reparationsausschusses) lehnte die ausschließliche Ansetzung des gemeinen Werts und die Steuerdiktatur des RFM. ab und schlug für die erste Veranlagung Zugrundelegung der Wehrbeitragswerte mit abgestuften Zuschlägen, für die weiteren Veranlagungen späteren Erlaß eines besonderen Gesetzes über die Wertermittlung vor.

Der Reichsrat genehmigte die ausschließliche Ansetzung des gemeinen Werts und den Erlaß bindender Bewertungsvorschriften durch den RFM., behielt sich aber die Zustimmung dazu (statt der bloßen Anhörung) vor. Die Bewertung des Betriebsvermögens nach dem Kurswert der ausgegebenen Aktien und Schuldverschreibungen wurde abgelehnt, statt dessen sollten Schätzungsmaßstäbe für die Ermittlung des gemeinen Werts gefunden werden, die dem Umstand Rechnung tragen, daß die Vermögensgegenstände teils vor, teils während der Geldentwertung geschaffen oder erworben sind.

Der 11. Ausschuß des RT. lehnte den RegE. ab. Die Regierung schlug ein Kompromiß vor, das für Grundstücke den Ertragswert zuließ, jedoch den Selbstkostenwert für Betriebsgegenstände ausschloß. Bei der Ermittlung des gemeinen Werts sollte der Zeitpunkt des Erwerbs — ob vor oder während der Geldentwertung — durch Zuschläge zu dem Friedenswerte oder Abschläge von den Überteuerungspreisen berücksichtigt werden. Für die erste Veranlagung sollte der RFM. mit Zustimmung des Reichsrats und nach Anhörung von Vertretern der Arbeitgeber und Arbeitnehmer die Zu- und Abschläge regeln (Nr. 2862 der Drucks.).

Der RTAusschuß lehnte aber auch diese beschränkte Vollmacht des RFM. sowie den grundsätzlichen Ausschluß des § 139 Abs. 2 RAO. ab. Es kam schließlich ein Kompromiß zustande. Die Vollmacht fiel endgültig. Die RAO. bleibt grundsätzlich anwendbar (§ 15 Abs. 1) Eine allgemeingehaltene Klausel sagte die Berücksichtigung der allgemeinen Wirtschaftsverhältnisse zu (Abs. 2). Eine höhere Festsetzung des landwirtschaftlichen Ertragswerts wurde ermöglicht (Abs. 3). Hinsichtlich der Betriebsgegenstände ging die Einigung dahin, daß § 139 Abs. 2 grundsätzlich anwendbar bleibt, daß aber bei entsprechender Änderung der Wirtschaftsverhältnisse ein etwaiger höherer Dauerwert anzusetzen ist (Abs. 4 Satz 1 und 2). Gleichzeitig wurde — im Gegensatz zu dem RegE. zum Gesetz betr. die beschleunigte Veranlagung und Erhebung des RNO. — festgelegt, daß dauernde Beteiligungen zu den unter § 139 Abs. 2 fallenden Betriebsgegenständen gehören (Abs. 4 Satz 3).

Die Richtlinien für die Bewertung nach dem VermStG. wurden erstmalig bei der Beratung des ZwAG. im 11. Ausschuß vorgelegt und dort besprochen, um eine Unterlage für den Tarif des ZwAG. zu gewinnen (Aussch.-Ber. S. 18 bis 28). Der Regierungsvertreter gab eine Zusammenfassung des Ergebnisses der Verhandlungen (S. 26 bis 27), das aber nicht als allen Wünschen des 11. Ausschusses entsprechend anerkannt wurde, insbesondere nicht in der Frage der eisernen Bestände, welche die Regierung nach wie vor dem Betriebskapital, nicht dem Anlagekapital zurechnen wollte. Die ursprünglichen BewRichtl. sind dann am 23. Dez. 1922 erlassen und im RStBl. 1922 S. 355 bis 366 (Nr. 23 vom 29. Dez. 1922) veröffentlicht.

Das Fortschreiten der Markentwertung zeitigte den Entwurf des Gesetzes über die Berücksichtigung der Geldentwertung in den Steuergesetzen (Geldentwertungsgesetz, GeldentwG.). In dem RegE. waren Bestimmungen über die Vermögensbewertung für VermSt. und ZwA. nicht vorgesehen. Bei der Beratung im Unterausschuß des Steuerausschusses des RT. schlug der Regierungsvertreter vor (AusschBer. S. 6340),

> gesetzlich festzulegen, daß die Richtlinien für die Vermögensbewertung maßgebend sein sollten, soweit sie feste rechnungsmäßige Unterlagen für die Wertermittlung enthielten.

Im Unterausschuß wurde diese Anregung allgemein gebilligt, ins-

besondere, nachdem ein Regierungsvertreter eine Zusammenstellung derjenigen Bestimmungen der BewRichtl. gegeben hatte, in denen feste rechnungsmäßige Unterlagen für die Wertermittlung enthalten seien (a. a. O. Anl. 3 S. 6381). Es wurde ausdrücklich festgestellt, daß gegen diese Übersicht „Bedenken nicht erhoben wurden“ (a. a. O. S. 6341).

Im Vollausschuß erklärte bei der zweiten Lesung der Berichterstatter (S. 6354):

> Diese Bestimmungen (d. h. die mit Gesetzeskraft ausgestatteten Vorschriften der BewRichtl.) ergäben sich aus der in erster Lesung gebilligten und als Anlage 3 beigefügten Zusammenstellung.

Mit dieser Ausführung erklärten sich der Regierungsvertreter und die Vertreter der bürgerlichen Parteien einverstanden (S. 6355). Jedoch wurde gleichzeitig beantragt, Abweichungen von den BewRichtl., soweit sie Gesetzeskraft haben, zuzulassen, wenn der Steuerpflichtige

> nachweist, daß sich bei Anwendung dieser Vorschriften eine zu hohe Bewertung ergibt.

Der Instanzenzug über diese Frage sollte nur bis zum Finanzgericht gehen, die Rechtsbeschwerde an den RFH. also ausgeschlossen sein (a. a. O. S. 6354 f.). Der Antrag wurde im Ausschuß und mit einigen Einschränkungen — s. den Gesetzestext — auch vom Reichstag angenommen. Bezüglich des Umfangs der Bindung erklärte der Berichterstatter im Reichstag:

> Damit endlich kein Zweifel darüber besteht, worauf sich diese Vervierfachung bezieht, ist dem Bericht des Ausschusses eine Zusammenstellung derjenigen Teile der BewRichtl. angefügt worden, die feste rechnungsmäßige Unterlagen enthalten (s. o.).

Eine Kritik an dieser Art von Gesetzgebung wird hier unterlassen.

Noch vor Verabschiedung des GeldentwG. wurden die BewRichtl. durch Verfügung des RFM. vom 6. März 1923 gemäß den in den Beratungen des GeldentwG. und anderwärts gegebenen Anregungen geändert (RStBl. 1923 Nr. 6 S. 91 bis 93).

2. Übersicht über § 24 a ZwAG. § 24 a ZwAG. enthält

in Abs. 1 Satz 1: die gesetzliche Festlegung eines Teils der BewRichtl.,

in Abs. 1 Satz 2: die Bewertung von Grundstücken, die im Jahre 1922 erworben sind, mit dem Anschaffungspreis als Mindestwert,

in Abs. 1 Satz 3: die Verrechnung von Schulden mit dem Anschaffungspreis von Wertpapieren, die nach dem 31. Aug. 1922 erworben sind,

in Abs. 2: den Zuschlag von 300 v. H. zu den gesetzlich festgelegten Werten der BewRichtl. und des § 24 ZwAG.,

in Abs. 3: die Ausnahmen von Abs. 2,

in Abs. 4: den Vorbehalt für die Bewertung nach dem Gesetz.

3. Übersicht über die BewRichtl. Die BewRichtl. enthalten eine Vorbemerkung, einen Teil I, „Übersicht über die Gesetzesvorschriften“, und einen

Teil II, „Bewertungsrichtlinien für die Vereinfachung der Veranlagung“. Beide Teile enthalten getrennt Grund-, Betriebs- und sonstiges Vermögen.

Teil I enthält eine Zusammenstellung der Bewertungsvorschriften auf Grund der RAO. und des VermStG.

Teil IIA regelt die Bewertung des Grundvermögens. Er unterscheidet Grundstücke, die dauernd land- oder forstwirtschaftlichen oder gärtnerischen Zwecken dienen (ländliche Grundstücke, s. N. 5 bis 20 zu § 152 RAO.), bebaute Grundstücke, die Wohnzwecken dienen (Wohnhäuser), und dabei wieder Villen und Mietsgrundstücke, bebaute Grundstücke, die gewerblichen Zwecken dienen und nicht zu einem Betriebsvermögen gehören (s. N. 21—29 zu § 152 RAO.), und schließlich Bauland (s. N. 30, 31 zu § 152 RAO.). Zugrunde gelegt wird durchweg der Wehrbeitragswert, auch wenn der Pflichtige das Grundstück erst nach dem Wehrbeitragsstichtag erworben hat (II A V). Anlagen nach dem 31. Dez. 1913 werden nach den Selbstkosten bewertet, die aus den Jahren 1914 bis 1916 mit dem Doppelten der Selbstkosten, die aus den Jahren 1917 bis 1919 mit dem Einfachen, während für Anlagen aus den Jahren 1920 bis 1922 steigende prozentuale Abschläge vorgesehen sind.

Teil II B regelt die Bewertung des Betriebsvermögens. Er unterscheidet Anlagekapital und Betriebskapital (N. 2 zu § 139 RAO.). Der Bewertung des Anlagekapitals wird der Notopferwert, später beschafften Anlagen der Einstandspreis (N. 7 zu § 139) mit steigenden Abschlägen zugrunde gelegt. Das Betriebskapital wird nach dem Einstandspreis mit Abschlägen bewertet. Für Forderungen, Devisen und Wertpapiere sind Sondervorschriften gegeben (s. N. 29 ff. zu § 139 RAO.).

Teil II C betrifft das sonstige Vermögen (s. die Noten zu §§ 141 bis 146 RAO.), Teil II D die Schulden, Teil II E gewisse ausländische Vermögensgegenstände (s. N. 36 bis 41 zu § 139, 32 zu § 152 RAO.).

4. Grundsätzliche Bedeutung der BewRichtl. Hinsichtlich der Bedeutung der BewRichtl. besagt ihre Vorbemerkung in Abs. 2:

> Um den Steuerpflichtigen die bei den schwankenden wirtschaftlichen Verhältnissen schwierige Bewertung zu erleichtern und das Veranlagungsverfahren möglichst zu vereinfachen, sind ... Bewertungsrichtlinien aufgestellt, nach welchen verfahren werden kann, wenn nicht besondere Umstände vorliegen, die eine Abweichung nach oben oder nach unten geboten erscheinen lassen.

Von den zwei angegebenen Gründen des Erlasses der BewRichtl. kann der rechtlich unerhebliche, daß den Pflichtigen die Bewertung erleichtert werden soll, dahingestellt bleiben. Der andere, daß das Veranlagungsverfahren vereinfacht werden soll, kennzeichnet die BewRichtl. zutreffend als Dienstanweisung an die Veranlagungsbehörden, entsprechend der diesbezüglichen Erklärung des Ministerialdirektors Dr. Popitz bei Beratung des ZwAG. (AusschBer. z. ZwAG. S. 17). Demgemäß sind die BewRichtl. an sich für

den Steuerpflichtigen ohne bindende Kraft; denn bindend sind nur das Gesetz und die im Rahmen des Gesetzes erlassenen ministeriellen Anordnungen nicht aber Dienstanweisungen; vgl. die Grundsätze des RFM. für die Wertermittlung nach dem RNOG., Allg. Grundsätze Abs. 11 Satz 3. Jedoch empfiehlt es sich zur Vermeidung von Weiterungen, daß der Pflichtige angibt, inwiefern er von den BewRichtl. abgewichen ist. Die Finanzverwaltungsbehörden sind an die BewRichtl. als an Dienstvorschriften gebunden, jedoch mit der Maßgabe, daß sie in besonders gelagerten Fällen berechtigt und verpflichtet sind, von den BewRichtl. abzuweichen, wenn nämlich eine nach den BewRichtl. stattfindende Veranlagung zu Ergebnissen führen würde, die den Gesetzen nicht entsprechen; dies gilt gleichmäßig, ob die Abweichung zugunsten oder zuungunsten des Pflichtigen stattfindet.

Diese klare und einfache Rechtslage ist dadurch verwickelt geworden, daß die BewRichtl. nach § 24 a Abs. 1 Satz 1 zum Teil Gesetzeskraft erhalten haben, diese gesetzliche Festlegung aber unter gewissen Voraussetzungen wieder hinfällig wird. Zu unterscheiden ist daher der Umfang und der Inhalt der gesetzlichen Festlegung.

5. Umfang der Gesetzeskraft der BewRichtl. § 24 a enthält nur eine Generalklausel, daß die BewRichtl. maßgebend sein sollen,

soweit diese feste rechnungsmäßige Unterlagen für die Wertermittlung enthalten.

Eine Erläuterung des Begriffs „feste rechnungsmäßige Unterlagen für die Wertermittlung“ ist in den Beratungen nicht gegeben. Erheblich ist jedoch die von der Regierung vorgelegte Aufstellung der in Betracht kommenden Bestimmungen der BewRichtl., zumal diese nach der obigen Darstellung (N. 3 a. E.) von den gesetzgebenden Faktoren ausdrücklich als maßgebend anerkannt worden ist. Nach dieser Aufstellung bezieht sich die gesetzliche Bindung

1. auf Teil I § 18 über die Wertpapiere mit Kurswerten,
2. auf die Bestimmungen über die Bewertung des Grundvermögens nach Wehrbeitragswert und Einstandspreis,
3. unter den Bestimmungen über die Bewertung des Betriebsvermögens auf diejenigen über die Bewertung
   a) des Anlagekapitals nach Notopferwert und Einstandspreis,
   b) der Vorräte nach dem Einstandspreis,
   c) der Devisen nach Durchschnittskursen,
4. unter den Bestimmungen über die Bewertung des sonstigen Vermögens auf diejenigen über die Bewertung
   a) der Wertpapiere mit Kurswert,
   b) der ausländischen Wertpapiere über hochwertige Valuta ohne inländischen Kurswert (s. u.),
   c) der vor dem 1. Jan. 1920 angeschafften Luxus- und Kunstgegenstände nach dem Anschaffungspreis (mit gewissen Einschränkungen).

Zu dieser Aufstellung ist folgendes zu bemerken:

Zu 1 wird in der Aufstellung selbst angegeben, daß § 18 der BewRichtl. nur eine Wiedergabe des § 24 ZwAG. in der Fassung vom 22. Dez. 1922 enthalte und daher ohne selbständige Bedeutung sei. Wichtig ist, daß nur auf den Teil des § 18 verwiesen ist, der Wertpapiere mit Kurswert, nicht auch auf den, der Wertpapiere ohne Kurs-, aber mit Verkaufswerten regelt.

Zu 2. Sämtliche Bestimmungen der BewRichtl. für das Grundvermögen sind in Bezug genommen, da es andere als solche nach Wehrbeitragswert oder Einstandspreis nicht gibt.

Zu 3. Von den Bestimmungen für das Betriebsvermögen fehlen die:

a) über dauernde Beteiligungen (B I 5),

b) über Forderungen des Betriebskapitals (B II 3),

c) über Wertpapiere des Betriebskapitals (B II 4).

Die für dauernde Beteiligungen fehlen, weil sie keine festen rechnungsmäßigen Unterlagen enthalten. Wegen der Bewertung s. N. 9 zu § 139 RAO. Für Forderungen ist zwar eine rechnungsmäßige Unterlage angegeben, nämlich der Nennwert, sie ist aber keine feste Unterlage, weil ausdrücklich ein höherer oder geringerer Ansatz, je nach den Umständen, vorgesehen ist. Das gleiche gilt in allen andern Fällen, in denen sonst der Nennwert von Forderungen zugrunde gelegt ist (Teil I § 20, Teil II unter B III, C II, D). Die Bestimmung über Wertpapiere enthält nur eine Verweisung auf die Bewertung der zum sonstigen Vermögen gehörigen Wertpapiere unter C I; die Bestimmung zu C I gibt aber nur den § 24 ZwAG. wieder, hat daher keine selbständige Bedeutung (s. u.). Die Verweisung als solche ist ohne bindende Kraft. Man kann auch nicht sagen, daß die Bestimmungen unter C I durch die Verweisung zu einem Teil von B II 4 wird, denn die Verweisung drückt in erster Reihe eine Rechtsansicht aus, nämlich die Ansicht, daß Wertpapiere des Betriebskapitals wie die des sonstigen Vermögens zu bewerten seien; ist diese Rechtsansicht der BewRichtl. unrichtig, so fällt auch die daraus gezogene Folgerung. Vgl. N. 29 u. 32 zu § 139 RAO. Entsprechend fehlt diese Bestimmung auch in der obenerwähnten Aufstellung.

Zu 4. Die für zwingend erklärten Bestimmungen der BewRichtl. über Wertpapiere (Teil II unter C I) geben nur den Inhalt des § 24 ZwAG. in den Fällen vom 22. Dez. 1922 wieder, haben daher keine selbständige Bedeutung. Die in der Aufstellung aufgeführten Vorschriften über Luxus- und Schmuckgegenstände usw. (Teil II unter C X und XI) gehen von den Anschaffungspreisen aus, haben daher feste und rechnungsmäßige Unterlagen.

Für die übrigen Bestimmungen über die Bewertung des sonstigen Vermögens (Teil II unter C) gilt folgendes.

Zu I. Wertpapiere. Die Bestimmungen unter I 1 und I 3 sind in der Aufstellung erwähnt, es fehlt die unter I 2, nach der inländische Wert-

papiere ohne inländischen Kurswert (Begriff s. N. 9 zu §§ 141, 142) mit dem Verkaufswert am 31. Dez. 1922 angesetzt werden sollen. Wegen der Ungültigkeit dieser Bestimmung s. N. 4 zu §§ 141, 142 RAO.

Zu II. Forderungen. Maßgebend ist der Nennwert, mit Abweichungen nach oben oder unten. Es fehlt die feste Unterlage, daher keine gesetzliche Bindung.

Zu III. GmbH-Anteile. Maßgebend ist der zwanzigfache Nennwert, Nachprüfung ist aber vorbehalten. Es fehlt die feste Unterlage, daher keine gesetzliche Bindung.

Zu IV. Gold- und Silbermünzen. Wiedergabe des § 15 Abs. 6 VermStG., daher ohne selbständige Bedeutung.

Zu V. Sonstiges deutsches Geld. Die Bewertung nach dem Nennwert ist selbstverständlich, die Bestimmung daher ohne selbständige Bedeutung.

Zu VIII und IX. Kapitalwert von Nutzungen und Leistungen und noch nicht fällige Versicherungsansprüche. Die Bestimmungen entsprechen den §§ 143 Abs. 4, 145 RAO. und sind daher ohne selbständige Bedeutung.

Zweifelhaft bleibt die Stellung der Abschnitte C VI (ausländische Zahlungsmittel), C VII (Edelmetalle usw.), C X und XI im zweiten Teil (nach dem 31. Dez. 1919 angeschaffte Luxus- und Schmuckgegenstände). Diese Abschnitte gehen vom Kurse bezw. Marktwert am 31. Dez. 1922 aus. Kurs und Marktwert am 31. Dez. 1922 könnten an sich als feste rechnungsmäßige Unterlagen angesehen werden. Die Einleitung der Aufstellung hebt jedoch hervor, daß zu den Bestimmungen mit festen rechnungsmäßigen Unterlagen „nach ausdrücklicher Vorschrift des Antrags Nr. 523 solche Bestimmungen nicht gehören, die eine Bewertung lediglich nach dem Marktpreis oder Kurswert am Stichtag vorsehen". Nach dem Wortlaut des Antrags Nr. 523 (AusschBer. S. 6341 f.) wie nach dem des endgültigen § 24a bezieht sich die Ausnahme 5, welche die mit dem Marktpreis oder Kurswert am Stichtag zu bewertenden Gegenstände enthält, nur auf den Zuschlag zu den Sätzen der BewRichtl., nicht auch auf den ersten Satz des § 24a über die bindende Kraft der BewRichtl. Da aber im übrigen die Aufstellung der bindenden Bestimmungen nur an Wehrbeitragswert, Notopferwert, Steuerkurse und Steuerwerte von Wertpapieren und Anschaffungs- und Herstellungspreisen anknüpft, niemals an nicht in die Steuerkurse aufgenommene Kurswerte oder Marktwerte am 31. Dez. 1922, da diese Kurs- und Marktwerte in der Aufstellung ausdrücklich als von der gesetzlichen Bindung nicht betroffen bezeichnet werden, da die Aufstellung von Unterausschuß, Vollausschuß, Reichstag und Regierung ausdrücklich gebilligt ist (s. N. 1 a. E.), wird man als Ergebnis feststellen müssen: zu den Bestimmungen der BewRichtl. mit festen rech-

nungsmäßigen Unterlagen gehören diejenigen nicht, die eine Bewertung lediglich nach dem Marktpreis oder Kurswert am Stichtag vorsehen. Marktpreis und Kurswert am Stichtag sind danach keine festen rechnungsmäßigen Unterlagen i. S. des § 24 a ZwAG., die Abschnitte C VI und VII sowie C X und XI in derem zweiten Teil haben daher keine bindende Kraft.

6. Inhalt der Gesetzeskraft. Verhältnis zu VermStG. und RAO. Die teilweise Maßgeblicherklärung der BewRichtl. bedeutet, daß die BewRichtl. insofern dieselbe Bedeutung haben wie eine gesetzliche Bestimmung, sie sind insoweit Bestandteil des § 24 a geworden. Es ist also nachträglich teilweise das geschehen, was der Reichstag bei der Beratung des VermStG. zunächst entschieden abgelehnt hat: die Zulassung des Erlasses materieller Bewertungsvorschriften durch den RFM. (s. N. 1). Allerdings ist dem RFM. nicht eine Vollmacht gegeben worden, deren Ausübung nur schwer zu kontrollieren und zu beschränken gewesen wäre. Es sind nur vom RFM. erlassene, materiellrechtlich an sich nicht maßgebliche Vorschriften nachträglich mit materiellrechtlicher Bedeutung bekleidet worden.

Aus dieser Regelung folgt zugleich die Unabänderlichkeit der BewRichtl., soweit sie bindende Kraft haben, für den RFM. Ihre Änderung kann insoweit nur mehr durch Gesetz erfolgen.

Aus der schematischen Wertermittlung in den BewRichtl. ergibt sich die Möglichkeit, daß die Bewertung nach dem bindenden Teil der BewRichtl. zu anderen Ergebnissen führt als die Bewertung nach dem Gesetz, d. h. nach VermStG. und RAO. Der Widerspruch kann sowohl durch die Anwendung der BewRichtl. überhaupt (§ 24 a Abs. 1 Satz 1) als durch die Zuschläge zu ihren Sätzen (§ 24 a Abs. 2) entstehen. Beide Möglichkeiten sind in § 24 a Abs. 4 geregelt, und zwar dahin, daß die gesetzlichen Vorschriften vorgehen, wenn die Anwendung der BewRichtl. und der Zuschläge „eine zu hohe Bewertung ergibt", außer bei Wertpapieren.

Die Worte zu hohe Bewertung könnten an sich den Gegensatz sowohl gegen eine billige Bewertung als gegen eine nach dem Gesetz erfolgende Bewertung ausdrücken. Die Bestimmung ist aber nach der Erklärung des Berichterstatters im 11. Ausschuß (AusschBer. S. 6354) aufgenommen worden, um eine Nachprüfung zu ermöglichen,

> ob die Veranlagung nach den BewRichtl. zu einer Vermögensbewertung führe, die über eine Bewertung nach den Vorschriften der RAO. und des VermStG. hinausgehe.

Inhaltlich die gleiche Erklärung hat der Regierungsvertreter (a. a. O. S. 6355) und der Berichterstatter im Reichstag (StenBer. S. 10007) abgegeben. Führt die Bewertung nach RAO. und VermStG. zu einem niedrigeren Ergebnis als die nach den BewRichtl., so scheiden auf Antrag die BewRichtl.

ganz aus. Übersteigt die Bewertung nach den BewRichtl. einschließlich der Zuschläge das Ergebnis der gesetzlichen Bewertung, so verbleibt es auf Antrag ebenfalls bei der gesetzlichen Bewertung. Die Bewertung findet also nach den BewRichtl. mit Zuschlägen oder nach dem Gesetz statt, je nachdem, welche Art der Bewertung zum niedrigeren Ergebnis führt.

Die Ausnahme für Wertpapiere ist ohne Bedeutung, soweit sie sich auf die Anwendung der BewRichtl. überhaupt (§ 24 a Abs. 1 Satz 1) bezieht, da die BewRichtl. insoweit nur dem Gesetz (§ 24 ZwAG.) entsprechen. Erheblich ist die Ausnahme dagegen für die Zuschläge nach § 24 a Abs. 2. Bei Wertpapieren sind die Zuschläge daher unabwendbar, außer soweit in § 24 a Abs. 3 Ausnahmen gemacht sind (vgl. N. 11 zu §§ 141, 142 RAO.).

7. **Das Antragsverfahren nach § 24 a Abs. 4.** Die Prüfung, ob die gesetzliche Bewertung zu einem niedrigeren Ergebnis führt als die nach den BewRichtl. einschließlich der Zuschläge, erfolgt nicht von Amts wegen, sondern nur auf Antrag. Der Antrag braucht nicht für das ganze Vermögen, für ganze Vermögensgruppen (N. 23 zu § 6 VermStG.) oder für ganze Bewertungseinheiten gestellt zu werden, es kann für jeden einzelnen Gegenstand, sowie die BewRichtl. auf ihn anzuwenden sind, die gesetzliche Bewertung beantragt werden, soweit eine getrennte Bewertung überhaupt möglich ist, insbesondere für einzelne Gegenstände des Betriebsvermögens. Wird aber ein einzelner Gegenstand in seinen Teilen bewertet, z. B. ein Grundstück mit nach 1913 errichtetem Gebäude, eine alte Maschinenanlage mit neuen Erweiterungen, so kann die Bewertung insofern nur einheitlich nach Gesetz oder BewRichtl. erfolgen. Die Zulässigkeit des Antrags nur für einzelne Gegenstände ergibt sich auch aus Satz 3, nach dem der Pauschbetrag für die streitigen „Gegenstände" festgestellt wird.

Der Antrag kann von Beginn des Veranlagungsverfahrens an gestellt werden, also schon vor der Abgabe der endgültigen Steuererklärung. Er muß spätestens bei Einlegung des Einspruchs gegen den Vermögenssteuerbescheid (§ 28 VermStG.) gestellt werden; der ZwABescheid (§ 14 ZwAG.) ist unerheblich. Wird der Einspruch vor Ablauf der Einspruchsfrist ohne den Antrag eingelegt, so ist die Frist für den Antrag erloschen; er kann nicht noch nachträglich bis zum Ende der Einspruchsfrist gestellt werden. Nachsichtgewährung nach § 68 RAO. ist nicht zulässig, da es sich nicht um eine Rechtsmittelfrist handelt; wird aber gegen Ablauf der Einspruchsfrist wegen des Einspruchs Nachsicht gewährt, so kann der Antrag noch mit dem zugelassenen Einspruch gestellt werden. Der Antrag kann jederzeit zurückgenommen werden, auch noch in der Rechtsmittelinstanz, bis zum Schluß der Verhandlung, auf Grund deren die endgültige Entscheidung ergeht; sind aber durch den Antrag und das daraufhin eingeleitete Verfahren Kosten entstanden, so hat der Antragsteller infolge der Zurücknahme des Antrags die Kosten zu tragen.

Ist der Antrag vor Erlaß des Steuerbescheids zurückgenommen, so setzt das FA. das Vermögen nach den BewRichtl. fest. Ist der Antrag mit dem Einspruch gestellt, so geht das Einspruchsverfahren nach der Zurücknahme des Antrags im übrigen weiter; war der Einspruch nur wegen des Antrags erhoben, so ist der Einspruch erledigt. Im Berufungsverfahren erfolgt die Zurücknahme des Antrags durch entsprechende vollständige oder teilweise Zurücknahme der Berufung. Ein zurückgenommener Antrag kann nur dann erneut gestellt werden, wenn die Antragsfrist noch läuft. Eine Anfechtung des Antrags nach den Regeln der Anfechtung privater Willenserklärungen (BGB. § 119 ff.) kommt nicht in Frage. Wegen der Konkurrenz mit dem Wahlrecht nach § 152 Abs. 6 s. N. 6, 23 zu § 152 RAO.

8. **Beweislast nach § 24 a Abs. 4.** Während sonst die Steuerbehörden und Finanzgerichte von Amts wegen den Sachverhalt zu ermitteln haben, und zwar sowohl zuungunsten als zugunsten des Pflichtigen (§§ 204, 228 RAO.), ist diese Verpflichtung für das Prüfungsverfahren nach § 24 a Abs. 4 ausgeschaltet. Dem Steuerpflichtigen liegt der Nachweis ob, daß sein Antrag begründet ist. Er hat also die volle Beweislast. Von einer Umkehrung der Beweislast im eigentlichen Sinne (Popitz im AusschBer. S. 6355) kann man nicht sprechen, da das Offizialverfahren keine Beweislast kennt; immerhin drückt diese Bezeichnung die Sachlage kurz aus. Dem Pflichtigen liegt es ob, die Tatsachen schlüssig anzugeben und unter Beweis zu stellen, aus denen sich ergibt, daß die Bewertung nach den BewRichtl. zu hoch ist. Die Erhebung der Beweise liegt der Behörde ob. Doch wird der Pflichtige gut tun, Urkunden und Gutachten nach Möglichkeit selbst beizubringen.

Die tatsächlichen Angaben und Beweisantritte müssen gleichzeitig mit dem Antrage erfolgen. Es genügt also nicht, daß der Antrag gestellt und die Begründung fehlt oder vorbehalten wird. Vielmehr muß zugleich mit dem Antrage die Begründung eingereicht oder zu Protokoll erklärt werden. Ein Antrag ohne schlüssige Begründung und Beweisantritte ist unwirksam. Dabei ist jedoch zweierlei zu beachten:

a) Der Antrag kann bis zur Einlegung des Einspruchs gestellt werden. Ein bis dahin unwirksamer Antrag kann daher bis zur Einlegung des Einspruchs durch beliebige Ergänzung wirksam gemacht werden.

b) Die Begründungs- und Beweisantrittspflicht darf nicht überspannt werden. Es genügt, daß die wesentlichen Tatsachen und die hauptsächlichen Beweismittel angegeben werden. Im übrigen wird man — analog § 268 Ziff. 1 und 3 ZPO. — Ergänzungen und Berichtigungen im Rahmen des bisherigen Vorbringens sowie die durch nachträglich bekanntgewordene Umstände bedingten Änderungen zuzulassen haben.

9. **Rechtsmittelverfahren.** Ist die Bewertung nach dem Gesetz an Stelle der BewRichtl. im Veranlagungsverfahren beantragt, so wird die Zurück-

weisung des Antrags durch Einspruch angefochten. Wird der Einspruch oder der erst mit dem Einspruch gestellte Antrag zurückgewiesen, so ist die Berufung an das Finanzgericht gegeben. Das Finanzgericht entscheidet endgültig, ob die Bewertung nach den BewRichtl. einschließlich der Zuschläge zu hoch ist. Über diese Frage ist die Anrufung des RFH. ausgeschlossen. Im übrigen ist die Bedeutung dieser Begrenzung des Instanzenzugs nicht zweifelsfrei.

a) Ist dem Antrage stattgegeben und daher nach dem Gesetz zu bewerten, so kann die Rechtsbeschwerde auf Verletzung der gesetzlichen Bestimmungen über die Bewertung gestützt werden.

b) Ist der Antrag abgelehnt, so kann die Rechtsbeschwerde auf Verletzung des bindenden Teils der BewRichtl. und der Bestimmungen über die Zuschläge (§ 24 a Abs. 2 und 3) gestützt werden. Soweit die BewRichtl. für bindend erklärt sind, bilden sie einen Teil des § 24 a Abs. 1 Satz 1; ihre Verletzung kann daher mit der Rechtsbeschwerde gerügt werden (§ 267 Ziff. 1 RAO.).

c) Der Ausschluß der Rechtsbeschwerde beschränkt sich auf den Streit darüber, ob die Bewertung zu hoch ist. Die Höhe der Bewertung ist eine Frage der Schätzung und damit eine Würdigung tatsächlicher Verhältnisse, infolgedessen grundsätzlich schon nach § 267 RAO. der Nachprüfung durch den RFH. entzogen. Die Schätzung muß jedoch „von richtigen Unterlagen und ihrer zutreffenden Würdigung" ausgehen; die Benutzung unrichtiger Unterlagen und eine unzutreffende Würdigung können daher in der Regel nach § 267 RAO. mit der Rechtsbeschwerde angefochten werden (RFH. 4 186; Becker, N. 2 zu § 267). Hier setzt nun die Beschränkung der Rechtsbeschwerde in § 24 a ein. Zur Schätzung gehört die Würdigung der tatsächlichen Unterlagen. Tatsächliche Unterlagen sind die tatsächlichen Umstände, die bei der Schätzung berücksichtigt werden, ihre Würdigung ist der Inhalt der Schätzung, durch welche die Höhe der Bewertung festgestellt wird. Soweit geht daher der Ausschluß der Rechtsbeschwerde. Keinen Teil der Schätzung bildet dagegen die rechtliche Beurteilung der tatsächlichen Verhältnisse zu dem Zwecke, den Maßstab für die Schätzung zu finden, insbesondere die Einordnung in die verschiedenen Vermögensgruppen (N 22 zu § 6 VermStG.) und in die Unterabteilungen dieser Gruppen, also die Frage, ob ein Gegenstand zum Grundvermögen, Betriebsvermögen oder sonstigem Vermögen gehört, ob er innerhalb des Betriebsvermögens zum Anlage- oder zum Betriebskapital gehört (N. 2 zu § 139 RAO.) und dergl. Auf diese rechtliche Beurteilung, die kein Teil der Schätzung, der Bewertung ist, erstreckt sich der Ausschluß der Rechtsbeschwerde nicht.

Es ist daher zu unterscheiden:

1. Die Schätzung als solche, d. h. die Feststellung, welcher Betrag sich ergibt, wenn ein der Art nach bekannter Wert (über die Wertarten

s. N. 1 zu § 137 RAO.) eines Gegenstands gesucht wird, m. a. W. die Frage: Wie hoch ist der gemeine Wert? der Ertragswert? der Abnutzungsbetrag? Diese Frage ist schon nach § 267 RAO. der Rechtsbeschwerde entzogen.

2. Die Feststellung und sachliche Würdigung der tatsächlichen Unterlagen für die Schätzung, d. h. der für die Schätzung erheblichen tatsächlichen Umstände. Diese Frage bildet einen Teil der Schätzung, ist nach § 267 RAO. der Rechtsbeschwerde zugänglich, aber nicht im Rahmen des § 24 a. So kann die Berücksichtigung von Umständen, die nach dem Stichtage liegen, nach § 267 mit der Rechtsbeschwerde angefochten werden (RFH. 4 186), aber nicht zum Nachweis, daß die Bewertung zu hoch i. S. des § 24 a ist.

3. Die rechtliche Beurteilung der tatsächlichen Verhältnisse (s. o.). Diese Frage bildet keinen Teil der Schätzung, sondern eine Vorfrage, nach deren Beantwortung erst die Schätzung beginnen kann. Diese Beurteilung ist nach § 267 RAO. und § 24 a ZwAG. mit der Rechtsbeschwerde anfechtbar. Hierher gehört z. B. die Frage der eisernen Bestände (N. 3 zu § 139 RAO.), der Bewertung der Wertpapiere des Umlaufskapitals (N. 32 zu § 139 RAO.) und dergl. Erst nach Entscheidung dieser Vorfragen kommt es zu der Frage, ob die Bewertung nach den BewRichtl. oder nach dem Gesetz zu erfolgen hat, und nur für diese weitere Frage ist die Rechtsbeschwerde abgeschnitten.

d) Keinen Streit über die Höhe der Bewertung bildet ferner der Streit darüber, ob eine Entscheidung gegen den klaren Inhalt der Akten verstößt oder an wesentlichen Verfahrensmängeln leidet. Daher ist die Anrufung des RFH. aus diesen Gründen nicht ausgeschlossen. Allerdings kann dann der RFH. in der Regel nicht durcherkennen; er kann nur die Entscheidung des Finanzgerichts aufheben und die Sache an die untere Instanz zurückverweisen.

Praktisch stellt sich die Bedeutung der Einschränkung des Instanzenzuges in § 24 a nach dem Vorstehenden als nicht sehr erheblich heraus. Dies beruht darauf, daß man übersehen hat, zu prüfen, welchen Überschuß die Einschränkung des § 24 a über die Beschränkung der Natur des Rechtsmittels der Rechtsbeschwerde in § 267 RAO. hinaus überhaupt enthält.

10. Feststellung des Pauschsatzes. In § 24 a Abs. 4 Satz 3 sind „Verhandlungen mit dem Steuerpflichtigen über die Feststellung eines Pauschbetrages für die Gegenstände, deren Bewertung streitig ist“, vorgesehen. Die Vorschrift beruht auf einem im Plenum des Reichstags gestellten Antrage (Antrag Herold, Lange-Hegermann Nr. 5606 Ziff. 1 b), der ohne Begründung eingebracht und ohne Diskussion angenommen worden ist (StenBer. S. 10122)

Der Sinn der Vorschrift ergibt sich aus der Tendenz des ganzen Satzes, das Verfahren möglichst abzukürzen, wie bei der Abschneidung der Rechtsbeschwerde an den RFH. Es soll eine Vereinbarung mit dem Steuer-

pflichtigen über die Höhe der streitigen Bewertungen zulässig sein, durch die ohne Nachprüfung im einzelnen die Werte festgesetzt werden. Diese Vereinbarung ist also ein Gegenstück zu der in § 16 VermStG. vorgesehenen. Sie ist wie diese ein öffentlich-rechtlicher Akt. Auf Grund der Vereinbarung erfolgt durch einseitigen Akt der Behörde die Feststellung der Steuer. Für die Anfechtung der Vereinbarung und für die Rechtsmittel gegen die Festsetzung der Steuer gilt das in N. 2 zu § 16 VermStG. Ausgeführte entsprechend. Besonderes gilt für die Zuständigkeit.

Zuständig zum Abschluß der Vereinbarung ist das Finanzamt. Dies gilt auch im Verfahren vor dem Finanzgericht. Die Genehmigung des LFA. ist nicht vorgesehen, kann aber im Verwaltungswege angeordnet werden. Erfolgt die Vereinbarung vor Erlaß des VermStBescheids, so ist in dem Bescheid die Vereinbarung zu berücksichtigen; andernfalls kann wegen Verletzung der Vereinbarung Einspruch eingelegt werden. Ergeht die Vereinbarung nach dem Steuerbescheid im Einspruchsverfahren, so ist der Steuerbescheid insoweit zurückzunehmen und ein neuer oder ergänzender Bescheid zu erlassen (§ 76 RAO.). Dies gilt auch im Verfahren vor dem Finanzgericht; das Berufungsverfahren ist insoweit erledigt und geht nur wegen der etwaigen sonstigen Streitpunkte weiter. Gegen den neuen oder ergänzenden Steuerbescheid ist der Einspruch zulässig, der aber wiederum nur auf Verletzung der Vereinbarung gestützt werden kann (§ 222 RAO.). Die gleiche Beschränkung gilt für die Berufung gegen den Einspruchsbescheid. Gegen die auf diese Berufung ergehende Entscheidung des Finanzgerichts ist die Rechtsbeschwerde zulässig, die auf Verfahrensmängel oder auf Verletzung der Vereinbarung, nicht aber auf Verletzung der Bewertungsvorschriften gestützt werden kann.

11. Verhältnis der Bewertungsvorschriften des VermStG. zu denen der RAO. Die Bewertungsvorschriften der RAO. sind wie die ganze RAO. subsidiäres Recht in dem Sinne, daß sie gelten, soweit nicht in den einzelnen neueren Steuergesetzen Abweichendes vorgeschrieben ist (§ 1 Abs. 3 RAO.; vgl. § 451 und Becker N. 4 zu § 1 RAO.). Für die gesetzliche Bewertung zur VermSt. gelten danach die §§ 137 bis 154 RAO., soweit sich nicht aus § 15 VermStG. etwas anderes ergibt. Demgemäß erklärt auch § 15 Abs. 1 VermStG. die Vorschriften der RAO. über die Wertermittlung für anwendbar und gibt selbst nur ergänzende Einzelbestimmungen. Die folgende Darstellung schließt sich daher an die §§ 137 bis 146, 152 bis 154 RAO. an, welche die Bewertungsvorschriften enthalten, und bringt in deren Rahmen die Bestimmungen des VermStG., des ZwAG. und der BewRichtl. Die §§ 147 bis 151 betreffen die Zuordnung der bedingten Rechte und Lasten zum Vermögen, also den Umfang des Vermögens, und sind daher bei § 6 und § 11 VermStG. behandelt (s. N. 18 zu § 6 und N. 8 zu § 11).

12. Übersicht über die Bewertungsbestimmungen.

	RAO. und VermStG.	BewRichtl.	ZwAG.
Grundsatz der Bewertung nach dem gemeinen Wert	§ 137 Abs. 1		
Wirtschaftliche Einheit ...	§ 137 Abs. 2	I § 1 Z. 2	
Begriff des gemeinen Werts	§ 138 Abs. 1	I § 1 Z. 3	
Allgemeine Wirtschaftsverhältnisse	§ 15 Abs. 2 VermStG.	I § 1 Z. 1	
Betriebsvermögen	§ 139	I §§ 11—16 II B	
Anlagekapital	§ 139 Abs. 2 § 15 Abs. 4 VermStG.	I § 12 Z. 1, § 13 II B I Z. 1—4	BewRichtl. bindend, Zuschlag
dauernde Beteiligungen	§ 15 Abs. 4 VermStG.	II B I 5	
Betriebskapital	§ 139 Abs. 1	I § 12 Z. 2, §§ 14 bis 16; II B II	
Vorräte		II B II 1, 2	bindend, Zuschlag
Forderungen		II B II 3 Abs. 1	
Devisen		II B II 3 Abs. 2	bindend, Zuschlag
Wertpapiere		II B II 4	s. u.
Schulden		II B III	
Grundvermögen	§§ 152—154	I §§ 2—10 II A	BewRichtl. bindend
Gemeiner Wert	§ 152 Abs. 1		
Ertragswert	§ 152 Abs. 2, 6		
bei ländlichen Grundstücken	§ 152 Abs. 3, 4 § 15 Abs. 3 VermStG.	I §§ 2—6 II A I	Zuschlag
bei bebauten Grundstücken	§ 152 Abs. 5	I § 7 II A II, III	Zuschlag b. Luxusvillen und gewerbl. Häusern
Bauland	§ 152 Abs. 3 Satz 2	II A IV	

	RAO. und VermStG.	BewRichtl.	ZwAG.
Noch: Grundvermögen:			
1922 erworbene Grundstücke			§ 24 a Abs. 1 Satz 2
Grundstücksgleiche Rechte	§ 153 Abs. 1	I § 8 Abs. 1	
Verschiedenes Eigentum an Boden u. Gebäude	§ 153 Abs. 2	I § 8 Abs. 2	
Subjektiv-dingliche Rechte	§ 154 Abs. 1	I § 9	
Sonstiges Vermögen		I § 17	
Wertpapiere	§§ 141, 142 § 15 Abs. 5 VermStG.	I § 18; II C I	§ 24 a Abs. 1 Satz 3 VO. v. 4. Jan. 1922
mit deutschem Kurswert		II C I 1	§ 24 Abs. 1 Satz 1, Zuschlag außer Obligationen
ohne deutschen Kurswert		II C I 2, 3	§ 24 Abs. 1 Satz 2, Abs. 2 Satz 1
hochvalutarische ...		II C I 3	§ 24 Abs. 2 Satz 2, Zuschlag
Forderungen		I § 20, II C II	
GmbHAnteile	§ 141 Abs. 2	I § 19, II C III	
Gold- u. Silbermünzen	§ 15 Abs. 6 VermStG.	II C IV	
Sonstiges deutsches Geld		II C V	
Devisen		II C VI	
Edelmetalle		II C VII	
Versicherungsansprüche		I § 20 Abs. 4 II C IX	
Nutzungen und Lasten	§§ 144—146	I § 21—23 II C VIII	
Schmuck-, Luxusgegenstände, Sammlungen usw.		II C X, XI	teilw. BewRichtl. bindend, Zuschlag
Schulden		II D	
Ausländisches Vermögen		II E	VO. v. 16. Febr. 1923.

Grundsatz der Bewertung nach dem gemeinen Wert. Bewertungseinheit.

§ 137 RAO.

Bei Bewertungen ist, soweit nichts anderes vorgeschrieben ist, der gemeine Wert zugrunde zu legen.

Jede wirtschaftliche Einheit ist für sich zu bewerten und ihr Wert im ganzen festzustellen. Was als wirtschaftliche Einheit zu gelten hat, ist nach den Anschauungen des Verkehrs zu entscheiden; die örtliche Gewohnheit, die tatsächliche Übung sowie die Zweckbestimmung und wirtschaftliche Zusammengehörigkeit oder Abhängigkeit der einzelnen Gegenstände sind zu berücksichtigen.

Mat.: a) zum RAO.: RegE. § 137; Begr. S. 110 f.; AusschBer. S. 21; b) zum VermStG.: AusschBer. S. 58 f.

1. Wertbegriff.
2. Der Inhalt des Abs. 1.
3. Bewertungseinheit.
4. Wirtschaftliche Einheit. Begriff.
5. Die Strutzsche Definition.
6. Zweckbestimmung.
7. Wirtschaftliche Zusammengehörigkeit.
8. Wirtschaftliche Einheiten im Grundvermögen.
9. Wirtschaftlich einheitliches Grundstück.
10. Wirtschaftlich einheitliche Grundstücksmehrheiten.
11. Land- und forstwirtschaftlich genutzte Grundstücke.
12. Bauland.
13. Bebaute Grundstücke.
14. Wirtschaftliche Einheit im Betriebsvermögen. Das Dogma der Einheit des Betriebsvermögens.
15. Unvereinbarkeit des Satzes mit dem Begriff der wirtschaftlichen Einheit nach der RAO.
16. Unvereinbarkeit mit § 139 Abs. 1 RAO.
17. Unvereinbarkeit mit § 139 Abs. 2 RAO. und § 15 VermStG.
18. Die Bewertung der wirtschaftlich einheitlichen Teile des Betriebsvermögens.
19. Begriff der technischen Einheit. Die technische Einheit und die übrigen Vermögensgegenstände als Bewertungseinheiten.
20. Umfang der technischen Einheit. Eiserner Bestand.
21. Die Vermögensgegenstände des Betriebsvermögens außerhalb der technischen Einheit.
22. Die Abschreibungen auf das Gesamtunternehmen.
23. Wirtschaftliche Einheiten im sonstigen Vermögen.

1. **Wertbegriff.** Der Wertbegriff ist kein einheitlicher. Der Wert einer Sache kann nicht objektiv festgestellt werden, es kommt darauf an, von welchem Standpunkt aus die Bewertung erfolgt. Die RAO. kennt folgende Arten der Bewertung:

1. den gemeinen Wert (§§ 137, 138, 152 Abs. 1, 154 Abs. 2 RAO.),
2. den Ertragswert (§ 152 RAO.),
3. den Selbstkostenwert (§ 139 Abs. 2 RAO.).

Wegen dieser drei Begriffe s. N. 1 zu § 138, N. 4 zu § 152, N. 7 zu § 139.

Der **Kurswert** nach § 141 Abs. 1 RAO. ist ein in besonderer Weise ermittelter gemeiner Wert (s. N. 2 zu § 141 RAO.), ebenso der **Verkaufswert** nach § 141 Abs. 2.

Der **Nennwert** von Forderungen (§ 143) ist kein Ergebnis einer Bewertung, sondern ein zahlenmäßig feststehender Betrag. Wegen des **Einziehungswerts** s. N. 2 zu § 143 RAO.

Der **Kapitalwert** wiederkehrender Nutzungen oder Lasten (§ 9 Ziff. 5 VermStG.), in § 144 Abs. 1 RAO. „kapitalisierter Jahreswert" genannt, ist die Summe, die, zum gesetzlichen Zinsfuß verzinst, jährlich die Jahresnutzung oder -leistung bringt.

Das VermStG. kennt außerdem den **dauernden Wert** (§ 15 Abs. 4). Wegen der Bedeutung dieses Begriffs s. N. 9 ff. zu § 138.

2. Inhalt des Abs. 1. Die RAO. schreibt grundsätzlich die Bewertung nach dem gemeinen Wert vor. Die übrigen Bewertungsarten der RAO. kommen nur zur Anwendung, wenn die RAO. dies besonders vorschreibt (§§ 139 Abs. 2, 152 Abs. 2). Die besonderen Werte jüngerer Steuergesetze, also das VermStG., gehen ebenfalls vor.

3. Bewertungseinheit. Die Bewertung von Vermögen setzt voraus, daß feststeht, was bewertet werden soll: der einzelne Gegenstand (Sache oder Recht) oder das Vermögen des Pflichtigen als Ganzes oder Zusammenfassungen von Gegenständen, die zusammengehörige Teile des Vermögens bilden. Die RAO. bestimmt, daß als Bewertungseinheit die **wirtschaftliche Einheit** gelten soll.

4. Wirtschaftliche Einheit. Begriff. Der Begriff der wirtschaftlichen Einheit wird in der RAO. nicht ausdrücklich bestimmt, auch die BewRichtl. vermeiden eine Stellungnahme (I § 1 Ziff. 2). Nach § 137 Abs. 2 soll die **Verkehrsanschauung** der Maßstab sein, nach dem entschieden werden soll, was als wirtschaftliche Einheit „zu gelten hat". Es kommt also nicht darauf an, was von irgendeinem Standpunkt aus eine wirtschaftliche Einheit **ist**, sondern was nach der Verkehrsauffassung als wirtschaftliche Einheit **gilt**. Hieraus ergibt sich zunächst die formale Definition: **Wirtschaftliche Einheit ist, was im Verkehr als wirtschaftliche Einheit gilt.** Hiernach sind z. B. für das Grundvermögen nicht Grundbuch oder Kataster maßgebend, aus denen sich die einzelnen Grundstücke und Parzellen ergeben; maßgebend ist vielmehr, ob und wieweit die Einheiten des Grundbuchs und des Katasters einzeln oder zusammengefaßt im Verkehr als wirtschaftliche Einheiten angesehen werden.

Bei der „Entscheidung nach der Verkehrsauffassung" sollen örtliche Gewohnheit, tatsächliche Übung, Zweckbestimmung und wirtschaftliche Zusammengehörigkeit berücksichtigt werden. Hiervon sind Zweckbestimmung und wirtschaftliche Zusammengehörigkeit Merkmale des Begriffs der wirt-

schaftlichen Einheit. Die örtliche Gewohnheit ist einerseits ein Hilfsmaßstab, eine Verengerung des allgemeinen Maßstabs Verkehrsauffassung, anderseits ein Tatbestandsmerkmal, auf Grund dessen die Frage, ob eine wirtschaftliche Einheit vorliegt, zu entscheiden ist. Die tatsächliche Übung ist im gleichen Sinne Tatbestandsmerkmal des Einzelfalls.

Die einzigen ausdrücklichen Begriffsmerkmale nach § 137 sind also: Zweckbestimmung und wirtschaftliche Zusammengehörigkeit einerseits, Verkehrsauffassung anderseits. Zweckbestimmung und wirtschaftliche Zusammengehörigkeit sind nicht kumulativ aufgeführt, es genügt eins der beiden Merkmale: eine Sammlung braucht nicht wirtschaftlich zusammenzugehören, sondern nur kraft Zweckbestimmung, bei Verpachtung eines Landgutes in Teilen kann der einheitliche Zweck fehlen, der wirtschaftliche Zusammenhang erhalten sein. Beide Merkmale müssen aber nach der Verkehrsauffassung beurteilt werden.

Als selbstverständlich tritt hinzu, daß der Gegenstand oder die Mehrheit dem Steuerpflichtigen gehört. Nicht im Eigentum oder irgendwie gearteten Miteigentum des oder der Steuerpflichtigen stehende Teile eines Gegenstands oder einer wirtschaftlich einheitlichen Mehrheit gehören nicht zu der zu bewertenden Einheit, z. B. nicht die von einem Gutsbesitzer gemeinsam mit seinem eigenen Gut bewirtschafteten Pachtländereien. Vgl. auch N. 2 zu § 153 Abs. 2 RAO.

Ein weiteres Begriffsmerkmal ergibt sich aus dem Zusammenhang von § 137 Abs. 2 mit § 137 Abs. 1 und § 138 Abs. 1. Die wirtschaftliche Einheit soll Bewertungseinheit sein. Sie muß daher Gegenstand der Bewertung sein können. Da nach § 137 Abs. 1 grundsätzlich der gemeine Wert in Betracht kommt, muß der Gegenstand oder die Mehrheit von Gegenständen einen gemeinen Wert haben können. Dies wiederum setzt nach der Begriffsbestimmung des gemeinen Werts in § 138 RAO. voraus, daß der Gegenstand oder die Mehrheit Gegenstand des gewöhnlichen Geschäftsverkehrs sein kann. Was nicht Gegenstand des gewöhnlichen Geschäftsverkehrs ist, kann nicht Bewertungseinheit sein — gleichgültig ob es unter irgendwelchen sonstigen Gesichtspunkten wirtschaftlich eine Einheit bildet; in der Tat kann im Verkehr auch etwas nicht als Einheit gelten, was nicht als solches Gegenstand des Verkehrs ist.

Die Prüfung nach den vorstehenden Merkmalen wird bei nicht ganz einfach zusammengesetzten Vielheiten stets dazu führen, daß die Merkmale sowohl bei der Vielheit als auch bei Teilen dieser Vielheit, die selbst Vielheiten sind, gegeben sind. Ob die Obereinheit oder die Untereinheit Bewertungseinheit ist, ist nicht ausdrücklich im Gesetz gesagt; gemeint ist aber die größte Einheit, auf welche die Merkmale passen.

Wird die wirtschaftliche Einheit nicht aus einem einzigen Gegenstand gebildet, sondern aus einer Vielheit, so kann die Vielheit aus Sachen und

anderen Gegenständen bestehen, die nicht Sachen sind, d. h. aus Rechten und Immaterialgütern. Zu der Vielheit können auch Schulden und sonstige Lasten gehören.

Aus dem Vorstehenden ergibt sich folgende materielle Definition der wirtschaftlichen Einheit im Sinne des § 137 Abs. 2 RAO.:

Wirtschaftliche Einheit im Sinne der nach § 137 RAO. bestimmten Bewertungseinheit ist jeder im Verkehr nach seiner Zweckbestimmung als selbständig angesehene Vermögensgegenstand und jede Vielheit von Vermögensgegenständen, auch einschließlich Lasten, die nach der Verkehrsauffassung einem einheitlichen selbständigen Zweck gewidmet sind oder wirtschaftlich zusammengehören, sofern der Gegenstand oder die Vielheit im Eigentum oder Miteigentum des Steuerpflichtigen steht und Gegenstand des gewöhnlichen Geschäftsverkehrs ist.

5. Die Strutzsche Definition. Strutz (Sammelwerk: die steuerliche Bewertung des Vermögens S. 53) definiert als wirtschaftliche Einheit:

jede objektiv, wenn auch zufolge Willensbestimmung des Eigentümers, demselben wirtschaftlichen Zwecke dienende, in ihrer Benutzung auf diesen einheitlichen objektiven Zweck eingestellte Mehrheit von Sachen, Rechten und Verbindlichkeiten oder eine für sich allein einem solchen objektiv-selbständigen Zweck dienende Sache oder ein derartiges Recht.

An dieser Definition dürfte allgemein auszusetzen sein, daß sie fast gar nicht vom Gesetz ausgeht, weder die Eigentumsverhältnisse noch die nach der RAO. maßgebende Verkehrsauffassung berücksichtigt und vor allem nicht die Fähigkeit, Gegenstand des gewöhnlichen Geschäftsverkehrs zu sein, als Begriffsmerkmal enthält. Im einzelnen übersieht sie, daß die Zweckbestimmung keine wirtschaftliche zu sein braucht, z. B. bei Kunstsammlungen, daß daher nebeneinander die Zweckbestimmung oder die wirtschaftliche Zusammengehörigkeit maßgebend sind, und daß auch Immaterialgüter zu der Mehrheit gehören können. Das Wesen der Zweckbestimmung braucht anderseits nicht notwendig in die Definition hereingenommen zu werden.

6. Zweckbestimmung. Die Zweckbestimmung eines Gegenstandes oder einer einheitlichen Vielheit ist ein Begriff, der objektive und subjektive Merkmale enthält. Der Gegenstand oder die Vielheit muß — subjektiv — von dem Eigentümer dem Zweck gewidmet sein und — objektiv — ihm nach der Verkehrsauffassung dienen. Die Selbständigkeit und Einheitlichkeit des Zwecks müssen als solche von der Verkehrsauffassung anerkannt sein.

Ist ein Gegenstand vom Eigentümer in Teile zerlegt, die verschiedenen Zwecken dienen, so fehlt die einheitliche Widmung.

Ist ein Gegenstand vom Eigentümer einem Zweck gewidmet, den die Verkehrsauffassung für diesen Gegenstand nicht anerkennt, so ist die Widmung unerheblich. Die Benutzung eines Spazierstocks als Züchtigungsmittel durch

den Besitzer einer gewerblichen Privatschule macht nach der Verkehrsauffassung den Stock nicht zum Bestandteil des Schulbetriebs.

Die Pumpe auf einem Hausgrundstück zur Versorgung der Mieter hat nach der Verkehrsauffassung keinen selbständigen Zweck.

Die Einheitlichkeit des Zwecks fehlt nach der Verkehrsauffassung, wenn eine Person zwei ganz verschiedenartige gewerbliche Betriebe besitzt, auch wenn sie sie auf demselben eigenen Grundstück betreibt.

7. **Wirtschaftliche Zusammengehörigkeit** kommt nur bei Mehrheiten in Frage und bedeutet dann einheitliche wirtschaftliche Zweckbestimmung. Daneben kann die Einheitlichkeit einer Mehrheit von Gegenständen auch auf einer einheitlichen nichtwirtschaftlichen Zweckbestimmung beruhen, z. B. bei Kunstsammlungen.

Die wirtschaftliche Zusammengehörigkeit beruht auf subjektiven und objektiven Momenten, nämlich darauf, daß der Eigentümer die Zusammengehörigkeit hergestellt hat, und darauf, daß die Zusammengehörigkeit als solche im Verkehr anerkannt ist, z. B. bei einer zusammengekauften Viehherde; wenn aber ein Villenbesitzer sich ein Pferd, einen Hund und Hühner kauft, so entsteht kein wirtschaftlich zusammengehöriger Viehstand.

8. **Wirtschaftliche Einheiten im Grundvermögen. Allgemeines.** Maßgebend ist nach der obigen Begriffsbestimmung, ob nach der Verkehrsanschauung vorliegt: ein selbständig genutztes Grundstück oder eine Mehrheit von Grundstücken, die zusammen einheitlich selbständig genutzt werden oder wirtschaftlich zusammengehören. Nicht maßgebend ist die Eintragung auf einem Grundbuchblatt, die Eintragung im Kataster, auch für die Frage der wirtschaftlichen Einheitlichkeit mehrerer Grundstücke nicht die räumliche Getrenntheit (vgl. Strutz a. a. O. S. 56 f.). Die Mitteilungen des Reichskanzlers über die Umgrenzung des Begriffs der wirtschaftlichen Einheit i. S. des ZuwStG. (AmtlMitt. 1913 S. 133 ff.) sind nicht ohne weiteres anwendbar, da sie auch die Einheit von Grundstücken, die zu einem gewerblichen Betriebsvermögen gehören, im Auge haben. Die Bestandteile, die zum Grundvermögen gehören (N. 4 bis 7 zu § 7 VermStG.), und das Zubehör (N. 8 a. a. O.) gehören zum Grundstück und kommen für die Beurteilung der Einheit im Grundvermögen nicht in Frage. Wegen der Betriebsmittel s. N. 9 zu § 7 VermStG.

9. **Wirtschaftlich einheitliches Grundstück.** Ein wirtschaftlich einheitliches Grundstück muß zunächst ein einheitliches Grundstück im natürlichen Sinne sein (s. N. 4 b zu § 7 VermStG.).

Nicht jedes im natürlichen Sinne einheitliche Grundstück ist eine wirtschaftliche Einheit. Erforderlich ist zunächst die Einheitlichkeit des Eigentums. Gehört eine in ein Grundstück hineinragende Parzelle einem andern, so gehört sie nicht zu dem Grundstück, auch wenn beide gemeinsam genutzt werden. Gleichgültig ist aber die Verschiedenheit der Belastung:

ist nur eine Parzelle eines einheitlichen Grundstücks mit einer Wegelast belastet, so wird dadurch weder die natürliche noch die wirtschaftliche Einheit aufgehoben.

Erforderlich ist ferner die Selbständigkeit der Zweckbestimmung. Ein selbständiger Zweck fehlt, wenn das Grundstück dem Zweck, dem es dient, nur gemeinsam mit anderen Grundstücken oder innerhalb eines Betriebsvermögens dient, und zwar derart, daß nach der Verkehrsauffassung die Benutzung keine selbständige ist. Ein Acker in der Flur, der von einer räumlich getrennten Hofstelle aus bewirtschaftet wird, ist kein selbständig genutztes Grundstück; steht die Hofstelle aber nicht im Eigentum des Ackereigentümers, bewirtschaftet dieser vielmehr von einem Pachthof aus zugleich einen einzigen ihm gehörigen Acker, so ist dieser selbständig genutzt. Grundstücke, die zu einem bergbaulichen oder gewerblichen Betriebsvermögen gehören, sind schon dadurch nicht selbständig genutzt. Dagegen hindert die Widmung zu einem Nebenbetriebe der Land- oder Forstwirtschaft (N. 5 und 7 zu § 8 VermStG.) die einheitliche Zweckbestimmung eines in der Hauptsache land- oder forstwirtschaftlich genutzten Grundstücks nicht.

Erforderlich ist schließlich Einheitlichkeit der Zweckbestimmung. Diese fehlt, wenn Teile eines Grundstücks auf Arten genutzt werden, die ohne Zusammenhang miteinander sind, z. B. wenn jemand auf einem Teil eines Grundstücks ein Miethaus errichtet und den andern Teil als Lagerplatz vermietet (OVG. in AmtlMitt. 1914 S. 153). Auch die Bestimmung einzelner Parzellen eines bisher einheitlichen Landguts zum Verkauf als Bauland hebt die Einheitlichkeit der Zweckbestimmung auf, nicht aber die bloße Verwertungsmöglichkeit als Bauland (vgl. OVGSt. **16** 372; Fernow, ErgStG. S. 106); abw. Mrozek, Anm. 4 zu § 152, der schon infolge des Eintritts der Verwertungsmöglichkeit die Einheitlichkeit als aufgehoben ansieht (vgl. N. 12, sowie N. 5 zu § 152 RAO.). Haus und Garten, Hofstelle mit anstoßendem Acker dienen einem einheitlichen Zweck.

Maßgebend für die Entscheidung in allen Punkten ist die Verkehrsauffassung, in erster Reihe die örtliche Gewohnheit.

10. Wirtschaftlich einheitliche Grundstücksmehrheiten. Die Mehrheit von Grundstücken muß zunächst im einheitlichen Eigentum stehen.

Es muß ferner einheitliche Zweckbestimmung oder wirtschaftliche Zusammengehörigkeit vorliegen. Bei Grundstücken, die einem wirtschaftlichen Zweck dienen, fallen einheitliche Zweckbestimmung und wirtschaftliche Zusammengehörigkeit zusammen. Einheitliche Zweckbestimmung ohne wirtschaftliche Zusammengehörigkeit wäre nur bei nicht wirtschaftlich genutzten Grundstücken denkbar, z. B. bei verstreuten Spielplätzen eines Wohltätigkeitsvereins. Doch ist trotz dieser einheitlichen Zweckbestimmung diese Mehr-

heit nach der Verkehrsauffassung keine wirtschaftliche Einheit. Diese wird bei Grundvermögen nach der Verkehrsauffassung nur durch die wirtschaftliche Zusammengehörigkeit der Grundstücke infolge einheitlicher wirtschaftlicher Zweckbestimmung begründet.

Bloße rechtliche Zusammengehörigkeit ohne wirtschaftliche, z. B. bei dem verschieden genutzten und getrennt bewirtschafteten Grundbesitz einer Standesherrschaft, begründet keine Bewertungseinheit (OVGSt. **17** 340).

11. Land- und forstwirtschaftlich genutzte Grundstücke. Wegen des Begriffs s. N. 5 zu § 152. Maßgebend ist die einheitliche Bewirtschaftung. Diese kann auch bei ganz zerstreutem Besitz (Gemengelage) von einer Hofstelle in Dorf oder Stadt (Ackerbürger) aus erfolgen, setzt aber einen einheitlichen Wirtschaftsbetrieb voraus. Gleichartige Nutzung ohne eigentlichen wirtschaftlichen Betrieb, z. B. mehrerer Obstgärten durch einen städtischen Rentier, bewirkt keine wirtschaftliche Einheit (vgl. bad. VGH. in AmtlMitt. 1912 S. 158). Ein Land- oder Forstgut mit allen abhängigen Vorwerken bildet eine Einheit. Abverpachtete Teile eines Gutes, die selbständige Nährstellen sind, nicht nur von Gutsarbeitern zum Zwecke eines Nebenverdienstes gepachtet sind, scheiden aus dem einheitlichen Gute aus. Getrennt bewirtschaftete Güter eines Eigentümers, eines Fideikommisses usw., die z. B. jedes einem besonderen Administrator unterstehen, bilden keine Einheit (OVGSt. **17** 340); daß die getrennt bewirtschafteten Güter sich gegenseitig durch „Austausch von Maschinen, Vieh und dergl." unterstützen, ist unerheblich (OVGSt. **16** 389).

Maßgebend für die Entscheidung ist wiederum die Verkehrsauffassung, in erster Reihe die örtliche Gewohnheit. Wenn ein Hauseigentümer in einer Industriestadt mehrere außerhalb der Stadt gelegene Äcker einheitlich von seinem Hause aus bewirtschaftet, so werden nach der örtlichen Gewohnheit Hausgrundstück und Äcker meist keine wirtschaftliche Einheit bilden, weil Haus und Acker in einer Industriestadt nicht zusammen einen Gegenstand des Verkehrs bilden; derselbe Sachverhalt in einer Ackerstadt wird eine wirtschaftliche Einheit annehmen lassen.

Nebenbetriebe (N. 5 und 7 zu § 8 VermStG.) gehören zur Einheit, selbständige Betriebe dagegen gehören überhaupt nicht zum Grund-, sondern zum Betriebsvermögen. Ein zu einem Gut gehöriger Wald ist Teil des einheitlichen Gutes, wenn er nicht völlig selbständig bewirtschaftet wird; naturgemäß wird aber trotz Einheit der Besitzung bei der Bewertung auf den Charakter und den Wert der Waldparzellen Rücksicht zu nehmen sein (OVGSt. **5** 118).

Vorübergehende Aufhebung der einheitlichen Bewirtschaftung hebt die Einheitlichkeit nicht auf, z. B. kurzfristige Verpachtungen zur Zwischennutzung

einzelner Parzellen eines einheitlichen Besitzes (OVG in AmtlMitt. 1916 S. 138).

Vgl. die technische Anleitung vom 26. Dez. 1893 zur Schätzung für die PrErgSt. Art. 28, abgedruckt bei v. Breunig-v. Lewinski S. 162; Strutz, KrStG. S. 193.

12. **Bauland.** Wegen des Begriffs s. N. 30 zu § 152 RAO. Man unterscheidet Baustellen und Bauterrains. Eine Baustelle ist das für einen Hausbau reife Grundstück, ein Bauterrain ein Stück Land, das zur Bebauung in Teilen bestimmt ist, wenn ein amtlicher Bebauungsplan besteht; sonst spricht man von Bauland in freiem Felde. Bauland, das zu einem gewerblichen Betriebsvermögen gehört, scheidet hier aus.

Baustellen sind jede für sich zu bewerten, ein Bauterrain bildet eine wirtschaftliche Einheit, soweit es räumlich zusammenhängt und daher einheitlich parzelliert werden kann. Zwischennutzungen durch Verpachtung sind für die Frage der wirtschaftlichen Einheit unerheblich. Teile eines einheitlich land- oder forstwirtschaftlich genutzten Gutes sind auch dann nicht als Bauland anzusehen, wenn ihr Wert bereits durch ihre Lage als Bauland bestimmt ist; § 152 Abs. 3 Satz 2 gilt nicht für Grundstücke, die Teile einer wirtschaftlichen Einheit bilden, sondern nur für selbständig zu bewertende Grundstücke (OVGSt. **16** 371). Vgl. N. 9 sowie N. 6 zu § 152 RAO.

13. **Bebaute Grundstücke.** Begriff s. N. 21, 22 zu § 152. Hausgrundstücke — i. S. von bebauten Grundstücken, die weder zu einer land- oder forstwirtschaftlichen Einheit noch zu einem Betriebsvermögen gehören — bilden jedes für sich eine wirtschaftliche Einheit (OVG. **62** 45). Mehrere Häuser bilden keine wirtschaftliche Einheit, außer wenn sie „zu einem wirtschaftlichen Zweck verwertet werden" (OVG. a. a. O.). Ein solcher einheitlicher Zweck ist aber nur bei gewerblicher Häuserverwertung denkbar; s. N. 21 f. zu § 152. Werden mehrere Grundstücke mit einem Bau bedeckt, so entsteht ein einheitliches Hausgrundstück (OVGSt. **6** 151).

14. **Wirtschaftliche Einheit im Betriebsvermögen. Das Dogma der Einheit des Betriebsvermögens.** In der gesamten Literatur zur RAO. wird von dem Dogma ausgegangen: „Beim Bergbau und beim Gewerbebetrieb ist das gesamte Betriebsvermögen eines jeden selbständigen Betriebes als wirtschaftliche Einheit aufzufassen, so daß dessen einzelne Bestandteile nur als Rechnungsfaktoren in Betracht kommen." So v. Breunig-v. Lewinski S. 164; vgl. Mrozek, RAO. S. 438; Becker RAO. S. 211; Strutz a. a. O. S. 57. Auch die BewRichtl. sehen Abweichungen von der Summe der Aktiven nach Abzug der Schulden „vom Standpunkt der Bewertung des Gesamtunternehmens aus" vor. Der Grundsatz ist zuerst aufgestellt vom PrOVG. in der Entsch. vom 29. Mai 1896 zum PrErgStG. (OVGSt. **5** 117):

Bei Gewerbebetrieben bildet den Gegenstand der Ergänzungsbesteuerung das gewerbliche Anlage- und Betriebskapital in seiner Gesamtheit. Die einzelnen Bestandteile ... dürfen nicht je für sich gesondert und nach Rücksichten der Verwendung zu anderen Zwecken bewertet werden, sondern kommen bei der Bewertung der Gesamtheit des Anlage- und Betriebskapitals nur als Rechnungsfaktoren unter Berücksichtigung ihrer gegenwärtigen Verwendung in Betracht.

Diese Grundsätze hat das OVG. für die ErgSt. konsequent festgehalten und ausgebaut (OVGSt. **5** 112, **6** 33, 42, **8** 321 usw.; vgl. Fernow, ErgStG. S. 100 f. Dem hat sich die Literatur zu den Reichssteuergesetzen ohne weitere Begründung angeschlossen; vgl. A. Hoffmann, WBG. S. 34; Strutz, KrStG. S. 90, und die obige Literatur zur RAO. und zum RNOG., ferner Thümen, VermStG. S. 167. Abw. Veit Simon im Sammelwerk: die steuerliche Bewertung des Vermögens S. 116 ff. Die Rechtsprechung des OVG. ist übernommen vom RFH. (vgl. RFH. **2** 140, **3** 27, **7** 346 für das KrStG. und das KrAbgG. 1918).

Es soll hier nicht untersucht werden, ob der Grundsatz, so wie er jetzt aufgefaßt wird, für das frühere Steuerrecht richtig war. Es ist aber zu zeigen, daß er für die RAO. nicht gilt, weil er mit dem Begriff der wirtschaftlichen Einheit nach der RAO. sowie mit den Bestimmungen in § 139 Abs. 1 und 2 und § 15 VermStG. im Widerspruch steht, der Widerspruch aber sich ohne weiteres löst, wenn der Grundsatz aufgegeben wird.

15. Unvereinbarkeit des Satzes mit dem Begriff der wirtschaftlichen Einheit nach der RAO. Ein Betriebsvermögen ist zwar eine in einheitlichem Eigentum stehende Mehrheit von Gegenständen, die nach der Verkehrsauffassung einem einheitlichen selbständigen Zweck dienen und wirtschaftlich zusammengehören. Zu prüfen bleibt, ob auch das Begriffsmerkmal gegeben ist: die Eigenschaft, Gegenstand des gewöhnlichen Geschäftsverkehrs zu sein (s. N. 4).

Es soll nicht bestritten werden, daß in gewissen einfachen Verhältnissen ein Betriebsvermögen Gegenstand des gewöhnlichen Geschäftsverkehrs sein kann, so unter Umständen bei kleinen Ladengeschäften und einfachen Handwerksbetrieben. Es wird dabei darauf ankommen, ob nach der örtlichen Gewohnheit derartige Betriebe im ganzen veräußert zu werden pflegen. Unrichtig ist aber, daß schlechthin alle Betriebsvermögen Gegenstand des gewöhnlichen Geschäftsverkehrs sind oder auch nur sein können. Im Gegenteil. Kein nicht ganz beschränktes Betriebsvermögen ist als solches überhaupt Gegenstand des Verkehrs, geschweige denn des gewöhnlichen Verkehrs. Es finden keine normalen Umsätze (vgl. N. 3 zu § 138 RAO.) in ganzen Betriebsvermögen statt. Vielfach wird zwar das Gegenteil behauptet (vgl. Spieß in den Mitt. des Reichsverb. d. d. J. 1921 S. 30), jedoch zu Unrecht. Zunächst

scheiden alle die Fälle aus, in denen ganze Geschäfte bei der Gründung in eine Aktiengesellschaft, eine G. m. b. H. und dergl. eingebracht werden; denn dabei handelt es sich in Wirklichkeit nicht um einen Umsatz, sondern nur um eine Änderung der Rechtsform, unter der das Unternehmen betrieben wird, sei es mit, sei es ohne Hinzutritt weiterer Kapitalgeber. Ebensowenig gehören hierher die Fusionen und die Einbringungen bei Kapitalerhöhungen, da hierbei wirtschaftlich ebenfalls nicht Umsatzgeschäfte, sondern Vereinigungen von Betrieben vorliegen. Von den verbleibenden „Geschäftsverkäufen" fallen weiter alle die fort, in denen in Wirklichkeit nicht das ganze Geschäft verkauft wird, sondern nur die Anlagewerte und Vorräte in mehr oder weniger weitem Umfange, denn hier bildet gerade nicht das Betriebsvermögen als Einheit den Gegenstand des Umsatzes, sondern es findet eine Zerreißung der angeblichen Einheit statt, in erster Reihe — und zwar in den meisten Fällen — durch Ausschließung oder Beschränkung des Übergangs der Forderungen und Schulden. Bei den verhältnismäßig wenigen dann noch verbleibenden wirklichen Geschäftsverkäufen wird selten das Geschäft wirklich als Einheit veräußert, und auch dann wird nur ausnahmsweise ein einheitlicher Preis festgesetzt. Vielmehr werden die einzelnen Bestandteile des Betriebsvermögens bewertet. Wird ein Entgelt über den Wert der Bestandteile hinaus bewilligt — für goodwill, Firmenwert oder dergl. —, so bedeutet das nicht, daß der gemeine Wert des Unternehmens von den Beteiligten höher geschätzt wird, sondern daß der Erwerber seine persönlichen Gewinnaussichten entsprechend höher bewertet: dieser Aufschlag stellt die Spanne zwischen der Wertsumme der Bestandteile und dem „subjektiven Ertragswert" dar, nicht zwischen dieser Wertsumme und dem nicht existierenden gemeinen Wert des ganzen Unternehmens.

Daß es einen solchen gemeinen Wert des ganzen Unternehmens nicht gibt, ist schon daraus zu ersehen, daß es wohl so gut wie niemals auch nur zwei Reflektanten geben wird, die denselben Preis zu zahlen bereit wären, und daß praktisch in den Fällen, in denen versucht wird, einen solchen Wert zu ermitteln, die Schwierigkeiten, selbst für Schiedsgerichte von Berufsgenossen, bei allen größeren Unternehmungen fast unüberwindlich sind und schließlich meist zu Vergleichen oder bewußt rohen, d. h. unrichtigen Schätzungen führen. Jeder, der in der Praxis diese Schwierigkeiten kennengelernt hat, wird den Gedanken, für eine Vermögensbesteuerung den Verkaufswert sämtlicher gewerblicher Unternehmungen in Deutschland zu ermitteln, als absurd ablehnen (vgl. Veit Simon a. a. O. S. 116 ff.; Haußmann im BankA. **20** 117).

In der Literatur wird mit weitgehender Kasuistik untersucht, wann eine Gußstahlfabrik mit Kohlenzechen und Erzbergwerken, ein Steinsalzbergwerk mit einer Saline eine Einheit bilden (vgl. z. B. Strutz a. a. O. S. 57, 59). Gußstahlfabriken, Kohlenzechen, Erzbergwerke, Steinsalzbergwerke, Salinen

werden zwar — wenn auch nicht gerade häufig im gewöhnlichen Geschäftsverkehr — als Einheiten veräußert. Daß aber das ganze Unternehmen einer Gußstahlfabrik mit Kohlenzeche und Erzbergwerk „unter gemeingewöhnlichen Verhältnissen" einheitlich veräußert worden ist, dürfte noch kaum je vorgekommen sein, jedenfalls nicht, sofern nur wirkliche wirtschaftliche Umsätze im obigen Sinne berücksichtigt werden.

Die Behandlung des ganzen Unternehmens als wirtschaftlicher Einheit erfolgt nach der Begründung der RAO. (S. 111) aus folgendem Grunde:

> Die Erfahrung lehrt täglich, wieviel für ... immaterielle Werte — Firmen, Kundschaft, Warenzeichen, durch Reklame erreichter Ruf usw. — bei Veräußerung eines Geschäfts gezahlt wird; deshalb müssen sie auch steuerrechtlich ... berücksichtigt werden.

Die Angabe der Begründung, daß es handelsrechtlich unzulässig sei, diese immateriellen Werte außer bei entgeltlichem Erwerb zu berücksichtigen, ist unrichtig. Erfindungen, d. h. offenbar Patente, sind Rechte, die in die Bilanz gehören; an nicht patentierte Erfindungen (N. 31 zu § 8 VermStG.) ist schwerlich gedacht worden. Daß rein wirtschaftliche Güter, wie die selbsterworbene Kundschaft, bei der Besteuerung des Vermögens — also auch eine Vergrößerung der Kundschaft bei der Vermögenszuwachsbesteuerung! — versteuert werden sollen, ist unvorstellbar. Ebensowenig ist vorstellbar, daß ein Betrieb höher bewertet werden soll, weil der Inhaber seinem Namen — wie Krupp, Thyssen, Stinnes — oder durch Qualität und Reklame seiner Marke (Reklame allein tut es nicht) — wie Lanolin, Henckels Zwillingswerk usw. — einen Weltruf verschafft hat. Auch der Reichswirtschaftsrat ist von der Auffassung ausgegangen, daß nur „die Bewertung des Sachvermögens, nicht die Einschätzung der Organisation, der leitenden Kräfte, Kundschaft und sonstigen Beziehungen" für die Besteuerung maßgebend sein könne; aus diesem Grunde hat der Reparationsausschuß für den Fall der Wertermittlung nach dem Kursstand der Aktien einen Abschlag von 30 v. H. des Kurswerts empfohlen (Drucks. des Vorl. RWR. Nr. 186 von 1920/21 S. 3). Der gleiche Vorschlag wurde auch im Steuerausschuß des Reichstags gemacht, ebenfalls mit der ausdrücklichen Begründung, daß nur die Bewertung des Sachvermögens, nicht der Organisation, der Kundschaft usw. für die Besteuerung in Frage komme (AusschBer. S. 39); der Anregung ist zwar nicht stattgegeben, der Auffassung, daß nur das Sachvermögen steuerbar sei, aber auch nicht widersprochen worden. Von der gleichen Auffassung gehen auch die BewRichtl. aus. In den Aufzählungen der zum Anlage- und zum Betriebskapital gehörigen Gegenstände (I § 12, II B I 1 und II 1) werden die immateriellen Werte niemals erwähnt. Nach II B IV soll auch grundsätzlich die Summe der Aktiven nach Abzug der Schulden den Wert des Betriebsvermögens darstellen. Zuschläge oder Abschläge „vom Standpunkt der Gesamtbewertung des Unternehmens aus" sind zwar zugelassen;

es fehlt aber jeder Hinweis, daß dies wegen angeblicher immaterieller Werte geschehen darf. Auch scheinen die BewRichtl., da sie ausdrücklich dem Steuerpflichtigen eine Begründungspflicht auferlegen, diese Abweichung nur als ein Recht des Pflichtigen, nicht als Recht der Steuerbehörde anzusehen. Tatsächlich wird bei Kundschaft, Ruf usw. die Besteuerung schon dadurch ausgeschlossen, daß nach § 139 Abs. 2 RAO. der Selbstkostenwert bei allen dauernd dem Betriebe gewidmeten Gegenständen entscheidet. Firma, Kundschaft, Ruf sind sicher dauernd dem Betriebe gewidmete Gegenstände, ein Anschaffungspreis kommt in der Hand des ersten Erwerbers nicht in Frage, einen Herstellungspreis gibt es nicht, diese Gegenstände sind also mit Null anzusetzen. Daß es auch unrichtig ist, aus den etwa für Firma, Kundschaft usw. gewährten Vergütungen auf einen hieraus zu berechnenden gemeinen Wert des ganzen Betriebes zu schließen, ist oben dargetan. Hiernach ist auch der Gedanke der Begründung der RAO., das ganze Unternehmen als Einheit zu konstruieren, um die nicht selbständig bewertbaren immateriellen Werte zu treffen, ein untauglicher Versuch geblieben.

16. Unvereinbarkeit mit § 139 Abs. 1 RAO. Es kann nicht verkannt werden, daß nach dem Willen der Regierung und des Ausschusses der Nationalversammlung das Betriebsvermögen als wirtschaftliche Einheit angesehen werden sollte. Dies geht schon aus der — vom Steuerausschuß der NatVers. gebilligten (AusschBer. S. 23) — Begründung zu § 139 Abs. 1 hervor (Begr. S. 112):

> ... daß bei B e w e r t u n g e i n e s U n t e r n e h m e n s ... davon auszugehen ist, daß der Betrieb fortgesetzt wird. Auch hier ist der Preis zu ermitteln, der bei einer V e r ä u ß e r u n g i m g a n z e n zu erzielen wäre.

Aber schon dieser Wille hat in der RAO. keinen — oder doch keinen sicheren — Ausdruck gefunden. Der schon in dem ersten RegE. enthaltene § 139 Abs. 1 RAO. bestimmt:

> Bei der Bewertung von Vermögen, das einem Unternehmen gewidmet ist, wird in der Regel von der Voraussetzung ausgegangen, daß das Unternehmen bei der Veräußerung nicht aufgelöst, sondern weitergeführt wird.

Als Gegenstand der Bewertung wird hier nicht d a s dem Unternehmen gewidmete Vermögen bezeichnet; denn dann müßte es heißen: bei der Bewertung d e s Vermögens, das einem Unternehmen gewidmet ist. „Vermögen" ohne Artikel bedeutet einzelne Vermögensgegenstände, wie sich aus den §§ 147, 148 RAO. (S. 116 ff.) ergibt. Nirgends ist aber ausgedrückt, daß die nach § 139 Abs. 1 gefundenen Werte der zum Betriebsvermögen gehörigen Gegenstände nur Rechnungsfaktoren sein sollen. Im Gegenteil versteht die RAO. unter „Bewertung" sonst stets die Ermittlung des für die Steuer unmittelbar maßgebenden Werts.

Allerdings soll bei der Bewertung von der Voraussetzung ausgegangen werden, daß „das Unternehmen bei der Veräußerung nicht aufgelöst, sondern weitergeführt wird“. Geht man selbst davon aus, daß das, was veräußert wird, das Unternehmen ist, und nicht etwa die dem Unternehmen gewidmeten Vermögensgegenstände, so würde die Voraussetzung, daß von der Veräußerung des Unternehmens und seiner Weiterführung durch den Erwerber ausgegangen werden soll, keineswegs beweisen, daß es auch das Unternehmen als Ganzes ist, das bewertet werden soll. Es können ebensogut die einzelnen selbständigen Teile unter der Voraussetzung einer Veräußerung des Ganzen bewertet werden. Für diese Auffassung spricht gerade der zweite Satz der Begründung (a. a. O. S. 112):

> Die Vorschrift soll verhüten, daß z. B. Maschinen und Halbfabrikate zu Schleuderpreisen angesetzt werden; sie gilt natürlich nicht, wenn etwa durch anderweitige Verwertung des Grund und Bodens ein höherer Preis erzielt werden könnte.

Der erste Halbsatz zeigt, daß nicht das ganze Unternehmen bewertet wird, sondern seine Teile; der zweite, daß die ganze Theorie von der Einheit aufgegeben wird, wenn das fiskalische Interesse etwas anderes wünschenswert macht, denn wenn durch Einzelverkauf eines Objekts ein höherer Erlös erzielt werden kann als bei Verwertung des Ganzen, soll „natürlich“ die Einzelverkaufsmöglichkeit maßgebend sein, das Unternehmen also nicht als Ganzes bewertet werden.

§ 139 Abs. 1 RAO. macht aber das hier bekämpfte Dogma auch geradezu überflüssig. Daß es den von der Begründung der RAO. erstrebten Zweck, die nicht in die Bilanz aufnehmbaren immateriellen Werte steuerlich zu erfassen, nicht erreichen kann, ist bereits oben (N. 15) dargetan. Dieser Zweck war aber auch gar nicht der, um dessentwillen seinerzeit das PrOVG. zu diesem Grundsatz gekommen ist. Das OVG. (s. das wörtliche Zitat in N. 14) wollte nur verhindern, daß „die einzelnen Bestandteile ... je für sich gesondert und nach den Rücksichten der Verwendung zu andern Zwecken bewertet werden“, sie kommen nur „unter Berücksichtigung ihrer gegenwärtigen Verwendung in Betracht“. Kurz gesagt: es sollte nicht der gemeine Wert der einzelnen Gegenstände des Betriebsvermögens maßgebend sein, sondern ihr Geschäftswert (vgl. OVGSt. **14** 233, **15** 271; Staub, Anm. 3 zu § 40 HGB.). Dieses Ziel, die Bewertung nach dem Wert für das fortgeführte Geschäft, wird jetzt schon durch die Vorschrift des § 139 Abs. 1 erreicht, ohne daß man die Theorie von der Einheit des Betriebsvermögens zu Hilfe nehmen muß. Diese Theorie ist daher überflüssig — und der Satz cessante ratione legis cessat lex ipsa gilt auch für Rechtstheorien.

In der preußischen Praxis ist auch der hier bekämpfte Satz niemals dazu benutzt worden, um auf Grund desselben die Summe der Werte der steuerpflichtigen Sachvermögensteile wegen der in dem Betriebsvermögen

steckenden ideellen Werte zu erhöhen. Im Gegenteil: die sog. ideellen Werte galten als nicht steuerpflichtig und waren daher sogar auszusondern, wenn der Wert des Betriebsvermögens auf Grund eines tatsächlich gezahlten Kaufpreises einheitlich festzustellen war (OVGSt. 6 38).

17. Unvereinbarkeit mit § 139 Abs. 2 RAO. und § 15 VermStG. Nach § 139 Abs. 2 ist „für die Bewertung der dauernd dem Betriebe gewidmeten Gegenstände" der Selbstkostenpreis maßgebend. Dieser Abs. 2 steht, wenn man von dem Dogma der wirtschaftlichen Einheit des Betriebsvermögens ausgeht, „in unlösbarem Widerspruch zu § 137 Abs. 2" (Becker, N. 2 zu § 139 RAO.). Der Widerspruch liegt darin, daß „das Gesamtergebnis der Schätzung des ganzen Unternehmens den gemeinen Wert des letzteren darstellen soll", während, „wenn ein Rechnungsfaktor den Gestehungskostenwert darstellt, das Gesamtergebnis einer Zusammenfassung des gemeinen Werts und der Gestehungskosten von Teilen nicht den gemeinen Wert des ganzen Unternehmens darstellen" kann (Mrozek, Anm. 4 d zu § 139 RAO.).

Die Lösung des Widerspruchs ist auf die verschiedensten Weisen versucht worden. Eine kaum verständliche Lösung wird in einer Entsch. des RFH. vom 25. Nov. 1921 (mitgeteilt von Kloß in der DStZ. **10** 549 ff.) für die Berechnung des Gesellschaftsstempels versucht. Kloß bezweifelt mit Recht die Anwendbarkeit der Entsch. auf Vermögenssteuern. In die offizielle Sammlung ist sie nicht aufgenommen. Es wird daher hier nicht darauf eingegangen. Strutz, KrStG. S. 204, behandelt einen ähnlichen Widerspruch im BesStG., mit der ausdrücklichen Hervorhebung, daß dieser Widerspruch besteht, „wenn an der einheitlichen Bewertung der wirtschaftlichen Einheit des Betriebsvermögens festgehalten wird". Er gibt d r e i Möglichkeiten einer Lösung:

1. getrennte Bewertung der nicht nach dem gemeinen Wert zu bewertenden Gegenstände und des Betriebsvermögens ohne diese Gegenstände,
2. Einstellung dieser Gegenstände mit ihrem besonderen Werte als Rechnungsfaktoren,
3. Einstellung aller Gegenstände mit dem gemeinen Wert, Kürzung des Gesamtwerts des Unternehmens im Verhältnis der Summe der gemeinen Werte der nach dem gemeinen Wert anzusetzenden Gegenstände und der besonderen Werte der übrigen Gegenstände zu der Summe der gemeinen Werte aller Gegenstände.

Strutz entscheidet sich für die erste Lösung, Becker, S. 205, für die zweite, Mrozek a. a. O. für die dritte! Becker gibt offen zu, daß keine Lösung, sondern ein Notbehelf vorliege.

Näher liegt es, den — wie auch Strutz anerkennt — alleinigen Grund des Widerspruchs zu beseitigen, das Dogma von der wirtschaftlichen Einheit des Betriebsvermögens. Denn dann sind die Gegenstände nur insoweit zu

wirtschaftlichen Einheiten i. S. von Bewertungseinheiten zusammengefaßt, als sie nach den gleichen Grundsätzen zu bewerten sind. Dabei ist stets nach § 139 Abs. 1 die Zugehörigkeit zu dem Unternehmen zu beachten.

Becker verwahrt sich gegen diese Folgerung. Er führt die Annahme des § 139 Abs. 2 auf eine Zufallsmehrheit, sogar auf ein Mißverständnis bei der Abstimmung, insbesondere beim Zentrum, der NatVers. zurück. v. Breunig-v. Lewinski bezweifeln, daß die grundsätzliche Tragweite der Bestimmung erkannt worden sei, und bezeichnen die Mehrheit als eine „geringe und zufällige". Die Richtigkeit dieser Darstellung kann nicht zugegeben werden. Die interessierten Kreise und ihre parlamentarischen Vertreter standen den ganzen Gedankengängen der Regierung und der — knappen — Mehrheit des Ausschusses der NatVers., über die Ermittlung des Werts des Betriebsvermögens skeptisch gegenüber. Dieser Standpunkt verdichtete sich schließlich zu dem Antrage auf Einfügung des § 139 Abs. 2. Die Einbringer des Antrags waren sich durchaus darüber klar, daß sie durch ihren Antrag das ganze scheinbare Bewertungssystem der RAO. zerrissen. Und in der NatVers., insbesondere im Zentrum, konnte kein Zweifel bestehen, daß die Ablehnung des Antrags zu parlamentarischen Schwierigkeiten geführt hätte. Bei der Beratung des VermStG. wurde von maßgebender Seite ausdrücklich betont, „der § 139 Abs. 2 der RAO. sei seinerzeit wohl erwogen worden" (AusschBer. S. 39), und von Vertretern mehrerer bürgerlicher Parteien ist ausdrücklich auf den richtigen Grundgedanken dieser Bestimmung hingewiesen worden (S. 39 ff.). Jedenfalls kann die Entstehungsgeschichte der Bestimmung nicht zur Ablehnung der Anerkennung ihrer grundsätzlichen Bedeutung führen.

Vor allem aber ist die Entstehungsgeschichte des Gesetzes nicht ausschlaggebend. Das Gesetz ist aus sich selbst auszulegen. Wird in ein Gesetz eine Bestimmung von grundsätzlicher Bedeutung eingefügt, die das System des Gesetzes, so wie es bisher gewollt war, zerstört, so ist das System eben zerstört, und es muß ein neues System aufgebaut werden, das mit der eingefügten Bestimmung in Einklang steht. Dieses neue System kann hier nur darin liegen, daß der Grundsatz der einheitlichen Bewertung des Betriebsvermögens aufgegeben wird zugunsten des Grundsatzes, der auch allein mit § 137 Abs. 2 und § 138 Abs. 1 im Einklang steht, der Bewertung des Betriebsvermögens nach seinen wirtschaftlich einheitlichen Teilen.

Die Richtigkeit dieser Auffassung wird auch durch Inhalt und Entstehungsgeschichte des § 15 VermStG. bestätigt, diese Auffassung allein ist hiermit vereinbar.

§ 15 Abs. 4 VermStG. befaßt sich mit der „Bewertung" der dauernd dem Betriebe gewidmeten Gegenstände, ohne irgendwie zum Ausdruck zu

bringen, daß das Ergebnis dieser Bewertung nur ein Rechnungsfaktor für die Bewertung des ganzen Unternehmens, nicht ein unmittelbar für die Besteuerung maßgebender Wert sein soll. Dies wird zur Gewißheit bestätigt durch Abs. 4 Satz 2, wonach die Erhöhung des Dauerwerts der einzelnen Betriebsgegenstände festgestellt werden soll „unter Berücksichtigung der Einheit des ganzen Unternehmens". Wenn wirklich diese Einheit Gegenstand der Bewertung wäre, hätte es dieser Hervorhebung nicht bedurft. Dieser Antrag (Nr. 149) ist gerade auch von Zentrumsvertretern gestellt worden. Nach dem AusschBer. hat ferner ein Regierungsvertreter dem Antrag 305, der den Abs. 4 Satz 3 über die dauernden Beteiligungen enthielt, widersprochen und ausführlich (AusschBer. S. 66 f.) auf die Unvereinbarkeit des Antrags mit dem Grundsatz der Bewertung des Gesamtunternehmens als wirtschaftlicher Einheit hingewiesen. Der Ausschuß hat diese Unvereinbarkeit in keiner Weise bestritten, trotzdem aber den Antrag angenommen, den Grundsatz also nicht als maßgebend anerkannt.

18. Die Bewertung der wirtschaftlich einheitlichen Teile des Betriebsvermögens. In der preußischen Praxis hatte der Grundsatz der Einheit des Betriebsvermögens nur eine beschränkte Bedeutung. Selbst wenn der Wert eines ganzen gewerblichen Betriebsvermögens auf Grund eines kürzlich dafür gezahlten Kaufpreises feststand, wurden aus diesem Preise die auf ideelle Werte und dergl. entfallenden Teile ausgesondert (OVGSt. **6** 38). Im übrigen wurde bei der Ermittlung des Werts des Ganzen aus den sog. Rechnungsfaktoren unterschieden zwischen den „unmittelbar und zahlenmäßig verwendbaren Rechnungsfaktoren" und den „mittelbaren Rechnungsfaktoren", die „als Unterlagen und Hilfsmittel für die Bewertung des Ganzen" in Betracht kommen. Unmittelbare Rechnungsfaktoren sind die Werte derjenigen „Teile des gewerblichen Anlage und Betriebskapitals, deren Bewertung überhaupt nicht durch den Zusammenhang mit dem Gesamtbetriebe bedingt wird.... Dies sind zunächst solche Teile, deren Wert unmittelbar gegeben und ausschließlich oder in überwiegendem Grade durch Berechnung zu finden ist, also die Bestände an barem Gelde und Wertpapieren, die Außenstände und die Schulden; ferner aber auch regelmäßig die Warenvorräte, die Vorräte an Roh- und Hilfsstoffen, die zum Inventar gehörigen Zugkräfte usw., sofern nicht etwa ein unter Loslösung von dem Gesamtbetrieb erfolgender Verkauf aus besonderen Gründen eine wesentliche Entwertung zur Folge haben würde." Mittelbare Rechnungsfaktoren sind die übrigen Werte, „namentlich der zum Fabrikbetriebe gehörigen Immobilien, Maschinen und Gerätschaften". „Diese Gegenstände bilden die F a b r i k a n l a g e im engeren Sinne, also eine in einem n o t w e n d i g e n Zusammenhange stehende t e c h n i s c h e E i n h e i t zur Herstellung von Erzeugnissen für den wirtschaftlichen Verkehr." „Ist... der Wert der Fabrikanlage gefunden, so ergibt sich durch

Zu- oder Abrechnung der als unmittelbare Rechnungsfaktoren erscheinenden Einzelwerte der zeitige Wert, den bei Fortsetzung des Fabrikbetriebs das in Betracht kommende Anlage- und Betriebskapital hat. Gehören ... Rechte zum Anlage- und Betriebskapital ..., so ist nach gleichen Grundsätzen zu verfahren. Ist ihr Wert von dem bestimmten Betriebe ... völlig unabhängig, so sind sie für sich zu bewerten und die zahlenmäßigen Ergebnisse als unmittelbare Rechnungsfaktoren zu behandeln; andernfalls sind sie zwar zunächst für sich, aber nur als mittelbare Rechnungsfaktoren zu bewerten und sodann bei der Bewertung des Anlage- und Betriebskapitals in seiner Gesamtheit zu berücksichtigen." (OVGSt. **6** 35 bis 37.)

Diese Grundsätze des OVG. treffen den Kern der Sache und gelten — mit einigen Berichtigungen in Nebenpunkten — noch heute. Der Schlüssel liegt in den beiden Begriffen der technischen Einheit und der unmittelbaren Rechnungsfaktoren.

19. Begriff der technischen Einheit. Die technische Einheit und die übrigen Vermögensgegenstände als Bewertungseinheiten. Die technische Einheit ist nach dem OVG. die in einem notwendigen Zusammenhange stehende Einheit von Immobilien, Maschinen und Gerätschaften zur Herstellung von Erzeugnissen für den wirtschaftlichen Verkehr. Die Einheit ist also zunächst eine wirtschaftliche Einheit. Sie muß ferner so umfassend sein, daß sie zur Herstellung der Erzeugnisse ausreicht. Sie muß aber auch notwendig sein, d. h. sie darf nicht weitergehen, als der technische Produktionszweck oder sonstige Betriebszweck erfordert.

Nach diesen Begriffsmerkmalen fällt unter die technische Einheit grundsätzlich der einzelne eigentliche technische Apparat, also in der Industrie die einzelne Fabrikanlage, im Bergbau das einzelne Bergwerk, im Transportgewerbe die lokal geschlossene Gesamtheit der Transportmittel mit den dem Unternehmer gehörigen Unterbringungsräumen usw. Grundsätzlich nicht hierher gehören alle die Gegenstände, die „unmittelbare Rechnungsfaktoren" sind: Geld und Wertpapiere, Außenstände und Schulden, Warenvorräte, Roh- und Hilfsstoffe, Zugkräfte usw., sofern sie nicht im Einzelfall aus besonderen Gründen doch zu der technischen Einheit gehören (s. u. N. 20).

Gleichzeitig ergibt sich, daß das, was hier technische Einheit genannt wird, diejenige wirtschaftliche Einheit ist, die zugleich Gegenstand des gewöhnlichen Geschäftsverkehrs sein kann und ist. Denn Fabriken, Bergwerke, Transportanlagen werden als Ganzes umgesetzt. Hieraus ergibt sich für die praktische Anwendung der obigen (N. 4) Begriffsbestimmung der wirtschaftlichen Einheit i. S. des § 137 Abs. 2 RAO.: Bewertungseinheit im Betriebsvermögen ist in erster Reihe die technische Einheit.

Ein Komplex von technischen Anlagen bildet eine technische Einheit, soweit der technische Zweck ein einheitlicher ist und die Anlagen durch ihre räumliche Verbundenheit die Erreichung des einheitlichen technischen Zwecks ermöglichen. In den obigen Beispielen (N. 15) bilden je für sich die Gußstahlfabrik, die Kohlenzeche, das Erzbergwerk, das Steinsalzbergwerk, die Salinenanlage, je mit allen zusammengehörigen Anlagen, eine technische Einheit. Bei den sog. Hüttenzechen sind Zeche und Hütte jede für sich eine technische Einheit; sind aber Hütte und Zeche räumlich derart verbunden, daß in einer geschlossenen Anlage die Kohle vom Schacht zur Kokerei, der Koks von dort zum Hochofen geht, so bilden Zeche und Hütte eine technische Einheit, zu der auch sämtliche räumlich verbundene Anlagen zur Gewinnung von Nebenprodukten gehören. Ein Betriebsvermögen kann demgemäß mehrere technische Einheiten enthalten. Jede für sich bildet dann eine Bewertungseinheit.

Da die technische Einheit *nur* dauernd dem Betriebe gewidmete Gegenstände umfaßt, ist für die Bewertung nur § 139 Abs. 2 maßgebend. *Die Streitfrage, wie der gemeine Wert einer Einheit ermittelt werden soll, wenn für ihre Bestandteile zum Teil der Selbstkostenwert, zum Teil der gemeine Wert maßgebend ist, fällt hier also fort.*

Außerhalb der technischen Einheit stehen diejenigen Vermögensgegenstände, deren Einzelwerte nach dem OVG. unmittelbare Rechnungsfaktoren, d. h. als solche maßgebend sind. Diese Werte, die nach dem OVG. unverändert in die Endsumme, die den Wert des ganzen Betriebsvermögens ausdrückt, übernommen werden, unterscheiden sich in nichts von den Werten selbständig bewerteter wirtschaftlicher Einheiten; nur ist bei ihrer Bewertung § 139 Abs. 1 RAO. zu beachten. Die außerhalb der technischen Einheit stehenden Vermögensgegenstände sind danach selbständig auf ihre wirtschaftliche Einheitlichkeit zu prüfen; sie sind grundsätzlich jeder für sich eine wirtschaftliche Einheit; ob mehrere von ihnen zusammen aus besonderen Gründen eine wirtschaftliche Einheit bilden, z. B. eine Mehrheit zusammengehöriger Patente, ist im Einzelfall festzustellen.

Hieraus ergibt sich:

Bewertungseinheiten im Betriebsvermögen sind die technischen Einheiten und die außerhalb der technischen Einheiten stehenden Vermögensgegenstände, letztere einzeln, gegebenenfalls in ihrer Zusammenfassung zu wirtschaftlichen Einheiten.

20. Umfang der technischen Einheit. Eiserner Bestand. Der Umfang der technischen Einheit ergibt sich aus der Begriffsbestimmung und den Beispielen in N. 19. Sie umfaßt die dauernd dem Betriebe gewidmeten Gegenstände, soweit sie zu einer technischen Einheit verbunden sind.

Soweit Grundstücke zur technischen Einheit gehören, werden sie in der Regel den Kern der technischen Einheit bilden. Dies gilt besonders für Fabriken, Hotels und dergl. Zu der technischen Einheit gehört alles, was mit dem Grundstück zum Zwecke des Betriebes verbunden ist, also zunächst die Bestandteile: Gebäude und Maschinen, ferner alles Zubehör: Gerätschaften, Transportmittel und dergl. (vgl. N. 8 zu § 7). Die subjektiv-dinglichen Rechte (N. 7 zu § 7) werden ebenfalls in der Regel hierher gehören.

Grundstücke, die nicht zur technischen Einheit, aber doch zum Anlagekapital gehören, z. B. ein Landgut, dessen Erzeugnisse für die Angestellten und Arbeiter einer Fabrik bestimmt sind, unterliegen in der Frage der wirtschaftlichen Einheitlichkeit denselben Grundsätzen wie die Grundstücke, die nicht zum Betriebs-, sondern zum Grundvermögen gehören. Eine andere Frage ist es, ob diese Grundstücke, ebenso ob die zur technischen Einheit gehörigen Grundstücke gemäß § 139 oder gemäß § 152 RAO. bewertet werden (s. N. 4, 31 zu § 139).

Geld, Wertpapiere und Forderungen gehören in der Regel nicht zur technischen Einheit, ausnahmsweise kann es jedoch der Fall sein. Maßgebend ist die Verkehrsauffassung. Insbesondere werden die Beträge dazu gehören, die für die einzelne technische Einheit ausgesondert sind, z. B. die für die nächsten Lohnzahlungen bestimmten, in der Fabrikkasse vorhandenen Barbeträge, Wertpapiere, die für den Betrieb einer bestimmten Fabrik als Frachtsicherheiten hinterlegt, Guthaben, die zu Ersatzanschaffungen bestimmt sind. Entscheidend ist, ob im Falle einer Veräußerung der einzelnen Fabrik oder sonstigen technischen Einheit diese Beträge an Geld, Wertpapieren und Forderungen üblicherweise mit veräußert werden würden.

Das gleiche Merkmal entscheidet, ob selbständige Rechte, z. B. Patente, zu einer technischen Einheit gehören. Dies wird stets der Fall sein, wenn der betreffende Fabrikbetrieb gerade auf dem Patent beruht und eine Veräußerung der Fabrik nach der Verkehrsauffassung nur mit dem Patent in Frage kommt.

Hinsichtlich der Vorräte an Waren, Fertig- und Halbfabrikaten, Rohstoffen und Hilfsstoffen ist zu unterscheiden, ob die Vorräte zum eisernen Bestande gehören oder nicht. Der eiserne Bestand ist derjenige Bestand an Betriebsmitteln, der dauernd zur Aufrechterhaltung des Betriebs erforderlich ist (vgl. das Nähere in N. 13 zu § 139 RAO.). Der eiserne Bestand kann zur technischen Einheit gehören, die sonstigen Betriebsmittel nicht.

Von den Schulden gehören die allgemeinen Betriebsschulden nicht zur technischen Einheit, sondern nur diejenigen Schulden, die nach der Verkehrsauffassung im Falle einer Veräußerung der technischen Einheit mit übernommen zu werden pflegen, also meist die besonderen laufenden Schulden aus dem Betriebe der technischen Einheit, z. B. für Gehälter, Löhne, Frachten,

Reparaturen und dergl.; ferner die Belastungen der zur technischen Einheit gehörigen Grundstücke, soweit die Übernahme der Belastungen üblich ist, besonders also die Investitionsschulden.

21. Die Vermögensgegenstände des Betriebsvermögens außerhalb der technischen Einheit. Für die Feststellung der wirtschaftlichen Einheit gilt das in N. 19 Gesagte sowie die Darstellung über die wirtschaftlichen Einheiten im „sonstigen Vermögen“ (N. 23). Auch hier ist aber, wie bei den Betriebsgrundstücken außerhalb der technischen Einheit (N. 20), zu beachten, daß die Gleichstellung nur für die Frage der wirtschaftlichen Einheit, nicht für die Bewertung selbst gilt, für welche nach § 139 die Zugehörigkeit zum Betriebsvermögen zu berücksichtigen ist (N. 28 ff. zu § 139).

22. Die Abschreibungen auf das Gesamtunternehmen. Trotz Ablehnung der Theorie von der Einheit des Betriebsvermögens ist doch bei der Bewertung der einzelnen zum Betriebsvermögen gehörenden Einheiten deren Zugehörigkeit zum Betriebsvermögen zu beachten. Dies ergibt sich aus § 139 Abs. 1; denn, wenn die Bewertung unter der Voraussetzung der Weiterführung des Unternehmens erfolgen soll, muß zunächst die Zugehörigkeit zu dem Unternehmen berücksichtigt werden. Aus dieser Rücksicht folgt weiter, daß die Summe der Werte der Vermögensgegenstände nach Abzug der Schulden niemals höher sein darf als der Wert des ganzen Unternehmens (vgl. RFH. **2** 192, **3** 27, **6** 166). In diesem Ausnahmefall kann es daher erforderlich sein, den Wert des ganzen Unternehmens zu ermitteln.

Hiermit im Zusammenhang stehen die sog. Abschreibungen auf das Gesamtunternehmen (s. N. 27 zu § 139). Der Streit über ihre Zulässigkeit beweist schon für sich allein, daß niemals mit dem Gedanken, für irgendeine Steuer das Unternehmen als Ganzes zu bewerten, Ernst gemacht worden ist. Wäre dies geschehen, so hätte ein Streit überhaupt nicht entstehen können. Trotz Ablehnung dieses Gedankens ist die Gesamtabschreibung zulässig, weil sie entweder die zu hohen Einzelwerte gemäß ihrem Werte in ihrer Zusammengehörigkeit richtigstellt oder Verluste ausdrückt, die nicht gerade an einzelnen Aktiven nachgewiesen werden können oder sollen.

23. Wirtschaftliche Einheiten im übrigen Vermögen. Jeder steuerpflichtige Vermögensgegenstand, der nicht zum Grund- oder zum Betriebsvermögen gehört, bildet grundsätzlich eine wirtschaftliche Einheit, da eine Einheit, zu der er mit anderen Gegenständen, gleichartigen oder ungleichartigen, verbunden ist, meist nicht vorhanden ist. Jedoch kann nach Verkehrsauffassung, örtlicher Gewohnheit und tatsächlicher Übung im Einzelfall anderes gelten. So bildet an sich jedes Patent eine wirtschaftliche Einheit; mehrere nach dem Inhalt zusammengehörige Patente, auch wenn sie nicht im Verhältnis von Zusatz- oder Abhängigkeitspatenten stehen, bilden zusammen eine wirtschaftliche Einheit, wenn nach der Verkehrsauffassung die Ver-

äußerung oder Lizenzerteilung nur für alle gleichmäßig in Frage kommt. Entsprechendes gilt für Sammlungen, ferner für eine Mehrheit von Hypotheken an einem Grundstück, wenn sie im Verkehr wie eine Hypothek behandelt werden, für mehrere Luxusgegenstände, die zu einer Garnitur vereinigt sind usw. Man wird jedoch dem Steuerpflichtigen das Recht einräumen müssen, zu bestimmen, ob er die mehreren Gegenstände als eine Einheit behandelt haben will, zumal nach § 137 Abs. 2 auf die tatsächliche Übung Rücksicht zu nehmen ist.

Wertpapiere bilden jedes für sich eine wirtschaftliche Einheit. Für ein größeres Paket kann nicht die Einheitlichkeit zu dem Zweck geltend gemacht werden, um darzutun, daß durch das Auf-den-Markt-Werfen des ganzen Pakets der Kurs gedrückt worden wäre; denn bei Zulassung dieses Nachweises würde im Ergebnis gegenüber jedem Kurse geltend gemacht werden können, daß zu demselben nur eine beschränkte Menge unterzubringen war, also jeder Kurswert illusorisch sein (OVG. 6 28). Jedoch kann geltend gemacht werden, daß die offizielle Notiz nur auf so geringen Umsätzen beruhte, daß sie nicht als allgemein maßgebend angesehen werden können (RFH. 7 344). Mehrere Wertpapiere können zusammen ausnahmsweise eine Einheit bilden, z. B. weil nur eine gewisse Mindestmenge zusammen an der Börse verkäuflich ist; in diesem Falle kann bei einer geringeren Zahl geltend gemacht werden, daß sie einen geringeren Wert als den Kurswert haben, weil sie nicht im gewöhnlichen Börsenverkehr umgesetzt werden können. S. im übrigen zu §§ 141, 142 RAO.

Gemeiner Wert.

§ 138 RAO.

Der gemeine Wert wird durch den Preis bestimmt, der im gewöhnlichen Geschäftsverkehre nach der Beschaffenheit des Gegenstandes unter Berücksichtigung aller den Preis beeinflussenden Umstände bei einer Veräußerung zu erzielen wäre; ungewöhnliche oder lediglich persönliche Verhältnisse sind nicht zu berücksichtigen.

Als lediglich persönliche Verhältnisse sind auch Verfügungsbeschränkungen anzusehen, denen der Steuerpflichtige aus Gründen, die in seiner Person oder der Person seiner Rechtsvorgänger liegen, unterworfen ist. Dies gilt insbesondere für Verfügungsbeschränkungen, die auf letztwilligen Anordnungen beruhen.

Vor Feststellung des gemeinen Wertes ist bei ausländischen Unternehmungen sowie bei gewerblichen und landwirtschaftlichen Neuanlagen auf Antrag des Pflichtigen die für ihn zuständige amtliche Vertretung gutachtlich zu hören.

§ 15 Abs. 2 VermStG.

Die Vermögensgegenstände sind jeweils unter Berücksichtigung der allgemeinen Wirtschaftsverhältnisse zu bewerten.

Mat.: a) zur RAO.: RegE. § 138; Begr. S. 111; AusschBer. S. 21 bis 23; Verh. der NatVers. S. 3706; b) zum VermStG.: s. oben zu § 15 VermStG.

1. Begriff des gemeinen Werts.
2. Der bei einer Veräußerung erzielbare Preis.
3. Gewöhnlicher Geschäftsverkehr.
4. Beschaffenheit des Gegenstands.
5. Den Preis beeinflussende Umstände.
6. Lediglich persönliche Verhältnisse.
7. Verfügungsbeschränkungen.
8. Ungewöhnliche Verhältnisse.
9. Die Nachkriegsverhältnisse nach der RAO. Der dauernde gemeine Wert.
10. Das Bewertungsproblem für das VermStG.
11. Die Thümensche Auffassung des § 15 VermStG.
12. Der erhöhte Selbstkostenwert als Dauerwert i. S. des § 15 Abs. 4.
13. Bedeutung des § 15 Abs. 2.
    a) § 15 Abs. 2 und der gemeine Wert.
    b) § 15 Abs. 2 und der Ertragswert.
    c) § 15 Abs. 2 und der Selbstkostenwert.
    d) Zusammenfassung.
14. Ermittlung des dauernden gemeinen Werts.
15. Zu § 138 Abs. 3.

1. Begriff des gemeinen Werts. § 138 Abs. 1 enthält die gesetzliche Begriffsbestimmung, die auf der Rechtsprechung des ROHG., des RG. und des OVG. beruht und in § 22 der AusfBest. z. ZuwStG. zuerst festgelegt worden ist. Maßgebend ist:

der bei einer Veräußerung erzielbare Preis (N. 2),
im gewöhnlichen Geschäftsverkehr (N. 3),
nach der Beschaffenheit des Gegenstands (N. 4),
unter Berücksichtigung aller preisbildenden Faktoren (N. 5),
unter Ausschaltung lediglich persönlicher Verhältnisse (N. 6 und 7)
sowie ungewöhnlicher Verhältnisse (N. 8).

Die einzelnen Begriffsmerkmale lassen sich nicht vollständig voneinander trennen, sie gehen zum Teil ineinander über.

Behandelt wird hier der gemeine Wert im allgemeinen. Die Besonderheiten für Betriebsvermögen werden bei § 139, für Grundstücke bei § 152, für Kapitalvermögen bei § 141 ff. behandelt.

2. Der bei einer Veräußerung erzielbare Preis. „Die Hinweisung auf den Fall einer Veräußerung ist nicht so zu verstehen, als ob ein Preis maßgebend sein sollte, der bei sofort erzwungenem Verkaufe zu erzielen wäre, so daß also bei fruchtlosem Ausbieten ... das höchste oder gar einzig abgegebene Gebot maßgebend wäre; zu ermitteln ist vielmehr, welcher Preis bei Unterstellung eines Kaufabschlusses nach Lage aller Umstände bei gleich-

mäßiger Berücksichtigung der Interessen des Käufers und des Verkäufers als angemessen anzuerkennen sei" (BegrRAO. S. 111).

Bei der Ermittlung des erzielbaren Preises ist, soweit möglich, von erzielten Preisen auszugehen. Bei vertretbaren Sachen, d. h. solchen, die im Verkehr nach Zahl, Maß oder Gewicht bestimmt zu werden pflegen (§ 91 BGB.), können derartige Preise in der Regel ohne weiteres angewandt werden, ebenso bei nicht vertretbaren Sachen, wenn der Mangel völlig gleicher Gegenstände auf die Preisbildung ohne Einfluß ist, z. B. bei Gegenständen, die nach bestimmten Typen hergestellt werden, wie Reihenhäuser, Maschinen, Schiffe bestimmter Typen und dergl. Bei Gegenständen, deren Preis von ihrer Einmaligkeit beeinflußt ist, wie meist bei Grundstücken, Fabriken, Patenten und anderen Rechten, ist in erster Reihe von dem letzten, nicht zu lange vor dem Stichtag gezahlten Preise auszugehen; jedoch bildet dieser Preis nur einen Anhaltspunkt, den zu übergehen es besonderer Gründe bedarf; als gemeiner Wert ist der Preis aber ohne weiteres nicht anzusehen, selbst wenn er im gewöhnlichen Geschäftsverkehr erzielt ist (RFH. **6** 123; **11** 260). Insofern weicht die Rechtsprechung des RFH. von der des preuß. OVG. ab (s. RFH. **11** 261). In zweiter Reihe ist an die Preise für möglichst gleichartige Gegenstände anzuknüpfen (vgl. hierzu die Rechtspr. des OVG. bei Strutz, KrStG. S. 197). Verschiedenheiten infolge der zwischen den tatsächlichen Umsätzen und dem Stichtag liegenden Zeitspanne und zwischen dem zu bewertenden Gegenstand und den Vergleichsgegenständen sind durch Zu- oder Abschläge auszugleichen (s. N. 4). Erst in letzter Reihe, wenn alle vorerwähnten Wege versagen, greift freie Schätzung des erzielbaren Preises ein; die Schätzung muß auf dem gleichen Wege stattfinden, „auf dem sich nach den örtlichen Verhältnissen die Preise für gleichartige Gegenstände zu bilden pflegen" (OVG. vom 19. Mai 1911 und 12. Jan. 1915 bei Strutz a. a. O. S. 199).

Erzielte Preise sind die Preise bei tatsächlichen Umsätzen, nicht Angebote oder Forderungen, die nicht zu einem Abschluß geführt haben (OVGSt. **7** 249). Jedoch können abgelehnte Angebote und erfolglose Forderungen für die freie Schätzung insofern als Anhalt dienen, als sie die Grenze bezeichnen, über oder unter der der gemeine Wert liegen dürfte. Wegen der Preise bei zwangsweisen Veräußerungen s. N. 3. Bei Tauschverträgen sind die Wertangaben nicht ohne weiteres verwertbar, wohl aber der feststellbare Wert der Gegenleistung (Strutz a. a. O. S. 197 f.).

Höchstpreise sind grundsätzlich maßgebend. Wenn die Produktion teils zu einem behördlich festgesetzten Preis abgeliefert werden muß, teils freihändig abgesetzt werden kann, so gelten für den gebundenen Teil die festgesetzten Preise, für den Rest die Preise des freien Verkehrs. Auch objektive persönliche Beschränkungen in der Preisbemessung, insbesondere auf Grund des Preistreibereiverbots, müssen berücksichtigt werden (OVGSt. **19** 347).

3. **Gewöhnlicher Geschäftsverkehr** ist derjenige Geschäftsverkehr, der für den betreffenden Gegenstand nach Lage aller Umstände der gewöhnliche ist. Maßgebend ist hierbei sowohl die objektive Seite — was verkauft wird — als die subjektive Seite — wer verkauft und kauft —. Nach diesen Richtungen ist zu prüfen, ob überhaupt für den zu bewertenden Gegenstand ein gewöhnlicher Geschäftsverkehr stattfindet und wie dieser Verkehr festzustellen ist.

In objektiver Beziehung kommt es darauf an, welche Personen mit Rücksicht auf das Objekt überhaupt für den Verkehr in Betracht kommen. Der Kreis kann sehr eng sein, um so enger, je wertvoller oder ungewöhnlicher der Gegenstand ist. Solange aber überhaupt noch ein Käufer in Betracht kommen kann, kann man auch von einem gewöhnlichen Geschäftsverkehr mit diesem sprechen, z. B. bei dem einzigen Sammler einer bestimmten Kategorie von Gegenständen. Maßgebend ist stets derjenige noch als nicht ungewöhnlich anzusehende Kreis etwaiger Käufer, der die höchsten Preise bewilligen würde (Strutz a. a. O. S. 196). „Valutakäufer" sind nicht zu berücksichtigen, vielmehr ist grundsätzlich von dem inländischen Käuferkreis auszugehen.

In subjektiver Beziehung kommt es darauf an, wer gegebenenfalls verkaufen und kaufen würde. „Danach ist zu entscheiden, ob der Erzeuger- oder Großhandels- oder Kleinhandelspreis zugrunde zu legen ist. So ist z. B. steuerpflichtiger Wein ... bei einem Weinhändler anders als bei einem Wirte zu bewerten. Weinvorräte eines Winzers ... werden mit dem Erzeugerpreis anzusetzen sein". (Begr. RAO. S. 111 f.) Vgl. jedoch N. 30 zu § 139 RAO. Für den steuerpflichtigen Schmuck, den eine Privatperson besitzt, kommt nur der Preis in Frage, den ein Händler ihr zahlen würde; wegen des Werts beim Händler s. N. 30 zu § 139 RAO.

Zwangsumsätze, d. h. Veräußerungen durch Vollstreckungsbehörden oder auf Grund von Beschlagnahmen, also Zwangsversteigerungen von Grundstücken, Pfandversteigerungen durch Gerichtsvollzieher, Auktionen durch Konkursverwalter, Zoll- oder Fundbehörden usw., gehören in der Regel nicht zum gewöhnlichen Geschäftsverkehr, da das Meistgebot gewöhnlich nicht auf freier Preisbildung beruht (RFH. **1** 157). Ausnahmen sind denkbar. Auch sonst können die erzielten Preise als Anhaltspunkte, meist als untere Grenze, verwertet werden. Umsätze unter behördlichem Zwang, insbesondere im Rahmen einer Zwangswirtschaft, können als gewöhnlicher Geschäftsverkehr in Betracht kommen. Ob Umsätze zwischen Verwandten, insbesondere von Eltern an Kindern und unter Miterben, als gewöhnlicher Geschäftsverkehr angesehen werden können, ist Tatfrage.

4. Die **Beschaffenheit des Gegenstands** berücksichtigen, bedeutet alle objektiven Eigenschaften des Gegenstands bewerten, d. h. alle Eigenschaften des Gegenstands, die für den in Betracht kommenden Käuferkreis von Be-

deutung sind. Ausgeschlossen sind dadurch Eigenschaften, die nur für den Besitzer oder nur für einen oder einzelne Erwerber in Betracht kommen.

Zu den objektiven Eigenschaften gehören alle Eigenschaften, die den Wert oder die Tauglichkeit zu dem gewöhnlichen Gebrauch des Gegenstands ausmachen (§ 459 BGB.). Hierunter fallen z. B. bei nutzbaren Gegenständen die gegenwärtige Ertragsfähigkeit, bei Kunstgegenständen die Echtheit, bei kunstgewerblichen Gegenständen Material, Arbeit und Herkunft, bei Antiquitäten das Alter usw. Umstände, die nur in der Vergangenheit oder in der Zukunft liegen — historischer Wert oder Gewinnaussichten —, machen nicht die Beschaffenheit des Gegenstands aus, können aber als den Preis beeinflussende Umstände (N. 5) in Betracht kommen, und zwar gelegentlich derart, daß demgegenüber die Beschaffenheit des Gegenstands gleichgültig wird, z. B. bei historischen Erinnerungsstücken oder bei wüstliegenden Bauterrains.

Die Beschaffenheit des Gegenstands ist zu berücksichtigen, sowohl wenn von Preisen bei früheren Veräußerungen desselben Gegenstands, als wenn von Vergleichspreisen ausgegangen oder wenn frei geschätzt wird. Im ersten Falle ist festzustellen, ob die Beschaffenheit des Gegenstands noch die gleiche ist; werterhöhende und wertmindernde Veränderungen sind durch Zu- und Abschläge zu berücksichtigen. Im zweiten Falle gilt das letztere hinsichtlich der Abweichungen von den Gegenständen, von deren erzielten Preisen ausgegangen wird. Im dritten Falle, bei der freien Schätzung, müssen naturgemäß alle objektiven Eigenschaften beachtet werden.

5. Die **den Preis beeinflussenden Umstände** sind zunächst die Art des in Betracht kommenden Geschäftsverkehrs und die Beschaffenheit des Gegenstandes (N. 3 und 4), darüber hinaus alle sonstigen Umstände in Vergangenheit, Gegenwart und Zukunft, die für den Käuferkreis von Bedeutung sind.

In der Vergangenheit liegende Umstände sind alle die, die den sog. Erinnerungswert ausmachen. Doch kommt nur der allgemeine Erinnerungswert, der sog. historische Wert, in Frage, den jeder Erwerber berücksichtigen müßte, nicht der besondere Erinnerungswert eines einzelnen oder eines durch besondere Umstände verbundenen engeren Personenkreises, wie bei Familien- oder Regimentserinnerungen.

Von den in der Gegenwart liegenden Umständen kommen hier alle außerhalb des Gegenstands liegenden Umstände in Betracht, also in erster Reihe die allgemeine und die besondere Verwertungsmöglichkeit. Die besondere Verwertungsmöglichkeit ist die Gesamtheit der objektiven, von der Beschaffenheit des Gegenstands unabhängigen Umstände, welche die Verwertung gerade dieses Gegenstands beeinflussen, also bei Grundstücken besonders die Lage, bei Fabriken die Arbeiter-, Konkurrenz-, Transportverhältnisse usw. Die allgemeine Verwertungsmöglichkeit ist die Gesamtheit derselben Umstände, welche die Verwertung derartiger Gegenstände im

allgemeinen beeinflussen, die sog. Konjunktur. Worauf die Konjunktur beruht, ist gleichgültig, sie kann auf freiem Verkehr beruhen, aber ebenso auf behördlichen Eingriffen, z. B. durch Zölle oder Einfuhrverbote, oder auf organisatorischen Maßnahmen der Erzeuger, Händler, Abnehmer, infolge der Bildung von Kartellen, Händlerringen, Konsumgenossenschaften usw. Nur dürfen durch diese Eingriffe und Maßnahmen nicht ungewöhnliche Verhältnisse geschaffen, ebenso darf die Konjunktur auch nicht aus sonstigen Gründen eine ungewöhnliche sein (s. N. 7). Auch solche Umstände kommen in Frage, die eine Vorliebe der Interessenten für den einzelnen Gegenstand aus gesellschaftlichen, politischen oder sonstigen nicht rein wirtschaftlichen Rücksichten begründen können, z. B. die Bezeichnung eines Guts als Rittergut, wegen der Möglichkeit für den Besitzer, sich Rittergutsbesitzer zu nennen.

In der Zukunft liegende Umstände sind die Aussichten auf Steigerung des Ertrags, z. B. bei Ödland, oder des Verkaufswerts, z. B. bei Gartenland, das künftig als Bauterrain in Frage kommt.

6. **Lediglich persönliche Verhältnisse** sind diejenigen Umstände, die lediglich in der Person des Erwerbers oder des mit ihm durch besondere Umstände verbundenen engeren Personenkreises, insbesondere seiner Familie, vorliegen. Daher scheidet der Wert als persönlicher oder als Familienerinnerungen aus, überhaupt jedes Affektionsinteresse (§ 115 ALR. I 2), ebenso jede persönliche Abneigung, z. B. wegen unangenehmer Erinnerungen oder Aberglauben; doch kann infolge örtlicher Gewohnheit bei allgemein eingerissenem Aberglauben der Wert gemindert sein, z. B. infolge Unverkäuflichkeit bei einem sog. Spukhause. Unerheblich ist ferner die tatsächliche Verhinderung des Besitzers an der Verwertung oder Benutzung eines Gegenstandes. Die besondere Verwertbarkeit für eine bestimmte, vom Besitzer auszuübende Tätigkeit ist kein lediglich persönliches Verhältnis; daher ist z. B. die Eignung eines Grundstücks für den Betrieb eines bestimmten Gewerbes, wie einer Gastwirtschaft oder einer Apotheke, ein werterhöhender Umstand, wenn Interessenten daraufhin einen höheren Preis für das Grundstück bewilligen.

Alle Belastungen einer Sache zugunsten einer bestimmten Person — im Gegensatz zu den öffentlichen Lasten — sind im Grunde lediglich persönliche Verhältnisse. Keine persönlichen Verhältnisse sind Baubeschränkungen, Grunddienstbarkeiten und solche persönlichen Dienstbarkeiten, die wirtschaftlich einer Grunddienstbarkeit gleichstehen, z. B. im Grundbuch eingetragene privatrechtliche Baubeschränkungen zugunsten einer Stadtgemeinde. Sonstige Belastungen zugunsten einer bestimmten Person kommen für die Ermittlung des gemeinen Werts nicht in Frage, sondern sind nur gegebenenfalls gemäß § 11 Ziff. 1 VermStG. als Schulden oder Lasten vom Rohvermögen abzugsfähig. Doch kann die Belastung mit unablösbaren Lasten im Einzelfall den gemeinen Wert des Grundstücks über den Wert der Last hinaus mindern,

z. B. eine auf lange Zeit unkündbare Grundschuld, wenn zurzeit auf volle Vereinigung der dritten Abteilung des Grundbuchs von den Reflektanten besonderer Wert gelegt wird. Im Grundbuch eingetragene Vorkaufsrechte (§§ 1094 bis 1104 BGB.) pflegen die Verkäuflichkeit eines Grundstücks und damit den gemeinen Wert zu mindern.

Obligatorische — nicht dingliche — Verpflichtungen des Eigentümers hinsichtlich des zu bewertenden Gegenstands sind dagegen für die Ermittlung des gemeinen Werts völlig unbeachtlich. Dies gilt besonders auch von rein obligatorischen Vorkaufs- und Wiederkaufsrechten (§§ 497 bis 514 BGB.).

7. **Verfügungsbeschränkungen.** Auf Grund besonderer Bestimmung in § 138 Abs. 2 gelten als lediglich persönliche Verhältnisse alle persönlichen Verfügungsbeschränkungen. Dies gilt gleichmäßig für dingliche wie obligatorische Beschränkungen, für öffentlich-rechtliche wie privatrechtliche. Persönliche Verfügungsbeschränkungen sind nach dem Gesetz diejenigen, deren Grund in der Person des Pflichtigen oder seiner Rechtsvorgänger liegt; hierher gehören nicht die jedem Eigentümer auferlegten, z. B. durch Fluchtlinienfestsetzung. Eine persönliche, auf öffentlichem Recht beruhende Verfügungsbeschränkung ist die durch Einleitung der Zwangsversteigerung, eine persönliche privatrechtliche dinglicher Art die Fideikommißeigenschaft, obligatorischer Art die Verpflichtung, den Gegenstand nicht zu veräußern. Alle diese persönlichen Beschränkungen sind für die Ermittlung des gemeinen Werts unbeachtlich und nur gegebenenfalls als Schulden oder Lasten (§ 11 Ziff. 1 und 2) zu berücksichtigen.

Zu den mit Verfügungsbeschränkungen belasteten Sachen gehören auch die verkehrsunfähigen Sachen, wie öffentliche Straßen, Friedhöfe und dergl. Meist werden die Eigentümer nach § 5 Ziff. 1 und 3 VermStG. vermögensteuer- und zwangsanleihefrei sein. Doch können auch öffentliche Straßen und Friedhöfe im Eigentum von Privatpersonen stehen. Diese Art von Verfügungsbeschränkung ist keine persönliche und daher zu beachten.

Zu den persönlichen Verfügungsbeschränkungen gehören nach Abs. 3 Satz 2 insbesondere die auf letztwilliger Anordnung beruhenden. Unter letztwilliger Anordnung ist hier wie in § 9 Ziff. 5 VermStG. jede Verfügung von Todes wegen, besonders auch durch Erbvertrag, zu verstehen (s. N. 7b 4 zu § 9 VermStG.). In Betracht kommen vor allem Auflagen, durch die dem Bedachten die Veräußerung untersagt oder eine bestimmte Art der Veräußerung auferlegt wird, insbesondere die Verpflichtung, die Sache zu einem bestimmten, unter dem gemeinen Wert liegenden Preise zu verkaufen; jedoch kann diese Verpflichtung als Schuld abzugsfähig sein (OVGSt. **19** 351).

8. **Ungewöhnliche Verhältnisse** sind alle Umstände, auf Grund deren die Preisbildung von der normalen abweicht (OVG. vom 7. April 1910 bei Strutz, KrStG. S. 198). Derartige Umstände können bestehen sowohl hin-

sichtlich der Personen, die an den maßgebenden Umsätzen des zu bewertenden Gegenstands oder der Vergleichsgegenstände beteiligt sind, als auch hinsichtlich der objektiven Umstände, unter denen sich diese Umsätze vollzogen haben.

Als ungewöhnliche Umstände in subjektiver Beziehung sind nach der Aufzählung bei v. Breunig-v. Lewinski S. 173 anzusehen: drohender Schaden, verwandtschaftliche Beziehungen, Spekulationsgründe, Arrondierung oder Parzellierung, besondere Notlage, mangelnde Geschäftskenntnisse, Wegzug usw. des Verkäufers, Todesfall, Irrtum oder Täuschung über die Beschaffenheit des Gegenstands. Einfache Geldverlegenheit des Verkäufers schließt die Gewöhnlichkeit der Umstände nicht aus (OVG. vom 5. Febr. 1915 bei Strutz a. a. O. S. 198). Bei Gutsübergaben vom Vater auf den Sohn sind regelmäßig die Preise nicht die des gewöhnlichen Geschäftsverkehrs (OVGSt. 8 305). Objektive ungewöhnliche Umstände sind „der durch besondere Umstände veranlaßte Mangel an Konkurrenz der Käufer, z. B. durch vorausgegangene mehrfache ähnliche Verkäufe, lokale Mißernte" (v. Breunig-v. Lewinski a. a. O.). Schlechte Konjunktur, bei der das Angebot die Nachfrage übersteigt, dauernde Hochkonjunktur infolge Warenknappheit sind an sich noch keine ungewöhnlichen Verhältnisse (Strutz a. a. O.), wohl aber vorübergehende Schwankungen der Konjunktur nach oben oder unten gerade um den Stichtag herum, zumal sie nicht selten durch Interessenten, zu Steuerersparniszwecken oder aus anderen Gründen, veranlaßt sind. Ungewöhnliche Verhältnisse sind insbesondere anzunehmen bei vorübergehenden Maßnahmen der an der Produktion oder am Absatz Beteiligten, wenn also die Preise beeinflußt sind durch Streiks, Aussperrungen, Zurückhaltung der Ware bei Zwischenhändlern (sog. Schwänzen), Zurückhaltung der Abnehmer (sog. Käuferstreiks) und dergl., ferner bei vorübergehenden behördlichen Eingriffen, z. B. durch kurzfristig begrenzte Produktions- oder Einfuhrsperren. Dauernde Maßnahmen der Behörden oder der an der Erzeugung oder am Absatz beteiligten Organisationen werden keine ungewöhnlichen Verhältnisse schaffen. Keine ungewöhnlichen Verhältnisse sind insbesondere die auf einer Zwangswirtschaft, z. B. auf dem Getreideumlageverfahren, der Mieterschutzgesetzgebung usw., beruhenden.

Als Anhaltspunkt dafür, daß ein Umsatz nicht unter gewöhnlichen Verhältnissen zustande gekommen ist, kann besonders ein auffälliges Mißverhältnis des Preises gegenüber Vergleichspreisen dienen (OVG. vom 16. Sept. 1912 bei Strutz a. a. O. S. 198), ebenso vorher bestehende Rechte des Erwerbers an dem Gegenstand, z. B. eine Hypothek an dem freihändig erworbenen Grundstück (OVGSt. 7 271).

Wegen der Nachkriegsverhältnisse s. N. 9 ff.

9. Die Nachkriegsverhältnisse nach der RAO. Der dauernde gemeine Wert. In dem Bericht des 11. Ausschusses der NatVers. zur RAO. findet sich folgende Ausführung hierzu:

An den zweiten Halbsatz „Ungewöhnliche Verhältnisse sind nicht zu berücksichtigen" knüpft sich die Frage, inwieweit die „durch den Krieg geschaffenen Verhältnisse" unter die ungewöhnlichen Verhältnisse zu begreifen seien. Der Ausschuß verkennt nicht, daß der Sturz unseres Geldwerts zum Teil ein dauernder bleiben werde, daß also insoweit die Kriegsverhältnisse nicht mehr zu den ungewöhnlichen Verhältnissen zählen könnten, ist aber im allgemeinen gleichwohl der Anschauung, daß die Kriegsverhältnisse als ungewöhnliche Verhältnisse zu betrachten seien; nur dürften nicht schlechthin unter Wegdenkung des Einflusses, den der Krieg auf die Preise geübt hätte, die Friedenspreise als für die Wertermittlung maßgebend angenommen werden....

Der Regierungsvertreter... faßt das Ergebnis der Erörterungen... mit seiner eigenen Meinung in der Erklärung zusammen, daß unter den ungewöhnlichen Verhältnissen, die nach dem Gesetz bei der Bewertung nicht zu berücksichtigen seien, auch die durch den Krieg geschaffenen Verhältnisse zu verstehen seien, daß aber gleichwohl die Friedenspreise nicht ohne weiteres maßgebend seien, daß vielmehr die Steuerbehörde in jedem einzelnen Falle die Entscheidung nach pflichtmäßigem Ermessen zu treffen habe. Er erklärt:

> Solange unsere Valuta so schwankt wie in der letzten Zeit..., kann von einer Preisbildung unter gemeingewöhnlichen Verhältnissen nicht die Rede sein. Dadurch wird die Ermittlung des gemeinen Werts für die nächste Zeit außerordentlich erschwert. Es darf und muß aber erwartet werden, daß die Praxis aus dieser Schwierigkeit einen vernünftigen und erträglichen Ausweg findet. Dabei wird sie weder die Friedenspreise zugrunde legen — diese sind endgültig überholt — noch von jetzt gelegentlich erzielten Phantasie- und Spekulationspreisen ausgehen dürfen, da die Preisbildung zurzeit durch ungewöhnliche Verhältnisse bestimmt wird....

Diese Ausführungen fanden die Billigung des Ausschusses.

... Als ungewöhnliche Verhältnisse sind die durch den Krieg verursachten hohen Preise nach Meinung des Ausschusses und der Regierung auf alle Fälle insoweit anzusehen, als sie neben der Geldentwertung auf der Warenseite ihren Grund haben, wie dies z. B. bei Schiffen der Fall ist.

Hiernach sollte zwar nicht mehr der Friedenspreis, aber auch nicht der durch die Markentwertung oder Warenknappheit verursachte Preis maßgebend sein, sondern irgendein dazwischenliegender Wert gefunden werden, für dessen Ermittlung allerdings weder die gesetzgebenden Faktoren noch das Gesetz selbst irgendeinen Fingerzeig geben.

Diese Lücke suchen für das RNO. die Grundsätze des RFM. für Wertermittlung nach dem RNOG. vom 4. Sept. 1920 (ZBl. S. 1425) auszufüllen. Sie bestimmen unter den allgemeinen Grundsätzen:

5. ... Für den gemeinen Wert kommt... der Wert in Betracht, den der steuerbare Gegenstand am Stichtag selbst als einen dauernden hat. Dieser Tag liegt in einer Zeit der erheblichsten Valutenbewegung. Der Preis an diesem Tage kann also nicht der Bewertung zugrunde gelegt werden, es sei denn, daß es sich um Gegenstände handelt, die zur Veräußerung in der auf den Stichtag unmittelbar folgenden Zeit bestimmt waren.

7. Sind auf der einen Seite die vorübergehenden Preissteigerungen zwar unberücksichtigt zu lassen, so muß doch damit gerechnet werden, daß die Preise für die Dauer wesentlich erhöht bleiben. Die Einstellung der Friedenspreise ist dadurch ausgeschlossen....

Das Bewertungsproblem spitzte sich hiernach darauf zu, den dauernden gemeinen Wert — diese Formulierung ist besser als die häufig gebrauchte: gemeiner Dauerwert — zu bestimmen.

10. Das Bewertungsproblem für das VermStG. Das Problem der Feststellung des dauernden gemeinen Werts verquickte sich bei der Entstehung des VermStG. mit dem Problem der sog. Erfassung der Sachwerte. Der RegE. zum VermStG. suchte die Lösung durch Ausschaltung des Selbstkostenwerts (§ 139 Abs. 2 RAO.), und des Ertragswerts (§ 152 Abs. 2 bis 6) unter alleiniger Beibehaltung der Bewertung nach dem gemeinen Wert. Eine Besteuerung auf dieser Bewertungsgrundlage erschien den Wirtschaftskundigen für die deutsche Volkswirtschaft nicht tragbar. Anderseits konnte nicht verkannt werden, daß ein starres Festhalten an dem nach alter Grundlage berechneten Ertragswert und an dem Selbstkostenwert aus der Zeit vor der Geldentwertung den landwirtschaftlichen Grundbesitz und die alten Betriebsvermögen aus der Zeit vor der Geldentwertung ungebührlich steuerlich begünstigt hätte. Auf diesen Erwägungen beruht das in § 15 VermStG. niedergelegte Kompromiß.

Das Verständnis des § 15 wird dadurch erschwert, daß die verschiedenen gesetzgebenden Faktoren von verschiedenen Auffassungen aus an die einzelnen zur Diskussion stehenden Vorschläge herangingen. Nur so ist es zu erklären, daß ein von einem Mitgliede des Finanzministeriums herrührender Kommentar wie der Thümensche hinsichtlich der Bedeutung des § 15 eine Ansicht vertritt, die dem Willen der Urheber dieser Bestimmung fernlag und auch im Gesetz nicht zum Ausdruck gelangt ist. Immerhin ist Strutz (VermStG. S. 149) zuzugeben, daß es äußerst schwierig werden wird, die in § 15 niedergelegten Gedanken für die Praxis brauchbar zu machen.

11. Die Thümensche Auffassung des § 15 VermStG. Der Grundgedanke des § 15 VermStG. ist im Abs. 2 enthalten:

Die Vermögensgegenstände sind jeweils unter Berücksichtigung der allgemeinen Wirtschaftsverhältnisse zu bewerten.

Thümen steht hinsichtlich der Bedeutung dieser Bestimmung auf folgendem Standpunkt: „Die Berücksichtigung der allgemeinen Wirtschaftsverhältnisse ist bei der Bestimmung des gemeinen Werts schon durch § 138 RAO. vorgeschrieben. Denn danach sollen dort alle den Preis beeinflussenden Umstände berücksichtigt, ungewöhnliche Verhältnisse aber nicht in Betracht gezogen werden. Damit ist mit etwas anderen Worten dasselbe erreicht. Abs. 2 verlangt darüber hinaus allgemein bei der Bewertung von Vermögensgegenständen nach jedem anderen Wertmesser die Berücksichtigung der allgemeinen Wirtschaftsverhältnisse. Damit ... sind ... gegenüber dem bisherigen Rechtszustande Verbesserungen starrer Rechnungsergebnisse geboten, wenn diese bei der allgemeinen Wirtschaftslage der Meinung der überwiegenden Mehrzahl der Volksgenossen nicht entsprechen. Z. B. gilt bei Wohn- und Geschäftshäusern nach § 152 Abs. 5 RAO. als Ertragswert das Fünfundzwanzigfache des Mietertrags, der durchschnittlich in den letzten drei Jahren erzielt worden ist, nach Abzug von einem Fünftel für Nebenleistungen und Instandhaltungskosten oder von dem als erforderlich nachgewiesenen höheren Betrage. Danach müßten großstädtische Zinshäuser mit nur Privatwohnungen am 31. Dez. 1922 häufig 0 Mark wert sein.... Das Wirtschaftsleben bewertet aber auch solche Häuser mindestens mit dem Friedenswert.... Unter Berücksichtigung der allgemeinen Wirtschaftsverhältnisse sind also solche Zinshäuser trotz § 152 Abs. 5 RAO. und der unanfechtbaren Richtigkeit der aufgemachten Rechnung mit einer positiven Zahl zu bewerten...."

„Mit der Vorschrift des Abs. 2 ist das Gefüge der Vorschriften der RAO. über die Wertermittlung durchbrochen;... (es) sind... Möglichkeiten gegeben, von wirtschaftlichen Anschauungen aus gegenüber starren Zahlenergebnissen dem Urteil der Allgemeinheit gebührend Rechnung zu tragen." (Thümen S. 183 f.)

„Wo die RAO. den Ertragswert zugrunde legt, der durch feste Zahlenrechnungen zu ermitteln ist, muß das so ermittelte Ergebnis abgewandelt werden, wenn die allgemeinen Wirtschaftsverhältnisse das errechnete Ergebnis nicht als zutreffend erscheinen lassen" (Thümen S. 199).

Thümen vertritt ferner (S. 192 f.) den Standpunkt, daß gemäß Abs. 4 die dauernd einem Betriebe gewidmeten Gegenstände mit dem „dauernden Wert, einem abgewandelten gemeinen Wert" anzusetzen seien. „Allgemein sind alle Vermögensgegenstände, alle wirtschaftlichen Einheiten (auch die im Bereich des § 139 RAO.) für alle Wertmaßstäbe jeweils unter Berücksichtigung der allgemeinen Wirtschaftsverhältnisse zu bewerten" (Thümen S. 193).

Thümen erklärt also den Abs. 2 des § 15 schlechthin auf alle Werte in dem Sinne für anwendbar, daß auch der Selbstkostenwert und der Ertragswert auf den etwa höheren dauernden gemeinen Wert heraufzusetzen seien,

und so ist es erklärlich, daß er (S. 165) zu dem Ergebnis kommt: „Damit kehrt die jetzige Fassung sachlich zum Inhalte der Regierungsvorlage zurück", d. h. zur alleinigen Bewertung nach dem gemeinen Wert.

Wenn etwas bei der Auslegung des § 15 sicher ist, so ist es das, daß die Mehrheit des Steuerausschusses und des Reichstags durch die angenommene Bestimmung nicht sachlich zur Regierungsvorlage zurückkehren wollte. Hinsichtlich des Ertragswerts heißt es im AusschBer. S. 65 ausdrücklich: „In erster Lesung sei man allgemein davon ausgegangen, daß ... nicht der gemeine Wert maßgebend sein solle." Bei der ersten Lesung hat ferner der RFM. Hermes ausdrücklich hervorgehoben, daß der — schließlich angenommene — Antrag 149 nicht der Regierungsvorlage entspreche, nach welcher „die Vermögenssteuer auf den tatsächlichen Wert der Vermögensgegenstände abzustellen ist" (AusschBer. S. 41). Demgemäß hat die Regierung auch bei der Beratung des ZwAG. anerkannt: „Die Reichsregierung habe in ihrer ursprünglichen Vorlage den gemeinen Wert zugrunde gelegt. Demgegenüber habe der Ausschuß sich auf den Standpunkt gestellt, daß vom Ertragswert ausgegangen werden müsse." (AusschBer. zum ZwAG. S. 19.)

Vor allem aber würde der Abs. 2 bei der Thümenschen Auslegung in unlösbarem Widerspruch zu Abs. 3 und 4 stehen. Abs. 3 schreibt vor, wie der Ertragswert landwirtschaftlich genutzter Grundstücke abweichend von § 152 Abs. 3 berechnet werden soll; daß aber das so gefundene Ergebnis dann noch gemäß Abs. 2 „abgewandelt" werden soll, ist weder aus dem Gesetz noch aus seiner Entstehungsgeschichte zu ersehen; Abs. 3 wäre schlechthin überflüssig, wenn Abs. 2 den von Thümen angenommenen Sinn hätte. Abs. 4 regelt ausdrücklich die Voraussetzungen und die Folgen seiner Anwendbarkeit; hier ist ebensowenig für eine Abwandlung des gefundenen Werts irgendein Raum. Daß die Besteuerung nach dem gemeinen Wert ausdrücklich abgelehnt worden ist, hat die Regierung selbst anerkannt; nur sollte für die Ermittlung des Ertrages der niedrige Wert des Ertrages aus der Zeit vor dem Marksturz ausscheiden (a. a. O. S. 19). Ebenso ergeben die BewRichtl. nach ihrem ganzen Inhalt die Unrichtigkeit der Thümenschen Auffassung. Nach I § 1 Ziff. 1 liegt die Bedeutung des § 15 Abs. 2 VermStG. „insbesondere" in der Ausschaltung der Inflationspreise.

Aus dem Vorstehenden ergibt sich negativ: § 15 Abs. 2 enthält keine Abänderung der Regeln, wann die Bewertung nach dem gemeinen Wert, dem Ertragswert oder dem Selbstkostenwert stattfindet, noch der grundsätzlichen Methode der Ermittlung dieser Werte und läßt insbesondere keine Abänderung der nach § 15 Abs. 1, 3 bis 6 VermStG. in Verbindung mit den §§ 137 bis 154 RAO. gefundenen Ergebnisse zu. Die positive Bedeutung liegt auf einem anderen Gebiete, wie im folgenden zu zeigen ist.

12. Der erhöhte Selbstkostenwert als Dauerwert i. S. des § 15 Abs. 4. Vgl. hierzu vor allem: Haußmann, der Einfluß der Geldentwertung auf die

steuerliche Bewertung, zugleich ein Beitrag zum Begriff des Dauerwerts, und Bühler, die Bewertungsvorschriften der Vermögenssteuergesetze von 1922, beide in dem Sammelwerk: die steuerliche Bewertung des Vermögens S. 9 bis 50 und S. 86 bis 98. Die Begr. zum RegE. des VermStG., der nur die Bewertung nach dem gemeinen Wert vorsah, erkannte an (S. 16):

> In einer Zeit ständiger Bewegung der Mark ist mit den herkömmlichen Mitteln der Wertberechnung nicht auszukommen. ... Eine sachlich einwandfreie Formel für den gemeinen Wert, d. h. den von den Einwirkungen der Geldwertschwankung losgelösten Wert, der auch bei der Rückkehr zu normalen Wirtschafts- und Preisverhältnissen seine Geltung behielte, kann nicht aufgestellt werden. Nur für einzelne Zweige der Wirtschaft läßt sich bei genauer Prüfung ungefähr ein Wert finden, der den zurzeit wirklichen Sachwert festhält.

Um den hiernach gesuchten sog. dauernden gemeinen Wert zu finden, konnte man von den zufälligen Inflationswerten am Stichtage oder von den Friedenswerten ausgehen. Diesen Gedanken suchte der Kompromißvorschlag der Regierung (N. 1 zu § 15 VermStG.) zu verwirklichen, indem er bei altem Besitz Zuschläge zu den Friedenswerten, bei neuem Besitz Abschläge von den Überteuerungspreisen vorsah. Auf beiden Wegen hätte man grundsätzlich bei gleichen Gegenständen zu demselben Werte kommen müssen, ein steuerpolitisch unmögliches Ergebnis.

Die Lösung des Bewertungsproblems komplizierte sich dadurch, daß neben dem gemeinen Wert der Ertragswert für Grundstücke, der Selbstkostenwert für das gewerbliche Anlagekapital beibehalten wurden, bei beiden Werten aber Erhöhungen gegenüber den Bewertungen nach der RAO. eintreten sollten. Bei dem Ertragswert der landwirtschaftlichen Grundstücke sollte die Erhöhung gemäß § 15 Abs. 3 dadurch erfolgen, daß von einem höheren Durchschnittsertrage ausgegangen werden sollte, indem für die Ermittlung des nachhaltigen Ertrags der Wert der Erzeugnisse, wie er sich in den letzten drei Jahren, also in der Zeit der Geldentwertung, gestaltet hat, zu berücksichtigen ist. Für den Selbstkostenwert des gewerblichen Anlagekapitals

> hat eine vom § 139 Abs. 2 RAO. abweichende Bewertung stattzufinden, wenn und soweit infolge der Entwicklung der Wirtschaftsverhältnisse ein höherer dauernder Wert anzunehmen ist.

Hiernach ist bei gewerblichem Anlagekapital zwischen den *seit der Geldentwertung* und den *vor der Geldentwertung* angeschafften Gegenständen zu unterscheiden. Für die *seit der Geldentwertung*, d. h. zu Überteuerungspreisen angeschafften Gegenstände bewendet es bei § 139 Abs. 2; das bedeutet: grundsätzlich ist der Selbstkostenwert maßgebend, es kann jedoch — gemäß § 139 Abs. 2 RAO. in Verbindung mit § 15 Abs. 2 VermStG. — eine Herabschreibung auf den dauernden gemeinen Wert

stattfinden, indem die Überteuerung durch angemessene Abschläge von dem infolge der Geldentwertung übermäßigen Anschaffungspreise berücksichtigt wird. Dies ist bei der Begründung des schließlich angenommenen Antrags Nr. 149 auch ausdrücklich erklärt worden (AusschBer. S. 40 f.).

Für die vor der Geldentwertung angeschafften Gegenstände soll dagegen eine Erhöhung des Wertansatzes stattfinden. Diesbezüglich enthält § 15 Abs. 4:

1. die Vorschrift, daß eine vom § 139 Abs. 2 abweichende Bewertung stattfinden soll,
2. die Voraussetzung, wann dies geschehen soll, nämlich wenn infolge der Entwicklung der Wirtschaftsverhältnisse ein höherer dauernder Wert anzunehmen ist,
3. die Begrenzung, daß die abweichende Bewertung erfolgen soll, soweit ein höherer dauernder Wert anzunehmen ist.

Mit der von § 139 Abs. 2 RAO. abweichenden Bewertung kann aber nicht etwa eine Heraufsetzung auf den gemeinen Wert gemeint sein, auch nicht auf den dauernden gemeinen Wert, entsprechend der Herabschreibung der Neuanschaffungen auf den dauernden gemeinen Wert, so daß alter Besitz und Neuanschaffungen gleichmäßig mit dem dauernden gemeinen Wert anzusetzen wären. Dies ergibt sich zunächst schon aus der grundsätzlichen Stellungnahme des Steuerausschusses des Reichstags, der die Besteuerung nach dem gemeinen Wert für das gewerbliche Anlagekapital als Grundsatz schlechthin ablehnte und nur eine begrenzte Erhöhung der alten Selbstkostenwerte (Goldwerte) zugestehen wollte. Dieser Wille ist ausdrücklich in der Begründung der Antrags ausgesprochen (AusschBer. S. 40):

> Dadurch soll aber nicht etwa eine Heraufsetzung auf den Veräußerungswert stattfinden —

und ist auch in der Fassung des Gesetzes zum Ausdruck gekommen. Es ist nicht etwa für den Fall der dauernden Werterhöhung § 137 Abs. 1 RAO. für anwendbar erklärt worden, weder ausdrücklich noch mittelbar dadurch, daß § 139 Abs. 2 für diesen Fall für unanwendbar erklärt wurde, sondern es soll nur „eine vom § 139 Abs. 2 abweichende Bewertung stattfinden, soweit ein höherer dauernder Wert anzunehmen ist". Dieser Wert soll auch bestimmt werden „unter Annahme der Weiterführung des Betriebs"; wenn hier — im Gegensatz zu § 139 Abs. 1 RAO. — nicht die Weiterführung durch einen Erwerber für maßgebend erklärt ist, so beruht dies darauf, daß bei der Ermittlung des erhöhten Werts irgendeine Veräußerung nicht in Betracht zu ziehen, also die Bewertung nach dem gemeinen Wert, die an eine Veräußerung begrifflich anknüpft, ausgeschlossen ist.

Der höhere dauernde Wert i. S. des § 15 Abs. 4 kann demnach nicht mit dem dauernden gemeinen Wert identisch sein. Gedacht ist viel-

mehr an eine Erhöhung des bisher zugrunde gelegten Selbstkostenwerts, aber nicht bis auf den gemeinen Wert. Diese Auffassung ist auch von der Regierung mittelbar anerkannt. Denn bei der Beratung des ZwAG. (AusschBer. S. 23 f.) wurde festgestellt, daß der durch Abschläge von den Überteuerungspreisen zu ermittelnde dauernde gemeine Wert mindestens, nämlich für Anschaffungen im Jahre 1920 unter Berücksichtigung der inzwischen eingetretenen Abnutzung, das 8,4 fache des Friedenswertes sein solle; dagegen wurde für Anlagegegenstände aus der Zeit vor dem Notopferstichtag der vierfache Notopferwert, nach Abzug von 25 v. H. vom Notopferwert für Abnutzung, praktisch also der dreifache Notopferwert, als maßgeblich anerkannt (S. 90, 27); da der Notopferwert im wesentlichen der Selbstkostenwert vor der Geldentwertung war, war also grundsätzlich der dreifache Selbstkostenwert aus der Zeit vor der Geldentwertung als der nach § 15 Abs. 4 maßgebende „höhere dauernde Wert" anerkannt, im Gegensatz zu dem dauernden gemeinen Wert, der sich mindestens auf das 8,4 fache des gemeinen Friedenswerts belief.

Hiernach ist der höhere dauernde Wert i. S. des § 15 Abs. 4 nicht der dauernde gemeine Wert, sondern ein **erhöhter Selbstkostenwert.** Die Abweichung von § 139 Abs. 2 besteht darin, daß der Selbstkostenwert nicht schlechthin maßgebend ist, sondern eine Erhöhung dieses Wertes stattfindet. Für die Ermittlung dieses erhöhten Selbstkostenwerts kommen die §§ 137, 138 RAO. nicht in Betracht. Demgemäß ist auch ein diesbezüglicher Hinweis in dem ursprünglich vorgelegten Entwurf der Richtlinien (AusschBer. z. ZwAG. S. 90) in der Zusammenfassung auf Grund der Ausschußberatung fortgelassen worden (a. a. O. S. 27). § 15 Abs. 4 Satz 1 ist also dahin aufzufassen: wenn der Selbstkostenwert der Betriebsgegenstände dauernd gestiegen ist, d. h. dauernd ein erhöhter Preis anzulegen ist, so ist für diejenigen Betriebsgegenstände, die noch vor der Geldentwertung erworben sind und daher nach § 139 Abs. 2 an sich mit dem früheren niedrigen Selbstkostenwert einzustellen wären, ein erhöhter Selbstkostenwert anzusetzen.

Allerdings fehlt im Gesetz jeder ausdrückliche Hinweis darauf, wie die Erhöhung des Selbstkostenwerts bemessen werden soll. Mittelbar läßt sich jedoch ein Maßstab aus dem Gesetz entnehmen. Geht man davon aus, daß die Bewilligung des erhöhten Selbstkostenwerts ein Kompromiß zwischen dem von der Regierung geforderten (dauernden) gemeinen Wert und dem bisher nach § 139 Abs. 2 RAO. maßgebenden wirklichen Selbstkostenwert sein sollte und daß das Kompromiß gleichmäßig auf eine Erhöhung des Ertragswerts bei Grundstücken und des Selbstkostenwerts der Gegenstände des gewerblichen Anlagekapitals ging, so kommt man zu dem Ergebnis, daß der Selbstkosten-

wert in entsprechender Weise zu erhöhen ist wie der Ertragswert. Die Erhöhung des Ertragswerts ländlicher Grundstücke vollzieht sich dadurch, daß insbesondere der höhere Wert der Erträge in den letzten drei Jahren zugrunde gelegt wird. Ebenmäßig wird der Ermittlung des erhöhten Selbstkostenwerts der — sich meist nur aus der Berechnung in Papiermark ergebende — höhere Ertrag des Unternehmens seit der Geldentwertung im Verhältnis zu dem bilanzmäßig in dem Unternehmen investierten Kapital zugrunde zu legen sein. Wenn z. B. der Ertrag im Frieden 10 v. H. des bilanzmäßig in dem Unternehmen steckenden Kapitals betrug, jetzt aber 30 v. H. des jetzigen bilanzmäßig hineingesteckten Kapitals beträgt, so wird eine Erhöhung des Selbstkostenwerts der alten Anlagebestände aus der Zeit vor der Geldentwertung, der sog. Goldwerte, in der Bilanz auf das Dreifache angemessen sein. Zwecks Ermittlung des Verhältnisses des Ertrages zu dem bilanzmäßig aufgewandten Kapital wird entsprechend § 15 Abs. 3 insbesondere von dem Ergebnis der drei letzten Jahre, also der Jahre 1920, 1921, 1922, auszugehen sein. Vgl. im übrigen N. 22 zu § 139.

Aus dem vorhergehenden Absatz ergibt sich, daß mittelbar auch ein Maßstab für die Bemessung des erhöhten Selbstkostenwerts aus dem Gesetz zu entnehmen ist, so daß der hier vertretenen Auslegung des Abs. 4 des § 15 insofern kein Bedenken entgegensteht.

13. Bedeutung des § 15 Abs. 2. Nach den Darlegungen in N. 12 ist es möglich, die Bedeutung des § 15 Abs. 2 zu bestimmen. Sie besteht in der Anwendung des gleichen allgemeinen Grundsatzes der Berücksichtigung der jeweiligen Wirtschaftsverhältnisse auf die drei verschiedenen Bewertungsarten.

a) *§ 15 Abs. 2 und der gemeine Wert.* Nach § 138 Abs. 1 sind bei der Ermittlung des gemeinen Werts „alle den Preis beeinflussenden Umstände“ zu berücksichtigen. Hierunter fallen an sich auch die allgemeinen Wirtschaftsverhältnisse. Wenn trotzdem § 15 Abs. 2 vorschreibt, daß jeweils diese Verhältnisse zu beachten sind, so liegt das Hauptgewicht auf dem Worte „jeweils“. Dies ergibt sich schon aus der Entstehungsgeschichte des § 15. Nach § 17 Abs. 1 des RegE. sollte der RFM. während der Zeit der Erhebung des Zuschlags bindende Anordnungen für die Bewertung erlassen, „die jeweils den Wertstand der Mark und die allgemeine Wirtschaftslage berücksichtigen“. Hieraus wurde die kraft Gesetzes vorgeschriebene „jeweilige“ Beachtung der allgemeinen Wirtschaftsverhältnisse. Gemeint ist hiernach in erster Reihe, daß bei den regelmäßigen wiederkehrenden Veranlagungen zur Vermögenssteuer der gemeine Wert der einzelnen zu bewertenden Gegenstände nicht als eine feste, unveränderliche Größe angesehen werden, sondern stets von neuem auf Basis des jeweiligen allgemeinen und besonderen Preisniveaus die Ermittlung des Werts erfolgen solle. Die Bestimmung sollte sichern, daß die Sachwerte, soweit sie mit dem gemeinen Wert anzusetzen sind, auch wirklich

mit ihrem jeweiligen Werte erfaßt werden. Sie stellt insofern das dar, was von der beabsichtigten steuerlichen Erfassung der Sachwerte übriggeblieben ist: die Höhersetzung der gemeinen Werte bei allgemeiner Erhöhung des Preisniveaus.

Anderseits hat § 15 Abs. 2 aber auch eine einschränkende Bedeutung: die allgemeinen Wirtschaftsverhältnisse sollen beachtet werden. Hierzu gehört nicht nur der bei dem Schwanken aller wirtschaftlichen Grundlagen, insbesondere der Währung, stets nur eine vorübergehende Erscheinung darstellende Stand am jeweiligen Stichtage, sondern auch die Erwartungen, die hinsichtlich der weiteren Entwicklung in maßgeblichen Kreisen gehegt werden, insbesondere auch hinsichtlich einer Stabilisierung der Wirtschaftslage auf einem erträglichen Preisniveau. So betrachtet, enthält § 15 Abs. 2 zugleich die Vorschrift, daß der gemeine Wert nicht der zufällige Verkehrswert gerade am Stichtage ist, sondern der dauernde gemeine Wert als der Wert, den der Gegenstand am Stichtage als einen dauernden hat (s. oben N. 9).

b) § 15 Abs. 2 und der Ertragswert. Beim Ertragswert findet nach § 152 RAO. eine Wertermittlung nur hinsichtlich der Faktoren statt, nämlich des Rohertrags und der Unkosten, der Wert selbst ergibt sich aus diesen Faktoren durch Berechnung. § 15 Abs. 2 kann daher nur bei der Ermittlung der Faktoren Anwendung finden, nicht bei der Ausrechnung des Ergebnisses.

Bei landwirtschaftlich genutzten Grundstücken ist zunächst der nachhaltige Ertrag zu ermitteln (§ 152 Abs. 3 RAO., § 15 Abs. 3 VermStG.). Hierbei sind jeweilig die allgemeinen Wirtschaftsverhältnisse in gleicher Weise zu beachten wie bei der Feststellung des dauernden gemeinen Werts. Das Merkmal der „Nachhaltigkeit" des Ertrags enthält das gleiche wesentliche Moment der Dauer wie der Begriff des dauernden gemeinen Werts. Vgl. Haußmann in dem Sammelwerk: die steuerliche Bewertung des Vermögens S. 34. S. im übrigen N. 12 zu § 152.

Bei bebauten Grundstücken ist zwar nach § 152 Abs. 5 grundsätzlich der Ertrag der letzten drei Jahre maßgebend. Da aber der Ertrag durch die Zwangswirtschaft im Wohnungswesen künstlich beschränkt ist, kann die Anwendung des § 15 Abs. 2 dazu führen, daß unter den Friedens-Ertragswert nicht heruntergegangen werden darf (vgl. Thümen, VermStG. S. 184).

c) § 15 Abs. 2 und der Selbstkostenwert. Nach § 139 Abs. 2 ist Ausgangspunkt für die Ermittlung des Selbstkostenwerts der zahlenmäßig gegebene Anschaffungs- oder Herstellungspreis; nur hinsichtlich der Abnutzung findet eine Bewertung statt, die aber grundsätzlich individuell ist (s. N. 12 ff. zu § 139) und daher auch jetzt eine Berücksichtigung der allgemeinen

Wirtschaftsverhältnisse nicht gestattet. Nach § 15 Abs. 4 VermStG. handelt es sich aber sowohl darum, festzustellen, ob der Anschaffungs- oder Herstellungswert dauernd gestiegen ist, als auch darum, das Maß der Erhöhung des Selbstkostenwerts auf Grund der Steigerung des Ertrags festzustellen. Bei diesen beiden Ermittlungen sind gemäß § 15 Abs. 2 wiederum die jeweiligen allgemeinen Wirtschaftsverhältnisse zu berücksichtigen.

d) Zusammenfassung. Die positive Bedeutung des § 15 liegt darin, daß die sich aus der Veränderung der Wirtschaftsverhältnisse ergebenden Wertveränderungen berücksichtigt werden sollen, unter Ausschaltung der nur als vorübergehend angesehenen Schwankungen. Hieraus folgt:

1. Bei der Ermittlung des gemeinen Werts sind diese Grundsätze unmittelbar anzuwenden.
2. Bei der Ermittlung des Ertragswerts sind diese Grundsätze bei der Feststellung der Faktoren — d. s. Wert der Erzeugnisse und Höhe der Unkosten — anzuwenden, aus denen sich der Ertragswert ergibt.
3. Bei der Ermittlung des erhöhten Selbstkostenwerts gelten sie für die Feststellung, ob eine Erhöhung eingetreten ist und in welcher Höhe.

14. Ermittlung des dauernden gemeinen Werts. Ist schon jede Bewertung Meinungssache (vgl. Veit Simon, die Bilanzen der Aktiengesellschaften, Schlußsatz), so gilt dies erst recht für die Ermittlung des dauernden gemeinen Werts, da hier zu allen andern Anlässen von Unsicherheiten und Meinungsverschiedenheiten noch die Schätzung der künftigen Entwicklung der allgemeinen Wirtschaftsverhältnisse hinzukommt.

Im einzelnen s. für das Betriebsvermögen die Noten zu § 139 RAO., für das Grundvermögen die Noten zu §§ 152 bis 154, für das sonstige Vermögen die Noten zu §§ 141 bis 146.

15. Zu § 138 Abs. 3 RAO. Abs. 3 enthält eine Verfahrensvorschrift, deren Verletzung die Rechtsbeschwerde begründet (§ 267 Ziff. 2 RAO.). Die Anhörung ist nur auf Grund besonderen Antrags erforderlich. Bis wann der Antrag gestellt werden kann, ist zweifelhaft; es empfiehlt sich daher, ihn vor Abschluß der Veranlagung zu stellen. Zulässig ist der Antrag aber bis zum Abschluß der Berufungsinstanz.

Das Recht ist beschränkt auf ausländische Unternehmungen, d. h. im Ausland befindliche bergbauliche und gewerbliche Betriebe, sowie auf gewerbliche und landwirtschaftliche Neuanlagen, d. h. Neuanlagen in bergbaulichen, gewerblichen, land- oder forstwirtschaftlichen Betrieben und auf land- oder forstwirtschaftlichen oder gärtnerischen Grundstücken (§ 152 Abs. 3).

Der Begriff der Neuanlagen ist schlechthin ungeklärt. Man wird als Neuanlagen wohl die Anlagen nach dem Stichtag für den Wehrbeitrag ansehen können.

Die zuständige amtliche Vertretung ist in der Regel die betreffende Handelskammer oder Landwirtschaftskammer.

Bewertung des Betriebsvermögens.

§ 139 RAO.

Bei der Bewertung von Vermögen, das einem Unternehmen gewidmet ist, wird in der Regel von der Voraussetzung ausgegangen, daß das Unternehmen bei der Veräußerung nicht aufgelöst, sondern weitergeführt wird.

Für die Bewertung der dauernd dem Betriebe gewidmeten Gegenstände ist der Anschaffungs- oder Herstellungspreis abzüglich angemessener Abnutzung maßgebend unter Zulassung des Ansatzes eines niedrigeren Wertes, wenn er dem wirklichen Werte zur Zeit der Bilanzaufstellung entspricht.

§ 15 Abs. 4 VermStG.

Für die dauernd dem Betriebe gewidmeten Gegenstände hat eine vom § 139 Abs. 2 RAO. abweichende Bewertung stattzufinden, wenn und soweit infolge der Entwicklung der Wirtschaftsverhältnisse ein höherer dauernder Wert anzunehmen ist. Die Feststellung der Werterhöhung von einzelnen Betriebsgegenständen hat unter Berücksichtigung der Einheit des ganzen Unternehmens und der Annahme der Weiterführung des Betriebs zu erfolgen. Als dauernd dem Betriebe gewidmete Gegenstände gelten auch dauernde Beteiligungen an anderen Betriebsunternehmungen.

Mat.: a) zu § 139 RAO.: RegE. § 139; Begr. S. 112; AusschBer. S. 23; StenBer. der NatVers. S. 3819; b) vgl. Mat. bei § 15 VermStG.

I. **Allgemeines.**

1. Begriff des Betriebsvermögens. Umfang. Bewertungseinheit.
2. Anlagekapital und Betriebskapital (Umlaufkapital).

II. **Anlagekapital.**

3. Umfang. Der eiserne Bestand.
4. Grundstücke des Anlagekapitals.
5. Bewertung nach den BewRichtl.
6. Bewertung nach dem Gesetz. Allgemeines.
7. Selbstkostenwert. Einstandspreis.
8. Der Einstandspreis der technischen Einheit.
9. Der Einstandspreis der dauernden Beteiligungen.
10. Der Einstandspreis von Rechten und Forderungen.
11. Der Einstandspreis bei Umwandlung von Anlagen.
12. Abnutzung. Begriff.
13. Abnutzung und Abschreibung. Begriff der Abschreibung.
14. Gegenstand der körperlichen Abnutzung.
    a) Brauchbarkeitsverringerung.
    b) Substanzverringerung.
15. Unkörperliche Gegenstände der Abnutzung.
    a) Rechte.
    b) Persönlichkeitsrechte und rein wirtschaftliche Güter.
    c) Beteiligungen.
16. Einzel- und Kollektivabschreibung.
17. Bedeutung der Buchwerte. Steuerbilanzen.

1. Begriff des Betriebsvermögens. Umfang. Bewertungseinheit. Wegen des Begriffs des Betriebsvermögens s. N. 1 bis 4 zu § 8 VermStG., wegen des Umfangs s. N. 5 bis 38 zu § 8 VermStG., wegen der Bewertungseinheit s. N. 14 bis 21 zu § 137 RAO. „Unternehmen" in § 139 RAO. ist gleichbedeutend mit „Betrieb" und „Unternehmen" in den §§ 6 und 8 VermStG. (s. N. 4 zu § 8 VermStG.). Wegen der Begriffe „Vermögen" und „Widmung" s. N. 2 und 3 zu § 8 VermStG.

2. Anlagekapital und Betriebskapital (Umlaufkapital). § 261 Abs. 3 HGB. läßt für Aktien- und Aktienkommanditgesellschaften ausdrücklich den Ansatz zum Selbstkostenwert (Begriff N. 7) zu für „Anlagen und sonstige Gegenstände, die nicht zur Weiterveräußerung, vielmehr dauernd zum Geschäftsbetriebe der Gesellschaft bestimmt sind". Die gleiche Vorschrift enthält § 42 Ziff. 1 GmbHG. für Gesellschaften m. b. H. Übereinstimmend hiermit hebt § 139 Abs. 2 RAO. die dauernd dem Betriebe gewidmeten Gegenstände von den übrigen Gegenständen des Betriebsvermögens ab. Die dauernd dem Betriebe gewidmeten Gegenstände bezeichnet man als Betriebsgegenstände, ihre Gesamtheit als Anlagekapital, im Gegensatz zu den übrigen Gegenständen, die man in ihrer Gesamtheit Betriebskapital, neuerdings besser Umlaufkapital nennt. Aufzählungen der wesentlichen Gegenstände des Anlage- und des Umlaufkapitals enthalten die BewRichtl. unter I § 12, II B I Ziff. 1 und II Ziff. 1.

Die Unterscheidung des HGB. — dauernde Bestimmung zum Geschäftsbetrieb oder Bestimmung zur Weiterveräußerung — ist nicht eindeutig

und wäre bei zu enger Auslegung des Begriffs der dauernden Widmung nicht erschöpfend. Es fragt sich, zu welcher Kategorie die zur Verarbeitung bestimmten Rohstoffe und Halbfabrikate, die zum Verbrauch bestimmten Betriebsstoffe und sonstigen Gegenstände gehören. Dazu kommt noch das Problem der Zurechnung des eisernen Bestandes (N. 3).

Von den zur Verarbeitung bestimmten Rohstoffen und Halbfabrikaten gehören jedenfalls diejenigen zum Anlagekapital, die zur Herstellung von Betriebsgegenständen bestimmt sind. Die übrigen gehören zum Umlaufkapital, soweit sie nicht etwa durch ihre Zugehörigkeit zum eisernen Bestand zum Anlagekapital gehören (N. 3). Das gleiche gilt von den zum Verbrauch bestimmten Gegenständen; doch werden diese zum Teil überhaupt nicht in der Bilanz erscheinen bezw. zu bewerten sein, da ihre Kosten als laufende Ausgaben verbucht werden (N. 30 zu § 8 VermStG.).

Die BewRichtl. führen unter I § 12 die Bestimmung zur Weiterveräußerung und zum Verbrauch als Merkmale des Betriebskapitals auf. Unter II B II Ziff. 1 werden als Merkmale angegeben: die Bestimmung zum Verbrauch, zum Wechsel (wohl = Weiterveräußerung) oder zur Formveränderung. Bei der letzten Bestimmung ist wohl an Rohstoffe und Halbfabrikate gedacht. Diese Vorschrift ist aber unrichtig, soweit durch die Formveränderung Betriebsgegenstände, und überflüssig, soweit Veräußerungsgegenstände hergestellt werden sollen.

Maßgebend für die Zurechnung ist die Zweckbestimmung. Die tatsächliche Verwendung ist nicht erforderlich, die Bestimmung genügt. Die Bestimmung zum dauernden Gebrauch wird nicht durch eine anderweite vorübergehende Zwischenbenutzung ausgeschlossen, z. B. wenn ein zur Fabrikerweiterung erworbenes Grundstück bis auf weiteres zur landwirtschaftlichen Nutzung verpachtet wird (Anlagekapital außerhalb der technischen Einheit). Dagegen schließt die bloße Absicht der Veräußerung eines Betriebsgegenstands noch nicht die Zugehörigkeit zum Anlagekapital aus, sofern tatsächlich die bisherige Verwendung als dauernden Betriebsgegenstandes unverändert fortdauert; beruht dagegen die Zugehörigkeit zum Anlagekapital nur auf der Zweckbestimmung, ohne daß schon die tatsächliche Verwendung erfolgt ist, so beendet der Entschluß, den Gegenstand nicht zu behalten, sondern ihn weiterzuveräußern, die Zugehörigkeit zum Anlagekapital. Was nur durch Bestimmung, nicht durch Verwendung zum Anlagekapital gehört, verliert diese Eigenschaft durch bloße geänderte Bestimmung; was durch Verwendung zum Anlagekapital gehört, verliert diese Eigenschaft nur durch andere Verwendung. Vgl. — allerdings etwas abweichend — Veit Simon, Bilanzen, § 84.)

Die Zweckbestimmung muß mit der Verkehrsauffassung im Einklang sein. Man kann Heizmittel nicht durch den Willen, sie dauernd aufzubewahren, zu Gegenständen des Anlagekapitals machen (vgl. N. 6 zu § 137 RAO.).

3. **Anlagekapital. Der eiserne Bestand.** Unter eisernem Bestand (eisernem Vorratsbestand, dauerndem Bestand) versteht man diejenige Mindestmenge von Erzeugnissen, Waren, Vorräten und sonstigen Betriebsmitteln, die dauernd zur Aufrechterhaltung des Betriebs erforderlich ist. „Eine Veräußerung dieses ständigen Vorratsbestandes kommt nur in Frage, wenn man beabsichtigt, das Unternehmen zu liquidieren oder aus einem sonstigen Grunde stillzulegen. Es verbleibt daher dieser Bestand an Vorräten, der sich ständig erneuert, aber dem Umfange nach gleichbleibt, ebenso dauernd in dem Unternehmen wie Maschinen oder andere dem Betriebe gewidmete Gegenstände." (Friedmann, Wie soll sich der Vorstand einer AG. bei der Steuererklärung zum RAO. verhalten? S. 61.) Bei industriellen Unternehmungen gehören hierher die notwendigen Hilfs- und Rohstoffe und Halbfabrikate, beim Bergwerk die Betriebskohle, das Grubenholz, Schmieröle usw., beim Großhändler mit Lagerverkauf das erforderliche Mindestlager. Beim reinen Zwischenhändler (UStG. § 7) wird das Warenlager dagegen in der Regel nicht zum eisernen Bestand gehören, da die volle Räumung meist durchaus dem Betriebe entspricht; ob beim Industriellen ein Warenlager erforderlich ist, ist nach der Art des Betriebes im Einzelfall zu beurteilen.

Das Wesen der Frage, ob für das Steuerrecht ein Teil der Betriebsmittel aus dem Umlaufkapital auszusondern und als eiserner Bestand dem Anlagekapital zuzurechnen sei, liegt darin, daß bei Bejahung der Frage der eiserne Bestand mit dem Selbstkostenwert nach § 139 Abs. 2 anzusetzen ist, wobei aber nicht der einzelne Gegenstand der Ermittlung des Selbstkostenwerts zugrunde gelegt wird, sondern der eiserne Bestand als solcher nach seinen zu bewertenden Gruppen. Wird also die Bewertung des eisernen Bestandes mit dem Selbstkostenwert für zulässig erklärt, so bedeutet dies nicht nur, daß nicht der gemeine Wert, auch nicht der besondere gemeine Wert gemäß § 139 Abs. 1 (N. 24 zu § 139) maßgebend sein soll, sondern etwas Weiteres. Der Selbstkostenwert wird im allgemeinen auf Grund des Anschaffungs- oder Herstellungspreises des betreffenden Gegenstands ermittelt (N. 7). Bei den Gegenständen des eisernen Bestandes ist aber nicht der Anschaffungs- oder Herstellungspreis des einzelnen Gegenstands maßgebend, sondern d e r P r e i s, d e r b e i d e r u r s p r ü n g l i c h e n A n l e g u n g d e s B e s t a n d e s a u f g e w a n d t i s t, der als Ganzes unverändert, nur in seinen Bestandteilen geändert vorhanden ist. Dieser ursprünglich für die Herstellung oder Anschaffung des eisernen Bestandes in seinem am Stichtage gebotenen Umfange angelegte Betrag ist der Herstellungs- oder Anschaffungspreis des eisernen Bestandes. Höhere für einzelne Bestandteile in den letzten Jahren aufgewandte Überteuerungspreise sind unerheblich und als Verluste abzubuchen. Anderseits unterliegt der Selbstkostenwert des eisernen Bestandes der Erhöhung gemäß § 15 Abs. 4 VermStG. in

gleicher Weise wie die übrigen Gegenstände des Anlagekapitals (R. 12 zu § 138, R. 22 zu § 139 RAO.).

Die Frage der Bewertung des eisernen Bestandes ist sehr bestritten. Meist wird der eiserne Bestand als Teil des Umlaufkapitals angesehen (so Strutz, R. 2 zu § 13 VermStG.; Mrozek, Anm. 4a zu § 139 RAO.; Koppe-Beuck, VermStG. S. 237 bis 239.) Für die Zugehörigkeit zum Anlagekapital Friedmann a. a. O.; Haußmann u. a. im Sammelwerk: die steuerliche Bewertung des Vermögens S. 27 f.; Becker, R. 6 zu § 139 RAO.; Meumann, Mitt. des RV. 1922 S. 155 bis 159 u. a. Das RFM. rechnet die dauernden Bestände zwar zum Betriebskapital, wollte ihnen aber ursprünglich — nach dem Vorgang des Erlasses vom 15. März 1920 zur Wertermittlung nach dem KrAG. vom VermZuw. (RStBl. 1920 S. 173) — eine Sonderbehandlung durch einen höheren Abschlag bei der Ermittlung des gemeinen Dauerwerts zugestehen als bei dem sonstigen Betriebskapital (Entwurf der Bewertungsrichtlinien II 4 im AusschBer. S. 27). In den endgültigen BewRichtl. ist eine Sonderbehandlung der eisernen Bestände nicht erfolgt.

Bei der Beratung des GeldentwG. bildete die Bewertung der eisernen Bestände einen wichtigen und ausgiebig behandelten Streitpunkt (AusschBer. S. 6332 f., 6337 f.). Diese Frage wurde jedoch nur für die Einkommensteuer geprüft; für die VermSt. wurde allseitig eine gesetzliche Regelung nicht für erforderlich erachtet (a. a. O. S. 6332). Dies dürfte damit zusammenhängen, daß die Vorschriften der BewRichtl. über die Bewertung der zum Umlaufkapital gehörigen Betriebsmittel, die im wesentlichen bindende Kraft haben (R. 5, 12 zu § 15 VermStG.), als derart bemessen angesehen wurden, daß die Substanz der Betriebsvermögen hinreichend geschützt erschien, während gerade dieser Schutz der Substanz bei der EinkSt. nicht als gewährleistet angesehen wurde (a. a. O.). Jedoch hat diese Auffassung im Gesetz keinen Ausdruck gefunden, vielmehr ist die Frage als völlig offengeblieben anzusehen. Man kann auch nicht etwa sagen, daß bei der Bewertung des Umlaufkapitals nach den BewRichtl. die eisernen Bestände dem Umlaufkapital zuzurechnen sind, weil sich die Vorschriften der BewRichtl. über die Bewertung des Umlaufkapitals auch auf die eisernen Bestände beziehen und insoweit die BewRichtl. bindende Kraft haben. Denn die bindende Kraft erstreckt sich nur auf die Höhe der Bewertung, nicht auf die Einordnung der einzelnen Gegenstände in die Vermögensgruppen und Untergruppen (R. 9 zu §§ 15 VermStG., 24 a ZwAG.).

Vom wirtschaftlichen Standpunkt aus, der nach § 4 RAO. maßgebend ist, sind die eisernen Bestände dem Anlagekapital zuzurechnen. Die besondere Behandlung der Gegenstände des Anlagekapitals durch Ansetzung zum Selbstkostenwert beruht darauf, daß eine Wertsteigerung dieser Gegenstände, da sie nicht veräußert werden, von dem Besitzer nicht ausgenutzt werden kann, solange er das Unternehmen fortführt. Diese Unmöglichkeit der Ausnutzung

besteht aber auch bei dem eisernen Bestande, da der Unternehmer gezwungen ist, den Erlös, sowohl den dem Selbstkostenwert entsprechenden Betrag als den durch Wertsteigerung scheinbar erzielten Mehrerlös, wieder durch Beschaffung von Ersatzstücken dem Betriebe zuzuführen, ohne die Freiheit, einen Teil des Erlöses für andere Zwecke auszunutzen. Im Ergebnis ist also das in dem eisernen Bestande steckende Kapital in gleicher Weise gebunden wie das in den sonstigen Anlagegegenständen steckende Kapital: es ist gebundenes, festangelegtes Kapital, im Gegensatz zu dem zur freien Verfügung stehenden Betriebskapital, aus dem die Vermögensvermehrung, der Gewinn ausgeschieden werden kann. Dieser Gegensatz rechtfertigt die Gleichstellung der eisernen Bestände mit dem übrigen Anlagekapital. Der Umstand, daß die einzelnen Gegenstände des eisernen Bestands nicht „als Individuen dauernd dem Betriebe dienen sollen" (Strutz a. a. O.), erscheint demgegenüber nicht ausschlaggebend, denn auch Maschinen und Werkzeuge, die fortlaufend schnell verbraucht und dauernd ersetzt werden, müssen als zum Anlagekapital gehörig angesehen werden.

Lehnt man selbst eine allgemeine Anerkennung der Sonderbehandlung des eisernen Bestandes ab, so wird man sie doch mindestens insoweit anerkennen müssen, als der eiserne Bestand zu einer technischen Einheit gehört, also für die Mindestvorräte einer Fabrik an Hilfsstoffen, Rohmaterialien, Halbfabrikaten und sonstigen Betriebsmitteln und in entsprechenden Fällen. Die technische Einheit (N. 19 f zu § 137) ist als Ganzes ein Gegenstand des Anlagekapitals, ihre Teile sind daher sämtlich nach den für das Anlagekapital geltenden Sätzen zu bewerten. Dies muß daher auch für den zur technischen Einheit gehörenden eisernen Bestand gelten.

In der Praxis der Finanzämter sind diese Grundsätze abgelehnt. Der RFH. hat noch nicht ausdrücklich Stellung genommen. Der Pflichtige, der den eisernen Bestand nach den vorstehenden Grundsätzen bewerten will, muß sich daher darüber klar sein, daß der Erfolg zweifelhaft ist. Die Frage, ob die eisernen Bestände zum Anlagekapital gehören und welches ihr Einstandspreis ist, ist eine reine Rechtsfrage, die nicht unter die Frage der Höhe der Bewertung, sondern der Art der Bewertung fällt. Insofern kann daher, wenn das Finanzgericht die Bewertung unter Nichtanerkennung der besonderen Behandlung des eisernen Bestandes vornimmt, Rechtsbeschwerde eingelegt werden. § 24 a Abs. 4 ZwAG. gilt für diese Frage nicht (N. 9 zu §§ 15 VermStG., 24 a ZwAG.).

Im Rahmen des Anlagekapitals sind bei der Bewertung des eisernen Bestands die Vorschriften der BewRichtl. über die Bewertung des Anlagekapitals anzuwenden. Maßgebend werden in der Regel die Vorschriften unter II B I 4 sein. Denn eiserne Bestände aus der Zeit vor dem Notopferstichtag (II B I 2, 3) werden in Deutschland kaum vorkommen. Die Kontinuität der Bestände ist durch den Krieg unterbrochen, die Wiederauffüllung

hat erst im letzten Teil des Jahres 1919 begonnen. Zu beachten ist aber, daß nicht der Anschaffungs- oder Herstellungspreis der einzelnen am Stichtage vorhandenen Gegenstände, sondern der bei Anlegung des Bestandes beschafften Gegenstände maßgebend ist. Ein Antrag auf Bewertung nach dem Gesetz wird dabei kaum in Frage kommen; das Verlangen nach Bewertung als Anlagekapital mit dem Einstandspreis bei Anlegung des Bestands ist kein Antrag nach § 24 a Abs. 4 ZwAG.

4. Grundstücke des Anlagekapitals. Strutz hat in dem Sammelwerk: die steuerliche Bewertung des Vermögens S. 63 f. den Standpunkt vertreten, daß § 152 Abs. 2 RAO. zu den §§ 137 ff. „im Verhältnis der Sonder- zur allgemeinen Regelvorschrift stehe", so daß § 152 als Sondervorschrift dem § 139 als Regelvorschrift vorgehe. In seinem Kommentar zum VermStG. (S. 210) geht Strutz noch weiter und leugnet überhaupt die Anwendbarkeit der §§ 137 bis 139 auf Grundstücke, weil deren Bewertung „unabhängig, erschöpfend, selbständig" in den §§ 152 bis 161 geregelt sei. Diese Auffassung war auch in der Begr. zum Gesetz betreffend die beschleunigte Veranlagung des RNO. (S. 12), vertreten. Diese Auffassung ist aber schon von Mrozek (RAO., 2. Aufl. I 542 f.) widerlegt. Bei der Strutzschen Ansicht würde für Grundstücke jede Bestimmung über den Begriff des gemeinen Werts und über die Bewertungseinheit fehlen, was undenkbar ist.

Daß die §§ 152 ff. Sondervorschriften gegenüber den §§ 137, 138 sind, ist zweifellos. Es fragt sich aber zunächst, ob § 139 auch eine allgemeine Vorschrift ist wie die §§ 137 und 138 oder selbst schon eine Sondervorschrift. Um dies festzustellen, kann man sich nicht allein an die Titelüberschriften halten (wie Strutz im Sammelwerk S. 63), sondern muß den ganzen Aufbau der Bewertungsvorschriften prüfen. Hierbei ergibt sich:

§§ 137, 138 gelten allgemein,

§ 139 gilt nur für Betriebsvermögen,

§ 140 gilt allgemein,

§§ 141 bis 151 gelten nach der Begr. der RAO. S. 112 nur für Gegenstände, die nicht „zu einer wirtschaftlichen Einheit, z. B. zu einem Betriebsvermögen gehören", praktisch also nach dem Willen des Gesetzgebers nur für Kapitalvermögen,

§§ 152 bis 161 gelten nur für Grundstücke.

Diese Übersicht zeigt ganz deutlich den Aufbau der Bestimmungen. § 139 ist den §§ 137, 138 gegenüber genau ebenso eine Sondervorschrift wie die §§ 152 bis 161. Wenn die §§ 152 bis 161 in einem besonderen Titel zusammengefaßt sind, so liegt das offensichtlich nur an dem Umfang dieser Bestimmungen; ein besonderer Titel für § 139 wäre unpraktisch gewesen. Das Verhältnis der Sondervorschriften zueinander muß also anderweit festgestellt werden.

Mrozek-Arlt suchen die Feststellung aus der Entstehungsgeschichte (s. o. N. 1 zu § 15 VermStG.). Weil zunächst die Sonderbestimmung für Grundstücke, später erst die für das Anlagekapital eingefügt, bei letzterer aber kein Vorbehalt wegen „Beseitigung oder Einschränkung des § 152" gemacht sei, soll § 152 vorgehen (S. 540). Mit mehr Recht müßte man aber umgekehrt sagen, daß § 139 Abs. 2 als spätere Einfügung der früheren des § 152 vorgehe. Auch die Argumente, daß § 139 Abs. 2 eine eng auszulegende Ausnahmebestimmung sei (Strutz a. a. O. S. 66) und daß § 139 Abs. 2 auf einen Vorschlag zurückzuführen sei, der nur Maschinen, Inventar und dergl., nicht Grundstücke im Auge gehabt habe (Strutz a. a. O. S. 64 f.), erscheinen nicht schlüssig. § 139 Abs. 2 ist in nicht höherem Maße eine Ausnahmebestimmung als § 152 Abs. 2, dieser ursprünglich nur für Landwirte, dann auch für Hausbesitzer, jener für Gewerbetreibende. Und wenn der von Strutz erwähnte Gesetzesvorschlag „Maschinen, Inventar usw." erwähnt, so beruhte die Hervorhebung darauf, daß im Jahre 1919 zwar für diese Gegenstände, noch nicht aber für Grundstücke die Preise außerordentlich gestiegen waren; dafür aber, daß das „usw." sich nicht auch auf Grundstücke bezogen habe, fehlt jeder Anhalt.

Entscheidend dürfte § 160 RAO. sein:

Sind Verzeichnisse nach § 155 Abs. 4 als angelegt anzusehen, so sind sie für die Besteuerung zugrunde zu legen, w e n n der im § 152 bezeichnete Wert für die Steuer maßgebend ist; dies gilt nicht, wenn die wirtschaftliche Einheit, um deren Wert es sich handelt, nicht dieselbe ist oder sich die Verhältnisse, die für die Bewertung maßgebend sind, wesentlich geändert haben.

Hierzu bemerkt die Begründung (S. 113):

Die Steuerwerte des Verzeichnisses sollen für die Besteuerung maßgebend sein, wenn die wirtschaftliche Einheit die gleiche ist. Das trifft zu bei der Grundwechselabgabe und wird bei Haus- und Gartengrundstücken sehr oft allgemein zutreffen. W o i m ü b r i g e n d a s G r u n d s t ü c k f ü r d i e B e s t e u e r u n g a l s T e i l e i n e r w e i t e r e n w i r t s c h a f t l i c h e n E i n h e i t z u b e w e r t e n i s t (g e w e r b l i c h e s oder landwirtschaftliches U n t e r n e h m e n), w i r d d e r S t e u e r w e r t d e s V e r z e i c h n i s s e s d i e G r u n d l a g e f ü r d i e B e r e c h n u n g b i l d e n. A l s s o l c h e w i r d e r w e r t v o l l e n A n h a l t b i e t e n, z. B. i m V e r g l e i c h z u d e n B u c h w e r t e n d e r G r u n d s t ü c k e n a c h h a n d e l s ü b l i c h e r B e w e r t u n g.

Hier ist mit dürren Worten ausgesprochen, daß die Steuerwerte auf Grund des § 152 für Grundstücke im Betriebsvermögen n i c h t m a ß g e b e n d sind; sie sollen nach Satz 3 im Gegensatz zu Satz 1 („maßgebend

sein") nur „wertvollen Anhalt bieten". In der Tat sind in das Kataster nach § 155 Abs. 2 Ziff. 2 die gemäß § 152 ermittelten Werte, d. h. der gemeine Wert und der Ertragswert, einzutragen. Diese Werte sind aber nach § 160 nur zugrunde zu legen, wenn § 152 für die Besteuerung maßgebend ist. Dies setzt voraus, daß es Fälle gibt, in denen § 152 nicht für die Besteuerung maßgebend ist. Damit ist schon die Ansicht widerlegt, daß § 152 immer und schlechthin für Grundstücke gelte. Der Fall der Unanwendbarkeit des § 152 aus diesem Grunde tritt nach § 160 ein, wenn die wirtschaftliche Einheit, die zu bewerten ist, nicht dieselbe ist wie die im Kataster bewertete. Dies kann z. B. vorkommen, wenn nur ein Grundstücksteil zu bewerten ist (so Becker, N. zu § 160) oder wenn das Grundstück Teil eines größeren Komplexes ist. Es ist aber vor allem der Fall — und diese Möglichkeit wird in der Begr. allein erwähnt —, wenn das Grundstück zu einem Betriebsvermögen gehört. Es soll im übrigen nicht verkannt werden, daß § 160 in der jetzigen Fassung fehlerhaft aufgebaut ist und die Begr. dazu einen Irrtum enthält. Der zweite Halbsatz des § 160 faßt koordiniert die positive Seite der im ersten Halbsatz negativ ausgedrückten Ausnahme von der Hauptbestimmung und eine weitere andersartige Ausnahme von der Hauptbestimmung zusammen. Der klare Sinn des Ganzen aber ist: die Katasterwerte sind maßgebend, außer wenn die Bewertung nach anderen Grundsätzen zu erfolgen hat, als sie für das Kataster gelten, oder die Werte nicht mehr zutreffen. Die fehlerhafte Fassung beruht, wie häufig, auf der Einfügung der zweiten Ausnahme in der Kommissionsberatung. Die ursprüngliche Fassung des RegE. lautete:

> Sind Verzeichnisse nach § 155 Abs. 4 als angelegt anzusehen, so sind sie für die Besteuerung zugrunde zu legen, wenn der im § 152 bezeichnete Wert für die Steuer maßgebend ist und die wirtschaftliche Einheit, um deren Bewertung es sich handelt, dieselbe ist.

Diese Fassung bringt auch den Gedanken, auf den hier Wert gelegt ist, noch klarer zur Geltung. Der Fehler der Begründung ist, daß sie übersieht, daß Grundstücke nicht als Teile eines landwirtschaftlichen Unternehmens angesehen werden (s. N. 2 zu § 7 VermStG.); doch ist dieser Fehler hier unerheblich.

Von dem in der Begr. der RAO. und von der herrschenden Meinung vertretenen Standpunkt der Einheit des Betriebsvermögens für die Bewertung ergibt sich aus § 160 zwingend, daß § 152 auf Grundstücke des Betriebsvermögens keine Anwendung findet. Von dem hier vertretenen Standpunkt aus gilt das gleiche jedenfalls für die zur technischen Einheit (N. 18 f. zu § 137) gehörigen Grundstücke; die Frage bleibt dabei aber noch offen für die nicht zur technischen Einheit gehörigen Grundstücke des Anlagekapitals und für die Grundstücke des Umlaufkapitals.

Hinsichtlich der Grundstücke des Anlagekapitals, die nicht zur technischen Einheit gehören, sind folgende Erwägungen maßgebend. Aus dem Vorstehenden ergibt sich, daß § 152 jedenfalls keine erschöpfende Bedeutung für die Bewertung von Grundstücken zukommt, so daß grundsätzlich kein Bedenken dagegen besteht, § 139 Abs. 2 als Sonderbestimmung vorgehen zu lassen. Entscheidend besonders bei der Anwendung des VermStG. ist aber folgendes.

Die RAO. kennt im Rahmen der Bewertungsbestimmungen nicht die Gegenüberstellung von Grund- und Betriebsvermögen. Sie kennt nur Betriebsvermögen und Grundstücke. Das Wort „Grundvermögen" kommt nur beiläufig im § 97 Abs. 2 vor bei der Regelung der Anzeigepflicht der Sondernachfolger in Grund- oder Betriebsvermögen und ist dort offenbar gleichbedeutend mit „Grundstücken" gebraucht. § 152 enthält im Abs. 1 die allgemeine Vorschrift, daß auch Grundstücke mit dem gemeinen Wert anzusetzen sind, in Abs. 2 die Zulassung der Ertragswerts, „soweit . . . die einzelnen Steuergesetze nichts anderes vorschreiben". § 6 VermStG. teilt nun das Vermögen in Grund-, Betriebs- und sonstiges Vermögen, § 8 ordnet dem Betriebsvermögen alle dem Unternehmen gewidmeten Gegenstände zu, unbestritten (s. N. 2 zu § 7 VermStG.) auch die dem Unternehmen gewidmeten Grundstücke. Damit unterstellt das VermStG. diese Grundstücke — evtl. also abweichend von der RAO. — den Bestimmungen über das Betriebsvermögen, mangels irgendwelcher Vorbehalte auch den hierfür bestehenden Bewertungsvorschriften sowohl des VermStG. als der RAO., so daß auch aus diesem Grunde § 139 Abs. 2 anwendbar ist.

Ergebnis: Die Grundstücke des Anlagekapitals, gleichgültig, ob sie zur technischen Einheit gehören oder nicht, sind gemäß § 139 Abs. 2 mit dem Selbstkostenwert, unter Zulassung des etwa niedrigeren gemeinen Werts, anzusetzen.

Strutz selbst (a. a. O. S. 73) gibt zu, daß die Anwendung des § 139 Abs. 2 auch auf Grundstücke die „folgerichtige Lösung" wäre, erklärt aber das hierin liegende Steuerprivileg der Gewerbetreibenden, und unter ihnen wieder der mit alten Anlagen arbeitenden, für bedenklich (S. 73, 67). Die ungleiche Behandlung zwischen Kaufleuten und Nichtkaufleuten, zwischen Kaufleuten mit alten Goldwerten und ohne solche ist aber hier keine andere, als sie auch sonst nach § 139 Abs. 2 — steuerlich sowie auch sonst darüber hinaus — besteht. Zudem ist dies Bedenken jetzt durch die nach § 15 Abs. 4 vorgeschriebene Erhöhung des Selbstkostenwerts im wesentlichen beseitigt.

Die BewRichtl. gehen ebenfalls von dem hier vertretenen Standpunkt aus. Unter II A III Ziff. 1 ist ausdrücklich vorgesehen, daß zu den bebauten Grundstücken, die gewerblichen Zwecken dienen, i. S. des § 152 Abs. 5 nicht gehören „Grundstücke, die dem eigenen gewerblichen Betriebe des Eigentümers dienen, wie Fabrikgebäude dem Fabrikanten; diese letzteren zählen

vielmehr zum Betriebsvermögen". Vgl. auch II B I, wonach für Grundstücke des Anlagekapitals die Bewertungsvorschriften für das Anlagekapital gelten. Nach I § 13 Abs. 2 der BewRichtl. soll der Pflichtige die Wahl haben, Grundstücke des Anlagekapitals entweder zum Selbstkostenwert oder zum gemeinen Wert oder zum Ertragswert anzusetzen. Die Ansetzung zum Ertragswert scheidet jedoch hier aus, anders als bei den Grundstücken des Umlaufkapitals (N. 31). — Der RFH. hat in seiner Entsch. vom 11. Okt. 1922 (RFH. **10** 296 bis 302) die Anwendbarkeit des § 139 Abs. 2 auf Grundstücke des Betriebsvermögens bejaht.

Die Bewertung der zum Anlagekapital gehörigen Grundstücke nach den BewRichtl. findet gemäß den Vorschriften für das Anlagekapital statt (II B I 1 bis 4, s. N. 5). Die Bestimmung in § 24 a Abs. 1 Satz 2, nach der Grundstücke, die im Jahre 1922 käuflich erworben sind, mindestens mit dem Anschaffungspreise anzusetzen sind, gilt für Grundstücke des Anlagekapitals nicht, da sie nur die Ansetzung des niedrigeren Ertragswerts an Stelle des Werts der zum Ankauf benutzten Zahlungsmittel verhindern sollte; für Grundstücke, die dauernd einem Gewerbebetrieb dienen sollen, kommt dieser Gesichtspunkt nicht in Frage.

5. **Die Bewertung des Anlagekapitals nach den BewRichtl.** Die Bew.-Richtl. (II B I) unterscheiden dauernde Beteiligungen (II B I 5) und sonstige Anlagen (II B I 1 bis 4). Bindende Kraft haben nur die Vorschriften über die sonstigen Anlagen (N. 5 zu § 15 VermStG., § 24 a ZwAG.).

a) Für Gegenstände, die schon im Notopfervermögen vorhanden waren, wird vom Notopferwert ausgegangen. Maßgebend ist hier die Zugehörigkeit zum Notopfervermögen des Pflichtigen, im Gegensatz zu den Vorschriften über die Bewertung des Grundvermögens, bei denen vom Wehrbeitragswert ausgegangen wird, gleichgültig, ob das Grundstück am Wehrbeitragsstichtag schon dem Pflichtigen gehörte oder nicht (II A V). Für später erworbene Anlagen ist der Einstandspreis (N. 7) die Grundlage. Ein Abzug wegen Abnutzung ist in keinem Falle zulässig, die Abnutzung ist bereits bei den Ansätzen der BewRichtl. berücksichtigt.

Notopfervermögen ist das zum Notopfer steuerpflichtige Vermögen in seinem Bestande am Notopferstichtage. **Ersatzanlagen von gleicher Art wie ersetzte Anlagen des Notopfervermögens gelten als im NOVermögen vorhanden gewesen; überwertige Ersatzanlagen stehen Neuanlagen gleich, der NOWert der ersetzten Anlagen wird vom NOVermögen abgesetzt. Der Abzug von 20 v. H. (NOG. § 19) bleibt außer Betracht.** Stichtag ist der 31. Dez. 1919, für Betriebe mit regelmäßigen jährlichen Abschlüssen, deren Rechnungsjahr zwischen dem 1. April 1919 und dem 31. März 1920 endete und welche die Zugrundelegung des Vermögensstands am Schlusse ihres Rechnungsjahres verlangt haben, der betreffende Schlußtag (RNOG. § 22 Abs. 3 Satz 1), gleichgültig, ob er vor oder nach dem 31. Dez. 1919 liegt, da insofern in den

BewRichtl. (II B I 2, 3) ein Unterschied nicht gemacht ist. Bei Verschiebungen zwischen Schlußtag und gesetzlichem Stichtag (§ 22 Abs. 3 Satz 2 RNOG.) kommt es nur darauf an, ob der betreffende Gegenstand überhaupt schon im notopferpflichtigen Vermögen enthalten war; die Zugehörigkeit gerade zum notopferpflichtigen Betriebsvermögen ist nicht erforderlich. Wegen der Berücksichtigung der Verschiebung s. N. 4 zu § 14 VermStG.

Innerhalb des Notopfervermögens wird unterschieden:

1. Anlagen, die bis zum 31. Dez. 1916 angeschafft oder hergestellt sind, werden mit dem sechsfachen Notopferwert und 300 v. H. Zuschlag, also mit dem 24 fachen Notopferwert,
2. Anlagen, die nach dem 31. Dez. 1916 angeschafft oder hergestellt sind, werden mit dem viereinhalbfachen Notopferwert und 300 v. H. Zuschlag, also mit dem 18 fachen Notopferwert

angesetzt.

Der 31. Dez. 1916 ist stets der Kalendertag, nicht der etwa gemäß § 28 BesStG., § 14 KrStG. hiervon verschiedene Schluß des für Besitz- und Kriegssteuer maßgebenden Rechnungsjahrs.

b) Bei Anlagen, die noch nicht im Notopfervermögen enthalten waren, wird vom Anschaffungs- oder Herstellungspreis (Einstandspreis) ausgegangen. Von dem Einstandspreis werden Abschläge gemacht:

1. von 40 v. H. bei Erwerb im Jahre 1920,
2. von 60 v. H. bei Erwerb im Jahre 1921,
3. von 70 v. H. bei Erwerb im Jahre 1922 vor dem 1. August,
4. von 80 v. H. bei Erwerb im Jahre 1922 nach dem 31. Juli.

Zu den Differenzen kommen 300 v. H. Zuschläge. Es werden also angesetzt:

die Anlagen zu 1 mit dem 2,4 fachen Einstandspreis,
die Anlagen zu 2 mit dem 1,6 fachen Einstandspreis,
die Anlagen zu 3 mit dem 1,2 fachen Einstandspreis,
die Anlagen zu 4 mit dem 0,8 fachen Einstandspreis.

c) Besonderes gilt in den Fällen, in denen das für das RNO. maßgebende Geschäftsjahr nicht mit dem 31. Dez. 1919 abschloß (§ 22 Abs. 3 Satz 1 RNOG.) und Anlagen in der Zeit zwischen dem 31. Dez. 1919 und dem Schluß des Geschäftsjahrs erworben waren.

1. Schloß das Geschäftsjahr in der Zeit vom 1. April 1919 bis 31. Dez. 1919 und sind die Anlagen *nach* Schluß des Geschäftsjahrs, spätestens am 31. Dez. 1919 erworben, so kommt ein vervielfachter Notopferwert nicht in Frage, da diese Anlagen noch nicht im Notopfervermögen enthalten waren, ein Abschlag nicht, weil die Abschläge frühestens für Erwerbungen im Jahre 1920 galten. Diese Gegenstände sind daher mit dem einfachen Einstandspreis anzusetzen. Hierzu kommen 300 v. H. Zuschlag, so daß der vierfache Einstandspreis einzustellen ist.

2. Schloß das Geschäftsjahr in der Zeit vom 1. Jan. 1920 bis 31. März 1920 und sind Anlagen nach dem 31. Dez. 1919, spätestens am Schluß des Geschäftsjahrs erworben, so gehörte dieser Gegenstand noch zum Notopfervermögen. Dieser Gegenstand wäre daher gemäß Ziff. 3 der BewRichtl. unter II B II mit dem 18fachen Notopferwert anzusetzen (s. oben unter a 2), während der Pflichtige, dessen Geschäftsjahr vor dem 1. Jan. 1920 schloß, gemäß Ziff. 4 der BewRichtl. a. a. O. den 2,4fachen Erwerbspreis anzusetzen hätte. Hier wird dem Pflichtigen sinngemäße Anwendung der Ziff. 4 statt der Ziff. 3 zuzubilligen sein, gegebenenfalls auf Grund eines Antrags aus § 108 RAO., 21 ZwAG.

6. Die Bewertung des Anlagekapitals nach dem Gesetz. Allgemeines. Mit Rücksicht auf die Fälle, in denen der Pflichtige Bewertung nach dem Gesetz verlangt, sind die Grundsätze der gesetzlichen Bewertung nach § 139 RAO. und § 15 Abs. 4 VermStG. darzustellen.

Für die Gegenstände des Anlagekapitals ist bei Aktienvereinen und Gesellschaften m. b. H. die Ansetzung zum Selbstkostenwert privatrechtlich vorgeschrieben. Für sonstige Gewerbetreibende fehlt eine ausdrückliche Vorschrift. Der Einkommensteuersenat des PrOVG. hat daher in ständiger Rechtsprechung angenommen, daß gemäß § 40 HGB. der gemeine Verkaufswert in die Bilanz einzusetzen sei (OVGSt. **10** 295, **13** 245, **14** 233, **15** 263). Der Gemeindegewerbesteuersenat dagegen hat den Gebrauchswert für maßgebend erklärt (OVG. **50** 113, **58** 170). Der Kaufmannsstand hat sich in der richtigen Auslegung des § 40 in Verbindung mit § 38 Abs. 1 HGB. (Ersichtlichmachung des Vermögensstandes nach den Grundsätzen ordnungsmäßiger Buchführung) nicht beirren lassen und hat die Gegenstände des Anlagekapitals in seinen Bilanzen zum Selbstkostenwert angesetzt (vgl. Spieß, Mitt. d. RV. d. D. J. 1920 S. 218, 1921 S. 31; v. Breunig - v. Lewinski S. 179; Strutz DStBl. 1923 S. 127), meist mit stillschweigender Duldung der unteren Steuerbehörden, gegebenenfalls unter Heraufsetzung auf den gemeinen Wert in den Steuerbilanzen. Nach der RAO. ist die kaufmännische Übung in § 139 Abs. 2 RAO. anerkannt, für das Anlagekapital grundsätzlich der Selbstkostenwert maßgebend. Wegen der Erhöhung des Selbstkostenwerts gemäß § 15 VermStG. s. N. 12 zu § 138, N. 22 zu § 139 RAO.

Ob sich die Anwendbarkeit des § 139 Abs. 2 auf bilanzierende Kaufleute beschränkt, erscheint zweifelhaft. Dafür spricht, daß von dem Wert „zur Zeit der Bilanzaufstellung" die Rede ist.

Der Inhalt des § 139 Abs. 2 ist in den Grundsätzen des RFM. für die Wertermittlung nach dem RNOG. unter A II Ziff. 2 zutreffend wiedergegeben:

> Die Gegenstände des Anlagekapitals . . . sind grundsätzlich mit dem Anschaffungs- oder Herstellungspreise anzusetzen. . . . Ist der wirkliche

Wert niedriger, so kann der Steuerpflichtige verlangen, daß dieser Wert zugrunde gelegt wird.

Die BewRichtl. zum VermStG. enthalten unter I § 13 Abs. 1 den Zusatz:

Ist jedoch der wirkliche (dauernde) Wert zur Zeit der Bilanzaufstellung höher, so muß dieser höhere Wert an Stelle des Anschaffungs- oder Herstellungspreises . . . zugrunde gelegt werden.

Dieser Zusatz soll offenbar den Inhalt des § 15 Abs. 4 VermStG. wiedergeben, ist aber nach der hier vertretenen Auffassung in dieser Form unrichtig (s. N. 12 zu § 138).

7. Selbstkostenwert. Einstandspreis. Der Selbstkostenwert im Sinne des § 139 Abs. 2 ist der Anschaffungs- oder Herstellungspreis abzüglich angemessener Abnutzung. Anschaffungs- und Herstellungspreis werden unter der Bezeichnung Einstandspreis zusammengefaßt. Danach ist Selbstkostenwert gleich Einstandspreis minus Abnutzung. Wegen der Ermittlung des Einstandspreises vgl. Veit Simon, Bilanzen der Aktiengesellschaften, §§ 88 bis 92, 98 und 99.

Der in Betracht kommende Einstandspreis ist der des Pflichtigen oder seines Erblassers, nicht der eines sonstigen Vorbesitzers; sonstige Universalrechtsvorgänger, z. B. bei Fusionen, gelten nicht, vielmehr kommt das bei der Fusion gewährte Entgelt in Betracht. Ist kein Einstandspreis vorhanden, z. B. bei unentgeltlich erworbenen Gegenständen, so gilt als Einstandspreis der Betrag, den der Pflichtige für den Erwerb im Zeitpunkt des Erwerbs unter gemeingewöhnlichen Verhältnissen hätte aufwenden müssen (vgl. § 33 a Abs. 1 EinkStG. in der Fassung des Art. II GeldentwG.). Das gleiche gilt für Gegenstände, die ohne besondere Aufwendungen originär erworben sind, z. B. unter Umständen für das Bergwerkseigentum (s. N. 10; bestritten).

Der Anschaffungspreis ist nicht einfach der Kaufpreis oder Werklohn, sondern die Summe der besonderen Aufwendungen für den Erwerb des Gegenstandes; hierzu gehören insbesondere auch die Kosten und Stempel des Erwerbs, Provisionen und Gebühren der Vermittler, Makler und dergl. Der Herstellungspreis ist die Summe der besonderen Aufwendungen für die Herstellung des Gegenstandes. Zu den besonderen Selbstkosten gehören aber nicht die Generalunkosten; diese dürfen daher nicht anteilsmäßig aufgeschlagen werden. Die Grenze zwischen den Generalunkosten und den besonderen Aufwendungen ist häufig schwierig festzustellen. Zu den Generalunkosten gehören die Abschreibungen, die direkten Steuern, die allgemeinen Verwaltungskosten, insbesondere die Gehälter der leitenden Angestellten, des Büro- und Verkaufspersonals, die Mieten und die laufenden Grundstückskosten, die Schuldenzinsen, auch wenn die Schuld selbst zu den Herstellungskosten gehört, die Kosten der Reklame und dergl. Zu den besonderen Aufwendungen für die Herstellung eines Gegenstands

gehören die Kosten für den Erwerb der Materialien und die besonderen für den einzelnen Gegenstand aufgewandten Arbeitslöhne. Zweifelhaft bleiben die Gehälter von Meistern, Vorarbeitern und ähnlichen in dauerndem Verhältnis stehenden, jedoch besonders mit der Herstellung der betreffenden Gegenstände beschäftigten Angestellten, Versicherungsbeiträge, Kosten für den Unterhalt der für die Herstellung verwandten Maschinen. Alle diese Aufwendungen werden im allgemeinen zu den Generalunkosten zu rechnen sein, jedenfalls kann dem Pflichtigen diese Zurechnung nicht verwehrt werden. Auch sonst kann der Pflichtige nicht gezwungen werden, bei selbsthergestellten Gegenständen andere Aufwendungen zu den besonderen Selbstkosten zu rechnen als die Materialkosten und die Löhne der besonders mit der Herstellung der betreffenden Gegenstände beschäftigten Arbeiter.

Die Unterhaltungskosten gehören nicht zu den Herstellungskosten, weder die laufenden noch außergewöhnliche, z. B. Ausbesserungskosten, wohl aber die Kosten der Verbesserung oder Erweiterung, die daher nicht als Betriebskosten zu verbuchen sind (§ 174 Abs. 3 RAO.). Zuschüsse von dritter Seite ohne Erstattungspflicht mindern den Einstandspreis.

8. **Der Einstandspreis der technischen Einheit.** Begriff s. N. 19 f zu § 137. Die technische Einheit wird entweder im ganzen oder in Teilen angeschafft oder teils angeschafft, teils selbst hergestellt sein; vollständig eigene Herstellung aus eigenen Materialien wird kaum vorkommen. Ist die technische Einheit im ganzen gekauft, so ist der Einstandspreis zweifelsfrei gegeben. Ist sie ausnahmsweise mit anderen Gegenständen für einen Gesamtpreis angeschafft, so ist der Gesamtpreis nach dem Verhältnis der gemeinen Werte zu verteilen; vertragsmäßige Verteilungen sind maßgebend, wenn sie nicht willkürlich sind. Die Unterverteilung des Preises auf die einzelnen Teile der technischen Einheit ist in der Regel unerheblich, außer beim Ausscheiden einzelner Gegenstände (s. u.); gegebenenfalls ist wieder das Wertverhältnis maßgebend. Ist die technische Einheit in Teilen angeschafft oder teils angeschafft, teils hergestellt, so bildet die Summe der Anschaffungspreise und Herstellungskosten den Einstandswert.

Bei Einbringungen in Aktiengesellschaften und dergl. ist grundsätzlich der Nominalbetrag der gewährten Aktien oder Anteile der Einstandspreis (OVGSt. **17** 280); sind die Aktien über Pari ausgegeben — was bei Illationen selten ist —, der Ausgabepreis. Der für die Stempelberechnung bezw. jetzt für die Kapitalverkehrsteuer etwa maßgebende gemeine Wert ist für die Berechnung des Selbstkostenwerts unerheblich.

Zum Herstellungspreis der technischen Einheit können auch die von einer Aktiengesellschaft gemäß § 215 Abs. 2 HGB. während der Vorbereitung des Unternehmens bis zum Anfange des vollen Betriebes gezahlten Bauzinsen gerechnet werden, die sowohl bei der Gründung als auch bei Er-

weiterung des Betriebes oder Eröffnung neuer Betriebe auf Grund einer Kapitalserhöhung (RGZ. **77** 255) zulässig sind. Doch kann der Pflichtige nicht gezwungen werden, die Bauzinsen dem Anlagekonto zuzuschlagen; er kann sie als Betriebsunkosten behandeln. Soweit die Kosten der Anlage durch Obligationen aufgebracht werden, kann der bei der Ausgabe unter Pari eingetretene Kursverlust nicht zu den besonderen Selbstkosten der Anlage gerechnet werden.

Beim Ausscheiden von Teilen der technischen Einheit ist der Pflichtige berechtigt, den auf sie entfallenden Teil des Einstandspreises, vermindert um den entsprechenden Teil der bisher gemachten Abschreibungen, abzusetzen. Scheidet eine ganze technische Einheit aus, so verschwindet sie vollständig aus der Zahl der zu bewertenden Teile des Betriebsvermögens.

9. **Der Einstandspreis der dauernden Beteiligungen.** „Dauernde Beteiligungen an anderen Betriebsunternehmungen" (§ 15 Abs. 4 Satz 3 VermStG.) können in verschiedenen Formen erfolgen, in erster Reihe durch gesellschaftsmäßige Beteiligung in den verschiedenen Möglichkeiten des Gesellschaftsrechts, mit und ohne Ausgabe von Wertpapieren. Grundsätzlich können Gesellschaften aller Art in Frage kommen, sowohl juristische Personen, wie Aktiengesellschaften und andere Gesellschaften, die unter § 2 Ziff. 3 VermStG. fallen und zu den Kapitalgesellschaften i. S. der §§ 2a, 3 KapVerkStG. gehören, als auch nicht rechtsfähige Gesellschaften (§ 2 Ziff. 4 VermStG. und §§ 2 b, 16 KapVerkStG.). Dieser allgemeine Grundsatz wird nicht beseitigt durch § 2 Abs. 2 Ziff. 4 VermStG. Danach ist zwar insbesondere das Vermögen der nicht rechtsfähigen Erwerbsgesellschaften den Gesellschaftern zuzurechnen (N. 5 zu § 2 VermStG.). Hieraus ergibt sich aber nicht, wie dies Vermögen infolge der Zurechnung zu bewerten ist. Hierfür gibt § 15 Abs. 4 Satz 3 VermStG. den Ausschlag. Bildet das zuzurechnende Vermögen als eine dauernde Beteiligung bei dem Unternehmer, dem es zuzurechnen ist, einen Teil eines auch noch weiteres Betriebsvermögen umfassenden Betriebes, so ist es nach den Regeln der dauernden Beteiligung zu bewerten. Besteht aber das Betriebsvermögen dessen, dem der Anteil zuzurechnen ist, gerade in diesem Anteil, so liegt bei ihm nicht eine dauernde Beteiligung i. S. des § 15 VermStG. vor. Der zweite Fall ist z. B. gegeben bei den gewöhnlichen Inhabern einer offenen Handelsgesellschaft, der erste Fall z. B., wenn eine Aktiengesellschaft als Kommanditistin oder als persönlich haftende Gesellschafterin (RG. in JurW. 1922, 1676[4]) an einer Kommanditgesellschaft oder an einer offenen Handelsgesellschaft beteiligt ist.

Die dauernde Beteiligung kann aber auch durch Gewährung von Krediten erfolgen, wenn diese Krediteinräumung keine einfache Darlehnsgewährung ist, sondern sich als Beteiligung an der Gesellschaft neben der rein gesellschaftsmäßigen darstellt. Als gesetzliche Definition des Begriffs der

Beteiligung kann die Bestimmung in § 6 KapVerkStG. angesehen werden, nach der außer dem Erwerb von Gesellschaftsrechten kapitalverkehrssteuerpflichtig ist:

c) die Gewährung von Darlehen an eine . . . Gesellschaft, der Erwerb von Forderungen gegen sie, bei denen die Zahlungsfrist hinausgeschoben ist, oder die Stundung von Forderungen gegen sie, falls Gläubiger der Darlehnsforderungen oder sonstigen Forderungen Gesellschafter sind und

entweder die Ansprüche aus den Darlehen oder Forderungen nur gleichzeitig mit den Gesellschaftsrechten abgetreten werden können

oder während der Beteiligung an der Gesellschaft die Rückzahlung der Darlehen oder die Erfüllung der Forderungen nicht beansprucht werden kann

oder die Gewährung der Darlehen oder die Hinausschiebung der Zahlungsfrist oder die Stundung der Forderungen eine wesentliche Voraussetzung des Beginns oder der Fortführung der Gesellschaft ist und sich sachlich als Beteiligung an der Gesellschaft darstellt.

Akzept- und echte Kontokorrentkredite werden in der Regel keine Beteiligungen darstellen. Obligationen können — trotz ihrer Befreiung von der Gesellschaftssteuer in § 8 KapVerkStG. — dauernde Beteiligungen sein, wenn sie nämlich dauernd dem Betriebe gewidmet sind.

Nach den BewRichtl. (II B I 5) kann eine dauernde Beteiligung sowohl an juristischen Personen als auch an nicht rechtsfähigen Personenvereinigungen bestehen. Ferner bezeichnen die BewRichtl. als dauernde Beteiligungen nur die gesellschaftsmäßigen Anteile und machen zwei Voraussetzungen: die Beteiligung muß mindestens ein Fünftel der sämtlichen Anteile umfassen und zum Zwecke der Ausübung eines dauernden Einflusses erworben sein. Bindende Kraft hat diese Bestimmung nicht (N. 2, 5, 9 zu §§ 15 VermStG., 24a ZwAG.). Die Beschränkung auf die rein gesellschaftsmäßige Form der Beteiligung erscheint unrichtig, weil kein Grund ersichtlich ist, eine vom KapVerkStG. als Beteiligung an einer Gesellschaft angesehene Anteilnahme nicht auch als eine solche i. S. des VermStG. anzusehen. Auch das Erfordernis der Absicht der Einflußnahme ist unbegründet und ergibt sich weder aus dem Gesetz noch aus dem Wesen der dauernden Beteiligung; erforderlich ist gemäß § 15 Abs. 4 Satz 3 VermStG. und § 139 Abs. 2 RAO. nur die dauernde Widmung für den Betrieb; es wird meist zwar die Absicht der Einflußnahme vorhanden sein, sie ist aber nicht erforderlich.

Bei der Bewertung der dauernden Beteiligungen soll nach den Bew.-Richtl. a. a. O. eine Abweichung von den für Wertpapiere festgesetzten Steuer-

kursen oder Steuerwerten nur auf Grund einer Prüfung des Einzelfalls zulässig sein; hierbei sollen der Grad der Verschachtelung und die Dauer des Produktionsprozesses berücksichtigt werden. Diese Bestimmungen gehören ebenfalls nicht zu den für bindend erklärten, da ihnen die festen Grundlagen fehlen, und widersprechen dem Gesetz. Liegt eine dauernde Beteiligung vor, d. h. eine dauernd dem Betriebe gewidmete Beteiligung, so gelten schlechthin die Bestimmungen über die Bewertung des Anlagekapitals. Die Beteiligung ist daher gemäß § 139 Abs. 2 RAO. zum Selbstkostenwert, evtl. unter Erhöhung gemäß § 15 Abs. 4 VermStG., anzusetzen. Als Bewertung zum erhöhten Selbstkostenwert kann der Ansatz mit den für das sonstige Anlagekapital geltenden Sätzen erfolgen; hierbei haben jedoch diese Vorschriften keine bindende Kraft. Eine Bewertung nach Steuerkursen oder Steuerwerten gemäß §§ 141, 142 kommt gegen den Willen des Pflichtigen nicht in Frage. Zwar können die BewRichtl. im Rahmen des § 15 Abs. 4 VermStG. von § 139 RAO. abweichen. Nach § 15 Abs. 4 ist aber Voraussetzung der Erhöhung eine dauernde Steigerung des Werts; diese hat mit dem Grade der Verschachtelung oder der Dauer des Produktionsprozesses nichts zu tun. Das Maß der Erhöhung ist nach den Darlegungen in N. 12 zu § 138 die nachhaltige Ertragssteigerung des Unternehmens; auch hierfür sind beide Momente ohne Belang. Die Steuerkurse oder Steuerwerte können also höchstens einen Anhalt dafür geben, daß der dauernde Wert gestiegen ist, ergeben aber nichts für das Maß der Erhöhung des Selbstkostenwerts.

Wegen des Maßes der Erhöhung s. auch N. 22, wegen der Abschreibung auf Beteiligungen s. N. 15 c.

Wenn die dauernde Beteiligung in mehreren, miteinander kombinierten Formen, z. B. durch Übernahme von Aktien und Obligationen, stattfindet, so ist die Gesamtheit dieser Formen als einheitliche Beteiligung anzusehen und der Einstandspreis einheitlich zu ermitteln. Hat sich an die eine Form nachträglich eine weitere angeschlossen, so setzt sich der Einstandspreis tatsächlich ebenfalls aus der Summe der jeweiligen Anschaffungspreise zusammen. Der Unterschied kann aber erheblich werden, wenn doch einmal die eine der mehreren Formen der Beteiligung abgestoßen wird: im zweiten Falle ist der jeweilige tatsächliche Anschaffungspreis maßgebend, im ersten kann der Pflichtige den einheitlichen Anschaffungspreis nach dem Wertverhältnis zur Zeit des Erwerbs verteilen. Sind dagegen mehrere Teile einer Form der Beteiligung an einem Unternehmen, z. B. mehrere Aktienpakete, nacheinander erworben, so ist als Einstandspreis der Durchschnittspreis anzusetzen.

Wegen der abgabefreien Beteiligungen s. N. C 4 zu § 6 ZwAG.

10. Der Einstandspreis von Rechten und Forderungen. Bilanzfähige Rechte (N. 31 zu § 8 VermStG.) werden meist zu den Gegenständen des Anlagekapitals gehören, da sie in der Regel dauernd dem Betriebe gewidmet

sind. Sie können einen Erwerbspreis haben, wenn sie aus dritter Hand erworben sind, aber auch einen Herstellungspreis; so wird der Herstellungspreis eines Patents aus den Aufwendungen für die Erfindung, die Experimente usw. und den Patenterteilungskosten bestehen. Das Bergwerkseigentum ist in der Regel als Teil der technischen Einheit zu bewerten, dagegen selbständig, wenn der Pflichtige das Bergwerk nicht selbst betreibt, sei es, daß es noch nicht in Angriff genommen, sei es, daß das Bergwerkseigentum — nicht das Bergwerk — verpachtet ist. Hat das Bergwerkseigentum infolge originären Erwerbs keinen Anschaffungspreis — ein Herstellungspreis kommt nicht in Frage —, so bildet der gemeine Wert zur Zeit des Erwerbs den Einstandspreis (s. N. 7, bestritten). Entsteht ein Recht durch Ausscheidung aus einem andern, z. B. die sächsische Kohlenabbaugerechtigkeit durch Ausscheidung aus dem Grundeigentum, so ist der Erwerbspreis diejenige Summe, um die sich der Wert des Grundstücks bei der Ausscheidung vermindert hat.

Persönlichkeitsrechte wirtschaftlicher Art und übertragbare rein wirtschaftliche Güter, die beide nur im Falle entgeltlichen Erwerbs bilanzfähig sind (N. 31 zu § 8 VermStG.), haben hiernach ihrem Wesen gemäß nur einen Anschaffungs-, keinen Herstellungspreis.

Forderungen werden meist zum Umlaufkapital gehören, soweit sie nicht zu den Beteiligungen rechnen. Gehört eine Forderung zum Anlagekapital, so wird sie doch meist keinen von ihrem Nominalbetrage verschiedenen Einstandspreis haben. Ein solcher unter dem Nominalbetrag liegender ist jedoch vorhanden bei Erwerb unter dem Nominalbetrage aus dritter Hand, bei Erwerb von Obligationen unter Pari und dergl. (OVGSt. **18** 191; vgl. auch N. 11).

11. Der Einstandspreis bei Umwandlung von Anlagen. Änderungen in der Rechtsform eines Anlagegegenstands sind für die Bemessung des Einstandspreises unerheblich. Wenn z. B. an die Stelle der kommanditarischen Beteiligung eines Unternehmens an einem zweiten infolge Umwandlung des zweiten in eine Aktiengesellschaft ein Posten Aktien tritt, so bleibt der Einstandspreis der kommanditarischen Beteiligung auch Einstandspreis des Aktienpakets; es treten höchstens die etwaigen anteiligen Kosten der Umwandlung hinzu. Das gleiche gilt bei Umwandlung von Obligationen in Aktien, bei Austausch von Fabriken usw.; etwaige Zuzahlungen oder Vergütungen erhöhen oder mindern den im übrigen unveränderten Einstandspreis.

Der Einstandspreis verschwindet dagegen, wenn eine wirkliche Realisierung des Anlagegegenstands stattfindet, d. h. wenn er veräußert wird und der Erlös eingeht. Als Erlös in diesem Sinne können aber nur bares deutsches Geld, Schecks, Wechsel, Bankguthaben, die auf Mark lauten, und ähnliche das deutsche Geld ersetzende Werte angesehen werden, nicht dagegen gewöhnliche „Effekten". Will der einen Anlagegegenstand veräußernde Unter-

nehmer diese Effekten als Anlagekapital seines Betriebsvermögens behalten, so liegt nur ein Tausch von Anlagewerten vor. Erhält er die Effekten, um sich durch deren Verwertung den baren Erlös für die Anlage erst zu verschaffen, so liegt die Realisierung erst in der Verwertung der Effekten; bis dahin bleiben sie an Stelle der veräußerten Anlage mit deren Einstandspreis; denn was durch Verwendung zum Anlagekapital gehört, verliert diese Eigenschaft erst durch andere Verwendung, d. h. Realisierung (N. 2 a. E.). Über den Erlös in ausländischer Währung s. N. 37.

Wird eine Anlage freiwillig veräußert und demnächst freiwillig eine andere dafür erworben, so ist die alte realisiert, der Erwerbspreis der neuen deren Einstandspreis. Nicht gleichliegend ist der Fall, daß eine Anlage unter Zwang veräußert wird und der Erlös zwecks Aufrechterhaltung des Betriebes in seinem alten Umfange zur Anschaffung oder Herstellung einer ähnlichen Anlage verwandt werden muß. Dies ist z. B. der Fall, wenn ein auf Pachtung angewiesener Landwirt das Inventar eines Pachtgrundstücks dem Verpächter hat zurückgeben und mit dem Erlöse neues Inventar für eine neue Pachtung hat anschaffen müssen (RFH. **10** 224), ferner gerade jetzt vielfach bei der Liquidation deutscher Unternehmungen durch die Entente oder bei dem durch Druck verschiedenster Art erzwungenen Übergang einzelner westdeutscher Betriebe deutscher Unternehmungen in feindliche Hände. In diesen Fällen kann nicht eine Realisierung angenommen werden, vielmehr müssen diese Fälle so angesehen werden, als wenn nur eine Umwandlung der Anlage (RFH. **10** 227) oder eine Verlegung des Betriebs an eine andere Stelle stattgefunden hätte. Die neue Ersatzanlage hat daher den Einstandspreis der alten behalten. Daß dazwischen eine Umwandlung der Anlage in Geld stattgefunden hat, darf, da dies gegen den Willen des Unternehmers erfolgt ist, für die Besteuerung nicht berücksichtigt werden (§ 4 RAO.). Ist am Stichtag die Herstellung des Ersatzbetriebs noch nicht vollendet, daher ein Teil des Erlöses der alten Anlage noch vorhanden, so ist dieser Teil des Eröses zusammen mit dem fertiggestellten Teil der neuen Anlage zum alten Einstandspreise anzusetzen (streitig).

12. Abnutzung. Begriff. Von dem Einstandspreis ist die „angemessene Abnutzung“ abzuziehen, genauer der angemessene Betrag für Abnutzung (v. Breunig-v. Lewinski S. 181).

Das PrEinkStG. unterschied *Absetzungen wegen Abnutzung* und *Abschreibungen wegen Wertverminderung*. Als *Abnutzung* (§ 8 I 4 PrEinkStG.) wurden die Wertminderungen angesehen, welche der Gegenstand durch Verringerung oder Verschlechterung infolge natürlicher Einflüsse und des Gebrauchs im regelmäßigen Verlauf der Dinge nach allgemeiner Erfahrung zu erleiden pflegt, im Gegensatz zu den Minderungen des Gebrauchswerts infolge von Fortschritten der Technik oder außerordentlichen Vorfällen, z. B. Unglücksfällen oder Betriebsverände-

rungen (OVGSt. **5** 294), sowie zu den Minderungen des Veräußerungswerts (OVGSt. **13** 153). Bei Wertverminderungen (§ 13 Abs 1 Pr. EinkStG.) war die Ursache unerheblich (OVGSt. **15** 264, 270); Abnutzung wurde aber als Wertverminderungsgrund nur dann angesehen, wenn tatsächlich mit der Abnutzung auch eine Verminderung des gemeinen Werts verbunden war, dagegeu nicht, wenn infolge gleichzeitiger Preissteigerung trotz eingetretener Abnutzung der Wert des Gegenstands nicht gesunken war (OVGSt. **10** 306, **15** 270, 298).

Der Begriff der Abnutzung wird in der RAO. nicht bestimmt und geht auch aus der kurzen Entstehungsgeschichte des § 139 Abs. 2 (s. N. 1 zu § 15 VermStG.) nicht hervor. Die Abschreibung wegen Abnutzung fand sich jedoch auch in § 13 Ziff. 1 b des ursprünglichen RegE. zum REinkStG., das ein Vierteljahr nach der RAO. verabschiedet wurde. Die Begründung (Drucks. der NatVers. Nr. 1624) führte hierzu aus (S. 47):

> Die Nutzung eines Gebäudes usw.... ist stets an eine zeitlich beschränkte Dauer gebunden, nach deren Ablauf die Möglichkeit weiterer Nutzung aufhört und das in dem... Anlagekapital angelegte Geld bis auf den Materialwert verloren ist. Innerhalb dieser Nutzungsdauer vollzieht sich eine allmähliche, schließlich zur Wertvernichtung führende Wertverminderung.

Entsprechend wurde bei der Wiedereinführung der Abschreibungen wegen Abnutzung in § 13 Ziff. 1 b und § 33 a EinkStG. durch die Novelle vom 24. März 1921 zur Begründung ausgeführt (AusschBer. zur Novelle zum EinkStG., RTDrucks. 1920 Nr. 1710 S. 51), es müsse

> anerkannt werden, daß infolge Benutzung der in § 13 Ziff. 1 b genannten Gegenstände zur Erzielung eines Einkommens ein Verbrauch derselben stattgefunden hat. Um den Betrag dieses Verschleißes hat sich aber der Wert des gebrauchten Gegenstands zweifellos gemindert (a. a. O. S. 51).

Diese Norm wurde in § 33 a für die Betriebsvermögen auf alle Gegenstände ausgedehnt (a. a. O. S. 53).

Man wird den in der Begr. des EinkStG. aufgestellten und in der Begr. der Novelle festgehaltenen Begriff der Abnutzung auch auf § 139 Abs. 2, dessen Entstehung in dieselbe Zeit fällt wie der Entwurf des EinkStG., anwenden können. Abnutzung ist danach die sich innerhalb der Nutzungsdauer vollziehende, allmähliche, schließlich zur Vernichtung des Werts für den Betrieb führende Wertverminderung.

Das Wesen der Absetzung wegen Abnutzung bei den Gegenständen des Anlagekapitals nach § 139 Abs. 2 liegt hiernach in folgendem. Jeder Gegenstand des Anlagekapitals hat einen Einstandspreis an einem Zeitpunkt vor dem Bewertungsstichtag gehabt und bleibt noch eine gewisse Zeit im Betriebe; am Ende der Zeit muß er aus dem Betriebe ausscheiden, ist also für den Betrieb

wertlos geworden. Durch die Absetzung wegen Abnutzung wird derjenige Zwischenwert zwischen dem Einstandspreis und dem Nullwert angesetzt, der bei gleichmäßiger Verteilung des während der Gebrauchsdauer abzuschreibenden Einstandspreises dem Verhältnis zwischen der abgelaufenen und der noch bevorstehenden Gebrauchsdauer entspricht. Soll eine Maschine von zehnjähriger Lebensdauer, deren Einstandspreis 60 000 M. war, sechs Jahre nach der Anschaffung mit dem Einstandspreis abzüglich Abnutzung bewertet werden, so ist sie mit 24 000 M. anzusetzen.

Ist der Gegenstand am Ende der Gebrauchszeit voraussichtlich nicht ganz wertlos, sondern ist anzunehmen, daß er einen Restwert behalten wird (Altmaterialwert, Schrottwert oder dergl.), so wäre nicht der ganze Einstandspreis auf die Gebrauchsdauer zu verteilen, sondern nur die Differenz zwischen Einstandspreis und Restwert (vgl. Veit Simon, Bilanzen § 100). Häufig wird dieser Restwert außer acht zu lassen sein, da er zur Zeit des Erwerbs voraussehbar verschwindend gering ist (vgl. Lion, Bilanzsteuerrecht S. 203 Anm. 272). Wird er berücksichtigt, so ist er vom Zeitpunkt des Erwerbs aus zu beurteilen, nicht vom Zeitpunkt des Bewertungsstichtags aus. Sonst würde gerade bei starkem Sinken des Geldwerts, durch das der Wert des Altmaterials über den Einstandspreis steigen kann, jede Absetzung wegen Abnutzung unmöglich gemacht werden, obwohl durch die Zulassung der Absetzung wegen Abnutzung gerade die Abschreibung des Gegenstands von dem Schwanken der Preise unabhängig gemacht werden soll (vgl. Lion a. a. O. S. 211 Anm. 279).

Ungewöhnliche Vorfälle, Schadensfälle, Änderungen der Technik usw. geben an sich keinen Anlaß, eine stärkere Absetzung wegen Abnutzung vorzunehmen. Wenn sie den Veräußerungswert stark gemindert haben, können sie einen Grund bilden, zum Ansatz mit dem niedrigeren gemeinen Wert überzugehen. Jedoch können sie auch die Absetzung wegen Abnutzung mittelbar beeinflussen, nämlich dadurch, daß infolge des betreffenden Ereignisses eine Verkürzung der noch bevorstehenden Gebrauchsdauer eintritt. Wenn es sich z. B. im obigen Falle nach sechs Jahren infolge technischer Fortschritte oder infolge stärkerer Beanspruchung herausstellt, daß die Maschine nicht mehr vier, sondern nur noch zwei Jahre gebraucht werden kann, so sind nicht sechs Zehntel vom Einstandspreis, sondern sechs Achtel abzuziehen; die Maschine wäre daher nur mit 15 000 M. anzusetzen, die Absetzung für das sechste Jahr also von 6000 M. auf 15 000 M. zu erhöhen, für die beiden letzten Jahre auf je 7 500 M.

Eine Abnutzung im reinen Wortsinn würde nur bei körperlichen Gegenständen vorkommen, nicht bei Rechten und anderen unkörperlichen Gegenständen. Gehören solche Gegenstände zum Anlagekapital, so kann bei ihnen in gleicher Weise wie bei körperlichen Gegenständen die Möglichkeit der Benutzung im Betriebe zeitlich beschränkt sein. In diesem Falle ist eine jährliche Absetzung, durch die der Einstandspreis allmählich aufgezehrt

wird, in gleicher Weise angebracht wie bei körperlichen Gegenständen, es findet hier der gleiche Vorgang statt wie der, wegen dessen die körperliche Abnutzung zu Absetzungen berechtigt. Eine Beschränkung des Abzugs wegen Abnutzung auf Gebäude, Maschinen und sonstiges totes Inventar wie in § 8 I 4 PrEinkStG. ist in der RAO. nicht vorgesehen, vielmehr ist die Absetzung für die Gegenstände des Anlagekapitals ohne Einschränkung zugelassen. In der Zulassung solcher Absetzungen bei unkörperlichen Gegenständen liegt nicht sowohl eine analoge Anwendung der Absetzungen wegen körperlicher Abnutzung, sondern eine dem Sinn des Gesetzes entsprechende weite Auslegung des Begriffs Abnutzung, die sich aus der oben gegebenen Begriffsbestimmung ergibt. Hiernach ist eine Absetzung auch bei Rechten und andern unkörperlichen Gegenständen zulässig, wenn sie nur eine beschränkte Zeit dem Betriebe dienen können und ihr Wert nach Ablauf dieser Zeit für den Betrieb verloren ist. Dies gilt z. B. für Patente, die kraft Gesetzes zeitlich beschränkt sind (OVGSt. **17** 99), für vertraglich begrenzte, entgeltlich erworbene dingliche Lizenzen und Mietrechte usw. (im Ergebnis übereinst. OVG. **4** 241, **12** 127, **18** 103).

Hieraus ergibt sich noch eine andere Ausstrahlung des Abnutzungsbegriffs. Häufig wird die Führung eines bestimmten Betriebes auf einem zeitlich begrenzten Recht beruhen, z. B. eines Straßenbahnbetriebes auf einer städtischen Konzession, derart, daß nach Ablauf des Rechts nicht nur dies Recht erlischt, sondern auch die zur Ausnutzung des Rechts erforderlichen Gegenstände, d. h. die Anlagen und das rollende Material, auf die Stadt ohne Entgelt oder ohne ein dem Einstandspreis entsprechendes Entgelt zu übertragen sind. In diesen Fällen mindert sich der Wert der Anlagegegenstände für den Betrieb während der Nutzungsdauer allmählich, bis er vernichtet oder auf das Entgelt reduziert ist. Dieser Vorgang ist der gleiche wie bei der körperlichen Abnutzung und berechtigt in gleicher Weise zu Absetzungen, die dem allmählichen Herannahen der Wertvernichtung für den Betrieb Rechnung tragen (vgl. OVGSt. **5** 42). Das gleiche gilt, wenn die Konzession für gewerbliche Anlagen auf Zeit erteilt ist und die Anlagen nach Ablauf wertlos werden (OVGSt. **16** 290).

Eine besondere Art der Abnutzung ist die Substanzverringerung (s. N. 14).

13. Abnutzung und Abschreibung. Begriff der Abschreibung. Bei Betrieben, die keine Bücher führen, wird die Absetzung durch Abzug eines entsprechenden Betrags von dem Einstandspreis geltend gemacht. Bei Betrieben mit Buchführung, also auch mit Bilanzen, erfolgt jeder Wertabzug von einem in den Büchern enthaltenen Werte durch Abschreibung. *Abschreibung ist jeder buchmäßige Abzug vom Werte eines in den Büchern geführten aktiven Vermögensgegenstandes zwecks Herbeiführung eines niedrigeren Wertansatzes.*

Im folgenden werden die Abschreibungen nur vom Standpunkt der Vermögensbewertung nach der RAO. und dem VermStG. behandelt, und zwar nur für die Vermögensbewertung auf den 31. Dez. 1922.

Die Abschreibung kann buchmäßig erfolgen durch Ansetzung eines niedrigeren Wertes in den Aktiven (Abschreibung im engeren Sinne) oder durch Einstellung eines Abzugpostens in den Passiven (Bewertungskonto, s. N. 27 zu § 8 VermStG.; vgl. RFH. **1** 182). Die Verbindung beider Methoden, auch für denselben Gegenstand, ist zulässig; nur darf das Ergebnis beider Methoden zusammen die zulässige Höhe der Abschreibung nicht überschreiten (OVGSt. **17** 172). Die Abschreibung setzt voraus, daß bei der Feststellung des Wertes der Vermögensgegenstände in einer Bilanz von einer früheren Bilanz oder einer Reihe von früheren Bilanzen ausgegangen wird und die einzelnen durch die Inventur oder die Bücher ermittelten Werte durch das Mittel der Fortschreibung eingesetzt werden.

Der Grund jeder Abschreibung ist Herbeiführung eines niedrigeren Wertansatzes. Diese kann beruhen auf Wertminderung oder auf Wertartveränderung. Eine Wertminderung kann bei jeder der drei Wertarten der RAO. — gemeiner Wert, Ertragswert, Selbstkostenwert (s. N. 1 zu § 137) — ihrer Eigenart gemäß eintreten: beim gemeinen Wert durch dessen Sinken, beim Ertragswert durch Verringerung des Ertrags nach Menge oder Wert, beim Selbstkostenwert durch Abnutzung. An sich erscheint es auch denkbar, bei einer Wertart durch besondere Vorschrift Abzüge zuzulassen, die einer andern Wertart entsprechen; doch kommt dies für RAO. und VermStG. nicht vor. Abschreibung wegen Wertartveränderung liegt vor beim Übergang von einer Wertart (N. 1 zu § 137) zu einer andern, die einen niedrigeren Wert ergibt. Ausdrücklich erwähnt ist in der RAO. die Abschreibung vom Selbstkostenwert auf den niedrigeren gemeinen Wert (§ 139 Abs. 2). Zulässig ist aber auch der Übergang vom gemeinen Wert zum niedrigeren Selbstkostenwert (s. N. 23), ferner nach § 152 Abs. 6 auch die Abschreibung vom Ertragswert auf den niedrigeren gemeinen Wert und umgekehrt. Ein Übergang vom Selbstkostenwert zum Ertragswert und umgekehrt kann ausnahmsweise vorkommen, wenn ein zum Anlagekapital gehöriges Grundstück in das Umlaufkapital übergeht (N. 31).

Abschreibungen können nur auf eigene Gegenstände des Steuerpflichtigen gemacht werden. Benutzt der Pflichtige fremde Anlagen, so sind Abschreibungen nur zulässig, wenn er dem Eigentümer Ersatz für die Entwertung zu leisten hat (RFH. **3** 253). In Wirklichkeit handelt es sich hierbei um die Einstellung von Verbindlichkeiten (vgl. OVGSt. **19** 167 und N. 28 zu § 8 VermStG.).

Im folgenden wird zunächst nur die Abschreibung vom Selbstkostenwert wegen Abnutzung behandelt.

14. **Gegenstand der körperlichen Abnutzung** kann jeder körperliche Gegenstand des Anlagekapitals sein, der eine begrenzte Nutzungsdauer hat und innerhalb dieser einer allmählichen, zur Vernichtung seines Werts für den Betrieb führenden Wertminderung unterliegt. Diese kann darauf beruhen, daß der Gegenstand sich der qualitativen Unbrauchbarkeit nähert (Brauchbarkeitsverringerung) oder der quantitativen Erschöpfung (Substanzverringerung). In beiden Fällen scheidet er schließlich aus dem Betriebe aus, in dem ersten, weil er für den Betrieb unbrauchbar geworden, im zweiten, weil er untergegangen ist. Ein sachlicher Unterschied besteht nicht.

a) Der Brauchbarkeitsverringerung unterliegen in der Regel alle körperlichen Gegenstände. Dies gilt ohne weiteres für Gebäude, Maschinen und sonstiges totes Inventar.

1. Ein Ausschließungsgrund für lebendes Inventar fehlt im Reichssteuerrecht, abw. von § 8 I 4 PrEinkStG. für nicht handelsgewerbliche Betriebe; es ist auch nicht einzusehen, warum eine solche Abschreibung, z. B. bei den Pferden eines Fuhrunternehmers, unzulässig sein sollte. Mastvieh und Verkaufsvieh gehören nicht zum Anlage-, sondern zum Umlaufkapital, wohl aber Zug- und Zuchtvieh.

2. Der Grund und Boden als solcher unterliegt in der Regel keiner Verringerung der Brauchbarkeit, jedoch sind Ausnahmen denkbar, so bei den von einem Bergwerk zu Schlackenhalden erworbenen Grundstücken (OVGSt. **8** 223), bei den eigenen Grundstücken eines Bergbauunternehmens, die mit Sicherheit durch Bergschäden wertlos werden (OVGSt. **9** 255), bei Grundstücken, die einmal für eine bestimmte Kultur mit hohen Kosten bearbeitet sind und die dann allmählich ohne Erhaltung dieser Bearbeitung ausgenutzt werden (OVGSt. **6** 187); hierher können dem Weinbau gewidmete Grundstücke gehören.

Bei bebauten Grundstücken unterliegen die Gebäude und sonstigen mit dem Grund und Boden verbundenen Bestandteile der Abnutzung. Diese Abnutzung kann nicht mit einer etwaigen Erhöhung des Veräußerungswerts des Grund und Bodens ausgeglichen werden (OVG. in DStBl. **2** 347). Stärkere Abnutzung des Gebäudes in einem Jahre kann einen Grund für die Erhöhung der Abnutzungsquote bilden, wenn dadurch eine Verkürzung der künftigen Benutzungszeit eingetreten ist (s. N. 12).

3. Bücher unterliegen einer Abnutzung durch regelmäßigen Gebrauch. Daneben ist bei Büchern, deren Wert in ihrer aktuellen Informierung liegt, wie bei medizinischen Nachschlagewerken, juristischen Kommentaren und dergl., die Veraltung zu berücksichtigen, sofern die Anschaffungskosten nicht als laufende Ausgaben verbucht sind.

b) Substanzverringerung findet sich bei Bergbauunternehmungen, Steinbrüchen und anderen einen Verbrauch der Substanz bedin

genden Betrieben (§ 13 Ziff. 1 c REinkStG.). Die Zulässigkeit der Abschreibung ist — anders als nach der Rechtsprecheung des OVG. für das PrEinkStG. — nicht dadurch bedingt, daß der gemeine Wert der verbliebenen Substanz geringer ist als vorher (vgl. Strutz, N. 46 zu § 13 REinkStG.). Hier handelt es sich nur um die Abschreibung des Grundeigentümers, dem das Gewinnungsrecht zusteht und der es auch nicht durch Konstituierung eines selbständigen dinglichen Nutzungsrechts endgültig aus seinem Eigentum ausgeschieden hat (sächsische Kohlenabbaugerechtigkeit). Die Abschreibung ist auch zulässig, wenn die Gewinnung der Bodenbestandteile einem Dritten durch obligatorischen Vertrag, z. B. Verpachtung, überlassen ist (OVGSt. **15** 85).

15. Unkörperliche Gegenstände der Abnutzung. Voraussetzung der Absetzung wegen Abnutzung ist die zeitliche Beschränkung des Rechts. Der Substanzverringerung entspricht das Herannahen des Erlöschens des Rechts, der Brauchbarkeitsverringerung das Herannahen des Termins, zu dem ein — als solches weiterbestehendes — Recht ohne Gegenwert aus dem Betriebe ausscheidet.

a) Rechte, auf die Absetzungen wegen Abnutzung gemacht werden können, sind die obenerwähnten zeitlich begrenzten Rechte, die einer dauernden Nutzung fähig sind (s. N. 12). Hierher gehören auch die Rechte auf die Gewinnung von Bodenbestandteilen, wie Bergwerkseigentum; bei diesen ist eine Abschreibung wegen der Substanzverringerung in gleicher Weise zulässig wie beim Eigentümer. Rechte auf einzelne Leistungen, auch wenn sie wiederkehrende sind, Ansprüche, Forderungen werden kaum je zum Anlagekapital gehören.

b) Bilanzfähige — d. h. entgeltlich erworbene — Persönlichkeitsrechte und rein wirtschaftliche Güter (N. 31 zu § 8 VermStG.) unterliegen in der Regel keiner Beendigung durch Zeitablauf, daher ist eine Abschreibung wegen Abnutzung unzulässig; dies gilt insbesondere von Firma, Warenzeichen, Kundschaft usw. Abschreibungen auf Firmenkonto, Geschäftserwerbungskonto und dergl. gibt es daher nicht. Ausnahmsweise kann eine Abschreibung zulässig sein, wenn das Recht zwar entgeltlich, aber nur auf bestimmte Zeit übertragen ist, z. B. im Falle des Verkaufs einer Fabrik ohne Firma das Recht, die alte Firma auf beschränkte Zeit als Etablissementsbezeichnung zu führen.

c) Dauernde Beteiligungen, sei es in Form von Wertpapieren, sei es in sonstiger Form, unterliegen regelmäßig keiner zeitlichen Beschränkung. In den Fällen zeitlicher Beschränkung werden sie regelmäßig nicht derart aus dem Betriebe ausscheiden, daß kein Gegenwert im Betriebe verbleibt. Erlischt eine Beteiligung ausnahmsweise ohne Gegenwert, z. B. an einer konzessionierten Straßenbahn infolge entschädigungslosen Ablaufs der Konzession, so ist eine Abschreibung wegen Abnutzung zulässig. Das

gleiche gilt, wenn die Beteiligung den Anteil an einem Recht ausdrückt, das nach absehbarer Zeit durch Erschöpfung des Gegenstands der Berechtigung erlischt; wenn z. B. der Steuerpflichtige die sämtlichen Kuxe einer Gewerkschaft besitzt, so kann er auf die Kuxe die der Substanzverringerung entsprechenden Abschreibungen machen (RFH. 5 54); ebenso bei Aktien einer reinen Steinbruchaktiengesellschaft und dergl.

16. Einzel- und Kollektivabschreibung. Abschreibung auf die technische Einheit und auf das Gesamtunternehmen. Abschreibungen können sowohl auf die einzelnen Bilanzaktiven gemacht werden, als auch kollektiv auf Gruppen von Bilanzaktiven oder die Gesamtheit der Aktiven (RFH. **2** 139, **3** 27, 170, **4** 90, 166, 169). Einzelabschreibungen können sowohl durch Abzug in den Aktiven als durch Einstellung eines Passivpostens erfolgen, Kollektivabschreibungen nur durch Einstellung eines Passivpostens (Erneuerungskonto) (s. N. 13 zu § 139 RAO. und N. 27 zu § 8 VermStG.).

Kollektivabschreibungen wegen Abnutzung können nur wegen solcher Gegenstände erfolgen, die einer Abnutzung unterliegen (vgl. N. 14 und 15). Zulässig ist ein einheitliches Erneuerungskonto für die — in den Aktiven getrennten — Gebäude, Maschinen, Inventargegenstände, daher auch für die technische Einheit, obwohl in dieser meist auch nicht abnutzungsfähiger Grund und Boden enthalten ist; dessen Unabnutzbarkeit ist bei der Bemessung der Höhe der Dotierung zu berücksichtigen. Eine Kollektivabschreibung auf die technische Einheit ist vor allem dann geboten, wenn sie nach Ablauf einer gewissen Zeit unentgeltlich — oder doch unter dem Einstandspreis — einem andern zu übertragen ist (N. 12 a. E.). In diesen Fällen wird in der Regel ein Tilgungs- oder Amortisationsfonds in die Passiven gesetzt.

Ein entsprechender Vorgang für das Gesamtunternehmen ist schwer vorstellbar. Bei den sog. Abschreibungen auf das Gesamtunternehmen handelt es sich nicht um Minderwerte im Bereiche des Selbstkostenwerts, sondern um solche im Bereiche des gemeinen Werts (s. unten N. 27).

17. Bedeutung der Buchwerte. Steuerbilanzen. Ausgangspunkt der Abschreibung wegen Abnutzung ist grundsätzlich der Einstandspreis (s. N. 7 bis 11). Von diesem ist der Abzug zu machen, welcher sich aus der abgelaufenen und der noch erwarteten Gebrauchszeit ergibt. Dies gilt ohne weiteres bei nicht buchführenden Kaufleuten. Bei buchführenden Kaufleuten wird bei der Aufstellung einer Bilanz normalerweise nicht von den ursprünglichen Einstandspreisen der einzelnen Aktiven ausgegangen, sondern von den Buchwerten der letzten Bilanz. Von diesen wird die übliche Abnutzungsquote abgesetzt. Dies ist unbedenklich zulässig, wenn der letzte Buchwert auf einer Kette beruht, die, vom Einstandspreis aus-

gehend, durch regelmäßige Zuschreibung der Neuerwerbungen, Verbesserungen und Erweiterungen und durch Abschreibung der gebotenen Abnutzungsquoten entstanden ist. Dies ist bei einer Kette äußerlich ordnungsmäßiger Bilanzen anzunehmen, sofern kein Anlaß zu einer Beanstandung vorliegt (§ 208 RAO.). Sind die früheren Bilanzen steuerlich geprüft, so steht zwar an sich die Rechtskraft etwaiger Entscheidungen einer nochmaligen Nachprüfung nicht entgegen, doch wird eine nachträgliche Beanstandung nur aus schwerwiegenden Gründen erfolgen dürfen. Zur Angabe der Unterlagen der Besteuerung, die der Steuerpflichtige verlangen kann (§ 240 RAO.), gehört nicht nur die Angabe, wie der Einstandspreis und die Abnutzung berechnet ist, sondern auch aus welchen Gründen ein Anlaß zur Beanstandung der letzten und der früheren Bilanzen angenommen ist (§ 208 RAO.); Unterlassung der verlangten Auskunft bildet einen die Revision begründenden Verfahrensmangel. Hinter die für das Notopfer nicht bemängelte Notopferbilanz sollte überhaupt nicht mehr von den Steuerbehörden zurückgegangen werden.

Sind in den früheren Bilanzen die eingesetzten Werte für Gegenstände des Anlagekapitals nicht anerkannt, sondern infolge Herabsetzung der Abnutzungsquoten seitens der Steuerbehörden höhere Werte angesetzt, so sind diese für Steuerzwecke berichtigten Bilanzen — Steuerbilanzen — maßgebend (OVGSt. **7** 153, **15** 115).

18. Die Höhe der Abnutzung bis zu einem bestimmten Stichtag ergibt sich aus Einstandspreis und Lebensdauer, indem der Einstandspreis im Verhältnis der noch nicht abgelaufenen Zeit zur gesamten Zeit geteilt wird. Verstärkungen der Absetzung erfolgen durch Annahme einer kürzeren noch bevorstehenden Lebensdauer. Die jährliche Abnutzungsquote ist der Bruch aus Einstandspreis und Lebensdauer; je kürzer die Lebensdauer, um so höher die Quote. Wird der Altmaterialwert berücksichtigt, so tritt an die Stelle des Einstandspreises die Differenz zwischen Einstandspreis und Restwert (N. 12).

Die Erhaltungskosten sind als Betriebskosten zu verbuchen. Werden sie aktiviert, so müssen sie abgeschrieben werden, da sie den Wert nicht erhöhen. Mittelbar kann aber ihre Aufwendung erheblich für die Berechnung der Abschreibungen sein, da die Lebensdauer eines dauernd in gutem Reparaturzustande erhaltenen Gegenstandes länger ist als die eines schlecht erhaltenen.

Verbesserungen und Erweiterungen sind zu aktivieren (N. 7 a. E.) und erhöhen dadurch den Einstandspreis. Von ihrer Aufwendung an erhöht sich daher der Betrag, von dem abgeschrieben wird, und der abzusetzende Betrag. Praktisch wird für den Zeitpunkt der Aufwendung der für diesen Punkt ermittelte Selbstkostenwert (Buchwert) genommen, die Aufwendungen werden zugerechnet, die Summe wird als Einstands-

preis des verbesserten oder erweiterten Gegenstands behandelt, von welcher nun entsprechend der künftigen Lebensdauer des veränderten Gegenstands abgeschrieben wird.

Bei der Umwandlung von Anlagen ist der Selbstkostenwert (Buchwert) der alten Anlage im Zeitpunkt der Umwandlung der Einstandspreis der neuen Anlage, von dem dann abzuschreiben ist.

Die Schätzung der Lebensdauer und damit der Abnutzungsquote wird praktisch nicht für jeden einzelnen Gegenstand stattfinden können. Vielmehr sind auf tatsächlichen Erfahrungen beruhende Durchschnittssätze anzuwenden, im allgemeinen die schon bisher von den Steuerbehörden anerkannten Durchschnittssätze. Will der Pflichtige oder die Steuerbehörde im Einzelfall abweichen, so ist der Grund der Abweichung nachzuweisen.

Auf Gegenstände, die im Laufe des Geschäftsjahrs erworben sind, ist eine der Besitzzeit entsprechende Abschreibung zu machen.

19. Die Höhe der Substanzverringerung. Bei Bergwerken ist zur Ermittlung der Substanzverringerung von der Gesamtmenge der Substanz zur Zeit des Erwerbs auszugehen. Es ist festzustellen, welcher Teil bereits abgebaut ist, und ein entsprechender Bruchteil vom Einstandspreis abzuziehen. Wird von der vorhergehenden Bilanz ausgegangen und ist daher nur die Verringerung des letzten Bilanzjahres zu ermitteln, so ist der Buchwert bei Beginn des Geschäftsjahrs um den Bruchteil des Einstandspreises herabzusetzen, der dem Verhältnis des Jahresabbaus zur Gesamtmenge entspricht. Auf den Konjunkturwert der abgebauten oder der verbliebenen Menge kommt es nicht an.

Als Gesamtmenge kommt nicht die abbaufähige, sondern nur die abbauwürdige Menge in Betracht, d. h. diejenige Menge, für die eine zur wirtschaftlichen Verwertung führende bergmännische Gewinnung möglich erscheint (§ 15 ABG.). Ist infolge technischer Fortschritte oder sonstiger Veränderungen ein Abbau in größerer Teufe als bisher angenommen möglich, so erhöhen sich für die künftigen Berechnungen der Gesamtabnutzung bezw. der Abnutzung des letzten Bilanzjahres Gesamtmenge und Lebensdauer. Erweist sich die Gesamtmenge geringer als angenommen, so vermindern sich diese Beträge.

Bei anderen Betrieben zur Gewinnung von Bodenbestandteilen, bei denen das Abbaurecht dem Eigentümer zusteht, z. B. Steinbrüchen, Kiesgruben, Torfstichen und dergl., kommt es darauf an, ob das Grundstück nach vollem Abbau mehr oder weniger wert ist (OVGSt. **10** 99); das erste wird z. B. meist bei Torfstichen, das zweite bei Steinbrüchen der Fall sein. Je nachdem der Wert des Grundstücks nach vollem Abbau geringer ist als vorher, ist eine Abschreibung wegen Substanzverringerung zulässig. Maß-

gebend für diesen Endwert des Grundstücks nach vollem Abbau ist der gemäß § 152 RAO. ermittelte Wert, zu dem eine zur Zeit des Erwerbs des Grundstücks aufgestellte Schätzung geführt hätte.

Neben der Abschreibung wegen Substanzverringerung ist auf die Anlagen zur Gewinnung der Bodenbestandteile die übliche Abschreibung wegen Abnutzung vom Einstandspreis dieser Anlagen zu machen.

20. Abbuchungen. Gegenstände, die in demselben Jahr, in dem sie angeschafft sind, vollständig abgenutzt werden, werden auch in demselben Jahre vollständig abgeschrieben, wenn sie aktiviert sind. Meist werden sie nicht einem Anlagekonto belastet, sondern von vornherein nur als Betriebskosten verbucht. In gleicher Weise wird meist mit solchen Gegenständen des Anlagekapitals verfahren, die in ganz kurzer Frist, ein oder zwei Jahren, verbraucht oder mit Sicherheit, z. B. wegen veränderter Verhältnisse, nicht mehr brauchbar sind.

Soweit sonst Gegenstände des Anlagekapitals abgebucht (1 M.-Konten) oder über Betrieb gebucht sind, sind in Wirklichkeit stille Reserven gebildet, die dem steuer- bezw. zwangsanleihepflichtigen Vermögen zuzurechnen sind.

21. Abnutzung und Erneuerung. 1 M.-Konten. Das Wesen der Abschreibung wegen Abnutzung, sei es durch Abzug in den Aktiven, sei es durch Dotierung des Erneuerungsfonds, ist es, das allmähliche Unbrauchbarwerden des Anlagegegenstands zum Ausdruck zu bringen. Sind Überschüsse in entsprechender Höhe vorhanden, so hat die Abschreibung zur Folge, daß sie zurückgehalten werden und daher für Wiederbeschaffungen zur Verfügung stehen. Zum Wesen der Abschreibung wegen Abnutzung gehört dies aber nicht, da diese Abschreibungen auch dann gemacht werden müssen, wenn keine entsprechenden Bruttoüberschüsse vorhanden sind, die Abschreibungen also als effektive Verluste in Erscheinung treten. Anderseits kann aber nicht verkannt werden, daß meistens diese Abschreibungen der Wiederbeschaffung, der Erneuerung dienen sollen („Erneuerungsfonds"). In normalen Zeiten wurde dieser Zweck auch regelmäßig im wesentlichen erreicht. Infolge der eingetretenen Wertlosigkeit der deutschen Währung genügen die durch Abschreibung eines Gegenstands bis auf 1 M. angesammelten Beträge aber nicht mehr, um die Kosten der Wiederbeschaffung zu decken. Man hat daher den Erneuerungsfonds noch weiter dotiert, auch nachdem der Gegenstand durch Abzug oder Dotierung oder beides vollständig abgeschrieben war; vor allem hat man zu diesem Zweck die von Neumann (MittRVJ. 1921 S. 283, 1922 S. 290) sog. Werkerhaltungskonten gebildet.

Ist ein Gegenstand abgebucht, so ist eine weitere Abschreibung wegen Abnutzung auf diesen Gegenstand nicht möglich. Die Abnutzung kann nicht

größer sein, als sich aus Einstandspreis und Lebensdauer ergibt. Um diese einfachen Sätze ist nicht herumzukommen. Eine andere Frage ist es, ob nicht das Herannahen des Unbrauchbarwerdens eines Gegenstands für den Betrieb und der dadurch bedingten Notwendigkeit einer größeren Aufwendung den Preis, den ein Erwerber der ganzen Anlage, zu der der Gegenstand gehört, bewilligen würde, herabdrücken, also den gemeinen Wert mindern würde. Dieser Gedanke gehört daher aber zu den Abschreibungen im Bereiche des gemeinen Werts, ebenso wie die Bedeutung der steuerfreien Erneuerungsrücklage nach § 59 a EinkStG. und der Abschreibungen auf 1 M.-Konten, die damit begründet werden, daß der wahre Wert höher sei (s. unten N. 23 und 27).

22. **Der erhöhte Selbstkostenwert.** S. N. 12 und 13 c zu § 138 RAO. Voraussetzung für die Anwendung des § 15 Abs. 4 VermStG. ist ein dauerndes Steigen des Preises, der für den Erwerb eines Gegenstands wie des zu bewertenden anzulegen ist. Dies Steigen muß auf der Entwicklung der allgemeinen Wirtschaftsverhältnisse beruhen, nicht z. B. auf Versiegen oder Einstellung der Produktion, z. B. des russischen Platins. Wirken beide Momente zusammen, so ist ihr Einfluß zu trennen.

Das grundsätzliche Maß der Erhöhung ergibt sich aus N. 12 zu § 138 RAO. Nach § 15 Abs. 4 Satz 2 ist die Weiterführung des Betriebs anzunehmen; danach darf eine etwaige Veräußerung des Unternehmens oder des einzelnen Gegenstands nicht zugrunde gelegt werden und darf ferner auch die Erhöhung den Wert nicht überschreiten, bei dem das Unternehmen unrentabel werden würde. Die Berücksichtigung der Einheit des Unternehmens erfordert, daß bei der Werterhöhung die etwa gleichzeitig auch bei andern Gegenständen des Anlagekapitals eintretenden Erhöhungen mitbeachtet werden.

Bei der Begründung des Antrags auf Grund § 24 a Abs. 4 ZwAG. wird in erster Reihe darzutun sein, daß die Rentabilität des Unternehmens in dem in N. 12 zu § 138 RAO. dargelegten Sinne sich nicht in dem Maße gesteigert hat, in dem die Selbstkostenwerte bei Anwendung der Sätze der BewRichtl. in die Höhe gesetzt werden würden. In zweiter Reihe kann der Antrag darauf gestützt werden, daß ein Erwerber der ganzen technischen Einheit für die strittigen Gegenstände nicht den sich aus den vervierfachten Sätzen der BewRichtl. ergebenden Preis bewilligt hätte (N. 24).

Für dauernde Beteiligungen ist hinsichtlich des Maßes der Erhöhung im Gesetz nichts Abweichendes vorgesehen. Dem Pflichtigen steht es gemäß § 139 Abs. 2 RAO. frei, bei Wertpapieren einen etwa niedrigeren Steuerkurs oder Steuerwert, im übrigen einen sonstigen niedrigeren gemeinen Wert anzusetzen. Er kann aber auch bei dem alten Selbstkostenwert stehenbleiben und nur die Zulässigkeit oder das Maß der Erhöhung

bekämpfen, z. B. durch den Nachweis, daß die Sachgüter, an denen er dauernd beteiligt ist, sich nicht im Werte erhöht haben.

Wegen der eisernen Bestände s. N. 3.

23. Überpreisabschreibung beim Selbstkostenwert. Seit Einsetzen der immer stärkeren Markentwertung mußten für die neu zu beschaffenden Gegenstände des Anlagekapitals Preise angelegt werden, die allgemein als Teuerungspreise empfunden wurden. Soweit diese Preise den dauernden gemeinen Wert übersteigen, kann schon nach § 139 Abs. 2 ein Herabschreiben auf diesen gemeinen Wert stattfinden. Der Übergang zum gemeinen Wert hat aber den Nachteil, daß von diesem gemeinen Wert Abschreibungen wegen Abnutzung nicht mehr gemacht werden können, da Abschreibungen wegen Abnutzung in § 139 Abs. 2 nur vom Selbstkostenwert vorgesehen sind (N. 12, 13). Es könnten also künftig nur noch Abschreibungen wegen Verminderung des gemeinen Werts gemacht werden; diese werden aber häufig unzulässig sein, weil sich infolge der tatsächlichen weiteren Entwicklung der dauernde gemeine Wert nicht vermindert. Es muß daher eine Möglichkeit geben, der in dem Einstandspreis steckenden Überteuerung Rechnung zu tragen, ohne zum gemeinen Wert überzugehen und dadurch die Abschreibungen wegen Abnutzung unmöglich zu machen.

Abnutzung ist (N. 12) die allmähliche, sich innerhalb der Nutzungsdauer vollziehende Vernichtung des Werts für den Betrieb. Ihr liegt der Gedanke zugrunde, daß die einmalige Ausgabe für die Anschaffung oder Herstellung des Anlagegegenstands, die zunächst nicht als Ausgabe, sondern als Aktivum erscheint, auf die ganze Dauer der Benutzung des Gegenstands verteilt wird, und zwar in gleichmäßigen Beträgen für die ganze Dauer der Benutzung. Da der Einstandspreis in Papiermark gezahlt und die Abschreibungen in Papiermark berechnet werden, ist es aber nicht angängig, in jedem Jahr einfach den gleichen Papiermarkbetrag anzusetzen; denn infolge des schwankenden Werts der Mark würden dann in Wirklichkeit die Beträge nicht gleich groß sein. Bessert sich der Wert der Mark, so wäre ein geringerer Papiermarkbetrag abzusetzen als bei schlechterem Markkurs. Dem entspricht auch, daß normalerweise die Abschreibungen aus dem Bruttogewinn zu decken sind — wenn sie auch unabhängig von jedem Gewinn einzusetzen sind — und daß bei steigendem Markkurs und daher sinkenden Papiermarkgewinnen die Bruttoeinnahmen gar nicht ausreichen würden, um die erforderlichen Abschreibungen wegen Abnutzung auf die bei niedrigerem Markkurs angeschafften Anlagen zu decken. Das Herabschreiben auf den gesunkenen gemeinen Wert würde in diesem Falle wiederum nichts nützen, da es für die Zukunft Abschreibungen wegen Abnutzung ausschließen würde.

Aus diesen Erwägungen heraus muß in Jahren mit schlechtem Markkurs die Abschreibung wegen Abnutzung so hoch bemessen werden, daß in Jahren

mit besserem Markkurs die entsprechend niedrigeren Papiermarkbeträge — die aber ihrem inneren Wert nach den früheren höheren Beträgen gleichwertig sind — zur Abschreibung gelangen können und doch die vollständige Abschreibung des Einstandspreises innerhalb der Nutzungsdauer gewährleistet ist. Hiernach rechtfertigt sich eine übermäßige, das Verhältnis von Einstandspreis und Nutzungsdauer übersteigende Abschreibung bei niedrigem Markkurse. Im Ergebnis kann hiernach etwa der gleiche Betrag abgeschrieben werden, der als Überteuerungspreis angesehen wird. Denn der dann verbleibende Betrag wird der Betrag sein, von dem auch bei steigendem Markkurs die jeweiligen Abschreibungen während der Nutzungsdauer gemacht werden können. Es handelt sich, von dem hier vertretenen Standpunkt aus, dabei in Wirklichkeit nicht um eine Herabschreibung auf den gemeinen Wert, sondern um die der Markentwertung entsprechende *erhöhte Abnutzungsquote*.

Hiernach erscheinen sachgemäße Abschreibungen wegen Abnutzung in der für VermSt. und ZwA. maßgebenden Bilanz grundsätzlich auch dann gerechtfertigt, wenn in früheren Bilanzen Überpreisabschreibungen gemacht sind oder wenn bei der Verbuchung des im letzten Bilanzjahr erworbenen Gegenstands der Überpreis sofort als Verlust abgebucht ist.

Die Höhe der erhöhten Abnutzungsquote ist nach den Verhältnissen am Bilanzstichtage sachgemäß zu schätzen.

24. Der gemeine Wert im Betriebsvermögen. Gegenstände des Anlagekapitals können statt mit dem Selbstkostenwert nach § 139 Abs. 2 auch mit dem niedrigeren (dauernden) gemeinen Wert angesetzt werden. Für den gemeinen Wert der Gegenstände des Betriebsvermögens gilt grundsätzlich das allgemein über den gemeinen Wert Gesagte (N. 1 ff. zu § 138 RAO.). § 139 Abs. 1 enthält jedoch eine Besonderheit: es soll in der Regel davon ausgegangen werden, daß das Unternehmen bei der Veräußerung nicht aufgelöst, sondern weitergeführt wird. Nach den BewRichtl. I § 16 bedeutet dies, daß die Bewertung „nach der den einzelnen Gegenständen im Rahmen des arbeitenden Unternehmens innewohnenden Bedeutung" vorzunehmen ist. Dies käme aber auf die Ansetzung des der RAO. unbekannten Gebrauchswerts oder des hier nicht vorgesehenen Ertragswerts hinaus. Richtiger Auffassung nach enthält diese Bestimmung eine Beschränkung hinsichtlich des zum Begriffsmerkmal des gemeinen Werts gehörigen „gewöhnlichen Geschäftsverkehrs" nach der subjektiven Seite (N. 3 zu § 138 RAO.). Nur ein solcher Käufer soll in Betracht kommen, der sämtliche Gegenstände des Betriebsvermögens erwerben und das Unternehmen weiterführen würde (vgl. RFH. **10** 118). Demnach ist *der gemeine Wert im Betriebsvermögen der Preis, der bei einer Veräußerung an einen Unternehmer, der das Unternehmen fortführt, zu erzielen wäre.*

Jeder für den Besitzer erzielbare Veräußerungspreis ist gleichzeitig der Erwerbspreis des etwaigen Käufers. Während aber nach § 138 Abs. 1 der Käufer maßgebend ist, der im Güterumsatz um eine Stufe weiter zum endgültigen Verbrauch führt, ist bei der Bewertung von Betriebsvermögen der Erwerbspreis eines auf gleicher Stufe des Güterumsatzes stehenden Käufers entscheidend (bedenklich daher Begr. RAO. S. 111 f.). Jedoch kommt es nicht auf den Erwerbspreis des Besitzers selbst an, sondern auf den Preis, den ein beliebiger anderer Unternehmer anlegen würde (nicht ganz richtig daher Lion, Bilanzsteuerrecht S. 133).

Die Worte in der Regel weisen auf die Möglichkeit von Ausnahmen hin. Solche Ausnahme käme dann in Frage, wenn ein Verkauf der Gegenstände notwendig zur Auflösung des Unternehmens führen müßte, weil kein anderer Unternehmer es fortführen würde, oder wenn ein Unternehmen mangels Ertragsfähigkeit stillgelegt ist oder unproduktiv ausgenutzt wird (Mrozek, Anm. 3 a zu § 139).

25. Der gemeine Wert des Anlagekapitals. Die BewRichtl. unterscheiden für das Anlagekapital nicht zwischen Ansatz zum Selbstkostenwert und zum gemeinen Wert, sie schreiben einheitlich nur die Bewertung nach dem Notopferwert oder dem späteren Einstandspreis vor (N. 5). Die Unterscheidung zwischen Selbstkostenwert und gemeinem Wert kommt daher erst in Frage, wenn gemäß § 24 a Abs. 4 ZwAG. Bewertung nach dem Gesetz erfolgt. Für die Frage, ob die gesetzliche Bewertung niedriger ist als die nach den BewRichtl., kann sowohl die Bewertung zum Selbstkostenwert als die zum gemeinen Wert vorgebracht werden; bei der zum Selbstkostenwert ist aber die in § 15 Abs. 4 VermStG. vorgesehene Erhöhung des Selbstkostenwerts zu beachten.

In normalen Zeiten würde in der Regel ein Unternehmer einem andern für die Anlagewerte nur den Buchwert bezahlt haben, jedenfalls nicht mehr als den Einstandswert abzüglich angemessener Abnutzung. Das gleiche gilt jetzt für Anlagewerte, die bereits im jetzigen Stadium der Geldentwertung angeschafft sind, wobei in der Regel bei dem Erwerb aller Anlagen eines Unternehmens nur der um die erhöhte Abnutzungsquote verminderte Einstandspreis (N. 23) bezahlt wird. Für Anlagegegenstände, die vor dem Zustand der am Stichtage bestehenden Geldentwertung erworben sind, ist der Preis, den ein kaufender Unternehmer bewilligen würde, selbständig unter sinngemäßer Anwendung des § 138 RAO. zu ermitteln. Die BewRichtl. können als Anhalt verwertet werden.

26. Fortsetzung: Abschreibungen. Ist in der letzten Bilanz ein höherer Selbstkostenwert eingesetzt als der dauernde gemeine Wert am Stichtag, so wird der Gegenstand auf den niedrigeren gemeinen Wert heruntergeschrieben. Auf diese Weise können besonders auch Überteuerungspreise auf das richtige Maß heruntergebracht werden (vgl. aber N. 23). War der

letzte Buchwert auf Grund des gemeinen Werts ermittelt, so wird die Differenz gegenüber dem gemeinen Wert am Stichtag abgeschrieben. Es ist für die erste Veranlagung zur VermSt. und für die ZwA. nicht erforderlich, daß die Wertverminderung gerade im letzten Bilanzjahr eingetreten ist, im Gegensatz zu den Abschreibungen wegen Wertverminderung für die Einkommens- und Ertragssteuern (OVG. **18** 74). Es muß nur nachgewiesen werden, daß der gemeine Wert tatsächlich geringer ist als der bisherige Buchwert.

Abschreibungen wegen Wertminderung können bei allen körperlichen Gegenständen vorkommen, auch bei Grund und Boden, ferner bei Rechten und Beteiligungen (N. 14 und 15 a und c). Bilanzfähige Persönlichkeitsrechte und rein wirtschaftliche Güter (N. 31 zu § 8 VermStG., N. 15 b) werden in der Regel nur einen Selbstkostenwert haben, keinen gemeinen Wert. Sollte ausnahmsweise ein gemeiner Wert angesetzt sein, so wird seine Verringerung schwer nachweisbar sein — allenfalls bei allgemeinem Rückgang des betreffenden Geschäfts oder Geschäftszweigs.

Zulässig ist auch eine Herabschreibung von dem zuletzt angesetzten gemeinen Wert auf den niedrigeren Selbstkostenwert.

Zu berücksichtigen ist jede Minderung des objektiven Werts sowie jede subjektive Wertminderung, insbesondere auch auf Grund der Verpflichtun zur Beseitigung oder kostenlosen Überlassung von Anlagen (RFH. **10** 169 f.). Die bloße Absicht einer Verlegung der Fabrik ohne rechtlich erheblichen Zwang begründet keine Wertminderung (RFH. **4** 58). Wegen Wertminderung können höhere Abschreibungen als wegen Abnutzung gerechtfertigt sein, z. B. kann bei Patenten das Bekanntwerden ähnlicher Erfindungen höhere Abschreibungen rechtfertigen als das bloße Herannahen des gesetzlichen Endtermins (OVGSt. **17** 99).

27. Abschreibungen auf das Gesamtunternehmen. Wegen der Zulässigkeit von Kollektivabschreibungen s. N. 16. Bei zusammengefaßten Abschreibungen wegen Wertminderung bestimmter Aktiven genügt der Nachweis der Entwertung. Darüber hinaus können aber Umstände vorliegen, auf Grund deren ein Erwerber, der sämtliche Aktiven zwecks Fortführung des Unternehmens erwirbt, für die Gesamtheit der Aktiven einen geringeren Preis bewilligen würde, als sich aus der Summe der Einzelwerte ergibt. Als solche Umstände, die eine „Entwertung des Gesamtunternehmens" (RFH. **9** 108) zur Folge haben können, sind anerkannt: die am Stichtage bestehende Notwendigkeit einer mit Verlusten verbundenen Umstellung des Betriebes (RFH **2** 135, **5** 342; OVGSt. **18** 125 f., 215), der bereits am Stichtag bestehende Zwang zu unproduktiven Lohnausgaben (RFH. **9** 102 und Strutz im DStBl. 1919 S. 287 ff.), eine infolge des Währungsverfalls zu erwartende Verminderung des Reinertrags (Kursausgleichsrücklagen; vgl. Strutz im DStBl. 1920 S. 485 f. und Mrozek, Anm. 21 zu § 174 RAO.), der Zwang, ein in Verlust geratenes notwendiges Betriebsmittel durch eine Neuanschaffung

zu Überteuerungspreisen zu ersetzen, wobei die Differenz zwischen dem dauernden gemeinen Wert der Neuanschaffung und dem Überpreis der Wertminderungsfaktor ist (RFH. 4 166 und 169). In dem letzten Falle wird die Abschreibung nicht dadurch ausgeschlossen, daß der Unternehmer eine Entschädigung für den Verlust erhält; die Entschädigung erscheint zwar als Aktivum, die bevorstehende unproduktive Mehrausgabe infolge des zu zahlenden Überpreises aber als steuerfreier Passivposten. Dem Totalverlust steht das Näherkommen der Zeit, in der eine Ersatzanschaffung zu Überpreisen vorgenommen werden muß, gleich, sofern dadurch schon jetzt eine Entwertung der Gesamtheit des Betriebsvermögens eingetreten ist (Spieß, MittRVJ. 1921, S. 39 bis 34; vgl. RFH. im RStBl. 1922 S. 70).

Voraussetzung ist in allen Fällen, daß ohne diese Abschreibungen die Aktiven abzüglich der Schulden einen Betrag ergeben, der den erzielbaren Preis für die Gesamtheit des Betriebsvermögens im Sinne des dauernden gemeinen Werts übersteigt (RFH. 2 139, 3 27, 170, 4 90, 166, 169). Diesen Grundsatz hat der RFH. dahin eingeschränkt, daß Gesamtabschreibungen nur zulässig sein sollen, wenn die Wertminderung sich auf das in der Bilanz ausgewiesene Vermögen bezieht (RFH. 3 170, 4 91, 201). Diese Einschränkung ist richtig, solange die Summe der Einzelwerte abzüglich der Schulden trotz des Umstands, dessen Berücksichtigung der Steuerpflichtige verlangt, den Wert der Gesamtheit übersteigt. Hat aber die Wertminderung oder der Verlust eines nicht bilanzmäßigen, nicht einmal bilanzfähigen Vermögenswerts — z. B. der selbsterworbenen Kundschaft im Ausland durch Zollschranken — zur Folge, daß der Wert der Gesamtheit unter den Überschuß der Einzelwerte über die Schulden sinkt, so ist insoweit die Gesamtabschreibung jedenfalls für die Verm St. und ZwA. dennoch zulässig (vgl. Veit Simon in JurW. 1920 S. 928).

Praktisch werden die Gesamtabschreibungen meist nur für solche Bilanzen, in denen keine oder keine erheblichen Goldmarkwerte mehr stecken; denn wo solche Werte noch vorhanden sind, wird die Summe der Einzelwerte regelmäßig hinter dem gemeinen Wert der Gesamtheit zurückbleiben. Zu steuerfreien Rückstellungen der Wiederbeschaffungskosten (Werkerhaltungskonten) können diese Gesamtabschreibungen daher kaum je führen, ebensowenig zu weiteren Abschreibungen auf 1 M.-Konten (vgl. Haußmann, Wandlungen des Steuerrechts im Zeichen der Geldentwertung S. 40 f.).

Die Zulässigkeit der sog. Abschreibungen auf das Gesamtunternehmen ist auch in den BewRichtl. (II B IV) anerkannt.

28. Umlaufkapital. Umfang. Einteilung. Wegen des Begriffs s. N. 2. Das Umlaufkapital besteht aus Vorräten und Geldwerten. Vorräte sind die Rohstoffe, Halbfabrikate, Fertigfabrikate, Waren und Hilfsstoffe, Geldwerte die Beträge an barem Geld, Guthaben, Forderungen, Devisen, alles, soweit es zum Umlaufkapital gehört. Zum Umlaufkapital können auch Grund-

stücke und Wertpapiere gehören, und zwar zu den Vorräten, sowohl wenn sie die eigentliche Ware des Unternehmens bilden, also bei Terrainunternehmungen bezw. beim Wertpapierhändler, dem Bankier, als auch wenn es sich nur um eine vorübergehende Anlegung von Betriebsmitteln in Grundstücken oder Wertpapieren handelt, ohne die Absicht dauernder Widmung für den Betrieb.

29. Die Bewertung des Umlaufkapitals nach den BewRichtl. Die BewRichtl. regeln folgende Gruppen des Umlaufkapitals:

Vorräte, hochwertige Devisen,
Forderungen, Wertpapiere.

a) Bei der Bewertung der Vorräte wird vom Einstandspreis ausgegangen, von diesem wird ein Abschlag, zu dem Rest der in § 24 a Abs. 2 ZwAG. vorgesehene Zuschlag gemacht. Hiernach werden die Vorräte angesetzt (II B II 2)

bei einem Erwerb vor dem 1. April 1922 mit dem 2,8 fachen Einstandspreis,
bei einem Erwerb nach dem 31. März, vor dem 1. Okt. 1922 mit dem 1,6 fachen Einstandspreis,
bei einem Erwerb nach dem 30. Sept. 1922 mit dem 0,8 fachen Einstandspreis.

Die Ansetzung mit 80 v. H. des Einstandspreises ist auch dann geboten, wenn zum Nennwert anzusetzende Schulden gegenüberstehen. Wenn aus der angeblichen Einheit des Betriebsvermögens die Folge hergeleitet ist, daß bis zur Höhe der Schulden die Aktiven nicht niedriger als zum Anschaffungspreise angesetzt werden dürfen, so ist dies reine Willkür. Abgesehen von der Unrichtigkeit des Ausgangspunktes (s. N. 14 bis 18 zu § 137 RAO.) steht dem schon das Gesetz entgegen: nach § 24 a Satz 1 ZwAG. ist die Bewertung nach den BewRichtl., soweit sie feste rechnungsmäßige Unterlagen enthalten (vgl. N. 5), zwingend vorgeschrieben, eine Ausnahme ist nur im Falle des § 24 a Abs. 4 zugelassen. Ein höherer Ansatz als der in den BewRichtl. vorgeschriebene ist daher gesetzwidrig. Die Bestimmungen über die Verrechnung von Devisenforderungen und -schulden (BewRichtl. II B II 3, s. u. zu c 1) und über die Bewertung von Wertpapieren, denen Schulden gegenüberstehen (§ 24 a Abs. 1 Satz 3, s. N. 17 zu §§ 141, 142 RAO.), sind demgegenüber einer analogen Anwendung nicht fähig.

Auf die Schwierigkeiten der Ermittlung des Einstandspreises der Vorräte, besonders im Einzelhandel, hat schon Eyck (Voss. Ztg. vom 10. April 1923) hingewiesen. Er schlägt vor, von der aus der Praxis bekannten Umlaufszeit der verschiedenen Warengruppen auszugehen, durchschnittsmäßig zu berechnen, welcher Teil des Bestandes am Stichtag aus der Zeit vor dem 1. April bezw. 1. Okt. 1922 herrührt, und für die drei Gruppen von den nachzuweisenden Durchschnittspreisen der Perioden auszugehen.

Der Zentralverband des Deutschen Großhandels ist mit dem Finanzministerium in Verhandlungen getreten, um für die-

jenigen Warengruppen, die am Lager nicht getrennt gehalten werden und bei denen die allgemeinen Bewertungsvorschriften der Warenvorräte für die Vermögensteuer nicht durchführbar wären, durchschnittliche Bewertungsgrundlagen zu schaffen. Auf Grund dieser Verhandlungen hat der Reichsfinanzminister, wie der Zentralverband des Deutschen Großhandels mitteilt, einen Erlaß herausgegeben, in dem es heißt:

„Für die Bewertung der zum Betriebsvermögen gehörigen Vorräte an Rohstoffen, Halbfabrikaten, Fertigfabrikaten und Waren ist auf Grund der Änderung der Bewertungsrichtlinien für die erste Veranlagung zur Vermögensteuer und für die Veranlagung zur Zwangsanleihe vom 6. März 1923 (RStBl. S. 91) nicht mehr der Abschlußtag des Betriebes, sondern der Zeitpunkt der Anschaffung oder Herstellung der einzelnen Ware usw. maßgebend. Im Hinblick darauf, daß in manchen Betrieben der Preis, zu dem im einzelnen die Waren eines Lagers usw. angeschafft oder hergestellt sind, nicht oder nur mit Schwierigkeiten ermittelt werden kann, habe ich die Finanzämter angewiesen, die Steuererklärung dann nicht zu beanstanden, wenn in derartigen Fällen für die Bewertung der Vorräte als durchschnittlicher Anschaffungs- oder Herstellungszeitpunkt der drei Monate vor dem Abschlußtage liegende Zeitpunkt zugrunde gelegt wird und die gesamten Vorräte nach den an diesem Zeitpunkt maßgebenden Preisen gemäß den Bewertungsrichtlinien mit Zuschlag bewertet werden."

b) Forderungen sind mit dem Nennbetrage anzusetzen, sofern nicht besondere Umstände einen höheren oder niedrigeren Wert begründen (II B II 3 Abs. 1). Die Vorschrift entspricht dem § 143 Abs. 1 (s. daher N. 2 zu § 143). Hierunter fallen auch die nicht hochwertigen Devisen.

c) Hochwertige Devisen werden zu einem Durchschnittskurse umgerechnet, wie ihn § 24 Abs. 2 ZwAG. bei der Umrechnung des Devisenkurses ausländischer Wertpapiere ohne inländischen Kurswert vorsieht. Dazu kommt der Zuschlag von 300 v. H. Als hochwertige Devisen sind alle Devisen anzusehen, deren Durchschnittskurs die Parität übersteigt.

Von der Umrechnung zum Durchschnittskurs bestehen folgende Ausnahmen:

1. Um zu vermeiden, daß Valutaforderungen nur zum Durchschnittskurse angesetzt, Valutaschulden aber mit den Kursen am Stichtage abgezogen werden, ist vorgeschrieben, daß die Umrechnung zum Durchschnittskurs nur für den Überschuß der Valutaforderungen über die Valutaschulden stattfindet, und zwar auch, wenn es sich um verschiedene Währungen handelt (StenBer. S. 10045 ff.). Die Anwendung dieser Vorschrift bei gleichen Währungen ist ohne weiteres klar, nicht aber bei verschiedenen Währungen. Nach welchem Kurse soll der Saldo zwischen Forderungen und Schulden in verschiedenen Währungen ermittelt werden (z. B. wenn nach Saldierungen der Forderungen und Schulden in gleicher Währung zum Schluß Guthaben

von 1000 Dollar und 100 Pfd. Sterl. und Schulden von 1000 holl. Gulden und 2000 Schweizer Franken übrigbleiben)? Würde man alle Posten auf Papiermark oder Goldmark reduzieren, so fehlt die Möglichkeit für die Umrechnung des Saldos zum Durchschnittskurs. Es bleibt nur übrig, alle Posten der Rechnung auf die jeweils stabilste der in Betracht kommenden Währungen, vorstehend also auf den Dollar, umzurechnen, und zwar über die Kurse der betreffenden Währungen in Berlin, und dann den verbleibenden Valutasaldo, vorstehend also in Dollars, zum Durchschnittskurse umzurechnen.

2. Die Durchschnittskurse sollen den gemeinen Wert der Devisenforderung am Stichtage ausdrücken. Sie können daher ohne weiteres nur bei den Forderungen angesetzt werden, die am Stichtage fällig gewesen sind oder jederzeit fällig gemacht werden konnten. Bei fundierten Forderungen dagegen, die erst *lange Zeit nach dem Stichtage fällig* werden, z. B. bei Darlehnsforderungen, die auf längere Jahre noch unkündbar sind, ist ein Abschlag von dem Wert für fällige Forderungen zu machen. Bei dem hiernach anzusetzenden Kurse wird die voraussichtliche Entwickelung des Devisenkurses zu berücksichtigen sein; je weiter der Fälligkeitstermin hinausgeschoben ist, ein um so niedrigerer Kurs wird anzusetzen sein, da je länger je eher eine Besserung der deutschen Währung anzunehmen ist. Im Ergebnis wird man z. B. bei Forderungen, die nach 1930 fällig werden, etwa einen Wert anzunehmen haben, der ein Viertel des Durchschnittskurses einschließlich des Zuschlags von 300 v. H. beträgt, also etwa den Durchschnittskurs selbst ohne den Zuschlag.

3. Die Durchschnittskurse für hochwertige Devisen passen nur für Bilanzen auf den 31. Dez. 1922. Für Bilanzen, die vor dem 3. Okt. 1922 liegen, passen sie schon deshalb nicht, weil es allen Grundsätzen des Steuer- und Bilanzrechts widersprechen würde, der Bewertung, die nach § 14 VermStG., § 7 ZwAG. auf den Bilanzstichtag erfolgen soll, Umstände zugrunde zu legen, die nach dem Bilanzstichtage eingetreten sind. Man muß daher annehmen, daß für *Bilanzen vor dem 31. Dez.* der Pflichtige berechtigt ist, an Stelle des Durchschnittskurses den niedrigeren Tageskurs an seinem Bilanzstichtage in seine Bilanz einzusetzen. Der wirkliche Kurswert am Bilanzstichtage bildet den Höchstwert, zu dem die Devisen anzusetzen sind. Jedenfalls wird der Pflichtige die Ansetzung dieses Werts durch einen Antrag auf Grund § 24a Abs. 4 ZwAG. erreichen können.

Der Ansatz mit dem Tageswert muß um so mehr in solchen Fällen für zulässig erachtet werden, in denen die Devisen vor ihrer weiteren starken Steigerung im Laufe des Jahres 1922 zu einem Kurse verkauft worden sind, der hinter dem Durchschnittskurse zurückbleibt. In solchen Fällen würde äußerstenfalls auch ein Antrag aus § 108 RAO., § 21 ZwAG. helfen.

d) *Wertpapiere.* Die BewRichtl. (II B II 4) verweisen auf die Bestimmungen über die zum sonstigen Vermögen gehörigen Wertpapiere

(C I). Über die Bedeutung dieser Verweisung s. N. 5 zu §§ 15 VermStG., 24 a ZwAG.; sie hat keine bindende Kraft. Wegen der Bewertung der Wertpapiere s. N. 4 bis 10 zu §§ 141, 142 RAO; wegen der Bewertung der Wertpapiere des Umlaufkapitals nach dem Gesetz s. N. 32 zu § 139.

Nimmt man selbst an, daß die Wertpapiere des Umlaufkapitals nach den sonst für Wertpapiere bestehenden Vorschriften zu bewerten sind, so können doch die Durchschnittskurse auf Grund § 24 ZwAG. nur für die Bilanzen auf den 31. Dez. 1922 Anwendung finden, nicht auf Bilanzen mit früherem Stichtag. Aus den gleichen Gründen wie bei Devisen muß der Tageskurs am Bilanzstichtag als Höchstwert gelten. § 24 ZwAG. soll eine Erleichterung gegenüber den Kursen am Stichtage bringen, nicht aber eine Erhöhung des maßgebenden Werts. Ein Antrag aus § 24 a Abs. 4 ist zwar ausgeschlossen. Äußerstenfalls muß auch hier ein Antrag aus § 108 RAO. helfen, insbesondere falls die Wertpapiere vor dem 31. Dez. 1922 zu einem Kurse unter dem Durchschnittskurse verwertet sind.

30. Die Bewertung des Umlaufkapitals nach dem Gesetz. Der gemeine Wert des Umlaufkapitals. Das Umlaufkapital wird mangels abweichender Vorschriften gemäß § 137 Abs. 1 mit dem gemeinen Wert bewertet, jedoch unter Anwendung des § 139 Abs. 1.

Der gemeine Wert der Gegenstände des Betriebsvermögens ist der Preis, der bei einer Veräußerung der Gesamtheit dieser Gegenstände an einen Unternehmer, der das Unternehmen fortführt, zu erzielen wäre (N. 24). Dieser Preis ist begrifflich nicht identisch mit dem Anschaffungspreis des Unternehmers, wenn er auch praktisch häufig mit ihm zusammenfallen wird. Die Angriffe von Mühe (Steuer und Wirtschaft, Jahrg. 1 S. 230) und von Strutz (N. 19 zu § 15 VermStG.) gegen die Ansetzung des Anschaffungspreises für das Umlaufkapital erscheinen daher nicht begründet, weil der Anschaffungspreis nicht als solcher in Frage kommt, sondern nur als vermutlich mit dem Veräußerungspreis an einen andern Unternehmer identischer Preis. Unrichtig erscheint daher auch die Entsch. des Stempelsenats des RFH. vom 25. Nov. 1921 (DStZ. **10** 549 ff.), die vom Selbstkostenwert ausgeht. Zu dem gleichen Ergebnis wie hier kommt die Entsch. des RFH. vom 8. Juli 1922 (RFH. **10** 114), nach der für die KrAbgGesetze die G. m. b. H. die Vorräte mit dem Selbstkostenwert ansetzen können. Wie hier ferner: OVGSt. **19** 342 und vom 15. April 1919 (Steuerarchiv 1919 S. 245). Das hier Gesagte gilt auch für verkaufsreife Fertigfabrikate und Waren; die von Strutz a. a. O. vertretene unterschiedliche Behandlung erscheint nicht gerechtfertigt.

In Wirklichkeit handelt es sich hier um das Problem, ob *nicht realisierte Wertsteigerungen* versteuert werden müssen. Dies ist nach dem Vorstehenden grundsätzlich nicht der Fall, denn wer den Betrieb zur Fortführung erwirbt, bezahlt regelmäßig nur den buchmäßig nachge-

wiesenen Anschaffungs- oder Herstellungspreis, da der künftige Gewinn im Zweifel dem Erwerber zustehen soll. Bei der Bewertung kann daher praktisch vom Einstandspreis ausgegangen werden. Nur bei erheblichen Konjunktursteigerungen einschließlich des Sinkens des Geldwerts wird der Erwerber der ganzen Bestände einen Aufschlag auf den Einstandspreis bewilligen. Anderseits sind auch die erforderlichen Überpreisabschreibungen zu berücksichtigen (N. 23 und 26). Praktisch handelt es sich bei den Vorräten nur um Bestände aus den letzten Jahren. Legt man die BewRichtl. und den Zuschlag von 300 v. H. zugrunde, so werden Vorräte aus der Zeit vor dem 1. April 1922 mit dem 2,8 fachen, spätere aus der Zeit vor dem 1. Okt. 1922 mit dem 1,6 fachen, die aus der Zeit vom 1. Okt. 1922 bis zum Stichtag mit dem 0,8 fachen Anschaffungspreis bewertet. Diese Ansätze werden selten zu Abweichungen Anlaß geben. Bei der Bewertung hochwertiger Devisen mit den Durchschnittskursen (II B II 3 Abs. 2) wird bei richtiger Anwendung der BewRichtl. ebenfalls kein Anlaß zu einem Antrage aus § 24 a Abs. 4 sein, ebensowenig bei Forderungen. Besonders gilt für die zum Umlaufkapital gehörigen Grundstücke (N. 31) und Wertpapiere (N. 32). Wegen der eisernen Bestände s. N. 3.

31. Grundstücke des Umlaufkapitals. Über die Zugehörigkeit s. N. 28. Die Bedeutung des § 139 Abs. 1 liegt darin, daß der gemeine Wert der einzelnen zum Betriebsvermögen gehörigen Gegenstände nicht danach ermittelt wird, was der Erwerber eines einzelnen Gegenstandes zahlen würde, sondern derjenige, der die sämtlichen Gegenstände des Unternehmens zum Zwecke der Fortführung erwirbt. Soweit es sich um die Ermittlung des gemeinen Werts der Grundstücke des Betriebskapitals handelt, steht diese Bestimmung nicht im Widerspruch mit § 152 Abs. 1, sondern enthält nur eine Sondervorschrift über die Ermittlung des gemeinen Werts für einen Sonderfall, nämlich die Zugehörigkeit des Gegenstands, gegebenenfalls des Grundstücks zu einem Betriebsvermögen. Es besteht kein Anlaß, nicht wahlweise neben dem gemäß § 152 Abs. 1 und § 137 Abs. 1 in Verbindung mit § 139 Abs. 1 zu ermittelnden gemeinen Wert den § 152 Abs. 2, also die Bewertung zum Ertragswert zuzulassen. § 139 Abs. 1 ist zwar eine Sonderregel gegenüber den §§ 137, 138, 152 Abs. 1 (s. N. 4), aber hinsichtlich der Bewertung des Betriebsvermögens eine allgemeine Regel, der § 139 Abs. 2 als Sondervorschrift gegenübersteht; es besteht kein Bedenken dagegen, für Grundstücke insoweit, als nicht § 139 Abs. 2 eingreift, auch die in § 152 Abs. 2 enthaltene Sondervorschrift zur Anwendung zu bringen.

Ergebnis: Auf Grundstücke des Umlaufkapitals findet neben § 139 Abs. 1 auch § 152 Abs. 2 Anwendung, sie sind also nach Wahl des Pflichtigen mit dem Ertragswert oder dem gemeinen Wert i. S. des § 139 Abs. 1 anzusetzen.

Vorstehendes gilt ohne weiteres, wenn man nicht das Betriebsvermögen als Ganzes als Bewertungseinheit ansieht. Bei Anerkennung der Einheit des Betriebsvermögens steht dem aber auch nicht § 160 RAO. entgegen. Denn die aus § 160 folgende Unanwendbarkeit des § 152 (s. N. 4) kann doch nur Platz greifen, wenn abweichende Bewertungsvorschriften, wie z. B. § 139 Abs. 2, entgegenstehen. Fehlt es an einer solchen abweichenden Vorschrift, so bewendet es bei der Anwendung des § 152. § 139 Abs. 1 stellt aber keine Abweichung von § 152 dar, sondern im Gegensatz zu § 139 Abs. 2 nur eine Spezialbestimmung für den Fall der Anwendung des § 152 Abs. 1, die aber die Anwendbarkeit der Abs. 2 bis 5 des § 152 völlig unberührt läßt.

Die BewRichtl. enthalten keine Sondervorschriften über die Bewertung von Grundstücken des Umlaufkapitals. Gehören sie zu den Vorräten (N. 28), so gelten die BewRichtl. II B II 2, und zwar zwingend. Stellen sie nur eine Anlegung von Betriebsmitteln dar, so fehlt eine Vorschrift in den BewRichtl.; man kann die Bestimmung II B II 2 analog anwenden, sie ist dann aber nicht zwingend, daher kann ein niedriger gesetzlicher Wert ohne weiteres angesetzt werden. Soweit die Bewertung nach den BewRichtl. bindend ist, kann dagegen die gesetzliche Bewertung nur im Wege des § 24 a Abs. 4 beansprucht werden (N. 7 ff. zu §§ 15 VermStG., 24 a ZwAG.). In allen Fällen darf, wenn Bewertung nach dem Ertragswert verlangt wird, bei Grundstücken, die im Jahre 1922 erworben sind, der Erwerbspreis nicht unterschritten werden, im Gegensatz zu den Grundstücken des Anlagekapitals (N. 4 a. E.).

32. Wertpapiere des Umlaufkapitals. Es ist streitig, ob diese Wertpapiere nach §§ 141, 142 RAO. mit dem Kurswert, gegebenenfalls mit den Steuerkursen und Steuerwerten zu bewerten sind oder gemäß § 139 Abs. 1. Die §§ 141, 142 RAO. gelten nach der Begr. der RAO. S. 112 nur, wenn die Wertpapiere zum Kapitalvermögen gehören, nicht dagegen für Wertpapiere eines Betriebsvermögens (ebenso Mrozek, I 546; Becker, N. 4 vor § 137). Wertpapiere des Umlaufkapitals sind daher gemäß § 139 Abs. 1 zu bewerten (s. o. S. 188). Da sie zu den Vorräten gehören, sind sie wie Vorräte zu bewerten. Hierbei sind die Vorschriften der BewRichtl. über die Bewertung von Vorräten anwendbar, und zwar mit bindender Kraft. Abweichungen sind nur auf Grund eines Antrags nach § 24 a Abs. 4 ZwAG. zulässig, der hier anwendbar ist, da die Wertpapiere nicht als solche, sondern als Vorräte bewertet werden. Der Antrag kann nur darauf gestützt werden, daß der gemeine Wert am Bilanzstichtag im Sinne des § 139 Abs. 1, d. h. der Preis, zu dem die Wertpapiere mit dem übrigen Betriebsvermögen verkäuflich waren, niedriger war als der nach II B II 2 der BewRichtl. ermittelte Wert.

33. Die übrigen Geldwerte des Umlaufkapitals. Devisen.

a) Bares Geld. Papiermark ist mit dem Nennwert anzusetzen. Deutsche Gold- und Silbermünzen sind wie Vorräte zu

behandeln. Die Ansetzung des Metallwerts kann nicht verlangt werden, da § 15 Abs. 6 VermStG. nur für das sonstige Vermögen gilt, nicht für das Betriebsvermögen, ebenso wie der vorhergehende Abs. 5 (AusschBer. S. 64 f.) und das Gleiche von Teil II C IV der BewRichtl. gilt.

b) Forderungen auf Papiermark sind mit dem Nennwert anzusetzen, sofern nicht besondere Umstände einen niedrigeren Wert begründen, z. B. mangelnde Zahlungsfähigkeit des Schuldners.

c) Forderungen auf ausländische Währung (Devisen) sind nach dem Gesetz mit dem dauernden gemeinen Wert i. S. des § 139 Abs. 1 zu bewerten. Bei hochwertigen Devisen bedeutet dies praktisch auch bei der Bewertung nach dem Gesetz die Anwendung der Durchschnittssätze unter II B II 3 der BewRichtl. mit 300 v. H. Zuschlag, jedoch mit den aus N. 29 c ersichtlichen Einschränkungen. Die Kurse sind in der Anlage 16 angegeben. Entsprechendes wird für Forderungen auf Goldmark oder den Gegenwert von börsengängigen Sachgütern, z. B. Roggenrentenbriefe, gelten; bei jenen wird der entsprechende Durchschnittskurs aus den Goldkursen anzusetzen sein, bei diesen der entsprechende Durchschnittskurs aus den Kursen der Ware an den vier Tagen, der dann noch im Verhältnis des Kurses der Papiere am 31. Dez. 1922 zum Börsenkurs der Ware am 31. Dez. 1922 herabzusetzen ist. In allen Fällen wird der Zuschlag von 300 v. H. zu machen sein.

34. Das Pächterinventar. Das Inventar und die sonstigen Betriebsmittel eines land- oder forstwirtschaftlich oder gärtnerisch genutzten Betriebes gehören zum Grundvermögen, soweit sie dem Grundeigentümer gehören und Bestandteil oder Zubehör der Grundstücks — letzteres im steuerrechtlichen Sinne — sind (N. 9 zu § 7 VermStG.). Inventar und Betriebsmittel, die nicht zum Grundvermögen gehören, gehören in der Regel zum Betriebsvermögen. Dies gilt für die dem Grundeigentümer gehörigen Betriebsmittel einschließlich Inventar, die nicht Zubehör sind, sowie für Inventar und Betriebsmittel des Nichteigentümers, im Hauptfall des Pächters.

Betriebsmittel und Inventar des Pächters bilden dessen Betriebsvermögen; die Pachtgrundstücke gehören nicht dazu (BewRichtl. I § 15). Die Bewertung folgt denselben Regeln, nach denen sonst Betriebsvermögen bewertet wird. Zu einer Einbeziehung dieser Gegenstände in den Ertragswert des Grundstücks und einer verhältnismäßigen Verteilung der Werte liegt keine Veranlassung vor (vgl. RFH. 10 60). Inventar und Betriebsmittel sind teils Anlage-, teils Umlaufkapital (Thümen, ZwAG. S. 127). Zum Anlagekapital gehören das eigentliche Inventar, d. h. die Maschinen, Gespanne und dergl., zum Umlaufkapital das Saatgut (soweit es nicht zum eisernen Bestand gehört, N. 3), die zum Verkauf bestimmten Erzeugnisse, die für den Betrieb erforderlichen Guthaben und dergl. Das Anlagekapital fällt (vgl. RFH. a. a. O.) unter § 139 Abs. 2 RAO., § 15

Abs. 4 VermStG., Teil II B I 1 bis 3 BewRichtl., das Umlaufkapital unter § 139 Abs. 1 RAO., Teil II B II BewRichtl. Ist im Betriebsvermögen des Pächters beim RNO. nicht zwischen Anlage- und Umlaufkapital unterschieden, so wird es im Verhältnis dieser Kapitalien am VermStStichtag geteilt. Der RFM. gestattet zur Vereinfachung einheitliche Bewertung von Anlage- und Umlaufkapital mit dem 36fachen ROWert.

Gehören Inventar und Betriebsmittel, ohne zum Grundvermögen zu gehören, dem Eigentümer (s. S. 124), so werden sie bei Ermittlung des Ertragswerts, soweit sie nicht erheblich über den normalen Bestand hinausgehen, nicht besonders bewertet (N. 19 zu § 152 Abs. 4 RAO.). Soweit sie darüber hinausgehen, gilt das gleiche wie für das Betriebsvermögen des Pächters. Wegen des Falls der Bewertung des Grundstücks mit dem gemeinen Wert s. N. 20 zu § 152 RAO.

Bei Zwergbetrieben, bei denen ein gewerblicher Betrieb überhaupt nicht vorliegt (N. 11 zu § 8 VermStG.), z. B. bei Schrebergärten, gehören Inventar und Betriebsmittel des Pächters zum sonstigen Vermögen. Das Inventar, die Erzeugnisse und die sonstigen beweglichen Sachen sind daher steuerfrei (§ 10 Ziff. 5), Guthaben und dergl. sind im Rahmen des sonstigen Vermögens zu bewerten. Das gleiche gilt für Inventar und Betriebsmittel eines Pächters, der zeitweilig keine Pachtung hat.

35. **Bewertung der Schulden.** Wegen des Umfangs der Schulden s. N. 32 bis 37 zu § 8, N. 2 zu § 11 VermStG. Schulden auf Papiermark sind mit dem Nennbetrage anzusetzen. Nach den BewRichtl. (IIBIII) können besondere Umstände einen höheren oder geringeren Wert begründen. Ein höherer Wert dürfte kaum je in Frage kommen, ein geringerer in den Fällen der N. 36 und 37 zu § 8 VermStG. Anwendbar sind ferner die §§ 145, 146 RAO. Wegen der Unanwendbarkeit der §§ 149 bis 151 RAO. s. N. 36a zu § 8 VermStG. Schulden, die auf ausländische Währung lauten, sind grundsätzlich mit dem Kurse der betreffenden Währung am 31. Dez. 1922 anzusetzen. Ist die Forderung am Stichtag noch nicht fällig und wurde am Stichtage eine weitere Steigerung der betreffenden Devise bis zur Fälligkeit erwartet, so kann der höhere geschätzte Wert angesetzt werden (Devisenterminwert, s. RFH. 7 142). Entsprechendes gilt für Schulden auf Goldmark für wertbeständige Anleiheschulden und dergl. Wegen der Verrechnung der Schulden in ausländischer Währung mit Guthaben in ausländischer Währung s. N. 29.

36. **Ausländisches Betriebsvermögen. Allgemeines.** Wegen des Begriffs und des Umfangs s. N. 4 zu § 2 VermStG. Ausländisches Betriebsvermögen ist abgabepflichtig bei allen deutschen natürlichen und juristischen Personen und sonstigen deutschen Anleihepflichtigen (§ 2 Abs. 1 Ziff. 1, 3, 4 mit Abs. 2 und 3 VermStG.). Nicht hierher gehören die im Ausland befindlichen, zu einer inländischen Betriebsstätte gehörigen Gegenstände. Es

wird sich dabei in der Hauptsache um Wertpapiere, Forderungen und Rechte handeln. Für diese gilt, soweit sie zum Umlaufkapital gehören und auf hochwertige Währungen lauten, die Durchschnittskursberechnung nach § 24 ZwAG. und Ziff. 3 Teil II B II BewRichtl. (N. 29, 32, 33). Soweit sie zum Anlagekapital gehören, fallen sie unter Ziff. 5 Teil II B I BewRichtl. und sind gemäß Ziff. 2 bis 4 a. a. O. auf Grundlage des Notopferwerts bezw. des Einstandspreises anzusetzen (N. 5, 9, 10).

Neben Gesetz und BewRichtl. findet auf Betriebsvermögen, das ausländischen Betriebsstätten im hochvalutarischen Ausland gewidmet ist, die VO. über die Besteuerung von ausländischem Vermögen und Einkommen vom 16. Febr. 1923 (RGBl. I 145, RStBl. S. 51) Anwendung, jedoch nur auf Antrag (s. N. 38 ff.). Der RFM. kann nach § 4 der VO. ihre Anwendung auch auf anderes als das in § 1 der VO. aufgeführte Vermögen ausdehnen, daher auch auf inländisches Betriebsvermögen, das in ausländischer Währung ausgedrückt ist, hat jedoch von dieser Befugnis bisher keinen Gebrauch gemacht.

37. Bewertung nach Gesetz und BewRichtl. VermStG. und ZwAG. enthalten keine Sonderbestimmungen für die Bewertung ausländischen Vermögens; insbesondere besteht kein gesetzliches Recht auf Bewertung des alten ausländischen Vermögens zum Friedenskurse der betreffenden Auslandswährung wie nach § 20 RNOG. oder auf Festsetzung des Vermögens und der Abgabe in ausländischer Währung wie nach § 37 RNOG. Grundsätzlich erfolgt die Bewertung daher ebenso wie bei inländischem. Gemäß § 24 a ZwAG. sind daher in erster Linie die BewRichtl. maßgebend, einschließlich der Zuschläge von 300 v. H. nach § 24 a Abs. 2.

Ausländisches Anlagekapital ist daher je nach dem Zeitpunkt des Erwerbs mit dem 24 fachen oder 18 fachen Notopferwert oder mit dem 4 fachen bis 0,8 fachen Einstandspreis anzusetzen (N. 5). Ist der Notopferwert nicht festgestellt worden, obwohl das Anlagekapital bereits im Notopfervermögen enthalten war, so ist der Notopferwert nachträglich nach den Grundsätzen des RNOG. zu ermitteln, insbesondere kann der Pflichtige im Rahmen des § 20 RNOG. Umrechnung der Währung zum Friedenskurs verlangen. Hat der Pflichtige von der Befugnis des § 37 RNOG. Gebrauch gemacht, ist demgemäß das ausländische Betriebsvermögen in ausländischer Währung angesetzt, so wird noch nachträglich das ausländische Vermögen mit dem Kurs der betreffenden Währung am Stichtage für das Notopfer umzurechnen sein bezw. im Falle des § 20 RNOG. mit dem Friedenskurse. Ausländisches Anlagekapital, das nach dem Notopferstichtage erworben ist, wird auf Grund des Einstandspreises angesetzt. Ist der Einstandspreis in ausländischer Währung ausgedrückt, so wird er mit dem Kurse der Währung am Tage des Erwerbs umgerechnet (vgl. im übrigen N. 5).

Ausländisches Umlaufkapital ist nach Ziff. 2 Teil II B II BewRichtl. zu bewerten (s. N. 29).

An Stelle der Bewertung nach den BewRichtl. kann gemäß § 24 a Abs. 4 ZwAG. Bewertung nach den gesetzlichen Bewertungsbestimmungen verlangt werden. Verfahren s. N. 7 bis 10 zu §§ 15 VermStG., 24 a ZwAG. Bewertung s. N. 6 bis 27, 30 bis 35 zu § 139. Soweit der Einstandspreis in Frage kommt, ist der in ausländischer Währung ausgedrückte Preis durchweg mit dem Devisenkurse am Erwerbstage umzurechnen.

Soweit der Einstandspreis des ausländischen Anlagekapitals erheblich ist, sind die Grundsätze über die Umwandlung von Anlagen zu beachten (N. 11). Eine Realisierung ausländischen Anlagekapitals liegt nicht schon dann vor, wenn der betreffende Gegenstand in ausländisches Geld oder in Devisen umgewandelt ist. Denn Geld ausländischer Währung ist bilanz- und steuerrechtlich nicht Geld, sondern ein zu bewertender Gegenstand. Ist der Betrag in ausländischer Währung bestimmt, wieder in einem dauernd dem Betriebe gewidmeten Gegenstand angelegt zu werden, so wird man für diesen den alten Einstandspreis beibehalten können (zweifelhaft).

38. Die VO. vom 16. Febr. 1923. Grundlagen. Die VO. bezeichnet als ihre gesetzlichen Grundlagen die §§ 7 und 108 Abs. 2 RAO.

Die Bezugnahme auf § 7 ist aus materiellen und formellen Gründen hinfällig. Aus materiellen Gründen, weil keiner der Fälle des § 7 vorliegt; es handelt sich weder um die Ausgleichung aus- und inländischer Besteuerung noch um ein Vergeltungsrecht. Aus formellen Gründen, weil nach § 7 nur die Reichsregierung, nicht der RFM. allein das VORecht erhalten hat (vgl. Becker zu § 7 RAO.). Mit Recht haben daher die BewRichtl. in Teil II E eine VO. nur auf Grund des § 108 RAO. in Aussicht gestellt.

Aus der hiernach allein wirksamen Bezugnahme auf § 108 Abs. 2 RAO. ergibt sich, daß die VO. nur zur Beseitigung unbilliger Härten erlassen ist. Für die Anwendung der VO. ergibt sich daraus, daß ihre Wirkung stets zessiert, wenn das Gesetz zu einem für den Pflichtigen günstigeren Ergebnis führt. Dies ist auch bei ihrer Auslegung zu beachten.

Die VO. enthält ferner in den §§ 4 und 5 drei Delegationen an den RFM.:

a) zur Ausdehnung der VO. auf weitere Fälle (§ 4),
b) zur anderweiten Regelung der Besteuerung in Einzelfällen (§ 5 Satz 1),
c) zur Festsetzung von Pauschbeträgen in Einzelfällen (§ 5 Satz 2).

Zu a. Die Übertragung der Ausdehnung der VO. auf weitere Fälle an den RFM. ist zwar sehr zweckmäßig, ihre Zulässigkeit ist aber zweifelhaft, da der Reichsrat nicht die Macht haben dürfte, auf die ihm in § 108 Abs. 2 RAO. gewährten Rechte zu verzichten oder sie weiter zu übertragen.

Zu b. Die Bestimmung des § 5 Satz 1 der VO. ist überflüssig, soweit sie dem § 108 Abs. 1 Satz 1 RAO. und dem § 21 ZwAG. entspricht, soweit

es sich also nur um einen Steuernachlaß im Einzelfall aus Billigkeitsgründen handelt. Soweit die Bestimmung darüber hinausgeht, ist sie ungültig, da ihr die gesetzliche Grundlage fehlt.

Zu c. Soweit § 5 Satz 2 dem § 16 VermStG. und dem § 24 a Abs. 4 ZwAG. entspricht, ist die Bestimmung überflüssig; soweit sie darüber hinausgeht, ist sie mangels gesetzlicher Grundlage ungültig.

39. Wertansatz und Steuersatz nach der VO. Der Inhalt der VO. ist, daß sie für Betriebsstätten im hochvalutarischen Ausland einen ermäßigten Umrechnungskurs und einen ermäßigten Steuersatz vorsieht.

Der Wertansatz erfolgt nicht auf Grund einer Umrechnung der Währung zu dem Devisenkurse am VermStStichtage oder dem sonst, z. B. am Tage des Erwerbs, maßgebenden Stichtage, sondern zu einem Durchschnittskurse der Währung, der in der üblichen Weise aus den vier Kursen am 30. Juni 1920, 1921, 1922 und am 3. Okt. 1922 berechnet wird. Wegen der Kurse s. Anlage 16. Der Zuschlag von 300 v. H. wird nicht gemacht.

Für die Ermittlung des Steuersatzes wird außerdem das ausländische Betriebsvermögen zum Friedenskurse umgerechnet und dieser Betrag dem übrigen Vermögen des Pflichtigen zugerechnet. Nach dem so festgestellten gesamten Vermögen wird der Steuersatz ermittelt. Dieser Steuersatz wird aber von dem Vermögen erhoben, das sich aus der Bewertung des ausländischen Betriebsvermögens auf Grund des Durchschnittskurses ergibt.

Die VO. kann auf das gesamte zu einer ausländischen Betriebsstätte gehörige Vermögen nur im ganzen angewandt werden, nicht auf einzelne zu der Betriebsstätte gehörige Gegenstände, auf andere dagegen nicht. Dagegen kann sie bei Steuerpflichtigen, die mehrere ausländische Betriebsstätten haben, auf einzelne Betriebsstätten angewandt werden, auf andere nicht. Schulden der ausländischen Betriebsstätte sind von deren Aktiven vorweg abzuziehen. Sind mehrere Betriebsstätten vorhanden, so sind sie bei derjenigen abzusetzen, zu der sie wirtschaftlich gehören (N. 11 zu § 11 VermStG.); gehört eine Schuld zu mehreren Betriebsstätten, so ist sie sachgemäß, in letzter Linie nach dem Verhältnis des Werts der Aktiven, zu verteilen.

40. Das Antragsverfahren nach der VO. Die Besteuerung nach der VO. tritt nur auf Antrag des Pflichtigen ein. Irgendwelche Bestimmungen über diesen Antrag fehlen.

Der Antrag kann nur für ganze Betriebsstätten, für einzelne oder alle, gestellt werden (N. 39). Der Antrag kann von Beginn des Veranlagungsverfahrens an gestellt werden. Ein Endtermin ist nicht vorgesehen, er ist daher bis zum Schluß der Tatsacheninstanz, d. h. bis zum Erlaß einer Entscheidung des Finanzgerichts, zulässig. Der Antrag kann jederzeit zurückgenommen

werden. Im Verfahren vor dem RFH. ist die Zurücknahme als solche zwar unerheblich, da hierdurch die Entscheidung des Finanzgerichts nicht rechtsirrtümlich wird; es kann jedoch geltend gemacht werden, daß die nicht nach der VO. erfolgende Besteuerung zu einer niedrigeren Abgabe führt als die nach der VO.; denn da die VO. nur zu einer Ermäßigung der Abgabe führen soll (N. 38), hätten die unteren Instanzen trotz des Antrags die Besteuerung nicht nach der VO. vornehmen dürfen.

41. Verhältnis der VO. zu Gesetz und BewRichtl. Die VO. vom 16. Febr. 1923 steht nicht in einem allgemeinen Ausschließungsverhältnis zu BewRichtl. und Gesetz, sondern regelt nur Umrechnungskurs und Steuersatz abweichend von den sonstigen Vorschriften. Demgemäß findet im Falle der Anwendung der VO. zunächst die Ermittlung des Werts des der ausländischen Betriebsstätte gewidmeten Vermögens in der gleichen Weise wie bei inländischen Betriebsstätten statt (BewRichtl. II E), aber nur in der betreffenden ausländischen Währung, ohne Umrechnung der einzelnen Posten. Für die Umrechnung ist dann die VO. maßgebend. Vorstehendes ist ohne weiteres durchführbar, soweit es sich um den Selbstkostenwert oder den gemeinen Wert handelt. Besonderheiten gelten insoweit, als der Notopferwert maßgebend ist, ferner für Valutaforderungen und Wertpapiere der ausländischen Betriebsstätte.

Wird in den BewRichtl. vom Notopferwert ausgegangen, so ist der für die Notopferfestsetzung ermittelte Wert in ausländischer Währung maßgebend, also der vor der Umrechnung für die Zwecke der Notopferbewertung ermittelte Wert.

Forderungen der ausländischen Betriebsstätte in der Währung des betreffenden Landes werden in der betreffenden Währung angesetzt. Markforderungen, die für die ausländische Betriebsstätte Valutaforderungen sind, und sonstige Valutaforderungen, d. h. Forderungen in einer andern Währung als der des betreffenden Landes, werden nicht nach den Vorschriften der BewRichtl. umgerechnet, sondern nach den allgemeinen gesetzlichen Vorschriften, in der Regel also nach den Devisenkursen der fraglichen Valuten in dem Lande der Betriebsstätte am Stichtage. Wertpapiere der ausländischen Betriebsstätte werden mit den Kursen oder Werten am Stichtage, umgerechnet in die Währung des Landes der Betriebsstätte, angesetzt. Die Durchschnittsberechnung erfolgt gemäß § 2 der VO. an dem Überschuß der Aktiven der Betriebsstätte über ihre Passiven.

Nach dem Vorstehenden können insbesondere Anträge nach § 1 der VO. vom 16. Febr. 1923 und nach § 24 a Abs. 4 ZwAG. nebeneinander hergehen. Es sind daher besonders die ganz verschiedenen Voraussetzungen und Fristen dieser Anträge zu beachten (N. 7 ff. zu §§ 15 VermStG., 24 a ZwAG.).

Gemeinsames Vermögen.

§ 140 RAO.

Steht ein Gegenstand mehreren zu, so ist in der Regel der Wert im ganzen zu ermitteln und jedem Beteiligten nach Verhältnis seines Anteils zuzurechnen.

Mat.: RegE. § 140; Begr. S. 112; AusschBer. S. 23, 15.

1. Anwendungsgebiet
2. Bedeutung.
3. Ausnahme.

1. Anwendungsgebiet. § 140 gilt für Beteiligungen zur gesamten Hand und nach Bruchteilen, auch für Gesamtforderungen (N. 17 a bis c zu § 6 VermStG.). Er gilt nicht für Anteile an juristischen Personen, insbesondere Aktien, GmbHAnteile, Kuxe, da in diesen Fällen der Anteil einen selbständig zu bewertenden Vermögensgegenstand bildet (s. § 9 Ziff. 3 VermStG.). Er kommt nicht in Betracht für Anteile an Vermögensmassen, die nicht als Bestandteile des steuerpflichtigen Vermögens des Pflichtigen gelten, weil die Vermögensmasse selbständig steuerpflichtig ist (S. 106 zu § 2 VermStG.). Er gilt vor allem bei der Beteiligung an ehelichen Gütergemeinschaften, Nachlässen, Gesellschaftsvermögen von Gesellschaften bürgerlichen Rechts, von offenen Handelsgesellschaften und Kommanditgesellschaften und Reedereien für die Anteile an den einzelnen zum Gesamtvermögen gehörigen Gegenständen oder Sachgesamtheiten, die als Bewertungseinheiten zu bewerten sind (N. 8 ff. zu § 137 RAO.). Wegen der Gemeinschaften zur gesamten Hand s. § 80 Abs. 2 RAO. in N. 17 b zu § 6 VermStG.

2. Bedeutung. Bei der Wertermittlung wird grundsätzlich nur das Vermögen des Steuerpflichtigen in Betracht gezogen. Hiervon wird in den Fällen des § 140 eine Ausnahme gemacht: in diesen Fällen wird nicht der dem Steuerpflichtigen gehörige Anteil bewertet, sondern der ganze Gegenstand; der so gefundene Wert des ganzen Gegenstands wird auf die sämtlichen Beteiligten verteilt. Die Ausnahme erscheint als Ausfluß des Grundsatzes, daß die wirtschaftliche Einheit als Bewertungseinheit dienen soll (§ 137 Abs. 2), da in den Fällen des § 140 meist der ganze Gegenstand, nicht aber der Anteil eine wirtschaftliche Einheit bilden wird.

3. Ausnahmen. § 140 paßt für Fälle, in denen der Wert der Beteiligung ohne weiteres gleich dem entsprechenden Teile des Werts des Ganzen ist, z. B. bei Anteilen an Terrains oder Mietshäusern, oder in denen der Anteil rechtlich oder praktisch nicht selbständig verwertbar ist, z. B. bei der Beteiligung an einer offenen Handelsgesellschaft oder an einer ererbten Perlenkette. Zweifelhaft wird die Anwendung bei Beteiligungen, die selbständig verwertbar sind, deren selbständiger Wert im Falle einer Veräußerung aber niedriger ist als der entsprechende Teil

des Werts des Ganzen, z. B. bei dem ideellen Anteile an einer Ein-Familien-Villa; hier kann dem Steuerpflichtigen nicht verwehrt werden, den niedrigeren selbständigen Wert der Beteiligung nachzuweisen, da § 140 ausdrücklich nur „in der Regel" gilt, also Ausnahmen zuläßt.

Bewertung des sonstigen Vermögens.
1. Wertpapiere und Anteile.

§ 141 RAO.

Wertpapiere, die in Deutschland einen Kurswert haben, sind mit dem Kurswert, Forderungen, die in das Schuldbuch einer öffentlichen Körperschaft eingetragen sind, mit dem Kurswert der entsprechenden Schuldverschreibungen der öffentlichen Körperschaft anzusetzen.

Für Aktien ohne Kurswert, Kuxe oder Anteile an einer Bergwerksgesellschaft oder einer Gesellschaft mit beschränkter Haftung hat das nach § 52 zuständige Finanzamt den Verkaufswert zu ermitteln und ihn Steuerpflichtigen und Finanzämtern auf Anfrage mitzuteilen. Fehlt es an genügenden Merkmalen, so ist der gemeine Wert unter Berücksichtigung des Gesamtvermögens und der Ertragsaussichten der Gewerkschaft oder Gesellschaft zu schätzen.

§ 142 RAO.

Für bestimmte Tage können die Steuerkurse der zum Börsenhandel zugelassenen und die Steuerwerte anderer Wertpapiere sowie der im § 141 Abs. 2 bezeichneten Gewerkschafts- und Gesellschaftsanteile festgesetzt werden.

Die Steuerkurse der zum Börsenhandel zugelassenen Wertpapiere werden von den Börsenvorständen, die Steuerwerte anderer Wertpapiere und der Gewerkschafts- und Gesellschaftsanteile werden von Sachverständigenausschüssen ermittelt, die der Reichsminister der Finanzen beruft. Auf Grund dieser Ermittlungen setzt der Reichsminister der Finanzen die Steuerkurse und Steuerwerte vorläufig fest und veröffentlicht sie. Nach Ablauf eines Monats, vom Tage der Veröffentlichung der vorläufigen Festsetzung gerechnet, setzt der Reichsrat die Steuerkurse und Steuerwerte endgültig fest. Die so festgesetzten Kurse und Werte treten an die Stelle der in § 141 bezeichneten Werte.

In den Fällen des § 141 und des § 142 Abs. 1, 2 kann der Steuerpflichtige bei Wertpapieren, die mit Gewinnanteilscheinen gehandelt werden, einen Betrag abziehen, der für die seit der Auszahlung des letzten Gewinns verstrichene Zeit dem zuletzt verteilten Gewinn entspricht; dies gilt nicht, wenn auch der laufende Gewinnanspruch bewertet werden muß.

§ 24 ZwAG.

Für die erste Veranlagung der Vermögensteuer sind inländische und ausländische Wertpapiere, die in Deutschland einen Kurswert haben, mit Durchschnittskursen zu bewerten, die ermittelt werden aus der durch 3 geteilten Summe der Kurse am Ende der ersten Hälfte der Jahre 1920, 1921, 1922 einerseits und aus den Kursen vom ersten Börsentage des letzten Vierteljahrs des Kalenderjahrs 1922 anderseits. Nach den gleichen Grundsätzen sind die Verkaufswerte von inländischen Wertpapieren ohne Kurswert zu ermitteln.

Ausländische Wertpapiere ohne inländischen Kurswert sind mit den Kursen oder Werten am 31. Dezember 1922 anzusetzen. Bei Wertpapieren, die auf eine am 31. Dezember 1922 der deutschen gegenüber hochwertige Währung lauten, ist für die Umrechnung aus der ausländischen in die inländische Währung der Durchschnittskurs der ausländischen Währung zugrunde zu legen, der ermittelt wird aus der durch 3 geteilten Summe der Kurse am Ende der ersten Hälfte der Jahre 1920, 1921, 1922 einerseits und aus den Kursen vom ersten Börsentage des letzten Vierteljahrs des Kalenderjahrs 1922 anderseits.

Die näheren Bestimmungen erläßt der Reichsminister der Finanzen nach Anhörung von Sachverständigen. Er trifft auch Bestimmungen für die Fälle, in denen ein Kurswert oder ein Verkaufswert an einem der nach Abs. 1 maßgebenden Zeitpunkte nicht zu ermitteln ist.

§ 24 a ZwAG.

Für die Bewertung des Vermögens zur ersten Veranlagung der Vermögensteuer sind der § 24 sowie die Bewertungsrichtlinien des Reichsministers der Finanzen maßgebend, soweit diese feste rechnungsmäßige Unterlagen für die Wertermittlung enthalten. Grundstücke, die im Jahre 1922 käuflich erworben worden sind, sind mindestens mit dem Anschaffungspreis anzusetzen. Hat ein Steuerpflichtiger nach dem 31. August 1922 Wertpapiere erworben und Schulden aufgenommen, so sind die Wertpapiere bis zum Betrage der Schulden mindestens mit dem Anschaffungspreis anzusetzen.

Zu den nach Abs. 1 Satz 1 festgesetzten Werten tritt ein Zuschlag von 300 v. H. ein.

Vom Zuschlag sind ausgenommen:

1. bebaute Grundstücke, die Wohnzwecken zu dienen bestimmt sind, Villen jedoch nur, sofern ihr Wehrbeitragswert 50 000 M. nicht übersteigt;
2. Bauland (Baustellen, Terrains);

3. inländische, auf Reichsmark lautende festverzinsliche Wertpapiere;
4. inländische, auf Reichsmark lautende Hypothekenforderungen, Grundschuldforderungen und Rentenschulden;
5. andere Vermögensgegenstände, die nach dem Gesetz oder den Bewertungsrichtlinien mit dem Marktpreis oder Kurswert am Stichtag zu bewerten sind.

Von den Vorschriften des Abs. 1 Satz 1 und des Abs. 2 kann nur abgewichen werden, wenn der Steuerpflichtige es beantragt und gleichzeitig nachweist, daß sich bei Anwendung dieser Vorschriften eine zu hohe Bewertung ergibt; dies gilt nicht für Wertpapiere....

§ 25 ZwAG.

Bei der Feststellung des Vermögens auf den 31. Dezember 1922 darf die Verpflichtung zur Zeichnung von Zwangsanleihe nicht berücksichtigt werden, soweit eine Vorauszeichnung bis zum 31. Dezember 1922 nicht stattgefunden hat. Hat jedoch eine Vorauszeichnung stattgefunden, so sind die Schuldverschreibungen der Zwangsanleihe oder der Anspruch auf diese mit dem Kurswert, höchstens aber mit 50 v. H. des Nennwerts zu bewerten.

Mat.: a) zu §§ 141, 142 RAO.: RegE. §§ 141, 142; Begr. S. 112; AusschBer. S. 23 f.; b) zu § 15 Abs. 5 VermStG.: AusschBer. S. 33; c) zum ZwAG.: RegE. § 32; Begr. S. 7, 14; AusschBer. S. 46, 57; d) zur Nov. vom 22. Dez. 1922: RegE. RTDrucks. 1922 Nr. 5347 S. 2 f.; e) zu § 24a ZwAG. s. bei §§ 15 VermStG., 24a ZwAG.; vgl. §§ 34, 35 BesStG., § 18, 19 WBG.

1. Übersicht.
2. Kurswert.
3. Wertpapiere.
4. Die Bewertung der Wertpapiere.
5. Steuerkurse.
6. Steuerwerte.
7. Die VO. vom 4. Jan. 1923.
8. In- und ausländische Wertpapiere mit inländischem Kurswert.
9. Inländische Wertpapiere ohne inländischen Kurswert.
10. Ausländische Wertpapiere ohne inländischen Kurswert.
11. Der Zuschlag von 300 v. H. Die Ausnahmefälle.
12. Der Zuschlag im Steuerkurszettel.
13. Schuldbuchforderungen. Urkundlose Aktien und Kuxe.
14. Anteile an Bergwerksgesellschaften.
15. GmbHAnteile.
16. Einfluß des Diktats von Versailles.
17. Erwerb nach dem 31. Aug. 1922.
18. Kurswert der Zwangsanleihe. § 25 ZwAG.

1. **Übersicht.** Die Bestimmungen der RAO. betreffen

in § 141 Abs. 1: die Wertpapiere mit Kurswert und die Schuldbuchforderungen,

in § 141 Abs. 2: die Aktien ohne Kurswert, Kuxe, Anteile an Bergwerksgesellschaften und an Gesellschaften m. b. H.,

in § 142: die Wertpapiere mit und ohne Kurswert und die unter § 141 Abs. 2 fallenden Anteile.

§ 15 Abs. 5 VermStG. und die §§ 24, 24 a ZwAG. betreffen von den in den §§ 141, 142 RAO. geregelten Werten nur die Wertpapiere; § 15 Abs. 5 VermStG. ist aber für die erste VermSt. und die ZwA. durch § 24 ZwAG. ausgeschaltet.

Die BewRichtl. enthalten Vorschriften über Wertpapiere (II C I) und GmbHAnteile (II C III), sämtlich ohne bindende Kraft (N. 5 zu §§ 15 VermStG., 24 a ZwAG.).

Wegen der Bewertungseinheit s. N. 23 zu § 137 RAO.

2. **Kurswert.** Es ist strittig, ob einen „Kurswert" nur die zum Börsenhandel zugelassenen Wertpapiere haben (so anscheinend Strutz N. 15 zu § 6 KrStG.) oder auch die im freien Handel an einer Börse gehandelten Papiere (so Mrozek, Anm. 3 zu § 141 RAO.). Der Standpunkt der RAO. ist widerspruchsvoll. § 142 Abs. 1 geht anscheinend von der ersten Ansicht aus, da er nur den zum Börsenhandel zugelassenen Papieren einen Steuerkurs, den andern nur einen Steuerwert zubilligt, also wohl eine begriffliche Verbindung von Kurs und Zulassung zum Börsenhandel annimmt; § 141 geht dagegen wohl von der zweiten Ansicht aus, denn sonst würde sich § 141 Abs. 1 nur auf zugelassene Papiere beziehen, auch würde für die im freien Verkehr gehandelten Aktien nach § 141 Abs. 2 das Finanzamt des Sitzes der AG. den Wert zu ermitteln haben, obwohl der im freien Handel gebildete Kurs besser den Wert ergibt und kein Grund für seine Übergehung vorliegt. Aus § 24 Abs. 2 ZwAG. in der Fassung der Nov. vom 22. Dez. 1922 ergibt sich jedoch die Richtigkeit der zweiten Ansicht; denn da nach § 24 Abs. 2 ZwAG. ausländische Papiere ohne inländischen Kurswert mit dem Kurse oder Wert am 31. Dez. 1922 anzusetzen sind, der etwaige Kurs aber kein Kurs auf Grund einer deutschen „Zulassung" sein kann, ausländische Zulassungen, soweit sie vorkommen, nicht als solche i. S. des deutschen Rechts anerkannt werden (RGZ. **55** 183), gibt es auch Kurse und Kurswerte ohne Zulassung zum Börsenhandel, d. h. auf Grund des freien Handels an einer Börse.

Aus § 142 Abs. 2 ergibt sich, daß weiter auch ein im regelmäßigen Verkehr von Büro zu Büro gebildeter Kurs als ausreichend angesehen werden muß. Für Aktien „ohne Kurswert" findet die Wertermittlung in dem umständlichen Verfahren nach § 142 Abs. 2 statt. Dies Verfahren kann nur als äußerster Notbehelf gedacht sein, der erst Platz greift, wenn alle andern Erkenntnisquellen für den Wert versagen. Da der im freien außerbörslichen Verkehr zwischen angesehenen Banken und Bankiers gebildete Kurs genügenden Anhalt für die Wertermittlung bietet, wird man Papiere, die einen solchen Kurs haben, nicht als solche „ohne Kurswert" ansehen. Man spricht

auch tatsächlich von dem „Markt" solcher nicht an einer Börse gehandelten Papiere. Winkelbankiers zählen naturgemäß nicht mit. Diese Kurse von Büro zu Büro kommen aber nur bei Papieren in Frage, die weder offiziell noch im freien Verkehr an einer Börse gehandelt werden.

Die hier vertretene Auffassung des Begriffs Kurswert wird auch durch die BewRichtl. und die Bekanntmachungen des RFM. vom 31. Jan. und 27. März 1923 (s. Anhang 4 u. 5) bestätigt.

Kurswert ist demnach der Wert auf Grund des Kurses, der sich an einer deutschen oder ausländischen Börse im offiziellen oder freien Handel oder mangels eines solchen Handels im regulären Verkehr zwischen angesehenen Banken und Bankiers gebildet hat.

3. Wertpapiere i. S. dieser Bestimmungen sind die Papiere, die an einer Börse gehandelt werden oder ihrer Natur nach gehandelt werden könnten, also in erster Reihe Staatspapiere und sonstige Anleihepapiere, Obligationen, Pfandbriefe, Aktien, Genußscheine und Kuxe. Die Anteile an Kolonialgesellschaften können Wertpapiere sein. Die sonstigen Anteile an Bergwerksgesellschaften und an Gesellschaften m. b. H. sind normalerweise keine Wertpapiere. Wegen der Wechsel, Schecks, Banknoten und anderer Zahlungsmittel s. N. 5 ff. zu § 143.

Inländische Wertpapiere sind Papiere, deren Aussteller ihren Sitz oder Wohnsitz im Inland haben. Inländischer Kurswert ist der Wert auf Grund des Kurses an einer deutschen Börse oder in einem innerdeutschen Verkehr.

4. Die Bewertung der Wertpapiere. Auf die Bewertung der Wertpapiere für die erste Veranlagung der VermSt., demgemäß auch für die ZwA., ist in erster Reihe § 24 ZwAG. anwendbar, wie § 24 ZwAG. ausdrücklich besagt und § 24 a Satz 1 ZwAG. in gesetzestechnisch wenig schöner Weise nochmals bestätigt. Wenn § 24 a Satz 1 daneben die BewRichtl. für maßgebend erklärt, so gilt dies nicht für Wertpapiere; denn die diesbezüglichen Bestimmungen der BewRichtl. geben entweder nur den Inhalt des § 24 ZwAG. wieder, dann sind sie ohne selbständige Bedeutung, oder sie verstoßen gegen § 24 ZwAG., dann sind sie ungültig.

Eine bloße Wiedergabe des § 24 ZwAG. enthalten Teil I § 18 Abs. 1 und 2 und Teil II C I unter Ziff. 1 und 3. Nach Ziff. 2 in Teil II C I sind inländische Wertpapiere ohne Kurswert in Deutschland mit dem Verkaufswert am 31. Dez. 1922 abzüglich 40 v. H. anzusetzen. Diese Vorschrift verstößt gegen § 24 Abs. 1 Satz 2, welche Bestimmung auch in Teil I § 18 Abs. 1 Satz 2 richtig wiedergegeben ist, und ist daher ungültig (s. N. 9). Teil I § 19 regelt Aktien ohne Kurswert und Kuxe unter Wiedergabe des § 141 Abs. 2 RAO. Diese Bestimmung der RAO. muß aber hinter § 24 ZwAG. zurücktreten, der auch für Aktien ohne Kurswert und Kuxe gilt, da beides Wertpapiere sind (s. N. 9). Tatsächlich führt der Steuerkurszettel unter

den Steuerkursen, die nur für notierte Wertpapiere gelten, auch die amtlich notierten Kuxe auf.

Durch § 24 ZwAG. wird § 141 Abs. 1 und 2 RAO. ausgeschaltet, soweit es sich um Wertpapiere handelt. § 141 gilt also nur für Schuldbuchforderungen, Anteile von Berggewerkschaften und urkundlose Aktien und Kuxe (s. N. 13). Ob die Vorschriften in § 142 Abs. 1 und 2 RAO. trotz § 24 Abs. 3 Satz 1 ZwAG. gelten, kann dahingestellt bleiben, da die Steuerkurse und Steuerwerte nach den Bekanntmachungen des RFM. vom 31. Jan. und 27. März 1923 sowohl auf Grund des § 24 Abs. 3 ZwAG. als auf Grund des § 142 Abs. 1 und 2 RAO. erlassen sind (Anhang 4, 5).

§ 142 Abs. 3 RAO. ist nicht anwendbar, da § 24 ZwAG. die Durchschnittskurse schlechthin für maßgebend erklärt. Ebenso die Bekanntmachungen vom 31. Jan. und 27. März 1923.

Für die Bewertung der Wertpapiere, für welche an sich Durchschnittskurse zu ermitteln wären, die aber noch nicht an allen vier maßgebenden Tagen — 30. Juni 1920, 1921, 1922, 3. Okt. 1922 — bestanden haben, ist auf Grund § 24 Abs. 3 Satz 2 ZwAG. die VO. vom 4. Jan. 1923 (RGBl. S. 54) ergangen, die bei der Festsetzung der Steuerkurse und Steuerwerte berücksichtigt ist (Anhang 3).

Die Steuerkurse und Steuerwerte sind in den Bekanntmachungen des RFM. vom 31. Jan. und 27. März 1923 festgesetzt, die auch weitere Vorschriften über die Bewertung enthalten (s. Anhang 4 u. 5). Gemäß § 142 Abs. 1 RAO. sind Steuerkurse die Werte der zum Börsenhandel zugelassenen Wertpapiere, Steuerwerte die Werte der übrigen Wertpapiere (unnotierte Werte) und der Anteile, die nicht Wertpapiere sind.

Hiernach gelten für die Bewertung der Wertpapiere:

in erster Linie die Steuerkurse und Steuerwerte (N. 5 u. 6),

in zweiter Linie § 24 Abs. 1 und 2 ZwAG., gegebenenfalls mit der VO. vom 4. Jan. 1923 (N. 7 bis 10),

in beiden Fällen die Vorschrift über den Zuschlag von 300 v. H. in § 24 a Abs. 3 außer in den Fällen des § 24 a Abs. 3 Ziff. 3 und 5 (N. 11, 12),

für nach dem 31. August 1922 erworbene Wertpapiere neben den vorstehenden Bestimmungen § 24 a Abs. 1 Satz 3 ZwAG. (N. 17),

für Zwangsanleihe § 25 ZwAG. (N. 18).

5. Steuerkurse. Die Steuerkurse der in Deutschland zum Börsenhandel zugelassenen in- und ausländischen Wertpapiere in deutscher und ausländischer Währung sind in den Bekanntmachungen vom 31. Jan. und 27. März 1923 geregelt, und zwar

1. in der Bekanntmachung vom 31. Jan. 1923

unter A: die zum Handel an der Berliner Börse zugelassenen Wertpapiere,

unter B: die zum Handel an anderen deutschen Börsen zugelassenen Wertpapiere,

2. in der Bekanntmachung vom 27. März 1923
unter A: weitere zum Handel an deutschen Börsen — Berlin und sonstige — zugelassene Wertpapiere.

Wegen des Zuschlags s. N. 12.

6. Steuerwerte. Es sind geregelt

1. in der Bekanntmachung vom 31. Jan. 1923
unter C: ausländische Wertpapiere ohne inländischen Kurswert,

2. in der Bekanntmachung vom 27. März 1923
unter B: weitere ausländische Wertpapiere ohne inländischen Kurswert,
unter C: in- und ausländische Wertpapiere in deutscher und ausländischer Währung, die in Deutschland zum Börsenhandel nicht zugelassen sind (unnotierte Werte), und zwar:
   a) Aktien und Genußscheine,
      Kuxe,
      Anteile an Kolonialgesellschaften, Gesellschaften m. b. H., Bergwerksgesellschaften und dergl.,
   b) deutsche Schuldverschreibungen,
   c) ausländische festverzinsliche Wertpapiere,
unter D: vom Reich erworbene oder beschlagnahmte ausländische Wertpapiere, und zwar:
   a) die auf Grund des § 10 Anlage zu Art. 298 beschlagnahmten oder auf Grund des § 260 des Vertrags von Versailles enteigneten Wertpapiere, die inzwischen freigegeben sind,
   b) die von der Reichsstelle für Wertpapiere für die Ausfuhr gesperrten Wertpapiere,
   c) die sog. Brüsseler Lebensmitteleffekten,
      α) die vom Reich übernommenen,
      β) die nicht vom Reich übernommenen.

Ferner enthält die Bekanntmachung vom 27. März 1923 (Anhang 16)
unter E: die Mittelkurse für Auszahlungen am 30. Dez. 1922,
unter F: die Durchschnittskurse für ausländische Währungen.

7. Die VO. vom 4. Jan. 1923 (RGBl. S. 54, s. Anhang 3) regelt

a) die Steuerwerte junger, am 31. Dez. 1922 noch nicht an einer Börse zugelassener Aktien (Ziff. 1),

b) die Durchschnittskurse von inländischen Aktien, wenn die Gesellschaft noch nicht an allen vier für die Durchschnittsberechnung maßgebenden Stichtagen bestand oder die Aktien nicht an allen vier Stichtagen in den Verkehr gebracht waren (Ziff. 2 bis 5),

c) den gleichen Fall bei inländischen Wertpapieren über eine hochwertige ausländische Währung (Ziff. 6).

Der Fall zu a setzt voraus, daß alte Aktien vorhanden sind, die, sei es auf Grund des § 24 ZwAG., sei es auf Grund der Ziff. 2 bis 6 der VO. einen Durchschnittskurs haben; die jungen Aktien werden mit dem Durchschnittskurs der alten abzüglich 10 v. H. angesetzt. Gemeint ist wohl 10 v. H. des ausmachenden Betrages. Diese Vorschrift ist nicht anwendbar auf die — allerdings seltenen — Fälle, in denen die jungen, noch nicht eingeführten Aktien bereits am 30. Juni 1920 bestanden, da dann § 24 Abs. 1 Satz 2 als gesetzliche Bewertungsvorschrift vorgeht.

Im Falle zu b wird der Durchschnitt der von den vier Kursen vorhandenen Kurse genommen, äußerstenfalls der Kurs am 31. Dez. 1922, abzüglich gewisser in der VO. bestimmter Abschläge. Diese dem Wortlaut nach nur für Aktien vorgesehene Regelung dürfte auf Anleihepapiere analog anwendbar sein; hierfür spricht die Ziff. 6 der VO., die sich auf unter 2 bis 5 fallende inländische „Wertpapiere" auf ausländische Währung bezieht, also davon ausgeht, daß Ziff. 2 bis 5 nicht nur für Aktien, sondern allgemein für Wertpapiere gelten, zumal inländische Aktien nach herrschender Ansicht (Staub, Anm. 15 zu § 180 HGB.) nur auf Reichsmark lauten dürfen (ebenso die Begr. der Novelle vom 22. Dez. 1922 S. 3). Die Bekanntmachung vom 27. März 1923, die auf die VO. verweist, geht allerdings von ihrer Anwendbarkeit nur auf Aktien aus. Wegen der Devisen s. N. 10 zu § 143.

In den Fällen, in denen neue Wertpapiere im Umtausch gegen ältere ausgegeben sind, ist nicht die VO. vom 4. Jan. 1923 Ziff. 2 bis 5 anwendbar, sondern es sind die Kurse der alten Papiere unter entsprechender Umrechnung je nach dem Umtauschverhältnis in die Durchschnittsberechnung einzusetzen. Zuzahlungen oder Herauszahlungen sind zu berücksichtigen, soweit sie sich auf den Kapitalwert, nicht auf den Ertrag beziehen.

Im Falle zu c, wenn also bei inländischen Wertpapieren auf hochwertige ausländische Währung einer der vier Stichtage fehlt, ist nach Ziff. 6 der VO. vom 4. Jan. 1923 nicht die in Ziff. 2 bis 5 der VO. vorgesehene Berechnung, sondern § 24 Abs. 2 Satz 2 ZwAG. anwendbar; danach wird der Kurs oder Wert des Papiers am 31. Dez. 1922 zugrunde gelegt; dieser Kurs oder Wert wird in deutsche Währung umgerechnet, und zwar zu einem Kurse, der dem Verhältnis des Kurses oder Wertes des Papiers zu dem Durchschnittskurse der betreffenden Währung, der aus den Kursen an den vier Stichtagen in gleicher Weise wie bei Wertpapieren ermittelt wird, entspricht. Die Durchschnittskurse sind in der Bek. vom 27. März 1923 unter F angegeben.

Den inländischen Wertpapieren auf hochwertige Valuten sind bei der Anwendung der Ziff. 6 der VO. vom 4. Jan. 1923 die sog. wertbeständigen Papiere (Roggenrentenbriefe, Kohlewertanleihen usw.)

gleichzusetzen. An die Stelle des Kurses der ausländischen Währung tritt der Börsen- oder Marktpreis der Ware, über welche die Papiere lauten, gegebenenfalls mit Abschlägen, entsprechend der Spanne zwischen Warenkurs und Papierkurs (s. N. 33 b zu § 139).

8. **In- und ausländische Wertpapiere mit inländischem Kurswert** werden, wenn kein Steuerkurs festgesetzt ist, gemäß § 24 Abs. 1 Satz 1 ZwAG. bewertet. Gegebenenfalls ist die VO. vom 4. Jan. 1923, und zwar Ziff. 1 bis 5 auf inländische und niedrigvalutarische, Ziff. 1 und 6 auf hochvalutarische Papiere, anwendbar.

9. **Inländische Wertpapiere ohne inländischen Kurswert**. Nach § 24 Abs. 1 Satz 2 findet eine der Ermittlung der Durchschnittskurse entsprechende Ermittlung der Durchschnittsverkaufswerte statt, wenn Steuerwerte fehlen. Danach ist die Summe der Verkaufswerte am 30. Juni 1920, 1921, 1922 zu dritteln, das Drittel und der Verkaufswert am 3. Okt. 1922 sind zusammenzuzählen, die Hälfte dieser Summe ist der gesuchte Wert. Die Vorschrift der BewRichtl. (II C I 2) und der Bekanntmachung vom 27. März 1923 unter II 2, daß der Verkaufswert am 31. Dez. 1922 abzüglich 40 v. H. zu nehmen sei, wäre zwar bei der ursprünglichen Fassung des § 24 ZwAG. möglich gewesen, da der alte § 24 ZwAG. ebenso wie § 15 Abs. 5 VermStG. nur an Stelle des § 141 RAO., also nur für Wertpapiere mit Kurswert galt; da aber § 24 ZwAG. in der Fassung vom 22. Dez. 1922 in Abs. 1 Satz 2 ausdrücklich für Wertpapiere ohne Kurswert die gleiche Durchschnittsberechnung wie für solche mit Kurswert vorschreibt, ist die Bestimmung der BewRichtl. ungültig geworden (vgl. N. 4).

Gegebenenfalls ist die VO. vom 4. Jan. 1923 anwendbar (s. N. 7). Diese VO. bildet eine Ergänzung des § 24 Abs. 1 Satz 1 ZwAG., und da nach Satz 2 der Satz 1 auf die Wertpapiere ohne Kurswert anwendbar ist, ist auch die ergänzende VO. anwendbar.

Die Ermittlung der Verkaufswerte an den maßgebenden Tagen erfolgt, solange der RFM. nicht gemäß § 24 Abs. 3 abweichende Vorschriften erläßt, gemäß § 138 RAO. Etwaige ausländische Kurswerte können als Anhaltspunkt dienen.

Für inländische Schuldverschreibungen ohne inländischen Kurswert ist die Vorbemerkung unter C b der Bek. vom 27. März 1923 maßgebend. Danach beträgt der Steuerwert bei Rückzahlbarkeit bis Ende 1924 und einem Zinsfuß von 5, 4½, 4, 3½, 3 %: 99, 95, 92, 88, 85 v. H., bei späterer Rückzahlbarkeit entsprechend 97, 90, 83, 75, 68 v. H. Bei anderem Zinsfuß ist der Steuerwert wohl sinngemäß zu ermitteln.

Aktien ohne Kurswert sind dennoch Wertpapiere, fallen daher unter § 24 Abs. 1 Satz 2. Das Bewertungsverfahren unterliegt nach § 24 Abs. 3 der Bestimmung des RFM. Für die meisten unnotierten Aktien sind die

Steuerwerte in der Bek. vom 27. März 1923 unter C a angegeben. Soweit dies nicht geschehen ist, gilt für das Verfahren § 141 Abs. 2 RAO. Wegen junger Aktien s. N. 7 zu a.

Kuxe mit Kurswert gehören zu den Wertpapieren mit Kurswert, da Kuxe Wertpapiere sind (Staub, Anm. 40 zu § 1 HGB.; Veit Simon in JurW. 1918 S. 721); § 141 Abs. 2 RAO. gilt trotz des Wortlauts nur für Kuxe ohne Kurswert, da jede Voraussetzung für die Anwendung auf Kuxe mit Kurswert fehlt (abw. Mrozek, Anm. 2 zu § 141). Die Steuerkurse der notierten Kuxe sind in der Bek. vom 31. Jan. 1923 unter A VI und VII (Düsseldorf und Essen) und XVIII (Zwickau) und in der Bek. vom 27. März 1923 unter A VI und VII (Düsseldorf und Essen) und XI (Köln) angegeben.

Für Kuxe ohne Kurswert gilt das gleiche wie für Aktien ohne Kurswert. Die Steuerwerte der unnotierten Kuxe sind in der Bek. vom 27. März 1923 unter C a hinter den unnotierten Aktien aufgeführt.

10. Ausländische Wertpapiere ohne inländischen Kurswert. Soweit Steuerwerte fehlen, sind nach § 24 Abs. 2 Satz 1 die Kurse oder Werte am 31. Dez. 1922 maßgebend. Als Kurse kommen die an ausländischen Börsen in Betracht, als Werte die Verkaufswerte im Ausland. Lauten die Wertpapiere auf eine andere Währung als die deutsche, so ist der Berliner Devisenkurs dieser Währung am 31. Dez. 1922 maßgebend (s. Bekanntmachung vom 27. März 1923 unter E in Anhang 5). Ist die ausländische Währung besser als die deutsche, so ist nach § 24 Abs. 2 Satz 2 ZwAG. statt dieses Devisenkurses ein in gleicher Weise wie bei den Wertpapieren errechneter Durchschnittsdevisenkurs zugrunde zu legen (Anhang 16 unter F). Hat die Währung noch nicht an allen vier Stichtagen bestanden — z. B. das lettische Lat, das litauische Litas —, so ist wieder die VO. vom 4. Jan. 1923 Ziff. 2 bis 5 analog anwendbar (s. N. 7).

Inländische Verkaufswerte dieser ausländischen Wertpapiere sind zunächst nach § 24 Abs. 2 ZwAG. nicht zugrunde zu legen, da eine Umrechnung der betreffenden ausländischen Währung in die deutsche stattfinden soll. Aus dem gleichen Grunde sind Kurse oder Verkaufswerte in anderen Ländern als dem Ursprungslande nicht direkt maßgeblich. Äußerstenfalls sind aber auch diese Werte heranzuziehen, wenn keine Werte im Ursprungsland zu ermitteln sind.

Bei den auf Grund § 10 der Anlage zu Art. 298 oder auf Grund § 268 des Vertrages von Versailles beschlagnahmten, aber wieder freigegebenen Papieren (Bek. vom 27. März 1923 zu D a, s. N. 6) und bei den von der Reichsstelle für Wertpapiere für die Ausfuhr gesperrten Papieren (a. a. O. zu D b) gibt, sofern Steuerwerte nicht bekanntgegeben sind, die Reichsstelle für Wertpapiere, Abteilung Steuerkurse (Berlin, Potsdamer Straße 122 a/b), auf Anfrage die Steuerwerte an.

11. Der Zuschlag von 300 v. H. bei Wertpapieren. Die Ausnahmen. Zu den gemäß § 24 ZwAG. bewerteten Wertpapieren tritt gemäß § 24 a Abs. 2 der Zuschlag von 300 v. H. Dies gilt sowohl, wenn Steuerkurse oder Steuerwerte festgesetzt sind, als auch wenn dies nicht geschehen ist und die Bewertung im Einzelfall nach § 24 ZwAG. und der VO. vom 4. Jan. 1923 erfolgt; die gleichmäßige Behandlung gilt auch für die Ausnahmen.

Ausgenommen vom Zuschlag sind:

a) Nach § 24 a Abs. 3 Ziff. 3: *Inländische auf Reichsmark lautende festverzinsliche Wertpapiere*, die sog. Anleihepapiere, nämlich öffentliche Anleihen, Industrieobligationen, Pfandbriefe und dergl. Hierzu wird man diese Papiere auch dann rechnen, wenn sie mit *variablem Zinsfuß* ausgestattet sind, also die mit je einem festen Betrag unter dem Diskontsatz der Reichsbank verzinslichen Anleihepapiere; ferner die unverzinslichen *Lospapiere* und diejenigen *Vorzugsaktien*, die höchstens eine dem üblichen Zinsfuß entsprechende Dividende erhalten und zum Nennbetrage oder einem nicht erheblich höheren Betrage rückzahlbar sind; dagegen allerdings die Steuerkurszettel. Der RFM. hat Bewertung mit 60 v. H. des Kurses am 30. Jan. 1922 für zulässig erklärt. Gegebenenfalls muß in diesen wie in anderen ähnlich liegenden Fällen, in denen der Zuschlag eine unbillige Härte bedeutet, z. B. bei Versicherungsaktien, ein Antrag auf Grund § 108 Abs. 1 RAO., § 21 ZwAG. (Härteparagraph) helfen.

b) Nach § 24 a Abs. 3 Ziff. 5: *Wertpapiere, die mit dem Kurswert oder Verkaufswert am Stichtag zu bewerten sind.* Hierunter fallen:

1. ausländische Wertpapiere ohne inländischen Kurswert, die auf eine am 31. Dez. 1922 der deutschen Währung gegenüber nicht hochwertige Währung lauten, da sie nach § 24 Abs. 2 Satz 1 mit den Werten am 31. Dez. 1922 anzusetzen sind (Bek. vom 27. März 1923 zu I 3),
2. Wertpapiere, die unter Ziff. 5 der VO. vom 4. Jan. 1923 fallen, d. h. die nach dem 3. Okt. 1922 in den Verkehr gebrachten Wertpapiere, da sie mit dem Kurs am 31. Dez. 1922 abzüglich 40 v. H. anzusetzen sind, außer den jungen Aktien (N. 7 zu a; vgl. die Bek. vom 27. März 1923 zu I 4). Soweit sonst bei Papieren, die noch nicht an allen vier für die Durchschnittsberechnung maßgebenden Tagen bestanden haben und die daher unter die VO. vom 4. Jan. 1923 fallen (N. 7), der Zuschlag von 300 v. H. zu den nach dieser VO. ermittelten Kursen zu Härten führt, ist Abhilfe nur nach § 108 Abs. 1 RAO., § 21 ZwAG. möglich.

c) Nach der Bek. vom 27. März 1923 zu I 2: *Ausländische festverzinsliche Wertpapiere mit inländischem Kurswert*, die auf eine am 31. Dez. 1922 der deutschen Währung gegenüber nicht hochwertige Währung lauten. Diese Papiere sind gemäß § 24 Satz 1

ZwAG. mit Durchschnittskursen zu bewerten. Die Zulassung dieser Ausnahme beruht auf § 21 ZwAG., § 108 RAO.

12. Der Zuschlag im Steuerkurszettel.

Zuschlagfrei sind:

1. deutsche Reichs-, Staats-, Provinzial-, Kreis-, Kommunalanleihen, Anleihen sonstiger deutscher öffentlicher Körperschaften und ihrer Kreditinstitute, einschließlich der Lospapiere und Rentenbriefe,
2. Pfandbriefe öffentlicher Anstalten und der deutschen Hypothekenbanken,
3. Schuldverschreibungen deutscher Eisenbahnen, Klein- und Straßenbahnen,
4. Industrieobligationen,
5. die auf ausländische Währung lautenden Papiere gleichen Charakters wie die zu 1 bis 4 aufgeführten, die einen inländischen Kurswert haben (Bek. vom 31. Jan. 1923 unter A und B, vom 27. März 1923 unter A), wenn sie lauten über:

   deutschösterreichische Kronen,
   russische Rubel aller Art,
   polnische Mark

   (die ungarische Krone ist bei einem Kurse von 302 M. für 100 Kr. als hochwertige Währung anzusehen),
6. die in der Bek. v. 31. Jan. 1923 unter C und in der Bek. vom 27. März 1923 unter B und C aufgeführten Wertpapiere, wenn sie auf eine der drei unter 5 angegebenen Währungen lauten,
7. aus Billigkeitsgründen ferner

   die in der Bek. vom 27. März 1923 unter Cc aufgeführten türkischen und ungarischen Kriegsanleihen,
8. die vom Reich übernommenen Brüsseler Lebensmitteleffekten (Bek. vom 27. März 1923 unter D c α).

Alle übrigen Wertpapiere sind zuschlagpflichtig.

Wegen der Anteile, die keine Wertpapiere sind, s. N. 14 und 15.

13. Schuldbuchforderungen. Urkundlose Aktien und Kuxe. Forderungen, die in das Schuldbuch einer öffentlichen Körperschaft eingetragen sind, sind nach § 141 Abs. 1 RAO. mit dem Kurswert der entsprechenden Schuldverschreibungen der öffentlichen Körperschaft anzusetzen. Dies gilt gleichmäßig für in- und ausländische Schuldbuchforderungen, sofern die Papiere einen Kurswert in Deutschland haben, und wird analog anwendbar sein auf die Fälle, in denen über Aktien- oder Kuxrechte, für die ein Kurswert in Deutschland besteht, keine Urkunden — Aktienurkunden, Interimsscheine, Kuxscheine — ausgegeben sind.

Der Zuschlag von 300 v. H. tritt ein, wenn er bei den entsprechenden Papieren erhoben wird, also nicht bei inländischen Schuldbuchforderungen. Im übrigen s. N. 11 und 12.

14. Anteile an Bergwerksgesellschaften, die keine Kuxe sind, sind in der Regel keine Wertpapiere. Ihre Bewertung unterliegt daher nicht den §§ 24, 24 a ZwAG., sondern den allgemeinen Vorschriften. Für das Bewertungsverfahren gilt § 141 Abs. 2. Etwaige „Kurse" im Verkehr von Büro zu Büro sind daher nicht unmittelbar maßgebend, sondern nur als Anhaltspunkte für die Ermittlung des gemeinen Werts, und zwar nicht ohne weiteres, da der dauernde Wert zu ermitteln ist, nicht ein Tageswert. Steuerwerte können nach § 142 Abs. 1 in Verbindung mit § 141 Abs. 2 RAO. festgesetzt werden und sind für einige Anteile in der Bek. vom 27. März 1923 unter C a hinter den Aktien und Kuxen angegeben. Der Zuschlag von 300 v. H. kommt nicht in Frage, wenn nicht ausnahmsweise Wertpapiere vorliegen.

15. GmbHAnteile sind keine Wertpapiere, für die Bewertung gelten daher die §§ 137, 138 RAO., für das Bewertungsverfahren gilt § 141 Abs. 2 RAO. Auszugehen ist vom Nennbetrage. Er ist zu erhöhen oder zu ermäßigen je nach dem dauernden gemeinen Wert des Anteils; hierbei sind die bisherigen Erträge, die Vermögenslage der Gesellschaft, insbesondere die Höhe der Abschreibungen und Rücklagen, die Ertragsaussichten am Stichtage und die Schwierigkeiten und Kosten einer Verwertung der Anteile zu berücksichtigen (RFH. **4** 37). Die Vorschrift der BewRichtl. unter II B III, daß die Anteile mit dem Zwanzigfachen des Nennbetrages, also mit 2000 v. H., anzusetzen sind, ist wegen vollständiger Willkürlichkeit für die Steuerpflichtigen nicht bindend (s. N. 5 zu §§ 15 VermStG., 24 a ZwAG.). Nach § 142 Abs. 1 können zwar Steuerwerte festgesetzt werden; jedoch kann auch hierauf die Gültigkeit der Bestimmung der BewRichtl. nicht gestützt werden, da die Steuerwerte individuell, nicht schematisch festzusetzen sind und das in § 142 Abs. 2 vorgeschriebene Ermittlungsverfahren innegehalten werden muß.

In der Bek. vom 27. März 1923 sind für einige GmbHAnteile unter C a hinter den Aktien und Kuxen Steuerwerte angegeben. Der Zuschlag von 300 v. H. kommt nicht in Frage.

16. Einfluß des Diktats von Versailles. Sind Wertpapiere von den Feinden liquidiert, so sind sie aus dem Vermögen ausgeschieden. Zum Vermögen gehört nur der Entschädigungsanspruch gegen das Reich; über dessen Bewertung s. N. 11 zu § 143 RAO. Droht die Liquidation bei beschlagnahmten Papieren, so wird der Abgabepflichtige berechtigt sein, die Beschlagnahme bereits als Entziehung zu betrachten; es wird sich empfehlen, daß die Pflichtigen diese Rechte nicht in das abgabepflichtige Vermögen einbeziehen (OVGSt. **19** 362), jedoch in einer Anlage der Steuererklärung den Sachverhalt genau angeben; andernfalls besteht die Gefahr eines Verfahrens wegen Steuerhinterziehung. Dies gilt auch für in den Vereinigten Staaten beschlagnahmte Wertpapiere, da eine Freigabe am 31. Dez. 1922

nicht erfolgt war und die beschlagnahmten Wertpapiere damals keinen realisierbaren Vermögenswert darstellten. Im übrigen s. die Bek. vom 27. März 1923 zu D (Anhang 5).

17. Erwerb nach dem 31. Aug. 1922. Voraussetzung des § 24 a Abs. 1 Satz 3 ist, daß nach dem 31. Aug. 1922 Wertpapiere erworben und Schulden aufgenommen sind. Wegen des Begriffs Wertpapiere s. N. 3. Es kommt nur auf die Zeit des Erwerbs und der Schuldaufnahme an. Daß die Schuld zum Zwecke des Erwerbs aufgenommen ist, ist nicht erforderlich. Es genügt sogar, daß die Schuld nach dem Erwerb der Wertpapiere und zu durchaus begründeten andern Zwecken aufgenommen ist. Es soll jeder Fall getroffen werden, in dem der Pflichtige im Ergebnis durch Transaktionen nach dem 31. Aug. 1922 einen Steuervorteil durch Ausnutzung der Durchschnittsberechnung für Wertpapiere erlangen könnte. Wenn die Aufnahme der Schulden an Stelle des Verkaufs von Wertpapieren auf einer Zwangslage beruhte, z. B. weil die Wertpapiere als Sicherheit hatten hinterlegt werden müssen, wird ein Antrag aus § 108 RAO. Aussicht haben.

Die Wirkung der Vorschrift ist, daß die nach dem 31. Aug. 1922 erworbenen Papiere bis zum Betrage der Schulden mit dem Anschaffungspreis angesetzt werden, es sei denn, daß der sich sonst ergebende Wert höher ist. Im einzelnen bereitet die Anwendung dieser Vorschrift ähnliche Schwierigkeiten wie die über die Verrechnung von Valutaforderungen und -schulden (N. 29 c zu § 139). Ist ein Wertpapier von 1000 M. erworben, bei dem der Anschaffungspreis 12 000 M., der Durchschnittskurs 600 v. H. beträgt, und ist eine Schuld von 9000 M. aufgenommen, so ist das Wertpapier zu $^{9}/_{12}$ mit dem Anschaffungspreis, zu $^{3}/_{12}$ mit dem Durchschnittskurs zu bewerten, also mit 9000 M. + 1500 M. = 10 500 M. Sind mehrere Wertpapiere erworben, so ist der Gesamtbetrag der aufgenommenen Schuld im Verhältnis der Anschaffungspreise der Papiere zu verteilen. Papiere, die vor dem Stichtag wieder verkauft, Schulden, die vorher abgelöst sind, rechnen nicht mit. Der Zuschlag von 300 v. H. wird zu dem Mindestwert nach § 24 a Abs. 1 Satz 3 nicht gemacht.

Eine analoge Anwendung dieser Bestimmung auf Anteile an Gesellschaften m. b. H. und auf Anteile an Bergwerksgesellschaften, die nicht Aktien oder Kuxe sind, erscheint nicht zulässig.

18. Kurswert der Zwangsanleihe. § 25 ZwAG. Schuldverschreibungen der Zwangsanleihe waren am 31. Dez. 1922 noch nicht ausgegeben. Der durch die Zeichnung erworbene Anspruch auf diese Schuldverschreibungen soll nach § 25 ZwAG. mit dem Kurswert der Schuldverschreibungen bewertet werden, höchstens aber mit 50 v. H. Einen Kurswert hat die Zwangsanleihe am 31. Dez. 1922 noch nicht gehabt, ein solcher ist auch in den Steuerkursen nicht vorgesehen. Der Ansatz des Anspruchs aus der Zeichnung er-

folgt also mit 50 v. H. des Nennwerts der Zeichnung. Ebenso die Bek. vom 27. März 1923 zu III. Wer vor dem 1. Jan. 1923 gezeichnet hat, dessen abgabepflichtiges Vermögen ist also um die Hälfte des Zeichnungsbetrages niedriger als das Vermögen dessen, der bis dahin nichts gezeichnet hat, da die Zeichnungspflicht nicht abgezogen werden darf (N. 33 zu § 8 ZwAG.).

2. Forderungen und Zahlungsmittel.

§ 143 RAO.

Andere als die im § 141 bezeichneten Kapitalforderungen sowie Schulden sind mit dem Nennwert anzusetzen, sofern nicht besondere Umstände einen höheren oder geringeren Wert begründen.

Unbeitreibbare Forderungen bleiben außer Ansatz.

Der Wert unverzinslicher, befristeter Forderungen oder Schulden ist gleich einem Betrage, der mit angemessenen Jahreszinsen bis zur Fälligkeit die Forderung oder Schuld ergibt.

Noch nicht fällige Ansprüche aus Lebens-, Kapital- oder Rentenversicherungen werden, soweit die Steuergesetze nichts anderes vorschreiben, mit zwei Dritteln der eingezahlten Prämien oder Kapitalbeiträge angerechnet; weist der Steuerpflichtige nach, wofür die Versicherungsanstalt den Versicherungsschein nach ihrer Satzung oder den Versicherungsbedingungen zurückkaufen würde, so ist dieser Betrag maßgebend.

§ 15 Abs. 6 VermStG.

Gold- und Silbermünzen sind mindestens mit dem Metallwert einzusetzen.

Mat.: a) zu § 143 RAO.: RegE. § 143; Begr. S. 112; AusschBer. S. 24; b) zu § 15 Abs. 6 VermStG.: RegE. § 16 Abs. 2; Begr. S. 20; AusschBer. S. 33; vgl. §§ 36, 41 BesStG., §§ 20, 25 WBG.

1. Kapitalforderungen.
2. Bewertung zum Einziehungswert.
3. Unverzinsliche Forderungen und Schulden.
4. Noch nicht fällige Versicherungsansprüche.
5. Wechsel, Schecks, Banknoten auf ausländische Währung.
6. Papiergeld, Sorten, Auszahlungen, Anweisungen.
7. Valutaforderungen.
8. Valutaversicherungen und -hypotheken.
9. Valuta-, Gold-, Goldwertschulden.
10. Ermittlung der Devisenkurse.
11. Einfluß des Diktats von Versailles.

1. Kapitalforderungen. Wegen des Begriffs der Kapitalforderungen s. N. 4 zu § 9. Unter § 143 fallen nur die nicht unter § 141 fallenden Kapitalforderungen, d. h. diejenigen, die nicht in Wertpapieren i. S. des § 141

verbrieft sind, also insbesondere nicht Anleihepapiere, Pfandbriefe und dergl. (s. im übrigen N. 5). Auf Betriebsvermögen ist § 143 nicht, jedenfalls nicht unmittelbar, anwendbar.

2. Bewertung zum Einziehungswert. Forderungen und Schulden sind grundsätzlich zum Nennwert anzusetzen. Das bedeutet, daß grundsätzlich der Einziehungswert, nicht der Veräußerungswert maßgebend ist; denn für den gemeinen Wert ist der Nennwert nicht unmittelbar maßgebend. Auch haben Schulden überhaupt keinen Veräußerungs-, sondern nur einen Einziehungswert; da für Forderungen und Schulden die gleiche Bewertungsart vorgeschrieben ist, kann nur der Einziehungswert gemeint sein. Die besonderen Umstände, die einen Ansatz über oder unter dem Nennwert rechtfertigen, können demnach nicht darin liegen, daß bei einem Verkauf der Forderung ein höherer oder niedrigerer Preis erzielt werden könnte. Maßgebend ist vielmehr nur die Aussicht auf den Betrag, der voraussichtlich vom Schuldner beigetrieben werden kann oder werden wird.

Der Einziehungswert bleibt unter dem Nennwert bei Unsicherheit des Schuldners. Der Schuldner kann die Schuld trotzdem in voller Höhe ansetzen, es sei denn, daß er weder bereit ist, sie zu bezahlen, noch ein Vorgehen des Gläubigers zu erwarten ist (Ball, DStBl. 1921 S. 390). Ist die Forderung nicht einziehbar, so bleibt sie außer Ansatz (§ 143 Abs. 2). Ein höherer Wert als der Nennwert ist bei gewöhnlichen Markforderungen nicht vorstellbar (vgl. Strutz, KrStG. S. 240). Wegen der Bewertung zweifelhafter und sonstiger eventueller Forderungen und Schulden s. N. 36 b bis e, 37 zu § 8 VermStG. Wegen der bedingten Forderungen s. N. 18 zu § 6, wegen der bedingten Schulden s. N. 8 zu § 11 VermStG.

3. Unverzinsliche Forderungen und Schulden. Die Ansetzung zum Nennwert gilt für den Normalfall, d. h. für die verzinsliche Forderung und Schuld; das Recht auf Zinsen wird nicht besonders bewertet, ebensowenig der laufende Zinsanspruch (N. 4 zu § 9 VermStG.). In gleicher Weise sind unverzinsliche fällige oder jederzeit rückzahlbare Forderungen anzusetzen, z. B. die unverzinslichen Guthaben auf Postscheckkonto. Bei unverzinslichen befristeten Forderungen und Schulden mindert sich der Einziehungswert um den dem Gläubiger in der Zeit bis zur Fälligkeit entgehenden Nutzungswert. Nach § 143 Abs. 3 ist der Betrag zu ermitteln, der mit angemessenen Zinsen bis zur Fälligkeit den Nennwert ergibt. Zinseszinsen werden nicht berechnet (RFH. **11** 129). Ein allgemeiner „angemessener" Zinssatz kann nicht aufgestellt werden. Der Schuldner kann den Satz geltend machen, welcher der üblichen Damnoberechnung bei Rückzahlung unverzinslicher Schulden vor Fälligkeit zugrunde gelegt wird; tatsächlich erscheinen daher etwa 2 v. H. angemessen. Der Gläubiger kann den Zinssatz ansetzen, zu dem er das Geld bei normaler Anlegung

ohne weiteres hätte unterbringen können, also mindestens den Bankzins für Monatsgeld am Stichtage (6 v. H.), bei langfristigen Forderungen den etwaigen höheren Zinssatz für Vierteljahresgeld usw.

Der Betrag berechnet sich nach folgender Formel, wobei k das unverzinsliche Kapital, x der gesuchte Betrag, z der Zinssatz und t die Zahl der Jahre ist:

$$k = x + \frac{z \cdot t}{100} x, \quad \text{also} \quad x = \frac{100\,k}{100 + z \cdot t}.$$

Ein zehn Jahre unkündbares unverzinsliches Kapital von 10 000 M. hat bei einem Zinssatz von 6 v. H. einen Wert von $\frac{100 \cdot 10\,000}{100 + 6 \cdot 10}$ M. = 6250 M. (vgl. RFH. **11** 130).

4. Noch nicht fällige Versicherungsansprüche. S. N. 8 zu § 9 VermStG. Die Bewertung erfolgt mit dem Rückkaufswert oder mit zwei Dritteln der bis zum 31. Dez. 1922 gezahlten Prämien (BewRichtl. II C IX), und zwar so, wie sie gezahlt sind, also abzüglich aller verrechneten oder ausgezahlten Dividenden (s. Mrozek, Anm. 10 zu § 143).

5. Wechsel, Schecks und Banknoten auf ausländische Währung. Bei Wechseln, Schecks und Banknoten auf deutsche Währung ist es für die Bewertung an sich gleichgültig, ob sie als Wertpapiere angesehen werden oder nicht; denn da sie keinen Kurswert haben, würde doch der Nennwert oder ein etwa niedrigerer Einziehungswert maßgebend sein. Anders ist es bei Wechseln, Schecks und Banknoten auf ausländische Währung: fallen sie, weil sie keine Wertpapiere sind, unter § 143 RAO., so wäre der Nennwert maßgebend, der möglicherweise zum Tageskurse der ausländischen Währung am Stichtage umgerechnet werden müßte; sind sie aber Wertpapiere i. S. des § 24 ZwAG., so ist die in § 24 vorgesehene Durchschnittsberechnung aus den Devisenkursen am 30. Juni 1920, 1921, 1922 und 3. Okt. 1922 anwendbar.

Nach den BewRichtl. (II C VI) sollen alle ausländischen Zahlungsmittel einschließlich Wechsel, Schecks, Banknoten zum Tageskurs der Währung umgerechnet werden. Nach der Bek. vom 27. März 1923 zu IV und zu E gelten die angegebenen Tageskurse aber nur für Forderungen.

Das Verhältnis des § 141 zu § 143 RAO. hinsichtlich der Bewertung der Wertpapiere ist für die vorliegende Frage nicht maßgebend. Unter § 141 Abs. 1 fallen alle kurshabenden Wertpapiere, unter § 141 Abs. 2 die nicht kurshabenden Wertpapiere über Anteilsrechte (s. N. 9 zu § 141 RAO.), unter § 143 die nicht kurshabenden Wertpapiere über Forderungsrechte sowie alle nicht in Wertpapieren verbrieften Forderungen. § 24 ZwAG. in der Fassung der Novelle vom 22. Dez. 1922 greift aber über § 141 Abs. 1 RAO. hinaus: während § 15 Abs. 5 VermStG. und § 24 ZwAG. in der ursprüng-

lichen Fassung nur für die kurshabenden Wertpapiere gelten, regelt § 24 ZwAG. in der neuen Fassung des Gesetzes vom 22. Dez. 1922 auch die nicht kurshabenden Wertpapiere (Abs. 1 Satz 2, Abs. 2), die daher für VermSt. und ZwA. nicht unter § 143 RAO. fallen. Es kommt also nicht ausschlaggebend darauf an, ob Wechsel, Schecks und Banknoten zu den kurshabenden Wertpapieren i. S. des § 141 Abs. 1 RAO. rechnen, es genügt, daß sie zu den Wertpapieren i. S. des jetzigen § 24 ZwAG. gehören.

Mrozek (Anm. 2 zu § 141 RAO.) und v. Breunig-v. Lewinski (S. 187) schließen Wechsel und Schecks von den Wertpapieren i. S. des § 141 aus. Ein Grund wird von beiden nicht angegeben. Daß Wechsel und Schecks an sich zu den Wertpapieren gehören, ist unzweifelhaft (vgl. Jacobi in Ehrenbergs Handbuch des Handelsrechts, Bd. IV S. 125 ff.). Nun bleibt allerdings „mangels einer gesetzlichen Regel über den Begriff der Wertpapiere nur übrig, die Einzelvorschriften über Wertpapiere daraufhin zu prüfen, ob aus ihrem Grund und Zweck entnommen werden kann, welche Papiere mit der Bezeichnung Wertpapiere gemeint sind" (Jacobi a. a. O. S. 127). Daß Wechsel und Schecks zu den Wertpapieren i. S. des § 1 Ziff. 1 HGB. gehören, ist allgemein anerkannt, da alle für den Handelsverkehr bestimmten Wertpapiere gemeint sind (Staub, Anm. 39, 40 zu § 1 HGB., Jacobi S. 128). Ob sie zu den Wertpapieren i. S. des § 1 BankdepotG. gehören, ist zweifelhaft, da das BankdepotG. nur vertretbare Wertpapiere treffen will (dafür Jacobi S. 129, dagegen Riesser, N. 4 zu § 1 BankdepotG.); die Zugehörigkeit dürfte mit Jacobi zu bejahen sein, da jeder Wechsel und Scheck im Zweifel durch einen andern oder andere über den gleichen Betrag und mit gleich guten Namen vertreten werden kann. Im Börsengesetz sind die Abschnitte II (Feststellung des Börsenpreises) und IV (Börsenterminhandel) nach der ausdrücklichen Vorschrift des § 96 BG. auch auf Wechsel anwendbar, der III. Abschnitt (Zulassung von Wertpapieren zum Börsenhandel) mangels entsprechender Vorschriften aber nicht; hieraus könnte geschlossen werden, daß das BG. Wechsel nicht zu den Wertpapieren rechnet. Anderseits werden aber allgemein kurshabende Wechsel und Schecks zu den kurshabenden Wertpapieren nach § 54 Abs. 2 BG. gerechnet, mit denen Sicherheit für Börsentermingeschäfte gestellt werden kann (Nußbaum I c 2 zu § 54 BG.). Wegen sonstiger gesetzlicher Bestimmungen s. Jacobi S. 125 bis 135. Der Handelsverkehr rechnet Wechsel und Schecks mit den Effekten (Anleihepapiere, Aktien usw.) zu den Wertpapieren.

Es besteht nicht die geringste Veranlassung, die Anwendung der §§ 141 RAO., 24 ZwAG. auf Effekten zu beschränken und nicht § 141 RAO. auf kurshabende Wechsel und Schecks, § 24 ZwAG. auf Wechsel und Schecks überhaupt anzuwenden. Kurshabende Wechsel und Schecks sind die auf ausländische Währung, da sie nach § 96 BG. in Verbindung mit dem II. Abschnitt des BG. einen Kurs haben können. § 141 will den Börsenkurs all

gemein als gemeinen Wert zugrunde gelegt wissen; es ist nicht einzusehen, warum dieser Börsenkurs bei Wechseln und Schecks auf ausländische Währung nicht mit einbezogen sein sollte. Gerade die Leichtigkeit der Bewertung gemäß § 141 spricht für ihre Anwendung in allen Fällen, in denen es einen Börsenkurs gibt. Wenn § 24 ZwAG. auch die Bewertung der Wertpapiere ohne Börsenkurs regelt, so fallen darunter alle Wertpapiere, die ihrer Natur nach einen Börsenkurs haben könnten, d. h. alle Handelspapiere; zu diesen gehören aber auch Wechsel und Schecks (s. § 1 HGB.).

Bei Banknoten erscheint es schlechthin undenkbar, sie aus dem Begriff der Wertpapiere auszuschließen. Wenn ein Gesetz dies beabsichtigt, so wird es ausdrücklich ausgesprochen (vgl. § 1 BankdepotG.). Die Unterordnung unter § 143 RAO. ist schon deshalb unmöglich, weil nach § 143 Abs. 2 nicht beitreibbare Forderungen außer Ansatz zu bleiben haben, Banknoten ohne Einlösungspflicht — wie die der Deutschen Reichsbank — daher mit 0 zu bewerten wären. Deutsche Reichsbanknoten sind Wertpapiere ohne Kurswert mit einem Verkaufswert i. S. des § 24 ZwAG., der stets ihrem Nennwert entspricht.

Nach dem Vorstehenden gehören Wechsel, Schecks und Banknoten zu den Wertpapieren i. S. des § 24 ZwAG. Sie sind daher nach der in § 24 Abs. 2 vorgesehenen Durchschnittsberechnung auf Grund der Devisenkurse zu bewerten. Hierzu kommt der Zuschlag von 300 v. H. bei hochwertigen Währungen. Für Wechsel und Schecks gilt der Kurs für Auszahlungen, für Banknoten der Notenkurs. Die Vorschrift der BewRichtl. (II C VI), die schlechthin die Kurse am 31. Dez. 1922 für maßgebend erklären, ist daher gesetzwidrig, ebenso die Vorschrift der Bek. vom 27. März 1923 unter IV und E, soweit sie sich auf den Umrechnungskurs von Forderungen bezieht.

Selbst wenn § 24 ZwAG. nicht anwendbar wäre, wäre doch der Kurs am 31. Dez. 1922 nicht maßgeblich. Gesucht wird der gemeine Wert der Papiere. Dies ist aber nach der jetzt herrschenden, in § 15 VermStG., in § 24 ZwAG. und auch sonst in den BewRichtl. zum Ausdruck gekommenen Ansicht nicht der Tageswert am Stichtag, sondern der dauernde gemeine Wert. Dieser Wert kann bei Devisen nur auf Grund einer Durchschnittsberechnung gefunden werden, und da das Gesetz keine andere Durchschnittsberechnung kennt als die nach § 24 ZwAG., so muß diese in allen Fällen angewandt werden, in denen der dauernde Wert einer Währung durch Durchschnittsberechnung gefunden werden soll.

Für diese weitergehende Anwendung der Durchschnittsberechnung spricht auch § 32 Abs. 5 ErbschStG. in der Fassung vom 7. Aug. 1922 (RGBl. S. 705). Wenn in dieser, dem § 15 VermStG. nachgebildeten Bestimmung die Festsetzung von Durchschnittskursen durch den RFM. gemäß § 142 Abs. 2 RAO. allgemein für alle Wertpapiere, Noten und Forderungen in aus-

ländischer Währung vorgesehen ist, so wäre es eine unbegreifliche Anomalie, wenn die Umrechnung nach den in § 24 Abs. 2 Satz 2 ZwAG. vorgesehenen Durchschnittskursen der ausländischen Währungen bei VermSt. und ZwA. nur für Effekten, nicht auch für alle andern Wertpapiere — und auch für Noten und Forderungen — gelten sollte. Entsprechend ist auch in Art. II § 3 des Entwertungsgesetzes vorgesehen, daß für die Erbschaftssteuer die Währungsdurchschnittskurse auf Wertpapiere, Noten und Forderungen in ausländischer Währung gleichmäßig zur Anwendung gelangen.

6. **Papiergeld, Sorten, Auszahlungen, Anweisungen.** Was für Wechsel, Schecks und Banknoten auf hochwertige ausländische Währung gilt, muß sinngemäß auch für die andern ausländischen Zahlungsmittel gelten; denn wenn hier auch keine Wertpapiere vorliegen, so fehlt doch jeder vernünftige Grund, diese Zahlungsmittel anders zu behandeln als Wechsel, Schecks und Banknoten, zumal dem Verkehr der Unterschied zwischen Banknoten und Papiergeld und zwischen Schecks und Anweisungen durchaus nicht immer geläufig ist (vgl. auch § 32 Abs. 5 ErbschStG. und Art. II § 3 GeldEntwG. (N. 5 letzter Abs.). Außerstenfalls reichen die Erwägungen in N. 5 im vorletzten und letzten Absatz aus, um zu demselben Ergebnis zu gelangen.

7. **Valutaforderungen.** Die entsprechenden Erwägungen wie in N. 6 führen dazu, allgemein hochwertige Valutaforderungen auf Grund der Durchschnittskurse der betreffenden Auslandswährung zu bewerten. Häufig wird der Verkehr kaum mit Sicherheit feststellen können, wann aus einem Scheck, einer Anweisung, einer Auszahlung ein Bankguthaben, also eine reine Forderung geworden ist. Auch vermag diese Umwandlung eine unterschiedliche Bewertung nicht zu rechtfertigen. Es wäre auch nicht einzusehen, warum z. B. der Besitzer eines ausländischen Wertpapiers ohne inländischen Börsenkurs bei der Umrechnung der Währung nach § 24 Abs. 2 Satz 2 ZwAG. einen Durchschnittskurs der Währung sollte ansetzen können, der Besitzer eines Bankguthabens oder einer Darlehnsforderung in ausländischer Währung aber nicht. Vgl. im übrigen Ziff. 2 auf S. 274.

8. Auf **Valutaversicherungen und -hypotheken** ist auf Antrag die VO. vom 16. Febr. 1923 anwendbar. Wegen dieser VO. s. N. 38 bis 41 zu § 139. Diese beschränkte Anwendung der VO. auf einzelne Valutaforderungen steht im Einklang mit Teil II C VI der BewRichtl., die aber nach den Darlegungen in N. 5 bis 7 nicht als dem Gesetz entsprechend angesehen werden können.

Die VO. gilt bei Versicherungen für noch nicht fällige Ansprüche aus Lebens-, Kapital- und Rentenversicherungen, aus denen der Berechtigte noch nicht in den Rentenbezug eingetreten ist, sofern der Vertrag mit einer ausländischen Versicherungsgesellschaft abgeschlossen ist und deren Leistung in ausländischer hochwertiger Währung zu machen ist. Die

Währung muß nicht die des Sitzstaats der Versicherungsgesellschaft sein, z. B. eine Dollarversicherung bei einer Schweizer Gesellschaft (vgl. auch N. 4 zu § 143 RAO., N. 8 zu § 9 VermStG.). **Inländische Valutenversicherungen fallen nicht darunter.**

Hypotheken fallen unter die VO., wenn sie an einem im Ausland belegenen Grundstück bestellt sind und auf eine hochwertige Währung lauten. Unter **Hypotheken** werden alle Grundpfandrechte der ausländischen Rechte zu verstehen sein.

9. Valuta-, Gold-, Goldwertschulden. Valutaschulden sind mit dem Kurse der betreffenden Währung am Stichtage, also am 31. Dez. 1922, zu bewerten (BewRichtl. II D). Eine Durchschnittsberechnung kommt nicht in Frage, da der Schutz gegen die steuerlichen Wirkungen der Markentwertung nicht zur Benachteiligung des Schuldners führen darf (vgl. N. 35 zu § 139 RAO.). Goldschulden sind nach dem wahren Goldwert zu berechnen, nicht etwa nach dem stets zu niedrigen Goldankaufspreis der Reichsbank; in Wirklichkeit wird es sich meist um Valutaschulden handeln. Die Goldklausel in Verträgen vor dem 31. Juli 1914 ist durch die VO. vom 28. Sept. 1914 (RGBl. S. 417) aufgehoben; nur für Schweizer Goldhypotheken war sie durch den Staatsvertrag mit der Schweiz vom 10. Dez. 1920 (RGBl. S. 2023) wiederhergestellt; das Reichsgericht hat aber die Anwendung dieses Abkommens auf die obligatorische Schuld beschränkt und für die dingliche Haftung abgelehnt (dagegen Veit Simon in L. Z. 1922, 305). Der neue Staatsvertrag vom 25. März 1923 ist noch nicht anwendbar. Goldwertschulden sind nach Maßgabe des Goldwerts oder der sich aus dem Vertrage ergebenden Belastung zu bewerten.

10. Ermittlung der Devisenkurse. Nach den BewRichtl. II C VI gilt für Geldsorten, Papiergeld, Banknoten und sonstiges ausländisches Geld der Kurs für Banknoten, für Auszahlungen, Anweisungen, Wechsel, Schecks und dergl. der Kurs für Auszahlungen. Der letztere gilt auch für sonstige Valutaforderungen. Die BewRichtl. erklären ferner a. a. O. den Mittelkurs für maßgebend. Dieser kann jedoch höchstens für Valutaschulden als Einziehungswert gelten. Der Gläubiger braucht nur den Briefkurs anzusetzen, da er nur zu diesem Kurs die Zahlungsmittel verwerten kann. In allen Fällen ist bei Anwendung der Durchschnittsdevisenkurse zu beachten, daß zunächst die Valutaschulden von den Valutaforderungen abgezogen werden müssen (N. 28 c zu § 139).

Bestand die Währung noch nicht an allen vier Stichtagen, so ist die VO. vom 4. Jan. 1923 anwendbar (s. N. 7). Hat die ausländische Währung in Deutschland keinen Kurswert, so ist der Kurs an dem für sie maßgebenden Hauptbörsenplatze, im Zweifel London oder New York, maßgebend und über den Sterling- oder den Dollarkurs umzurechnen.

In der Bek. vom 27. März 1923 sind unter E die Mittelkurse für Auszahlungen am 30. Dez. 1922, unter F die Durchschnittskurse bekanntgegeben. Nach den vorstehenden Darlegungen kommen die Kurse vom 30. Dez. 1922 nur für Schulden zur Anwendung. Auch sonst wäre der Kurs nach Abs. 1 nur zum Teil anwendbar.

11. Einfluß des Diktats von Versailles. Das Diktat von Versailles und die auf Grund des Diktats ergangenen deutschen Reichsgesetze sind für Forderungen ohne Bedeutung, da die Forderungen, die hierunter fallen, nach § 10 Ziff. 9 VermStG. nicht zum abgabepflichtigen Vermögen gehören. Wegen der Liquidationsschäden s. N. 11 zu § 10 VermStG.

Schulden, die unter das Ausgleichsverfahren fallen, wären nach § 3 AusglBestG. vom 12. Juli 1920 (RGBl. 1195) in Verbindung mit § 9 AusglG. grundsätzlich nur mit dem Vorkriegskurs anzusetzen gewesen. War auf derartige Schulden bereits der volle Schuldbetrag gezahlt und stand dem Schuldner gemäß § 46 AusglG. ein Erstattungsanspruch zu, so würde dieser Anspruch dem abgabepflichtigen Vermögen zuzurechnen gewesen sein. Die unter § 44 AusglG. fallenden Verbindlichkeiten konnten zum vollen Kurswert eingestellt werden, jedoch war der Erstattungsanspruch gegen das Reich auf Grund des § 44 in die Aktiven aufzunehmen. Nach dem Reichsentlastungsgesetz v. 4. Juni 1923 (RGBl. I 305) müssen Ausgleichsschuldner den 10fachen Vorkriegskurs tragen, die Schuldner des Abschnitt III AusglG. sogar die Hälfte des Währungsschadens, in manchen Fällen den vollen Schaden. Ausgleichsgläubiger, die bereits Zahlungen erhalten haben, sind in gewissen Fällen zu Rückzahlungen an das AusglAmt verpflichtet, Ausgleichsschuldner zu Nachzahlungen. Mit Rücksicht auf die Rückwirkung des EntlG. ist es auf die Vermögensfeststellung für die erste VermSt. und für die ZwA. durchweg anzuwenden. Hat ein Pflichtiger infolge des in Vorbereitung befindlichen Gesetzes sein Vermögen zu niedrig bewertet, so ist er von der erhöhten Zeichnungspflicht befreit, wenn er gemäß § 16 Abs. 3 ZwAG. den Sachverhalt bei der Vorauszeichnung dargelegt und den erforderlichen Antrag gestellt hat. Steht die endgültige Abrechnung zur Zeit der Erteilung des VermStBescheids noch aus, so ist gemäß § 214 RAO. ein vorläufiger Bescheid zu erteilen, in dem die möglicherweise ungünstigste Abwicklung zu unterstellen und Nachforderung nach endgültiger Erledigung vorzubehalten ist.

3. Nutzungen und Leistungen.

§ 144 RAO.

Der Gesamtwert von Nutzungen oder Leistungen, die auf bestimmte Zeit beschränkt sind, ist durch Zusammenzählen der einzelnen Jahreswerte unter Abrechnung der Zwischenzinsen zu berechnen. Der Gesamtwert

darf den zum gesetzlichen Zinssatz kapitalisierten Jahreswert nicht übersteigen. Ist die Dauer des Rechtes außerdem durch das Leben einer oder mehrerer Personen bedingt, so darf der nach § 145 zu berechnende Kapitalwert nicht überschritten werden.

Immerwährende Nutzungen oder Leistungen sind mit dem Fünfundzwanzigfachen des Jahreswerts, Nutzungen oder Leistungen von unbestimmter Dauer vorbehaltlich des § 145 mit dem Zwölfundeinhalbfachen des Jahreswerts zu veranschlagen.

Ist der gemeine Wert des Gesamtbezugs der Nutzungen oder Leistungen nachweislich geringer oder höher, so ist der gemeine Wert zugrunde zu legen.

Mat.: RegE. § 144; Begr. S. 112; AusschBer. S. 24; vgl. § 37 BesStG., § 21 WBG., § 13 ErgStG.

1. Anwendungsgebiet.
2. Die Arten der Rechte und Lasten und ihre Bewertung.
3. Die Summe der Jahreswerte.
4. Der kapitalisierte Betrag.
5. Immerwährende Dauer.
6. Mindest- und Höchstdauer.
7. Der gemeine Wert der Nutzungen und Leistungen.
8. Rechte auf ausländische Nutzungen und Leistungen.

1. Anwendungsgebiet. § 144 RAO. gilt für VermSt. und ZwA. nur bei den Rechten auf wiederkehrende Nutzungen und Leistungen, die unter § 9 Ziff. 5 VermStG. fallen, sowie bei den unter § 11 Ziff. 2 VermStG. fallenden Lasten. Die nicht unter § 9 Ziff. 5 fallenden Rechte sind steuerfrei, die nicht unter § 11 Ziff. 2 fallenden Lasten nicht nach § 144 zu bewerten (s. N. 7 zu § 9, N. 4 zu § 11 VermStG.). Auf Rechte und Lasten, die zu einem Betriebsvermögen gehören, ist § 144 direkt nicht anwendbar. Wegen der nicht zum steuerbaren Vermögen gehörenden Nutznießungsrechte und dergl. s. N. 5 zu § 6 VermStG.

2. Die Arten der Rechte und Lasten und ihre Bewertung. § 144 unterscheidet Nutzungen und Leistungen

a) auf bestimmte Zeit, wobei die nach den Verhältnissen am Stichtage bestimmbare Zeit der bestimmten gleichsteht,
b) auf bestimmte oder bestimmbare Zeit und gleichzeitig auf Lebenszeit einer Person,
c) auf unbegrenzte Zeit,
d) auf unbestimmte Zeit,
e) auf unbestimmte Zeit und gleichzeitig auf Lebenszeit einer Person.

Der Ansatz erfolgt:

zu a: mit der Summe der Jahreswerte oder dem kapitalisierten Betrag oder dem gemeinen Wert,
zu b: mit der Summe der Jahreswerte oder dem kapitalisierten Betrage oder dem Kapitalwert nach § 145 oder dem gemeinen Wert,
zu c: mit dem Fünfundzwanzigfachen des Jahreswerts oder dem gemeinen Wert,

zu d: mit dem Zwölfeinhalbfachen des Jahreswerts oder dem gemeinen Wert,

zu e: mit dem Zwölfeinhalbfachen des Jahreswerts oder dem Kapitalwert nach § 145 oder dem gemeinen Wert,

und zwar jeweilig mit dem niedrigsten der in Frage kommenden Beträge (vgl. RFH. 2 195); jedoch geht ein nachweisbarer gemeiner Wert allen anderen Werten vor, gleichgültig, ob er höher oder niedriger ist als die andern Werte (§ 144 Abs. 3).

3. **Die Summe der Jahreswerte.** Wegen der Ermittlung des Jahreswerts s. § 146. Als Zinssatz sind 4 v. H. zu nehmen. Anwendbar ist die Hilfstafel zu § 50 der AusfBest. zum BesStG. vom 30. Nov. 1916 (Zentrbl. f. d. D. R. S. 414). Sie beruht zwar auf der Berücksichtigung der Zinseszinsen, während weder die RAO. noch sonst die Reichsgesetze die Zinseszinsberechnung zulassen (vgl. A. Hoffmann, WBG. S. 48). Schaltet man aber die Zinseszinsen aus, so wäre das Dreizehnfache des Jahreswerts der Höchstwert der Rente, während nach § 144 Abs. 2 Satz 1 das Fünfundzwanzigfache der Höchstwert sein soll. Die Ermittlung des Werts der künftigen Leistungen hat daher allgemein unter Berechnung von Zinseszinsen zu erfolgen. Die Hilfstafel ist als Anhang 6 abgedruckt.

Sind die Leistungen oder Nutzungen nicht in jedem Jahre fällig, so ist der im Durchschnitt auf jedes Jahr entfallende Betrag zu ermitteln (Strutz, KrStG. S. 248). Bruchteile eines Jahres — z. B. bei einer Rente von $5\frac{1}{2}$ Jahren — sind an sich einfach in die Berechnung als solche einzustellen; bei Anwendung der Hilfstafel wird es trotz einiger Ungenauigkeit zulässig sein, einfach die Differenz zwischen dem nächsthöheren und dem nächstniedrigeren Gesamtwert — also zwischen dem für 6 und dem für 5 Jahre — gemäß dem Bruchteil zu teilen — also durch 2 — und den Quotienten dem niedrigeren Gesamtwert zuzuzählen.

Sind Jahreswerte von bestimmter, aber schwankender Höhe vereinbart, so ist für jeden Jahreswert die Zwischenzinsberechnung mit Zinseszinsen durchzuführen. Die Anwendung der Hilfstafel ist auf folgende Weise möglich: es wird der Gesamtwert auf Grund des spätesten Jahreswerts und der Gesamtdauer genommen; alsdann wird der Gesamtwert auf Grund der Differenz zwischen dem spätesten und dem letzten vorhergehenden abweichenden Jahreswert für die Zeit vom Beginn der Rente bis zum Ablauf dieser abweichenden Rente berechnet; ist die abweichende Rente höher als die letzte, so wird der Gesamtwert auf Grund der Differenz dem Gesamtwert auf Grund der letzten Rente zugezählt, sonst abgezogen. Diese Methode wird bis zum ersten Rentenbetrage, der von einem späteren abweicht, fortgesetzt. Zur Erläuterung werden zwei Beispiele von den fünf von Strutz (KrStG. S. 247) aufgeführten angegeben: 1. In den ersten 5 Jahren je 1000 M., in den nächsten 5 Jahren 800 M., in den letzten 5 Jahren 600 M.; Wert = 15 jährige

Rente von 600 M. plus 10 jährige von 200 M. plus 5 jährige von 200 M. 2. In den ersten 5 Jahren je 800 M., in den nächsten 5 Jahren je 600 M., in den letzten 5 Jahren je 1000 M.; Wert = 15 jährige Rente von 1000 M. minus 10 jährige von 400 M. plus 5 jährige von 200 M.

4. **Der kapitalisierte Betrag** ist bei einem Zinssatz von 4 v. H., der nach § 246 BGB. noch maßgebend ist, das 25 fache des Jahreswerts. Auf keinen Fall kann der Gesamtwert der Nutzungen eines Rechts oder einer Sache höher sein als der Wert des Rechts oder der Sache (RFH. **10** 237).

5. **Immerwährende Dauer** ist nicht absehbare Dauer. Es genügt aber, daß sie voraussichtlich mindestens 84 Jahre beträgt, da schon dann der Ansatz mit dem 25 fachen gerechtfertigt ist (s. die Hilfstafel; vgl. RFH. **2** 152).

6. **Mindest- und Höchstdauer.** Steht bei Rechten und Lasten von unbestimmter Dauer die Mindestdauer fest und ergibt sie bei Anwendung des § 144 Abs. 1 Satz 1 einen höheren Betrag als das 12½ fache, so ist der sich aus der Mindestdauer ergebende Betrag anzusetzen (RFH. **2** 151). Nach der Hilfstafel gilt dies für alle Rechte und Lasten von einer voraussichtlichen Dauer von mindestens 16 Jahren 8½ Monaten. Beträgt die Höchstdauer voraussichtlich weniger als 16 Jahre 8½ Monate, so ist der sich aus der voraussichtlichen Höchstdauer ergebende, unter dem 12½ fachen bleibende Betrag maßgebend. Beträgt bei Rechten die Höchstzeit weniger als 10 Jahre, so gehören die Rechte nicht zum steuerpflichtigen Vermögen (N. 7 zu § 9 VermStG.),; wegen derartiger Lasten s. N. 4 zu § 11 VermStG.

7. **Der gemeine Wert der Nutzungen oder Leistungen.** Der gemeine Wert des Gesamtrechts auf Nutzungen ist der Veräußerungswert dieses Rechts. Er ist nach § 138 RAO. zu berechnen. Er kann im Einzelfall niedriger sein als der nach Abs. 1 oder 2 berechnete Wert, z. B. bei mangelnder Sicherheit des Verpflichteten, vor allem auch dann, wenn infolge allgemein gestiegenen Zinsfußes im gewöhnlichen Verkehr der Kapitalisierung ein höherer Zins zugrunde gelegt wird als der gesetzliche. Ein höherer gemeiner Wert ist kaum vorstellbar. Wer sich auf Abs. 3 beruft, Pflichtiger oder Steuerbehörde, hat die Beweislast.

Was unter dem gemeinen Wert der Gesamtlast zu verstehen sein soll, ist nicht erkennbar. Die Möglichkeit der Abfindung des Berechtigten mit einem niedrigeren Betrage, als sich aus Abs. 1 und 2 ergibt, braucht sich der Belastete nicht entgegenhalten zu lassen, da niemand gehindert werden kann, seinen Verpflichtungen voll nachzukommen. Ein höherer gemeiner Wert der Last ist nicht vorstellbar.

8. **Rechte auf ausländische Nutzungen und Leistungen.** Nach den Darlegungen in N. 5 bis 8 zu § 143 erfolgt die Umrechnung bei hochwertigen Währungen zum Durchschnittskurs. Dies ist auch ausdrücklich in der VO. vom 16. Febr. 1923 in § 1 Abs. 2 Ziff. 3 anerkannt, die VO. setzt aber einen Antrag voraus. Im übrigen s. wegen der VO. N. 38 bis 41 zu § 139.

Lebenslängliche Renten.

§ 145 RAO.

Der Wert von Renten oder anderen auf die Lebenszeit einer Person beschränkten Nutzungen und Leistungen bestimmt sich nach dem Lebensalter dieser Person.

Als Wert wird angenommen bei einem Alter

1.	bis zu 15 Jahren	das 18fache
2.	von mehr als 15 bis zu 25 Jahren	„ 17 „
3.	„ „ „ 25 „ „ 35 „	„ 16 „
4.	„ „ „ 35 „ „ 45 „	„ 14 „
5.	„ „ „ 45 „ „ 55 „	„ 12 „
6.	„ „ „ 55 „ „ 65 „	„ 8½ „
7.	„ „ „ 65 „ „ 75 „	„ 5 „
8.	„ „ „ 75 „ „ 80 „	„ 3 „
9.	„ „ „ 80 Jahren	„ 2 „

des Wertes der einjährigen Nutzung.

Hat jedoch eine nach Abs. 2 bewertete Nutzung oder Leistung im Falle der

Nr. 1	nicht mehr als 9 Jahre,
„ 2, 3	„ „ „ 8 „ ,
„ 4	„ „ „ 7 „ ,
„ 5	„ „ „ 6 „ ,
„ 6	„ „ „ 4 „ ,
„ 7 bis 9	„ „ „ 2 „

bestanden, so ist die Veranlagung auf Antrag nach der wirklichen Dauer der Nutzung oder Leistung zu berichtigen. Handelt es sich um den Wegfall einer Last, so ist in gleicher Weise eine Nachveranlagung vorzunehmen.

Hängt die Dauer der Nutzung oder Leistung von der Lebenszeit mehrerer ab, so entscheidet, je nachdem das Recht mit dem Tode des zuerst oder des zuletzt Sterbenden erlischt, das Lebensalter des Ältesten oder Jüngsten.

Mat.: RegE. § 145; Begr. S. 112; AusschBer. S. 24; vgl. §§ 38, 39 BesStG., §§ 22, 23 WBG., § 13 ErgStG.

1. Anwendungsgebiet.
2. Zu Abs. 2.
3. Zu Abs. 3.
4. Mehrheit von Berechtigten im Falle des Abs. 4.

1. **Anwendungsgebiet.** § 145 gilt bei allen auf die Lebensdauer einer oder mehrerer Personen abgestellten Leistungen und Nutzungen, insbesondere

bei Renten- und Nießbrauchsrechten (s. N. 1 zu § 144). § 144 Abs. 3 ist auch bei der Kapitalisierung nach dem Lebensalter anwendbar (RFH. **10** 237). Eine analoge Anwendung des § 145, etwa auf Renten, die dem Pfleger eines Tieres für die Lebensdauer des Tieres vermacht sind, ist nicht angängig. Auf Rechte, die zu einem Betriebsvermögen gehören, ist § 145 nicht direkt anwendbar.

2. **Zu Abs. 2.** Die Berechnung nach Abs. 2 ist zwingend. Eine anzunehmende längere oder kürzere Lebensdauer ist unerheblich. Gegebenenfalls tritt Berichtigung nach Abs. 3 ein. Wegen des Wertes der einjährigen Nutzung s. zu § 146.

3. **Zu Abs. 3.** Die Berichtigung nach Abs. 3 tritt bei Rechten nur zugunsten des Abgabepflichtigen ein, bezw., falls es sich um ein Recht auf die Lebensdauer des Abgabepflichtigen handelt, zugunsten seiner Erben. Der Antrag muß vor Ablauf des Kalenderjahres gestellt werden, das auf den Ablauf des Rechts folgt (§ 214 RAO.). Bei Wegfall von Lasten erfolgt von Amts wegen eine Nachveranlagung, die nur bis zum Ablauf von 5 Jahren seit Ablauf des Jahres, in dem die Last abgelaufen ist, zulässig ist (§§ 214, 121, 122 RAO.). Die berichtigte Berechnung erfolgt nach § 144 Abs. 1, und zwar hier ausnahmsweise auch bei Rechten von weniger als 10 Jahren.

4. **Mehrheit von Berechtigten im Falle des Abs. 4.** Hängt das Recht von der Lebenszeit einer Mehrheit von Berechtigten ab, so sind folgende Fälle zu unterscheiden:

a) Die Berechtigten besitzen das Recht als Gesamtgläubiger (§ 428 BGB.) oder als Gemeinschaft zur gesamten Hand (§ 432 BGB.); dann ist § 145 Abs. 4 anwendbar.

b) Die Berechtigten besitzen das Recht derart, daß die Berechtigung eines jeden diesem als selbständige zusteht und mit seinem Tode erlöschen soll. Dies kann der Fall sein bei gemeinsamen Forderungen auf teilbare Leistungen (§ 420 BGB.); maßgebend ist der Entstehungsgrund. In solchen Fällen ist nicht § 145 Abs. 4, sondern § 145 Abs. 1 anwendbar.

Bei Altenteilen für mehrere Personen erlischt die jedem Berechtigten für sich zustehende Leistung mit dessen Tode, für deren Bewertung gilt daher Abs. 1; die den Berechtigten gemeinsam zustehenden Leistungen erlöschen mit dem Tode des zuletzt Sterbenden; für deren Bewertung gilt Abs. 4 (vgl. Mrozek, Anm. 8 zu § 145).

Jahreswert.

§ 146 RAO.

Der einjährige Betrag der Nutzung einer Geldsumme ist, wenn kein anderer Wert feststeht, zu 4 v. H. anzunehmen.

Bei Nutzungen oder Leistungen, die ihrem Betrage nach ungewiß sind oder schwanken, ist als Jahreswert der **Betrag** zugrunde zu legen, der voraussichtlich für die Zukunft durchschnittlich erzielt werden wird.

Mat.: RegE. § 146; Begr. S. 112; AusschBer. S. 24; vgl. § 40 BesStG., § 24 WBG.

1. Bemessungsart der Nutzungen.
2. Feststehender Nutzungswert einer Geldsumme.
3. Ungewisse oder schwankende Nutzungen.
4. Kapitalertragsteuer.

1. Bemessungsart der Nutzungen. Nutzungen und Leistungen sind entweder durch den jährlichen Umfang bestimmt oder durch den Gegenstand, als dessen Ertrag sie sich darstellen.

a) Die jährliche Nutzung oder der genutzte Gegenstand können in einer Geldsumme bestehen.

α) Besteht die jährliche Nutzung in einer Geldsumme, z. B. bei Rentenrechten, so ist dadurch der Jahreswert gegeben.

β) Besteht der genutzte Gegenstand in einer Geldsumme, z. B. bei dem Recht auf die Zinsen eines bestimmten Kapitals, an dem der Berechtigte einen Nießbrauch hat, so ist zu unterscheiden, ob die jährliche Nutzung feststeht oder nicht.

1. Steht die jährliche Nutzung fest, so ist wiederum der Jahreswert gegeben.
2. Steht die jährliche Nutzung nicht fest, so soll der Jahreswert nach § 146 Abs. 1 mit 4 v. H. des Kapitals angenommen werden.

b) Jährliche Nutzung oder genutzter Gegenstand bestehen nicht in einer Geldsumme.

α) Der jährliche Betrag der Nutzung steht fest; dann ist der Betrag zu bewerten.

β) Der jährliche Betrag ist ungewiß oder schwankend; dann gilt § 146 Abs. 2.

2. Feststehender Nutzungswert einer Geldsumme. Fall a β 1. Eine Geldsumme liegt vor, wenn der genutzte Gegenstand ein Kapitalbetrag ist. Dem Kapitalbetrage stehen Rechte mit unveränderlichem Kapitalwert gleich, z. B. Geldforderungen, Hypotheken und Grundschulden, Anleihepapiere, Pfandbriefe. Aktien oder andere Anteile fallen nicht hierunter. Der Ertrag steht fest, wenn das Kapital fest verzinslich ist und wenn die Art der Anlage des Kapitals nicht willkürlich geändert werden kann (RFH. 1 74). Ist z. B. der Nießbrauch eines Kapitals vermacht und hat der Erbe das Kapital noch auf der Bank stehen, um es gelegentlich anzulegen, so steht die jährliche Nutzung des Vermächtnisnehmers noch nicht fest. Die Möglichkeit einer Veränderung der endgültigen Anlegung durch Vereinbarung zwischen Erben und Ver-

mächtnisnehmer schließt das Feststehen der Nutzung nicht aus (Becker, N. 1 zu § 146).

3. **Ungewisse oder schwankende Nutzungen.** Fall b β. Für diesen Fall war nach § 13 V PrErgStG. der Geldwert des letzten Jahres als jährliche Nutzung zu unterstellen. Im Gegensatz hierzu schreiben die Reichssteuergesetze Schätzung des mutmaßlichen künftigen Betrages vor. Dies gilt vor allem für Rechte auf Sachbezüge, z. B. Nießbrauch an einem Landgute, ferner für Rechte auf den Geldertrag eines Rechts, z. B. Nießbrauch an Aktien. Wegen intermittierender Nutzungen s. N. 3 zu § 144.

4. **Kapitalertragsteuer.** Soweit von jährlichen Nutzungen die Kapitalertragsteuer abging, vermindert sich der Jahreswert der Nutzung oder Leistung für den Bezugsberechtigten um 10 v. H. Die Suspendierung der KapESt. durch das GeldentwG. ist unerheblich, da sie erst lange nach dem Stichtage erfolgt ist und damals nicht vorauszusehen war.

4. Bewegliche Sachen.

§ 15 Abs. 6 VermStG.

Gold- und Silbermünzen sind mindestens mit dem Metallwert einzusetzen.

Mat.: s. zu § 15 VermStG.

1. Vorbemerkung.
2. Bargeld.
3. Edelmetalle, Edelsteine, Perlen.
4. Gegenstände aus edlem Metall, Schmuck- und Luxusgegenstände.
5. Kunstgegenstände und Sammlungen.
6. Hausrat.

1. **Vorbemerkung.** Eine besondere gesetzliche Regelung ist nur für Gold- und Silbermünzen getroffen. Im übrigen gelten die §§ 137, 138 RAO. Die zu bewertenden Gegenstände ergeben sich aus § 9 Ziff. 4, 7, 8 VermStG. Die nachfolgenden Regeln gelten nicht für Betriebsvermögen.

2. **Bargeld.** S. N. 6 zu § 9 VermStG. Deutsche Gold- und Silbermünzen sind nach § 15 Abs. 6 mindestens mit dem Metallwert anzusetzen. Maßgebend sind die Ankaufspreise der Reichsbank. Diese betrugen am 31. Dez. 1922 für Goldmünzen 20000 M. für 20 M., für Silbermünzen 600 M. für 1 M.

Sonstiges deutsches Geld, d. h. Reichs- und Darlehnskassenscheine, Banknoten, Notgeld, sind mit dem Nennwert anzusetzen (Bew.-Richtl. II C V).

Ausländische Gold- und Silbermünzen sind nach § 15 Abs. 6 wie deutsche, also mindestens mit dem Metallwert anzusetzen. Wegen ausländischer Noten und dergl. s. N. 5, 6 zu § 143.

3. Edelmetalle, Edelsteine, Perlen. S. N. 6 zu § 9 VermStG. Maßgebend ist der dauernde gemeine Wert am 31. Dez. 1922. Die Vorschrift der BewRichtl. (II C VII), daß der Marktwert am 31. Dez. 1922 anzusetzen sei, ist daher unrichtig. Dem Gesetz entsprechende Richtlinien fehlen. Es empfiehlt sich eine analoge Anwendung der Vorschriften der BewRichtl. über die Bewertung von Schmuck- und Kunstgegenständen, soweit diese Vorschriften als zutreffend angesehen werden können oder anderweit ergänzt sind (s. N. 4), also bei Anschaffung vor dem 1. Jan. 1920 das Zwanzigfache des Anschaffungspreises, bei Anschaffung nach dem 31. Dez. 1919 der Anschaffungspreis mit den in N. 4 angegebenen Abschlägen.

4. Gegenstände aus edlem Metall, Schmuck- und Luxusgegenstände. S. N. 9 zu § 9 VermStG. Die BewRichtl. schreiben vor:

bei Anschaffung vor dem 1. Jan. 1920: das Fünffache des Anschaffungspreises,

bei Anschaffung nach dem 31. Dez. 1919: den Marktwert am 31. Dez. 1922.

Bei der ersten Gruppe tritt der Aufschlag von 300 v. H. hinzu, nicht dagegen bei der zweiten Gruppe (§ 24 a Abs. 3 Ziff. 5 ZwAG.).

Die Regelung der zweiten Gruppe verstößt gegen den Grundsatz, daß nicht der Tageswert, sondern der dauernde gemeine Wert maßgebend ist. Da für diesen Fall die BewRichtl. nach § 24 a Abs. 1 Satz 1 ZwAG. keine bindende Kraft haben und da es sich im Zweifel um Gegenstände handelt, die der Besitzer dauernd behalten will, empfiehlt sich eine analoge Anwendung der Vorschriften der BewRichtl. über die Bewertung des nach dem 31. Dez. 1919 erworbenen gewerblichen Anlagekapitals (II B I 4). Es ist daher der Anschaffungspreis anzusetzen abzüglich

30 v. H. bei Erwerb im Jahre 1920,
45 v. H. bei Erwerb im Jahre 1921,
70 v. H. bei Erwerb im Jahre 1922.

Hierzu kommt gemäß § 24 a Abs. 2 ZwAG. der Zuschlag von 300 v. H. (N. 5 zu § 139 RAO.).

Eine höhere Bewertung erscheint nur dann angebracht, wenn der Erwerb offensichtlich erfolgt ist, um Kapitalbeträge, die sonst am Stichtage flüssig vorhanden und daher mit dem Nennbetrage zu bewerten gewesen wären, der Steuer zu entziehen (§ 5 RAO.).

5. Kunstgegenstände und Sammlungen. S. N. 10 zu § 9 VermStG., BewRichtl. II C XI. Das in N. 4 Gesagte ist entsprechend anwendbar.

6. Hausrat ist nicht steuerpflichtig (§ 10 Ziff. 5 VermStG.); sonstige bewegliche Sachen sind nur steuerpflichtig, soweit dies ausdrücklich vorgeschrieben ist (N. 7 zu § 10 VermStG.).

Bewertung des Grundvermögens.

§ 152 RAO.

Bei der Bewertung von Grundstücken ist der gemeine Wert zugrunde zu legen.

Soweit es sich um Steuern vom Vermögen (einschließlich der Erbschaftssteuer) handelt und die einzelnen Steuergesetze nichts anderes vorschreiben, ist bei Grundstücken, die dauernd land- oder forstwirtschaftlichen oder gärtnerischen Zwecken, sowie bei bebauten Grundstücken, die Wohnzwecken oder gewerblichen Zwecken zu dienen bestimmt sind und bei denen die Bebauung und Benutzung der ortsüblichen Bebauung und Benutzung entspricht, der Ertragswert zugrunde zu legen.

Als Ertragswert gilt bei land- oder forstwirtschaftlichen oder gärtnerischen Grundstücken das Fünfundzwanzigfache des Reinertrags, den sie nach ihrer wirtschaftlichen Bestimmung bei ordnungsmäßiger und gemeinüblicher Bewirtschaftung unter gewöhnlichen Verhältnissen mit entlohnten fremden Arbeitskräften im Durchschnitt nachhaltig gewähren können. Dies gilt nicht für Grundstücke, deren Wert bereits durch ihre Lage als Bauland oder als Land zu Verkehrszwecken bestimmt wird oder bei denen nach sonstigen Umständen, insbesondere nach ihrer Lage und Beschaffenheit, ihrem Erwerbspreis oder ihrer Belastung, anzunehmen ist, daß sie in absehbarer Zeit anderen als land- oder forstwirtschaftlichen oder gärtnerischen Zwecken dienen werden.

Die der Land- und Forstwirtschaft oder der Gärtnerei dienenden Gebäude und Betriebsmittel werden nicht besonders bewertet, sondern bei der Ermittlung des Ertragswerts einbegriffen.

Bei bebauten Grundstücken, die Wohnzwecken oder gewerblichen Zwecken zu dienen bestimmt sind, gilt als Ertragswert das Fünfundzwanzigfache des Miet- oder Pachtertrags, der in den letzten drei Jahren im Durchschnitt erzielt worden ist oder im Falle der Vermietung oder Verpachtung hätte erzielt werden können, nach Abzug von einem Fünftel für Nebenleistungen und Instandhaltungskosten oder von dem als erforderlich nachgewiesenen höheren Betrage für Nebenleistungen und Instandhaltungskosten ohne Rücksicht darauf, ob die hierzu notwendigen Arbeiten von dem Steuerpflichtigen selbst oder durch entlohnte fremde Arbeitskräfte geleistet worden sind.

In allen Fällen kann der Steuerpflichtige verlangen, daß statt des Ertragswerts der gemeine Wert der Bewertung zugrunde gelegt wird. Dieses Recht erlischt, wenn es nicht spätestens bis zum Ablauf der mit der

Zustellung des Wertfestsetzungs- oder Steuerbescheids eröffneten Rechtsmittelfrist geltend gemacht wird.

§ 15 Abs. 3 VermStG.

Für die Zeit der Erhebung des Zuschlags findet § 152 Abs. 3 der Reichsabgabenordnung mit der Maßgabe Anwendung, daß bei Ermittlung des nachhaltigen Ertrags insbesondere auch der Ertrag der letzten drei Jahre zu berücksichtigen ist.

Mat.: a) zu § 152 RAO.: RegE. § 152; Begr. S. 112; AusschBer. S. 21, 24; b) zu § 15 Abs. 3 VermStG.: Begr. S. 16, 20, 26 f.; AusschBer. S. 32 bis 41, 46, 64 bis 67; c) zum ZwAG.: AusschBer. S. 17 bis 28; vgl. die Mat. zu § 24 a ZwAG.

I. **Allgemeines.**

1. Vorbemerkung.
2. Einteilung der Grundstücke.
3. Übersicht über die Bewertungsgrundsätze.
4. Ertragswert und gemeiner Wert.

II. **Ländliche Grundstücke.**

5. Begriff.
6. Wahl zwischen den drei Bewertungsmöglichkeiten.
7. Ertragswert nach den BewRichtl.
8. Ertragswert nach dem Gesetz. Normalreinertrag (NRE.).
9. Normalroheinnahme.
10. Normale Werbungskosten.
11. Normale Abschreibungen.
12. Durchschnittlicher nachhaltiger Ertrag. § 15 Abs. 3 VermStG.
13. Ermittlung des NRE.
14. Ermittlung aus den Pachtzinsen.
15. Ermittlung aus Einkommen.
16. Ermittlung aus den natürlichen Erträgen.
17. Ermittlung durch Schätzung.
18. Besonderheiten für Forstwirtschaft, Weinbau, Gärtnereien.
19. Gebäude und Betriebsmittel.
20. Der gemeine Wert.

III. **Bebaute Grundstücke.**

21. Wohnhäuser.
22. Gewerbliche Häuser.
23. Wahl zwischen den Bewertungsmöglichkeiten.
24. Bewertung der Wohnhäuser nach den BewRichtl.
25. Bewertung der gewerblichen Häuser nach den BewRichtl.
26. Ertragswert nach dem Gesetz. Ortsübliche Bebauung und Benutzung.
27. Ermittlung des Ertragswerts nach der RAO.
28. Einfluß der Mieterschutzgesetzgebung.
29. Der gemeine Wert.

IV. **Bauland.**

30. Begriff.
31. Bewertung.

V. **Ausländisches Grundvermögen.**

32. Begriff und Bewertung.

VI. **Im Jahre 1922 gekaufte Grundstücke.**

33. Anwendungsgebiet.
34. Bewertung.
35. Ausnahmen.

1. Vorbemerkung. Wegen des Begriffs und des Umfangs des Grundvermögens s. N. 1 bis 9 zu § 7 VermStG., wegen der Bewertungseinheit N. 8 bis 13 zu § 137 RAO., wegen der Nutzungsarten N. 2. Wegen der Grundstücke des Betriebsvermögens N. 4 und 31 zu § 139 RAO.

§ 152 RAO. gilt für alle Grundstücke, die nicht einem Betriebsvermögen gehören, sowie für die zum Umlaufkapital eines Betriebsvermögens gehörigen Grundstücke, letzteres mit gewissen Einschränkungen (s. N. 31 zu § 139).

2. Einteilung der Grundstücke.

a) Die RAO. unterscheidet die Grundstücke, die wahlweise mit dem gemeinen oder dem Ertragswert angesetzt werden, von den übrigen, die nur mit dem gemeinen Wert zu bewerten sind. Hieraus ergibt sich folgende Einteilung:

1. Grundstücke, die dauernd land- oder forstwirtschaftlichen oder gärtnerischen Zwecken zu dienen bestimmt sind, außer denen, die bereits Bau- oder Verkehrslandwert haben (ländliche Grundstücke),
2. ortsüblich bebaute Grundstücke, die Wohnzwecken oder gewerblichen Zwecken dienen,
3. alle sonstigen Grundstücke. Hierher gehören: die land- oder forstwirtschaftlich oder gärtnerisch genutzten Grundstücke, die bereits Bau- oder Verkehrslandwert haben, das sonstige Bau- und Verkehrsland, die bebauten Grundstücke, die nicht ortsüblich bebaut und benutzt sind, gewerblich genutztes Land, das nicht bebaut ist und nicht zu einem Betriebsvermögen gehört, z. B. vermietete Lagerplätze, und Ödland.

b) Die BewRichtl. unterscheiden:

1. ländliche Grundstücke (II A I),
2. bebaute Grundstücke für Wohnzwecke (II A II), und zwar
   α) Villen,
   β) Mietsgrundstücke,
3. bebaute Grundstücke für gewerbliche Zwecke (II A III),
4. Bauland (II A IV).

Die ländlichen Grundstücke nach den BewRichtl. fallen mit denen nach der RAO. zusammen, da die mit Baulandwert auch nach II A IV der BewRichtl. ausgenommen sind. Dagegen gehören zu den bebauten Grundstücken für Wohnzwecke oder gewerbliche Zwecke i. S. der BewRichtl. auch die nicht ortsüblich bebauten oder genutzten, die nach der RAO. mit den übrigen Grundstücken, die nur mit dem gemeinen Wert anzusetzen sind, gleichgestellt sind. Die Grundstücke, die weder zu den ländlichen, noch zu den bebauten, noch zum Bauland gehören (s. a 3), also nicht bebautes gewerblich benutztes Land und Ödland, sind in den BewRichtl. nicht erwähnt, werden aber nach den Grundsätzen für Bauland zu bewerten sein.

3. Übersicht über die Bewertungsgrundsätze. Nach der RAO. sind ländliche Grundstücke und ortsüblich bebaute Grundstücke für Wohn- oder gewerbliche Zwecke wahlweise mit Ertragswert oder gemeinem Wert anzusetzen.

In den BewRichtl. ist die Bewertung für alle Grundstücke auf der Grundlage des Wehrbeitragswerts und des Einstandspreises späterer Anlagen festgesetzt. Für ländliche Grundstücke ist die Bewertung zum Ertragswert auf dieser Grundlage geregelt; dagegen ist die Bewertung zum gemeinen Wert für ländliche Grundstücke in den BewRichtl. nicht geregelt. Für bebaute Grundstücke gilt die Regelung der BewRichtl. ohne Rücksicht auf die Unterscheidung von gemeinem Wert und Ertragswert; daher auch die in N. 2 erwähnte Einbeziehung der nicht ortsüblich bebauten Grundstücke. Gleichgültig ist in allen Fällen, ob der Wehrbeitragswert ein gemeiner Wert oder ein Ertragswert war.

Zu den Sätzen der BewRichtl. kommt nach § 24 a Abs. 3 und 4 der BewRichtl. ein Zuschlag von 300 v. H., außer bei Mietsgrundstücken für Wohnzwecke, Villen unter 50 000 M. Wehrbeitragswert und Bauland.

Unter dem Wehrbeitragswert ist der wirklich bei der Veranlagung zum Wehrbeitrag angesetzte Wert zu verstehen. Nachträgliche Erhöhungen durch das FA. wegen Unterbewertung sind unzulässig. Die Finanzämter geben auf Anfrage Auskunft. Fehlt der WBWert, weil das Grundstück überhaupt beim Wehrbeitrag nicht versteuert wurde oder damals zu einem Betriebsvermögen gehörte, so ist jetzt nachträglich zu berechnen, wie das Grundstück zum Wehrbeitrag anzusetzen gewesen wäre. Für die Ermittlung des Wehrbeitragswerts gilt § 17 WBG., der inhaltlich mit § 152 RAO. übereinstimmt. Ist das Grundstück unbeanstandet zum WB. deklariert, eine Veranlagung aber nicht erfolgt, so gilt der angegebene Wert als WBWert.

Im Jahre 1922 gekaufte Grundstücke sind nach § 24 a Abs. 1 Satz 2 mindestens mit dem Anschaffungspreis anzusetzen (s. N. 33 bis 35).

4. Ertragswert und gemeiner Wert. Wegen des gemeinen Werts s. N. 1 bis 8 zu § 138. Ertragswert ist der Betrag, der sich aus der Kapitalisierung des Ertrages zu einem bestimmten Zinsfuß ergibt. In § 152 Abs. 3 und 5 ist ein Zinsfuß von 4 v. H. zugrunde gelegt und demgemäß das 25 fache des Ertrags als Ertragswert festgesetzt.

In normalen Zeiten waren gemeiner Wert (Verkaufswert) und Ertragswert „unvereinbare Gegensätze“ (OVGSt. 5 75). Damit ist nicht gesagt, daß nicht, wenn weder ein nahe genug liegender Kaufpreis des zu bewertenden Grundstücks, noch geeignete oder auf sonstige Weise zu verbessernde Kaufpreise von Vergleichsgrundstücken vorlagen, die Verbesserung älterer Verkaufspreise oder zu verbessernder Vergleichspreise auch unter Berücksichtigung des Ertrags erfolgen durfte; bei der äußerstenfalls anzuwendenden freien Schätzung des gemeinen Werts wurde sogar vorwiegend oder doch in erheblichem Maße von der Rentabilitätsberechnung, die ein Käufer sich aufgestellt hätte, ausgegangen. Die Aufgabe war aber

immer eine grundsätzlich verschiedene: in dem einen Falle war der Jahresertrag als solcher festzustellen und zu kapitalisieren, im andern war zu ermitteln, welchen Preis ein Käufer unter Berücksichtigung aller maßgebenden Umstände einschließlich der Rentabilität bewilligt hätte. Das Ergebnis beider Wertermittlungen konnte das gleiche sein, nämlich wenn der gemeine Wert ausschließlich von der Rentabilität abhing und die übliche Kapitalisierung dem gesetzlichen Zinsfuß entsprach, z. B. bei städtischen Mietshäusern in Zeiten normaler Geldflüssigkeit. In andern Fällen konnte das Zusammenfallen der Ergebnisse geradezu ein Beweis für die Unrichtigkeit einer der Wertermittlungen oder beider sein, nämlich in Fällen, in denen der Verkaufswert nicht nur auf der Rentabilität beruhte, z. B. bei Rittergütern, bei Gütern in schöner Gegend oder in bequemer Lage zu einer Großstadt.

Dieses sich gegenseitig grundsätzlich ausschließende Verhältnis von Ertragswert und gemeinem Wert entspricht auch noch dem Standpunkt der RAO. (RFH. **8** 292, **10** 57).

Infolge der seit Erlaß der RAO. immer stärkeren Geldentwertung hat sich die Erkenntnis durchgesetzt, daß der steuerlich erfaßbare volle Wert nicht mehr mit dem Währungsnot-Wert am Stichtage oder in der Zeit des Stichtags gleichgesetzt werden könne, sondern einer Korrektur bedarf. Dieser Erkenntnis verdankt der Begriff des dauernden gemeinen Werts seine Entstehung (N. 9, 13 zu § 138). Die Korrektur wird vorwiegend dadurch erfolgen müssen, daß der Wert ermittelt wird, den ein besonnener Käufer auf Grund einer Rentabilitätsberechnung bewilligen würde; dieser Wert ist unter Berücksichtigung aller sonstigen maßgebenden Umstände angemessen zu erhöhen, aber immer von dem Standpunkt aus, daß nicht die volle auf der Währungsnot beruhende Preissteigerung entscheidend sein soll. In diesem Sinne wird man den — begrifflich unrichtigen — Ausführungen von Popitz im 11. RTAusschuß (AusschBer. zum VermStG. S. 37 f.) zustimmen können, nach denen die Begriffe Ertragswert und gemeiner Wert nach den jetzigen wirtschaftlichen Verhältnissen nicht mehr so schroffe Gegensätze sind wie früher (vgl. BewRichtl. I § 1 Ziff. 1 Satz 2, Ziff. 3 Abs. 2).

5. **Ländlicher Grundbesitz. Begriff.** Wegen der Begriffe Landwirtschaft und Gärtnerei s. N. 5 zu § 8 VermStG., Forstwirtschaft N. 7 ebd., „dienen" N. 3 ebd.

Eine Bestimmung zu landwirtschaftlichen, forstwirtschaftlichen oder gärtnerischen Zwecken liegt auch dann vor, wenn die Erzeugnisse nicht verkauft, sondern anderweit verwertet werden, z. B. im städtischen Haushalt des Besitzers. Die Art der Produktion der Erzeugnisse (N. 5 und 7 zu § 8 VermStG.) entscheidet, nicht die Art der Verwertung der Erzeugnisse.

Die dauernde Bestimmung zu landwirtschaftlichen Zwecken ist nach der herrschenden Ansicht nur nach objektiven Umständen zu prüfen, d. h. nach der Auffassung des Verkehrs, nicht nach dem subjektiven Willen

des Eigentümers (OVGSt. **16** 386; Mrozek, Anm. 4 zu § 152; Strutz, Anm. 11a zu § 15 VermStG.). Der RFH. (**1** 201) erklärt für ausschlaggebend „die äußeren Umstände, die von einem ordentlichen Wirte bei seiner Entschließung über zweckmäßigste wirtschaftliche Ausnützung . . . für absehbare Zeit in Berücksichtigung gezogen werden würden". Nach § 152 Abs. 3 Satz 2 schließt schon die Tatsache, daß der Wert durch die Lage als Bauland usw. bestimmt wird, die Ansetzung zum Ertragswert aus; hiernach sind objektive Umstände entscheidend. Diese objektiven Umstände gelten aber nur für die Bewertungseinheit als Ganzes; d. h., daß eine dauernde Bestimmung zu landwirtschaftlichen Zwecken dann nicht mehr vorhanden ist, wenn der Wert des ganzen Grundstücks oder der ganzen wirtschaftlichen Einheit mehrerer Grundstücke (N. 8 bis 11 zu § 137) durch die Lage als Bauland usw. bestimmt wird; kommt aber diese Wertbestimmung nur für Teile des Grundstücks oder der Grundstückseinheit in Frage, so ist sie unbeachtlich, da nach § 137 Abs. 2 der Wert der wirtschaftlichen Einheit maßgebend ist, die wirtschaftliche Einheit aber durch die bloße Änderung des Werts einzelner Teile nicht aufgehoben wird, sondern erst durch die Änderung der Zweckbestimmung seiten des Eigentümers, indem er einzelne Parzellen zum Verkauf als Bauland usw. bestimmt (N. 9 zu § 137). Ist also nicht das ganze Grundstück oder die ganze Grundstückseinheit Bauland geworden, so entscheiden objektive und subjektive Umstände, ob der Teil mit Baulandwert mit dem Rest zum Ertragswert oder selbständig zum gemeinen Wert anzusetzen ist. Wird ein Gut vor den Toren der Stadt von Bauland und Gebäuden umschlossen, so ist der Baulandwert maßgebend; rückt die Bebauung oder das Bauland nur an das Gut heran, so entscheidet der Wille des Eigentümers. Insbesondere ist bei Hofbesitzungen, die sich im langjährigen Besitz des Eigentümers und seiner Familie befinden und tatsächlich mit der Absicht der Dauer landwirtschaftlich genutzt werden, die Entwicklung der Umgebung zu Bauland in der Regel unerheblich (Vfg. des preuß. FM. vom 15. Okt. 1910 I 1 Abs. 3 in Mitt. der Verw. d. dir. St. **54** 118).

Nach § 152 Abs. 3 Satz 2 gehörten nicht zu den ländlichen Grundstücken: land- oder forstwirtschaftlich oder gärtnerisch genutzte Grundstücke, deren Wert durch ihre Lage als Bauland oder als Land zu Verkehrszwecken bestimmt wird oder bei denen nach sonstigen Umständen anzunehmen ist, daß sie in absehbarer Zeit anderen als land- oder forstwirtschaftlichen oder gärtnerischen Zwecken dienen werden. Die anderen Zwecke als land- oder forstwirtschaftliche oder gärtnerische können sowohl die Bebauung zu Wohn- oder gewerblichen Zwecken sein als auch eine anderweite Nutzung ohne Bebauung, z. B. durch Vermietung als Lagerplatz oder an Handelsgärtnereien. In dem zweiten Beispiel kann man zwar nicht von Bauland sprechen, das Bevorstehen einer solchen Nutzung als unbebautes gewerbliches Land wird aber der Erlangung des Baulandcharakters gleichgestellt.

Für die Erlangung des Charakters als Bauland ist ländliche Zwischennutzung unerheblich. Ein früher bereits entstandener Baulandwert kann infolge der wirtschaftlichen Verhältnisse wieder in Fortfall gekommen sein. Dies wird insbesondere von den Schrebergärten und Laubenkolonien gelten. In den BewGrundsätzen zum RRO. (A I 11) wurde dies Land als Bauland mit hinausgeschobener Verwertung behandelt; jetzt wird es in der Regel als landwirtschaftlich oder gärtnerisch genutztes Land mit dem Ertragswert zu bewerten sein, außer wenn gerade in den letzten ein oder zwei Jahren noch nicht nur ganz vereinzelte Umsätze als Bauland in dem betreffenden Abschnitt stattgefunden haben.

Über das Bauland und seine Bewertung s. N. 30, 31.

6. **Wahl zwischen den drei Bewertungsmöglichkeiten.** Der Pflichtige hat die Wahl zwischen der Bewertung mit dem nach den BewRichtl. ermittelten Ertragswert, mit dem nach dem Gesetz ermittelten Ertragswert und, da die BewRichtl. für ländliche Grundstücke nur den Ertragswert regeln (N. 3), mit dem nach dem Gesetz ermittelten gemeinen Wert. Die Wahl hat in erster Reihe dahin zu erfolgen, ob die Bewertung mit dem Ertragswert oder mit dem gemeinen Wert erfolgen soll. Die Ausübung dieses Wahlrechts regelt § 152 Abs. 6 RAO.

Grundsätzlich erfolgt die Bewertung mit dem Ertragswert, der Pflichtige muß die zum gemeinen Wert besonders verlangen. Das Wahlrecht erlischt mit dem Ablauf der einmonatigen Einspruchsfrist gegen den Vermögensteuerbescheid (§ 28 VermStG.), nicht etwa gegen den Zwangsanleihebescheid (§ 14 ZwAG.), da die Feststellung des zwangsanleihepflichtigen Vermögens in dem Verfahren der Veranlagung für die VermSt. stattfindet (§ 7 ZwAG.). Die Frist läuft weiter, auch wenn das Rechtsmittel vor Ablauf der Frist eingelegt wird. Zu beachten ist jedoch der Einfluß des § 24 a Abs. 4 ZwAG. (s. u.). Sie ist keine Rechtsmittelfrist; gegen ihren Ablauf kann daher keine Nachsicht gewährt werden (§ 68 RAO.); wird aber gegen Ablauf der Einspruchsfrist Nachsicht gewährt, so kann das Wahlrecht solange ausgeübt werden, als der Einspruch zulässig ist.

Die Erklärung, daß Ansetzung zum gemeinen Wert verlangt werde, ist gegenüber dem Finanzamt abzugeben. Sie ist unwiderruflich. Ob eine Anfechtung wie bei rechtsgeschäftlichen Erklärungen nach § 119 ff. BGB. zulässig ist, ist bestritten. Dafür Becker, Anm. 8 zu § 152; dagegen Mrozek, Anm. 16 zu § 152, und für die ähnliche Erklärung aus § 29 BesStG.: OVGSt. **19** 361. Die Anfechtbarkeit dürfte zu bejahen sein, da es sich um eine öffentlich-rechtliche Willenserklärung handelt, nicht um ein Rechtsmittel. Die Erklärung kann daher angefochten werden wegen mangelnden Erklärungswillens, wegen Irrtums über den Inhalt der Erklärung, wegen arglistiger Täuschung oder widerrechtlicher Drohung durch das Finanzamt

oder wegen einer dem Finanzamt bekannten oder aus Fahrlässigkeit unbekannten arglistigen Täuschung durch einen Dritten; in den beiden ersten Fällen hat die Anfechtung unverzüglich nach Erkenntnis des Irrtums, in den andern Fällen innerhalb eines Jahres nach Entdeckung der Täuschung oder Aufhören der Zwangslage zu erfolgen (§§ 119, 121, 123, 124 BGB.). Unrichtige Übermittlung steht dem Irrtum gleich (§ 120 BGB.). Irrtum im Motiv begründet keine Anfechtung, insbesondere also nicht die sich schließlich als unrichtig herausstellende Annahme, daß der gemeine Wert niedriger sein werde als der Ertragswert. Dagegen enthält die Erklärung, daß die Ansetzung zu einem zahlenmäßig bestimmten oder begrenzten gemeinen Wert verlangt werde, nicht das Verlangen nach Ansetzung zum gemeinen Wert; das Finanzamt hat eine Erläuterung der Erklärung dahin zu verlangen, ob durch diese Erklärung das Recht aus § 152 Abs. 6 schlechthin ausgeübt werden solle (RFH. 8 291).

Ist eine Erklärung gemäß § 152 Abs. 6 nicht abgegeben, so erfolgt die Ansetzung mit dem Ertragswert. Für die Festsetzung des Ertragswerts sind die BewRichtl. bindend (N. 5 zu §§ 15 VermStG., 24 a ZwAG.); zu den Sätzen der BewRichtl. tritt der Zuschlag von 300 v. H. Will der Pflichtige Ermittlung des Ertragswerts nach dem Gesetz beanspruchen, so muß er den Antrag aus § 24 a Abs. 4 stellen. Dieser Antrag muß spätestens mit dem Einspruch selbst gestellt werden (N. 7 zu §§ 15 VermStG., 24 a ZwAG.). Nach Einlegung des Einspruchs kann also, wenn zuvor weder die Erklärung nach § 152 Abs. 6 RAO. abgegeben, noch der Antrag aus § 24 a Abs. 4 ZwAG. gestellt ist, bis zum Ablauf der Einspruchsfrist zwar noch Bewertung zum gemeinen Wert, aber nicht mehr Bewertung zum gesetzlichen Ertragswert verlangt werden. Wegen des Antrags aus § 24 a Abs. 4 ZwAG. s. im übrigen N. 7 bis 10 zu §§ 15 VermStG., 24 a ZwAG.

Zwischen der Erklärung nach § 152 Abs. 6 RAO. und dem Antrage nach § 24 a Abs. 4 ZwAG. besteht ein grundsätzlicher Unterschied. Die Erklärung nach § 152 Abs. 6 RAO. ist ein materiellrechtlicher Akt; daher ihre Unwiderruflichkeit, weil sie das materielle Recht auf Bewertung zum gemeinen Wert auslöst und das Recht auf Bewertung zum Ertragswert zum Erlöschen bringt; daher auch ihre Anfechtbarkeit nach den Grundsätzen, die für zivilrechtliche Erklärungen gelten. Der Antrag nach § 24 a Abs. 4 ZwAG. ist ein verfahrensrechtlicher Akt; daher seine Zurücknehmbarkeit, wie bei zivilprozessualen Anträgen; daher aber auch die Unmöglichkeit einer Anfechtung nach den Grundsätzen für Willenserklärungen. Der Antrag begründet die Einleitung des Prüfungsverfahrens nach § 24 a Abs. 4; anders ist z. B. die Bedeutung des Antrags aus § 1 VO. vom 16. Febr. 1923 (N. 40 zu § 139), der zwar auch ein verfahrensrechtlicher Akt ist; er löst die Bewertung gemäß der VO. aus, schafft aber kein materielles Recht.

7. **Der Ertragswert nach den BewRichtl.** Als Ertragswert gilt

1. bei selbstgenutzten Grundstücken sowie bei verpachteten Grundstücken von mehr als 10 ha (etwa 40 Morgen), einschließlich des Zuschlags von 300 v. H.: der 40 fache Wehrbeitragswert,
2. bei verpachteten Grundstücken von höchstens 10 ha, einschließlich des Zuschlags: der 32 fache Wehrbeitragswert.

Ausgegangen wird vom Brutto-Wehrbeitragswert, d. h. dem Wert vor Abzug der Schulden und Lasten. Die Schulden und Lasten am Stichtage werden vom Gesamtvermögen abgezogen, nicht vom Wert des Grundstücks.

Zu dem Vielfachen des Wehrbeitragswerts wird der Wert der seit dem Wehrbeitragsstichtage errichteten Anlagen mit den vorgesehenen Zuschlägen und Abschlägen zugesetzt. Als Stichtag gilt der 31. Dez. 1913 auch dann, wenn der Veranlagung zum Wehrbeitrag der Schlußtag eines vom Kalenderjahr abweichenden Betriebsjahrs (§ 15 Abs. 2 WBG.) zugrunde gelegt war (BewRichtl. II A I 2).

Die Erhöhung wird wegen aller neuerrichteter Anlagen vorgenommen, sowohl für die, die dem Betriebe dienen, als auch für solche, die ihm nicht dienen (II A I 2 und 4); es genügt also die räumliche Verbindung mit dem Grundstück. Ein Unterschied besteht aber insofern, als der Wert der nicht dem Betriebe dienenden Anlagen schlechthin zugesetzt wird, der Wert der dem Betriebe dienenden Anlagen nur, „wenn der Ertrag der Gesamtwirtschaft durch die Neuanlagen nachhaltig gesteigert wird" (II A I 2 Abs. 2). Die Zusetzung ist nicht dahin eingeschränkt, daß sie nur erfolgt, soweit der Ertrag nachhaltig gesteigert wird; dies hätte gerade die Schematisierung unmöglich und schwierige Berechnungen des Ertrags der Neuanlagen erforderlich gemacht; die Tatsache, daß überhaupt der Ertrag durch die Neuanlagen nachhaltig gesteigert wird, genügt, um die schematischen Zusätze auszulösen. Neue Anlagen, die dem Betriebe dienen, aber den Ertrag nicht nachhaltig beeinflussen, bleiben unberücksichtigt.

Wegen des Begriffs „dem Betriebe dienen" s. N. 9; wegen des „nachhaltigen Ertrags" s. N. 12. In Betracht kommen Gebäude und Bodenkulturanlagen. Zu diesen gehören Meliorationen, Dränagen und dergl., nicht dagegen die Anlegung neuer Kulturarten an Stelle der bisherigen oder neben ihnen. Im Falle der Aufforstung wird das Aufforsten als Neuanlage anzusehen sein; da aber der bisherige Ertrag völlig fortfällt, wird der alte Wehrbeitragswert vollständig unbeachtet bleiben müssen; statt dessen tritt der Bodenwert des ungenutzten Bodens hinzu. Dieser wird berechnet, indem der gemeine Wert des unangebauten Bodens am 31. Dez. 1913 ermittelt und dieser Wert verdoppelt wird (N. 31 Abs. 3); der Zuschlag von 300 v. H. wird nicht gemacht. Das gleiche wird gelten, wenn sonst von einer

Wirtschaftsart zu einer völlig anderen übergegangen ist, z. B. von der Landwirtschaft zur Gärtnerei.

Hat ein Grundstück erst nach dem 31. Dez. 1913 den Charakter eines ländlichen Grundstücks erlangt, so sollen die Vorschriften über Neuanlagen entsprechende Anwendung finden (II A I 2 Abs. 3). Die Aufwendungen für die Umwandlung des Charakters werden wie solche für Neuanlagen behandelt. Auch hier wird der alte Wehrbeitragswert unberücksichtigt bleiben müssen und statt dessen der nackte Bodenwert (s. o.) hinzutreten.

Als Wert der Neuanlagen gilt einschließlich des Zuschlags von 300 v. H. nach BewRichtl. II A I 2 bei Anlagen

- aus den Jahren 1914 bis 1916: der 8fache Einstandspreis,
- aus den Jahren 1917 bis 1919: der 4fache Einstandspreis,
- aus dem Jahre 1920: das 2,4fache des Einstandspreises,
- aus dem Jahre 1921: das 1,6fache des Einstandspreises,
- aus dem Jahre 1922 vor dem 1. Aug. 1922: das 1,2fache des Einstandspreises,
- aus dem Jahre 1922 nach dem 31. Juli 1922: das 0,8fache des Einstandspreises.

In dem nach diesen Vorschriften berechneten Ertragswert sind die Gebäude und sonstigen Betriebsmittel im gleichen Umfange mitenthalten wie bei der Ermittlung des Ertragswerts nach dem Gesetz gemäß § 152 Abs. 4 (s. N. 19).

8. Der Ertragswert nach dem Gesetz. Normalreinertrag. Als Ertragswert gilt nach § 152 Abs. 3 RAO. das 25fache des Reinertrags. Reinertrag ist der Überschuß der Roheinnahmen über die Werbungskosten und Abschreibungen (OVGSt. **16** 380). Maßgebend ist jedoch nicht der tatsächlich erzielte Reinertrag, sondern der sog. Normalreinertrag, d. h. nach § 152 Abs. 3 Satz 1 der Reinertrag, „den das Grundstück nach seiner wirtschaftlichen Bestimmung bei ordnungsmäßiger und gemeinüblicher Bewirtschaftung unter gewöhnlichen Verhältnissen mit entlohnten fremden Arbeitskräften im Durchschnitt nachhaltig gewähren kann", also ein fingierter normaler Ertrag. Dieser Normalreinertrag ist begrifflich völlig unabhängig von den tatsächlich erzielten Erträgen, praktisch werden die buchmäßig nachgewiesenen tatsächlich erzielten Erträge den besten Anhaltspunkt für die Ermittlung des Normalreinertrags bieten (s. N. 16).

Auf Grund der Merkmale des Normalreinertrags sind die Roheinnahmen, Werbungskosten und Abschreibungen festzustellen, aus denen sich der Normalreinertrag ergibt. Da § 152 im wesentlichen dem früheren § 47 ErbschStG. 1919 entspricht, können die AusfBest. zum ErbschStG. §§ 20 bis 27 analog angewandt werden (s. Anhang 8) sowie die BewGrundsätze zum RNOG. unter A I 4 bis 8 (Anhang 7).

9. **Normalroheinnahme.** Zu den Einnahmeposten gehören der erzielbare Ertrag aus Landwirtschaft, Forstwirtschaft oder Gärtnerei. Maßgebend ist der Bestand der Wirtschaftseinheit am Stichtage, nicht irgend ein künftiger, durch Verbesserungen oder Zuwachs erzielbarer Bestand (OVGSt. **16** 383). Der Ertrag der unselbständigen Nebenbetriebe (s. N. 5 zu § 8 VermStG.) gehört zum landwirtschaftlichen usw. Ertrage, nicht aber der Ertrag selbständiger Nebenbetriebe nicht land- oder forstwirtschaftlicher oder gärtnerischer Art. Der Mietwert des zum Grundstück gehörigen Hauses ist im Ertragswert inbegriffen, wenn das Haus der Landwirtschaft usw. dient (§ 152 Abs. 4); dies ist der Fall, wenn es von dem das Grundstück selbst bewirtschaftenden Eigentümer oder einem Verwalter benutzt wird oder für eine solche Benutzung bestimmt ist (OVGSt. **16** 390, **19** 285). Ob das Haus über die Bedürfnisse eines normalen Eigentümers hinausgeht, ist unerheblich, solange es nicht anderen Zwecken als den Wohn- und Wirtschaftszwecken des selbst wirtschaftenden Eigentümers dienen soll. Entscheidend ist, ob noch „gewöhnliche Verhältnisse" vorliegen. Ein Schloß auf einem großen Gut, ein mehr als den notwendigen Bedürfnissen genügendes Wohnhaus auf einer kleineren Besitzung ist nichts Ungewöhnliches; Verkleinerung des Guts bewirkt keine Änderung der Verhältnisse, solange das Gut noch von dem Schlosse aus bewirtschaftet wird, ebensowenig Abverpachtung des Guts ohne Herrschaftshaus und Park (OVGSt. **16** 388). Anders wäre es zu beurteilen, wenn sich ein Kapitalist auf einem kleinen Restgut ein luxuriöses Schloß erbaut hat, das in gar keinem Verhältnis mehr zu der landwirtschaftlichen Besitzung steht, die ausschließlich von einem irgendwie untergebrachten Verwalter, nicht von dem Eigentümer selbst bewirtschaftet wird.

Im allgemeinen dienen lange Zeit stehende Baulichkeiten, auch wenn sie in neuerer Zeit ausgebaut sind, dem landwirtschaftlichen usw. Betriebe. Nur mit den sich hiernach ergebenden Einschränkungen ist § 22 Abs. 2 Ausf.-Best. zum ErbschStG. zutreffend (vgl. OVGSt. **16** 391, 393). Wegen der Bewertung übermäßig wertvoller Gebäude s. N. 20.

Der Rohertrag setzt sich aus den erzielbaren Erlösen der erzielbaren Erzeugnisse zusammen. Nicht einbezogen wird der Teil der Erzeugnisse, der normalerweise für die Wirtschaft selbst verbraucht wird. Hierher gehören die unmittelbar zur Land-, Forstwirtschaft usw. erforderlichen Erzeugnisse, wie Viehfutter, Dünger, ferner die Naturallöhne, schließlich die für den eigenen Unterhalt des Wirtschaftsleiters entnommenen Erzeugnisse, auch wenn der Eigentümer selbst die Wirtschaft leitet (OVGSt. **16** 391; Strutz, N. 12 zu § 15 VermStG.). Dagegen gehören zum Rohertrag die Erzeugnisse, die der nicht die Wirtschaft leitende Eigentümer entnimmt; nur mit dieser Einschränkung ist § 22 Abs. 3 AusfBest. zum ErbschStG. zutreffend.

10. Normale Werbungskosten. Zu unterscheiden sind die sächlichen und die persönlichen Kosten. Persönliche Kosten sind alle Aufwendungen für die menschliche Arbeit, die zur Erzielung des Ertrags geleistet werden muß. Dabei wird davon ausgegangen, daß alle Arbeit, auch die des Wirtschaftsleiters, durch entlohnte fremde Kräfte geleistet wird. Die Mitarbeit des Eigentümers und seiner Familienmitglieder bleibt außer Betracht, d. h. es ist das angemessene Entgelt hierfür anzusetzen (OVGSt. **16** 390). Sächliche Kosten sind alle sonstigen Kosten. Hierher gehören alle Kosten für die Erzielung und Verwertung der Erzeugnisse, für die Instandhaltung und Ergänzung der Betriebsmittel und für die auf dem Grundstück als solchen ruhenden öffentlichen Lasten und Abgaben, wie Grund- und Gebäudesteuern (OVGSt. **15** 400, **16** 384), Wegebaulasten und dergl. Nicht hierher gehören Personalsteuern, wie Einkommensteuern, und privatrechtliche Lasten, wie Hypothekenzinsen oder Reallasten.

11. Normale Abschreibungen. Zu berücksichtigen ist die normale Wertverminderung (OVGSt. **16** 384). Abschreibungen kommen vor allem in Betracht auf die Gebäude und auf das tote Inventar. Abschreibungen auf das lebende Inventar sind insofern zulässig, als nicht bei ordnungsmäßiger Bewirtschaftung eine Ergänzung durch Tierjunge erfolgt. Abschreibungen auf eine Schafherde werden daher nicht zuzulassen sein, wohl aber auf Ackerpferde, wenn keine Fohlen gezogen werden (vgl. N. 14 a zu § 139). Abschreibungen auf den Grund und Boden sind unzulässig, auch nicht in dem Sinne der Anm. 14 a 2 zu § 139, da der Normalreinertrag als nachhaltiger Ertrag die Berücksichtigung übernormaler Erträge durch besondere Kulturanlagen ausschließt. Denkbar sind Abschreibungen auf pflanzliche Anlagen, wenn sie zu dauernder Kultur bestimmt sind, insbesondere im Weinbau auf die vorhandenen Kulturen. In Zeiten der Geldentwertung ist bei der Ermittlung des Normalreinertrags die normale Abschreibung dadurch zu ermitteln, daß die Gegenstände der Abschreibung bei Beginn und bei Ende des Wirtschaftsjahres mit einer Mark von derselben Kaufkraft angesetzt werden, mit der der Wert der Erzeugnisse angenommen wird.

Soweit Betriebe mit Substanzverringerung verbunden sind, ist § 21 Abs. 2 AusfBest. zum ErbschStG. anwendbar:

> Bei Grundstücken, bei denen die Ergebnisse des Wirtschaftsbetriebs dem Boden unmittelbar entnommen werden, wie bei Sand-, Lehm- Tongruben, Stein-, Schiefer-, Kalk- oder Kreidebrüchen, Torfstichen usw., deren Ausbeutung in unmittelbarer Verbindung mit einem land- oder forstwirtschaftlichen oder Gärtnereibetrieb erfolgt, ist die Jahresgewinnung um einen der fortschreitenden Erschöpfung des Bodens entsprechenden Betrag zu kürzen.

12. Durchschnittlicher nachhaltiger Ertrag. § 15 Abs. 3 VermStG. Der durchschnittliche Ertrag ist der Ertrag, der sich ergibt, wenn man die Summe der Erträge der berücksichtigten Wirtschaftsjahre durch die Zahl der Wirtschaftsjahre teilt. Der nachhaltige Ertrag ist der Ertrag, den das Grundstück auch in Zukunft Jahr für Jahr abwerfen kann, ohne daß außerordentliche Aufwendungen erforderlich sind. Es ist also zunächst der durchschnittliche Ertrag in der Vergangenheit festzustellen und dann zu untersuchen, ob dieser Durchschnittsertrag dauernd auch in der Zukunft erzielt werden kann. Bei beiden Prüfungen sind gewöhnliche Verhältnisse vorauszusetzen.

Tatsächlich haben seit dem Kriege gewöhnliche Verhältnisse nicht mehr vorgelegen. Aus diesem Grunde hat auch die Regierung auf „die Untauglichkeit des Ertragswerts für die Bewertungspraxis in der gegenwärtigen Wirtschaft" in der Begr. zum VermStG. S. 16 hingewiesen. Trotzdem erschien dem RT. die Beibehaltung des Ertragswerts erforderlich, weil eine Besteuerung nur nach dem gemeinen Wert einen unerträglichen Eingriff in die Substanz des Grundvermögens enthalten hätte (AusschBer. zum VermStG. S. 34 f.). Jedoch wurde allgemein anerkannt, daß bei der Ermittlung des Ertragswerts die Geldentwertung berücksichtigt werden müsse. Hierauf beruht der schließlich angenommene Antrag 149 (AusschBer. S. 33, 36, 46).

Durch § 15 Abs. 3 VermStG. wird zunächst die Vorschrift des § 152 Abs. 3 eingeschränkt, daß nur gewöhnliche Verhältnisse maßgebend sein sollen. Vielmehr sollen in gewissem Umfange gerade die ungewöhnlichen Verhältnisse der drei letzten Jahre vor dem Steuerstichtag, für die erste Veranlagung also die der Jahre 1920, 1921, 1922, berücksichtigt werden (vgl. Strutz, N. 14 zu § 15 VermStG.).

Zu unterscheiden ist ferner zwischen der Menge des Ertrages und dem Werte des Ertrages. Es fragt sich, ob § 15 Abs. 3 für Menge und Wert oder nur für den Wert gilt. Der zurückgezogene Antrag 130 lautete (AusschBer. S. 31):

> § 152 Abs. 2 bis 6 finden Anwendung mit der Maßgabe, daß statt des nachhaltigen Ertragswerts (Abs. 3) der in den letzten drei Jahren im Durchschnitt erzielte Ertragswert gilt.

Da der Ertragswert als solcher nicht nachhaltig sein kann, war offenbar der Wert des nachhaltigen Ertrags gemeint und entsprechend der Wert des Ertrages im Durchschnitt der letzten drei Jahre. Dieser Antrag ist dann zurückgezogen worden mit der Begründung, „daß eine solche Wertbestimmung nicht obligatorisch sein könne", und durch den Antrag 149 ersetzt worden (AusschBer. S. 36). Aus den Verhandlungen geht hervor, daß einerseits gerade der höhere Wert der Erträge in den letzten drei Jahren Veranlassung der Bestimmung war, daß anderseits aber zwischen Menge und Wert nicht deutlich unterschieden wurde (vgl. z. B. AusschBer. S. 65). Die Regierung

stellte sich in dem Entwurf der BewRichtl., den sie dem 11. Aussch. des RT. bei der Beratung des ZwAG. vorlegte, auf den Standpunkt, daß § 15 Abs. 3 nur für die Preise der Erträge, nicht für das Quantum gelte (AusschBer. S. 19, 89), und begründete dies unter Hinweis auf den Antrag 130 besonders damit, daß bei anderer Auslegung, da die drei letzten Jahre nicht ausschließlich zu berücksichtigen seien („insbesondere auch"), schließlich sogar die Preise der Friedensjahre mit einbezogen werden könnten, was gerade vermieden werden sollte. Die Ansichten der Parteien waren geteilt (AusschBer. zum ZwAG. S. 18 bis 20). Die BewRichtl. (I § 3 Abs. 2) enthalten ein Kompromiß auf Grund der Worte „insbesondere auch".

Die Worte *insbesondere auch* gehören zu den umstrittensten des Gesetzes. Strutz widmet ihrer Entstehungsgeschichte und Auslegung in seinem Kommentar zum VermStG. über sechs Seiten! (S. 183 bis 189.) Dem Wortsinn entsprechend, den auch die Entstehungsgeschichte (AusschBer S. 64 f.; StenBer. S. 6405 bis 6410) bestätigt, wird die Auslegung der BewRichtl. als richtig anzuerkennen sein (I § 3 Abs. 2):

(Es sind) die Erträge der drei letzten Jahre, wenn auch vorwiegend („insbesondere"), so doch nicht ausschließlich („auch") zugrunde zu legen.

Hiernach wird grundsätzlich kein Unterschied zwischen Menge und Wert gemacht. In erster Reihe ist von der Menge und dem Wert der Erträge in den letzten drei Jahren auszugehen, jedoch sind sowohl für Menge als für Ertrag auch noch andere Jahre zu berücksichtigen. Da für diese anderen Jahre die Ausschaltung der ungewöhnlichen Verhältnisse nicht vorgesehen ist, können nur Jahre mit *gewöhnlichen* Verhältnissen genommen werden, demnach Friedensjahre. Und da *vorwiegend* die letzten drei Jahre herangezogen werden sollen, können grundsätzlich nur weniger als drei Friedensjahre beachtet werden, also höchstens zwei. Mit Recht schreiben daher die BewRichtl. I § 3 Abs. 2 als Regel die Heranziehung der Jahre 1913, 1914, 1920, 1921, 1922 für Menge und Wert des Ertrages vor. Diese Regel gilt vor allem bei gewöhnlichen *landwirtschaftlichen* Betrieben.

Von dieser Regel müssen Ausnahmen gemacht werden, wenn fünf Jahre bei der Art der Nutzung nicht ausreichen, um sachgemäß den Durchschnittsertrag zu ermitteln. Dies gilt vor allem für Forstwirtschaft, Weinbau und Gärtnerei. Hier aber muß ein Unterschied zwischen Menge und Preis gemacht werden. Die größere Länge der Ertragsperiode bedingt nur ihre Berücksichtigung für die Menge der Erträge, nicht für die Preise. Für die *Preise* bewendet es daher bei den Jahren 1913, 1914, 1920, 1921, 1922. Die *Menge* soll berechnet werden:

bei der *Forstwirtschaft* nach dem Durchschnitt einer Umtriebsperiode, d. h. dem Zeitraum von der Pflanzung eines Bestandes bis zur Abholzung,

beim *Weinbau* nach dem Durchschnitt der Jahre 1908 bis 1922.

Für die Gärtnerei ist keine besondere Bestimmung gegeben, wie auch in den BewGrundsätzen zum RAO. (A I 5) die Aufstellung von Normalsätzen als untunlich bezeichnet wurde. Fünf Jahre sind zuwenig, fünfzehn Jahre wie beim Weinbau sind meist nicht nötig. Das Richtige wird etwa in der Mitte liegen, bei 10 Jahren, d. h. bei dem Durchschnitt der Jahre 1913 bis 1922. Gerade hier empfiehlt es sich aber, mit Rücksicht auf die zuweilen unverhältnismäßigen Zufallsernten und Ausfalljahre das beste und das schlechteste Jahr fortzulassen.

13. Die Ermittlung des Normalreinertrags. Die BewRichtl. unterscheiden zwischen dem Ertragswert „bei selbstbewirtschafteten Grundstücken" (I § 3) und „bei verpachteten Grundstücken" (I § 6). Diese Unterscheidung ist zu schroff, der Normalreinertrag ist derselbe, gleichgültig, ob das Grundstück selbstbewirtschaftet oder verpachtet ist. Die Berücksichtigung des Pachtzinses ist nur eine Art der Ermittlung des Normalreinertrags (NRE.) neben der Ermittlung aus dem Naturalertrage (vgl. AusfBest. zum ErbschStG. §§ 22, 23). Die Ermittlung des NRE. aus dem Pachtzins beruht darauf, daß sich der tatsächlich von dem Eigentümer gezogene Nutzen zusammensetzt aus 1. der Bodenrente, 2. der Gebäuderente, 3. der Verzinsung des Betriebskapitals, 4. der Vergütung für die eigene Arbeit einschließlich Unternehmergewinn; bei der normalen Verpachtung wird der Nutzen derart geteilt, daß der Eigentümer die Bodenrente, die Gebäuderente und die Verzinsung des von ihm in Gestalt des Inventars gestellten Betriebskapitals behält, der Pächter die Verzinsung des von ihm hineingesteckten Betriebskapitals und die Vergütung für seine Arbeit erhält (OVGSt. **16** 384 f.). Die Zurechnung der Verzinsung des etwaigen Pächterinventars zum Pachtzins, wie sie für die PrErgSt. in der Vfg. des preuß. FM. vom 15. Oktober 1910 unter I 3 vorgesehen war (Anhang 9), fällt jetzt bei der Ermittlung des NRE. fort, weil das Gut insoweit, als der Pächter Inventar stellt, eigenes Inventar nicht hat, also der NRE. des Guts ohne das vom Pächter gestellte Inventar ermittelt werden muß; das Inventar des Pächters wird als dessen Betriebsvermögen versteuert (N. 34 zu § 139 RAO.) und würde, falls es bei der Ermittlung des NRE. mitberücksichtigt würde, zweimal versteuert werden. Die Vergütung für die Arbeit des Pächters bleibt bei der Feststellung des NRE. außer acht, weil der NRE. der mit entlohnten fremden Arbeitskräften erzielte Ertrag ist. Daher kann der Pachtzins mit der Summe der Erlöse der Erzeugnisse unter Abzug aller Werbungskosten — einschließlich der Entlohnung des Wirtschaftsleiters — gleichgesetzt und als NRE. angesehen werden. Diese Gleichsetzung findet sich denn auch schon in § 23 AusfBest. zum ErbschStG. (Anhang 8) sowie in den BewRichtl. unter I § 6. Die in der Vfg. des preuß. FM. vom 15. Mai 1910 zum ErgStG. unter I 3 vorgesehene Zusetzung der Zinsen des Pächterinventars ist aufgegeben. Abw. Thümen-Hotop, ZwAG. S. 126 bis 129,

aber ohne Unterlage im Gesetz und im Widerspruch mit den Bew. Richtl.

Mit Rücksicht auf die verhältnismäßige Einfachheit der Ermittlung des NRE. aus den Pachtzinsen hatte die erwähnte Vfg. des preuß. FM. zum ErgStG. unter I 3 die Ermittlung des Reinertrags in erster Reihe aus den Pachtpreisen vorgesehen. Auch die BewGrundsätze zum RNOG. unter A I 4 (Anhang 7) gingen für Gegenden, in denen die Verpachtung gemeinüblich oder weit verbreitet ist, von den Pachtzinsen aus. Eine entsprechende Vorschrift fehlt in den BewRichtl., die Beachtung des Pachtzinses ist nur für verpachteten Grundbesitz vorgesehen. Jedoch dürfte, da nach dem Obengesagten der Pachtzins präsumtiv den NRE. darstellt, die Bestimmung der BewGrundsätze zum RNOG. anzuwenden sein.

Kann der NRE. nicht aus Pachtzinsen ermittelt werden, sei es, daß die Verpachtung in der Gegend nicht üblich ist, sei es, daß geeignete Vergleichsgrundstücke fehlen, so ist der natürliche NRE. zu ermitteln. Hierbei soll das durchschnittliche Einkommen aus selbstbewirtschaftetem Grundbesitz als Anhalt dienen (BewRichtl. I § 5. Grundsätzlich ist von dem natürlichen Ertrag des Grundstücks auszugehen (I § 3), in letzter Linie hat Schätzung einzutreten.

14. Die **Ermittlung des NRE. aus Pachtzinsen.** § 15 Abs. 3 VermStG. ist auf die Ermittlung des NRE. aus Pachtzinsen anwendbar. Mit Recht ist daher in den BewRichtl. (I § 6) der Durchschnitt der Pachteinnahmen in den Jahren 1913, 1914, 1920, 1921, 1922 (s. o. N. 12) für maßgebend erklärt.

Ausgegangen wird von dem tatsächlich für das Grundstück vereinbarten Pachtzins, der jedoch auf den Normalpachtzins zurückgeführt werden muß. Hieraus ergeben sich drei mögliche Abwandlungen vom vereinbarten Pachtzins:

1. Der Pachtzins muß „dem im gewöhnlichen Verkehr für derartige Grundstücke in der Regel gezahlten entsprechen. Pachtzinsen, deren Höhe durch persönliche . . . Verhältnisse oder andere besondere Umstände . . . bestimmt ist, dürfen . . . nicht berücksichtigt werden“ (BewRichtl. I § 6 Abs. 2). Diese Einschränkung, insbesondere die Ausschaltung der außergewöhnlichen oder lediglich persönlichen Verhältnisse, deckt sich im wesentlichen mit der Begriffsbestimmung des gemeinen Werts in § 138 (vgl. daher N. 4).

2. Der Pachtzins muß auf Grund ordnungsmäßigen wirtschaftlichen Zustands des Grundstücks festgesetzt worden sein (BewRichtl. I § 6 Abs. 2). Es kommt also nicht auf den tatsächlichen Zustand des Grundstücks an, d. h. auf den Pachtzins, der für das Grundstück in seinem tatsächlichen Zustand vereinbart ist oder gezahlt werden würde, sondern auf den Pachtzins, der bei ordnungsmäßigem Zustand gezahlt werden würde. Ordnungsmäßiger wirtschaftlicher Zustand ist der Zustand, in dem sich das Grundstück und seine

Anlagen „nach ihrer wirtschaftlichen Bestimmung bei ordnungsmäßiger und gemeinüblicher **Bewirtschaftung**" (§ 152 Abs. 3) **befinden müßten.**

3. Dem Pachtzins sind alle Nebenleistungen des Pächters zuzurechnen, ferner der Wert der Nutzungen, die sich der Verpächter vorbehalten hat. Abzuziehen ist der Wert der Leistungen, die der Verpächter übernommen hat, soweit sie zu den Bewirtschaftungskosten gehören und daher als Werbungskosten abzugsfähig sind (BewRichtl. I § 6 Abs. 1).

Liegen die Voraussetzungen unter 1 oder 2 vor, so können die tatsächlich vereinbarten Pachtzinsen der Bewertung zugrunde gelegt werden, gegebenenfalls mit den Ab- und Zuschlägen nach Ziff. 3. Liegen die Voraussetzungen unter 1 und 2 nicht vor, so sind die in der betreffenden Gegend üblichen Pachtzinsen heranzuziehen und ist danach der Normalpachtzins für das Grundstück zu ermitteln. Zu berücksichtigen sind Betriebe von annähernd gleicher Lage, Beschaffenheit und wirtschaftlicher Stellung. Sie müssen in hinreichender Zahl vorhanden sein (vgl. § 25 AusfBest. zum ErbschStG.). Steckt in einem Vergleichspachtzins die Vergütung für ein über- oder unternormales Inventar oder für über- oder unternormale Wohnräume, so sind entsprechende Ab- oder Zuschläge zu machen. Besondere Umstände, durch die sich das zu bewertende Grundstück von den Vergleichsgrundstücken unterscheidet, ohne die Vergleichbarkeit auszuschließen, sind durch Ab- oder Zuschläge bei dem Ergebnis des Vergleichs zu berücksichtigen. Ist ein Normalpachtzins auch auf diese Weise nicht festzustellen, so kann der NRE. nicht aus den Pachtzinsen ermittelt werden.

15. **Die Ermittlung des NRE. aus Einkommen.** Eine Neuerung der BewRichtl. (I § 5) ist die Ermittlung des NRE. aus dem durchschnittlichen Einkommen aus selbstbewirtschaftetem Grundbesitz. Maßgebend ist der Durchschnitt der nach § 32 EinkStG. festgestellten Einkommen aus ländlichem Grundbesitz. Dem Durchschnittseinkommen sind die Zinsen der Wirtschaftsschulden zuzusetzen (vgl. Strutz, Anm. 63 zu § 13, Anm. 6 zu § 32 EinkStG.). Das angemessene Entgelt für die Arbeit des Steuerpflichtigen und seiner im Betriebe tätigen Familienmitglieder ist abzuziehen.

Dieser Ermittlungsweg steht normalerweise nur den Finanzämtern offen. Ob der Weg praktisch brauchbar ist, erscheint zweifelhaft. Da das FA. infolge der Geheimhaltungspflicht (§ 10 RAO.) dem Pflichtigen die Einzelheiten über die Vergleichseinkommen, insbesondere die Grundstücke oder Eigentümer, nicht mitteilen darf, ist dem Pflichtigen die Nachprüfung unmöglich gemacht. Im Streitfall wird daher, da der Pflichtige ein Recht auf Mitteilung der Unterlagen der Besteuerung hat (§ 240 RAO.), dessen Versagung einen wesentlichen Verfahrensmangel darstellt (Mrozek, Anm. 3 zu § 240), dies Verfahren versagen. Es wird auf andere Wege der Ermittlung zurückgegriffen werden müssen.

Ein im Streitfall nicht anwendbares Wertermittlungsverfahren erscheint nicht zweckmäßig, die Neuerung der BewRichtl. daher nicht sehr glücklich. Es wird sich wohl mehr um eine Kontrolle der anderweiten Ermittlung des NRE. handeln als um eine selbständige Ermittlungsart.

Bei der Heranziehung der Vergleichs-Einkommen wären gegebenenfalls dieselben Grundsätze zu beachten, wie bei der Heranziehung von Vergleichs-Pachtzinsen (N. 14).

16. Die **Ermittlung des NRE. aus dem natürlichen Ertrage.** Festzustellen sind: die tatsächliche Roheinnahme (N. 9), die tatsächlichen Werbungskosten (N. 10) und die tatsächlich erforderlichen Abschreibungen (N. 11). Legt der Pflichtige eine geordnete Berechnung seiner tatsächlichen Einnahmen und Ausgaben bezüglich des Grundstücks vor, so ist diese Berechnung zugrunde zu legen und nur daraufhin zu prüfen, ob die angesetzten Beträge der wirtschaftlichen Bestimmung des Grundstücks, ordnungsmäßiger und gemeinüblicher Bewirtschaftung und gewöhnlichen Verhältnissen entsprechen (OVGSt. **15** 401, **17** 337). Zum Vergleich sind „schuldenfreie Grundstücke dieser Art" (BewRichtl. I § 3) aus der Gegend des Pflichtigen heranzuziehen. Unterschiede des zu bewertenden Grundstücks gegenüber den Vergleichsgrundstücken sind durch Zu- oder Abschläge bei den Durchschnittsreinerträgen der Vergleichsgrundstücke auszugleichen. Verbleibt dann noch ein erheblicher Unterschied zwischen dem tatsächlichen Reinertrag und dem Durchschnittsreinertrag, so ist der tatsächliche Ertrag entsprechend zu erhöhen oder zu ermäßigen, sofern der Unterschied darauf beruht, daß das zu bewertende Grundstück nicht entsprechend seiner wirtschaftlichen Bestimmung, oder nicht ordnungsmäßig oder gemeinüblich, oder nicht unter gewöhnlichen Verhältnissen bewirtschaftet wird. Beruht der Unterschied aber auf der Unvergleichbarkeit des zu bewertenden Grundstücks mit den Vergleichsgrundstücken, so ist die Frage, ob der tatsächlich erzielte Ertrag als normaler anzusehen ist, durch Sachverständige zu entscheiden.

17. Die **Ermittlung des NRE. durch Schätzung.** Wenn alle andern Wege versagen, ist durch sachverständige Schätzung festzustellen, welcher Reinertrag auf die einzelnen landwirtschaftlich genutzten Flächen, getrennt nach Kulturarten, wie sie vorliegen oder bei ordnungsmäßiger und gemeinüblicher Bewirtschaftung vorliegen müßten, bei Zugrundelegung von Durchschnittszahlen für den Kulturaufwand einerseits und die Preise der landwirtschaftlichen Erzeugnisse anderseits zu rechnen ist (vgl. § 26 AusfBest. zum ErbschStG.). Der Reinertrag der üblichen Hofnutzung — Reinertrag aus der gemeinüblichen Viehhaltung und dergl. — ist ebenfalls zu schätzen. Die Summe ergibt den NRE. der Wirtschaftseinheit.

18. Besonderheiten für Forstwirtschaft, Weinbau und Gärtnereien. Grundsätzlich gilt das zuvor Gesagte auch für die Ermittlung des NRE. in

der Forstwirtschaft, im Weinbau und bei Gärtnereien (vgl. N. 12). Gehören derart genutzte Grundstücke zu einem im übrigen landwirtschaftlichen Betriebe, so ist zunächst der Wert der forstwirtschaftlich, weinbaulich oder gärtnerisch genutzten Fläche selbständig zu ermitteln, jedoch als Faktor für den Wert der wirtschaftlichen Einheit (N. 8 ff. zu § 137).

Für die Bewertung kommen Pachtzinsen in der Regel nicht in Frage. Zweckmäßig wird bei Forstgrundstücken § 38 AusfBest. zum BesStG. vom 30. Nov. 1916 angewandt:

Bei Forsten (Holzungen) ist, soweit eine ordnungsmäßige Bewirtschaftung auf Grund eines nach forstwirtschaftlichen Grundsätzen aufgestellten Bewirtschaftungsplans stattgefunden hat und außergewöhnliche, nicht innerhalb der regelmäßigen Nutzung liegende Abtriebe nicht vorgekommen sind, zunächst der Gesamtreinertrag während des vorangegangenen, der Zahl der Jahre der Wirtschaftsperiode entsprechenden Zeitraums zu berechnen. Hierbei sind in Einnahme zu stellen der Erlös für die in dem maßgebenden Zeitraum aus dem regelmäßigen Abtrieb sowie den Zwischen- und Nebennutzungen erzielten Erzeugnisse, in Ausgabe als Bewirtschaftungskosten die Aufwendungen für Aufsicht und Verwaltung, Schlagen, Aufbereitung, Rücken und Flößen der Hölzer, für Aufforstung sowie für Unterhaltung der Baulichkeiten (Forsthäuser, Brücken, Wege usw.). Der Berechnung des Ertragswerts ist der Reinertrag zugrunde zu legen, der durchschnittlich auf ein Jahr des der Berechnung des Gesamtreinertrags zugrunde gelegten Zeitraums entfällt. Von der Berechnung des Ertragswerts nach dem wirklichen Reinertrage sind diejenigen Flächen auszuscheiden, auf denen während des maßgebenden Zeitraums Neubeforstungen behufs Erweiterung des Forstbestandes oder Abtriebe behufs Änderung der Kulturart stattgefunden haben.

Der jährliche Zuwachs gehört nicht zum Ertrage, sondern nur der Überschuß der Einnahmen über die Werbungskosten und die etwaige Abnutzung auf Gebäude und dergl. (OVGSt. **17** 341). Ertraglose Holzungen haben keinen Ertragswert und sind mit Null zu bewerten (OVGSt. **17** 343). Kosten der Wiederaufforstung mindern den Ertrag, nicht aber die Kosten der Neuaufforstung bisher unbewaldeter Flächen (OVGSt. **16** 114).

Bei Gärtnereien und im Weinbau wird in der Regel der tatsächlich erzielte Ertrag zugrunde gelegt werden können und müssen, da die Abweichungen von den Erträgen anderer Betriebe meist auf der Verschiedenheit der Betriebe beruhen werden. Eine Ausnahme wird nur dann zu machen sein, wenn dem Besitzer geradezu ordnungswidriges Verhalten nachgewiesen werden kann oder wenn ungewöhnliche besondere Verhältnisse vorliegen.

19. Gebäude und Betriebsmittel. Gebäude, die der Land- oder Forstwirtschaft oder der Gärtnerei dienen, sind alle Gebäude, die dem Be-

triebe unmittelbar oder mittelbar dienen. Zu den mittelbar dienenden gehören vor allem die Wohnhäuser für Arbeiter, Angestellte und den Wirtschaftsleiter (s. N. 9).

Betriebsmittel. Begriff s. N. 9 zu § 7 VermStG. Zu den Betriebsmitteln gehört insbesondere auch das dem Betriebe dienende lebende Inventar.

Für alle Gebäude und Betriebsmittel enthält § 152 Abs. 4 das Verbot besonderer Bewertung; der Wert ist im Ertragswert enthalten. Voraussetzung ist ein wirtschaftlich normaler Bestand, d. h. normaler Umfang und Zustand der Gebäude und Betriebsmittel. Denn die Zugrundelegung einer „ordnungsmäßigen und gemeinüblichen Bewirtschaftung" verlangt ein Absehen von über- oder unternormalem Bestande. Die Abweichungen vom normalen Bestande sind durch Zu- oder Abschläge vom Ertragswert zu berücksichtigen, soweit sie den Ertrag zu beeinflussen geeignet sind (vgl. § 25 AusfBest. zum WBG.; § 35 AusfBest. zum BesStG.; § 20 AusfBest. zum ErbschStG.). Soweit die Abweichungen den Ertrag nicht beeinflussen, sind sie unbeachtlich; soweit die Gebäude aber derart vom normalen Bestande abweichen, daß sie überhaupt nicht mehr als dem Betriebe dienend angesehen werden können, sind sie besonders zu bewerten (vgl. N. 9).

Da die BewRichtl. seit ihrer Änderung durch den Erlaß vom 6. März 1923 (RStBl. S. 91) keine Sonderbestimmungen über Betriebsmittel mehr enthalten, gelten die vorstehenden Grundsätze auch bei der Ermittlung des Ertragswerts nach den BewRichtl.

20. Der gemeine Wert. Eine Bewertung nach dem gemeinen Wert wird bei ländlichen Grundstücken nur selten in Frage kommen, da der Ertragswert, sowohl der nach § 152 RAO. und § 15 Abs. 3 VermStG., als der nach den BewRichtl. einschließlich des Zuschlags ermittelte, in der Regel niedriger sein wird als der gemeine Wert.

Für die Ermittlung des gemeinen Werts der ländlichen Grundstücke gelten die allgemeinen Grundsätze (s. die Noten zu §§ 137, 138 RAO.). Über die den Gegenstand der Bewertung bildende Bewertungseinheit s. N. 8 bis 11 zu § 137. Schulden und Lasten des Grundstücks i. S. des § 11 Verm.-StG. werden nicht vom gemeinen Wert abgezogen, sondern vom Gesamtvermögen (N. 2 zu § 11 VermStG.). Anders ist es mit Dienstbarkeiten und ähnlichen Lasten, die den gemeinen Wert als solchen vermindern.

Zu beachten ist, daß § 154 Abs. 2 RAO. nicht anwendbar ist. Diese Bestimmung gilt nur bei der Bewertung von „Grundstücken als solchen", nicht bei der Bewertung der zum Grundvermögen gehörigen wirtschaftlichen Einheiten. Zu einer solchen Einheit gehören gerade auch die Bestandteile und das Zubehör, die bei der Bewertung des Grundstücks als solchen nicht mit zu berücksichtigen sind, z. B. für die Grunderwerbsteuer. Übereinstimmend

Becker, N. 2; Mrozek, Anm. 4 zu § 154; anscheinend auch RFH. 5 44, 7 43. Unrichtig daher BewRichtl. I § 10.

Bei der Ermittlung des gemeinen Werts aus Vergleichsgrundstücken ist besonders auf die Vergleichbarkeit zu achten. Die Grundsätze über die Ermittlung des Normalreinertrags aus Vergleichsgrundstücken sind sinngemäß anwendbar (N. 16 und 14).

Mangels geeigneter Vergleichsgrundstücke ist der Wert mit Hilfe von Sachverständigen frei zu schätzen. Bei divergierenden Gutachten, die jedes in sich schlüssig sind und von rechtlich zutreffenden Gesichtspunkten ausgehen, kann der Durchschnitt der Schätzungen zu einem zutreffenden Ergebnis führen (RFH. 8 348).

21. Bebaute Grundstücke. Wohnhäuser. (Abs. 5.) Bebaute Grundstücke, die Wohnzwecken zu dienen bestimmt sind, sind alle Grundstücke mit Wohngebäuden, wenn die Nutzung oder Benutzung des Grundstücks im wesentlichen in der Nutzung oder Benutzung der Wohngebäude besteht. Wohnen ist jeder dauernde Aufenthalt von Menschen in einem Gebäude, im Gegensatz zum Aufenthalt zum Zwecke des Arbeitens oder zu sonstigen vorübergehenden Zwecken. Sommerhäuser sind Wohngebäude, nicht aber die „Lauben" in den sog. Laubenkolonien, außer wenn sie ausnahmsweise zum dauernden Wohnen ausgebaut und eingerichtet sind. Gleichgültig ist, ob der Eigentümer selbst das Haus bewohnt oder es ganz oder teilweise oder in Teilen Dritten zum Bewohnen überläßt, sei es gegen, sei es ohne Entgelt. Das Haus bleibt ein Wohnhaus, auch wenn die Überlassung der Räume im Rahmen eines Gewerbebetriebs erfolgt, sofern die Gewährung der Wohngelegenheit der Hauptinhalt des Gewerbebetriebs, die Gewährung von Verköstigung nur Nebenleistung ist, wie bei Pensionen. Pensionshäuser, die nicht dem Pensionsinhaber gehören, sind daher Wohnhäuser. Ist dagegen die Verköstigung neben der Gewährung von Wohnung Hauptinhalt des Gewerbebetriebs, wie bei Gastwirtschaften und Hotels, so ist zu unterscheiden. Gehört das Haus dem Gewerbetreibenden, so bildet es einen Bestandteil des Betriebsvermögens (§ 6 Ziff. 2 VermStG.), nicht des Grundvermögens (§ 6 Ziff. 1). Hat der Hotelinhaber das ganze Haus oder den überwiegenden Teil gemietet oder gepachtet, so liegt ein zu gewerblichen Zwecken bestimmtes Haus i. S. des § 152 Abs. 5 vor. Ist nur ein Teil des Hauses zum Hotelbetrieb vermietet, ohne daß dieser Teil den Charakter bestimmt, und dient der überwiegende Teil Wohnzwecken, so bleibt das Haus ein Wohnhaus.

Grundstücke, bei denen sich der Zweck nicht im wesentlichen in der Nutzung des Gebäudes durch Wohnen erschöpft, fallen nicht unter den Begriff der Wohnhäuser; sie können aber gewerblich genutzte Häuser i. S. des § 152 Abs. 5 sein (N. 22). Wegen der Wohnhäuser auf ländlichem Grundbesitz

f. N. 9. Wohnhäuser auf Betriebsgrundstücken gehören zu den Gegenständen des Betriebsvermögens (N. 4 zu § 139).

Die Bestimmung zur Bewohnung genügt. Tatsächliche Bewohnung ist nicht erforderlich, doch darf das Gebäude nicht im wesentlichen zu andern Zwecken, insbesondere nicht zu gewerblichen, benutzt oder bestimmt sein. Vorübergehende Bestimmung zu Wohnzwecken genügt, auch wenn das Gebäude sonst andern Zwecken dient, sofern diese Bestimmung am Stichtage tatsächlich ausgeführt ist, z. B. wenn ein gewerbliches Gebäude am Stichtage tatsächlich bewohnt wird.

Das Grundstück kann schon als bebaut angesehen werden, wenn mit der Errichtung eines Gebäudes, das den Anforderungen des § 152 Abs. 5 genügt, begonnen ist, sofern nicht die Absicht der Bebauung aufgegeben oder der Bau nicht nur vorübergehend liegengeblieben ist.

22. Gewerbliche Häuser. Gewerblich genutzte Häuser, die vom Eigentümer selbst gewerblich genutzt werden, gehören zum Betriebsvermögen. In § 152 Abs. 5 handelt es sich nur um solche gewerblichen Häuser, in denen nicht der Eigentümer selbst das Gewerbe betreibt, dem das Gebäude dient. Die Überlassung des Gebäudes oder Gebäudeteils seitens des Eigentümers an den Gewerbetreibenden wird in der Regel durch Miet- oder Pachtvertrag, kann aber auch durch andere entgeltliche oder unentgeltliche Verträge erfolgen. Tatsächlich erfolgte Vermietung ist nicht erforderlich, es genügt, daß das Gebäude zur Überlassung zu gewerblichen Zwecken bestimmt und nicht tatsächlich zu andern Zwecken oder vom Eigentümer selbst zu gewerblichen Zwecken genutzt ist. Das Grundstück muß daher so eingerichtet sein, daß es durch Vermietung oder Verpachtung des Grundstücks als solchen, nicht durch die des Betriebs, genutzt werden kann (RFH. **11** 5 f.).

Ist das Gebäude oder die Gesamtheit der auf einem einheitlichen Grundstück (N. 9 f. zu § 137) befindlichen Gebäude teils zu gewerblichen Zwecken des Eigentümers, teils zu Wohnzwecken bestimmt, so kommt es darauf an, welcher Zweck dem Grundstück seinen Charakter verleiht. Ein Wohngebäude auf einem Fabrikgrundstück, die Werkstatt eines Handwerkers auf einem Wohngrundstück ändern nicht den Charakter als Fabrik- bezw. Wohngrundstück. Sind beide Zwecke völlig gleichgeordnet — großstädtisches Grundstück mit Mietshaus als Vorderhaus und Fabrikgebäude als Hinterhaus —, so ist der Wert aus den in Betracht kommenden Faktoren verhältnismäßig zu ermitteln.

Gebäude zu gewerblichen Zwecken sind alle Baulichkeiten, die dem Betriebe eines Gewerbes dienen. Der Begriff der Baulichkeit erfordert eine gewisse Festigkeit und Dauer. Leichte Schuppen, Holzdächer auf Stangen, Bauhütten und dergl. sind keine Gebäude. Fundamentierte, für die Dauer berechnete Lagerschuppen werden Gebäude sein. Maßgebend ist die Verkehrsauffassung (vgl. auch N. 21 letzter Absatz).

23. Wahl zwischen den Bewertungsmöglichkeiten. Für ortsüblich bebaute und benutzte Grundstücke bestehen, da die BewRichtl. für bebaute Grundstücke keinen Unterschied zwischen Ertragswert und gemeinem Wert machen (s. N. 3), folgende drei Bewertungsmöglichkeiten: mit dem Wert der BewRichtl., mit dem nach dem Gesetz ermittelten Ertragswert, mit dem nach dem Gesetz ermittelten gemeinen Wert. Für nicht ortsüblich bebaute oder benutzte Häuser bestehen zwei Bewertungsmöglichkeiten: mit dem Wert der BewRichtl. oder mit dem nach dem Gesetz ermittelten gemeinen Wert.

Bei den ortsüblich bebauten und benutzten Grundstücken muß, wenn eine andere Bewertung als nach den BewRichtl. beansprucht wird, in erster Reihe der Antrag aus § 24 a Abs. 4 ZwAG. gestellt werden, und zwar spätestens mit dem Einspruch. Erst auf Grund dieses Antrags — also umgekehrt wie bei den ländlichen Grundstücken (N. 6) — kann, wenn Bewertung zum gemeinen Wert statt nach dem gesetzlich ermittelten Ertragswert verlangt wird, die Erklärung aus § 152 Abs. 6 RAO. abgegeben werden. Diese Erklärung ist hier also nur mit dem Antrage aus § 24 a Abs. 4 ZwAG. wirksam. Sie kann auch noch nach Einlegung des Einspruchs bis zum Ende der Einspruchsfrist erklärt werden.

Bei den nicht ortsüblich bebauten und benutzten Grundstücken, bei denen nach dem Gesetz die Bewertung nur zum gemeinen Wert erfolgt, hat der Antrag aus § 24 a Abs. 4 ZwAG. zur Folge, daß sie statt nach den BewRichtl. mit dem nach dem Gesetz ermittelten gemeinen Wert bewertet werden. Ein Antrag aus § 152 Abs. 6 RAO. kommt nicht in Frage.

Im übrigen s. wegen der Erklärung aus § 152 Abs. 6 RAO. N. 6 zu § 152 RAO., wegen des Antrags aus § 24 a Abs. 4 ZwAG. N. 7 bis 10 zu §§ 15 VermStG., 24 a ZwAG.

24. Die **Bewertung der Wohnhäuser nach den BewRichtl.** Die BewRichtl. unterscheiden Villen und Mietsgrundstücke. Als Villen gelten ausschließlich oder wesentlich vom Eigentümer oder seinen Angehörigen, als Mietsgrundstücke ausschließlich oder wesentlich von Mietern bewohnte Grundstücke. Häuser, die ausschließlich von einem Mieter bewohnt sind, sind Mietshäuser i. S. der BewRichtl., auch wenn sie im Villenstil gebaut sind. Gebäude, die an sich Villen sind, werden wie Mietshäuser bewertet, wenn sie:

entweder Kleinwohnungshäuser i. S. des § 59 EinkStG. sind

oder spätestens am 31. Dez. 1922 ganz oder teilweise mit Zwangseinquartierung belegt sind.

a) Mietsgrundstücke werden mit dem dreifachen Wehrbeitragswert bewertet. Erweiterungsbauten an Mietshäusern und

Neubauten von Mietshäusern werden bewertet (II A II 3 und 5):

bei Ausführung 1914 bis 1916 mit dem doppelten Einstandspreis,
bei Ausführung 1917 bis 1919 mit dem einfachen Einstandspreis,
bei Ausführung 1920 mit dem Einstandspreis abzüglich 30 v. H.,
bei Ausführung 1921 mit dem Einstandspreis abzüglich 45 v. H.,
bei Ausführung 1922 mit dem Einstandspreis abzüglich 70 v. H.

Handelt es sich um Neubauten, so tritt der Bodenwert hinzu, und zwar nach II A IV der doppelte Wehrbeitragswert des unbebauten Grundstücks.

Bei Mietshäusern, die am 31. Dez. 1913 im Bau waren, ist nach den BewRichtl. (II A II 6) das Dreifache des Anschaffungs- oder Herstellungspreises des Gebäudes einschließlich des Bodenswerts anzusetzen. Die Bestimmung ist höchst unklar. Bei wörtlicher Auslegung müßte jemand, der einen seit 1913 liegen gebliebenen Rohbau im Oktober 1922 gekauft hat, diesen mit dem Dreifachen seines Kaufpreises ansetzen, was sicherlich nicht beabsichtigt ist. Gemeint ist wohl das Dreifache der Aufwendungen für Gebäude und Boden bis zum Wehrbeitragsstichtag; hierzu treten dann die späteren Aufwendungen mit den obigen Zu- und Abschlägen.

Erstrecken sich Erweiterungs- oder Neubauten über mehrere Jahre mit verschiedenem Wertansatz, so ist der Ansatz für die auf jedes Jahr entfallenden Anlagen gesondert zu ermitteln.

Der Zuschlag von 300 v. H. kommt bei Mietsgrundstücken nicht zur Anwendung (§ 24a Abs. 3 Ziff. 1 ZwAG.).

b) Bei Villen sind die mit einem Wehrbeitragswert bis 50 000 M. (einfache Villen) und die mit einem Wehrbeitragswert über 50 000 M. (Luxusvillen einschließlich aller nach 1913 errichteten Villen) zu unterscheiden.

1. Bei Luxusvillen wird der fünffache Wehrbeitragswert zugrunde gelegt; hierzu kommt der Zuschlag von 300 v. H., sie werden also mit dem 20fachen Wehrbeitragswert angesetzt. Erweiterungsbauten und Neubauten werden einschließlich des Zuschlags von 300 v. H. angesetzt (II A II 4):

bei Ausführung 1914 bis 1916 mit dem 8 fachen Einstandspreis,
bei Ausführung 1917 bis 1919 mit dem 4 fachen Einstandspreis,
bei Ausführung 1920 mit dem 2,4 fachen Einstandspreis,
bei Ausführung 1921 mit dem 1,6 fachen Einstandspreis,
bei Ausführung 1922 vor dem 1. Aug. mit dem 1,2 fachen Einstandspreis,
bei Ausführung 1922 nach dem 31. Juli mit dem 0,8 fachen Einstandspreis.

Bei Neubau tritt noch der doppelte Bodenwert am 31. Dez. 1913 hinzu, aber ohne den Zuschlag von 300 v. H.

Bei Villen, die am 31. Dez. 1913 im Bau waren, ist das 5fache des Anschaffungs- oder Herstellungspreises bis zum 31. Dez. 1913 zugrunde zu legen. Zu dem 5fachen Preise tritt der Zuschlag von 300 v. H.; demnach

sind die Villen mit dem 20fachen Betrag der Kosten bis zum 31. Dez. 1913 anzusetzen. Hierzu tritt der Wert der nach dem 31. Dez. 1913 errichteten Bauteile nach den Sätzen für Neu- und Erweiterungsbauten.

2. Einfache Villen sind mit dem 5fachen Wehrbeitragswert anzusetzen. Für Erweiterungs- und Neubauten gelten die Vorschriften wie bei Mietsgrundstücken, auch für Villen, die am 31. Dez. 1913 im Bau waren, nur wird das 5fache der Kosten bis zum 31. Dez. 1913 angesetzt. Der Zuschlag von 300 v. H. wird nicht gemacht (§ 24 a Abs. 3 Ziff. 1 ZwAG.).

25. Bewertung der gewerblichen Häuser nach den BewRichtl. Begriff s. N. 22. Bei gewerblichen Häusern wird der 3fache Wehrbeitragswert zugrunde gelegt; hierzu tritt der Zuschlag vonn 300 v. H., sie sind also mit dem 12fachen Wehrbeitragswert anzusetzen. Neu- und Erweiterungsbauten werden mit denselben Sätzen bewertet wie bei Luxusvillen (N. 24 b 2). Grundstücke, die am 31. Dez. 1913 im Bau waren, werden mit dem 12fachen der Kosten bis zum 31. Dez. 1913 angesetzt (BewRichtl. II B III 2). Hierzu tritt der Wert der nach dem 31. Dez. 1913 errichteten Bauteile nach den Sätzen für Neu- und Erweiterungsbauten.

26. Ertragswert nach dem Gesetz. Ortsübliche Bebauung und Benutzung. Die Bewertung mit dem Ertragswert setzt nach § 152 Abs. 2 RAO. ortsübliche Bebauung und Benutzung voraus. Beide Begriffe, Bebauung und Benutzung, beziehen sich sowohl auf Wohnhäuser als auf gewerbliche Häuser. Ortsübliche Benutzung liegt vor, wenn die Benutzung zu Wohnzwecken bezw. zu gewerblichen Zwecken ortsüblich ist. Ortsübliche Bebauung liegt vor, wenn innerhalb der ortsüblichen Benutzungsart der Umfang und die Art der Baulichkeiten ortsüblich ist. Der Ort, auf den sich die Ortsüblichkeit bezieht, ist diejenige bebaute Gegend, die einen einigermaßen einheitlichen Charakter aufweist. Sie braucht nicht mit einer politischen Gemeinde zusammenzufallen (OVG. vom 20. Dez. 1915 bei Strutz, KStG. S. 231), kann größer oder kleiner sein, auch mehrere Gemeinden oder Gemeindeteile umfassen.

Hinsichtlich der Benutzung wird man in erster Reihe Wohn-, Geschäfts- Fabrikgegenden unterscheiden; manche Gegenden tragen gemischten Charakter. Aber auch in reinen Wohngegenden ist das Vorhandensein gewisser gewerblich benutzter Häuser als ortsüblich anzusehen, nämlich solcher, die für den Bedarf gerade dieser Wohngegend sorgen, sogar oder gerade wenn nur ein derartiges Haus vorhanden ist, z. B. eine Molkerei, eine Wäscherei, einige Häuser für die notwendigsten Läden — Bäcker, Schlächter, Apotheker — in einer reinen Villenkolonie. Voraussetzung ist, daß gerade der Bedarf der Kolonie und etwa ihrer nächsten Umgebung gedeckt werden soll; eine Molkerei in einer Villenkolonie, die vor allem für den Bedarf einer in der Nähe gelegenen Großstadt arbeitet, ist nicht ortsüblich. Ebenso sind in Fabrikgegenden

Wohnhäuser für Angestellte und Arbeiter, Geschäftshäuser für den Bedarf der Bewohner dieser Wohnhäuser ortsüblich (RFH. 8 293 bis 295).

Ob innerhalb der Wohn-, Geschäfts-, Fabrikgegend das einzelne Gebäude der Ortsüblichkeit entspricht, ist nach der Verkehrsauffassung zu entscheiden. Die baupolizeilich zulässige Ausnutzung als solche ist nicht maßgebend, sondern nur die tatsächlich übliche (OVG. vom 26. Febr. 1916 bei Strutz, KrStG. S. 231). Eine Luxusvilla mit Park in einer reinen Mietshausgegend ist nicht ortsüblich, ebensowenig die Errichtung einiger kleiner Häuser für Handwerksbetriebe in einer Gegend mit großen Fabriken. Doch wird der Maßstab nicht zu engherzig sein dürfen. Schon das Vorhandensein weniger gleichartiger Gebäude genügt, um die Ortsüblichkeit zu begründen. Wenn der Mangel der Ortsüblichkeit nicht ganz offensichtlich ist, ist es Sache der Steuerbehörde, diesen Mangel zu beweisen.

Dadurch, daß der Charakter einer Gegend sich ändert, kann ein einmal ortsüblich gewesenes Gebäude grundsätzlich diese Eigenschaft nicht verlieren. Wird eine Villengegend allmählich mit Mietshäusern bebaut, so bleibt auch das letzte Villengrundstück noch ortsüblich bebaut (abw. anscheinend Strutz, KrStG. S. 230). Anders ist es allenfalls dann zu beurteilen, wenn die Beibehaltung des Gebäudes für den bisherigen Zweck nach Lage der Umstände weniger um dieses bisherigen Zweckes willen erfolgt als aus spekulativen Zwecken. Hierher gehört „die — in der Hoffnung auf weitere Steigerung der Grundstückspreise vorgezogene — Beibehaltung weitläufiger gewerblicher Baulichkeiten auf sehr hochwertigem Bauland, obwohl die Verlegung auf billigeres Gelände bei Berücksichtigung der Ersparnis an Zinsen für den in dem Gelände steckenden Wert den Reinertrag des gewerblichen Unternehmens wesentlich erhöhen würde" (Strutz a. a. O.). Dagegen wird eine solche spekulative Absicht in dem Wohnenbleiben in einer Villa trotz Umwandlung der Gegend in eine Mietshausgegend nicht oder doch nicht als vorwiegend anzusehen sein, soweit nicht besondere Umstände vorliegen; in der Regel wird die Abneigung gegen die Aufgabe eines eigenbewohnten Hauses das entscheidende sein.

Ein etwaiger auffälliger Unterschied zwischen Ertragswert und gemeinem Wert ist unerheblich. Es war „die Absicht des Gesetzes, den Hausbesitzerstand dagegen zu schützen, daß auch, soweit eine Veräußerung nicht beabsichtigt ist, ein Wert versteuert würde, der für den Besitzer erst bei einer Veräußerung in Betracht kommt" (RFH. 8 295).

27. Ermittlung des Ertragswerts nach der RAO. Ausgegangen wird von dem Brutto-Miets- oder Pachtertrag der Jahre 1920, 1921, 1922, sofern das ganze bebaute Grundstück vermietet oder verpachtet war. Soweit das Grundstück vom Eigentümer selbst genutzt oder aus anderen willkürlichen Gründen nicht vermietet war, ist der ortsübliche Mietszins anzusetzen. Das gleiche gilt, wenn der tatsächlich gezahlte Mietszins aus ungewöhnlichen

oder lediglich in der Person der Parteien liegenden Gründen nicht der Ortsüblichkeit entsprach (Analogie aus § 138 Abs. 1 RAO.). Ausfälle infolge Unmöglichkeit der Vermietung oder Zahlungsunfähigkeit des Mieters mindern den Ertrag (vgl. Höpker in dem Sammelwerk: die steuerliche Bewertung S. 181; abw. allerdings die BewRichtl. I § 7 Abs. 2). Wenn während der drei Jahre Art oder Umfang der Baulichkeiten geändert ist, kommt nur der Zustand am Stichtage in Betracht; für die Zeit vor der Veränderung ist der Mietszins zu ermitteln, der für den geänderten Zustand in der Zeit vorher ortsüblich war (Grundsätze für die Wertermittlung zum RNO. A I 10, Anhang 7).

Von dem Bruttoertrage ist ein Fünftel für Unkosten abzuziehen. Ein Mehr ist nur abzugsfähig, wenn die Ausgaben und ihre Notwendigkeit von dem Pflichtigen nachgewiesen werden.

Als Unkosten gelten die Kosten für die Nebenleistungen des Vermieters oder Verpächters und für Instandhaltungskosten. Nebenleistungen sind die dem Vermieter gesetzlich, vertraglich oder ortsüblich neben der Gewährung der Räume obliegenden Leistungen, z. B. für Beleuchtung, Wasser, Kanalisation, Müllabfuhr, Zentralheizung usw. Instandhaltungskosten sind die laufenden Unkosten zur Erhaltung des Gebäudes in seinem bestimmungsgemäßen Zustande, im Gegensatz zu den Instandsetzungskosten zur Beseitigung größerer, nicht gewöhnlicher Schäden oder einer mangels laufender Instandhaltung eingetretenen Notwendigkeit der Wiederherstellung ganzer Teile des Gebäudes.

Absetzungen vom Bruttoertrage für Abnutzung dürfen nach der ausdrücklichen Beschränkung der Abzüge in § 152 Abs. 5 nicht gemacht werden (BewRichtl. I § 7 Abs. 2; RFH. 8 125).

Betriebsmittel, deren Benutzung ortsüblich im Mietszins enthalten ist, werden nicht besonders bewertet. Andere Betriebsmittel sind besonders anzusetzen, und zwar mit ihrem gemeinen Wert (BewRichtl. I § 7 Abs. 3 Satz 2). Danach ist z. B. das Gartengerät bei Vermietung einer Villa mit Garten nicht besonders zu bewerten, wohl aber regelmäßig das Fuhrwerk bei Vermietung einer Fabrik; ist das Entgelt für das Fuhrwerk in der einheitlichen Miete enthalten, so ist diese entsprechend zu kürzen.

28. Einfluß der Mieterschutzgesetzgebung. Für die Zeit bis zum 30. Juni 1922 galten in den einzelnen Ländern auf Grund des Reichsgesetzes über Maßnahmen gegen den Wohnungsmangel vom 11. Mai 1920 (RGBl. S. 949) und der Bekanntmachung zum Schutze der Mieter vom 28. Sept. 1918 / 22. Juni 1919 (RGBl. 1918 S. 1140; 1919 S. 587), zuletzt in der Fassung des Gesetzes vom 11. Mai 1920, verschiedene Bestimmungen zur Regelung der Mieten von Gebäuden und Gebäudeteilen, ferner reichsrechtlich die VO. vom 22. Juni 1919 / 29. Okt. 1920 über Sammelheizung und Warmwasser-

versorgungsanlagen in Mietsräumen (RGBl. 1919 S. 595, 1920 S. 1846). In Preußen galt die Höchstmietenverordnung (HMV.) vom 9. Dez. 1919 (GS. S. 187).

Der Bruttoertrag bestand in der Summe der nach diesen Bestimmungen von dem Mieter zu zahlenden Beträge, gleichgültig wie sie berechnet wurden, ob durch Zuschläge zu der vereinbarten Miete oder durch Ermittlung einer Grundmiete und Zuschläge hierzu. Ausgenommen sind nur die Zuschläge oder Beträge, die nicht zur Deckung der Nebenleistungen und der Instandhaltungs-, sondern der Instandsetzungskosten oder der erhöhten Hypothekenzinsen und der sonstigen durch die Grundstücksbelastung verursachten Kosten bestimmt waren. In Preußen gehören daher alle Zuschläge zum Bruttoertrage, außer den gemäß § 10 HMV. unter b zugelassenen Zuschlägen für außerordentliche bauliche Instandsetzungen, deren Kosten anderseits nicht vom Bruttoertrage abgezogen werden können. Dagegen gehören alle sonstigen Aufwendungen für Nebenleistungen und Instandhaltung zu den abzugsfähigen Unkosten. Meist werden sie nicht nur 20 v. H. des Bruttoertrages, sondern in den Jahren 1921 und 1922 häufig bis zu 80 v. H. und mehr betragen haben.

Das Reichsmietengesetz vom 24. März 1922 (RGBl. S. 273) ist am 1. Juli 1922 in Kraft getreten und nach § 1 Abs. 1 praktisch seit dem 1. Okt. 1922 anwendbar, also nur für das letzte Quartal 1922. Der Bruttoertrag i. S. des § 152 RAO. besteht danach aus der Grundmiete (§ 2) und den Zuschlägen für Betriebskosten und laufende Instandsetzungsarbeiten (§ 3 Ziff. 2 und 3). Die Kosten für laufende Instandsetzungsarbeiten gehören zu den Instandhaltungskosten i. S. des § 152 Abs. 5 RAO., wie sich schon aus der laufenden Natur beider Aufwendungen ergibt; ferner gehören hierher die besonderen Zuschläge für gewerbliche Betriebe (§ 10). Die umgelegten Kosten für Sammelheizung, Warmwasserversorgung und andere Nebenleistungen (§ 12) gehören zu den Betriebskosten. Zweifelhaft ist die Frage, ob die sog. großen Instandsetzungsarbeiten (§§ 5, 7) zur Instandhaltung oder zur Instandsetzung gehören. Man wird sie wohl ihrer grundsätzlichen Natur wegen trotz der Bedenken bei einigen der in § 5 aufgeführten Fälle zur Instandsetzung rechnen und die Zuschläge hierfür dem Bruttoertrage nicht zurechnen, zumal er nicht zur freien Verfügung des Vermieters steht (§ 7). Nicht zum Bruttoertrage gehören die Zuschläge für Zinssteigerung (§ 3 Ziff. 1), da die Hypothekenzinsen und Hypothekenverlängerungskosten nicht zu den Nebenleistungen oder Instandhaltungskosten gehören.

Als Unkosten vom Bruttoertrage abziehbar sind entsprechend die Betriebskosten, die Kosten für laufende Instandsetzungsarbeiten, die Kosten für Sammelheizung, Warmwasserversorgung und andere Nebenleistungen, gleichgültig, ob sie durch die Zuschläge ganz oder teilweise abgegolten oder ob sie besonders umgelegt sind.

29. Der gemeine Wert der bebauten Grundstücke. Mit dem gemeinen Wert sind die nicht ortsüblich bebauten und benutzten Grundstücke sowie im Falle einer Erklärung gemäß § 152 Abs. 6 RAO. die ortsüblich bebauten und genutzten Grundstücke anzusetzen, beides falls der Antrag aus § 24 a Abs. 4 ZwAG. durchgedrungen ist (s. N. 3, 23).

Der gemeine Wert wird bei bebauten Grundstücken in der Regel ebensowenig in Frage kommen wie bei ländlichen Grundstücken (N. 20). Im übrigen gilt das in N. 20 Gesagte entsprechend.

30. Bauland. Begriff. Wegen der Arten des Baulands s. N. 12 zu § 137. Weder § 152 Abs. 3 noch die BewRichtl. (I § 2 und II A IV) enthalten eine erschöpfende Definition. Als Bauland sind anzusehen:

1. land- oder forstwirtschaftlich oder gärtnerisch genutzte Grundstücke, deren Wert durch ihre Lage als Bau- oder Verkehrsland bestimmt wird oder bei denen nach sonstigen Umständen anzunehmen ist, daß sie in absehbarer Zeit anderen als land- oder forstwirtschaftlichen oder gärtnerischen Zwecken dienen werden, sofern sie nicht zu einer land- oder forstwirtschaftlichen oder gärtnerischen Einheit gehören (N. 5),
2. bebaute Grundstücke, die nicht ortsüblich bebaut oder benutzt sind (N. 26), bei denen anzunehmen ist, daß sie in absehbarer Zeit der ortsüblichen Bebauung und Benutzung zugeführt werden, wenn ihr Wert bereits durch ihre Lage als Bauland bestimmt wird,
3. unbebaute, nicht ländlich genutzte Grundstücke, deren Wert durch ihre Lage als Bau- oder Verkehrsland bestimmt wird.

Liegen diese Voraussetzungen vor, so ist jede Art der vorläufigen oder Zwischennutzung unerheblich (vgl. N. 5). Ausschluß der Bebaubarkeit, z. B. durch Bestimmung zu einem Waldgürtel, schließt die Bewertung als Bauland aus. Auch bei tatsächlicher Unmöglichkeit der Bebauung kann ein Baulandwert nicht angenommen werden, außer wenn in absehbarer Zeit auf Behebung der Unmöglichkeit gerechnet werden kann. Gegenwärtig liegt im allgemeinen eine auf absehbare Zeit nicht zu beseitigende tatsächliche Unmöglichkeit der Bebauung vor. Daher konnte in der letzten Zeit ein Baulandwert nicht mehr entstehen, außer wenn das Land trotzdem im Verkehr zu Baulandpreisen umgesetzt wurde (N. 5 a. E.).

31. Bewertung. Nach den BewRichtl. ist Bauland mit dem doppelten Wehrbeitragswert vor Abzug der Schulden und Lasten zu bewerten (II A IV 2). Der Zuschlag von 300 v. H. tritt nicht hinzu (§ 24 a Abs. 3 Ziff. 2 ZwAG.). Zu beachten ist, daß diese Vorschriften nicht für Bauland gelten, das zu einem Betriebsvermögen gehört.

Nach dem Gesetz erfolgt die Bewertung zum gemeinen Wert (vgl. N. 20). Wegen des Antrags aus § 24 a Abs. 4 gilt das gleiche wie für nicht ortsüblich bebaute und benutzte Grundstücke (N. 23).

Die sonstigen Grundstücke, die weder zu den ländlichen noch zu den bebauten noch zum Bauland gehören, werden für die Bewertung wie Bauland behandelt (N. 2).

32. Ausländisches Grundvermögen. Begriff und Bewertung. Begriff s. N. 3 zu § 2 VermStG. (S. 104).

Die Bewertung erfolgt an sich in gleicher Weise wie bei inländischem Grundvermögen, aber in der betreffenden ausländischen Währung. Soweit die Bewertung auf Grund der BewRichtl. erfolgt und demgemäß der Wehrbeitragswert maßgebend ist, wird dieser mit dem Friedenskurs der Währung am 31. Dez. 1913 umgerechnet. Zu dem so umgerechneten Betrage treten dann die Zuschläge gemäß den BewRichtl. und gegebenenfalls — bei gewerblich genutzten Häusern und Luxusvillen (N. 25 und 24 b 1) — gemäß § 24 a Abs. 2 ZwAG. Entsprechend werden bei Neu- und Erweiterungsbauten die maßgebenden Anschaffungs- und Herstellungspreise mit den Kursen zur Zeit der Aufwendung umgerechnet. Erfolgt die Bewertung nach dem gesetzlich ermittelten Ertragswert, so wird der in der ausländischen Währung ermittelte Ertrag eines jeden maßgebenden Jahres nach dem Durchschnittskurse der Währung in dem betreffenden Jahre umgerechnet. Erfolgt die Bewertung nach dem gemeinen Wert, so ist der Kurs der Währung am Stichtag maßgebend.

Gemäß der VO. vom 16. Febr. 1923 über die Besteuerung ausländischen Vermögens kann aber auf Antrag statt der vorstehend angegebenen Umrechnungskurse ein Durchschnittskurs aus den bekannten vier Stichtagen der Umrechnung der hochwertigen ausländischen Währung zugrunde gelegt werden. In diesem Falle wird dann auch die Abgabe nur nach dem gemäß § 3 der VO. ermäßigten Steuersatz erhoben. Vgl. im übrigen wegen der VO. N. 38 bis 41 zu § 139 RAO.

Die Anwendung der VO. kann nur jeweils einheitlich auf eine Bewertungseinheit des Grundvermögens (N. 8 bis 13 zu § 137) erfolgen, nicht auf einzelne Teile der Einheit, z. B. nur auf die Erweiterungsbauten des Jahres 1922. Besitzt ein Pflichtiger mehrere ausländische Grundstücke, die nicht zu einer Bewertungseinheit im Grundvermögen gehören, so kann für die eine Einheit der Antrag gestellt werden, für die andere nicht; er braucht nicht einheitlich für das ganze ausländische Grundvermögen gestellt zu werden.

Der Antrag auf Grund der VO. ist unabhängig von der Erklärung nach § 152 Abs. 6 RAO. und von dem Antrage aus § 24 a Abs. 4 ZwAG. und kann neben dieser Erklärung bezw. diesem Antrage und ohne sie gestellt werden, ist auch im Gegensatz zu ihnen unbefristet. S. im übrigen hierzu N. 40 zu § 139 RAO.

33. Im Jahre 1922 gekaufte Grundstücke. Anwendungsgebiet. § 24 a Abs. 1 Satz 2 schreibt für Grundstücke, die im Jahre 1922 käuflich erworben worden sind, als anzusetzenden Mindestwert den Anschaffungspreis vor.

a) Die Vorschrift bezieht sich nur auf Grundstücke, die zum Grundvermögen gehören, nicht auf Grundstücke des Betriebsvermögens. Aus der Entstehungsgeschichte ist nichts Sicheres zu entnehmen. Die Bestimmung beruht auf dem in der zweiten Lesung des GeldentwG. im Plenum eingebrachten Antrage 5605; bei der Beratung (Sten. Ber. S. 10046 bis 10050) ist von landwirtschaftlichem Grundbesitz, von gewerblich genutzten Grundstücken und von der „Anlegung" von Papiergewinnen gesprochen worden; unter gewerblich genutzten Grundstücken sind wohl nur die im Sinne der BewRichtl. unter II A III, die zum Grundvermögen gehören, gemeint gewesen, da für Betriebsgrundstücke diese Bezeichnung nicht vorkommt. Entscheidend aber ist der Vergleich mit den nach § 24 a Abs. 1 Satz 1 mit Gesetzeskraft ausgestatteten Bestimmungen unter II B I Ziff. 1 und 4 und II B II 2 der BewRichtl. Nach II B I Ziff. 1 können Grundstücke zum Anlagekapital gehören, in Ziff. 4 ist die Bewertung für den Fall geregelt, daß die Anlagegegenstände einschließlich der Grundstücke im Jahre 1922, sei es vor, sei es nach dem 31. Juli 1922, angeschafft sind. Würde man § 24 a Abs. 1 Satz 2 auch auf die Grundstücke des Anlagekapitals anwenden, so wäre ein unlösbarer Widerspruch gegenüber Satz 1 vorhanden. Gehört ein Grundstück zum Betriebskapital (N. 31 zu § 139 RAO.) so regelt sich seine Bewertung, falls es im Jahre 1922 erworben ist, nach II B II 2 der BewRichtl.; auch hier wäre der gleiche unlösbare Widerspruch vorhanden.

b) Die Vorschrift bezieht sich auf alle Grundstücke des Grundvermögens, gleichgültig, ob sie ländlichen, Wohn-, gewerblichen oder gar keinen Zwecken dienen, ob sie bebaut oder unbebaut sind. Sie gilt insbesondere auch für ausländische Grundstücke des Grundvermögens, geht also den Bestimmungen der VO. vom 16. Febr. 1923 (N. 32) vor; dies ergibt sich aus dem Zweck der Gesetzesvorschrift.

c) Die Vorschrift bezieht sich nur auf käuflich erworbene Grundstücke. „Käuflich" ist nicht ohne weiteres mit „entgeltlich" gleichzusetzen. Insbesondere fallen eingetauschte Grundstücke jedenfalls dann nicht darunter, wenn ein vor 1922 erworbenes Grundstück im Austausch gegeben ist. Zur Auslegung des Begriffs ist von dem Zweck der Vorschrift auszugehen, zu verhindern, „daß Leute mit ihren hohen Papiergewinnen . . . Grundstücke kauften, . . . um dann am Stichtage in eine günstige Bewertung hineinzukommen" (Popitz in den StenBer. S. 10049). Hiernach fallen unter die Vorschrift Grundstücke, die im Jahre 1922 gekauft sind, und sonstwie entgeltlich erworbene Grundstücke, wenn das Entgelt in Gegenständen bestand, die im Jahre 1922 käuflich erworben sind.

d) Die Vorschrift bezieht sich nur auf Grundstücke, nicht auf Anlagen, da Anlagen auf einem vor 1922 erworbenen Grundstück normalerweise nicht nachträglich käuflich erworben sein können. Für Anlagen, die im Jahre

1922 errichtet werden, gelten die Vorschriften der BewRichtl. unter II A II 2, II 3 bis 5, III 2. Nur im Falle des § 153 Abs. 2 RAO., wenn Grund- und Gebäudeeigentum auseinanderfallen und das Gebäude im Jahre 1922 käuflich erworben ist, ist § 24 a Abs. 1 Satz 2 auch auf die Bewertung des Gebäudes anwendbar (N. 2 zu § 153).

34. Bewertung. § 24 a Abs. 1 Satz 2 enthält keine selbständige Bewertungsvorschrift, sondern schreibt nur einen Mindestansatz vor, nämlich zum Anschaffungspreis. Dieser Mindestwert ist neben jedem anderweit vorgeschriebenen Wert zu beachten, also sowohl bei der gesetzlichen Bewertung, sei es zum Ertragswert, sei es zum gemeinen Wert, als auch bei der Bewertung nach den BewRichtl. Praktisch wird der Anschaffungspreis des Jahres 1922 die Ansätze nach den BewRichtl. einschließlich des Zuschlags von 300 v. H. in der Regel übersteigen, ebenso die nach dem Ertragswert. Bei der seltenen Bewertung nach dem gesetzlichen dauernden gemeinen Wert (N. 20, 29, 31) wird der Anschaffungspreis jedenfalls dann meist niedriger sein als der gemeine Wert, wenn die Anschaffung vor dem Marktsturz im Sommer 1922 erfolgt ist.

Der Begriff des Anschaffungspreises wird bei dieser Vorschrift, die einen prohibitiven Charakter hat — Verhinderung der Erreichung von Steuervorteilen —, eng auszulegen sein. Als Anschaffungspreis ist daher nur das eigentliche Entgelt für das Grundstück anzusehen; die Erwerbskosten gehören hier nicht zum Anschaffungspreis, insbesondere nicht die Provisionen, Notariats- und Gerichtskosten und die Grunderwerbsteuer. Ob die etwa vom Käufer übernommene Wertzuwachssteuer hier zum Anschaffungspreis gehört, erscheint zweifelhaft; die Pflichtigen werden mit einer Bejahung der Frage rechnen müssen.

Ob dem Erwerb des Grundstücks die Aufnahme von Schulden gegenübersteht, ist — anders als bei der entsprechenden Vorschrift für Wertpapiere in § 24 a Abs. 1 Satz 3 (vgl. N. 17 zu §§ 141, 142 RAO.) — unerheblich.

Der Zuschlag von 300 v. H. (§ 24 a Abs. 2) kommt nicht in Frage. § 24 a Abs. 4 ist gegenüber dem Ansatz zum Anschaffungspreis nicht anwendbar.

35. Ausnahmen. Die Vorschrift, die nur der Steuerverringerung durch Anlegung von Vermögen in niedrig zu bewertenden Grundstücken entgegentreten soll, muß durch ihre viel zu weite Fassung in zahlreichen Fällen zu Härten führen. Bei der Beratung wurde insbesondere auf folgende Fälle hingewiesen:

a) Ansiedler,
b) Ausgewiesene aus den Abtretungsgebieten,
c) einwandernde, insbesondere rückwandernde Landwirte,
d) Pächter, deren Pacht abgelaufen ist und die zur Weiterausübung ihres Berufs Grundstücke kaufen mußten.

Es wurde daher der Antrag (Nr. 5622 Ziff. 1) eingebracht, folgenden Zusatz zu machen (StenBer. S. 10047):

Ausgenommen hiervon sind die Grundstücke, die zum Zwecke der Fortführung der bisherigen beruflichen Tätigkeit erworben worden sind.

Der Regierungsvertreter wandte sich gegen die Aufnahme dieser Bestimmung; er erkannte ausdrücklich ihren Grundgedanken als richtig an für alle Fälle, in denen „die Beschaffung von Grundstücken auch im vergangenen Jahre (1922) wirtschaftlich durchaus berechtigt war", meinte aber, daß der Antrag den Grundgedanken nicht richtig formuliere, „teilweise zu weit und teilweise zu eng" sei, und verwies auf § 21 ZwAG. und § 108 RAO.; man werde mit diesen Bestimmungen den individuellen Verhältnissen besser helfen können als mit einer Vorschrift, die nachher doch nicht passe (StenBer. S. 10049 f.). Daraufhin wurde der Antrag Nr. 5622 Ziff. 1 abgelehnt.

Da eine Bestimmung gemäß § 21 Abs. 2 ZwAG. oder § 108 Abs. 2 RAO. bisher nicht ergangen ist, müssen die Pflichtigen in Fällen der vorerwähnten Art oder in ähnlich liegenden Fällen stets einen besonderen Antrag auf Nichtanwendung des § 24 a Abs. 1 Satz 2 stellen. Der Antrag erscheint stets dann aussichtsreich, wenn der Erwerb des Grundstücks nachweislich auf wirtschaftlich berechtigten Gründen beruhte, also nicht eine Steuerersparnis bezweckte. Hierher gehört außer der Absicht der Fortführung der bisherigen beruflichen Tätigkeit auch die Absicht der Zuwendung zum landwirtschaftlichen Beruf oder Nebenberuf bei Ansiedlern und Personen, die sich in der Landwirtschaft ausgebildet haben, die Erweiterung von Grundbesitz zwecks Vergrößerung des Betriebes aus betriebstechnischen Gründen, der Erwerb von bebauten Grundstücken zum Betriebe einer — nicht gewerblichen (N. 21) — Pension oder zur Vermietung zu gewerblichen Zwecken, um dadurch den Lebensunterhalt zu gewinnen.

In allen diesen Fällen mußte allerdings zunächst der volle Mindestwert bei der Zeichnung zugrunde gelegt werden. Bei ungenügender Zeichnung schließt der Antrag auf Befreiung die Erhöhung der Zeichnungspflicht nach § 16 und die Strafbarkeit nach § 23 ZwAG. nicht aus, falls der Antrag abgelehnt wird, sondern nur die nachträgliche tatsächliche Befreiung.

§ 153 RAO.

Wie Grundstücke sind Berechtigungen zu bewerten, auf welche die Vorschriften des bürgerlichen Rechtes über Grundstücke Anwendung finden.

Steht das Eigentum am Grund und Boden und an den darauf errichteten Gebäuden verschiedenen Personen zu, so ist der Wert für den Grund und Boden und für das Recht an den Gebäuden je für sich zu ermitteln.

Mat.: RegE. § 153; Begr. S. 112 f.; AusschBer. S. 25.

1. Zu Abs. 1. 2. Zu Abs. 2.

1. Zu Abs. 1. Anwendungsgebiet s. N. 10 zu § 7 VermStG. Die Bewertung erfolgt nach den BewRichtl. II A, gegebenenfalls nach § 152 RAO. und § 15 Abs. 2 und 3 VermStG., jedoch nur bei denjenigen grundstücksgleichen Rechten, die zum Grundvermögen oder zum sonstigen Vermögen gehören (§ 9 Ziff. 1 VermStG.), nicht auch bei denen, die zum Betriebsvermögen gehören (N. 2 zu § 7 VermStG.). Grundsätzlich sind die grundstücksgleichen Rechte daher mit dem gemeinen Wert anzusetzen. Der Ertragswert kommt in Frage:

a) bei Rechten, die dauernd land- oder forstwirtschaftlichen oder gärtnerischen Zwecken zu dienen bestimmt sind, also bei Erbpachtrechten, Emphyteusen, sowie bei Büdner- und Häuslerrechten, bei denen die ländliche Nutzung die Hauptsache ist (Art. 63, 196 EG. zum BGB.),

b) bei Rechten, die Wohnzwecken dienen und mit einer ortsüblichen Bebauung und Benutzung eines Grundstücks verbunden sind, also bei Erbbaurechten, Superfizies, sowie bei Büdner- und Häuslerrechten, bei denen der Wohnzweck die Hauptsache ist,

c) bei Rechten, die, ohne zu einem Betriebsvermögen zu gehören, gewerblichen Zwecken zu dienen bestimmt sind und mit einer ortsüblichen Bebauung und Benutzung eines Grundstücks verbunden sind; als derartige Rechte können in Frage kommen: Bergwerkseigentum, Kohlenabbau-, Mühlengerechtigkeiten. Dagegen werden Fähr-, Fischerei- und sonstige Gewerbegerechtigkeiten nicht mit Gebäuden oder doch nicht mit ortsüblichen Gebäuden verbunden sein.

Die Rechte zu a werden nach den BewRichtl. II A I, gegebenenfalls nach § 152 Abs. 1 bis 4, 6 RAO. und § 15 Abs. 3 VermStG. bewertet; die Rechte zu b nach BewRichtl. II A II, gegebenenfalls nach § 152 Abs. 1, 2, 5, 6 RAO.; die zu c nach BewRichtl. II A III, gegebenenfalls nach § 152 Abs. 1, 2, 5, 6 RAO. (vgl. die Noten zu § 152).

2. Zu Abs. 2. Anwendungsgebiet sind die Fälle, in denen kraft Reichsrecht oder Landesrecht entgegen den allgemeinen Grundsätzen die auf einem Grundstück errichteten Gebäude nicht Bestandteile des Grundstücks sind (vgl. N. 4 b Abs. 4 Ziff. 1 zu § 7 VermStG.). In diesen Fällen ist der Wert des Grundstücks ohne diese Gebäude nach den für die Grundstücke geltenden Vorschriften zu ermitteln. Hinsichtlich der Gebäude ist festzustellen, ob sie zu einem Betriebsvermögen gehören oder nicht; im ersten Falle sind sie als Betriebsvermögen zu bewerten. Im zweiten Falle ist zu unterscheiden: Bildet das Bauwerk auf fremdem Grundstück einen Überbau vom Nachbargrundstück her (§ 912 BGB.) oder ist es sonst mit einem Bau auf dem Nachbargrundstück zu einer baulichen Einheit verbunden, so bildet es eine Bewertungseinheit mit dem Nachbargrundstück und gehört dadurch zum Grundvermögen (RFH. 11 61). Andere Gebäude auf fremdem Grundstück sieht

der RFH. a. a. O. als bewegliche Sachen an. Diese Entscheidung, die für die Grunderwerbsteuer ergangen ist, ist aber für die VermSt. nicht maßgebend. Für die Grunderwerbsteuer sind solche Gebäude als bewegliche Sachen zu betrachten, weil diese Steuer nur Grundstücke, nicht Grundvermögen ergreift. Für die VermSt. ergibt sich die Zugehörigkeit solcher Gebäude zum Grundvermögen aus § 153 Abs. 2 in Verbindung mit § 10 Ziff. 5 Verm.-StG., da die Gebäude bewertet werden sollen, als bewegliche Sachen aber steuerfrei wären, was dem Gesetz widerspricht. Im Ergebnis übereinstimmend Mrozek, Anm. 3 zu § 153; Becker, Anm. 2 zu § 153. — Vgl. N. 33d zu § 152.

Sind einem Gebäude, das nicht Grundstücksbestandteil ist, Sachen eingefügt, die gemäß § 95 Abs. 2 BGB. nicht Bestandteil des Gebäudes geworden sind (N. 4 b Abs. 4 Ziff. 2 zu § 7 VermStG.), so sind die Gebäude ohne diese Sachen zu bewerten; die Sachen gehören als bewegliche Sachen zu dem sonstigen Vermögen des Eigentümers, sind in der Regel also gemäß § 10 Ziff. 5 VermStG. steuerfrei.

§ 154 RAO.

Die Bewertung erstreckt sich auf die mit den Grundstücken als solchen verbundenen Rechte und Nutzungen einschließlich der im § 153 Abs. 1 bezeichneten Berechtigungen, wenn diese mit den Grundstücken verbunden sind.

Wird bei Bewertung von Grundstücken als solchen der gemeine Wert zugrunde gelegt, so ist das bewegliche Inventar nicht zu berücksichtigen und der Wert von Maschinen sowie sonstigen Vorrichtungen aller Art, die zu einer Betriebsanlage des Grundstücks verwandt sind, abzurechnen oder nicht zu berücksichtigen. Dies gilt auch dann, wenn es sich um wesentliche Bestandteile handelt.

Mat.: RegE. § 154; AusschBer. S. 25.

1. Zu Abs. 1. 2. Zu Abs. 2.

1. Zu Abs. 1. Anwendungsgebiet: die sog. subjektiv-dinglichen Rechte (s. N. 7 zu § 7 VermStG.). Die Vorschrift ist nur ein Anwendungsfall des § 137 Abs. 2, da die subjektiv-dinglichen Rechte als Bestandteile des Grundstücks mit diesem eine wirtschaftliche Einheit bilden. Sie gilt gleichmäßig für die Ermittlung des Ertragswerts und des gemeinen Werts. Soweit nach den BewRichtl. der Wehrbeitrags- oder Notopferwert des Grundstücks maßgebend ist, findet ebenfalls keine besondere Bewertung der subjektiv-dinglichen Rechte statt, da sowohl im Wehrbeitragswert des Grundstücks (s. Hoffmann, Wehrbeitragsgesetz S. 5) als auch im Notopferwert (s. v. Brenning - v. Lewinski S. 211) der Wert dieser Rechte mitenthalten war.

2. Zu Abs. 2. Abs. 2 ist auf das VermStG. nicht anwendbar (vgl. N. 20 zu § 152).

Steuervereinbarung.

§ 16 VermStG.

Der Reichsminister der Finanzen ist ermächtigt, in Ausnahmefällen, in denen die Ermittlung des Vermögenswerts besonderen Schwierigkeiten begegnet, durch Vereinbarung mit dem Steuerpflichtigen die Steuer in einem Pauschbetrage festzusetzen und auf diese Weise auch die Bindung des Vermögens aus Gründen des öffentlichen Wohles angemessen zu berücksichtigen.

Mat.: a) zu § 16 VermStG.: RegE. § 18; Begr. S. 20; AusschBer. S. 47, 67; b) zu § 59 RAOG.: RegE. § 50; Begr. § 40; AusschBer. S. 21, 26.

1. Anwendbarkeit auf die ZwA.
2. Voraussetzungen der Anwendung.
3. Natur der Vereinbarung.

1. Anwendbarkeit auf die ZwA. Der § 16 sieht an sich nur eine Pauschalierung der Vermögen s t e u e r , nicht eine pauschale Festsetzung des steuerpflichtigen Vermögens vor; das Wesen des § 16 und der vorgesehenen Pauschalierung besteht aber gerade in der von der Einzelprüfung absehenden Feststellung des Vermögens. Das so festgestellte Vermögen ist nach § 7 ZwAG. denn auch für die ZwA. maßgebend. Vgl. auch zu § 21 ZwAG.

2. Voraussetzungen der Anwendung. § 16 entspricht dem § 59 RAOG. Die Pauschalierung ist zulässig, wenn die Ermittlung des Vermögenswerts besonders schwierig ist. Die Schwierigkeit kann sowohl in der Feststellung des Umfangs als auch in der des Werts des Vermögens bestehen, da die Feststellung des Umfangs eine Voraussetzung der Feststellung des Werts ist. Sie ist angezeigt bei Sachen, die rechtlich oder tatsächlich außerhalb des Verkehrs stehen, bei ausländischen Vermögen, vor allem wenn die Wirkungen des Versailler Diktats noch nicht feststehen, bei den ganz großen inländischen Grund- und Betriebsvermögen, vor allem bei unklaren rechtlichen oder tatsächlichen Verhältnissen.

2. Natur der Vereinbarung. Die Vereinbarung ist ein öffentlich-rechtlicher Akt und unterliegt den besonderen Rechtnormen derartiger Akte (vgl. Haußmann, der Rechtsgrundsatz der Gleichmäßigkeit im Preuß. Kommunalabgabenrecht S. 94 bis 109). Auf Grund der Vereinbarung erfolgt die Festsetzung der Abgabe durch den Minister; diese Festsetzung wird in der Regel in dem Abschluß der Vereinbarung mitenthalten sein, kann aber auch besonders ergehen. Die Feststellung hat die Natur eines Steuerbescheides. Dieser Bescheid kann angefochten werden, aber mit Rücksicht auf seine vereinbarungsmäßige Grundlage nur wegen Verletzung der Vereinbarung (Haußmann a. a. O. S. 100). Das gegebene Rechtsmittel ist der Einspruch, der hier an den Minister, nicht an das Finanzamt geht; für die weiteren Rechtsmittel gilt nichts Besonderes. Mit Rücksicht auf die Natur der Vereinbarung ist jede Nachforderung, Neuveranlagung, Berichtigung der Steuer-

festsetzung (§§ 212, 213 RAO.) ausgeschlossen, soweit sie nicht in der Vereinbarung vorbehalten ist. Eine Anfechtung der Vereinbarung wegen Irrtums oder Betrugs erscheint an sich zulässig, und zwar durch beide Teile (Strutz, N. 9 zu § 16 VermStG.). Durch diese Anfechtung wird aber die Steuerfestsetzung nicht beseitigt; ihre Aufhebung kann nur im Wege der allgemeinen fristgemäßen Rechtsbehelfe erfolgen. Vgl. N. 10 zu §§ 15 VermStG., 24 a ZwAG.

Abrundung.

§ 17 VermStG.

Zur Berechnung der Vermögensteuer wird das steuerbare Vermögen auf volle Tausende nach unten abgerundet.

Mat.: RegE. § 19; AusschBer. S. 47, 67.

Vgl. § 22 Abs. 5 RNOG. Die Abrundung erfolgt nach Vornahme aller Hinzurechnungen, insbesondere nach Zusammenrechnung der Vermögen der Ehegatten, und aller Abzüge. Wegen der Abrundung der ZwA. s. zu § 10 ZwAG.

Berechnung des Zeichnungsbetrages.

Freigrenzen.

§ 8.

Eine Zeichnungspflicht besteht nicht, wenn das Vermögen (§ 7) den Betrag von 400 000 Mark nicht übersteigt.

Die im Absatz 1 bezeichnete Freigrenze erhöht sich

1. auf 1 200 000 Mark, wenn das Vermögen hauptsächlich aus Vermögen im Sinne des § 9 des Vermögensteuergesetzes besteht, und wenn das der Einkommensteuer für das Rechnungsjahr 1921 zugrunde liegende Gesamteinkommen 40 000 Mark nicht übersteigt;
2. auf 4 000 000 Mark, wenn das Vermögen hauptsächlich aus Vermögen im Sinne des § 9 des Vermögensteuergesetzes besteht, und wenn das der Einkommensteuer für das Rechnungsjahr 1921 zugrunde liegende Einkommen sich vorwiegend aus Erträgen dieses Vermögens zusammensetzt und 60 000 Mark nicht übersteigt; dies gilt nur für Personen, die entweder über 60 Jahre alt oder erwerbsunfähig oder nicht nur vorübergehend behindert sind, ihren Lebensunterhalt durch eigenen Erwerb zu bestreiten.

Ist die Einkommensteuerpflicht erst im Jahre 1922 begründet worden oder hat sich das Einkommen des Jahres 1922 gegen-

über dem Einkommen des Jahres 1921 infolge eines dem Erbschaftssteuergesetze vom 10. September 1919 (Reichsgesetzblatt S. 1543) unterliegenden Vermögenserwerbes erhöht, so bestimmt der Reichsminister der Finanzen, welches Einkommen zugrunde zu legen ist.

Würde einem Zeichnungspflichtigen, dessen Vermögen oder Einkommen die in Absatz 1, 2 bezeichneten Freigrenzen übersteigt, nach Abzug des zu zeichnenden Betrags ein geringeres Vermögen verbleiben, als wenn sein Vermögen oder Einkommen diese Freigrenzen nicht überschritten hätte, so ist Zwangsanleihe nur insoweit zu zeichnen, als sie aus der Hälfte des Betrags gedeckt werden kann, um den die Freigrenzen des Vermögens oder Einkommens oder beide Freigrenzen überschritten sind.

Die in Absatz 1, 2 bezeichneten Freigrenzen gelten nicht für Zeichnungspflichtige, die nach § 3 des Vermögensteuergesetzes beschränkt steuerpflichtig sind (beschränkt Zeichnungspflichtige).

Mat.: RegE. § 8; Begr. S. 10; AusschBer. S. 28; Entw. ZwAAndG. S. 4; AusschBer. GeldentwG. S. 6341, 6349.

1. Entstehungsgeschichte.
2. Allgemeine Freigrenze von 400 000 M.
3. Erhöhte Freigrenzen.
4. Freigrenze von 1 200 000 M.
5. Freigrenze von 4 000 000 M.
6. Festsetzung des Einkommens durch den RFM.
7. Grenzvorschriften.
8. Keine Freigrenze für beschränkt Zeichnungspflichtige.

1. Entstehungsgeschichte. Im RTAusschuß bat ein Regierungsvertreter mit folgender Begründung Anträge auf Erhöhung der Freigrenzen abzulehnen: Es müsse unterschieden werden zwischen der Erhöhung von 100 000 auf 250 000 M. einerseits und der Durchstaffelung anderseits. Die Erhöhung der Freigrenzen auf 250 000 M. werde zur Folge haben, daß weite leistungsfähige Kreise, insbesondere der gesamte kleinere landwirtschaftliche Grundbesitz, von der Verpflichtung zur Zeichnung der Zwangsanleihe frei bleiben würden. Daß dadurch das Aufkommen aus der Zwangsanleihe wesentlich beeinträchtigt werden würde, könne nicht zweifelhaft sein. Ebenso sei die Durchstaffelung abzulehnen. Sie rechtfertige sich vielleicht bei einer fortlaufenden Steuer, nicht aber bei einer einmaligen Abgabe. Bei einer solchen habe man nur zu fragen, wer so leistungsfähig sei, daß er sie bezahlen könne; demgemäß könne hier nur ein fester Betrag als Freigrenze angenommen werden. Demgemäß wurden die auf Erhöhung der Freigrenze und auf Durchstaffelung abzielenden Anträge abgelehnt, lediglich die Einkommensgrenzen wurden

erhöht: in Abs. 2 Ziff. 1 von 30 000 M auf 40 000 M., in Ziff. 2 von 50 000 M. auf 60 000 M. Im übrigen entsprach § 8 in der Fassung des Gesetzes vom 20. Juli 1922 dem RegE. Die allgemeine Freigrenze (Abs. 1) betrug 100 000 M., die Freigrenze in Abs. 2 Ziff. 1 300 000 M., in Ziff. 2 1 000 000 M. Mit Rücksicht auf den Währungszerfall wurden durch Gesetz vom 22. Dez. 1922 diese Sätze verdoppelt. Die Begr. zum Gesetz vom 22. Dez. 1922 sagt hierzu (S. 4): „Es ist die Frage entstanden, ob angesichts der heutigen Wertverhältnisse die allgemeine Freigrenze von 200 000 M. nicht zu niedrig ist. Die Heraufsetzung der Freigrenzen steht aber auch wieder mit der Erhöhung der Vermögenswerte in untrennbarem Zusammenhange. Werden die Vermögenswerte nicht mehr als verdoppelt, so können auch die Freigrenzen nicht mehr als verdoppelt werden. Denn sonst würden gerade leistungsfähige Kreise vielfach ganz zwangsanleihefrei werden. Bisher soll ein kleiner landwirtschaftlicher Besitz, der zum Wehrbeitrage mit 25 000 M. bewertet war, mit dem 5 fachen Wehrbeitragswert, also mit 125 000 M., bewertet werden; da die geltende Freigrenze 100 000 M. beträgt, so würde ein solcher Besitz der Zwangsanleihe unterliegen. Wird er jetzt anstatt mit 5 fachen mit dem 10 fachen Wehrbeitragswerte, also mit 250 000 M., bewertet und gleichzeitig die Freigrenze verdreifacht, also auf 300 000 M. heraufgesetzt, so würde er nunmehr aus der Zwangsanleihepflicht ganz herausfallen. Eine solche Folgerung ist selbstverständlich unhaltbar. Daher kann angesichts der in Aussicht genommenen Bewertung die allgemeine Freigrenze über 200 000 M. nicht heraufgesetzt werden. Für das reine Kapitalvermögen ist durch die sehr viel weiter gehenden Freigrenzen des § 8 Abs. 2 des Zwangsanleihegesetzes, die nunmehr auch verdoppelt werden sollen, gesorgt. Sollten sich darüber hinaus noch Härten ergeben, so könnte hier mit § 21 des Zwangsanleihegesetzes und § 108 der Reichsabgabenordnung geholfen werden." Schließlich sind in dem GeldentwG. (Art. I § 4, Art. VIII) durch den RTAusschuß die Freigrenzen auf das nunmehr geltende Maß erhöht worden, und zwar mit Wirkung vom 25. Juli 1922 ab. — Zu vgl. ErgStG. § 17; WBG. § 12; BesStG. § 13; KrStG. § 8; KrAG. 1918 §§ 13, 19; KrAG. 1919 § 12; VermStG. § 18.

2. **Allgemeine Freigrenze von 400 000 M.** Der fortgeschrittenen Geldentwertung folgend, beträgt die allgemeine Freigrenze, die bei dem RAO. noch 5000 M. betragen hatte (§ 23 RNOG.), im ZwAG. 400 000 M. Die Freigrenzen des ZwAG. und des VermStG. unterscheiden sich ihrer Art nach in einem wesentlichen Punkt. Bei dem VermStG. wird nur der Teil jedes Vermögens von der Steuer erfaßt, der die Freigrenze übersteigt; bei jedem noch so großen Vermögen bleiben also 400 000 M. steuerfrei. Bei der ZwA. hingegen hat die Freigrenze von 400 000 M. nur die Bedeutung, daß Vermögen, die diesen Betrag nicht übersteigen, von der Zeichnungspflicht frei sind. Ist der Betrag überschritten, so ist das ganze

Vermögen zeichnungspflichtig. Bei geringer Überschreitung der Freigrenzen greifen die Grenzvorschriften des Abs. 4 ermäßigend ein; in Verbindung mit der Abrundungsvorschrift des § 10 bewirken sie, daß die Zeichnungspflicht erst bei Vermögen mit 402 000 M. beginnt (vgl. N. 7 am Ende); die Freigrenze geht also tatsächlich bis zu 401 999 M.

Bei der Frage, ob das Vermögen die Freigrenze übersteigt oder nicht, ist nur das steuerbare (zeichnungspflichtige) Reinvermögen nach vorschriftsmäßiger Bewertung zu berücksichtigen. Dies besagt der in Klammern angemerkte § 7.

Im Gegensatz zu § 23 RRDG., aber übereinstimmend mit § 18 Verm.-StG. gilt die Freigrenze des § 8 Abs. 1 ZwAG. nicht nur für natürliche, sondern auch für juristische Personen und selbständig zeichnungspflichtige Vermögensmassen (vgl. v. Breunig S. 239; Koppe, VermStG. S. 259; Koppe, ZwAG. S. 96). Das Vermögen ist zeichnungsfrei, wenn es 400 000 M. (genauer 401 999 M., vgl. N. 2) nicht übersteigt.

Sind die Voraussetzungen für die Zeichnungsfreiheit gegeben, so ist die Zustellung eines besonderen Freistellungsbescheides (vgl. § 14) nicht erforderlich; es genügt ein in den Büchern, Listen oder Katastern des FA. niedergeschriebener Vermerk. Keine Freistellung liegt aber vor, wenn überhaupt keine Feststellung getroffen worden ist (Kloß, RAO. S. 55).

3. **Erhöhte Freigrenzen.** Der zweite Absatz des § 8 sieht Erhöhungen der Freigrenze in zwei Fällen vor. Der erste Fall bezweckt eine größere Schonung des Kapitalvermögens, das mehr als das in landwirtschaftlichen oder gewerblichen Betrieben angelegte Vermögen der Geldentwertung ausgesetzt gewesen ist. Der zweite Fall bezweckt die Schonung der erwerbsunfähigen oder erwerbsbeschränkten Kleinrentner. Die Bestimmungen lehnen sich an ähnliche Vorschriften älterer Gesetze an, insbesondere an § 44 EinkStG.

Das VermStG. hat in § 22 Abs. 2, der allerdings für die erste Veranlagung durch § 34 a VermStG. ersetzt worden ist (Art. I § 3 GeldentwG.), nach dem Vorbild des § 26 Abs. 3 EinkStG. den Erlaß oder die Ermäßigung der Steuer bei Vermögen bis zu 500 000 M. vorgesehen, wenn die Steuerkraft des Pflichtigen durch außergewöhnliche Belastungen (Unterhalt und Erziehung der Kinder, Verpflichtung zum Unterhalte mittelloser Angehöriger, Krankheit, Körperverletzung, Verschuldung oder Unglücksfälle) geschwächt ist. Eine so allgemeine Möglichkeit, die Zeichnungspflicht zu erlassen oder zu ermäßigen, ist im ZwAG. und nunmehr auch im § 34 a VermStG. nicht vorgesehen. Eine Ermäßigung der Zeichnungspflicht kennt das ZwAG. nur, wenn die Voraussetzungen des § 9 Abs. 3 (Kinderprivileg) gegeben sind. Zeichnungsfreiheit tritt ein, wenn die in § 8 Abs. 2 bestimmt angegebenen Voraussetzungen vorliegen. Im übrigen kann erforderlichenfalls nur auf Grund der allgemeinen Härtebestimmung (§ 21) geholfen werden.

4. Freigrenze von 1 200 000 M. Die Begr. S. 10 sagt hierzu: Vermögen bis zu 300 000 M. — jetzt 1 200 000 M., vgl. N. 1 — sollen der Zwangsanleihe nicht unterliegen, wenn das Vermögen hauptsächlich aus Vermögen im Sinne des § 9 des Vermögensteuergesetzes, also aus Anleihen, Hypotheken, sonstigen Kapitalforderungen, barem Gelde und dergl. besteht und wenn das der Einkommensteuer für das Rechnungsjahr 1921 zugrunde liegende Einkommen 30 000 M. nicht übersteigt. Der Begriff „hauptsächlich" wird ebenso ausgelegt werden, wie dies zu § 44 des Einkommensteuergesetzes geschehen ist (vgl. Erlaß des Reichsministers der Finanzen vom 16. Juli 1921 — III E 12171 —, betr. Auslegung des § 44 des Einkommensteuergesetzes, ferner § 22 des Vermögensteuergesetzes). Ohne Bedeutung ist, woher das Einkommen rührt. Frei würde also z. B. jemand sein, der 40 000 M. Betriebsvermögen und 150 000 M. Kapitalvermögen besitzt, wenn das maßgebende Einkommen 26 000 M. beträgt und in Höhe von 20 000 M. aus dem Gewerbebetrieb, in Höhe von 6000 M. aus dem Kapitalvermögen fließt. Ebenso würde z. B. frei sein, wer 60 000 M. Grundvermögen und 200 000 M. Kapitalvermögen besitzt und dessen maßgebendes Einkommen 28 000 M. beträgt und in Höhe von 3000 M. aus Grundvermögen, in Höhe von 10 000 M. aus Kapitalvermögen und in Höhe von 15 000 M. aus Arbeit herrührt.

Die Einkommensteuergrenze ist durch den RTAusschuß auf 40 000 M. erhöht worden. Sind die Freigrenzen überschritten, so ist das ganze Vermögen zeichnungspflichtig, jedoch sind die Grenzvorschriften auch hier zu berücksichtigen (vgl. unten N. 7).

Vermögen im Sinne des § 9 ist alles Vermögen, das nicht Grund- oder Betriebsvermögen ist, das also unter sonstigem Vermögen verstanden wird, insbesondere Forderungen aller Art, einschließlich der durch Hypotheken oder Pfänder gesicherten, Aktien und andere Gesellschaftsanteile, Rentenrechte, endlich Mobilien, die nicht zum Grund- oder Betriebsvermögen gehören, aber doch der Steuer unterliegen, vor allem Gegenstände aus edlem Metall und Kunstsachen; das Nähere vgl. S. 146 ff.

Die Erhöhung der Freigrenze tritt nur ein, wenn das Vermögen des Zeichnungspflichtigen „hauptsächlich" aus Gegenständen dieser Art besteht. Vgl. darüber den oben wiedergegebenen Auszug aus der Begr. Der Erlaß des RFM. vom 16. Juli 1921 zu § 44 EinkStG. ist S. 358 abgedruckt. Ein bestimmtes Verhältnis ist vom Gesetzgeber nicht festgelegt worden, um die Beurteilung des einzelnen Falles nicht an feste Vorschriften zu binden, sondern freien Spielraum zu lassen. Es können daher mit bindender Kraft für die Finanzgerichte auch im Wege der Auslegung nicht feste Richtlinien aufgestellt werden. Die Auslegung muß sich vielmehr auf die Feststellung beschränken, daß das Wort hauptsächlich angibt, daß der größere Teil des Vermögens

aus sonstigem Vermögen bestehen muß. Für den Vergleich ist nicht das Zahlenverhältnis maßgebend, das sich auf Grund der allgemeinen Bewertungsvorschriften ergibt. Vielmehr ist für diesen Vergleich, nicht für die Frage, ob die Höchstgrenze erreicht ist, der gemeine Wert der Vermögensgegenstände am 31. Dez. 1922 zugrunde zu legen. Über den gemeinen Wert s. N. 20 und 29 zu § 152 RAO. und N. 24 f. zu § 139 RAO., N. 2 zu § 138 RAO. Je nach Lage des Falles werden aber auch andere Rücksichten als das bloße Zahlenverhältnis maßgebend sein (Strutz, EinkStG. S. 262; Zimmermann S. 288).

Die Erhöhung der Freigrenze in Abs. 2 Ziff. 1 soll nur wirtschaftlich Schwachen ohne Rücksicht auf ihr Alter und ihre Erwerbsfähigkeit zugute kommen. Infolge des Tiefstandes des Geldwertes spielt das fundierte Einkommen neben dem unfundierten eine geringere Rolle als früher. Geringeres Vermögen, auch wenn es hauptsächlich aus Kapitalvermögen besteht, gibt also keine Veranlassung zu besonderer Schonung, wenn der Pflichtige ein hinreichendes Einkommen hat. Deshalb ist als weitere Voraussetzung vorgesehen, daß der Zeichnungspflichtige im Rechnungsjahr 1921 kein höheres Einkommen als 40 000 M. versteuert hat. Nichtversteuertes Einkommen (z. B. Dienstaufwandentschädigung) bleibt außer Ansatz. Für die Vermögensgrenze ist der 31. Dez. 1922, für die Einkommensgrenze das Rechnungsjahr 1921 maßgebend. Sind Ehegatten oder Eltern und Kinder zusammen veranlagt worden, so ist das Gesamteinkommen maßgebend. Aus welcher Quelle das Einkommen stammt, insbesondere ob es hauptsächlich aus einem landwirtschaftlichen oder gewerblichen Betriebe, aus Arbeit oder Kapitalvermögen stammt, ist gleichgültig. Hinsichtlich der Höhe ist, wie bereits die Begr. S. 11 hervorhebt, der rechtskräftige Veranlagungsbescheid maßgebend. Solange ein solcher insbesondere wegen Beschreitens des Rechtsmittelverfahrens nicht vorliegt und der Steuerpflichtige ein Einkommen bis zu 40 000 M., das FA. über 40 000 M. annimmt, steht noch nicht fest, ob Ziff. 1 — die anderen Bedingungen vorausgesetzt — anwendbar ist. Nach § 82 RAO. kann das FA. in diesem Fall die Steuer unter Zugrundelegung seiner Berechnung vorläufig festsetzen oder die Festsetzung gegen oder ohne Sicherheit aussetzen. Nach rechtskräftiger Entscheidung im Rechtsmittelverfahren ist die Festsetzung zu berichtigen oder nachzuholen. Ein nach der endgültigen Veranlagung zuviel gezahlter Betrag ist dem Zeichnungspflichtigen gegen Rückgabe eines entsprechenden Betrages in JSch.-Verschr. zu erstatten, und zwar mit 5 v. H. Zinsen seit dem Zahlungstage (§ 17 ZwAG.). § 40 Abs. 1 VStZwAAB. bestimmt hierzu, daß, wenn eine Veranlagung der Einkommensteuer für das Rechnungsjahr 1921 noch nicht erfolgt oder ein schwebendes Rechtsmittelverfahren noch nicht abgeschlossen ist, vorläufig das Einkommen, das der Zeichnungspflichtige in seiner Steuererklärung für die Einkommensteuer 1921 angegeben hat, zugrunde zu legen ist. Eine unterbliebene Veranlagung ist nachzuholen.

Die Tatsache, daß Abs. 2 Ziff. 1 von der „Einkommensteuer" der privilegierten Zeichnungspflichtigen spricht, deutet mit genügender Deutlichkeit auf die Absicht des Gesetzgebers, die Begünstigungen dieser Vorschrift — wie unzweifelhaft die der Ziff. 2 — nur physischen, nicht juristischen Personen zugute kommen zu lassen. Juristische Personen unterliegen nicht der Einkommen-, sondern der Körperschaftssteuer. Diese Beschränkung rechtfertigt sich aus der sozialen Bedeutung der erhöhten Freigrenzen.

5. Freigrenze von 4 000 000 M. Die Begr. sagt hierzu:

Vermögen bis zu 1 000 000 M. — jetzt 4 000 000 M. — sollen frei sein, wenn das Vermögen hauptsächlich aus Vermögen im Sinne des § 9 des Vermögensteuergesetzes besteht und wenn das der Einkommensteuer für das Rechnungsjahr 1921 zugrunde liegende Einkommen sich vorwiegend aus Erträgen dieses Vermögens zusammensetzt und 50 000 M. nicht übersteigt; dies soll aber nur für Personen gelten, die entweder über 60 Jahre alt oder erwerbsunfähig oder nicht nur vorübergehend behindert sind, ihren Lebensunterhalt durch eigenen Erwerb zu bestreiten. Diese Vorschrift bezieht sich also auf die sog. Rentner. Während es bei Nr. 1 auf Alter oder Erwerbsfähigkeit nicht ankommt, ist nach Nr. 2 die Freigrenze nur bei einem Alter von über 60 Jahren oder bei Erwerbsunfähigkeit oder nicht nur vorübergehender Behinderung der Erwerbsfähigkeit gegeben; diese subjektive Einengung ist früheren Gesetzen nachgebildet (§ 44 des Einkommensteuergesetzes, § 22 des Vermögensteuergesetzes). Während es nach Nr. 1 ohne Bedeutung ist, woher das Einkommen rührt, muß nach Nr. 2 das Einkommen vorwiegend sich aus Erträgen des Vermögens zusammensetzen. Begünstigt werden sollen also Personen, die infolge Alters oder Erwerbsunfähigkeit ganz oder zum größten Teil auf die Erträge ihres Vermögens angewiesen sind. Das wird man z. B. auch dann annehmen können, wenn sich ein Einkommen von 45 000 M. aus 30 000 M. Kapitalerträgen und 15 000 M. Ruhegehalt zusammensetzt.

Die Erhöhung der Freigrenze auf 4 000 000 M. ist auf Fälle beschränkt, in denen das Vermögen vorwiegend dazu dient, den Zeichnungspflichtigen zu unterhalten, und dieser eine andere Möglichkeit, für seinen Unterhalt zu sorgen, nicht hat. Was die Zusammensetzung des Vermögens betrifft, so gilt das oben zu Ziff. 1 Gesagte. Denn auch hier muß sich das zeichnungspflichtige Vermögen hauptsächlich aus „sonstigem Vermögen" (vgl. S. 146 ff.) zusammensetzen. Es müssen über die Voraussetzungen der Ziff. 1 hinaus — vgl. den oben wiedergegebenen Auszug aus der Begr. — noch zwei weitere Voraussetzungen gegeben sein:

a) das Einkommen des Pflichtigen muß im Rechnungsjahr 1921 vorwiegend aus sonstigem Vermögen gestammt und darf 60 000 M. nicht überstiegen haben,

b) der Pflichtige muß wegen seines Alters oder seiner Gebrechlichkeit oder nicht nur vorübergehend aus anderen Gründen verhindert sein, seinen Lebensunterhalt durch eigenen Erwerb zu bestreiten.

a) Das Einkommen des Rechnungsjahres 1921 mußte vorwiegend aus Erträgen von Vermögen i. S. des § 9 VermStG. (vgl. S. 146 ff.) sich zusammensetzen. Die Bedeutung des Wortes „vorwiegend" ist die gleiche wie die des Wortes „hauptsächlich" (vgl. N. 4). Es kommt darauf an, daß der Pflichtige seinen Unterhalt im Jahre 1921 vor allem durch Einkünfte aus sonstigem Vermögen deckte, daß er also nicht in erheblicher Weise Einkommen bezogen hat, das sich — wie das aus Landwirtschaft oder Gewerbe oder Arbeit — in größerem Maße als das Kapitaleinkommen der Geldentwertung angepaßt hat. Erträge aus Kapitalanlagen, die aus besonderen Gründen (vgl. z. B. § 152 Abs. 4 RAO.) zum Grund- oder Betriebsvermögen gehören, sind nicht zum Kapitaleinkommen im Sinne dieser Vorschrift zu zählen (Strutz, EinkStG. S. 262). Der Bezug einer Pension oder Rente (§ 9 Ziff. 3 EinkStG.), der neben dem Kapitaleinkommen verhältnismäßig häufig ist, schließt dagegen die erhöhte Freigrenze nicht aus; zu vergl. § 44 EinkStG., in dem Bezüge der in § 9 Ziff. 3 EinkStG. aufgeführten Art dem Kapitaleinkommen ausdrücklich gleichgestellt sind. Der RFM. hat durch einen Erlaß vom 16. Juli 1921 — III E 12171 —, betr. Auslegung des § 44 EinkStG., die FA. mit folgender Anweisung versehen:

„Bei der Auslegung des § 44, der darauf abzielt, die steuerliche Belastung der sog. Kleinrentner zu mildern, darf nicht engherzig verfahren werden. Insbesondere werden die Voraussetzungen des § 44 auch dann gegeben sein, wenn das steuerbare Einkommen im Sinne des § 8 des Gesetzes aus Bezügen der im § 9 Nr. 3 bezeichneten Art in Leibrenten, Auszugsgeldern, kurz in Einnahmen besteht, die wirtschaftlich dem Kapitalzins oder Ruhegehalt gleichstehen. „Hauptsächlich" aus Kapitaleinkommen und Bezügen der in § 9 Nr. 3 bezeichneten Art wird ein Einkommen ferner auch schon dann bestehen, wenn der größere Teil, also mindestens mehr als die Hälfte des Einkommens, aus beiden Einkommensarten oder einer von ihnen besteht. Soweit darüber hinaus sonstiges Einkommen, z. B. Einkommen aus Grundvermögen außer Verhältnis zu den im § 44 genannten Einkommensarten, besteht und die Anwendung des § 44 geboten erscheint — z. B bei einer erwerbsunfähigen Witwe mit 600 M. Grundeinkommen und 500 M. Kapitaleinkommen —, ermächtige ich die Finanzämter, im Wege des § 108 RAO. entgegenzukommen, sofern nicht schon nach § 26 Abs. 3 EinkStG. vorgegangen werden kann."

Auf diesen Erlaß ist in der Begr. zum VermStG. (S. 22) ausdrücklich Bezug genommen; er gilt auch für das ZwAG., zumal auch in der Begr. zum ZwAG. (S. 11) auf § 44 EinkStG. hingewiesen worden ist. Maßgebend ist lediglich, wie sich das Einkommen tatsächlich gestaltet hat, nicht wie es

sich durch Erhebung von Unterhaltsansprüchen gegen Dritte hätte gestalten können.

b) Die Freigrenze von 4 000 000 M. kommt nur Personen der im zweiten Halbsatz der Ziff. 2 genannten Art zugute. Die drei Voraussetzungen stehen alternativ, nicht kumulativ nebeneinander („oder", nicht „und"). Im einzelnen ist zu bemerken:

1. Der 60. Geburtstag muß vor dem für die subjektive Steuerpflicht maßgebenden Stichtage, also vor dem 1. Jan. 1923 liegen. Der Pflichtige muß also spätestens am 31. Dez. 1922 60 Jahre alt geworden sein.

2. Über die Erwerbsunfähigkeit und -behinderung äußerte sich ein Vertreter der Reichsregierung, daß diese nicht nur erst dann anzunehmen seien, wenn jemand geistig oder körperlich außerstande sei, seinen Unterhalt selbst zu verdienen, sondern auch schon dann, wenn jemandem nach den sozialen Verhältnissen, in denen er bisher gelebt habe, die Aufnahme einer Erwerbsfähigkeit nicht mehr zugemutet werden könne. Die Vorschrift im § 8 Abs. 2 Nr. 2 sei eine Bestimmung, die sozial ausgelegt werden müsse, und beziehe sich für unter 60 Jahre alte Personen vornehmlich auf Witwen (Begr. S. 31). Der Erwerbsunfähigkeit steht eine Erwerbsbeschränkung gleich, infolge deren der Pflichtige nicht seinen vollen Lebensunterhalt durch eigene Arbeit verdienen kann (Strutz, EinkStG. S. 26). Endlich ist als Erwerbsunfähigkeit auch die mangelnde Erfahrung und Eignung anzusehen, durch eigenen Erwerb einen Unterhalt zu bestreiten. Vgl. RFH. 6 31: Erwerbsunfähig sei, wer infolge körperlicher oder geistiger Gebrechen und unter Berücksichtigung seiner bisherigen Lebensstellung außerstande sei, einem berufsmäßigen Erwerb nachzugehen; aus der Fähigkeit einer Frau, ihren und ihrer Kinder Haushalt zu führen, könne nicht ohne weiteres auch die Fähigkeit zur Ausübung eines erwerbstätigen Berufs abgeleitet werden. Danach werden Witwen, die zu Lebzeiten ihrer Ehemänner nicht selbst beruflich tätig gewesen sind und dazu keine Schulung haben, in der Regel als erwerbsunfähig im Sinne des Gesetzes anzusehen sein. Daß die Erwerbsunfähigkeit eine dauernde sein müsse, ist vom Gesetz nicht gesagt, der Zweck der Bestimmung verbietet aber die Annahme einer Erwerbsunfähigkeit i. S. dieser Vorschrift, wenn die Wiederaufnahme der Erwerbsfähigkeit in naher Aussicht steht. Kindern im jugendlichen Alter kommt Ziff. 2 zugute, da sie auf Jahre hinaus erwerbsunfähig sind (a. M. Thümen-Hotop S. 152, Zarden S. 230).

3. Die dritte Art besteht aus Personen, die nicht nur vorübergehend behindert sind, ihren Lebensunterhalt durch eigenen Erwerb zu bestreiten. Hierunter versteht das Gesetz Personen, die aus Gründen, die außerhalb ihrer selbst liegen, an einer Erwerbstätigkeit gehindert sind. In erster Linie kommen hier Frauen in Betracht, die zwar nach ihrer Herkunft oder Ausbildung erwerbsfähig sind, an der Ausübung einer Erwerbstätigkeit aber

durch Führung eines Haushalts tatsächlich gehindert sind. Bei Eheleuten, die gemeinschaftlich zeichnungspflichtig sind, muß die Voraussetzung der Ziff. 2 des letzten Halbsatzes in der Person des Ehemannes erfüllt sein (vgl. Kuhn, S. 246). A. A. Thümen, S. 229, und Thümen-Hotop, S. 151, die das Alter eines der Eheleute entscheidend sein lassen wollen. Die Voraussetzungen der Ziff. 2 werden in der Regel auch bei der Ehefrau erfüllt sein, wenn der Ehemann über 60 Jahre oder erwerbsunfähig ist; die Ehefrau wird dann meist durch die Pflege und Führung des Haushalts an einer eigenen Erwerbstätigkeit gehindert sein. Den Lebensunterhalt bestreiten heißt für den vollen, den allgemeinen Zeit- und den persönlichen Verhältnissen des Zeichnungspflichtigen und seiner Familie angepaßten Lebensbedarf zu sorgen (vgl. Strutz, EinkStG. N. 15 zu § 44). Die Beschränkung auf den notdürftigen Unterhalt ist nicht Bedingung.

6. Festsetzung der Einkommen durch den RFM. (§ 8 Abs. 3). Über den Zweck des dritten Absatzes sagt die Begr. (S. 11):

Ist jemand erst im Kalenderjahr 1922 in die Einkommensteuerpflicht eingetreten, so ist ihm gegenüber eine Einkommensteuerschuld für das Kalenderjahr 1921 noch nicht festgestellt. In diesen Fällen soll der Reichsminister der Finanzen das maßgebende Einkommen bestimmen können. Das gleiche gilt für den Fall, daß sich das Einkommen des Jahres 1922 gegenüber dem Einkommen des Jahres 1921 infolge eines dem Erbschaftssteuergesetz vom 10. Sept. 1919 unterliegenden Vermögenserwerbs erhöht hat. Besaß jemand im Jahr 1921 110 000 M. in Anleihen und war sein Einkommen 29 000 M. groß, so würde er, wenn er im Jahr 1922 180 000 M. Kapitalvermögen mit einem Einkommen daraus in Höhe von 8000 M. erbt, an sich frei sein, da sein Vermögen 290 000 M. und das maßgebende Einkommen 29 000 M. beträgt. Eine solche Befreiung erscheint nicht gerechtfertigt. Daher soll das aus dem ererbten Vermögen fließende Einkommen dem maßgebenden Einkommen hinzugerechnet werden. Das Nähere wird in den Ausführungsbestimmungen geregelt werden.

Auf Grund der gesetzlichen Ermächtigung hat der RFM. in § 40 Abs. 2 und 3 VStZwAAB. folgende Regelung getroffen:

Hat sich das Einkommen des Kalenderjahrs 1922 gegenüber dem Einkommen des Kalenderjahrs 1921 durch einen Erwerb im Sinne der §§ 2, 3 des Erbschaftssteuergesetzes in der Fassung der Bekanntmachung vom 7. Aug. 1922 (RGBl. I S. 695) erhöht, so ist das Einkommen, das der Einkommensteuer für das Rechnungsjahr 1921 zugrunde gelegt ist, zuzüglich des aus dem bezeichneten Erwerbe stammenden Betrags der Einkünfte zugrunde zu legen, der für das Kalenderjahr 1922 als steuerbares Einkommen angesetzt worden ist (§ 8 Abs. 2 Satz 2 des Gesetzes über die Zwangsanleihe). Kann dieser Betrag ziffernmäßig nicht festgestellt werden, so werden 5 v. H. des Wertes

des durch Erbanfall oder Schenkung hinzugetretenen Vermögens hinzugerechnet.

Ist ein Zeichnungspflichtiger für das Kalenderjahr 1921 zur Einkommensteuer nicht veranlagt, weil seine Steuerpflicht für die Einkommensteuer erst im Jahre 1922 begründet worden ist, so ist das zur Einkommensteuer für das Kalenderjahr 1922 veranlagte Einkommen zugrunde zu legen (§ 8 Abs. 2 Satz 2 des Gesetzes über die Zwangsanleihe).

7. **Grenzvorschriften.** Der dritte Absatz enthält Grenzvorschriften. Diese sollen verhindern, daß infolge einer nur geringen Überschreitung der in Abs. 1 und 2 genannten Freigrenzen das Vermögen alsbald so stark erfaßt wird, daß es geringer wird, als wenn es die Freigrenzen nicht überschritte. Infolgedessen ist eine Ermäßigung der Zeichnungspflicht derart vorgesehen, daß das zeichnungsfreie Vermögen unter allen Umständen größer als das innerhalb der Freigrenzen liegende Vermögen bleibt. Zu diesem Zweck ist vorgesehen, daß die Zeichnungspflicht nur insoweit besteht, als die Zeichnung aus der Hälfte des die Freigrenze übersteigenden Vermögens oder Einkommens oder der Hälfte beider gedeckt werden kann. Die Hälfte des die Zeichnungspflicht übersteigenden Vermögens und Einkommens bleibt also zeichnungsfrei. Die Begr. führt folgende drei dem Abs. 2 Ziff. 2 unterfallende Beispiele an, die nach den abgeänderten Freigrenzen und Tarifen berichtigt wiedergegeben werden:

1. Jemand hatte am 31. Dez. 1922 ein Vermögen von 4 006 000 M. und ein Einkommen von 40 000 M. Er hat nur 3000 M. Zwangsanleihe zu zeichnen.

2. Jemand hatte am 31. Dez. 1922 4 000 000 M. Vermögen; das maßgebende Einkommen betrug 70 000 M. Er hat statt 144 000 M. nur 5000 M. Zwangsanleihe zu zeichen.

3. Jemand hatte am 31. Dez. 1922 ein Vermögen von 4 010 000 M.; das maßgebende Einkommen betrug 80 000 M. Er hat statt 145 000 M. nur 15 000 M. Zwangsanleihe zu zeichnen.

Im Fall 1 besteht die Zeichnungspflicht nur in Höhe der Hälfte des den Betrag von 4 000 000 M. übersteigenden Vermögensbetrages von 6000 M. Ohne die Grenzvorschrift würde nach dem Tarif des § 9 der zeichnungspflichtige Betrag 144 000 M. betragen. Im Fall 2 übersteigt zwar nicht das Vermögen, wohl aber das Einkommen die Freigrenze um 10 000 M. Es ist daher die Hälfte dieses Einkommenüberschusses = 5000 M. zeichnungspflichtig. Im dritten Fall gehen sowohl das Vermögen wie das Einkommen um ein geringes über die Freigrenzen hinaus. Es ist daher die Zeichnungspflicht in Höhe des halben Überschusses beider (5000 M. und 10 000 M.) mit 15 000 M. gegeben.

Diese Grenzvorschriften beziehen sich auf die allgemeine und auf die besonderen Freigrenzen (§ 8 Abs. 1 und 2). In Verbindung mit der Ab-

rundungsvorschrift des § 10 haben sie zur Folge, daß die allgemeine Freigrenze bis zu 401 999 M. reicht. Denn die Hälfte des überschießenden Betrages dieses Vermögens beträgt 999,50 M., nach unten abgerundet ergibt dies eine Zeichnungspflicht von 0 M. Erst mit 402 000 M. erreicht die Hälfte des 400 000 M. übersteigenden Vermögens den Mindestzeichnungsbetrag von 1000 M.

8. **Keine Freigrenzen für beschränkt Zeichnungspflichtige (§ 8 Abs. 4).** Die in § 8 Abs. 1 und 2 angegebenen Freigrenzen gelten nicht für beschränkt Zeichnungspflichtige i. S. des § 3 VermStG. (vgl. S. 89). Dies entspricht der Vorschrift des § 18 Abs. 3, § 34a Abs. 5 VermStG. und hat seine Erklärung darin, daß in diesen Fällen nur einzelne in Deutschland befindliche Vermögensgegenstände im Ausland ansässiger Personen von der Zeichnungspflicht erfaßt werden und für Deutschland ein Anlaß ihrer besonderen Schonung im allgemeinen nicht besteht. Für den Fall besonderer Härten vgl. § 21 ZwAG.

Tarif.

§ 9.

Von natürlichen Personen ist auf die Zwangsanleihe zu zeichnen:

von den ersten 600 000 Mark des Vermögens 1 vom Hundert,

von den nächsten 900 000 Mark des Vermögens 2 vom Hundert,

von den nächsten 1 500 000 Mark des Vermögens 4 vom Hundert,

von den nächsten 1 500 000 Mark des Vermögens 6 vom Hundert,

von den nächsten 1 500 000 Mark des Vermögens 8 vom Hundert,

von den weiteren Beträgen 10 vom Hundert.

Von den übrigen Zeichnungspflichtigen ist auf die Zwangsanleihe die Hälfte der im Absatz 1 vorgeschriebenen Sätze zu zeichnen.

Gehören zum Haushalt des Zeichnungspflichtigen zwei oder mehr Kinder im Sinne des § 17 des Einkommensteuergesetzes, so ermäßigt sich die Zeichnungspflicht für jedes Kind, das nicht selbst Zwangsanleihe zu zeichnen verpflichtet ist, um ein Zwanzigstel der Zeichnungspflicht, sofern das zeichnungspflichtige Vermögen nicht mehr als 6 Millionen Mark beträgt.

Mat.: RegE. § 9; Begr. S. 8 f.; AusschBer. S. 31, 52; Begr. G. vom 22. Dez. 1922 S. 4; AusschBer. GeldentwG. S. 6342, 6349.

1. Entstehungsgeschichte der Abs. 1 und 2. Der in das Gesetz vom 20. Juli 1922 aufgenommene Tarif entsprach dem des RegE. Anträge, die Zeichnungspflicht nichtphysischer Personen über die Bestimmung des Abs. 2 hinaus zu ermäßigen, wurden im RTAusschuß abgelehnt, nachdem sich die Regierung unter Hinweis auf die besondere Leistungsfähigkeit namentlich der Erwerbsgesellschaften dagegen ausgesprochen hatte. — Durch das Gesetz zur Abänderung des ZwAG. vom 22. Dez. 1922 wurden die einzelnen Vermögensstufen mit Rücksicht auf die inzwischen fortgeschrittene Geldentwertung verdoppelt. Dieses Ausmaß der Angleichung des Tarifs an die Geldentwertung ging mit der Erhöhung der Vermögenswerte in den Bewertungsrichtlinien Hand in Hand, die gegenüber den ersten Entwürfen annähernd verdoppelt wurden (Begr. zum AbZwAG. S. 4). Mit der Vervielfachung der Wertansätze in den BewRichtl. bei den Beratungen des GeldentwG. im RTAusschuß wurden die Vermögensstufen noch einmal verdoppelt und schließlich gegenüber den durch das Gesetz vom 22. Dez. 1922 bestimmten Stufen verdreifacht.

2. Erläuterung des Tarifs für natürliche Personen. Der Tarif ist ein durchgestaffelter, das Vermögen ist in Teile, die den Zeichnungsstufen entsprechen, zu zerlegen und von jedem Teil der vorgeschriebene Hundertsatz zu berechnen. Auch bei größeren Vermögen kommen daher für Teile, die den geringeren Stufen entsprechen, nur die dafür vorgesehenen Hundertsätze zur Anwendung. Der Höchstsatz von 10 v. H. trifft nur die Vermögensteile, die 6 000 000 M. übersteigen. Mit vollen 10 v. H. ist also kein Vermögen belastet. Bei einem Vermögen von 4 000 000 M. berechnet sich die Zeichnungspflicht wie folgt

1. 1 v. H. von 600 000 M. = ...	6 000 M.,
2. 2 v. H. von 900 000 M. = ...	18 000 M.,
3. 4 v. H. von 1 500 000 M. = ...	60 000 M.,
4. 6 v. H. von den restlichen 1 000 000 M. = ...	60 000 M.,
zusammen . .	144 000 M.

Eine genaue Berechnung enthält die Tabelle Anhang S. 76 ff. Nach Abzug des Kinderprivilegs erfolgt Abrundung auf volle Tausende.

3. Natürliche Personen. Es handelt sich um die nach § 2 Ziff. 1 und 2 VermStG. Zeichnungspflichtigen, vgl. S. 78 ff.

4. Übrige Zeichnungspflichtige. Wegen der „übrigen Zeichnungspflichtigen" (im folgenden nichtphysische Personen genannt) vgl. S. 85 ff.

Der Tarif belastet die nichtphysischen Personen mit den halben in Abs. 1 aufgeführten Sätzen. Über die Freigrenze vgl. S. 354, 357, über die Abrundung § 10, S. 369 f. Eine Berechnung der Zeichnungspflicht der nichtphysischen Personen für die einzelnen Vermögen enthält die Tabelle Anh. S. 76 ff.

Im Gegensatz zum ZwAG. hatte das RNOG. in § 25 von einer Staffelung der Steuerpflicht bei nichtphysischen Personen abgesehen und eine feste Abgabe von 10 v. H. (dem geringsten Hundertsatz für physische Personen) vorgeschrieben, weil „das größere Vermögen in keiner Weise ein Zeichen der größeren Kapitalkraft zu sein braucht und in den meisten Fällen die Zahl der an diesem Vermögen Beteiligten ständig wechselt und von der Höhe des Kapitals unabhängig ist" (Begr. zu RNOG. S. 23; v. Breunig S. 242). Infolge der Finanznot des Reiches hat man von diesem Bedenken bei der ZwA. abgesehen.

Die Ermäßigung des Zeichnungssatzes für die nichtphysischen Personen soll, wie sich aus dem AusschBer. (S. 32) ergibt, dem Gedanken Rechnung tragen, daß in der gleichzeitigen Heranziehung der physischen und nichtphysischen Personen Doppelbesteuerungen im weitesten Umfange erfolgen. Wirtschaftlich gehört das Vermögen einer nichtphysischen Person meist zu den Vermögen physischer Personen und wird in den Anteilsrechten bei ihnen erfaßt. Wird z. B. eine Aktiengesellschaft und außerdem der einzelne Aktionär hinsichtlich seines Aktienbesitzes mit der ZwA. belastet, so wird das in der Gesellschaft angesammelte Vermögen in Wahrheit zweimal, zunächst bei ihr selbst, zum anderen bei den Aktionären, getroffen. Das ZwAG. beläßt es nun dabei, daß der einzelne Aktionär seinen Anteil an der Gesellschaft, die Aktien, und zwar zum Steuerkurs, bei seiner Zeichnungspflicht zu berücksichtigen hat, und unterwirft außerdem das das Grundkapital übersteigende Vermögen der Gesellschaft (§ 12 Ziff. 1 VermStG.) der Steuerpflicht zu den Tarifsätzen des § 9 Abs. 2.

Nach § 37 VermStG. sind die Aktiengesellschaften, Kommanditgesellschaften a. A., Kolonialgesellschaften, Gesellschaften m. b. H. sowie Berggewerkschaften und bergbautreibende juristische Personen neben der ZwA. mit einer weiteren Hälfte ihres bereits voll bezahlten RNO. belastet worden, die im Laufe des Jahres 1922 in zwei Raten zu zahlen war. Die erhöhte RNOPflicht dieser nichtphysischen Personen war aber nur ein allgemeiner gesetzgeberischer Grund für die Ermäßigung der Zeichnungspflicht in § 9 Abs. 2 ZwAG.; in den einzelnen Fällen ist eine Verknüpfung der erhöhten RNOPflicht und der Zeichnungspflicht nicht vorgesehen. Gesellschaften, die erst nach dem RNOStichtag (31. Dez. 1919) gegründet worden sind, sind nicht reichsnotopferpflichtig und haben demgemäß auch nicht die Nachzahlung aus § 37 VermStG. zu leisten. Trotzdem liegt auch ihnen nur die halbe Zeichnungspflicht zur ZwA. gemäß § 9 Abs. 2 ZwAG. ob.

Welches Vermögen der nichtphysischen Personen der Zeichnungspflicht unterliegt, vgl. S. 170 ff. Über die Zeichnungspflicht bei Schachtelgesellschaften vgl. S. 100 f.

5. Entstehungsgeschichte des Abs. 3. § 9 Abs. 3 enthält das sog. Kinderprivileg. Er ist im RTAusschuß trotz der ablehnenden Haltung der Regierung in das Gesetz aufgenommen worden. Der Antragsteller führte aus: Es bestehe kein Anlaß, im Gesetz über die ZwA. von der Regelung des VermStG. abzuweichen. Nachdem im § 21 VermStG. eine Ermäßigung der Vermögensteuer für kinderreiche Familien ausdrücklich vorgesehen sei, müsse auch eine entsprechende Bestimmung für die ZwA. getroffen werden. Diesem Ziel diene sein Antrag. Die Regierung begründete ihre Ablehnung damit, daß der Antrag geeignet sei, die Veranlagung der ZwA. erheblich zu erschweren. Werde der Antrag angenommen, so würde die dadurch eintretende Ermäßigung zusammen mit der im § 10 vorgesehenen Abrundung voraussichtlich dazu führen, daß insbesondere die Besitzer kleiner bäuerlicher Anwesen in weitem Umfange von der Verpflichtung zur Zeichnung der ZwA. freigestellt werden würden, ein Ergebnis, das den Ertrag der ZwA. empfindlich beeinträchtigen könnte. Die Bezugnahme auf die Vermögensteuer sei nicht stichhaltig, denn bei der Vermögensteuer handele es sich um eine laufende Steuer, bei der ZwA. dagegen um eine einmalige Abgabe. Ein Antrag in der zweiten Lesung des RTAusschusses, das Kinderprivileg wieder zu streichen, wurde trotz der Unterstützung durch die Regierung abgelehnt (AusschBer. S. 52 f.). Bei der dritten Lesung im Plenum wurde die Vermögensgrenze von 5 000 000 M. auf 3 000 000 M. herabgesetzt, durch das Gesetz vom 22. Dez. 1922 zur Änderung des ZwAG. aber mit Rücksicht auf die fortgeschrittene Geldentwertung auf 6 000 000 M. erhöht. Diese Grenze ist durch das GeldentwG. nicht geändert worden.

6. Keine Zusammenrechnung von Eltern- und Kindesvermögen. § 9 Abs. 3 ZwAG. schließt sich eng an § 21 VermStG., der für die erste Veranlagung durch § 34 a VermStG. ersetzt worden ist, an. Beide Bestimmungen gehen auf § 17 EinkStG. zurück, der bestimmt, unter welchen Voraussetzungen Eltern und Kinder zur Einkommensteuer gemeinsam zu veranlagen sind. Während es sich in § 17 EinkStG. um eine Steuerverschärfung handelt, bezwecken §§ 21, 34a VermStG. und § 9 Abs. 3 ZwAG. Steuererleichterungen. § 17 EinkStG. lautet:

Ein nach § 2 Nr. I steuerpflichtiger Haushaltungsvorstand wird mit seinen zu seiner Haushaltung zählenden minderjährigen Kindern zusammen zur Einkommensteuer veranlagt, und zwar vom Beginne des (Rechnungsjahrs bis 1921, jetzt) Kalenderjahrs an, das dem Eintritt der Voraussetzungen folgt, bis zum Schlusse des (Rechnungsjahrs bis 1921,

jetzt) Kalenderjahrs, das dem Wegfall der Voraussetzungen vorangeht. Bezieht das minderjährige Kind Arbeitseinkommen (§ 9), so wird es mit diesem Einkommen selbständig zur Einkommensteuer veranlagt.

Als Kinder im Sinne des Abs. 1 gelten neben den Abkömmlingen des Haushaltungsvorstandes auch Stief-, Schwieger-, Adoptiv- und Pflegekinder sowie deren Abkömmlinge.

Im Falle der Zusammenveranlagung haften der Haushaltungsvorstand und die Kinder nebeneinander für die Steuer.

Die Vorschrift des § 16 Abs. 2 findet entsprechende Anwendung.

Bei der ZwA. — ebenso bei der VermSt. — findet anders als bei der EinkSt. eine Zusammenrechnung des Vermögens von Eltern und Kindern nicht statt. Ist Vermögen von den Eltern bereits bei deren Lebzeiten auf die Kinder übergegangen, so mindert sich die Zeichnungspflicht insofern, als die Vermögensteile bei den Eltern und Kindern in niedrigere Staffeln fallen, als das ungeteilte Vermögen es bei den Eltern tun würde. Anderseits kommt die Ermäßigung der Zeichnungspflicht durch das Kinderprivileg im allgemeinen in Fortfall, da es nur für ein Kind in Anspruch genommen werden kann, „das nicht selbst ZwA. zu zeichnen verpflichtet ist". Ist allerdings das dem Kind übertragene und dessen sonstiges Vermögen zusammengerechnet geringer als 400 000 M. (genauer 401 999 M., vgl. § 8 N. 7), so ist das Kind nach § 8 Abs. 1 zeichnungsfrei, das Kinderprivileg bleibt also bestehen.

Auch zeichnungspflichtige Ausländer und beschränkt Steuerpflichtige können das Kinderprivileg für sich in Anspruch nehmen (§ 2 Ziff. 2, § 3 VermStG.). Eine Beschränkung, wie sie in dieser Beziehung in § 17 EinkStG. enthalten ist, fehlt in § 9 Abs. 3 ZwAG.

7. Haushalt. Zum Haushalt — § 17 EinkStG. spricht von Haushaltung — gehört zweierlei: es muß einmal ein einheitlicher Wirtschaftsbetrieb gegeben sein, durch den die Bedürfnisse der Haushaltsangehörigen ganz oder zu einem wesentlichen Teil befriedigt werden, zum anderen muß ein Vorstand vorhanden sein, der das Oberhaupt der Wirtschaft ist. Soll das Kinderprivileg gegeben sein, so muß einer der Eltern der Haushaltungsvorstand sein. Es kann also nicht in Anspruch genommen werden, wenn Eltern im Haushalt eines Kindes leben (Strutz S. 156; Kuhn S. 128; Thümen S. 228).

8. Zugehörigkeit zum Haushalt. Zum Haushalt gehört oder, wie das EinkStG. (§ 17) sagt, zählt ein Kind auch dann, wenn es sich eine gewisse Zeitlang besonderer Zwecke wegen außerhalb des Haushalts aufhält, etwa als Schüler zum Besuch einer Schule sich in einem Internat befindet oder als Student eine auswärtige Universität besucht oder Reisen macht (Mirre S. 136; Kuhn S. 129; Strutz S. 157). Maßgebend ist, daß das Kind wirt-

schaftlich noch nicht selbständig ist, daher der Autorität des Haushaltungsvorstandes folgt und, wenn die besonderen Zwecke seiner Abwesenheit fortgefallen sind, wieder in den Haushalt zurückkehrt.

9. **Kinder.** Nicht vorausgesetzt ist im ZwAG., daß die Kinder noch minderjährig sind. Die Bezugnahme auf § 17 EinkStG. zwingt nicht zur einschränkenden Auslegung in dieser Hinsicht, vielmehr sollte offenbar nur die Definition des Kindesbegriffes in § 17 Abs. 2 EinkStG. verwertet werden. Das ZwAG. schließt sich insoweit dem § 26 RNOG. an, der das Kinderprivileg gleichfalls ohne Rücksicht auf das Alter der Kinder gab. Auch Kinder über 21 Jahre berechtigen also den Zeichnungspflichtigen, zu dessen Haushalt sie zählen, das Kinderprivileg in Anspruch zu nehmen. Enkel sind durch Kinder nicht ausgeschlossen. Die Kinder können wirtschaftlich in dem Sinne selbständig sein, daß sie eigene Lebensstellungen und eigenen Verdienst haben; sie können auch ihrerseits verheiratet sein und Kinder haben; vorausgesetzt bleibt nur, daß sie dem Haushalt des Zeichnungspflichtigen angehören. A. A. für das VermStG. Thümen S. 227; Koppe, S. 262 und wohl auch für das ZwAG. Koppe, ZwAG. S. 104 und in DStZ. 1922 S. 898; Herrmann in RStRdsch. 1922 S. 198, Zarden S. 233, die das Kinderprivileg nur für minderjährige Kinder geben wollen; ebenso jedoch Strutz, VermStG. S. 227.

Das Kinderprivileg kommt aber in Fortfall, wenn die Kinder mit eigenem Vermögen zeichnungspflichtig sind, d. h. also Vermögen über je 400 000 M. haben und nicht die erhöhten Freigrenzen des § 8 Abs. 2 für sich in Anspruch nehmen können. Zu bemerken ist jedoch, daß die eigene Zeichnungspflicht des Kindes seine sonst gegebene Eigenschaft, ein Kind im Sinne des § 17 EinkStG. zu sein, nicht aufhebt. Dies führt zu folgendem: Für zwei Kinder i. S. des § 17 EinkStG. mit je 150 000 M. Vermögen kann das Kinderprivileg in Höhe von $^2/_{20}$ der Zeichnungspflicht in Anspruch genommen werden (§ 8 Abs. 1). Haben beide Kinder je 700 000 M. Vermögen, fällt es fort. Hat ein Kind 150 000 M., das andere 700 000 M. Vermögen, so besteht das Kinderprivileg für das eine Kind, also in Höhe von $^1/_{20}$. — Die Voraussetzung des Kinderprivilegs ist, daß das Kind zum Haushalt des Zeichnungspflichtigen gehört; wenn diese Voraussetzung gegeben ist, so wird es auch fast immer subjektiv zeichnungspflichtig sein. Ist jedoch ausnahmsweise ein zum Haushalt eines Zeichnungspflichtigen gehöriges Kind zwar objektiv, aber nicht subjektiv zeichnungspflichtig, so ist mit Rücksicht auf den Zweck des Gesetzes und seine wirtschaftliche Bedeutung (§ 4 RAO.) das Kinderprivileg insoweit zu versagen (Strutz, VermStG. S. 229).

Maßgebend für die Frage, ob Kinder i. S. des § 9 Abs. 3 vorhanden sind, ist der Stichtag für die subjektive Zeichnungspflicht (1. Januar 1923). Für eine entsprechende Anwendung des § 34 a VermStG., die erwünscht wäre — danach ist der 1. Oktober 1922 für die VermStRaten im Jahre 1923 maßgebend —, fehlt die gesetzliche Grundlage. Der spätere Fortfall eines

Kindes, sei es, daß es sich selbständig macht und aus dem Haushalt des Zeichnungspflichtigen ausscheidet oder stirbt, ist ebensowenig von Belang wie die Geburt eines Kindes nach dem Stichtag, mag es auch schon vorher erzeugt sein (vgl. RFH. **11** 227). Die Frage, ob das Vermögen 6 000 000 M. übersteigt, ist auf Grund der ersten Veranlagung zur VermSt. und des daraufhin erteilten Bescheides aus § 14 ZwAG. zu entscheiden. Für beschränkt Zeichnungspflichtige ist § 9 Abs. 3 nicht ausgenommen.

Kinder im Sinne des § 17 EinkStG. sind Kinder und entferntere Abkömmlinge, ferner Stief-, Schwieger-, Adoptiv- und Pflegekinder sowie deren Abkömmlinge. Der Gesetzgeber wollte unter diesen Bezeichnungen alle Verwandte — im natürlichen oder nur im Rechtssinne — und Verschwägerte absteigender Linie des Haushaltungsvorstandes (Ehemann oder Ehefrau) zusammenfassen. Ist der Ehemann der Haushaltungsvorstand, so gehören auch die mit der Ehefrau in der angegebenen Weise verbundenen Personen zu den Kindern i. S. des § 17 EinkStG., sofern die Eheleute nicht dauernd voneinander getrennt leben. Dies entspricht der gemeinsamen Zeichnungspflicht der Eheleute. Unter den Pflegekindern sind Kinder im schutzbedürftigen Alter zu verstehen, die sich dauernd in der Pflege des Zeichnungspflichtigen ähnlich wie eigene Kinder befinden und zu diesem Zweck in seinen Haushalt aufgenommen sind (Zimmermann S. 172). Der Begriff ist hier wesentlich weiter als im § 19 des RG. für Jugendwohlfahrt vom 9. Juli 1922 (RGBl. I S. 637 ff.); die dort vorgesehene obrigkeitliche Überwachung mußte an enge Grenzen gebunden werden. Zu vgl. ferner § 174 Nr. 1 StrGB.; Mirre S. 138; Strutz S. 158. Nicht zu den Pflegekindern i. S. des ZwAG. gehören Pensionäre, für deren Unterhalt volle Zahlung geleistet wird.

10. Berechnung der Ermäßigung. Die Berechnung ist die folgende: Zunächst ist der Betrag zu bestimmen, den der Pflichtige nach seinem Vermögen zu zeichnen hat. Dieser Betrag ist für jedes anrechnungsfähige Kind um $^1/_{20}$ zu ermäßigen und erst der so gefundene Betrag gemäß § 10 nach unten oder oben auf volle Tausende abzurunden (vgl. Anhang S. 76). Infolge der Abrundungsvorschrift gibt es Fälle, in denen das Kinderprivileg praktisch ohne Bedeutung ist; so in folgendem Fall:

Vermögen 699 000 M., Zeichnungsbetrag also 1 v. H. von 600 000 M. und 2 v. H. von 99 000 M. = 7980 M. Ohne Kinder ergibt die Abrundung nach unten 7 000 M. Es sind zwei Kinder vorhanden. Es tritt nun zunächst die Ermäßigung um $^2/_{20}$ = 798 M. ein, es verbleibt also der Betrag von 7 182 M.; die Abrundung nach unten ergibt gleichfalls 7 000 M. Anders wenn drei Kinder zu berücksichtigen sind: Es sind dann $^3/_{20}$ = 1 197 M. von 7 980 M. in Abzug zu bringen. Der Zeichnungsbetrag beträgt dann 6 783 M. oder nach unten abgerundet 6 000 M. Hier tritt also durch das Kinderprivileg eine Ermäßigung der Zeichnungspflicht um 1 000 M. ein.

11. **Höchstgrenze.** Die Höchstgrenze von 6 000 000 M. bezieht sich, wenn es sich um Eheleute handelt, deren Vermögen nach § 7 ZwAG., § 13 VermStG. zusammenzurechnen ist, auf den Gesamtbetrag der beiderseitigen Vermögen.

Abrundung.

§ 10.

Der Zwangsanleihebetrag wird,
wenn er 50 000 Mark nicht übersteigt, auf volle Tausende nach unten,
wenn er 50 000 Mark übersteigt, auf volle Tausende nach oben abgerundet.

Mat.: RegE. § 11; Begr. S. 11.

1. Entstehungsgeschichte.
2. Abrundung des Zeichnungsbetrags.
3. Abrundung des steuerbaren Vermögens.

1. **Entstehungsgeschichte.** § 10 ist unverändert angenommen worden.

2. **Abrundung des Zeichnungsbetrages.** Die Begr. führt — nach dem GeldentwG. berichtigt — aus:

Bei der Abrundung auf Tausende ist davon ausgegangen, daß es aus technischen Gründen vermieden werden muß, Schuldverschreibungen über kleinere Beträge als 1 000 M. auszugeben. Eine allgemeine Abrundung auf Tausende nach unten verbietet sich, weil kein Anlaß besteht, für größere Vermögen eine Ermäßigung der im § 9 vorgeschriebenen Sätze eintreten zu lassen. Eine allgemeine Abrundung auf Tausende nach oben verbietet sich, weil dadurch besonders für die kleinen Vermögen die Belastung eine erheblich höhere geworden wäre. Daher ist vorgeschlagen, bei Anleihebeträgen bis zu 50 000 M. die Abrundung auf Tausende nach unten, bei Anleihebeträgen von über 50 000 M. die Abrundung auf Tausende nach oben vorzunehmen. Beispielsweise würde also bei einem Vermögen von 649 000 M. statt 6 980 M. nur 6 000 M., bei einem Vermögen von 2 265 000 M. statt 54 600 M. 55 000 M. ZwA. zu zeichnen sein.

Nach dem unmittelbaren Inhalt des § 10 wird nur der Gesamtzeichnungsbetrag, nicht die Vorauszeichnung (§ 13) oder die zur Erfüllung der endgültigen Zeichnung erforderliche Ergänzung (§ 14) abgerundet; vgl. N. 4 zu § 13. § 43 VStZwAAB. (Anhang S. 63 f.) bestimmt in Verfolg des § 10, daß Zeichnungen nur auf einen Nennbetrag von 1 000 M. oder ein Vielfaches dieses Betrages lauten können. Zeichnungsscheine, die nicht über einen Nennbetrag von 1 000 M. oder ein Vielfaches dieses Betrages lauten oder die sonst nicht vorschriftsmäßig ausgefüllt sind, sind nach der gleichen Bestimmung von den Annahmestellen zurückzuweisen. Diese Bestimmung bezieht sich nicht

nur auf die endgültige Zeichnung (§ 14), sondern auch auf die Vorauszeichnung. Trotzdem aus dem Gesetz nicht unmittelbar gefolgert werden kann, daß auch Vorauszeichnungen nur über volle Tausende lauten dürfen, wird man diese Bestimmung im Interesse der Einfachheit — bei Ausreichung von JSch.-Verschr. bleiben keine Spitzen zur späteren Verrechnung übrig — für sinngemäß und demnach für zulässig zu halten haben. Ob nach oben oder unten abzurunden ist, bestimmt sich nach dem in § 10 enthaltenen Grundsatz (a. A. Thümen-Hotop S. 163). Die Abrundung erfolgt nur einmal im Fall des Kinderprivilegs (vgl. N. 10 zu § 9) und der erhöhten Zeichnungspflicht (vgl. N. 6 zu § 16).

3. **Abrundung des steuerbaren Vermögens.** Nach § 17 VermStG. wird das steuerbare Vermögen auf volle Tausende nach unten abgerundet (vgl. S. 351). Demgemäß ist zunächst das ermittelte steuerbare Vermögen auf volle Tausende nach unten abzurunden; denn nur von dem so abgerundeten Vermögen ist ZwA. zu zeichnen. Alsdann ist der ZwABetrag zu berechnen; evtl. sind an ihm noch die zulässigen Kürzungen, z. B. infolge des Kinderprivilegs (§ 9 Abs. 3 ZwAG.), vorzunehmen; der dann verbleibende Zeichnungsbetrag ist gemäß § 10 nach unten oder oben abzurunden. Ehegatten, deren Vermögen nach § 13 VermStG., § 7 ZwAG. zusammenzurechnen ist, runden ihr Gesamtvermögen, nicht die einzelnen Vermögen auf volle Tausende nach unten ab; der gemeinsame Zeichnungsbetrag wird dann nach § 10 wiederum einmal abgerundet.

Durch die Abrundungsordnung (Anhang S. 95) wird § 10 ZwAG. nicht berührt (§ 9 Ziff. 3 a. a. O.). Unrichtig ist die Begründung hierzu in der Rundverfügung des RFM. vom 27. März 1923 (RStBl. S. 143), dies ergäbe sich schon daraus, daß die ZwA. keine Steuer i. S. des § 3 RAO. sei; vgl. N. 2 zu § 1.

Anrechnung von Reichsnotopferbeträgen auf die ZwA.

§ 11.

Ist auf das Reichsnotopfer über den gemäß § 36 des Vermögensteuergesetzes geschuldeten Betrag hinaus Zahlung geleistet, so ist der Mehrbetrag nebst den gemäß § 39 des Vermögensteuergesetzes darauf zu entrichtenden Zinsen auf Antrag auf die zu zeichnende Zwangsanleihe anzurechnen, und zwar,

soweit die Entrichtung durch Hingabe von selbstgezeichneter, verzinslicher, deutscher Kriegsanleihe erfolgt ist, in Höhe des Annahmewerts zum Reichsnotopfer,

soweit die Entrichtung in bar oder durch Hingabe von unverzinslichen Schatzanweisungen (Schatzwechseln) er-

folgt ist, unter Belassung der für bare Vorauszahlungen gewährten Vergütungen.

Mat.: RegE. § 11; Begr. S. 12; AusschBer. S. 35 und 53.

1. Entstehungsgeschichte.
2. Begrenzung der RNOPflicht durch § 36 VermStG.
3. Erstattung oder Anrechnung.
4. Anrechnung. Allgemeines.
5. Überzahlter Barbetrag.
6. Überzahlung durch Hingabe von Anleihestücken des Reiches.
7. Regelung der Überzahlung, wenn das RNO. teils durch Barzahlung, teils durch Hingabe von Anleihestücken beglichen wurde.

1. Entstehungsgeschichte. Im RTAusschuß sind die Worte „nebst den gemäß § 39 des Vermögenssteuergesetzes darauf zu entrichtenden Zinsen" unter Zustimmung der Regierung der Klarheit halber eingefügt worden. Im übrigen wie § 11 RegE.

2. Begrenzung der RNOPflicht durch § 36 VermStG. Durch § 36 VermStG. ist die Erhebung des RNO. auf einen Teil des veranlagten Betrages beschränkt worden. Der fortgefallene Teil ist durch den für 15 Jahre vorgesehenen Zuschlag zur VermSt. ersetzt worden (§ 1 Abs. 2, § 34a Ziff. 3 VermStG.). Demgemäß ist in § 19 NOAbwB. (Anhang S. 39) bestimmt, daß über die im § 36 VermStG. genannten Beträge hinaus das RNO. nicht mehr erhoben wird, sondern durch den Zuschlag zur VermSt. ersetzt ist. Dies hat eine Regelung erforderlich gemacht, was mit den RNO.-Zahlungen zu geschehen hat, die über die durch § 36 VermStG. festgesetzte Grenze hinaus geleistet worden sind.

Über diese Grenze ist folgendes zu sagen:

Nachdem ursprünglich die Zahlung des RNO. in einem oder mehreren Kapitalbeträgen zwar nachgelassen war, eine Zahlungsverpflichtung aber nur hinsichtlich einer jährlichen Tilgungsrente bestand (§ 31 RNOG.), wurde durch das Gesetz, betreffend die beschleunigte Veranlagung und Erhebung des RNO. vom 22. Dez. 1920 (RGBl. S. 2114) die Flüssigmachung eines größeren Teils der Abgabe in kurzer Frist angeordnet und zu diesem Zweck durch § 1 a. a. O. bestimmt, daß jeder Steuerpflichtige in den näher angegebenen Terminen 10 v. H. des abgabepflichtigen Vermögens, mindestens aber $1/3$ der Abgabe zu zahlen habe. Dieser Teil des RNO. ist an den bereits verstrichenen Terminen fällig gewesen und verbleibt dem Reich. Darüber hinaus ordnet § 36 VermStG. die Fälligkeit eines weiteren Teils des RNO. an: Bei abgabepflichtigen Vermögen über 1 027 000 M. erhöht sich die Zahlungspflicht derart, daß mindestens insgesamt 40 v. H. der Abgabe zu leisten sind. Hierzu sagt die Begr. zum VermStG. (S. 22):

> Durch die Verquickung von zwei verschiedenen Maßstäben (10 v. H. des Vermögens, mindestens aber ein Drittel der Abgabe) ist der Prozentsatz des beschleunigt zu entrichtenden Betrages, gemessen am Gesamtbetrage, ein ganz verschiedener. Die kleinen Vermögen haben mit 10 v. H. des

Vermögens das ganze oder nahezu das ganze Notopfer entrichtet, die mittleren einen geringeren, aber verhältnismäßig immer noch hohen Prozentsatz (Vermögen von 650 000 M. ungefähr 50 v. H., Vermögen von einer Million-Mark etwa 40 v. H. des gesamten Notopfers), die großen Vermögen über 1 500 000 M. ein Drittel der Abgabe. Die Zeitpunkte für die Zahlung sind in der Weise vorgesehen, daß ein Drittel der Gesamtabgabe in zwei gleichen Raten (also von je einem Sechstel der Gesamtabgabe) im Jahre 1921 zu entrichten ist, während der über ein Drittel der Abgabe hinausgehende Betrag bis zu 10 v. H. des Vermögens am 1. Mai 1922 zu bezahlen ist. Die großen Vermögen haben also ihre ganze Sofortzahlung im Jahre 1921 entrichtet. Für die mittleren und kleinen Vermögen bleibt noch ein Teil im Jahre 1922 zu zahlen. Um die sich hieraus ergebenden Verschiedenheiten zum Teil auszugleichen, ist vorgeschlagen, bei steuerpflichtigen Vermögen von 1 027 000 M. und darüber den Prozentsatz der Sofortzahlung von $33^1/_3$ auf 40 v. H. der Abgabe zu erhöhen. Die Grenze von 1 027 000 M. ist deshalb gewählt, weil bis zu 1 026 000 M. die Sofortzahlung in Höhe von 10 v. H. des Vermögens 40 v. H. der Gesamtabgabe ausmacht. Dem Gedanken der schärferen Heranziehung der Sachwerte ist außerdem dadurch Rechnung getragen, daß die Erwerbsgesellschaften (Aktiengesellschaften, Kommanditgesellschaften auf Aktien, Kolonialgesellschaften, Gesellschaften mit beschränkter Haftung, Berggewerkschaften u. a.) im Jahre 1922 noch eine besondere Abgabe in Höhe der Hälfte der Notopferschuld zu entrichten haben, obwohl sie mit der vorgeschriebenen Sofortzahlung bereits ihr ganzes Notopfer abgebürdet haben. Die Folge dieser Erhöhung ist also, daß nunmehr bei allen Abgabepflichtigen die Sofortzahlung mindestens 40 v. H. (statt jetzt $33^1/_3$ v. H.) beträgt und daß alle Abgabepflichtigen auch im Jahre 1922 noch einen Teil der Sofortzahlung zu entrichten haben.

Demgemäß bestimmt § 15 RNAbwV.:

Beträgt das abgabepflichtige Vermögen 1 027 000 M. oder darüber, so erhöht sich der zu erhebende Reichsnotopferbetrag auf 40 v. H. der Abgabe. Infolge der Vorschrift des § 26 Abs. 2 des Gesetzes über das Reichsnotopfer — Kinderprivileg — ist aber der Betrag von 1 027 000 M. nicht allein maßgebend. Zur einfachen Ermittelung der Fälle, in denen eine Erhöhung noch vorzunehmen ist, sind die Pflichtigen auszusondern, bei denen in Spalte 12 der Notopferliste A der Notopferbetrag auf mehr als 256 800 M. festgestellt ist. In diesem Falle ist nach den Akten zu errechnen, ob 40 v. H. der Abgabe mehr betragen als der bisher beschleunigt zu entrichtende Notopferbetrag.

Beispiel: Ein Abgabepflichtiger mit vier Kindern und einem abgabepflichtigen Vermögen von 1 200 000 M. würde unter Berücksichtigung des § 26 Abs. 2 des Gesetzes über das Reichsnotopfer als Reichs-

notopfer 291 666 M. zu zahlen haben. 40 v. H. von 291 666 M. würden betragen 116 666 M. Nach dem Gesetze, betreffend die beschleunigte Veranlagung und Erhebung des Reichsnotopfers, waren aber bereits 10 v. H. von 1 200 000 M. = 120 000 M. zu zahlen. Eine Erhöhung kommt hier also nicht in Frage.

Der RNOBetrag, der dem Unterschied von $33^1/_3$ v. H. zu 40 v. H. entspricht, ist nicht vom 1. Jan. 1920, sondern erst von der Fälligkeit, d. h. zur einen Hälfte vom 1. Mai, zur anderen Hälfte vom 1. Nov. 1922 ab mit 5 v. H. zu verzinsen (§ 104 RAO.), da im § 36 VermStG. eine dem § 30 RNOG. entsprechende Bestimmung fehlt (Thümen S. 255). Der Betrag kann nur in bar (Überweisung) oder durch Hingabe von Bescheinigungen gezahlt werden, die seinerzeit über Einlieferung von Reichsanleihestücken oder Reichsschuldbuchforderungen ausgestellt worden sind und sich etwa noch in den Händen des Abgabepflichtigen befinden.

Daraus ergibt sich, daß alles, was über 40 v. H. der veranlagten Abgabe an RNO. gezahlt worden ist, nunmehr auf Grund der durch § 36 VermStG. erfolgten Gesetzesänderunderung dem Reich nicht mehr geschuldet ist. Die Einleitung des § 36, daß das RNO. mindestens zu einem Drittel erhoben werde, ist also mißverständlich: nicht mindestens $33^1/_3$ v. H., sondern mindestens 40 v. H. des veranlagten Betrages werden erhoben (Thümen S. 251; Koppe, VermStG. S. 317). Maßgebend für die Berechnung des Überbetrages ist die vorläufige Veranlagung auf Grund des Gesetzes vom 22. Dez. 1920, die durch § 28 ZwAG. in fast allen Fällen zur endgültigen geworden ist (vgl. die N. 4 zu § 28).

Die RNOPflicht der Ausländer ist in folgender Weise geregelt (§ 36 Abs. 3 VermStG.):

Die notopferpflichtigen Ausländer waren durch Art. 1 Ziff. 15 des Gesetzes vom 6. Juli 1921 zur Abänderung der Gesetze über das Reichsnotopfer und die Kriegsabgabe vom Vermögenszuwachs (RGBl. S. 838) von der beschleunigten Veranlagung und Erhebung eines Teils des RNO. befreit: Anderseits war der Beginn der Rentenpflicht durch § 31 RNOG. in der Fassung des Art. 1 Ziff. 7 des genannten Gesetzes allgemein, also auch für Ausländer, bis zum 1. Okt. 1922 hinausgeschoben worden. Um die notopferpflichtigen Ausländer nicht frei ausgehen zu lassen, ist nunmehr für sie in § 36 Abs. 2 VermStG. eine nachträgliche Tilgungsrentenpflicht für die Zeit vom 1. Jan. 1920 bis zum 31. Dez. 1922 vorgesehen worden. Zur Durchführung der Veranlagung der Ausländer bestimmt § 17 NOAbwV., daß für die Ausländer das abgabepflichtige Vermögen und die volle Abgabe nach dem RNOG. zu berechnen ist. Der durch 500 nicht teilbare Betrag der Abgabe und die für längstens drei Jahre laufenden, im voraus vierteljährlich zahlbaren Tilgungsrenten, zu 6,5 v. H. gerechnet, sind einzuziehen. Die Zahlungspflicht erlischt am Ende des Vierteljahres, in dem

der Ausländer Deutschland verläßt, mit Ausnahme der auf inländisches Grund- und Betriebsvermögen entfallenden Beträge. Die Veranlagung der Angehörigen alliierter oder assoziierter Mächte soll vorbereitet werden, soweit dies ohne Zwangsmaßnahmen möglich ist; die Festsetzung und Beitreibung der Steuerschuld ist aber bis auf weiteres auszusetzen.

Die Vorschrift des § 36 Abs. 3 VermStG. über die für Renten zu zahlenden NOBeträge rechtfertigt sich aus ähnlichen Gesichtspunkten wie die Vorschrift des Abs. 2. Vom Kapitalwert von Renten (§ 9 Ziff. 5 RNOG.) wurde nach der besonderen Vorschrift des § 51 RNOG. das RNO. nur in Form von Tilgungsrenten erhoben; diese Bestimmung war durch das Gesetz vom 22. Dez. 1920 nicht berührt worden, eine beschleunigte Erhebung des RNO. fand also insoweit gleichfalls nicht statt. Andererseits war der Beginn der Tilgungspflicht auch hier durch die obengenannte Bestimmung auf den 1. Okt. 1922 aufgeschoben worden. Um auch die Renten nicht frei ausgehen zu lassen, ist für sie in der gleichen Weise wie für das RNO. der Ausländer eine nachträgliche Tilgungsrentenpflicht auf die Dauer von drei Jahren (1920 bis 1922) angeordnet worden. Auf die Veranlagung findet § 17 NOAbwV. (s. Anhang S. 38) entsprechende Anwendung (§ 18 a. a. O.). Es ist also der Kapitalwert der Rente auf den 31. Dez. 1919 festzustellen und die 6½ prozentige Tilgungsrente von diesem Kapitalwert zu berechnen. Besitzt der Abgabepflichtige außer der Rente noch anderes Vermögen, so ist die nachträgliche Tilgungsrente nur von dem Teil des ursprünglichen RNO. zu berechnen, der verhältnismäßig auf den Wert der kapitalisierten Rente entfällt (§ 18 NOAbwV.). Das Verhältnis ergibt sich aus dem Wert des gesamten veranlagten Vermögens zu dem veranlagten Kapitalwert der notopferpflichtigen Rente.

3. **Erstattung oder Anrechnung.** Vorweg ist zu bemerken: Es findet nur die Erstattung oder Anrechnung der zuviel gezahlten Nominalbeträge ohne Rücksicht auf die inzwischen eingetretene Geldentwertung statt. Der Steuerpflichtige, der „der äußersten Not des Reichs“ (§ 1 RNOG.) seinerzeit mehr opferte, als er schließlich schuldete, erhält also nur einen Bruchteil des zuviel hingegebenen Geldwerts zurück. Wegen der Anrechnung von Zahlungen vor dem 31. August 1922 zum doppelten Nominalbetrag vgl. N. 6 zu § 2 ZwAG., N. 5 zu § 11 ZwAG.).

Über den zuviel gezahlten NOBetrag ist folgendes bestimmt:

Von Amts wegen geschieht nach dem Gesetze nichts, behält vielmehr das Reich den ihm über die Grenzen des § 36 VermStG. hinaus gezahlten RNOTeil (Überbetrag). Der Steuerpflichtige hat seinerseits die Wahl, ob er Erstattung (§ 39 VermStG.) oder Anrechnung des Überbetrags nebst der überzahlten Zinsen auf die ZwA. (§ 11 ZwAG.) beantragen will.

Daß nach dem Gesetz von Amts wegen nichts geschieht, hat seinen Grund darin, daß bei der Beratung des Gesetzes die Regierung den

Standpunkt vertrat, die FA. könnten neben ihren anderen vielfachen Obliegenheiten nicht auch noch die Nachprüfung sämtlicher RNOErklärungen vornehmen. Deshalb wurden Anträge, die Erstattung von Amts wegen vorzunehmen, im RTAusschuß abgelehnt. Die Anrechnung des Überbetrages auf die VermSt. ist gleichfalls nicht angeordnet worden, um die FA. nicht zu überlasten. Die anzurechnenden Beträge hätten vielfach die einjährigen Raten der Vermögenssteuer überstiegen, die Anrechnung hätte sich infolgedessen in solchen Fällen auf mehrere Jahre erstrecken müssen und dann insbesondere auch wegen der erforderlichen Zinsberechnungen zu einer Art von Kontokorrentrechnung zwischen den einzelnen Steuerpflichtigen und den FA. geführt, die nach Ansicht der Regierung eine für die letzteren nicht erträgliche Arbeitslast bedeutet hätte. Bei der ZwA. bestehen diese Schwierigkeiten der Anrechnung nicht, da sie nur eine einmalige Steuer ist und daher nur eine einmalige Abrechnung zwischen dem FA. und dem Steuerpflichtigen nötig ist (vgl. Begr. S. 12).

Die Ausführungsbestimmungen des RFM. (RNOAbwB., Anhang S. 36 ff.) haben gegenüber der im ZwAG. selbst vorgesehenen Regelung insofern eine Erleichterung gebracht, als die Anrechnung der auf das RNO. überzahlten Beträge auf die ZwA. nicht von einem ausdrücklichen Antrage des Zeichnungspflichtigen abhängig gemacht ist, vielmehr nur dann unterbleibt, wenn der Antragsteller der Anrechnung bis zum 31. März 1923 ausdrücklich widerspricht. Ohne solchen ausdrücklichen Widerspruch gilt also der Antrag auf Anrechnung als gestellt. Beantragt der Pflichtige die Erstattung des Überbetrages, so ist mit ihm zunächst darüber zu verhandeln, ob und inwieweit nicht etwa doch die Anrechnung auf die ZwA. erfolgen solle (§ 25 RNOAbwB.). Hat der Abgabepflichtige der Anrechnung widersprochen und ist bei dem Verlangen auf Erstattung verblieben, so ist einem späteren erneuten Antrag auf Anrechnung nicht mehr stattzugeben (§§ 32, 33 RNOAbwB.). Ob die Beschränkung des Erstattungsanspruches nach diesen Bestimmungen rechtsgültig ist, ist zweifelhaft. § 39 Abs. 1 sieht eine derartige Beschränkung der Antragsfrist nicht vor. Strutz (VermStG., Anm. 1 zu § 39) hält daher nur § 130 RAO. für maßgebend, der bestimmt: „Wo außer den Fällen der §§ 128 und 129 Erstattungsansprüche aus Rechtsgründen zugelassen sind, erlöschen sie, falls nichts anderes bestimmt ist, wenn sie nicht bis zum Schlusse des Jahres geltend gemacht werden, das auf das Jahr folgt, in dem die Ereignisse, die den Anspruch begründen, eingetreten sind." Danach würde der Erstattungsanspruch erst am 31. Dez. 1923 erlöschen.

Ist der Steuerpflichtige, der zum RNO. mehr, als er schuldete, geleistet hat, vor dem 31. Dez. 1922 verstorben, so haben seine Erben den Anspruch auf Erstattung bezw. Anrechnung des Überbetrages auf die ZwA. Der Erstattungsanspruch wird ausschließlich nach den Verhältnissen des Erblassers berechnet, also in dieser Beziehung fingiert, daß er noch lebe (Thümen S. 263).

Die einzelnen Erben können über die ihren Erbteil entsprechenden Teile des **Überbetrages** in der angegebenen Weise (Erstattung oder Anrechnung auf die ZwA.) verfügen. Jeder ist dabei von dem anderen unabhängig. Der Erstattungsanspruch ist abtretbar und pfändbar. Die Abtretung oder Pfändung schließt die Anrechnung auf die ZwA. aus.

4. Anrechnung. Allgemeines. Wird der Antrag gestellt, den Überbetrag auf die ZwA. anzurechnen, oder gilt er als gestellt, so entfällt die Zeichnungspflicht hinsichtlich der ZwA. in Höhe des Überbetrages. Auch eine Verpflichtung, das vorgeschriebene Zeichnungsformular auszufüllen, ist insoweit erledigt. Denn das ZwAG. kennt keine Zeichnung, die nicht mit der Einzahlung des gezeichneten Betrages verbunden wäre (§ 12 und N. 4 dazu). Für den Antrag genügt jeder ihn kenntlich machende Inhalt. Empfänger ist das für die Erteilung des Bescheides aus § 14 zuständige FA., nicht eine Annahmestelle für die Zeichnungen der ZwA. (§ 19).

Die Durchführung der Anrechnung ist in den §§ 25 ff. NOAbwV. wie folgt geregelt: Ist ein Widerspruch des Abgabepflichtigen nicht eingegangen, so hat das FA. festzustellen, welcher Betrag auf das RNO. überzahlt worden ist und wann die Überzahlung stattgefunden hat. Als überzahlt gilt ohne Rücksicht auf die Art der Entrichtung der Betrag, der den nach § 36 VermStG. geschuldeten Betrag überschreitet (§ 25 NOAbwV.). Das FA. hat sodann zu berechnen, welchen ZwABetrag der Abgabepflichtige schuldet und wieviel ZwA. von dem überzahlten Betrage zuzüglich der Zinsen bei Berücksichtigung des Zeichnungskurses hätte gezeichnet werden können, der für eine Zeichnung an dem im § 35 vorgesehenen Tage maßgebend gewesen ist, in der Regel also bei einem Kurs von 94 v. H. (s. u.). Spitzenbeträge, die sich hierbei ergeben, sind in bar zu erstatten. Auf Anweisung des FA. hat die Finanzkasse den ihr ziffermäßig vom FA. zu bezeichnenden Nennbetrag an ZwA. zu dem ihr vom FA. gleichfalls anzugebenden Zeichnungskurse zugunsten des Zeichnungspflichtigen zu zeichnen, den Zeichnungspreis an die Annahmestelle zu zahlen und den etwaigen Spitzenbetrag an den Zeichnungspflichtigen in bar herauszuzahlen. In der Anweisung sind Wünsche, die der Zeichnungspflichtige über die Stückelung der JSchVerschr. dem FA. geäußert hat, anzugeben. Diese Wünsche sind von der Finanzkasse bei der Zeichnung zu beachten. Der auf die ZwA. angerechnete Betrag der Überzahlung nebst Zinsen ist von der Finanzkasse als bare Herauszahlung auf das RNO. zu verbuchen (§ 38 NOAbwV., § 58 VStZwAAB.). Der Zeichnungspflichtige erhält gegen Empfangsschein die Zeichnungsquittung der Annahmestelle, gegen diese Quittung kann er die JSchVerschr. von der Annahmestelle beziehen (§ 58 VStZwAAB.).

§ 18 ZwAG., der im engen Zusammenhang mit § 11 ZwAG. steht, bestimmt, daß, wenn ein Antrag auf Anrechnung des **Überbetrages** gestellt wird, die Berechnung zunächst auf die nach § 13 zu leistende Vorauszeichnung

erfolgt. Dieser Grundsatz, daß das Reich Beträge, die es schon vor dem Inkrafttreten des ZwAG. erhalten hat, auf die zuerst fälligen ZwAZeichnungen anrechnet, entspricht einem allgemeinen Rechtsgrundsatz (vgl. § 366 Abs. 2 BGB.).

Zu einem der Anrechnung ähnlichen Ergebnis kann der Zeichnungspflichtige, selbst wenn er zunächst der Anrechnung widersprochen hatte, noch auf dem Wege des § 103 RAO. kommen, der bestimmt:

> Die Steuerpflichtigen sind berechtigt, gegen Steueransprüche des Reichs mit unbestrittenen oder rechtskräftig festgestellten Gegenansprüchen aufzurechnen.

Soweit also die RNOVeranlagung unbestritten oder rechtskräftig ist — in letzterer Hinsicht ist § 28 ZwAG. zu beachten — und demgemäß der Überbetrag feststeht, kann auch noch nach rechtskräftiger Veranlagung zur ZwA. (§ 14) die Aufrechnung mit dem Überbetrag gegen den Anspruch auf Zeichnung von ZwA. erfolgen. Die Voraussetzung, daß es sich bei der ZwA. um einen Steueranspruch des Reichs handelt, ist gegeben (vgl. N. 2 zu § 1 ZwAG.). Die Aufrechnungserklärung hat gegenüber dem FA., das den Bescheid aus § 14 erteilt hat, zu erfolgen. Eine Frist ist nicht gegeben, die Aufrechnungserklärung ist zulässig, solange nicht der Steueranspruch des Reiches durch Zahlung (Zeichnung) oder Beitreibung erloschen ist (§ 39 VermStG.).

Im ZwAG. selbst ist die Frage nicht entschieden, welcher der im § 2 vorgesehenen Zeichnungspreise bei der Anrechnung des Überbetrages auf die ZwA. zugrunde zu legen ist. Der RegE. ging von einem einheitlichen Zeichnungspreis von 100 v. H. aus; es lag daher für ihn keine Veranlassung vor, eine Bestimmung über den Zeichnungspreis bei der Anrechnung zu treffen. Als im RTAusschuß die ansteigende Skala des § 2 ZwAG. beschlossen wurde, erfolgte eine Regelung hierüber nicht. Es ließe sich die Ansicht vertreten, daß bei der Anrechnung ein Zeichnungspreis von 100 v. H. als der normale anzusetzen sei, da der Ab- und Zuschlag nur zur Erzielung möglichst frühzeitigen Geldeinganges vorgesehen ist, dieser aber bei der Anrechnung des Überbetrages nicht in Frage kommt. Dies würde aber nicht den Umstand berücksichtigen, daß sich das Reich seit Beginn der Zeichnungsfrist im Besitz der überzahlten Beträge befindet. Infolgedessen ist in einer amtlichen Pressenotiz, die durch Erlaß des RFM. vom 27. Juli 1922 — III E 12635 — mitgeteilt wurde und Ende Juli 1922 durch die Tagesblätter ging, die Anrechnung der überzahlten Beträge zum Kurs von 94 v. H. in Aussicht gestellt worden. Dementsprechend bestimmt § 35 NOAbwB., daß als Tag der Anrechnung bei den bis zum 31. Juli 1922 erfolgten Überzahlungen auf das RNO. der 31. Juli 1922, bei den später erfolgten Überzahlungen der letzte Tag des Monats, in dem die Überzahlung erfolgt ist, zu gelten hat. In der Regel hat also die Anrechnung zum Kurs von 94 v. H. auf die Vorauszeichnung zu geschehen. Die Anrechnung erstreckt sich auch auf die Zinsen, die der Steuerpflichtige auf den Überbetrag

vom 1. Jan. 1920 bis zur Entrichtung bezahlt hat. Kapital und Zinsbetrag werden auf die ZwA. angerechnet. Anderseits ist der auf die ZwA. angerechnete Überbetrag ohne Rücksicht auf die Art der auf das RNO. erfolgten Zahlung vom Beginne des auf die Zahlung folgenden Monats vom Reich mit 5 v. H. zu verzinsen. Kapitalertragssteuer wird nicht erhoben. Bei den bis zum 31. Juli 1922 erfolgten Überzahlungen läuft die Verzinsung bis zum 31. Juli 1922, bei den später erfolgten Überzahlungen bis zum letzten Tag des Monats, in dem die Überzahlung erfolgt ist. Eine Verzinsung erfolgt nicht, wenn die Summe der Zinsen den Betrag von 100 M. nicht erreicht oder soweit die Überzahlung auf einen Erlaß aus Billigkeitsgründen (§ 108 RAO.) beruht (§ 36 RNOAbwV.). Die Anrechnung erfolgt zunächst auf den überzahlten RNOBetrag (einschließlich der vom Steuerpflichtigen seinerzeit mitbezahlten Zinsen). Danach erfolgt die Anrechnung auf die vom Reich zu vergütenden Zinsen, und zwar zum gleichen Zeichnungskurs wie auf den Betrag, von dem die Zinsen zu entrichten sind (§ 37 RNOAbwV.). Bei mehreren zeitlich nacheinander erfolgten Zahlungen auf das RNO. findet die Anrechnung in der umgekehrten zeitlichen Reihenfolge statt. Eine Anrechnung der Zinsen allein ist unzulässig.

5. Überzahlter Barbetrag. Hat der Steuerpflichtige das volle RNO. durch bare Zahlung geleistet, so kann er die bare Erstattung des Überbetrages und der vom Reich darauf geschuldeten Zinsen beantragen (§ 39 VermStG.; vgl. N. 4 am Schluß). Geschieht dies nicht, so erfolgt die Anrechnung auf die ZwA., nur ein etwaiger Restbetrag wird bar erstattet. Die Anrechnung erfolgt, sofern die Überzahlung vor dem 31. Aug. 1922 erfolgte, zum doppelten Nominalbetrag (vgl. N. 6 zu § 2).

Beispiel.

Ein unverheirateter Abgabepflichtiger hatte am 31. Dez. 1919 ein Vermögen von 541 000 M. Abgabepflichtig 536 000 M., ursprüngliches RNO. 100 000 M. Er hatte gezahlt:

a) am 30. Juni 1920 in bar 60 000 M. abzüglich 8 v. H. Vergütung zuzüglich 5 v. H. Zinsen seit dem 31. Dez. 1919, wirkliche Zahlung also 56 700 M.,

b) am 31. Dez. 1920 in bar 40 000 M. abzüglich 4 v. H. Vergütung zuzüglich 5 v. H. Zinsen seit dem 31. Dez. 1919, wirkliche Zahlung also 40 400 M.

Das endgültige RNO. beträgt 10 v. H. von 536 000 M. = 53 600 M. Er hat also überzahlt 100 000 M. — 53 600 M. = 46 400 M. Der Zeichnungsbetrag sei 50 000 M., zum Julikurs von 94 v. H. sind hierauf $\frac{50\,000 \times 94}{100}$ = 47 000 M. zu entrichten. Angerechnet werden auf den Zeichnungspreis die zu b genannten 40 000 M. zuzüglich Zinsen = 42 000 M., und zwar gemäß § 2 Abs. 3 ZwAG. zum doppelten Nominalbetrag. Damit ist der Zeichnungspreis von 47 000 M. bereits voll getilgt.

In bar zu erstatten bleiben:

1. von den zu a genannten 60 000 M., einschl. der Vergütung und den Zinsen der Teil, der notopferfrei geworden (61 500 — 54 940 = 6 560 M.),
2. 5 v. H. Zinsen von 42 000 M. vom 1. Jan. 1921 bis 31. Juli 1922,
3. 5 v. H. Zinsen von 6560 M. vom 1. Juli 1921 bis zur Zahlung.

Eine Erstattung der zum doppelten Nominalbetrag angerechneten 42 000 M. findet nach § 2 letzter Satz auch insoweit nicht statt, als der doppelte Betrag auf den Zeichnungspreis der ZwA. keine Anrechnung findet. In dem in § 26 NOAbwV. angeführten Beispiel sind die Zinsen nicht berücksichtigt.

Als bare Einzahlung gilt auch die seinerzeitige Hingabe von unverzinslichen Schatzanweisungen, Schatzwechseln oder von ausländischen Zahlungsmitteln. Die Erstattung auf die in ausländischer Währung erstattete Abgabe nebst Zinsen erfolgt nach § 25 Abs. 2 NOAbwV. in Mark zu dem Kurse, zu dem die ausländischen Zahlungsmittel seinerzeit von der Devisenbeschaffungsstelle übernommen worden sind (§ 16 VO. über die Festsetzung und Zahlung des RNO. in ausländischer Währung vom 19. Febr. 1921, ZBl. S. 208). Diese Bestimmung erscheint ungültig. § 37 RNOG. lautet:

> Auf Antrag des Abgabepflichtigen ist der Teil der Abgabe, welcher auf Vermögenswerte in ausländischer Währung entfällt, auch in der jeweils in Betracht kommenden ausländischen Währung festzusetzen. Dieser Teil der Abgabe sowie jeder einzelne im Falle des § 31 auf ihn zu zahlende Rentenbetrag kann von dem Abgabepflichtigen in der betreffenden ausländischen Währung entrichtet werden. Die näheren Bestimmungen zur Ausführung dieser Vorschriften erläßt der Reichsminister der Finanzen.

Hat der Abgabepflichtige von seinem Wahlrecht dahin Gebrauch gemacht, daß er Beträge in fremder Währung bezahlte, so hat er durch diese Zahlung die insoweit gleichfalls in fremder Währung festgesetzte RNOSchuld getilgt. Er hat also nicht lediglich eine in Reichsmark festgesetzte Schuld durch fremde Zahlungsmittel beglichen. Diese waren also auch nicht zwecks Tilgung der Schuld nach dem Kurs des Zahlungstages umzurechnen. Demgemäß ist nicht ein Reichsmark-, sondern ein fremder Währungsbetrag bezahlt worden. Nach § 39 VermStG. ist aber „der überzahlte Betrag" zu erstatten, demgemäß ist der fremde Währungsbetrag selbst oder sein Gegenwert in Reichsmark nach dem Kurs, an dem die Erstattung erfolgt, zurückzuzahlen. Gesetzlich gewährte Rechte können durch Ausführungsbestimmungen des RFM. nicht beseitigt oder beschränkt werden.

6. **Überzahlung durch Hingabe von Anleihestücken des Reichs** Die Begleichung des RNO. war außer durch Barzahlung auch durch Hingabe von Schuldverschreibungen, Schuldbuchforderungen und Schatzanweisungen der Kriegsanleihen des Deutschen Reichs möglich (§ 43 RNOG.; vgl. o. N. 2). Soweit es sich um nachweislich vom Steuerpflichtigen oder seinem

Erblasser (§ 32 Abs. 2 RNOAbwV) selbst gezeichnete Stücke von Kriegsanleihen handelte, wurden diese bis zum Ablauf eines Monats nach der Zustellung des einstweiligen Steuerbescheides, jedenfalls aber bis zum 1. Juli 1921, zu Vorzugskursen angenommen (VO. vom 26. Jan. 1921 und Erl. vom 17. März 1921; vgl. die Einzelheiten S. 383 f.). Soweit das RNO. durch Hingabe solcher selbstgezeichneten Kriegsanleihestücke getilgt wurde, erfolgt die Anrechnung eines Überbetrages auf die ZwA. in Höhe des Annahmewertes zum RNO.

Beispiel: In dem auf S. 378 genannten Falle ist das RNO. am 30. Juni 1920 durch Hingabe von 100 000 M. 5 prozentiger selbstgezeichneter Kriegsanleihe mit den am 1. Juli 1920 und später fällig werdenden Zinsscheinen entrichtet worden. Da deren Annahmewert 100 v. H. betrug, sind einschließlich der Zinsen für sechs Monate 102 500 M. bezahlt worden, Zu entrichten waren lediglich 53 600 M. nebst 5 v. H. für sechs Monate, d. h. 54 940 M.; es sind also 102 500 M. — 54 940 M. = 47 560 M. überzahlt worden. Hierauf wird der ZwAZeichnungsbetrag von 47 000 M. angerechnet. Der Restbetrag von 560 M. wird in Anleihestücken der hingegebenen Art mit den am 1. Juli 1923 und später fällig werdenden Zinsscheinen erstattet. Der Ausreichungskurs für 5 prozentige Kriegsanleihe mit den am 1. Juli 1920 und später fällig werdenden Zinsscheinen war 100 v. H. (AusfBest. zum RNOG., Muster 33, Sp. 6), mithin Ausreichungskurs im vorliegenden Fall (12 × 1,25; vgl. § 30 RNOAbwV.) 85 v. H.; der Zeichnungspflichtige erhält also 600 M. nominal 5 prozentige Kriegsanleihe mit den Zinsscheinen vom 1. Juli 1923 ab im Ausreichungswert von 510 M. zurück. Der Rest von 50 M. sowie 5 v. H. Zinsen von a) 47 000 M. vom 1. Juli 1920 bis zum 31. Juli 1922, b) 510 M. vom 1. Juli 1920 bis zum 1. Jan. 1923 (Laufbeginn der am 1. Juli 1923 fälligen Zinsen), c) von 50 M. vom 1. Juli 1920 bis zur Zahlung sind bar zu erstatten.

Statt der Anrechnung auf die ZwA. kann die Erstattung selbstgezeichneter Kriegsanleihe gemäß § 39 VermStG. beantragt werden. Die Erstattung erfolgt zu den in § 29 Abs. 2 RNOAbwV. näher bezeichneten Ausreichungskursen. Da die Rückgabepflicht des Reichs hinsichtlich des Überbetrages durch das ältere VermStG. angeordnet worden ist, werden vielfach Erstattungsanträge gestellt worden sein, die die Antragsteller nach Bekanntwerden der Anrechnungsmöglichkeit auf die ZwA. nicht werden aufrechterhalten, vielmehr in Anrechnungsanträge umwandeln wollen. Solange die Erstattung nicht erfolgt ist, ist eine Änderung des Antrages in dem gedachten Sinn für zulässig zu halten. Hat allerdings die Rückgewähr der Kriegsanleihestücke stattgefunden, so kann eine Anrechnung nicht erfolgen. Der RFM. hat vor Verkündung des ZwAG. die Zeichnungspflichtigen in einem durch die Tagesblätter bekanntgemachten Erlaß vom 1. April 1922 über die Abwickelung des RNO. — III E 5785 — gewarnt, die Rück-

gewähr selbstgezeichneter Kriegsanleihe auf Grund des § 39 VermStG. zu beantragen. In dem ZwAG. ist aber die Anrechnung nicht davon abhängig gemacht worden, daß vorher nicht die Erstattung gemäß § 39 VermStG. beantragt wurde. Es hätte dies im Gesetz zum Ausdruck kommen müssen. Jedenfalls kann ein vor Erlaß der RNOAbwV. gestellter Erstattungsantrag nicht als Widerspruch gegen die Anrechnung des Überbetrages auf die ZwA. gemäß § 25 I. c. gedeutet werden (a. A. Koppe-Ball, Abwickelung des RNO. S. 166; Thümen-Hotop S. 193). Der Erlaß des RFM. vom 1. April 1922 hat folgenden Wortlaut:

Nach dem Entwurf des neuen Vermögensteuergesetzes, mit dessen unveränderter Annahme gerechnet werden kann, ist das Reichsnotopfer mit 10 v. H. des abgabepflichtigen Vermögens, mindestens aber zu einem Drittel der Abgabe zu erheben; bei abgabepflichtigen Vermögen, die 1 027 000 M. und darüber betragen, erhöht sich der zu erhebende Betrag auf 40 v. H. der Abgabe. Soweit dieser Betrag nicht bereits beschleunigt entrichtet ist, wird er zur Hälfte am 1. Mai, zur anderen Hälfte am 1. November 1922 fällig.

Beispiele:

1. Bei einer Million abgabepflichtigen Vermögens betrug das Notopfer 246 000 M. Beschleunigt zu entrichten waren 100 000 M. 40 v. H. des Notopfers betragen 98 400 M.; eine Auffüllung des Notopfers findet also nicht statt.

2. Bei einem abgabepflichtigen Vermögen von 1 300 000 M. betrug das Notopfer 366 000 M. Beschleunigt zu entrichten waren 130 000 M. (mehr als ein Drittel der Abgabe). 40 v. H. des Notopfers betrugen 146 400 M.; das beschleunigt zu entrichtende Notopfer erhöht sich um 16 400 M.

Es sind also zu entrichten:

a) nach BNOG.: 1921 in zwei gleichen Teilbeträgen $\frac{366\,000}{3}$ = 122 000 M.;

b) nach BNOG.: 1922 der überschießende Teil 130 000 — 122 000 M. = 8000 M.;

c) nach dem VermStG.: 1922 noch 146 400 — 130 000 M. = 16 400 M., davon am 1. Mai 8200 M., am 1. November 8200 M.

3. Bei einem abgabepflichtigen Vermögen von 2 000 000 M. betrug das Notopfer 671 000 M. Beschleunigt zu entrichten waren 223 667 M. (mehr als 10 v. H. des Vermögens). 40 v. H. des Notopfers betragen 268 400 M.; das beschleunigt zu entrichtende Notopfer erhöht sich also um 44 733 M.

Es sind hier also zu entrichten:

a) nach BNOG.: 1921 in zwei gleichen Teilbeträgen $\frac{671\,000}{3}$ = 223 667 M.;

b) nach BNOG.: 1922 weiter nichts;

c) nach dem VermSGt.: 1922 noch 268 400 — 223 667 M. = 44 733 M., davon am 1. Mai 22 366 M., am 1. November 22 367 M.

Hat ein Abgabepflichtiger oder sein Rechtsvorgänger mehr als den beschleunigt zu entrichtenden Teil des Reichsnotopfers (also 10 v. H. der Vermögens, 40 v. H. der Abgabe) nebst den darauf entfallenden Zinsen bezahlt, so ist ihm der überzahlte Betrag auf Antrag zu erstatten; solange eine endgültige Veranlagung nicht durchgeführt ist, ist hierbei von der vorläufigen Veranlagung auszugehen.

Abgabepflichtige, die Ende dieses Jahres über 60 Jahre alt oder erwerbsunfähig oder nicht nur vorübergehend behindert sind, ihren Lebensunterhalt durch eigenen Erwerb zu bestreiten, und deren steuerpflichtiges Vermögen Ende dieses Jahres hauptsächlich aus Kapitalvermögen besteht und nicht mehr als 500 000 M. beträgt, erhalten auf Antrag das ganze Reichsnotopfer zurück, wenn ihr Vermögen auch am Notopferstichtag ebenso beschaffen war. Ein gestundeter Betrag ist insoweit zu erlassen.

Die Rückzahlungen, die durch die Beschränkung des Notopfers auf 10 v. H. des Vermögens oder auf 40 v. H. der Abgabe erforderlich werden, können erst nach Erlaß der im § 41 Abs. 5 vorbehaltenen Ausführungsbestimmungen erfolgen. Hierzu ist also einstweilen von den Finanzämtern nichts zu veranlassen. Etwa eingehenden Anträgen ersuche ich einstweilen mit dem Hinweis darauf zu begegnen, daß sich eine Erstattung jetzt, *soweit es sich um die Rückgabe selbstgezeichneter Kriegsanleihen handelt*, nicht empfiehlt, weil das vorstehende Gesetz über die Zwangsanleihe voraussichtlich eine Anrechnung solcher Kriegsanleihen auf die Zwangsanleihe vorsehen wird. Für die Beteiligten kann deshalb zunächst kein Interesse daran bestehen, die über die Notopferschuld hinaus hingegebenen Kriegsanleihen schon jetzt zurückzuerhalten. Es ist sogar nicht ausgeschlossen, daß das Zwangsanleihegesetz die Anrechnung zurückverlangter Kriegsanleihen auf die Zwangsanleihepflicht versagen wird.

Sollten Anträge auf Rückgabe selbstgezeichneter Kriegsanleihe, die über die jetzige Notopferschuld hinaus hingegeben sind, in großer Zahl bei den Finanzämtern einlaufen, so wird es sich empfehlen, in den Tageszeitungen darauf hinzuweisen, daß solche Anträge zurzeit noch zwecklos und insoweit auch bedenklich sind, als mit ihnen selbstgezeichnete Kriegsanleihe zurückgefordert wird, da diese vielleicht damit ihre Verwertbarkeit für die Hingabe auf die Zwangsanleihe verliert.

Die Finanzämter ersuche ich anzuweisen, bevor sie jetzt noch Notopferbeträge einfordern, zunächst die Vorschriften des neuen Vermögensteuergesetzes und insbesondere die § 38 (Tod des Notopferpflichtigen), § 39 (Auswanderung des Notopferpflichtigen), § 40 (Konkurs des Not-

opferpflichtigen) sowie die §§ 41, 42 daraufhin zu prüfen, ob der einzufordernde Betrag endgültig in der Reichskasse verbleiben wird. Es muß unter allen Umständen verhütet werden, daß jetzt noch Beträge eingezogen werden, die in absehbarer Zeit wieder zurückgezahlt werden müssen. Das trifft im Hinblick auf den § 42 des Vermögensteuergesetzes besonders bei Kleinrentnern mit einem Vermögen von weniger als 500 000 M. zu. Bei diesen ist künftig von Einforderungen weiterer Notopferraten, jedenfalls aber von Einforderung von Sicherheitsleistung (§ 32 RNOG.) abzusehen.

Über die Annahme selbstgezeichneter Kriegsanleihe zum RNO. galt folgendes:

Durch § 43 RNOG. war bestimmt, daß nachweislich selbstgezeichnete Schuldverschreibungen, Schuldbuchforderungen, Schatzanweisungen der Kriegsanleihen des Deutschen Reiches bis zum 31. Dez. 1920 zum Vorzugskurs an Zahlungs Statt angenommen werden sollten. Nach Abs. 5 war es dem RFM. vorbehalten, für spätere Zeiten Anleihestücke der vorgenannten Art zu einem von ihm zu bestimmenden Kurse in Zahlung zu nehmen. Von dieser Ermächtigung hat der RFM. in mehrfacher Weise Gebrauch gemacht. Nachdem bereits durch Bekanntmachung vom 22. Dez. 1920 eine Fristverlängerung für die Einreichung der Stücke vorgesehen war, wurde durch Erlaß vom 26. Jan. 1921 bestimmt, daß selbstgezeichnete Kriegsanleihen bis zum Ablauf eines Monats nach Zustellung des einstweiligen Steuerbescheides zum Vorzugskurse in Zahlung genommen werden sollten. Kriegsanleihen, die auf die KrAbg. 1919 oder auf KrAbgVermZuw. in Zahlung gegeben und im Wege der Erstattung zurückgereicht waren, konnten bis zum Ablauf eines Monats nach der Ausreichung wieder zum Vorzugskurse in Zahlung gegeben werden. Von einem Nachweise für die Einhaltung der Einmonatsfrist wurde abgesehen, wenn die Kriegsanleihe bis zum 1. Nov. 1921 in Zahlung gegeben war. Durch Erlaß vom 26. Jan. 1921 wurde die letztere Frist bis zum 1. Juli 1921 verlängert. Durch Erlaß vom 21. Febr. 1921 wurde endlich bestimmt, daß auch nicht selbstgezeichnete, vor dem 9. Nov. 1918 erworbene Kriegsanleihe zur Vermeidung außergewöhnlicher Härte wie selbstgezeichnete Kriegsanleihe auf das RNO. in Zahlung gegeben werden dürfe, wenn sie zu einem Kurse erworben worden war, der um nicht mehr als 1 v. H. hinter dem Zeichnungskurse zurückblieb, und wenn sie sich seit dem Erwerb ununterbrochen im Besitz des Abgabepflichtigen befunden hatte. Anträge hierzu mußten bis zum Ablauf eines Monats nach Zustellung des einstweiligen Steuerbescheides bei dem zuständigen FA. gestellt werden (Thümen S. 264 ff.).

Solange über einen Antrag auf zinslose Stundung des RNO. noch nicht entschieden ist, läuft die Einmonatsfrist nicht, ebensowenig wenn selbstgezeichnete Kriegsanleihestücke von früher feindlichen Mächten beschlag-

nahmt worden sind. Ist selbstgezeichnete Kriegsanleihe auf die KrAbg. 1919 oder auf die KrAbgVermZuw. hingegeben, später aber erstattet worden, so ist deren Anrechnung auf die ZwA. zum Vorzugskurs nicht vorgesehen. An einer fortgesetzten Gütergemeinschaft beteiligte Abkömmlinge konnten von dem überlebenden Ehegatten selbstgezeichnete Kriegsanleihe auf das RNO. in Zahlung geben (vgl. Wassertrüdinger, RStR. 1921 S. 55). Sofern ein Überbetrag in solchen Kriegsanleihestücken gegeben ist, kann der Abkömmling ihn nunmehr gemäß § 11 zum Annahmewert auf die ZwA. zur Verrechnung bringen. Im einzelnen ist die Erstattung durch Ausreichung von Anleihestücken durch die §§ 28 bis 31 RNOAbwB. (Anhang S. 45 ff.) geregelt. Die Annahmekurse selbstgezeichneter Kriegsanleihe auf das RNO. ergeben sich aus § 35 AB. RNO., der lautet:

1. Bis zum 31. Dezember 1920 werden die 5 prozentigen Schuldverschreibungen, Schuldbuchforderungen und Schatzanweisungen der Kriegsanleihen des Deutschen Reichs sowie die 4½ prozentigen Schatzanweisungen der 6., 7., 8. und 9. Kriegsanleihe mit Zinsen für die Zeit vom 1. Januar 1920 ab zum Nennwert, die 4½ prozentigen Schatzanweisungen der 4. und 5. Kriegsanleihe unter Zugrundelegung des gleichen Zinsenlaufs zum Werte von 96,50 M. für je 100 M. Nennwert für das Reichsnotopfer an Zahlungs Statt angenommen, wenn der Steuerpflichtige nachweist, daß er oder im Falle des § 16 des Gesetzes seine Ehefrau die an Zahlungs Statt hingegebenen Schuldverschreibungen, Schuldbuchforderungen oder Schatzanweisungen

1. infolge einer Zeichnung von Kriegsanleihe für sich oder für den Bedachten (§ 13 des Gesetzes) erworben hat, oder
2. aus dem Nachlaß eines Verstorbenen von Todes wegen erworben und der Erblasser sie infolge einer Zeichnung von Kriegsanleihe erworben hat, oder die Zeichnung für eine Erbgemeinschaft erfolgt ist, an der der Steuerpflichtige oder dessen Ehegatte beteiligt war, oder
3. von einer offenen Handelsgesellschaft, Kommanditgesellschaft, Gesellschaft mit beschränkter Haftung, Genossenschaft oder von einem Syndikat als deren Gesellschafter, Genosse oder Mitglied empfangen und die Gesellschaft, Genossenschaft oder das Syndikat sie infolge einer Zeichnung von Kriegsanleihe erworben hat, oder
4. von einer Genossenschaft als deren Mitglied käuflich erworben hat, sofern der dafür entrichtete Erwerbspreis nicht den Betrag seines am 31. Dezember 1919 vorhanden gewesenen Guthabens überstiegen und die Genossenschaft die Schuldverschreibungen, Schuldbuchforderungen oder Schatzanweisungen infolge einer Zeichnung erworben hat; die Bestimmung findet keine Anwendung auf solche Genossenschaftsmitglieder, die die Mitgliedschaft erst nach dem 1. Juli 1919

erworben haben; oder

5. an Stelle einer auf gesetzlicher Verpflichtung beruhenden Aussteuer erhalten hat und der Aussteuernde die Schuldverschreibungen, Schuldbuchforderungen und Schatzanweisungen infolge einer Zeichnung erworben hat.

2. Infolge einer Zeichnung hat auch derjenige Kriegsanleihe im Sinne des Abs. 1 Ziff. 1 für sich erworben, der sie von einem andern empfangen hat, wenn der andere zwar im eigenen Namen, aber für Rechnung des Empfängers gezeichnet hat.

3. Sind Beträge, die nach § 13 des Gesetzes dem Vermögen des Steuerpflichtigen hinzuzurechnen sind, in der Form von selbstgezeichneten Kriegsanleihen im Sinne des § 43 des Gesetzes geschenkt oder zugewendet worden, so kann der Bedachte für die auf diese Kriegsanleihen entfallende Steuer die Anleihen als selbstgezeichnet in Zahlung geben.

Zu beachten ist der Erlaß des RFM. vom 3. Dez. 1921 / 9. Jan. 1922 — III E 36151 / III R 31545 —, betr. die Verwendung von Kriegsanleihe aus den landschaftlichen Amortisations- oder Tilgungszwecken zu Steuerzwecken, der bestimmt:

Eine landschaftliche Bank hat über die den Pfandbriefschuldnern aus den Beständen des landschaftlichen Amortisations- oder Tilgungsfonds überlassenen Kriegsanleihestücke Selbstzeichnungsbescheinigungen mit folgendem Wortlaut ausgestellt:

„Als Zeichnungsstelle für die fünfte Kriegslanleihe bescheinigen wir, daß für Rechnung des .... in ...., und zwar für seinen von der Landschaft verwalteten Tilgungsfondsanteil .... M., in Worten: ...., 5 v. H. Deutsche Reichsanleihe (5. Kriegsanleihe) gezeichnet und ihm in den umstehend verzeichneten Stücken zugeteilt worden sind."

Die Ausstellung einer solchen Bescheinigung ist unzulässig. Die Zeichnungsstelle darf nur tatsächlich feststellen, wer bei ihr nach dem Zeichnungsantrage die Kriegsanleihen gezeichnet hat und welche Stücke ihm auf Grund dieser Zeichnung zugeteilt worden sind.

Zeichner der Kriegsanleihestücke ist im übrigen in den obenbezeichneten Fällen nicht der Pfandbriefschuldner, sondern die betreffende Landschaft. Denn die Amortisations- und Tilgungsfonds, für die die Kriegsanleihen gezeichnet und denen sie auch zugeführt worden sind, stehen nach Rechtsprechung und Schrifttum (vgl. RGZ. Bd. 3 S. 222 ff., Bd. 64 S. 214 ff. und Bd. 74 S. 401 ff. das Urteil des Reichsgerichts vom 12. März 1912 [Pr. JustMinBl. S. 340] sowie Dr. v. Brünneck in Gruchots Beiträgen zur Erläuterung des deutschen Rechtes Bd. 28 S. 494 ff., Bd. 29 S. 43 ff., 205 und Dr. Leweck ebenda Bd. 52 S. 553 ff.) im Eigentume der Landschaft und nicht der Pfandbriefschuldner. Die Pfandbriefschuldner erlangen aus der Entrichtung von Amortisationsbeiträgen lediglich

ein Forderungsrecht gegen die Landschaft. Soweit die Kriegsanleihen von der Landschaft für Rechnung des Amortisations- oder Tilgungsfonds gezeichnet worden sind, sind sie mithin nicht für Rechnung der Pfandbriefschuldner gezeichnet. Der Fall des § 34 Abs. 2 ABRNOG., § 27 Abs. 2 ABKrABZ. oder § 35 Abs. 2 ABKrA. 1919 liegt demnach nicht vor. Hieraus folgt, daß Kriegsanleihestücke, die Pfandbriefschuldner aus Amortisations- oder Tilgungsfonds ihrer Landschaft erhalten haben, auf die Kriegsabgaben, für die eine dem § 44 RNOG. entsprechende Vorschrift nicht gilt, nicht zum Vorzugskurse hingegeben werden können. Aber auch auf das Reichsnotopfer ist eine Hingabe zum Vorzugskurse nur insoweit zulässig, als dies in meinem Runderlaß vom 26. November 1920 — III 29772 — ausgesprochen ist. In Fällen dieser Art darf eine Annahme zum Vorzugskurse nur erfolgen, wenn eine vom Finanzamt ausgestellte Bescheinigung nach dem Muster 27 ABRNOG. beigebracht ist. Der entgeltliche Erwerb von Kriegsanleihen einer Landschaft durch die Pfandbriefschuldner oder einer Genossenschaft durch die Genossen unterliegt dem Stempel aus Tarifnummer 4 des Reichsstempelgesetzes.

Hinsichtlich sonstiger — also nicht selbstgezeichneter — zur Tilgung des RNO. hingegebener Anleihestücke (§ 43 letzter Absatz RNOG.) besteht lediglich der Anspruch aus § 39 VermStG. auf Ausreichung von Schuldverschreibungen oder Schatzanweisungen des Reichs. Ein Antrag, das Wort „selbstgezeichneter" in § 11 zu streichen, wurde im RTAusschuß abgelehnt. Eine Anrechnung anderer als selbstgezeichneter Kriegsanleihe auf die ZwA. findet also nicht statt; der Julikurs geht verloren.

7. Regelung der Überzahlung, wenn das RNO. teils durch Barzahlung, teils durch Hingabe von Anleihestücken beglichen wurde.

Ist die Begleichung des RNO. teils in bar, teils durch Hingabe von Schuldverschreibungen oder Schatzanweisungen erfolgt, so gilt folgendes:

Nach § 39 VermStG. erfolgt die Begleichung des RNO. in erster Linie durch Anrechnung der hingegebenen Anleihestücke. Nur ein etwaiger Restbetrag wird durch Ausreichung von Schuldverschreibungen oder Schatzanweisungen vergütet. Soweit Stücke zum Steuerkurs hingegeben wurden, ist dieser maßgebend, nur soweit die Hingabe nicht zum Steuerkurs geschah, wird auf die gemäß § 43 Abs. 2 RNOG. zum Vorzugskurs hingegebenen Anleihen zurückgegriffen und werden diese zum gleichen Kurs zurückgegeben. Praktisch gestaltet sich das Verfahren beispielsweise also folgendermaßen:

In dem in N. 5 genannten Fall sind auf das RNO. folgende Zahlungen geleistet worden:

1. Barzahlung am 1. Febr. 1920 von 49 833 M. (abzüglich 8 v. H. Vergütung zuzüglich 5 v. H. Zinsen von 50 000 M.), zu bewerten auf 50 166 M.,

2. Hingabe am 30. Juni 1920 von 50 000 M. 5prozentiger selbstgezeichneter Kriegsanleihe mit den am 1. Juli 1920 und später fällig werdenden Zinsscheinen.

Auf den ZwAZeichnungsbetrag von 47 000 M. wird ein Teilbetrag der zu 2 genannten Kriegsanleihe in Höhe von 47 000 M. angerechnet. Zu erstatten bleiben:

1. der Restbetrag der Kriegsanleihe (3000 M.) durch Ausreichung von 5prozentiger Kriegsanleihe mit den am 1. Juli 1923 und später fälligen Zinsscheinen. Nominalbetrag der ausgereichten Stücke 3500 M. zum Kurs von 85 v. H. (vgl. § 30 RNOAbwV., Anhang S. 46), Ausreichungswert also 2975 M.;
2. der Rest von 1 mit 25 M.
   sowie 5 v. H. von:
   a) 47 000 M. vom 1. Juli 1921 bis 31. Juli 1922,
   b) 2975 M. vom 1. Juli 1921 bis zum 1. Jan. 1923 (Beginn des Zinslaufs der erstatteten, am 1. Juli 1923 fälligen Zinsscheine),
   c) 25 M. vom 1. Juli 1921 bis zur Zahlung, sowie ferner
3. 50 166 M. nebst 5 v. H. Zinsen vom 1. März 1920 bis zur Zahlung sind bar zu erstatten, eine Verdoppelung findet nach § 2 letzter Satz nicht statt.

Vorauszeichnung.

Freiwillige Vorauszeichnung.

§ 12.

Jeder Zeichnungspflichtige kann vom 15. Juli 1922 an bei einer Annahmestelle Zwangsanleihe zeichnen. Als gezeichnet im Sinne dieses Gesetzes gilt nur der Betrag, der mit der Zeichnung tatsächlich eingezahlt wird. Die näheren Bestimmungen über den Nachweis der Zeichnung trifft der Reichsminister der Finanzen.

Mat.: RegE. §§ 13 ff.; Begr. S. 6 f.; AusschBer. S. 35 ff., 53 ff.; StenBer. S. 8655 ff.

1. Entstehungsgeschichte.
2. Höhe der freiwilligen Vorauszeichnungen.
3. Vorauszeichnungspflichtige Personen.
4. Zahlung bei Zeichnung.
5. Ausführungsvorschriften des RFM.

1. Entstehungsgeschichte s. S. 45 ff.

2. Höhe der freiwilligen Vorauszeichnungen. § 12 schaffte die rechtliche Möglichkeit, die ZwA. vom 15. Juli 1922 ab zu zeichnen. Tatsächlich verzögerte sich der Zeichnungsbeginn, da das ZwAG. erst am 25. Juli 1922 verkündet wurde. Die freiwilligen Vorauszeichnungen waren ihrer Höhe nach nicht beschränkt. Die Annahme der Vorauszeichnungen war insbesondere von dem Nachweis des Vermögens oder der Höhe der Pflichtvorauszeichnung oder des endgültigen Zeichnungsbetrages unabhängig. Jeder konnte jeden beliebigen Betrag vorauszeichnen. Bei der Feststellung des endgültigen Zeichnungsbetrages ist jedoch auf der Grundlage des dem Zeichnungspflichtigen gesetzlich obliegenden ZwABetrages abzurechnen, Überzeichnungen sind zurückzuzahlen (vgl. N. 3 zu § 14, S. 404).

Frühzeitige Zeichnungen wurden durch die ansteigende Skala der Zeichnungspreise gemäß § 2 und dadurch begünstigt, daß für Zeichnungen vor dem 31. Dez. 1922 die JSchVerschr. oder der Anspruch auf sie bei der Vermögensermittlung auf den 31. Dezember 1922 nur mit dem Kurswert, höchstens aber mit 50 v. H. des Nennwerts, anzusetzen ist, während bei späterer Zeichnung die Verpflichtung, ZwA. zu zeichnen, nicht berücksichtigt, also nicht als Schuld abgesetzt werden darf (vgl. N. 18 zu §§ 140 f. RAO., S. 398). Diese Begünstigungen haben jedoch eine verhältnismäßig nur geringe Wirkung gehabt, da die Erwartung fortschreitender Geldentwertung die größte Zurückhaltung hinsichtlich der freiwilligen Vorauszeichnungen bewirkte. Nachdem Regierung und RT. Anträge, im besseren Geld geleistete Zahlungen auf die ZwA. höher zu bewerten, bis auf die verhältnismäßig geringe Vergünstigung für Zeichnungen im Juli und August 1922 abgelehnt haben (vgl. S. 55 f.), sind diejenigen, die sich zurückhielten, wirtschaftlich im Recht geblieben. Abgesehen hiervon sind folgende Umstände frühzeitigen Vorauszeichnungen hinderlich gewesen:

a) Maßgebend für das Vermögen, von dem die ZwAZeichnungen gemäß dem Tarif des § 9 zu leisten sind, ist der Stichtag, im allgemeinen der 31. Dez. 1922. Niemand konnte aber im Jahre 1922 mit Sicherheit wissen, was er am Ende des Jahres besitzen und wieviel dies wert sein würde, zumal die BewRichtl. und die AusfBest. erstmalig im Januar 1923 bekannt und auch dann noch mehrfach geändert wurden. Bei zu niedrigen Schätzungen droht der Nachteil der Erhöhung der Zeichnungspflicht gemäß § 16. Jedoch genügte es zur Vermeidung dieses Nachteils, wenn die Voraus zeichnungen bis zum 30. April 1923 vorgenommen wurden. Fehlbeträge an den vorgeschriebenen zwei Dritteln (§ 13) konnten bis zum 30. April 1923 zum Kurs von 100 v. H. nachgeholt werden.

b) Hat der Zeichnungspflichtige zuviel vorausgezeichnet, so ist ihm gemäß § 17 der überschießende Betrag nebst 5 v. H. Zinsen vom Tage der Zahlung gegen Rückgabe eines entsprechenden Betrages in JSchVerschr.

kosten- und stempelfrei zu erstatten (§ 17). Die Erstattung erfolgt jedoch nicht schon, sobald der Zeichnungspflichtige festgestellt hat, daß er vor dem Stichtag seine Zeichnungspflicht zu hoch angesetzt und infolgedessen zuviel vorausgezeichnet hat. Vielmehr muß er die Erteilung des schriftlichen Bescheides aus § 14 über den endgültigen Zeichnungsbetrag abwarten. Dieser Bescheid hat die Mitteilung zu enthalten, „welchen Betrag der Zeichnungspflichtige noch zu zeichnen oder zurückzuerhalten hat". Dann erst besteht der Anspruch aus § 17. Bis dahin trägt der Zeichnungspflichtige hinsichtlich des überzeichneten Betrages die Gefahr der Geldentwertung, ganz abgesehen davon, daß dies eine Kapitalsentziehung auf nicht unbeträchtliche Zeit bedeutet. Eine Erstattung kann bei dieser Rechtslage überhaupt nicht verlangt werden, wenn der Steuerpflichtige nur die vorgeschriebenen zwei Drittel seines Zeichnungssolls vorauszeichnen wollte, infolge einer zu hohen Einschätzung seines Vermögens aber auch Teile des letzten Drittels vorausgezeichnet hat.

3. Vorauszeichnungspflichtige Personen. Wer zeichnungspflichtig ist, ist in § 6 ZwAG. bestimmt; s. dort und die N. dazu.

Wer zeichnungspflichtig ist, ist auch vorauszeichnungspflichtig. Beides ist auf den 1. Jan. 1923 derart abgestellt, daß, wer an diesem Tage vermögensteuerpflichtig ist, auch zeichnungspflichtig ist (§ 6 Satz 1). Auch für Betriebe, die an Stelle des allgemeinen Vermögensstichtages (31. Dez. 1922) für den Umfang des zeichnungspflichtigen Betriebsvermögens den letzten Bilanzstichtag wählen (§ 14 Abs. 1 Satz 2 VermStG.), ist hinsichtlich der Frage, ob sie zeichnungs- und damit vorauszeichnungspflichtig sind, der 1. Jan. 1923 maßgebend. Infolgedessen erübrigte sich die Aufnahme einer dem § 22 RegE. entsprechenden Bestimmung in das Gesetz, die die Rückzahlungspflicht des Reichs in Fällen vorsah, in denen zwar im Oktober 1922 eine Vorauszeichnungspflicht bestand, am 31. Dez. 1922 aber die Zeichnungspflicht fortgefallen war (vgl. Einl. S. 46).

Hat jemand ZwA. vorausgezeichnet, der in Wirklichkeit nicht zeichnungs- und vorauszeichnungspflichtig ist, so ist ihm der Betrag unter entsprechender Anwendung des § 17 mit Zinsen zu erstatten, und zwar sobald die Zeichnungsfreiheit rechtskräftig festgestellt ist. Stirbt ein Zeichnungspflichtiger, der Vorauszahlungen gemacht hat, nach dem 31. Dez. 1922, so hat der Tod auf die Regelung der Zeichnungspflicht keinen Einfluß. Mit dem Erleben des Stichtages sind die Voraussetzungen der Zeichnungspflicht eingetreten. Die durch den Eintritt der Zeichnungspflicht begründete Verbindlichkeit ist vererblich. Die Benennung des Verstorbenen als Zeichnungspflichtigen in dem Bescheid berührt dessen Gültigkeit nicht (vgl. RFH. 2 110; JurW. 1920, 460 mit Besprechung von Herzfelder). Es besteht ein steuerliches Erbrecht, insofern die bis zum Tode entstandenen Steuerschulden als vom Erblasser herrührende Schulden auf die Erben nach

den Grundsätzen des bürgerlichen Rechts übergehen (Kloß, RAO. S. 15). Auf Vermächtnisnehmer geht die Steuerschuld nicht über (vgl. PrOVG. 22. März 1919; Strutz in Koppes Jahrbuch 1920 S. 109). Die etwa erforderliche Ergänzungszeichnung ist von den Erben zu leisten, sie haften dafür nach § 95 Abs. 3 RAO. wie für eine Nachlaßverbindlichkeit nach bürgerlichem Recht, also grundsätzlich unbeschränkt (§ 1967 BGB.) und als Gesamtschuldner (§ 2058 BGB.; vgl. RFH a. a. O.). Die Mittel zur Zeichnung sind aus dem Nachlaß zurückzuhalten (§ 87 RAO.). Die JSchVerschr. bilden ein Aktivum des Nachlasses, das den Erben wie die übrigen Teile des Nachlasses zufällt und von ihnen geteilt werden kann, soweit die Stückelung es zuläßt. Soweit die Anleihestücke dem Erblasser noch nicht ausgehändigt sind, besteht die Forderung darauf als Nachlaßforderung, die entweder alle Erben gemeinsam oder jeder Erbe derart geltend machen kann, daß er die Aushändigung der JSchVerschr. an alle Erben verlangt (zu vgl. § 2039 BGB.). Ein Anspruch auf Aushändigung eines seinem Erbteil entsprechenden Teils der JSchVerschr. steht dem einzelnen Erben vor der Auseinandersetzung nicht zu.

Anders ist die Rechtslage, wenn der Erblasser nach Vorauszeichnung von ZwA. vor dem 1. Jan. 1923 verstorben ist. Dann hat er Zahlung auf eine Steuerschuld geleistet, die für ihn nicht entstanden ist. Die Zeichnungspflicht der Erben, auf die vor dem Stichtag das Vermögen und damit die auf ihm ruhende Zeichnungspflicht übergegangen ist, kann eine andere, und zwar mit Rücksicht auf die Verteilung des Vermögens und die damit verbundene Minderung der Stafflung eine geringere sein. Hat beispielsweise das zeichnungspflichtige Vermögen des Erblassers 3 000 000 M. betragen, so wäre seine Zeichnungspflicht 84 000 M. gewesen. Ist das Vermögen durch seinen Tod vor dem 1. Januar 1923 auf seine im übrigen vermögenslosen vier Kinder übergegangen, so haben diese von je 750 000 M. abzüglich der gezahlten oder geschuldeten Erbanfallsteuer von je 44 625 M. — von je 705 000 M. also je 8 000 M. — zu zeichnen. Über den Erstattungsanspruch in solchen Fällen sagt das Gesetz nichts. Man muß daher auf die allgemeinen Vorschriften zurückgreifen. Danach haben die Erben, solange der Nachlaß ungeteilt ist, den Anspruch gegen das Reich auf Erstattung der von ihrem Erblasser gemachten Zahlungen auf die ZwA. gegen Rückgabe eines entsprechenden Betrages in JSchVerschr. Der Anspruch geht auf Erstattung des vollen Zeichnungsbetrages, denn der Erblasser war, da er den 31. Dez. 1922 nicht erlebte, überhaupt nicht zur Zeichnung verpflichtet. Der Anspruch steht bis zur Auseinandersetzung den Beteiligten zur gesamten Hand zu, er kann also entweder nur von allen Erben gemeinschaftlich oder von den einzelnen Erben in der Weise geltend gemacht werden, daß der einzelne Zahlung an die Erbengemeinschaft beansprucht (zu vgl. § 2039 BGB.). § 80 Abs. 2 RAO. kommt nicht zur Anwendung, weil er nur die Besteuerung von Gesamthandsgemeinschaften so regelt, als handele es sich

um Gemeinschaften nach Bruchteilen. Hier handelt es sich aber um Fragen der Erstattung. Dem Anspruch auf Rückzahlung steht der Anspruch des Reichs an die einzelnen Erben auf Zeichnung von ZwA. in den für ihr Vermögen maßgebenden Beträgen gegenüber. Dabei handelt es sich von vornherein, also ohne Rücksicht auf § 80 Abs. 2 RAO., um Verbindlichkeiten der einzelnen Erben. Das Reich kann die Zeichnungsschuld der einzelnen Miterben durch Verrechnung entsprechender Teile des Erstattungsbetrages tilgen. Es kommt dann den Miterben der Kurs des Monats zugute, in dem der Erblasser die Vorauszeichnung geleistet hat. Die entsprechende Anwendung des § 2040 Abs. 2 BGB., demzufolge gegen eine zum Nachlasse gehörende Forderung der Schuldner nicht eine ihm gegen einen einzelnen Miterben zustehende Forderung aufrechnen kann, ist hier nicht anzuwenden; es würde nicht dem Wesen des öffentlich-rechtlichen Steuerschuldverhältnisses entsprechen, daß das Reich zur Herauszahlung von Beträgen verpflichtet, zu gleicher Zeit aber gezwungen sein sollte, ihm geschuldete Beträge beizutreiben.

4. Zahlung bei Zeichnung. Wie auf S. 50 dargelegt ist, kommt zwischen dem Reich und dem Zeichnungspflichtigen kein Vertrag über die Begebung der Anleihestücke zustande, der das Reich zur Einforderung des Zeichnungsbetrages berechtigt. Vielmehr geschieht die Hingabe des pflichtigen Betrages an das Reich nach steuerlichen Grundsätzen und in steuerlichen Formen. Infolgedessen hat die Zeichnung allein, d. h. die Erklärung, zahlen zu wollen, ohne gleichzeitige Zahlung keine Bedeutung. Von Belang ist allein die Zahlung. Sie kann das Reich nach Fälligkeit ohne Rücksicht auf eine Erklärung des Zeichnungspflichtigen, zahlen zu wollen, nach den Bestimmungen der RAO. im 2. Teil 5. Abschnitt im Zwangswege beitreiben (vgl. § 62 BStZwAAB.). Die Zeichnung enthält also keine den Zeichnungspflichtigen verpflichtende Erklärung. Vielmehr ist sie nur die Bestätigung, daß der eingezahlte Betrag als Zeichnung bezw. Vorauszeichnung auf die ZwA. gezahlt werde, enthält die für die Verbuchung und Kontrolle erforderlichen Einzelheiten und dient als Unterlage für die Ausgabe der JSchVerschr. (vgl. § 1 N. 2). Demgemäß bestimmt § 44 Abs. 1 BStZwAAB., daß mit der Zeichnung der für den gezeichneten Betrag zu entrichtende Zeichnungspreis an die Annahmestelle zu zahlen ist und Zeichnungen ohne gleichzeitige Zahlung unzulässig sind.

Für die Zeichnungen sind die vorgeschriebenen Vordrucke nach dem den BStZwAAB. anliegenden Muster 12 — s. Anhang S. 72 — zu verwenden. Die Vordrucke sind bei jeder Annahmestelle vorrätig zu halten und auf Erfordern unentgeltlich auszuhändigen. Die Vordrucke sind in ihren beiden Abschnitten (I und II) von den Zeichnern vorschriftsmäßig auszufüllen. Die Annahmestellen sind zur Ausfüllung der Vordrucke nicht verpflichtet. Zeichnungsscheine, die nicht über einen Nennbetrag von 1000 M. oder ein Vielfaches dieses Betrages lauten oder die sonst nicht vorschriftsmäßig ausgefüllt sind, sind von den Annahmestellen zurückzuweisen (§ 43 BStZwAAB.; Anhang

S. 64). Über jede Zeichnung ist dem Zeichner eine Rechnung mit Quittung zu erteilen (§ 45 a. a. O.). Die Ausfüllung und Unterzeichnung der Vordrucke kann von dem Zeichnungspflichtigen oder in dessen Vollmacht von einem Dritten vorgenommen werden. Die Vollmacht ist der Annahmestelle zu übergeben: privatschriftliche Form der Vollmacht genügt, da eine Beglaubigung nicht vorgeschrieben ist. Die Ausfüllung und Unterzeichnung der Vordrucke kann bei der Annahmestelle geschehen. Es genügt aber auch, daß die ausgefüllten und unterzeichneten Formulare mit dem Zeichnungspreis der Annahmestelle übersandt werden. Die Legitimationsprüfung in den im ordentlichen Geschäftsverkehr üblichen Grenzen liegt auch in diesem Fall der Annahmestelle ob. Ein privatrechtliches Vertragsverhältnis kommt durch die Zeichnung auch zwischen dem Zeichner und der Annahmestelle nicht zustande. Beide handeln in Erfüllung öffentlich-rechtlicher Verpflichtung, nicht um sich gegenseitig privatrechtlich zu verpflichten. Doch kann ein infolge anderweitiger laufender Geschäftsverbindung zwischen Annahmestelle und Zeichner bestehendes Rechtsverhältnis für die Zeichnung der ZwA. von Bedeutung, insbesondere dadurch die Annahmestelle ihren Kunden gegenüber privatrechtlich zur Erfüllung der üblichen Sorgfalt verpflichtet sein. Das zwischen dem Zeichner und der Annahmestelle bestehende privatrechtliche Verhältnis ist auch für die Entscheidung der Frage maßgebend, ob die Annahmestelle verpflichtet ist, einer Anweisung des Zeichners Folge zu leisten, den Gegenwert der Zeichnung dem Zeichner auf seinem Konto zur Last zu schreiben (vgl. Anhang S. 72), insoweit also von Bareinzahlung abzusehen. Eine öffentlich-rechtliche Pflicht der Annahmestelle hierzu besteht nicht.

5. **Ausführungsvorschriften des RFM.** In Verfolg der durch § 12 Satz 3 ZwAG. ihm erteilten Ermächtigung — gleichzeitig gemäß § 20 — erließ der RFM. zunächst die VO. vom 15. August 1922, die im Anhang S. 32 ff. wiedergegeben ist. Durch sie war das Zeichnungsverfahren für die Monate Juli bis einschließlich September in vereinfachter Form geregelt. Die Annahmestellen für die Zeichnungen sind in den VO. des RFM. vom 31. Juli und 15. Aug. 1922 (s. Anhang S. 30 ff.) angegeben. Eine örtliche Zuständigkeitsgrenze für die Annahmestellen gab es nach der erstgenannten VO. nicht; der Zeichnungspflichtige hatte die Auswahl zwischen ihnen. Die Zeichnungen seit dem 1. Okt. 1922 waren zunächst durch die VO. über das Zeichnungsverfahren für die ZwA. (Zwangsanleihezeichnungsverordnung = ZwAZV.) vom 7. Sept. 1922 geregelt. Ihre Bestimmungen sind unter formeller Aufhebung dieser VO. in die VStZwAAB. aufgenommen worden. Durch § 42 VStZwAAB. ist eine örtliche Zuständigkeit für die Annahmestellen bestimmt worden.

§ 42 Abs. 2 und 3 lauten:

Zuständig zur Entgegennahme einer Zeichnung ist jede Annahmestelle, die im Bezirk des für den Zeichnungspflichtigen zuständigen Finanz-

amts belegen ist. Ist für den Zeichnungspflichtigen eines der für Groß-Berlin, Bremen, Breslau, Chemnitz, Dresden, Frankfurt a. M., Hamburg, Hannover, Köln, Leipzig, München oder Nürnberg eingerichteten Finanzämter zuständig, so ist jede innerhalb der betreffenden Stadt belegene Annahmestelle zur Entgegennahme der Zeichnung zuständig.

Zeichnungen bei einer nach Abs. 2 nicht zuständigen Annahmestelle können nur mit Zustimmung dieser Annahmestelle vorgenommen werden.

Die Beschränkung durch Satz 1 und 2 bezweckt, die Abwicklung des Verfahrens zu vereinfachen und dadurch zu beschleunigen. Doch soll nach Satz 3 ausnahmsweise die Zeichnung auch bei anderen Annahmestellen erfolgen dürfen. So kann, falls eine nach Satz 1 und 2 nicht zuständige Bank einen Kredit zwecks Zeichnung der ZwA. gewährt, die Zeichnung auch bei ihr erfolgen. Über den Nachweis der erfolgten Zeichnung bestimmt § 53 BSt.-ZwAAB.:

Der Nachweis der auf die Zwangsanleihe vorgenommenen Zeichnungen wird durch die Auszüge aus der Zeichnungsliste geführt. Zur Erleichterung dieses Nachweises hat der Zeichnungspflichtige in der Vermögensteuererklärung anzugeben, welchen Betrag, wann, bei welcher Annahmestelle und unter welcher Zeichnungsnummer er Zwangsanleihe gezeichnet hat; die Richtigkeit dieser Angabe ist von ihm auf Verlangen des Finanzamts glaubhaft zu machen.

Die Annahmestellen, Verrechnungsstellen und Sammelstellen haben dem Finanzamt kostenlos Auskunft zu erteilen, ob die Angaben des Zeichnungspflichtigen über eine vom Finanzamt in den Auszügen aus der Zeichnungsliste nicht zu ermittelnde Zeichnung richtig sind; sie haben ferner die Erfüllung aller ihnen obliegenden Verpflichtungen nachzuweisen.

Die Auszüge aus den Zeichnungslisten werden von den Annahmestellen gefertigt und durch die Reichsbankanstalten den FA. zugeleitet (§§ 47, 48, 51 BStZwAAB.). Dem Zeichnungspflichtigen ist also der Nachweis der erfolgten Zeichnung im allgemeinen abgenommen. Zur Erleichterung des Nachweises hat er jedoch in seiner VermStErkl. an der im Formular dafür vorgesehenen Stelle die in § 53 BStZwAAB. bestimmten Angaben zu machen. Die Zeichnungsnummer ersieht der Zeichnungspflichtige aus der Quittung, die ihm die Annahmestelle über jede Zeichnung nach dem den BStZwAAB. (§ 45) anliegenden Muster 13 (vgl. Anhang S. 76) zu erteilen hat.

Pflichtvorauszeichnung.

§ 13.

Der Zeichnungspflichtige hat gleichzeitig mit der Abgabe der Vermögensteuererklärung, spätestens aber bis zum 30. April 1923, zwei Drittel des gemäß §§ 9 und 10 zu berechnenden Zwangsanleihebetrags bei einer Annahmestelle im voraus zu

zeichnen. Der Vorauszeichnung ist das in der Vermögensteuererklärung angegebene Vermögen zugrunde zu legen. Ist eine Vermögensteuererklärung nicht abgegeben, so hat der Zeichnungspflichtige sein Vermögen nach dem für die erste Veranlagung zur Vermögensteuer maßgebenden Stand (§ 7) zu schätzen.

Mat. wie zu § 12.

1. Entstehungsgeschichte.
2. Allgemeiner Inhalt des § 13.
3. Pflicht zur Vorauszeichnung; rechtlicher Charakter dieser Pflicht.
4. Umfang der Pflichtvorauszeichnung.
5. Vermögen, von dem die Vorauszeichnung zu berechnen ist.
6. Schätzung.
7. Anspruch auf ISchVerschr. in Höhe der Vorauszeichnung.

1. **Entstehungsgeschichte.** S. S. 45 ff. Infolge der durch das GeldentwG. veranlaßten späten Änderung des ZwAG. ist durch Art. I § 4 Ziff. 4 GeldentwG. der Endtermin für die Vorauszeichnungen vom 28. Febr. 1923 auf den 30. April 1923 verlegt worden (vgl. VO. vom 21. März 1923, ReichsminBl. S. 270).

2. **Allgemeiner Inhalt des § 13.** § 13 verhält sich darüber, welche Vorauszeichnungen von den Zeichnungspflichtigen geleistet werden mußten. Auf die Pflichtvorauszeichnungen anrechnungsfähig sind Zeichnungen, die vor dem allgemeinen Stichtag (31. Dez. 1922), oder solche, die zwar nach ihm, spätestens bis zum 30. April 1923, gemacht wurden, auch wenn die VermStErklärungen vor dem 30. April abgegeben wurden. Die Zeichnungspflichtigen hatten also die Möglichkeit, die Vorauszeichnungen erst nach dem Stichtag zu leisten, sei es, daß sie vor ihm überhaupt noch nichts zeichneten, sei es, daß sie nach dem Stichtag feststellten, daß ihre Vorauszeichnungen den erforderlichen Betrag nicht erreichten, und sie daher die Vorauszeichnungen ergänzten. Die Zeichnungen nach dem 31. Dez. 1922 gingen allerdings des Vorteils aus § 25 ZwAG. verlustig.

Fristverlängerungen für die Vorauszeichnungen sind nur unter den in § 20 ZwAG. angegebenen Voraussetzungen möglich gewesen. Mit der Abgabe der VermStErkl., längstens mit dem 30. April 1923, lief die Vorauszeichnungsfrist für jedermann ab, der nicht gemäß § 20 Stundung erhalten hatte. Der RFM. hat durch interne Anweisung den FA. aufgegeben, auf Antrag die Frist hinsichtlich des in Polen liegenden Grund- und Betriebsvermögens bis zum 31. Dez. 1923 zu verlängern (Thümen-Hotop, Ergänzungsband S. 110 N. 3). Diese Anordnung dürfte sich als vorbereitende Maßnahme eines Abkommens über die Beseitigung der Doppelbesteuerung rechtfertigen (§ 7 RAO.).

Ist nichts vorausgezeichnet, so wird der Zeichnungspflichtige zu der erhöhten Zeichnung mit dem höchsten Hundertsatz des § 16 ver-

anlagt (§ 16 Abs. 2 Satz 2). Ist nicht genügend vorausgezeichnet, so wird die Erhöhung von dem Fehlbetrag veranlagt (§ 16 Abs. 2 Satz 1), wenn die zu geringe Einschätzung des vorläufigen Vermögens auf Vorsatz oder Fahrlässigkeit des Zeichnungspflichtigen beruht. Die Feststellung geht dabei von dem veranlagten, nicht von dem erklärten Vermögen in der Annahme aus, daß sich in der Regel beide decken. Im Falle der Verschiedenheit ist, wie § 16 zeigt, das veranlagte Vermögen maßgebend. Durch einen rechtzeitigen Antrag aus § 16 letzter Absatz kann sich der Zeichnungspflichtige den Beweis seines guten Glaubens und der Erfüllung seiner Sorgfaltspflicht sichern und sich dadurch gegen die Rechtsfolgen einer zu geringen Vorauszeichnung schützen (vgl. N. 5 zu § 16, S. 418).

Als Vorauszeichnungen gelten auch

1. die auf das RNO. überzahlten, auf die ZwA. angerechneten Beträge (vgl. §§ 11, 18),
2. die Zeichnungen, die vor Ablauf einer für die Vorauszeichnung gewährten Stundung erfolgen (§ 20 ZwAG.),
3. die Zeichnungen, die innerhalb eines Monats nach Ablehnung eines bis zum 31. Jan. 1923 gestellten Stundungsantrags geleistet worden sind (§ 20 Abs. 4 Satz 2 ZwAG.).

3. **Pflicht zur Vorauszeichnung; rechtlicher Charakter dieser Pflicht.** Der Pflichtige mußte ohne amtliche Hilfe zum Zwecke der Vorauszeichnung den aus seiner VermStErklärung sich ergebenden Vorauszeichnungsbetrag selbst errechnen und zeichnen. Diese Pflicht bestand innerhalb der in N. 2 genannten Frist, ohne daß der Zeichnungspflichtige eine Aufforderung zur Zeichnung zu erhalten hatte. Er mußte von selbst die Initiative ergreifen. Bei Unterlassung genügender Vorauszeichnung kommt die erhöhte Zeichnungspflicht (§ 16 ZwAG.) in Frage. Im Hinblick auf diese erhöhte Zeichnungspflicht werden Verzugszinsen wegen Unterlassung der Pflichtvorauszeichnung nicht erhoben (§ 61 Abs. 4 VermStZwAAB., Anhang S. 70).

Der rechtliche Charakter der Vorauszeichnungspflicht ist der gleiche wie der der Zeichnungspflicht überhaupt. Es handelt sich um einen Steueranspruch des Reichs (vgl. N. 2 zu § 1). Die Vorauszeichnungspflicht erhält nur dadurch ein besonderes Gepräge, daß entgegen § 210 RAO. eine Veranlagung nicht erfolgt. Infolgedessen findet keine zwangsweise Beitreibung unterlassener Vorauszeichnungen statt; der unmittelbare Zwang auf Einziehung der geschuldeten Beträge knüpft vielmehr lediglich an die endgültige Zeichnung (§ 14 f.) an. Auch mit einer Strafe ist die Unterlassung der Vorauszeichnung nicht belegt. § 23 bedroht nur den mit Strafe, der die dem Reich nach den §§ 14 bis 16 zustehenden Einnahmen in der dort angegebenen Weise verkürzt. Um trotzdem die Vorauszeichnungen in dem durch § 13 vorgeschriebenen Umfang nach Möglichkeit zu sichern, hat das ZwAG. einmal in § 2 die ansteigende Skala der Zeichnungspreise und in § 25 besondere Vor-

schriften über die Zeichnungsverpflichtung bei der Feststellung des Vermögens und die Bewertung der JSchVerschr., zum anderen in § 16 bei schuldhafter Unterlassung der vorgeschriebenen Vorauszeichnungen die Erhöhung der endgültigen Zeichnungspflicht bestimmt (vgl. die N. zu diesen Bestimmungen).

4. **Umfang der Pflichtvorauszeichnung.** Der RegE. hatte vorgesehen, daß jeder seinen ZwABetrag in voller Höhe vorauszuzeichnen hätte. Da ferner die Frist zur Vorauszeichnung im Oktober 1922 ablaufen sollte (s. Einl. S. 45 ff.), so hätte der Gesamtbetrag der ZwA. in diesem Monat oder kurz vorher zwecks Zeichnung flüssig gemacht werden müssen. Eine solche Anspannung des Geldmarktes wurde allseitig für nicht erträglich gehalten. Im RTAusschuß ergaben sich zwar Meinungsverschiedenheiten darüber, ob der Eingang des ganzen oder eines bestimmten Teils der ZwA., sei es im Kalenderjahr sei es im Rechnungsjahr 1922 (d. h. bis zum 31. März 1923) durch das Steuerkompromiß vereinbart sei. Jedenfalls war aber durch das Steuerkompromiß nicht ausdrücklich festgelegt, daß ein bestimmter Betrag aus der ZwA. noch im Kalenderjahr 1922 eingehen müßte. Die Mehrheit beschloß daher, daß 40 Milliarden M., also nach der damaligen Rechnung zwei Drittel der ZwA., im Rechnungsjahr 1922/23 flüssig zu machen seien, und einigte sich demgemäß auf die zum Gesetz erhobene Fassung des § 13 (AusschBer. S. 7, 47). Der Endtermin ist später auf den 30. April 1923 verschoben worden (s. N. 1). Infolgedessen hatte jeder Zeichnungspflichtige „zwei Drittel des gemäß §§ 9 und 10 zu berechnenden Zwangsanleihebetrages" vorauszuzeichnen. Die Berechnung der Pflichtvorauszeichnung erfolgt also nicht derart, daß der ZwABetrag festzustellen ist, der auf zwei Drittel des zeichnungspflichtigen Vermögens entfällt. Vielmehr ist zunächst der Zeichnungsbetrag zu errechnen, der von dem gesamten zeichnungspflichtigen Vermögen zu leisten ist; von diesem Zeichnungsbetrag sind zwei Drittel vorauszuzeichnen. Beträgt der volle ZwABetrag danach z. B. 6000 M., so sind 4000 M. vorauszuzeichnen. Wie aber, wenn der volle Betrag z. B. 5000 M. oder 7000 M. beträgt? Die Abrundungsvorschrift des § 10 bezieht sich zwar unmittelbar nur auf die Gesamtzeichnung, von der die Vorauszeichnung zu machen ist, nicht auf die Teile der Gesamtzeichnung (Vorauszeichnung § 13 und Ergänzungszeichnung § 14). Nur das erstere kann auch daraus gefolgert werden, daß § 10 in § 13 angeführt wird (a. A. Koppe, ZwA. S. 111). Die Abrundungsvorschrift ist aber gegeben, um nicht die Ausgabe von JSchVerschr. in kleineren Abschnitten als 1000 M. nötig zu machen. Er kommt daher auch auf die Vorauszeichnungen zur entsprechenden Anwendung. Demgemäß müssen die Annahmestellen auch Voraus zeichnungen, soweit sie über volle Tausende hinausgehen, zurückweisen (§ 43 Abs. 4 BStZwAAB.). Wegen der Anrechnung der NOÜberzahlungen vgl. S. 377.

5. **Vermögen, von dem die Vorauszeichnung zu berechnen ist.** „Der Vorauszeichnung ist das in der VermStErkl. angegebene Vermögen zu-

grunde zu legen." Dieser Satz des Gesetzes legt entgegen dem RegE. ausdrücklich fest, daß nicht das Vermögen zur Zeit der Vorauszeichnung, sondern das Vermögen am Stichtage für die Höhe der Vorauszeichnung maßgebend und danach zu entscheiden ist, ob der Zeichnungspflichtige die erforderte Vorauszeichnung geleistet hat oder nicht. Das Vermögen ist nur auf diesen Stichtag zu bewerten. Wegen des Stichtages vgl. die N. zu § 14 VermStG. S. 179 ff.

Die genaue Bewertung des Vermögens für die Vorauszeichnung konnte in folgenden Fällen auf Schwierigkeiten stoßen:

a) Die Vorauszeichnung erfolgte vor dem Stichtag. Niemand konnte vorher wissen, welche Vermögensgegenstände er an diesem Tage besitzen würde. Mit Sicherheit konnte daher im Jahre 1922 niemand feststellen, welche Beträge er nach § 13 vorauszuzeichen haben würde, zumal die Bew.-Richtl. erst 1923 bekannt und dann noch geändert wurden. Der Nachweis, daß bei der Schätzung des steuerbaren Vermögens im Jahre 1922 die erforderliche Sorgfalt aufgewandt wurde, genügt nicht, den Pflichtigen von den Folgen zu geringer Vorauszeichnung zu befreien, wenn das der Berechnung zugrunde gelegte Vermögen geringer als das in der VermStErkl. angegebene Vermögen war. Nur dies letztere ist vorbehaltlich seiner anderweitigen Feststellung bei der ersten Veranlagung zur VermSt. maßgebend. Der Zeichnungspflichtige hatte daher nach dem Stichtage bis zum Ablauf der Vorauszeichnungsfrist nachzuprüfen, ob seine Vorauszeichnung im Jahre 1922 den pflichtigen Betrag erreichte und sie erforderlichenfalls zu ergänzen.

b) Die Berechnung der nach § 13 erforderten Vorauszeichnung konnte deshalb nicht möglich sein, weil der Zeichnungspflichtige bis zum 30. April 1923 nicht übersah, wie groß sein Vermögen am Stichtage war, und deshalb eine VermStErkl. bis zu diesem Zeitpunkt abzugeben nicht in der Lage war. Zu denken ist dabei, wie auch im RTAusschuß erwähnt wurde (AusschBer. S. 41), an bilanzpflichtige Kaufleute, die ausgedehnte Filialnetze unterhalten, oder an Gesellschaften, die an einer größeren Zahl von anderen Gesellschaften beteiligt sind. In derartigen Betrieben wird die Bilanz für ein am 31. Dez. 1922 abgeschlossenes Geschäftsjahr auch am 30. April 1923 nicht immer haben vorliegen können und dann auch nicht die Möglichkeit bestanden haben, bis dahin die VermStErkl. abzugeben und auf ihrer Grundlage den erforderten Vorauszeichnungsbetrag zu errechnen. Anregungen, bei Bemessung der Vorauszeichnung von der letztvorhergehenden Bilanz ausgehen zu können, haben Eingang in das Gesetz nicht gefunden, ebensowenig der Vorschlag, die Vorauszeichnungspflicht als erfüllt anzusehen, wenn ihr ein bestimmtes Vielfaches des zum RNO. veranlagten Vermögens zugrunde gelegt worden ist. Die Vorauszeichnung ist vielmehr lediglich nach dem Vermögen am Stichtage zu bemessen. Um über die Schwierigkeit hinweg-

zukommen, ist in § 13 bestimmt, daß, im Falle eine VermStErkl. bis zum 30. April 1923 nicht abgegeben ist, der Zeichnungspflichtige sein Vermögen nach dem für die erste Veranlagung zur VermSt. maßgebenden Stichtag (§ 7) zu schätzen hat. Die Schätzung bezieht sich nicht nur auf die auch in den meisten anderen Fällen erforderliche Bewertung, sondern auch auf die Vermögenseinheiten der Menge nach. Wie der Zeichnungspflichtige bei dieser Schätzung vorgeht, ist ihm überlassen; das FA. wirkt dabei nicht mit (vgl. N. 3). Auch das Schätzungsergebnis als solches ist für die Finanzbehörde zunächst ohne Interesse. Von Belang ist allein der gezeichnete Betrag. Der Zeichnungspflichtige kann z. B. keine Erstattungsansprüche daraus herleiten, daß er sein Vermögen zu hoch eingeschätzt und infolgedessen statt der beabsichtigten zwei Drittel den gesamten ihm obliegenden Zeichnungsbetrag vorausgezeichnet habe. Auch wenn die Vorauszeichnung infolge zu hoher Schätzung über den vollen Zeichnungsbetrag hinausgeht, kann dies erst geltend gemacht werden, wenn die erste Veranlagung zur VermSt. vorliegt und mit ihr über den endgültigen Zeichnungsbetrag zur ZwA. entschieden ist; für den Umfang der Rückzahlungspflicht des Reichs ist dann allein das veranlagte Vermögen maßgebend (vgl. hierzu N. 2 zu § 12). Ist die Schätzung zu niedrig ausgefallen und infolgedessen der vorausgezeichnete Betrag geringer als zwei Drittel der vollen, nach der später abgegebenen VermStErkl. berechneten Pflichtzeichnung, so hat das FA. die Schätzung im einzelnen zu prüfen, ob die Erhöhung der Zeichnungspflicht nach § 16 in Frage kommt. Will der Zeichnungspflichtige sich vor dieser Erhöhung schützen, so kann er dies auf dem in § 16 letzter Absatz vorgesehenen Wege versuchen; § 16 letzter Absatz bezieht sich auch auf die hier in Frage stehende Mengenschätzung.

Eine Erhöhung der Zeichnungspflicht tritt nach § 16 ein, „wenn der Zeichnungspflichtige vorsätzlich oder fahrlässig das vorläufige Vermögen zu gering angegeben hat". Um aber festzustellen, wie der Zeichnungspflichtige die Schätzung seines Vermögens vorgenommen hat und ob er dabei mit der Sorgfalt, die der Steuerfiskus billigerweise beanspruchen kann, verfahren ist, ist die Art und Weise der Schätzung, also das Verfahren, nicht die Richtigkeit des Schätzungsergebnisses nachzuprüfen. Über die Verschuldensfrage s. im übrigen § 16 N. 4.

6. **Schätzung.** In der RAO. ist ein Schätzungsverfahren, das dem Steuerpflichtigen obliegt, nicht geregelt. Im Gegenteil ist dem Steuerpflichtigen in § 171 RAO. nachgelassen, die Schätzung von Wertbeträgen, die nicht zahlenmäßig festzustellen sind, nicht selbst vorzunehmen, sondern dem FA. zu überlassen, dem die Tatsachen anzugeben sind, die zur Ermittlung des Wertes beibringbar sind. Auf diese Bestimmung kann sich der Zeichnungspflichtige um so weniger berufen, als § 13 ZwAG. ihm die Schätzung seines Vermögens dem Umfange nach mangels Fertigstellung der VermStErkl.

bis zum 30. April 1923 ausdrücklich auferlegt. Es sind bei dieser Sachlage folgende allgemeine Erwägungen maßgebend, die sich hauptsächlich bei den vielfach notwendigen Bewertungsschätzungen entwickelt haben:

Die Schätzung des Vermögens unterscheidet sich von seiner genauen Berechnung dadurch, daß sie sich auf Wahrscheinlichkeitserwägungen beschränkt. Es kann daher bei ihr nicht verlangt werden, daß alle Einzelheiten mit sicheren Unterlagen belegt werden. Andererseits darf die Schätzung nicht willkürlich sein, sie muß sich vielmehr an die tatsächlichen Unterlagen halten, die ihr zugänglich sind. Die Wahrscheinlichkeitserwägungen haben unvollständige Unterlagen zu ergänzen und fehlende zu ersetzen. Die Schätzungen müssen von den letztbekannten genauen Unterlagen ausgehen und sie mit den Veränderungen einsetzen, die infolge der Entwicklung der Verhältnisse als die wahrscheinlichen zu gelten haben. Der Pflichtige kann sich dabei an allgemein anerkannte Durchschnittssätze halten, muß aber von ihnen abweichen, soweit sie auf seine individuellen Verhältnisse nicht passen; denn Ziel der Schätzung ist die Feststellung des wirklichen Vermögens (Becker S. 340; Mrozek S. 741; RFH. **4** 186, **11** 282). War dem Zeichnungspflichtigen die Abgabe der VermStErkl. bis zum 30. April 1923 möglich, hat er sie jedoch verzögert, so kann er eine zu geringe Vorauszeichnung nicht mit einer unverschuldet falschen Schätzung seines Vermögens entschuldigen.

7. Anspruch auf ISchVerschr. in Höhe der Vorauszeichnung. Die Frage, ob dem Zeichnungspflichtigen bereits auf Grund der Vorauszeichnungen ISch.-Verschr. im entsprechenden Betrage auszuhändigen sind, ist im ZwAG. nicht entschieden. Sie ist zu bejahen. Denn nach dem Grundgedanken des Gesetzes übernimmt das Reich durch die Ausgabe der ISchVerschr. anders als bei anderen Steuern eine gewisse Gegenleistung an den Zeichnungspflichtigen. Im Sinne des dadurch geschaffenen gegenseitigen Verhältnisses liegt es, daß die Leistungen sich so kurz als möglich aufeinanderfolgen, nicht aber durch Monate voneinander getrennt werden. Der Zeichnungspflichtige kann auch ein sehr erhebliches Interesse daran haben, daß er sobald als möglich nach der Vorauszeichnung die ISchVerschr. erhält. Denn er kann gezwungen sein, sich erst durch ihre Veräußerung das flüssige Geld zur Restzeichnung zu beschaffen. Vorauszeichnungen sind diese Zeichnungen nicht deshalb genannt worden, weil sie vor der Aushändigung der ISchVerschr. zu erfolgen haben, sondern weil durch sie der Eingang eines Teiles der durch die ZwA. flüssig gemachten Mittel sichergestellt werden sollte, bevor die FA. die Veranlagungen zur VermSt. fertiggestellt hätten. Dies folgt aus der in der Einl. S. 45 ff. wiedergegebenen Entstehungsgeschichte des Gesetzes.

Endgültige Zeichnung.

Festsetzung des endgültigen Zeichnungsbetrages.

§ 14.

Gleichzeitig mit der ersten Veranlagung zur Vermögensteuer setzt das Finanzamt den endgültig zu zeichnenden Zwangsanleihebetrag fest und erteilt dem Zeichnungspflichtigen einen schriftlichen Bescheid darüber, welchen Betrag er noch zu zeichnen oder zurückzuerhalten hat. Der Bescheid gilt als Steuerbescheid im Sinne der Reichsabgabenordnung.

Mat.: RegE. § 19; Begr. S. 13; AusschBer. S. 35 ff. und 54.

1. Entstehungsgeschichte.
2. Verbindung des Veranlagungsverfahrens für die VermSt. und die ZwA.
3. Bescheid aus § 14 als Steuerbescheid i. S. der RAO.
4. Formeller Inhalt des Bescheides aus § 14.
5. Erlöschen des Zahlungsanspruches.

1. Entstehungsgeschichte. § 14 entspricht wörtlich dem § 19 des RegE.

2. Verbindung des Veranlagungsverfahrens für die VermSt. und die ZwA. § 14 bringt zum Ausdruck, daß es sich bei der Leistung der ZwA.-Beträge um die Befriedigung von Steueransprüchen des Reichs handelt und daß die Einziehung mithin so wie bei anderen direkten Reichssteuern erfolgt. Vgl. über diesen rechtlichen Charakter der ZwA. N. 2 zu § 1.

Das Veranlagungsverfahren ist dadurch vereinfacht, daß die ZwA. sich sowohl hinsichtlich der subjektiven (§ 6) wie der objektiven Steuerpflicht (§ 7) an die VermSt. anschließt. Der abgabepflichtige Betrag wird von dem Vermögen erhoben, „das bei der ersten Veranlagung zur Vermögensteuer nach den Vorschriften des VermStG. festgestellt ist" (§ 7 ZwAG.).

a) Für den Zeichnungspflichtigen hat dies den Vorteil, daß er nicht eine besondere Steuererklärung für die ZwA abzugeben hat. Vielmehr ist seine VermStErkl. auch für die ZwA. maßgebend. Der ZwABetrag ist von dem Vermögen zu berechnen, das das FA. in dem nach § 28 VermStG. erstmalig erteilten Steuerbescheid der VermSt. zugrunde legt. Nach § 211 RAO. hat der VermStBescheid „die Grundlage der Festsetzung und Veranlagung" zu enthalten, er muß also das steuerpflichtige Vermögen zahlenmäßig angeben. Es kann demnach kein Zweifel sein, von welchem Vermögen der endgültige Zeichnungsbetrag zu berechnen ist.

b) Die Verbindung der Festsetzung des pflichtigen ZwABetrages mit der ersten Veranlagung zur VermSt. hat weiter zur Folge, daß der als ZwA.

zu erhebende Betrag nicht eher abschließend festgestellt ist, als der VermSt.-Bescheid rechtskräftig geworden ist. Wird gegen den VermStBescheid der Rechtsmittelweg beschritten und im Verfolg dessen der VermStBescheid abgeändert, so ist auch der endgültige ZwABetrag neu zu berechnen, selbst wenn der Bescheid aus § 14 ZwAG. formell rechtskräftig ist. Eine Parallele, die die Rechtslage verdeutlicht, findet sich im Zivilprozeß. Ist über den Grund des Anspruchs vorab entschieden (§ 304 ZPO.), so ist die Wirksamkeit eines selbst rechtskräftigen Urteils über die Höhe des Anspruchs davon abhängig, daß das Urteil über den Grund des Betrages nicht in höherer Instanz aufgehoben wird. Der Umstand, daß nach § 14 Satz 2 ZwAG. der Bescheid als Steuerbescheid i. S. der RAO. gilt, spricht nicht gegen diese Auffassung. Insbesondere ist aus ihm nicht zu folgern, daß die Änderung des Bescheides aus § 14 ZwAG. nur möglich sei, wenn bei zu hoher Veranlagung des Vermögens gegen ihn Einspruch eingelegt worden ist. Solange der RFH. dieser Auffassung nicht beigetreten ist, ist dem Zeichnungspflichtigen allerdings dringend zu raten, in allen Fällen, in denen ein zu hohes Vermögen veranlagt worden ist, nicht nur gegen die Veranlagung zur VermSt., sondern auch gegen den Bescheid aus § 14 ZwAG. Einspruch einzulegen.

Die Neuberechnung hat von Amts wegen durch das zuständige FA. zu erfolgen, doch ist es dem Zeichnungspflichtigen unbenommen, durch Anträge auf sie hinzuwirken. Wird der Antrag erst nach Ablauf der Einspruchsfrist aus § 14 ZwAG. gestellt und abgelehnt, so ist nur die förmliche und mit einem Monat seit Zustellung befristete Beschwerde an das LFA. zulässig (§ 281 RAO.). Der Rechtszug zum RFH. (Rechtsbeschwerde) ist verschlossen, da die Voraussetzungen des § 283 RAO. nicht gegeben sind.

Hat der Zeichnungspflichtige nach der — sei es durch das FA., sei es im Rechtsmittelzug — rechtskräftig festgestellten Veranlagung zur VermSt. zuviel ZwA. gezeichnet, so ist, auch wenn die Überzeichnung erst bei der endgültigen Zeichnung erfolgte (vgl. N. 3a am Ende), den Vorschriften des § 17 ZwAG. entsprechend gemäß §§ 128, 132 RAO. zu verfahren, d. h. der zuviel gezahlte Betrag nebst 5 v. H. Zinsen vom Tage der Einzahlung ab dem Zeichnungspflichtigen gegen Rückgabe eines entsprechenden Betrages in ISchVerschr. kosten- und stempelfrei zu erstatten. Hat der Zeichnungspflichtige nach der endgültigen Feststellung seines Vermögens im rechtskräftig abgeschlossenen VermStVeranlagungsverfahren zuwenig gezeichnet — bei dem von dem Steuerpflichtigen beschrittenen Rechtsmittelweg kann auch eine Änderung der Veranlagung zu seinen Lasten erfolgen (§ 228 RAO.) —, so hat eine nachträgliche Ergänzung der endgültigen Zeichnung stattzufinden, wovon der Zeichnungspflichtige durch einen schriftlichen Bescheid nach § 14 von Amts wegen in Kenntnis zu setzen ist. Dieser Bescheid ist von dem FA. auch dann zu erteilen, wenn die rechtskräftige Feststellung des Vermögens erst im

Instanzenzug erfolgte. Eine Erhöhung der Zeichnungspflicht nach § 16 wird in der Regel dann nicht in Frage kommen, wenn Bewertungsfragen den Anlaß zur Änderung der Veranlagung gegeben haben. Denn, wenn dabei das FA. die gleichen Grundsätze wie der Zeichnungspflichtige befolgt hat, wird diesem ein Verschulden in der Regel nicht zur Last zu legen sein. Anders, wenn in der Berufungsinstanz neue Tatsachen oder Beweismittel bekannt werden, die der Zeichnungspflichtige dem FA. vorenthalten hatte (vgl. dazu N. 4 zu § 16). Wohl aber erhöht sich die Zeichnungspflicht dadurch, daß der Zeichnungspreis nach § 2 zu zahlen ist. Bei der Dauer eines Verfahrens durch die Instanzen kann diese Erhöhung eine wesentliche sein. Wegen verspäteter VermStErklärung erfolgt ein Zuschlag zur ZwA. nicht (§ 17 Abs. 2 VermStZwAAB.).

3. **Bescheid aus § 14 als Steuerbescheid i. S. der RAO.** Der schriftliche Bescheid, den das FA. dem Zeichnungspflichtigen erteilt, gilt „als Steuerbescheid im Sinne der Reichsabgabenordnung" (§ 14 Satz 2). Dies gilt aber nur mit den Einschränkungen, die sich aus den Ausführungen in N. 2 ergeben. Im einzelnen führt dies zu folgendem Ergebnis:

a) Die Festsetzung des endgültigen (d. h. hier gesamten) Zeichnungsbetrages erfolgt unter Mitwirkung der Steuerausschüsse (§ 25 RAO.).

b) Als Steuerbescheid unterliegt der schriftliche Bescheid aus § 14 der Nachprüfung im Rechtsmittelverfahren. Nach § 217 Ziff. 1 RAO. ist das Berufungsverfahren gegeben. Das Verfahren gliedert sich in drei Abschnitte: Einspruch an das FA., Berufung gegen den Einspruchsbescheid an das FG., Rechtsbeschwerde gegen die Entscheidung des FG. an den RFH. Die Frist zur Einlegung der Rechtsmittel beträgt einen Monat, von dem Tage, an dem der beschwerende Bescheid oder die anzufechtende Entscheidung dem Zeichnungspflichtigen zugestellt worden ist (§ 230 RAO.). Die Bekanntgabe genügt nicht, um die Einspruchsfrist in Lauf zu setzen; es ist dazu die Zustellung des Steuerbescheides erforderlich (RFH. 7. Okt. 1921, JurW. 1921 S. 1562). Ist ein Bevollmächtigter bestellt, so muß die Zustellung an ihn erfolgen (RFH. 6 80; Boethke, JurW. 1921 S. 1024). Die Rechtsmittel sind schriftlich oder zu Protokoll bei der Geschäftsstelle der Behörde anzubringen, deren Bescheid angefochten wird. Einlegung durch Telegramm genügt, nicht aber durch Fernsprecher (Kloß, RAO. S. 57). Die Anbringung bei der zur Entscheidung berufenen Stelle oder einer Vorinstanz genügt (§ 234 RAO.). Die Zuziehung eines sachverständigen Beraters oder eines Vertreters ist in allen Verfahrensabschnitten zulässig, aber nicht notwendig

Das Beschreiten des Rechtsmittelweges gegen den schriftlichen Bescheid aus § 14, der den ZwABetrag endgültig festsetzt, hat aber nur beschränkte Bedeutung. Diesem Rechtsmittelverfahren ist die Prüfung genommen ob das zeichnungspflichtige Vermögen richtig festgesetzt worden ist. Wie in

R. 2 ausgeführt, findet eine selbständige Veranlagung des Vermögens zur ZwA. nicht statt, vielmehr ist das bei der ersten Veranlagung zur VermSt. festgestellte Vermögen maßgebend. Ist der Zeichnungspflichtige mit der Feststellung seines Vermögens nicht einverstanden, so muß er gegen den VermStBescheid vorgehen und die anderweite Feststellung seines Vermögens in jenem Rechtsmittelverfahren betreiben. Die Erzielung einer Änderung dabei wirkt auf die Berechnung der ZwA. von selbst zurück (vgl. R. 2). Ist dagegen der VermStBescheid rechtskräftig geworden, so steht das zeichnungspflichtige Vermögen auch für die ZwA. rechtskräftig fest. Durch das Beschreiten des Rechtsmittelweges gegen den schriftlichen Bescheid aus § 14 über den endgültigen Zeichnungsbetrag läßt sich, auch sofern dieser noch nicht rechtskräftig sein sollte, die Vermögensfeststellung für die ZwA nicht ändern.

Anfechtbar in dem hier behandelten Rechtsmittelverfahren ist hingegen die Berechnung des Zeichnungsbetrages, also die Anwendung des Tarifs (§§ 9 und 10) auf das zeichnungspflichtige Vermögen einschließlich der Berücksichtigung der Freigrenzen (§ 8), des Kinderprivilegs (§ 9 Abs. 3) und der Anrechnung eines Überbetrages des RNO. (§ 11). Ferner ist in diesem Rechtsmittelverfahren zu entscheiden, wenn über die Höhe des in Frage kommenden Zeichnungspreises Streit entsteht (§ 2). Denn auch dabei handelt es sich um die Frage, welcher Betrag von dem festgestellten Vermögen an das Reich als ZwA. zu zahlen ist. Vor allem wird aber die Frage, ob infolge einer zu geringen Vorauszeichnung eine Erhöhung der Zeichnungspflicht eingetreten ist (§ 16), Gegenstand dieses Rechtsmittelverfahrens sein.

Die materielle Rechtskraft des Bescheides aus § 14 kann erst eintreten, nachdem der erste VermStBescheid rechtskräftig geworden ist. Denn solange im Veranlagungsverfahren betreffend die VermSt. eine Änderung in der Berechnung des Vermögens erfolgen kann, von dem der ZwABetrag erhoben wird, steht die Höhe des letzteren noch nicht außer Zweifel. Der VermStBescheid und der schriftliche Bescheid über den ZwABetrag müssen also beide rechtskräftig sein, ehe das Veranlagungsverfahren über die ZwA. vollständig abgeschlossen ist (vgl. R. 2).

Die Einlegung von Rechtsmitteln hemmt nach § 235 RAO. nicht die Wirksamkeit des angefochtenen Bescheides, insbesondere wird dadurch die Erhebung einer Steuer nicht aufgehalten. Selbst wenn also gegen den Bescheid aus § 14 oder gegen die Veranlagung zur VermSt., die diesem Bescheide zugrunde liegt, Rechtsmittel eingelegt werden, bleibt die Verpflichtung bestehen, innerhalb zweier Monate nach Zustellung des Bescheides (§ 15) den berechneten Betrag „endgültig" zu zeichnen und zu zahlen.

Wird im Rechtsmittelverfahren der Zeichnungsbetrag oder das zur VermSt. veranlagte Vermögen herabgesetzt, so ist nach der besonderen Vorschrift des § 14 ZwAG. dabei zugleich zu bestimmen, welcher Teil einer

etwaigen Vorauszeichnung zurückzuzahlen ist. Die Zurückzahlung gegen Rückgabe der etwa schon ausgegebenen JSchVerschr. in entsprechendem Nennbetrag hat das zuständige FA. von Amts wegen in die Wege zu leiten. Soweit infolge der Entscheidung der Rechtsmittelbehörde die Rückzahlung eines erst endgültig gezeichneten Betrages zu erfolgen hat, verbleibt es bei den vom RFH. 4 55 aufgestellten Grundsatz, daß es nicht Sache der Rechtsmittelbehörde sei, bei der Aufhebung von Steuerbescheiden zugleich über die Rückzahlung der eingezahlten oder beigetriebenen Steuern zu erkennen. Diese Erstattung ist dem besonderen durch § 128 RAO. geregelten Verfahren vorbehalten. Dem Pflichtigen steht, auch wenn ihm zuviel erstattet werden soll, der Rechtsmittelweg offen (vgl. N. 4 zu § 17).

c) Der schriftliche Bescheid aus § 14 bildet die Grundlage zur Beitreibung nicht freiwillig bezahlter fälliger ZwABeträge (vgl. hierüber N. 4 zu § 15).

d) Nach § 76 RAO. kann der Bescheid aus § 14 als Steuerbescheid über eine direkte Steuer mit Zustimmung des Zeichnungspflichtigen zurückgenommen oder geändert werden. Ist er jedoch bereits unanfechtbar geworden, so darf dies selbst bei Zustimmung des Zeichnungspflichtigen nur zu dessen Nachteil geschehen. Grundsätzlich soll nämlich das FA. im Veranlagungsverfahren den Sachverhalt erschöpfend aufklären und der Zeichnungspflichtige hat dabei Gelegenheit, seine Rechte wahrzunehmen; wenn gleichwohl trotz Rechtskraft die Änderung zum Nachteil des Zeichnungspflichtigen mit dessen Zustimmung zugelassen ist, so soll dies eine dem Zeichnungspflichtigen noch lästigere Neuveranlagung erübrigen (§ 212 RAO.; Becker S. 111; vgl. RFH. 3 150). Diese ist bei der ZwA. nur zulässig, wenn neue Tatsachen oder Beweise bekanntwerden, die eine höhere Veranlagung rechtfertigen (§ 212 RAO.; RFH. 4 308). Darüber, ob nach unanfechtbar gewordener Rechtsmittelentscheidung eine Neuveranlagung möglich ist, vgl. Becker, N. 10 zu § 212, des ferneren RFH. vom 17. Dez. 1920, RStBl. S. 112. — Vorbehalten bleibt die Berichtigung der Veranlagung zugunsten des Pflichtigen, wenn bei einer Nachprüfung durch die Aufsichtsbehörde vor Ablauf der Verjährungsfrist Fehler aufgedeckt werden (§ 213 RAO.).

Insoweit der Bescheid aus § 14 eine Erstattung überzeichneter Beträge vorsieht, kommen die in N. 9 zu § 17 behandelten Grundsätze über Rücknahme von Erstattungsverfügungen zur Anwendung.

4. Formeller Inhalt des Bescheides aus § 14. Der Bescheid aus § 14 muß den im Gesetz ersichtlichen Inhalt haben, also den endgültig zu zeichnenden ZwABetrag und den Betrag enthalten, den der Zeichnungspflichtige noch zu zahlen oder zurückzuerhalten hat. Für den Bescheid ist das vom RFM. auf Grund des § 29 bestimmte Formular zu benutzen (Muster 5 zu BStZwAB.); eine sonstige Zahlungsaufforderung wäre

wirkungslos (vgl. RFH. vom 25. Juli 1921; Mirre in Koppes Jahrbuch 1921 S. 380). Außer § 14 gilt für den Bescheid § 211 RAO., demzufolge Steuerbescheide verschlossen zuzustellen sind und enthalten sollen:

1. eine Belehrung, welches Rechtsmittel zulässig ist und binnen welcher Frist und bei welcher Behörde es einzulegen ist,
2. die Grundlagen der Festsetzung und Veranlagung, soweit sie dem Steuerpflichtigen nicht schon mitgeteilt sind,
3. eine Anweisung, wo, wann und wie die Steuer oder Sicherheit zu entrichten ist,
4. die Punkte, in denen von der Steuererklärung abgewichen worden ist.

Die vier Vorschriften sind Sollvorschriften, d. h. ihre Außerachtlassung läßt die Wirkung des Bescheides bestehen (Mrozek S. 747; Becker S. 344). Ist die Vorschrift zu 1 nicht beobachtet, so läuft trotz Zustellung des Bescheides die Rechtsmittelfrist nicht (§ 231 Abs. 3 RAO.; RFH. 23. Juli 1921, DStBl. 4 180); die Finanzbehörden können sich hierauf nicht berufen. Wohl aber läuft die Rechtsmittelfrist, wenn die Rechtsmittelbelehrung erteilt ist, in dem Steuerbescheid aber die Angabe fehlt, in welchen Punkten von den Angaben des Zeichnungspflichtigen abgewichen ist (§ 211 Abs. 2 Ziff. 4 RAO.), oder die Unterlagen für die abweichende amtliche Berechnung nicht mitgeteilt werden (vgl. § 240 RAO.), so daß der Zeichnungspflichtige nicht prüfen kann, ob die amtliche Berechnung richtig ist. Legt der Zeichnungspflichtige in solchem Fall zur Wahrung seiner Rechte zunächst Einspruch ein und dringt er dann sachlich nicht durch, so treffen ihn gleichwohl die Kosten des Einspruchsverfahrens (§ 286 RAO.; im ersten Fall Mitteilung, in welchen Punkten von den Angaben des Steuerpflichtigen abgewichen ist; ferner §§ 264, 275, 243 Abs. 2 RAO.). Jedoch kann nach § 295 RAO. die Rechtsmittelbehörde von Erhebung von Kosten, die durch unrichtige Behandlung der Sache ohne Schuld der Beteiligten entstanden sind, ganz oder zum Teil absehen.

Den im § 14 ZwAG. vorgeschriebenen Inhalt muß der Bescheid haben, wenn anders er gültig sein soll. Es muß also aus dem Bescheid zahlenmäßig der Betrag ersichtlich sein, den der Pflichtige noch zu zeichnen oder zurückzuerhalten hat. Ob das FA., das den Bescheid aus § 14 erlassen hat, dazu örtlich zuständig gewesen ist oder nicht, ist für die Wirksamkeit des Bescheides ohne Bedeutung (§ 61 RAO.). Hängt die Zeichnungspflicht von dem Eintritt einer Bedingung oder ihre Feststellung von der Klärung in tatsächlicher oder rechtlicher Beziehung unsicherer Verhältnisse ab, so kann gemäß § 82 RAO. zunächst ein vorläufiger Bescheid aus § 14 ergehen, der als vorläufiger erkennbar sein muß (RFH. 2 343, 8 304; § 14 VStZwAAB.). Über Freistellungsbescheide vgl. § 16 VermStZwAAB.

5. Erlöschen des Zahlungsanspruchs. Die Festsetzung des ZwA.-Betrages und die Mitteilung an den Zeichnungspflichtigen hat gleichzeitig

mit der ersten Veranlagung zur VermSt. zu erfolgen. Daraus ergibt sich in Verbindung mit der Zahlungsfrist des § 15, bis wann der endgültige Zeichnungsbetrag in die Reichskasse zu fließen hat. Ist die Erteilung des ZwABescheides bei der ersten Veranlagung zur VermSt. aus irgendeinem Grunde unterblieben, so hat das FA. die Erteilung des Bescheides nachzuholen; der Zeichnungspflichtige ist nicht etwa von seiner Zeichnungspflicht befreit, auch nicht, wenn die Unterlassung auf einem Verschulden des FA. beruhte. Ohne Zahlung erlischt der Anspruch des Reichs auf den ZwABetrag vielmehr erst infolge von Verjährung nach den allgemeinen Vorschriften, d. h. nach fünf Jahren mit dem Ablauf des Jahres, in dem der Steueranspruch entstanden ist (§ 121 RAO.). Dies ist bei allen Zeichnungspflichtigen am 1. Jan. 1923 der Fall, die Zeichnungspflicht erlischt also mit dem 31. Dez. 1928. Unterbrochen wird die Verjährung durch jede Handlung, die das zuständige FA. zur Feststellung des Anspruchs oder des Verpflichteten vornimmt, selbst wenn dies nicht zur Kenntnis des Verpflichteten kommt (§ 124 RAO.; Kloß, RAO. S. 18).

Zahlungsfrist.

§ 15.

Der auf Grund des Bescheids (§ 14) noch zu zeichnende Betrag ist binnen zwei Monaten nach Zustellung des Bescheids bei einer Annahmestelle zu zeichnen.

Mat.: RegE. § 20; Begr. S. 13; AusschBer. S. 35 ff. und 54.

1. Entstehungsgeschichte.
2. Zeichnungsfrist.
3. Zahlungsarten.
4. Folgen nicht fristgemäßer Zahlung.

1. Entstehungsgeschichte. Der RegE. sah eine e i n monatliche Zahlungsfrist vor, im RTAusschuß wurden zunächst drei Monate beschlossen; die Mehrheit einigte sich dann, nachdem beantragt worden war, die Einmonatsfrist wiederherzustellen, auf die gesetzlich festgelegte Zweimonatsfrist. Satz 2 des RegE.: „Die näheren Bestimmungen trifft der Reichsminister der Finanzen“ ist im RTAusschuß gestrichen worden.

2. Zeichnungsfrist. § 15 bestimmt, wann der gesamte ZwABetrag fällig ist, bis wann er also von jedem Zeichnungspflichtigen bezahlt sein muß. Zwar entsteht der Zahlungsanspruch des Reichs in bestimmter Höhe an einem festgesetzten Tage, dem 1. Jan. 1923 (§ 6 ZwAG.; § 81 RAO.). Die Berechnung des Betrages durch die FA. in Verbindung mit den Veranlagungsverfahren zur VermSt. (s. § 14 und N. 2 dazu) erfordert aber eine gewisse Zeit. Infolgedessen ist anders als bei der Vorauszeichnung, bei deren Bemessung die FA. nicht mitwirken (s. § 12 f. und N. 5 zu § 13), die Fälligkeit der endgültigen Zeichnung nicht an einen bestimmten Stichtag, vielmehr an eine Frist geknüpft, die mit der Zustellung des Bescheides aus § 14 be-

ginnt; längstens innerhalb zweier Monate nach der Zustellung muß die Zeichnungs- und mithin die Zahlungspflicht vollständig erfüllt sein.

Durch die Einlegung von Rechtsmitteln — sei es gegen die Bemessung des Vermögens bei der Veranlagung zur VermSt., sei es gegen den Bescheid aus § 14 ZwAG. über die Höhe des pflichtigen ZwABetrages — wird die Zeichnungsfrist nicht hinausgeschoben. Der veranlagte Betrag ist vielmehr zunächst zu zahlen (§ 235 RAO.); der Zeichnungspflichtige hat Anspruch auf Aushändigung von JSchVerschr. in entsprechender Höhe. Er kann über diese auch frei verfügen. Eine solche Verfügung enthält nicht einen Verzicht auf Rechtsmittel. Hat das Rechtsmittel Erfolg und wird infolgedessen der Zeichnungsbetrag herabgesetzt, so erfolgt die Erstattung des Überbetrages nach § 128 RAO. nebst 5 v. H. Zinsen von der Entrichtung an (§ 132 RAO.) Zug um Zug gegen Rückgabe des entsprechenden Betrages in JSch.-Verschr. Es müssen nicht die ursprünglich ausgegebenen JSchVerschr. zurückgegeben werden. Solange diese Rückgabe Zug um Zug nicht erfolgt, ist das Reich zur Rückzahlung nicht verpflichtet. Das FA. ist berechtigt, bis zur rechtskräftigen Entscheidung die Einziehung des geschuldeten Zeichnungsbetrages auszusetzen, geeignetenfalls gegen Sicherheitsleistung (§ 235 Satz 2 RAO.). Wird ein dahin gehender Antrag abgelehnt, so ist die befristete Beschwerde (§§ 281, 230 RAO.) gegeben, über die das LFA. endgültig entscheidet (§ 282 Abs. 4 RAO.; vgl. Mrozek S. 784). Die Frist für die Beschwerde beträgt einen Monat von der Zustellung oder Bekanntgabe des ablehnenden Bescheides ab (§§ 230, 231 RAO.).

3. **Zahlungsarten.** § 102 Abs. 4 RAO., der lautet: „Barzahlungen an Steuerbehörden sind bei der zuständigen Kasse zu leisten oder ihr durch die Post zu übersenden“, ist nicht anwendbar, da die Zahlungen nicht an die Steuerbehörden, sondern an die Annahmestellen erfolgen. Die Zahlungsart ist in § 44 BStZwAAB. (Anhang S. 64) geregelt. Mit der Zeichnung ist der Zeichnungspreis für den gezeichneten Betrag an die Annahmestelle zu zahlen. Die Zahlung durch bestätigten Reichsbankscheck steht der Barzahlung gleich. Nach § 44 Abs. 2 BStZwAAB. können Zahlungen auch durch Schecks oder Überweisungen erfolgen, doch gelten Zahlungen in diesen Fällen erst dann als erfolgt, wenn der Gegenwert bei der Annahmestelle eingegangen oder auf ihrem Konto zur Gutschrift gelangt ist. — Das Abrechnungsverhältnis zwischen dem Reich und der Annahmestelle ist für den Zeichnungspflichtigen ohne Belang.

Die Begr. des RegE. (S. 13) führt bei Erwähnung der Barzahlungspflicht ausdrücklich an: „Besonderen Härten kann im Wege des § 29 des Entwurfs — § 21 des Gesetzes — und des § 108 der Reichsabgabenordnung Rechnung getragen werden“ (vgl. N. 3 zu § 21). Ausnahmsweise kann also auf Grund einer besonderen Bewilligung über § 11 hinaus die Hingabe von Wertpapieren oder anderen Vermögensstücken auf die ZwA. erfolgen.

4. Folgen nicht fristgemäßer Zahlung. Erfolgt die Zeichnung der ZwA. nicht innerhalb der in § 15 gesetzten Frist, so ist der rückständige Betrag gemäß § 104 RAO. von der Fälligkeit, also vom Ende der Frist des § 15 ab zu verzinsen. Der RFM. ist durch Art. III § 2 des GeldentwG. ermächtigt worden, den Zinssatz auf höchstens 10 v. H. monatlich heraufzusetzen. Dies ist durch die zweite Verordnung über die Verzinsung von Reichssteuern vom 20. April 1923 (RGBl. I S. 256) geschehen. Der Zinssatz beträgt vom 1. Mai 1923 ab bis auf weiteres 10 v. H. monatlich. Soweit die geschuldeten Zinsbeträge 1000 M. nicht übersteigen, bleiben sie bis auf weiteres unerhoben (§ 1 der EntlastVO., Anh. S. 94). Die Zuschläge aus Art. III § 1 GeldentwGes. kommen bei der ZwA. nicht in Frage, da dort das ZwAG. nicht aufgeführt ist.

Das mit jedem Monat weiterer Rückständigkeit steigende Agio (§ 2) schließt diese Zinspflicht nicht aus (vgl. § 61 VStZwAAB.). Die Staffelung des Agios soll in erster Linie dazu dienen, dem Reich den dadurch entstehenden Schaden zu ersetzen, daß die Zahlung des geschuldeten Betrages in Geld geschieht, das seit der Fälligkeit weiter entwertet ist. Daß der Pflichtige inzwischen das Geld zum Schaden des Reichs in üblicher Weise hat weiter nutzen können, muß durch die Zinsen aus § 104 RAO. besonders abgegolten werden. Die Zinsen sind von dem Betrag, der bei Eintritt der Fälligkeit zu bezahlen war, zu berechnen, nicht aber von dem Agio, das erst später zu diesem Betrag hinzukommt. Beispiel: Die Zustellung des Bescheides aus § 14 erfolgte am 15. Mai 1923, Ablauf der Zahlungsfrist gemäß § 15 ist der 15. Juli 1923, die Zahlung erfolgt erst im Oktober 1923. Zeichnungspreis ist gemäß § 2 für Juli 1923 130 v. H., für Oktober 1923 160 v. H. Demgemäß sind an Zinsen 10 v. H. monatlich des zum Zeichnungspreis von 130 v. H. berechneten Betrages zu leisten. Denn nur diesen Betrag hätte das Reich in der Zwischenzeit nutzen können. Da die Zinsen nur eine Entschädigung des Reichs für die vorenthaltene Nutzung des Geldes, das Agio für die etwa eingetretene Geldentwertung ist, erhöhen beide den Zeichnungsbetrag nicht. ISchVersch. sind daher nach schließlich erfolgter Zahlung oder Beitreibung nur in Höhe des pflichtigen Zeichnungsbetrages — also abzüglich von Agio und Zinsen — auszuhändigen.

Erfolgt trotz Mahnung, die auch in der Form einer öffentlichen Bekanntmachung erfolgen kann (§ 314 RAO.), die erforderte Zeichnung nicht, so ist der geschuldete Betrag nach den Bestimmungen der RAO. über die Beitreibung geschuldeter Steuern (§§ 298ff. RAO.) im Zwangswege beizutreiben (§ 26 ZwAG.; § 62 VStZwAAB.). Die Beitreibung muß sich auf volle Tausende richten, da die ISchVerschr., auf deren Aushändigung der Vollstreckungsschuldner in Höhe des beigetriebenen Betrages Anspruch hat, nur über volle Tausende lauten (§ 10 ZwAG.). Das hindert nicht, daß zunächst auch Beträge beigetrieben werden, die zwischen vollen

Tausenden liegen. Stellt sich aber heraus, daß weitere Beträge nicht zu erhalten sind, so muß der Betrag, der über volle Tausende hinausgeht, soweit er nicht auf Kosten zu verrechnen ist, zur Deckung anderer rückständiger Steuern verrechnet oder zurückgezahlt werden.

Erhöhte Zeichnungspflicht.

§ 16.

Übersteigt das für die endgültige Zeichnung zugrunde gelegte Vermögen (endgültiges Vermögen) das Vermögen, das sich aus der Vorauszeichnung ergibt (vorläufiges Vermögen), um mehr als ein Viertel, so erhöht sich die Zeichnungspflicht nach Maßgabe des Abs. 2.

Die Erhöhung beträgt, wenn das endgültige Vermögen
nicht mehr als das Eineinhalbfache des vorläufigen Vermögens beträgt, 20 vom Hundert,
mehr als das Eineinhalbfache, aber nicht mehr als das Zweifache des vorläufigen Vermögens beträgt, 30 vom Hundert,
mehr als das Zweifache, aber nicht mehr als das Dreifache des vorläufigen Vermögens beträgt, 40 vom Hundert,
mehr als das Dreifache, aber nicht mehr als das Vierfache des vorläufigen Vermögens beträgt, 50 vom Hundert,
mehr als das Vierfache des vorläufigen Vermögens beträgt, 60 vom Hundert

des Unterschiedsbetrags zwischen dem vorausgezeichneten Zwangsanleihebetrag und zwei Dritteln des endgültig zu zeichnenden Zwangsanleihebetrags, wenn der Zeichnungspflichtige vorsätzlich oder fahrlässig das vorläufige Vermögen zu gering angegeben hat. Wer nichts vorausgezeichnet hat, unterliegt einer erhöhten Zeichnungspflicht nach dem höchsten Hundertsatz des Satz 1.

Von der erhöhten Zeichnungspflicht (Abs. 1) kann abgesehen werden, wenn Schätzungen des Vermögens mit ungewöhnlichen Schwierigkeiten verbunden sind und wenn der Zeichnungspflichtige mit der nach § 13 zu leistenden Vorauszahlung bei dem Finanzamt unter Darlegung des Sachverhalts beantragt, ihn von der erhöhten Zeichnungspflicht zu entbinden, falls infolge verschiedener Schätzung des Vermögens bei der endgültigen Feststellung des Vermögens das endgültige Vermögen das vorläufige Vermögen übersteigen sollte.

Mat.: RegE. §§ 23 ff.; Begr. S. 7; AusschBer. S. 40 ff. und 54 ff.; StenBer. S. 8653 ff.

1. Entstehungsgeschichte. § 16 regelt eine der umfochtensten Bestimmungen des Gesetzes: welche Nachteile den Zeichnungspflichtigen aufzuerlegen sind, die ihre Vorauszeichnungspflicht nicht oder in nicht genügender Weise erfüllt haben. Der RegE. sah in den §§ 23 ff. die Erhebung einer Abgabe in gestaffelter Weise vor, die als eine Art Strafgeld bei verschuldeter Unterzeichnung ohne Gegenleistung in die Reichskasse fließen sollte. Der rechtliche Charakter dieser Abgabe war zweifelhaft. Im RTAusschuß ist eine völlige Umgestaltung dieser Bestimmung erfolgt (vgl. Einl. S. 47 f.). Das Gesetz sieht nunmehr bei säumiger Vorauszeichnung die Erhöhung der Zeichnungspflicht vor. Der Zentrumsantrag, der die Grundlage des § 16 bildete, enthielt zunächst nur den Tarif für die Erhöhungen, und zwar knüpfte er das Steigen der Zuschläge an das Zurückbleiben der vorausgezeichneten zu den endgültig zu zeichnenden Beträgen um bestimmte Summen (AusschBer. S. 38). Die Abänderungsvorschläge bewegten sich in zwei Richtungen. Die Sozialdemokraten beantragten, nachdem ihr Antrag, alle Zahlungen auf die ZwA. dem jeweiligen Wert der Mark zur Zeit der Zeichnung und Zahlung anzupassen, abgelehnt worden war, dies wenigstens hinsichtlich der Erhöhungen infolge nicht genügender Vorauszeichnung zu bestimmen, damit nicht diejenigen, die am lässigsten ihrer Zahlungspflicht nachkämen, von einer weiteren Geldentwertung zum Schaden des Reichs Nutzen zögen. Dieser Antrag wurde wegen seiner über das ZwAG. hinausgehenden Bedeutung abgelehnt. Aufnahme in das Gesetz fand dagegen unter Widerspruch der Regierung und der Sozialdemokraten, der auch bei der zweiten Beratung des Gesetzes im Plenum wiederholt wurde, der Vorschlag, die Erhöhung der Zeichnung nur eintreten zu lassen, wenn der Zeichnungspflichtige vorsätzlich oder fahrlässig das vorläufige Vermögen zu gering angegeben hat (AusschBer. S. 54 f.).

Der Zentrumsantrag, demzufolge der vorausgezeichnete und der endgültige Zeichnungsbetrag miteinander verglichen werden sollte, wurde im RTAusschuß dahin abgeändert, daß das Vermögen, das der Zeichnungspflichtige seiner Vorauszeichnung zugrunde gelegt hat, und das für die endgültige Zeichnung angenommene — das sog. endgültige — Vermögen miteinander zu vergleichen seien. Das Ausschußmitglied, das die Änderung beantragte, führte hierzu aus:

Man müsse bedenken, daß sich jemand bei den derzeitigen Wirtschaftsverhältnissen und bei den schwankenden Vorschriften des § 15 des Vermögensteuergesetzes, ohne daß ihn ein Verschulden treffe, leicht verschätzen könne. Bei großen Vermögen, insbesondere auch bei Vermögen

von Aktiengesellschaften, könne unschwer ein Unterschiedsbetrag von mehreren 100 000 M. herauskommen, ohne daß ein Verschulden des Zeichnungspflichtigen vorliegen müsse. Etwas ganz anderes sei es selbstverständlich, wenn sich jemand mit einem kleinen oder nur mittelmäßigen Vermögen so verschätze, daß ein großer Unterschiedsbetrag herauskomme. Es dürfe daher nicht auf die Höhe des Unterschiedsbetrags zwischen vorausgezeichnetem und endgültig zu zeichnendem Zwangsanleihebetrag abgestellt werden, sondern auf den Unterschied zwischen dem der Vorauszeichnung und dem der endgültigen Zeichnung zugrunde liegenden Vermögen.

2. **Rechtlicher Charakter der erhöhten Zeichnungspflicht.** In die Systematik der RAO. läßt sich die Erhöhung der Zeichnungspflicht so, wie sie in das Gesetz Aufnahme gefunden hat, nicht einreihen. Die RAO. kennt Abgaben (§ 1), Ungehorsamsfolgen (§ 77) und Strafen (§§ 355 ff.).

a) Abgaben sind Steuern, Gebühren oder Beiträge (Becker, Bem. 2 zu § 1 RAO.). Die Erhöhung der Zeichnungspflicht ist keines von diesen dreien. Als Gebühr oder Beitrag kann sie nicht angesehen werden. Eine Steuer ist sie deshalb nicht, weil sie nicht die Erzielung von Einkünften, sondern die Verhütung zu niedriger Einnahmen bezweckt, ferner auch deshalb, weil sie an einen subjektiven Tatbestand, nämlich an ein Verschulden bei der Entrichtung einer Steuer, der ZwA. anknüpft; Steuern auf subjektive Vorgänge gibt es nicht.

b) Ungehorsamsfolgen sind nach § 77 RAO. Zwangsmittel, Sicherungsgelder oder Steuerzuschläge. Zwangsmittel (§ 202 RAO.) oder Sicherungsgelder (§ 203 RAO.) kommen nicht in Frage. Auch ein Steuerzuschlag im Sinne der RAO. liegt nicht vor. Ein derartiger Zuschlag kann nach der RAO. nur bei verspäteten Steuererklärungen erhoben werden; für andere Fälle ist in ihr ein Steuerzuschlag nicht vorgesehen. Auch ist die Verhängung von Zuschlägen nach der RAO. in das Ermessen der FA. gestellt (§ 170 Abs. 2 mit § 6 RAO.), während die Erhöhung der Zeichnungspflicht kraft Gesetzes eintritt, wenn der Tatbestand vorliegt, als dessen Folge sie vorgesehen ist.

c) Auch als Strafe im Sinne der RAO. ist die Erhöhung der Zeichnungspflicht nicht anzusehen. Abgesehen davon, daß sie ein Nachteil ist und an ein Verschulden des Zeichnungspflichtigen anknüpft, fehlen dafür alle Voraussetzungen. Bei einer kriminellen Strafe ist es z. B. nicht denkbar, daß das Reich eine Gegenleistung an den Betroffenen übernimmt, wie es nach § 16 in Form der Gewährung von ISchVerschr. der Fall ist. Auch könnte die Erhöhung der Zeichnungspflicht, wäre sie eine kriminelle Strafe, nicht von Gesetzes wegen eintreten, sondern müßte im Wege des Steuerstrafprozesses über den Schuldigen verhängt werden; dabei kämen ihm die sorgsam erwogenen Bestimmungen im 3. Teil der RAO. über das Steuerstrafrecht

und -strafverfahren (z. B. die Berücksichtigung des Rechtsirrtums und der tätigen Reue, §§ 358, 374 RAO.) zustatten; der Richter hätte die Strafe nicht in unabänderlicher Höhe, vielmehr innerhalb eines von dem Gesetze gespannten Strafrahmens je nach der Schwere des Verschuldens zu bemessen. Die Regierung hat sich im RTAusschuß mit Entschiedenheit gegen die Aufnahme einer kriminellen Strafe in das Gesetz bei nicht genügender Vorauszeichnung ausgesprochen (AusschBer. S. 53), sich aber mit § 16 im allgemeinen einverstanden erklärt. Eine kriminelle Strafe hat also auch sie in § 16 nicht gesehen. Im RTAusschuß (a. a. O.) ist die Erhöhung der Zeichnungspflicht als ein Verwaltungsdruck bezeichnet worden, der angesetzt werden müsse, um im Hinblick auf die Finanzlage des Reiches eine möglichst pünktliche und richtige Vorauszeichnung zu erzwingen. Damit sollte zum Ausdruck gebracht werden, daß die Veranlagung und Einziehung auch der erhöhten Beträge den Finanzbehörden als Verwaltungs-, nicht als Strafbehörden zustehen sollte.

Die Abweichung von der Systematik der RAO. findet ihre Erklärung in den besonderen Aufgaben, die dem ZwAG. dahin gestellt sind, bei den Zeichnungspflichtigen schon vor Durchführung der Veranlagung größere Beträge flüssig zu machen. Eine solche Aufgabe einer direkten Steuer kennt die RAO. nicht. Es ist daher im vorliegenden Fall nicht möglich, sich an ihre Begriffseinteilung zu halten. Nach der Entwicklung, die der Entwurf genommen, und der Gestaltung, die § 16 schließlich gefunden hat, ist die Erhöhung der Steuerpflicht als ein Steuerzuschlag eigener Art zu bezeichnen. Von dem Steuerzuschlage der RAO. unterscheidet sich die Erhöhung der Zeichnungspflicht durch zweierlei. § 170 RAO. stellt die Erhebung des Zuschlages in das Ermessen der Finanzbehörden; die Erhöhung des § 16 tritt hingegen von Gesetzes wegen in allen Fällen ein, in denen die Voraussetzungen gegeben sind (s. o. unter b). Zum anderen ist gegen die Verhängung des Steuerzuschlages nach § 170 RAO. nur die befristete Beschwerde an das LFA. gegeben (§§ 224, 281, 282 RAO.; RFH. Bd. 6 S. 25). Gegen die Veranlagung zur erhöhten Zeichnungspflicht stehen jedoch die gleichen Rechtsmittel wie gegen die Veranlagung zu dem tarifmäßigen ZwABetrag offen (vgl. N. 3 zu § 14 ZwAG.). Dies ergibt sich daraus, daß der den Säumigen treffende Nachteil die Erhöhung der Zeichnungspflicht ist, diese aber nach § 14 durch das Finanzamt berechnet und dem Zeichnungspflichtigen schriftlich mitgeteilt wird. Der schriftliche Bescheid „gilt als Steuerbescheid im Sinne der Reichsabgabenordnung“ (§ 14 S. 2) und ist daher im Berufungsverfahren anfechtbar. Der Bescheid aus § 14 hat also auch die Erhöhung des Zeichnungsbetrages nach § 16 mitzuenthalten. Ist dies unterblieben, so ist die Mitteilung in einem gesonderten schriftlichen Bescheid, der innerhalb der allgemeinen Verjährungsgrenzen (s. N. 5 zu § 14 ZwAG.) zulässig ist, nachzuholen. Ein Zuschlag nach § 170

Abs. 2 RAO. kommt bei der ZwA. nicht in Frage, da Steuererklärungen für die ZwA. nicht abzugeben sind. Unzulässig wäre ein Zuschlag zur Zeichnungspflicht bei Versäumung der Steuererklärungsfrist für die VermSt. (§ 17 Abs. 2 BStZwAAB). Der Zuschlag kann nur zu der Steuer berechnet werden, für deren Veranlagung die Erklärung unmittelbar abgegeben wurde. Wegen der doppelten strafrechtlichen Sanktion vgl. die ausdrückliche Bestimmung in § 23 Abs. 2 ZwAG. Wegen Verzugszinsen vgl. N. 3 zu § 13.

3. Endgültiges und vorläufiges Vermögen. Wenngleich zufolge § 13 ZwAG. der Vorauszeichnung das in der VermStErkl. angegebene Vermögen zugrunde zu legen ist, so wird doch, wie § 16 ergibt, bei der Berechnung darüber, ob die Pflichtvorauszeichnung erfüllt ist, das nach § 14 für die endgültige Zeichnung amtlich zugrunde gelegte, d. h. also das zur VermSt. veranlagte Vermögen zum Ausgang genommen. E n d g ü l t i g e s Vermögen ist das vom FA. in dem Bescheid, der nach § 14 ZwAG. erteilt wird, oder von den Rechtsmittelbehörden als zeichnungspflichtig festgestellte Vermögen (vgl. Muster 5 Abt. II zu den BStZwAAB.). Das Gesetz geht von dem ihm als Regel vorschwebenden Fall aus, daß sich erklärtes und veranlagtes Vermögen decken. Insoweit dies nicht der Fall ist, nimmt § 16 dem Zeichnungspflichtigen die Möglichkeit, sich darauf zu berufen, er habe seiner Pflichtvorauszeichnung genügt, da er gemäß § 13 zwei Drittel des ZwABetrages im voraus gezeichnet habe, der von dem in seiner VermStErkl. angegebenen Vermögen fällig sei.

Als v o r l ä u f i g e s gilt nicht das Vermögen, das der Zeichnungspflichtige bei seiner Vorauszeichnung zugrunde gelegt hat, vielmehr ist es aus der Vorauszeichnung mit Hilfe der Vorschriften des § 9 über den Tarif und des § 2 über den Zeichnungspreis zurückzurechnen. Dabei ist zu beachten, daß infolge der Abrundungsvorschriften ein Zeichnungsbetrag bestimmter Höhe nicht einem festen, sondern einem zwischen zwei äußersten Grenzen beweglichen Vermögensbetrag entspricht. Zugunsten des Zeichnungspflichtigen ist das danach größtmögliche als vorläufiges Vermögen anzunehmen. Des weiteren sind die Vorschriften über das Kinderprivileg (§ 9 Abs. 3), die eine Verringerung des pflichtigen ZwABetrages herbeiführen, sowie der Umstand zu beachten, daß nur zwei Drittel des pflichtigen ZwABetrages vorauszuzeichnen waren. Die genaue Berechnung ist bei dieser Rechtslage eine umständliche; sie würde beispielsweise wie folgt auszuführen sein:

Gezeichneter Betrag: 47 000 M. Um zu dem tarifmäßig zu zeichnenden ZwABetrag (drei Drittel) zu kommen, sind diesem Betrag zunächst $\frac{47\,000}{2}$ = 23 500 M. hinzuzuzählen; dies ergibt 70 500 M. Die Abrundungsvorschrift des § 10 hat ferner zur Folge, daß dieser Betrag auf volle Tausende nach oben, also auf 71 000 M., abzurunden ist. Einem Zeichnungsbetrag

von 71 000 M. entspricht nach § 9 ein pflichtiges Vermögen von 2 651 000 M. bis 2 675 000 M., vorausgesetzt, daß die Zeichnung in der Zeit vom 1. Okt. 1922 bis 30. April 1923, also zu 100 v. H., erfolgte. Zugunsten des Zeichnungspflichtigen ist als vorläufiges Vermögen 2 675 000 M. anzunehmen. Erfolgte die Zeichnung im August 1922 durch Barzahlung, so ist weiter zu berücksichtigen, daß der Zeichnungspreis für diesen Monat nur 96 v. H. betrug und die damals erfolgten Barzahlungen zum doppelten Betrag zu rechnen sind. Es gelten also 2 × 71 000 M. = 142 000 M. als vorausgezeichnet; dem entspricht ein Vermögen von 3 951 000 M. bis 3 966 000 M.; zugunsten des Zeichnungspflichtigen ist von dem letzteren Betrage auszugehen. Bei einem Zeichnungskurs von 96 v. H. erhöht sich der durch die Zeichnung gedeckte Vermögensbetrag auf $\frac{3\,966\,000 \times 100}{96} = 4\,131\,000$ M. Dies ist das vorläufige Vermögen. — Sind drei nach § 9 Abs. 3 zu berücksichtigende Kinder vorhanden, so sind von dem endgültigen Zeichnungspreis $^3/_{20}$ abzuziehen, wird dieser x genannt, also $^3/_{20}$ x. Mithin beträgt $x - {^3/_{20}}x = 71\,000$ M. oder $x = \frac{71\,000 \times 20}{17} = 83\,529$ M. Das vorläufige Vermögen ist also von einem tarifmäßigen Zeichnungsbetrag von 83 000 M. zu berechnen. Da nämlich nach § 10 ZwAG. der ZwABetrag, wenn er 50 000 M. übersteigt, nach oben abgerundet wird, muß der Betrag hier bei dem umgekehrten Weg nach unten abgerundet werden.

Um zu ermitteln, ob das endgültige das vorläufige Vermögen um mehr als ein Viertel übersteigt, ist dem vorläufigen Vermögen ein Viertel hinzuzurechnen. Fünf Viertel des vorläufigen Vermögens müssen also den Betrag des endgültigen Vermögens erreichen. Beträgt beispielsweise das vorläufige Vermögen 1 000 000 M., so darf, soll die erhöhte Zeichnungspflicht aus zahlenmäßigen Gründen ausscheiden, das endgültige Vermögen nicht höher als 1 250 000 M. sein. Umgekehrt darf das vorläufige Vermögen nicht geringer als vier Fünftel des endgültigen Vermögens sein. Beträgt z. B. das endgültige Vermögen 1 500 000 M., so muß das vorläufige mindestens $\frac{1\,500\,000 \times 4}{5} = 1\,200\,000$ M. betragen. Hiervon sind tarifmäßig 18 000 M. oder, wenn drei nach § 9 Abs. 3 zu berücksichtigende Kinder vorhanden sind $18\,000 - \frac{18\,000 \times 3}{20} = 15\,300$ M., abgerundet 15 000 M., zu zeichnen zwei Drittel = 10 000 M. waren vorauszuzeichnen. Ist weniger vorausgezeichnet, so sind die zahlenmäßigen Voraussetzungen für die Erhöhung der Zeichnungspflicht gegeben.

Als einfacheren, wenn auch nicht ebenso genauen Weg zur Prüfung der Frage, ob die zahlenmäßigen Voraussetzungen der erhöhten Zeichnungs

pflicht gegeben sind, schlagen Thümen-Hotop (S. 223) vor, sich mit der Feststellung zu begnügen, ob fünfzehn Achtel des vorausgezeichneten Betrages gleich hoch oder höher als der veranlagte ZwABetrag sind. Sie kommen hierzu auf Grund folgender Berechnung:

„Geht man davon aus, daß nur zwei Drittel des ZwABetrages vorauszuzeichnen sind und daß ein Zuschlag erst festgesetzt werden darf, wenn das vorläufige Vermögen das endgültige Vermögen um mehr als ein Viertel übersteigt so können die Voraussetzungen für die Festsetzung des Zuschlags erst dann gegeben sein, wenn bei Anwendung der Formel

$$a + \frac{1}{2}a + \frac{1}{4}(a + \frac{1}{2}a) = y \text{ oder } y = \frac{15}{8}a$$

y niedriger ist als der veranlagte ZwABetrag; hierbei ist y der gesuchte und a der vorausgezeichnete Betrag."

Beispiel: Der Zeichnungspflichtige ist nach einem Vermögen von 1 730 000 M. zu 33 200 M. abzüglich vier Zwanzigstel von 33 200 M. (Kinderprivileg) = 29 880 M., abgerundet 29 000 M., veranlagt. Vorausgezeichnet sind 10 000 M. Fünfzehn Achtel hiervon belaufen sich auf 18 750 M., sind also weniger als der veranlagte ZwABetrag.

4. **Vorsatz und Fahrlässigkeit.** „Die Erhöhung der Zeichnungspflicht tritt nur ein, wenn der Zeichnungspflichtige vorsätzlich oder fahrlässig das vorläufige Vermögen zu gering angegeben hat." Durch diese Bestimmung ist der stark umfochtene Grundsatz in das Gesetz aufgenommen worden, daß nur die verschuldete Unterlassung hinreichender Vorauszeichnung die Erhöhung der Zeichnungspflicht zur Folge hat. Von der RTVorlage, die für die geplante Abgabe gleichfalls den Verschuldungsgrundsatz vorsah, unterscheidet sich das ZwAG. dadurch, daß der RegE. dem Zeichnungspflichtigen den Nachweis auferlegen wollte, daß er bei gewissenhafter Schätzung sein Vermögen auf den von ihm geschätzten Betrag annehmen konnte. Dieser Rückfall in eine früheren Zeiten, nicht aber modernen Gesetzen entsprechende Verteilung der Beweislast fand starke Kritik. Das Gesetz erfordert die amtliche Feststellung eines Verschuldens des Zeichnungspflichtigen, der Nachweis liegt also dem FA. ob. Die zu der Beurteilung erforderlichen tatsächlichen Unterlagen hat freilich, wie überhaupt bei der Steuerermittlung, der Steuerpflichtige zu liefern (vgl. §§ 168 ff. RAO.). Tut er dies nicht im zulänglichen Maße, so wird häufig der Schluß gerechtfertigt sein, daß auch bei der Bemessung der Vorauszeichnung tatsächliche Unterlagen oder Anhaltspunkte nicht in dem möglichen oder erforderlichen Maße benutzt wurden, und daher eine zum mindesten fahrlässige Bemessung des vorläufigen Vermögens anzunehmen sein. Diese Feststellung genügt aber, um die Erhöhung der Zeichnungspflicht eintreten zu lassen. Die Fassung des Gesetzes ist insofern ungenau, als das vorläufige Vermögen bis zum Ablaufe der Zeichnungsfrist den Finanzbehörden nicht „anzugeben" ist, da

eine Veranlagung für die Vorauszeichnung nicht erfolgt. Es muß also statt „angegeben" das Wort „angenommen" gesetzt werden. Nur als ein Recht, nicht als eine Pflicht ist dem Zeichnungspflichtigen die Erklärung aus § 16 letzter Absatz vorbehalten.

Ein Unterschied zwischen vorsätzlicher und fahrlässiger Unterlassung genügender Vorauszeichnung ist im Gesetz nicht gemacht, auch in der Wirkung nicht; beide lösen die gleiche, nach dem Tarif genau zu berechnende Erhöhung der Zeichnungspflicht aus.

Vorsätzlich handelt, wer wußte, daß sein Vermögen am Stichtage höher war, als er es der Vorauszeichnung zugrunde legte, trotzdem aber bis zum Schluß der Vorauszeichnungsfrist eine genügende Vorauszeichnung nicht vornahm. Der Vorsatzbegriff ist derselbe wie in § 359 RAO. und damit in § 59 StrGB. Vorsatz bedeutet die die Willensbetätigung begleitende Kenntnis der zum gesetzlichen Tatbestand gehörenden Tatumstände. Dolus eventualis, d. h. die Kenntnis, daß das Vermögen möglicherweise falsch angenommen sei, genügt (Mrozek S. 996; Becker S. 550). Hier handelt es sich um die Kenntnis der zu geringen Annahme des vorläufigen Vermögens. Die Absicht einer Steuerhinterziehung ist nicht erforderlich, anderseits auch nicht das Bewußtsein, daß die Annahme eines zu geringen Vermögens die Erhöhung der Zeichnungspflicht zur Folge hat. Jeder Irrtum in tatsächlicher oder rechtlicher Beziehung über die Zeichnungspflicht schließt aber den Vorsatz aus (Becker a. a. O.). Ist der Irrtum ein unentschuldbarer, so liegt Fahrlässigkeit vor. Nach dem Erkenntnis des RFH. vom 15. Dez. 1920 — III A 147. 20 — liegt die Entscheidung darüber, ob Vorsatz vorgelegen hat, auf tatsächlichem Gebiet, soweit nicht feststellbar ist, daß der Begriff des Vorsatzes (als Rechtsbegriff) verkannt worden ist (Pape in Koppes Jahrbuch II S. 608). Vorsatz bei der Vornahme der Vorauszeichnung ist weder erforderlich noch genügend; es kommt vielmehr lediglich auf den Vorsatz bei Ende der Vorauszeichnungsfrist an. Ist jedoch der Vorsatz zur Zeit der Vornahme der Vorauszeichnung festgestellt, so wird, wenn eine weitere Vorauszeichnung nicht erfolgt ist, im allgemeinen der Rückschluß auf den gleichen Vorsatz bei Ende der Vorauszeichnungsfrist zwingend sein.

Der Begriff der Fahrlässigkeit richtet sich nach den allgemeinen strafrechtlichen Vorschriften (Becker S. 563). Fahrlässig handeln Zeichnungspflichtige durch ein Verhalten, bei dem sie nach der Aufmerksamkeit, zu der sie verbunden sind, den Erfolg ihres Handelns hätten erkennen können und müssen (RegBegr. zur RAO.; Mrozek S. 1005). Die Aufmerksamkeit kann verlangt werden, die von einem pflichtbewußten Steuerzahler des Bildungsgrades und der Geschäftserfahrung des Zeichnungspflichtigen aufgewendet wird. Unkenntnis der Steuergesetze und der dazu erlassenen öffentlichen oder dem Täter besonders bekanntgemachten Verwaltungsvorschriften wird in der Regel kein Entschuldigungs-

grund sein (Becker a. a. O.). Pflicht eines jeden ist es, sich über die gesetzlichen Vorschriften insoweit zu unterrichten, als sie ihn angehen. Nur insoweit Bildungsgrad, mangelnde geschäftliche Erfahrung oder Krankheit hindern, kann das Unterlassen genügender Vorauszeichnung als entschuldbar angesehen werden. Die Fülle der in neuerer Zeit erlassenen Vorschriften wird allerdings mildernd zu berücksichtigen sein. Als Fahrlässigkeit ist es insbesondere anzusprechen, wenn nach dem Stichtag unterlassen wird, das an ihm vorhanden gewesene Vermögen festzustellen, zu bewerten und eine schon geleistete Vorauszeichnung in dem erforderlichen Umfang zu ergänzen. Nach den Verhandlungen im RTAusschuß soll ferner Fahrlässigkeit im allgemeinen nicht angenommen werden, wenn das vorläufige Vermögen nach den zu § 15 VermStG. erlassenen Richtlinien bewertet worden ist (AusschBer. S. 44, 46). Dies gilt nunmehr in erweitertem Umfang, nachdem durch § 24 a ZwAG. die in den BewRichtl. enthaltenen festen rechnungsmäßigen Unterlagen für die Wertermittlung gesetzliche Kraft erhalten haben.

Inwieweit der Zeichnungspflichtige für Verschulden von Vertretern einzustehen hat, ist nach Grundsätzen zu bestimmen, die den Bestimmungen des § 68 RAO. sinngemäß entsprechen. § 68 RAO., der über die Versäumung einer Rechtsmittelfrist handelt, bestimmt in Satz 2, daß das Verschulden des gesetzlichen Vertreters oder eines Bevollmächtigten dem eigenen Verschulden des Steuerpflichtigen gleichstehe. § 68 heranzuziehen, rechtfertigt sich deshalb, weil auch er die Besteuerung, nicht das Strafrecht oder -verfahren betrifft. Die §§ 357, 381 RAO., die das Steuerstrafrecht gegenüber juristischen Personen und ihren Vertretern regeln, sind dagegen nicht zu vergleichen, da § 16 ZwAG. nicht als Strafbestimmung anzusehen ist (vgl. o. S. 411 f.). Nach den aus §§ 68, 89, 90 RAO. abzuleitenden Grundsätzen ist das Verschulden eines gesetzlichen Vertreters (z. B. Vormund, Pfleger, Vorstand juristischer Personen) sowie einer durch Rechtsgeschäft zur Vertretung nach außen bestellten Person (Bevollmächtigten) von dem Zeichnungspflichtigen wie eigenes Verschulden zu vertreten. Das Verschulden einer solchen Person hat also, wenn die übrigen Voraussetzungen gegeben sind, die Erhöhung der Zeichnungspflicht unabhängig davon zur Folge, ob den Zeichnungspflichtigen persönlich ein Verschulden trifft. Letzterer hat dagegen nicht für eine Person einzustehen, die er nur im Innenverhältnis mit der Berechnung des vorläufigen Vermögens betraut hat. Wenn diese das vorläufige Vermögen vorsätzlich oder fahrlässig falsch berechnet, vorausgesetzt, daß der Zeichnungspflichtige davon weder etwas wußte noch wissen konnte und auch bei der Auswahl und Überwachung des Dritten die erforderliche Sorgfalt walten ließ, so trifft ihn keine Erhöhung der Zeichnungspflicht (vgl. Mrozek, RAO., Anm. 6 zu § 68 und die dort angeführte Rechtsprechung). Wegen des Verschuldens eines Erfüllungsgehilfen tritt also unter den vorgedachten Voraussetzungen die Erhöhung der Zeichnungspflicht nicht ein.

5. § 16 Abs. 3. Die Schwierigkeit von Schätzungen hat die Aufnahme des letzten Absatzes des § 16 veranlaßt. Diese Bestimmung besagt, daß eine Fahrlässigkeit nicht anzunehmen ist, eine Erhöhung der Zeichnungspflicht also nicht eintritt, wenn die Schätzung des Vermögens mit ungewöhnlichen Schwierigkeiten verbunden ist und infolgedessen der Zeichnungspflichtige das vorläufige Vermögen zu niedrig angenommen hat. Materiell enthält die Vorschrift nichts Neues. Denn hat in solchem Fall der Zeichnungspflichtige alles getan, was von ihm zu erwarten ist, so kann nicht nur, sondern so ist von der erhöhten Zeichnungspflicht abzusehen, weil ihre gesetzliche Voraussetzung, das Verschulden des Zeichnungspflichtigen, fehlt. Liegt dagegen eine Fahrlässigkeit des Zeichnungspflichtigen vor, so befreit ihn auch ein Antrag aus § 10 letzter Absatz von der erhöhten Zeichnungspflicht nicht. In solchem Fall hat das FA. nicht die Befugnis, von der erhöhten Zeichnungspflicht abzusehen. Die Bedeutung des § 16 letzter Satz liegt auf dem Gebiet der Beweissicherung. Zwar haben die Finanzbehörden das Verschulden des Zeichnungspflichtigen ihrerseits nachzuweisen, doch hat der Zeichnungspflichtige die für seine Einschätzung maßgebenden tatsächlichen Unterlagen beizubringen. Es erübrigt sich, sie als die bei der Schätzung wirklich verwandten nachzuweisen, wenn sie gemäß § 16 letzter Absatz dem FA. zur Zeit der Vorauszeichnung mitgeteilt wurden. Ohne diese Bestimmung würden die FA. die Annahme derartiger Erklärungen ablehnen, da die Vorauszeichnung ohne eine Mitwirkung von ihnen auf Grund von Selbsteinschätzungen durch Zeichnung und Zahlung bei den Annahmestellen erfolgt.

Die Entscheidung über den Antrag ergeht erst bei Erteilung des schriftlichen Bescheides aus § 14, d. h. bei Mitteilung des endgültigen Zeichnungsbetrages. Nimmt das FA. dem Antrag entgegen eine erhöhte Zeichnungspflicht an, so kann das Berufungsverfahren beschritten werden. Denn es handelt sich nicht, wie die Fassung des Gesetzes vermuten lassen könnte, um eine Frage, die von dem Ermessen der Finanzbehörden abhängig und daher der Entscheidung der Finanzgerichte entzogen ist. Vielmehr ist maßgebend, ob ein Verschulden des Zeichnungspflichtigen trotz des Antrages vorliegt und die Zeichnungspflicht sich infolgedessen von Gesetzes wegen (§ 16 Abs. 1 und 2) erhöht hat. Diese materielle Frage unterliegt der Prüfung im Rechtsmittelverfahren (s. o. N. 2). Deshalb ist das Rechtsmittelverfahren auch gegeben, wenn ausnahmsweise die Zurückweisung des gemäß § 16 letzter Absatz gestellten Antrages nicht gleichzeitig mit der Mitteilung des endgültigen Zeichnungsbetrages (§ 14), sondern gesondert erfolgt. § 16 letzter Absatz bezieht sich sowohl auf die Schätzung der Vermögenssubstanz (§ 13 S. 3) als auch auf die Bewertungsschätzung.

6. Nachholung der Vorauszeichnung. Eine freiwillige Nachholung der Zeichnung nach Ablauf der Vorauszeichnungsfrist selbst vor Zustellung des Bescheides aus § 14 schließt die Erhöhung der Zeichnungspflicht nicht aus. Formell folgt dies daraus, daß § 374 RAO. über die tätige Reue auf die Erhöhung der Zeichnungspflicht nicht anwendbar ist, da er sich nur auf Steuerstrafen bezieht, zu denen die Erhöhung der Zeichnungspflicht nicht gehört (s. N. 2). Materiell findet dies seine Begründung darin, daß zwei Drittel des Zeichnungssolls innerhalb der Vorauszeichnungsfrist eingehen sollten, nach Ablauf der Zeichnungsfrist aber der Säumige durch freiwillige Zeichnung den Schaden des Reichs nicht ausgleichen kann, der dadurch entstanden ist, daß er an seinem Teil die Vorauszeichnungspflicht nicht erfüllt hat.

Die erhöhte Zeichnungspflicht entfällt bei — wenn auch nachträglicher — Stellung des Antrages auf Anrechnung des RNO Überbetrages, vgl. N. 4 zu § 11, ferner bei Stundungsanträgen bis zum 31. Jan. 1923 (§ 20 Abs. 4 ZwAG.).

7. Tarif für die Erhöhung der Zeichnungspflicht. Die Erhöhung der Zeichnungspflicht wird von dem Unterschied zwischen dem vorausgezeichneten Betrag und zwei Dritteln des endgültig zu zeichnenden Betrages berechnet. Sie steigt mit der Größe des verhältnismäßigen Unterschiedes zwischen dem vorläufigen und dem endgültigen Vermögen. Der Zeichnungsbetrag einschließlich der Erhöhung muß auf volle Tausende lauten, da JSch.-Verschr. nur über volle Tausende ausgegeben werden. Wie die Abrundung zu geschehen hat, ist nicht ausdrücklich bestimmt. Es ist auf § 10 zurückzugreifen. Demgemäß hat, wenn sich einschließlich der Erhöhung Zeichnungsbeträge unter 50 000 M. ergeben, die Abrundung nach unten, anderenfalls nach oben stattzufinden. Die Abrundung hat nur einmal zu erfolgen, und zwar erst, nachdem der Zeichnungsbetrag ohne Erhöhung und der Erhöhungsbetrag zusammengerechnet sind, a. A. Zarden S. 258.

Ist nichts vorausgezeichnet, so ist die Erhöhung nach der ausdrücklichen Bestimmung des § 16 Abs. 2 Satz 2 nach dem höchsten Hundertsatz des S. 1 zu berechnen. Da die Anfangszeichnung gleich Null ist, ist der Unterschied gleich zwei Drittel des vollen Zeichnungsbetrages. Der höchste Hundertsatz — 60 v. H. — ist also in diesem Fall von zwei Dritteln des endgültigen Zeichnungsbetrages zu berechnen. Voraussetzung ist auch hier, daß die Nichtzeichnung auf Vorsatz oder Fahrlässigkeit beruht.

Zurückzahlung zu großer Vorauszeichnung.

§ 17.

Übersteigt der auf die Vorauszeichnung geleistete Betrag den endgültig zu zeichnenden Betrag, so ist dem Zeichnungspflichtigen ein zuviel eingezahlter Betrag nebst 5 vom Hundert Zinsen vom Tage der Einzahlung ab gegen Rückgabe eines

entsprechenden Betrags in Schuldverschreibungen kosten- und stempelfrei zu erstatten.

Mat.: RegE. § 21; Begr. S. 13; AusschBer. S. 44, 57.

1. Entstehungsgeschichte.
2. Rechtliche Natur des Anspruchs aus § 17.
3. Erstattung von Amts wegen.
4. Rechtsmittel.
5. Ausschlußfrist.
6. Verzinsung.
7. Abtretung, Verpfändung und Pfändung des Erstattungsanspruchs.
8. Zahlung des Erstattungsbetrages.
9. Rücknahme der Erstattungsverfügung.

1. **Entstehungsgeschichte.** § 17 entspricht wörtlich dem § 21 des RegE. Da im Gegensatz zum RegE. das ZwAG. nicht nur einen Zeichnungspreis von 100 v. H. kennt, ihn vielmehr in der in § 2 bestimmten Weise abstuft, ist er nunmehr so zu lesen als ob er hieße: „Übersteigt der v o r a u s - g e z e i c h n e t e Betrag . . ."

2. **Rechtliche Natur des Anspruchs aus § 17.** Nach § 17 hat der Zeichnungspflichtige, der mehr vorausgezeichnet als er endgültig zu zeichnen hat, einen Erstattungsanspruch, und zwar aus Rechtsgründen, nicht aus Billigkeitsrücksichten. Eine ähnliche Bestimmung enthält § 129 RAO., der u. a. bestimmt, daß, wenn eine Steuer doppelt bezahlt ist, der zu Unrecht gezahlte Betrag zu erstatten ist. Es handelt sich in beiden Fällen um Ansprüche aus einem öffentlich-rechtlichen Schuldverhältnis (vgl. Lassar, Der Erstattungsanspruch im Verwaltungs- und Finanzrecht; Kloß, RAO. S. 9). Die Vorschriften der §§ 127 ff. RAO. über Erstattungsansprüche kommen insoweit nicht zur Anwendung, als sie einen Antrag des Pflichtigen voraussetzen. Nach § 26 ZwAG. finden auf die ZwA. und ihre Durchführung die Vorschriften der RAO. sinngemäße Anwendung, s o w e i t n i c h t das ZwAG. etwas a n d e r e s bestimmt.

3. **Erstattung von Amts wegen.** Die Erstattung des Überbetrages hat abweichend von den §§ 127 ff. RAO. von Amts wegen zu erfolgen, und zwar ergeht die Entscheidung durch den Steuerbescheid aus § 14, der die Mitteilung zu enthalten hat, „welchen Betrag der Zeichnungspflichtige ... zurückzuerhalten hat". Der Zeichnungspflichtige kann seinerseits das Erstattungsverfahren durch einen Antrag fördern. Ist ein Bescheid aus § 14 bereits ergangen, wird aber Erstattung in einem weitergehenden Maße beantragt, so ist dieser Antrag, soweit die Frist dies zuläßt, als Einspruch zu behandeln (vgl. RFH. 3 179). Wegen Überzeichnungen bis zum 31. August 1922 vgl. S. 55 f.

4. **Rechtsmittel.** Ist in dem Bescheid aus § 14 die Erstattungspflicht des Reichs nicht oder nicht vollständig festgestellt, so hat der Erstattungsantrag in Verbindung mit der Einlegung des zulässigen Rechtsmittels gegen den Bescheid aus § 14, zunächst also durch Einspruch zu erfolgen

(vgl. N. 3 zu § 14). Auch im Berufungsverfahren vor dem FG., ja selbst in dem Rechtsbeschwerdeverfahren vor dem RFH. kann noch **Erstattung beansprucht** werden; denn da die Erstattung von Amts wegen zu erfolgen hat, beruht bei ihrer Nichtberücksichtigung die Entscheidung auf „Nichtanwendung oder unrichtiger Anwendung des bestehenden Rechts" (§ 267 Ziff. 1 RAO.). Sollte der Regel zuwider die **Erstattung** bereits vor dem endgültigen Bescheid aus § 14 **abgelehnt worden sein**, so sind hiergegen die gleichen Rechtsmittel wie gegen den Bescheid aus § 14 zulässig (s. N. 3 zu § 14), sei es, daß man die Entscheidung als einen der Vorschrift des § 14 unterworfenen Vorbescheid, sei es, da es sich um eine Erstattung aus Rechtsgründen handelt, als einen Bescheid ansieht, auf den § 223 RAO. anzuwenden ist, der lautet:

> Die Rechtsmittel der §§ 217 bis 219 sind ferner gegeben gegen Bescheide über Erstattungs- und Vergütungsansprüche, die aus Rechtsgründen zugelassen sind, sowie gegen Bescheide, durch die erstattete oder vergütete Beträge zurückgefordert werden. Ist ein solcher Bescheid von einem Landesfinanzamt erlassen, so ist gegen ihn in den Fällen des § 217 Nr. 1 die Berufung an das Finanzgericht und gegen dessen Entscheidung die Rechtsbeschwerde an den Reichsfinanzhof und in den Fällen des § 217 Nr. 2 die Rechtsbeschwerde an den Reichsfinanzhof gegeben.

Über die Zuständigkeit des RFH. vgl. auch RFH. **1** 266. Über § 223 RAO. RFH. vom 23. März 1920 (RStBl. 1920 S. 437), ferner **3** 179. Wird die Erteilung des Bescheides aus § 14 ZwAG. durch das FA. und dadurch die Erstattung verzögert, so ist dagegen nur die Dienstaufsichtsbeschwerde gegeben.

§ 221 RAO., der bestimmt:

> Außer bei Feststellungsbescheiden (§ 220 Abs. 2) kann ein Steuerbescheid nur deshalb angefochten werden, weil sich der Steuerpflichtige durch die Höhe der Steuerforderung beschwert fühlt oder weil die Steuerpflicht verneint oder eine zu geringe Steuer festgesetzt ist,

findet sinngemäße Anwendung. Danach kann jemand Rechtsmittel auch einlegen, wenn er glaubt, daß ihm zu Unrecht zuviel erstattet werden soll. Er kann an dieser Feststellung ein besonderes Interesse haben, z. B. weil er spätere Nachforderungen fürchtet (vgl. **Mrozek**, 2. Aufl. N. 6 zu § 221; a. A. Friedrichs, Die Rechtsmittel in Einkommensteuersachen, NStR. 1921 S. 22).

Wird im Rechtsmittelverfahren gegen den Bescheid aus § 14 die Zeichnungspflicht herabgesetzt, so ist alsbald auch über die Erstattung der Vorauszeichnung zu entscheiden, soweit eine solche Erstattung in Frage kommt, weil nach § 14 der dem Zeichnungspflichtigen zu erteilende Bescheid sich auch über die Erstattung einer den pflichtigen Betrag überschreitenden Vorauszeichnung zu verhalten hat. Der im RFH. **4** 55 aufgestellte Grundsatz, daß es nicht Sache der Rechtsmittelbehörden sei, bei der Aufhebung von

Steuerbescheiden zugleich über die Rückzahlung der eingezahlten oder beigetriebenen Steuer zu erkennen, kommt also bei der ZwA. insofern nicht zur Anwendung, als es sich um die Erstattung einer zu großen Vorauszeichnung handelt. Hinsichtlich der Erstattung eines Teils der endgültigen Zeichnung verbleibt es hingegen bei dem allgemeinen Grundsatz (vgl. N. 3b zu § 14).

5. **Ausschlußfrist.** Der Erstattungsanspruch aus § 17 unterliegt nicht dem Erlöschen durch Ablauf einer Ausschluß- oder Verjährungsfrist. Insbesondere kommen die in den §§ 127 ff. RAO. festgesetzten Ausschlußfristen nicht in Frage. Dies ergibt sich daraus, daß die Erstattung aus § 17 ZwAG. von Amts wegen zu erfolgen hat, mithin die Voraussetzung, der Antrag, fehlt, an den in den §§ 127 ff. der Lauf der Ausschlußfristen anknüpft. An die Stelle der Erstattungsverfügung ist der Steuerbescheid des § 14 getreten.

6. **Verzinsung.** Die Verzinsungspflicht des Reichs ist in § 17 besonders geregelt. Daneben ist § 132 RAO. zu berücksichtigen. Zinsbeträge unter zehn Mark sind danach nicht auszuzahlen. Durch § 2 der VO. vom 19. Sept. 1922 (Anhang S. 95) ist der Mindestbetrag auf einhundert Mark erhöht worden. Nach § 6 AbrVO. (Anhang S. 96) sind die Zinsen auf volle Mark nach oben abzurunden. Wird die Verzinsung abgelehnt, so sind die gleichen Rechtsmittel wie bei der Ablehnung des Erstattungsanspruchs gegeben (s. o. zu c; vgl. RFH. **4** 352).

7. **Abtretung, Verpfändung und Pfändung des Erstattungsanspruchs.** Hinsichtlich der Abtretung und Verpfändung des Erstattungsanspruchs bestimmt § 136 RAO.:

> Die Abtretung oder Verpfändung eines Erstattungs- oder Vergütungsanspruchs ist nur wirksam, wenn sie der Gläubiger der Finanzbehörde anzeigt, die über den Anspruch entschieden oder zu entscheiden hat. Bei Pfändung eines Erstattungs- oder Vergütungsanspruchs gilt diese Behörde als Drittschuldner im Sinne der §§ 829, 845 der Zivilprozeßordnung.

Die Abtretung oder Verpfändung kann vor und nach Erteilung des Bescheides aus § 14 erfolgen. Sie ist aber nur gültig, wenn die Formvorschrift des § 136 RAO. gewahrt ist. Die Anzeige ist also entsprechend § 1280 BGB., anders aber als nach §§ 398, 409 BGB. für die Wirksamkeit der Abtretung erforderlich. Ist die Anzeige gemäß § 136 RAO. erfolgt, so muß der alte Gläubiger die angezeigte Abtretung oder Verpfändung gegen sich gelten lassen, auch wenn sie nicht erfolgt oder nicht wirksam ist. Zur Geltendmachung des Erstattungsanspruchs ist nur noch der neue Gläubiger berechtigt. Über die Einlegung von Rechtsmitteln RFH. **8** 157 ff. Der von dem PrOVG. aufgestellte Grundsatz, klageberechtigt sei lediglich der Herangezogene, nicht auch der Zessionar des Rückforderungsanspruches (vgl. Koppes Jahrbuch II S. 530), ist für das Reichssteuerrecht nicht maßgebend. Der gute Glaube des neuen Gläubigers wird nicht geschützt, insbesondere wenn der zu er-

stattende Betrag im Rechtsmittelverfahren herabgesetzt wird. Bei der Pfändung des Erstattungsanspruchs sind diese Vorschriften entsprechend anzuwenden. Das zuständige FA. gilt als Drittschuldner; mit der Zustellung des Pfändungsbeschlusses an dieses wird die Pfändung nach § 829 ZPO. wirksam.

8. **Zahlung des Erstattungsbetrages.** Der Gläubiger kann Barzahlung verlangen, er hat dann den Betrag an der Kasse des FA. oder der in der Benachrichtigung angegebenen Stelle in Empfang zu nehmen. Ist Barzahlung nicht verlangt, so kann der Betrag einem Postscheck- oder Bankkonto des Gläubigers überwiesen werden. Bei dem Erstattungsantrage soll das Postscheck- oder Bankkonto des Zeichnungspflichtigen angegeben werden (§ 102 RAO.). Ein Zwangsverfahren zur Beitreibung des festgesetzten Erstattungsbetrages bei Säumnis des FA. ist nicht gegeben; vielmehr ist der Gläubiger auf die Aufsichtsbeschwerde (LFA., RFM.) beschränkt.

Inwieweit das FA. den zu **erstattenden** Betrag wegen anderer Steuerforderungen des Zeichnungspflichtigen mit anderen Steuerforderungen gegen den zu **erstattenden Betrag** aufrechnen kann, ist weder in dem ZwAG. noch in der RAO. bestimmt. Ist die andere Steuerforderung fällig, so ist gegen die Verrechnung nichts einzuwenden (vgl. § 387 BGB.).

Die Aufrechnungsbefugnis des Zeichnungspflichtigen ist in § 103 RAO. geregelt, der lautet:

> Die Steuerpflichtigen sind berechtigt, gegen Steueransprüche des Reichs mit unbestrittenen oder rechtskräftig festgestellten Gegenansprüchen aufzurechnen.

Andere Steuerforderungen des Reichs können also dadurch in entsprechender Höhe getilgt werden, daß der Zeichnungspflichtige den Überzeichnungsbetrag zur Aufrechnung bringt. Dies ist aber erst nach Erteilung des Bescheides aus § 14 und nur **insoweit** zulässig, **als** der Bescheid nicht angefochten ist, andernfalls erst nach rechtskräftiger Beendigung des Rechtsmittelverfahrens. Daß für die andere Steuer und die Veranlagung zur ZwA. das gleiche FA. zuständig ist, ist nicht angeordnet und daher entgegen § 295 BGB. nicht Voraussetzung der Aufrechnung. Die Aufrechnung erfolgt durch Erklärung gegenüber dem zuständigen FA. Sie ist nicht wirksam, wenn sie unter einer Bedingung oder Zeitbestimmung abgegeben wird (vgl. § 388 Satz 2 BGB.).

Die Aufrechnung ist aber sowohl für das FA. wie für den Pflichtigen nur zulässig, wenn ISchVerschr. noch nicht ausgehändigt waren. Andernfalls stehen sich die Erstattung und die Rückgabe der ISchVerschr. derart gegenüber, daß für eine Aufrechnung mit anderen Steuerverpflichtungen kein Raum bleibt.

Die Zahlung erfolgt nur „gegen Rückgabe eines entsprechenden Betrages in Schuldverschreibungen". **Vorausgesetzt ist, daß ISchVerschr. bereits ausgehändigt waren.** Es genügt, wenn ein entsprechender

Nominalbetrag zurückgegeben wird, nicht erforderlich ist die Rückgabe der gleichen Nummern, die der Erstattungsberechtigte seinerzeit bezogen hatte. Die zurückgegebenen Stücke können auch käuflich erworben sein. Mit den Stücken sind die noch nicht fälligen Zinsscheine und der Erneuerungsschein zurückzugeben. Soweit bereits fällig gewordene Zinsscheine fehlen, hat eine Verrechnung gegen die dem Erstattungsberechtigten vom Reich zu vergütenden Zinsen stattzufinden. Über die Durchführung der Erstattung verhält sich § 60 VStZwAAB. (Anhang S. 68).

9. Rücknahme der Erstattungsverfügung. Ist die Entschließung über die Erstattung eines bestimmten ZwABetrages dem Zeichnungspflichtigen mitgeteilt — nicht nur in Aussicht gestellt worden —, so kann die diese Anordnung enthaltende Verfügung nur unter den Voraussetzungen des § 78 RAO. rückgängig gemacht werden. Denn die Mitteilung einer derartigen Erstattung bedeutet die nachträgliche Anerkennung, daß der Pflichtige in Höhe des Erstattungsbetrages von der Zeichnungspflicht frei ist (RFH. 5 246/47). Die Voraussetzungen sind alternativ die folgenden:

1. Der Erstattungsbescheid ist nur in einer vorläufigen Form (auf Widerruf oder unter Bedingungen) erteilt worden (§ 78 Ziff. 3). Der Zeichnungspflichtige hat es nicht nötig, sich mit einer solchen vorläufigen Verfügung zu begnügen, er hat Anspruch auf eine endgültige und unbedingte Feststellung seines Erstattungsanspruchs; er kann gegen einen derartigen vorläufigen Bescheid den Rechtsmittelweg betreten (s. N. 5).
2. Die Verfügung ist von sachlich unzuständiger Stelle erlassen worden (§ 78 Ziff. 1). Diese Bestimmung findet keine Anwendung, wenn eine der sachlich zuständigen übergeordnete Stelle (z. B. das LFA. statt des FA.) entschieden hat. Auf die örtliche Unzuständigkeit des FA., das sie erlassen hat, kann die Rücknahme nicht gegründet werden. Beachtlich ist also nur der Fall, daß eine sachlich unzuständige neben- oder untergeordnete Behörde entschieden hat.
3. Die tatsächlichen Verhältnisse haben sich geändert, die für die Erlassung der Verfügung maßgebend waren oder das Vorhandensein dieser tatsächlichen Verhältnisse auf Grund unrichtiger oder irreführender Angaben des Beteiligten ist irrig angenommen worden (§ 78 Abs. 2). Der erstere Fall ist für die ZwA. nicht praktisch, da die subjektive und objektive Zeichnungspflicht sowohl für die Voraus- wie für die endgültige Zeichnung ausschließlich auf den Stichtag gestellt ist, sie also nicht von tatsächlichen Verhältnissen während einer bestimmten Zeitdauer abhängig sind. Der zweite Fall liegt auch dann vor, wenn der Zeichnungspflichtige die falschen Angaben im guten Glauben gemacht hat.
4. Wenn der Zeichnungspflichtige die Verfügung durch unlautere Mittel, wie Täuschung, Zwang, Bestechung, veranlaßt hat (§ 78 Abs. 2).

§ 18.

Diejenigen auf das Reichsnotopfer überzahlten Beträge, deren Anrechnung auf die zu zeichnende Zwangsanleihe der Zeichnungspflichtige gemäß § 11 beantragt, sind zunächst auf die nach § 13 zu leistenden Vorauszahlungen anzurechnen.

Mat.: AusschBer. S. 39 ff., 53, 57.

1. Entstehungsgeschichte.
2. Zusammenhang mit § 11.
3. Inhalt.

1. **Entstehungsgeschichte.** In der ersten Lesung des RTAusschusses wurde § 18 (§ 12 g) in folgender Fassung beschlossen:

Mit der Zeichnung (§§ 12 a, 12 b, 12 d) ist der gezeichnete Betrag einzuzahlen. Diejenigen auf das Reichsnotopfer überzahlten Beträge, deren Anrechnung auf die zu zeichnende Zwangsanleihe der Zeichnungspflichtige gemäß § 12 beantragt, sind zunächst auf die nach § 12 b zu leistenden Vorauszahlungen anzurechnen.

Die näheren Bestimmungen über den Nachweis der Zeichnung und Zahlung trifft der Reichsminister der Finanzen.

Auf eine Anregung im RTAusschuß wurde S. 1 und infolgedessen auch Abs. 2 aus redaktionellen Gründen nach § 12 übernommen. Diese Entstehungsgeschichte beweist, daß sich Abs. 1 S. 1 und Abs. 2, die sich jetzt in § 12 finden, nicht nur auf die Vorauszeichnung, sondern auch auf die endgültige Zeichnung beziehen.

2. **Zusammenhang mit § 11.** § 18 schließt sich eng an § 11 an. Wenn seine Bestimmung nicht in § 11 Aufnahme gefunden hat, so ist der Grund der, daß die Regelung der Vorauszeichnung und der endgültigen Zeichnung erst in den §§ 12 ff. erfolgt und infolgedessen die Bestimmung des § 18 in § 11 als vorweggenommen hätte bezeichnet werden können. Immerhin sind nunmehr zusammengehörige Bestimmungen im Gesetz auseinandergerissen worden.

3. **Inhalt.** Der Inhalt des § 18 ist in N. 4 zu § 11, S. 376, erläutert.

Annahmestellen.

§ 19.

Der Reichsminister der Finanzen wird ermächtigt, die Stellen zu bestimmen, die als Annahmestellen für die Zeichnung der Zwangsanleihe tätig zu sein haben, und den Annahmestellen eine Entschädigung für Aufwand und Zeitverlust zu gewähren.

Mat.: StenBer. S. 8652.

1. Entstehungsgeschichte.
2. Annahmestellen.
3. VO. des RFM.
4. Haftung der Annahmestellen.

1. Entstehungsgeschichte. § 19 ist erst im Plenum des Reichstags in der zweiten Lesung — also nach der Ausschußberatung — als § 12 h in das Gesetz aufgenommen worden. Auch nach dem RegE. hatte der RFM. die näheren Bestimmungen über die Zeichnung (§§ 20, 35) und damit über die Zeichnungsstellen zu treffen.

2. Annahmestellen. Die FA. haben mit der Entgegennahme der einzelnen Zeichnungen nichts zu tun. Annahmestellen für die Zeichnung sind vielmehr Banken und ähnliche Stellen (VO. des RFM. vom 21. Juli und 1. Aug. 1922, Anhang S. 30 ff.). Die FA. hatten zunächst lediglich die durch die VO. und Erlaß des RFM. vom 15. August und 7. September 1922 (Anhang S. 32 ff.) bestimmten Listen über die Vorauszeichnungen zu führen. Ihre eigentliche Tätigkeit **hat** erst bei der Veranlagung zu der endgültigen Zeichnung **begonnen**, die endgültigen Zeichnungen selbst haben wiederum bei den Annahmestellen zu geschehen. Weder die FA. noch die Steuerkassen sind also für die Annahme von Zeichnungen zuständig. Zunächst waren alle Annahmestellen ohne Rücksicht auf den steuerlichen Wohnsitz des Pflichtigen für die Annahme von Zeichnungen zuständig. Durch § 1 der VO. des RFM. vom 7. September 1922 wurde die Zuständigkeit der Annahmestellen beschränkt. Dies ist in § 42 VStZwAB. beibehalten worden. Zuständig zur Entgegennahme einer Zeichnung sind danach nur die Annahmestellen, die im Bezirk des für den Zeichnungspflichtigen zuständigen FA. belegen sind. Ist für den Zeichnungspflichtigen eines der für Groß-Berlin, Bremen, Breslau, Chemnitz, Dresden, Frankfurt a. M., Hamburg, Hannover, Köln, Leipzig, München oder Nürnberg eingerichteten FA. zuständig, so ist jede innerhalb der betreffenden Stadt belegene Annahmestelle zuständig. Zeichnungen bei einer danach nicht zuständigen Annahmestelle können nur mit Zustimmung der Annahmestelle vorgenommen werden.

3. VO. des RFM. Über die Annahmestellen sind die VO. des RFM. vom 21. Juli und 1. Aug. 1922 ergangen; sie sind im Anhang S. 30 ff. wiedergegeben. Die Zeichnung für die Monate Juli bis Sept. 1922 regelte die im Anhang S. 32 ff. wiedergegebene VO. des RFM. vom 15. Aug. 1922, für die späteren Monate war an deren Stelle die VO. vom 7. Sept. 1922 getreten. Diese ist inhaltlich von der VStZwAB. (Anhang S. 50 ff.) aufgenommen und durch § 67 VStZwAB. formell aufgehoben worden. — Die Annahmestellen erhalten 3 ‰ der bei ihnen gezeichneten Beträge.

4. Haftung der Annahmestellen. Im Bankarchiv vom 1. Oktober 1922 S. 9 findet sich folgende Anm. der Schriftleitung:

In einem uns zur Kenntnis gelangten Schreiben des Landesfinanzamts Dresden vom 21. September d. Js. wird bemerkt, daß für alle Schäden, die dem Reich aus einer nicht ordnungsmäßigen Ausführung

der der Annahmestelle obliegenden Verpflichtungen erwachsen, diese haftbar sei. Diese Auffassung ist rechtlich bedenklich. Zwischen der Annahmestelle und dem Reich besteht kein vertragliches, sondern ein öffentlich-rechtliches Auftragsverhältnis; die Annahmestelle muß gemäß § 19 des Gesetzes auch gegen ihren Willen als solche tätig sein. Auf solche öffentlich-rechtlichen Verhältnisse finden die Bestimmungen über die zivilrechtliche Haftung des Beauftragten keine Anwendung (vgl. Staudinger, Kommentar zum BGB; Vorbem. 8 zu §§ 662 ff.). Angesichts der Geringfügigkeit der den Banken für Aufwand und Zeitverlust gewährten Entschädigung würde überdies die Auferlegung einer zivilrechtlichen Haftung eine schwere Unbilligkeit bedeuten.

Der Ansicht der Schriftleitung, daß die Annahmestellen dem Reich aus Vertrag nicht haften, ist zuzustimmen. Die Annahmestellen haben dem Reich gegenüber lediglich öffentlich-rechtliche Verpflichtungen. Wohl aber dürfte auch aus dem öffentlich-rechtlichen Auftragsverhältnis eine öffentlich-rechtliche Haftung zu folgern sein. Ferner ist § 377 RAO. zu beachten, der in Abs. 1 Satz 1 lautet:

Wer den im Interesse der Steuerermittlung oder Steueraufsicht erlassenen Vorschriften der Steuergesetze oder der dazu ergangenen und öffentlich oder den Beteiligten besonders bekanntgemachten Verwaltungsbestimmungen durch andere als die in den Steuergesetzen unter Strafe gestellten Handlungen oder Unterlassungen zuwiderhandelt, wird mit einer Ordnungsstrafe von fünf bis fünfhundert Mark bestraft.

Diese Vorschrift findet bei Verfehlungen von Annahmestellen Anwendung. Wie in N. 2 zu § 1 dargelegt, ist die ZwA. hinsichtlich ihrer Einziehung wie eine Steuer zu behandeln. Nach der ausdrücklichen Vorschrift des § 26 finden auf die ZwA. und ihre Durchführung, insbesondere auf die Bestrafung von Zuwiderhandlungen gegen das ZwAG., die Vorschriften der RAO. sinngemäße Anwendung. Eine besondere Strafbestimmung, die § 377 RAO. in dem vorliegenden Fall ausschlösse, ist nicht gegeben.

Stundung.

§ 20.

Die Zeichnung der Zwangsanleihe ist ganz oder teilweise gegen Sicherheitsleistung und Verzinsung zu stunden, wenn der Zeichnungspflichtige nachweist, daß ohne die Stundung seine wirtschaftliche Existenz gefährdet werden würde oder die Einstellung oder eine wesentliche Einschränkung des Betriebs erfolgen müßte. Gegen die Ablehnung des Stundungsgesuchs steht die Beschwerde an das Landesfinanzamt offen. Das Landesfinanzamt entscheidet endgültig.

In besonderen Fällen kann von dem Verlangen nach Sicherheitsleistung abgesehen werden.

Die Stundungsbewilligung wird zurückgenommen, wenn die Voraussetzungen hierfür weggefallen sind oder wenn eine nachträglich verlangte Sicherheit nicht geleistet wird.

Die Vorschriften der Absätze 1 bis 3 finden auf die Vorauszeichnung Anwendung. Sofern der Stundungsantrag bis zum 31. Januar 1923 gestellt wird, ist die Vorauszeichnung als rechtzeitig anzusehen, wenn sie innerhalb eines Monats nach Ablehnung des Antrags erfolgt.

Mat.: RegE. § 28; Begr. S. 14; AusschBer. S. 45 und 57.

1. Entstehungsgeschichte.
2. Voraussetzungen der Stundung.
3. Verzinsung, Sicherheitsleistung, Zeichnungspreis.
4. Sachliche Zuständigkeit.
5. Stundung der Vorauszeichnung.
6. Stellung des Antrages und Einlegung der Rechtsmittel.
7. Zurücknahme erfolgter Stundung.

1. Entstehungsgeschichte. § 20 stimmt mit § 28 des RegE. wörtlich überein, soweit nicht das vom RTAussch. geänderte System der Vorauszeichnungen kleine redaktionelle Änderungen erforderlich machte. Zu vgl. mit § 20 ist § 38 Abs. 2 VermStG., der über die Stundung des nach § 36 VermStG. endgültig zu entrichtenden RNOBetrages Bestimmung trifft. Trotz der nachträglichen Hinausschiebung der Frist für die Vorauszeichnung durch Änderung der §§ 2 und 13 durch die Novelle vom 22. Dez. 1922 und das GeldentwG. ist die in § 20 Abs. 4 vorgesehene Frist unverändert geblieben.

2. Voraussetzungen der Stundung. Die Einziehung der ZwA. bedeutet vielfach einen so erheblichen Eingriff in die Vermögenssubstanz, daß — zumal bei der seit Erlaß des Gesetzes verschärften Kreditnot und der Möglichkeit der mehrfachen Erhebung — Schwierigkeiten einzelner in der Aufbringung der baren Mittel nicht ausbleiben werden. Das ZwAG. hat die Voraussetzungen, unter denen Stundung gewährt werden kann, selbst geregelt; die Stundung der Zeichnung schließt die Stundung der Zahlungsverpflichtung in sich. Mangels dieser besonderen Vorschrift wäre § 105 Abs. 2 RAO. allein maßgebend, der lautet:

> Im übrigen können Zahlungen von Steuern und sonstigen Geldleistungen gestundet werden, wenn ihre Einziehung mit erheblichen Härten für den Steuerpflichtigen verbunden wäre und der Anspruch durch die Stundung nicht gefährdet wird. Die Stundung soll in der Regel nur gegen Sicherheitsleistung und Verzinsung gewährt werden. Bei Stundungen über ein Jahr ist die Zustimmung des Landesfinanzamts einzuholen.

Ihm gegenüber geht § 20 als Sonderbestimmung vor. § 105 Abs. 2 RAO. bleibt nur anwendbar, soweit der allgemeine Grundsatz der Stundung und

die Durchführung in den Einzelheiten in Frage kommen. Die Durchführung ist in der im Anhang S. 97 ff. auszugsweise wiedergegebenen Stundungsordnung vom 29. Januar 1923 geregelt, die auch bei der Durchführung des § 20 ZwAG. zur Anwendung kommt. Die Voraussetzungen der Stundung sind nach § 20 ZwAG. gegenüber § 105 Abs. 2 RAO. eingeschränkt. Bei der ZwA. kann nicht in allen Fällen, „in denen die Einziehung mit erheblichen Härten für den Steuerpflichtigen verbunden wäre", Stundung gewährt werden. § 20 läßt nur für bestimmte Fälle Stundung zu, deren Vorliegen der Zeichnungspflichtige nachzuweisen hat, bei deren Vorliegen er aber im Gegensatz zu § 105 Abs. 2 RAO. ein Recht auf Stundung gegen Sicherheitsleistung hat.

a) Einmal im Falle der Gefährdung der wirtschaftlichen Existenz. Dieser Begriff, der auch in § 1 Abs. 3 beschl. RNOG. — aufgehoben durch § 38 Abs. 2 VermStG. — verwandt wurde, stammt aus der preußischen Gesetzgebung (§ 69 PrEinkStG.). Ein Erlaß des RFM. vom 31. Mai 1920 (RStBl. 1920 S. 1331) weist die FA. unter Hinweis auf §§ 191, 206 RAO. an, in Fällen, in denen nach Lage der Sache begründete Zweifel darüber bestehen, ob die Ablehnung eines Stundungsgesuches die wirtschaftliche Gefährdung des Antragstellers zur Folge haben kann, Berufsvertretungen (Handelskammer, Handwerkskammer, Landwirtschaftskammer usw.) anzuhören, soweit es im Einzelfall angängig ist. Die Handelskammer zu Berlin hat bestimmte Grundsätze aufgestellt, um einerseits den Lebenserfordernissen der Unternehmungen, andererseits den Steueransprüchen des Reichs gerecht zu werden (Jahresbericht 1920 S. 118). Unmittelbar drohende Konkurseröffnung oder Zahlungseinstellung ist nicht erforderlich; es genügt z. B. der Nachweis, daß notwendiges Inventar zur Aufbringung der Mittel veräußert werden müßte. Ist der angemessene Lebensunterhalt des Pflichtigen oder seiner Familie gefährdet (§ 38 Abs. 2 VermStG.), so bedeutet dies auch die Gefährdung der wirtschaftlichen Existenz.

b) Im übrigen kann Stundung nur erfolgen, wenn ohne sie die Einstellung oder wesentliche Einschränkung des Betriebes erfolgen müßte. Unter „Betrieb" ist im Gegensatz zu wirtschaftlicher Existenz ein mit fremden Kräften betriebenes Unternehmen zu verstehen (Thümen-Hotop S. 205). Diese Voraussetzung ist eine sehr enge; sie nimmt auf eine Gefährdung des Kredits des Zeichnungspflichtigen infolge der Entziehung erheblicher Mittel keine Rücksicht oder jedenfalls nur dann, wenn die Entziehung alsbald zur Einstellung oder wesentlichen Einschränkung des Betriebes zwingen würde. Sie berücksichtigt nicht die notwendige Weiterentwicklung des Betriebes, stellt vielmehr die Entscheidung nur auf seinen bisherigen Umfang ab. In diesem Punkt weicht das ZwAG. auch von der Bestimmung über die Stundung des beschleunigt zu entrichtenden RNOTeils (§ 38 VermStG.; § 1 Abs. 3 beschl. RNOG.) ab. Dort ist ausdrücklich

Stundung vorgesehen, wenn die Zahlung „die Entziehung des für die Fortführung des Betriebes erforderlichen Kapitals oder Kredits" zur Folge haben würde. Unter „Fortführung" des Betriebes war auch seine planmäßige Weiterentwicklung zu verstehen, wie die Materialien zu § 1 Abs. 3 beschl. RNOG. ergeben (Breunig S. 554).

Stundung lediglich deshalb, weil der Zeichnungspflichtige bis zum 30. April 1923 seine VermStErkl. nicht habe aufstellen und infolgedessen das zeichnungspflichtige Vermögen nicht gekannt habe, ist im Gesetz nicht vorgesehen. In solchen Fällen greift die Verpflichtung ein, gemäß § 13 Satz 3 das Vermögen nach dem Stand vom 31. Dez. 1922 zu schätzen.

3. Verzinsung, Sicherheitsleistung, Zeichnungspreis. Die Möglichkeit zinsloser Stundung ist durch § 20 abw. von § 105 Abs. 2 RAO. ausgeschlossen. Über die Höhe der Zinsen vgl. VO. über die Verzinsung von Reichssteuern v. 3. April 1923, Anh. S. 95. Die Stundung der Zinsraten ist zulässig. Dagegen kann „in besonderen Fällen" von der in der Regel erforderlichen Sicherheitsleistung für den gestundeten Betrag abgesehen werden. Die besonderen Fälle können zweierlei Art sein. Einmal kann von einer Sicherheitsleistung dann abgesehen werden, wenn die Vermögenslage des Zeichnungspflichtigen sie nicht erforderlich erscheinen läßt; das wird der seltenere Fall sein; denn bei dieser Lage werden die Voraussetzungen für die Stundung im allgemeinen nicht gegeben sein. Häufiger wird der andere Fall sein, daß auch die Sicherstellung des geschuldeten Betrages die wirtschaftliche Existenz des Zeichnungspflichtigen gefährden oder eine Einstellung oder wesentliche Einschränkung des Betriebes zur Folge haben würde. Würde darauf nicht Rücksicht genommen, so würde der Zweck der Stundungsvorschrift verfehlt werden.

4. Sachliche Zuständigkeit. Bei Stundungen über ein Jahr hat das FA. die Zustimmung des LFA. einzuholen (§ 105 Abs. 2 letzter Satz). — Nach Ablauf der Stundung berechnet sich der Zeichnungspreis gemäß § 2 ZwAG., wenn nicht eine Ermäßigung nach § 21 ZwAG. besonders bewilligt wird. Würde also die Stundung über ein Jahr ohne Zustimmung des LFA. erteilt, so wäre sie dem Zeichnungspflichtigen gegenüber nicht wirksam. Das innere Verhältnis der Finanzbehörden untereinander ist in diesem Fall kraft der besonderen gesetzlichen Vorschrift auch für den Zeichnungspflichtigen von Belang. Bei Stundungen unter einem Jahr sind die FA. ohne Rücksicht auf die Höhe der Beträge allein zuständig.

5. Stundung der Vorauszeichnung. Nach § 20 Abs. 4 finden die Vorschriften des § 20 auch auf die Vorauszeichnung Anwendung. Die Aufnahme dieser Bestimmung in das Gesetz war erforderlich, weil bei der Vorauszeichnung eine Mitwirkung der FA. nicht stattfindet und daher ihre Befugnis, Stundung für die Vorauszeichnung zu gewähren, hätte zweifelhaft sein können. Materiell ist die Stundungsmöglichkeit für die Voraus-

zeichnung aber nötig, denn wer nicht rechtzeitig endgültig zeichnen kann, kann in der Regel auch nicht die durch § 14 vorgeschriebene Vorauszeichnung leisten. Ob die Voraussetzungen für eine Stundung der Vorauszeichnung vorliegen, ist besonders zu prüfen; es kann die Vorauszeichnung zu stunden sein, die endgültige Zeichnung aber nicht oder umgekehrt.

Da die äußerste Frist für die Vorauszeichnungen an einen bestimmten Tag (30. April 1923, § 14) gebunden ist, mußte Vorsorge dafür getroffen werden, was zu geschehen hat, wenn rechtzeitige Anträge auf Stundung bei Ablauf der Frist ihre Erledigung noch nicht gefunden hatten. Die Vorauszeichnungsfrist verlängert sich in diesem Fall bis zum Ablauf eines Monats nach Ablehnung des Antrages. Die Frist beginnt mit dem Tage, an dem die ablehnende Verfügung dem Zeichnungspflichtigen zugeht (§ 73 RAO.). Als rechtzeitig im Sinne dieser Vorschrift gelten Stundungsgesuche, die bis zum 31. Januar 1923 gestellt wurden. Spätere Gesuche gehen auf Gefahr des Antragstellers; erfolgt eine Stundung innerhalb der Vorauszeichnungsfrist nicht mehr, so ist die erhöhte Zeichnungspflicht aus § 16 verwirkt. Abhilfe kann dann nur auf dem Wege des § 21 geschaffen werden.

6. Stellung des Antrages und Einlegung der Rechtsmittel. Der Stundungsantrag ist an das zuständige FA. zu richten, das über ihn zu entscheiden hat. Die Gewährung steht nicht in dessen Ermessen, vielmehr hat, wenn die gesetzlichen Voraussetzungen gegeben sind, der Zeichnungspflichtige ein Recht auf Stundung („**ist zu stunden**"). Bei Ablehnung des Antrages ist aber das Berufungsverfahren (A. 3 zu § 14) ausgeschlossen, der Zeichnungspflichtige ist auf die Beschwerde an das übergeordnete LFA. beschränkt, das endgültig entscheidet. Die FG. und der RFH. sind also für Stundungsfragen nicht zuständig. Das ergibt sich schon aus der RAO. (§§ 324, 281), ist aber im § 20 noch ausdrücklich wiederholt. Auf Stundung ohne Sicherheit besteht kein Anspruch („**kann**"), die Entscheidung ist dem pflichtmäßigen Ermessen des FA. überlassen.

7. Zurücknahme erfolgter Stundung. Über die Zurücknahme einer erfolgten Stundungsbewilligung trifft § 20 Abs. 3 Bestimmung. Er enthält eine wenig glückliche und nicht vollständige Wiedergabe des § 78 RAO., der lautet:

> Wo eine Anerkennung, Genehmigung, Bewilligung oder Erlaubnis ausgesprochen worden ist, die den Beteiligten Befugnisse oder Vergünstigungen gewährt oder sie von Pflichten befreit, kann diese Verfügung, soweit nicht Widerruf oder weitere Bedingungen vorbehalten sind, nur zurückgenommen oder eingeschränkt werden:
>
> 1. wenn die Verfügung von sachlich unzuständiger Stelle erlassen worden ist,
> 2. wenn sich die tatsächlichen Verhältnisse geändert haben, die für die Erlassung der Verfügung maßgebend waren, oder das Vorhandensein dieser tatsächlichen Verhältnisse auf Grund unrichtiger oder irreführender Angaben des Beteiligten irrig angenommen ist,

3. wenn der Beteiligte die Bedingungen oder Verpflichtungen, die ihm bei Gewährung der Vergünstigung auferlegt worden sind, nicht erfüllt oder eine nachträglich geforderte Sicherheit nicht leistet.

Hat der Beteiligte die Verfügung durch unlautere Mittel, wie Täuschung, Zwang, Bestechung, veranlaßt, so kann sie mit rückwirkender Kraft zurückgenommen werden.

Es ist anzunehmen, daß diese durchgebildeteren Bestimmungen neben § 20 Abs. 3 gelten sollen. Darum hätte § 20 Abs. 3 ZwAG. fehlen können. Hinsichtlich der Erläuterungen zu § 78 vgl. N. 9 zu § 17. Zu Nr. 3 ist hinzuzufügen, daß § 78 RAO. nicht den Fall behandelt, daß das FA. zunächst Sicherheit verlangt und die Stundung erst nach ihrer Leistung gewährt wird. Nachträglich kann Sicherheit gefordert werden, wenn die bereits geleistete Sicherheit ungenügend wird, aber auch dann, wenn die Stundung ausnahmsweise zunächst ohne Sicherheitsleistung erfolgte. Die Stundung unter Erlaß der Sicherheitsleistung erfolgt also stets unter dem gesetzlichen Vorbehalt, daß diese nachträglich bei Vermeidung vorzeitiger Beendigung der Stundung gefordert werden kann (vgl. Becker S. 117). Gegen die nachträgliche Forderung der Sicherheitsleistung ist wie gegen die Ablehnung des Stundungsantrages nur die Beschwerde an das LFA. gegeben (s. o. N. 4); sie hat keine aufschiebende Wirkung (§ 235 RAO.). Es ist also zunächst Sicherheit zu leisten; andernfalls tritt mit Ablauf der gesetzten Frist die Fälligkeit des Zeichnungsbetrages ein. Auf ihn allein, nicht auf die Sicherstellung richtet sich daher, dem Wesen der Sache entsprechend, die Zwangsbeitreibung. Zweckmäßig wird es in der Regel sein, daß das FA. nach eingelegter Beschwerde die Vollstreckung bis zur Entscheidung des LFA. aussetzt, da sonst eine abweichende Entscheidung des LFA. ihren Zweck verfehlen würde. Ist die Aussetzung nicht erfolgt, so wirkt die Entscheidung des LFA. wie eine neue Stundung; inzwischen beigetriebene Beträge sind dann zu erstatten, ein sichergestellter Betrag zurückzugeben. Auf die Aussetzung der Vollstreckung kann der Zeichnungspflichtige, wennschon er einen Anspruch auf sie nicht hat, durch Anträge hinwirken.

Härteparagraph.

§ 21.

Zur Vermeidung von Härten kann der Reichsminister der Finanzen in Einzelfällen von der Verpflichtung zur Zeichnung der Zwangsanleihe, von der Verpflichtung zur Vorauszeichnung, von der erhöhten Zeichnungspflicht oder von allen diesen Verpflichtungen ganz oder teilweise entbinden. Die Befugnis hierzu kann den Landesfinanzämtern übertragen werden.

Das gleiche kann für bestimmte Gruppen von Fällen der Reichsminister der Finanzen mit Zustimmung des Reichsrats bestimmen.

Mat.: RegE. § 29; AusschBer. S. 45 und 57.

1. Entstehungsgeschichte.
2. Inhalt des § 21.
3. Befreiung in Einzelfällen (Abs. 1).
4. Befreiung für bestimmte Gruppen von Fällen (Abs. 2).

1. Entstehungsgeschichte. § 21 ist aus § 29 des RegE. hervorgegangen. Die Worte „von der erhöhten Zeichnungspflicht oder von allen diesen" sind im RTAusschuß eingefügt worden.

§ 21 lehnt sich aufs engste an § 108 RAO. an. Der RFM. ist durch § 108 für alle Reichssteuern ermächtigt, aus Billigkeitsgründen im Einzelfalle die Einziehung von Steuern zu erlassen oder die Erstattung oder Anrechnung bereits entrichteter Steuern zu verfügen und für Fälle bestimmter Art das gleiche mit Zustimmung des Reichsrats vorzusehen. § 108 RAO. ist auf die ZwA. nur dann anwendbar, wenn der Charakter der ZwA. als einer Steuer bejaht wird (vgl. N. 2 zu § 1). Unabhängig aber davon, wie diese Frage entschieden wird, wollte man die Möglichkeit schaffen, die Zeichnungspflicht aus Billigkeitsgründen zu erlassen, und zog deshalb die Aufnahme einer besonderen, dem § 108 RAO. nachgebildeten Bestimmung in das ZwAG. vor. Diese Sonderbestimmung ist also neben § 108 auf die ZwA. anzuwenden.

2. Inhalt des § 21. Entsprechend § 108 RAO. sind in § 21 zwei verschiedene Bestimmungen enthalten. Abs. 1 ermächtigt den RFM., in einzelnen Fällen die Zeichnungspflicht zur Vermeidung von Härten zu erlassen. Abs. 2 ermächtigt ihn, aus dem gleichen Grunde auch für bestimmte Gruppen von Fällen den Erlaß mit Zustimmung des Reichsrats auszusprechen. In beiden Fällen ist also Voraussetzung, daß die Zeichnungspflicht eine unbillige Härte bedeuten würde. Wann eine solche Härte vorliegt, ist von dem RFM. oder, falls er von seiner Übertragungsbefugnis gemäß Abs. 1 Satz 2 Gebrauch gemacht hat, von dem LFA. zu entscheiden. Nach § 6 RAO. ist dabei die Entscheidung „nach Recht und Billigkeit" zu treffen. Hierzu ist aus den Beratungen des RTAusschusses zu erwähnen (AusschBer. S. 45):

Ein Abgeordneter der Deutschen Volkspartei bat um eine Feststellung, daß eine Freistellung namentlich dann erfolgen könne, wenn und soweit der Zeichnungspflichtige den Nachweis erbringe, daß er andernfalls eine Wiederaufbaupflicht zu erfüllen außerstande wäre, die er dem Reiche gegenüber übernommen habe, und wenn er ferner nachweise, daß die freigestellten Mittel diesem Zwecke zugeführt würden. Redner nahm dabei insbesondere auf die Verhältnisse der Reedereien Bezug, die im Anfange des Jahres 1921 für die ihnen durch den Friedensvertrag oder auf Grund des Enteignungsgesetzes entzogenen Schiffe eine bestimmte

Entschädigung mit der Verpflichtung erhalten hätten, mit dieser Entschädigung ein Drittel der Handelsflotte wieder aufzubauen. Bei der katastrophalen Verteuerung, die seither eingetreten sei, reichten die Entschädigungsbeträge nicht annähernd aus, um diesen Verpflichtungen nachzukommen. Aus diesem Grunde rechtfertige sich auch eine Begünstigung bei der Zwangsanleihe. Ein Vertreter der Reichsregierung gab die Erklärung ab, daß die Entschädigungen, die das Reich zum Zwecke des Wiederaufbaues, namentlich der Handelsflotte, gezahlt habe, und das, was aus diesem Wiederaufbaugelde angeschafft sei, nach § 7 bei der Veranlagung der Zwangsanleihe außer Ansatz bleibe. Die Ermächtigung des § 21 könne auch auf Wiederaufbaupflichtige Anwendung finden. Wie in andern Fällen, müßte aber auch bei ihnen stets geprüft werden, ob ihnen unter Berücksichtigung der besonderen Verhältnisse des Einzelfalls die Zeichnung von Zwangsanleihe zugemutet werden könne.

Wie bei der Kriegsabgabe 1916 dürften ferner die Erlöse aus nicht regelmäßigen (nicht innerhalb der regelmäßigen Nutzung liegenden) Holzabtrieben bis zu einem geminderten Preise freizustellen sein, vor allem, wenn die übermäßigen Holzabtriebe durch Naturereignisse bedingt waren. Bei der Kriegsabgabe 1916 fand Freistellung bis zur Höhe des letzten Friedenspreises statt Sitzung des Staatenausschusses vom 3. April 1919; Mrozek, 2. Aufl. S. 445).

Die Ermächtigung des RFM. erstreckt sich auf die Befreiung von der Vorauszeichnung und von der endgültigen Zeichnung. Nach der Einschaltung, die im RTAusschuß vorgenommen worden ist (vgl. N. 1), kann der RFM. auch von der erhöhten Zeichnungspflicht Befreiung gewähren. Endlich kann sich die Befreiung auf alle diese Verpflichtungen erstrecken. Wird die Befreiung von der Vorauszeichnung vor Ablauf der Vorauszeichnungsfrist ausgesprochen, so entfällt damit mangels Verschulden die Verpflichtung zur erhöhten Zeichnungspflicht gemäß § 16. Wird dagegen die Vorauszeichnungspflicht erst nachträglich erlassen, so muß die erhöhte Zeichnungspflicht, falls auch sie fortfallen soll, besonders erlassen werden, wenn ihre Voraussetzungen gegeben waren.

3. **Befreiung in Einzelfällen (Abs. 1).** Der Erlaß der Zeichnungspflicht kann jederzeit, insbesondere bereits vor der Rechtskraft des Bescheides aus § 14, auch bereits vor Abgabe einer VermStErkl. erfolgen.

Macht der RFM. oder gemäß Abs. 1 Satz 2 das LFA. von der Befugnis Gebrauch, in einem bestimmten Einzelfall zur Vermeidung von Härten die Zeichnungspflicht zu erlassen, so erlischt der Anspruch des Reiches auf Zeichnung von ZwA. Der Erlaß kann sich mit Rücksicht auf die Stückelung der JSchVerschr. nur auf volle Tausende beziehen. Ist bereits die Zeichnung erfolgt, so findet § 129 Satz 1 RAO. sinngemäße Anwendung, der lautet:

Ist eine Steuer zu Unrecht beigetrieben, weil der Steueranspruch erloschen oder gestundet war oder das Zwangsverfahren gegen den, gegen

den es gerichtet war, nicht hätte erfolgen dürfen, oder ist eine Steuer doppelt bezahlt, so ist der zu Unrecht gezahlte Betrag zu erstatten.

Der Anspruch auf Erstattung erlischt, falls nicht anderes bestimmt ist, wenn er nicht bis zum Ablauf des dritten Kalenderjahres, das auf die Entrichtung folgt, geltend gemacht wird. Über die Anwendbarkeit dieser Bestimmung vgl. Mrozek, Anm. 2 zu § 108; vgl. auch § 300 Abs. 2 Satz 1 RAO.

Demgemäß ist der bereits bezahlte Betrag dem Steuerpflichtigen zu erstatten, und zwar nach § 132 RAO. mit 5 v. H. Zinsen von der Entrichtung an, vorausgesetzt, daß die Zinsen den Betrag von 50 M. übersteigen (VO. des RFM. vom 3. Okt. 1922; RGBl. Teil I S. 761). Die JSchVerschr. sind in entsprechenden Beträgen zurückzugeben, falls sie bereits ausgehändigt waren. Der Anspruch auf Erstattung ist nach § 127 RAO. bei einem FA. schriftlich oder mündlich geltend zu machen. Dieses hat ihn der zuständigen Stelle zu übermitteln. Die Annahmestellen haben also mit der Erstattung nichts zu tun.

Die Veranlagungsbehörden sind an die Weisungen des RFM. oder des LFA. gebunden. Sie können daher die Veranlagung und die Beitreibung nach der Befreiung nicht fortsetzen. Nach der Entscheidung des RFH. vom 15. April 1921 — A Z II A 73, 21 — haben die Rechtsmittelbehörden eine Entscheidung gemäß § 108 Abs. 1 nicht zu berücksichtigen (Mrozek, 2. Aufl. S. 442). Der Zeichnungspflichtige behält den Erstattungsanspruch aus § 129. Dies steht im Widerspruch damit, daß der Erlaß gemäß § 108 Abs. 1 den einzelnen Steueranspruch zum Erlöschen bringt. Über einen nach § 21 Abs. 1 zu behandelnden Fall vgl. N. 3 zu § 15.

Die Ablehnung von Anträgen auf Erlaß der Zeichnungspflicht aus Billigkeitsgründen ist durch § 2 der Kleinbetragsverordnung (Anhang S. 93) den LFA. übertragen worden.

4. Befreiung für bestimmte Gruppen von Fällen (Abs. 2). Macht der RFM. mit Zustimmung des Reichsrats von seiner Ermächtigung aus § 21 Abs. 2 Gebrauch, so regeln die von ihm erlassenen Rechtsnormen für die bestimmten Gruppen von Fällen die Zeichnungspflicht. Die Anordnungen des RFM. haben also hier die Kraft, das Gesetz abzuändern. Infolgedessen sind die Veranlagungs- und Rechtsmittelbehörden in gleicher Weise an diese Vorschriften gebunden. Wird die Anordnung des RFM. nicht berücksichtigt, so liegt eine Verletzung objektiven Rechts vor. Etwa schon entrichtete Zeichnungen sind nach § 130 RAO. zu erstatten, der lautet:

Wo außer den Fällen der §§ 128 und 129 Erstattungsansprüche aus Rechtsgründen zugelassen sind, erlöschen sie, falls nichts anderes bestimmt ist, wenn sie nicht bis zum Schlusse des Jahres geltend gemacht werden, das auf das Jahr folgt, in dem die Ereignisse, die den Anspruch begründen, eingetreten sind.

Eine Verzinsung der zu erstattenden Beträge findet nicht statt, da für den Fall des § 130 eine Verzinsung nicht vorgesehen ist (§ 132 RAO.). Im übrigen geschieht die Erstattung in der gleichen Weise wie im Falle des Abs. 1 (s. N. 3).

In der Entscheidung vom 18. Okt. 1921 (7 62) hat der RFH. für Anordnungen aus § 108 Abs. 2 RAO. gefordert, daß diese klar erkennen lassen müßten, daß sie über das gesetzliche Maß hinaus Befreiungen einführten und auf § 108 Abs. 2 gestützt seien, ohne daß freilich der § 108 Abs. 2 ausdrücklich angezogen werden müsse. Vor allem müsse ersichtlich sein, daß der RFM. mit Zustimmung des Reichsrats von seiner Befugnis aus § 108 Abs. 2 Gebrauch mache. Für § 21 Abs. 2 ZwAG. gilt Entsprechendes.

Zusammengerechnete Vermögensmassen.

§ 22.

Die §§ 30, 31, 32 des Vermögensteuergesetzes finden auf die Vorauszeichnung (§§ 12, 13) und auf die endgültige Zeichnung (§ 14) entsprechende Anwendung.

Mat.: RegE. § 30; Begr. S. 14; AusschBer. S. 45 und 57.

I. Entstehungsgeschichte.
II. Allgemeiner Inhalt des § 22.
III. § 30 VermStG. Aufbringung des Zeichnungsbetrags vom gebundenen Vermögen. Verteilung zwischen gebundenem und freiem Vermögen.
IV. § 31 VermStG. Verteilung des Zeichnungsbetrags zwischen Eheleuten und bei fortgesetzter Gütergemeinschaft.
V. § 32 VermStG. Verteilung des Zeichnungsbetrags zwischen Vorerben und sonstigem Vermögen des Vorerben.

I. Entstehungsgeschichte.

§ 22 entspricht bis auf die in N. 1 zu § 32 VermStG. bemerkte Änderung wörtlich dem § 30 RegE.

II. Allgemeiner Inhalt des § 22.

§ 22 regelt durch Heranziehung von Bestimmungen des VermStG. Fälle, in denen verschiedene Vermögensmassen zusammengezogen werden und als Einheiten zwangsanleihepflichtig sind. Diese Fälle erfordern, daß ein innerer Ausgleich zwischen den Vermögensmassen geschaffen wird. Hierzu und zur leichteren Aufbringung der geschuldeten Beträge dient die entsprechende Anwendung der §§ 30 bis 32 VermStG.; sie betreffen die Aufbringung des Zeichnungsbetrages vom gebundenen Vermögen sowie die Verteilung des Zeichnungsbetrages zwischen gebundenem und freiem Vermögen, zwischen Eheleuten und bei fortgesetzter Gütergemeinschaft, endlich zwischen Vorerbschaft und sonstigem Vermögen des Vorerben. Die Ausgleichs-

bestimmungen gelten nur in Ermangelung anderer Vereinbarungen zwischen den Beteiligten.

Nicht aufgenommen in das VermStG. und in das ZwAG. und nicht anwendbar sind dagegen Bestimmungen, die den §§ 52 und 55 RNOG. entsprechen. § 52 lautete:

§ 52 RNOG.

Hat der Erblasser vor dem Inkrafttreten dieses Gesetzes ein Vermächtnis angeordnet, ohne dabei die durch die Abgabepflicht zum Reichsnotopfer entstehende Verminderung seines Vermögens zu berücksichtigen, so kann der Erbe die Erfüllung des ihm auferlegten Vermächtnisses soweit verweigern, daß die Abgabe bei einer Beschränkung der Veranlagung auf dieses Vermögen von ihm und vom Vermächtnisnehmer verhältnismäßig getragen wird.

Das gleiche gilt von einer Auflage.

Wird die einem Vermächtnisnehmer gebührende Leistung auf Grund der Absätze 1 oder 2 gekürzt, so kann der Vermächtnisnehmer die ihm auferlegten Beschwerungen verhältnismäßig kürzen.

Die Vorschrift des § 51 bleibt unberührt.

§ 52 RNOG. hatte bürgerlich-rechtliche Wirkung. Er führte zu einer verhältnismäßigen Verteilung des RNO. zwischen den verschiedenen Nachlaßerwerbern ohne Rücksicht auf den Rechtsgrund ihres Erwerbes (gesetzliche Erbfolge oder kraft Verfügung von Todes wegen, Vermächtnis, Auflage, vgl. Breunig S. 361). Hinsichtlich der ZwA. sind lediglich die allgemeinen Vorschriften maßgebend. Danach hat, soweit der Erblasser nach dem 1. Jan. 1923 verstorben ist, der Erbe die ZwA. aus dem Nachlaß zu entrichten, da es sich um eine Nachlaßverbindlichkeit (Steuerschuld) handelt (vgl. § 87 RAO.). Eine Abwälzung eines Teiles der ZwA. auf die Vermächtnisnehmer oder die mit einer Auflage Bedachten findet statt, wenn der verbleibende Teil des Nachlasses hinter der Hälfte des gesetzlichen Erbteils zurückbleibt; der Erbe kann dann insoweit zur Wahrung seines Pflichtteils die Erfüllung des Vermächtnisses oder der Auflage ablehnen (§ 2307 BGB.). Ferner kann, wenn eine zur Erbschaft gehörige Sache vermacht ist, der Erbe auf den Vermächtnisnehmer einen verhältnismäßigen Teil der ZwA. abwälzen, da in diesem Fall die ZwA. die Sache selbst belastet (§ 2185 BGB.).

§ 55 lautete:

§ 55 RNOG.

Die Aktiengesellschaften, Kommanditgesellschaften auf Aktien und Gesellschaften mit beschränkter Haftung sowie eingetragene Genossenschaften dürfen die zur Barzahlung der Abgabe oder eines Teiles derselben erforderlichen Mittel aus dem gesetzlichen Reservefonds entnehmen.

Diese Vorschrift ermöglichte ohne Rücksicht auf entgegenstehende gesetzliche (§§ 262, 320 HGB.; § 7 Ziff. 4 GenG.) oder Satzungsbestimmungen

die Entnahme des RNO. aus dem Vermögen der Gesellschaft unter Heranziehung der Reservefonds und unter Entlastung des Ergebnisses des Geschäftsjahres, in dem die RNOSchuld entstand (vgl. Breunig S. 365; Flechtheim, Zeitgem. StF. 1920 S. 66). Für die ZwA. ergibt sich mangels besonderer Bestimmungen folgende Regelung: Die ZwASchuld entstand am 1. Jan. 1923 (vgl. § 25, S. 298 f.). Sie belastete das an diesem Tage laufende oder beginnende Geschäftsjahr mit dem Unterschied zwischen dem Zeichnungsbetrag und dem Kurswert der JSchVerschr. am Ende des Geschäftsjahres. Die gesetzlichen Reserven der AG., der AKG. und der Gen. (§§ 262, 320 HGB; § 7 Ziff. 4 GenG.) dürfen zur Deckung der ZwA. nur insoweit herangezogen werden, als die ZwA. zu einem „aus der Bilanz sich ergebenden Verlust" führt. Insoweit muß anderseits der gesetzliche Reservefonds in Anspruch genommen werden (Staub § 262 Anm. 8). Inwieweit freiwillige (offene oder stille) Reserven zum Ausgleich der ZwASchuld oder ZwAZahlung herangezogen werden, entscheiden die Organe der Gesellschaft, die gemäß den allgemeinen Bestimmungen nach Gesetz oder Verfassung über die Reservefonds zu bestimmen haben. Soweit es danach einer besonderen Mehrheit eines Gesellschaftsorgans bedarf (z. B. nach § 275 HGB.), hat es bei ihr sein Bewenden.

III. Aufbringung des Zeichnungsbetrages vom gebundenen Vermögen. Verteilung zwischen gebundenem und freiem Vermögen.

§ 30 VermStG.

Der Inhaber eines Hausguts, Familienfideikommisses, Lehens, Stammguts oder eines sonstigen auf Grund von Vorschriften gebundenen Vermögens, die nach den Artikeln 57, 58, 59 des Einführungsgesetzes zum Bürgerlichen Gesetzbuch vom 18. August 1896 (Reichsgesetzblatt S. 604) unberührt geblieben sind, ist mit Genehmigung der Aufsichtsbehörde befugt, den Betrag des Zuschlags (§ 20) aus dem gebundenen Vermögen zu entnehmen und zu diesem Zwecke über die zu dem Vermögen gehörenden Gegenstände zu verfügen.

Durch die Vorschrift des Abs. 1 wird die Befugnis des Inhabers nicht berührt, auf Grund solcher gesetzlicher oder stiftungsmäßiger Vorschriften, welche die Verfügung unter anderen Voraussetzungen zulassen, über das gebundene Vermögen zu verfügen.

Fehlt eine Aufsichtsbehörde oder ist ungewiß, welche Behörde zur Aufsicht berufen ist, so gilt als Aufsichtsbehörde im Sinne des Abs. 1 das Oberlandesgericht, in dessen Bezirk das gebundene Vermögen sich seinem Hauptbestande nach befindet. Ist die Genehmigung von einem Oberlandesgericht erteilt, so kann nicht geltend gemacht werden, daß das Oberlandesgericht für die Genehmigung nicht zuständig gewesen sei. Die

Landeszentralbehörde kann bestimmen, daß an Stelle des Oberlandesgerichts eine andere Behörde tritt.

Im Falle der Gesamtveranlagung gemäß § 80 der Reichsabgabenordnung gilt für die vermögensrechtlichen Beziehungen und die Auseinandersetzung zwischen dem gebundenen Vermögen und dem Inhaber jeder Teil als Schuldner des Zuschlaganteils, der nach den Verhältniszahlen berechnet wird, die sich ergeben, wenn gebundenes Vermögen und Inhaber getrennt veranlagt worden wären und hierbei § 18 nicht zu berücksichtigen gewesen wäre. Nach diesen Zahlen ist auch die Befugnis gemäß Abs. 1 zu bemessen.

Mat.: RegE. § 32; Begr. S. 22; AusschBer. S. 49, 68.

1. Entstehungsgeschichte.
2. Die einzelnen Arten gebundener Güter.
3. Zusammenrechnung des gebundenen und des Allodialvermögens gemäß § 80 RAO.
4. Entnahmerecht des Inhabers (§ 30 Abs. 1 und 2).
5. Ausgleich zwischen gebundenem und Allodialvermögen (§ 30 Abs. 4).

1. Entstehungsgeschichte. § 30 entspricht bis auf Änderungen lediglich redaktioneller Art dem § 50 RNOG., der seinerseits Vorläufer im § 8 WBG., § 11 KrStG., § 19 KrAbgVermZuw. gehabt hat.

2. Die einzelnen Arten gebundener Güter. Unter dem Hausgut ist die Gesamtheit aller unbeweglichen und beweglichen Vermögensgegenstände zusammengefaßt, die für ein hochadliges Haus hausrechtlich gebunden sind (Seelmann-Klässel S. 82). Es teilt sich einmal in das Hausgut der ehemals landesherrlichen und der ihnen gleichgestellten Familien (Art. 57 EGBGB.), zum anderen in das Hausgut der standesherrlichen und ihnen gleichgestellten Familien (Art. 58 EGBGB.). Nach herrschender Ansicht bildet die hochadlige Familie eine mit den Rechten einer juristischen Person ausgestattete Genossenschaft und ist, soweit die Hausverfassung nicht etwas anderes bestimmt, als solche Eigentümerin des Familiengutes. Ein Familienfideikommiß ist ein Sondervermögen, das durch die Willensmacht des Stifters gemäß den maßgebenden fideikommißgesetzlichen Bestimmungen zu dem Zwecke gebildet worden ist, das Sondervermögen der Familie dauernd zu erhalten und in der Weise ausgesondert ist, daß der unmittelbare Nutzen dieses Vermögen immer nur einem oder mehreren Mitgliedern der Familie nacheinander in einer von vornherein bestimmten Reihenfolge zufällt (Seelmann-Klässel S. 35). Nach Art. 59 EGBGB. ist für das Fideikommißrecht die Landesgesetzgebung zuständig. Eine einheitliche Fideikommißgesetzgebung hat es in Preußen nicht gegeben, vielmehr herrschten in den ehemaligen Gebieten des Allgemeinen Landrechtes, des gemeinen und des rheinischen Rechts verschiedene Rechtssysteme. Lediglich die gemäß Art. 155 RV. erlassenen Auflösungsvorschriften

sind in Preußen einheitliche (hauptsächlich: VO. über Familiengüter in der Fassung vom 30. Dez. 1920, GS. von 1921 S. 77; VO. über die Zwangsauflösung der Familiengüter und Hausvermögen vom 19. November 1920, GS. S. 463). Auf Grund dieser Rechtszersplitterung ist in den verschiedenen Reichs- und preußischen Landesteilen die Frage verschieden zu beantworten, wer als Eigentümer des fideikommißrechtlich gebundenen, noch nicht aufgelösten Sondervermögens im Sinne des Privatrechts anzusehen ist. Lehnsgüter und Stamm- (Erbstamm-) Güter sind auf Grund des lehns- bezw. ritterschaftlichen Statutarrechts gebundene Güter. Zu den ersteren zählen in Preußen insbesondere die Thronlehen. Die bürgerliche Gesetzgebung steht nach Art. 59 EGBGB. auch hier der Landesgesetzgebung zu. Auch die Gebundenheit dieser Güter ist in der Auflösung begriffen. Zum gebundenen Vermögen gehört meist das Inventar ohne Zuwachs (Superinventar) und der Amortisationsfonds. Wie Inventar und Superinventar zu scheiden sind, ergibt im Einzelfall das Hausgesetz bezw. die Stiftungsurkunde nebst etwaigen Familienschlüssen. Nicht zum gebundenen Vermögen gehört das im Eigentum selbständiger Familienstiftungen stehende Vermögen.

3. Zusammenrechnung des gebundenen und des Allodialvermögens gemäß § 80 RAO. § 80 Abs. 1 Satz 2 RAO. bestimmt:

> Soweit nichts anderes vorgeschrieben ist, ist der Vorerbe und nach Aushändigung des Vermächtnisses der Vorvermächtnisnehmer dem Eigentümer gleich zu behandeln; ebenso der Inhaber eines Fideikommisses, Lehens oder Stammguts, eines Hausguts oder eines sonstigen nach landesgesetzlichen Vorschriften (Artikel 57 bis 59 des Einführungsgesetzes zum Bürgerlichen Gesetzbuch) gebundenen Vermögens.

Mit dieser Bestimmung ist für das Reichssteuerrecht eine einheitliche, von den Bestimmungen des partikularen oder statutarischen Privatrechts unabhängige Regelung dahin getroffen, daß der jeweilige Inhaber des gebundenen Vermögens steuerrechtlich als dessen Eigentümer behandelt wird. Die Beschränkungen seines Verfügungsrechts werden also nicht berücksichtigt. Diese Regelung gilt auch in den Fällen, in denen die Familie sei es Obereigentümerin, sei es als juristische Person volle Eigentümerin des gebundenen Vermögens ist. Infolgedessen fällt steuerrechtlich das gebundene Vermögen und das dem Inhaber gehörige freie (Allod-) Vermögen stets in eine Einheit zusammen. Der Steuerbetrag wird von dem Gesamtbetrag beider Vermögen berechnet. Persönlicher Steuerschuldner des gesamten Betrages ist der Inhaber des gebundenen Vermögens. Der Steuerfiskus kann sich zur Befriedigung seines einheitlichen Steueranspruchs an die in der Hand des Inhabers befindlichen Vermögensgegenstände ohne Rücksicht darauf halten, ob sie gebundenes oder Allodvermögen sind (vgl. Mrozek, N. 12 zu § 80, Becker, N. 3 zu § 80; vgl. ferner RFH. 5 182). Diese Zusammenrechnung

beider Vermögensmassen führt infolge der Staffelung (§ 9 ZwAG.) dazu, daß von dem Gesamtvermögen mehr zu zeichnen ist als von beiden Vermögen zusammen, wenn sie einzeln zu veranlagen wären. Anderseits sind die Schulden von dem Gesamtbetrag der Aktiven in Abzug zu bringen. Dabei sind Revenuenhypotheken, die nur die Einkünfte des gebundenen Vermögens belasten, wie andere Schulden zu behandeln, sie sind also mit ihrem Kapital wie Stammschulden zu berücksichtigen. Auch kann der Inhaber des gebundenen Vermögens die zulässigen Abzüge, insbesondere, wenn die Voraussetzungen des Kinderprivilegs vorliegen, die Abzüge aus § 9 Abs. 3 ZwAG., von dem gesamten Zeichnungsbetrag vornehmen. Forderungen des Inhabers gegen das gebundene Vermögen oder des gebundenen Vermögens gegen den Inhaber, z. B. auf Ersatz von Aufwendungen, sind nicht zu berücksichtigen, da steuerrechtlich die Vermögensmassen als Einheit behandelt werden und den Forderungen entsprechende Schulden gegenüberstehen.

4. Entnahmerecht des Inhabers (§ 30 Abs. 1 und 2). § 30 Abs. 1 und 2 VermStG. haben privatrechtlichen Charakter. Sie geben in Verbindung mit § 22 ZwAG. im Interesse des Aufkommens des Zeichnungsbetrages dem Inhaber des gebundenen Vermögens die Möglichkeit, den Teil der Gesamtzeichnung, der auf das gebundene Vermögen entfällt, diesem zu entnehmen. Zu diesem Zweck wird dem Inhaber unabhängig von sonstigen Vorschriften eine begrenzte Verfügungsmacht über das gebundene Vermögen gegeben. Es kommen daher für den Inhaber des gebundenen Vermögens wahlweise folgende Bestimmungen in Frage, über gebundenes Vermögen zur Zeichnung von ZwA. zu verfügen:

a) Statutarische oder stiftungsmäßige Bestimmungen, die es ihm allein oder unter Zuziehung von Anwärtern oder unter Genehmigung behördlicher Stellen gestatten, zur Deckung außerordentlicher auf den Stammwert gelegter Lasten über das gebundene Vermögen zu verfügen. Daß die ZwA. als eine auf den Stammwert gelegte Last anzusehen ist, ergibt sich aus dem Wesen der ZwA., insbesondere auch aus der Höhe des Tarifes (§ 9 ZwAG.); auch ist das ZwAG. wiederholt als ein Opfer des Besitzes bezeichnet worden (so Begr. S. 6; vgl. auch für den Wehrbeitrag und die KrAbg. 1918 KG. vom 20. Febr. 1920; JurW. 1920 S. 567).

b) Gesetzliche Bestimmungen gleichen Inhalts. Hierher gehört in Preußen § 8 Ziff. 3 der VO. über Familiengüter. Er lautet:

An Stelle eines Familienschlusses genügt die schriftliche Zustimmung der Familienvertretung oder mangels einer Familienvertretung der beiden nächsten Anwärter (§ 6 Abs. 3), falls

......

3. Steuern und andere öffentliche Abgaben, die als auf den Stamm des Vermögens gelegt anzusehen sind, entrichtet ... werden sollen....

Die Zustimmung bedarf der Bestätigung durch die Aufsichtsbehörde.

c) § 30 Abs. 1 VermStG. in Verbindung mit § 22 ZwAG. gibt dem Inhaber das Recht, zwecks Zeichnung von ZwA. über das gebundene Vermögen ohne Rücksicht darauf zu verfügen, ob die Voraussetzungen zu a oder b vorliegen. Die Zustimmung von Organen oder Mitgliedern der Familie ist nicht erforderlich, es genügt die Zustimmung der Aufsichtsbehörde. Die Verfügung, die gemäß dieser Bestimmung erfolgt, hat privatrechtliche Wirkung auch gegenüber dem Nachfolger in das gebundene Vermögen. Aufsichtsbehörden sind in Preußen die bei den Oberlandesgerichten gebildeten „Auflösungsämter für Familiengüter". Gegen den Beschluß des Auflösungsamts findet die sofortige Beschwerde an das „Landesamt für Familiengüter" in Berlin statt (§ 30 Ziff. 3, 20 ZwangsauflVO.). Die Frist beträgt einen Monat seit Zustellung der Entscheidung des Auflösungsamts. Dieses kann die öffentliche Bekanntmachung der Entscheidung im Reichsanzeiger mit der Aufforderung anordnen, daß Anwärter, die Beschwerde einlegen wollen, diese bei Verlust des Beschwerderechts binnen einem Monat seit der Bekanntmachung bei dem Auflösungsamt anzubringen haben; in diesem Fall gilt die Entscheidung mit dem Zeitpunkt der öffentlichen Bekanntmachung als allen Anwärtern zugestellt (§ 30 a. a. O.). Fehlt eine Aufsichtsbehörde oder ist ungewiß, welche Behörde zur Aufsicht berufen, so ist das Oberlandesgericht berufen, in dessen Bezirk das gebundene Vermögen, soweit es unbeweglich ist, ganz oder in seinem Hauptwertteil belegen ist. Soweit es sich um bewegliche Sachen handelt (z. B. bei Geldfideikommissen), ist das OLG. zuständig, in dessen Bezirk der Inhaber des gebundenen Vermögens seinen persönlichen Gerichtsstand hat (Strutz, VermStG. S. 248). Die Entnahme des Zeichnungsbetrages aus dem gebundenen Vermögen darf nur insoweit erfolgen, als der Zeichnungsbetrag nach § 30 Abs. 4 von dem gebundenen Vermögen zu tragen ist; darüber hinaus darf die Aufsichtsbehörde die Genehmigung nicht erteilen (§ 30 Abs. 4 letzter Satz). Trotz Genehmigung bliebe die Überentnahme unberechtigt, der Inhaber oder seine Allodialerben hätten Ersatz zum gebundenen Vermögen zu leisten.

Die dem Inhaber des gebundenen Vermögens ausgehändigten JSch.-Verschr. fallen nach dem Grundsatz der Surrogation ohne weiteres in das gebundene Vermögen. Ist für dessen Kapitalien eine Hinterlegung vorgeschrieben, so sind die JSchVerschr. in der vorgesehenen Weise zu hinterlegen. Eine Verfügung über sie darf nur unter den gleichen Voraussetzungen und in der gleichen Weise geschehen, in der die Verfügung über das gebundene Vermögen zulässig ist.

Nach § 22 ZwAG. finden diese Bestimmungen auf die Vorauszeichnung (§§ 12, 13) und die endgültige Zeichnung (§ 14) Anwendung. Die Anführung des § 12 stellt klar, daß auch schon für die freiwillige Vorauszeichnung, die vor dem in § 13 gesetzten Endtermin oder zu einem höheren als dort festgesetzten Bruchteil ($^2/_3$) des endgültigen Zeichnungsbetrages erfolgt, die

Entnahme aus dem gebundenen Vermögen mit Genehmigung der Aufsichtsbehörde zulässig war. Da in diesem Zeitpunkt eine Veranlagung noch nicht vorhanden war, aus der der Zeichnungsbetrag sich ergab, fehlten amtliche Berechnungen des Zeichnungsbetrages, der auf das gebundene Vermögen entfiel. Der Zeichnungspflichtige hatte daher der Aufsichtsbehörde die Unterlagen zur Verfügung zu stellen, nach denen er seine endgültige Zeichnungspflicht schätzte und auf deren Grundlage er vorauszeichnen wollte. Ergibt sich später, daß die Schätzung zu hoch war und infolgedessen mehr als der vom gebundenen Vermögen zu tragende Betrag aus diesem entnommen worden ist, so gehört der Erstattungsanspruch zum gebundenen Vermögen.

Ist der Inhaber des gebundenen Vermögens nach dem 1. Jan. 1923, aber vor vollständiger Zeichnung des pflichtigen Betrages gestorben, ohne den zulässigen Betrag dem gebundenen Vermögen zu entnehmen, so kann die Entnahme (entgegen Strutz, VermStG., N. 2 zu § 30) wenigstens in gewissen Fällen nachgeholt werden, vgl. die Rundverfügung des Pr. Justizministers vom 13. Juni 1919 (Seelmann-Klässel S. 185), in der es heißt:

> Substanzschulden braucht weder der Lehns- noch der Fideikommißbesitzer aus den Einkünften zu zahlen. Dies folgt aus den besonderen Vorschriften des § 583 ALR. I, 18 und der §§ 104 bis 106 ALR. II, 4. Hat er aber solche Schulden aus den Einkünften oder seinem Allodvermögen bezahlt, so können er und seine Erben aus dem Fideikommiß- oder Lehnsvermögen Erstattung des gezahlten Betrages nur verlangen, wenn er nach den Vorschriften des § 106 ALR. II, 4 und der §§ 592, 594 ALR. I, 18 dabei ausdrücklich und schriftlich erklärt hat, daß er seinen Erben Ersatz aus dem Fideikommiß oder Lehn vorbehalte. Für den Fall der Zahlung der Substanzschulden durch den Fideikommiß- oder Lehnsbesitzer hat das ALR. den von ihm in § 46 I, 16 aufgestellten Grundsatz, daß der Zahlende in der Regel auch ohne ausdrückliche Zession in die Rechte des bezahlten Gläubigers trete, nicht ohne weiteres angewandt wissen wollen; es hat sich vielmehr auf den Standpunkt gestellt, daß „bei uneingebungenen Lehnsschulden, die der Besitzer bezahlt hat, die Vermutung gilt, daß er das Lehn damit nicht habe onerieren wollen" (Suarez in der Revisio monitorum Bd. 80 S. 299). Diese Vermutung soll nur durch ausdrücklichen und schriftlichen Vorbehalt widerlegt werden können. Wem gegenüber der Vorbehalt erklärt werden müsse, bestimmt das Gesetz nicht. Es ist daher aus der Vorschrift, daß der Vorbehalt bei der Zahlung — „dabei" — zu erklären sei, entgegen der Ansicht von Rambohr (Das Familienfideikommiß S. 658) um so weniger zu entnehmen, daß der Vorbehalt nur dem zahlenden Gläubiger gegenüber erklärt werden könne, als der Gläubiger an dem weiteren Schicksal der Forderung, von der er durch seine Zahlung befreit wurde, keinerlei rechtliches Interesse hat. Ein solches Interesse hat dagegen die Fideikommiß- oder lehnsberechtigte Familie. Mithin

muß es genügen, wenn der Vorbehalt im zeitlichen Zusammenhang mit der Zahlung der Aufsichtsbehörde oder einer Familienvertretung oder dem nächsten Anwärter gegenüber zum schriftlichen Ausdruck gebracht ist. Ist dies geschehen, so können der zahlende Besitzer bezw. seine Erben bei steuerlichen Substanzschulden die zur Befriedigung des Steuerfiskus gezahlten Beträge aus dem Fideikommiß oder Lehnsvermögen erstattet verlangen. Dann treten nach bisherigem Recht er und seine Erben an die Stelle und in die Rechte des von ihm bezahlten Steuerfiskus. Durch § 8 Abs. 2 Ziff. 6 der VO. über Familiengüter vom 10. März 1919 (GS. 39) ist es dem Fideikommiß- oder Lehnsbesitzer nunmehr aber darüber hinaus ermöglicht, für Steuern, die er nach dem Inkrafttreten dieser Verordnung, d. h. nach dem 1. April 1919, bezahlt hat, Erstattung aus dem Fideikommiß- oder Lehnsvermögen auch ohne den erwähnten Vorbehalt durch Zustimmung einer Familienvertretung oder der beiden nächsten Anwärter im Sinne des § 6 Abs. 3 der VO. zu erreichen.

5. Ausgleich zwischen gebundenem und Allodvermögen (§ 30 Abs. 4). Die zivilrechtliche Sonderung des gebundenen Vermögens bleibt trotz der in steuerlicher Hinsicht erfolgten Zusammenfassung mit dem Allodvermögen, die durch § 80 RAO. und die seiner Ausführung dienenden Bestimmungen erfolgt ist, unberührt. Inwieweit der Zeichnungsbetrag unbeschadet der gemeinsamen Verstrickung beider Vermögensmassen dem Reich gegenüber von dem Sondervermögen oder von dem Allodvermögen des Inhabers zu tragen ist, ist unter Abweichung von dem Grundsatz der §§ 57 ff. EGBGB. nicht der Regelung durch Landesgesetz überlassen, sondern durch § 30 Abs. 4 VermStG. reichsrechtlich bestimmt worden. Die Berechnung ist die folgende: Zunächst ist festzustellen, welcher Betrag von dem gebundenen Vermögen und welcher Betrag von dem Allodvermögen zu zeichnen wäre, wenn die beiden Vermögensmassen getrennt zeichnungspflichtig wären. Die gegenseitigen Forderungen und Schulden sind dabei zu berücksichtigen. Es verhält sich dann die Summe der bei getrennter Veranlagung von dem gebundenen und von dem Allodvermögen zu zeichnenden Beträge (s) zu dem von dem gebundenen Vermögen bei getrennter Veranlagung allein zu zeichnenden Betrage (g) wie der bei der Gesamtveranlagung zu zeichnende Betrag (z) zu dem dem gebundenen Vermögen zur Last fallenden Betrage (x), also

$$s : g = z : x \text{ oder } x = \frac{g \times z}{s}.$$

Der dem Allodvermögen zur Last fallende Betrag (y) berechnet sich nach der Formel

$$y = z - x$$

(vgl. Thümen-Hotop S. 212, 215). Die Berechnung kann mit den entsprechenden Formeln zunächst für das Allodgut und dann für das gebundene Vermögen erfolgen.

Beispiel:

Allodvermögen 5 000 000 M. Zeichnungsbetrag wäre . .	214 000 M.
Gebundenes Vermögen 30 000 000 M. Zeichnungsbetrag wäre	2 694 000 M.
s =	2 908 000 M.
Zeichnungsbetrag von 35 000 000 (z) ist	3 194 000 M.

Es fällt also zur Last:

dem gebundenen Vermögen $\frac{2\,694\,000 \times 3\,194\,000 \text{ M.}}{2\,908\,000}$ = 2 959 000 M.

dem Allodvermögen 3 194 000 M. — 2 959 000 M. = . . 235 000 M.

Ermäßigt sich der Gesamtzeichnungspreis infolge des Kinderprivilegs, so findet bei der inneren Abrechnung eine Kürzung des Zeichnungsbetrages nur bei dem Allodvermögen statt. Denn bei dieser inneren Abrechnung tritt der Inhaber hinsichtlich des Allodvermögens dem gebundenen Vermögen wie einem fremden gegenüber. Es besteht daher keine Veranlassung, die Gesamtfamilie zu Lasten des Inhabers an den Vorteilen teilnehmen zu lassen, die sich aus dessen Familienstand ergeben. Bei der Annahme von 3 Kindern würde sich danach beispielsweise folgende Rechnung ergeben:

Allodvermögen 1 000 000 M. Zeichnungsbetrag wäre 14 000 M. — $^3/_{20}$ = ...	11 000 M.
Gebundenes Vermögen 5 000 000 M. Zeichnungsbetrag wäre	214 000 M.
s =	225 000 M.
Zeichnungsbetrag von 6 000 000 M. bei 3 Kindern (z) = 294 000 M. — $^3/_{20}$ = ...	250 000 M.

Es fällt also zur Last:

dem gebundenen Vermögen $\frac{214\,000 \cdot 250\,000 \text{ M.}}{225\,000}$ = . . . 238 000 M.

dem Allodvermögen 250 000 M. — 238 000 M. = ... 12 000 M.

Die Worte „und hierbei § 18 nicht zu berücksichtigen gewesen wäre" beziehen sich auf die im § 18 VermStG. für die VermSt. bestimmte Abzugsfähigkeit der ersten 400 000 M. von jedem Vermögen ohne Rücksicht auf seine Höhe (vgl. § 34 a Ziff. 2 VermStG.). Bei der ZwA. sind 400 000 M. nur frei, wenn das Vermögen diesen Betrag nicht übersteigt (§ 8 Abs. 1 ZwAG.; s. N. 2 zu § 8, S. 354). Die angeführten Worte sind daher für die ZwA. ohne Bedeutung. Ob das gebundene oder freie Vermögen den Betrag von 400 000 M. oder genauer 401 999 M. (s. N. 2 zu § 8) übersteigt oder nicht, ist für den Ausgleich zwischen den Vermögen ohne Belang. Die Freigrenzen sind nur zum Schutz wirtschaftlich Schwacher gegenüber dem Steuerfiskus gegeben. Bei dem inneren Ausgleich ist also ein Vermögen auch dann mit seinem vollen Betrage, nicht mit 0 M. anzusetzen, wenn es unter der Freigrenze bleibt.

IV. Verteilung des Zeichnungsbetrages zwischen Eheleuten und bei fortgesetzter Gütergemeinschaft.

§ 31 VermStG.

Im Falle des §13 gilt für die vermögensrechtlichen Beziehungen der Ehegatten untereinander jeder Ehegatte als Schuldner des Steuerteils, der nach den Verhältniszahlen berechnet wird, die sich ergeben, wenn jeder Ehegatte getrennt mit seinem Vermögen veranlagt worden und hierbei § 18 nicht zu berücksichtigen gewesen wäre.

Der an einer fortgesetzten Gütergemeinschaft beteiligte Abkömmling kann von dem überlebenden Ehegatten verlangen, daß der auf seinen Anteil am Gesamtgut entfallende Zuschlag aus seinem Anteil am Gesamtgut gezahlt oder ihm ersetzt wird. Der überlebende Ehegatte ist neben dem Abkömmling für den auf dessen Anteil am Gesamtgut entfallenden Zuschlagsbetrag der Reichskasse als Gesamtschuldner verpflichtet. Für die Berechnung des auf den Anteil am Gesamtgut entfallenden Zuschlags indet § 30 Abs. 4 Satz 1 entsprechende Anwendung.

Mat.: RegE. § 33; Begr. und AusschBer. wie zu § 30.

1. Entstehungsgeschichte.
2. Verteilung des Zeichnungsbetrages zwischen Ehegatten.
3. Verteilung des Zeichnungsbetrags zwischen den ehelichen Gütermassen.
4. Haftung des überlebenden Ehegatten bei fortgesetzter Gütergemeinschaft.

1. Entstehungsgeschichte.

§ 31 Abs. 1 entspricht § 16 Abs. 2 RNOG.

§ 31 Abs. 2 fehlte im RegE. In ihm war die Anwendung des § 31 Abs. 1 VermStG. auf die ZwA. vorgesehen. Dies war die Folge des § 7 Abs. 2 a. a. O., der bestimmte:

> Bei fortgesetzter Gütergemeinschaft gilt das Gesamtgut als Vermögen des überlebenden Ehegatten.

Die RegBegr. sagte zu § 7 Abs. 2:

> Eine Abweichung von der Vorschrift, daß das bei dem einzelnen für die Veranlagung zur Vermögensteuer festgestellte Vermögen auch für die Berechnung der von ihm zu zeichnenden Zwangsanleihe maßgebend ist, ist nur für den Fall des Bestehens einer fortgesetzten Gütergemeinschaft gemacht. Das Gesamtgut einer fortgesetzten Gütergemeinschaft gilt für die Reichssteuern nicht als Vermögen des überlebenden Elternteils allein, sondern wird diesen und den anteilsberechtigten Abkömmlingen anteilig zugerechnet. Dies macht eine verwickelte Berechnung erforderlich, zumal bei Ermittlung des Anteils des einzelnen Abkömmlings auch noch die ausgleichspflichtigen Vorempfänge berücksichtigt werden müssen. Wo die Gütergemeinschaft vor 1900 der herrschende Güterstand war und dem-

gemäß die fortgesetzte Gütergemeinschaft heute noch weit verbreitet ist (z. B. Baden, Hansestädte), haben die Erfahrungen bei früheren Steuerveranlagungen gezeigt, daß die Steuerpflichtigen selbst zur Auseinanderrechnung in der Regel nicht in der Lage sind, sie vielmehr den Steuerbehörden überlassen müssen. Da nun die Vorauszeichnungen ohne Mitwirkung der Steuerbehörden vor sich gehen sollen, würden in den Fällen, in denen eine fortgesetzte Gütergemeinschaft besteht, die Gesamtgutsanteile nicht ordnungsgemäß errechnet werden können. Daher ist in Anlehnung an die Bestimmungen der früheren hamburgischen und badischen Vermögensteuergesetze (vgl. auch § 18 des Reichseinkommensteuergesetzes) vorgesehen, daß im Fall einer fortgesetzten Gütergemeinschaft das Gesamtgut als Vermögen des überlebenden Ehegatten gelten soll. Der zunächst naheliegende Gedanke, diese Vorschrift nur für die Vorauszeichnung, nicht auch für die endgültige Zeichnung gelten zu lassen, um die vollständige Übereinstimmung zwischen den Vermögen für die Vermögensteuerveranlagung und die Zwangsanleihe herzustellen, hat sich als nicht praktisch erwiesen. Allerdings könnten für die Beteiligten insofern Nachteile entstehen, als das Gesamtgut, wenn es in der Hand mehrerer Personen herangezogen werden würde, einen niedrigeren Satz zu tragen hätte, als wenn es in einer Hand zur Zwangsanleihe herangezogen würde. Dem beugt der § 10 vor. Sollten sich darüber hinaus noch Härten ergeben, so kann ihnen durch die Anwendung des § 29 Rechnung getragen werden.

§ 10 RegE. lautete:

Bei fortgesetzter Gütergemeinschaft kommt für das Gesamtgut der durchschnittliche Hundertsatz zur Anwendung, der bei einer Auseinandersetzung auf das Vermögen des überlebenden Ehegatten entfallen würde. In Ermangelung eines solchen Hundertsatzes findet auf das Gesamtgut ein Hundertsatz von 1 vom Hundert Anwendung.

Nachdem die Vorauszeichnung i. S. des RegE. im RTAusschuß abgelehnt war, wurde § 7 Abs. 2 und § 10 RegE. gestrichen. Es verbleibt also bei der aus § 80 Abs. 2 RAO. folgenden anteiligen Besteuerung des überlebenden Ehegatten und der Abkömmlinge. Deshalb mußte § 31 VermStG. im vollen Umfang für anwendbar erklärt werden; zu diesem Zweck wurden in § 30 RegE. die Worte „Abs. 1" gestrichen. § 30 Abs. 2 VermStG. entspricht § 53 RNOG., der wiederum den gleichen Wortlaut wie § 20 KrAbgVermZuw. hat.

2. Verteilung des Zeichnungsbetrages zwischen Ehegatten. Über die Voraussetzungen und Folgen der Zusammenrechnung des Vermögens von Ehegatten vgl. N. 2 zu § 13 VermStG., S. 177. Wie der Ausgleich zwischen den Eheleuten untereinander stattzufinden hat, besagt § 31 Abs. 1. Er regelt also die Ansprüche der Ehegatten untereinander, ist mithin privatrechtlicher Natur. Die Berechnungsart entspricht § 30 Abs. 4 VermStG.

(vgl. dort N. 4). Die Formeln lauten also, wenn s die Summe der von beiden Eheleuten bei getrennter Veranlagung zu zeichnenden Beträge, e der von dem Ehemann bei getrennter Veranlagung, z der bei der Gesamtveranlagung der Eheleute zu zeichnende Betrag, x der dem Ehemann, y der der Ehefrau zur Last fallende Betrag ist:

$$x = \frac{e \cdot z}{s} \text{ und } y = z - x.$$

Die Grundlage der Berechnung, wie nämlich die Eheleute bei getrennter Veranlagung zu belasten wären, ergibt das bürgerliche eheliche Güterrecht. Bei der Berechnung des auf die Vermögen jeden Teils bei getrennter Berechnung entfallenden Zeichnungsbetrages sind, wenn gemeinsame Kinder vorhanden sind, die Abzüge aus § 9 Abs. 4 ZwAG. bei beiden Teilen, wenn nur Kinder eines Ehegatten vorhanden sind, nur bei dessen Zeichnungsbetrag in Abzug zu bringen. Dem Reich gegenüber ist auch im letzteren Fall der volle Abzug vom Gesamtzeichnungsbetrag zulässig, da die Voraussetzungen hierfür gemäß § 9 Abs. 4 ZwAG. gegeben sind. Die Verteilung der JSchVerschr. erfolgt nach dem Verhältnis der von den einzelnen Gütermassen aufgebrachten Zeichnungsbeträge. Spitzenstücke sind erforderlichenfalls zu veräußern und der Erlös anteilig zu verteilen. Eine anderweitige Verteilung der Zeichnungslast untereinander ist den Eheleuten unbenommen. Da in der Regel Schenkungen zwischen Eheleuten nicht mehr steuerpflichtig sind (§ 26 Abs. 1 ErbschStG. in der Fassung vom 20. Juli 1922), kann die Frage, ob in der abweichenden Regelung eine Schenkung liegt, soweit Steuerfreiheit besteht, dahingestellt bleiben.

3. Verteilung des Zeichnungsbetrages zwischen den ehelichen Gütermassen. Eine Verteilung von Zeichnungsbeträgen ist auch innerhalb der einzelnen ehelichen Gütermassen (Vorbehaltsgut, eingebrachtes Gut, Gesamtgut, Sondergut) erforderlich. Die Art der Verteilung, ob nach der Größe der einzelnen Vermögensmassen oder nach der Verhältnisberechnung gemäß § 30 Abs. 4 VermStG., ist nicht bestimmt. Da das Gesetz in den Fällen, in denen es die Auseinandersetzung über den Gesamtzeichnungsbetrag zwischen verschiedenen Vermögensmassen regelt, die Verteilung nach Verhältniszahlen vorschreibt (§§ 30 bis 32 VermStG. in Verbindung mit § 22 ZwAG.), ist diese Art der Verteilung auch vorliegendenfalls zu wählen. Dies entspricht auch dem Grundsatz, daß nicht das kleinere Vermögen prozentual höher zu belasten ist. Danach ergibt sich folgende Regelung:

a) Bei dem gesetzlichen Güterstand hat das eingebrachte Gut der Frau „die außerordentlichen Lasten, die auf den Stammwert des eingelegten Gutes gelegt anzusehen sind" zu tragen (§ 1385 Abs. 1 BGB.). Über den Charakter der ZwA. als einer außerordentlichen Last s. N. 4 zu § 30 VermStG. Die Frau ist daher nicht verpflichtet, den auf das eingebrachte Gut entfallenden

Teil des Zeichnungsbetrages aus dem Vorbehaltsgut zu entnehmen. Die Auszahlung von Mitteln für die Zeichnung von Beträgen, die auf das eingebrachte Gut entfallen, kann sie aber nicht beanspruchen, da dessen Verwaltung Sache des Mannes ist (§ 1374 BGB.). Soweit die Zeichnung mit vorhandenem Geld des eingebrachten Gutes erfolgen kann, ist der Mann in der Lage, sie ohne Mitwirkung der Frau vorzunehmen (§ 1376 BGB.). Im übrigen kann der Mann die Mitwirkung der Frau zu Verfügungen über das eingebrachte Gut beanspruchen, die zur Aufbringung der für die Vorauszeichnung oder endgültigen Zeichnung erforderlichen Mittel aus dem eingebrachten Gut erforderlich sind. Im Falle der Weigerung kann die Zustimmung der Ehefrau durch das Vormundschaftsgericht ersetzt werden (§ 1379 BGB.).

b) Bei den Güterständen der allgemeinen oder teilweisen Gütergemeinschaft hat das Gesamtgut den auf ihn entfallenden Teil des Zeichnungsbetrages zu tragen. Die Zeichnungen sind von dem Ehemann vorzunehmen (§ 1443 BGB.), bei seiner Verhinderung durch Krankheit oder Abwesenheit und wenn mit dem Aufschub Gefahr verbunden ist, von der Ehefrau (§ 1450 BGB.). Als solche Gefahr ist die starke Erhöhung des Zeichnungspreises gemäß § 2 ZwAG. anzusehen. Die eingebrachten und Sondergütermassen werden wie das eingebrachte Gut der Ehefrau im gesetzlichen Güterstand behandelt.

c) Die bei gesetzlichem oder unbeweglichem Güterstand auf das Vorbehaltsgut und bei Gütertrennung auf die beiderseitigen Vermögen der Eheleute entfallenden Zeichnungsbeträge sind von dem Ehegatten, der Eigentümer des betreffenden Vermögens ist, zu tragen.

4. Haftung des überlebenden Ehegatten bei fortgesetzter Gütergemeinschaft. Die fortgesetzte Gütergemeinschaft tritt nach der allgemeinen Gütergemeinschaft ein, wenn einer der Ehegatten, die in allgemeiner Gütergemeinschaft gelebt haben, gestorben ist, gemeinschaftliche Abkömmlinge vorhanden sind (§ 1483 BGB.) und der überlebende Ehegatte die Fortsetzung der Gütergemeinschaft nicht ablehnt (§ 1484 BGB.), ferner nach der Fahrnisgemeinschaft dann, wenn sie durch Ehevertrag vereinbart war (§ 1557 BGB.). Der überlebende Ehegatte hat die rechtliche Stellung des Mannes, die anteilsberechtigten Abkömmlinge haben die rechtliche Stellung der Frau (§ 1487 BGB.). § 31 Abs. 2 Satz 2 bestimmt die gesamtschuldnerische Haftung des überlebenden Ehegatten für die auf die Anteile der Abkömmlinge vom Gesamtgut entfallenden Zeichnungsbeträge. Für die auf das sonstige Vermögen der Abkömmlinge entfallenden Zeichnungsbeträge haftet der überlebende Ehegatte nicht. Die Abkömmlinge haften für den auf den überlebenden Ehegatten entfallenden Zeichnungsbetrag überhaupt nicht. Die Bestimmung über die Haftung des überlebenden Ehegatten ist eine Ergänzung des in § 95 RAO. für die Reichssteuern nieder-

gelegten Grundsatzes über die Gesamtschuld in bezug auf die ZwA. und ist wie diese öffentlichen Rechts.

5. Verteilung des Zeichnungsbetrages bei fortgesetzter Gütergemeinschaft. § 31 Abs. 2 Satz 1 und 3 enthalten privatrechtliche Auseinandersetzungsvorschriften zwischen dem überlebenden Ehegatten und den Abkömmlingen. Da der überlebende Ehegatte die rechtliche Stellung des Mannes hat, ist er zu Verfügungen über das Gesamtgut gemäß § 1443 BGB. berechtigt; die Abkömmlinge sind durch dieses Verfügungsrecht des überlebenden Ehegatten an der Verfügung über ihre Anteile gehindert. Satz 1 bestimmt nun in Verbindung mit § 22 ZwAG. zunächst, daß die Abkömmlinge die Zeichnungen der auf ihre Anteile am Gesamtgut entfallenden Beträge aus diesem durch den überlebenden Ehegatten verlangen können. Jeder Abkömmling kann den Anspruch hinsichtlich seines Anteils unabhängig von den übrigen Abkömmlingen erheben. Der Anspruch bezieht sich nach § 22 ZwAG. auch auf die Vorauszeichnung. Die Abkömmlinge konnten also von dem überlebenden Ehegatten die Vorauszeichnung in einem bestimmten Monat verlangen. Kam der überlebende Ehegatte dem nicht nach, leistete die Vorauszeichnung vielmehr erst später, so hat er die Erhöhung des Zeichnungsbetrages (§ 2) selbst zu tragen. Leisten die Abkömmlinge die Vorauszeichnung aus ihren sonstigen Mitteln, so können sie den verhältnismäßigen Ersatz des auf ihren Anteil am Gesamtgut entfallenden Zeichnungsteils beanspruchen. Die abschließende Abrechnung erfolgt nach der Veranlagung jedes Abkömmlings zu der endgültigen Zeichnung (§ 14 ZwAG.). Mit der Abrechnung über die Vorauszeichnung bis dahin zu warten, ist der Abkömmling nicht verpflichtet. Die spätere Abrechnung an Hand der amtlichen Veranlagung wird sich in vielen Fällen allerdings leichter ausführen lassen. Die Art der Verrechnung erfolgt nach Satz 3 gemäß der in § 30 Abs. 4 Satz 1 gegebenen Bestimmung (vgl. N. 5 zu § 30). Damit sind bei der ZwA. die bei dem RNO. infolge des Fehlens besonderer Bestimmungen entstandenen Zweifel über die Verrechnung des Zeichnungsbetrages zwischen dem überlebenden Ehegatten und den Abkömmlingen vermieden (vgl. Thöl in Zeitgem. StFr. 1920 S. 207). Die Berechnungsformeln entsprechen den in N. 3 angegebenen.

V. Verteilung des Zeichnungsbetrages zwischen Vorerbschaft und sonstigem Vermögen des Vorerben.

§ 32 VermStG.

Der Vorerbe ist berechtigt, den auf die Vorerbschaft entfallenden Teil des Zuschlags aus dem Vermögen der Vorerbschaft zu entnehmen. Für die Berechnung dieses Teiles des Zuschlags findet § 30 Abs. 4 Satz 1 entsprechende Anwendung.

Mat.: RegE. § 34; Begr. und AusschBer. wie zu § 30.

1. Entstehungsgeschichte.
2. Zusammenrechnung der Vorerbschaft und des sonstigen Vermögens des Vorerben (§ 80 RAO.).
3. Entnahmerecht des Vorerben (§ 32 S. 1).
4. Verteilungsmaßstab (§ 32 S. 2).
5. Zeichnungspflicht des Nießbrauchers und des Eigentümers eines mit einem Nießbrauch belasteten Vermögens.

1. Entstehungsgeschichte. § 32 entspricht § 54 RNOG. Lediglich die in § 54 RNOG. irrtümlich stehengebliebenen Worte „nach dem auf sein Gesamtvermögen entfallenden Abgabensatz" sind gestrichen (vgl. Eckstein, ZtgStfr. 1921 S. 48). Änderungen sind im RT. nicht vorgenommen worden.

2. Zusammenrechnung der Vorerbschaft und des sonstigen Vermögens des Vorerben (§ 80 RAO.). Vgl. N. 17 zu § 6 VermStG., S. 115.

3. Entnahmerecht des Vorerben (§ 32 S. 1). § 32 S. 1 in Verbindung mit § 22 ZwAG. wiederholt für die ZwA. den im § 2126 BGB. allgemein niedergelegten Grundsatz, daß der Vorerbe im Verhältnis zu dem Nacherben nicht die außerordentlichen Lasten zu tragen hat, die als auf den Stammwert der Erbschaft gelegt anzusehen sind. Über den Charakter der ZwA. als außerordentlicher Last s. N. 4 zu § 30. Der Vorerbe kann demgemäß aus der Vorerbschaft den auf diese entfallenden Zeichnungsbetrag oder, soweit er die Zeichnung aus seinem sonstigen Vermögen geleistet hat, verhältnismäßigen Ersatz entnehmen oder nach Eintritt der Nacherbschaft solchen Ersatz beanspruchen (KommRGR. Anm. 1, 2 zu § 2126).

4. Verteilungsmaßstab (§ 32 S. 2). Welcher Teil des Zeichnungsbetrages auf die Vorerbschaft und welcher Teil auf das sonstige Vermögen des Zeichnungspflichtigen entfällt, wird nach den gleichen Grundsätzen wie bei den Auseinandersetzungen zwischen gebundenem Vermögen und freiem Vermögen berechnet (vgl. oben S. 444). Die Verteilung des ZwABetrages auf die Vorerbschaft und das eigene Vermögen des Vorerben findet nach Maßgabe des Verhältnisses statt, das sich ergibt, wenn jede Vermögensmasse für sich zwangsanleihepflichtig wäre. Die Formeln lauten, wenn s die Summe der von der Vorerbschaft und von dem sonstigen Vermögen des Vorerben bei getrennter Veranlagung zu zeichnenden Beträge, v der von der Vorerbschaft, z der bei der Gesamtveranlagung der Vorerbschaft und des sonstigen Vermögens des Vorerben zu zeichnende Betrag, x der der Vorerbschaft, y der dem sonstigen Vermögen des Vorerben zur Last fallende Betrag ist:

$$x = \frac{v \cdot z}{s} \text{ und } y = z - x.$$

Auch der Vorerbe kann die aus seinem Familienstand folgenden Abzüge (§ 9 Abs. 3 ZwAG.) für sein sonstiges Vermögen allein in Anspruch nehmen (vgl. N. 5 zu § 30 VermStG.). Das Entnahmerecht bezw. die Ersatzforderung des Zeichnungspflichtigen gegenüber der Vorerbschaft beschränkt sich auf

den danach der Vorerbschaft zur Last fallenden Zeichnungsbetrag (vgl. Zelter, ZtgStfr. 1920 S. 94; Schachian, ebenda S. 96). Infolge der besseren Redigierung des § 32 VermStG. gegenüber dem § 54 RNOG. sind die durch die Fassung des § 54 RNOG. seinerzeit verursachten Zweifel über das Entnahmerecht des Vorerben hinsichtlich der VermSt. und der ZwA. erledigt (vgl. N. 1).

5. Über die **Zeichnungspflicht des Nießbrauchers und des Eigentümers eines mit einem Nießbrauch belasteten Vermögens** sind besondere Bestimmungen nicht getroffen. Die Rechtslage ist die folgende: Der Nießbraucher hat nur für den gemäß §§ 144 ff. RAO. festgestellten Kapitalwert des Nießbrauchs ZwA. zu zeichnen im Gegensatz zum Vorerben, der für den vollen Wert der Vorerbschaft ZwA. zu zeichnen hat und nur seinerseits sich mit den Nacherben über die Verteilung des ZwABetrages zwischen Vorerbschaft und seinem (des Vorerben) sonstigem Vermögen verrechnen kann. Der Eigentümer hat den Wert des mit dem Nießbrauch belasteten Vermögens oder Vermögensstückes unter Abzug des Kapitalwertes des Nießbrauchs bei der Berechnung des zwangsanleihepflichtigen Vermögens einzustellen im Gegensatz zu dem Nacherben, der hinsichtlich des Nachlasses, solange der Vorerbe ihn hat, zeichnungsfrei ist. Denn gemäß § 1047 BGB. hat der Eigentümer, nicht der Nießbraucher, die außerordentlichen Lasten, die als auf den Stammwert der Sache gelegt anzusehen sind, zu tragen. Zu diesen außerordentlichen Lasten gehört auch die ZwA. (vgl. N. 4 zu § 30 VermStG.). Der Eigentümer hat einen privatrechtlichen Anspruch gegen den Nießbraucher, daß dieser ihm von dem mit dem Nießbrauch belasteten Vermögen soviel herausgibt, als ZwA. auf das mit dem Nießbrauch belastete Vermögen entfällt. Die Vorschrift des § 30 Abs. 4 VermStG. ist auf die Berechnung dieses Betrages sinngemäß anzuwenden.

Wie der Nießbraucher den auf ihn entfallenden ZwABetrag aufzubringen hat, ist im Gesetz nicht besonders bestimmt. Insbesondere fehlt eine ausdrückliche, dem § 36 ErbschStG. entsprechende Bestimmung, derzufolge die ZwA. nach Wahl des Pflichtigen statt vom Kapitalwerte jährlich im voraus von dem Jahreswert entrichtet werden kann. Nießbrauchsberechtigte, die kein eigenes Vermögen haben, können daher in Verlegenheit kommen, wie sie den Anleihebetrag aufbringen sollen. Eine Entnahme aus dem mit dem Nießbrauch belasteten Vermögen kommt nicht in Betracht. Es ist anzunehmen, daß in § 36 ErbschStG. ein allgemeiner, die wirtschaftliche Notwendigkeit berücksichtigender Rechtsgedanke zum Ausdruck gekommen ist. Es wird ein wichtiger Anwendungsfall des § 20 ZwAG. sein, in solchen Fällen durch die gesetzlich zugelassene Stundung in entsprechender Weise zu helfen. Dabei wird, wenn irgend möglich, von dem Verlangen nach Sicherheitsleistung abzusehen sein, da gerade die Aufbringung eines Kapitals die Schwierigkeiten verursacht.

Straf-, Übergangs- und Schlußvorschriften.

Strafvorschriften.

§ 23.

Wer zum eigenen Vorteil oder zum Vorteil eines anderen vorsätzlich bewirkt, daß die Einnahmen, die dem Reiche auf Grund der §§ 14 bis 16 zustehen, verkürzt werden, wird mit einer Geldstrafe im einfachen bis zum fünffachen Betrage der hinterzogenen Einnahmen bestraft. Daneben kann auf Gefängnis erkannt werden.

Werden durch dieselbe Handlung die Vorschriften dieses Gesetzes und des Vermögensteuergesetzes verletzt, so sind die Geldstrafen nach jedem Gesetze besonders zu verhängen.

Mat.: RegE. § 31; Begr. S. 14; AusschBer. S. 45, 57.

1. Entstehungsgeschichte.
2. Inhalt des Abs. 1.
3. Bestrafung nach dem VermStG. und dem ZwAG. (Abs. 2).

1. Entstehungsgeschichte. Da die erhöhte Zeichnungspflicht des § 16 auf ein Verschulden abgestellt ist (vgl. Einl. S. 46 f.), wurde er im RTAusschuß in den Tatbestand des § 23 einbegriffen. Im übrigen entspricht § 23 dem RegE.

2. Inhalt des Abs. 1. § 23 ist mit § 359 RAO. in Bezug zu setzen, der in den hier in Frage kommenden Absätzen lautet:

Wer zum eigenen Vorteil oder zum Vorteil eines anderen nicht gerechtfertigte Steuervorteile erschleicht oder vorsätzlich bewirkt, daß Steuereinnahmen verkürzt werden, wird wegen Steuerhinterziehung mit den in den einzelnen Gesetzen hierfür angedrohten Strafen bestraft....

......

Es genügt, daß infolge der Tat ein geringerer Steuerbetrag festgesetzt oder ein Steuervorteil zu Unrecht gewährt oder belassen ist; ob der Betrag, der sonst festgesetzt wäre, aus anderen Gründen hätte ermäßigt werden müssen oder der Vorteil aus anderen Gründen hätte beansprucht werden können, ist für die Bestrafung ohne Bedeutung.

Eine Steuerumgehung (§ 5) ist nur dann als Steuerhinterziehung strafbar, wenn die Verkürzung der Steuereinnahmen oder die Erzielung der ungerechtfertigten Steuervorteile dadurch bewirkt wird, daß der Täter vorsätzlich Pflichten verletzt, die ihm im Interesse der Ermittlung einer Steuerpflicht obliegen.

§ 23 ZwAG. füllt das in § 359 RAO. offengelassene Strafmaß für die Hinterziehung von ZwABeträgen aus.

Die Anwendung des § 359 RAO. wie überhaupt des dritten Teils der RAO. über das Strafrecht und Strafverfahren auf die ZwA. ergibt sich daraus, daß der auf Grund der ZwA. geschuldete Betrag eine Steuer ist (vgl. N. 2 zu § 1). Im übrigen hat § 26 ZwAG. die Bestimmungen der RAO. über das Strafrecht und Strafverfahren auf die ZwA. und ihre Durchführung ausdrücklich für anwendbar erklärt. Demgemäß gliedert sich § 23 ZwAG. in das Steuerstrafrecht ein, das in den §§ 355 ff. RAO. kodifiziert ist. Die etwas andere Formulierung der Steuerhinterziehung in § 23 ZwAG. — es fehlen die im § 359 RAO. enthaltenen Worte „nicht gerechtfertigte Steuervorteile erschleicht" — ist ohne Bedeutung, da sich diese Worte nur auf indirekte Steuern beziehen.

Von den Vorschriften der RAO., die danach in erster Linie zu berücksichtigen sind, sei auf folgende hingewiesen: § 357 (Deliktsfähigkeit juristischer Personen und von Personenvereinigungen), § 358 (Straffreiheit bei unverschuldetem Irrtum auch über steuerrechtliche Vorschriften), § 360 (strafbarer Versuch), § 361 (Beihilfe und Begünstigung), § 364 (Aberkennung der bürgerlichen Ehrenrechte bei Gefängnisstrafe von mindestens drei Monaten), § 374 (tätige Reue), § 377 (Ordnungsstrafen), § 381 (Haftung von Vertretenen neben Vertretern). Die Geldstrafe tritt neben, nicht an die Stelle der Zeichnungspflicht. In Höhe der Geldstrafe sind JSchVerschr. nicht zu erteilen. Da der gesamte Zeichnungsbetrag als Steuer geschuldet wird (vgl. N. 2 zu § 1), ist der hinterzogene Betrag ohne Abzug des Werts der JSchVersch. zu berechnen.

3. Bestrafung nach dem VermStG. und dem ZwAG. (Abs. 2). Nach § 7 ZwAG. bemißt sich der Betrag an ZwA., der auf den einzelnen Zeichnungspflichtigen entfällt, nach dem Vermögen, das bei der ersten Veranlagung zur VermSt. nach den Vorschriften des VermStG. festgestellt ist. Diese Abhängigkeit des ZwABetrages von dem vermögenssteuerpflichtigen Vermögen hat zur Folge, daß Unterlassung oder falsche Abgabe von VermStErklärungen in der Regel auch die Hinterziehung von ZwABeträgen zur Folge hat. Nach § 73 StrGB., der gemäß § 355 RAO. anwendbar ist, erfolgt in solchen Fällen der sog. Idealkonkurrenz die Bestrafung nur nach demjenigen Gesetz, welches die schwerste Strafe androhr. Dies gilt im vorliegenden Fall nur hinsichtlich der Gefängnisstrafe. Diese ist nach dem VermStG. zu verhängen, da dieses die höheren Strafen androht. Die Freiheitsstrafen sind zwar in beiden Gesetzen gleich, die Geldstrafen können aber nach dem VermStG. höhergehen. Das ergibt folgende beispielsweise Berechnung:

Verheimlicht sei ein Vermögen von 10 000 000 M. Von ihm sind an ZwA. 694 000 M. zu zeichnen, dagegen an VermSt. einschließlich des

Zuschlags für die erste 3jährige Veranlagungsperiode insgesamt 268 875 M. zu zahlen. Das Strafhöchstmaß nach § 23 ZwAG. ist das fünffache der hinterzogenen Einnahmen = 3 470 000 M. Das Strafhöchstmaß nach § 33 VermStG. ist das Zwanzigfache der hinterzogenen Steuer = 5 377 500 M.

Nach der besonderen Vorschrift des § 23 Abs. 2 ZwAG. wird die Geldstrafe nicht nur nach dem VermStG., sondern kumulativ aus beiden Gesetzen berechnet. Es kann also in dem besprochenen Fall auf eine Geldstrafe von insgesamt 8 847 500 M. erkannt werden. Berücksichtigt man, daß daneben die geschuldete VermSt zu zahlen und der pflichtige ZwABetrag zu zeichnen ist, so ergibt sich, daß Steuern und Geldstrafen zusammen dem hinterzogenen steuerpflichtigen Vermögen nahezu gleichkommen können. Die Mindestgeldstrafe des § 33 VermStG. ist durch Art. V GeldentwG. vom 20. März 1923 auf den einfachen Betrag der hinterzogenen Steuer ermäßigt worden. Art. V lautet:

> Auf dem Gebiete der Steuern vom Einkommen und Vermögen ist Mindestbetrag der Geldstrafe für Hinterziehung der einfache Betrag der hinterzogenen Steuer; dies gilt nicht, soweit eine geringere Mindeststrafe vorgesehen ist.

Bewertung der Wertpapiere.

§ 24.

Für die erste Veranlagung der Vermögensteuer sind inländische und ausländische Wertpapiere, die in Deutschland einen Kurswert haben, mit Durchschnittskursen zu bewerten, die ermittelt werden aus der durch 3 geteilten Summe der Kurse am Ende der ersten Hälfte der Jahre 1920, 1921, 1922 einerseits und aus den Kursen vom ersten Börsentage des letzten Vierteljahrs des Kalenderjahrs 1922 anderseits. Nach den gleichen Grundsätzen sind die Verkaufswerte von inländischen Wertpapieren ohne Kurswert zu ermitteln.

Ausländische Wertpapiere ohne inländischen Kurswert sind mit den Kursen oder Werten am 31. Dezember 1922 anzusetzen. Bei Wertpapieren, die auf eine am 31. Dezember 1922 der deutschen gegenüber hochwertige Währung lauten, ist für die Umrechnung aus der ausländischen in die inländische Währung der Durchschnittskurs der ausländischen Währung zugrunde zu legen, der ermittelt wird aus der durch 3 geteilten Summe der Kurse am Ende der ersten Hälfte der Jahre 1920, 1921, 1922 einerseits und aus den Kursen vom ersten Börsentage des letzten Vierteljahrs des Kalenderjahrs 1922 anderseits.

Die näheren Bestimmungen erläßt der Reichsminister der Finanzen nach Anhörung von Sachverständigen. Er trifft auch Bestimmungen für die Fälle, in denen ein Kurswert oder ein Verkaufswert an einem der nach Abs. 1 maßgebenden Zeitpunkte nicht zu ermitteln ist.

Erläuterungen vgl. zu §§ 140, 141 RAO.

Bewertungsrichtlinien.

§ 24a.

Für die Bewertung des Vermögens zur ersten Veranlagung der Vermögensteuer sind der § 24 sowie die Bewertungsrichtlinien des Reichsministers der Finanzen maßgebend, soweit diese feste rechnungsmäßige Unterlagen für die Wertermittlung enthalten. Grundstücke, die im Jahre 1922 käuflich erworben worden sind, sind mindestens mit dem Anschaffungspreis anzusetzen. Hat ein Steuerpflichtiger nach dem 31. August 1922 Wertpapiere erworben und Schulden aufgenommen, so sind die Wertpapiere bis zum Betrage der Schulden mindestens mit dem Anschaffungspreis anzusetzen.

Zu den nach Abs. 1 Satz 1 festgesetzten Werten tritt ein Zuschlag von 300 v. H. ein.

Vom Zuschlag sind ausgenommen:

1. bebaute Grundstücke, die Wohnzwecken zu dienen bestimmt sind, Villen jedoch nur, sofern ihr Wehrbeitragswert 50000 M. nicht übersteigt;
2. Bauland (Baustellen, Terrains);
3. inländische auf Reichsmark lautende festverzinsliche Wertpapiere;
4. inländische auf Reichsmark lautende Hypothekenforderungen, Grundschuldforderungen und Rentenschulden;
5. andere Vermögensgegenstände, die nach dem Gesetz oder den Bewertungsrichtlinien mit dem Marktpreis oder Kurswert am Stichtag zu bewerten sind.

Von den Vorschriften des Abs. 1 Satz 1 und des Abs. 2 kann nur abgewichen werden, wenn der Steuerpflichtige es beantragt und gleichzeitig nachweist, daß sich bei Anwendung dieser Vorschriften eine zu hohe Bewertung ergibt; dies gilt nicht für Wertpapiere. Der im Satz 1 vorgesehene Antrag muß spätestens bei Einlegung des Einspruchs gegen den Steuer-

bescheid gestellt werden. Führen Verhandlungen mit dem Steuerpflichtigen über die Feststellung eines Pauschbetrags für die Gegenstände, deren Bewertung streitig ist, zu keinem Ergebnis, so entscheidet im Berufungsverfahren das Finanzgericht über das Vorliegen der Voraussetzungen des Satz 1 endgültig.

Erläuterungen vgl. S. 182 ff.

Bewertung der Zeichnungsverpflichtung und der ZSchVerschr.

§ 25.

Bei der Feststellung des Vermögens auf den 31. Dezember 1922 darf die Verpflichtung zur Zeichnung von Zwangsanleihe nicht berücksichtigt werden, soweit eine Vorauszeichnung bis zum 31. Dezember 1922 nicht stattgefunden hat. Hat jedoch eine Vorauszeichnung stattgefunden, so sind die Schuldverschreibungen der Zwangsanleihe oder der Anspruch auf diese mit dem Kurswert, höchstens aber mit 50 vom Hundert des Nennwerts zu bewerten.

Mat.: RegE. § 33; AusschBer. S. 46, 58.

Erläuterungen vgl. N. 18 zu § 141 f. RAO., S. 298 f.

Anwendung der RAO. auf die ZwA.

§ 26.

Soweit sich aus diesem Gesetze nichts anderes ergibt, finden auf die Zwangsanleihe und ihre Durchführung, insbesondere auf die Ermittlung, Festsetzung und Erhebung, auf die Bestrafung von Zuwiderhandlungen gegen dieses Gesetz sowie auf das Strafverfahren, die Vorschriften der Reichsabgabenordnung sinngemäße Anwendung.

Mat.: RegE. § 34; Begr. S. 14; AusschBer. S. 46, 59.

1. Entstehungsgeschichte.
2. Inhalt.

1. Entstehungsgeschichte. § 26 entspricht dem § 34 des RegE.

2. Inhalt. Dem Gesetzgeber war es nicht sicher, ob die herrschende Meinung den Charakter der ZwA. als einer Steuer richtigerweise (vgl. N. 2 zu § 1) bejahen würde. Würde sie verneint, so wäre die RAO., die nur für Reichs*steuern* gilt, im Gebiet der ZwA. ausgeschlossen. Um aber unter allen Umständen die subsidiäre Anwendung der RAO. sicherzustellen, ist § 26 aufgenommen worden. Von dem in N. 2 zu § 1 eingenommenen Standpunkt aus besagt § 26 nur eine Selbstverständlichkeit. Nach der Begr. kommen

hauptsächlich die Vorschriften der RAO. über Zins, Sicherheitsleistung, Verjährung, Erstattung, Kosten, Arrest und Strafverfahren in Frage.

Abweichende Bestimmungen gelten z. B. hinsichtlich der Bewertungsvorschriften (§ 24 a ZwAG., S. 182 ff.), ferner hinsichtlich der Kumulation der Geldstrafen (N. 3 zu § 23) u. a. m. Neben den § 108 RAO. tritt § 21 ZwAG. (vgl. S. 433).

Über- oder Unterzeichnung der ZwA.

§ 27.

Die Einnahmen aus der Zwangsanleihe sind zum 31. Dezember 1923 festzustellen.

Übersteigen die Einnahmen aus der Zwangsanleihe den Betrag von 70 Milliarden Mark um mehr als 4 vom Hundert, so ist der 70 Milliarden Mark überschießende Betrag den Zeichnungspflichtigen anteilig gegen Rückgabe eines entsprechenden Betrags in Schuldverschreibungen zurückzugewähren.

Bleiben die Einnahmen aus der Zwangsanleihe um mindestens 4 vom Hundert hinter dem Betrage von 70 Milliarden Mark zurück, so ist der an 70 Milliarden Mark fehlende Betrag anteilig durch Zuschläge nachzuzeichnen.

Bei der Berechnung nach Abs. 2, 3 bleiben die gemäß § 16 zu zeichnenden Zwangsanleihebeträge außer Ansatz.

Die näheren Bestimmungen trifft der Reichsminister der Finanzen mit Zustimmung des Reichsrats.

Durch die Novelle vom 22. Dez. 1922 ist § 27 aufgehoben worden (vgl. Einl. S. 43).

Abschluß des Veranlagungsverfahrens zum Reichsnotopfer.

§ 28.

Ist gegen die beschleunigte Veranlagung des Reichsnotopfers nach dem Gesetz vom 22. Dezember 1920 (Reichsgesetzbl. S. 2114) ein Rechtsmittel nicht eingelegt, so findet eine weitere Veranlagung nicht mehr statt; die beschleunigte Veranlagung ist unanfechtbar; der § 56 Abs. 1 des Gesetzes über das Reichsnotopfer findet keine Anwendung. Nach dem Inkrafttreten dieses Gesetzes finden beschleunigte Veranlagungen nicht mehr statt.

Ist bei Inkrafttreten dieses Gesetzes gegen die Veranlagung des Reichsnotopfers ein Rechtsmittel eingelegt, so ist dieses Rechtsmittel, insoweit es sich gegen die Bewertung landwirtschaftlicher, forstwirtschaftlicher oder gärtnerischer Grundstücke

mit nicht mehr als dem einundeinhalbfachen Wehrbeitragswert richtet, unter Niederschlagung der Kosten für erledigt zu erklären; diese Verfügung ist den Beteiligten zuzustellen. Der noch zu entrichtende Abgabebetrag wird binnen einem Monat nach Zustellung der Verfügung fällig. Das Rechtsmittelverfahren wird jedoch, auch insoweit es für erledigt erklärt worden ist, fortgesetzt, wenn

a) geltend gemacht ist, daß aus einer Verringerung der Bodenfläche oder aus einer Verschlechterung dieser Bodenfläche infolge außergewöhnlicher Naturereignisse sich eine geringere Bewertung rechtfertige, oder daß die Voraussetzungen für eine Erledigungserklärung nicht vorgelegen hätten, und

b) binnen einem Monat nach Zustellung der Verfügung die Fortsetzung des Rechtsmittelverfahrens beantragt wird.

Wird festgestellt, daß die für die Fortsetzung des Rechtsmittelverfahrens geltend gemachten Tatsachen nicht zutreffen, so bleibt die vom Finanzamt vorgenommene Bewertung des Grundstücks auch für das Rechtsmittelverfahren maßgebend. Satz 1 bis 3 finden entsprechende Anwendung, wenn nach Inkrafttreten dieses Gesetzes ein Rechtsmittel gegen die Veranlagung zum Notopfer eingelegt wird.

Mat.: AusschBer. S. 60; RNOAbwV. §§ 1 ff.

1. Entstehungsgeschichte.
2. Inhalt des § 28 nach den AusschBer.
3. Inhaltsübersicht.
4. Bislang vorläufige Veranlagungen, die rechtskräftig sind.
5. Bislang vorläufige Veranlagungen, die noch nicht rechtskräftig sind.
6. Neue Veranlagungsverfahren.
7. Bewertung land- und forstwirtschaftlicher und gärtnerischer Grundstücke.

1. Entstehungsgeschichte. § 28 schließt sich inhaltlich den §§ 36 und 39 VermStG. und § 11 ZwAG. an, indem er wie diese eine schleunige Erledigung des RNO. bezweckt. Er ist erst bei der zweiten Lesung des RTAusschusses in das ZwAG. aufgenommen worden. Die Ausführungsvorschriften zu § 28 sind in den „Ausführungsvorschriften über die Abwicklung des Reichsnotopfers" (NOAbwV.) ergangen, die im Anhang S. 36 ff. abgedruckt sind.

2. Inhalt des § 28 nach dem AusschBer. Ein Regierungsvertreter äußerte sich über § 28 wie folgt (AusschBer. S. 60):

„Das Reichsnotopfer sei auf Grund des Gesetzes vom 22. Dezember 1920 im allgemeinen erst vorläufig veranlagt, da Ende 1920 das dringende Be-

dürfnis bestanden habe, so schnell als möglich größere Beträge aus dem Notopfer hereinzubekommen. Wenn es bei dem geltenden Gesetz verbleibe, müsse jetzt noch in jedem einzelnen Fall eine Nachprüfung erfolgen und, gleichviel ob die Nachprüfung zu einer höheren Veranlagung führe oder nicht, ein endgültiger Steuerbescheid zugestellt werden. Bei der derzeitigen Geschäftslage der Finanzämter würde sie eine solche Aufgabe bis tief in das Jahr 1923 beschäftigen, so daß die Veranlagung zur Vermögensteuer und Zwangsanleihe dadurch erheblich hinausgerückt würden. Die Veranlagung zur Vermögensteuer und zur Zwangsanleihe sei jedoch eine so brennende Frage, daß hinter ihr alles andere zurücktreten müsse. Es dürfe nicht wieder wie beim Notopfer dahin kommen, daß die Veranlagung zur Vermögensteuer und Zwangsanleihe erst lange Zeit nach dem Stichtag erfolge. Daher müsse den Finanzämtern für diese Tätigkeit freie Bahn geschaffen werden. Der Antrag Nr. 436 Ziff. 2 (§ 28) erscheine hierfür als geeignetes Mittel. Es sei allerdings zuzugeben, daß bei einer Nachprüfung noch manche Beträge hereinzuholen gewesen wären. Unerwünscht sei auch, daß diejenigen, die sich für das Reichsnotopfer zu niedrig eingeschätzt hätten, nun doch gegenüber denjenigen besser abschnitten, die ihr Vermögen ehrlich angegeben hätten. Es ständen aber für die Reichsfinanzverwaltung so wichtige Interessen auf dem Spiel, daß man über alle diese materiellen und ideellen Bedenken hinwegsehen müsse.

Der Antrag unterscheide zwischen Notopferveranlagungen, gegen die zur Zeit des Inkrafttretens dieses Gesetzes kein Rechtsmittel schwebe, und zwischen solchen, gegen die zur Zeit des Inkrafttretens des Gesetzes ein Rechtsmittel schwebe. Was die ersteren anlange, so solle es bei der vorläufigen Veranlagung sein Bewenden haben. Eine endgültige Veranlagung finde nicht mehr statt. Auch ein endgültiger Steuerbescheid werde nicht mehr zugestellt. Auch der § 56 des Notopfergesetzes solle keine Anwendung finden. Aus diesen Fällen entstehe also den Finanzämtern keine Arbeit. Der größte Teil der Notopferpflichtigen sei übrigens veranlagt, immerhin könne es einige Fälle geben, in denen eine Veranlagung noch nicht erfolgt sei. Hier müsse eine nachträgliche Veranlagung natürlich noch erfolgen, aber nicht als vorläufige, die ja jetzt keinen Sinn mehr habe; demgemäß sehe der Antrag vor, daß nach dem Inkrafttreten dieses Gesetzes eine vorläufige Veranlagung nicht mehr erfolge.

In die zweite Gruppe von Fällen fielen diejenigen Notopferveranlagungen, gegen die zur Zeit des Inkrafttretens des Gesetzes Rechtsmittel schwebten. Hier gelte der Grundsatz, daß diese Rechtsmittel, gleichviel ob sie im Einspruch oder in einer höheren Instanz lägen, durchzuführen seien. Von diesem Grundsatz sehe der Antrag nur eine Ausnahme vor, nämlich für eingelegte Rechtsmittel gegen die Bewertung landwirtschaftlicher oder forstwirtschaftlich oder gärtnerisch benutzter Grundstücke. Solche Grundstücke seien von dem Pflichtigen größtenteils mit den gleichen Werten wie zum

Wehrbeitrag bewertet worden. Da mit Rücksicht auf die schon während des Krieges und im Jahr 1919 gestiegenen Preise der Ertragswert dieser Grundstücke aber höher gewesen sei, so seien von den Finanzämtern die Grundstückswerte erhöht worden. Hiergegen seien zahlreiche Rechtsmittel eingelegt, in manchen ländlichen Finanzamtsbezirken sogar von allen oder vom größten Teil der Beteiligten. Zum großen Teil seien aber diese Rechtsmittel sachlich nicht berechtigt gewesen. Denn wenn auch die Geldentwertung am Notopferstichtag erst in ihren Anfängen gestanden habe, so seien die nachhaltigen Ertragswerte doch im allgemeinen höher gewesen als die Friedenswerte. Der Antrag bezwecke nun, einen großen Teil der Rechtsmittel, die eine sehr erhebliche Arbeit verursachten, dadurch aus der Welt zu schaffen, daß diese Rechtsmittel insoweit für erledigt erklärt würden, als der Pflichtige sich darüber beschwere, daß sein Grundstück mit einem Wert bis zum einundeinhalbfachen Werte des Wehrbeitragswertes angesetzt sei. Wenn also ein Grundstück, das zum Wehrbeitrag mit 100 000 M. bewertet sei, beim Finanzamt bei der Notopferveranlagung mit 120 000 oder 150 000 M. bewertet und dagegen Einspruch eingelegt sei, so werde das gegen diese Höherbewertung eingelegte Rechtsmittel für erledigt erklärt. Sei ein zum Wehrbeitrag mit 100 000 M. bewertetes Grundstück mit 180 000 M. eingesetzt und sei dagegen Einspruch eingelegt, so werde das Rechtsmittel, insoweit es sich gegen eine Höherbewertung um 50 000 M. gegenüber dem Wehrbeitragswert richte, für erledigt erklärt, und nur wegen der Höherbewertung der weiteren 30 000 M. nehme es seinen Fortgang. Wenn in diesem Fall die Rechtsmittelinstanz dem Beschwerdeführer in dem zweiten Punkt (wegen der 30 000 M.) recht gebe, sei das Rechtsmittel damit abgeschlossen, Notopfer wäre also von 150 000 M. zu zahlen. Der Antrag beziehe sich also nicht nur auf die Fälle, in denen eine Erhöhung bis zum Einundeinhalbfachen des Wehrbeitrages vorgenommen sei, sondern erstrecke sich auch auf die Fälle, in denen über diese Grenze hinausgegangen sei. In den letzteren Fällen dürfe aber im Rechtsmittelverfahren nur noch über den Unterschied zwischen dem Einelnhalbfachen des Wehrbeitragswertes und dem angesetzten Betrage entschieden werden. Bis zum einundeinhalbfachen Betrage des Wehrbeitragswertes sei das Rechtsmittel für erledigt zu erklären.

Diese Erledigungserklärung solle dem Pflichtigen zugestellt werden. Der etwa noch ausstehende Betrag sei binnen einem Monat nach Zustellung dieser Verfügung einzuzahlen. An und für sich sei diese Verfügung bindend. Nur in zwei Fällen könne Fortsetzung des Rechtsmittelverfahrens beantragt werden. Der eine Fall sei der, daß jemand behaupte, sein Grundstück sei nach dem Wehrbeitragsstichtag durch Abtrennung von Parzellen, mittels Verkaufs, Erbteilung und dergl., kleiner geworden oder habe sich durch außergewöhnliche Naturereignisse, z. B. Überschwemmung, Feuersbrunst, Windbruch, wesentlich verschlechert. Dann gehe das Rechtsmittel weiter. Hier

könne der Wert selbstverständlich auch unter dem Einundeinhalbfachen des Wehrbeitragswertes festgesetzt werden; dies seien aber die einzigen Fälle, wo die Rechtsmittelinstanz unter das Einundeinhalbfache des Wehrbeitragswertes heruntergehen könne. Sodann könne noch Fortsetzung des Rechtsmittelverfahrens mit der Behauptung beantragt werden, daß die Voraussetzungen für die Erledigungserklärung nicht vorgelegen hätten, z. B. daß erledigt erklärt sei, obwohl das Rechtsmittel sich um die subjektive Abgabepflicht oder um die Unterlassung des Abzugs von Schulden gedreht habe. Werde festgestellt, daß diese Behauptung unzutreffend sei, daß vielmehr der Rechtsstreit sich nur um die Bewertung des Grundstücks bis zum Einundeinhalbfachen des Friedenswertes gedreht habe, so werde das Rechtsmittel abgewiesen. Das Rechtsmittel wegen der Bewertung des Grundstücks sei als erledigt zu erklären und unterliege nicht mehr der Nachprüfung durch die Rechtsmittelinstanz. Werde festgestellt, daß die Behauptung zutreffend gewesen sei, so gehe das Rechtsmittel weiter; selbstverständlich sei aber auch hier die Bewertung des Grundstücks bis zum einundeinhalbfachen Friedenswert nicht mehr nachzuprüfen. Wenn z. B. ein Grundstück zum Wehrbeitrag mit 100 000 M. bewertet sei und das Finanzamt das Grundstück für das Notopfer auf 150 000 M. festgesetzt habe und nun der Pflichtige Einspruch eingelegt habe mit der Begründung, daß 1. der Wert zu hoch angesetzt sei (Verringerung der Bodenfläche und Verschlechterung infolge Naturereignisse haben nicht vorgelegen) und daß 2. das Finanzamt übersehen habe, eine Hypothek von 30 000 M. abzuziehen, wenn weiter dieser ganze Einspruch für erledigt erklärt sei und nunmehr Fortsetzung des Rechtsmittelverfahrens beantragt sei, habe die Rechtsmittelinstanz nur die Frage des Abzugs der Hypothek zu prüfen, nicht dagegen auch die Bewertung des Grundstücks; es könne also äußerstenfalls das abgabepflichtige Vermögen auf 150 000 minus 30 000 M. gleich 120 000 M. herabgesetzt werden."

3. **Inhaltsübersicht.** Während die §§ 36 bis 41 VermStG. die RNO.-Zahlungen zum vorzeitigen Ende bringen, erleichtert § 28 ZwAG. die noch zu erledigenden Veranlagungen zum RNO., die die Grundlage der geschuldet gebliebenen Beträge bilden (vgl. Ball in der DStZtg. 1922 S. 911).

4. **Bislang vorläufige Veranlagungen, die rechtskräftig sind.** Der durch das BeschlRNOG. vom 22. Dez. 1920 (RGBl. S. 2114) eingeführte einstweilige Steuerbescheid, der in einem beschleunigten Verfahren die RNO.-Schuld vorläufig festlegte, gilt nunmehr als endgültiger Bescheid. Ist der einstweilige Steuerbescheid rechtskräftig, so ist das Veranlagungsverfahren abgeschlossen. Dementsprechend bestimmt § 2 RNOAbwB.:

> Soweit eine Nachprüfung der beschleunigten Veranlagungen noch nicht stattgefunden hat, steht der einstweilige Steuerbescheid einem endgültigen gleich; er ist vorbehaltlich der §§ 4, 5 unanfechtbar.

Die FA. sollen für die Bearbeitung der VermSt. und der ZwA. Luft bekommen. Deshalb sind auch Steuerveranlagungen nach § 56 Satz 1 RNOG. — Ergänzung abgeschlossener Veranlagungen — ausgeschlossen; § 56 gab den FA. das Recht zu Neuveranlagungen innerhalb dreier Jahre ohne Rücksicht auf neue Tatsachen oder Beweismittel, die eine Neuveranlagung rechtfertigen. Hierzu bestimmt § 4 RNOAbwV.:

> § 56 Abs. 1 RNOG. findet nach Inkrafttreten des ZwAG. keine Anwendung. Unberührt bleiben die Vorschriften des § 212 Abs. 2, 4 der Reichsabgabenordnung.

Nach § 212 Abs. 2 sind Neuveranlagungen bei Steuern, hinsichtlich derer eine Veranlagung stattgefunden hat, zulässig, wenn neue Tatsachen oder Beweismittel bekanntgeworden sind, die eine höhere Veranlagung rechtfertigen. Nach § 4 der Kleinbetragsverordnung (Anhang S. 94) sollen aber in der Regel nur Beträge nachgefordert werden, die das Sechsfache des Briefportos (20 g im Fernverkehr) übersteigen. § 56 Satz 2 RNOG., der die Nachprüfung der seinerzeit für den 31. Dez. 1919 amtlich festgesetzten Steuerkurse und Steuerwerte vorsah, ist durch § 28 ZwAG. nicht ausdrücklich aufgehoben worden. Er ist aber in der Regel nicht mehr anzuwenden, da er dem Zweck des § 28 entgegen eine Wiederaufnahme der RNOVeranlagungen zur Folge haben würde. Nur auf Antrag des Steuerpflichtigen hat demgemäß bei anderweitiger Festsetzung von Kursen durch den Reichsrat eine Berichtigung der Steuer stattzufinden (§ 3 Abs. 3 RNOAbwV.).

Zweifelhaft ist, wie nunmehr Steuerpflichtigen die Erleichterungen zugute gebracht werden sollen, die die Novelle vom 6. Juli 1921 zum RNOG. gebracht hat. Es handelt sich um die Verlängerung der Rückkehrfrist für Auslandsdeutsche (§ 2), Erhöhung der Freigrenze für Kriegshinterbliebene (§§ 23, 26), Erweiterung des Stundungsrechts (§ 17 Satz 1) und die Erhöhung der Abzüge für Kriegsverluste an Mobiliar (§ 60). Soweit bei Inkrafttreten der Novelle (15. Juli 1921) einstweilige Steuerbescheide schon ergangen waren und entweder rechtskräftig oder nicht angefochten waren, blieb die Berücksichtigung der Novelle dem endgültigen Veranlagungsverfahren vorbehalten. Nach dessen nunmehrigem Fortfall gibt es keine Möglichkeit mehr, die Bestimmungen der Novelle vom 6. Juli 1921 in den genannten Fällen durchzuführen. Das Ergebnis ist wenig befriedigend. Denn je nach dem zufälligen Zeitpunkt der einstweiligen Veranlagungen, die jetzt endgültige geworden sind, sind sie verschieden. Diese Folge muß aber im Interesse der Entlastung der FA. getragen werden. Härten sind auf Grund des § 108 RAO., § 21 ZwAG. auszugleichen.

Unberührt bleibt in allen Fällen die Möglichkeit, nach § 57 RNOG. eine Ermäßigung der schuldig gebliebenen RNORaten gegenüber der einstweiligen,

nunmehr zur endgültigen gewordenen Veranlagung zu beanspruchen. § 57 lautet in der Fassung der Novelle vom 6. Juli 1921:

> Auf Antrag des Abgabepflichtigen ist die Abgabe nach dem Stande des Vermögens vom 31. Dezember 1922 neu zu bemessen, wenn er nachweist, daß sich dieses gegenüber dem Stande vom 31. Dezember 1919 infolge entgeltlicher Veräußerung von Vermögensteilen, infolge Verlustes oder Entwertung von Vermögensteilen oder infolge außerordentlicher Unglücksfälle um mehr als den fünften Teil verringert hat.

Diese Steuerveranlagung richtet sich nicht nach dem Vermögensstand vom 31. Dez. 1919, der nicht mehr der Erörterung unterzogen werden soll, sondern nach dem Stichtag des VermStG. und der ZwA. Es macht also keine besonderen Schwierigkeiten, § 57 auszuführen. Es ist freilich zu beachten, daß für das RNO. andere Bewertungsvorschriften gelten als für die VermSt. und die ZwA. Denn bei der Neufeststellung des Vermögens sind nicht die Gegenwartswerte des Verlustes und des Restbesitzes, sondern die auf den 31. Dez. 1919 festzustellenden Werte beider maßgebend (Breunig S. 370, 372).

War die beschleunigte Veranlagung nicht angefochten, aber von Amts wegen nachgeprüft worden und hat der Steuerausschuß vor Inkrafttreten des ZwAG. eine endgültige Veranlagung vorgenommen, so verbleibt es bei der endgültigen Veranlagung. War andererseits bei im übrigen gleichen Voraussetzungen eine endgültige Veranlagung noch nicht vorgenommen, so ist ein endgültiger Steuerbescheid nicht mehr zu erlassen (§ 3 Abs. 2, 3 RNOAbwV.).

5. **Bislang vorläufige Veranlagungen, die noch nicht rechtskräftig sind.** Soweit gegen den einstweiligen Steuerbescheid Rechtsmittel eingelegt sind, werden sie bis auf die zu 7 genannten Ausnahmen durchgeführt (vgl. § 5 RNOAbwV.). Das Verfahren ist abschließend; eine endgültige Veranlagung schließt sich nicht mehr an. In dem Rechtsmittelverfahren bietet sich Gelegenheit, die Novelle vom 6. Juli 1921 zu berücksichtigen, soweit dies in dem Veranlagungsverfahren noch nicht geschehen ist. § 4 Beschl. RNOG., der im Satz 1 lautet:

> Wird gegen den einstweiligen Steuerbescheid Einspruch eingelegt, so ist die Einziehung des bestrittenen Teils der Abgabe bis zur Zustellung des Einspruchsbescheides auszusetzen,

ist nicht aufgehoben, er ist also nach wie vor in Kraft, obwohl das Verfahren nunmehr über die *endgültige* Veranlagung entscheidet.

6. **Neue Veranlagungsverfahren.** Neue Veranlagungen zum RNO. kommen nicht mehr in Frage, da das RNOG. nach Maßgabe des § 41 Verm.-StG. aufgehoben worden ist. Unrichtig daher § 1 NotAbwVO. (Anhang S. 36).

7. **Bewertung land- und forstwirtschaftlicher und gärtnerischer Grundstücke.** Soweit durch Rechtsmittel, die am 25. Juli 1922 noch schwebten

die Bewertung landwirtschaftlicher, forstwirtschaftlicher oder gärtnerischer Grundstücke angefochten wurde, ist das Verfahren ohne Entscheidung als erledigt zu erklären, wenn das Grundstück nicht höher als mit dem einundeinhalbfachen Wehrbeitragswert bewertet worden ist. Gegen eine solche Veranlagung soll sich niemand mehr wenden dürfen. Um die Erörterungen über die Berechtigung des Rechtsmittels auch auf dem Umweg über die Kosten abzuschneiden, werden die Gebühren, Auslagen oder Abfindungen niedergeschlagen (vgl. § 7 Abs. 2 RNOAbwV.). Die Verfügung über diesen Abschluß des Verfahrens ist den Beteiligten zuzustellen. Einen Monat nach der Zustellung wird der noch zu entrichtende Restbetrag, der gemäß § 4 BeschlRNOG. bis zur Entscheidung über den Einspruch gestundet war, fällig. Zuständig für die Abgabe der Erledigungserklärung nach § 5 ist die Behörde, bei der das Rechtsmittel anhängig ist. Ist diese Behörde nicht das FA. selbst, so ist dem FA. Abschrift der Erklärung unter Mitteilung des Tages, an dem sie dem Steuerpflichtigen zugestellt ist, zu übersenden (§ 6 RNOAbwV.). Das FA. hat sofort nach Empfang der Abschrift den Steuerpflichtigen aufzufordern, den etwa noch zu entrichtenden Abgabenbetrag binnen einem Monat nach Zustellung der Erledigungsverfügung zu zahlen (§ 7 a. a. O.). Soweit die Veranlagung das $1^1/_2$ fache des Wehrbeitragswerts überschritten hat, verbleibt es bei dem zu d genannten Grundsatz, daß eingelegte Rechtsmittel durchgeführt werden. Verlangt also ein Pflichtiger, dessen ländlicher Grundbesitz zum doppelten Wehrbeitragswert veranlagt worden ist, die Herabsetzung auf den einfachen Wehrbeitragswert, so ist das Rechtsmittel unter Niederschlagung der Kosten insoweit für erledigt zu erklären, als es sich um die Veranlagung bis zum 1½ fachen Wehrbeitragswert handelt. Hinsichtlich des Restes ist das Rechtsmittelverfahren fortzusetzen. Die Entscheidung über die Kosten des fortgesetzten Verfahrens ergeht nach den allgemeinen Grundsätzen (§ 286 RAO.).

Für Veranlagungen, die den 1½ fachen Wehrbeitragswert nicht übersteigen, wird das Rechtsmittelverfahren unter den in § 28 zu a und b bestimmten Voraussetzungen fortgeführt. § 8 RNOAbwV. läßt gemäß § 28 ZwAG. die Fortsetzung des Rechtsmittels zu, wenn geltend gemacht wird, daß

a) eine geringere Bewertung des Grundstücks gerechtfertigt sei, weil die Bodenfläche nach dem Wehrbeitragsstichtage durch Verkauf von Trennstücken, durch Erbteilungen oder dergleichen kleiner geworden sei oder sich durch außergewöhnliche Naturereignisse — wie Überschwemmungen, Feuersbrunst, Windbruch oder dergleichen — verschlechtert habe;
b) die Voraussetzungen für die Erledigungserklärung nicht vorgelegen hätten, z. B. daß das Rechtsmittel zu Unrecht für erledigt erklärt sei, weil es sich gegen die subjektive Abgabenpflicht, gegen die Nichtberücksichtigung des Kinderprivilegs, gegen die Unterlassung des Abzugs von Schulden oder ähnliches gerichtet habe.

Stellt der Pflichtige den Antrag auf Fortsetzung des Rechtsmittels und zeigt es sich dann, daß die Voraussetzungen zu a des § 28 nicht erfüllt oder die Frist des § 28 zu b versäumt ist, so ist das Rechtsmittel durch Endentscheid unter Verurteilung des Pflichtigen in die Verfahrenskosten zurückzuweisen. Die vom FA. vorgenommene Bewertung des Grundstücks bleibt dann auch für die Rechtsmittelbehörde maßgebend (§ 9 RNOAbwV.).

Erweist es sich in dem fortgesetzten Verfahren, daß „aus einer Verringerung der Bodenfläche oder aus einer Verschlechterung dieser Bodenfläche infolge außergewöhnlicher Naturereignisse" sich eine geringere als die 1½fache Wehrbeitragsbewertung rechtfertigt, so kann eine geringere Bewertung angenommen werden. Die Voraussetzungen, die das Gesetz für derartige geringere Bewertungen zuläßt, sind also bestimmt umgrenzte. Eine erweiternde Auslegung kann nur mit Vorsicht Platz greifen, da es sich um eine Ausnahmebestimmung handelt. Es gibt aber gewisse Fälle, in denen die sinnentsprechende Anwendung notwendig ist, zumal wenn man berücksichtigt, daß § 28 erst bei den Ausschußberatungen in das ZwAG. aufgenommen worden ist und er infolgedessen mit einer gewissen Eile formuliert werden mußte. Zu berücksichtigen sind danach z. B. auch besondere Entwertungen von Grundstücken im Osten, die durch die Abtrennung von Deutschland oder durch die unmittelbare Annäherung der Reichsgrenze verursacht worden sind, selbst wenn eine Substanzverminderung nicht stattgefunden hat. Hat das FA. das Grundstück mit mehr als dem 1½fachen Wehrbeitragswert bewertet, so ist eine geringere Bewertung als mit dem 1½fachen Wehrbeitragswert auch im Rechtsmittelverfahren nur zulässig, wenn die in § 28 bestimmten Voraussetzungen (§ 8 lit. a RNOAbwV.) dazu gegeben sind. Wird noch nach dem Inkrafttreten des ZwAG. ein Rechtsmittel gegen die Veranlagung zum RNO. eingelegt, so gelten die Bestimmungen des § 28 und der RNOAbwV. entsprechend (vgl. § 12 RNOAbwV.).

Ausführungsbestimmungen.

§ 29.

Die Ausführungsbestimmungen zu diesem Gesetz erläßt der Reichsminister der Finanzen mit Zustimmung des Reichsrats.

Mat.: RegE. § 35; AusschBer. S. 63.

1. Entstehungsgeschichte.
2. Ausführungsbestimmungen auf Grund des § 29.
3. Rechtliche Bedeutung der Ausführungsbestimmungen.
4. Anderweitige Ermächtigung zu Ausführungsbestimmungen.

1. **Entstehungsgeschichte.** § 29 stimmt mit § 35 des RegE. überein und hat debattenlos Annahme gefunden. Er findet sich im gleichen Wortlaut in fast allen neuen Steuergesetzen.

2. Ausführungsbestimmungen auf Grund des § 29. Auf Grund des § 29 sind die VStZwAAB. (Anhang S. 50 ff.) ergangen. Diese Ausf.-Best. enthalten aber auch Vorschriften, die sich auf anderweitige Ermächtigungen des RFM. gründen (vgl. N. 4).

3. Rechtliche Bedeutung der Ausführungsbestimmungen. § 29 hat die Bedeutung zu bestimmen, durch wen die Ausführungsbestimmungen zum ZwAG. zu erlassen sind (vgl. Art. 77 der Reichsverfassung). Er gibt dem RFM. nur die Ermächtigung, die zur Durchführung des ZwAG. erforderlichen Verwaltungsverordnungen zu erlassen. Zum Erlaß von Rechtsverordnungen ist er auf Grund des § 29 ZwAG. nicht befugt (vgl. Mrozek, Anm. 2 zu § 2; Becker, Anm. 1, 3 zu § 2). Auslegung gesetzlicher Bestimmungen durch die Ausführungsvorschriften haben keine bindende Wirkung; der Steuerpflichtige kann die Auslegung der Ausführungsvorschriften als unrichtig im Rechtsmittelverfahren angreifen. Der RFH. sagt über Ausführungsvorschriften (**1** 199):

> Es kann hierbei dahingestellt bleiben, ob diese Gesetzesvorschrift dem Bundesrat eine weitergehende Befugnis hat einräumen wollen, als sie ihm nach Art. 7 Abs. 1 Nr. 2 der früheren Reichsverfassung allgemein übertragen worden war, da auch die zur *Ausführung* eines Gesetzes erlassenen Vorschriften, die die Natur der *Rechts*verordnung in sich tragen, immer nur die *Ergänzung* des Gesetzes, nicht seine Auslegung zum Gegenstand haben können (vgl. Laband, Staatsrecht des Deutschen Reichs, 5. Aufl., Bd. 2 S. 88).

Darüber, wie zu verfahren ist, wenn Ausführungsvorschriften fehlen, hat sich der RFH. auf Grund des § 4 RAO., der lautet:

> Bei Auslegung der Steuergesetze sind ihr Zweck, ihre wirtschaftliche Bedeutung und die Entwicklung der Verhältnisse zu berücksichtigen,

in Bd. 4 S. 52 dahin ausgesprochen:

> Die Abgabenordnung gibt für die Ergänzung von Lücken zwar keine Regel, aber im § 4 doch einen gewissen Anhalt. Bei Beratung dieses Paragraphen hat der Regierungsvertreter erklärt, es sei nicht die Rede davon, daß durch § 4 die Gedanken der Freirechtschule, insoweit sie den Richter über das Gesetz stellten, verwirklicht werden sollten. Auch der Satz des Schweizerischen Zivilgesetzbuchs, daß der Richter bei Lücken im Gesetze nach der Regel entscheiden solle, die er als Gesetzgeber aufstellen würde, dürfe aus dem § 4 nicht entnommen werden. Diese Vorschrift solle dem Richter nur mit allem Nachdruck die Pflicht auferlegen, die in dem Steuerrecht enthaltenen Rechtsgedanken voll zu entwickeln und dabei die Zwecke der Steuergesetze und ihre wirtschaftliche Tragweite sowie die jeweilige Gestaltung der Verhältnisse zu berücksichtigen. So solle erreicht werden, was einer unserer großen Juristen gefordert habe, daß das Urteil „gerecht und verständig" sei (vgl. die wörtlich festgelegte Erklärung im Ausschuß-

berichte Drucksachen der Nationalversammlung Nr. 1460 S. 3). Hiernach ist bei der Auslegung wie bei der Ergänzung von Lücken jedes subjektive Ermessen ausgeschlossen. Die Regel zur Entscheidung des Einzelfalles ist den leitenden Gedanken des geltenden Rechtes, wie es sich als einheitliches Ganzes entwickelt hat, zu entnehmen. Alle Interessen sind zu berücksichtigen, und ein möglichst gerechter und verständiger Ausgleich dieser Interessen ist zu erstreben.

4. Anderweitige Ermächtigung zu Ausführungsbestimmungen. In mehreren Einzelfällen ist der RFM. durch das ZwAG. ermächtigt worden, nähere Bestimmungen zu erlassen (§ 6, § 8 Abs. 2, § 12, § 19, § 24, § 24 a). In diesen Einzelfällen handelt es sich um den Erlaß von Rechtsverordnungen, da das Gesetz insoweit den RFM. zum Erlaß von Bestimmungen ermächtigt hat, die das Gesetz ergänzen sollen. Es handelt sich um:

a) § 6 ZwAG. Ausführungsbestimmungen dazu: § 38 Abs. 2 BStZwAAB. (Anhang S. 62).
b) § 8 Abs. 2 ZwAG. Ausführungsbestimmungen dazu: § 40 Abs. 3 BStZwAAB. (Anhang S. 63).
c) § 12 ZwAG.: § 53 BStZwAAB. (Anhang S. 67).
d) § 19 ZwAG.: VO. vom 21. Juli und 1. August 1922 (Anhang S. 30 f.).
e) § 24 ZwAG.: VO. vom 31. Januar und 27. März 1923 (Anhang S. 18 f.).
f) § 24 a ZwAG.: Bewertungsrichtlinien in der Fassung vom 6. März 1923 (Anhang S. 1 ff.).

Die letzteren sind erst nachträglich und nur im gewissen Umfang zu Rechtsnormen erhoben worden. Hinzu kommt die Ermächtigung des RFM. in § 21 ZwAG. (Härteparagraph).

Verwendung der Einnahmen aus der ZwA.

§ 30.

Das Gesamtergebnis der Zwangsanleihe ist lediglich zur Abdeckung von Verbindlichkeiten zu verwenden, die das Reich für Sachleistungen aus dem Friedensvertrag von Versailles und den auf Grund dieses Vertrags abgeschlossenen Übereinkommen zu zahlen hat.

Mat.: AusschBer. S. 46, 63.

1. Entstehungsgeschichte. 2. Inhalt des § 30.

1. Entstehungsgeschichte. Die Einfügung des § 30 in das Gesetz wurde vom RTAusschuß in der zweiten Lesung beschlossen, nachdem sie in der ersten Lesung abgelehnt worden war. § 28 schränkt § 1 des Mantelgesetzes vom 8. April 1922 ein, der lautet:

Die Reichsregierung wird für Kredite, die durch das Reichshaushaltgesetz des Rechnungsjahres 1922 bereitgestellt und nicht für Verkehrs-

anstalten bestimmt sind, Mittel im Wege . . . einer Zwangsanleihe . . . flüssig machen.

Die Aufnahme des § 30 geschah, nachdem die Deutsche Volkspartei erklärt hatte, daß, wenn es bei der Ablehnung bliebe, sie gegen das Gesetz stimmen und das Zustandekommen mit allen parlamentarischen Mitteln zu verhindern suchen werde.

2. Inhalt des § 30. § 30 gibt eine Vorschrift für die Aufstellung der künftigen Etats, ein Programm, das das Reich für sich selbst aufgestellt hat, von dem es daher, ohne an die Zustimmung Dritter gebunden zu sein, abweichen kann. Die Bedeutung des § 30 liegt nur auf politischem Gebiet; in ihm ist eine Vereinbarung zwischen der Regierung und der RTMehrheit niedergelegt worden. Die Zeichnungspflichtigen haben keine rechtliche Möglichkeit, auf die Einhaltung des § 30 zu bringen oder bei seiner Nichtbeachtung daraus Folgen zu ziehen.

Inkrafttreten des Gesetzes.

§ 31.

Dieses Gesetz tritt mit dem Tage seiner Verkündung in Kraft.

Einheitlich gleichzeitig mit diesem Gesetz werden
1. das Gesetz zur Änderung des Erbschaftssteuergesetzes,
2. das Gesetz zur Änderung des Einkommensteuergesetzes
erlassen.

1. Entstehungsgeschichte. 2. Inhalt des § 31.

1. Entstehungsgeschichte. § 31 Abs. 2 ist bei der zweiten Lesung im RT. in das Gesetz eingefügt worden. Die entsprechenden Bestimmungen sind in die Gesetze zur Änderung der Einkommensteuer und zur Änderung der Erbschaftssteuer vom 20. Juli 1922 aufgenommen worden.

2. Inhalt des § 31. Die Verkündung des Gesetzes ist gleichzeitig mit den in N. 1 genannten Gesetzen im RGBl. Teil I Nr. 53, ausgegeben zu Berlin den 25. Juli 1922, erfolgt. Das Gesetz ist also an diesem Tage in Kraft getreten. Datiert ist es vom 20. Juli 1922.

Die Änderungen, die das ZwAG. nachträglich durch die Novelle vom 22. Dez. 1922 und das GeldentwG. erfahren hat (vgl. S. **40**), sind rückwirkend gleichfalls vom 25. Juli 1922 an in Kraft getreten (Art. II des G. vom 22. Dez. 1922, Art. VIII Abs. 3 des GeldentwG.).

Anhang 1.

Bewertungsrichtlinien für die erste Veranlagung zur Vermögensteuer und für die Veranlagung zur Zwangsanleihe

in der Fassung des Erlasses vom 6. III. 23.

Für die Bewertung des Vermögens (Grundvermögen, Betriebsvermögen, sonstiges Vermögen) bei der ersten Veranlagung zur Vermögensteuer, die auch für die Zwangsanleihe maßgebend ist, gelten die Vorschriften der §§ 137 bis 154 der Reichsabgabenordnung mit den Ergänzungen in § 15 Abs. 2 bis 6 des Vermögensteuergesetzes vom 8. April 1922 und in § 24 des Gesetzes über die Zwangsanleihe in der Fassung des Gesetzes vom 22. Dezember 1922. Diese gesetzlichen Vorschriften sind im einzelnen unter I aufgeführt.

Um den Steuerpflichtigen und den Finanzämtern die bei den schwankenden wirtschaftlichen Verhältnissen schwierige Bewertung zu erleichtern und das Veranlagungsverfahren möglichst zu vereinfachen, sind unter II Bewertungsrichtlinien aufgestellt, nach denen verfahren werden kann, wenn nicht besondere Umstände vorliegen, die eine Abweichung nach oben oder nach unten geboten erscheinen lassen.

I. Übersicht über die Gesetzesvorschriften.

§ 1. Allgemeine Grundsätze.

Für alle drei Vermögensgattungen (Grundvermögen, Betriebsvermögen, sonstiges Vermögen) gelten folgende Grundsätze:

Allgemeine Wirtschaftsverhältnisse.

1. Nach § 15 Abs. 2 des Vermögensteuergesetzes sind die Vermögensgegenstände jeweils unter Berücksichtigung der allgemeinen Wirtschaftsverhältnisse zu bewerten. Insbesondere soll damit zum Ausdruck gebracht werden, daß die durch die Geldentwertung herbeigeführten hohen Preise und Erträge nicht unmittelbar den der Besteuerung zugrunde zu legenden Wert darstellen können.

Wirtschaftliche Einheit.

2. Jede wirtschaftliche Einheit ist für sich zu bewerten und ihr Wert im ganzen festzustellen. Was als wirtschaftliche Einheit zu gelten hat, ist nach den Anschauungen des Verkehrs zu entscheiden; die örtliche Gewohnheit, die tatsächliche Übung, sowie die Zweckbestimmung und wirtschaftliche Zusammengehörigkeit oder Abhängigkeit der einzelnen Gegenstände sind zu berücksichtigen (§ 137 Abs. 2 der Reichsabgabenordnung).

Gemeiner Wert.

3. Wo der gemeine Wert zugrunde zu legen ist, wird er durch den Preis bestimmt, der im gewöhnlichen Geschäftsverkehr nach der Beschaffenheit des Gegenstandes unter Berücksichtigung aller den Preis beeinflussenden Umstände bei einer Veräußerung zu erzielen wäre; unge-

wöhnliche oder lediglich persönliche Verhältnisse sind nicht zu berücksichtigen (§ 138 Abs. 1 der Reichsabgabenordnung).

Zu den ungewöhnlichen Verhältnissen ist auch die als außergewöhnlich anzusehende Geldentwertung der gegenwärtigen Zeit zu rechnen.

Als lediglich persönliche Verhältnisse sind auch Verfügungsbeschränkungen anzusehen, denen der Steuerpflichtige aus Gründen, die in seiner Person oder der Person seiner Rechtsvorgänger liegen, unterworfen ist. Dies gilt insbesondere für Verfügungsbeschränkungen, die auf letztwilligen Anordnungen beruhen (§ 138 Abs. 2 der Reichsabgabenordnung).

Beteiligung mehrerer.

4. Steht ein Gegenstand mehreren zu, so ist in der Regel der Wert im ganzen zu ermitteln und jedem Beteiligten nach Verhältnis seines Anteils zuzurechnen (§ 140 der Reichsabgabenordnung).

A. Grundvermögen.

(§§ 152 bis 154 der Reichsabgabenordnung.)

Ertragswert bei selbstbewirtschaftetem ländlichem Grundbesitz.

§ 2. Bei Grundstücken, die dauernd landwirtschaftlichen oder forstwirtschaftlichen oder gärtnerischen Zwecken, sowie bei bebauten Grundstücken, die Wohnzwecken oder gewerblichen Zwecken zu dienen bestimmt sind, und bei denen die Bebauung und Benutzung der ortsüblichen Bebauung und Benutzung entspricht, ist der Ertragswert zugrunde zu legen. Der Steuerpflichtige kann verlangen, daß an Stelle des Ertragswerts der gemeine Wert zugrunde gelegt wird; dieses Recht erlischt, wenn es nicht spätestens bis zum Ablauf der mit der Zustellung des Steuerbescheides eröffneten Rechtsmittelfrist geltend gemacht wird.

Bei anderen als den in Abs. 1 bezeichneten Grundstücken ist stets der gemeine Wert zugrunde zu legen, insbesondere also bei unbebauten Grundstücken, die gewerblichen Zwecken zu dienen bestimmt sind, desgleichen auch bei Grundstücken, deren Wert bereits durch ihre Lage als Bauland oder als Land zu Verkehrszwecken bestimmt wird oder bei denen nach sonstigen Umständen, insbesondere nach ihrer Lage und Beschaffenheit, ihrem Erwerbspreis oder ihrer Belastung, anzunehmen ist, daß sie in absehbarer Zeit anderen als landwirtschaftlichen oder forstwirtschaftlichen Zwecken dienen werden (§ 152 Abs. 1, 2 und 6 der Reichsabgabenordnung).

§ 3. Als Ertragswert gilt bei selbstbewirtschafteten landwirtschaftlichen oder forstwirtschaftlichen oder gärtnerischen Grundstücken das 25fache des Reinertrags, den schuldenfreie Grundstücke dieser Art nach ihrer wirtschaftlichen Bestimmung bei ordnungsmäßiger und gemeinüblicher Bewirtschaftung unter gewöhnlichen Verhältnissen mit entlohnten fremden Arbeitskräften im Durchschnitt nachhaltig gewähren können (§ 152 Abs. 3 der Reichsabgabenordnung), wobei nach § 15 Abs. 3 des Vermögensteuergesetzes insbesondere auch der Ertrag der letzten drei Jahre 1920 bis 1922 zu berücksichtigen ist.

Da demnach die Erträge der drei letzten Jahre, wenn auch vorwiegend („insbesondere"), so doch nicht ausschließlich („auch") zugrunde zu legen sind, so werden noch die Erträge zweier normaler Friedensjahre, als welche 1913 und 1914 anzusehen sind, herangezogen. Der nach-

haltige Ertrag ist somit aus dem Durchschnitt der Jahre 1913, 1914, 1920, 1921 und 1922 zu ermitteln. Bei den dem Weinbau gewidmeten Grundstücken ist mit Rücksicht auf die stark schwankenden Ertragsverhältnisse im Weinbau hinsichtlich des Naturalertrags (geerntete Menge) auf etwa 15 Jahre (1908 bis 1922) zurückzugehen, hinsichtlich des Geldwertes (Preise) ist der Durchschnitt der Preise der Jahre 1913, 1914, 1920, 1921, 1922 zugrunde zu legen; bei forstwirtschaftlichen Grundstücken bemißt sich der nachhaltige Ertrag hinsichtlich der Mengen nach dem Durchschnitt einer Umtriebperiode, d. h. dem Zeitraum von der Begründung bis zur Abholzung eines Waldes, hinsichtlich der Preise nach dem Durchschnitt der Preise 1913, 1914, 1920, 1921 und 1922.

§ 4. Im Ertragswert landwirtschaftlicher oder forstwirtschaftlicher oder gärtnerischer Grundstücke sind die der Landwirtschaft oder Forstwirtschaft oder Gärtnerei einschließlich etwaiger Nebenbetriebe (Brennerei, Brauerei usw.) dienenden Gebäude und Betriebsmittel mit einbegriffen, sie werden also nicht mehr besonders bewertet (§ 152 Abs. 4 der Reichsabgabenordnung). Zu den Betriebsmitteln gehören aus dem Betriebe herrührende und andere Vorräte, z. B. lagernde Weine, insoweit, als ihr bei der Veräußerung zu erzielender Erlös zur Fortführung des Betriebes in einem Jahre benötigt wird. Ein angemessener Bestand an lebendem und totem Inventar und sonstigem Betriebskapital wird vorausgesetzt; ein Mehr- oder Minderwert an Gebäuden und Betriebsmitteln gegenüber einem wirtschaftlichen normalen Stand erhöht oder vermindert den Ertragswert, insoweit er geeignet ist, den Ertrag zu beeinflussen.

§ 5. Einen Anhaltspunkt für den Reinertrag (§ 3) gibt das durchschnittliche Einkommen aus selbstbewirtschaftetem Grundbesitz (§ 32 des Einkommensteuergesetzes); diesem sind die Schuldzinsen zuzusetzen, dagegen sind die Arbeitsrenten des Steuerpflichtigen und seiner im Betriebe tätigen Familienmitglieder abzuziehen.

Ertragswert bei verpachtetem ländlichen Grundbesitz.

§ 6. Auf den Ertragswert bei verpachteten landwirtschaftlichen oder forstwirtschaftlichen oder gärtnerischen Grundstücken findet der § 3 entsprechende Anwendung. Für seine Ermittlung bildet der Pachtzins einen Anhaltspunkt. Der Pachtzins errechnet sich aus dem Durchschnitt der Pachteinnahmen in den Jahren 1913, 1914, 1920, 1921 und 1922, abzüglich des Geldwertes der vom Verpächter etwa zu tragenden zu den Bewirtschaftungskosten gehörigen Leistungen (Unterhaltung von Betriebsgebäuden) und zuzüglich des Geldwertes der dem Verpächter etwa vorbehaltenen Nutzungen sowie der vom Pächter neben dem Pachtzins oder an seiner Stelle übernommenen nicht zu den Bewirtschaftungskosten gehörigen Lieferungen und Leistungen.

Vorausgesetzt wird, daß sich das Grundstück in ordnungsmäßigem wirtschaftlichen Zustand befindet und der Pachtzins dem im gewöhnlichen Verkehr für derartige Grundstücke in der Regel gezahlten entspricht. Pachtzinsen, deren Höhe durch persönliche, besonders verwandtschaftliche Verhältnisse oder andere besondere Umstände, z. B. bei Zupachtung zwecks Abrundung des Besitzes, bestimmt ist, dürfen bei Ermittlung des Ertragswertes nicht berücksichtigt werden.

Ertragswert bei bebauten Grundstücken.

§ 7. Bei bebauten Grundstücken, die Wohnzwecken oder gewerblichen Zwecken zu dienen bestimmt sind, gilt als Ertragswert das 25fache des Miet- oder Pachtertrages, der in den Jahren 1920 bis 1922 im Durchschnitt erzielt worden ist oder im Falle der Vermietung oder Verpachtung hätte erzielt werden können, nach Abzug von einem Fünftel für Nebenleistungen und Instandhaltungskosten oder von dem als erforderlich nachgewiesenen höheren Betrage für Nebenleistungen und Instandhaltungskosten ohne Rücksicht darauf, ob die hierzu notwendigen Arbeiten von dem Steuerpflichtigen selbst oder durch entlohnte fremde Arbeitskräfte geleistet worden sind (§ 152 Abs. 5 der Reichsabgabenordnung).

Rücklagen für Abnutzung der Gebäude oder Ausfälle an Miete oder Pachtgeldern infolge Zahlungsunfähigkeit des Schuldners oder aus anderen Gründen dürfen nicht berücksichtigt werden.

Ist das Grundstück in den Jahren 1920 bis 1922 überhaupt nicht oder nur zu einem unwesentlichen Teil oder für einen unwesentlichen Zeitraum vermietet oder verpachtet gewesen, so ist der Miet- oder Pachtertrag nach den ortsüblichen Miet- oder Pachtpreisen für gleiche oder ähnliche Grundstücke zu berechnen. In diesem Fall bleiben bei der Feststellung des Ertragswertes für bebaute Grundstücke, die gewerblichen Zwecken dienen, Betriebsmittel, die nicht herkömmlicherweise mit dem Grundstück mitvermietet oder mitverpachtet werden, außerhalb der Berechnung und sind mit ihrem gemeinen Werte besonders anzusetzen.

§ 8. Wie Grundstücke sind Berechtigungen zu bewerten, auf welche die Vorschriften des bürgerlichen Rechts über Grundstücke Anwendung finden (z. B. Erbbaurechte, Erbpachtrechte, Bergwerkseigentum).

Steht das Eigentum an Grund und Boden und an den darauf errichteten Gebäuden verschiedenen Personen zu, so ist der Wert für den Grund und Boden und für das Recht an den Gebäuden je für sich zu ermitteln (§ 153 Abs. 1 und 2 der Reichsabgabenordnung).

§ 9. Die Bewertung erstreckt sich auf die mit den Grundstücken als solchen verbundenen Rechte und Nutzungen (z. B. Grunddienstbarkeiten, Fährgerechtigkeiten) einschließlich der im § 8 Abs. 1 bezeichneten Berechtigungen, wenn diese mit den Grundstücken verbunden sind (§ 154 Abs. 1 der Reichsabgabenordnung).

§ 10. Soweit die Bewertung eines Grundstücks nach dem gemeinen Wert (§ 1 Ziffer 3) erfolgt, ist bewegliches Inventar nicht zu berücksichtigen und der Wert von Maschinen und sonstigen Vorrichtungen aller Art, die zu einer Betriebsanlage des Grundstücks verwandt sind, abzurechnen oder nicht zu berücksichtigen. Dies gilt auch dann, wenn es sich um wesentliche Bestandteile handelt (§ 154 Abs. 2 der Reichsabgabenordnung). Diese Sachen werden besonders nach den für Betriebsvermögen geltenden Vorschriften bewertet.

B. Betriebsvermögen.

(§ 139 der Reichsabgabenordnung.)

Begriff.

§ 11. Zum Betriebsvermögen gehört alles dem Betrieb der Landwirtschaft oder Forstwirtschaft, des Bergbaues oder eines Gewerbes

dienende Vermögen. Als Betriebsvermögen gelten auch aus dem Betriebe herrührende oder andere Vorräte, die nicht zur Fortführung des Betriebes im laufenden Jahr, sondern zur Weiterveräußerung bestimmt sind.

Gliederung.

§ 12. Das Betriebsvermögen besteht:

1. aus den ihrer Bestimmung nach dem Betriebe dauernd gewidmeten Gegenständen (Anlagekapital oder stehendes Kapital). Dazu gehören insbesondere Grundstücke, Maschinen, Geräte, Patente, nach § 15 Abs. 4 Satz 3 des Vermögensteuergesetzes auch dauernde Beteiligungen an anderen Betriebsunternehmungen (Portefeuillewerte);
2. aus den bestimmungsgemäß fortlaufend dem gewerblichen Verbrauch oder der Veräußerung dienenden Gegenständen (Betriebskapital oder umlaufendes Kapital); dazu gehören insbesondere Waren, Rohstoffe, Halbfabrikate, im Betriebe erwachsene Forderungen, kurzfristig angelegte Guthaben, die aus dem Betriebe stammen, Devisen usw.

Anlagekapital.

§ 13. Bei Gegenständen des Anlagekapitals (§ 12 Nr. 1) ist der Anschaffungs- oder Herstellungspreis abzüglich angemessener Abnutzung maßgebend; ist jedoch der wirkliche (dauernde) Wert zur Zeit der Bilanzaufstellung geringer, so kann dieser angesetzt werden; ist jedoch der wirkliche (dauernde) Wert zur Zeit der Bilanzaufstellung höher, so muß dieser höhere Wert an Stelle des Anschaffungs- oder Herstellungspreises abzüglich angemessener Abnutzung zugrunde gelegt werden.

Nach diesen Grundsätzen sind auch zum Anlagekapital gehörige Grundstücke zu bewerten, für die im übrigen § 152 der Reichsabgabenordnung gilt; ist diese Bewertung in Ermangelung ortsüblicher Miet- und Pachtpreise für gleiche oder ähnliche Grundstücke nicht ausführbar, so ist der wirkliche (dauernde) Wert dem nach §§ 137, 138 der Reichsabgabenordnung zu ermittelnden gleich zu erachten.

Betriebskapital.

§ 14. Bei Gegenständen des Betriebskapitals (§ 12 Nr. 2) ist der gemeine Wert (§ 1 Nr. 3) maßgebend. Dabei ist zu beachten, daß gleiche Gegenstände in der Hand des Herstellers, Großhändlers, Zwischenhändlers und Kleinhändlers verschieden bewertet zu werden pflegen.

Pächter.

§ 15. Das Betriebsvermögen des Pächters umfaßt das ihm gehörige tote und lebende Inventar, dagegen nicht die gepachteten Grundstücke.

§ 16. In allen Fällen ist bei der Bewertung von Betriebsvermögen, gleichviel ob es sich um Anlage- oder Betriebskapital handelt, grundsätzlich davon auszugehen, daß das Unternehmen bei der Veräußerung nicht aufgelöst, sondern weitergeführt wird. Es sind also nicht diejenigen Werte zugrunde zu legen, die bei der Auflösung des Betriebes zu erzielen sein würden, die Bewertung ist vielmehr nach der den einzelnen Gegenständen im Rahmen des arbeitenden Unternehmens innewohnenden Bedeutung vorzunehmen.

C. Das sonstige Vermögen.

(§§ 141 bis 151 der Reichsabgabenordnung.)

Begriff.

§ 17. Zum sonstigen Vermögen gehört alles steuerbare Vermögen, das nicht Grund- oder Betriebsvermögen ist, insbesondere Kapitalvermögen, wie verzinsliche oder unverzinsliche Kapitalforderungen jeder Art, Aktien, Anteilscheine, Kuxe, Geschäftsguthaben bei Genossenschaften, bares Geld, Banknoten, Kassenscheine, der Kapitalwert der Rechte auf Renten, noch nicht fällige Ansprüche aus Lebens- und Kapitalversicherungen, ferner auch Gegenstände aus Edelmetall, Schmuckgegenstände, Luxusgegenstände unter den im § 9 Nr. 7 des Vermögensteuergesetzes bezeichneten Voraussetzungen sowie Kunstgegenstände und Sammlungen unter den im § 9 Nr. 8 des Vermögensteuergesetzes bezeichneten Voraussetzungen.

Wertpapiere mit Kurswert.

§ 18. Wertpapiere, die in Deutschland einen Kurswert haben, sind abweichend von § 141 Abs. 1 der Reichsabgabenordnung mit Durchschnittskursen zu bewerten, die ermittelt werden aus der durch drei geteilten Summe der Kurse am Ende der ersten Hälfte der Jahre 1920, 1921, 1922 einerseits und aus den Kursen vom ersten Börsentage des letzten Vierteljahrs des Kalenderjahrs 1922 anderseits. Nach den gleichen Grundsätzen sind die Verkaufswerte von inländischen Wertpapieren ohne Kurswert zu ermitteln.

Ausländische Wertpapiere ohne inländischen Kurswert sind mit den Kursen oder Werten am 31. Dezember 1922 anzusetzen. Bei Wertpapieren die auf eine am 31. Dezember 1922 der deutschen gegenüber hochwertige Währung lauten, ist für die Umrechnung aus der ausländischen in die inländische Währung der Durchschnittskurs der ausländischen Währung zugrunde zu legen, der ermittelt wird aus der durch drei geteilten Summe der Kurse am Ende der ersten Hälfte der Jahre 1920, 1921, 1922 einerseits und aus den Kursen vom ersten Börsentage des letzten Vierteljahrs des Kalenderjahrs 1922 anderseits (§ 24 des Gesetzes über die Zwangsanleihe in der Fassung vom 22. Dezember 1922).

Forderungen, die in das Schuldbuch einer öffentlichen Körperschaft eingetragen sind, sind mit dem Kurswert der entsprechenden Schuldverschreibung der öffentlichen Körperschaft anzusetzen.

Andere Werte.

§ 19. Für Aktien ohne Kurswert, Kuxe oder Anteile an Berggewerkschaften oder einer Gesellschaft mit beschränkter Haftung hat das nach § 52 der Reichsabgabenordnung zuständige Finanzamt den Verkaufswert unter Berücksichtigung des § 15 Abs. 2 des Vermögensteuergesetzes zu ermitteln und ihn Steuerpflichtigen und Finanzämtern auf Anfrage mitzuteilen. Fehlt es an genügenden Merkmalen, so ist der gemeine Wert (§ 1 Ziffer 3) unter Berücksichtigung des Gesamtvermögens und der Ertragsaussichten der Gewerkschaft oder Gesellschaft zu schätzen (§ 141 Abs. 2 der Reichsabgabenordnung).

Kapitalforderungen und Schulden.

§ 20. Andere als die im § 18 bezeichneten Kapitalforderungen sowie

Schulden sind mit dem Nennwert anzusetzen, sofern nicht besondere Umstände einen höheren oder geringeren Wert begründen.

Unbeitreibbare Forderungen bleiben außer Ansatz.

Der Wert unverzinslicher befristeter Forderungen oder Schulden ist gleich einem Betrage, der mit angemessenen Jahreszinsen bis zur Fälligkeit die Forderung oder Schuld ergibt.

Noch nicht fällige Ansprüche aus Lebens-, Kapital- oder Rentenversicherungen werden mit zwei Drittel der eingezahlten Prämien oder Kapitalbeiträge angerechnet; weist der Steuerpflichtige nach, wofür die Versicherungsanstalt den Versicherungsschein nach ihrer Satzung oder den Versicherungsbedingungen zurückkaufen würde, so ist dieser Betrag maßgebend (§ 143 der Reichsabgabenordnung).

Wiederkehrende Nutzungen und Leistungen.

§ 21. Der Gesamtwert von Nutzungen oder Leistungen, die auf bestimmte Zeit beschränkt sind, ist durch Zusammenzählen der einzelnen Jahreswerte unter Abrechnung der Zwischenzinsen zu berechnen. Der Gesamtwert darf den zum gesetzlichen Zinssatz kapitalisierten Jahreswert nicht übersteigen. Ist die Dauer des Rechtes außerdem durch das Leben einer oder mehrerer Personen bedingt, so darf der nach § 22 zu berechnende Kapitalwert nicht überschritten werden.

Immerwährende Nutzungen oder Leistungen sind mit dem 25fachen des Jahreswertes, Nutzungen und Leistungen von unbestimmter Dauer mit dem 12½fachen des Jahreswertes zu veranlagen.

Ist der gemeine Wert des Gesamtbezugs der Nutzungen oder Leistungen nachweislich geringer oder höher, so ist der gemeine Wert zugrunde zu legen (§ 144 der Reichsabgabenordnung).

Allgemeines.

§ 22. Der Wert von Renten oder anderen auf die Lebenszeit einer Person beschränkten Nutzungen und Leistungen bestimmt sich nach dem Lebensalter dieser Person.

Als Wert wird angenommen bei einem Alter:

1.	bis zu 15 Jahren das	18fache,
2.	von mehr als 15 bis zu 25 Jahren das	17 „
3.	„ „ „ 25 „ „ 35 „ „	16 „
4.	„ „ „ 35 „ „ 45 „ „	14 „
5.	„ „ „ 45 „ „ 55 „ „	12 „
6.	„ „ „ 55 „ „ 65 „ „	8½ „
7.	„ „ „ 65 „ „ 75 „ „	5 „
8.	„ „ „ 75 „ „ 80 „ „	3 „
9.	„ „ „ 80 das	2 „

des Wertes der einjährigen Nutzung.

Hängt die Dauer der Nutzung oder Leistung von der Lebenszeit mehrerer ab, so entscheidet, je nachdem das Recht mit dem Tode des zuerst oder des zuletzt Sterbenden erlischt, das Lebensalter des ältesten oder jüngsten (§ 145 Abs. 1, 2 und 4 der Reichsabgabenordnung).

§ 23. Der einjährige Betrag der Nutzung einer Geldsumme ist, wenn kein anderer Wert feststeht, zu 4 vom Hundert anzunehmen.

Bei Nutzungen oder Leistungen, die ihrem Betrage nach ungewiß sind oder schwanken, ist als Jahreswert der Betrag zugrunde zu legen,

der voraussichtlich für die Zukunft durchschnittlich erzielt werden wird (§ 146 der Reichsabgabenordnung).

§ 24. Vermögen, dessen Erwerb vom Eintritt einer aufschiebenden Bedingung abhängt, wird erst berücksichtigt, wenn die Bedingung eingetreten ist (§ 147 der Reichsabgabenordnung).

§ 25. Vermögen, das unter einer auflösenden Bedingung erworben ist, wird wie unbedingt erworbenes behandelt; die Vorschriften über die Berechnung des Kapitalwertes der Nutzungen von unbestimmter Dauer (§ 21 Abs. 2 und 3, § 22, § 23 Abs. 2) bleiben unberührt. Tritt die Bedingung ein, so ist die Veranlagung auf Antrag nach dem tatsächlichen Wert des Erwerbes zu berichtigen (§§ 148, 214 der Reichsabgabenordnung).

§ 26. Lasten, die vom Eintritt einer aufschiebenden Bedingung abhängen, werden nicht berücksichtigt. Tritt die Bedingung ein, so ist die Veranlagung auf Antrag entsprechend zu berichtigen (§ 149 der Reichsabgabenordnung).

§ 27. Lasten, deren Fortdauer auflösend bedingt ist, werden, soweit nicht ihr Kapitalwert nach § 21 Abs. 2, 3, § 22, § 23 Abs. 2 zu berechnen ist, wie unbedingte abgezogen. Bei Eintritt der Bedingung ist die Veranlagung entsprechend zu berichtigen (§ 150 der Reichsabgabenordnung).

§ 28. Die §§ 24 bis 27 gelten auch, wenn der Erwerb oder die Last von einem Ereignis abhängt, bei dem nur der Zeitpunkt des Eintritts ungewiß ist (§ 151 der Reichsabgabenordnung).

II. Bewertungsrichtlinien für die Vereinfachung der Veranlagung.

A. Inländisches Grundvermögen.

Grundvermögen ist für den 31. Dezember 1923 in folgender Weise zu bewerten:

I. Grundstücke, die dauernd landwirtschaftlichen oder forstwirtschaftlichen oder gärtnerischen Zwecken zu dienen bestimmt sind.

1. Als Ertragswert ist bei Grundstücken, die dauernd landwirtschaftlichen oder forstwirtschaftlichen oder gärtnerischen Zwecken zu dienen bestimmt sind, das Zehnfache des vor Abzug von Schulden und Lasten festgestellten Wehrbeitragswertes anzusetzen.

2. Sind nach dem Wehrbeitragsstichtag (31. Dezember 1913) Anlagen, die dem Betriebe dienen (z. B. Scheunen, Ställe, Arbeiterhäuser), errichtet oder Meliorationen, Drainagen u. dgl. vorgenommen, so erhöht sich der zehnfache Wehrbeitragswert

bei Anlagen in den Jahren 1914 bis 1916 um das Doppelte des Anschaffungs- oder Herstellungspreises,

bei Anlagen in den Jahren 1917 bis 1919 um das Einfache des Anschaffungs- oder Herstellungspreises,

bei Anlagen im Jahre 1920 um den Anschaffungs- oder Herstellungspreis abzüglich 40 v. H.,

bei Anlagen im Jahre 1921 um den Anschaffungs- oder Herstellungspreis abzüglich 60 v. H.,

bei Anlagen im Jahre 1922, die vor dem 1. August errichtet sind, um den Anschaffungs- oder Herstellungspreis abzüglich 70 v. H.,

bei Anlagen im Jahre 1922, die nach dem 31. Juli errichtet sind, um den Anschaffungs- oder Herstellungspreis abzüglich 80 v. H.

Die Erhöhung tritt nur ein, wenn der Ertrag der Gesamtwirtschaft durch die Neuanlagen nachhaltig gesteigert wird.

Sind Grundstücke, die dauernd landwirtschaftlichen oder forstwirtschaftlichen oder gärtnerischen Zwecken zu dienen bestimmt sind, erst nach dem Wehrbeitragsstichtag (31. Dezember 1913) diesem Zwecke zugeführt, so findet Abs. 1 sinngemäße Anwendung.

3. Verpachtete Grundstücke, die nicht größer als 10 Hektar sind, sind mit dem Achtfachen des Wehrbeitragswerts anzusetzen.

4. Die Bestimmungen der Nr. 2 finden entsprechende Anwendung auf nach dem Wehrbeitragsstichtag errichtete Anlagen, die nicht dem Betriebe dienen.

II. Bebaute Grundstücke, die Wohnzwecken zu dienen bestimmt sind (Villen, Mietsgrundstücke).

1. Als Villen gelten ausschließlich oder im wesentlichen vom Eigentümer oder von seinen Angehörigen bewohnte Grundstücke. Als Mietsgrundstücke gelten ausschließlich oder im wesentlichen von Mietern bewohnte Grundstücke. Den Mietsgrundstücken sind gleichgestellt:

a) eigenbewohnte Grundstücke, die als Kleinwohnungshäuser im Sinne des § 59 des Einkommensteuergesetzes oder des § 2 der dazu erlassenen Verordnung vom 12. Juni 1921 anzusehen sind,

b) Grundstücke, die spätestens am 31. Dezember 1922 infolge Zwangseinquartierung der freien Verfügung des Eigentümers ganz oder zum wesentlichen Teil entzogen sind.

2. Villen sind mit dem Fünffachen, Mietsgrundstücke mit dem Dreifachen des Wehrbeitragswertes zu bewerten.

3. Sind nach dem Wehrbeitragsstichtag (31. Dezember 1913) bei Villen mit einem Wehrbeitragswert bis 50000 Mark oder bei Mietsgrundstücken Erweiterungsbauten vorgenommen, so erhöhen sich die unter Nr. 2 angegebenen Werte

bei Anlagen in den Jahren 1914 bis 1916 um das Doppelte des Anschaffungs- oder Herstellungspreises,

bei Anlagen in den Jahren 1917 bis 1919 um das Einfache des Anschaffungs- oder Herstellungspreises,

bei Anlagen im Jahre 1920 um den Anschaffungs- oder Herstellungspreis abzüglich 30 v. H.,

bei Anlagen im Jahre 1921 um den Anschaffungs- oder Herstellungspreis abzüglich 45 v. H.,

bei Anlagen im Jahre 1922 um den Anschaffungs- oder Herstellungspreis abzüglich 70 v. H.

4. Sind nach dem Wehrbeitragsstichtag (31. Dezember 1913) bei Villen mit einem Wehrbeitragswert von mehr als 50000 Mark Erweiterungsbauten vorgenommen worden, so erhöht sich der unter Nr. 2 angegebene Wert

bei Anlagen in den Jahren 1914 bis 1916 um das Doppelte des Anschaffungs- oder Herstellungspreises,

bei Anlagen in den Jahren 1917 bis 1919 um das Einfache des Anschaffungs- oder Herstellungspreises,

bei Anlagen im Jahre 1920 um den Anschaffungs- oder Herstellungspreis abzüglich 40 v. H.,

bei Anlagen im Jahre 1921 um den Anschaffungs- oder Herstellungspreis abzüglich 60 v. H.,

bei Anlagen im Jahre 1922, die vor dem 1. August errichtet sind, um den Anschaffungs- oder Herstellungspreis abzüglich 70 v. H.,

bei Anlagen im Jahre 1922, die nach dem 31. Juli errichtet sind, um den Anschaffungs- oder Herstellungspreis abzüglich 80 v. H.

Abs. 1 findet sinngemäß Anwendung, wenn eine Villa erst nach dem Wehrbeitragsstichtag (31. Dezember 1913) errichtet worden ist.

5. Erst nach dem Wehrbeitragsstichtag errichtete Mietsgrundstücke sind

bei Errichtung in den Jahren 1914 bis 1916 mit dem Doppelten des Anschaffungs- oder Herstellungspreises,

bei Errichtung in den Jahren 1917 bis 1919 mit dem Einfachen des Anschaffungs- oder Herstellungspreises,

bei Errichtung im Jahre 1920 mit dem Anschaffungs- oder Herstellungspreis abzüglich 30 v. H.,

bei Errichtung im Jahre 1921 mit dem Anschaffungs- oder Herstellungspreis abzüglich 45 v. H.,

bei Errichtung im Jahre 1922 mit dem Anschaffungs- oder Herstellungspreis abzüglich 70 v. H.

anzusetzen.

6. Bei Gebäuden, die am Wehrbeitragsstichtag im Bau waren, ist, wenn es sich um Villen handelt, das Fünffache, wenn es sich um Mietsgrundstücke handelt, das Dreifache des Anschaffungs- oder Herstellungspreises des Gebäudes einschließlich des Bodenwertes anzusetzen.

III. Bebaute Grundstücke, die gewerblichen Zwecken zu dienen bestimmt sind und nicht zum Betriebsvermögen gehören.

1. Hierunter fallen solche Grundstücke, die vom Eigentümer zu gewerblichen Zwecken vermietet oder verpachtet sind, z. B. zu Kontorzwecken vermietete Häuser. Nicht hierher gehören dagegen Grundstücke, die dem eigenen gewerblichen Betriebe des Eigentümers dienen, wie Fabrikgebäude des Fabrikanten; diese letzteren zählen vielmehr zum Betriebsvermögen des Steuerpflichtigen.

2. Für bebaute Grundstücke, die gewerblichen Zwecken dienen, aber nicht zum Betriebsvermögen des Steuerpflichtigen gehören, ist das Dreifache des Wehrbeitragswertes anzusetzen.

Sind nach dem Wehrbeitragsstichtag (31. Dezember 1913) Erweiterungsbauten vorgenommen, so erhöht sich der unter Abs. 1 angegebene Wert

bei Anlagen in den Jahren 1914 bis 1916 um das Doppelte des Anschaffungs- oder Herstellungspreises,

bei Anlagen in den Jahren 1917 bis 1919 um das Einfache des Anschaffungs- oder Herstellungspreises,

bei Anlagen im Jahre 1920 um den Anschaffungs- oder Herstellungspreis abzüglich 40 v. H.,

bei Anlagen im Jahre 1921 um den Anschaffungs- oder Herstellungspreis abzüglich 60 v. H.,

bei Anlagen im Jahre 1922, die vor dem 1. August errichtet sind, um den Anschaffungs- oder Herstellungspreis abzüglich 70 v. H.,
bei Anlagen im Jahre 1922, die nach dem 31. Juli errichtet sind, um den Anschaffungs- oder Herstellungspreis abzüglich 80 v. H.

Abs. 2 findet sinngemäß Anwendung, wenn das Gebäude erst nach dem Wehrbeitragsstichtag errichtet worden ist.

Bei Gebäuden, die am Wehrbeitragsstichtag im Bau waren, ist das Dreifache des Anschaffungs- oder Herstellungspreises des Gebäudes einschließlich des Bodenwerts anzusetzen.

IV. Bauland (Baustellen, Terrains).

1. Als Bauland gelten Grundstücke, deren Wert bereits durch ihre Lage als Bauland oder als Land zu Verkehrszwecken bestimmt wird, oder bei denen nach sonstigen Umständen insbesondere nach ihrer Lage und Beschaffenheit, ihrem Erwerbspreis oder ihrer Belastung, anzunehmen ist, daß sie in absehbarer Zeit anderen als land- oder forstwirtschaftlichen oder gärtnerischen Zwecken dienen werden.

2. Für die Grundstücke der unter Nr. 1 bezeichneten Art ist das Zweifache des vor Abzug von Schulden und Lasten festgestellten Wehrbeitragswertes anzusetzen.

V.

Grundstücke sind gemäß den Bestimmungen Nr. I bis IV auch dann zu bewerten, wenn der Steuerpflichtige das Grundstück erst nach dem Wehrbeitragsstichtag (31. Dezember 1913) erworben hat.

B. Inländisches Betriebsvermögen.

I. Anlagekapital.

1. Als Anlagekapital gelten alle dauernd dem Betriebe gewidmeten und dem Betriebsinhaber gehörigen Gegenstände, z. B. Gebäude, Grundstücke, Maschinen, Patente.

2. Anlagekapital, das bereits in dem zum Reichsnotopfer veranlagten Vermögen enthalten war, ist in der Weise zu bewerten, daß von dem für das Anlagekapital eingestellten Notopferwert ein Abzug von 25 v. H. für die seit dem Notopferstichtag (31. Dezember 1919) eingetretene Abnutzung gemacht und der verbleibende Betrag verachtfacht wird. Dies bedeutet, daß für Gegenstände der genannten Art das Sechsfache des Notopferwertes anzusetzen ist.

3. Für Anlagekapital, das erst nach dem 31. Dezember 1916 angeschafft oder hergestellt ist, tritt an Stelle des Achtfachen das Sechsfache des Notopferwertes. Unter Berücksichtigung des in Nr. 2 vorgesehenen Abzugs von 25 v. H. für Abnutzung bedeutet dies, daß das Viereinhalbfache des Notopferwertes für nach dem 31. Dezember 1916 angeschafftes oder hergestelltes Anlagekapital anzusetzen ist.

4. Anlagekapital, das nach dem 31. Dezember 1919 oder dem für die Veranlagung des Notopfers maßgebenden Stichtag angeschafft oder hergestellt ist, ist
bei der Anschaffung oder Herstellung im Jahre 1920 mit dem Anschaffungs- oder Herstellungspreis abzüglich 40 v. H.,

bei der Anschaffung oder Herstellung im Jahre 1921 mit dem Anschaffungs- oder Herstellungspreis abzüglich 60 v. H.,

bei der Anschaffung oder Herstellung im Jahre 1922, die vor dem 1. August vorgenommen ist, mit dem Anschaffungs- oder Herstellungspreis abzüglich 70 v. H.,

bei der Anschaffung oder Herstellung im Jahre 1922, die nach dem 31. Juli vorgenommen ist, mit dem Anschaffungs- oder Herstellungspreis abzüglich 80 v. H.

anzusetzen.

5. Zum Anlagekapital gehören auch dauernde Beteiligungen. Eine dauernde Beteiligung liegt jedoch nur vor, wenn ein Unternehmen mindestens ein Fünftel der gesamten Aktien, Kuxe, Genußscheine oder Anteile an einer Unternehmung der im § 2 Abs. 1 Ziffer 3 und 4 des Vermögensteuergesetzes bezeichneten Art (z. B. Aktiengesellschaften, Kommanditgesellschaften auf Aktien, Berggewerkschaften, Kolonialgesellschaften, Gesellschaften mit beschränkter Haftung, Genossenschaften usw.) besitzt, und wenn die Anteile zu dem Zweck erworben worden sind, einen dauernden Einfluß auf dieses Unternehmen auszuüben. Ob und in welchem Umfange bei der Bewertung solcher Anteile von den für Wertpapiere allgemein festgesetzten Steuerkursen oder Steuerwerten abgewichen werden kann, muß von Fall zu Fall geprüft werden. Dabei sind insbesondere der Grad der Verschachtelung, d. h. die Höhe des Prozentsatzes der dem freien Markt entzogenen Anteile der Tochtergesellschaft, und die Dauer des Produktionsprozesses mit zu berücksichtigen.

II. Betriebskapital.

1. Als Betriebskapital gelten die Betriebsmittel, die fortlaufend dem Verbrauch, dem Wechsel oder der Formveränderung dienen, Rohstoffe, Halbfabrikate, Fertigfabrikate, Waren, Guthaben, Devisen, Debitoren, Wertpapiere usw.

2. Vorräte an Rohstoffen, Halbfabrikaten und Fertigfabrikaten sowie Waren sind,

sofern sie vor dem 1. April 1922 angeschafft oder hergestellt sind, mit dem Anschaffungs- oder Herstellungspreis abzüglich 30 v. H.,

sofern sie nach dem 31. März 1922, aber vor dem 1. Oktober 1922, angeschafft oder hergestellt sind, mit dem Anschaffungs- oder Herstellungspreis abzüglich 60 v. H.,

sofern sie nach dem 30. September 1922 angeschafft oder hergestellt sind, mit dem Anschaffungs- oder Herstellungspreis abzüglich 80 v. H.

anzusetzen.

3. Forderungen (Guthaben, Außenstände) sind mit dem Nennwert anzusetzen, sofern nicht besondere Umstände einen höheren oder geringeren Wert begründen.

Bei solchen ausländischen Zahlungsmitteln und bei Forderungen, die auf eine am Stichtag der deutschen gegenüber hochwertige Währung lauten, ist für die Umrechnung aus der ausländischen in die inländische Währung der Durchschnittskurs der ausländischen Währung zugrunde zu legen, der ermittelt wird aus der durch drei geteilten Summe der Kurse am Ende der ersten Hälfte der Jahre 1920, 1921, 1922 einerseits und aus

den Kursen vom 3. Oktober 1922 anderseits. Die Umrechnung zum Durchschnittskurs darf nur für den Betrag vorgenommen werden, um den der Gesamtbetrag der Zahlungsmittel und Forderungen den Gesamtbetrag der Schulden in ausländischer hochwertiger Währung übersteigt, gleichgültig, ob es sich um die gleiche oder um verschiedene Währungen handelt.

4. Wertpapiere sind nach den Grundsätzen zu C I zu bewerten, sofern sie nicht dauernde Beteiligungen sind und daher unter B I 5 fallen.

III. Schulden.

Schulden, die auf dem Betriebe ruhen, sind mit dem Nennwert anzusetzen, sofern nicht besondere Umstände einen höheren oder geringeren Wert begründen. Geschuldete Renten und andere wiederkehrende Leistungen sind gemäß § 145 der Reichsabgabenordnung zu bewerten.

Schulden, die auf ausländische Währung lauten, sind im allgemeinen mit dem Kurs der ausländischen Währung am 31. Dezember 1922 anzusetzen.

IV. Gesamtwert.

Die Summe der gemäß I, II festgesetzten Werte nach Abzug der gemäß III ermittelten Schulden ist als Wert des Betriebsvermögens anzusetzen, es sei denn, daß vom Standpunkt der Bewertung des Gesamtunternehmens aus eine abweichende Bewertung nach oben oder nach unten geboten ist. Die abweichende Bewertung bedarf besonderer Begründung in einer Anlage zur Steuererklärung.

C. Sonstiges Vermögen.

I. Wertpapiere.

1. Inländische und ausländische Wertpapiere, die in Deutschland einen Kurswert haben:

a) Inländische und ausländische Wertpapiere, die in Deutschland einen Kurswert haben und zum Börsenhandel zugelassen sind: Es werden Steuerkurse festgesetzt.

b) Inländische und ausländische Wertpapiere, die in Deutschland einen Kurswert haben, aber nicht zum Börsenhandel zugelassen sind: Es werden Steuerwerte festgesetzt.

Die Steuerkurse und Steuerwerte werden Ende Januar 1923 im Reichsanzeiger veröffentlicht werden.

2. Inländische Wertpapiere, die in Deutschland keinen Kurswert haben: Es sind die Verkaufswerte am 31. Dezember 1922 oder, wenn ein solcher nicht zu ermitteln ist, an dem letztvorangegangenen Tage, an dem ein Verkaufswert zu ermitteln ist, abzüglich 40 v. H. anzusetzen.

3. Ausländische Wertpapiere, die in Deutschland keinen Kurswert haben: Es ist der ausländische Kurs oder Verkaufswert am 31. Dezember 1922 oder, wenn ein solcher nicht zu ermitteln ist, an dem letztvorangegangenen Tage, an dem ein Kurs- oder Verkaufswert zu ermitteln ist, anzusetzen. Für die Umrechnung von der ausländischen Währung in die inländische Währung ist zu unterscheiden, ob es sich um eine der deutschen gegenüber hochwertige Währung handelt oder nicht. Im letzteren Falle ist der Stand am 31. Dezember 1922 maßgebend. Im ersteren Falle ist für die Umrechnung aus der ausländischen in die inländische Währung

der Durchschnittskurs der ausländischen Währung zugrunde zu legen, der ermittelt wird aus der durch drei geteilten Summe der Kurse am Ende der ersten Hälfte der Jahre 1920, 1921, 1922 einerseits und aus den Kursen vom 3. Oktober 1922 anderseits.

II. Forderungen.

Forderungen (Bank- und Sparkassenguthaben, Hypothekenforderungen, Grundschulden usw.) sind mit dem Nennwert anzusetzen, sofern nicht besondere Umstände einen höheren oder niedrigeren Wert begründen. Dies gilt auch, soweit die Forderungen auf ausländische Währung lauten.

III. Geschäftsanteile bei Gesellschaften mit beschränkter Haftung.

Geschäftsanteile bei Gesellschaften mit beschränkter Haftung sind mindestens mit dem Zwanzigfachen des Nennbetrages, auf den die einzelnen Geschäftsanteile lauten, vorbehaltlich der Nachprüfung bei der Veranlagung anzusetzen.

IV. Gold- und Silbermünzen in deutscher Währung.

Gold- und Silbermünzen in deutscher Währung sind mindestens mit dem Metallwert am 31. Dezember 1922 anzusetzen.

V. Sonstiges Bargeld in deutscher Währung.

Bares Geld deutscher Währung, d. h. Metallgeld, soweit es sich nicht um Gold- und Silbermünzen handelt, Banknoten, Kassenscheine, Notgeld, Steuer- und Stempelmarken, Postwertzeichen sind mit dem Nennwert anzusetzen.

VI. Ausländische Zahlungsmittel.

Für ausländische Zahlungsmittel ist der Kurs der ausländischen Währung am 31. Dezember 1922 maßgebend, und zwar:

a) für ausländisches Geld (Geldsorten, Papiergeld, Banknoten u. dgl.) der laufende Kurs (Mittelkurs) für Banknoten,

b) für ausländische Auszahlungen, Anweisungen, Schecks, Wechsel u. dgl. der laufende Kurs (Mittelkurs) für Auszahlungen.

Werden Geldsorten bestimmter Art in Deutschland amtlich nicht notiert, so ist der im freien Handel in Berlin gezahlte Preis zugrunde zu legen. Ist ein solcher nicht zu ermitteln, so ist der Preis an der Börse zugrunde zu legen, der für den freien Handel in diesem Zahlungsmittel vorzugsweise in Betracht kommt.

VII. Edelmetalle, z. B. Gold und Silber in Barren, Edelsteine und Perlen

sind ohne Rücksicht auf die Höhe des Anschaffungspreises steuerpflichtig und mit dem Marktwert am 31. Dezember 1922 anzusetzen.

VIII. Der Kapitalwert von Rechten auf Renten und andere wiederkehrende Nutzungen und Leistungen

(§ 9 Nr. 5 des Vermögensteuergesetzes) ist gemäß § 145 der Reichsabgabenordnung zu kapitalisieren.

IX. Noch nicht fällige Versicherungsansprüche.

Noch nicht fällige Ansprüche aus Lebensversicherungen, Kapital- oder Rentenversicherungen sind mit zwei Dritteln der bis zum 31. Dezember

1922 eingezahlten Prämien oder mit dem Rückkaufswert am 31. Dezember 1922 anzusetzen.

X. Gegenstände aus edlem Metall, Schmuck- und Luxusgegenstände.

Gegenstände aus edlem Metall, Schmuck- und Luxusgegenstände sind nur steuerpflichtig, sofern der Anschaffungspreis für den einzelnen Gegenstand 10000 M. und darüber betragen hat. Sie sind anzusetzen,

wenn sie vor dem 1. Januar 1920 angeschafft sind, mit dem fünffachen Werte des Anschaffungspreises,

wenn sie nach dem 31. Dezember 1919 angeschafft sind, im allgemeinen mit dem Marktwerte am 31. Dezember 1922.

XI. Kunstgegenstände und Sammlungen.

Kunstgegenstände und Sammlungen sind nur steuerpflichtig, sofern sie nach dem 31. Juli 1914 angeschafft sind und der Anschaffungspreis für den einzelnen Gegenstand 20000 M. und darüber oder für mehrere gleichartige oder zusammengehörige Gegenstände 200000 M. und darüber betragen hat; sofern sie von deutschen Künstlern geschaffen sind, die am 31. Dezember 1922 noch leben oder noch nicht 15 Jahre verstorben sind, sind sie steuerfrei. Kunstgegenstände und Sammlungen sind,

wenn sie vor dem 1. Januar 1920 angeschafft sind, mit dem fünffachen Werte des Anschaffungspreises,

wenn sie nach dem 31. Dezember 1919 angeschafft sind, im allgemeinen mit dem Marktwerte am 31. Dezember 1922

anzusetzen.

D. Schulden.

Vom Rohvermögen sind Schulden abzuziehen, sofern sie nicht schon bei der Bewertung des Betriebsvermögens (B III) berücksichtigt sind. Schulden sind mit dem Nennwert anzusetzen, sofern nicht besondere Umstände einen höheren oder geringeren Wert begründen. Geschuldete Renten und andere wiederkehrende Leistungen sind gemäß § 145 der Reichsabgabenordnung zu bewerten. Schulden, die auf ausländische Währung lauten, sind im allgemeinen mit dem Kurs der ausländischen Währung am 31. Dezember 1922 anzusetzen.

E. Ausländisches Grundvermögen sowie Betriebsvermögen, das ausländischen Betriebsstätten dient, Hypotheken in ausländischer Währung, Renten, die aus dem Ausland bezogen werden, und noch nicht fällige Versicherungsansprüche aus Verträgen mit ausländischen Versicherungsgesellschaften in ausländischer Währung

sind nach allgemeinen Vorschriften zu bewerten. Zur Beseitigung der Härten, die sich aus der Umrechnung aus einer der deutschen Währung gegenüber hochwertigen Währung ergeben können, wird auf Grund des § 108 Abs. 2 der Reichsabgabenordnung mit Zustimmung des Reichsrats eine besondere Verordnung erlassen werden.

Anhang 2.

Verordnung über die Besteuerung von ausländischem Vermögen und Einkommen.

Vom 16. Februar 1923 (RGBl. I S. 145).

Auf Grund der §§ 7, 108 Abs. 2 RAO. wird zur Ausgleichung der in- und ausländischen Besteuerung oder zum Ausgleich von Härten, die sich bei der Besteuerung ausländischen Vermögens oder Einkommens in hochwertiger Währung ergeben können, mit Zustimmung des Reichsrats folgendes bestimmt:

§ 1. (1) Bei im Inland unbeschränkt steuerpflichtigen Personen ist für die Vermögensteuer, die Zwangsanleihe und die Einkommensteuer auf Antrag der Wert des in Abs. 2, 3 bezeichneten ausländischen Vermögens und Einkommens in ausländischer hochwertiger Währung gemäß § 2 in die deutsche Währung umzurechnen und nach einem gemäß § 3 ermittelten Steuersatz heranzuziehen. Das gleiche gilt hinsichtlich der Erbschaftssteuer, wenn der Erwerber nach § 8 Abs. 1 ErbschStG. in der Fassung der Bekanntmachung vom 7. August 1922 (RGBl. I S. 695) mit dem gesamten Erbanfall steuerpflichtig ist.

(2) Als ausländisches Vermögen im Sinne des Abs. 1 kommen in Betracht:

1. ausländisches Grundvermögen,
2. Betriebsvermögen, das ausländischen Betriebsstätten gewidmet ist,
3. der Kapitalwert der Rechte auf ausländische Renten und andere wiederkehrende Nutzungen und Leistungen im Sinne des § 9 Nr. 5 VermStG. sowie noch nicht fällige Ansprüche aus Lebens- und Kapitalversicherungen oder Rentenversicherungen, aus denen der Berechtigte noch nicht in den Rentenbezug eingetreten ist (§ 9 Nr. 6 VermStG.), sofern der Vertrag mit ausländischen Versicherungsgesellschaften abgeschlossen ist,
4. Hypotheken, die an einem im Auslande belegenen Grundstücke bestellt sind.

(3) Als ausländisches Einkommen im Sinne des Abs. 1 gilt das Einkommen aus dem im Abs. 2 bezeichneten Vermögen und das Einkommen aus einer im Ausland ausgeübten Erwerbstätigkeit. Dies gilt jedoch nur insoweit, als die Einkommensbeträge im Ausland verblieben oder in Deutschland über den Umfang des § 13 Nr. 7 EinkStG. hinaus gemeinnützigen oder mildtätigen Zwecken zugeführt worden sind.

§ 2. (1) Umrechnungskurs ist ein Durchschnittskurs, der ermittelt wird aus der durch drei geteilten Summe der Kurse am Ende der ersten Hälfte der Jahre 1920, 1921, 1922 einerseits und dem Kurse am 3. Oktober 1922 anderseits.

(2) Als Kurse (Abs. 1) sind die Wechselkurse der Berliner Börse maßgebend. Hat die Berliner Börse Wechselkurse für die Währung eines Landes nicht notiert, so werden sie vom Reichsminister der Finanzen ermittelt und festgesetzt.

§ 3. Die Steuer wird von dem gesamten steuerpflichtigen Vermögen oder Einkommen nach dem Hundertsatz erhoben der sich ergeben würde,

wenn die Steuer von dem nach dem Währungskurse vom 31. Dezember 1913 ermittelten ausländischen Vermögen oder Einkommen zuzüglich des übrigen Vermögens oder Einkommens erhoben würde. Falls sich hiernach kein Hundertsatz ergibt, wird die Steuer nach dem niedrigsten in Frage kommenden Abgabesatz erhoben.

§ 4. Der Reichsminister der Finanzen kann zur Vermeidung von Härten die Anwendung der §§ 2, 3 auch auf anderes als im § 1 bezeichnetes in ausländischer Währung ausgedrücktes Vermögen sowie auf das Einkommen aus diesem Vermögen ausdehnen.

§ 5. Der Reichsminister der Finanzen ist ermächtigt, in Fällen, in denen die Anwendung dieser Verordnung ihrem wirtschaftlichen Zweck nicht entspricht, die Durchführung der Besteuerung des ausländischen Vermögens oder Einkommens in anderer Weise zu regeln; er kann im Einvernehmen mit dem Steuerpflichtigen sämtliche Steuern vom Vermögen und Einkommen insbesondere auch in einem Pauschbetrage festsetzen.

§ 6. Für die Vermögenszuwachssteuer bleibt der Ausgleich von Härten, die sich bei Verbringung von im Ausland befindlichem Vermögen ins Inland während eines Veranlagungszeitraums dadurch ergeben, daß bei der Feststellung des Anfangsvermögens der Wert des ins Inland verbrachten Vermögens gemäß § 2 umgerechnet ist, besonderer Regelung vorbehalten.

§ 7. Diese Verordnung findet Anwendung:

1. auf die Veranlagung zur Einkommensteuer für das Kalenderjahr 1922,
2. auf die erste Veranlagung zur Vermögensteuer und auf die Veranlagung zur Zwangsanleihe,
3. auf die Fälle, in denen im Kalenderjahr 1923 eine Vermögensteuerpflicht, eine Erbschaftssteuerpflicht oder eine Pflicht zur Vorauszahlung auf die Einkommensteuer gemäß § 42 Abs. 2 EinkStG. begründet wird.

Berlin, den 16. Februar 1923.

Der Reichsminister der Finanzen.

Anhang 3.

Verordnung über die Steuerkurse und Steuerwerte von Wertpapieren für die erste Veranlagung zur Vermögensteuer und für die Veranlagung zur Zwangsanleihe.

Vom 4. Januar 1923 (RGBl. I S. 54).

Auf Grund des § 24 Abs. 3 des Gesetzes über die Zwangsanleihe in der Fassung des Art. I Nr. 5 des Gesetzes zur Änderung des Gesetzes über die Zwangsanleihe vom 22. Dezember 1922 (RGBl. I S 955) wird folgendes bestimmt:

1. Für junge Aktien, die am 31. Dezember 1922 noch nicht zum Handel an einer deutschen Börse zugelassen sind, ist als Steuerwert der Durchschnittskurs der alten Aktie abzüglich 10 v. H. anzusetzen.

2. Bestand eine Gesellschaft am 30. Juni 1920 noch nicht, oder waren die Aktien einer Gesellschaft am 30. Juni 1920 noch nicht in den Verkehr gebracht, so sind die Durchschnittskurse aus der durch zwei geteilten Summe der Kurse vom 30. Juni 1921 und 30. Juni 1922 einerseits und dem Kurse vom 3. Oktober 1922 anderseits zu ermitteln
3. Bestand eine Gesellschaft am 30. Juni 1921 noch nicht, oder waren die Aktien am 30. Juni 1921 noch nicht in den Verkehr gebracht, so ist der Durchschnittskurs aus der durch zwei geteilten Summe der Kurse vom 30. Juni 1922 und 3. Oktober 1922 mit einem Abschlag von 10 v. H. zu errechnen.
4. Bestand eine Gesellschaft am 30. Juni 1922 noch nicht, oder waren die Aktien am 30. Juni 1922 noch nicht in den Verkehr gebracht, so ist der Kurs vom 3. Oktober 1922 mit einem Abschlag von 25 v. H. als Durchschnittskurs anzusetzen.
5. Bestand eine Gesellschaft am 3. Oktober 1922 noch nicht, oder waren die Aktien am 3. Oktober 1922 noch nicht in den Verkehr gebracht, so ist als Durchschnittskurs der Kurs vom 31. Dezember 1922 mit einem Abschlag von 40 v. H. zugrunde zu legen.
6. Handelt es sich in den Fällen unter 2—5 um inländische Wertpapiere, die auf eine der deutschen gegenüber hochwertige ausländische Währung lauten, so findet die im § 24 Abs. 2 Satz 2 für ausländische Wertpapiere getroffene Bestimmung entsprechende Anwendung.

Berlin, den 4. Januar 1923.

Der Reichsminister der Finanzen.

Anhang 4.

Bekanntmachung betr. die Festsetzung von Steuerkursen und Steuerwerten für die Veranlagung zur Vermögensteuer und Zwangsanleihe.

Gemäß § 142 Abs. 1 und 2 RAO. und § 24 des Gesetzes über die Zwangsanleihe in der Fassung des Art. I Nr. 5 des Gesetzes zur Änderung des Gesetzes über die Zwangsanleihe vom 22. Dezember 1922 werden die auf den 31. Dezember 1922 vorläufig festgesetzten Steuerkurse von in Deutschland zum Börsenhandel zugelassenen Wertpapieren sowie Steuerwerte von ausländischen Wertpapieren ohne inländischen Kurswert nachstehend veröffentlicht.

Nach Ablauf eines Monats, vom Tage dieser Veröffentlichung gerechnet, wird der Reichsrat die Steuerkurse und Steuerwerte endgültig festsetzen.

Diejenigen Steuerkurse von in Deutschland zum Börsenhandel zugelassenen Wertpapieren, die bisher noch nicht festgestellt werden konnten, sowie die Steuerwerte inländischer Wertpapiere, die in Deutschland zum Börsenhandel nicht zugelassen sind, werden bekanntgegeben werden, sobald mir die hierzu notwendigen Unterlagen von den Börsenvorständen und Sachverständigenausschüssen übermittelt sein werden.

Berlin, den 31. Januar 1923.

Der Reichsminister der Finanzen.

Anhang 5.

Bekanntmachung über die Festsetzung von Steuerkursen und Steuerwerten für die erste Veranlagung zur Vermögensteuer und für die Veranlagung zur Zwangsanleihe.

I. Im Anschluß an die Bekanntmachung vom 31. Januar 1923 (Nr. 26 des „Deutschen Reichsanzeigers") werden gemäß § 142 Abs. 1 und 2 RAO. und § 24 des Gesetzes über die Zwangsanleihe nachstehend die auf den 31. Dezember 1922 vorläufig festgesetzten:

a) Steuerkurse von weiteren in Deutschland zum Börsenhandel zugelassenen Wertpapieren (Teil A),
b) Steuerwerte von weiteren ausländischen Wertpapieren ohne inländischen Kurswert (Teil B),
c) Steuerwerte von Wertpapieren mit inländischem Kurswert, die in Deutschland zum Börsenhandel nicht zugelassen sind (Teil C)

veröffentlicht.

Zu den hiernach sowie den in Nr. 26 des Deutschen Reichsanzeigers durch die Bekanntmachung vom 31. Januar 1923 vorläufig festgesetzten Steuerkursen und Steuerwerten tritt ein Zuschlag von 300 v. H. des Steuerkurses oder Steuerwerts; die Wertpapiere sind daher mit dem Vierfachen des Steuerkurses oder Steuerwerts anzusetzen.

Ausgenommen von dem Zuschlag sind:

1. inländische, auf Reichsmark lautende, festverzinsliche Wertpapiere,
2. ausländische festverzinsliche Wertpapiere mit inländischem Kurswert, die am 31. Dezember 1922 auf eine der deutschen gegenüber nicht hochwertige Währung lauteten,
3. ausländische Wertpapiere ohne inländischen Kurswert, die am 31. Dezember 1922 auf eine der deutschen gegenüber nicht hochwertige Währung lauteten,
4. Aktien, die erst nach dem 3. Oktober 1922 in den Verkehr gebracht sind, sofern es sich nicht um junge Aktien handelt,

Für die Bewertung der vom Reich erworbenen oder beschlagnahmten ausländischen Wertpapiere gilt Teil D. Auch die hierin festgesetzten Steuerwerte sind für die Veranlagung zur Vermögenssteuer und Zwangsanleihe mit dem Vierfachen des Steuerwerts anzusetzen, soweit nicht im Abschnitt D etwas anderes vermerkt ist.

Nach Ablauf eines Monats, vom Tage der Veröffentlichung gerechnet, wird der Reichsrat die Steuerkurse und Steuerwerte endgültig festsetzen.

II. Wertpapiere, für die in der Bekanntmachung vom 31. Januar 1923 oder in dieser Bekanntmachung ein Steuerkurs oder Steuerwert nicht festgesetzt ist, sind wie folgt zu bewerten:

1. in- oder ausländische Wertpapiere die in Deutschland einen Kurswert haben, sind mit dem Durchschnittskurs zu bewerten, der ermittelt wird aus der durch drei geteilten Summe der Kurse vom Ende Juni 1920, 1921, 1922 einerseits und aus dem Kurse von Anfang Oktober 1922 andererseits. Es sind also die Kurse von Ende Juni 1920, 1921 und 1922 zusammenzurechnen, durch drei zu teilen, der Kurs von Anfang Oktober 1922 hinzu-

zurechnen und die sich dann ergebende Summe durch zwei zu teilen. Aktien, die erst nach dem 30. Juni 1920 im Inland regelmäßig gehandelt worden sind, sind nach der Verordnung vom 4. Januar 1923 (RGBl. I S. 54) zu bewerten.

Zu den nach Abs. 1 ermittelten Steuerwerten tritt ein Zuschlag von 300 v. H.; die Steuerwerte sind daher mit dem Vierfachen anzusetzen. Ausgenommen vom Zuschlag sind:

a) inländische, auf Reichsmark lautende, festverzinsliche Wertpapiere.

b) ausländische festverzinsliche Wertpapiere, die am 31. Dezember 1922 auf eine der deutschen gegenüber nicht hochwertige Währung lauteten,

c) Aktien, die erst nach dem 3. Oktober 1922 in den Verkehr gebracht sind, sofern es sich nicht um junge Aktien handelt;

2. inländische Wertpapiere, die in Deutschland keinen Kurswert haben, sind mit dem Verkaufswert am 31. Dezember 1922 abzüglich 40 v. H. dieses Werts anzusetzen. Zu dem sich hiernach ergebenden Steuerwert tritt kein Zuschlag. Der Verkaufswert von Aktien, Kuxen oder Anteilen an einer Bergwerksgesellschaft oder Gesellschaft mit beschränkter Haftung, für die ein Kurswert nicht ermittelt werden kann, ist auf Antrag von dem für die Veranlagung der Gesellschaft oder Gewerkschaft zuständigen Finanzamt zu ermitteln und Steuerpflichtigen und Finanzämtern auf Anfrage mitzuteilen;

3. ausländische Wertpapiere, die im Inland keinen Kurswert haben, sind anzusetzen mit dem ausländischen Kurs- oder Verkaufswert am 31. Dezember 1922 oder, wenn ein solcher nicht zu ermitteln ist, mit dem Kurs- oder Verkaufswert am letztvorangegangenen Tage, an dem ein solcher Wert zu ermitteln ist.

Für die Umrechnung von der ausländischen in die inländische Währung gilt folgendes:

a) Handelt es sich um eine der deutschen gegenüber nicht hochwertige Währung, so ist die Umrechnung nach dem Kurse der ausländischen Währung vom 31. Dezember 1922 (s. Teil E)*) vorzunehmen. Zu den hiernach ermittelten Steuerwerten tritt kein Zuschlag.

b) Handelt es sich um eine der deutschen gegenüber hochwertige Währung, so ist die Umrechnung nach dem Durchschnittskurse der ausländischen Währung vorzunehmen, der nachstehend im Teil F*) abgedruckt ist. Zu den hiernach ermittelten Steuerwerten tritt ein Zuschlag von 300 v. H.; die Steuerwerte sind daher mit dem Vierfachen anzusetzen.

III. Bei der ersten Veranlagung zur Vermögensteuer und der Veranlagung zur Zwangsanleihe ist der Anspruch auf Aushändigung der bis zum 31. Dezember 1922 gezeichneten Zwangsanleihe mit 50 v. H. ihres Nennwerts zu bewerten.

IV. Die für die Bewertung der nicht zum Betriebsvermögen gehörigen Forderungen sowie für die Bewertung von Schulden in ausländischer Währung maßgebenden Kurse sind nachstehend im Teil E*) abgedruckt.

Berlin, den 27 März 1923.

Der Reichsminister der Finanzen.

---

*) S. Anhang 15.

Anhang 6.

Hilfstafel über den gegenwärtigen Gesamtwert einer Rente oder Nutzung im Werte von 1 Mark auf eine bestimmte Anzahl von Jahren.

(Zu § 144 Abs. 1 RAO.)

Anzahl der Jahre	Gesamtwert		Anzahl der Jahre	Gesamtwert		Anzahl der Jahre	Gesamtwert	
	Mark	Pf.		Mark	Pf.		Mark	Pf.
1	1	0,0	29	17	66,3	57	23	22,0
2	1	96,2	30	17	98,4	58	23	32,7
3	2	88,0	31	18	29,0	59	23	43,0
4	3	77,5	32	18	58,9	60	23	52,8
5	4	63,0	33	18	87,1	61	23	62,4
6	5	45,1	34	19	14,8	62	23	71,5
7	6	24,2	35	19	41,1	63	23	80,3
8	7	00,2	36	19	66,5	64	23	88,7
9	7	73,3	37	19	90,8	65	23	96,9
10	8	43,5	38	20	14,3	66	24	04,7
11	9	11,1	39	20	36,8	67	24	12,2
12	9	76,0	40	20	58,5	68	24	19,4
13	10	38,5	41	20	79,3	69	24	26,4
14	10	98,6	42	20	99,3	70	24	33,0
15	11	56,3	43	21	18,6	71	24	39,5
16	12	11,8	44	21	37,1	72	24	45,6
17	12	65,2	45	21	54,9	73	24	51,6
18	13	16,6	46	21	72,0	74	24	57,3
19	13	65,9	47	21	88,5	75	24	62,8
20	14	13,4	48	22	04,3	76	24	68,0
21	14	59,0	49	22	19,5	77	24	73,1
22	15	02,9	50	22	34,2	78	24	78,0
23	15	45,1	51	22	48,2	79	24	82,7
24	15	85,7	52	22	61,8	80	24	87,2
25	16	24,7	53	22	74,8	81	24	01,5
26	16	62,2	54	22	87,3	82	24	95,7
27	16	98,3	55	22	99,3	83	24	90,7
28	17	33,0	56	23	10,9	84 und mehr	25	00,0

Anhang 7.

Grundsätze des RFM. für die Wertermittlung nach dem Reichsnotopfergesetz.

Vom 4. September 1920 (ZBl. f. d. D. R. S. 1425).

. . . .

A. Das Vermögen der Einzelpersonen.

. . . .

I. Das Grundvermögen.

. . . .

4. Normaler Reinertrag. Bei der Feststellung des Ertragswerts auf den maßgebenden Stichtag ist der Wert zu ermitteln, der sich auf der Grundlage des als dauernd anzunehmenden durchschnittlichen Ertrages ergibt. Daher kann nicht das Zwanzigfache des Reinertrages irgendeines bestimmten Jahres ohne weiteres als Ertragswert angesetzt werden; vielmehr bedarf es stets der Feststellung eines Durchschnittsertrags. Demgemäß haben die Veranlagungsbehörden zur Ermittlung des Ertragswerts der Grundstücke ihres Bezirks Normalsätze für den Ertrag festzustellen. Zu diesem Zwecke werden bestimmte Grundstücke oder wirtschaftliche Einheiten, deren Bewirtschaftung den oben angegebenen Voraussetzungen entspricht (ordnungsmäßige, gemeinübliche Bewirtschaftung unter gewöhnlichen Verhältnissen) unter Zuziehung von Sachverständigen sorgfältig auf ihren im Durchschnitt der Jahre 1914 bis 1919 erzielten Ertrag geprüft werden müssen. Vor der Ernennung des Sachverständigen sind möglichst Berufsvertretungen zu hören. Die Veranlagungsbehörden werden die Zahl der hierfür in Frage kommenden Grundstücke nicht zu gering bemessen haben, um einen dem Normalstand der Landwirtschaft des Veranlagungsbezirks entsprechenden Ertrag zu erhalten. Das Zwanzigfache dieses Ertrages ergibt dann den normalen Ertragswert, der bei der Bewertung der übrigen Grundstücke zugrunde zu legen ist. Eine Einnahme durch Veräußerung von Inventar muß bei der Festsetzung des Ertrages unberücksichtigt bleiben, sofern die Veräußerung den Grundsätzen einer ordnungsmäßigen, gemeinüblichen Bewirtschaftung widersprach

Bei der Berechnung des normalen Reinertrages sind vom Rohertrag alle Kosten abzusetzen, die aufgewendet werden müssen, um mit entlohnten fremden Arbeitskräften den Rohertrag zu erzielen.

Wenn sich Grundstücke nach ihrer Lage und Beschaffenheit von den Grundstücken, die bei der Festsetzung der Normalsätze zugrunde gelegt wurden, wesentlich unterscheiden, wird ein Zuschlag zu den Normalsätzen oder Abschlag von ihnen zu machen sein.

Die mehr oder weniger erfolgreiche Bewirtschaftung eines Grundstücks, die lediglich in der Person des Landwirts ihren Grund hat, darf nicht berücksichtigt werden.

In Gegenden, in denen die Verpachtung des Grundbesitzes gemeinüblich oder weit verbreitet ist, wird bei der Bewertung das Zwanzigfache des jährlichen Pachtzinses, der durchschnittlich für Grundstücke dieser Art

in den Jahren 1914 bis 1919 vereinbart worden ist, zuzüglich des Unternehmergewinns des Pächters als Normalertragswert zu gelten haben. Die Normalsätze werden durch Zuschlag oder Abschlag nach den angegebenen Grundsätzen zu berichtigen sein.

5. Die Aufstellung von Normalsätzen im Sinne der Nr 4 für gärtnerische Grundstücke erscheint mit Rücksicht auf die Verschiedenartigkeit der Betriebe unzweckmäßig. Es sind deshalb hier an Stelle der Normalsätze die Erträgnisse der einzelnen Grundstücke im Durchschnitt der Jahre 1914 bis 1919 der Feststellung des Ertragswerts nach den oben angegebenen Grundsätzen zugrunde zu legen.

6. Für den Weinbau können die Finanzämter abweichende Grundsätze aufstellen, soweit dies durch die Eigenart des Weinbaues geboten ist; die Grundsätze bedürfen der Zustimmung des Landesfinanzamts.

7. Bei der Bewertung forstwirtschaftlicher Grundstücke kann mit Rücksicht auf die Eigenart des Forstwirtschaftsplans im wesentlichen nach den Grundsätzen verfahren werden, wie sie für die Durchschnittsberechnung des Ertragswerts zum Besitzsteuergesetz aufgestellt worden sind (§ 36 der Ausführungsbestimmungen zum Besitzsteuergesetz). Bei der Durchschnittsberechnung sind die bis zum Stichtage abgelaufenen Wirtschaftsjahre zu berücksichtigen.

8. Die der Land- oder Forstwirtschaft oder Gärtnerei dienenden Gebäude und Betriebsmittel werden nicht besonders bewertet, sondern bei der Ermittlung des Ertragswerts einbegriffen (§ 152 Abs. 4 AO.). Bei den Normalsätzen ist ein angemessener Bestand an lebendem und totem Inventar und an sonstigem Betriebskapital vorausgesetzt. Ein Mehr- oder Minderwert an Gebäuden oder Betriebsmitteln gegenüber einem wirtschaftlichen Normalbestand ist dem normalen Ertragswert zuzusetzen oder von ihm abzurechnen, insoweit er geeignet ist, den Ertrag zu beeinflussen.

9. Einheitlich bewirtschaftete Grundstücke sind als wirtschaftliche Einheiten anzusehen. Die Annahme einer wirtschaftlichen Einheit ist nicht dadurch ausgeschlossen, daß die Grundstücke eines Besitzers sich in Gemengelage befinden oder die Wohn- und Wirtschaftsgebäude mit den Feldgrundstücken nicht räumlich zusammenhängen.

10. Bei bebauten Grundstücken, die Wohnzwecken oder gewerblichen Zwecken zu dienen bestimmt sind, gilt als Ertragswert das Zwanzigfache des Miet- oder Pachtertrages, der nach Maßgabe des § 152 Abs. 5 AO. festzustellen ist. Ist während der drei Jahre, die nach der angeführten Vorschrift der Ertragsberechnung zugrunde liegen, der Bestand des Grundstücks geändert worden, so ist für die vor der Veränderung liegende Zeit der Ertrag zu ermitteln, der für das geänderte Grundstück hätte erzielt werden können.

11. Dem Umstande, daß Grundstücke auf mehrere Jahre hinaus noch als Heimgärten oder Laubenkolonien oder zu ähnlichen Zwecken benutzt werden, und erst später der Bebauung zugeführt werden sollen, wird bei der Festsetzung des Werts durch einen angemessenen Abschlag Rechnung getragen werden können.

Anhang 8.

Ausführungsbestimmungen zum Erbschaftssteuergesetz.

(Erlaß des RFM. vom 11. 10. 1919, ZBl. f. d. D. R. 1919 S. 1211.)

§ 20. Bei der Ermittlung des Ertragswerts land- oder forstwirtschaftlicher oder gärtnerischer Grundstücke sind die der Land- oder Forstwirtschaft oder Gärtnerei einschließlich etwaiger Nebenbetriebe (Brennerei, Brauerei usw.) dienenden Gebäude und Betriebsmittel mit zu berücksichtigen. Dabei wird ein angemessener Bestand an lebendem und totem Inventar und sonstigem Betriebskapital vorausgesetzt. Ein Mehr- oder Minderwert an Gebäuden und Betriebsmitteln gegenüber einem wirtschaftlich regelmäßigen Stande ist dem Ertragswert hinzu- oder von ihm abzurechnen, insoweit er geeignet ist, den Ertrag zu beeinflussen.

§ 21. Der Berechnung des Ertragswerts landwirtschaftlicher oder gärtnerischer Grundstücke ist der Reinertrag zugrunde zu legen, den ein ordentlicher Unternehmer von den Grundstücken nach ihrer bisherigen wirtschaftlichen Bestimmung bei ordnungsmäßiger Bewirtschaftung und unter gewöhnlichen Verhältnissen mit entlohnten fremden Arbeitskräften im Durchschnitt einer Reihe von Jahren für ein Wirtschaftsjahr erzielen kann.

Bei Grundstücken, bei denen die Ergebnisse des Wirtschaftsbetriebs dem Boden unmittelbar entnommen werden, wie Sand-, Lehm-, Tongruben, Stein-, Schiefer-, Kalk- oder Kreidebrüchen, Torfstichen usw., und deren Ausbeutung in unmittelbarer Verbindung mit einem land- oder forstwirtschaftlichen oder Gärtnereibetriebe erfolgt, ist die Jahresgewinnung um einen der fortschreitenden Erschöpfung des Bodens entsprechenden Betrag zu kürzen.

Sind Grundstücke zu einer wirtschaftlichen Einheit verbunden, so ist der Reinertrag unter Berücksichtigung der Zusammengehörigkeit von den Grundstücken als einheitlichem Ganzen zu berechnen.

Der Betrieb einer Gärtnerei gilt, je nachdem die Bodenbewirtschaftung überwiegt oder nicht, als landwirtschaftlicher oder gewerblicher Betrieb.

§ 22. Der Reinertrag ist aus dem Rohertrage durch Abzug der Bewirtschaftungskosten, d. i. der Kosten zu berechnen, die aufzuwenden sind, um mit entlohnten fremden Arbeitskräften den Rohertrag zu erzielen. Ist bei Zugrundelegung der Verhältnisse einer ordnungsmäßigen Bewirtschaftung zur Oberleitung des gesamten Betriebs eine besondere Arbeitskraft für erforderlich zu erachten, so ist bei selbstbewirtschafteten Betrieben der Wert der Tätigkeit des Selbstbewirtschafters vom Rohertrag insoweit abzuziehen, als diese Tätigkeit des Selbstbewirtschafters eine solche besondere Arbeitskraft ersetzt und der dafür angesetzte Wertbetrag die angemessene Entlohnung einer solchen Arbeitskraft nicht übersteigt.

Zum Rohertrag ist auch der Mietwert der vom Eigentümer oder Pächter oder deren Angehörigen selbst bewohnten oder zur Führung des Haushalts benutzten Gebäude zu rechnen.

Was zur Bestreitung des Haushalts des Besitzers aus den Ergebnissen des Wirtschaftsbetriebs zu entnehmen ist, darf aus dem Rohertrage nicht ausgeschieden werden.

§ 23. Bei verpachteten Landgütern oder anderen Grundstücken darf im allgemeinen als Reinertrag der Pachtwert gelten, vorausgesetzt, daß sich das Gut oder Grundstück in ordnungsmäßigem wirtschaftlichen Zustand befindet und der Pachtzins dem Pachtzins entspricht, der im gewöhnlichen Verkehre für ein derartiges Landgut oder Grundstück gezahlt zu werden pflegt. Pachtzinsen, deren Höhe durch persönliche, besonders verwandtschaftliche Verhältnisse oder andere besondere Umstände, z. B. bei Zupachtung zwecks Abrundung des Besitzes, bestimmt ist, dürfen bei Ermittlung des Ertragswerts nicht berücksichtigt werden.

Als Pachtwert gilt der bar zu entrichtende jährliche Pachtzins abzüglich des Geldwerts der vom Verpächter etwa zu tragenden, zu den Bewirtschaftungskosten gehörigen Leistungen und zuzüglich des Geldwerts der dem Verpächter etwa vorbehaltenen Nutzungen sowie der vom Pächter neben dem Pachtzins übernommenen Lieferungen und Leistungen, soweit sie nicht zu den Bewirtschaftungskosten gehören.

§ 24. In der Steuererklärung sind anzugeben:

a) die Grundstücke nebst den dazugehörigen Gebäuden und dem Zubehör nach ihrer Bezeichnung im Grundbuch, Größe, Beschaffenheit (Gebäude, Hof, Kulturland) und Kulturart (Acker, Wiese, Weide, Teich usw.);
b) die Feuerversicherungssumme der Gebäude;
c) der letzte Erwerbspreis und die Erwerbszeit;
d) ob die Grundstücke verpachtet sind, ob mit oder ohne Inventar, die Höhe des Pachtzinses mit den Nebenleistungen.

Statt der Einzelangaben genügt die Bezugnahme auf einen gleichzeitig vorzulegenden amtlichen Ausweis (Besitzstandsverzeichnis, Katasterauszug), wenn daraus die erforderlichen Angaben nach dem neuesten Stande hervorgehen.

Für jedes Grundstück ist der Ertragswert und, wenn er nicht zuverlässig angegeben werden kann, der gemeine Wert anzugeben. Wurden vom Erblasser über den Betrieb des Grundstücks geordnete Bücher geführt, so kann der Erklärende die Bücher oder die Buchabschlüsse zur Unterstützung der Wertermittlung vorlegen.

Erklärt sich der Steuerpflichtige glaubhaft zu einer zuverlässigen Angabe des Ertrags außerstande und ist der gemeine Wert hinlänglich festzustellen, so kann mit seiner Zustimmung als Ertragswert der gemeine Wert der Steuerberechnung zugrunde gelegt werden.

§ 25. Ist eine Ertragsermittlung nach den vorstehenden Vorschriften nicht möglich, so kann der Ertragswert nach dem Miet- oder Pachtwert von Grundstücken aus dem Bezirke des Finanzamts oder aus benachbarten Bezirken ermittelt werden, sofern es sich um Betriebe von annähernd gleicher Lage und Beschaffenheit und annähernd gleichen wirtschaftlichen Verhältnissen handelt und Miet- oder Pachtwerte, die sich zur Vergleichung eignen, in hinreichender Zahl vorhanden sind.

Werden Pachtgüter oder Pachtgrundstücke in Vergleich gezogen, bei denen das Betriebskapital (bewegliche Inventar) mitverpachtet ist, so ist

der Pachtzins unter Abzug der Zinsen für den Kapitalwert des Betriebskapitals festzustellen. Ebenso ist der im Pachtzins mitenthaltene Mietwert der vom Pächter für sich, seine Familie und das nicht zum Landwirtschaftsbetriebe gehaltene Personal sowie für Fremde bestimmten Wohnräume einschließlich der nicht dem landwirtschaftlichen Betriebe dienenden Stallungen und Wirtschaftsräume auszuscheiden.

Aus den Vergleichswerten ist der Pachtwert auf den Hektar der landwirtschaftlich genutzten Fläche, soweit möglich getrennt nach Kulturarten zu berechnen, mit der Zahl der Hektare des abzuschätzenden Grundstücks zu vervielfältigen und um den jährlichen Reinertrag aus besonderen, zu dem abzuschätzenden Grundstück gehörenden Nutzungen, wie Jagd und Fischerei, zu vermehren. Dem so gefundenen Werte ist ein Zuschlag für die Verzinsung eines durchschnittlichen Betriebskapitals in einer auf den Hektar zu rechnenden Höhe und für den Mietwert der dem landwirtschaftlichen Betriebe dienenden Wohn- und Wirtschaftsgebäude hinzuzurechnen. § 20 Satz 3 findet Anwendung. Ein Abzug für die Tätigkeit des Selbstbewirtschafters (§ 22) erfolgt nicht.

§ 26. Ist eine Berechnung des Ertragswerts auch nach § 25 nicht tunlich, so ist durch Sachverständigenschätzung festzustellen, welcher Reinertrag auf den Hektar der landwirtschaftlich genutzten Fläche, getrennt nach Kulturarten, bei Zugrundelegung von Durchschnittszahlen für den Kulturaufwand einerseits und die Preise der landwirtschaftlichen Erzeugnisse anderseits zu rechnen ist, und hieraus der Reinertrag unter Hinzurechnung des Mietwerts der dem landwirtschaftlichen Betriebe dienenden Wohn- und Wirtschaftsräume zu ermitteln. Das Ergebnis ist gegenüber dem gleichzeitig festzustellenden gemeinen Werte abzuwägen und hiernach der Ertragswert festzustellen.

§ 27. Bei Forsten (Holzungen) ist, soweit eine ordnungsmäßige Bewirtschaftung auf Grund eines nach forstwirtschaftlichen Grundsätzen aufgestellten Bewirtschaftungsplans stattgefunden hat und außergewöhnliche, nicht innerhalb der regelmäßigen Nutzung liegende Abtriebe nicht vorgekommen sind, zunächst der Gesamtreinertrag während des dem Tode des Erblassers vorangegangenen, der Zahl der Jahre der Wirtschaftsperiode entsprechenden Zeitraums zu berechnen. Hierbei sind in Einnahme zu stellen der Erlös für die in dem maßgebenden Zeitraum aus dem regelmäßigen Abtrieb sowie den Zwischen- und Nebennutzungen erzielten Erzeugnissen, in Ausgabe als Bewirtschaftungskosten die Aufwendungen für Aufsicht und Verwaltung, Schlagen, Aufbereitung, Rücken und Flößen der Hölzer, für Aufforstung sowie für Unterhaltung der Baulichkeiten (Forsthäuser, Brücken, Wege usw.). Der Berechnung des Ertragswerts ist der Reinertrag zugrunde zu legen, der durchschnittlich auf ein Jahr des der Berechnung des Gesamtreinertrags zugrunde gelegten Zeitraums entfällt. Von der Berechnung des Ertragswerts nach dem wirklichen Reinertrage sind die Flächen auszuscheiden, auf denen während des maßgebenden Zeitraums Neubeforstungen behufs Erweiterung des Forstbestandes oder Abtriebe behufs Änderung der Kulturart stattgefunden haben.

§ 28. Soweit nicht § 27 etwas anderes bestimmt, ist der Reinertrag schätzungsweise zu ermitteln. Eine Berechnung des Ertragswerts aus dem von den Grundstücken wirklich erzielten Reinertrage findet nicht statt.

§ 29. Bei bebauten Grundstücken, die Wohnzwecken oder gewerblichen Zwecken zu dienen bestimmt sind, wird der Berechnung des Ertragswerts der Miet- oder Pachtreinertrag zugrunde gelegt, der im Durchschnitt der letzten 3 Jahre erzielt worden ist oder bei Vermietung oder Verpachtung hätte erzielt werden können. Der Miet- oder Pachtreinertrag ergibt sich aus dem Miet- oder Pachtrohertrage nach Abzug von ein Fünftel des Rohertrags für Nebenleistungen und Instandhaltungskosten oder von dem als erforderlich nachgewiesenen höheren Betrage für Nebenleistungen und Instandhaltungskosten, ohne Rücksicht darauf, ob die hierzu notwendigen Arbeiten von dem Steuerpflichtigen selbst oder durch entlohnte fremde Arbeitskräfte geleistet worden sind.

§ 30. Ist das Grundstück (§ 29) vermietet oder verpachtet gewesen, so ist der durchschnittliche Jahresmiet- oder -pachtrohertrag aus dem Miet- oder Pachtzins zu berechnen, der auf Grund der Miet- oder Pachtverträge in den letzten drei Jahren zu entrichten war. Soweit das Grundstück zum Teil oder zeitweise nicht vermietet oder nicht verpachtet war, ist für den vom Eigentümer selbst benutzten oder aus einem anderen Grunde unvermietet oder unverpachtet gebliebenen Teil des Grundstücks ein dem Nutzungswerte dieses Teils und des vermieteten oder verpachteten Teils entsprechender oder ein dem Zeitraum entsprechender Verhältnisbetrag dem erzielten Miet- oder Pachtzins zuzurechnen.

Ist das Grundstück in den letzten drei Jahren überhaupt nicht oder nur zu einem unwesentlichen Teile oder für einen unwesentlichen Zeitraum vermietet oder verpachtet gewesen, so ist der Miet- oder Pachtertrag nach den ortsüblichen Miet- oder Pachtzinsen für gleiche oder ähnliche Grundstücke zu berechnen.

§ 31. Verlangt der Steuerpflichtige einen höheren Abzug als ein Fünftel von dem Miet- oder Pachtrohertrage (§ 29), so hat er den erforderlichen tatsächlichen Aufwand für Nebenleistungen und Instandhaltungskosten nachzuweisen. Soweit für Nebenleistungen und für die Instandhaltung des Grundstücks die eigene Arbeitskraft des Eigentümers oder seiner Angehörigen in Anspruch genommen worden ist, kann dafür ein angemessener Betrag angesetzt werden, der aufzuwenden gewesen wäre, wenn die Arbeit durch entlohnte fremde Arbeitskräfte verrichtet worden wäre. Abzugsfähig sind nur die Kosten, die durch die ordnungsmäßige Instandhaltung des Grundstücks notwendig geworden sind, nicht die Kosten für außergewöhnliche Maßnahmen, für Umbauten, Erweiterungsbauten usw.

Ist das Grundstück vor dem Tode des Erblassers durch solche außergewöhnliche Maßnahmen, Umbauten, Erweiterungs- oder Neubauten wesentlich geändert worden, so kommt für die Berechnung des Miet- oder Pachtertrags nur der neue Zustand in Betracht.

§ 32. Im Falle des § 30 Abs. 2 bleiben bei der Berechnung des Ertragswerts für bebaute Grundstücke, die gewerblichen Zwecken dienen, Betriebsmittel, die nicht herkömmlicherweise mit dem Grundstück mitvermietet oder mitverpachtet werden, unberücksichtigt. Diese Betriebsmittel sind besonders mit ihrem gemeinen Werte anzusetzen.

§ 33. Ist im Falle des § 30 Abs. 2 der Grundstückseigentümer zu einer zuverlässigen Angabe des Ertragswerts außerstande und stehen dem Finanzamt ortsübliche Miet- oder Pachtpreise für gleiche oder ähnliche

Grundstücke nicht zu Gebote, so ist als Ertragswert der gemeine Wert zugrunde zu legen.

§ **34.** In den Ländern, in denen eine Einschätzung nach dem Reinertrag oder dem Nutzungswerte zu Steuerzwecken stattgefunden hat und aktenmäßig festgestellt ist, können bis zur anderweiten reichsgesetzlichen Regelung als Hilfsmittel bei der Ermittlung des Ertragswerts die landesrechtlichen Einschätzungen benutzt werden, wenn die Beschaffenheit des Grundstücks sich nicht wesentlich geändert hat und wenn die landesrechtliche Schätzung den gegenwärtigen Ertragsverhältnissen entspricht oder ausreichende Anhaltspunkte, z. B. durch Vergleichung von Kaufpreisen für die Grundstücke oder die aus ihnen zu gewinnenden Erzeugnisse aus den verschiedenen Zeiträumen vorhanden sind, um den gegenwärtigen Ertragswert zu ermitteln.

Anhang 9.

Rundverfügung des preuß. FM. vom 15. Mai 1910.

(Mitteilungen aus der Verwaltung der direkten Steuern **54** S. 118ff.)

I.

1. Die Bestimmung (des § 11 Abs. 1 des ErgStG.) erstreckt sich nur auf solche Grundstücke, die dauernd land- oder forstwirtschaftlichen Zwecken, mit Einschluß der Viehzucht, des Wein-, Obst-, Gemüse- und Gartenbaus zu dienen bestimmt sind. (Für die Frage, ob eine wirtschaftliche Grundstückseinheit dauernd land- oder forstwirtschaftlichen Zwecken zu dienen bestimmt ist, ist die augenblickliche Benutzung nicht entscheidend; es müssen vielmehr alle in Betracht kommenden Verhältnisse gewürdigt werden, insbesondere die örtliche Lage des Grundstücks, seine voraussichtliche künftige Verwendung und die Anschauungen des wirtschaftlichen Verkehrs. Bei einem im Mittelpunkte einer aufstrebenden, sich stetig ausdehnenden, städtisch organisierten Gemeinde gelegenen Grundstücke ist eine dauernde Bestimmung für land- oder forstwirtschaftliche Zwecke, denen der Obst- und Gartenbau nicht ohne weiteres gleichzustellen ist, nicht mehr anzunehmen. OVG. vom 5. März 1913 IVa 33. 12. Dagegen kann der bloße Umstand, daß ein Grundstück im Gebiete eines erst projektierten Bebauungsplans liegt, für sich allein nicht als ausschlaggebend angesehen werden. OVG. vom 15. März 1913 IVa 35. 12. Deutsche Juristenzeitung XVIII Sp. 1502. Steuerarchiv 17. Jahrg. S. 30.)

Für alle übrigen Grundstücke bewendet es bei der allgemeinen Vorschrift des § 9 des ErgStG. und den dazu erlassenen Ausführungsbestimmungen. Insbesondere gilt dies für solche in der Umgebung von Städten und Industrieorten belegenen Grundstücke, welche zwar noch land- oder forstwirtschaftlich genutzt werden, bei denen aber nach den Umständen des Einzelfalls, wie z. B. nach ihrer Lage oder Beschaffenheit, Erwerbspreise, Belastung oder auch nach ihrer voraussichtlichen zukünftigen Verwendung z. B. zu baulichen oder Verkehrszwecken, nicht mehr angenommen werden kann, daß sie d a u e r n d bestimmt sind, land- oder forstwirtschaftlichen Zwecken zu dienen.

Indessen ist bei solchen Hofbesitzungen, welche sich in langjährigem Besitze befinden, dann, wenn sie tatsächlich land- oder forstwirtschaftlich genutzt werden, auch trotz ihrer Lage in der Umgebung von Städten und Industrieorten nicht ausgeschlossen, daß sie dauernd für land- oder forstwirtschaftliche Zwecke bestimmt sind. (Hat die Bewertung land- oder forstwirtschaftlich benutzter Grundstücke nach der Vorschrift im § 11 Abs. 1 des ErgStG. in der Fassung der Novelle vom 26. Mai 1909 zu erfolgen, so ist ausschließlich der Ertragswert des Gutes maßgebend. Hierbei kann also der Umstand, daß die zu bewertende wirtschaftliche Einheit Baustellen oder Bauland mit umfaßt, keinerlei Berücksichtigung finden. OVG. vom 26. Oktober 1912 VIIa 10/12, Deutsche Juristenzeitung XVIII Nr. 8. Steuerarchiv, 16. Jahrg. S. 150.)

2. Die Grundlage für die Bewertung der unter die Bestimmung des § 11 Abs. 1 fallenden Grundstücke bildet der Reinertrag, den die Grundstücke als solche nach ihrer wirtschaftlichen Bestimmung bei gemeinüblicher Bewirtschaftung im Durchschnitte nachhaltig gewähren können. Gemeint ist der Reinertrag, der sich nach Abzug der Bewirtschaftungskosten vom Rohertrage in einem Wirtschaftsjahr ergibt, aber nicht der Reinertrag eines bestimmten Jahres, sondern der, den die Grundstücke als solche, d. h. ohne Rücksicht auf die Tüchtigkeit oder Untüchtigkeit des zeitigen Wirtschafters, im Durchschnitte nachhaltig, d. h. im Durchschnitt einer Reihe von Jahren jedem Besitzer gewähren können. Hierbei ist vorausgesetzt: eine gemeinübliche Bewirtschaftung, so daß der Reinertrag, der nur unter ausnahmsweisen, besonderen Verhältnissen herausgewirtschaftet werden kann, bei der Bewertung der Grundstücke außer Betracht bleibt. Der „Normalreinertrag", wie ihn § 11 Abs. 1 begrifflich bestimmt, setzt endlich nach Abs. 2 daselbst auch einen wirtschaftlich normalen Bestand an lebendem und totem Wirtschaftsinventar sowie an den sonst zum Anlage- und Betriebskapitale gehörigen Werten voraus.

3. Der Reinertrag des § 11 findet im allgemeinen in den Pachtpreisen seinen Ausdruck. Die Pachtpreise setzen sich zusammen neben dem bar zu entrichtenden Pachtzins aus dem Geldwerte der dem Pächter etwa obliegenden Natural- und sonstigen Nebenleistungen und aus den dem Verpächter vorbehaltenen Nutzungen. Um den Normalreinertrag eines land- oder forstwirtschaftlich genutzten Grundstücks zu erhalten, sind dem Pachtpreis außerdem noch hinzuzurechnen die Zinsen für das vom Pächter zu stellende Betriebskapital (bewegliches Inventar).

Für die Feststellung des Reinertrags können aber nur solche Pachtpreise Verwendung finden, welche im gewöhnlichen Verkehre gezahlt zu werden pflegen und in deren Summe die Pacht für ein normales Wirtschafts-, bei Hofbesitz auch für ein normales Gebäudeinventar mitenthalten ist.

Pachtpreise, bei denen diese Voraussetzungen nicht zutreffen, müssen außer Betracht bleiben. Insbesondere gilt dies für Pachtverträge, bei denen die Beteiligten aus Verwandtschafts- oder aus anderen, nur in den Umständen des Einzelfalls beruhenden Rücksichten, einen den allgemeinen Ertragsverhältnissen nicht entsprechenden — sei es höheren, sei es niedrigeren — Pachtpreis vereinbart haben.

4. Als der bei der Einschätzung dauernd land- oder forstwirtschaftlich genutzter Grundstücke zugrunde zu legende Ertragswert gilt nach dem Gesetze das Fünfundzwanzigfache des Reinertrags oder nach den Ausführungen zu 3 das Fünfundzwanzigfache des normalen Pachtpreises einschließlich der Zinsen für das Betriebskapital (bewegliches Inventar).

In dem Ertragswert ist inbegriffen der Wert der zu dem land- oder forstwirtschaftlich genutzten Grundstücke gehörenden, denselben Zwecken dienenden Gebäude und des Zubehörs, sowie der den gewerblichen Nebenbetrieben dienenden Gegenstände, jedoch mit der im § 11 Abs. 2 gegebenen Maßgabe, daß Mehr- oder Minderwerte des unbeweglichen oder des beweglichen Inventars gegenüber einem wirtschaftlich normalen Bestand in Zu- oder Abrechnung zu bringen sind.

Die Zu- oder Abrechnung der Mehr- oder Minderwerte erfolgt nach den bisherigen Vorschriften.

Stehen gewerbliche Unternehmungen nicht in unmittelbarer Verbindung mit einem Landwirtschaftsbetriebe, stellen sie sich vielmehr als selbständige Betriebe dar, so ist der Wert der ihnen dienenden Grundstücke, der Gebäude und des Zubehörs nach den für die Schätzung von gewerblichem Anlage- und Betriebskapitale gegebenen Vorschriften zu ermitteln und in Ansatz zu bringen.

Bei Landwirtschaftsbetrieben, deren Einschätzung nach § 11 zu erfolgen hat, sind die Bestimmungen des § 10 des Gesetzes nicht mehr anwendbar. Insoweit ist auch die Vorschrift des Art. 5 Nr. 1b der technischen Anleitung vom 26. Dezember 1893 außer Kraft gesetzt, nach welcher der Ertragswert durch Kapitalisierung des Ertrags nach demjenigen Zinsfuße zu berechnen ist, der von dem in gleichartigem Grundbesitz angelegten Kapital in der betreffenden Provinz usw. erzielt zu werden pflegt.

Anhang 10.

Erste Verordnung über die Zeichnungsstellen für die Zwangsanleihe.

Vom 21. Juli 1922.

Im § 19 des Gesetzes über die Zwangsanleihe vom 20. Juli 1922 ist der Reichsminister der Finanzen ermächtigt worden, die Stellen zu bestimmen, die als Annahmestellen für die Zeichnung der Zwangsanleihe tätig zu sein haben. Auf Grund dieser Vorschrift werden zu Zeichnungsstellen bestimmt:

1. die Reichsbank sowie die Banken und Bankiers, die dem Zentralverband des Deutschen Bank- und Bankiergewerbes angehören;
2. die im Deutschen Zentralgiroverband und im Deutschen Sparkassenverband organisierten Girozentralen, Sparkassen und Kommunalbanken;
3. die den Revisionsverbänden des Deutschen Genossenschaftsverbandes angehörenden Kreditgenossenschaften, die Zentralkassen der landwirtschaftlichen Genossenschaften, die Landwirtschaftliche Zentraldarlehnskasse in Berlin, sowie deren Filialen und Hauptgeschäftsstellen.

Berlin, den 21. Juli 1922.

Der Reichsminister der Finanzen.

Anhang 11.

Zweite Verordnung über die Zeichnungsstellen für die Zwangsanleihe.

Vom 1. August 1922.

In Ergänzung der Verordnung über die Zeichnungsstellen für die Zwangsanleihe vom 21. Juli 1922 werden auf Grund des § 19 des Gesetzes über die Zwangsanleihe vom 20. Juli 1922 (RGBl. S. 601) nachfolgende weitere Stellen als Zeichnungsstellen für die Zwangsanleihe bestimmt:

1. die Preußische Staatsbank (Seehandlung) in Berlin,
2. die Bayerische Staatsbank in München,
3. die Sächsische Staatsbank in Leipzig,
4. die Braunschweigische Staatsbank in Braunschweig,
5. die Preußische Zentralgenossenschaftskasse in Berlin,
6. die Sächsische Bank in Dresden,
7. die Bayerische Notenbank in München,
8. die Badische Bank in Mannheim,
9. die Württembergische Notenbank in Stuttgart,
10. die Hannoversche Landeskreditanstalt in Hannover,
11. die Hessische Landeshypothekenbank in Darmstadt,
12. die Kommunalständische Bank für die Preußische Oberlausitz in Görlitz,
13. die Landesbank der Provinz Hannover in Hannover,
14. die Landesbank der Provinz Ostpreußen in Königsberg,
15. die Landesbank der Provinz Schleswig-Holstein in Kiel,
16. die Landesbank der Provinz Westfalen in Münster,
17. die Landesbank der Rheinprovinz in Düsseldorf,
18. die Landeskreditkasse in Cassel,
19. die Landständische Bank des Sächsischen Markgrafentums Oberlausitz in Bautzen,
20. die Lippische Landesbank, Staatliche Kreditanstalt in Detmold,
21. die Nassauische Landesbank in Wiesbaden,
22. die Nassauische Sparkasse in Wiesbaden,
23. die Pommersche Stadtschaft in Stettin,
24. die Provinzialhilfskasse Brandenburg in Berlin,
25. die Provinzialhilfskasse für die Provinz Pommern in Stettin,
26. die Provinzialhilfskasse für die Provinz Schlesien in Breslau,
27. die Sächsische Provinzialbank in Merseburg,
28. die Staatliche Kreditanstalt in Oldenburg,
29. das Berliner Pfandbriefamt in Berlin,
30. die Deutsche Pfandbriefanstalt Posen in Berlin,
31. die Stadtschaft der Provinz Brandenburg in Berlin,
32. die Stadtschaft der Provinz Hannover in Hannover,
33. das Westfälische Pfandbriefamt für Hausgrundstücke in Münster,
34. die Landesbank in Altenburg in Sachsen-Altenburg,
35. die Landeskreditanstalt in Gotha,
36. die Landeskreditanstalt Weimar.

37. die Landeskreditanstalt Meiningen,
38. die Landeskreditkasse in Rudolstadt,
39. der Landwirtschaftliche Kreditverein Sachsen in Dresden,
40. die Spar- und Leihkasse für die Hohenzollernschen Lande in Sigmaringen,
41. der Bremensche ritterschaftliche Kredit-Verein in Stade,
42. der Calenberg-Göttingen-Grubenhagen-Hildesheimische Ritterschaftliche Kreditverein in Hannover,
43. die Kommunale Landesbank in Darmstadt,
44. die Ostpreußische Stadtschaft in Königsberg,
45. das Ritterschaftliche Kreditinstitut des Fürstentums Lüneburg in Celle,
46. der Ritterschaftliche Kreditverein für das Herzogtum Braunschweig in Wolfenbüttel,
47. die Kur- und Neumärkische Ritterschaftliche Darlehnskasse in Berlin,
48. die Bank der Ostpreußischen Landschaft in Königsberg,
49. die Landschaftliche Bank der Provinz Pommern in Stettin,
50. die Landschaftliche Bank der Provinz Sachsen in Halle a. S.,
51. die Landschaftliche Bank der Provinz Schleswig-Holstein in Kiel,
52. die Schlesische Landschaftliche Bank in Breslau,
53. die Chemnitzer Stadtbank in Chemnitz.

Berlin, den 1. August 1922.

Der Reichsminister der Finanzen.

Anhang 12.

Verordnung des RFM. vom 15. August 1922.

(III E 12933 — RStBl. Nr. 16 vom 12. IX. 1922.)

1. Der § 12 des Gesetzes über die Zwangsanleihe vom 20. Juli 1922 (RGBl. S. 601), in folgendem „ZAG." genannt, lautet:

„Jeder Zeichnungspflichtige kann vom 15. Juli 1922 ab bei einer Annahmestelle Zwangsanleihe zeichnen. Als gezeichnet im Sinne dieses Gesetzes gilt nur der Betrag, der mit der Zeichnung tatsächlich eingezahlt wird. Die näheren Bestimmungen über den Nachweis der Zeichnung trifft der Reichsminister der Finanzen."

Der § 19 des ZAG. lautet:

„Der Reichsminister der Finanzen wird ermächtigt, die Stellen zu bestimmen, die als Annahmestellen für die Zeichnung der Zwangsanleihe tätig zu sein haben, und den Annahmestellen eine Entschädigung für Aufwand und Zeitverlust zu gewähren."

Auf Grund der letztgenannten Vorschrift habe ich durch Verordnung vom 21. Juli und 1. August 1922 die Stellen, die den Landesfinanzämtern mit Schreiben vom 2. August 1922 — III E 12934 — mitgeteilt sind, bestimmt. Ferner habe ich ihnen eine Entschädigung gewährt, die für die in den Monaten Juli bis September 1922 entgegengenommenen Zeichnungen mit Rücksicht darauf, daß in diesen Monaten die Vordrucke von den Annahmestellen auf ihre eigenen Kosten zu beschaffen sind, 3½ v. T., für Zeichnungen, die vom 1. Oktober 1922 an entgegengenommen

werden, 3 v. T. der bei der Annahmestelle gezeichneten Beträge ausmacht. Die endgültigen Bestimmungen über Art und Nachweis der Zeichnung werden demnächst erlassen werden. Mit Rücksicht darauf aber, daß in den Monaten Juli bis September 1922 Zeichnungen zulässig sind, soll bei diesen Zeichnungen folgendes vereinfachte Verfahren gelten:

Zwangsanleihe kann in Höhe von 1000 M. oder einem Vielfachen dieses Betrages bei einer in den genannten Verordnungen bestimmten Annahmestelle unter Verwendung eines Zeichnungsscheines nach Muster I in Höhe von 1000 M. oder einem Vielfachen des Betrages gezeichnet werden. Die Zeichnung gilt erst mit der Zahlung, die beispielsweise durch Barzahlung oder Gutschrift erfolgen kann, als erfolgt. Zeichnungen ohne gleichzeitige Zahlung gibt es nicht.

Der Zeichnungspreis beträgt, je nachdem ob die Zeichnung im Juli, August oder September 1922 erfolgt, 94, 96 oder 98 v. H. des Nennbetrages der gezeichneten Zwangsanleihe (§ 2 ZAG.). Für eine Zeichnung von z. B. 10000 M. Zwangsanleihe sind mithin vom Zeichnungspflichtigen bei einer Zeichnung im Juli 9400 M., bei einer Zeichnung im August 9600 M., bei einer Zeichnung im September 9800 M. zu zahlen. Zinsen sind neben dem Zeichnungspreis nicht zu entrichten. Der von dem Zeichnungspflichtigen ausgefüllte Zeichnungsschein bleibt bei der Zeichnungsstelle.

2. Über die Zeichnung wird dem Zeichner eine Quittung nach Muster II erteilt. Die Zwangsanleihestücke werden gegen Rückgabe dieser Kassenquittung von der Annahmestelle ausgereicht werden.

An Stelle einer Quittung nach Muster II erteilt die Reichsbank ihren Zeichnern Abrechnungen, die bei der Abholung der Stücke zum Nachweis der Empfangsberechtigung vorzulegen sind. Bei der Übersendung der Stücke durch die Post bleibt der Nachweis der Empfangsberechtigung der Post überlassen.

3. Die Annahmestelle trägt alle bei ihr geschehenen Zeichnungen fortlaufend in eine Zeichnungsliste nach Muster III ein. Spätestens am 10. August 1922 übersendet die Annahmestelle die Listen für die Julivorauszeichnungen an die für die Annahmestelle zuständige und mit Kasseneinrichtung versehene Reichsbankstelle mit einem Anschreiben nach Muster IV und führt gleichzeitig an diese Reichsbankstelle den Gesamtbetrag der sich aus der Liste ergebenden Einzahlungen abzüglich der der Zeichnungsstelle zustehenden Vergütung ab. Die Reichsbank stellt lediglich fest, ob die von der Annahmestelle einbehaltene Vergütung richtig berechnet worden ist und ob der aus der Zeichnungsliste sich ergebende Betrag mit dem an sie abgeführten Betrag übereinstimmt. Ist beides der Fall, so versieht die Reichsbankanstalt die Zeichnungsliste mit einer entsprechenden Bescheinigung, andernfalls sorgt sie für die Behebung der Unstimmigkeiten.

4. Die Beträge, die für im August und September entgegengenommene Zeichnungen vereinnahmt sind, werden von den Annahmestellen, soweit es sich um Zeichnungen handelt, in der Zeit vom

a) 1. bis 10., bis zum 20. des gleichen Monats,
b) 11. bis 20., bis zum Ende des gleichen Monats,

c) 21. bis Ende des Monats, bis zum 10. des folgenden Monats an die zuständige Reichsbankstelle unter Beifügung der betreffenden Zeichnungsliste abgeführt.

5. Hat die Reichsbankstelle die Liste für richtig befunden, so übersendet sie sie dem Landesfinanzamt, in dessen Bezirk sich die betreffende Reichsbankstelle befindet.

6. Dem Landesfinanzamt obliegen drei Aufgaben:

a) Die eingehenden Zeichnungslisten sind in ein Verzeichnis einzutragen, das folgende Spalten zu enthalten hat:

1. Laufende Nummer.
2. Tag des Eingangs der Zeichnungsliste.
3. Die Zeichnungsliste ist
   a) übersandt von der Reichsbankanstalt in..................
   b) aufgestellt von der Annahmestelle:
4. Die Zeichnungsliste
   trägt
   a) die Nummer,
   umfaßt
   b) die Zeichnungsnummern,
   c) die Zahlungen (Zeichnungen vom ....
   bis ....) (Spalte 2 der Liste),
   lautet insgesamt über einen
   d) Nennbetrag von.......M. (Summe der Spalte 4 der Liste),
   e) Zeichnungspreis von...M. (Summe der Spalte 5 der Liste).
5. Die Zeichnungsliste ist nach den ihr beigefügten Bestätigungen der zuständigen Finanzämter durch Mitteilung der aus ihr ersichtlichen Zeichnungen erledigt am..................
6. Bemerkungen.

Die Spalten 1 bis 4 dieses Verzeichnisses sind alsbald nach Eingang der Zeichnungslisten auszufüllen.

b) Die Zeichnungslisten sind zunächst daraufhin zu prüfen, ob sie vollständig und richtig ausgefüllt sind, insbesondere ob die Eintragungen in Spalte 3a, 3c bis 6 ordnungsmäßig gemacht sind, ferner ob der Zeichnungspreis (Spalte 5) entsprechend der Angabe in Spalte 2 richtig berechnet ist und ob die Spalten 4 und 5 richtig aufgerechnet worden sind. Weiter ist darauf zu achten, ob die von der Annahmestelle vereinnahmten Beträge – abzüglich der Vergütung – rechtzeitig an die Reichsbankanstalt abgeführt sind (vgl. Nr. 3 und 4). Etwaige Mängel und Fehler sind im Benehmen mit der Annahmestelle (erforderlichenfalls auch im Benehmen mit der Reichsbankanstalt) richtigzustellen. Die erfolgte Nachprüfung der Zeichnungsliste auf ihre Vollständigkeit und Richtigkeit ist auf der Zeichnungsliste zu bescheinigen.

Sollten sich bei Prüfung der Listen hinsichtlich einzelner Annahmestellen oder hinsichtlich ganzer Gruppen von Annahmestellen Schwierigkeiten ergeben, die nicht vom Landesfinanzamt unmittelbar behoben werden können, so ersuche ich, mir zu berichten.

c) Die Zeichnungen sind den zuständigen Finanzämtern vom Landesfinanzamt mitzuteilen. Zu diesem Zwecke sind von jeder Zeichnungsliste Auszüge zu fertigen, die alle zur Zuständigkeit des gleichen Finanzamts gehörigen Zeichnungen zu umfassen haben. Die Richtigkeit dieser Auszüge, in denen die auf der Zeichnungsliste befindlichen Bescheinigungen der Zeichnungsstelle und der Reichsbank fortzulassen sind, ist unmittelbar hinter den Auszügen zu bescheinigen. Die Ausfertigung ist sodann unmittelbar dem Finanzamt mit dem Ersuchen zu übersenden, den Empfang zu bestätigen. Diese Empfangsbestätigung ist von dem Landesfinanzamt als Beleg zu der bei ihm bleibenden Zeichnungsliste zu nehmen.

Während das Landesfinanzamt die Aufgaben zu a und b alsbald nach Eingang der Listen zu erfüllen hat, kann es die Mitteilung der Listen an die Finanzämter (c) vorerst zugunsten vordringlicher Aufgaben zurückstellen. Es hat lediglich Vorsorge zu treffen, daß mit dem Abschreiben der Listen unverzüglich angefangen werden kann, sobald ich Weisung gebe, daß mit der Mitteilung der Listen an die Finanzämter zu beginnen ist; dies wird voraussichtlich im Oktober 1922 der Fall sein.

7. Eine Liste der bisher zur Entgegennahme der Zeichnungen bestimmten Annahmestellen wird den Landesfinanzämtern demnächst zugehen. Die Landesfinanzämter haben aus dieser Liste ein Verzeichnis der Annahmestellen — ausgeschieden nach Finanzamtsbezirken — aufzustellen und dieses Verzeichnis den Finanzämtern zu übersenden. Die Stellen, die in dem Bezirk der einzelnen Finanzämter als Annahmestellen tätig sind, sind von den Finanzämtern durch Aushang in den Diensträumen sowie durch Bekanntmachung in den für Veröffentlichungen des Finanzamtes bestimmten Tageszeitungen sowie in sonstiger sachgemäßer Weise bekanntzugeben.

Den Annahmestellen ist von dem Landesfinanzamt je eines der anliegenden Plakate sowie eine mit dem Amtsstempel versehene und unterschriebene Bescheinigung darüber auszustellen, daß die namentlich zu benennende Stelle als Annahmestelle für die Zwangsanleihe bestellt ist. Diese Bescheinigung ist der betreffenden Annahmestelle mit dem Ersuchen zu übersenden, sie in ihren Geschäftsräumen an geeigneter Stelle anzuheften. Sollte die Zahl der übersandten Plakate nicht ausreichen, so sind die noch erforderlichen Stücke bei mir anzufordern; überzählige Stücke sind unverzüglich an mich zurückzusenden.

8. Außer der Bekanntgabe der Zeichnungsstellen erwachsen den Finanzämtern aus dem Vollzug des Gesetzes über die Zwangsanleihe zurzeit keinerlei Aufgaben. Insbesondere bringt auch die Erledigung der Anträge auf Anrechnung der beim Reichsnotopfer zuviel gezahlten Beträge auf die Zwangsanleihe gegenwärtig den Finanzämtern keine Mehrarbeit, denn solche Anträge sind, falls sie schon gestellt sind, erst bei der Veranlagung der Vermögensteuer im Jahre 1923 zu behandeln.

Im übrigen habe ich, wie ich bereits in meiner Rundverfügung vom 20. Juli 1922 — IIIE 12346 — mitgeteilt habe, die Öffentlichkeit im weitesten Umfange darüber aufklären lassen, daß es zwecklos ist, jetzt schon solche Anträge auf Anrechnung bei den Finanzämtern zu stellen.

Anhang 13.

Ausführungsbestimmungen über die Abwicklung des Reichsnotopfers.

Vom 6. Oktober 1922 (RNOAbw.).

Auf Grund des § 39 Abs. 5, § 42 VermStG. vom 8. April 1922 (RGBl. I S. 335), des § 29 des Gesetzes über die Zwangsanleihe vom 20. Juli 1922 (RGBl. I S. 601) und des § 108 Abs. 2, § 444 Abs. 3 RAO. vom 13. Dezember 1919 (RGBl. S. 1993) wird, soweit erforderlich, mit Zustimmung des Reichsrats, bestimmt:

Veranlagung, Nachveranlagung.

§ 1. Soweit noch Veranlagungen (Neu-, Nachveranlagungen) zum Reichsnotopfer stattzufinden haben, sind sie unter Beachtung der Vorschriften des § 29 des Gesetzes über das Reichsnotopfer und der §§ 25, 205 RAO. vorzunehmen. Veranlagungen in der Form der beschleunigten Veranlagung im Sinne des Gesetzes vom 22. Dezember 1920 (RGBl. S. 2114) finden nicht mehr statt.

Unanfechtbarkeit der beschleunigten Veranlagung.

§ 2. Soweit eine Nachprüfung der beschleunigten Veranlagungen noch nicht stattgefunden hat, steht der einstweilige Steuerbescheid einem endgültigen gleich; er ist vorbehaltlich der Bestimmungen der §§ 4, 5 unanfechtbar.

§ 3. (1) War die beschleunigte Veranlagung nicht angefochten, aber von Amts wegen nachgeprüft worden und hat der Steuerausschuß vor Inkrafttreten des Gesetzes über die Zwangsanleihe eine endgültige Veranlagung vorgenommen, so verbleibt es bei der endgültigen Veranlagung.

(2) War die beschleunigte Veranlagung nicht angefochten, aber von Amts wegen nachgeprüft worden und ist vor Inkrafttreten des Gesetzes über die Zwangsanleihe eine endgültige Veranlagung noch nicht vorgenommen worden, so ist dennoch kein endgültiger Steuerbescheid zu erlassen.

(3) Soweit die Steuerkurse und Steuerwerte nach § 56 Abs. 2 des Gesetzes über das Reichsnotopfer durch den Reichsrat anderweitig festgesetzt sind, ist auf Antrag des Abgabepflichtigen eine Berichtigung der Veranlagung vorzunehmen.

Neuveranlagungen.

§ 4. § 56 Abs. 1 des Gesetzes über das Reichsnotopfer findet nach dem Inkrafttreten des Gesetzes über die Zwangsanleihe keine Anwendung mehr. Unberührt bleiben die Vorschriften des § 212 Abs. 2, 4 RAO.

Rechtsmittel.

Durchführung der Rechtsmittel.

§ 5. Ist gegen die beschleunigte oder endgültige Veranlagung zum Reichsnotopfer vor Inkrafttreten des Gesetzes über die Zwangsanleihe

ein Rechtsmittel eingesetzt worden, so ist dieses durchzuführen. Eine Ausnahme hiervon findet insoweit statt, als sich das Rechtsmittel gegen die Bewertung land- oder forstwirtschaftlicher oder gärtnerischer Grundstücke mit nicht mehr als dem einundeinhalbfachen Wehrbeitragswerte richtet. In diesem Falle ist das Rechtsmittel ohne weitere sachliche Prüfung insoweit als erledigt zu erklären; im übrigen ist das Rechtsmittelverfahren fortzusetzen.

§ 6. Zuständig für die Abgabe der Erledigungserklärung aus § 5 ist die Behörde, bei der das Rechtsmittel anhängig ist. Ist diese Behörde nicht das Finanzamt selbst, so ist dem Finanzamt Abschrift der Erklärung unter Mitteilung des Tages, an dem sie dem Steuerpflichtigen zugestellt ist, zu übersenden.

§ 7. (1) Die Erklärung, daß ein Rechtsmittel nach § 5 erledigt sei, ist als Verfügung nach Muster I den Beteiligten zuzustellen. Das Finanzamt hat den Abgabepflichtigen gleichzeitig, oder, wenn eine übergeordnete Behörde die Erklärung abgegeben hat, sofort nach Empfang der Abschrift (§ 6) aufzufordern, den etwa noch zu entrichtenden Abgabebetrag binnen einem Monat nach Zustellung der Verfügung zu zahlen.

(2) Die Kosten des Rechtsmittelverfahrens (Gebühren, Auslagen, Abfindung) bleiben insoweit außer Ansatz.

Fortsetzung des Rechtsmittelverfahrens.

§ 8. Die Fortsetzung des Rechtsmittelverfahrens kann jedoch vom Abgabepflichtigen innerhalb eines Monats nach Zustellung der Verfügung (§ 7) bei der Rechtsmittelbehörde beantragt werden, wenn geltend gemacht wird, daß

a) eine geringere Bewertung des Grundstücks gerechtfertigt sei, weil die Bodenfläche nach dem Wehrbeitragsstichtage durch Verkauf von Trennstücken, durch Erbteilung oder dergleichen kleiner geworden sei oder sich durch außergewöhnliche Naturereignisse — wie Überschwemmungen, Feuersbrunst, Windbruch oder dergleichen — verschlechtert habe;

b) die Voraussetzungen für die Erledigungserklärung nicht vorgelegen hätten, z. B. daß das Rechtsmittel zu Unrecht für erledigt erklärt sei, weil es sich gegen die subjektive Abgabepflicht, gegen die Nichtberücksichtigung des Kinderprivilegs, gegen die Unterlassung des Abzugs von Schulden oder ähnliches gerichtet habe.

§ 9. Wird der Antrag auf Fortsetzung des Rechtsmittelverfahrens gemäß § 8 gestellt, so wird das Verfahren ohne weiteres fortgesetzt. Ergibt sich hierbei, daß die für die Fortsetzung des Rechtsmittelverfahrens geltend gemachten Tatsachen nicht zutreffen, so bleibt die vom Finanzamt vorgenommene Bewertung des Grundstücks auch für die Rechtsmittelbehörde maßgebend.

§ 10. Hat das Finanzamt das Grundstück mit mehr als dem einundeinhalbfachen Wehrbeitragswerte bewertet, so ist eine geringere Bewertung als mit dem einundeinhalbfachen Wehrbeitragswerte nur zulässig, wenn die Voraussetzungen des § 8 zu a gegeben sind.

§ 11. Lag der Veranlagung mehr als das einundeinhalbfache des Wehrbeitragswerts zugrunde und haben die Ermittlungen im Rechtsmittelverfahren ergeben, daß eine noch höhere Veranlagung gerechtfertigt

sei, so ist der Entscheidung das Ergebnis der Ermittlungen zugrunde zu legen, soweit nicht die Vorschrift des § 228 RAO. entgegensteht.

§ 12. Die Bestimmungen der §§ 5 bis 11 finden entsprechende Anwendung, wenn noch nach dem Inkrafttreten des Gesetzes über die Zwangsanleihe ein Rechtsmittel gegen die Veranlagung zum Notopfer (§ 1 Satz 1) eingelegt wird.

Endgültig zu entrichtendes Notopfer.

Entrichtung des Notopfers.

§ 13. Das Reichsnotopfer ist nach den bisherigen Vorschriften (§ 1 des Gesetzes, betreffend die beschleunigte Veranlagung und Erhebung des Reichsnotopfers, § 36 Abs. 1 VermStG.) in den früher angeordneten Teilen und Fristen mit 10 v. H. des abgabepflichtigen Vermögens, mindestens aber zu einem Drittel der Abgabe zu entrichten (vgl. aber § 15).

§ 14. Nicht eingezogen werden rückständige Teile des Reichsnotopfers bei Kleinrentnern im Sinne des § 24.

Erhöhung auf 40 v. H. des Notopfers.

§ 15. (1) Beträgt das abgabepflichtige Vermögen 1027000 M. oder darüber, so erhöht sich der zu erhebende Reichsnotopferbetrag auf 40 v. H. der Abgabe. Infolge der Vorschrift des § 26 Abs. 2 des Gesetzes über das Reichsnotopfer ist aber der Betrag von 1027000 M. nicht allein maßgebend. Zur einfachen Ermittlung der Fälle, in denen eine Erhöhung noch vorzunehmen ist, sind die Pflichtigen auszusondern, bei denen in Spalte 12 der Notopferliste A der Notopferbetrag auf mehr als 256800 M. festgestellt ist. In diesem Falle ist nach den Akten zu errechnen, ob 40 v. H. der Abgabe mehr betragen als der bisher beschleunigt zu entrichtende Notopferbetrag.

Beispiel: Ein Abgabepflichtiger mit vier Kindern und einem abgabepflichtigen Vermögen von 1200000 M. würde unter Berücksichtigung des § 26 Abs. 2 des Gesetzes über das Reichsnotopfer als Reichsnotopfer 291666 M. zu zahlen haben. 40 v. H. von 291666 M. würden betragen 116666 M. Nach dem Gesetze, betreffend die beschleunigte Veranlagung und Erhebung des Reichsnotopfers, waren aber bereits 10 v. H. von 1200000 M. - 120000 M. zu zahlen. Eine Erhöhung kommt hier also nicht in Frage.

(2) Der höhere Betrag ist auch von den Rechtsnachfolgern derjenigen Abgabepflichtigen einzuziehen, die das Inkrafttreten des Vermögenssteuergesetzes (4. Mai 1922) nicht erlebt haben.

§ 16. Die Schuld aus § 15 kann nur durch Barzahlung (Überweisung) oder durch die Inzahlunggabe von Bescheinigungen getilgt werden, die seinerzeit über hingegebene Reichsanleihestücke oder Reichsschuldbuchforderungen ausgestellt worden sind und sich etwa noch in den Händen des Abgabepflichtigen befinden.

Tilgungsrenten.

§ 17. (1) Bei Ausländern, die nach § 2 Abs. 1 Nr. 3 des Gesetzes über das Reichsnotopfer abgabepflichtig sind, ist das abgabepflichtige Vermögen und die volle Abgabe nach den Vorschriften des Gesetzes über das Reichsnotopfer zu berechnen. Sodann ist der Spitzenbetrag (der durch

500 nicht teilbare Betrag der Abgabe) auszuscheiden und endlich die Höhe der für längstens drei Jahre laufenden, im voraus vierteljährlich zahlbaren Tilgungsrente von 6,5 v. H. zu berechnen. Der Spitzenbetrag und die inzwischen fällig gewordenen Beträge sind alsbald einzuziehen; als Anleitung hierfür dient das Muster II.

(2) Hat ein Ausländer seinen dauernden Aufenthalt vor dem 31. Dezember 1922 in das Ausland verlegt, so erlischt seine Zahlungspflicht am Ende des Abzugsvierteljahrs; hat er zwischen dem 1. Januar 1920 und dem 31. Dezember 1922 den Aufenthalt mehrmals zwischen dem In- und Ausland gewechselt, so erlischt die Zahlungspflicht jeweils am Ende des Abzugsvierteljahrs und lebt jeweils vom Beginne des auf den erneuten Zuzug folgenden Vierteljahrs wieder auf.

(3) Behält ein Ausländer bei der Aufgabe seines Aufenthalts in Deutschland inländisches Grund- oder Betriebsvermögen bei, das er schon am 31. Dezember 1919 besaß, so wird die Rente insoweit bis zum 31. Dezember 1922 forterhoben, als sie sich auf den verhältnismäßig auf dieses Vermögen entfallenden Teil der Abgabe bezieht.

(4) Hinsichtlich der beschränkten Abgabepflicht des § 3 des Gesetzes über das Reichsnotopfer verbleibt es auch für Ausländer bei der Vorschrift des § 36 Abs. 1 VermStG.

(5) Die Veranlagungen der Angehörigen der alliierten und assoziierten Mächte sind vorzubereiten, soweit es ohne Zwangsmaßnahmen möglich ist; die Festsetzung und Beitreibung der Steuerschuld ist bis auf weitere Anweisung auszusetzen.

§ 18. (1) Die Bestimmungen des § 17 Abs. 1 und 2 finden hinsichtlich aller Abgabepflichtigen entsprechende Anwendung auf die Abgabebeträge, die auf den Kapitalwert von Renten entfallen (§ 9 Nr. 5 des Gesetzes über das Reichsnotopfer).

(2) Besitzt ein Abgabepflichtiger außer dem Kapitalwert der Rente noch anderweitiges Vermögen, so ist die Tilgungsrente von dem Teile des ursprünglichen Reichsnotopfers zu berechnen, der verhältnismäßig auf den Wert der kapitalisierten Rente entfällt.

Nichterhebung des Notopferrestbetrags.

§ 19. Über die im § 36 VermStG. genannten Beträge hinaus wird das Reichsnotopfer nicht mehr erhoben, sondern durch den Zuschlag zur Vermögenssteuer ersetzt.

Weitere Abgabe der Erwerbsgesellschaften.

§ 20. (1) Die Aktiengesellschaften, Kommanditgesellschaften auf Aktien, Kolonialgesellschaften, Gesellschaften mit beschränkter Haftung, Berggewerkschaften und, sofern sie die Rechte juristischer Personen haben, andere bergbautreibende Vereinigungen, die am 31. Dezember 1919 und auch noch am 4. Mai 1922 bestanden, haben noch eine Abgabe in Höhe der Hälfte des Reichsnotopfers in bar oder durch Überweisung zu entrichten.

(2) Von dieser Abgabe sind die reinen Hypothekenbanken und die Schiffsbeleihungsbanken befreit. Hierher gehören folgende Banken:

1. **Preußische Zentral-Bodenkredit-A.-G., Berlin,**
2. **Preußische Bodenkredit-Aktienbank in Berlin,**

3. Preußische Pfandbriefbank, Berlin,
4. Preußische Hypotheken-Aktien-Bank, Berlin,
5. Deutsche Hypothekenbank A. G., Berlin,
6. Berliner Hypothekenbank A. G., Berlin,
7. Schlesische Bodenkredit-Aktienbank in Breslau,
8. Westdeutsche Bodenkreditanstalt in Köln,
9. Hannoversche Bodenkreditbank in Hildesheim,
10. Frankfurter Hypotheken-Kreditverein in Frankfurt a. M.,
11. Frankfurter Hypothekenbank in Frankfurt a. M.,
12. Landwirtschaftliche Hypothekenbank in Berlin (früher Frankfurt a. M.),
13. Rheinisch-Westfälische Bodenkreditbank in Köln,
14. Süddeutsche Bodenkreditbank in München,
15. Pfälzische Hypothekenbank in Ludwigshafen,
16. Bayerische Bodenkreditanstalt in Würzburg,
17. Sächsische Bodenkreditanstalt in Dresden,
18. Leipziger Hypothekenbank in Leipzig,
19. Württembergische Hypothekenbank in Stuttgart,
20. Rheinische Hypothekenbank in Mannheim,
21. Deutsche Grundkreditbank in Gotha,
22. Deutsche Hypothekenbank in Meiningen,
23. Norddeutsche Grundkreditbank in Weimar,
24. Mitteldeutsche Bodenkreditanstalt in Greiz,
25. Hessische Landeshypothekenbank-Aktiengesellschaft in Darmstadt,
26. Hypothekenbank in Hamburg,
27. Braunschweig-Hannoversche Hypothekenbank in Braunschweig,
28. Deutsche Schiffsbeleihungsbank, Aktiengesellschaft in Hamburg,
29. Deutsche Schiffspfandbriefbank, Aktiengesellschaft in Berlin,
30. Deutsche Schiffskreditbank, Aktiengesellschaft in Duisburg.

Erhebungsverfahren.

§ 21. (1) Der Teil des in Spalte 12 (8) der Reichsnotopferliste A (B, C, D) eingestellten Reichsnotopfers, der über die im § 36 des VermStG. genannten Beträge hinaus festgesetzt worden ist, ist vom Finanzamt als Abgang in die Spalte 13b (9b) der Reichsnotopferliste A (B, C, D) einzustellen. Gleichzeitig hat das Finanzamt die Finanzkasse anzuweisen, den gleichen Betrag in die Spalte 9 des Reichsnotopfersollbuchs insoweit einzutragen, als er dort nicht bereits auf Grund besonderer Anweisungen eingestellt worden ist.

(2) Die Einziehung des von $33^1/_3$ auf 40 v. H. der Abgabe erhöhten Notopfers bei natürlichen Personen mit einem Vermögen von 1027000 M. oder darüber und die Einziehung der weiteren Abgabe aus § 37 VermStG. erfolgt durch besondere Anforderungsschreiben nach den anliegenden Mustern III und IV. Hierbei ist folgendermaßen zu verfahren:

1. Bei den Abgabepflichtigen, die nunmehr 40 v. H. der gesamten Abgabe zu entrichten haben, ist der Finanzkasse mitzuteilen, bis zu welchen Terminen der über die bisherige Sofortzahlung hinausgehende Betrag der 40 v. H. der Gesamtabgabe von den Abgabepflichtigen zu entrichten ist. Die Bestimmung darüber, an welcher Stelle der Betrag im Reichsnotopfersollbuch zu vermerken ist, bleibt den Landesfinanzämtern überlassen; soweit möglich, ist

hierfür die Spalte 4 vorzusehen. Die Mitteilungen an die Finanzkasse können in der Form von Sammelmitteilungen erfolgen.

2. a) Für die nach § 37 VermStG. zu entrichtende neue Abgabe ist vom Finanzamt eine besondere Liste nach Maßgabe des anliegenden Musters V aufzustellen. Ferner ist in der Reichsnotopferliste B die Spalte 10c mit folgender Überschrift zu versehen:

„a) des Prüfungsverzeichnisses;
b) der Liste über die nach § 37 VermStG. zu erhebende Abgabe."

In dieser Spalte ist die Nummer der Liste über die nach § 37 VermStG. zu erhebende Abgabe zu vermerken, und zwar unter Voranstellung des Buchstabens „b".

b) Die Erhebung der nach § 37 VermStG. zu entrichtenden weiteren Abgabe hat durch ein besonderes Sollbuch und ein besonderes Einnahmebuch nach Maßgabe der anliegenden Muster VI und VII zu erfolgen. Das Sollbuch ist von dem Finanzamt rechtzeitig vorzubereiten. Zu diesem Zwecke hat das Finanzamt alsbald nach der Veranlagung der im § 37 VermStG. vorgesehenen weiteren Abgabe an Hand der festgestellten Liste (Muster V) für jeden Erhebungsbezirk ein Sollbuch unter Ausfüllung der Spalten 1 bis 5 aufzustellen. Das Sollbuch ist alsdann in der Spalte 5 aufzurechnen und auf dem Titelblatte von dem Vorsteher des Finanzamts oder seinem Vertreter mit einer Feststellungsbescheinigung zu versehen. Dieser hat auch die Bescheinigung über die Zahl der Blätter des Sollbuchs abzugeben. Das Sollbuch ist spätestens bei Beginn der Zustellung der Steuerbescheide der Finanzkasse wegen Buchung der eingehenden und der bereits eingegangenen Beträge zur Verfügung zu stellen. Änderungen des Sollbetrags infolge anderweitiger Festsetzung der Abgabe sind stets mit schwarzer Tinte in der Spalte 6 und 7 zu vermerken. Durch das Sollbuch ist zugleich der rechtzeitige Eingang der nach § 37 VermStG. geschuldeten weiteren Abgabe sowie der Ablauf der etwa bewilligten Zahlungsfristen zu überwachen. Das Einnahmebuch hat den Zeitraum eines Rechnungsjahrs zu umfassen.

Die Liste nach dem Muster V und das Sollbuch nach dem Muster VI sind am 31. März 1923 abzuschließen. Im Sollbuch etwa verbliebene Reste sind in ein Restverzeichnis aufzunehmen, für das das Muster VI als Anhalt dient. Von einem an der Kassenführung nicht beteiligten Beamten ist unmittelbar unter der letzten Nummer des Sollbuchs zu bescheinigen, daß alle auf Grund des § 37 VermStG. bis zum 31. März 1923 festgesetzten Abgabebeträge nebst Zu- und Abgängen in das Sollbuch eingetragen und daß die beim Abschluß des Sollbuchs etwa noch rückständig gebliebenen Beträge in das Restverzeichnis übertragen worden sind.

c) Die nach den Einnahmebüchern aufgekommenen Einnahmen aus der neuen Abgabe sind von den Finanzkassen in den Einnahmenachweisungen A, von den Oberfinanzkassen in den Einnahmeübersichten A hinter laufende Nummer 4 auf besonderer Linie unter der Bezeichnung „Abgabe nach § 37 VermStG." nachzuweisen.

Verzinsung des Notopfers.

§ 22. (1) Bei allen Abgabepflichtigen ist nachzuprüfen, wieviel an Zinsen nach § 30 des Gesetzes über das Reichsnotopfer zu entrichten sind. Wo die Notopferschuld durch Hingabe von Schuldverschreibungen oder Schatzanweisungen des Deutschen Reichs getilgt ist, ist die Zinspflicht durch entsprechende Bemessung des Annahmewerts abgegolten. Im übrigen sind für alle unter § 36 Abs. 1 VermStG. fallende Notopferbeträge 5 v. H. Zinsen vom 1. Januar 1920 ab bis zum Tage der Zahlung (Teilzahlung) zu berechnen. Zinsbeträge unter 1000 M. sind nicht einzuziehen.

(2) Die nach § 37 VermStG. zu entrichtende weitere Abgabe ist nicht gemäß § 30 des Gesetzes über das Reichsnotopfer zu verzinsen.

(3) Zinsen im Sinne der Bestimmungen des Abs. 1 sind von der Finanzkasse zu berechnen und in Spalte 6 des Reichsnotopfersollbuchs einzustellen. Gleichzeitig hat die Finanzkasse die etwa noch nicht bezahlten Zinsbeträge von dem Abgabeschuldner unter Setzung einer Zahlungsfrist von einem Monat anzufordern. Eine Eintragung der Zinsbeträge in die Reichsnotopferlisten findet nicht statt.

(4) Die Bestimmung im Abs. 1 Satz 3 findet keine Anwendung, soweit und solange dem Abgabeschuldner zinslose Stundung bewilligt worden ist.

Stundung.

§ 23. (1) Für die Bewilligung der zinslosen Stundung aus § 38 Abs. 1 VermStG. sind die Finanzämter ohne Rücksicht auf die Höhe des abgabepflichtigen Vermögens zuständig. Eine besondere Notlage oder die Gefährdung der Existenz ist nicht Voraussetzung für die Bewilligung dieser Stundung.

(2) Über Stundungsanträge aus § 38 Abs. 2 VermStG., der sich auf alle übrigen Fälle bezieht, entscheiden die Finanzämter, wenn das steuerbare Vermögen 300000 M. nicht übersteigt, die Landesfinanzämter, wenn das steuerbare Vermögen 1000000 M. nicht übersteigt. Übersteigt das Vermögen 1000000 M., so sind die Anträge mit einer gutachtlichen Äußerung dem Reichsminister der Finanzen vorzulegen. Die Stundung aus § 38 Abs. 2 erfolgt in der Regel nur gegen Verzinsung, und zwar, vorbehaltlich späterer Änderungen — wie die Stundung aus Abs. 1 — bis zum Tode des Abgabepflichtigen.

(3) Der Antragsteller ist bei der Benachrichtigung von der Genehmigung seines Gesuchs darauf hinzuweisen, daß die Stundung aufgehoben oder nach Art, Umfang und Dauer verändert werden kann, wenn und soweit nachträglich in seinen Verhältnissen eine Änderung eintritt, oder wenn sich bei der Nachprüfung ein Fehler ergibt, dessen Berichtigung eine veränderte Stellungnahme rechtfertigt.

(4) Beim Ableben des Abgabepflichtigen ist der überlebenden Ehefrau auch ohne besonderen Antrag weitere Stundung zu gewähren, wenn das Finanzamt zu der Überzeugung gelangt, daß die wirtschaftlichen Verhältnisse eine weitere Stundung rechtfertigen.

(5) Der Bescheid über die völlige oder teilweise Ablehnung eines Stundungsantrags, über die Änderung oder Aufhebung einer Stundung ist zuzustellen. Gegen diesen Bescheid ist einnerhalb einer Frist von einem

Monat die Beschwerde zulässig. Der Bescheid soll eine Rechtsmittel belehrung enthalten.

(6) Von Zeit zu Zeit ist nachzuprüfen, ob sich die Verhältnisse, die zu einer Stundung der Abgabe geführt haben, inzwischen geändert haben.

Wegfall des ganzen Notopfers.

§ 24. (1) Bei der Erstattung oder dem Erlasse des Reichsnotopfers an Kleinrentner nach § 40 VermStG. ist auch ohne ausdrücklichen Antrag zu unterstellen, daß die unter ihn fallenden Abgabepflichtigen von ihrem Antragsrechte Gebrauch machen. Sofern nicht besondere Umstände eine andere Annahme rechtfertigen, ist bei der alsbald vorzunehmenden Prüfung davon auszugehen, daß die wirtschaftlichen Verhältnisse der hier in Frage kommenden Abgabepflichtigen sich bis zum Ende des Jahres 1922 nicht mehr ändern werden.

(2) Die Erstattung (der Erlaß) des ganzen Reichsnotopfers tritt ein, wenn der Abgabepflichtige

1. am 31. Dezember 1922 mindestens 60 Jahre alt oder erwerbsunfähig oder nicht nur vorübergehend behindert ist, seinen Lebensunterhalt durch eigenen Erwerb zu bestreiten,
2. an Vermögen am 31. Dezember 1922 nicht mehr besitzt als 500000 M., und zwar hauptsächlich Kapitalvermögen,
3. an Vermögen auch am 31. Dezember 1919 nicht mehr besessen hat als 500000 M., und zwar hauptsächlich Kapitalvermögen und
4. im Kalenderjahre 1921 ein Einkommen von nicht mehr als 20000 M. bezogen hat.

Im Sinne der Ziffern 2, 3 besteht ein Vermögen hauptsächlich aus Kapitalvermögen (Wertpapieren, Hypotheken, anderen Forderungen, Bargeld, Rechten auf Renten usw. — vgl. § 9 des Gesetzes über das Reichsnotopfer), wenn der größere Teil, mindestens also mehr als die Hälfte, aus ihm besteht. Die Schulden sind hierbei auf das Kapitalvermögen einerseits und auf das Grund- oder Betriebsvermögen anderseits zu verteilen, je nachdem sie zu diesem oder jenem in wirtschaftlicher Beziehung stehen. Eine Schuld steht zu einem Vermögensteil in wirtschaftlicher Beziehung, wenn sie zu seinem Erwerb oder zu seiner Erhaltung eingegangen ist. Steht eine Schuld zu keinem Vermögensteil in wirtschaftlicher Beziehung, so wird sie anteilig im Verhältnis der Größe der beiden Vermögensgruppen auf diese verteilt.

(3) Beträgt das Kapitalvermögen nicht mehr als die Hälfte des Gesamtvermögens, so ist beim Vorliegen der übrigen Voraussetzungen zur Milderung unbilliger Härten der auf das Kapitalvermögen entfallende Teil des nach § 36 VermStG. zu entrichtenden Reichsnotopfers zu erstatten oder zu erlassen. Besteht in solchen Fällen das übrige Vermögen des Abgabepflichtigen aus bebauten Grundstücken, die überwiegend durch Vermietung zu Wohnzwecken benutzt werden, so kann auch der auf diese entfallende Teil des Reichsnotopfers erstattet oder erlassen werden, wenn der aus ihnen im Kalenderjahre 1921 erzielte Reinertrag eine vierprozentige Verzinsung des der Veranlagung zum Reichsnotopfer zugrunde gelegten reinen Wertes nicht erreicht hat.

(4) Den Rechtsnachfolgern eines vor dem 31. Dezember 1922 verstorbenen Abgabepflichtigen steht ein Rechtsanspruch auf Erstattung oder

Erlaß des von ihrem Erblasser entrichteten Reichsnotopfers nicht zu. Jedoch ist die Vergünstigung des § 40 VermStG. der Witwe eines seit dem Notopferstichtage verstorbenen Abgabepflichtigen zuzuwenden, wenn bei der Veranlagung das Vermögen der Ehegatten zusammengerechnet worden war und soweit in ihrer Person die Voraussetzungen erfüllt sind, die das Gesetz von dem Abgabepflichtigen selbst verlangt. Im übrigen kann das Reichsnotopfer zur Vermeidung von Härten Verwandten in gerader Linie ganz oder teilweise erstattet oder erlassen werden, wenn sie den Haushalt des Verstorbenen fortsetzen und im wesentlichen auf die Einkünfte des besteuerten Vermögens angewiesen sind; die Entscheidung über diese Fälle wird den Landesfinanzämtern übertragen.

Erstattung.

Erstattungsantrag, Arten der Erstattung.

§ 25. (1) Eine Erstattung des überzahlten Reichsnotopfers ist nur zulässig, wenn der Abgabepflichtige oder sein Rechtsnachfolger einen dahingehenden Antrag gestellt hat. Als überzahlt gilt ohne Rücksicht auf die Art der Entrichtung der Betrag, der den nach § 36 VermStG. geschuldeten Betrag überschreitet. Zunächst ist mit dem Abgabepflichtigen darüber zu verhandeln, ob und inwieweit Anrechnung auf die Zwangsanleihe erfolgen soll. Besteht er auf Erstattung, so hat sie in bar bis zu dem Betrage zu erfolgen, der bei der Entrichtung bar eingezahlt worden ist, darüber hinaus durch Ausreichung von Schuldverschreibungen oder Schatzanweisungen des Deutschen Reichs, soweit dies nach der Stückelung möglich ist. Der Antrag ist als Beleg zum Reichsnotopfersollbuch zu nehmen.

(2) Als bare Einzahlung im Sinne des Abs. 1 gilt auch die Hingabe von unverzinslichen Schatzanweisungen (Schatzwechseln) und von ausländischen Zahlungsmitteln mit der Maßgabe, daß die Erstattung auf die in ausländischer Währung entrichtete Abgabe nebst Zinsen in Mark zu dem Kurse zu erfolgen hat, zu dem die ausländischen Zahlungsmittel von der Devisenbeschaffungsstelle übernommen worden sind (§ 16 der Verordnung über die Festsetzung und Zahlung des Reichsnotopfers in ausländischer Währung vom 19. Februar 1921 — Zentralblatt für das Deutsche Reich S. 208).

Erstattungen in bar.

§ 26. Erstattungen auf die in bar gezahlten Beträge sind entsprechend der umgekehrten zeitlichen Reihenfolge ihrer Zahlungen zu verrechnen. Soweit hiernach Erstattungen auf bare Vorauszahlungen zu erfolgen haben, für die eine Vergütung gewährt worden ist, ist die auf den zu erstattenden Betrag entfallende Vergütung nicht zu kürzen.

Beispiel: Ein unverheirateter Abgabepflichtiger hatte am 31. Dezember 1919 ein Vermögen von 541000 M. Abgabepflichtig 536000 M., ursprüngliches Notopfer 100000 M. Er hat gezahlt:

a) am 30. Juni 1920 in bar 60000 M. mit 8 v. H. Vergütung, d. h. 55200 M.,

b) am 31. Dezember 1920 in bar 40000 M. mit 4 v. H. Vergütung d. h. 38400 M.

Das endgültige Notopfer beträgt 10 v. H. von 536000 M. = 53600 M. Er hat also überzahlt 100000 M. — 53600 M. = 46400 M.

Zunächst wird die Zahlung vom 31. Dezember 1920 und die hierfür gewährte Vergütung erstattet, mithin 38400 M. + (40000 − 38400 =) 1600 M. = 40000 M. Sodann wird von der Zahlung vom 30. Juni 1920 und der hierfür gewährten Vergütung mit zusammen 60000 M. ein Teilbetrag von 46400 M. − 40000 M. = 6400 M. erstattet. Insgesamt werden mithin in bar erstattet 40000 + 6400 = 46400 M.

Zinsen bei Erstattungen in bar.

§ 27. (1) In bar zu erstattende Beträge von mehr als 300 M. sind vom Beginne des auf die Zahlung folgenden Monats bis zum Schlusse des Monats, in dem die Erstattung erfolgt, mit 5 v. H. zu verzinsen. Dies gilt nicht, wenn die Summe der hiernach auszuzahlenden Zinsen den Betrag von 100 M. nicht erreicht, oder soweit die Erstattung auf Grund eines Erlasses aus Billigkeitsgründen (§ 108 RAO.) zu erfolgen hat.

(2) Kapitalertragsteuer wird nicht erhoben.

(3) In den Fällen des § 28 Abs. 1 Satz 2 und § 30 gilt als Zahlungstag für die durch Hingabe von verzinslichen Schuldverschreibungen, Schuldbuchforderungen oder Schatzanweisungen des Deutschen Reichs entrichteten Beträge der Tag, an dem die Annahme- oder Übertragungsbescheinigung auf das Reichsnotopfer in Zahlung gegeben worden ist (§ 42 Abs. 2 der Ausf.Best. zum Gesetz über das Reichsnotopfer).

Erstattung durch Ausreichung von Anleihestücken.

§ 28. (1) Erstattungen durch Ausreichung von Schuldverschreibungen oder Schatzanweisungen des Deutschen Reichs haben in Wertpapieren der gleichen Art zu erfolgen, wie die auf das Reichsnotopfer hingegebenen Wertpapiere oder Schuldbuchforderungen. Ist dies nach der Stückelung nicht möglich, so ist der zu erstattende Betrag in bar herauszuzahlen.

(2) Sind auf das Reichsnotopfer verschiedene Arten von Wertpapieren oder Schuldbuchforderungen hingegeben, so hat die Ausreichung je nach der Art der hingegebenen Wertpapiere und Schuldbuchforderungen in nachstehender Reihenfolge stattzufinden:

a) 5prozentige Schatzanweisungen,
b) 4½prozentige Schatzanweisungen (fällig 1924),
c) 5prozentige Kriegsanleihe,
d) 4½prozentige Schatzanweisungen der 4. und 5. Kriegsanleihe,
e) 4½prozentige Schatzanweisungen der 6. bis 9. Kriegsanleihe,
f) 4prozentige Deutsche Reichsanleihe,
g) 3prozentige Deutsche Reichsanleihe,
h) 3½prozentige Deutsche Reichsanleihe.

§ 29. (1) Die auszureichenden Schuldverschreibungen oder Schatzanweisungen sind bis zum Gesamtbetrage der zum Steuerkurs erfolgten Anrechnungen nach Maßgabe des Steuerkurses, darüber hinaus nach Maßgabe des höheren Kurses zu berechnen, zu dem die Wertpapiere oder Schuldbuchforderungen an Zahlungs Statt angenommen worden sind.

(2) Als dem Erstattungsberechtigten anzurechnende Ausreichungskurse gelten je nach den mitgegebenen Zinsabschnitten die in der Spalte 6 des Musters 33 der AusBest. zum Gesetz über das Reichsnotopfer (Zentral-

blatt für das Deutsche Reich 1920 S. 601) und, soweit es sich um Ausreichungen auf. zum Steuerkurse hingegebene Wertpapiere handelt, die in der Bekanntmachung des Reichsministers der Finanzen vom 17. August 1920 (Zentralblatt für das Deutsche Reich S. 1392) veröffentlichten Kurse. Soweit die Schuldverschreibungen oder Schatzanweisungen mit später fällig werdenden Zinsabschnitten als den in dem bezeichneten Muster oder der Bekanntmachung vorgesehenen ausgereicht werden, sind die dort festgesetzten Kurse für jedes Vierteljahr der später eintretenden Fälligkeit des ersten Zinsabschnitts der auszureichenden Stücke

bei den 5 prozentigen Wertpapieren	. . .	um	1,25 M.
„ „ 4½ prozentigen „	. . .	„	1,125 „
„ „ 4 prozentigen „	. . .	„	1,— „
„ „ 3½ prozentigen „	. . .	„	0,87 „
„ „ 3 prozentigen „	. . .	„	0,75 „

für je 100 M. Nennwert zu ermäßigen.

(3) Kapitalertragsteuer wird nicht erhoben.

(4) Sind die an Zahlungs Statt hingegebenen Wertpapiere oder Schuldbuchforderungen teils zum höheren, teils zum Steuerkurse auf das Reichsnotopfer angerechnet worden und ist der durch Ausreichung von Wertpapieren zu erstattende Betrag höher als der Gesamtbetrag der zum Steuerkurs erfolgten Anrechnungen, so sind die auszureichenden Wertpapiere bis zu dem diesen Betrag voll deckenden, gegebenenfalls in tunlichst geringer Höhe übersteigenden Betrag zum Steuerkurse zu berechnen, darüber hinaus zum höheren Kurse.

(5) Eine Verzinsung des durch Ausreichung von Schuldverschreibungen oder Schatzanweisungen des Deutschen Reiches erstatteten Betrags findet nicht statt, da die Zinsen in dem Werte der zurückgereichten Stücke berücksichtigt sind.

Spitzenbeträge bei der Ausreichung von Wertpapieren.

§ 30. Soweit der durch Ausreichung von Schuldverschreibungen oder Schatzanweisungen zu erstattende Betrag nicht durch deren Ausreichung ausgeglichen wird, ist er in bar herauszuzahlen.

Beispiel: Ursprüngliches Notopfer 30000 M. Hierauf sind nach der in Zahlung gegebenen Annahmebescheinigung 25000 M. bezahlt, und zwar durch Hingabe von 25000 M. 5 prozentiger selbstgezeichneter Kriegsanleihe mit den am 1. Juli 1920 und später fälligen Zinsscheinen. Endgültiges Reichsnotopfer 22000 M., überzahlt mithin 3000 M. Die Erstattung soll — angenommen — durch Ausreichung von 5 prozentiger Kriegsanleihe mit den am 1. Juli 1923 und später fälligen Zinsscheinen erfolgen. Der Ausreichungskurs für 5 prozentige Kriegsanleihe mit den am 1. Oktober 1921 und später fälligen Zinsabschnitten beträgt nach Spalte 6 des Musters 33: 93,75 M. für je 100 M. Nennwert. Da die 5 prozentige Kriegsanleihe jedoch mit den am 1. Juli 1923 und später fälligen Zinsscheinen, mithin mit Zinsscheinen ausgereicht werden, deren Fälligkeit gegenüber den vorher bezeichneten erst sieben Vierteljahre später eintritt, ist der Kurs von 93,75 um siebenmal 1,25 = 8,75 auf 85 M. für je 100 M. Nennwert zu ermäßigen (vgl. § 29 Abs. 2). Auszureichen sind mithin auf den zu erstattenden

Betrag von . . . . 3000 M.

$\frac{3000 . 100}{85}$ = 3500 M. 5prozentige Kriegsanleihe mit den am 1. Juli 1923 und später fälligen Zinsscheinen. Diese haben einen Ausreichungswert von zusammen $\frac{3500 . 85}{100}$ = . . . 2975 M.

Der Rest mit . . . . 25 M.
ist in bar herauszuzahlen.

Erstattungsverfahren.

§ 31. (1) Die zur Ausreichung an den Erstattungsberechtigten benötigten Wertpapiere sind von der Finanzkasse von dem Kontor der Reichshauptbank für Wertpapiere in Berlin SW 19 durch Vermittlung des vorgesetzten Landesfinaznamts nach Anleitung des Musters 35 der AusfBest. zum Gesetz über das Reichsnotopfer, dessen Abs. 4 zu streichen ist, in dreifacher Ausfertigung anzufordern. Hierbei sind anzugeben:

der Gesamtbetrag der Herauszahlung;

der durch Ausreichung von Wertpapieren zu begleichende Teil der Herauszahlung;

die Arten der auf das Reichsnotopfer angerechneten Wertpapiere oder Schuldbuchforderungen und der dafür angerechnete Betrag.

(2) Das Landesfinanzamt hat den Ausreichungsantrag des Finanzamts auf seine rechnerische Richtigkeit zu prüfen und alsdann — erforderlichenfalls nach Berichtigung des Antrags — alle drei Ausfertigungen dem Kontor der Reichshauptbank für Wertpapiere in Berlin SW 19 mit dem Ersuchen zu übersenden, die Stücke unmittelbar der Finanzkasse zuzustellen.

(3) Die Reichshauptbank hat aus den bei ihr für die Reichshauptkasse lagernden Beständen die entsprechenden Wertpapiere — und zwar, soweit dies nach der Stückelung möglich ist, solche der gleichen Art wie die seinerzeit auf das Reichsnotopfer in Zahlung gegebenen Schuldverschreibungen, Schuldbuchforderungen oder Schatzanweisungen — zu entnehmen und der Finanzkasse mit zwei Ausfertigungen des Antrags, auf denen der Nennwert, Zinsfuß, Zinsenlauf und Annahmewert der Wertpapiere anzugeben sind, unmittelbar zu übersenden. Die letzte Ausfertigung, auf der ebenfalls Nennwert, Zinsfuß, Zinsenlauf und Annahmewert der übersandten Wertpapiere anzugeben sind, ist der Reichshauptkasse zuzustellen.

(4) Die Finanzkasse hat auf einer der ihr von der Reichshauptbank zugegangenen Ausfertigungen den Empfang der Wertpapiere zu bescheinigen, die Empfangsbescheinigung an das Kontor der Reichshauptbank für Wertpapiere zurückzusenden, die Wertpapiere nebst Zinsscheinen dem Empfangsberechtigten auszuhändigen und den von der Reichshauptbank berechneten Annahmewert auf den zurückzuzahlenden oder zu erstattenden Betrag anzurechnen.

(5) Der Annahmewert der bei der Zurückzahlung (Erstattung) ausgereichten, von der Reichshauptbank bezogenen Wertpapiere ist bei den Abrechnungen mit der Reichshauptkasse als „Einnahme für ausgereichte Wertpapiere aus dem Bestande der Reichshauptkasse" abzuliefern.

Anrechnung der auf das Reichsnotopfer überzahlten Beträge auf die Zwangsanleihe.

§ 32. (1) Die Anrechnung des auf das Reichsnotopfer überzahlten Betrags auf die von dem Abgabepflichtigen zu zeichnende Zwangsanleihe erfolgt, wenn oder soweit der Abgabepflichtige nicht der Anrechnung bis zum 31. März 1923 widerspricht.

(2) Der Anspruch auf Anrechnung geht auf die Erben eines Notopferpflichtigen über, wenn der Erbfall vor dem 31. Dezember 1922 eingetreten ist.

§ 33. Hat der Abgabepflichtige der Anrechnung widersprochen, so ist ein späterer Antrag auf Anrechnung nicht mehr zulässig.

§ 34. Die Anrechnung erstreckt sich auch auf die im § 39 VermStG. bezeichneten Zinsen. Eine Anrechnung der Zinsen allein ist unzulässig.

Tag der Anrechnung.

§ 35. Als Tag der Anrechnung gilt bei den bis zum 31. Juli 1922 erfolgten Überzahlungen auf das Reichsnotopfer der 31. Juli 1922, bei den später erfolgten Überzahlungen der letzte Tag des Monats, in dem die Überzahlung erfolgt ist.

Zinsen.

§ 36. Der auf die Zwangsanleihe angerechnete Betrag ist ohne Rücksicht auf die Art der auf das Reichsnotopfer erfolgten Zahlungen vom Beginne des auf die Zahlung folgenden Monats bis zu dem im § 35 bezeichneten Tage mit 5 v. H. zu verzinsen. Dies gilt nicht, wenn die Summe der Zinsen den Betrag von 100 M. nicht erreicht oder soweit die Überzahlung auf einem Erlaß aus Billigkeitsgründen (§ 108 RAO.) beruht.

Reihenfolge der Anrechnung.

§ 37. (1) Die Anrechnung hat zunächst auf den überzahlten Reichsnotopferbetrag selbst, und zwar in der umgekehrten zeitlichen Reihenfolge der einzelnen Zahlungen zu erfolgen; § 27 Abs. 3 findet entsprechende Anwendung. Die Anrechnung erstreckt sich auch auf die im § 36 bezeichneten Zinsen.

(2) Zinsen des auf die Zwangsanleihe angerechneten Reichsnotopferbetrags sind dem Berechtigten bar herauszuzahlen, soweit sie nicht nach Abs. 1 ebenfalls auf die Zwangsanleihe angerechnet worden sind.

Verfahren bei der Anrechnung.

§ 38. (1) Hat ein Abgabepflichtiger der Anrechnung des auf das Reichsnotopfer überzahlten Betrags auf die von ihm zu zeichnende Zwangsanleihe nicht widersprochen, so hat das Finanzamt festzustellen, welcher Betrag auf das Reichsnotopfer überzahlt worden ist und wann die Überzahlung stattgefunden hat. Das Finanzamt hat sodann zu berechnen, wieviel Zwangsanleihe der Abgabepflichtige schuldet und wieviel Zwangsanleihe von dem überzahlten Betrage zuzüglich der Zinsen (§ 36) bei Berücksichtigung des Zeichnungskurses hätte gezeichnet werden können, der für eine Zeichnung an dem im § 35 vorgesehenen Tage maßgebend gewesen wäre. Spitzenbeträge, die sich hierbei ergeben, sind in bar zu erstatten

(2) Auf Anweisung des Finanzamts hat die Finanzkasse den ziffermäßig vom Finanzamt zu bezeichnenden Nennbetrag an Zwangsanleihe zu dem in der Anweisung anzugebenden Zeichnungskurse zugunsten des Zeichnungspflichtigen (Abgabepflichtigen) zu zeichnen, den dafür zu entrichtenden Zeichnungspreis an die Annahmestelle zu zahlen und den etwa in Frage kommenden Spitzenbetrag in bar herauszuzahlen. In der Anweisung sind etwaige Wünsche des Zeichnungspflichtigen über die Stückelung der zu zeichnenden Zwangsanleihe anzugeben. Diese Wünsche sind von der Finanzkasse bei der Zeichnung zu beachten. Als Anleitung für die Anweisung dient das Muster VIII.

(3) Der auf die Zwangsanleihe angerechnete Betrag der Überzahlung nebst Zinsen ist von der Finanzkasse als bare Herauszahlung auf das Reichsnotopfer zu verbuchen.

Weitergeltung des Notopfergesetzes.

§ 39. (1) Das Gesetz über das Reichsnotopfer und Artikel I des Gesetzes zur Abänderung der Gesetze über das Reichsnotopfer und die Kriegsabgabe vom Vermögenszuwachse vom 6. Juli 1921 (Reichsgesetzbl. S. 838) bleiben aufrechterhalten, soweit sie die Durchführung des Gesetzes, betreffend die beschleunigte Veranlagung und Erhebung des Reichsnotopfers, sowie der §§ 36 und 37 VermStG. betreffen.

(2) Neuveranlagungen aus § 11 Nr. 2 Abs. 2, § 12 Nr. 2 Abs. 2, § 18 Abs. 2 des Gesetzes über das Reichsnotopfer finden nur noch statt, soweit die Tatsachen, auf die sich eine Neuveranlagung stützen würde, vor dem 1. Januar 1923 eingetreten sind.

(3) Hinterziehungen der Abgabe sind nach § 58 des Gesetzes über das Reichsnotopfer zu bestrafen. Als hinterzogene Abgabe im Sinne des § 58 gilt für noch nicht rechtskräftig abgeschlossene Strafverfahren der Betrag, der nach den Vorschriften der §§ 36, 37 und 40 VermStG. geschuldet wird.

Änderung der Ausführungsbestimmungen.

§ 40. § 16 Abs. 1, §§ 17 bis 19, §§ 28 bis 32, 45, 47 der AusfBest. zum Gesetz über das Reichsnotopfer sowie die §§ 9 bis 11 der AusfBest. zu dem Gesetze zur Abänderung der Gesetze über das Reichsnotopfer und die Kriegsabgabe vom Vermögenszuwachse werden aufgehoben. Ferner werden die sonstigen Bestimmungen aufgehoben, die in den AusfBest. zum Gesetz über das Reichsnotopfer über die Tilgungsrente, den Reichsnotzins oder die im § 45 des Gesetzes über das Reichsnotopfer bezeichnete Anstalt getroffen worden sind.

§ 41. Die §§ 52 und 53 der AusfBest. zum Gesetz über das Reichsnotopfer werden, wie folgt, geändert:

„**§ 52.** Bis zum Erlaß einheitlicher Bestimmungen haben die Landesfinanzämter für ihren Bezirk anzuordnen, inwieweit und auf welche Weise die einzelnen Veranlagungen zum Reichsnotopfer und die Reichsnotopferlisten sowie die Zu- und Abgangslisten einer Nachprüfung zu unterziehen sind.

§ 53. Die Sollbücher, Restnachweisungen und Einnahmebücher nebst Belegen sind nach ihrem Abschluß an die Landesfinanzämter zur Prüfung zu senden."

Änderung der Muster.

§ 42. Der Reichsminister der Finanzen ist ermächtigt, die Muster zu ändern und neue Muster einzuführen.

Berlin, den 6. Oktober 1922.

Der Reichsminister der Finanzen.

Anhang 14.

Ausführungsbestimmungen zum Vermögensteuergesetze für die erste Vermögensteuerveranlagung und zum Gesetz über die Zwangsanleihe.

Zentralblatt für das Deutsche Reich S. 17 (VStZwaAB.).

Teil I.

Gemeinsame Bestimmungen für Vermögensteuer und Zwangsanleihe.

Veranlagung der Vermögensteuer und Zwangsanleihe — Allgemeines —.

§ 1. Die Veranlagung der Zwangsanleihe findet gleichzeitig mit der ersten Veranlagung der Vermögensteuer statt.

Anwendbarkeit der Ausführungsbestimmungen zur Einkommen- und Körperschaftssteuer.

§ 2. Die Einkommensteuer-Ausführungsbestimmungen in der Fassung vom 18. Dezember 1922 (Zentralblatt für das Deutsche Reich S. 1149) und die Körperschaftssteuer-Ausführungsbestimmungen in der Fassung vom 15. September 1922 (Zentralblatt für das Deutsche Reich S. 921) finden auf die Vermögensteuer und auf die Zwangsanleihe sinngemäße Anwendung, soweit sich nicht etwas anderes aus dem Vermögensteuergesetz, aus dem Gesetz über die Zwangsanleihe oder aus diesen Ausführungsbestimmungen ergibt.

Verpflichtung zur Abgabe der Steuererklärung.

§ 3. Zur Abgabe einer Steuererklärung sind verpflichtet:

a) nach § 2 VermStG. unbeschränkt steuerpflichtige natürliche Personen, juristische Personen, Berggewerkschaften, nichtrechtsfähige Personenvereinigungen, Anstalten, Stiftungen und Zweckvermögen sofern ihr Reinvermögen (§§ 11, 12 VermStG.) am maßgebenden Stichtag (§ 14 VermStG.) die im Vermögensteuergesetz oder im § 8 Abs. 1 des Gesetzes über die Zwangsanleihe festgesetzten Mindestgrenzen überschreitet.

b) nach § 3 VermStG. beschränkt steuerpflichtige natürliche Personen, juristische Personen, Personenvereinigungen und Vermögensmassen ohne Rücksicht auf die Höhe des Vermögens,

c) natürliche Personen, juristische Personen, Personenvereinigungen und Vermögensmassen, die vom Finanzamt zur Abgabe einer Steuererklärung besonders aufgefordert werden. Ein Steuerpflichtiger,

der gleichzeitig von mehreren Finanzämtern zur Abgabe einer Steuererklärung aufgefordert wird, ist verpflichtet, einem Finanzamt die Erklärung abzugeben. Den übrigen Finanzämtern hat er mitzuteilen, welchem Finanzamt er die Steuererklärung abgegeben hat.

Befreiung von der Verpflichtung zur Abgabe der Steuererklärung.

§ 4. (1) Von der Verpflichtung zur Abgabe einer Steuererklärung sind die Steuerpflichtigen befreit, deren Steuerfreiheit sich unmittelbar aus dem Vermögensteuergesetz ergibt und nicht von besonderen Voraussetzungen abhängt (z. B. das Reich, die Länder, Gemeinden und Gemeindeverbände, die Kirchen, die Reichsbank, die Reichsdarlehnskassen, die Träger der Reichsversicherung usw.).

(2) Bei den nach §§ 4, 5 VermStG. nur unter besonderen Voraussetzungen von der Steuer befreiten Einzelpersonen, juristischen Personen, Personenvereinigungen und Vermögensmassen kann das Finanzamt von der Einholung einer Steuererklärung dann Abstand nehmen, wenn es die Voraussetzungen der Steuerfreiheit für gegeben ansieht; z. B. bei öffentlichen oder dem öffentlichen Verkehre dienenden Sparkassen, sofern sie sich auf die Pflege des eigentlichen Sparkassenverkehrs beschränken (wegen des Begriffs der Pflege des eigentlichen Sparkassenverkehrs vgl. § 6 Abs. 4 Buchst. a Abs. 2 AusfBest. z. KörpStG.). Wird von der Einholung einer Steuererklärung Abstand genommen, so ist der Grund hierfür aktenkundig zu machen.

Auskunftsverpflichtung bei Zweifeln über die Steuerpflicht.

§ 5. Bestehen Zweifel hinsichtlich der Steuerpflicht, so kann das Finanzamt die Abgabe einer Erklärung über die für die Beurteilung der Steuerpflicht wesentlichen Tatsachen oder eine Steuererklärung verlangen (§§ 168, 169 AO.).

Abgabe der Steuererklärung bei natürlichen Personen.

§ 6. (1) Die Abgabe der Steuererklärung obliegt grundsätzlich dem Pflichtigen selbst. Die Erklärung des Ehemanns muß das Vermögen der Ehefrau mit umfassen, sofern die Ehegatten nicht dauernd voneinander getrennt leben.

(2) Für Personen, die unter Pflegschaft oder Vormundschaft oder unter elterlicher Gewalt stehen und selbständig zu veranlagen sind, hat der Pfleger, Vormund oder Träger der elterlichen Gewalt die Steuererklärung abzugeben.

(3) Für einen Steuerpflichtigen, der nach dem Beginne des Veranlagungszeitraums, aber vor Abgabe einer Steuererklärung gestorben ist, ist die Steuererklärung, soweit ein Testamentsvollstrecker oder ein Nachlaßpfleger die Verwaltung des Nachlasses übernommen hat, von diesen Personen, im übrigen von den Erben abzugeben. Sind mehrere Erben vorhanden, so ist jeder der Erben zur Abgabe der Erklärung verpflichtet.

(4) Wer durch Abwesenheit oder sonst verhindert ist, die Steuererklärung abzugeben, hat die Erklärung durch Bevollmächtigte abgeben zu lassen (§ 88 AO.). Die schriftliche Vollmacht ist der Erklärung beizufügen, sofern sie nicht bereits zu den Akten des Finanzamts gegeben ist.

Abgabe der Steuererklärung bei den übrigen Steuerpflichtigen, z. B. bei juristischen Personen, nichtrechtsfähigen Personenvereinigungen, Anstalten und Zweckvermögen.

§ 7. (1) Die Abgabe der Steuererklärung bei anderen Steuerpflichtigen als natürlichen Personen obliegt,

a) wenn es sich um eine juristische Person handelt, deren gesetzlichen Vertretern (§ 84 AO.),

b) wenn es sich um Personenvereinigungen und Zweckvermögen handelt, die eigene Rechtspersönlichkeit nicht besitzen, den Vorständen oder Geschäftsführern, und soweit solche nicht vorhanden sind, den Mitgliedern oder Beteiligten (§ 86 Abs. 1, 2 AO.).

(2) Entstehen dadurch Schwierigkeiten, daß es an Vorständen oder Geschäftsführern fehlt und Beteiligte in größerer Zahl vorhanden sind, so haben die Beteiligten einen oder mehrere Bevollmächtigte im Inland zu stellen. Unterlassen sie dies, so kann das Finanzamt einen oder einzelne Beteiligte als Bevollmächtigte mit Wirkung für die Gesamtheit behandeln (§ 86 Abs. 3 AO.).

(3) Prokuristen und Handlungsbevollmächtigte sind zur Abgabe der Erklärung nicht berechtigt.

(4) Steht nach der Satzung, Stiftung oder sonstigen Verfassung die gesetzliche Vertretung nur mehreren Personen gemeinsam zu, so ist zur Abgabe der Steuererklärung die Mitwirkung der für die Gesamtvertretung vorgeschriebenen Anzahl von Personen erforderlich.

Form und Inhalt der Steuererklärung.

§ 8. Die Steuererklärungen sind unter Benutzung eines Vordrucks nach Anleitung der Muster 1 und 2 abzugeben.

§ 9. Die Steuererklärung ist von dem Steuerpflichtigen oder von den nach §§ 6, 7 zur Abgabe der Erklärung Verpflichteten eigenhändig zu unterschreiben; sie muß die Versicherung des Pflichtigen enthalten, daß die Angaben nach bestem Wissen und Gewissen gemacht sind (§ 168 AO.). Wird die Erklärung mündlich vor dem Finanzamt abgegeben, so ist sie von dem Beamten in dem Vordruck einzutragen, dann vorzulesen und hierauf von der die Erklärung abgebenden Person sowie von dem Beamten zu unterschreiben.

Frist zur Abgabe der Steuererklärung.

§ 10. (1) Als Zeitraum für die Abgabe der Steuererklärung wird der Monat Februar 1923 festgesetzt.

(2) Das Landesfinanzamt kann für bestimmte Gruppen von Steuerpflichtigen die Frist verlängern. In Einzelfällen kann die Frist zur Abgabe der Steuererklärung auf Antrag vom Finanzamt verlängert werden.

(3) Mindestens eine Woche vor Beginn der in Abs. 1 bestimmten Frist hat das Finanzamt in den für die amtlichen Bekanntmachungen der unteren Verwaltungsbehörden bestimmten Tageszeitungen eine öffentliche Aufforderung zur Abgabe der Steuererklärung nach Anleitung des Musters 3 zu erlassen. Das Finanzamt kann die öffentliche Aufforderung auch in sonstiger ortsüblicher Weise bekanntgeben.

(4) Gleichzeitig mit der öffentlichen Aufforderung soll den Steuerpflichtigen, die nach Ansicht des Finanzamts zur Abgabe einer Steuer-

erklärung verpflichtet sind, ein Vordruck kostenlos zugesandt werden. Die Zusendung kann formlos (durch die Post oder durch Vermittlung der Gemeindebehörde) erfolgen; soweit ein Bedürfnis vorhanden ist, hat das Finanzamt dafür zu sorgen, daß während des Laufes der Erklärungsfrist Vordrucke an bestimmten Stellen und zu bestimmten Stunden auch an diejenigen Steuerpflichtigen unentgeltlich abgegeben werden, denen ein Vordruck nicht zugesandt worden ist. Weitere Vordrucke können an den Steuerpflichtigen gegen Ersatz der Herstellungskosten abgegeben werden. Die Verpflichtung zur Abgabe einer Steuererklärung auf Grund der öffentlichen Aufforderung besteht auch dann, wenn ein Vordruck nicht zugesandt worden ist. Der Zusendung eines Vordrucks bedarf es nicht, wenn sie nach Lage des Falles entbehrlich erscheint. Kann die Klärung der für die Steuerpflicht erheblichen Verhältnisse durch die Beantwortung bestimmter Fragen erwartet werden, so genügt die Übersendung eines entsprechenden Fragebogens; dabei ist darauf, daß die Beantwortung der Fragen eine Steuererklärung im Sinne des Gesetzes darstellt, und auf die Vorschrift des § 170 Abs. 2 Satz 1 AO. hinzuweisen.

Überwachung des Eingangs der Steuererklärung.

§ 11. (1) Der rechtzeitige Eingang der Steuererklärungen ist an Hand der Hauptsteuerlisten zu überwachen (vgl. §§ 19ff.). Geht die Erklärung nicht innerhalb der im § 10 Abs. 1 vorgeschriebenen Frist ein, so hat das Finanzamt den Steuerpflichtigen zur Abgabe der Steuererklärung innerhalb angemessener Frist nochmals aufzufordern unter Androhung einer Zwangsstrafe nach § 202 AO. sowie unter Hinweis darauf, daß das Finanzamt bei schuldhaftem Unterlassen der Erklärung das Vermögen nach § 210 AO. schätzen kann und daß wegen der Höhe dieser Schätzung nur die Beschwerde an das Landesfinanzamt zulässig ist. Dabei ist auf den im § 170 Abs. 2 AO. vorgesehenen Zuschlag hinzuweisen.

(2) Die Landesfinanzämter können anordnen, daß vor Spalte 6 der Hauptsteuerliste A und vor Spalte 4 der Hauptsteuerliste B oder in die Bemerkungsspalte der Hauptsteuerlisten noch folgende Spalten aufaufgeommen werden:

bie Aufforderung mit Strafandrohung zur Abgabe der Steuererklärung ist zugestellt am";
„die Frist ist verlängert bis";
„eine Strafverfügung und wiederholte Aufforderung ist zugestellt am";
„der Steuerbescheid ist zugestellt am".

Unterlagen zur Steuererklärung.

§ 12. (1) Den Steuerpflichtigen steht es frei, die ihren Angaben in der Steuererklärung zugrunde liegenden Einzelberechnungen und andere zum Verständnis ihrer Angaben dienenden Erläuterungen und Zusätze in die Steuererklärung oder in eine beizufügende Anlage aufzunehmen. Steuerpflichtige, die Handelsbücher im Sinne des Handelsgesetzbuchs führen oder für ihren Betrieb regelmäßige Abschlüsse machen, haben spätestens bei Abgabe der Erklärung eine Abschrift ihrer unverkürzten Bilanz oder des für die Vermögensfeststellung maßgebenden Abschlusses mit Erläuterung einzureichen. Wenn sie nach ihrer Buchführung eine Gewinn- und Verlustrechnung aufstellen, ist auch diese beizufügen. Ferner

sind die Jahresberichte (Geschäftsberichte) und die Beschlüsse der zuständigen Organe über den Abschluß des Wirtschafts- oder Geschäftsjahrs einzureichen. Ausländische Erwerbsgesellschaften haben auch den Jahresbericht des Gesamtunternehmens beizufügen.

(2) Soweit die im Abs. 1 bezeichneten Unterlagen bereits anläßlich der Veranlagung der Einkommen- oder Körperschaftssteuer dem Finanzamt eingereicht sind, genügt die Angabe, wann, unter welchem Aktenzeichen und zu welcher Steuer die Belege dem Finanzamt vorgelegt wurden.

Allgemeine Vorschriften für die Veranlagung.

§ 13. (1) Die Finanzämter haben die Steuererklärungen, sowie die Bilanzen und die sonstigen gemäß § 12 von dem Steuerpflichtigen eingereichten Unterlagen zu prüfen und dahin zu wirken, daß möglichst gleichzeitig mit der Veranlagung der Einkommen- oder Körperschaftssteuer der Gesamtbetrag des Vermögens veranlagt wird. Sie haben sich fortlaufend über die wirtschaftlichen Vorgänge zu unterrichten und mit den in Betracht kommenden Behörden, Berufs- und Wirtschaftsvertretungen Fühlung zu halten, auch geeignete Persönlichkeiten der Landwirtschaft, des Handels und der Industrie als Sachverständige in wirtschaftlichen Fragen heranzuziehen (vgl. § 206 AO.).

(2) Kleinliche Beanstandungen, insbesondere solche, deren Ergebnis voraussichtlich nicht in angemessenem Verhältnis zu der hierfür aufgewendeten Arbeit und zu den Kosten steht, sind zu vermeiden.

(3) Die Fristen für die von den Steuerpflichtigen abzugebenden Erklärungen und Erläuterungen sind ausreichend zu bemessen.

(4) Für jeden Steuerpflichtigen, für den eine Vermögensteuer festgesetzt wird, ist ein Berechnungsbogen nach Anleitung des Musters 4 aufzustellen. Bei der Vermögensberechnung sind die für die einzelnen Vermögens- und Abzugsarten errechneten Zahlen auf volle durch Hundert teilbare Markbeträge abzurunden. Durch die Abrundung darf eine Benachteiligung des Steuerpflichtigen nicht eintreten. Die Jahressteuerschuld ist auf einen durch vier teilbaren, auf volle Mark nach unten abzurundenden Betrag festzusetzen. Die Landesfinanzämter können anordnen, daß der Berechnungsbogen nach den örtlichen Bedürfnissen erweitert wird.

Steuerbescheid.

§ 14. (1) Dem Pflichtigen ist ein schriftlicher Steuerbescheid nach Anleitung des Musters 5 zu erteilen. Ist nur Vermögensteuer zu entrichten oder nur Zwangsanleihe zu zeichnen, so ist das Muster 5 sinngemäß zu verwenden.

(2) Ist die Vermögensteuer oder der zu zeichnende Zwangsanleihebetrag nur vorläufig festgesetzt, so ist im Steuerbescheide die Festsetzung ausdrücklich als vorläufig zu bezeichnen (§ 82 AO.). Ist ein vorläufiger Steuerbescheid ergangen, so ist der endgültige Steuerbescheid ausdrücklich als solcher zu bezeichnen.

§ 15. (1) Auf Verlangen ist dem Pflichtigen, dessen Vermögen für die Veranlagung zur Vermögensteuer und zur Zwangsanleihe mit dem Vermögen seiner Ehefrau zusammengerechnet worden ist, vom Finanzamt mitzuteilen, welcher Steuerteil und welcher Betrag der endgültig fest-

gesetzten Zwangsanleihe (§ 14 des Gesetzes über die Zwangsanleihe) bei getrennter Veranlagung auf sein Vermögen und auf das seiner Ehefrau entfallen wäre (§ 31 Abs. 1 VermStG., § 22 des Gesetzes über die Zwangsanleihe).

(2) Die Vorschrift des Abs. 1 findet hinsichtlich des Zuschlags zur Vermögensteuer und hinsichtlich der Zwangsanleihe sinngemäße Anwendung auf den Inhaber eines Lehens, Fideikommisses oder Stammguts, auf den an einer fortgesetzten Gütergemeinschaft beteiligten Abkömmling und auf den Vorerben (§ 30, § 31 Abs. 2, § 32 VermStG., § 22 des Gesetzes über die Zwangsanleihe).

Mitteilung des Veranlagungsergebnisses.

§ 16. Führt die Veranlagung nicht zur Festsetzung von Vermögensteuer oder Zwangsanleihe, so sind hiervon die Steuerpflichtigen, die eine Steuererklärung abgegeben haben, zu benachrichtigen. Den übrigen Steuerpflichtigen ist die Tatsache der Freistellung nur auf Antrag mitzuteilen.

Zuschlag nach § 170 Abs. 2 AO.

§ 17. (1) Der Zuschlag wegen nicht rechtzeitiger Abgabe der Steuererklärung (§ 170 Abs. 2 AO.) ist im Steuerbescheide festzusetzen. Der Betrag des Zuschlags ist von der Vermögensteuer (§ 1 Abs. 1, § 19 VermStG) und dem Vermögensteuerzuschlag (§ 1 Abs. 2, § 20 VermStG.) zu berechnen. Änderungen der Steuer vor endgültiger Festsetzung haben eine Änderung des Zuschlags von selbst zu Folge. Änderungen des Zuschlags sind dem Steuerpflichtigen zugleich mit den Änderungen der Steuer mitzuteilen. Der Zuschlag braucht nicht in einem bestimmten Hundertsatz der Vermögensteuer ausgedrückt und festgesetzt zu werden. Er ist auf volle fünfzig Mark nach unten abzurunden.

(2) Zuschläge (§ 170 Abs. 2 AO.) auf den endgültig festgesetzten Zwangsanleihebetrag (§ 14 des Gesetzes über die Zwangsanleihe) werden nicht auferlegt.

Teil II.

Besondere Bestimmungen für die erste Veranlagung der Vermögensteuer.

Ermittlung der Steuerpflichtigen.

§ 18. Vor der öffentlichen Aufforderung zur Abgabe der Steuererklärung (§ 10 Abs. 3) sind vom Finanzamt für jede Gemeinde und, wenn die Gemeinde in mehrere Steuerbezirke geteilt ist, für jeden Steuerbezirk die natürlichen Personen, die juristischen Personen und die nichtrechtsfähigen Personenvereinigungen, Anstalten, Stiftungen und Zweckvermögen zu ermitteln, die für die Veranlagung der Vermögensteuer in Betracht kommen.

Hauptsteuerlisten.

§ 19. Für die Veranlagung der Vermögensteuer ist eine Hauptsteuerliste A für die natürlichen Personen nach Anleitung des Musters 6 und eine Hauptsteuerliste B für die übrigen Steuerpflichtigen nach Anleitung des Musters 7 anzulegen (§§ 20 ff.). Die Hauptsteuerlisten werden für den die Jahre 1923 bis 1925 umfassenden Veranlagungszeitraum geführt.

Aufstellung der Hauptsteuerliste A.

§ 20. (1) Das Finanzamt hat die Hauptsteuerliste A für jede Gemeinde und, wenn die Gemeinde in mehrere Steuerbezirke geteilt ist, für jeden Steuerbezirk zunächst auf Grund der Hauptsteuerliste für die Einkommensteuer des Jahres 1921 anzulegen. In die Liste sind aufzunehmen:

1. alle natürlichen Personen, die zur Einkommensteuer des Jahres 1921 mit Einkommen aus Grund- oder Betriebsvermögen veranlagt worden sind, es sei denn, daß anzunehmen ist, daß ihr gesamtes steuerbares Vermögen, also einschließlich des sonstigen Vermögens, die im Vermögensteuergesetz oder im § 8 Abs. 1 des Gesetzes über die Zwangsanleihe festgesetzten Mindestgrenzen nicht überschreitet;
2. alle — nicht bereits nach Nr. 1 aufzunehmenden — natürlichen Personen, die zur Einkommensteuer des Jahres 1921 mit Einkommen aus sonstigem Vermögen im Sinne des § 9 VermStG. (Kapitalvermögen) veranlagt worden sind, sofern das Einkommen aus diesem Vermögen mindestens 5000 M. betragen hat;
3. alle sonstigen nach § 2 Abs. 1 Nr. 1, 2 VermStG. steuerpflichtigen natürlichen Personen, von denen zu vermuten ist, daß ihr steuerbares Vermögen die im Vermögensteuergesetz oder im § 8 Abs. 1 des Gesetzes über die Zwangsanleihe festgesetzten Mindestgrenzen überschreitet;
4. alle natürlichen Personen, die nach § 3 VermStG. mit ihrem inländischen Grund- und Betriebsvermögen steuerpflichtig sind.

(2) Nach Aufstellung der Hauptsteuerliste für die Einkommensteuer des Jahres 1922 und nach Abschluß der Reichsnotopferlisten A und A 1 ist an Hand dieser Listen die Hauptsteuerliste nachzuprüfen und erforderlichenfalls zu ergänzen. Die Heranziehung der Hauptsteuerliste für die Einkommensteuer des Jahres 1922 soll neben der Überprüfung der Einkommens- und Vermögensverhältnisse der Steuerpflichtigen insbesondere auch dazu dienen, daß

a) Zu- und Abgänge (z. B. infolge Verlegung des Wohnsitzes),
b) Streichungen (z. B. infolge Todes) berücksichtigt werden.

Soweit die Hauptsteuerliste für die Einkommensteuer des Jahres 1922 schon vorliegt, ist die Hauptsteuerliste A unmittelbar nach dieser, unbeschadet der Bestimmungen in Abs. 1, aufzustellen.

(3) Die Aufnahme eines Steuerpflichtigen, der in die Reichsnotopferliste A oder A 1 eingetragen ist, darf nur dann unterbleiben, wenn mit Sicherheit anzunehmen ist, daß das steuerbare Vermögen des Pflichtigen die im Vermögensteuergesetz oder im § 8 Abs. 1 des Gesetzes über die Zwangsanleihe festgesetzten Mindestgrenzen nicht überschreitet.

(4) Die Reihenfolge der Eintragungen (Buchstabenfolge, Hausnummernfolge usw.) bestimmt das Finanzamt.

(5) Die Landesfinanzämter können zulassen, daß *eine* Hauptsteuerliste für mehrere Gemeinden oder Steuerbezirke angelegt wird.

Aufstellung der Hauptsteuerliste B.

§ 21. (1) Die Hauptsteuerliste B ist vom Finanzamt auf Grund der Hauptsteuerlisten der Körperschaftssteuer für das Kalenderjahr 1921 aufzustellen und nach dem Stand der Körperschaftssteuerstammliste vom 31. Dezember 1922 zu ergänzen. In diese Liste sind aufzunehmen:

1. die nach § 2 Abs. 1 Nr. 3 VermStG. steuerpflichtigen Aktiengesellschaften, Kommanditgesellschaften auf Aktien, Kolonialgesellschaften sowie Berggewerkschaften;
2. die übrigen nach § 2 Abs. 1 Nr. 3 und 4 VermStG. Steuerpflichtigen, wenn sie Grund- oder Betriebsvermögen besitzen, oder wenn sie zur Körperschaftssteuer des Jahres 1921 mit einem Einkommen von mehr als 5000 M. veranlagt worden sind, und wenn zu vermuten ist, daß ihr steuerbares Vermögen die im Vermögensteuergesetz oder im § 8 Abs. 1 des Gesetzes über die Zwangsanleihe festgesetzten Mindestgrenzen überschreitet;
3. alle juristischen Personen, Personenvereinigungen und Vermögensmassen, die nach § 3 VermStG. mit ihrem inländischen Grund- und Betriebsvermögen beschränkt steuerpflichtig sind.

(2) Nach Aufstellung der Hauptsteuerliste für die Körperschaftssteuer des Jahres 1922 und nach Abschluß der Reichsnotopferlisten B, C und D ist die Hauptsteuerliste B auf Grund der Eintragungen in diese Listen nachzuprüfen und erforderlichenfalls zu ergänzen. Die Aufnahme eines Steuerpflichtigen, der zum Reichsnotopfer veranlagt worden ist, darf nur dann unterbleiben, wenn mit Sicherheit anzunehmen ist, daß das steuerbare Vermögen des Pflichtigen die im Vermögensteuergesetz und im Gesetz über die Zwangsanleihe festgesetzten Mindestgrenzen nicht überschreitet.

(3) Die Listen sind in der Regel gemeindeweise anzulegen. Wird für mehrere Gemeinden nur eine Liste geführt, so sind für jede Gemeinde Unterabteilungen zu bilden.

(4) Die Landesfinanzämter können Abweichungen in der Einrichtung der Steuerlisten zulassen.

Führung der Hauptsteuerlisten.

a) **Allgemeines.**

§ 22. Das Finanzamt hat zunächst in die Hauptsteuerlisten die Eintragungen, die sich auf die Bezeichnung (Name, Firma), auf den Familienstand, den Beruf und die Wohnung des Steuerpflichtigen beziehen, vorzunehmen. Die Einträge sind fortlaufend zu numerieren.

b) **Eintragung der Jahressteuer.**

§ 23. Vor oder mit Ausfertigung der Steuerbescheide ist die festgesetzte Jahressteuer in die Hauptsteuerliste A oder B einzutragen. Nach Eintragung der Jahressteuer in die Hauptsteuerliste sind die Steuerbescheide der Finanzkasse zuzustellen.

Schluß der Hauptsteuerlisten.

§ 24. Die Hauptsteuerlisten bleiben für Nachträge, die sich auf den die Kalenderjahre 1923 bis 1925 umfassenden Veranlagungszeitraum beziehen, bis zum 31. Dezember 1926 offen. Der Reichsminister der Finanzen bestimmt, ob und welche Spalten der Hauptsteuerlisten aufzurechnen sind.

Veränderungen der Steuerschuld.

§ 25. Jede Veränderung der Steuerschuld ist unter dem ursprünglichen Eintrag mit einem Hinweis auf die die Neufestsetzung enthaltende Verfügung (z. B. Rechtsmittelentscheidung) und mit einem Vermerk

über den Zeitpunkt des Inkrafttretens der Veränderung einzutragen. Veränderungen können insbesondere eintreten bei Änderung der Kinderzahl, Ausscheiden aus der Steuerpflicht, bei Neuveranlagung infolge eines den im § 25 VermStG. bezeichneten Betrag übersteigenden Vermögenserwerbes oder infolge Verminderung des Vermögens um mehr als den fünften Teil (§§ 21, 24 bis 26 VermStG.) und bei Erhöhung oder Verminderung der Steuer im Berichtigungs- oder Rechtsmittelverfahren.

Sollbuch und Einnahmebuch.

§ 26. Für die Erhebung der Vermögensteuer wird ein Sollbuch und ein Einnahmebuch geführt.

Führung des Sollbuchs.

§ 27. (1) Das Sollbuch wird für je ein Kalenderjahr nach Anleitung des Musters 8 geführt. Es ist von der Finanzkasse so zu führen, daß sie zu jeder Zeit den Jahresbetrag des jeweils gültigen Solls ohne weiteres ersehen kann. Das Sollbuch bildet die Grundlage für die Überwachung des rechtzeitigen Steuereinganges.

(2) Das Finanzamt legt das Sollbuch für das Kalenderjahr 1923 gleichzeitig mit der Aufstellung der Hauptsteuerlisten an und füllt die Spalten 2 und 4 an Hand der Hauptsteuerlisten aus. Für die folgenden Kalenderjahre stellt die Finanzkasse das Sollbuch an Hand des Sollbuchs für das vorangegangene Kalenderjahr auf.

§ 28. (1) Nach Empfang des Steuerbescheids (§ 23) hat die Finanzkasse alsbald die Spalten 5 bis 10 des Sollbuchs auszufüllen. Hierauf ist der Steuerbescheid mit der Nummer des Sollbuchs, unter der er eingetragen wurde, zu versehen und sodann unverzüglich dem Finanzamt zurückzugeben. Wird das Veranlagungssoll geändert, so ist das alsdann gültige Jahressoll auf einer neuen Linie auf Grund der die Änderung herbeiführenden, der Kasse zugestellten Entscheidung (z. B. Berichtigungs-, Neuveranlagungsbescheid, Rechtsmittelentscheidung) unter Hinweis auf den Zeitpunkt des Inkrafttretens der Veränderung einzutragen.

(2) In das Sollbuch für 1924 sind die für 1924 und 1925 maßgebenden Jahresbeträge der Steuerschuld aus den Spalten 9, 10 des Sollbuchs 1923, in das Sollbuch für 1925 die für das Jahr 1925 maßgebenden Jahresbeträge aus der Spalte 10 des Sollbuchs 1924 zu übernehmen.

(3) Die Istspalten des Sollbuchs sind laufend entsprechend den Einzahlungen und Erstattungen und in Übereinstimmung mit den Buchungen im Einnahmebuch auszufüllen. Ferner ist alsbald nach Eingang einer Niederschlagungsverfügung oder eines Erlasses aus Billigkeitsgründen die betreffende Spalte des Sollbuchs zu ergänzen. Ergibt sich bei Zusammenrechnung der gezahlten, der niedergeschlagenen und der erlassenen Beträge, daß die Steuerschuld eines Steuerpflichtigen im Sollbuch erfüllt ist, so ist das Konto in geeigneter Weise zu kennzeichnen, sofern nicht noch ein Rechtsmittel schwebt.

Schluß des Sollbuchs.

§ 29. (1) Das Sollbuch wird für Einträge, die sich auf Steuerfälle des Jahres, für das es geführt wird, beziehen, bis zum 31. März des auf das betreffende Kalenderjahr folgenden Jahres offengehalten.

(2) Nach Ablauf der im Abs. 1 genannten Frist ist das Sollbuch zu schließen. Alle unerledigten Konten sind in die Restnachweisung aufzunehmen. Als unerledigt gelten diejenigen Konten, deren Soll nicht durch Zahlung, Niederschlagung oder Erlaß erfüllt ist, und alle Konten, hinsichtlich deren noch Rechtsmittel schweben. Zu diesem Zweck hat das Finanzamt vor Schluß des Sollbuchs der Kasse mitzuteilen, bei welchen Steuerfällen ein Rechtsmittelverfahren noch anhängig ist. Der Reichsminister der Finanzen bestimmt, ob und welche Spalten des Sollbuchs aufzurechnen sind.

(3) In die Restnachweisung, die unter Verwendung eines entsprechend zu überschreibenden Musters des Sollbuchs zu führen ist, wird das letzte, der Kasse bekannte Soll und die Summe der eingezahlten, erlassenen und niedergeschlagenen Beträge übernommen. Gegebenenfalls ist zu vermerken, daß ein Rechtsmittel schwebt. Die Richtigkeit und Vollständigkeit der Überträge ist vom Kassenaufsichtsbeamten oder von einem anderen vom Vorsteher des Finanzamts zu bestimmenden, an der Kassenführung nicht beteiligten Beamten zu bescheinigen.

Führung des Einnahmebuchs.

§ 30. (1) Das Einnahmebuch ist von der Finanzkasse nach Anleitung des Musters 9 in vierteljährlichen Teilabschnitten für ein Vierteljahr zu führen und am Ende jeden Vierteljahrs abzuschließen. Es ist fortlaufend in den Spalten 5 bis 11 aufzurechnen; am Schlusse jeden Monats sind die Monatssummen und am Schlusse eines Vierteljahrs die Vierteljahrssummen festzustellen.

(2) Im Einnahmebuch eines Vierteljahrs sind nach der Zeitfolge der Zahlungen alle während dieses Vierteljahrs eingehenden Vermögensteuerbeträge ohne Rücksicht auf die Zeit, aus der sie herrühren, anzuschreiben. Ferner ist im Einnahmebuche der Eingang von Verzugszinsen für rückständige Steuern, die Erstattung von Steuerbeträgen, die Vergütung von Zinsen bei Erstattungen und der Eingang der Mahn- und Vollstreckungsgebühren zu buchen.

Aufforderung zur Zahlung.

§ 31. Das Finanzamt oder die vom Finanzamt hiermit beauftragte Kasse hat Anfang Februar, Mai, August und November durch öffentliche Bekanntmachung oder in sonst geeigneter Weise zur Bezahlung der fälligen Teilzahlungen (§ 29 VermStG.) aufzufordern. In der Bekanntmachung ist darauf hinzuweisen, daß durch Einlegung von Rechtsmitteln die Erhebung der angeforderten Steuer nicht aufgehalten wird.

Anzeigen über Änderungen des Familienstandes (nach § 21 VermStG.).

§ 32. (1) Hat sich die Zahl der zum Haushalt eines Steuerpflichtigen gehörenden Kinder im Sinne des § 17 EinkStG. am 1. Oktober 1923 oder am 1. Oktober 1924 gegenüber dem Stande am 1. Oktober 1922 oder 1. Oktober 1923 geändert, so soll der Steuerpflichtige diese Änderungen dem zuständigen Finanzamt bis zum 31. Dezember 1923 oder 1924 anzeigen. Ist die Vermögensteuer bereits voll entrichtet, so sind Anträge die nicht innerhalb eines Jahres nach Ablauf des Jahres, für das die Vermögensteuer entrichtet ist, gestellt werden, nicht mehr zu berücksichtigen (§ 130 AO.).

(2) Gegen die die Ermäßigung ablehnende Verfügung des Finanzamts ist die Beschwerde an das Landesfinanzamt zulässig.

Freistellungsanträge für die Kalenderjahre 1924, 1925.

§ 33. (1) Steuerpflichtige, bei denen die im § 22 Abs. 1 VermStG. bezeichneten Voraussetzungen im Kalenderjahre 1923 eingetreten sind, und die auf Grund der genannten Vorschrift erstmalig für das Kalenderjahr 1924 Freistellung von der Vermögensteuer beantragen wollen, sollen die ihren Anspruch begründenden Tatsachen innerhalb eines Monats, nachdem der Einkommensteuerbescheid für das Jahr 1923 zugestellt worden ist, beim Finanzamt angeben und sachgemäß belegen.

(2) Abs. 1 gilt sinngemäß für solche Steuerpflichtige, bei denen die im § 22 Abs. 1 VermStG. bezeichneten Voraussetzungen erstmalig im Kalenderjahre 1924 eingetreten sind.

Wohnsitzveränderung eines Steuerpflichtigen.

§ 34. Verlegt ein Steuerpflichtiger seinen Wohnsitz oder gewöhnlichen Aufenthalt dauernd nach einem andren Ort des Deutschen Reichs außerhalb des Bezirks des Finanzamts, so ist ein Auszug aus der Hauptsteuerliste und ein Auszug aus dem Sollbuch an das Finanzamt des neuen Wohnsitzes oder Aufenthalts gegen Empfangsbescheinigung zu übersenden. Die Steuer- und Beitreibungsakten sind zu übermitteln, sobald sie bei dem bisher zuständigen Finanzamt entbehrlich werden.

Neuveranlagung nach § 25 VermStG.

§ 35. (1) Die Erbschaftssteuerstellen der Finanzämter haben die ihnen bekannt werdenden Anfälle unter Lebenden oder von Todes wegen, sofern sie den im § 25 VermStG. bezeichneten Betrag übersteigen, alsbald der Vermögensteuerstelle des Finanzamts mitzuteilen, das für die Veranlagung des Beschenkten oder Bedachten zur Vermögensteuer zuständig ist. Als Steuerstelle im Sinne dieser Ausführungsbestimmungen gelten die Sacharbeiter der einzelnen Steuerzweige. Die Mitteilung hat Namen und Wohnung des Schenkers, die Höhe des Betrags, der auf den einzelnen Beschenkten oder Bedachten trifft, und bei Erbanfällen auch den Todestag des Erblassers zu enthalten.

(2) Die Neuveranlagung des Steuerpflichtigen, dessen Vermögen sich durch einen Erwerb im Sinne der §§ 2, 3 ErbschStG. in der Fassung der Bekanntmachung vom 7. August 1922 (RGBl. I S. 695) um mehr als den in § 25 VermStG. bezeichneten Betrag vermehrt hat, ist von Amts wegen vorzunehmen, und zwar spätestens bei Feststellung des Vermögens auf den 31. Dezember 1925.

Zusammenwirken der Vermögensteuerstellen mit den Erbschaftssteuerstellen.

§ 36. Die Vermögensteuerstellen der Finanzämter haben den zuständigen Erbschaftssteuerstellen von den ihnen bekannt werdenden Anfällen unter Lebenden Kenntnis zu geben. Ferner haben sie, sobald sie vom Tode eines Vermögensteuerpflichtigen Kenntnis bekommen, den Namen, die Wohnung, den Zeitpunkt des Todes und die Höhe des zuletzt veranlagten oder ihnen nachträglich bekannt werdenden Vermögens mitzuteilen.

Teil III.

Besondere Bestimmungen für die Zwangsanleihe.

Zwangsanleihehauptliste.

§ 37. (1) Für die Veranlagung der Zwangsanleihe ist eine Zwangsanleihehauptliste A für die natürlichen Personen nach Anleitung des Musters 10 und eine Zwangsanleihehauptliste B für die übrigen Steuerpflichtigen nach Anleitung des Musters 11 anzulegen. Diese Listen werden nicht gleichzeitig mit der Aufstellung der Hauptsteuerlisten zur Vermögensteuer, sondern erst gleichzeitig mit der Veranlagung zur Vermögensteuer aufgestellt. In die Listen werden diejenigen Pflichtigen eingetragen, die nach dem Ergebnis der Veranlagung der Vermögensteuer Zwangsanleihe zu zeichnen haben. Die Hauptliste A ist für jede Gemeinde und wenn die Gemeinde in mehrere Steuerbezirke geteilt ist, für jeden Steuerbezirk anzulegen. Die Reihenfolge der Eintragungen (Buchstabenfolge, Hausnummernfolge usw.) bestimmt das Finanzamt. Die Hauptliste B ist in der Regel gemeindeweise aufzustellen. Wird für mehrere Gemeinden eine Hauptliste geführt, so sind für jede Gemeinde Unterabteilungen zu bilden. Die Landesfinanzämter können Abweichungen in der Einrichtung der Hauptlisten gestatten.

(2) Veränderungen im Soll der festgesetzten Zwangsanleihe sind bei der Nummer der Hauptliste zu vermerken, unter der der Zeichnungspflichtige eingetragen ist.

Zeichnungspflichtige Personen.

§ 38. (1) Zeichnungspflichtig für die Zwangsanleihe ist, wer am 1. Januar 1923 vermögensteuerpflichtig ist. Eine Ausnahme besteht nur hinsichtlich der nach dem Hypothekenbankgesetze vom 13. Juli 1899 (RGBl. S. 375) der Staatsaufsicht unterliegenden Hypothekenbanken und der landschaftlichen Kreditanstalten. Die reinen Hypothekenbanken, d. h. diejenigen Hypothekenbanken, die Geschäfte nur in dem im § 5 HypBankG. bezeichneten Umfang betreiben, und die landschaftlichen Kreditanstalten sind zwar vermögensteuerpflichtig, aber von der Verpflichtung zur Zeichnung der Zwangsanleihe befreit. Als reine Hypothekenbanken kommen in Betracht:

1. **Preußische Zentral-Bodenkredit-A.-G., Berlin,**
2. **Preußische Bodenkredit-Aktienbank in Berlin,**
3. **Preußische Pfandbriefbank, Berlin,**
4. **Preußische Hypotheken-Aktien-Bank, Berlin,**
5. **Deutsche Hypothekenbank A. G., Berlin,**
6. **Berliner Hypothekenbank A. G., Berlin,**
7. **Schlesische Bodenkredit-Aktienbank in Breslau,**
8. **Westdeutsche Bodenkreditanstalt in Köln,**
9. **Hannoversche Bodenkreditbank in Hildesheim,**
10. **Frankfurter Hypotheken-Kreditverein in Frankfurt a. M.,**
11. **Frankfurter Hypothekenbank in Frankfurt a. M.,**
12. **Landwirtschaftliche Hypothekenbank in Berlin (früher Frankfurt a. M.),**
13. **Rheinisch-Westfälische Bodenkreditbank in Köln,**
14. **Süddeutsche Bodenkreditbank in München,**
15. **Pfälzische Hypothekenbank in Ludwigshafen,**
16. **Bayerische Bodenkreditanstalt in Würzburg,**

17. Sächsische Bodenkreditanstalt in Dresden,
18. Leipziger Hypothekenbank in Leipzig,
19. Württembergische Hypothekenbank in Stuttgart,
20. Rheinische Hypothekenbank in Mannheim,
21. Deutsche Grundkreditbank in Gotha,
22. Deutsche Hypothekenbank in Meiningen,
23. Norddeutsche Grundkreditbank in Weimar,
24. Mitteldeutsche Bodenkreditanstalt in Greiz,
25. Hessische Landeshypothekenbank-Aktiengesellschaft in Darmstadt,
26. Hypothekenbank in Hamburg,
27. Braunschweig-Hannoversche Hypothekenbank in Braunschweig.
28. Mecklenburgische Hypotheken- und Wechselbank in Schwerin.

(2) Die gemischten Hypothekenbanken, d. h. Hypothekenbanken, die Geschäfte in weiterem als dem im § 5 HypBankG. bezeichneten Umfang betreiben, sind ebenfalls vermögensteuerpflichtig, zeichnungspflichtig jedoch nur für denjenigen Teil ihres Vermögens, der nicht dem Hypothekenbankbetriebe gewidmet ist. Als dem Hypothekenbankbetriebe gewidmetes Vermögen gilt bei einer gemischten Hypothekenbank:

a) dasjenige Vermögen, das nach den Vorschriften des Hypothekenbankgesetzes mindestens vorhanden sein müßte, um der Bank ihren Umlauf an Pfandbriefen und Kommunalschuldverschreibungen zu ermöglichen. Das hiernach sich errechnende Gesamtgarantiekapital ist in der Weise in Grundkapital und Reserven zu zerlegen, daß zunächst der bei der Bank etwa vorhandene „ausschließlich zur Sicherung der Pfandbriefgläubiger bestimmte" Reservefonds als Reserve angesetzt wird. Der dann verbleibende Rest ist in dem Verhältnis in „Grundkapital" und „ausschließlich zur Deckung einer Unterbilanz bestimmte Reserve" zu teilen, in dem das gesamte Grundkapital der Bank zu dem Gesamtbetrage der Reserven letzterer Art steht;
b) der Betrag jener Reserven, die bei der Bank besonders für das Hypothekenbankgeschäft bestimmt, aber nach den Vorschriften des Hypothekenbankgesetzes nicht als Garantiekapital zugelassen sind;
c) von den allgemeinen Reserven, soweit diese nicht als dem Bankgeschäfte besonders vorbehalten bezeichnet sind, derjenige Teil, der dem nach Buchst. a errechneten Teile des Grundkapitals entspricht.

Umfang der Zeichnungspflicht.

§ 39. Der Betrag an Zwangsanleihe, der auf den einzelnen Zeichnungspflichtigen entfällt, bemißt sich nach dem auf volle Tausende nach unten abgerundeten Vermögen, das bei der ersten Veranlagung der Vermögensteuer nach den Vorschriften des Vermögensteuergesetzes festgestellt ist. Eine Ausnahme gilt nur für Beteiligungen von Unternehmungen der im § 2 Abs. 1 Ziffer 3 und 4 VermStG. bezeichneten Art an Unternehmungen gielcher Art (Schachtelgesellschaften). Solche Beteiligungen unterliegen zwar der Vermögensteuer, aber nicht der Zwangsanleihe und sind nur dann gegeben, wenn sie mindestens ein Fünftel der gesamten Aktien, Kuxe, Genußscheine oder Anteile an einer anderen Unternehmung umfassen (§ 6 Satz 4 des Gesetzes über die Zwangsanleihe).

Begriff des Einkommens in den Fällen des § 8 Abs. 2, 3 des Gesetzes über die Zwangsanleihe.

§ 40. (1) Als Einkommen im Sinne des § 8 Abs. 2 des Gesetzes über die Zwangsanleihe gilt unbeschadet der Vorschriften der Abs. 2, 3 das Einkommen, das im Einkommensteuerbescheide für das Rechnungsjahr 1921 zugrunde gelegt worden ist. Ist eine Veranlagung der Einkommensteuer für das Rechnungsjahr 1921 noch nicht erfolgt oder ist ein schwebendes Rechtsmittelverfahren noch nicht abgeschlossen, so ist vorläufig das Einkommen, das der Zeichnungspflichtige in seiner Steuererklärung für die Einkommensteuer 1921 angegeben hat, zugrunde zu legen.

(2) Hat sich das Einkommen des Kalenderjahrs 1922 gegenüber dem Einkommen des Kalenderjahrs 1921 durch einen Erwerb im Sinne der §§ 2, 3 ErbschStG. in der Fassung der Bekanntmachung vom 7. August 1922 (RGBl. I S. 695) erhöht, so ist das Einkommen, das der Einkommensteuer für das Rechnungsjahr 1921 zugrunde gelegt ist, zuzüglich des aus dem bezeichneten Erwerbe stammenden Betrags der Einkünfte zugrunde zulegen, der für das Kalenderjahr 1922 als steuerbares Einkommen angesetzt worden ist (§ 8 Abs. 2 Satz 2 des Gesetzes über die Zwangsanleihe). Kann dieser Betrag ziffernmäßig nicht festgestellt werden, so werden 5 vom Hundert des Werts des durch Erbanfall oder Schenkung hinzugetretenen Vermögens hinzugerechnet.

(3) Ist ein Zeichnungspflichtiger für das Kalenderjahr 1921 zur Einkommensteuer nicht veranlagt, weil seine Steuerpflicht für die Einkommensteuer erst im Jahre 1922 begründet worden ist, so ist das zur Einkommensteuer für das Kalenderjahr 1922 veranlagte Einkommen zugrunde zu legen (§ 8 Abs. 2 Satz 2 des Gesetzes über die Zwangsanleihe).

Zeichnung auf die Zwangsanleihe.

§ 41. Zwangsanleihe ist entweder nach Maßgabe der §§ 42 bis 53 unter Barzahlung des Zeichnungspreises oder nach Maßgabe der §§ 57, 58 unter Anrechnung überzahlter Notopferbeträge zu zeichnen.

Annahmestelle.

§ 42. (1) Zeichnungen auf die Zwangsanleihe sind bei den gemäß § 19 des Gesetzes über die Zwangsanleihe bestimmten Annahme-(Zeichnungs-) Stellen vorzunehmen.

(2) Zuständig zur Entgegennahme einer Zeichnung ist jede Annahmestelle, die im Bezirke des für den Zeichnungspflichtigen zuständigen Finanzamts gelegen ist. Ist ein Finanzamt in Groß-Berlin, Bremen, Breslau, Chemnitz, Dresden, Frankfurt a. M., Hamburg, Hannover, Köln, Leipzig, München, Nürnberg oder Stuttgart zuständig, so ist jede innerhalb der betreffenden Stadt gelegene Annahmestelle zur Entgegennahme der Zeichnung zuständig.

(3) Bei einer nach Abs. 2 nicht zuständigen Annahmestelle kann Zwangsanleihe nur mit Zustimmung dieser Annahmestelle gezeichnet werden.

Zeichnung.

§ 43. (1) Die Zeichnungen müssen auf einen Nennbetrag von 1000 M. oder auf ein Vielfaches dieses Betrags lauten.

(2) Für die Zeichnungen sind Vordrucke nach anliegendem Muster 12 zu verwenden. Die Vordrucke sind bei jeder Annahmestelle vorrätig zu halten und auf Anfordern unentgeltlich abzugeben. Der Zeichner hat beide Abschnitte des Vordrucks (I und II) vorschriftsmäßig auszufüllen; die Annahmestelle ist zur Ausfüllung nicht verpflichtet.

(3) Der Abschnitt I des Vordrucks (Zeichnungsschein) bleibt bei der Annahmestelle als Unterlage für die Ausreichung der Zwangsanleihestücke. Der Abschnitt II ist dem Auszug aus der Zeichnungsliste (§ 47) als Beleg beizufügen.

(4) Die Annahmestelle hat Zeichnungsscheine, die nicht über einen Nennbetrag von 1000 M. oder ein Vielfaches dieses Betrags lauten, oder die sonst nicht vorschriftsmäßig ausgefüllt sind, zurückzuweisen.

Zeichnungspreis.

§ 44. (1) Mit der Zeichnung ist der Zeichnungspreis für den gezeichneten Betrag an die Annahmestelle zu zahlen. Zeichnungen ohne gleichzeitige Zahlung sind unzulässig.

(2) Zahlungen mittels Schecks oder Überweisung gelten erst dann als geleistet, wenn der Gegenwert bei der Annahmestelle eingegangen oder auf ihrem Konto gutgeschrieben ist.

(3) Für die Höhe des Zeichnungspreises (§ 2 des Gesetzes über die Zwangsanleihe) ist der Tag maßgebend, an dem die Zahlung geleistet ist.

Zeichnungsquittung.

§ 45. Über jede Zeichnung ist dem Zeichner eine Rechnung mit Quittung nach anliegendem Muster 13 zu erteilen.

Zeichnungsliste.

§ 46. Die Annahmestelle hat über alle bei ihr vorgenommenen Zeichnungen eine Zeichnungsliste nach anliegendem Muster 14 zu führen, in die die Zeichnungen unter fortlaufender Nummer einzutragen sind. Die Nummer aus der Zeichnungsliste ist von der Annahmestelle auf dem Zeichnungsschein (Abschnitt I des Musters 12), der Benachrichtigung an das Finanzamt (Abschnitt II des Musters 12) und der Zeichnungsquittung (Muster 13) an den dafür vorgesehenen Stellen zu vermerken. Vor Eingang der Zahlung darf eine Zeichnung in die Zeichnungsliste nicht eingetragen werden (vgl. § 44).

Auszüge aus der Zeichnungsliste.

§ 47. (1) Die Annahmestelle hat aus der Zeichnungsliste Auszüge nach dem anliegendem Muster 15 zu fertigen und sie in den Spalten 4 und 6 abzuschließen und aufzurechnen. Die Auszüge haben alle Zeichnungen zu enthalten, die bei der Annahmestelle in der Zeit vom 1. bis 10., 11. bis 20. oder 21. bis zum letzten Tage des Monats vorgenommen sind. Für jeden Zeitabschnitt des betreffenden Monats sind besondere Auszüge zu fertigen.

(2) Soweit die Zeichnungsliste Zeichnungen von Pflichtigen enthält, für die verschiedene Finanzämter zuständig sind (§ 42 Abs. 2 S. 2, Abs. 3), sind für jeden Finanzamtsbezirk besondere Auszüge aufzustellen.

Einreichung der Auszüge und Ablieferung des Zeichnungspreises; Verrechnungsstelle.

§ 48. (1) Die Auszüge (§ 47) nebst den jeweils zu ihnen gehörigen Abschnitten II des Musters 12 (§ 43 Abs. 3) sind von der Annahmestelle mit einer Zusammenstellung nach dem anliegenden Muster 16 unter „Einschreiben" oder bei Überbringung gegen Empfangsbestätigung an die für die Annahmestelle zuständige und mit Kasseneinrichtung versehene Reichsbankanstalt zu senden. Gleichzeitig hat die Annahmestelle an diese Reichsbankanstalt die sich aus den Auszügen ergebende Summe der Einzahlungen (Spalte 6 des Musters 15) abzüglich der der Annahmestelle zustehenden Vergütung abzuführen.

(2) Für die im Deutschen Zentralgiroverband und im Deutschen Sparkassenverband zusammengeschlossenen Sparkassen und Kommunalbanken tritt an die Stelle der Reichsbank die für diese Sparkassen und Kommunalbanken zuständige Girozentrale (Verrechnungsstelle); diese hat für die Weiterleitung an die für sie zuständige Reichsbankanstalt zu sorgen.

(3) Die Verrechnungsstellen (Abs. 2) in Berlin sowie die Annahmestellen in Berlin, für die eine Verrechnungsstelle nicht besteht, haben die sich aus den Auszügen ergebende Summe der Einzahlungen abzüglich der Vergütung zugleich mit der Zusammenstellung, den Auszügen und den Abschnitten II des Musters 12 an die Zeichnungsabteilung der Reichsbank in Berlin SW 19, Niederwallstraße 18—20 abzuführen, und zwar tunlichst durch Einlieferung von Reichsbankschecks zur Gutschrift auf das Girokonto „Zeichnungsabteilung" Berlin oder durch Kassenvereinsschecks.

(4) Bei Überweisung auf das Postscheckkonto der Reichsbank berechnet die Reichsbank der Annahmestelle die übliche Postscheckauszahlungsgebühr.

(5) Die den Auszügen beizufügenden Abschnitte II des Musters 12 (siehe Abs. 1) sind von der Annahmestelle ordnungsmäßig zu bündeln und mit einem Umschlag, auf dem die Zugehörigkeit zu dem betreffenden Auszuge vermerkt ist, zu versehen.

Frist für die Einreichung der Auszüge und die Ablieferung der Zeichnungspreise.

§ 49. (1) Die Verrechnungsstellen sowie jene Annahmestellen, für die eine Verrechnungsstelle nicht besteht, haben die Ablieferungen nach § 48 an die Reichsbankanstalt vorzunehmen:

a) für die vom 1. bis 10. des betreffenden Monats vorgenommenen Zeichnungen bis zum 20. des gleichen Monats,
b) für die vom 11. bis 20. des betreffenden Monats vorgenommenen Zeichnungen bis zum letzten Tage des gleichen Monats,
c) für die vom 21. bis zum letzten Tage des betreffenden Monats vorgenommenen Zeichnungen bis zum 10. des folgenden Monats.

(2) Die Annahmestellen, für die eine Verrechnungsstelle besteht (§ 48 Abs. 2), haben die Ablieferungen an die Verrechnungsstellen bis zum 5. Tage vor dem Ablauf der im Abs. 1 bezeichneten Fristen vorzunehmen.

(3) Fällt der letzte Tag der im Abs. 1 bezeichneten Fristen auf einen Sonn- oder Feiertag, so sind die Ablieferungen bis zum vorhergehenden Werktag zu bewirken.

Sammelstelle.

§ 50. Die Reichsbankanstalt, an die die Auszüge aus der Zeichnungsliste mit der um die Vergütung gekürzten Summe der Einzahlungen gemäß § 48 abzuliefern sind (Sammelstelle), hat zu prüfen, ob die einbehaltene Vergütung richtig berechnet ist, ob der abgelieferte Betrag zuzüglich der Vergütung mit der Summe der Einzahlungen (Spalte 6 des Musters 15) übereinstimmt. Ist dies der Fall, so hat die Reichsbankanstalt die Auszüge mit der Bescheinigung zu versehen, daß die Summe der Einzahlungen nach Abzug der Vergütungen an die Reichshauptbank zur Weiterleitung an die Reichshauptkasse abgeführt worden ist. Andernfalls hat die Reichsbankanstalt für Berichtigung im Benehmen mit der Annahme- oder Verrechnungsstelle zu sorgen.

§ 51. (1) Die Reichsbankanstalt hat die Auszüge, die mit der Bescheinigung (§ 50) versehen sind, mit den zugehörigen Benachrichtigungen (Abschnitt II des Musters 12) unter „Einschreiben" oder bei Überbringung gegen Empfangsbestätigung unverzüglich an das zuständige Finanzamt zu senden. Gleichzeitig hat die Reichsbankanstalt den Gesamtbetrag der Einzahlungen nach Abzug der Vergütungen an die Reichshauptbank zur Weiterleitung an die Reichshauptkasse abzuführen und die Zuteilung der Zwangsanleihestücke an Hand des Musters 16 vorzubereiten. Bei der Überweisung der Einzahlungen an die Reichshauptkasse ist ersichtlich zu machen, welcher Gesamtbetrag als Zeichnungspreis bei der Annahmestelle tatsächlich eingezahlt und welcher Teilbetrag hiervon als Vergütung in Abzug gebracht ist.

(2) Die näheren Bestimmungen über die Tätigkeit der Reichsbankanstalten als Sammelstelle erläßt das Reichsbankdirektorium. Dieses kann auch im Benehmen mit dem Deutschen Zentralgiroverband und dem Deutschen Sparkassenverbande weitere Bestimmungen über die Form der Ablieferung durch die im § 48 Abs. 2 bezeichneten Sparkassen, Kommunalbanken und Girozentralen treffen.

Verzeichnis der Auszüge aus den Zeichnungslisten.

§ 52. Das Finanzamt hat die Auszüge aus den Zeichnungslisten in ein Verzeichnis nach anliegendem Muster 17 einzutragen und sie auf Vollständigkeit und Richtigkeit zu prüfen. Die Prüfung hat sich insbesondere darauf zu erstrecken, ob in den Auszügen der Zeichnungspreis (Spalte 6) im Hinblick auf den Zahlungstag (Spalte 2) richtig berechnet ist und ob die Summe der gezeichneten Nennbeträge (Spalte 4) und die Summe der Einzahlungen (Spalte 6) richtig ermittelt sind; auch hat das Finanzamt darauf zu achten, daß die Annahme- oder Verrechnungsstelle die Einzahlungen rechtzeitig an die Sammelstelle abgeführt hat. Die den Auszügen als Belege beigefügten Benachrichtigungen (Abschnitt II des Musters 12) sind daraufhin nachzusehen, ob der Name, die Anschrift und der Nennbetrag der Zeichnung sowie der Tag der Einzahlung mit dem Inhalte des Auszuges übereinstimmen; sodann sind sie zu den Veranlagungsakten zu nehmen. Mängel und Fehler sind vom Finanzamt im Benehmen mit der Annahmestelle richtigzustellen; Rechenfehler sind auch der Verrechnungsstelle und der Sammelstelle zur Berichtigung mitzuteilen.

Nachweis der Zeichnung.

§ 53. (1) Der Nachweis der Zeichnung wird durch die Auszüge aus der Zeichnungsliste geführt. Zur Erleichterung dieses Nachweises hat der Zeichnungspflichtige in der Vermögensteuererklärung anzugeben, welchen Betrag, wann, bei welcher Annahmestelle und unter welcher Nummer der Zeichnungsliste er Zwangsanleihe gezeichnet hat; die Richtigkeit dieser Angabe ist auf Verlangen des Finanzamts glaubhaft zu machen.

(2) Die Annahmestellen, Verrechnungsstellen und Sammelstellen haben dem Finanzamt kostenlos Auskunft zu erteilen, ob die Angaben des Zeichnungspflichtigen über eine Zeichnung, die vom Finanzamt in den Auszügen aus der Zeichnungsliste nicht zu ermitteln ist, richtig sind; sie haben ferner die Erfüllung aller ihnen obliegenden Verpflichtungen nachzuweisen.

Überwachungsliste.

§ 54. An Hand der Hauptlisten für die Zwangsanleihe (§ 38) ist eine Überwachungsliste nach anliegendem Muster 18 aufzustellen. Die Überwachungsliste dient zur Überwachung der rechtzeitigen und ausreichenden Zeichnung auf die Zwangsanleihe.

Lieferung der Vordrucke.

§ 55. Die Vordrucke nach §§ 43, 45, 46, 47, 48 werden auf Anfordern den Annahme- und Verrechnungsstellen von den Reichsbankanstalten kostenlos geliefert. Die Beschaffung dieser Vordrucke sowie der Vordrucke für die Sammelstellen ist dem Reichsbankdirektorium übertragen. Die hierdurch entstehenden notwendigen Auslagen werden dem Reichsbankdirektorium erstattet.

Nicht zur Zuständigkeit des Finanzamts gehörige Zeichnungen.

§ 56. Sind in den Auszügen aus der Zeichnungsliste Zeichnungen Pflichtiger enthalten, für deren Veranlagung das Finanzamt nicht zuständig ist, so ist dem zuständigen Finanzamt durch Übersendung einer Ausfertigung des Auszugs die Zeichnung mitzuteilen; der Ausfertigung des Auszugs ist der Abschnitt II des Zeichnungsscheins (Muster 12) beizufügen. Das zuständige Finanzamt hat die Ausfertigung des Auszugs und den Abschnitt II des Zeichnungsscheins nach § 52 zu behandeln. Den Empfang der Ausfertigung hat es dem Finanzamt, das diese Belege übersandt hat, zu bestätigen; die Bestätigung ist zu dem betreffenden Auszug zu nehmen.

Anrechnung überzahlter Reichsnotopferbeträge auf die Zwangsanleihe.

§ 57. Ist auf das Reichsnotopfer über den gemäß § 36 VermStG. geschuldeten Betrag hinaus Zahlung geleistet, so ist der Mehrbetrag nebst den gemäß § 39 VermStG. darauf zu entrichtenden Zinsen auf Antrag auf die zu zeichnende Zwangsanleihe anzurechnen (§ 11 des Gesetzes über die Zwangsanleihe). Für die Anrechnung gelten die §§ 32 bis 38 AusfBest. über die Abwicklung des Reichsnotopfers vom 6. Oktober 1922 (Zentralblatt für das Deutsche Reich S. 975) mit der Maßgabe, daß im § 32 Abs. 2 das Wort „nach" durch das Wort „vor" ersetzt wird, und die §§ 58, 59 dieser Ausführungsbestimmungen.

§ 58. (1) Ist die Anrechnung überzahlter Notopferbeträge beantragt, oder hat ein Zeichnungspflichtiger, ohne die Anrechnung zu beantragen, dieser nicht widersprochen, so hat das Finanzamt die Finanzkasse anzuweisen, den sich aus dem anzurechnenden Betrag ergebenden Nennbetrag an Zwangsanleihe zu zeichnen; in der Anweisung hat das Finanzamt anzugeben, zu welchem Preis (§ 2 des Gesetzes über die Zwangsanleihe) die Zeichnung vorzunehmen ist. Der Nennbetrag der zu zeichnenden Zwangsanleihe, der maßgebende Zeichnungspreis, der Tag der Zeichnung sowie das Aktenzeichen der Anweisung sind in Spalte 10 der Überwachungsliste zu vermerken.

(2) Auf Grund der im Abs. 1 bezeichneten Anweisung hat die Finanzkasse bei einer Annahmestelle ihres Bezirkes den Betrag an Zwangsanleihe für die Zeichnungspflichtigen zu zeichnen; hierbei hat sie die Stückelung der Schuldverschreibungen entsprechend den Wünschen des Pflichtigen zu beantragen. Die Zahlung des Zeichnungspreises an die Annahmestelle ist als bare Erstattung auf das Reichsnotopfer zu verbuchen.

(3) Die Zeichnungsquittung der Annahmestelle (nach Muster 13) ist den Zeichnungspflichtigen gegen Empfangsschein auszuhändigen; der Empfangsschein ist als Beleg zum Reichsnotopfersollbuch zu nehmen.

(4) Die Annahmestellen haben über die Zeichnungen, die gemäß Abs. 2 von der Finanzkasse vorgenommen werden, besondere Auszüge aus der Zeichnungsliste aufzustellen.

Ausreichung der Schuldverschreibungen auf die Zwangsanleihe.

§ 59. (1) Die Schuldverschreibungen werden den Pflichtigen von den Annahmestellen ausgereicht. Holt der Pflichtige die Schuldverschreibungen von der Annahmestelle ab, so sind sie ihm gegen Empfangsbestätigung auf dem Zeichnungsschein auszuhändigen. Die Ausreichung der Stücke ist auf der Vorderseite des Zeichnungsscheins (Abschnitt I des Musters 12) zu vermerken; auf der Rückseite des Zeichnungsscheins sind der Nennbetrag, die Nummern und die Buchstaben der ausgegebenen Schuldverschreibungen anzugeben.

(2) Das Finanzamt hat den Zeitpunkt öffentlich bekanntzugeben, von dem ab die Pflichtigen die Stücke in Empfang nehmen können. Hat ein Pflichtiger sich die Abholung der Schuldverschreibungen vorbehalten, sie jedoch nicht innerhalb dreier Monate nach der Bekanntmachung des Finanzamts abgeholt, so kann die Annahmestelle die Stücke dem Pflichtigen auf seine Gefahr und Kosten durch die Post übersenden.

(3) Die Ausreichung der Schuldverschreibungen ist stempel- und gebührenfrei.

Erstattung zuviel gezeichneter Zwangsanleihebeträge.

§ 60. (1) Übersteigt der auf die Zwangsanleihe gezeichnete Betrag den nach unanfechtbarer Feststellung endgültig zu zeichnenden Betrag, so ist der zuviel eingezahlte Betrag nebst 5 v. H. Zinsen vom Tage der Einzahlung ab zu erstatten. Das Finanzamt hat den Pflichtigen zu verständigen, daß ihm die zuviel gezeichnete Zwangsanleihe erstattet wird; gleichzeitig ist die Finanzkasse zur Erstattung anzuweisen. Die Finanzkasse darf den eingezahlten Betrag nur Zug um Zug gegen Rückgabe von Schuldverschreibungen der Zwangsanleihe in Höhe des zuviel ge-

zeichneten Betrags erstatten; die Schuldverschreibungen, die zurückgegeben werden, müssen mit den dazu gehörigen Zins- und Erneuerungsscheinen versehen sein. Die Erstattung ist kosten- und stempelfrei, dies gilt auch, wenn ein Umtausch größerer in kleinere Schuldverschreibungen dadurch erforderlich wird, daß dem Pflichtigen ein geringerer Betrag zu erstatten ist als der Nennbetrag, über den die ihm zugeteilten einzelnen Schuldverschreibungen lauten.

(2) Die Schuldverschreibungen der Zwangsanleihe, die von den Pflichtigen bei der Erstattung zurückgegeben werden, sind nebst den Zins- und Erneuerungsscheinen von der Finanzkasse zu entwerten und der Kontrolle der Staatspapiere in Berlin SW 68, Oranienstraße 92—94, mit einer Nachweisung in doppelter Ausfertigung zu übersenden. Die Nachweisung muß den Buchstaben, die Nummer, den Fälligkeitstag des demnächst fälligen Zinsscheins und den Nennwert der übersandten Schuldverschreibungen enthalten. Nach dem Eingang der Stücke hat die Kontrolle der Staatspapiere den Empfang auf dem Doppel zu bestätigen und das Doppel an die Finanzkasse zurückzusenden.

(3) Die Finanzkasse hat die erstatteten Beträge und die vergüteten Zinsen gesondert als Auftragszahlung zu behandeln und der Oberfinanzkasse mit einer Bescheinigung des Kassenaufsichtsbeamten anzurechnen; die Oberfinanzkasse rechnet sie in gleicher Weise der Reichshauptkasse an. Die Bescheinigung des Kassenaufsichtsbeamten hat zu bestätigen, daß die vorgeschriebenen Anweisungen des Finanzamts, die Quittung des Pflichtigen und die Empfangsscheine der Kontrolle der Staatspapiere für alle erstatteten Beträge vorgelegen haben; auch die Richtigkeit der Zinsberechnung ist zu bestätigen. Bei Ausstellung der Bescheinigung hat der Kassenaufsichtsbeamte auf der Anweisung des Finanzamts die Anrechnung zu vermerken. Sodann sind die Anweisung des Finanzamts, die Quittung des Pflichtigen und der Empfangsschein der Kontrolle der Staatspapiere als Belege zur Überwachungsliste zu nehmen.

Verzugszinsen.

§ 61. (1) Zeichnet ein Pflichtiger den auf Grund des Steuerbescheids noch zu zeichnenden Betrag nicht innerhalb zweier Monate nach Zustellung des Bescheids, so hat er 5 v. H. Verzugszinsen zu zahlen. Das Finanzamt hat die Verpflichtung zur Entrichtung von Verzugszinsen festzustellen und eine entsprechende Anweisung der Finanzkasse zu erteilen. Die Finanzkasse hat für Einziehung der Zinsen zu sorgen und den richtigen Eingang zu überwachen.

(2) Die Einzahlungen auf geschuldete Verzugszinsen sind als Verwahrungen zu behandeln und unter der Bezeichnung „Verzugszinsen für verspätete Zeichnungen auf die Zwangsanleihe“ vierteljährlich an die Oberfinanzkasse abzuführen.

(3) Unter der gleichen Bezeichnung führt die Oberfinanzkasse diese Einzahlungen, die sie ebenfalls als Verwahrungen zu buchen hat, an die Reichshauptkasse ab. Bei Ablieferung der Verzugszinsen an die Oberfinazkasse hat die Finanzkasse eine Bescheinigung des Kassenaufsichtsbeamten beizufügen, daß der abgeführte Betrag sämtliche im abgelaufenen Vierteljahr eingegangene Verzugszinsen darstellt. Eine entsprechende Bescheinigung des Kassenaufsichtsbeamten ist bei der Ablieferung der

Verzugszinsen an die Reichshauptkasse von der Oberfinanzkasse beizufügen; die Bescheinigung dient der Reichshauptkasse als Rechnungsbeleg.

(4) Verzugszinsen wegen Unterlassung der Pflichtvorauszeichnung (§ 13 des Gesetzes über die Zwangsanleihe) werden im Hinblick auf die erhöhte Zeichnungspflicht des § 16 des Gesetzes über die Zwangsanleihe nicht erhoben.

Beitreibung.

§ 62. Wird der auf die Zwangsanleihe geschuldete Betrag nicht innerhalb zweier Monate nach Zustellung des Bescheids (§ 15 des Gesetzes über die Zwangsanleihe) gezeichnet, so ist dieser Betrag beizutreiben. In Höhe des beigetriebenen Betrags ist Zwangsanleihe bei einer Annahmestelle im Bezirke des Finanzamts für den Pflichtigen zu zeichnen; hierbei ist die Stückelung entsprechend den Wünschen des Pflichtigen zu beantragen. Die Zeichnungsquittung der Annahmestelle ist dem Pflichtigen gegen Empfangsschein auszuhändigen; der Empfangsschein dient als Beleg für die Durchführung der Beitreibung und für die Vornahme der Zeichnung.

Teil IV.

Übergangs- und Schlußbestimmungen.

Prüfungsverfahren.

§ 63. (1) Die Steuerakten, die Listen und die Soll- und Einnahmebücher der Vermögensteuer unterliegen einer sachlichen und einer rechnerischen Prüfung. Die sachliche Prüfung hat sich darauf zu erstrecken, daß bei Ermittlung der steuerpflichtigen Fälle und bei Feststellung der Steuerschuld des Pflichtigen nach dem Gesetz unter Beachtung der maßgebenden Verwaltungsgrundsätze verfahren worden ist, die rechnerische darauf, daß die Steuerschuld eingezogen ist und alle erhobenen Beträge richtig zur Reichskasse geflossen sind.

(2) Die sachliche Prüfung findet beim Landesfinanzamt oder beim Finanzamt statt. Zur rechnerischen Prüfung ist das Sollbuch alsbald nach Erteilung der im § 29 Abs. 3 Satz 3 vorgesehenen Bescheinigung, das Einnahmebuch alsbald nach seinem Abschluß mit den zugehörigen Belegen dem Landesfinanzamte zur Prüfung einzureichen.

(3) Die Prüfung kann eingeschränkt werden. Der Umfang der Einschränkung wird vom Reichsminister der Finanzen bekanntgegeben.

(4) Über das Prüfungsverfahren bei der Zwangsanleihe werden vom Reichsminister der Finanzen besondere Bestimmungen erlassen werden.

Aufbewahrung der Akten.

§ 64. Die Akten, Listen und Bücher sind nach Abschluß des Sollbuchs oder der Überwachungsliste fünfzehn Jahre lang aufzubewahren.

Statistik.

§ 65. Über die Ergebnisse der Veranlagung zur Vermögensteuer und zur Zwangsanleihe werden statistische Erhebungen durchgeführt. Die näheren Bestimmungen hierüber erläßt der Reichsminister der Finanzen.

Änderung der Muster.

§ 66. Der Reichsminister der Finanzen ist ermächtigt, Muster zu ändern und neue Muster einzuführen.

Aufhebung der Zwangsanleihezeichnungsverordnung.

§ 67. Die Verordnung über das Zeichnungsverfahren für die Zwangsanleihe vom 7. September 1922 (Zentralblatt für das Deutsche Reich S. 647) wird mit dem Tage des Inkrafttretens dieser Ausführungsbestimmungen aufgehoben.

Schlußbestimmung.

§ 68. Es ergehen die Bestimmungen:

1. im § 38 auf Grund des § 6 des Gesetzes über die Zwangsanleihe,
2. im § 40 auf Grund des § 8 Abs. 2 Satz 2 des Gesetzes über die Zwangsanleihe,
3. in den §§ 41 bis 56 auf Grund des § 12 des Gesetzes über die Zwangsanleihe.

Muster 12

(Ausf.-Best. § 43)

Annahmestelle: ....

Die Zeichnung hat bei einer Annahmestelle im Bezirk des für den Zeichner zuständigen Finanzamtes zu erfolgen.

Nr. .... aus der Zeichnungsliste.
(Die Zeichnungen sind durch sämtliche Listen hindurch fortlaufend zu numerieren.)

I

Zeichnungsschein

Auf Grund des Gesetzes über die Zwangsanleihe zeichne ich/wir für Rechnung de

Deutlich schreiben!

Name, Vorname (bei Frauen auch Geburtsname) oder Firma und genaue Adresse dessen, für den gezeichnet wird ....

in ....

....

Mark*) ....

Deutsche Zwangsanleihe von 1922,

und zwar zum Kurse

(Nichtzutreffendes ist zu streichen.) { im Oktober 1922/Februar 1923 . . . . zu 100 % / „ .... 192 ...... **) . . . . „ ...... % } in untenstehender Stückelung

Den Gegenwert { zahle ich/wir hiermit ein. / bitte ich/wir auf meinem/unserem Konto .... zur Last zu schreiben.

(Nur auszufüllen, wenn die Zeichnung **vor** der Zustellung des Zwangsanleihebescheides vorgenommen wird.) a) Einkommen- (Körperschafts-) Steuer vom Finanzamt ....

(Nur auszufüllen, wenn die Zeichnung **nach** der Zustellung des Zwangsanleihebescheides vorgenommen wird.) b) Zwangsanleihe vom Finanzamt ....

unter der Steuernummer ....

Die Stücke
- hole ich/wir ab.
- bitte ich/wir auf meine/unsere Gefahr und Kosten durch die Post zu senden an ....
- für den obengenannten Zeichnungspflichtigen in Verwahrung zu nehmen.

Stückelung.

Dem Antrage wird nach Möglichkeit entsprochen werden.

Ich/Wir bitte, mir/uns folgende Stücke zuzuteilen:

.... Stücke	zu ℳ	1000 =	ℳ ....
.... „	„ „	2000 =	„ ....
.... „	„ „	5000 =	„ ....
.... „	„ „	10000 =	„ ....
.... „	„ „	20000 =	„ ....
.... „	„ „	50000 =	„ ....
.... „	„ „	100000 =	„ ....
	zusammen wie	oben	ℳ ....

Nachträglich geäußerte Wünsche können nicht berücksichtigt werden.

.............................., den .... 192....

....

(Unterschrift des Zeichners)

*) Es dürfen nur Stücke über 1000 ℳ oder ein Vielfaches davon gezeichnet werden. Die Zeichnung gilt erst als erfolgt, wenn der Gegenwert der Annahmestelle zugegangen ist.

) **Für Zeichnungen, die nach dem 30. April 1923 vorgenommen werden, erhöht sich der Zeichnungspreis für jeden angefangenen, dem Monat April 1923 folgenden Monat um je 10 v. H. des Nennwerts.

Die schwarz umrandeten Stellen werden von der Annahmestelle ausgefüllt.

Annahmestelle: ....

Benachrichtigung (für das Finanzamt).

Nr. .... aus der Zeichnungsliste.

II

Auf Grund des Gesetzes über die Zwangsanleihe sind für Rechnung de

Deutlich schreiben!

Name, Vorname (bei Frauen auch Geburtsname) oder Firma und genaue Anschrift dessen, für den gezeichnet wird ....

....

....

in ....

....

Mark

Deutsche Zwangsanleihe von 1922

(Nichtzutreffendes ist zu durchstreichen.) zum Kurse von — 100 — .... %
gezeichnet und bezahlt worden.

Der genannte Zeichnungspflichtige ist zuletzt veranlagt zur

(Vgl. die Bemerkung auf dem Zeichnungsschein [Abschnitt I])

a) Einkommen- (Körperschafts-) Steuer vom Finanzamt ....

b) Zwangsanleihe vom Finanzamt ....
.... unter
der Steuernummer ....

.............................., den .... 192......

....

(Unterschrift des Zeichners)

Vorstehenden Betrag heute empfangen.

.............................., den .... 192......

Annahmestelle ....

....

(Unterschrift)

Muster 13
(Ausf.-Best. § 45)

Annahmestelle: ....

Deutsche Zwangsanleihe von 1922. ...., den .... 192......

Nummer aus der Zeichnungsliste ....

Rechnung

für ....

Sorgfältig aufzubewahren und bei Abhebung der Stücke vorzulegen.

über am .... 192....... gezeichnete

Mark ....
(in Buchstaben)

Deutsche Zwangsanleihe von 1922

zum Kurse von .... v. H. = M ....

Stücke ausgehändigt.
...................................., den .... 192........
Annahmestelle ....
Unterschrift ....

Betrag erhalten

Annahmestelle ....

Unterschrift ....

Hilfstafel zur Berechnung der Zwangsanleihe für natürliche Personen.

(Zu § 8 Abs. 1 und 4, § 9, § 10 des Gesetzes vom $\frac{\text{20. Juli 1922}}{\text{22. Dezember 1922}}$ und 20. März 1923.)

Die Abrundung nach unten bzw. nach oben gemäß § 10 des Gesetzes findet erst nach Berücksichtigung der Ermäßigungen aus § 9 Abs. 3 des Gesetzes statt, z. B.:

Vermögen..........	2288000 *M*,	2289000 *M*,
Zwangsanleihebetrag	55520 „	55560 „
Abzug für 2 Kinder	5552 „	5556 „
.	49968 *M*,	50004 *M*,
abgerundet nach unten	49000 *M*,	abgerundet nach oben 51000 *M*.

Zwangsanleihepflichtiges Vermögen *M*	Betrag der Zwangsanleihe *M*	Zwangsanleihepflichtiges Vermögen *M*	Betrag der Zwangsanleihe *M*	Zwangsanleihepflichtiges Vermögen *M*	Betrag der Zwangsanleihe *M*
Von den	1 v. H.	401 000	4 010	540 000	5 400
ersten		402 000	4 020	550 000	5 500
600 000 *M*		403 000	4 030	560 000	5 600
des Ver-		404 000	4 040	570 000	5 700
mögens		405 000	4 050	580 000	5 800
(**10 *M* für**		406 000	4 060	590 000	5 900
je 1000 *M*)		407 000	4 070	600 000	6 000
z. B.:		408 000	4 080	Von den	2 v. H.
1 000 bis		409 000	4 090	nächsten	
99 000	frei	410 000	4 100	900000 *M*	
100 000 bis		420 000	4 200	des Ver-	
199 999	1 000	430 000	4 300	mögens	
200 000 bis	*)	440 000	4 400	(**20 *M***	
299 000	2 000	450 000	4 500	**für je**	
300 000 bis		460 000	4 600	**1000 *M***),	
399 000	3 000	470 000	4 700		
400 000	4 000	480 000	4 800	z. B.:	
Vermögen bis		490 000	4 900	601 000	6 020
400000 *M* einschl. sind		500 000	5 000	602 000	6 040
bei unbeschränkt Zeich-		510 000	5 100	603 000	6 060
nungspflichtigen frei.		520 000	5 200	604 000	6 080
		530 000	5 300	605 000	6 100

*) Vgl. § 8 Abs. 4 des Gesetzes.

Zwangsanleihepflichtiges Vermögen ℳ	Betrag der Zwangsanleihe ℳ	Zwangsanleihepflichtiges Vermögen ℳ	Betrag der Zwangsanleihe ℳ	Zwangsanleihepflichtiges Vermögen ℳ	Betrag der Zwangsanleihe ℳ
606 000	6 120	990 000	13 800	1 410 000	22 200
607 000	6 140	1 000 000	14 000	1 420 000	22 400
608 000	6 160	1 010 000	14 200	1 430 000	22 600
609 000	6 180	1 020 000	14 400	1 440 000	22 800
610 000	6 200	1 030 000	14 600	1 450 000	23 000
620 000	6 400	1 040 000	14 800	1 460 000	23 200
630 000	6 600	1 050 000	15 000	1 470 000	23 400
640 000	6 800	1 060 000	15 200	1 480 000	23 600
650 000	7 000	1 070 000	15 400	1 490 000	23 800
660 000	7 200	1 080 000	15 600	1 500 000	24 000
670 000	7 400	1 090 000	15 800		
680 000	7 600	1 100 000	16 000	Von den nächsten 1500000 ℳ des Vermögens (**40 ℳ für je 1000 ℳ**),	4 v. H.
690 000	7 800	1 110 000	16 200		
700 000	8 000	1 120 000	16 400		
710 000	8 200	1 130 000	16 600		
720 000	8 400	1 140 000	16 800		
730 000	8 600	1 150 000	17 000		
740 000	8 800	1 160 000	17 200		
750 000	9 000	1 170 000	17 400		
760 000	9 200	1 180 000	17 600	z. B.:	
770 000	9 400	1 190 000	17 800	1 501 000	24 040
780 000	9 600	1 200 000	18 000	1 502 000	24 080
790 000	9 800	1 210 000	18 200	1 503 000	24 120
800 000	10 000	1 220 000	18 400	1 504 000	24 160
810 000	10 200	1 230 000	18 600	1 505 000	24 200
820 000	10 400	1 240 000	18 800	1 506 000	24 240
830 000	10 600	1 250 000	19 000	1 507 000	24 280
840 000	10 800	1 260 000	19 200	1 508 000	24 320
850 000	11 000	1 270 000	19 400	1 509 000	24 360
860 000	11 200	1 280 000	19 600	1 510 000	24 400
870 000	11 400	1 290 000	19 800	1 520 000	24 800
880 000	11 600	1 300 000	20 000	1 530 000	25 200
890 000	11 800	1 310 000	20 200	1 540 000	25 600
900 000	12 000	1 320 000	20 400	1 550 000	26 000
910 000	12 200	1 330 000	20 600	1 560 000	26 400
920 000	12 400	1 340 000	20 800	1 570 000	26 800
930 000	12 600	1 350 000	21 000	1 580 000	27 200
940 000	12 800	1 360 000	21 200	1 590 000	27 600
950 000	13 000	1 370 000	21 400	1 600 000	28 000
960 000	13 200	1 380 000	21 600	1 610 000	28 400
970 000	13 400	1 390 000	21 800	1 620 000	28 800
980 000	13 600	1 400 000	22 000	1 630 000	29 200

Zwangsanleihepflichtiges Vermögen ℳ	Betrag der Zwangsanleihe ℳ	Zwangsanleihepflichtiges Vermögen ℳ	Betrag der Zwangsanleihe ℳ	Zwangsanleihepflichtiges Vermögen ℳ	Betrag der Zwangsanleihe ℳ
1 640 000	29 600	2 060 000	46 400	2 480 000	63 200
1 650 000	30 000	2 070 000	46 800	2 490 000	63 600
1 660 000	30 400	2 080 000	47 200	2 500 000	64 000
1 670 000	30 800	2 090 000	47 600	2 510 000	64 400
1 680 000	31 200	2 100 000	48 000	2 520 000	64 800
1 690 000	31 600	2 110 000	48 400	2 530 000	65 200
1 700 000	32 000	2 120 000	48 800	2 540 000	65 600
1 710 000	32 400	2 130 000	49 200	2 550 000	66 000
1 720 000	32 800	2 140 000	49 600	2 560 000	66 400
1 730 000	33 200	2 150 000	50 000	2 570 000	66 800
1 740 000	33 600	2 160 000	50 400	2 580 000	67 200
1 750 000	34 000	2 170 000	50 800	2 590 000	67 600
1 760 000	34 400	2 180 000	51 200	2 600 000	68 000
1 770 000	34 800	2 190 000	51 600	2 610 000	68 400
1 780 000	35 200	2 200 000	52 000	2 620 000	68 800
1 790 000	35 600	2 210 000	52 400	2 630 000	69 200
1 800 000	36 000	2 220 000	52 800	2 640 000	69 600
1 810 000	36 400	2 230 000	53 200	2 650 000	70 000
1 820 000	36 800	2 240 000	53 600	2 660 000	70 400
1 830 000	37 200	2 250 000	54 000	2 670 000	70 800
1 840 000	37 600	2 260 000	54 400	2 680 000	71 200
1 850 000	38 000	2 270 000	54 800	2 690 000	71 600
1 860 000	38 400	2 280 000	55 200	2 700 000	72 000
1 870 000	38 800	2 290 000	55 600	2 710 000	72 400
1 880 000	39 200	2 300 000	56 000	2 720 000	72 800
1 890 000	39 600	2 310 000	56 400	2 730 000	73 200
1 900 000	40 000	2 320 000	56 800	2 740 000	73 600
1 910 000	40 400	2 330 000	57 200	2 750 000	74 000
1 920 000	40 800	2 340 000	57 600	2 760 000	74 400
1 930 000	41 200	2 350 000	58 000	2 770 000	74 800
1 940 000	41 600	2 360 000	58 400	2 780 000	75 200
1 950 000	42 000	2 370 000	58 800	2 790 000	75 600
1 960 000	42 400	2 380 000	59 200	2 800 000	76 000
1 970 000	42 800	2 390 000	59 600	2 810 000	76 400
1 980 000	43 200	2 400 000	60 000	2 820 000	76 800
1 990 000	43 600	2 410 000	60 400	2 830 000	77 200
2 000 000	44 000	2 420 000	60 800	2 840 000	77 600
2 010 000	44 400	2 430 000	61 200	2 850 000	78 000
2 020 000	44 800	2 440 000	61 600	2 860 000	78 400
2 030 000	45 200	2 450 000	62 000	2 870 000	78 800
2 040 000	45 600	2 460 000	62 400	2 880 000	79 200
2 050 000	46 000	2 470 000	62 800	2 890 000	79 600

Zwangsanleihepflichtiges Vermögen ℳ	Betrag der Zwangsanleihe ℳ	Zwangsanleihepflichtiges Vermögen ℳ	Betrag der Zwangsanleihe ℳ	Zwangsanleihepflichtiges Vermögen ℳ	Betrag der Zwangsanleihe ℳ
2 900 000	80 000	3 130 000	91 800	3 550 000	117 000
2 910 000	80 400	3 140 000	92 400	3 560 000	117 600
2 920 000	80 800	3 150 000	93 000	3 570 000	118 200
2 930 000	81 200	3 160 000	93 600	3 580 000	118 800
2 940 000	81 600	3 170 000	94 200	3 590 000	119 400
2 950 000	82 000	3 180 000	94 800	3 600 000	120 000
2 960 000	82 400	3 190 000	95 400	3 610 000	120 600
2 970 000	82 800	3 200 000	96 000	3 620 000	121 200
2 980 000	83 200	3 210 000	96 600	3 630 000	121 800
2 990 000	83 600	3 220 000	97 200	3 640 000	122 400
3 000 000	84 000	3 230 000	97 800	3 650 000	123 000
Von den nächsten 1500000 ℳ des Vermögens (**60 ℳ für je 1000 ℳ**), z. B.:	6 v. H.	3 240 000	98 400	3 660 000	123 600
		3 250 000	99 000	3 670 000	124 200
		3 260 000	99 600	3 680 000	124 800
		3 270 000	100 200	3 690 000	125 400
		3 280 000	100 800	3 700 000	126 000
		3 290 000	101 400	3 710 000	126 600
		3 300 000	102 000	3 720 000	127 200
		3 310 000	102 600	3 730 000	127 800
		3 320 000	103 200	3 740 000	128 400
		3 330 000	103 800	3 750 000	129 000
3 001 000	84 060	3 340 000	104 400	3 760 000	129 600
3 002 000	84 120	3 350 000	105 000	3 770 000	130 200
3 003 000	84 180	3 360 000	105 600	3 780 000	130 800
3 004 000	84 240	3 370 000	106 200	3 790 000	131 400
3 005 000	84 300	3 380 000	106 800	3 800 000	132 000
3 006 000	84 360	3 390 000	107 400	3 810 000	132 600
3 007 000	84 420	3 400 000	108 000	3 820 000	133 200
3 008 000	84 480	3 410 000	108 600	3 830 000	133 800
3 009 000	84 540	3 420 000	109 200	3 840 000	134 400
3 010 000	84 600	3 430 000	109 800	3 850 000	135 000
3 020 000	85 200	3 440 000	110 400	3 860 000	135 600
3 030 000	85 800	3 450 000	111 000	3 870 000	136 200
3 040 000	86 400	3 460 000	111 600	3 880 000	136 800
3 050 000	87 000	3 470 000	112 200	3 890 000	137 400
3 060 000	87 600	3 480 000	112 800	3 900 000	138 000
3 070 000	88 200	3 490 000	113 400	3 910 000	138 600
3 080 000	88 800	3 500 000	114 000	3 920 000	139 200
3 090 000	89 400	3 510 000	114 600	3 930 000	139 800
3 100 000	90 000	3 520 000	115 200	3 940 000	140 400
3 110 000	90 600	3 530 000	115 800	3 950 000	141 000
3 120 000	91 200	3 540 000	116 400	3 960 000	141 600

Zwangsanleihe-pflichtiges Vermögen M	Betrag der Zwangsanleihe M	Zwangsanleihe-pflichtiges Vermögen M	Betrag der Zwangsanleihe M	Zwangsanleihe-pflichtiges Vermögen M	Betrag der Zwangsanleihe M
3 970 000	142 200	4 390 000	167 400	4 620 000	183 600
3 980 000	142 800	4 400 000	168 000	4 630 000	184 400
3 990 000	143 400	4 410 000	168 600	4 640 000	185 200
4 000 000	144 000	4 420 000	169 200	4 650 000	186 000
4 010 000	144 600	4 430 000	169 800	4 660 000	186 800
4 020 000	145 200	4 440 000	170 400	4 670 000	187 600
4 030 000	145 800	4 450 000	171 000	4 680 000	188 400
4 040 000	146 400	4 460 000	171 600	4 690 000	189 200
4 050 000	147 000	4 470 000	172 200	4 700 000	190 000
4 060 000	147 600	4 480 000	172 800	4 710 000	190 800
4 070 000	148 200	4 490 000	173 400	4 720 000	191 600
4 080 000	148 800	4 500 000	174 000	4 730 000	192 400
4 090 000	149 400	Von den nächsten 1500000 M des Vermögens (**80 M** für je **1000 M**), z. B.:	8 v. H.	4 740 000	193 200
4 100 000	150 000			4 750 000	194 000
4 110 000	150 600			4 760 000	194 800
4 120 000	151 200			4 770 000	195 600
4 130 000	151 800			4 780 000	196 400
4 140 000	152 400			4 790 000	197 200
4 150 000	153 000			4 800 000	198 000
4 160 000	153 600			4 810 000	198 800
4 170 000	154 200			4 820 000	199 600
4 180 000	154 800			4 830 000	200 400
4 190 000	155 400	4 501 000	174 080	4 840 000	201 200
4 200 000	156 000	4 502 000	174 160	4 850 000	202 000
4 210 000	156 600	4 503 000	174 240	4 860 000	202 800
4 220 000	157 200	4 504 000	174 320	4 870 000	203 600
4 230 000	157 800	4 505 000	174 400	4 880 000	204 400
4 240 000	158 400	4 506 000	174 480	4 890 000	205 200
4 250 000	159 000	4 507 000	174 560	4 900 000	206 000
4 260 000	159 600	4 508 000	174 640	4 910 000	206 800
4 270 000	160 200	4 509 000	174 720	4 920 000	207 600
4 280 000	160 800	4 510 000	174 800	4 930 000	208 400
4 290 000	161 400	4 520 000	175 600	4 940 000	209 200
4 300 000	162 000	4 530 000	176 400	4 950 000	210 000
4 310 000	162 600	4 540 000	177 200	4 960 000	210 800
4 320 000	163 200	4 550 000	178 000	4 970 000	211 600
4 330 000	163 800	4 560 000	178 800	4 980 000	212 400
4 340 000	164 400	4 570 000	179 600	4 990 000	213 200
4 350 000	165 000	4 580 000	180 400	5 000 000	214 000
4 360 000	165 600	4 590 000	181 200	5 010 000	214 800
4 370 000	166 200	4 600 000	182 000	5 020 000	215 600
4 380 000	166 800	4 610 000	182 800	5 030 000	216 400

Zwangs-anleihe-pflichtiges Vermögen M	Betrag der Zwangs-anleihe M	Zwangs-anleihe-pflichtiges Vermögen M	Betrag der Zwangs-anleihe M	Zwangs-anleihe-pflichtiges Vermögen M	Betrag der Zwangs-anleihe M
5 040 000	217 200	5 460 000	250 800	5 880 000	284 400
5 050 000	218 000	5 470 000	251 600	5 890 000	285 200
5 060 000	218 800	5 480 000	252 400	5 900 000	286 000
5 070 000	219 600	5 490 000	253 200	5 910 000	286 800
5 080 000	220 400	5 500 000	254 000	5 920 000	287 600
5 090 000	221 200	5 510 000	254 800	5 930 000	288 400
5 100 000	222 000	5 520 000	255 600	5 940 000	289 200
5 110 000	222 800	5 530 000	256 400	5 950 000	290 000
5 120 000	223 600	5 540 000	257 200	5 960 000	290 800
5 130 000	224 400	5 550 000	258 000	5 970 000	291 600
5 140 000	225 200	5 560 000	258 800	5 980 000	292 400
5 150 000	226 000	5 570 000	259 600	5 990 000	293 200
5 160 000	226 800	5 580 000	260 400	6 000 000	294 000
5 170 000	227 600	5 590 000	261 200		
5 180 000	228 400	5 600 000	262 000	Von den	10 v. H.
5 190 000	229 200	5 610 000	262 800	weiteren	
5 200 000	230 000	5 620 000	263 600	Beträgen	
5 210 000	230 800	5 630 000	264 400	des Ver-	
5 220 000	231 600	5 640 000	265 200	mögens	
5 230 000	232 400	5 650 000	266 000	**(100 M**	
5 240 000	233 200	5 660 000	266 800	**für je**	
5 250 000	234 000	5 670 000	267 600	**1000 M**),	
5 260 000	234 800	5 680 000	268 400	z. B.:	
5 270 000	235 600	5 690 000	269 200	6 010 000	295 000
5 280 000	236 400	5 700 000	270 000	6 020 000	296 000
5 290 000	237 200	5 710 000	270 800	6 030 000	297 000
5 300 000	238 000	5 720 000	271 600	6 040 000	298 000
5 310 000	238 800	5 730 000	272 400	6 050 000	299 000
5 320 000	239 600	5 740 000	273 200	6 060 000	300 000
5 330 000	240 400	5 750 000	274 000	6 070 000	301 000
5 340 000	241 200	5 760 000	274 800	6 080 000	302 000
5 350 000	242 000	5 770 000	275 600	6 090 000	303 000
5 360 000	242 800	5 780 000	276 400	6 100 000	304 000
5 370 000	243 600	5 790 000	277 200	6 200 000	314 000
5 380 000	244 400	5 800 000	278 000	6 300 000	324 000
5 390 000	245 200	5 810 000	278 800	6 400 000	334 000
5 400 000	246 000	5 820 000	279 600	6 500 000	344 000
5 410 000	246 800	5 830 000	280 400	6 600 000	354 000
5 420 000	247 600	5 840 000	281 200	6 700 000	364 000
5 430 000	248 400	5 850 000	282 000	6 800 000	374 000
5 440 000	249 200	5 860 000	282 800	6 900 000	384 000
5 450 000	250 000	5 870 000	283 600	7 000 000	394 000

Zwangs-anleihe-pflichtiges Vermögen ℳ	Betrag der Zwangs-anleihe ℳ	Zwangs-anleihe-pflichtiges Vermögen ℳ	Betrag der Zwangs-anleihe ℳ	Zwangs-anleihe-pflichtiges Vermögen ℳ	Betrag der Zwangs-anleihe ℳ
8 000 000	494 000	30 000 000	2 694 000	70 000 000	6 694 000
9 000 000	594 000	40 000 000	3 694 000	80 000 000	7 694 000
10 000 000	694 000	50 000 000	4 694 000	90 000 000	8 694 000
20 000 000	1 694 000	60 000 000	5 694 000	100 000 000	9 694 000

Bei Vermögen von 6000000 ℳ und darüber sind demnach immer 10 v. H. des Vermögens abzüglich 306000 ℳ zu zeichnen also bei einem Vermögen von z. B.

6 892 000 ℳ . . . . 689 200 ℳ,
306 000 „
383 200 ℳ,

aufgerundet gemäß § 10 des Gesetzes auf . 384 000 ℳ.

Hilfstafel zur Berechnung der Zwangsanleihe für andere als natürliche Personen.

(Zu § 8 Abs. 1, 4, § 9 Abs. 2, § 10 des Gesetzes vom 20. Juli / 22. Dezember 1922 und 20. März 1923.)

Zwangsanleihepflichtiges Vermögen M	Betrag der Zwangsanleihe M
Von den ersten 600 000 M, z. B.	1/2 v. H. des Vermögens
1 000—199 000 *)	frei
200 000—399 000 *)	1 000
400 000 *)	2 000
Vermögen bis mit 400 000 M. sind bei unbeschränkt Zeichnungspflichtigen frei	
401 000—599 000	2 000
600 000	3 000
Von den nächsten 900 000 M, z. B.	1 v. H. des Vermögens
601 000—699 000	3 000
700 000—799 000	4 000
800 000—899 000	5 000
900 000—999 000	6 000
1 000 000—1 099 000	7 000
1 100 000—1 199 000	8 000
1 200 000—1 299 000	9 000
1 300 000—1 399 000	10 000
1 400 000—1 499 000	11 000
1 500 000	12 000
Von den nächsten 1 500 000 M, z. B.	2 v. H. des Vermögens
1 501 000—1 549 000	12 000
1 550 000—1 599 000	13 000
1 600 000—1 649 000	14 000
1 650 000—1 699 000	15 000
1 700 000—1 749 000	16 000
1 750 000—1 799 000	17 000
1 800 000—1 849 000	18 000
1 850 000—1 899 000	19 000
1 900 000—1 949 000	20 000
1 950 000—1 999 000	21 000
2 000 000—2 049 000	22 000
2 050 000—2 099 000	23 000
2 100 000—2 149 000	24 000
2 150 000—2 199 000	25 000
2 200 000—2 249 000	26 000
2 250 000—2 299 000	27 000
2 300 000—2 349 000	28 000
2 350 000—2 399 000	29 000
2 400 000—2 449 000	30 000
2 450 000—2 499 000	31 000
2 500 000—2 549 000	32 000
2 550 000—2 599 000	33 000
2 600 000—2 649 000	34 000
2 650 000—2 699 000	35 000
2 700 000—2 749 000	36 000
2 750 000—2 799 000	37 000
2 800 000—2 849 000	38 000
2 850 000—2 899 000	39 000
2 900 000—2 949 000	40 000
2 950 000—2 999 000	41 000
3 000 000	42 000
Von den nächsten 1 500 000 M, z. B.	3 v. H. des Vermögens
3 001 000—3 033 000	42 000
3 034 000—3 066 000	43 000
3 067 000—3 099 000	44 000

*) Vgl. § 8 Abs. 4 des Gesetzes.

Zwangsanleihepflichtiges Vermögen ℳ	Betrag der Zwangsanleihe ℳ	Zwangsanleihepflichtiges Vermögen ℳ	Betrag der Zwangsanleihe ℳ
3 100 000—3 133 000	45 000	Von den nächsten	4 v. H.
3 134 000—3 166 000	46 000	1 500 000 ℳ,	des Ver-
3 167 000—3 199 000	47 000	z. B.	mögens
3 200 000—3 233 000	48 000	4 501 000—4 525 000	88 000
3 234 000—3 266 000	49 000	4 526 000—4 550 000	89 000
3 267 000—3 300 000	51 000	4 551 000—4 575 000	90 000
3 301 000—3 333 000	52 000	4 576 000—4 600 000	91 000
3 334 000—3 366 000	53 000	4 601 000—4 625 000	92 000
3 367 000—3 400 000	54 000	4 626 000—4 650 000	93 000
3 401 000—3 433 000	55 000	4 651 000—4 675 000	94 000
3 434 000—3 466 000	56 000	4 676 000—4 700 000	95 000
3 467 000—3 500 000	57 000	4 701 000—4 725 000	96 000
3 501 000—3 533 000	58 000	4 726 000—4 750 000	97 000
3 534 000—3 566 000	59 000	4 751 000—4 775 000	98 000
3 567 000—3 600 000	60 000	4 776 000—4 800 000	99 000
3 601 000—3 633 000	61 000	4 801 000—4 825 000	100 000
3 634 000—3 666 000	62 000	4 826 000—4 850 000	101 000
3 667 000—3 700 000	63 000	4 851 000—4 875 000	102 000
3 701 000—3 733 000	64 000	4 876 000—4 900 000	103 000
3 734 000—3 766 000	65 000	4 901 000—4 925 000	104 000
3 767 000—3 800 000	66 000	4 926 000—4 950 000	105 000
3 801 000—3 833 000	67 000	4 951 000—4 975 000	106 000
3 834 000—3 866 000	68 000	4 976 000—5 000 000	107 000
3 867 000—3 900 000	69 000	5 001 000—5 025 000	108 000
3 901 000—3 933 000	70 000	5 026 000—5 050 000	109 000
3 934 000—3 966 000	71 000	5 051 000—5 075 000	110 000
3 967 000—4 000 000	72 000	5 076 000—5 100 000	111 000
4 001 000—4 033 000	73 000	5 101 000—5 125 000	112 000
4 034 000—4 066 000	74 000	5 126 000—5 150 000	113 000
4 067 000—4 100 000	75 000	5 151 000—5 175 000	114 000
4 101 000—4 133 000	76 000	5 176 000—5 200 000	115 000
4 134 000—4 166 000	77 000	5 201 000—5 225 000	116 000
4 167 000—4 200 000	78 000	5 226 000—5 250 000	117 000
4 201 000—4 233 000	79 000	5 251 000—5 275 000	118 000
4 234 000—4 266 000	80 000	5 276 000—5 300 000	119 000
4 267 000—4 300 000	81 000	5 301 000—5 325 000	120 000
4 301 000—4 333 000	82 000	5 326 000—5 350 000	121 000
4 334 000—4 366 000	83 000	5 351 000—5 375 000	122 000
4 367 000—4 400 000	84 000	5 376 000—5 400 000	123 000
4 401 000—4 433 000	85 000	5 401 000—5 425 000	124 000
4 434 000—4 466 000	86 000	5 426 000—5 450 000	125 000
4 467 000—4 500 000	87 000	5 451 000—5 475 000	126 000

Zwangsanleihepflichtiges Vermögen ℳ	Betrag der Zwangsanleihe ℳ
5 476 000—5 500 000	127 000
5 501 000—5 525 000	128 000
5 526 000—5 550 000	129 000
5 551 000—5 575 000	130 000
5 576 000 – 5 600 000	131 000
5 601 000 – 5 625 000	132 000
5 626 000 – 5 650 000	133 000
5 651 000 – 5 675 000	134 000
5 676 000 – 5 700 000	135 000
5 701 000 – 5 725 000	136 000
5 726 000 – 5 750 000	137 000
5 751 000 – 5 775 000	138 000
5 776 000 – 5 800 000	139 000
5 801 000 – 5 825 000	140 000
5 826 000 – 5 850 000	141 000
5 851 000 – 5 875 000	142 000
5 876 000 – 5 900 000	143 000
5 901 000 – 5 925 000	144 000
5 926 000 – 5 950 000	145 000
5 951 000 – 5 975 000	146 000
5 976 000 – 6 000 000	147 000
Von den weiteren Beträgen, z. B.	5 v. H. des Vermögens
6 001 000 – 6 020 000	148 000
6 021 000 – 6 040 000	149 000
6 041 000 – 6 060 000	150 000
6 061 000 – 6 080 000	151 000
6 081 000 – 6 100 000	152 000

Zwangsanleihepflichtiges Vermögen ℳ	Betrag der Zwangsanleihe ℳ
6 200 000	157 000
6 300 000	162 000
6 400 000	167 000
6 500 000	172 000
6 600 000	177 000
6 700 000	182 000
6 800 000	187 000
6 900 000	192 000
7 000 000	197 000
8 000 000	247 000
9 000 000	297 000
10 000 000	347 000
20 000 000	847 000
30 000 000	1 347 000
40 000 000	1 847 000
50 000 000	2 347 000
100 000 000	4 847 000

usw.

Bei Vermögen von 6000000 ℳ und darüber sind demnach immer 5 v. H. des Vermögens abzüglich 153000 ℳ zu zeichnen.

Bei einem Vermögen von z. B.

6853000 ℳ........ 342650 ℳ,
153000 „

189650 ℳ,

aufgerundet ... 190000 ℳ.

Anhang 15.

Verordnung des RFM. vom 22. April 1922 über die Voraussetzungen, unter denen Personenvereinigungen, Anstalten, Stiftungen und andere Zweckvermögen als gemeinnützig oder mildtätig anzuerkennen sind.

(Zentralbl. S. 181.)

§ 1. Personenvereinigungen, Anstalten, Stiftungen und andere Zweckvermögen sind gemeinnützig im Sinne des Körperschaftssteuergesetzes, wenn sie unmittelbar der Förderung der Allgemeinheit zu dienen bestimmt sind und tatsächlich dienen.

Eine Förderung der Allgemeinheit ist anzunehmen, wenn die Tätigkeit dem gemeinen Besten auf materiellem, geistigem oder sittlichem Gebiete nutzt.

Eine unmittelbare Förderung der Allgemeinheit liegt nicht vor, wenn eine Personenvereinigung oder ein Zweckvermögen nur den Interessen bestimmter Personen oder eines engeren Kreises von solchen oder in erster Linie Erwerbs- oder sonstigen eigenwirtschaftlichen Zwecken dient.

§ 2. Allgemeinheit können auch Personenkreise sein, die örtlich, beruflich, nach Stand, Religionsbekenntnis oder nach mehreren dieser Merkmale abgegrenzt sind.

Ein Personenkreis ist nicht als Allgemeinheit anzuerkennen, wenn er durch ein engeres Band, wie Zugehörigkeit zu einer Familie, zu einem Familienverband oder zu einem Verein mit geschlossener Mitgliederzahl, durch Anstellung an einer bestimmten Anstalt und dergleichen fest abgeschlossen ist, oder wenn infolge seiner Abgrenzung nach mehreren der im Absatz 1 bezeichneten Merkmale die Zahl der in Betracht kommenden Personen dauernd überhaupt nur eine kleine sein kann.

Der Umstand, daß die Erträge eines Unternehmens einer öffentlich-rechtlichen Körperschaft (Reich, Länder, Gemeinden, Gemeindeverbände) zufließen, bedeutet für sich allein noch keine unmittelbare Förderung der Allgemeinheit.

§ 3. Als Förderung der Allgemeinheit ist in der Regel anzuerkennen insbesondere die Förderung der Wissenschaft und Kunst, der Erziehung, Volks- und Berufsbildung, der Denkmalspflege, Heimatpflege, Heimatkunde und des deutschen Volkstums im Auslande, die Förderung der öffentlichen Gesundheitspflege, der Jugendpflege und -fürsorge sowie der körperlichen Ertüchtigung des Volkes durch Leibesübungen (Turnen, Spiel, Sport).

§ 4. Die Gemeinnützigkeit ist in den Fällen der §§ 1 bis 3 nur anzuerkennen:

A. bei Personenvereinigungen,

1. wenn der an die Mitglieder zu verteilende Reingewinn satzungsgemäß und tatsächlich auf eine höchstens jährlich fünf vom Hundert betragende Verzinsung der eingezahlten Einlagen der Mitglieder beschränkt und wenn ferner sichergestellt ist, daß den Mitgliedern

sonstige Vermögensvorteile nicht zugewandt werden; ausgenommen sind Vorteile, die innerhalb des auf die Förderung der Allgemeinheit gerichteten Zweckes der Vereinigung liegen, insbesondere die Benutzung der Räume und Einrichtungen und die Teilnahme an den Veranstaltungen der Vereinigung, die den auf die Förderung der Allgemeinheit gerichteten Bestrebungen dienen;

2. wenn sichergestellt ist, daß die Mitglieder im Fall ihres Ausscheidens oder bei Auflösung der Personenvereinigung nicht mehr als die eingezahlten Einlagen zurückerhalten und daß im Falle der Auflösung der Personenvereinigung oder des Wegfalls der Gemeinnützigkeit das über die eingezahlten Einlagen hinaus vorhandene Vermögen für gemeinnützige oder mildtätige Zwecke verwendet wird;
3. wenn nicht eine Begünstigung einzelner Personen durch unverhältnismäßig hohe Vergütungen, Entschädigungen oder Gehälter oder durch sonstige Verwaltungsausgaben, die nicht durch den Zweck der Vereinigung bedingt sind, erfolgt;

B. bei Zweckvermögen,

1. wenn durch die Satzung oder Verfassung vorgeschrieben und tatsächlich sichergestellt ist, daß im Falle des Erlöschens oder der Auflösung das vorhandene Vermögen zu gemeinnützigen oder mildtätigen Zwecken verwendet wird und
2. wenn die zu A. Nr. 3 bezeichneten Voraussetzungen gegeben sind.

§ 5. Als gemeinnützig im Sinne des Körperschaftssteuergesetzes gelten in jedem Falle

a) Personenvereinigungen zur Förderung des Kleinwohnungsbaues, wenn sie auf Grund der Verordnung zur Ausführung des § 59 EinkStG. vom 12. Juni 1921 (Zentralblatt für das Deutsche Reich S. 595) als gemeinnützige Vereinigungen oder Gesellschaften zur Förderung des Kleinwohnungsbaues anerkannt sind;

b) die sonstigen von den zuständigen Landesbehörden begründeten oder anerkannten gemeinnützigen Siedlungsunternehmungen im Sinne des Reichssiedlungsgesetzes vom 11. August 1919 (RGBl. S. 1429);

c) Stiftungen und sonstige Zweckvermögen, wenn sie rechtsfähig sind, stiftungs- oder satzungsgemäß und tatsächlich ausschließlich die Förderung des Kleinwohnungsbaues nach Maßgabe der zu a bezeichneten Verordnung bezwecken und den weiteren im § 4 zu B aufgestellten Anforderungen entsprechen.

Die Anerkennung der Gemeinnützigkeit nach Maßgabe der in Abs. 1 zu a bezeichneten Verordnung findet in dem dort geregelten Verfahren auch für Personenvereinigungen statt, die nach Ablauf des Jahres 1923 gegründet werden.

§ 6. Personenvereinigungen und Zweckvermögen sind mildtätig im Sinne des Körperschaftssteuergesetzes, wenn sie der Unterstützung bedürftiger im Inlande befindlicher Personen oder bedürftiger Volksgenossen im Ausland im Rahmen der Bedürftigkeit zu dienen bestimmt sind und tatsächlich dienen. Eine Notlage oder Armut ist nicht Voraussetzung der Bedürftigkeit.

Die Bestimmungen des § 4 finden Anwendung.

§ 7. Ist eine Befreiung von der Körperschaftssteuer in anderen Fällen an die Gemeinnützigkeit oder Mildtätigkeit eines Zweckes geknüpft, so finden die Bestimmungen dieser Verordnung sinngemäß Anwendung.

§ 8. Diese Verordnung tritt mit Wirkung vom 15. April 1920 in Kraft."

Die in § 5 erwähnte Verordnung vom 12. Juni 1921 lautet in ihren §§ 1–8:

§ 1. Als Vereinigungen oder Gesellschaften im Sinne des § 59 Abs. 1, b EinkStG. sind inländische gemeinnützige Vereinigungen oder Gesellschaften anzuerkennen, welche eigene Rechtspersönlichkeit besitzen, satzungsgemäß und tatsächlich ausschließlich die Förderung des Kleinwohnungsbaues bezwecken und die weiteren in dieser Verordnung gegebenen Bedingungen erfüllen.

§ 2. Die Bedingung, daß die Vereinigung oder Gesellschaft die Förderung des Kleinwohnungsbaues bezweckt, gilt insbesondere als erfüllt, wenn die Tätigkeit der Vereinigung oder Gesellschaft darauf gerichtet ist, Kleinwohnungsbauten zu errichten, um diese zu angemessenen Preisen zu veräußern oder um die darin eingerichteten Kleinwohnungen zu angemessenen Preisen zu vermieten.

Kleinwohnungsbauten im Sinne dieser Verordnung sind solche Neu- oder Umbauten, durch welche ausschließlich Kleinwohnungen hergestellt werden. Kleinwohnungen sind regelmäßig solche für Minderbemittelte bestimmte Wohnungen, bei denen der Flächeninhalt der nutzbaren Wohnfläche (Wohn-, Schlafräume, Küche) 90 und, soweit es sich um Eckwohnungen handelt, 100 qm nicht übersteigt und die Nebenräume in den ortsüblichen Grenzen bleiben. Wohnungen, welche diese Größe um ein geringes Maß übersteigen, sind als Kleinwohnungen dann anzusehen, wenn die Mehrfläche durch eine wirtschaftlich notwendige Grundrißgestaltung der Bauplätze bedingt ist oder wenn es sich um Wohnungen für kinderreiche Familien handelt.

Nicht ausgeschlossen ist, daß nach besonderen örtlichen Verhältnissen (insbesondere bei Flachbauten auf dem Lande) auch Wohnungen, deren nutzbare Wohnfläche über die sich aus Abs. 2 ergebenden Grenzen hinausgeht, aus anderen Gesichtspunkten als Kleinwohnungen angesehen werden. Zulässig ist schließlich, daß bei geschlossenen Kleinwohnungssiedelungen Läden, Werkstätten und ähnliche Räume und Anlagen, sofern sie zur Befriedigung der Bedürfnisse der Bewohner der Siedelung erforderlich sind, eingebaut werden.

§ 3. Eine Vereinigung oder Gesellschaft ist als gemeinnützig im Sinne des § 1 anzuerkennen:

1. wenn sie die Bescheinigung der zuständigen Reichs- oder Landesbehörde darüber vorlegt, daß sie von dieser Behörde als gemeinnützig im Sinne reichs- oder landesrechtlicher Vorschriften zur Förderung des Siedlungs- und Kleinwohnungswesens anerkannt worden ist; oder
2. wenn sie die nachstehenden Bedingungen erfüllt:
   a) der an die Mitglieder (Gesellschafter) zu verteilende Reingewinn muß satzungsgemäß und tatsächlich auf eine höchstens fünf vom Hundert betragende Verzinsung der Kapitaleinlagen der Mitglieder beschränkt, und es muß ferner sichergestellt sein, daß den Mit-

gliedern und sonstigen Beteiligten auch nicht in anderer Form besondere Vorteile aus dem Reingewinn zugewiesen werden;

b) es muß sichergestellt sein, daß die Mitglieder im Falle ihres Ausscheidens oder bei einer Auflösung der Vereinigung oder Gesellschaft nicht mehr als den eingezahlten Anteil erhalten, und daß der etwaige Rest des Vermögens für gemeinnützige Zwecke verwendet wird, die auf die Förderung des Kleinwohnungsbaues gerichtet sind;

c) es muß sichergestellt sein, daß nicht durch hohe Aufsichtsratsvergütungen, hohe Angestelltengehälter oder sonstige Verwaltungsausgaben, die durch den Zweck der Vereinigung oder Gesellschaft nicht bedingt sind, eine mittelbare Begünstigung dritter Personen erfolgt;

d) soweit die Vereinigung oder Gesellschaft Kleinwohnungsbauten veräußert, muß sichergestellt sein, daß eine spekulative Gewinnerzielung durch Weiterveräußerung oder eine unangemessene Gewinnerzielung durch Vermieten für die Erwerber bis zum 31. Dezember 1938 ausgeschlossen ist.

§ 4. Die Vereinigung oder Gesellschaft muß sich verpflichten, den Betrag, den der Zuwendende an Einkommensteuer mehr zu entrichten gehabt hätte, wenn die Zuwendung nicht erfolgt wäre, an das Reich abzuführen, sobald vor dem 1. Januar 1939 die Anerkennung als Vereinigung oder Gesellschaft im Sinne des § 59 Abs. 1b EinkStG. rechtskräftig zurückgenommen worden ist.

§ 5. Die Vereinigung oder Gesellschaft muß sich verpflichten, jede Änderung ihrer Satzung oder ihres Gesellschaftsvertrages, soweit sie die in § 3 Nr. 2 bestimmten Bedingungen betrifft, dem zuständigen Landesfinanzamt umgehend anzuzeigen.

Die Vereinigung oder Gesellschaft muß sich verpflichten, jederzeit auf Verlangen dem zuständigen Landesfinanzamt ihre Satzungen, Jahresabschlüsse und Geschäftsberichte innerhalb angemessener Frist vorzulegen.

§ 6. Zur Entscheidung über Anträge auf Anerkennung als Vereinigung oder Gesellschaft im Sinne des § 59 Abs. 1b EinkStG., die schriftlich unter Vorlegung der erforderlichen Unterlagen zu stellen sind, ist das Landesfinanzamt zuständig, in dessen Bezirk die Vereinigung oder Gesellschaft ihren Sitz hat.

§ 7. Sobald eine Vereinigung oder Gesellschaft die in §§ 1 bis 3 bestimmten Bedingungen nicht mehr erfüllt oder den ihr nach § 5 obliegenden Verpflichtungen nicht nachkommt, ist die Anerkennung als Vereinigung oder Gesellschaft im Sinne des § 59 Abs. 1b EinkStG. von dem nach § 6 zuständigen Landesfinanzamt nach Benehmen mit der zuständigen Landesbehörde zurückzunehmen.

§ 8. Die Landesregierung bestimmt die Landesbehörde, mit der das Landesfinanzamt ins Benehmen zu treten hat, bevor es über die Anerkennung einer Vereinigung oder Gesellschaft im Sinne des § 59 Abs. 1b EinkStG. oder über die Zurücknahme dieser Anerkennung gemäß § 7 entscheidet.

Anhang 16.

Laufende Kurse (Mittelkurse) für ausländische Auszahlungen vom (31.) 30. Dezember 1922.

Europa.	Einheit	M.
Belgien	100 Fr.	49000,–
Bulgarien	100 Leva	4950,–
Dänemark	100 Kr.	148500,–
England	1 £ Sterling	34000,–
Estland	100 estn. M.	2100,–
Finnland	100 finn. M.	18300,–
Frankreich	100 Fr.	53250,–
Griechenland	100 Drachm.	8830,–
Holland	100 hfl.	290500,–
Italien	100 Lire	37000,–
Jugoslawien	100 Dinar	7400,–
	100 Kr.	1850,–
Lettland	1 Lat	1461,99
	100 lett. Rubel	2875,–
Litauen	1 Litas	800,–
Luxemburg	100 Fr.	49000,–
Norwegen	100 Kr.	136500,–
Deutsch-Österreich	100 Kr.	10,55
Portugal	1 Escudo	358,–
Polen	100 poln. M.	42,–
Rumänien	100 Lei	4075,–
Rußland	100 Zar.-Rubel	22,–
	100 Duma- „	3,50
	100 Sowjet- „ alt. Emmission	ca. 0,034
Schweden	100 Kr.	196000,–
Schweiz	100 Fr.	138750,–
Spanien	100 Peset.	115300,–
Tschechoslowakei	100 Kc.	23200,–
Türkei	1 Ltq.	4350,–
Ungarn	100 Kr.	302,–

	Einheit	M.
Afrika.		
Ägypten	1 ägypt. £	34900,–
Asien.		
Britisch-Ostindien	1 Rupie	2291,02
British Straits Settlements	1 Dollar	3988,80
Britisch-Hongkong	1 Dollar	3820,57
China Schanghai	1 Tael Silb.	5188,54
China	1 mex. Silb.-Dollar	3711,828
	1 Chefoo Tael	5263,082
	1 Hankow „	5256,631
	1 Tientsin „	5298,925
	1 „ Dollar od. Peiyang	3829,391
	1 Yuan Dollar	3736,918
Japan	1 Yen	3575,–
Persien	1 Silb.-Kran	ca. 629,–
Siam	1 Tikal	3550,521
Amerika.		
Argentinien	1 Goldpeso	6272,727
	1 Papierpeso	2760,–
Bolivien	1 Boliviano	2319,792
Brasilien	1 Milreis	875,–
Canada	1 Dollar	7241,75
Chile	1 Peso	965,06
Columbien	1 Peso	7010,309
Costa Rica	1 Colon	1626,794
Cuba	1 Peso	7163,978
Ecuador	1 Sucre	2009,456
Guatemala	1 Peso	125,–
Mexiko	1 Peso	3541,67
Nicaragua	1 Cordoba	7083,333
Peru	1 peru. £	30909,09
Philippinen	1 Peso	3584,229
Salvador	1 Peso	3695,652
Uruguay	1 Peso	6286,46
Vereinigte Staaten	1 Dollar	7350,–
Venezuela	1 Bolivar	1396,304

Durchschnittskurse für ausländische Währungen.

Staat	Durchschnittswert für	M.
Europa.		
Belgien	100 Fr.	7388,333
Bulgarien	100 Lewa	626,472
Dänemark	100 Kr.	20752,–
England	1 £ Sterling	4487,958
Estland	100 estn. M.	292,965
Finnland	100 finn. M.	2268,875
Frankreich	100 Fr.	7836,–
Griechenland	100 Drachm.	3054,959
Holland	100 hfl.	39462,083
Italien	100 Lire	4416,083
Jugoslawien	100 Dinar	1383,973
	100 Kr.	348,831
Lettland	100 lett. Rubel	388,899
Luxemburg	100 Fr.	7377,50
Norwegen	100 Kr.	17457,083
Portugal	1 Escudo	42,790
Rumänien	100 Lei	628,216
Schweden	100 Kr.	26648,75
Schweiz	100 Fr.	19139,916
Spanien	100 Peset.	15535,416
Tschechoslowakei	100 Kc.	3125,812
Türkei	1 Ltq.	612,775
Ungarn	100 Kr.	51,716
Afrika.		
Ägypten	1 ägypt. £	4655,889
Asien.		
Britisch-Ostindien	1 Rupie	295,424
Britisch Straits-Settlements	1 Dollar	528,478
Britisch-Hongkong	1 Dollar	583,269
China Schanghai	1 Tael Silb.	788,231
China	1 mex. Silb.-Dollar	589,199
Japan	1 Yen	491,806
Persien	1 Silberkran	82,916
Siam	1 Tikal	468,664

Staat	Durchschnittswert für	M.
Amerika.		
Argentinien	1 Goldpeso	833,202
	1 Papierpeso	363,716
Bolivien	1 Boliviano	296,566
Brasilien	1 Milreis	127,891
Canada	1 Dollar	1031,572
Chile	1 Peso	139,730
Columbien	1 Peso	929,083
Costa Rica	1 Colon	229,902
Cuba	1 Peso	1056,170
Ecuador	1 Sucre	229,846
Guatemala	1 Peso	18,904
Mexiko	1 Peso	502,120
Nicaragua	1 Cordoba	979,927
Peru	1 peruan. £	4161,627
Philippinen	1 Peso	525,038
Salvador	1 Peso	491,627
Uruguay	1 Peso	785,497
Vereinigte Staaten	1 Dollar	1025,108
Venezuela	1 Bolivar	185,393

Wechselkurse am 31. Dezember 1913

nach dem Hertelschen Kursbericht.

Amsterdam	100 fl.	169,20
Brüssel und Antwerpen	100 Fr.	80,425
Budapest	100 Kr.	84,95
Christiania	100 Kr.	112,40
Italien. Plätze	100 Lire	80,60
Kopenhagen	100 Kr.	112,35
London	1 £ Sterling	20,475
Madrid und Barcelona	100 Peset.	76,80
New York	1 Dollar	4,2125
Paris	100 Fr.	81,025
Petersburg	100 Rubel	215,–
Schweizer Plätze	100 Fr.	80,90
Stockholm, Gothenburg	100 Kr.	112,45
Warschau	100 Rubel	215,–
Wien	100 Kr.	84,95

Anhang 17.

Verordnung zur Übertragung von Zuständigkeiten auf die Landesfinanzämter und über die Behandlung kleiner Beträge im Steuerverfahren.

Vom 3. Oktober 1922, 6. Januar 1923, 28. Februar 1923.

(RGBl. I 1922 S. 760, 1923 S. 63, 162.)

Kleinbetrags-Verordnung.

§ 1. Die Vorschriften der Reichsabgabenordnung über die Niederschlagung von Steuern (§ 107) treten allgemein in Kraft. Sie gelten entsprechend für die Niederschlagung sonstiger Geldleistungen, die nach den Steuergesetzen dem Reiche geschuldet werden, mit Ausnahme der Geldstrafen.

Zur Niederschlagung sind die Finanzämter (Hauptzollämter) zuständig. Überschreitet der niederzuschlagende Betrag das Hundertfache des Briefportos [1]), so ist die Zustimmung des Landesfinanzamts einzuholen.

§ 2. Zur Ablehnung eines Antrags auf Erlaß, Erstattung oder Anrechnung von Steuern aus Billigkeitsrücksichten sind vorbehaltlich der Bestimmung des Abs. 2 die Landesfinanzämter zuständig. In welchem Umfang im übrigen die Befugnis zur Entscheidung über Anträge auf Erlaß, Erstattung oder Anrechnung von Steuern aus Billigkeitsrücksichten den Landesfinanzämtern oder Finanzämtern (Hauptzollämtern) übertragen wird, bestimmt der Reichsminister der Finanzen für die einzelnen Steuern (§ 108 Abs. 1 der Reichsabgabenordnung).

Soweit in früheren Bestimmungen (Verordnungen oder Erlassen) für bestimmte Arten von Fällen die Entscheidung über Anträge der im Abs. 1 Satz 1 bezeichneten Art den Landesfinanzämtern oder den Finanzämtern (Hauptzollämtern) übertragen worden ist, bleiben diese Bestimmungen in Kraft.

§ 3. Zu der Entscheidung gemäß § 3 Abs. 3 des Gesetzes über Steuernachsicht vom 3. Januar 1920 in Verbindung mit § 108 Abs. 1 der Reichsabgabenordnung sind die Landesfinanzämter zuständig. Dies gilt nicht, sofern der Gegenstand des Antrags den Betrag von dreißigtausend Mark überschreitet und das Landesfinanzamt dem Antrag ganz oder teilweise stattgeben will.

§ 4. Nachforderungen von Steuern und Berichtigungen von Steuerfestsetzungen (§ 215 der Reichsabgabenordnung) können vorbehaltlich der Bestimmung des § 6 unterbleiben, wenn der Betrag, der nachzufordern oder zu erstatten ist, das Sechsfache des Briefportos [1]) voraussichtlich nicht überschreitet. Wenn auf Grund von Nachforderungen oder Berichtigungen mehrere Beträge von demselben Steuerpflichtigen (§ 79 Reichsabgabenordnung) gleichzeitig eingezogen werden können, so sind die Beträge zusammenzurechnen. Entsprechendes gilt für Beträge, die zu erstatten sind.

§ 5. Die Festsetzung von Steuern kann nach näherer Anordnung des Landesfinanzamts unterbleiben, wenn der einzuziehende Betrag das

Sechsfache des Briefportos[1]) voraussichtlich nicht überschreitet und die Kosten der Festsetzung und Einziehung außer Verhältnis zu dem einzuziehenden Betrage stehen.

§ 4 Satz 2 findet entsprechende Anwendung.

§ 6. Erstattungen unterbleiben, wenn der zu erstattende Betrag das Sechsfache des Briefportos[1]) voraussichtlich nicht überschreitet und die Erstattung nicht beantragt wird. Als Antrag im Sinne dieser Bestimmung ist auch der Antrag auf Berichtigung einer Steuerfestsetzung oder die Einlegung eines Rechtsmittels anzusehen.

§ 4 Satz 2, 3 findet entsprechende Anwendung.

§ 7. Sind Gebühren nicht zu erheben, oder wird für die Zurücknahme eines Rechtsmittels oder für eine abweisende Entscheidung Gebührenfreiheit gemäß § 295 Halbsatz 2 der Reichsabgabenordnung gewährt, so kann die Festsetzung oder Einziehung der Auslagen unterbleiben, wenn der einzuziehende Betrag das Sechsfache des Briefportos[1]) voraussichtlich nicht überschreitet.

§ 8. Der Reichsminister der Finanzen wird ermächtigt, die in dieser Verordnung genannten Beträge entsprechend der Veränderung des Geldwerts zu ändern.

§ 9. Ausführungsbestimmungen zu den Steuergesetzen treten insoweit außer Kraft, als sie den Bestimmungen dieser Verordnung zuwiderlaufen.

§ 8 Abs. 1 der Verordnung zur Einführung der Reichsabgabenordnung vom 18. Dezember 1919 in der Fassung der Verordnung vom 11. Oktober 1921 (Reichsgesetzbl. 1919 S. 2101, Reichsgesetzbl. 1921 S. 1305) wird aufgehoben. § 7 Abs. 2 der Verordnung zur Einführung der Reichsabgabenordnung wird insoweit aufgehoben, als er die Niederschlagung betrifft.

§ 10. Diese Verordnung tritt am 15. Oktober 1922 in Kraft.

Anhang 18.

Verordnung über die Abrundung von Reichsabgaben (Abrundungsordnung).

Vom 31. März 1923.

Auf Grund des § 59 der Reichshaushaltsordnung vom 31. Dezember 1922 (RGBl. 1923 Teil II S. 17) wird folgendes bestimmt:

§ 1. (1) Geldleistungen, die auf Grund von Steuergesetzen (§ 3 der Reichsabgabenordnung) geschuldet werden, sind nach den Bestimmungen dieser Verordnung abzurunden.

(2) Auf die Ausfuhrabgaben finden die Bestimmungen, die für die Zölle gelten, entsprechende Anwendung. Für die statistischen Gebühren gelten die Bestimmungen des § 5 Abs. 3.

---

[1]) Briefporto ist der Betrag, der für die Beförderung eines Briefes bis zu zwanzig Gramm im Fernverkehr jeweils zu entrichten ist.

§ 2. (1) Steuern, die nach den Vorschriften der Steuergesetze und den dazu erlassenen Ausführungsbestimmungen berechnet sind, werden, soweit sich nicht aus Abs. 2, 3, § 9 ein anderes ergibt, auf volle zehn Mark nach unten abgerundet.

(2) Die Vermögensteuer wird auf den nächsten durch vierzig teilbaren Markbetrag nach unten abgerundet. Das gleiche gilt für die Einkommensteuer, soweit sie veranlagt wird.

(3) Die Tabaksteuer wird auf volle Mark nach unten abgerundet.

§ 3. (1) Steuerzuschläge, die neben einer Steuer gesondert festgesetzt werden, sind

1. gemäß § 2 abzurunden, wenn das Gesetz für den Steuerzuschlag einen bestimmten Hundertsatz der Steuer vorschreibt;
2. unter entsprechender Anwendung der Bestimmungen des § 2 festzusetzen, wenn die Steuerbehörde die Höhe des Steuerzuschlags innerhalb eines vom Gesetz gezogenen Rahmens zu bestimmen hat.

(2) Als Steuerzuschläge im Sinne des Abs. 1 gelten auch Steuererhöhungen, die neben einer Steuer gesondert festgesetzt werden.

§ 4. Geldstrafen und Ersatzstrafen, die durch Strafbescheid oder im Unterwerfungsverfahren verhängt werden, sowie Ordnungsstrafen und Zwangsgeldstrafen sind

1. auf volle hundert Mark nach unten abzurunden, wenn das Gesetz für die Strafen ein bestimmtes Vielfaches einer Steuer oder ein bestimmtes Vielfaches des Wertes eines Gegenstandes vorschreibt;
2. auf durch hundert teilbare Markbeträge festzusetzen, wenn die Steuerbehörde die Höhe der Strafe innerhalb eines vom Gesetz gezogenen Rahmens zu bestimmen hat.

§ 5. (1) Zinsen, die dem Reich geschuldet werden, sind auf volle zehn Mark nach unten abzurunden.

(2) Das gleiche gilt für Gebühren, die auf Grund von Steuergesetzen dem Reich geschuldet werden, dabei unterliegt der Abrundung nicht die einzelne Gebühr, sondern der Gesamtbetrag der Gebühren, der von einem Schuldner zu entrichten ist. Die in § 292 der Reichsabgabenordnung bezeichnete Abfindung wird wie eine Gebühr behandelt.

(3) Statistische Gebühren (Gesetz vom 18. Juli 1922, RGBl. I S. 671) werden auf volle Mark nach unten abgerundet.

§ 6. (1) Zinsen, die vom Reich geschuldet werden, sind auf volle Mark nach oben abzurunden.

(2) Das gleiche gilt für Geldbeträge, die vom Reich zu erstatten oder zu vergüten sind.

§ 7. Der Abrundung gemäß § 2 Abs. 1, § 6 Abs. 2 unterliegen:

1. Bei den Zöllen: Die aus dem Grundzoll und dem Zollaufgeld errechnete Summe. Für die Abrundung des Grundzolls bewendet es bei der Vorschrift des § 5 Abs. 2 des Zolltarifgesetzes.
2. Bei der Beförderungssteuer (Gesetz über die Besteuerung des Personen- und Güterverkehrs vom 8. April 1917 — RGBl. S. 329): Der Gesamtbetrag, den der Betriebsunternehmer zu entrichten hat.
3. Bei der Gesellschaftssteuer auf Mehrstimmrechtsaktien und Mehrstimmrechtsanteile (§ 15 des Kapitalverkehrsteuergesetzes) sowie bei der Bezugsrechtsteuer (§ 61 des Kapitalverkehrsteuergesetzes): Der Gesamtbetrag, den die Gesellschaft zu entrichten hat.

§ 8. (1) Die Finanzbehörde, die eine Steuer oder eine andere steuerrechtliche Geldleistung feststellt, hat bei der Feststellung die Abrundung vorzunehmen.

(2) Wer eine Steuer oder eine andere steuerrechtliche Geldleistung, die nicht von einer Finanzbehörde festgestellt ist, zu entrichten hat, ist berechtigt, die Abrundung nach Maßgabe dieser Verordnung vorzunehmen.

§ 9. Durch die Bestimmungen dieser Verordnung werden nicht berührt:

1. die Gesetzesvorschriften und die Verordnungsbestimmungen über die Abrundung der Beträge, die der Berechnung der Steuern und der sonstigen steuerrechtlichen Geldleistungen zugrunde zu legen sind;
2. die Gesetzesvorschriften und die Verordnungsbestimmungen, die eine Abrundung von Steuerbeträgen und von Beträgen sonstiger steuerrechtlicher Geldleistungen nach oben anordnen;
3. die Vorschrift des § 10 des Gesetzes über die Zwangsanleihe.

§ 10. (1) Diese Verordnung tritt mit dem Tage in Kraft, der auf ihre Verkündung im Reichsgesetzblatt folgt.

(2) Gleichzeitig treten die Vorschriften der Steuergesetze und die Bestimmungen der auf Grund von Steuergesetzen erlassenen Verordnungen insoweit außer Kraft, als sie den Bestimmungen dieser Verordnung zuwiderlaufen.

Berlin, den 31. März 1923.

Der Reichsminister der Finanzen
In Vertretung: Zapf.

Anhang 19.

Verordnung zur Entlastung der Finanzämter (Finanzkassen, Zollkassen) während der Übergangszeit.

Vom 19. September 1922 (RGBl. I S. 773)

§ 1. Zinsen, die für festgesetzte Reichssteuern von Steuerpflichtigen geschuldet werden, sollen bis auf weiteres unerhoben bleiben, wenn die geschuldeten Zinsbeträge eintausend Mark nicht überschreiten. Betragen die Zinsen mehr als eintausend Mark und wird nur ein Teilbetrag gezahlt, so ist der Restbetrag auch dann zu erheben, wenn er eintausend Mark nicht überschreitet.

Die Bestimmungen in Abs. 1 finden keine Anwendung soweit die Zinsen im Steuerbescheide zu berechnen sind.

§ 2. Bei Erstattungen von Reichssteuern sollen Zinsen bis auf weiteres von Amts wegen nur gezahlt werden, wenn der zu erstattende Zinsbetrag einhundert (100) Mark überschreitet.

§ 3. Bei der Berechnung von Zinsen soll bis auf weiteres die Zeit, für welche die Zinsen berechnet werden, auf volle Monate von der Fälligkeit an abgerundet werden; angefangene Monate sollen nicht gerechnet werden.

§ 4. Diese Verordnung tritt mit ihrer Verkündung in Kraft.

Anhang 20.

I. Stundungsordnung (StundO.).

Vom 29. Januar 1923 (RGBl. I S. 75).

Auf Grund von § 109 Abs. 1 Nr. 7, §§ 112, 113, 119 Abs. 1, § 444 Abs. 3, § 463 der Reichsabgabenordnung vom 13. Dezember 1919 (RGBl. S. 1993) wird, soweit erforderlich mit Zustimmung des Reichsrats, folgendes bestimmt:

Allgemeine Bestimmungen.

§ 1. (1) Die Vorschriften der §§ 105, 106, §§ 109 bis 111, §§ 114 bis 118, § 119 Abs. 2, 3 der Reichsabgabenordnung treten, soweit sich nicht aus Abs. 2 ein anderes ergibt, gleichzeitig mit dieser Verordnung allgemein in Kraft.

(2) Für die Kohlensteuer, die Essigsäuresteuer und die Abgaben, die nach § 2 Nr. 1 und 2 der vom Bundesrat erlassenen Zollstundungsordnung vom 11. Januar 1906 (Zentralblatt für das Deutsche Reich S. 128) von der Stundung ausgenommen sind, treten die Vorschriften des § 105 Abs. 1 der Reichsabgabenordnung bis auf weiteres nicht in Kraft.

Erster Abschnitt.

Zahlungsaufschub und Stundung.

Erster Titel.

Für Zahlungsaufschub und Stundung gemeinsame Bestimmungen.

§ 2. (1) Für die Bewilligung und den Widerruf von Zahlungsaufschub (§ 105 Abs. 1 der Reichsabgabenordnung) und Stundung (§ 105 Abs. 2 der Reichsabgabenordnung) ist das Finanzamt (Hauptzollamt) zuständig.

(2) Die Bestimmungen des Abs. 1 finden nicht Anwendung:

1. soweit in Gesetzen, die nach dem 23. Dezember 1919 in Kraft getreten sind, ein anderes vorgeschrieben ist;
2. soweit für Stundung in den Gesetzesvorschriften, die gemäß § 454 der Reichsabgabenordnung durch die Vorschriften der Reichsabgabenordnung nicht berührt werden, ein anderes bestimmt ist;
3. soweit für Zahlungsaufschub in § 6 ein anderes bestimmt ist.

§ 3. (1) Die Stundungsfrist beginnt mit dem Ablauf des Tages, an dem die Zahlung zu leisten gewesen wäre, wenn der Steuerpflichtige Stundung nicht erlangt hätte. Der gestundete Betrag wird mit dem Ablauf der Stundungsfrist fällig. Die Bestimmungen der Sätze 1, 2 gelten entsprechend für Zahlungsaufschub, soweit sich nicht aus § 14 Abs. 1 ein anderes ergibt.

(2) Ist ein Steuerbetrag mit Begleitschein II zur Erhebung überwiesen und der Begleitschein II innerhalb der darin bestimmten Zahlungsfrist vorgelegt worden, so beginnt die Aufschub- oder Stundungsfrist mit dem Ablauf des Tages, an dem die Vorlage des Begleitscheins II erfolgt ist.

§ 4. (1) Ist Zahlungsaufschub oder Stundung gegen Verzinsung gewährt worden (§ 105 Abs. 1 Satz 1, § 105 Abs. 2 Satz 2 der Reichsabgabenordnung), so hat der Steuerpflichtige den aufgeschobenen oder gestundeten Betrag mit fünf vom Hundert zu verzinsen.

(2) Der Zinsenlauf beginnt gleichzeitig mit der Aufschub- oder Stundungsfrist. Ist für einen Betrag zunächst Zahlungsaufschub oder Stundung ohne Verzinsung und alsdann weiterer Zahlungsaufschub oder weitere Stundung gegen Verzinsung gewährt worden, so beginnt der Zinsenlauf gleichzeitig mit der Frist, die für den weiteren Zahlungsaufschub oder die weitere Stundung bewilligt worden ist.

(3) Der Zinsenlauf endigt mit dem Ablauf des Tages, an dem der aufgeschobene oder gestundete Betrag gezahlt wird.

(4) Die Zinsen sind, soweit sich nicht aus § 15 Abs. 2, 3 ein anderes ergibt, zusammen mit dem aufgeschobenen oder gestundeten Betrage zu entrichten.

§ 5. (1) Das Finanzamt (Finanzkasse, Zollkasse) hat die Zinsen, soweit sich nicht aus § 15 Abs. 5 ein anderes ergibt, bei Annahme der Zahlungen, die zur Tilgung der Hauptschuld geleistet werden, zu berechnen und zu erheben.

(2) Zinsen werden nur von vollen Tausenden Mark berechnet. Zinsen, die auf überschießende Beträge entfallen, werden nicht festgesetzt.

(3) Zinsen werden nur für volle Monate berechnet. Zinsen, die auf überschießende Tage entfallen, werden nicht festgesetzt. Hat der Zinsenlauf zum Beispiel mit dem 16. Mai 1923 begonnen und ist der gestundete Betrag am 26. November 1923 gezahlt worden, so sind Zinsen für sechs Monate zu berechnen.

(4) Die Bestimmungen der Abs. 2, 3 finden auf fortlaufenden Zahlungsaufschub (§ 8 Abs. 1) keine Anwendung (vgl. § 11 Abs. 3).

Dritter Titel.

Sonderbestimmungen über Stundung.

§ 15. (1) Will das Finanzamt (Hauptzollamt) für länger als ein Jahr Stundung (§ 105 Abs. 2 der Reichsabgabenordnung) bewilligen, so hat es, bevor es seine Verfügung dem Antragsteller bekanntgibt, die Genehmigung des Landesfinanzamts einzuholen. § 2 Abs. 2 Nr. 1, 2 gilt entsprechend.

(2) Reicht bei Stundung die bewilligte Frist über den Schluß des Rechnungsjahres hinaus, das auf das bei Beginn der Verzinsung laufende Rechnungsjahr folgt, so werden die Zinsen zum ersten Male mit dem Ablauf des Rechnungsjahrs, das auf das bei Beginn der Verzinsung laufende Rechnungsjahr folgt, und von da ab mit dem Ablauf je eines Rechnungsjahrs fällig.

(3) In den Fällen des Abs. 2 kann außer der Hauptschuld auch die Zinsschuld gestundet werden. Die Stundung kann für die gleiche Frist, für die die Hauptschuld gestundet worden ist, oder für eine kürzere Frist bewilligt werden. Gestundete Zinsschulden sind nicht zu verzinsen.

(4) Von der in Abs. 3 Satz 1 bezeichneten Befugnis soll das Finanzamt (Hauptzollamt), auch wenn nur Stundung der Hauptschuld beantragt worden ist, namentlich dann Gebrauch machen, wenn die Kosten und die

Arbeit, die durch alljährliche Festsetzung und Erhebung der Zinsen entstehen, außer Verhältnis zu dem Jahresbetrag der Zinsen stehen. Hat in den Fällen des § 105 Abs. 2 Satz 3 der Reichsabgabenordnung das Landesfinanzamt die Stundung der Hauptschuld genehmigt, so ist zu der Verfügung, durch die das Finanzamt (Hauptzollamt) auch die Zinsschuld stundet, Genehmigung des Landesfinanzamts nicht erforderlich.

(5) In den Fällen der Abs. 2, 3 hat das Finanzamt (Finanzkasse, Zollkasse) die Zinsen jeweils nach dem Eintritt der Fälligkeit zu berechnen und zu erheben.

Anhang 21.

Verordnung über die Verzinsung von Reichssteuern.

Vom 3. April 1923 (RGBl. I S. 245).

Auf Grund des Artikels III § 2 des Gesetzes über die Berücksichtigung der Geldentwertung in den Steuergesetzen vom 20. März 1923 (RGBl. I S. 198) wird folgendes bestimmt:

§ 1. Soweit bei Zahlungsaufschub (§ 105 Abs. 1 AO.) Zinsen zu entrichten sind, beträgt der Zinsfuß:

1. wenn auf der Goldbasis errechnete Zölle aufgeschoben werden: fünf vom Hundert jährlich;
2. im übrigen: zwei vom Hundert monatlich.

§ 2. (1) Die Finanzbehörde, die zur Bewilligung von Stundung (§ 105 Abs. 2 AO.) zuständig ist, bestimmt, sofern sie nicht zinslose Stundung gewährt, bei Bewilligung der Stundung den Zinsfuß, zu dem der gestundete Betrag zu verzinsen ist.

(2) Der Zinsfuß beträgt mindestens fünf vom Hundert jährlich und höchstens zehn vom Hundert monatlich.

Wie hoch innerhalb dieses Rahmens der Zinsfuß zu bemessen ist, richtet sich nach der allgemeinen wirtschaftlichen Lage und den besonderen Umständen des einzelnen Falles.

(3) In der Verfügung, durch die Stundung gegen Verzinsung bewilligt wird, ist, sofern nicht der Zinsfuß auf zehn vom Hundert monatlich bestimmt wird, die Heraufsetzung des Zinsfußes für die Zukunft vorzubehalten.

§ 3. Die Zinssätze, die sich aus den Bestimmungen der §§ 1, 2 ergeben, treten für die Geltungsdauer dieser Verordnung an die Stelle des im § 4 Abs. 1 der Stundungsordnung vom 29. Januar 1923 (RGBl. I S. 75) bestimmten Zinsfußes.

§ 4. Diese Verordnung tritt mit Wirkung vom 1. April 1923 ab in Kraft.

Anhang 22.

Zweite Verordnung über die Verzinsung von Reichssteuern.

Vom 20. April 1923 (RGBl. I S. 256).

Auf Grund des Artikels III § 2 des Gesetzes über die Berücksichtigung der Geldentwertung in den Steuergesetzen vom 20. März 1923 (RGBl. I S. 198) wird folgendes bestimmt:

§ 1. (1) Für Verzugszinsen, die auf Grund des § 104 der Reichsabgabenordnung oder auf Grund anderer Vorschriften der Reichssteuergesetze dem Reiche geschuldet werden, beträgt der Zinsfuß zehn vom Hundert monatlich.

(2) Der im Abs. 1 festgesetzte Zinsfuß tritt für die Geltungsdauer dieser Verordnung an die Stelle der Zinssätze, die im § 104 Abs. 1 Satz 1 der Reichsabgabenordnung und in anderen Vorschriften der Reichssteuergesetze für dem Reiche geschuldete Verzugszinsen bestimmt sind.

§ 2. Die Bestimmungen des § 1 gelten nicht für Zölle, die auf der Goldbasis zu errechnen sind; für sie beträgt der Zinsfuß fünf vom Hundert jährlich.

§ 3. Diese Verordnung tritt mit dem 1. Mai 1923 in Kraft.

Sachverzeichnis.

(Die Zahlen verweisen auf die Seiten.)

A.

D.

E.

F.

G.

H.

L.

M.

N.

O.

P.

T.

U.

V.

W.

FSC
www.fsc.org
MIX
Papier | Fördert gute Waldnutzung
FSC® C083411

Kolibri 360 GmbH
Ferdinand-Jühlke-Straße 7
99095 Erfurt, Deutschland
produktsicherheit@kolibri360.de